Springer NachschlageWissen

Springer NachschlageWissen – das Pendant zu Springer Reference in deutscher Sprache – bietet zielführendes Fachwissen in aktueller, kompakter und verständlicher Form. Während traditionelle Fachbücher ihre Inhalte bislang lediglich gebündelt und statisch in einer Printausgabe präsentiert haben, bietet Springer NachschlageWissen um dynamische Komponenten erweiterte Online-Publikationen an: ständige digitale Verfügbarkeit, frühes Erscheinen online first und fortlaufende Aktualisierung von Beiträgen.

Weitere Informationen zu dieser Reihe finden Sie auf http://www.springer.com/series/13096

Christian Lammert • Markus B. Siewert
Boris Vormann
Herausgeber

Handbuch Politik USA

mit 39 Abbildungen und 13 Tabellen

Herausgeber
Christian Lammert Markus B. Siewert
Freie Universität Berlin Universität Frankfurt
Berlin, Deutschland Frankfurt, Deutschland

Boris Vormann
Freie Universität Berlin
Berlin, Deutschland

ISBN 978-3-658-02641-7 ISBN 978-3-658-02642-4 (eBook)
ISBN 978-3-658-03966-0 (Bundle)
DOI 10.1007/978-3-658-02642-4

Die Deutsche Nationalbibliothek verzeichnet diese Publikation in der Deutschen Nationalbibliografie; detaillierte bibliografische Daten sind im Internet über http://dnb.d-nb.de abrufbar.

Springer VS
© Springer Fachmedien Wiesbaden 2016
Das Werk einschließlich aller seiner Teile ist urheberrechtlich geschützt. Jede Verwertung, die nicht ausdrücklich vom Urheberrechtsgesetz zugelassen ist, bedarf der vorherigen Zustimmung des Verlags. Das gilt insbesondere für Vervielfältigungen, Bearbeitungen, Übersetzungen, Mikroverfilmungen und die Einspeicherung und Verarbeitung in elektronischen Systemen.
Die Wiedergabe von Gebrauchsnamen, Handelsnamen, Warenbezeichnungen usw. in diesem werk berechtigt auch ohne besondere Kennzeichnung nicht zu der Annahme, dass solche Namen im Sinne der Warenzeichen- und Markenschutz-Gesetzgebung als frei zu betrachten wären und daher von jedermann benutzt werden dürften.
Der Verlag, die Autoren und die Herausgeber gehen davon aus, dass die Angaben und Informationen in diesem Werk zum Zeitpunkt der Veröffentlichung vollständig und korrekt sind. Weder der Verlag noch die Autoren oder die Herausgeber übernehmen, ausdrücklich oder implizit, Gewähr für den Inhalt des Werkes, etwaige Fehler oder Äußerungen.

Lektorat: Jan Treibel, Daniel Hawig

Gedruckt auf säurefreiem und chlorfrei gebleichtem Papier

Springer Fachmedien Wiesbaden GmbH ist Teil der Fachverlagsgruppe Springer Science+Business Media (www.springer.com)

Vorwort und Aufbau des Buches

Im Jahr 2008 publizierte die Bundeszentrale für politische Bildung den bislang letzten *Länderbericht USA*, um aus einer interdisziplinären Perspektive die USA der deutschen interessierten Öffentlichkeit näher zu bringen. Das Lehr- und Handbuch über das *Regierungssystem der USA* erschien in seiner neuesten Fassung 2007. Seit dem ist viel passiert. Die Wahl und Wiederwahl des ersten schwarzen Präsidenten Barack Obama, die größte Finanz- und Wirtschaftskrise seit der *Great Depression*, eine in jüngster Geschichte beispiellose Konfrontation der politischen Parteien und die Formierung massenhaften Protests in den Straßen US-amerikanischer Städte sind nur die plakativsten Beispiele, die dies verdeutlichen.

Hieraus erklärt sich für uns die Motivation und auch Notwendigkeit des hier vorliegenden Versuchs, die USA aus einer breiten sozialwissenschaftlichen Perspektive zu deuten und in ihrer historischen, sozialen und politischen Komplexität zu verstehen. In diesem Handbuch befassen sich ausgewiesene Experten der USA-Forschung in über dreißig Aufsätzen mit dem politischen Geschehen, den politischen Institutionen und den in diesem ersten Überblick angedeuteten Problemlagen des politischen Systems der USA. In fünf größeren thematischen Blöcken setzen sich die einzelnen Beiträge historisch erläuternd und problematisierend mit den grundlegenden Strukturen und Mechanismen der US-amerikanischen Politik auseinander und beleuchten ihre zentralen politischen Institutionen, Akteure und Politikfelder. Diese werden zum einen in ihrem (zeit)historischen Kontext verortet, zum anderen werden unterschiedliche Deutungsdimensionen aufgezeigt, um somit eine problemorientierte Einführung in das politische System der USA zu leisten.

Grundlagen

Teil I befasst sich mit den Grundlagen der Politik der Vereinigten Staaten. Winfried Fluck widmet sich den US-amerikanischen Normen und Wertvorstellungen, die das politische System der USA längerfristig geprägt haben und ordnet jene in die historischen Narrative und Bezugsgrößen der politischen Kultur in den USA ein. Ein wichtiges, gesondert zu untersuchendes Element der politischen Kultur der USA ist die Religion. Neben einem Überblick über das Profil der Religionen in den

USA, über dominante Strömungen und historische Veränderungen beleuchtet der Beitrag von Michael Hochgeschwender den unmittelbaren Einfluss der Religionen auf den politischen Betrieb. Barbara Zehnpfennig wendet sich dann den verfassungspolitischen Fundamenten der Vereinigten Staaten von Amerika zu. Die Strukturprinzipien des Verfassungssystems – wie die *checks and balances* und den Föderalismus – leitet ihr Beitrag aus der Revolutionszeit her und untersucht in historischer Dimension Verfassungsinterpretationen und deren Wandel. Jenseits der eher indirekt auf das politische System Einfluss nehmenden Kraft der politischen Kultur haben über die Jahrhunderte auch politische Ideen und Orientierungssysteme die Ausgestaltung der Politik in den USA maßgeblich beeinflusst. Hans-Jörg Sigwart leistet in einem abgrenzenden Vergleich zum europäischen Kontext eine Einordnung dominanter Strömungen in der US-amerikanischen politischen Theorie. Neben der Bedeutung des Liberalismus und Neoliberalismus nimmt er die politische Bedeutung des Republikanismus, Pragmatismus und Kommunitarismus in den Blick. In seinem diesen Grundlagenteil abschließenden Beitrag erläutert Axel Murswieck die Sozialstruktur der USA durch das Prisma der Bevölkerungsstruktur und des demographischen Wandels. Der Fokus liegt hierbei auf Veränderungen im Arbeitsmarkt, in den Erwerbs- und Einkommensverhältnissen sowie in den Familienstrukturen.

Institutionen und Strukturen

In Teil II werden die wichtigsten politischen Institutionen und Strukturen des US-amerikanischen Verfassungssystems dargestellt. Thomas Zittel befasst sich mit dem Kongress und erörtert dessen Verfassungskompetenzen, den Aufbau und die Struktur des Repräsentantenhauses und Senats, den Gesetzgebungsprozess sowie die Phänomene der Zentralisierung und Polarisierung und deren Auswirkung auf das Abstimmungsverhalten der Kongressmitglieder. Die Rolle des Präsidenten und dessen institutionelle Stellung zwischen Führungsanspruch und Machtbeschränkung beleuchtet Markus Siewert. Dabei wird insbesondere auf die Handlungsräume und -restriktionen des Präsidenten gegenüber Kongress, Verwaltung und Öffentlichkeit eingegangen. Das dritte Machtzentrum der US-amerikanischen Gewaltenteilung neben Kongress und Präsident ist der Oberste Gerichtshof. Michael Dreyer und Nils Fröhlich erläutern die Zusammensetzung des Supreme Court, seine Normenkontrollfunktion und den Instanzenzug. Neben diesen sich gegenseitig kontrollierenden und in Schach haltenden Institutionen, deren Führungspositionen direkt oder indirekt demokratischen Rechenschaftsmechanismen unterliegen, beeinflusst auch ein oftmals übersehenes Element die politischen Geschicke der USA: die Regierungsbürokratie. In ihrem Artikel setzen sich Kai-Uwe Schnapp und Roland Willner mit Aufbau und Struktur der Verwaltung in den USA auseinander. Im Vordergrund stehen die Konsequenzen der Verwaltungskultur und der institutionellen Mechanismen innerhalb der *Departments* auf die Implementierung und die Reformierbarkeit von Politik. Ferner können die Institutionen und Strukturen der US-amerikanischen Politik nicht losgelöst vom föderalen System begriffen werden. Annika Hennl erläutert in ihrem Beitrag Entstehung und Bedeutung des Föderalismus. Besonderes Augenmerk liegt hierbei auf der Kompetenzverteilung zwischen Bund und Einzelstaaten, den Grundzügen des Finanzföderalismus sowie aktuellen Problemkonstellationen und Herausforderungen. Eine gesonderte Stellung im föderalen System der USA nimmt die kommunalpolitische Ebene ein. Christian Lammert und Boris Vormann leisten in ihrem Beitrag einen Überblick über die historischen Entwicklungstendenzen der Kommunalpolitik im Kontext sich wandelnder föderaler Strukturen. Auch wenn sich die Vielfalt kommunalpolitischer Strukturen im Laufe des vergangenen Jahrhunderts weitgehend erhalten hat, bergen Kompetenzverlagerungen neben einem Steuerungsverlust die Gefahr, die Funktion der Kommunalpolitik als Ort demokratischer Partizipation und als Legitimationsquelle demokratischer Politik zu unterlaufen.

Politische Prozesse und Akteure

Mit den wesentlichen politischen und gesellschaftlichen Akteuren der US-amerikanischen Politik und den verschiedenen Möglichkeiten politischer Teilhabe befassen sich die Einzelbeiträge in Teil III. Philipp Weinmann setzt sich mit dem Wahlsystem, den Kongress- und Präsidentschaftswahlen und anderen Formen politischer Partizipation auseinander. Der Beitrag untersucht jüngere Änderungen in der Wahlkampffinanzierung, analysiert Wahlverhalten und Wahlbeteiligung und erläutert Instrumente der direkten Demokratie, wie beispielsweise Referenden, und deren Rolle in der Funktionsweise US-amerikanischer Politik. Maik Bohne und Torben Lütjen richten den Blick auf die Parteien in den USA und fragen nach deren Gestaltungsmöglichkeiten als Akteure der politischen Willensbildung. Neben einer Untersuchung der Parteiebenen (*in the electorate, as organization, in government*) zeichnet der Beitrag hierfür die Entwicklung und Rolle der Republikaner und Demokraten, sowie dritter Parteien nach. Mit den Interessengruppen in den USA befasst sich der darauffolgende Artikel von Martin Thunert, der nach der politischen Einflussnahme zwischen Pluralismus und Lobbyismus fragt. Hierbei wird auf das Verbändewesen, dessen Rolle und Strategien im politischen System sowie neue Ausprägungen des Hyperlobbyismus eingegangen. Eine weitere Form der politischen Teilhabe jenseits von Wahlen, Parteiensystem und Interessensgruppen stellen soziale Bewegungen dar, deren Besonderheiten im US-amerikanischen Kontext von Margit Mayer anhand historischer Beispiele und der gegenwärtigen Bedeutung der *Tea Party* und der *Occupy*-Bewegung erläutert werden. Im Fokus steht die Frage nach den Einflussmöglichkeiten und der tatsächlichen Einflussnahme auf die Politik außerhalb des institutionellen Apparats. Dies gilt auch für den Beitrag von Curd Knüpfer, der sich mit der politischen Rolle der Medien in den USA befasst. In seiner Untersuchung verschiedener (neuer) Medien, der Medienaufsicht und einer sich wandelnden medialen Strukturlandschaft geht der Beitrag der Frage nach, inwiefern die Medien in den USA ihre Rolle als vierte Gewalt realisieren können oder aber zu reinen Instrumenten des politischen Betriebs geworden sind.

Politikbereiche

Teil IV geht auf die Entwicklung ausgewählter Politikbereiche in den Vereinigten Staaten ein. Die Analysen einzelner Politikfelder befassen sich über die historischen und politisch-institutionellen Entwicklung des jeweiligen Politikbereichs hinaus mit der zunehmenden „Hybridisierung" vormals klar unterschiedener Felder von Innen- und Außenpolitik. Michael Dreyer legt den Wandel der US-amerikanischen Rechts- und Innenpolitik dar. Nach den Terrorattacken auf das World Trade Center und das Pentagon am 11. September 2001 kam es zu einer Intensivierung des Sicherheitsapparats mit weitreichenden Folgen für Bürger- und Freiheitsrechte und die Grundorientierung von Kriminalitätsdebatten, deren klare rechtliche Trennung vom internationalen Terrorismus auch institutionell aufgehoben worden ist. Christian Lammert wendet sich in einer historisch vergleichenden Perspektive der US-amerikanischen Sozial- und Gesundheitspolitik zu. Mit den Umstrukturierungen des Wohlfahrtsstaates und den Verschiebungen zwischen Staat und Markt zugunsten des Letzteren ist es zu einer Neubewertung der Rechte und Ansprüche von Bezugsempfängern gekommen, die – oft unter Verweis auf globale Sachzwänge – Ungleichheiten in der eigenen Bevölkerung verschärft hat. Der soziale Zusammenhalt gerät auch angesichts des gestiegenen Wettbewerbs in Bildungsinstitutionen unter Druck. Michael Dobbins und Tonia Bieber erläutern in ihrem Beitrag den Wandel der US-amerikanischen Bildungspolitik und dessen gesellschaftliche Auswirkungen. Auch die Stadt- und Regionalpolitik ist geprägt von wachsenden Ungleichheiten. Beim Versuch, globale Ströme des Kapitalverkehrs lokal in den Metropolen und *global cities* zu verankern, ist es zu einer Vernachlässigung urbaner Probleme, vor allem für einkommensschwache Bevölkerungsteile gekommen, wie Boris Vormann konstatiert. Mit den Auswirkungen erhöhter Migrantenströme auf die US-amerikanische Gesellschaft und die Einwanderungspolitik befasst sich Henriette Rytz. Die verschiedenen Phasen der Einwanderungspolitik, die Migrationswellen und Einwanderungszahlen dienen als Kontrastfolie zur Einschätzung der gegenwärtigen rechtlichen Situation und aktuellen Konfliktlage bei Reformbemühungen im Kontext global wachsender Migrationsströme und sich pluralisierender Gesellschaften.

Von der anderen, außenpolitischen Seite nähert sich die zweite Hälfte der Beiträge in Teil IV dem herkömmlichen Kontinuum Innenpolitik-Außenpolitik. Stormy-Annika Mildner und Julia Howald befassen sich mit dem nationalen Anspruch und der globalen Wirklichkeit US-amerikanischer Wirtschafts- und Finanzpolitik. Neben einer Erläuterung der Wirtschaftsstruktur, der Steuerpolitik und der Staatsschuldenkrise befasst sich der Beitrag mit der Deregulierung und Reregulierungsversuchen der Finanzmärkte vor und nach der Finanzkrise von 2008. Julia Püschel analysiert die Auswirkungen des in den letzten Jahrzehnten stark gewachsenen Außenhandels auf die Arbeitsmarktstruktur und -politik. Das Phänomen der internationalen Aus- und Verlagerung von Arbeitsplätzen hat – von der verarbeitenden Industrie bis zum Dienstleistungssektor – zu einer tiefgreifenden Umgestaltung des US-amerikanischen Arbeitsmarktes geführt, welche gesellschaftliche Ungleichheitseffekte zugespitzt hat. Simone Müller-Pohl richtet den Blick auf die Umwelt- und Klimapolitik der Vereinigten Staaten. Vor dem Hintergrund historischer Entwicklungen erläutert sie die Bedeutung von Umweltfragen in der US-Politik sowie die Rolle der USA im internationalen Klimaregime. Angesichts der Verknappung fossiler Brennstoffe und eines enormen Energieverbrauchs in den USA scheint zwar eine Debatte über Klimaerwärmung entfacht. Doch wenn sich ein Meinungswandel überhaupt andeutet, dann ist die Ausarbeitung neuer Strategien nur in sicherheitspolitischen Fragen zu erkennen. Die Versorgungssicherheit ist mittlerweile zu einem Kernelement der internationalen Sicherheits- und Energiepolitik der USA geworden. Kirsten Westphal, Julia Howald und Stormy-Annika Mildner entwerfen ein Tableau der internationalen Energielieferanten und -abhängigkeiten in der Nachkriegsära und erlauben damit einen geschärften Blick auf elementare Interessen der USA im internationalen Kontext. Letztere ordnet Stefan Fröhlich in größere Leitlinien ein: Im Spannungsfeld zwischen Interventionismus und Isolationismus sowie zwischen Multilateralismus und Unilateralismus bewegen sich die Muster der US-amerikanischen Außenpolitik. Sie bieten Orientierungspunkte, die in Krisen- und Umbruchsmomenten, beispielsweise mit dem Fall der Berliner Mauer 1989 und den Terrorangriffen des 11. Septembers 2001, immer wieder auf den Prüfstand gestellt und einer Neuerwägung unterzogen wurden. In Anbetracht jüngster Krisendynamiken in Innen- und Außenpolitik stellt sich konkret die Frage nach der Rolle der Vereinigten Staaten im internationalen System. Lora Viola untersucht in ihrem Beitrag das Verhältnis der USA zu den Vereinten Nationen, der NATO und der Welthandelsorganisation (*WTO*) und fragt, inwiefern die USA hier *primus inter pares* sind. Mit Blick auf neue Konflikte nach dem Kalten Krieg ist zumindest eine Neubewertung multilateraler Kooperation in der US-amerikanischen Sicherheitspolitik zu erkennen. Lars Berger erörtert wie im Zeitalter asymmetrischer Kriegsführung klar geglaubte Grenzen zwischen innen- und außenpolitischen Krisenherden, zwischen Kriminalität und Terror, zwischen Militär und Polizei im Zuge eines global geführten Kriegs gegen den Terrorismus verschwimmen.

Krisendimensionen

Teil V wendet sich abschließend aktuellen Problemlagen und Deutungsmustern des politischen Systems der USA zu. Die Einzelbeiträge setzen sich mit vielgestaltigen Herausforderungen und Krisenphänomenen auseinander, denen sich die Vereinigten Staaten nach der ersten Dekade des 21. Jahrhunderts gegenüber sehen: dem vermeintlichen Niedergang der USA auf internationaler Ebene, der zunehmenden politischen, ökonomischen und kulturellen Ungleichheit, der steigenden Polarisierung von Politik und Gesellschaft, der Krise des US-amerikanischen Wirtschaftsmodells, sowie der Qualität der Demokratie. Simon Koschut fragt nach den Perspektiven der US-amerikanischen Außenpolitik: Stehen wir am Beginn eines zweiten amerikanischen Jahrhunderts oder blicken wir dem Ende einer in die Krise geratenen hegemonialen Weltmacht entgegen? Eine innenpolitische Dimension der Krise der USA hängt mit den in den letzten vier Jahrzehnten stark gestiegenen ökonomischen und gesellschaftlichen Ungleichheiten zusammen. Wie sich diese neuen Ungleichheiten bei gleichzeitiger Ausweitung formeller, institutionell verankerter Gleichheit auf die Demokratie in den USA auswirken, erörtern Christian Lammert und Boris Vormann. Eng verknüpft mit der auseinandergehenden Schere zwischen arm und reich sind auch die Polarisierungsdynamiken im politischen Prozess der USA, die David Sirakov näher betrachtet. Eine politische Polarisierung auf verschiedenen Ebenen – in der Wahlbevölkerung, bei Aktivisten und politischen Eliten – ist in den vergangenen Jahrzehnten durch die Einbindung von Interessengruppen und Medien in die Parteilager verschärft worden und hat wiederholt zum politischen Stillstand und zur Dysfunktionalität der politischen Institutionen geführt. Trotz dieser Krisentendenzen scheint die Funktionsweise des US-amerikanischen Wirtschaftssystems jedoch nur begrenzt in Frage gestellt zu werden: Das neoliberale Modell dominiert entgegen aller auf die Finanzkrise von 2008 folgenden Kassandrarufe den politischen Diskurs und die Wirtschaftspolitik der USA. Thomas Biebricher wirft ein Licht auf die Logiken und Widersprüchlichkeiten des Neoliberalismus in den USA und fragt nach der möglichen Entstehung alternativer Modelle. Angesichts dieser verschiedenen Krisendimensionen stellt sich in der Tat die Frage, ob wir es nicht nur mit historisch koinzidierenden Missständen zu tun haben oder aber ob die US-amerikanische Demokratie und deren politische Institutionen an sich in eine kritische Situation geraten sind, was wiederum erst zur Auslösung der verschiedenen Dilemma in innen- und außenpolitischen Fragen geführt hat. Markus Siewert und Claudius Wagemann gehen dieser Frage auf den Grund und entwerfen ein Bild der gegenwärtigen Qualität der US-amerikanischen Demokratie.

Dank

Die Herausgabe eines Handbuchs mit über 30 Beiträgen von weit über 20 beteiligten Wissenschaftlerinnen und Wissenschaftlern erfordert Engagement, Durchhaltevermögen, Idealismus, gute Planung und letztendlich ein kooperatives Umfeld, in dem das Werk gedeihen kann. In den vergangenen Jahren seit Ende 2012, als die ersten Ideen für ein solches Werk entstanden sind, haben sich diese unterschiedlichen Faktoren ergänzt, gegenseitig bestärkt und letztendlich zum Erfolg dieses Projektes beigetragen. An dieser Stelle möchten wir uns bei all denen bedanken, die zum positiven Gelingen dieses Handbuchs maßgeblich beigetragen haben. Dazu gehören an erster Stelle natürlich die Autorinnen und Autoren, die einen Beitrag zu diesem Sammelband beigesteuert haben. Trotz eng gestrickter Zeitpläne zwischen Vorlesungszeit, Konferenzen und Schreibphasen war die kollegiale Zusammenarbeit stets hervorragend und unkompliziert. Aber auch dem Team im Springer VS Verlag, ohne dessen Expertise und Gelassenheit das Projekt sicherlich nicht so zügig vorangekommen wäre, gebührt ein großer Dank. Hier ist zuallererst Frank Schindler zu danken, mit dem die Herausgeber die ersten Ideen für dieses Handbuch entwickelt haben sowie Ute Wrasmann und Verena Metzger, die als Lektorinnen den weiteren Publikationsprozess mit Rat und Tat begleitet haben.

Ein besonderer Dank gilt Daniel Hawig und seinem gelungenen Projektmanagement. Auch wenn wir technisch nicht immer alles verstanden haben, was sich in einem Verlag heute so tut, gab uns Herr Hawig immer das nötige Vertrauen, um uns auf die inhaltlichen Fragen zu konzentrieren. Schließlich danken wir Christian Güse, Julia Scheurer und Roswitha Seidel für Ihre Unterstützung bei der Endredaktion des Manuskripts.

Berlin und Frankfurt   Christian Lammert
Januar 2015   Markus B. Siewert
                                                          Boris Vormann

Inhaltsverzeichnis

Fremde Vertraute: Traditionelle Leitbilder und neue Herausforderungen der US Politik 1
Christian Lammert, Markus B. Siewert und Boris Vormann

Teil I Grundlagen **13**

American Exceptionalism: Ein Schlüssel zum amerikanischen Selbstverständnis 15
Winfried Fluck

Religion in den Vereinigten Staaten von Amerika 29
Michael Hochgeschwender

Die verfassungspolitischen Grundlagen des US-amerikanischen Regierungssystems 51
Barbara Zehnpfennig

Strömungen der US-amerikanischen politischen Theorie 73
Hans-Jörg Sigwart

Sozialstruktur der Vereinigten Staaten von Amerika 93
Axel Murswieck

Teil II Institutionen und Strukturen **113**

Der Kongress: Repräsentation, Machtkontrolle und Gestaltungswille 115
Thomas Zittel

Der Präsident: Zwischen Führungsanspruch und Machtbegrenzung 135
Markus B. Siewert

Der Supreme Court: Hüter der Verfassung oder Interpret der Gegenwart? 155
Michael Dreyer und Nils Fröhlich

Die Regierungsbürokratie im politischen Gestaltungsprozess 181
Kai-Uwe Schnapp und Roland Willner

Das föderale System der Vereinigten Staaten von Amerika 203
Annika Hennl

Kommunalpolitik in den USA 225
Boris Vormann und Christian Lammert

Teil III Politische Prozesse und Akteure **241**

Wahlen und Direkte Demokratie: Demokratische Teilhabe im Spannungsfeld politischer Machtinteressen 243
Philipp Weinmann

Mehr als nur Wahlkampfmaschinen: Über die neue Lebendigkeit US-amerikanischer Parteien 265
Maik Bohne und Torben Lütjen

Hyper-Pluralismus? Die Welt der Interessengruppen, Gewerkschaften, Lobbyisten und Think Tanks 285
Martin Thunert

Soziale Bewegungen: Zwischen kommunitärer Solidarität und Gleichheitsversprechen des American Dream 305
Margit Mayer

Die Medien: Vierte Gewalt oder Sprachrohr der Macht? 325
Curd B. Knüpfer

Teil IV Politikbereiche **345**

Rechts- und Innenpolitik im Zeichen der Globalisierung 347
Michael Dreyer

Sozialpolitik zwischen Markt und Staat 361
Christian Lammert

Bildungspolitik in den USA 381
Michael Dobbins und Tonia Bieber

Stadt- und Regionalpolitik: Globale Ströme und lokale Verankerung 403
Boris Vormann

Einwanderungspolitik zwischen Integration und Ausgrenzung 421
Henriette Rytz

Der Präsident schlägt vor, der Kongress ordnet an: US-Wirtschaftspolitik nach der Finanz- und Wirtschaftskrise 439
Stormy-Annika Mildner und Julia Howald

Arbeitsmarktpolitik und Außenhandel in den USA 461
Julia Püschel

Umwelt- und Klimapolitik: Lokale Interessen und globale Verantwortung 479
Simone Müller

Energiepolitik zwischen Versorgungssicherheit, Wirtschaftlichkeit und Nachhaltigkeit 499
Stormy-Annika Mildner, Kirsten Westphal und Julia Howald

Leitlinien der US-amerikanischen Außenpolitik 523
Stefan Fröhlich

Die Rolle der USA in internationalen Organisationen: Primus inter pares? 541
Lora Anne Viola

Terrorismus und US-Sicherheitspolitik 559
Lars Berger

Teil V Krisendimensionen **581**

Weltmacht in der Krise? American Decline in der Außenpolitik 583
Simon Koschut

Gesellschaft in der Krise? Neue Ungleichheiten in den USA 601
Christian Lammert und Boris Vormann

Politik in der Krise? Polarisierungsdynamiken im politischen Prozess 617
David Sirakov

Ökonomie in der Krise? Das neoliberale Modell der USA unter Druck 637
Thomas Biebricher

Demokratie in der Krise? Zur Qualität der US-amerikanischen Demokratie 659
Markus B. Siewert und Claudius Wagemann

VERFASSUNG DER VEREINIGTEN STAATEN VON AMERIKA 683

Sachregister 709

Verzeichnis der Autorinnen und Autoren

Lars Berger University of Leeds, Leeds, United Kingdom

Tonia Bieber Universität Bremen, Sonderforschungsbereich 597 "Staatlichkeit im Wandel", Bremen, Deutschland

Thomas Biebricher Goethe-Universität Frankfurt, Frankfurt am Main, Deutschland

Maik Bohne Deutsche Gesellschaft für Politikberatung, Hamburg, Deutschland

Michael Dobbins Goethe-Universität Frankfurt, Frankfurt am Main, Deutschland

Michael Dreyer Friedrich-Schiller-Universität Jena, Jena, Deutschland

Winfried Fluck John F. Kennedy-Institut für Nordamerikastudien, FU Berlin, Berlin, Deutschland

Nils Fröhlich Friedrich-Schiller-Universität Jena, Jena, Deutschland

Stefan Fröhlich Universität Erlangen-Nürnberg, Erlangen, Deutschland

Annika Hennl Goethe-Universität Frankfurt, Frankfurt am Main, Deutschland

Michael Hochgeschwender Amerika-Institut, LMU München, München, Deutschland

Julia Howald Bundesverband der Deutschen Industrie e.V., Berlin, Deutschland

Curd B. Knüpfer Graduate School of North American Studies, FU Berlin, Berlin, Deutschland

Simon Koschut Universität Erlangen-Nürnberg, Erlangen, Deutschland

Christian Lammert John F. Kennedy-Institut für Nordamerikastudien, FU Berlin, Berlin, Deutschland

Torben Lütjen Universität Düsseldorf, Düsseldorf, Deutschland

Margit Mayer John F. Kennedy-Institut für Nordamerikastudien, FU Berlin, Berlin, Deutschland

Stormy-Annika Mildner Bundesverband der Deutschen Industrie e.V., Berlin, Deutschland

Simone Müller Albert-Ludwigs Universität Freiburg, Freiburg, Deutschland

Axel Murswieck Institut für Politische Wissenschaft, Universität Heidelberg, Heidelberg, Deutschland

Julia Püschel John F. Kennedy-Institut für Nordamerikastudien, FU Berlin, Berlin, Deutschland

Henriette Rytz Wissenschaftliche Referentin, Deutscher Bundestag, Berlin, Deutschland

Kai-Uwe Schnapp Universität Hamburg, Hamburg, Deutschland

Markus B. Siewert Goethe-Universität Frankfurt, Frankfurt am Main, Deutschland

Hans-Jörg Sigwart Friedrich-Alexander-Universität Erlangen-Nürnberg, Erlangen, Deutschland

David Sirakov Atlantische Akademie, Kaiserslautern, Deutschland

Martin Thunert Heidelberg Center for American Studies, Universität Heidelberg, Heidelberg, Deutschland

Lora Anne Viola John F. Kennedy-Institut für Nordamerikastudien, FU Berlin, Berlin, Deutschland

Boris Vormann John F. Kennedy-Institut für Nordamerikastudien, FU Berlin, Berlin, Deutschland

Claudius Wagemann Goethe-Universität Frankfurt, Frankfurt am Main, Deutschland

Philipp Weinmann Albert-Ludwigs-Universität Freiburg, Freiburg, Deutschland

Kirsten Westphal Stiftung Wissenschaft und Politik, Berlin, Deutschland

Roland Willner Behörde für Schule und Berufsbildung, Hamburg, Deutschland

Barbara Zehnpfennig Universität Passau, Passau, Deutschland

Thomas Zittel Goethe-Universität Frankfurt, Frankfurt am Main, Deutschland

Fremde Vertraute: Traditionelle Leitbilder und neue Herausforderungen der US Politik

Christian Lammert, Markus B. Siewert und Boris Vormann

Inhalt

1 Einleitung 2
2 Idealbilder der Vereinigten Staaten 3
3 Krise als neuer Status Quo? 5
4 Institutionelle Dysfunktionalität und politische Blockade 7
5 Protest formiert sich 8
6 Krise der Weltmacht 9
7 Zusammenfassung 11
Literatur 11

Zusammenfassung

Vertrautheit und Fremdheit prägen gleichermaßen das Bild der USA in der deutschen Öffentlichkeit und genau das scheint es so schwierig zu machen, die USA zu verstehen: Pop Culture und Fast Food, Hollywood-Filme und Musikindustrie, in den Großstädten und auf allen Fernsehkanälen sind die USA auch in europäischen Ländern ständig präsent. Tea Party, Waffenrechte und Rassismus sind die andere Seite der Medaille, die die USA in ihren sozialen und politischen Ausprägungen sowie historischen Entwicklungslinien auf Distanz zu Europa bringen.

Schlüsselwörter

Idealbilder • Fremd- und Eigenwahrnehmung • Politik und Gesellschaft • Krisensymptome

---

C. Lammert (✉) • B. Vormann
John F. Kennedy-Institut für Nordamerikastudien, FU Berlin, Berlin, Deutschland
E-Mail: clammert@zedat.fu-berlin.de; boris.vormann@fu-berlin.de

M.B. Siewert
Goethe-Universität Frankfurt, Frankfurt am Main, Deutschland
E-Mail: siewert@soz.uni-frankfurt.de

© Springer Fachmedien Wiesbaden 2016
C. Lammert et al. (Hrsg.), *Handbuch Politik USA, Springer NachschlageWissen*, DOI 10.1007/978-3-658-02642-4_1

1 Einleitung

Im Juni 2008 jubelten noch rund 200.000 Menschen in Berlin dem damaligen US-Präsidentschaftskandidaten Barack Obama unter der Siegessäule zu. „Amerika hat keinen besseren Partner als Europa", versicherte Obama der deutschen Bevölkerung und betonte: „Wir müssen jetzt neue Brücken rund um den Globus aufbauen, die so stark sind, wie die, die uns über den Atlantik verbinden" (Obama, Barak 2010). Hätten auch die Deutschen 2008 an den Präsidentschaftswahlen in den USA teilnehmen können, ca. 80 % hätten wohl für Obama gestimmt. Die Hoffnung auf einen grundlegenden Politikwechsel in Washington, DC brachten die USA und Deutschland nach den zwei Amtszeiten von George W. Bush wieder näher zusammen – zumindest gefühlt. Die transatlantische Wertegemeinschaft, die seit dem Zweiten Weltkrieg auf beiden Seiten des Atlantiks stets betont wurde, schien gestärkt.

Inzwischen ist dieser Eindruck jedoch verblasst, wenn nicht gar verflogen. Nicht zuletzt haben die jüngsten Enthüllungen um die Ausspäh- und Abhöraktionen der *National Security Agency* (*NSA*) das Vertrauen der Deutschen in die USA im Allgemeinen und auch in Präsident Obama im Speziellen erschüttert. So zeigten sich im November 2013 nur noch 43 % der Deutschen mit der Arbeit Obamas zufrieden – ein dramatischer Absturz von ehemals 88 % im April 2010. Darüber hinaus gaben 65 % der Befragten an, dass die USA kein vertrauenswürdiger Partner der Bundesrepublik seien (Deutschlandtrend 2013). Zu sehr fokussiert auf die Macht, die ein Präsident mit seinem Amt übernehme, hatte man nicht nur hier zu Lande auf einen grundsätzlichen Wandel in der Politik der USA gehofft, ohne die tieferliegenden Pfadabhängigkeiten in der US-amerikanischen Politik sowie die zahlreichen anderen Akteure im politischen System und der Gesellschaft zu berücksichtigen, die den Handlungsspielraum eines Präsidenten beschränken. *Checks and balances*, Kontrolle und Gleichgewicht, diese Elemente haben die Väter der US-Verfassung als zentrale Mechanismen in das politische Entscheidungssystem eingebaut, eben genau um eine Konzentration der Macht in einer einzigen politischen Institution zu verhindern.

Gewaltentrennung und gleichzeitige Verschränkung der politischen Institutionen machen jeden radikalen Politikwechsel schwierig. So überwiegen Kontinuität und Inkrementalismus, gleich welcher parteipolitischer Couleur die Mehrheiten auf dem *Capitol Hill* sind oder welche Partei den Präsidenten im Weißen Haus stellt. Auf beiden Seiten des Atlantiks wurde Obamas Politik von vielen als Scheitern wahrgenommen; doch sein eingeschränkter Handlungsspielraum war nicht ausschließlich Resultat zögerlichen Handelns, sondern hatte vielmehr strukturelle Gründe. Die Etablierung von *checks and balances* geschah im Zuge der US-amerikanischen Staatenbildung, um einer Tyrannei der Mehrheit vorzubeugen. Minderheitspositionen sollten geschützt und sichtbar werden (Hamilton et al. 2007). Zugleich sollten aber auch die Entscheidungsträger im politischen System vor dem Populismus der Masse behütet werden. So wird der Präsident bis heute nicht direkt durch das Volk gewählt, sondern durch das *electoral college*, eine Institution, die den Präsidenten vom unmittelbaren Willen der Bevölkerung abschirmen sollte. Lange Zeit wurden auch die Senatoren nur indirekt gewählt, um sie vor populistischen Impulsen der Bevölkerung zu schützen. Nur wer diese historischen und institutionellen Rahmenbedingungen berücksichtigt, kann Wandel und Kontinuität in der US-amerikanischen Politik einschätzen und im jeweiligen Kontext bewerten.

Zudem schaut die deutsche Öffentlichkeit mit großem Unverständnis auf die politische Blockade, die seit einigen Jahren im politischen System der USA zu herrschen scheint und die in weiten Teilen eben genau das Resultat der Trennung der Institutionen bei gleichzeitiger Verschränkung der politischen Kompetenzen ist. Das politische Entscheidungssystem basiert traditionell auf einem Ausbalancieren unterschiedlicher politischer Interessen in einem komplexen institutionellen Gefüge. Überparteiliche Konsensfindung ist notwendig, um Mehrheiten für bestimmte politische Entscheidungen zu finden. Die parteipolitische oder ideologische Polarisierung macht dies jedoch nahezu unmöglich und die legislativen Mechanismen erweisen sich zunehmend inkompatibel zu den etablierten Entscheidungsmechanismen im präsidentiellen System der USA. Die Schließung der Bundesregierung 2013 (*government shutdown*) und die schwierigen und hitzigen Debatten um eine Erhöhung der Schuldengrenze (*fiscal cliff*) waren hier nur die sichtbarsten Ausprägungen einer politischen Krise, die in der deutschen Öffentlichkeit nur schwer nachzuvollziehen war.

Die USA erscheinen uns vertraut und fremd zugleich: Pop Culture und Fast Food, Hollywood-Filme und Musikindustrie, in den Großstädten und auf allen Fernsehkanälen sind die USA auch in europäischen Ländern ständig präsent. Tea Party, Waffenrechte und Rassismus sind die andere Seite der Medaille, die die USA in ihren sozialen und politischen Ausprägungen sowie historischen Entwicklungslinien auf Distanz zu Europa bringen. Vertrautheit und Fremdheit prägen gleichermaßen das Bild der USA in der deutschen Öffentlichkeit und genau das scheint es so schwierig zu machen, die USA zu verstehen.

2 Idealbilder der Vereinigten Staaten

Die Vereinigten Staaten von Amerika sind anders, geradezu exzeptionell. So hat sich das Narrativ vom *American Exceptionalism* etabliert, die Beschreibung eines Ausnahmestatus, wonach die USA nicht vergleichbar sind mit anderen etablierten Demokratien (Taylor et al. 2014). Zugleich dient dieses Narrativ auch zur Selbstlegitimierung der politischen, sozialen und ökonomischen Entwicklung des Landes. Martin Seymour Lipset (2003) sieht in den USA die erste *Neue Nation*, die losgelöst von der Last europäischer Traditionen neue Muster politischer Partizipation etablieren konnte. Hierarchische Statusdifferenzen, wie sie sich in europäischen Ländern historisch herausgebildet und verfestigt hatten, existierten in den USA nicht, so die gängige Erzählung. Die Gesellschaft wird verstanden als eine Mittelklassegesellschaft mit einem hohen Maß an sozialer Mobilität und dem dominanten Motiv des Individualismus als treibende Kraft der ökonomischen, sozialen und politischen Ordnung.

Dieses Idealbild spiegelt sich in der Realität natürlich nur begrenzt wider. Illiberale Traditionen sind weit stärker vorhanden als dies die Idee einer liberalen Tradition suggeriert (Hartz 1955). Rassismus als soziales Problem ist bei weitem nicht mit dem Bürgerkrieg und der Beendigung der Sklaverei in den Südstaaten verschwunden, sondern hat sich vielmehr im Jim Crow System, in den Strukturen des Wohlfahrtsstaates und in weiten Bereichen der Gesellschaft verfestigt. Die Ereignisse in Ferguson (Missouri) im Sommer 2014 haben zum wiederholten Male gezeigt, welche Sprengkraft diese Problematik auch heute noch besitzt. Ein weißer Polizist erschoss dort einen (unbewaffneten) schwarzen Jugendlichen. Eine Protestwelle überrollte den Vorort von St. Louis und in nur wenigen Tagen wuchs das lokale Ereignis zu einer nationalen Newsstory heran, in deren Folge sich eine breite Debatte zum Problem des Rassismus in den USA entfachte. Die Integration der schwarzen Bevölkerung hat sicherlich mit und in Folge der Bürgerrechtsbewegung in den 1960er Jahren große Fortschritte gemacht, aber die Bruchstellen dieser Inklusion werden immer wieder deutlich und verweisen auf die anhaltende Problematik des Rassismus in der US-Gesellschaft.

Die soziale Mobilität als zentrales Versprechen des *American Dream* ist in den USA heutzutage geringer als in vielen europäischen Ländern und auch die zu beobachtende soziale und ökonomische Ungleichheit widerspricht grundlegend der Idee der Mittelklassegesellschaft, wie sie die These des *American Exceptionalism* immer wieder propagiert. Diese Diskrepanz zwischen idealisierter Eigenbeschreibung und realer Ausprägung führt ebenfalls dazu, dass sich selbst außerhalb der USA zahlreiche Mythen und Missverständnisse etabliert haben, die einen verstehenden Blick auf die USA erschweren. Nicht verwunderlich, dass sich in den europäischen Gesellschaften immer wieder Manifestationen eines tief verwurzelten Anti-Amerikanismus zeigen, der von der politischen Linken bis zur Rechten reicht. Kritisiert werden hier unterschiedliche US-Imperialismen, die zumeist kulturell oder militärisch definiert werden. Der Selbst- und Machtanspruch der USA fordert es geradezu heraus, sich an den USA zu reiben und die globalen Ansprüche der ökonomischen und militärischen Supermacht in Frage zu stellen.

Ein Teil der Fremdheit zwischen den USA und Europa resultiert aber auch daraus, dass wir die Politik in den USA mit Begriffen und Konzepten zu erfassen versuchen, die wir vor einem europäischen Hintergrund nutzen und verstehen. Besonders sichtbar wird dies im Kontext der momentan attestierten Krise des politischen Systems, die aus einer deutschen Perspektive als eine Krise des legislativen Prozesses und der politischen Parteien verstanden wird. Dabei wird ignoriert, dass die politischen Parteien in den USA eine ganz andere Bedeutung im politischen Prozess haben, als dies in Deutschland zum Beispiel der Fall ist, da die Bindung der Abgeordneten und Senatoren im Kongress an die Parteien weit weniger stark ausgebildet ist. So existiert trotz aller Polarisierungsdebatten im US-Kongress traditionell keine ausgeprägte Fraktionsdisziplin, die den Abgeordneten in seinem Abstimmungsverhalten institutionalisiert an die Parteien bindet. Peter Lösche charakterisierte in diesem Kontext einmal den Abgeordneten im Repräsentantenhaus illustrativ und zugleich nicht weniger verwirrend als eine Mischung aus Feudalherr, Kirchturmpolitiker und Kleinunternehmer in Sachen

Politik (Lösche 1997, S. 180). Es sind weniger Parteien und ideologische Positionen, die das Abstimmungsverhalten der Abgeordneten beeinflussen, als vielmehr der Blick auf die Verortung in den eigenen Wahlkreisen. Wie ist es möglich, auch bei der nächsten Wahl wiedergewählt zu werden? Diese Frage treibt den Abgeordneten an und erklärt sein politisches Verhalten. Die Liste ließe sich fortsetzen, die Botschaft aber ist klar: Die *Vereinigten Staaten von Amerika* wirken so vertraut und zugleich so fremd, weil gerade die vermeintliche Vertrautheit den Blick auf das Fremde verstellt. Dies muss man verstehen, will man die USA begreifen.

3 Krise als neuer Status Quo?

Es ist aber nicht nur der komparative Blick, der die gegenseitige Einschätzung verzerrt. Auch die US-amerikanische Öffentlichkeit selbst führt einen andauernden Krisendiskurs über den Zustand der demokratischen Ordnung, der gesellschaftlichen Integration, der wirtschaftlichen Situation und letztlich natürlich über die Rolle der USA als Weltordnungsmacht. Die eigene kollektive Identität ist im Fluss und wird stets neu hinterfragt. Der (populär-)wissenschaftliche Büchermarkt ist voll mit Publikationen, in denen zusammengenommen das Bild eines zutiefst verunsicherten Amerikas gezeichnet wird, das sich den neuen sozialen, ökonomischen und politischen Herausforderungen des 21. Jahrhunderts stellen muss. Die Liste der Problemfelder ist lang. Thematisiert werden die wachsende Kluft zwischen arm und reich, eine generelle Neujustierung der Rollenverteilung zwischen dem Staat und dem Markt, die unter dem Schlagwort der Globalisierung zusammengefasst werden kann, die Blockade des politischen Systems infolge einer sich verschärfenden parteipolitischen Polarisierung innerhalb der politischen Eliten in Washington D.C., sowie die außenpolitischen Herausforderungen in einer neuen internationalen Ordnung, die nicht länger durch die Strukturmerkmale des Kalten Krieges gekennzeichnet ist. In diesen neuen sozio-ökonomischen und politischen Kontexten stehen einige der scheinbar unerschütterlichen Gründungsmythen und Strukturen der US-amerikanischen Gesellschaft und ihres politischen Systems zur Disposition.

Das Selbstverständnis der US-Gesellschaft, das sich in einer seit Generationen weit verbreiteten Vorstellung manifestiert, wonach jeder Mensch, der nur hart genug arbeitet, auch den sozialen und ökonomischen Aufstieg schaffen kann (*American Dream*), wird durch die abnehmende soziale Mobilität und die sich vergrößernde und verstetigende Kluft zwischen arm und reich grundlegend in Frage gestellt. Nicht erst seit Thomas Pikettys (2014) Publikation zur Entwicklung des Kapitals im 20. Jahrhundert ist deutlich geworden, dass sich die Einkommen und der Wohlstand der Superreichen in den USA der letzten 20 Jahre massiv vergrößert hat, während die Mittelklasse und die unteren Einkommenssegmente mit stagnierenden Einkommen vorlieb nehmen mussten. Diese Entwicklung wurde bereits 2004 von der *American Political Science Association* aufgegriffen und als grundlegendes Problem der demokratischen Ordnung gedeutet, da sich ungleiche ökonomische und soziale Teilhabe auch in ungleichen Mustern der politischen Partizipation widerspiegeln. Grob vereinfacht: je niedriger Einkommen und Wohlstand, desto weniger beteiligen sich die Bürger am politischen Entscheidungsprozess, sei es in Form von Wahlen oder anderer politischer Partizipationsformen (Jacobs und Skocpol 2005; Bartels 2008). Dass dies nicht nur ein Problem des Marktes ist, sondern in weiten Teilen von der Politik in Washington aktiv forciert wurde, haben Jacob S. Hacker und Paul Pierson in ihrem Buch „Winner-Take-All Politics" (2010) argumentiert.

Die Krise des *American Dream* wird aber auch in den Einstellungen einer in weiten Teilen verunsicherten und frustrierten Bevölkerung sichtbar. In einer Umfrage des Nachrichtensenders CNN glaubten 2014 nur noch ein Drittel der Befragten, dass es ihren Kindern einmal besser gehen werde als ihnen selbst (CNN 2014). Am Ende des 20. Jahrhundert waren es immerhin noch über 60 % der Befragten. In solchen Daten spiegeln sich einerseits natürlich kurz- und mittelfristige ökonomische Entwicklungen wider und sicherlich hat die Finanz- und Wirtschaftskrise aus dem Jahre 2008 hier eine große Bedeutung. Ein Konjunkturaufschwung könnte sich also durchaus in besseren Umfragewerten niederschlagen. Begleitet werden diese Konjunkturen momentan aber von einem tiefgreifenden Misstrauen der US-Bevölkerung gegenüber dem Funktionieren der gesellschaftlichen Institutionen. Anhand einer Umfrage von Gallup vom Juni 2014 werden die spezifischen Ausprägungen dieser Vertrauenskrise deutlich. Die Bevölkerung hat das Vertrauen in zentrale politische, soziale und ökonomische Institutionen verloren. Insbesondere der Kongress genießt innerhalb der Bevölkerung nur noch wenig Vertrauen (rund 10 %). Aber auch die Medienlandschaft in den USA schneidet kaum besser ab. Nur noch rund 18 % vertrauen den Nachrichten im Fernsehen oder Internet, Zeitungen traut man mit 22 % noch etwas mehr. Und so verwundert es nicht, dass in den letzten Jahren Jon Stewart, Moderator der Daily Show – einer Nachrichtensendung im Standup-Format –, als vertrauenswürdigster und kritischster Journalist in der Medienlandschaft gilt. Auch die großen Wirtschaftsunternehmen (21 %), Gewerkschaften (22 %), Banken (26 %) und öffentliche Schulen (26 %) haben kaum noch Ansehen innerhalb der US-Bevölkerung. Lediglich dem Militär (74 %), den mittelständischen Kleinbetrieben (62 %) und der Polizei (52 %) wird noch ein gewisser Vertrauensvorschuss gewährt.

Kein Wunder also, dass der US-amerikanische Journalist George Packer (2013) von einer „Abwicklung" der US-amerikanischen Gesellschaft spricht, so der Titel der deutschen Übersetzung seines Buches (2014). Seit mehr als zwei Jahrzehnten löse sich die ‚Roosevelt-Republik' mitsamt ihrer staatlichen Daseinsfürsorge, ihren Gewerkschaften und Einhegungen monopolistischer und finanzpolitischer Machtansprüche auf. An ihrer Stelle sei das große und organisierte Geld getreten. Legitimiert durch Entscheidungen des Obersten Verfassungsgerichts kann das organisierte Kapital in Form von sogenannten *Super-PACs* Einfluss auf die öffentliche Meinung und den politischen Entscheidungsprozess nehmen. Die kritische Bestandsaufnahme von Packer leitet sich aus dem demokratischen Versprechen der US-amerikanischen Verfassung ab, das sich in der Gleichheit vor dem Gesetz, dem Gerichtswesen und einer pluralistischen Repräsentation in der Legislative ausgedrückt hat. Der institutionelle Kitt, der die so heterogene US-Gesellschaft bislang zusammengehalten hat, scheint sich zu verflüchtigen.

4 Institutionelle Dysfunktionalität und politische Blockade

Kurzum, im heute allgegenwärtigen Krisendiskurs steht nichts anderes als die Funktionstüchtigkeit des politischen Systems auf dem Prüfstand. Das von den Verfassungsvätern aus der Taufe gehobene System der *checks and balances* scheint zu Beginn des 21. Jahrhunderts in massiver Schieflage zu sein. Nicht wenige bezeichnen den politischen Willensbildungs- und Entscheidungsprozess als unorthodox, wenn nicht sogar als dysfunktional oder defekt (Sinclair 2012; Mann und Ornstein 2013). Ein Grund hierfür ist etwa im *Institutionen-Dschungel* des US-Kongresses zu suchen, welcher selbst für den interessierten Politik-Laien nur schwer durchschaubar ist. Der Kongress ist voll von archaisch anmutenden institutionellen Regeln und Mechanismen: Angefangen von einer überlangen Übergangsphase (*lame-duck period*) von 2 Monaten zwischen Wahl und Konstituierung des Kongresses, über die Möglichkeit im Senat mittels Dauerrede (*filibuster*) eine Abstimmung hinauszuzögern bzw. zu verhindern, bis hin zu einem überkomplexen Haushaltsprozess, der seit Jahren nicht mehr dem regulären Ablauf folgt und beständig improvisiert werden muss. So muss die älteste Demokratie der Welt sich die Frage stellen, inwiefern ihre institutionellen Spielregeln heutzutage noch zeitgemäß sind oder ob sie nicht einer Generalüberholung bedürfen.

Diese institutionelle Dysfunktionalität wird in den vergangen Jahren durch eine politische Blockade (*gridlock*) verstärkt, deren Ursache in der Polarisierung der Parteien im Kongress zu suchen ist. Egal ob bei Themen wie Haushalt oder Steuern, Einwanderung oder Umwelt, Schwangerschaftsabbruch oder Gleichberechtigung von Homosexuellen: Republikaner und Demokraten unterscheiden sich heute grundlegend sowohl in ihrer Problemwahrnehmung als auch in ihren Lösungsansätzen. In der politischen Arena prallen diese unterschiedlichen Weltanschauungen aufeinander. Angesichts knapper Mehrheiten bei Präsidentschafts- und Kongresswahlen wird die politische Auseinandersetzung erbittert geführt. Dabei auf der Strecke bleibt die Fähigkeit, Kompromisse einzugehen und praktikable Problemlösungen zu finden. Immer häufiger endet der politische Willensbildungs- und Entscheidungsprozess deshalb in einer Sackgasse: die Auseinandersetzungen um die Erhöhung der Schuldenobergrenze und die automatischen Ausgabenkürzungen (*sequestration*) zu Beginn des Jahres 2013 oder der mehrwöchige *government shutdown* im Oktober 2013 sind nur einige jüngere Beispiele einer ins Stocken geratenen Regierungsfähigkeit der USA.

Mit der Wirtschafts- und Finanzkrise hat sich der Konflikt zwischen den Parteien nochmals verschärft (Blyth 2014). Während die Republikaner nahezu dogmatisch auf eine Politik geringer Steuern und Ausgabenkürzungen bestehen, präferieren die Demokraten einen Mix aus gezielten Kürzungen, z. B. im Militärhaushalt, staatlichen Investitionen in Bildung und Infrastruktur und einer stärkeren Besteuerung höherer Einkommen. Der zu verteilende Kuchen wird dabei immer kleiner. Im Jahr 2009 war zum ersten Mal in der US-Geschichte jeder eingenommene Dollar bereits verausgabt ehe der Kongress nur ein einziges neues Gesetz erlassen hatte. Trotz eines massiven Haushaltsdefizits und eines immensen Schuldenbergs finden weitreichende Steuererhöhungen und drastische Einschnitte in *entitlement*-Programme wie *Social Security*, *Medicare* und *Medicaid* nicht die Zustimmung einer Mehrheit der Bevölkerung.

Kurzfristig verhalten sich die politischen Repräsentanten in der aktuellen Politikblockade also durchaus responsiv gegenüber ihrer Wählerschaft. Langfristig betrachtet geht die derzeitige Politik allerdings zulasten zukünftiger Generationen, welche die politischen Nicht-Entscheidungen ausbaden müssen (Steuerle 2014; Edsall 2012).

Konfrontiert mit dieser Dauerblockade in Washington, DC greifen US-Präsidenten immer wieder auch auf unilaterale Strategien wie *executive orders*, *signing statements*, *memoranda* oder auch *executive agreements* zurück. Diese Instrumente erlauben es dem Präsidenten, seine politische Agenda am Kongress vorbei umzusetzen, solange dieser nicht gegen ein solches Vorgehen aktiv wird – was allerdings bei derzeitigem *gridlock* innerhalb der Legislative unwahrscheinlich ist. Während in der Präsidentschaft George W. Bushs der Gebrauch von *signing statements* heftig umstritten war (Savage 2007), ruft auch Präsident Obamas Einsatz von *executive orders* zunehmend Kritik hervor (Feldmann 2014; Hutchinson 2014). Und so macht das Schreckgespenst der „imperial presidency" (Schlesinger 2004; Rudalevige 2006) wieder die Runde, während aus ultra-konservativen Kreisen der Ruf nach einem Amtsenthebungsverfahren gegen Barack Obama immer lauter wird. Aus anderen Ecken wird in dieser Diskussion die sich hier abzeichnende Entparlamentarisierung und Stärkung der Exekutive unter Rückgriff auf die Ideen Carl Schmitts sogar begrüßt. So argumentieren beispielsweise Eric A. Posner und Adrian Vermeule (2011), dass unter den schwierigen und komplexen Regierungsbedingungen des 21. Jahrhunderts eine starke und handlungsfähige Exekutive notwendig sei und von den Fesseln der Legislative befreit werden müsse.

5 Protest formiert sich

Diese Krisendiskussion wird nicht nur in akademischen Kreisen geführt. Die Kritik seitens weiter Bevölkerungsteile an nur unzureichend funktionierenden politischen Institutionen, dem Ausbleiben weitgehender Konsequenzen aus der Finanzkrise und allem voran an den seit den 1980er Jahren rapide angestiegenen ökonomischen Ungleichheiten in der US-amerikanischen Gesellschaft führte im Herbst 2011 zur Formierung der *Occupy Wall Street*-Bewegung, zunächst in den Straßen und auf den öffentlichen Plätzen Manhattans, schnell dann in anderen Städten und Universitätscampussen der Vereinigten Staaten. Wie ein Lauffeuer verbreitete sich der Appell, öffentliche Räume zu besetzen – ein symbolischer Akt, der in ähnlicher Form von Protestbewegungen weltweit, am prominentesten jedoch im Zuccotti Park, im Finanzdistrikt in unmittelbarer Nähe zur Wall Street vollzogen wurde, und der sich gegen die Privatisierung des öffentlichen Gemeinguts auflehnte.

Insgesamt verzichtete die Bewegung zwar strategisch auf eine univokale Botschaft. Deshalb wurde sie in den Medien und von einigen Kommentatoren auch schnell als chaotischer, anarchistischer Kult bezeichnet (z. B. Samuels 2012) und, nachdem die Polizei und der Winter die Zeltlager in den Parks und Plätzen leergeräumt hatten, totgesagt. Allerdings verlieh die Bewegung denen ein Sprachrohr, die sich über ein ökonomisches System „empörten" (Hessel 2011), das den Profit über die Gesellschaft stellt – den „Kamikaze-Kapitalismus" (Graeber 2012), der die Bankenrettung allen öffentlichen Fragen voranstellte (Barofsky 2012). Mit der Bewegung wurden außerdem die gesellschaftlichen Ungleichheiten zu einem zentralen Thema des politischen Diskurses. Dass daraufhin wenig politische Veränderung folgte – und sich im Nachgang zur Krise die Kluft zwischen arm und reich sogar noch weiter spreizte (Saez 2013) – liegt zum Teil an den bereits angedeuteten politischen Strukturen der Vereinigten Staaten. Dieses Versäumnis der politischen Eliten jedoch, zusammen mit der hohen Verschuldung der Studierenden und der weiteren Zuspitzung der ökologischen, ökonomischen und politisch-institutionellen Krisen spricht sicherlich dafür, dass die *Occupy*-Bewegung kein Strohfeuer war – zumindest ist diese Langlebigkeit und Konjunktur sozialer Bewegung aus der Geschichte bekannt (Fox Piven 2012).

Mit der *Tea Party*-Bewegung hatte sich bereits einige Jahre zuvor auf der anderen Seite des politischen Spektrums eine Protestbewegung formiert. Auch wenn die These, die *Tea Party* sei keine breite Bewegung der konservativen Basis – Schlagwort *astroturf* – in dieser Form sicherlich überspitzt ist (Parker und Barreto 2013), so ist ein Großteil der Wirkmacht und Stimmgewalt der Bewegung auf die Unterstützung ressourcenstarker Geldgeber wie beispielsweise den Brüdern Charles G. Koch und David H. Koch sowie erzkonservativer Medienvertreter rund um den Fernsehsender Fox News zurückzuführen. Insgesamt betrachtet kann allerdings keineswegs von *der Tea Party* gesprochen werden, vereint sie doch als Sammelbewegung diverse (ultra-) konservative und libertäre Strömungen unter ihrem Label. So speist sich ein Strang der *Tea Party*- Bewegung aus der gleichen Frustration mit den althergebrachten Eliten des Landes wie der *Occupy*-Bewegung, allerdings mit radikal anderen Schlussfolgerungen: Hier geht es darum, die individuelle Freiheit und bürgerliche Souveränität gegenüber dem Staat wiederzuerlangen. Weniger staatliche Einmischung in allen Gesellschaftsbereichen lautet das Mantra. Die typische *Tea Party*-Anhängerschaft ist in der Regel älter, gut gebildet, weiß und männlich. Paradoxerweise liegt eine weitere Quelle der Unterstützung auch bei Rentnern, eine Bevölkerungsgruppe die besonders stark von staatlichen Leistungen wie z. B. *Medicare* – der öffentlichen Krankenversicherung für Rentner – profitiert. Hierbei spielt die Unterscheidung in solche, die staatliche Zuwendungen aufgrund früherer Berufstätigkeit ‚verdient' haben (*deserving poor*), und denjenigen, bei denen dies nicht der Fall ist (*undeserving poor*), eine zentrale Rolle. Dieses seit den 1980er Jahren gängige Bild spielt eindeutig auf rassistische Ressentiments an, sind es doch insbesondere Einwanderer hispanischer oder karibischer Herkunft sowie Afro-Amerikaner, die als *underserving* angesehen werden. So sind die Meinungsführer der Bewegung in bester populistischer Manier in der Lage, diffuse Ängste vor kulturellem Wandel und rassistische Stereotype innerhalb weißer Bevölkerungsgruppen (*white angst*) zu bedienen (Zernike 2010; Skocpol und Williamson 2013).

6 Krise der Weltmacht

Jenseits der innenpolitischen Arena stehen die Vereinigten Staaten von Amerika wie seit dem Ende des Kalten Krieges nicht mehr auch außenpolitisch vor gewaltigen Herausforderungen. In Folge der Terroranschläge des 11. Septembers

2001 auf das World Trade Center in New York City und das Pentagon in Washington befinden sich die USA in Mitten eines (politisch oft instrumentalisierten) permanenten Abwehrkampfes gegen einen kaum greifbaren Gegner. Die Invasionen in Afghanistan und im Irak konnten dabei weder zur Beförderung der Demokratie im Nahen und Mittleren Osten beitragen, noch die finanziellen und personellen Quellen des internationalen Terrorismus zum Versiegen bringen. Ganz im Gegenteil: mit der Terrorgruppe Islamischer Staat, welche nicht nur im Irak, sondern auch in Syrien, der Türkei und im Libanon aktiv ist, droht eine neue Welle des Terrors über die Region zu schwappen. Die Obama-Administration scheint auf diese Bedrohung keine passende Antwort zu haben und so oszilliert sie zwischen selbstauferlegter Zurückhaltung aufgrund der offensichtlichen Kriegsmüdigkeit der Bevölkerung und begrenztem militärischem Aktionismus, um der selbst- und fremdzugeschriebenen globalen Verantwortung nachzukommen.

Auch wenn die USA immer noch mit Abstand die stärkste wirtschaftliche und militärische Macht auf dem Globus darstellen, man wird das Gefühl nicht los, dass die Hegemonialstellung der USA zerbröckelt. Die Wirtschaft Chinas weist schon seit Jahren enorme Wachstumsraten auf und in der Finanzkrise 2008 ist die Volksrepublik zu einem Hauptgläubiger der USA avanciert. Russland hat mit der Annexion der Krim sowie in der Auseinandersetzung mit der Ukraine zu neuem nationalen Selbstbewusstsein zurückgefunden und so sind die russisch-amerikanischen Beziehungen an einem erneuten Tiefpunkt angelangt. Und selbst das Verhältnis zu den europäischen Verbündeten ist nach diversen Abhöraffären so angekratzt, dass selbst wichtige Projekte wie das Transatlantische Freihandelsabkommen (TTIP), das den führenden Politikern gemeinsamen wirtschaftlichen Interesse der USA und Europas zu liegen scheint nur sehr stockend vorankommen. Wo man auch hinblickt, die USA sind mit massiven Widerständen konfrontiert und scheinen in ihrer Führungsposition herausgefordert.

Nicht zuletzt wirken die Probleme Zuhause auch auf die Außenpolitik der USA. Angesichts eines riesigen Haushaltsdefizit, hoher Arbeitslosigkeit und exponentiell steigender Kosten im Gesundheits- und Bildungssystem ist die Frage, inwieweit sich die USA noch die Doktrin leisten kann, gleichzeitig in mehreren Konfliktherden aktiv zu sein, ohne einen militärischen und finanziellen *Overstretch* zu riskieren. Schon lange fordern die USA deshalb auch von ihren Alliierten in der NATO eine gleichmäßigere Lasten- und Aufgabenverteilung. Als weiterer Schlüssel zur Kostenreduzierung forcieren die USA die technologische Weiterentwicklung ihres Kriegsmaterials. Die Ausweitung des Drohnenkrieges in der Obama-Administration deutet hier den Weg der Kriegsführung im 21. Jahrhundert an. Dabei speist sich die derzeitige internationale Zurückhaltung zu einem großen Stück aus der Rückbesinnung auf die eigenen Probleme. Zu einem richtigen Isolationismus – wie von einigen innerhalb und außerhalb der USA gewünscht, von anderen befürchtet – ist es dabei nicht gekommen. *America first* lautet das Credo jeder US-amerikanischen Administration, wobei der Tonfall, mit dem dieser Leitspruch vorgetragen wird, durchaus variieren kann.

7 Zusammenfassung

Die Krisentendenzen, die sich seit Beginn des 21. Jahrhunderts in der Finanzwirtschaft und in den politischen Institutionen Bahn brechen sowie den gesellschaftlichen Zusammenhalt und das Funktionieren des politischen Systems der USA unterminieren, könnten auf den ersten Blick als völlig neuartige Entwicklungen interpretiert werden. In der Tat: Die Finanzkrise von 2008, die unerbittliche Blockadehaltung im Kongress, der globale Terror und neue Protestbewegungen scheinen eine historisch qualitativ neue Dimension einzunehmen. Aber der Eindruck der absoluten Neuartigkeit trügt. Die Krisen verlaufen in politischen Mustern, politische Akteure beziehen sich auf teils bis zur Revolution zurückreichende Diskurse und Legitimationsnarrative und sind nicht zuletzt in ihrem politischen Handeln an institutionelle Pfadabhängigkeiten und Sachzwänge gebunden.

Der fremde Blick, das Missverständnis und der Mythos der amerikanischen Einzigartigkeit bestimmen seit dem 15. Jahrhundert die europäische Wahrnehmung der *Neuen Welt*. Die klaffende Diskrepanz zwischen dem Ideal einer gleichen und freien Gesellschaft und deren Entsprechung in der Realität dienten Generationen von Protestbewegungen als Inspirationsquelle zur Gesellschaftskritik. Die US-amerikanische Tradition der Jeremiade, der Anklage des gesellschaftlichen Verfalls und des mahnenden Appells an die nationalen Ideale ist als solche ja sogar nur mit Blick auf den Glauben an die eigene Auserwähltheit zu erfassen. Auch die Blockadehaltung im Kongress versteht nur, wer die politischen Institutionen und deren Geschichte begreift – die Krise der Weltmacht, wer den globalen Führungsanspruch der USA nachvollziehen kann. Kurzum, gegenwärtige Krisentendenzen sind weder so neu, wie sie auf den ersten Blick erscheinen mögen, noch lassen sie sich mit einem europäischen Blick ohne Kenntnis der historischen Zusammenhänge erschließen.

Literatur

Barofsky, Neil. 2012. *Bailout: An inside account of how Washington abandoned Main Street while rescuing Wall Street.* New York: Free Press.
Bartels, Larry M. 2008. *Unequal democracy. The political economy of the New Gilded Age.* Princeton: Princeton University Press.
Blyth, Mark. 2014. *Wie Europa sich kaputtspart. Die gescheiterte Idee der Austeritätspolitik.* Bonn: Dietz.
CNN. 2014. „ORC Poll". CNN, http://money.cnn.com/2014/story-supplement/cnn-orc-poll.pdf?iid=EL. Zugegriffen am 01.09.2014.
Deutschlandtrend. 2013. http://www.tagesschau.de/inland/deutschlandtrend2094.html. Zugegriffen am 20.08.2014.
Edsall, Thomas B. 2012. *The age of austerity. How scarcity will remake American politics.* New York: Anchor Books.
Feldmann, Linda. 2014. „Is Barack Obama an imperial president?" Christian science monitor 26, Januar 2014, http://www.csmonitor.com/USA/Politics/2014/0126/Is-Barack-Obama-an-imperial-president. Zugegriffen am 20.08.2014.

Fox Piven, Frances. 2012. "Occupy's protest is not over. It has barely begun." *The Guardian*, September 17, http://www.theguardian.com/commentisfree/2012/sep/17/occupy-protest-not-over. Zugegriffen am 01.09.2014.

Graeber, David. 2012. *Kampf dem Kamikaze-Kapitalismus: Es gibt Alternativen zum herrschenden System*. München: Pantheon.

Hacker, Jacob S, und Paul Pierson. 2010. *Winner-take-all politics. How Washington made the rich richer – And turned its back on the middle class*. New York: Simon und Schuster.

Hamilton, Alexander, James Madison, und John Jay. 2007. *Die Federalist papers*, Hrsg. und übersetzt von Barbara Zehnpfennig. München: C.H. Beck.

Hartz, Louis. 1955. *The liberal tradition in America*. New York/London: Harcourt Brace Jovanovich.

Hessel, Stéphane. 2011. *Empört Euch*. Berlin: Ullstein.

Hutchinson, Earl O. 2014. "President Obama's executive pen powers the right challenge to GOP". *Huffington Post*, 1. August 2014, http://www.huffingtonpost.com/earl-ofari-hutchinson/president-obamas-executiv_b_5640135.html. Zugegriffen am 20.08.2014.

Jacobs, Lawrence, und Theda Skocpol. 2005. *Inequality and American democracy. What we know and what we need to learn*. New York: Russell Sage Foundation.

Kaiser, Robert. 2013. *Act of Congress: How America's essential institution works, and how it doesn't*. New York: Knopf.

Lipset, Seymour Martin. 2003. *The first new nation*. Edison: Transaction Publisher.

Lösche, Peter. 1997. *Amerika in Perspektive*. Darmstadt: Wissenschaftliche Buchgesellschaft.

Mann, Thomas E., und Norman J. Ornstein. 2013. *It's even worse than it looks. How the American constitutional system collided with the new politics of extremism*. New York: Basic Books.

Obama, Barack. 2010. "Dies ist unser Moment." Süddeutsche Zeitung, 17. Mai 2010. http://www.sueddeutsche.de/politik/obamas-rede-im-wortlaut-dies-ist-unser-moment-1.596828.

Packer, George. 2013. *The unwinding. Thirty years of American decline*. London: Faber und Faber (dt. *Die Abwicklung, Die innere Geschichte des neuen Amerika*. Frankfurt am Main: Fischerverlage).

Parker, Christoher S., und Matt A. Barreto. 2013. *Change they can't believe in: The tea party and reactionary politics in America*. Princeton: Princeton University Press.

Piketty, Thomas. 2014. *Capital in the twenty-first century*. Cambridge: Belknap Press.

Posner, Eric A., und Adrian Vermeule. 2011. *The executive unbound: After the madison republic*. New York: Oxford University Press.

Rudalevige, Andrew. 2006. *The new imperial presidency. Renewing presidential power after Watergate*. Ann Arbor: University of Michigan Press.

Saez, Emmanuel. 2013. Striking it richer: The evolution of top incomes in the United States. UC Berkeley. http://eml.berkeley.edu/~saez/saez-UStopincomes-2012.pdf. Zugegriffen am 01.09.2014.

Samuels, Justin. 2012. *Occupy Wall Street, a leftist, anarchist cult*. CreateSpace Independent Publishing Platform.

Savage, Charlie. 2007. *Takeover: The return of the imperial presidency and the subversion of American democracy*. New York: Little Brown and Company.

Schlesinger, Arthur M., Jr. 2004. *The imperial presidency*. Boston: Houghton Mifflin.

Sinclair, Barbara. 2012. *Unorthodox lawmaking: New legislative processes in the U.S. Congress*, 4. Aufl. Washington, DC: CQ Press.

Skocpol, Theda und Vanessa Williamson. 2013. *The Tea Party and the remaking of Republican conservatism*. Oxford: Oxford University Press.

Steuerle, C. Eugene. 2014. *Dead men ruling. How to restore fiscal freedom and rescue our future*. New York. Century Foundation Press.

Taylor, Steven L., Matthew S. Shugart, Arend Lijphart, und Bernard Grofman. 2014. *A different democracy? American government in a 31-country perspective*. New Haven: Yale University Press.

Zernike, Kate. 2010. *Boiling mad: Inside Tea Party America*. Times Books.

Teil I
Grundlagen

American Exceptionalism: Ein Schlüssel zum amerikanischen Selbstverständnis

Winfried Fluck

Inhalt

1 Einleitung 16
2 Gründungsmythen der Vereinigten Staaten 17
3 Definitionen: Die Offenheit des Konzepts 19
4 Geschichte des Begriffs 20
5 Eine neue exzeptionalistische Geschichte der USA 21
6 Die Legitimationsfunktion exzeptionalistischer Rhetorik 22
7 Exzeptionalismus als Rechtfertigung US-amerikanischer Außenpolitik ... 23
8 Die Appellfunktion exzeptionalistischer Rhetorik 24
9 Fazit: Ein post-exzeptionalistisches Selbstverständnis? 25
Literatur 27

Zusammenfassung

American Exceptionalism ist ein Begriff, der sich seit dem 2. Weltkrieg, und insbesondere mit Beginn dieses Jahrhunderts in Politik und Wissenschaft eingebürgert hat, um die Idee einer historischen Sonderrolle der USA zum Ausdruck zu bringen. Mit dem Begriff kann sowohl gemeint sein, dass sich die USA in einer Reihe von Punkten von anderen Nationen unterscheiden, als auch, dass sie anderen Nationen überlegen sind und ihnen daher ein weltgeschichtlich einzigartiger Status zukommt. Diese Überzeugung hat in der Nachkriegszeit das amerikanische Selbstverständnis entscheidend geprägt. Sie hat zu einer neuen „exzeptionalistischen" Geschichte Amerikas geführt und im Folgenden die US-amerikanische Außenpolitik maßgeblich beeinflusst.

W. Fluck (✉)
John F. Kennedy-Institut für Nordamerikastudien, FU Berlin, Berlin, Deutschland
E-Mail: winfried.fluck@fu-berlin.de

Schlüsselwörter

The greatest nation on earth • Amerikanisches Selbstverständnis • Amerikanische Geschichte • Amerikanische Außenpolitik • *American Studies*

1 Einleitung

Die These von der Besonderheit, wenn nicht gar Einzigartigkeit der amerikanischen Gesellschaft spielt seit den kolonialen Anfängen eine zentrale Rolle in amerikanischen Selbstbeschreibungen und ist – wenn auch nicht immer unter der Bezeichnung amerikanischer Exzeptionalismus – zu einem wesentlichen Aspekt des amerikanischen Selbstverständnisses geworden. (Abbott 1999; Rodgers 1998). Als ein Schlüsselbegriff des nationalen Selbstverständnisses (das immer auch eine Form der Selbstanerkennung darstellt) hat die Idee eines amerikanischen Exzeptionalismus wichtige innen- und außenpolitische Funktionen übernommen. Trotz oft bitterer Auseinandersetzungen zwischen den politischen Lagern erweist sich die Überzeugung, im besten Land der Erde (*the greatest nation on earth*) zu leben, immer wieder als ein nationales Bindeglied. Kein Politiker kann es sich heute leisten, diese Überzeugung infrage zu stellen. Um der Idee einer weltgeschichtlichen Sonderrolle der Vereinigten Staaten Ausdruck zu geben, ist ein reichhaltiges rhetorisches Repertoire geschaffen worden: *empire of liberty, beacon of freedom, God's country, a shining city upon a hill, redeemer nation, the last best hope on earth, leader of the free world*, und *indispensable nation* sind Formulierungen, die in amerikanischen Selbstbeschreibungen dominieren und nach wie vor eine zentrale Rolle im Prozess nationaler Identitätsbildung spielen (Roberts 2013).

Mit der Idee des amerikanischen Exzeptionalismus soll der Anspruch erhoben werden, dass zunächst die amerikanischen Kolonien und dann die Vereinigten Staaten durch besondere politische Ideale und kulturelle Werte gekennzeichnet sind, die sie von anderen Nationen unterscheiden. Welche Werte sind das, welche Werte bilden den Kern amerikanischer Besonderheit? Immer wieder ist in Reiseberichten, in sozial- und geisteswissenschaftlichen Arbeiten und in kulturkritischen Kommentaren der Versuch unternommen worden, „spezifisch" amerikanische Werte zu identifizieren, doch mit oft sehr verschiedenen Ergebnissen. Einerseits werden Werte wie individuelle Freiheit genannt, andererseits gemeinschaftsorientierte Aspekte wie das Engagement in *grass roots* - Bewegungen oder religiösen Bewegungen betont. So kann Thomson ihre Diskussion amerikanischer Werte mit einer Frage beenden: „If American society rests on shared ideas, then the nature of these ideas would appear to be critical to understanding American exceptionalism. Yet Lipset and Baker emphasize very different core values. (...) Are we exceptional because of our supreme individualism or because of our civic virtue?" (Thomson 2010, S. 182, 186) Offensichtlich lässt sich für jeden Kandidaten auch ein

Gegenkandidat finden. Erklärungsbedürftig ist ja aber, wie es möglich ist, dass auch noch im bittern politischen Dissens ein übergreifender nationaler Konsens möglich ist. Eben das vermag ein Denken zu leisten, das von der Überzeugung getragen ist, dass die USA als Nation einzigartig sind und ihnen daher eine weltgeschichtliche Sonderrolle zukommt (und zusteht).

2 Gründungsmythen der Vereinigten Staaten

Im Gegensatz zu soziologischen und politologischen Analysen „spezifisch amerikanischer" Werte haben sich die Geschichtswissenschaft und die Kulturwissenschaften auf Selbstbeschreibungen konzentriert, die einen in der US-amerikanischen Gesellschaft bis heute weithin gültigen Konsens begründet haben und daher als wesentliche Quellen einer „exzeptionellen" nationalen Identität angesehen werden. Aufgrund der zentralen Rolle, die sie in der amerikanischen Politik, Gesellschaft und Kultur von Anfang an gespielt haben, spricht man von amerikanischen Gründungsmythen. Zu ihnen gehören die puritanische Vision des Aufbruchs in ein gelobtes Land, durch den die Besiedlung des neuen Kontinents zum Teil eines göttlichen Heilsplans wird und die Siedler zum „auserwählten Volk" (*chosen people*), die pastorale Vision eines neuen Garten Eden (*agrarian myth*), das Versprechen unbeschränkter sozialer Aufstiegsmöglichkeiten (*success story*), das Versprechen einer von staatlicher und gesellschaftlicher Seite uneingeschränkten individuellen Selbstentfaltung (*individualism*), der Vorstoß in eine unbekannte neue Welt jenseits bisheriger Grenzen (*frontier*) und die Vorstellung eines Schmelztiegels der Völker (*melting pot*), die später durch den Multikulturalismus als ethnische Vielfalt rekonzipiert wurde. Anfang der 1930er Jahre, in denen die wirtschaftliche Depression zu einer nationalen Selbstbesinnung auf spezifisch amerikanische Werte führte, wurde für dieses Bündel von Gründungsmythen die Sammelbezeichnung des „amerikanischen Traums" (*American dream*) geschaffen. Sie hat sich eingebürgert als Begriff für das Versprechen einer individuellen Selbstverwirklichung unabhängig von Geburt, Stand und ethnischer Zugehörigkeit.

Mythen sind ursprünglich „Göttergeschichten" und haben als solche die Freiheit einer Überhöhung von Wirklichkeit. Es geht den amerikanischen Gründungsmythen daher nicht um die Beschreibung einer gesellschaftlichen Wirklichkeit, sondern um die Beschreibung eines nationalen Potentials. Diese Erzählungen über „Amerika" haben sich gegenüber Versuchen der Kritik und ideologiekritischen Entlarvung als außerordentlich resistent erwiesen, weil sie Hoffnungen und Wünsche artikulieren, die selbst noch in der kritischen Widerlegung eine utopische Kraft bewahren. Die kollektiven Wunschvorstellungen haben Ausdruck gefunden in Erzählungen und Bildern, durch die ein Fundus geschaffen worden ist, auf den in immer neuer Variation zurückgegriffen werden kann. Ein Mythos kann nicht wirklich widerlegt werden, denn wenn eine Version ihre Plausibilität verloren hat, kann dieselbe Geschichte in neuer Fassung wieder auferstehen.

Auf die Geschichte und die mannigfaltigen Variationen einzelner Mythen kann hier nicht näher eingegangen werden. (Siehe dazu Fluck 2008). Zum Teil stellen sie konkurrierende Visionen dar: Der agrarisch-pastorale Mythos verträgt sich nicht mit der *success story*; die gewalttätige Selbstbehauptung an der *frontier* ist oft gegen den ethnisch Anderen gerichtet. Man ist daher heute davon abgerückt, Entwürfe einer nationalen amerikanischen Identität mit einem dieser Mythen gleichzusetzen und begreift sie als Erzählungen über Amerika, deren gemeinsamer Nenner darin besteht, dass sie allesamt zur Idee eines amerikanischen Exzeptionalismus beitragen. Was sie miteinander verbindet, ist das Versprechen eines grundlegenden Neuanfangs, der durch die amerikanische Gesellschaft möglich wird, oft im Rückgriff auf puritanische Rhetorik als Wiedergeburt (*rebirth*) beschrieben. Die Puritaner, eine radikale Reformbewegung innerhalb der Anglikanischen Kirche, überhöhten ihre Besiedlung New Englands zu einem Akt grundlegender religiöser Erneuerung, die zum leuchtenden Vorbild für eine vom Scheitern bedrohte Reformation werden sollte. Und während das puritanische Sendungsbewusstsein angesichts der praktischen Herausforderungen des Lebens in der neuen Welt einer Reihe von Prüfungen und Belastungen unterworfen wurde, denen es sich bald nicht mehr gewachsen zeigte, blieb die Idee eines historischen Neuanfangs, auf dem »die Augen der Welt ruhen«, in säkularisierter Form im amerikanischen Denken bewahrt und wurde insbesondere im politischen Kampf um die eigene politische Unabhängigkeit wiederbelebt. Damit wurde eine zentrale Legitimationsstrategie amerikanischer politischer Rhetorik etabliert. Das Bild der »city upon a hill« wird noch heute von US-Präsidenten gebraucht, wenn es darum geht, die historische Einzigartigkeit des amerikanischen Experiments zu betonen und der amerikanischen Gesellschaft eine weltgeschichtliche Vorbildfunktion zuzuschreiben.

Das Versprechen einer „Wiedergeburt" bildet auch den imaginären Kern anderer Gründungsmythen. Im agrarisch-pastoralen Mythos ermöglicht Amerika dem *common man*, dem einfachen Mann, der in Europa nach wie vor in ökonomischer und sozialer Abhängigkeit befangen ist, zum ersten Mal die Möglichkeit einer selbstbestimmten Existenz auf eigenem Land. Im *success myth* erscheinen die USA als das erste Land, in dem ein von Klassenschranken unbehinderter sozialer Aufstieg „vom Tellerwäscher zum Millionär" (*from rags to riches*) möglich wird und damit auch eine Form individueller Selbstverwirklichung, die lange Zeit den Kern des „amerikanischen Traums" bildete. In einem einflussreichen, selbst mythenbildenden Aufsatz wurde die *frontier* vom amerikanischen Historiker Frederick Jackson Turner als Ort eines Übertritts aus der Welt zivilisatorischer Ordnung in eine Welt der Gesetzlosigkeit beschrieben, in der das Individuum in der erfolgreichen Selbstbehauptung die Chance einer „Wiedergeburt" als starkes, autarkes Individuum erfährt und damit auf exemplarische Weise das nationale Regenerationspotential der *frontier* verdeutlicht. Die Idealisierung der *frontier* als Ort eines ständigen Neuanfangs steht als Appell an den Pioniergeist der Amerikaner auch heute noch zur Verfügung, wo es um die Bewältigung einer neuen nationalen Aufgabe geht – man denke beispielsweise an John F. Kennedys Charakterisierung des Weltalls als neuer *frontier* Amerikas. Das Versprechen ungeahnter neuer Möglichkeiten individueller Selbstermächtigung bildet auch den Kern des Mythos vom freien, radikal selbstbestimmten Individuum, der heute über die Romane von Ayn Rand eine neue politische Resonanz gefunden hat. Und schließlich gehörte es lange zum Versprechen des Mythos des *melting pot*, dass im Völkergemisch Amerikas ein neuer Mensch entsteht, eine Vorstellung, die heute durch die Idee multikultureller Austausch- und Vermischungsprozesse ersetzt worden ist. Im nationalen Selbstverständnis zeichnen alle diese Möglichkeiten die USA vor anderen Gesellschaften aus und tragen zu einem gesellschaftlichen Konsens bei, in dem nach wie vor von der Besonderheit und Einzigartigkeit der amerikanischen Gesellschaft ausgegangen wird. In diesem Sinne stellen die amerikanischen Gründungsmythen einen unerschöpflichen und unverzichtbaren kulturellen Fundus für die Idee des amerikanischen Exzeptionalismus dar.

3 Definitionen: Die Offenheit des Konzepts

Eine Erklärung für die Wirksamkeit der Idee des amerikanischen Exzeptionalismus liegt in der Offenheit des Konzepts. Man kann sich im Glauben an eine Sonderrolle und Einzigartigkeit der amerikanischen Gesellschaft einig sein und dennoch sehr verschiedener Meinung darüber sein, was die USA einzigartig macht. Welche Werte die „spezifisch amerikanischen" sind, kann dann zum Gegenstand immer neuer Auseinandersetzungen werden. In diesem Sinne fungiert der Begriff des Exzeptionalismus als ein Metakonzept, das mit verschiedenen Inhalten gefüllt werden kann. Selbst da, wo das Versprechen einer besonderen oder gar einzigartigen Gesellschaft enttäuscht wird, und diese Enttäuschung, wie beispielsweise in den Protesten gegen den Vietnamkrieg, zum Ausgangspunkt der vehementen Kritik an einem Amerika wird, das seine Ideale verraten habe, bleiben diese „spezifisch amerikanischen" Ideale die Basis der Kritik, sodass die Idee eines amerikanischen Exzeptionalismus selbst noch in der Kritik als Bezugspunkt bewahrt bleibt (Bercovitch 1978).

Zur Bedeutungsoffenheit des Begriffs des Exzeptionalismus trägt bei, dass der Begriff selbst mehrdeutig ist. Ist mit Exzeptionalismus lediglich gemeint, dass die USA anders sind als andere Nationen oder dass sie aufgrund dieser Andersheit besser sind? Mit dem Begriff des Exzeptionalismus kann sich ein Überlegenheitsanspruch verbinden, aber auch der bloße Hinweis auf Merkmale, durch die sich die amerikanische Gesellschaft von anderen Gesellschaften unterscheidet. In diesem Sinn wird der Begriff beispielsweise von Shafer gebraucht: „,American exceptionalism', summarized, is the notion that the United States was created differently, developed differently, and thus has to be understood differently – essentially on its own terms and within its own context." (Shafer 1991, S. v) Auch für Seymour Lipset bezeichnet der Begriff lediglich eine Differenz und keinen Überlegenheitsanspruch: „When Tocqueville or other ‚foreign traveler' writers or social scientists have used the term ‚exceptional' to describe the United States, they have not meant, as some critics of the concept assume, that America is better than other countries or has a superior culture." (Lipset 1997, S. 18) Dagegen insistiert Joyce Appleby: „Exceptional does not mean different." (Appleby 1992, S. 419) Ebenso argumentiert Daniel Bell: „But uniqueness is not ‚exceptionalism'. All nations are to some extent unique. But the idea of exceptionalism, as it has been used to describe American history and institutions, assumes not only that the United States has been unlike other nations, but that it is exceptional in the sense of being exemplary (‚a city upon a hill'), or a beacon among nations; or immune from the social ills and decadence that have beset all other republics in the past; or that it is exempt…from the laws of decadence or the laws of history." (Bell 1975; zit. nach Shafer 1991, S. 50)

Die Mehrdeutigkeit des Begriffs des Exzeptionalismus macht ihn für die Zwecke politischer Legitimation besonders brauchbar, denn sie erlaubt es, sich je nach Bedarf zwischen schwacher und starker Version hin und her zu bewegen. Mit dem Verweis auf die amerikanische Geschichte und auf spezifisch amerikanische Werte kann ein Anspruch auf Einzigartigkeit erhoben werden, während andererseits der Kritik an einem möglichen Chauvinismus mit dem Hinweis begegnet werden kann, dass es ja lediglich um eine Beschreibung nationaler Unterschiede gehe. Letztlich geht es jedoch fast immer um die Formulierung eines Überlegenheitsanspruchs. So kann auch das Fazit des behutsam abwägenden Historikers Daniel Rodgers am Ende nur lauten: „Not the least, difference in American culture has meant ‚better': the superiority of the American way" (Rodgers 1992, S. 22).

4   Geschichte des Begriffs

Es ist kein Zufall, dass der Begriff des amerikanischen Exzeptionalismus (der ursprünglich von Josef Stalin Ende der 1920er Jahre geprägt wurde, um Abweichungen der amerikanischen kommunistischen Partei zu geißeln) nach dem 2. Weltkrieg Konjunktur gewinnt und seine heutige Bedeutung annimmt. Das geschieht unter dem Eindruck des Zusammenbruchs Europas. Angesichts einer scheinbar endlosen Kette von Kriegen, Diktaturen und historischen Katastrophen versichern sich die USA mit dem Begriff des Exzeptionalismus, dass es ihnen offensichtlich vergönnt ist, sich von diesen historischen Gesetzmäßigkeiten zu befreien und es ihnen (durch göttliche Fügung) gelungen ist, eine Gesellschaft zu schaffen, der das europäische Schicksal erspart bleiben wird. Damit kann zugleich gerechtfertigt werden, dass die USA nach dem 2. Weltkrieg eine Führungsrolle in der westlichen Welt übernehmen: In ihrem Exzeptionalismus können sie Europa und dem Rest der Welt als Vorbild dienen für das, was möglich ist, wenn ideologische Konflikte und Klassenkämpfe überwunden sind. Die Ideale und Werte der amerikanischen Nation über nationale Grenzen hinweg zu verbreiten und zur Basis einer neuen Weltordnung zu machen, konnte auf diese Weise zur weltgeschichtlichen Aufgabe werden.

Aus der Perspektive des amerikanischen Exzeptionalismus wurden die Sonderrolle und Einzigartigkeit der USA dadurch ermöglicht, dass man die Probleme der Alten Welt bei der Ankunft in der Neuen Welt hinter sich zurücklassen konnte. Da es keinen Feudalismus gab, bedurfte es auch keiner französischen Revolution mit all ihren Exzessen; da man keine Aristokratie und Ständegesellschaft vorfand, gab es keine verfestigten Klassenstrukturen und damit auch keine Notwendigkeit zum

Klassenkampf. Bereits um 1906 hatte der deutsche Soziologe Werner Sombart die Frage gestellt (und zum Gegenstand einer viel beachteten Studie gemacht), warum es in den USA keine nennenswerte sozialistische Bewegung gebe. (Sombart 1906). In Zeiten des Kalten Krieges und der Auseinandersetzung mit dem Kommunismus musste diese Frage neuerlich aktuell werden; zugleich aber konnte sie im Verweis auf einen amerikanischen Exzeptionalismus wirkungsvoll entschärft werden. Rodgers fasst pointiert zusammen, was den USA im liberalen Selbstbild alles erspart geblieben ist: „No Robespierre, no de Maistre [ein bedeutender Vertreter der Gegenaufklärung], no Marx, no Goebbels, no Stalin, only an eternal Locke." (Rodgers 1998, S. 29; Hartz 1955) Wurde der amerikanische Exzeptionalismus zunächst durch Einzelmerkmale wie das Fehlen einer sozialistischen Bewegung oder eine stabile demokratische Tradition definiert, so weitet sich der Begriff zunehmend zur Bezeichnung für die Besonderheit und Einzigartigkeit der USA insgesamt.

5 Eine neue exzeptionalistische Geschichte der USA

Welchen maßgeblichen Einfluss die Idee des amerikanischen Exzeptionalismus auf das amerikanische Selbstverständnis nach dem 2. Weltkrieg ausgeübt hat, ist an einer grundlegenden Reorientierung der amerikanischen Geschichtsschreibung ablesbar, durch die die Idee eines amerikanischen Exzeptionalismus zur Grundlage einer neuen Version der amerikanischen Geschichte wird. Für die vom Reformdenken der *Progressive Period* und des *New Deal* beeinflussten Historiker der ersten Hälfte des 20. Jahrhunderts stellte der Konflikt zwischen Kapitalismus und Demokratie den Motor der amerikanischen Geschichte dar. Die neue „exzeptionalistische" Konsensgeschichtsschreibung setzt an die Stelle des Konflikts den Konsens über die Besonderheit der amerikanischen Nation. Alexis de Tocquevilles Pionierstudie *Democracy in America* erfährt eine Wiederentdeckung und wird zu einem der Gewährstexte der Idee des amerikanischen Exzeptionalismus. (de Tocqueville 1969). Auch für das Fach der Amerikastudien (*American Studies*), das nach dem 2. Weltkrieg konzipiert und universitär institutionalisiert wird, ist die Idee eines amerikanischen Exzeptionalismus fundierend und wird zum Ausgangspunkt einer Suche nach historischen und kulturellen Manifestationen einer „spezifisch amerikanischen" Identität, die als Beleg für die Besonderheit des Landes fungieren können (Smith 1950; Lewis 1955; Marx 1964).

Wo die Idee des Exzeptionalismus die leitende Vorannahme darstellt, wird die Wahrnehmung zwangsläufig auf Ereignisse und Akteure gelenkt, die sich für eine exzeptionalistische Version der amerikanischen Geschichte als besonders ergiebig erweisen. Der amerikanische Exzeptionalismus führt zu einer völlig neuen Version der amerikanischen Geschichte und zu einem völlig neuen literarischen Kanon. Bewegungen wie beispielsweise der Puritanismus, über den man bis dahin eher den Mantel des Schweigens decken wollte, oder Autoren wie Hector St. John de Crèvecoeur, von dem zuvor kaum Notiz genommen wurde, rücken nunmehr in den Mittelpunkt. Die amerikanische Revolution wird umgedeutet, ja geradezu sakralisiert; die imperiale Westexpansion der USA wird in der „Frontier-These" als eine Form zivilisatorischer Regeneration verklärt, die die Besonderheit der amerikanischen Gesellschaft erklärt. Der Puritaner John Winthrop (*city upon a hill*), Crèvecoeur (*What then is the American, this new man?*), die amerikanischen Gründerväter, Alexis de Tocqueville und Frederick Jackson Turner sind Hauptfiguren in dieser neuen, „exzeptionalistischen" Geschichtsschreibung. Ihre Schriften rücken ins Zentrum schulischer und universitärer Curricula, die einen wesentlichen Einfluss auf das amerikanische Selbstbild haben. Damit tragen sie wesentlich dazu bei, den nationalen Konsens überhaupt erst zu schaffen, von dem die exzeptionalistische Konsensgeschichtsschreibung als Arbeitsprämisse ausgeht.

Für die neue exzeptionalistische Geschichtsschreibung erwies sich der amerikanische Puritanismus als besonders brauchbar. Vor dem 2. Weltkrieg wurde er als eher peinliches Kapitel amerikanischer Vorgeschichte angesehen, als Beispiel für einen repressiven Moralismus, der Amerika allzu lange in einer Kleinstadtmentalität arretiert hatte. Dann leitet der Ideengeschichtler Perry Miller eine folgenreiche Umdeutung ein und stellt das moralische Erneuerungsversprechen in den Mittelpunkt, das sich mit der puritanischen Besiedlung New Englands verband. (Miller 1939). Im Denken der Puritaner, das durch typologische Bezüge auf die Bibel geprägt ist, sind die Siedler auf dem neuen Kontinent ein auserwähltes Volk, das endlich im gelobten Land angekommen ist. Der puritanische Exodus und das mit ihm verbundene moralische Erneuerungsversprechen werden nunmehr zur Gründungsgeschichte Amerikas erklärt und damit buchstäblich zur „Wiege" Amerikas. Die „shining city upon a hill", auf die sich John Winthrop in einer Predigt zu Beginn des Unternehmens bezieht (aber danach nie wieder), ist nicht mehr ein Bild, das der europäischen Reformation Hoffnung auf eine religiöse Erneuerung geben soll, sondern wird nunmehr zum Bild für das utopische Verspechen einer neuen amerikanischen Ordnung überhöht.

6   Die Legitimationsfunktion exzeptionalistischer Rhetorik

Das Beispiel Winthrops verweist auf eine wesentliche Funktion exzeptionalistischer Argumentation. Von der kommenden Nation USA konnte Winthrop 1630 noch nichts wissen. Sein Bezugspunkt war England bzw. genauer: der englische Puritanismus, vor dem der Aufbruch in die amerikanischen Kolonien gerechtfertigt werden musste. Die exzeptionalistische Rhetorik fungiert hier nicht nur als Beschreibung eines historischen Vorgangs oder als Bekräftigung eines Ideals, sondern stellt zugleich eine effektive Form des Appells und der Legitimierung dar. Die biblische Analogie, durch die New England unversehens zur *city upon a hill* wird, half Winthrop, sich von dem Vorwurf zu befreien, man würde die englischen Glaubensbrüder im Stich lassen. Stattdessen kann nun umgekehrt behauptet werden, dass man einen radikalen Schritt der Erneuerung wagen will, der auch dem englischen Puritanismus und der Reformation generell zugute kommen wird (Madsen 1998).

Im Folgenden wird die exzeptionalistische Rhetorik im amerikanischen Kontext wiederbelebt, wann immer sich Probleme der Legitimierung von politischer Autorität und Machtausübung ergaben. Auch die amerikanischen Gründerväter standen ja vor dem Problem, eine neue Staatsform zu rechtfertigen, für die es kein zeitgenössisches Vorbild und keine offizielle Legitimation gab. Der exzeptionalistische Anspruch, als erstes Land der Erde die Werte der Aufklärung politisch umzusetzen, konnte dabei eine wichtige Rolle spielen, aber zugleich konnte es auch hilfreich sein, das neue politische Gebilde der Vereinigten Staaten mithilfe religiöser Rhetorik als Werk göttlicher Vorhersehung darzustellen und auf diese Weise die junge Republik mit einer religiösen Rechtfertigung zu versehen. Robert Bellah hat diese Form der politischen Legitimation mittels religiöser Rhetorik als amerikanische „Zivilreligion" beschrieben und ihre Kontinuität in der amerikanischen Geschichte bis in die Gegenwart nachgewiesen (Bellah 1975).

In ihrer Geschichte haben sich die USA immer wieder durch den Anspruch legitimiert, dass die amerikanische Nation die beste Hoffnung der Menschheit darstelle und ausersehen sei, eine göttliche Vorhersehung zu realisieren, um auf diese Weise das Vorbild für eine neue Weltordnung abzugeben. Die Werte der amerikanischen Gesellschaft offensiv über nationale Grenzen hinaus zu verbreiten, konnte auf diese Weise zur weltgeschichtlichen Aufgabe werden. In beiden Versionen des amerikanischen Exzeptionalismus, der religiösen wie der politisch-republikanischen, steht die Vision einer historischen Vorbild- und Führungsrolle der Vereinigten Staaten im Zentrum des Selbstverständnisses, aus der sich die moralische und politische Verpflichtung ergibt, die spezifisch amerikanischen Werte und Ideale zu verbreiten. Die Idee des amerikanischen Exzeptionalismus hat der amerikanischen Außenpolitik auf diese Weise oft ein Sendungsbewusstsein verliehen, das im Glauben an die Überlegenheit amerikanischer Werte verankert ist und von der Überzeugung geleitet wird, dass amerikanische Werte universale Verbreitung finden sollten.

Im 19. Jahrhundert erreicht der Gebrauch der Idee des amerikanischen Exzeptionalismus zur Rechtfertigung einer aggressiven Besiedlungs- und Außenpolitik einen Höhepunkt, auch wenn der Begriff des Exzeptionalismus selbst noch nicht gebräuchlich war. Zur Legitimation amerikanischer Expansion prägt John L.O. Sullivan 1845 den Begriff des *Manifest Destiny*, um der Überzeugung Ausdruck zu verleihen, dass es die weltgeschichtliche Aufgabe der USA sei, das „große Experiment der Freiheit und der politischen Selbstbestimmung", das die göttliche Vorsehung der amerikanischen Nation anvertraut hat, über den gesamten amerikanischen Kontinent zu verbreiten. Damit können unter anderem Vertreibungen der Indianer gerechtfertigt und als zwangsläufig, wenn nicht sogar gottgewollt dargestellt werden. Am Ende des 19. Jahrhunderts wird dann die Idee einer göttlich sanktionierten Mission der amerikanischen Nation zur Rechtfertigung einer offen imperialistischen Außenpolitik ausgeweitet.

7 Exzeptionalismus als Rechtfertigung US-amerikanischer Außenpolitik

Der Bezug auf die Idee eines amerikanischen Exzeptionalismus, um eine bestimmte Außenpolitik zu rechtfertigen, lässt sich auch in der Gegenwart beobachten. Dabei ist allerdings ein historisch instruktiver Bedeutungswandel zu beobachten.

Zwar gibt es immer noch ideelle Rechtfertigungen, die – wie beispielsweise Präsident George Bush, Jr. in seiner *Second Inaugural Address* im Jahr 2005 – als das Ziel der amerikanischen Außenpolitik die Verbreitung der Idee der Freiheit propagieren, aber zunehmend gibt es auch eine neokonservative Argumentation, in der die Idee des Exzeptionalismus machtpolitisch redefiniert wird. Anstatt sich für die Hegemonie der USA zu entschuldigen, müssen die USA die Machtausübung als Aufgabe der „größten Nation" (Kagan 2003, S. 87) offensiv praktizieren. Exzeptionell sind die USA nicht mehr primär und nicht mehr notwendigerweise aufgrund ihrer politischen Ideale oder moralischen Werte, sondern aufgrund ihrer ökonomischen, technologischen und militärischen Überlegenheit. Diese Exzeptionalität kann jedoch nur bewahrt werden, wenn sich die USA nicht scheuen, diese Macht auch tatsächlich wirksam auszuüben. Eine Hinwendung zum Unilateralismus ist daher gerechtfertigt und die Machtausübung im Interesse amerikanischer politischer Interessen bedarf nun nicht mehr einer moralischen oder gar utopischen Rechtfertigung.

Damit wird zugleich ein wichtiger Aspekt der Idee eines amerikanischen Exzeptionalismus sichtbar: Was gibt den USA das Recht, in anderen Ländern einzugreifen und sich selbst die Rolle eines Weltpolizisten zu verleihen? Wenn Exzeptionalismus lediglich eine nationale Differenz bezeichnen würde, könnten auch andere Nationen dieses Recht beanspruchen. Exzeptionalismus muss daher als Einzigartigkeit propagiert werden, aber worin ist diese Einzigartigkeit begründet? In der Vergangenheit lag sie in der Besonderheit amerikanischer Ideale, doch diese Argumentation ist durch Vietnam, spätestens aber durch die Bush-Administration kompromittiert worden. Insofern hat sich auch die Legitimation verschoben: Die Rechtfertigung von Interventionen liegt nunmehr nicht mehr in Idealen, sondern in der militärischen Stärke der USA, die sie für die Rolle des Weltpolizisten prädestiniert. Wenn es aber diese Form der Stärke ist, durch die die USA anderen überlegen sind (und nicht mehr die Stärke ihrer Ideale), dann kann diese Legitimation nur aufrecht erhalten werden, wenn die USA diese Stärke auch glaubhaft zu machen vermögen. Es reicht nicht, sie lediglich rhetorisch zu behaupten; sie muss auch so demonstriert werden, dass sie von anderen anerkannt wird. Nur dann erhält sie ihre machtpolitische Legitimität und Wirksamkeit. Das ist der Hintergrund der neokonservativen Insistenz auf einer aggressiven, machtpolitisch selbstbewussten amerikanischen Außenpolitik. Der amerikanische Exzeptionalismus wird dadurch allerdings zum Bestandteil einer tautologischen Legitimation: Die USA können bzw. müssen intervenieren, weil sie eine Sonderstellung haben und exzeptionell sind; sie sind exzeptionell, weil sie intervenieren können.

8 Die Appellfunktion exzeptionalistischer Rhetorik

Die veränderte Rolle, die die Idee des Exzeptionalismus heute oft spielt, macht eine weitere wichtige Funktion des Begriffs sichtbar: seine Appellfunktion. Das wird beispielsweise in der *Inaugural Address* von Präsident Ronald Reagan deutlich, mit der die Idee des amerikanischen Exzeptionalismus Einzug hält in die innenpolitischen Auseinandersetzungen der amerikanischen Gegenwartspolitik. Auch Reagan bezieht sich auf das Bild der *city upon a hill* und damit auf die Idee, dass Amerika eine historische Vorbildrolle zukomme. Die USA sind Vorbild für den Rest der Welt, weil sie das Land der Freiheit sind. Das kann jedoch nur gelten, wenn die Amerikaner nach wie vor bereit sind, diese Freiheit zu verteidigen, zum Beispiel dadurch, dass sie einen sozialstaatlichen Verrat am Ideal der Freiheit nicht zulassen. Mit anderen Worten: Die Besonderheit der USA liegt in der Besonderheit ihrer Ideale, aber diese Ideale können nur dann wirksam werden (und somit als Rechtfertigung dienen), wenn die Amerikaner weiterhin daran glauben und dementsprechend handeln. Aus der Beschreibung einer besonderen historischen Konstellation ist auf diese Weise eine politische Beschwörungsformel geworden.

Das gilt ironischerweise auch für viele liberale Kritiker (neo)konservativer Außenpolitik, die diese als Verletzung wahrer amerikanischer Werte ansehen und den damit verbundenen Ansehensverlust der USA beklagen. (Slaughter 2007). Der Wandel in amerikanischen Selbstrechtfertigungen von moralischer Überlegenheit hin zu überlegener Macht ist ja nicht unwidersprochen geblieben. Dabei wird argumentiert, dass die USA einen internationalen Führungsanspruch nur aus der moralischen Autorität ihrer Ideale ableiten können. Die gegenwärtige Identitätskrise des Landes kann daher nur dadurch überwunden werden, dass sich die USA auf die Ideale besinnen, die die Nation groß gemacht haben. Oder anders ausgedrückt: Die Idee des amerikanischen Exzeptionalismus lässt sich nur rechtfertigen, wenn ihre Basis – die Besonderheit ihrer Ideale – wieder glaubhaft vertreten wird. Die Überlegenheit der USA liegt in der Überlegenheit ihrer Werte und daher muss verhindert werden, dass man nicht mehr an sie glaubt. Auch hier wird die Idee des amerikanischen Exzeptionalismus somit zum Mittel eines rhetorischen Appells. In einer Rede vor West Point Graduierten (am 28.5.2014) hat Präsident Obama eine ähnliche Position eingenommen: „I believe in American exceptionalism with every fiber of my being. But what makes us exceptional is not our ability to flout international norms and the rule of law; it's our willingness to affirm them through our action." Exzeptionell sind nicht die USA, sondern bestimmte Ideale, und nur da, wo sich die USA daran orientieren, kann tatsächlich von einem amerikanischen Exzeptionalismus gesprochen werden. Insofern sollte die Idee des Exzeptionalismus nicht dem neokonservativen Lager und seiner machtpolitischen Redefinition überlassen werden. (Rorty 1998; Wolfe 2005). Vielmehr sollte der Kampf um die Definition angenommen werden, denn die Zukunft der USA wird davon abhängen, wer die Deutungshoheit über die Idee des amerikanischen Exzeptionalismus gewinnt.

9 Fazit: Ein post-exzeptionalistisches Selbstverständnis?

Ob dieser Weg erfolgreich sein wird, ist derzeit offen. Denn neben der machtpolitischen neokonservativen und der idealistischen liberalen Position hat sich inzwischen in der Kritik der Idee des amerikanischen Exzeptionalismus eine dritte

Position herausgebildet, die wesentlich von den neuen sozialen Bewegungen der 1960er Jahre geprägt ist und die inzwischen eine umfassende Revision der amerikanischen Geschichts- und Kulturgeschichtsschreibung eingeleitet hat. Für diese postexzeptionalistische Geschichtsschreibung ist nicht mehr New England repräsentativ für die Anfänge Amerikas, sondern die *Chesapeake* Bay, nicht mehr der moralische Neubeginn, sondern das religiös unmotivierte Abenteurertum der mittleren Kolonien, dem es primär um den Besitz von Land und Gütern ging. (Greene 1993). Das führte über den Tabakanbau zur Einführung der Sklaverei und damit zur aktiven Beteiligung am transatlantischen Sklavenhandel, die die USA als letzte der westlichen Nationen aufgab. Auch die auf ein Podest erhobenen Gründerväter, denen es um „life, liberty, and the pursuit of happiness" ging, waren ja Sklavenhalter. Das trifft auf George Washington zu, aber auch auf den Autor der Unabhängigkeitserklärung Thomas Jefferson, der Zeit seines Lebens über 260 Sklaven besaß (und im Gegensatz zu Washington in seinem Testament nur 6 von ihnen die Freiheit schenkte). Insgesamt gab es bis zum amerikanischen Bürgerkrieg nur drei amerikanische Präsidenten, die keine Sklaven besaßen. Crèvecoeur, vermeintlich Gewährsmann der Suche nach einer neuen amerikanischen Identität, war ein Royalist, der vor der amerikanischen Revolution nach Frankreich floh. Andrew Jackson, ebenfalls ein Sklavenhalter, lieferte mit der *Second Annual Message* (1830) eine der kaltblütigsten und herzlosesten offiziellen Rechtfertigungen der Indianervertreibung. Entgegen der Sombart-These ist die zweite Hälfte des 19. Jahrhunderts durch immer neue Arbeitskämpfe und ein Spektrum radikaler Bewegungen gekennzeichnet. Und entgegen des eigenen Selbstbildes waren die USA im 19. Jahrhundert keineswegs das einzige oder auch nur das führende Einwanderungsland; ganz abgesehen von der Tatsache, dass zwischen den beiden Weltkriegen eine ‚rassisch' fundierte Quotenpolitik praktiziert wurde, die der Idee eines „Schmelztiegels" diametral entgegen stand.

In all diesen Fällen hat sich die These von einer von Idealen geleiteten Nation als unhaltbar erwiesen. Die USA sind keineswegs eine besonders tugendhafte Nation, deren Handeln primär von politischen Idealen und moralischen Prinzipien geleitet ist. Bei genauerer Betrachtung erweisen sich die USA als eine Nation unter anderen, mit charakteristischen Stärken und Schwächen. Viele Phänomene sind nicht „spezifisch amerikanisch", sondern müssen in einem weitergehenden transnationalen Zusammenhang gesehen werden; dementsprechend haben sich die *American Studies* als *Transnational American Studies* rekonzipiert und in diesem Zusammenhang Spezialisierungen wie *Transatlantic Studies*, *Southern Hemisphere Studies* und *Pacific Rim Studies* ausgebildet, um den internationalen Verflechtungen und den fortlaufenden kulturellen Austauschprozessen Rechnung zu tragen, die auch die USA geprägt haben.

Aus dieser Perspektive kann der amerikanische Exzeptionalismus nunmehr als ein Mythos erscheinen (Hodgson 2009) oder sogar als „beautiful lie" (Beinart 2010); als Konsequenz der wachsenden Einsicht in die Grenzen amerikanischer Macht wird sogar ein Ende des amerikanischen Exzeptionalismus vorausgesagt (Bacevitch 2009). Ausgewogener und angemessener ist hier das Fazit von Stephen Walt: „Far from being a unique state whose behavior is radically different from that of other great powers, the U.S. has behaved like all the rest, pursuing its own self-interest first and foremost, seeking to improve its relative position over time, and devoting relatively little blood or treasure to purely idealistic pursuits. Yet, just like past great powers, it has convinced itself that it is different, and better, than everyone else." (Walt 2012, S. 6). Diese Sicht hat allerdings mittlerweile an Überzeugungskraft verloren. Umfragen haben ergeben, dass der Glaube, die USA seien eine einzigartige Gesellschaft, in der amerikanischen Gesellschaft und insbesondere bei den unter 30-jährigen stark im Rückzug begriffen ist. Während 50 Prozent der über 65-jährigen immer noch glauben, dass die USA die beste Nation auf Erden sind (*greatest nation on earth*), gilt das bei den unter 30-jährigen nur noch für 27 Prozent.

Allerdings ist es für einen Nachruf zu früh. Zur Geschichte des Begriffs gehört auch, dass er in den letzten Jahren in der amerikanischen Politik ein unerwartetes Comeback gefeiert hat. Während er in der Geschichts- und Kulturwissenschaft zunehmender Kritik unterworfen wird, haben ihn amerikanische Politiker wiederbelebt und immer häufiger zur Basis ihrer eigenen politischen Positionsbestimmung gemacht. Während der amerikanische Exzeptionalismus der einen Seite immer mehr als Mythos erscheint, versucht ihn die andere Seite als einen Wert zu stärken, an dem es unbeirrt festzuhalten gilt, denn nur so kann Amerikas Größe und Macht bewahrt werden. Die Politik – oder jedenfalls eine bestimmte Politik – braucht somit den amerikanischen Exzeptionalismus immer noch zu ihrer Legitimation und nutzt seine Appellfunktion. Was offene Machtpolitik ist, könnte dann wieder zur uneigennützigen Hilfe für die Sache der Freiheit deklariert werden (Pease 2007, 2009).

Literatur

Abbott, Philip. 1999. *Exceptional America: Newness and national identity*. New York: Lang.
Appleby, Joyce. 1992. Recovering America's historic diversity: Beyond exceptionalism. *Journal of American History* 79(2): 419–31.
Bacevich, Andrew J. 2009. *The limits of power. The end of American exceptionalism*. New York: Henry Holt.
Beinart, Peter. 2010. *The Icarus syndrome. A history of American hubris*. New York: HarperCollins.
Bell, Daniel. 1975. The end of American exceptionalism. *The Public Interest* 41: 193–224.
Bellah, Robert. 1975. *The broken covenant: American civil religion in time of trial*. Chicago: University of Chicago Press.
Bercovitch, Sacvan. 1978. *The American jeremiad*. Madison: University of Wisconsin Press.
Fluck, Winfried. Kultur. 2008. In *Länderbericht USA*, Hrsg. Peter Lösche, 712–812. Bonn: Bundeszentrale für politische Bildung, aktualisierte und neu bearbeitete Auflage, 2008.
Greene, Jack P. 1993. *The intellectual construction of America: Exceptionalism and identity from 1492 to 1800*. Chapel Hill: University of North Carolina Press.
Hartz, Louis. 1955. *The liberal tradition in America: An interpretation of American political thought since the revolution*. New York: Harcourt, Brace.
Hodgson, Godfrey. 2009. *The myth of American exceptionalism*. New Haven: Yale University Press.
Kagan, Robert. 2003. *Of paradise and power*. New York: A. Knopf.

Lewis, R.W.B. 1955. *The American Adam. Innocence, tragedy and tradition in the nineteenth-century*. Chicago: Chicago University Press.
Lipset, Seymour M. 1997. *American exceptionalism: A double-edged sword*. New York: Norton.
Madsen, Deborah. 1998. *American exceptionalism*. Jackson: University Press of Mississippi.
Marx, Leo. 1964. *The machine in the garden. technology and the pastoral ideal in America*. New York: Oxford University Press.
Miller, Perry. 1939. *The New England mind*. New York: MacMillan.
Pease, Donald E. 2007. Exceptionalism. In *Key words for American cultural studies*, Hrsg. Bruce Burgett und Glenn Hendler, 108–112. New York: New York University Press.
Pease, Donald E. 2009. *The new American exceptionalism*. Minneapolis: University of Minnesota Press.
Roberts, Timothy and Dicuirci, Lindsay, Hrsg. 2013. *American exceptionalism*. 4 Bde. London: Pickering & Chatto.
Rodgers, Daniel. 1998. Exceptionalism. In *Imagined histories: American historians interpret the past*, Hrsg. A. Molbo und Gordon Wood, 21–41. Princeton: Princeton University Press.
Rorty, Richard. 1998. *Achieving our country*. Cambridge, MA: Harvard University Press.
Shafer, Byron E, Hrsg. 1991. *Is America different? A new look at American exceptionalism*. Oxford: Clarendon Press.
Slaughter, Ann-Marie. 2007. *The idea that is America. Keeping faith with our values in a dangerous world*. New York: Basic Books.
Smith, Henry Nash. 1950. *Virgin land. The American west as symbol and myth*. New York: Vintage Press.
Sombart, Werner. 1906. *Warum gibt es in den Vereinigten Staaten keinen Sozialismus*. Tübingen: Mohr.
Thomson, Irene Taviss. 2010. *Culture wars and enduring American dilemmas*. Ann Arbor: University of Michigan Press.
de Tocqueville, Alexis. 1969. *Democracy in America*. Garden City/New York: Doubleday.
Walt, Stephen M. 2012. The myth of American exceptionalism. *Foreign Policy*. www.foreignpolicy.com (16.11.12), 1–6.
Wolfe, Alan. 2005. *Return to greatness. How America lost its sense of purpose and what it needs to do to recover it*. Princeton: Princeton University Press.

Religion in den Vereinigten Staaten von Amerika

Michael Hochgeschwender

Inhalt

1 Einleitung 30
2 Die Grundlagen der US-amerikanischen Religionsgeschichte 30
3 Die zweite große Erweckungsbewegung (1790–1860) 35
4 Die fundamentalistische Erweckung (1880 bis 1930) 39
5 Der Weg in die Gegenwart 43
6 Fazit 48
Literatur 48

Zusammenfassung

Im Laufe ihrer Geschichte haben die USA eine ganz eigentümliche Form von Religiosität entwickelt, die eng mit der Entstehung ihrer nationalen Identität gekoppelt war und ist. In einem komplexen, mehrfach dialektischen Spannungsfeld von calvinistischer Erweckungsreligiosität, protestantischem Mainstream, Katholizismus, Judentum, Säkularismus und Minderheitenreligionen kam es zu einer einzigartigen Fülle rivalisierender und sehr lebendiger religiöser Angebote, die sowohl politisch als auch kulturell und gesellschaftlich Wirkung entfalteten, ohne aber je Gefahr zu laufen, eine Form von Staatskirchentum hervorzubringen.

Schlüsselwörter

Religion • Christentum • Judentum • Erweckungsbewegungen

M. Hochgeschwender (✉)
Amerika-Institut, LMU München, München, Deutschland
E-Mail: michael.hochgeschwender@lrz.uni-muenchen.de

1 Einleitung

In kaum einem Land des transatlantisch-westlichen Kulturraums spielt Religion in der Gegenwart eine so herausragende Rolle wie in den Vereinigten Staaten von Amerika (Williams 2002, Jewett und Wengerin 2008, Butler 1990). Schon im Rahmen einer bloß oberflächlichen Beobachtung tun sich auf diesem Feld tief greifende Unterschiede zwischen den USA und vor allem Westeuropa, Skandinavien und Großbritannien auf. In mancherlei Hinsicht erscheint die US-amerikanische Gesellschaft religionswissenschaftlich hier mit Lateinamerika, Afrika und Teilen Asiens verwandt als mit Europa. Dies betrifft insbesondere die besondere Rolle, welche religiöse Erweckungsbewegungen immer wieder im Verlauf der amerikanischen Geschichte gespielt hat. Religion, allen voran die verschiedenen Formen und Varianten des Protestantismus, war von Beginn an für das Entstehen nationaler Identität zentral wichtig. Ohne einen ausführlichen Blick in die Geschichte der religiösen Entwicklung der USA ist dieser Befund gleichwohl kaum einsichtig zu machen. Im Folgenden soll daher ein straffer Überblick über die Religionsgeschichte Britisch-Nordamerikas und der USA seit der Kolonialzeit gegeben werden, ehe abschließend gegenwärtige Fragen des Verhältnisses von Religion und Gesellschaft beziehungsweise Staat und Kirchen behandelt werden (Hutson 2008).

2 Die Grundlagen der US-amerikanischen Religionsgeschichte

Am Anfang stand ein Paradox: Auf der einen Seite war die Gesellschaft der britischen Festlandskolonien auf dem nordamerikanischen Kontinent ganz an den Vorgaben des frühneuzeitlichen Europa orientiert (Hochgeschwender 2007). Gesellschaft, Politik und Kultur waren ohne Religion nicht denkbar. Mehr noch, die Gründung der britischen Kolonien hatte vielfach einen explizit religiösen Hintergrund. Die Neuenglandkolonien Massachusetts und Connecticut waren puritanische Gründungen, das heißt hier hatten sich strenggläubige Calvinisten – die sich im frühen 17. Jahrhundert zum Teil sogar auf der Flucht vor der anglikanischen Staatskirche des Königreiches England befunden hatten – eine Heimstatt geschaffen, in der sie sich eigene Staatswesen errichteten, die weitgehend unter der Kontrolle der puritanischen Gemeinden und ihrer Vorsteher, wenn auch nicht notwendig der Geistlichkeit standen. Von einer Theokratie zu sprechen würde wohl zu weit führen, da die Puritaner sehr wohl eine von der calvinistischen Kirchengemeinschaft unabhängige weltliche Herrschaft und vor allem eine strikte Orientierung an der englischen Rechtsstaatlichkeit kannten. Dennoch handelte sich zumindest um eine spezielle Form des Staatskirchentums, da bis in das späte 17. Jahrhundert ausschließlich Puritanern die Leitung des Staatswesens zukam. Da dies zugleich die Verfolgung religiös Andersdenkender, insbesondere von Baptisten, Quakern, Juden und Katholiken, beinhaltete, kam es 1636 durch den abtrünnigen Puritaner Roger Williams zur Gründung der neuen Kolonie Rhode Island, die sich als expliziter Gegenentwurf zu den puritanischen Kolonien verstand. In Rhode

Island wurde von Beginn an religiöse Toleranz geübt, freilich unter Ausschluss romtreuer Katholiken. Gleichzeitig bemühte sich Williams im Gegensatz zur Mehrheit der Puritaner um ein friedliches Verhältnis zu den benachbarten Indianerstämmen. Ebenfalls dem gerade erst entstehenden Toleranzideal verpflichtet waren zwei weitere Koloniegründungen, einmal das 1681 dem Quaker William Penn überlassene Pennsylvania, das für sein fast schon freundschaftliches Miteinander von verschiedenen christlichen Denominationen und den umgebenden Indianern berühmt und–unter weißen Siedlern–höchst umstritten war, zum anderen das für wenige Jahrzehnte katholisch beherrschte Maryland. Dort hatte die Familie Calvert religiöse Toleranz durchgesetzt, die allerdings in den 1690er Jahren endete, als der Anglikanismus in der Kolonie zur Staatsreligion wurde. In anderen Kolonien, beispielsweise in Virginia, den beiden Carolinas und New York war der Anglikanismus durchweg Staatsreligion. Religiöse Toleranz war demnach kein prinzipielles Element des englischen Kolonialreiches in Nordamerika, sondern ergab sich oft eher zufällig aus lokalen und individuellen Konstellationen.

Auf der anderen Seite darf man den religiösen Faktor in der frühen nordamerikanischen Geschichte keinesfalls überbetonen. Die neuere, quantifizierende religionshistorische Forschung hat herausgearbeitet, wie gering der Anteil der an religiöse Institutionen (Kirchen) gebundenen Personen bis weit in das 20. Jahrhundert tatsächlich war (Finke und Stark 1992). Für 1770 nimmt man an, dass nur etwa 7-23 % der Kolonisten Mitglieder einer Kirche waren. Der Rest war nicht notwendig ungläubig, wurde aber von den kirchlichen Strukturen insbesondere der Anglikaner nicht erfasst. Die neuenglischen Kolonien verfügten über die höchste Dichte von Kirchenmitgliedern, obwohl ausgerechnet das puritanische Kirchenverständnis eine Mitgliedschaft erheblich erschwerte. Um Puritaner zu werden, bedurfte es eines besonderen Erwählungserlebnisses, das über die konventionelle Taufe hinausging. In einem eigenen Konversionsbericht mußte dann die Gemeinde der Heiligen, so das puritanische Selbstverständnis, von der Echtheit dieses Erlebnisses überzeugt werden. Gleichzeitig waren Puritaner faktisch zu andauernder Selbstreflexion über die Echtheit und Reinheit ihres Glaubenslebens verpflichtet, was auf längere Sicht gegen Ende des 17. Jahrhunderts zu einem Niedergang der puritanischen Vorherrschaft in Neuengland führte. Auf Dauer konnten die Puritaner ihr exklusives Verständnis als auserwählte Oppositionskirche gegen den Anglikanismus nicht aufrechterhalten, da sie selbst zur Herrschaftskirche geworden waren. Daher mussten erst in den 1660er Jahren die Zugangsvoraussetzungen zur Kirchenmitgliedschaft und damit zur politisch-gesellschaftlichen Teilhabe gelockert werden (**halfway covenant**), ehe dann die puritanische Orthodoxie ab 1690 in den streng calvinistischen Kongregationalismus und den aufgeklärt-rationalistischen Deismus zerfiel. Die Hexenverfolgungen von Salem in Massachusetts im Jahr 1692 waren dabei eher ein Symptom der Krise des Puritanismus als dessen Auslöser. Immerhin beendeten nicht die aufgeklärten Kaufleute von Boston die Verfolgungen, sondern die puritanische Geistlichkeit selbst besann sich relativ rasch eines Besseren. Ihre intellektuelle und soziale Vormachtstellung vermochten sie aber in der Folge im unruhigen Massachusetts nicht mehr zu behaupten. In den anderen Kolonien blieben die Kirchenmitglieder im engeren Sinn stets eine verschwindend kleine Minderheit, was oft genug auch mit der fehlenden Seelsorge durch anglikanische Priester oder Geistliche der Quaker in den Grenzgebieten des Westens zusammenhing.

Diese schwach ausgeprägte institutionelle Seelsorge führte dann zu einem für Nordamerika typischen Phänomen, dem Aufkommen von enthusiastischen Erweckungsbewegungen (Noll 2002). Zwar fanden sich vergleichbare Phänomene gerade im 18. und 19. Jahrhundert weltweit, teilweise wurden auch Indianerstämme davon ergriffen, aber selten erreichten sie die Intensität der nordamerikanischen Erweckungsbewegungen, die in aller Regel gleichzeitig von urbanen Mittelklassen und der Landbevölkerung getragen wurden und sich bevorzugt an kirchlich ungebundene Gläubige richteten. Theologisch handelte es sich um eine apokalyptische, also endzeitlich ausgerichtete und gleichzeitig evangelikale, also die Bibel als unmittelbar an den Einzelmenschen ergangenes Wort Gottes verstehende Bewegung, die sich an der Frage nach der Seelsorge an der Westgrenze der Kolonien, der *frontier*, entzündete. Bedurfte es angesichts der bevorstehenden Endzeit wirklich noch akademisch ausgebildeter Prediger und Priester der Staatskirche oder konnte nicht im Grunde jeder, der sich vom Wort Gottes in der Heiligen Schrift unmittelbar betroffen und getroffen fühlte, eine Gemeinde eröffnen, um zu predigen?

Darüber hinaus blieb die erste große Erweckungsbewegung, die um 1740 gleichzeitig Großbritannien und Nordamerika ergriff (Kidd 2007), orthodox calvinistisch beziehungsweise anglikanisch und methodistisch. Katholiken blieben von ihr weitgehend unberührt. Die sozialen Träger der Erweckungsfrömmigkeit waren in der Regel kleine presbyterianische und methodistische Freibauern in den hügeligen Piedmontregionen der Appalachees und Alleghenies, die sich überwiegend im Konflikt mit den anglikanischen, calvinistischen oder freigeistig-deistischen Großgrundbesitzern und Bodenspekulanten aus der Ostküstenelite oder den Quakern Pennsylvanias befanden. Insofern trug die Erweckungsbewegung durchaus sozialkritische Züge. In Einzelfällen, etwa bei den Regulatoren in North Carolina und South Carolina in den 1760er Jahren, konnte sie sogar regelrecht sozialrevolutionäre Züge annehmen (Kidd 2010, Clark 2006). Allerdings ist in der Forschung weiterhin umstritten ob und inwieweit die erste Erweckungsbewegung, die man sich eher als Summe einer Vielzahl unkoordinierter kleinerer Erweckungswellen denn als einheitliche Bewegung vorstellen muss, zur Amerikanischen Revolution der 1770er Jahre beitrug (Dreisbach und Hall 2014). Tatsächlich wird man innerhalb des evangelikalen Enthusiasmus nur ausnahmsweise explizit demokratische oder revolutionäre Züge finden. Obendrein standen nach 1775 viele Erweckte, etwa die Methodisten in Maryland und oder die presbyterianischen Regulatoren der Carolinas aufseiten der britischen Krone, während die gänzlich unerweckten deistischen Eliten sich der Revolution gegen das Westminsterparlament in London anschlossen (Byrd 2013). Dennoch kommt man wohl nicht umhin, den Erweckungen seit den 1730er und 1740er Jahren eine gewisse Bedeutung im vorrevolutionären Prozeß zuzubilligen: Erstens beschleunigte sie den gesamtgesellschaftlichen Trend zur Individualisierung, der bereits in der im Vergleich mit Europa deutlich lockereren Siedlungsweise in Einzelgehöften oder verstreuten Kleinsiedlungen angelegt war.

Die evangelikale Frömmigkeit verlangte, ähnlich wie zuvor bereits der Puritanismus, die freie religiöse Entscheidung von Individuen um ihres Seelenheiles willen. Die bloße Taufe in eine etablierte Staatskirche reichte angesichts der drängenden Naherwartung der Wiederkunft Christi nicht mehr hin. Zweitens verknüpften die akademisch nicht gebildeten erweckten Prediger oft lockeanisch-frühliberales Gedankengut mit einer innigen Herzensfrömmigkeit und trugen auf diese Weise dazu bei, einen christlichen Lockeanismus auszubilden, der antihierarchisch, egalitär, anti-institutionalistisch und ant-iintellektuell war, gleichzeitig aber die unbedingte Heiligkeit des Privateigentums als gewissermaßen religiöse Forderung begriff. darüber hinaus verschärfte die Erweckungsfrömmigkeit die bereits in der Reformation des 16. Jahrhunderts und dem vorangegangenen Humanismus angelegte kritische Sicht auf Armut und die Armen. Im Gegensatz zur mittelalterlich-katholischen Frömmigkeitstradition mit ihrer Wertschätzung von Almosen und Werken der Caritas gegenüber den mehrheitlich positiv wahrgenommenen Armen rückte nun der Unterschied zwischen den guten, unverschuldet in Not geratenen Armen und den angeblich faulen, selbstverschuldeten, demnach schlechten Armen in den Vordergrund. Letzteren gegenüber aber schuldete die Gesellschaft in keinerlei Weise mehr irgendwelche sozialen Sicherungsmaßnahmen. Jeder war, mit Gottes Hilfe und nach Gottes Plan, seines eigenen Glückes Schmied. Dieser reformatorische, protoliberale Lockeanismus mit seiner Wertschätzung von Arbeit, innerweltlicher Askese, Profitdenken, moralischen Kreuzzügen und Privateigentum wurde alsbald zu einem zentralen Aspekt amerikanischer Weltanschauung.

Drittens traten die Erweckten für ein Kirchenverständnis ein, das nicht, wie der Katholizismus, die sichtbare und universale, weltumspannende Kirche und ihre Einheit in den Vordergrund stellte, sondern – unter dem Mantel einer rein geistgewirkten und unsichtbaren Kirche der reformatorischen Tradition - den Primat der örtlichen Kirchengemeinde, das sogenannte kongregationalistische Prinzip, in den Vordergrund stellte. Daraus aber folgte automatisch eine Kritik an den Relikten des Staatskirchensystems in den einstmals puritanischen Kolonien Neuenglands und den anglikanischen Kolonien. Gemeinsam mit deistischen Aufklärern, darunter Thomas Paine und Thomas Jefferson, setzten erweckte Baptisten, Presbyterianer und Methodisten Schritt um Schritt das *Deestablishment* in den einzelnen Kolonien beziehungsweise den Bundesstaaten der USA durch. Bis 1832 (in New Hampshire bis 1858) verschwanden sämtliche Privilegien der etablierten Staatskirchen aus den Einzelstaatenverfassungen, ohne dass damit der religiöse Grundcharakter des amerikanischen öffentlichen Lebens und die Bedeutung der Religion auf gesellschaftlicher Ebene relativiert worden wäre (Green 2010). Ganz im Gegenteil, die sogenannte Zivilreligion der USA, die religiöse Aura mit der Staat, Verfassung, Gründerväter, Fahne und Unabhängigkeitserklärung im öffentlichen Bewusstsein umgeben wurden und die damit verknüpfte religiöse Rhetorik nahmen im Verlauf des 19. Jahrhunderts stark evangelikale und deistische Züge an.

Der Evangelikalismus trug somit maßgeblich zum Entstehen einer nationalen Identität in den jungen USA bei. Gleichzeitig sorgten die Evangelikalen, wiederum im Verein mit deistisch-freigeistigen Aufklärern, dafür, mithilfe des ersten Verfassungszusatzes von 1791 jedwedes Staatskirchentum auf Bundesebene von vornherein zu unterbinden. Wie in den Einzelstaaten plädierten die evangelikal Erweckten, für eine strikte Trennung von Staat und Kirche, die freilich weiterhin nicht als Trennung von Religion, Politik und Gesellschaft interpretiert wurde. Auf diese Weise arrangierte sich gerade die erweckte Frömmigkeitsbewegung mit dem religiösen und ethnokulturellen Pluralismus in den USA der Frühzeit, ja, sie trug aktiv dazu bei, diesen zu befördern. Schließlich griff die erste Erweckungsbewegung eine Idee auf, welche schon die Puritaner umgetrieben hatte. Diese verstanden ihre Siedlungen in Nordamerika als *city upon the hill*, als das neue, endzeitliche Jerusalem, dessen Glorienschein der Heiligkeit von der Wildnis Nordamerikas in die verkommenen Stätten der tyrannisch-despotischen, korrupten und moralisch degenerierten Zivilisation ausstrahlen sollte. Die Puritaner waren ihrem eigenen Selbstverständnis nach die auserwählten Heiligen Gottes, der letzte, heilige Rest der Menschheit. Im Bewußtsein der Erweckten des 18. Jahrhunderts wurde daraus die Vorstellung, das revolutionäre Amerika und die neu gegründeten USA seien der von Gott auserwählte Hort der Freiheit und der Moral. Damit legten sie die Grundlage für das Selbstverständnis der USA als *God's Own Nation*, aber auch für eine oftmals dualistische Sicht von Politik und Außenpolitik. Die nordamerikanischen Kolonien und dann die USA waren nach dieser Interpretation das neue Israel, das von Gott dazu berufen war, nicht nur passiv zu leuchten, sondern aktiv die Sache des Guten gegen das Böse schlechthin zu befördern. Die USA, so Evangelikale und Liberale gleichermaßen, stellten die letzte Hoffnung der Menschheit, die letzte Bastion von Freiheit, Eigentum und echter Religiosität dar (Morone 2003, Preston 2012).

Schon aus diesen knappen Andeutungen wird ersichtlich, wie ungemein prägend die Erweckungsbewegungen des 18. Jahrhunderts nicht allein für die Ära der Amerikanischen Revolution, der Verfassungsgebung und der frühen Republik waren, sondern wie ausschlaggebend sie auf das Entstehen einer amerikanischen nationalen Identität einwirkten, wobei sie in der Regel mit Verfechtern des lockeanischen Protoliberalismus und des Tugendrepublikanismus gemeinsame Sache machten. Allerdings fehlte dem erweckt-enthusiastischen Engagement die Kontinuität. Noch im Verlauf der Revolution, in den 1770er Jahren, ließ die fiebrige Erwartung der Wiederkunft Christi allmählich nach. Die individualistischen erweckten Gemeinden kamen in ein ruhigeres Fahrwasser, sie nahmen institutionelle Züge an. Parallel dazu bildete sich der sogenannte *Mainstream* heraus. Unter dieser Bezeichnung versteht man eine Gruppe moderater, nichterweckter Konfessionen, darunter der anglikanische Episkopalismus, das Luthertum, die moderaten Presbyterianer, die Kongregationalisten und die deistischen Unitarier. Der *Mainstream* wurde charakteristisch für die Religiosität der städtischen Mittel- und Oberklassen sowie der Großgrundbesitzerkaste, während die Erweckungsfrömmigkeit sich in den unteren Mittelklassen und im kleinbäuerlichen Bereich hielt. Überhaupt nahm das religiöse Leben in den USA der frühen Republik (um 1800) mehr oder minder

Züge einer ausgeprägten Klassenfrömmigkeit an, die sie bis in die 1980er Jahre bewahren sollte. Amerikaner wechselten (und wechseln) relativ oft die konfessionelle Zugehörigkeit, sowohl im Falle sozialen Aufstiegs wie bei den relativ häufigen Ortwechseln. Dies hatte weniger etwas mit Oberflächlichkeit in religiösen Dingen oder einer rein konsumistischen Haltung gegenüber Religion zu tun, obwohl beide Faktoren seit den 1880er Jahren wichtig wurden (Leach 1993), sondern entsprach dem reformatorischen Kirchenverständnis und der Idee vom unbedingten Vorrang der Einzelgemeinde vor einer abstrakt gedachten, unsichtbaren Geistkirche.

Vor diesem theologischen Hintergrund entwickelte sich ein System, wonach man, sofern man eher den unteren Klassen angehörte, einer erweckten Denomination zuzurechnen war, während man beim Aufstieg in die Mittelklasse in den *Mainstream* wechselte, der außerhalb der Erweckungsbewegungen soziokulturell dominant war. An der Spitze der religiösen Statusleiter standen die Episkopalen, die Presbyterianer und die Kongregationalisten sowie die Unitarier, während die Quaker infolge der Revolution, in deren Verlauf die als Anhänger Großbritanniens wahrgenommen wurden, an sozialem und kulturellem Status massiv einbüßten. Ganz am Rand standen Kleinreligionen, etwa die wiedertäuferischen Sekten der Amish, der Hutterer und der Mennoniten, die allesamt wegen ihres Pazifismus und ihrer Weigerung, Eide zu leisten, eher geduldet als respektiert und geachtet wurden. Auch Katholiken und Juden fanden in diesem System keinen Ort, da sie entweder aufgrund ihres ganz anders gearteten Kirchenverständnisses oder wegen der Verquickung von Ethnie und Religion von vornherein ausgeschlossen waren. Entsprechend verblieben Katholiken und Juden überdurchschnittlich oft in der Religionsgemeinschaft, in die hinein sie geboren waren.

3 Die zweite große Erweckungsbewegung (1790–1860)

Allerdings blieb auch nach den ersten Erweckungen des 18. Jahrhunderts und der Revolutionsära das Gros der amerikanischen Bevölkerung kirchlich ungebunden. Insofern hatten sich die gesellschaftlichen Ausgangsbedingungen seit den 1740er Jahren mit Blick auf die Möglichkeit religiöser Erweckungswellen nicht maßgeblich geändert. Und wirklich, kaum war die erste Welle abgeflaut, kam es ab circa 1790 zu neuen Aufbrüchen, die diesmal von der neuen Westgrenze in Kentucky und Tennessee ihren Ausgang nahmen. Wie fünf Jahrzehnte zuvor, entzündete sich das Feuer des apokalyptischen Enthusiasmus an der Frage der akademischen Ausbildung der Geistlichkeit. Und erneut machten sich selbst ernannte Wanderprediger, darunter der ehemalige Rechtsanwalt Charles Grandison Finney, auf den Weg, um große Massen anzusprechen und zu bekehren. Diesmal waren die Erweckungskampagnen deutlich professioneller als zuvor (Hochgeschwender 2007). Die Prediger wurde durch Orchester und Paraden angekündigt, man traf sich zu großen *Camp Meetings* auf freiem Feld, wo mitunter vier bis fünf Prediger über drei Tage hinweg Tausende von begeistern Zuhörern in Taumel religiöser Ekstase versetzten. Menschen wälzten sich im Schmutz und flehten lautstark um Vergebung ihrer

Sünden. Der Bruch mit der Vergangenheit wurde regelrecht theatralisch inszeniert, die Idee des Neuen, des Fortschritts im geistig-geistlichen Leben bekam einen vollkommen neuen, bislang unbekannten Charakter. Außenstehende Beobachter aus dem *Mainstream* sowie Katholiken wandten sich angewidert ab und bezweifelten die Ernsthaftigkeit der Motive sowohl der Gläubigen als auch der Prediger. Ungeachtet dieser skeptischen Vorbehalte ließ sich der einmal entfachte Sturm nicht mehr aufhalten. Modernen Schätzungen zufolge waren um 1830 rund 90 % der praktizierenden amerikanischen Protestanten evangelikal. Die neuen Enthusiasten übernahmen die strukturellen Grundlagen der vorrevolutionären Erweckungen und koppelten sie mit modernen Kommunikationstechnologien. Wiederum zeitgleich in Großbritannien und den USA nutzten sie Eisenbahnen, um möglichst große Menschenmassen zu *Camp Meetings* zu transportieren, oder den Telegraphen und Zeitungen, um ihre Inhalte zu verbreiten.

Vor allem jedoch passten sie ihre Theologie dem optimistischen Zeitgeist an (Holifield 2003). Im Gegensatz zu den orthodox calvinistischen Predigern der 1740er Jahre wandten sich die Nachfolger von zentralen Dogmen des reformierten Christentums ab, allen voran von der Idee der doppelten Prädestination, wonach Gott nur einen winzigen heiligen Rest zum Heil berufen hat, während die Masse der Menschen immer schon verdammt war. Demgegenüber akzeptierten die Prediger der Jahrzehnte nach 1790 nun den sogenannten Arminianismus oder Heilsuniversalismus, nach dem jedem Menschen prinzipiell die Tür zum ewigen Heil offen stand. Dies führte zu einem gesteigerten missionarischen Ethos, denn wenn jeder Mensch gerettet werden konnte, mußte man auch für seine Rettung aktiv Sorge tragen. Schon 1812 tauchten deswegen amerikanische Missionare in Birma auf, kurz danach wurden sie in China aktiv, wo sie, allerdings ungewollt, zum Ausbruch der Taipingrevolte in den 1840er Jahren beitrugen. Die Mehrheit der Prediger konzentrierte sich indes auf die USA. Hier, beim neuen Bundesvolk, im neuen Heiligen Land der Auserwählten Gottes, kam eine weitere theologische Neuerung zum Tragen: der Postmillenniarismus. Dabei handelte es sich um eine besondere Art, den Text der *Offenbarung des Johannes* auszulegen. Entgegen dem Wortlaut nahm man nicht mehr an, Christus werde das Tausendjährige Reich der Endzeit vor der Schlacht von Armageddon aus reiner Gnade und eigener Vollkommenheit errichten und entsprechend vor dem Millennium wiederkehren, wie es der traditionelle protestantisch-apokalyptische Prämilleniarismus besagte, sondern den Menschen obliege es, eine perfekte, heilige Gesellschaft bevorzugt in den USA zu errichten, um so die Wiederkunft Christi nach dem Millennium einzuleiten oder zu beschleunigen. Dieser religiöse Perfektionismus wurde neben dem Heilsuniversalismus zur tragenden Säule der zweiten Erweckungswelle. Insbesondere in den Städten des Nordens und Nordostens, auf welche die Bewegung in den 1820er und 1830er Jahren zunehmend übergriff, führte dies zu ganz konkreten gesellschaftspolitischen Forderungen der Erweckten, die in der Regel mit denen liberaler Reformer kompatibel waren, obwohl sie von den Evangelikalen meist radikaler vorgetragen wurden als von den liberalen Philanthropen der Zeit. Den Evangelikalen gelang es, ab den 1820er Jahren nicht nur, ihre soziale Basis bis weit in die städtischen Mittelklassen hinein zu erweitern, sie schufen dank ihrer Affinität zu modernsten

Kommunikations- und Organisationsmethoden zudem mitgliederstarke Lobbyorganisationen, etwa der Sabbathobservanzbewegung der 1820er Jahre, die rund 10 % aller erwachsenen Amerikaner vereinigte. Politisch waren die Evangelikalen mehrheitlich eng mit der liberalkonservativen Whigpartei, die sich ab 1829 entwickelte, verbunden, in den 1850er Jahre liefen sie im Norden dann zu den neu gegründeten Republikanern über. Demgegenüber wurden die Demokraten zur Partei der Freigeister, der katholischen Arbeiter, der sklavenhaltenden Großgrundbesitzer und der Baptisten des Westens.

Zu den zentralen politischen Forderungen der radikalen Erweckten des Nordens zählten neben der Sabbathobservanz, das heißt der Sonntagsheiligung, etwa die Abschaffung der Sklaverei (Hochgeschwender 2006). Während die Erweckten im Süden eher in der Minderheit blieben und sich auf individualmoralische Vorgaben beschränkten oder die Sklaverei zu einem Institut göttlichen Rechts erklärten, forderten nordstaatliche Evangelikale mithilfe der abolitionistischen Bewegung das möglichst schnelle Ende der Sklaverei, die als Sünde charakterisiert wurde. Allerdings lehnten die überwiegend pazifistischen Erweckten Gewalt als Mittel im Kampf gegen die Sklavenhalter bis zum Ausbruch des Bürgerkriegs konsequent ab und distanzierten sich zugleich vom abolitionistischen Terror des Altcalvinisten John Brown. Aus ähnlichen Motiven heraus lehnte sie den nationalistischen Expansionismus der freigeistigen Intellektuellen der Gruppe *Young America* um John L. O'Sullivan mit seiner Idee des *Manifest Destiny* der USA, also dem Glauben an eine natürliche Vormachtstellung der USA auf dem amerikanischen Doppelkontinent rigoros ab. Expansionismus war mit dem sozialen Perfektionismus der Bewegung nicht vereinbar, obschon O'Sullivan, der Agnostiker war, sein Programm in religiöser Begrifflichkeit formuliert hatte. Dafür traten die Evangelikalen für weitere Sozialreformen ein, etwa die Temperenz im Kampf gegen den weit verbreiteten Alkoholismus, eine Gefängnisreform mit der Idee, Zuchthäuser durch Arbeitshäuser mit Gebetsstunden und klösterlichen Regularien zu ersetzen, die *State Penitentiaries*, der Kampf gegen die Todesstrafe und die Schulreform, wobei die Bibel als zentrales Unterrichtsmittel dienen sollte. Selbst an der frühen Frauenbewegung waren Evangelikale beteiligt. Ihre perfektionistischen Sozialreformen trieben sie gleichwohl nicht nur in eine Frontstellung gegen die Sklavenhalter des Südens, sondern auch gegen die Massen katholischer Migranten, vor allem aus Irland und Deutschland, die seit den 1840er Jahren in die USA strömten. Der apokalyptische Evangelikalismus war traditionell eifernd antikatholisch. Der römische Papst galt politisch als Agent der finstersten Reaktion und der Tyrannei der heiligen Allianz, religiös als Antichrist und Hure Babylon. Das Auftauchen zahlreicher Katholiken wurde als Merkmal der kommenden Apokalypse gewertet. Umgekehrt machte der Katholizismus zu dieser Zeit mit dem Ultramontanismus selbst eine Art von Erweckungsbewegung durch, sofern man dies von dem notorisch unerweckten römischen Glauben sagen konnte. Immerhin waren katholische Laien dabei, selbstbewusster ihre Religion zu pflegen und sie aggressiver zu verteidigen. Dies verstärkte nur die antikatholische Hysterie der Evangelikalen und der liberalen Nationalisten, weswegen seit 1834, als erstmals ein Nonnenkonvent auf amerikanischem Boden niedergebrannt wurde, fremdenfeindliche

Gruppen, die bald *Know Nothings* genannt wurden, den Antikatholizismus in Gewalt umschlagen ließen. Die Evangelikalen beteiligten sich nicht an dieser Gewalt, missbilligten sie aber auch nicht sonderlich.

Die zweite Erweckungsbewegung schlug noch an einem anderen Punkt in Gewalt um. Aus seinen Reihen hatte sich in dem vom Erweckungsenthusiasmus besonders betroffenen westlichen New York eine ganz neue Religion gebildet, die nur noch dem Namen nach christlich war: das Mormonentum des John Smith (Bushman 2008). Diesem war angeblich von einem Engel eine neue schriftliche Offenbarung, das Buch Mormon, zuteil geworden. Dessen Lehren ließen sich mit dem Biblizismus der Evangelikalen ebenso wenig vereinbaren wie mit der Wohlanständigkeit des liberalen Bürgertums, weswegen Mormonen, vor allem nachdem sie die Vielehe eingeführt hatten, von allen Seiten, Nordstaatlern und Südstaatlern, *Mainstream*, Erweckten, Katholiken und liberalen Freigeistern mit Hass und Gewalt verfolgt wurden. Evangelikale Prediger, etwa Alexander Campbell, der ansonsten eher zu den Moderaten zählte, hetzten mit allen Mitteln gegen das Mormonentum und seinen Abfall vom Christentum. Zeitweise kam es in Utah, wohin die Mormonen sich mit ihren Milizen zurückgezogen hatten, zu bürgerkriegsähnlichen Unruhen. Die mormonischen Milizen beantworteten den Hass der Nichtmormonen mit dem Massaker von Mountain Meadow 1858, dass sie den umliegenden Indianerstämmen, zu denen sie ansonsten ein gutes Verhältnis pflegten, in die Schuhe zu schieben versuchten. Die US-amerikanische Armee marschierte daraufhin kurzerhand in das Mormonenterritorium ein und hängte die Verantwortlichen. Erst 1890 konnte Utah, nachdem die Polygamie offiziell abgeschafft worden war, der Union beitreten und erst im späten 20. Jahrhundert wurden Mormonen allmählich in die amerikanische Gesellschaft integriert.

Aber weder der gewalttätige Antikatholizismus noch der Kampf gegen die Mormonen beendete die zweite Erweckungswelle. Sie verlief sich seit den 1840er Jahren langsam, da erneut die Wiederkunft Christi nicht stattgefunden hatte. Einige Prediger, darunter der prämilleniaristische Begründer der späteren Siebentage-Adventisten William Miller hatten sogar das Datum der Apokalypse präzise für 1843 vorausgesagt. Als nichts geschah, verflachte der Enthusiasmus, um dann 1857 und während des Bürgerkriegs von 1861 bis 1865 wieder kurz aufzuflackern. Aber die ungeheuerlichen Blutopfer des Bürgerkriegs gaben dem Fortschrittsoptimismus der postmilleniaristischen Evangelikalen den Rest. Man hat zwar gesagt, die Bürgerkriegsarmeen von Union und Konföderation seien die frömmsten Armeen der amerikanischen Geschichte gewesen, aber ihre Frömmigkeit war doch wieder eher vom Übergang in den *Mainstream* gekennzeichnet. Nach dem Ende des Bürgerkriegs kam es zu einer Phase stabiler Säkularisierung, die sich mit dem aufkommenden Materialismus und Konsumismus des *Gilded Age*, des vergoldeten Zeitalters der Hochindustrialisierung und der Monopole und Oligarchen verband.

Wie die Mormonen entstammte auch der Spiritualismus, der sich ab 1848 mit rasanter Geschwindigkeit vom westlichen New York aus ausbreitete, dem weiteren Umfeld der evangelikalen Erweckungsbewegung (Moore 1986). Allerdings hatte er mit dem Christentum nichts mehr gemein und bediente vor allem die religiösen Gefühle modern-naturwissenschaftlich eingestellter Freigeister aus den bürgerlich-urbanen Mittelklassen, sprach aber auch traditionell geistergläubige Angehörige der Landbevölkerung an. Anders als etwa in Deutschland avancierte der Spiritualismus in den USA zu einer Art Volksreligion mit vermutlich mehreren Hunderttausend Gläubigen und Anhängern. Er war vor allem für Frauen attraktiv, weil er keine etablierte Priesterschaft und kirchliche Institutionalität kannte, was Frauen die Chance eröffnete, sich als Medium zu gerieren. Überdies versprach er einen scheinbar naturwissenschaftlich-experimentellen, erfahrungsgesättigten Zugang zum Jenseits, obwohl die Botschaften, so wie sie die Medien vermittelten, ziemlich banal wirkten. Nach dem Bürgerkrieg wurde der Spiritualismus als Schwindel entlarvt und verlor weite Teile seine Anhängerschaft, tauchte aber gelegentlich wieder auf.

4 Die fundamentalistische Erweckung (1880 bis 1930)

Unter der Oberfläche aber schwelten religiöse Sehnsüchte weiter. Vor allem konsolidierte sich der Katholizismus in den USA. In den 1880er und 1890er Jahren kamen nicht mehr nur Iren und Deutsche, sondern auch Polen, Italiener, Spanier, Ruthenen und Franzosen. Der Katholizismus nahm trotz des weiterhin weit verbreiteten liberalen und protestantischen Antikatholizismus, organisatorisch Gestalt an. Er wurde zu der Religion der amerikanischen Arbeiterschaft. Gleichzeitig übernahmen Bischöfe und Theologen die konservative, allerdings für die soziale Frage aufgeschlossene und kapitalismusskeptische Neuscholastik aus Europa, insbesondere den Neuthomismus nach der Enzyklika Papst Leo XIII. *Aeterni Patris*, womit sie zugleich den Anspruch auf eine autoritärere Führung des amerikanischen Katholizismus erhoben als bislang (McGreevy 2003). Dies hing eng mit dem Ende der jahrzehntelang währenden *Trustee*-Streitigkeiten zwischen den katholischen Laienräten, die für einen eher von Laien dominierten Reformkatholizismus eintraten, und dem Klerus zusammen, den vor allem die Iren zugunsten des Klerus entschieden hatten. Nun trat eine neue Konfliktlinie hervor, die zwischen den irischen Katholiken, die für einen gemäßigt an den politischen Pluralismus angepassten, spezifisch amerikanischen Katholizismus plädierten, und eher konservativultramontanen deutschen Katholiken. Dieser Streit überschnitt sich mit der Frage, ob Katholiken Mitglieder in nichtkatholischen Gewerkschaften sein dürften. Als dann in den 1890er Jahren irische Katholiken damit begannen, in Frankreich den amerikanischen Katholizismus wegen seiner Nähe zu Demokratie, Religionsfreiheit und Pluralismus als Vorbild des Weltkatholizismus zu preisen, griff der Vatikan unter Leo XIII. ein und untersagte die weitere Verbreitung dieser „amerikanistischen" Thesen. Allerdings bemühte sich der Papst, weder das amerikanische politische System als solches zu verurteilen, noch zog er schmerzhafte persönliche Konsequenzen. Die Vorkämpfer des Amerikanismus im amerikanischen Episkopat konnten weiterhin in der Weltkirche und den USA Karriere machen.

Neben den Katholiken profitierte nicht zuletzt die jüdische Minderheit von der Masseneinwanderung des späten 19. Jahrhunderts. Aus Deutschland, Russland und Polen strömten Juden in die USA, ganz überwiegend aus wirtschaftlichen Motiven.

Dort waren sie ebenso wenig willkommen wie die Katholiken. Unterstützt von Industriellen wie Henry Ford, der die Protokolle der Weisen von Zion in den amerikanischen Markt einführte, schlug der traditionelle christliche Antijudaismus in einen rassistischen Antisemitismus um. Organisationen wie die *American Protective Association* der 1890er Jahre und der zweite Ku-Klux-Klan der 1920er Jahre waren militant antisemtisch und antikatholisch. 1913 wurde mit Leo Frank erstmals in der amerikanischen Geschichte ein Jude gelyncht, weil er angeblich eine weiße Fabrikarbeiterin namens Mary Phegan vergewaltigt hatte (Dinnerstein 1987). Erst nach dem Zweiten Weltkrieg ließen der Antisemitismus und der Antikatholizismus der amerikanischen Gesellschaft nach, obwohl beide nie ganz verschwanden.

Die 1890er Jahre brachten ferner eine zusätzliche Ausdifferenzierung und Pluralisierung der religiösen Situation in den USA, allerdings eher im Bereich mikroskopisch kleiner Minderheitenreligionen. Zum einen kam es nachdem das sogenannte Weltparlament der Religionen aus Anlass der *Columbian Exhibition* 1893 in Chicago getagt hatte, erstmals dazu, kleinere buddhistische und (reform-) hinduistische Gemeinschaften in den USA dauerhaft zu etablieren. Seit den 1920er Jahren traten islamische Gemeinden auf den Plan. Wichtiger waren die fernöstlichen Einflüsse für theosophische und anthroposophische Sekten, die von Helene Blavatsky in Großbritannien und Rudolf Steiner in Deutschland inspiriert waren und gnostisches, buddhistisches, hinduistisches sowie christlich-mystisches Gedankengut synkretistisch miteinander verschmolzen. Gleichfalls auf diesen Pluralisierungsschub des ausgehenden 19. Jahrhunderts gingen zeitweilig recht erfolgreiche Kleinreligionen wie die *Christian Science* hervor, die sich als christliche Erneuerungsbewegung mit Heilungsanspruch verstand und sich kritisch mit der Apparate- und Schulmedizin der Epoche bis dahin, den ärztliche Behandlungen zu verweigern, auseinandersetzte.

Aller Ausdifferenzierung zum Trotz blieben die USA ein protestantisch dominiertes Land. Und dieser Protestantismus war nach dem Ende der Nachbürgerkriegsära und mitten in der Phase der Hochindustrialisierung wieder reif für eine neue evangelikale Erweckungsbewegung. Diesmal ging es nicht in erster Linie um Gesellschaftsreform, sondern um die Frage, wie die amerikanische Gesellschaft die durch die unglaubliche Beschleunigung der kapitalistischen Industriemoderne ausgelösten Krisenerscheinungen geistig bewältigen könnte. Im Hintergrund standen theologisch die Abkehr von der Fortschrittseuphorie und dem anthropologischen Optimismus des Postmilleniarismus und die Rückkehr zum traditionellen apokalyptischen Prämilleniarismus. Allerdings wurde das Erbe der zweiten Erweckungswelle nicht einfach aufgegeben. Insbesondere blieben die Evangelikalen der in der ersten Erweckung angedeuteten und in der zweiten Erweckung vollends durchgeführten Wende zur vorbehaltlosen Akzeptanz des abstrakten Marktkapitalismus und der liberalen Idee, jeder sei des eigenen Glückes Schmied und sozialer Aufstieg verdanke sich in erster Linie individueller leistungsbereitschaft und nicht sozialen Konstellationen, treu. Hatten evangelikale Prediger noch um 1810 ganz der biblischen Tradition gelehrt, Reichtum sei ein Hindernis auf dem Weg zur ewigen Seligkeit, so kam seit 1840 der Gedanke auf, Gott wolle den Reichtum seiner Anhänger, eine Idee, die ab 1880 massiv in Predigten einfloss.

Eigentum, Wohlstand und Konsum wurden so zu genuin christlichen Werten umgedeutet und–systematisch widersprüchlich–mit der anthropologischen Skepsis, dem pessimistischen, auf Gnadenbedürftigkeit des Menschen abhebenden traditionellen calvinistischen Weltbild verschmolzen. Diese Inkohärenz erlaubte es Wirtschaftsmagnaten wie dem Kaufmann John Wannamaker, evangelikale Prediger finanziell zu unterstützen und zur Mitarbeitermotivation in ihren Firmen einzusetzen. Auf diese Weise glichen sich die arbeitsethischen Thesen der Evangelikalen vielfach an die säkulare Psychologie der zeitgenössischen *Mind Cure* mit ihrem unreflektierten sozialen Optimismus an. Insofern blieb der Evangelikalismus weltzugewandt und mit einer demokratisch-kapitalistischen Marktgesellschaft unbedingt kompatibel. Parallel dazu begannen die Prediger, sich diesmal den Süden der USA als zentrale Region zu erschließen. Die Entstehung des späteren *bible belt* liegt im ausgehenden 19. Jahrhundert begründet. Dort beschleunigte sich die Abkehr von gesamtgesellschaftlichen Reformanliegen im Evangelikalismus wegen des vorherrschenden konservativen Rassismus der südstaatlichen Gesellschaft noch einmal (Hochgeschwender 2007, Noll 2002).

Parallel zu der neuerlichen Erweckungsbewegung im ländlichen, zurückgebliebenen Süden und im Mittelwesten entwickelte sich an den traditionsreichen Universitäten des Nordens eine ganz neue, eher intellektuelle Variante des Evangelikalismus, der Fundamentalismus. In den Jahren 1910 bis 1915 veröffentlichte eine Gruppe hochangesehener calvinistischer Theologen eine Serie kleinere Schriften, die *Fundamentals*, in denen die Kernstücke der christlichen Orthodoxie gegen Angriffe der liberalen, kulturprotestantischen, aus Deutschland stammenden historisch-kritischen Schule verteidigt werden sollten, darunter die Göttlichkeit Jesu Christi, die Jungfrauengeburt, die Wiederauferstehung nach dem Kreuzestod und die Unfehlbarkeit der wortwörtlich auszulegenden Bibel. Der letzte Punkt erwies sich als besonders folgenreich, da der Calvinismus, anders als das Luthertum mit dem Vorrang der Kreuzes- und Gnadentheologie oder der Katholizismus mit seiner Idee der traditionsorientierten Bibelauslegung durch das authentische und autoritative, unfehlbare Lehramt der Kirche, keine Gewichtung biblischer Texte kannte. Alle Texte standen demnach gleichberechtigt nebeneinander. Dies war schon deswegen bedeutsam, weil zeitgleich die alte Reformkoalition aus Liberalen und Evangelikalen endgültig auseinanderbrach. Mit der Prohibition, dem landesweiten Alkoholverbot, hatten die früheren Bündnispartner ein letztes gemeinsames Projekt durchgesetzt, dann aber trennten sich ihre Wege. Der Evangelikalismus orientierte sich politisch zunehmend am Populismus oder an der Demokratischen Partei, während der liberale Reformismus sich in den progressivistischen Flügeln von Republikanern und Demokraten etablierte. Der Hauptgrund für diese Spaltung lag zum einen im Aufkommen des Prämillenniarismus, zum anderen in der Rezeption der darwinistischen Evolutionslehre durch die Progressivisten. Der Darwinismus aber war für Evangelikale und Fundamentalisten gleichermaßen problematisch oder gar inakzeptabel. Zugleich beschlich die Evangelikalen das ungute Gefühl, von technokratischen und undemokratischen Experten aus den Diskussionen um die amerikanische nationale Identität, an denen sie bislang federführend beteiligt waren, ausgeschlossen zu werden. Zum symbolischen Höhepunkt der

Konfrontation entwickelte sich der *Scopes*-Prozeß von 1925, der als Affenprozeß in die Geschichte einging. In vielen Südstaaten, darunter Tennessee, wo der Prozeß stattfand, gab es Gesetze, welche es untersagten, die darwinistische Evolutionslehre zu unterrichten.

In Dayton, einem kleinen Ort in Tennessee, brach ein Biologielehrer bewusst das Gesetz, wozu er von der örtlichen Handelskammer ermutigt wurde, die sich von einem Gerichtsverfahren eine touristische Blüte erhoffte. Weder Evangelikale noch Fundamentalisten waren im Vorfeld an dieser Unternehmung beteiligt, zumal es in Dayton gar keine Fundamentalisten gab. Selbst das einschlägige Gesetz war nicht von Evangelikalen, sondern von konservativen Demokraten eingebracht worden. Erst als mit dem Rechtsanwalt Clarence Darrow und dem Journalisten H.L. Mencken sich zwei bekannte Religionskritiker an die Spitze der Verteidigung stellten und dann der populistisch-demokratische Politiker William Jennings Bryan, der sich zum Fundamentalismus bekannte, die Nebenklage übernahm, erlangte der Fall nationale Berühmtheit und wurde zum Symbol des Kampfes zwischen Moderne und Gegenaufklärung stilisiert. Faktisch endete das Verfahren mit einer äußerst milden Verurteilung des Biologielehrers John Scopes, in der kollektiven Erinnerung der Amerikaner aller Lager aber wurde er zu einer krachenden Niederlage der Evangelikalen und Fundamentalisten stilisiert. Dabei hatte der intellektuelle Fundamentalismus schon 1916/17 seine Bedeutung eingebüßt, da ausgerechnet die Fundamentalisten, die eine amerikanische Theologie gegen die liberale deutsche Theologie etablieren wollten, im Ersten Weltkrieg als bekennende Pazifisten gegen den Krieg opponierten. Bryan war deswegen sogar als Außenminister Woodrow Wilsons zurückgetreten. Mit dem Prozeß in Dayton verbanden sich Evangelikalismus und Fundamentalismus, ohne indes notwendig identisch zu sein (bis heute handelt es sich um zwei unterschiedliche Strömungen) und Fundamentalismus wurde zum Inbegriff der Gegenmoderne und Rückständigkeit und damit auch zu einem liberalen Kampfbegriff. Nach Dayton zogen sich die Evangelikalen in ihre nunmehrigen Kerngebiete im Süden und Mittelwesten der USA zurück, wo gerade während der Großen Depression der 1930er Jahre immer wieder kleinere Erweckungen stattfanden (Conkin 1998).

Fast unbemerkt, ganz am Rande dieser evangelikalen und fundamentalistischen Strömungen hatte sich seit 1906 eine weitere christliche Bewegung etabliert, die gleichfalls Züge von Erweckungsfrömmigkeit trug: das Pfingstchristentum beziehungsweise der Pentekostalismus. Im Gegensatz zu den Evangelikalen stand für die Pentekostalen nicht das Wort der Bibel im Vordergrund, sondern die unmittelbare Begegnung mit dem Heiligen Geist, die sich in Einzelfällen in Wunderheilungen, ekstatischen Trancezuständen und dem Reden in Zungen, der Glossolalie, ausdrücken konnte. Das Pfingstchristentum war emotionaler, individualistischer, optimistischer und weniger apokalyptisch als das traditionelle evangelikale Milieu, es war überdies in den ersten Jahrzehnten weniger rassistisch, duldsamer und, wie die frühen Fundamentalisten, pazifistisch ausgerichtet (Hochgeschwender 2007).

Gleichfalls in Opposition zu den Evangelikalen und Fundamentalisten waren die sozialreformerischen Verfechter des *social gospel* angesiedelt, die ebenso wie die Anhänger der katholischen, neuscholastischen Soziallehre scharfe Kritik an den

Auswüchsen des radikalen und monopolistischen Kapitalismus der Epoche übten. Teilweise vom Marxismus beeinflußt, strebten die Sozialprotestanten nach umfassender gesellschaftlicher Reform und einem erneuerten Liberalismus ohne Praktiken kapitalistischer Ausbeutung. In Fragen der Bibelauslegung waren sie von der deutschen liberalen Theologie beeinflußt, zugleich aber waren sie offen für den militanten Nationalismus ihrer Zeitgenossen. Teilweise standen sie in der Tradition des Postmillenniarismus, mehrheitlich aber drehten sich ihre Überlegungen eher um eine soziologische Gesellschaftsanalyse und eine Abkehr von der überkommenen, rein individualmoralischen Deutung von Armut. In den Augen von Sozialprotestanten und sozial engagierten Katholiken war es in wachsendem Maße der Staat, der bei einem Versagen des kapitalistischen Systems in die Pflicht genommen werden mußte. Bis in die 1930er Jahre waren die Sozialprotestanten mit den progressivistischen Reformern eng verknüpft und übten noch Einfluss auf den New Deal Franklin D. Roosevelts aus. Danach verlor der *social gospel* seine politische Bedeutung, während die katholische Soziallehre über die Schüler von Msgr. John A. Ryan bis in die 1980er Jahre für die katholische Kirche und die Demokratische Partei bedeutsam blieb (Hochgeschwender 2012).

5 Der Weg in die Gegenwart

Die Jahrzehnte zwischen 1930 und 1975 stellten den Höhepunkt der moderaten *Mainstream*-Religiosität in den USA dar (Allitt 2003). In den 1950er Jahren wuchsen schließlich auch Katholiken und Juden unter antikommunistischen Vorzeichen in den *Mainstream*, der nun zur *Mainline* wurde, hinein. Präsident Eisenhower brachte es Mitte der 1950er Jahre, als weit über 90 % aller Amerikaner einer etablierten Religionsgemeinschaft angehörten, auf den Punkt: Ihm sei es egal, welcher Religion ein Amerikaner angehöre, Hauptsache er habe überhaupt eine Religion. Dem in Schulen obligatorischen Fahneneid wurde der Gottesbezug (*One Nation Under God*) zugefügt. Der zivilreligiöse konstitutionelle Deismus wurde allgegenwärtig. Die USA verstanden sich als den christlich-religiösen Widerpart zur atheistischen Sowjetunion. Erweckungsprediger wie Billy Graham füllten riesige Stadien mit seinen emotionalen, aber relativ konventionellen Botschaften, der katholische Bischof Fulton Sheen erfreute sich allwöchentlich einer Fernsehzuschauergemeinde von rund 40 Millionen Menschen, dies einen neuscholastischen Ausführungen über Naturrecht und Moral begeistert folgten. In dieser Zeit wäre niemand auf die Idee gekommen, in der amerikanischen Religiosität etwas Außerordentliches oder Besonderes zu sehen.

Verglichen mit dem Konfessionalismus in Deutschland erschienen die USA sogar relativ säkular. Religiöse Aufbrüche waren eher am Rande zu verzeichnen, etwa unter den intellektuellen *Beatniks* der 1950er und den gegenkulturellen *Hippies* der 1960er Jahren, die mit bewusstseinserweiternden Drogen und fernöstlicher Spiritualität sowie einer neuen Hinwendung zu Jesus von Nazareth ohne kirchliche Institutionen experimentierten. Ebenfalls unter *Hippies* fanden sich esoterische *New Age*-Kulte, die oft mit *Wellness*angeboten einhergingen. Zeitweise sorgten

Jugendreligionen und Kulte für Aufregung, aber all dies war weniger Vorbote eines neuen Zeitalters des Wassermanns, wie die *New Age*-Anhänger glaubten, sondern Ausdruck einer tief empfundenen emotionalen Kritik an der Konformität, der Langweile und dem konsumistischen Materialismus der weißen Mittelklasse in den Vororten der großen Städte, den *suburbs* (McGirr 2001). Eine echte Breitenwirkung blieb aus.

Viel wichtiger und folgenreicher waren die gesellschaftlichen Stürme der 1960er Jahre, die schwarze Bürgerrechtsbewegung, die studentische Protestbewegung und das Entstehen zahlloser anderer emanzipatorischer Protestbewegungen von Frauen, Homosexuellen, Indianern, Puerto Ricanern und so weiter. In den Augen vieler frommer Evangelikaler und Pfingstchristen waren all diese Prozesse Ausdruck einer Entchristlichung der US-amerikanischen Gesellschaft. Für sie waren die 1950er Jahre das Goldene Zeitalter von Wohlstand, bürgerlicher Ordnung und Religiosität gewesen, ein Erbe, das jugendliche Liberale und Radikale nun zu zerstören drohten. Sie fühlten sich ausgeschlossen und von einer lautstarken, „unamerikanischen" Minderheit überrollt. Vor diesem Hintergrund trug die nun einsetzende vierte große Erweckungsbewegung, die sich in den 1950er und 1960er Jahren anbahnte, aber vor allem seit den 1970er Jahren Fahrt aufnahm, frühzeitig politisch konservative Züge und war ab der Regierungszeit Ronald Reagans eng mit der Republikanischen Partei verknüpft. Dafür gab es, neben der generellen weltanschaulichen Opposition gegen die Protestbewegungen der *baby boomer* und deren Abkehr von der Welt der 1950er Jahre, eine ganze Reihe sozialer, politischer und religiöser Gründe. Zentral war etwa der wirtschaftliche Aufstieg des amerikanischen Südens. Hatten bis in die 1960er und 1970er Jahre die traditionellen Produktionsstätten der Automobilindustrie und anderer Schwerindustrien im sogenannten Rostgürtel der USA ökonomisch den Ton angegeben und eine bestimmte Form klassisch liberaler Arbeiterkultur hervorgebracht, die religiös oft im Katholizismus verwurzelt war, so gelang, ausgehend von Infrastrukturmaßnahmen und direkten Investitionen der Bundesregierung im Süden und Südwesten im und nach dem zweiten Weltkrieg diesen bislang strukturschwachen Regionen ein triumphaler Aufstieg (Moreton 2009). Der *sun belt* wurde geboren. Hier konzentrierten sich neue, postfordistische Produzenten von Hochtechnologie, etwa im Bereich der Rüstung, der Computerproduktion oder anderer Informationstechnologien. Gewerkschaften waren im konservativen Süden der USA nahezu unbekannt und wurden von den Facharbeitern der neuen Industrien als überholt angesehen. Obendrein erkannten soziologische Beobachter bald einen gesellschaftlichen Trend, der in dieser Form unerwartet kam: Viele Amerikaner zogen aus dem niedergehenden Rostgürtel in den Süden und akzeptierten dann dessen konservativ-religiöse Werthaltungen. Auf diese Weise wurden Evangelikalismus, Fundamentalismus und Pfingstchristentum allmählich wieder gesellschaftlich salonfähig. Allerdings verlief diese kulturelle *Southernization* eher langsam und schrittweise. Sie bildete gleichwohl die Basis für die nachfolgende politische Radikalisierung der erweckten Christen. Deren Auslöser lag weder in den Jugendprotesten, noch im wirtschaftlichen Aufschwung des Südens begründet, sondern im juristischen Aktivismus der liberale dominierten *Supreme Courts* der 1960er und 1970er Jahre. Bereits 1948 hatte das Oberste Bundesgericht erstmals seit 1791 zur Frage der Trennung von Staat und Kirche Stellung bezogen und dabei den *wall of separation* zwischen beiden schärfer definiert, als es im 19. und frühen 20. Jahrhundert gemeinhin üblich gewesen war (*McCulloch*-Urteil). In *Engel v. Vitale* von 1962 kam es dann zum Eklat, indem das Gebet an öffentlichen Schulen für verfassungswidrig erklärt wurde. Bis zum heutigen Tag lehnt eine breite Mehrheit der Amerikaner dieses Urteil ab. 1973 folgte dann *Roe v. Wade*, ein Urteil, das die Abtreibung im ersten Schwangerschaftstrimester faktisch freigab und als Akt der Privatheit (*privacy*) im Sinne des Urteils *Griswold v. Connecticut* von 1965 einstufte. 2003 folgte dann *Lawrence v. Texas*, das alle gegen homosexuellen Geschlechtsverkehr gerichteten Gesetze der Einzelstaaten aufhob und damit den Weg zur Debatte um die Homosexuellenehe freigab. Für konservative Christen, allen voran Katholiken und Evangelikale waren diese Urteile in ihrer Summe unerträglich. Gleichzeitig entfremdeten sie sich von der Demokratischen Partei, die sich nahezu vorbehaltlos hinter diese Urteile stellte Prätorius 2003, Marlin 2004, Wuthnow 2012). Nur noch eine Minderheit von Linksevangelikalen und die Masse der schwarzen Evangelikalen blieben den Demokraten dauerhaft treu. Im Zentrum der Auseinandersetzungen stand ab Mitte der 1970er Jahre weniger das Gebet an öffentlichen Schulen, sondern zum einen die Abtreibungsproblematik, zum anderen der neofundamentalistische Kampf gegen die darwinistische Evolutionslehre an den öffentlichen Schulen, sei es in Gestalt des Kreationismus, sei es in Form des an die britische Naturtheologie der Aufklärung anknüpfenden *Intelligent Design*.

Erst im 21. Jahrhundert kam der Konflikt um die Homosexuellenehe beziehungsweise um die gesellschaftliche Gleichstellung von Homosexuellen hinzu. Allerdings identifizierten sich im konservativ-religiösen Segment jeweils ganz unterschiedliche Gruppierungen mit diesen Zielen. Interessanterweise waren es 1973 bis 1975/76 in erster Linie kirchentreue Katholiken, die in der ersten Reihe des Antiabtreibungskampfes standen. Erst mit den Publikationen des calvinistischen Theologen Francis Schaeffer, der die Frage der Abtreibung mit dem Ideal der christlich-jüdischen Nation verband, traten erweckte Protestanten auf den Plan. Seit den 1980er Jahren wurde die Abtreibungsfrage dann zum zentralen Mobilisierungsinstrument der religiösen Rechten. In der *Christian Coalition* arbeiteten bis 2003 erstmalig konservative Katholiken, orthodoxe Juden und rechtsevangelikale Christen Seite an Seite, scheiterten aber an unterschiedlichen Auffassungen zur Todesstrafe, die von vielen Katholiken abgelehnt wurde, und zum Wohlfahrtsstaat, den die Evangelikalen zwar nicht ablehnten, aber zugunsten der staatsunabhängigen *faith-based and community initiatives* modifizieren wollten. Im Gegensatz zu einem weit verbreiteten Vorurteil waren aber weder die Erweckten, noch die Katholiken maßgeblich an der Gewalt gegen Abtreibungsärzte und -kliniken beteiligt. Sämtliche Gewalttäter entstammten der ultrarassistischen *Christian Identity*, nicht den etablierten evangelikalen oder fundamentalistischen Denominationen und Freikirchen. Im Vergleich zur Abtreibungsdebatte wirkte das Ringen um Kreationismus und *Intelligent Design* kaum integrativ. Nur wenige, sehr randständige Katholiken und Juden teilten die Sorge der Neofundamentalisten um die wortwörtliche Auslegung des Buches *Genesis*. Diese Bewegungen erhielten zusätzlich 2005 einen schweren Schlag, als ausgerechnet ein konservativer Bundesrichter in Pennsylvania im *Kitzmiller*-Urteil sowohl den Kreationismus als auch das *Intelligent Design* als unwissenschaftlich und ungeeignet für den schulischen Biologieunterricht erklärte.

Den Höhepunkt ihres politisch-gesellschaftlichen Einflusses erreichte die religiöse Rechte zu Beginn des 21. Jahrhunderts, während der Präsidentschaft des evangelikalen Republikaners George W. Bush. Doch unter seiner Ägide wurden zugleich die Grenzen ihrer Macht deutlich sichtbar. Zu keinem Zeitpunkt bestimmten, trotz der öffentlichkeitswirksamen Agitation der *Christian Zionists*, die eine amerikanisch-israelische Kooperation im Angesicht der unmittelbar bevorstehenden Apokalypse predigten, Angehörige der religiösen Rechten den außenpolitischen Kurs der USA zwischen 2001 und 2009. Hier waren durchweg neokonservative Kreise und Wirtschaftskonservative federführend. Obendrein gelang es den Republikanern nicht, die gesellschaftlich-kulturellen Ziele der religiösen Rechten über den regionalen Rahmen hinaus auf nationaler Ebene zu verwirklichen. Im Kern blieb *Roe v. Wade* gültig; die Emanzipation der Homosexuellen schritt weiter voran und die kreationistische Bewegung stieß an ihre Grenzen. Noch problematischer aber war das Nachlassen der apokalyptischen Begeisterung ab circa 2000. Wieder verzögerte sich die Wiederkunft Christi, die von vielen Predigern als unmittelbar bevorstehend geschildert worden war. Der religiöse Enthusiasmus ließ schrittweise nach und begann, sich zu institutionalisieren. Viele Evangelikale kehrten an den rechten Rand der *Mainline*-Religiosität zurück oder besannen sich mehr auf religiöse als auf politische Werte. Weder 2008 noch 2012 hatten die Evangelikalen einen überzeugenden Präsidentschaftskandidaten (Miller 2014). Zeitweilig wandten sie sich sogar dem konservativen Katholiken Rick Santorum zu. Politisch und gesellschaftlich desorientiert fand sich am Ende eine Vielzahl konservativer Christen in den Reihen des *Tea Party Movement* wieder, dessen politische Ideologie, der *Libertarianism*, von der atheistischen Philosophin Ayn Rand beeinflusst war. Die religiöse Rechte in den USA wurde wieder politisch im engeren Sinn. Steuerfragen, die Krankenversicherungsdebatte, die Wirtschaftskrise nahmen nun einen wichtigeren Platz ein, als der Kulturkrieg der vergangenen Jahrzehnte (Putnam und Campell 2010).

Parallel dazu geriet die katholische Kirche infolge des 1998 einsetzenden sexuellen Missbrauchsskandals in eine schwere Krise. Zwischen 1950 und 2000, vor allem zwischen 1965 und 1985, hatte es über 13.000 Fälle sexuellen Missbrauchs in den Reihen der katholischen Kirche gegeben. Zwar dürfte es in den protestantischen Denominationen ebenso viele, an weltlichen Schulen sogar noch mehr vergleichbare Fälle gegeben haben, aber wegen der Vertuschungsversuche von Teilen der bischöflichen Hierarchie wurde das Ansehen des Katholizismus nachhaltig beschädigt. Obendrein fiel die Missbrauchskrise teilweise mit der seit dem II. Vatikanischen Konzil (1962-1965) anhaltenden, allmählichen Zersetzung des traditionellen irisch-katholischen Kernmilieus der katholischen Kirche zusammen, das mehr und mehr in die suburbanen Mittelklassen aufgestiegen war. Der neue soziale Status weckte bei den amerikanischen kircheninterne Teilhabe- und

Reformwünsche, die sich in erster Linie an der naturrechtlichen Sexualmoral der katholischen Kirche stießen. Daneben kam es zu einer Übernahme eines evangelikal anmutenden Biblizismus in der Laientheologie der USA sowie zu Anpassungen an das antihierarchische, kongregationalistische und antiritualistische Denken des amerikanischen Protestantismus, der das Gefüge der katholischen Kirche fundamental infrage stellte und zu internen Krisen lange vor der sogenannten Pädophiliekrise führte. Dennoch blieben Katholiken in der Politik und im Obersten Bundesgericht deutlich überrepräsentiert, da sie in der Regel zu Wechselwählern geworden waren und in der Mitte des politischen Spektrums standen. 2014 waren sechs der neun obersten Bundesrichter katholisch. Zahlenmäßig wuchs die katholische Kirche infolge des Zuzugs von Lateinamerikanern, wodurch sie sich allmählich wieder von einer Kirche der Mittelklasse zu einer Unterklassen- und Migrantenkirche entwickelte.

Während der neofundamentalistische Evangelikalismus ab 2005 an Bedeutung und Einfluss rapide einbüßte, wuchsen insbesondere pfingstchristliche Denominationen weiter. Auch sie bekamen lateinamerikanischen Zuwachs. Daneben profitierten in erster Linie die Mormonen von der Schwächeperiode der Evangelikalen. Neben den Pfingstchristen stellten sie um 2010 die am schnellsten wachsende religiöse Gruppierung der USA dar. 2012 gelang es sogar, mit Mitt Romney einen mormonischen Präsidentschaftskandidaten bei den Republikanern zu installieren, was freilich in Kreisen der religiösen Rechten auf keine sonderliche Begeisterung stieß. Weiterhin galten die Mormonen nicht als christliche Konfession, obwohl sie sich ihrerseits seit etwa 2000 zunehmen darum bemühten, ihre Theologie am Vorbild der christlichen Orthodoxien auszurichten.

Eine Sonderrolle in der amerikanischen Religionsgeschichte nahmen die im späten 18. Jahrhundert, ab etwa 1780 gegründeten schwarzen Kirchen ein, die *black churches*. Sie bestanden ganz überwiegend aus schwarzen Linksevangelikalen, die weniger in Kategorien der Apokalypse, als vielmehr der Befreiungstheologie des Buches *Exodus* dachten. Während des gesamten 19. und 20. Jahrhunderts stellten sie das Rückgrat der schwarzen Bürgerrechtsbewegung. Sie traten konsequent gegen die Todesstrafe und für den Wohlfahrtsstaat ein und wählten, 2012 zu 90 %, seit den 1930er Jahren die Demokratische Partei. Freilich schleppten auch die *black churches* ihr Problembündel mit sich herum. Zum einen waren sie häufig antisemitisch eingestellt, zum anderen ausgesprochen homophob. Homosexualität galt ihnen regelrecht als Krankheit des weißen Mannes. In beiden Konfliktfeldern wurde sie an Radikalität noch von ihrer schwarzen Konkurrenz, der *Nation of Islam*, übertroffen. Diese von der Weltgemeinschaft des Islam nicht anerkannte sektenartige Bewegung war in den 1930er Jahren entstanden und rekrutierte sich nicht zuletzt aus schwarzen Gefängnisinsassen, auf die sie oft einen heilsamen erzieherischen Einfluss ausübte. Gleichzeitig aber war die *Nation of Islam* rassistisch, antiliberal, homophob und antisemitisch. Seit Beginn des 21. Jahrhunderts scheint sie zu stagnieren. Dennoch behalten *black churches* und *Nation of Islam* weiterhin einen hohen gesellschaftlichen und kulturellen Stellenwert in der schwarzen Minderheit der USA.

6 Fazit

Derzeit (2014) zeichnet sich eine gewisse Stagnation der Bedeutung von Religion in den USA ab. Säkulare und sogar atheistische und agnostische Strömungen gewinnen an Stärke, ohne aber zu wirklich durchschlagenden Erfolgen zu kommen. Die USA sind gegenwärtig nicht mehr in dem Maße religiös wie in den 1950er oder 1990er Jahren, was aber mittelfristig neue Erweckungsbewegungen nicht ausschließt. Ungeachtet des Nachlassens erweckungsenthusiastischer Frömmigkeitsformen und ihrer politischen Instrumentalisierung wird nämlich Religion, gleichgültig in welcher Form, weiterhin eine charakteristische Rolle in der amerikanischen Gesellschaft spielen–und zwar als in erster Linie lokale, nachbarschaftliche Größe. In einer hochmobilen Gesellschaft vermitteln die religiösen Gemeinschaften Gefühle familiärer Nähe und Wärme sowie nachbarschaftlicher Bindung, die ansonsten abhanden zu kommen drohen. Darüber hinaus geben sie, angesichts schwach ausgebildeter Netzwerke staatlicher Wohlfahrt durch ihre *charity* einen sozialen Rückhalt, bieten ein letztes Auffangbecken im Fall sozialen Abstiegs, das der amerikanische Staat ansonsten nicht zu ersetzen vermag. Religion ist, wie Sara Diamond zu Recht festgestellt hat, in den USA mehr als bloß Politik (Diamond 1998).

Insgesamt betrachtet haben die USA ein System höchst pluralistischer, ja individualistischer religiöser Angebote hervorgebracht, deren Lebendigkeit und Flexibilität aus europäischer Warte erstaunlich ist. Bei aller Vielfalt finden sich dennoch einige Punkte historisch gewachsene Momente, die es erlauben von einer spezifisch US-amerikanischen Religiosität zu sprechen: Zum einen der Vorrang von Fragen rechten Lebens und Handelns vor der theoretischen Dogmatik, zum anderen der Primat der lokalen Einzelgemeinden vor einer übergeordneten Kirchenstruktur, ein Ergebnis der calvinistischen Kirchenlehre. Beide Kernelemente machen es nichtamerikanischen Religionen, insbesondere dem Katholizismus, schwer, ihren Ort in der US-amerikanischen Religion zu finden, was zu zum Teil ganz erheblichen Anpassungsleistungen geführt hat. Genau dieser Zwang zur Anpassung aber zeigt, wie tief das US-amerikanische Religionsmodell in der Gesellschaft der USA verwurzelt ist.

Literatur

Allitt, Patrick. 2003. *Religion in America since 1945: A history*. New York: Columbia University Press.
Bushman, Richard Lyman. 2008. *Mormonism: A very short introduction*. New York: Oxford University Press.
Butler, Jon. 1992. *Awash in a sea of faith: Christianizing the American people*. Cambridge: Harvard University Press.
Byrd, James P. 2013. *Sacred scripture, sacred war: The Bible and the American Revolution*. New York: Oxford University Press.

Clark, Christopher. 2006. *Social change in America: From the revolution through the Civil War*. Chicago: Ivan R. Dee.
Conkin, Paul K. 1998. *When all the gods trembled: Darwinism, scopes, and American intellectuals*. Lanham: Rowman & Littlefield.
Diamond, Sara. 1998. *Not by politics alone: The enduring influence of the Christian Right*. New York: Guilford Press.
Dinnerstein, Leonard. 1987. *The Leo Frank case*. Athens: University of Georgia Press.
Dreisbach, Daniel L., und Mark David Hall, Hrsg. 2014. *Faith and the founders of the American republic*. New York: Oxford University Press.
Finke, Roger, und Rodney Stark. 1992. *The churching of America, 1776-1990: Winners and losers in our religious economy*. New Brunswick: Rutgers University Press.
Green, Steven K. 2010. *The second disestablishment: Church and state in nineteenth-century America*. New York: Oxford University Press.
Hochgeschwender, Michael. 2006. *Wahrheit, Einheit, Ordnung: Die Sklavenfrage und der amerikanische Katholizismus, 1835-1870*. Paderborn: Schöningh.
Hochgeschwender, Michael. 2007. *Amerikanische Religion: Evangelikalismus: Pfingstlertum und Fundamentalismus*. Frankfurt/M: Suhrkamp.
Hochgeschwender, Michael. 2012. „Sozialer Katholizismus in den USA" und „Sozialer Protestantismus in den USA". In *Tradition und Erneuerung der christlichen Sozialethik in Zeiten der Modernisierung*, Hrsg. Habisch André et al., 186–245. Freiburg/Br: Herder.
Holifield, E. Brooks. 2003. *Theology in America: Christian thought from the age of the Puritans to the Civil War*. New Haven: Yale University Press.
Hutson, James H. 2008. *Church and state in America: The first two centuries*. Cambridge: Cambridge University Press.
Jewett, Robert, und Wangerin Ole. 2008. *Mission und Verführung: Amerikas religiöser Weg in vier Jahrhunderten*. Göttingen: Vandenhoeck & Ruprecht.
Kidd, Thomas S. 2007. *The Great Awakening: The roots of evangelical Christianity in colonial America*. New Haven: Yale University Press.
Kidd, Thomas S. 2010. *God of liberty: A religious history of the American Revolution*. New York: Basic Books.
Leach, William. 1993. *Land of desire: Merchants, power, and the rise of a new American culture*. New York: Vintage Books.
McGirr, Lisa. 2001. *Suburban warriors: The origins of the new American right*. Princeton: Princeton University Press.
McGreevy, John T. 2003. *Catholicism and American freedom: A history*. New York: W.W. Norton.
Marlin, George. 2004. *The American Catholic voter: 200 years of political impact*. South Bend: St. Augustine's Press.
Miller, Steve P. 2014. *The age of evangelicalism: America's born-again years*. New York: Oxford University Press.
Moore, R. Lawrence. 1986. *Religious outsiders and the making of America*. New York: Oxford University Press.
Moreton, Betahny. 2009. *To serve God and Wal-Mart: The making of Christian free enterprise*. Cambridge: Harvard University Press.
Morone, James A. 2003. *Hellfire nation: The politics of sin in American history*. New Haven: Yale University Press.
Noll, Mark A. 2002. *America's God: From Jonathan Edwards to Abraham Lincoln*. New York: Oxford University Press.
Prätorius, Rainer. 2003. *In God We Trust: Religion und Politik in den USA*. München: C.H. Beck.
Preston, Andrew. 2012. *Sword of the spirit, shield of faith: Religion in American war and diplomacy*. New York: A.A. Knopf.

Putnam, Robert D., und David E. Campbell. 2010. *American grace: How religion divides and unites us*. New York: Simon & Shuster.

Williams, Peter W. 2002. *America's religions: From their origins to the twenty-first century*. Urbana: University of Illinois Press.

Wuthnow, Robert. 2012. *Red state religion: Faith and politics in America's heartland*. Princeton: Princeton University Press.

Die verfassungspolitischen Grundlagen des US-amerikanischen Regierungssystems

Barbara Zehnpfennig

Inhalt

1 Einleitung 52
2 Der Weg zur Verfassung 52
3 Grundsätze der Verfassung 58
4 Die Verfassungspraxis 66
5 Fazit 70
Literatur 71

Zusammenfassung

Die Entstehung der Verfassung der Vereinigten Staaten war von einer heftigen Debatte über das richtige Republikanismus-Verständnis, die Reichweite des Föderalismus, die konkrete Umsetzung der Gewaltenteilung begleitet. Die Verfassung selbst stellt sich als ein „Bündel von Kompromissen" dar, in dem die divergierenden Interessen zum Ausgleich gebracht wurden. In dieser Kompromissfähigkeit der Verfassungsväter und in einer flexiblen Auslegung der Verfassung liegt wohl auch deren Anpassungsfähigkeit begründet.

Schüsselwörter

Verfassungsgeschichte • Republikanismus • Liberalismus • Gewaltenteilung • Föderalismus

B. Zehnpfennig (✉)
Universität Passau, Passau, Deutschland
E-Mail: barbara.zehnpfennig@uni-passau.de

1 Einleitung

Eine politische Verfassung, die weit mehr als zweihundert Jahre Bestand hat und selbst in einer Zeit, in der wissenschaftlicher und technischer Fortschritt zu einer ständigen Revolutionierung der Lebensverhältnisse führt, keiner grundlegenden Änderung bedarf, ist etwas geschichtlich Einzigartiges. Ob die amerikanische Verfassung, auf die das eben Gesagte zutrifft, die Talleyrand'sche Forderung erfüllt, eine gute Verfassung müsse „kurz und dunkel" sein, soll hier nicht entschieden werden. Auf jeden Fall lässt die 1788 ratifizierte amerikanische Verfassung offenbar so viel Raum für Interpretation, dass sie in der Gegenwart noch immer so funktionstüchtig ist, wie sie es in der Gründungsphase der Vereinigten Staaten war. Nur 27 *Amendments*, Verfassungszusätze bzw. -änderungen, waren nötig, um sie den Erfordernissen der Zeit anzupassen. Alle weiteren Anpassungen erfolgten über die Verfassungsdeutung, eine Tatsache, die Rückschlüsse auf die Flexibilität der konstitutionell verankerten Grundsätze zulässt.

Das bedeutet natürlich nicht, dass es den Gründervätern (-mütter gab es damals noch nicht) gelungen wäre, eine Verfassung zu entwerfen, die alle zu allen Zeiten zufriedengestellt hätte. Bereits zur Zeit ihrer Abfassung rief sie heftige Kontroversen hervor, und auch gegenwärtig – davon wird später die Rede sein – wird immer wieder auf Probleme im politischen Prozess hingewiesen, die man für konstitutionell bedingt hält. Dazu zählt etwa das Phänomen des *Gridlock*, der Totalblockade des amerikanischen Regierungssystems. Nichtsdestotrotz ist es gerade die Verfassung, auf die sich der amerikanische Nationalstolz konzentriert. Das Konzept des *Verfassungspatriotismus*, von Dolf Sternberger entwickelt (Sternberger 1982), von Jürgen Habermas übernommen (Habermas 1999, S. 142–143), hat sein Vorbild in der amerikanischen politischen Kultur.

Die Verfassung symbolisiert für die Amerikaner den entschiedenen Schritt in die Moderne, den sie vor mehr als zweihundert Jahren wagten; sie ist nicht nur das Gründungsdokument der amerikanischen Demokratie, sondern auch die Basis für den *American creed*, den geradezu religiös überhöhten Glauben an die eigene weltgeschichtliche Mission (Bellah 1986). Von daher ist der Rang, den die Verfassung im politischen wie im Alltagsleben der Amerikaner einnimmt, kaum zu überschätzen (Foley 1991, S. 195–213). Sehr aufschlussreich für das Verständnis der Vereinigten Staaten von Amerika ist es deshalb zu verfolgen, welcher Weg zur Verfassung führte, welche Grundsätze in ihr inkorporiert sind und welche politische Praxis aus ihr abgeleitet wurde und wird.

2 Der Weg zur Verfassung

Als die *pilgrim fathers*, englische Puritaner, die ihr Heimatland wegen religiöser Verfolgung verlassen mussten, 1620 mit der Mayflower nach Amerika übersetzten, unterzeichneten sie auf dem Schiff einen Vertrag. Damit nahmen sie in kleinem Rahmen vorweg, was zum zentralen Paradigma der neuzeitlichen Staatstheorie etwa von Hobbes, Locke, Rousseau und Kant werden sollte: die Gründung einer politischen Gemeinschaft per Kontrakt. Einen solchen Kontrakt zum Ursprungsakt eines Gemeinwesens machen zu wollen, setzte Mehreres voraus: die Möglichkeit eines frei gewählten politischen Neubeginns; die Gleichheit der Vertragspartner; deren Übereinstimmung hinsichtlich der Zielsetzung. All dies war bei der Übersiedlung gegeben, und es wiederholte sich in großem Rahmen, als knapp 170 Jahre später die dreizehn englischen Kolonien, die sich mittlerweile auf amerikanischem Boden angesiedelt und zu einer Union zusammengetan hatten, beschlossen, sich eine gemeinsame Verfassung zu geben.

Was Theoretiker ersonnen hatten (wobei die genannten allerdings auf antike Vorbilder, z. B. die Sophisten, zurückgreifen konnten), schien hier Tat zu werden. Insofern ist es nicht verwunderlich, welches Selbstbewusstsein sich mit diesem Gründungsakt verbindet. Für die Autoren der *Federalist Papers*, jenen engagierten Verteidigern der damals zur Abstimmung stehenden Verfassung, entschied sich hier schlicht eine Menschheitsfrage, nämlich: „Sind menschliche Gesellschaften wirklich dazu fähig, eine gute politische Ordnung auf der Grundlage vernünftiger Überlegung und freier Entscheidung einzurichten, oder sind sie für immer dazu verurteilt, bei der Festlegung ihrer politischen Verfassung von Zufall und Gewalt abhängig zu sein?" (Hamilton et al. 2007, Art. 1, S. 53).

Die Kolonisten sollten mit ihrer Wahl für oder gegen das neue System also schlicht eine Zeitenwende herbeiführen – *novus ordo seclorum*, wie das damalige Motto lautete, ein Motto, das noch immer auf dem Ein-Dollar-Schein zu lesen ist. Wie waren die Siedler in diese historisch außergewöhnliche Lage gekommen?

Der größte Teil der Einwanderer, die in der Zeit nach den pilgrim fathers den Kontinent zu erobern begannen, stammten aus England. Die rechtlichen Beziehungen zum Mutterland gestalteten sich je nach Kolonie-Typus unterschiedlich: In der Kron-Kolonie wurde der Gouverneur von der englischen Krone eingesetzt, in der Eigentümer-Kolonie wurde er vom jeweiligen Eigentümer ernannt, in der Charter-Kolonie wurde er von den Bürgern gewählt (Hübner 2007, S. 8). Alle Kolonien waren jedoch, wenn auch auf unterschiedliche Weise, an die englische Krone gebunden; zugleich aber sammelten sie eine reiche Erfahrung in der Selbstverwaltung. Dieser zwiefältige Erfahrungshintergrund war wohl auch bestimmend für die weitere Entwicklung. Man war geprägt vom englischen *common law*, dem englischen Parlamentarismus, dem englischen Konstitutionalismus. Zugleich aber hatte man vollständig mit dem feudalen Erbe gebrochen, es gab keine Adelstitel mehr, der weite geographische Raum und die schier unbegrenzten Möglichkeiten einer von Standesschranken befreiten Gesellschaft ebneten dem *Selfmade-Man* den Weg. Die aus England bekannten politischen Traditionen und Institutionen trafen also auf eine gänzlich andere gesellschaftliche Wirklichkeit. Das musste langfristig zu einem Konflikt mit dem Mutterland führen, und es musste sich darauf auswirken, wie die bekannten und z. T. übernommenen Einrichtungen an die neuen Lebensverhältnisse adaptiert wurden.

Der Konflikt mit dem Mutterland ergab sich im Gefolge des Siebenjährigen Krieges (1756–1763), den England gegen Frankreich um ihre jeweiligen Kolonien in Indien und Nordamerika führte. Der Kampf war durchaus auch im Interesse der Kolonisten, deren Sicherheitslage aufgrund der Angriffe der Franzosen und der mit diesen verbündeten Indianer prekär war. England siegte, wollte die Kolonisten aber an den Kriegskosten beteiligen. Doch weder die Stempelsteuer von 1765, mit der alle amerikanischen Druckerzeugnisse belegt werden sollten, noch die meisten der von englischer Seite erhobenen Einfuhrzölle konnte das Mutterland gegen den Widerstand der Kolonisten durchsetzen (Oldopp 2005, S. 13–14). Welche Rolle dabei tatsächlich die Kostenbelastung spielte, ist schwer zu sagen. Ausschlaggebend war jedoch, dass die Siedler sich in ihren Mitbestimmungsrechten übergangen fühlten. Jeder englische Bürger – und als solche sahen sich die Siedler noch immer – hatte ein Anrecht darauf, mittels seiner Vertreter im Parlament über den Zugriff der Krone auf den Besitz der Bürger mitzuentscheiden. „No taxation without representation" lautete der berühmt gewordene Slogan, mit dem sich die Siedler gegen das Vorgehen der Krone wehrten. Sie bezogen sich dabei auf die englische *bill of rights* von 1689 (Foley und Owens 2000, S. 14), die einer der Meilensteine auf dem Weg zur Kodifizierung der Menschen- und Bürgerrechte war. Da ihre eigenen *Assemblies* bei der Besteuerung nicht beteiligt wurden und sie andererseits keine eigenen Vertreter im englischen Parlament hatten, wollten sich die Siedler den Maßnahmen nicht beugen. Dass sie sozusagen eine „virtuelle" Vertretung im englischen Parlament besäßen, wie ihnen seitens der Krone bedeutet wurde, genügte ihnen als Argument nicht (Gerston 2007, S. 20).

Zur offenen Rebellion eskalierte der Widerstand, als man 1773 bei der *Boston Tea Party* eine Ladung englischen Tees in den Hafen kippte, um damit gegen die Teesteuer zu protestieren. Das Mutterland reagierte repressiv, unter anderem wurde das Parlament von Massachusetts geschlossen (Oldopp 2005, S. 14). Das löste einen Solidarisierungseffekt aus. Waren bis dahin die guten ökonomischen Beziehungen zu England für die einzelnen Kolonien wichtiger als ihre Beziehungen untereinander, so führte die harte Haltung des Kolonialherrn nun zu einer konzertierten Aktion. 1774 berief man einen gemeinsamen Kontinentalkongress in Philadelphia ein, zu dem zwölf der dreizehn Kolonien Delegierte entsandten. Vertreten waren Connecticut, Delaware, Maryland, Massachusetts, New Hampshire, New Jersey, New York, North Carolina, Pennsylvania, Rhode Island, South Carolina und Virginia, nur Georgia fehlte. Man beschloss weiteren Widerstand, einen gemeinsamen Handelsboykott gegen England und die Aufstellung von Milizen.

Dass dies alles in einen Unabhängigkeitskrieg münden würde, war wohl nicht geplant. Doch als die Engländer 1775 in der Nähe von Boston ein illegales Waffendepot ausheben wollten, stellten sich ihnen Bürgerwehren entgegen. Ein Krieg begann, in dessen Verlauf sich Frankreich mit den amerikanischen Siedlern verbündete und mit dazu beitrug, dass England 1783 kapitulieren und mit der Unterzeichnung des Friedensvertrags von Paris zugleich die Unabhängigkeit der amerikanischen Kolonien anerkennen musste.

Die Koordinierung der Kriegshandlungen hatte der Zweite Kontinentalkongress übernommen, der 1775 zusammentrat und eine gemeinsame Armee und Marine schuf. Deren Oberbefehlshaber George Washington, der später der erste Präsident der Vereinigten Staaten von Amerika werden sollte, führte die Siedler zum Sieg. Am 4. Juli 1776 verabschiedete der Kongress, der in der Frage der Unabhängigkeit durchaus gespalten war (Adams und Adams 1987, S. 11), schließlich die wesentlich von Thomas Jefferson verfasste *Declaration of Independence*. Deshalb ist der 4. Juli der amerikanische Nationalfeiertag.

In der amerikanischen Unabhängigkeitserklärung findet sich Vieles von dem wieder, was Thomas Paine in seinem einflussreichen und weit verbreiteten Pamphlet *Common Sense* von 1776 entwickelt hatte, ein Pamphlet, in dem Paine den englischen König George III. als Despoten erscheinen ließ (Paine 1982, S. 44–47). Die Grundlage, von der aus Paine argumentierte – sofern er nicht bloß polemisierte –, ist auch Grundlage des folgenden aufschlussreichen Passus der Unabhängigkeitserklärung:

> „Wir halten diese Wahrheiten für selbst-evident: dass alle Menschen gleich erschaffen wurden, dass sie von ihrem Schöpfer mit bestimmten unveräußerlichen Rechten ausgestattet wurden, dass unter diesen Leben, Freiheit und das Streben nach Glück sind. Dass zur Sicherung dieser Rechte Regierungen unter den Menschen eingerichtet sind, welche ihre gerechten Befugnisse von der Einwilligung der Regierten herleiten; dass sobald eine Regierung diesen Zwecken verderblich wird, es das Recht des Volkes ist, sie zu ändern oder abzuschaffen und eine neue Regierung einzusetzen, die ihr Fundament auf solche Prinzipien gründet und ihre Befugnisse in einer solchen Form organisiert, wie es ihnen am dienlichsten erscheint, um ihre Sicherheit und ihr Glück hervorzubringen." (Pole 1977; S. 109; eigene Übersetzung).

Das geistige Erbe Europas, speziell natürlich Englands, spricht sich in diesen Zeilen unzweideutig aus. Die von Hobbes und Locke her bekannte Variante des Naturrechtsdenkens, nach der dem Menschen von Natur aus, also qua Geburt, unveräußerliche Rechte eignen, findet sich hier ebenso wie die daraus ableitbare Theorie des *limited government*. Die Regierung ist diesen Rechten des Einzelnen, zu denen auch das Recht zählt, sein Glück nach eigenen Vorstellungen zu realisieren, zu- und untergeordnet. Das beschränkt den Radius ihres Wirkens beträchtlich. Zudem macht es sie möglicherweise reversibel. Sollte sie ihren Zweck, nämlich den individuellen Glücksverfolg zu ermöglichen, nicht mehr erfüllen, kann sie aufgehoben werden. Denn die Souveränität liegt beim Volk, und alle Macht kehrt zu diesem zurück, sofern es der Regierung nicht mehr zutraut, in seinem Sinn zu handeln.

Mit der Berufung auf das Widerstandsrecht war natürlich der Abfall vom Mutterland legitimiert. Aber das Verständnis des Verhältnisses zwischen individuellen Rechten und politischer Ordnung deutete auch voraus auf die Art von Regierung, die sich die dreizehn Kolonien, zur Union geeint, später einmal geben sollten. Davon war allerdings direkt nach Kriegsende noch keineswegs die Rede.

Zunächst einmal mussten sich die nun selbständig gewordenen Einzelstaaten neu organisieren. Der Prozess der Verfassungsgebung und -änderung auf Einzelstaats-Ebene hatte bereits 1776 begonnen. Nach Wegfall der monarchischen Einflussnahme konnte noch viel konsequenter als zuvor das republikanische Element gestärkt werden. So wurde z. B. der Zensus verringert, was dem männlichen, weißen Teil der Bevölkerung ein höheres Maß an Mitbestimmung sicherte. Aber auch die Gouverneure konnten jetzt, da sie durchgängig von den Parlamenten oder dem Volk gewählt und nicht mehr von der Krone oder dem Eigentümer eingesetzt wurden, mit mehr Kompetenzen ausgestattet werden, wobei man stets auf die

Trennung der Gewalten achtete (Heideking und Sterzel 2007, S. 46). Vieles, was auf Einzelstaats-Ebene eingeführt und erprobt wurde, fand später Eingang in die Bundesverfassung; manches aber auch nicht, und so machten die Verfassungskritiker oft die Abweichung der neuen Bundesverfassung von der ihnen bekannten Einzelstaats-Ordnung zum Argument für ihre Ablehnung.

Dass die amerikanischen Siedler ihre Selbstverwaltung immer schon auf kodifizierter Grundlage betrieben hatten, war angesichts ihrer Herkunft nicht selbstverständlich. In Großbritannien gab und gibt es kein einheitliches Verfassungsdokument. Vielmehr sind nur bestimmte Teile wie die *magna charta* oder die *bill of rights* kodifiziert, während der Rest der Verfassungsgrundsätze in den Traditionen, dem Gewohnheitsrecht, den anerkannten Verfassungskommentaren liegt. Im englischen System gibt es deshalb keine klare Unterscheidung zwischen Verfassungsrecht und Parlamentsgesetz; das Parlament kann die Verfassung mit einfacher Mehrheit ändern, und da auf diese Weise keine Überordnung der Verfassung über das Gesetzesrecht vorliegt, gibt es im strengen Sinne auch keine Verfassungsgerichtsbarkeit. Es besteht Parlamentssouveränität, und das ist etwas deutlich anderes als die Volkssouveränität, welche die Siedler von Anfang an praktizierten. Diese von den Siedlern entwickelte Praxis inklusive der Gewohnheit, die Grundsätze, die das Zusammenleben regeln, sowie die Institutionen, auf die das Gemeinwesen aufbaut, schriftlich zu fixieren, erleichterten den Weg zur späteren Bundesverfassung erheblich.

Dieser Weg musste allerdings noch eine Zwischenstation passieren: Die nun unabhängigen, mittels des Kontinentalkongresses koordinierten Einzelstaaten gaben sich ein gemeinsames Statut: das Konföderationsstatut von 1781. Das war von Anfang an mit dem Geburtsfehler behaftet, eine Gemeinschaft begründen zu wollen, ohne die Souveränität der Glieder dieser Gemeinschaft ernsthaft anzutasten. So hatte der Kongress nicht das Recht, Gesetze zu erlassen und Steuern einzutreiben. Er war darauf angewiesen, dass die Staaten ihren bspw. für die gemeinsame Verteidigung erforderlichen finanziellen Verpflichtungen freiwillig nachkamen. Wichtige Entscheidungen mussten mit Zwei-Drittel-Mehrheit gefällt, Statuts-Änderungen einstimmig beschlossen werden. Erschwerend kam hinzu, dass alle Einzelstaaten unabhängig von ihrer Größe über eine Stimme verfügten, der Präsident des Kongresses nur als Versammlungsleiter agierte und es keine Exekutive gab (Adams und Adams 1994, S. 28–29; Heideking und Sterzel 2007, S. 48). Dennoch sollte der Kongress Gemeinschaftsaufgaben wie die Entscheidung über Krieg und Frieden, den Unterhalt des Heeres, die Entsendung von Botschaftern und die Emission von Münzen und Papiergeld bewältigen.

Die Probleme dieser strukturellen Defizite traten vollends zutage, als sich nach Beendigung des Krieges der Einzelstaats-Egoismus voll entfalten konnte, weil der gemeinsame Feind weggefallen war. Nachdem sich die wirtschaftliche Lage deutlich verschlechtert hatte, erfüllten viele Staaten ihre Zahlungsverpflichtungen nicht mehr, wodurch sich die Kreditwürdigkeit der Union insgesamt verringerte. Mangels einer gemeinsamen amerikanischen Außenhandelspolitik konnte England die Staaten in punkto Handel gegeneinander ausspielen. Drohenden sozialen Spannungen aufgrund der Wirtschaftslage begegneten einzelne Staaten mit erhöhter

Papiergeldemission, was inflationär wirkte und zu einer schleichenden Enteignung der besitzenden Schichten führte. Andere Staaten verfolgten eine Austeritätpolitik, was wiederum die Besitzlosen in Verschuldung und Elend trieb. Es kam zu Rebellionen, von denen die *Shay's rebellion*, welche 1787 von dem verzweifelten Schuldner Daniel Shays in Massachusetts angezettelt und von Milizen niedergeschlagen wurde, zu trauriger Berühmtheit gelangte (Hamilton et. al. 2007, Art. 6, S. 74).

Nun machte sich das Bewusstsein breit, dass die Nachkriegsprobleme mit dem bestehenden Konföderationsstatut nicht zu beheben waren. Eine vom Staat Virginia 1786 in Annapolis einberufene Versammlung, in der über Handelsfragen beraten werden sollte, nutzten der New Yorker Abgeordnete Alexander Hamilton und der Delegierte von Virginia James Madison, um sich für eine Versammlung in Philadelphia einzusetzen, auf der das Statut den aktuellen Erfordernissen angepasst werden sollte. Als die Versammlung in Philadelphia, die vom 25. Mai bis zum 17. September 1787 tagte, ihr Ergebnis vorlegte, hatte sie aber deutlich mehr unternommen als eine Revision des Statuts: Sie hatte schlicht eine neue Verfassung entworfen, durch die der bisherige Staatenbund durch einen Bundesstaat ersetzt worden war.

Die Gegner, die sich sogleich gegen den Verfassungsentwurf formierten, machten dann auch geltend, dass die Versammlung zu einem derart weitreichenden Schritt gar nicht legitimiert war. Die Verfassungsbefürworter argumentierten dagegen, dass die amerikanische Union auf Grundlage des Statuts nicht zu retten gewesen wäre. Schnell entbrannte eine große, Staaten-übergreifende Debatte, in der sich die Verfassungsbefürworter die Bezeichnung „Federalists" sicherten, was den Gegnern nur die negative Kennzeichnung als „Anti-Federalists" übrig ließ. Zugleich war damit der im angelsächsischen Raum seitdem vorherrschende Föderalismusbegriff geprägt, der paradoxerweise mit einer starken Zentralgewalt assoziiert ist.

Die Federalists, zu denen Männer wie George Washington (der auch die Versammlung in Philadelphia geleitet hatte), Alexander Hamilton und James Madison gehörten, sahen Amerika visionär bereits als Gesamtnation, der es mittels eines raffinierten Systems interner Machtbalancen und -kontrollen, der *checks and balances*, gelingen konnte, erstmals eine Demokratie im Großflächenstaat zu verwirklichen. Sie hatten ein modernes, merkantil orientiertes und machtpolitisch relevantes Amerika vor Augen. Bei den Anti-Federalists, die heterogener als die Federalists waren, sich zum Teil aber auf der Linie von Thomas Jefferson bewegten, überwog oft das Misstrauen gegenüber einer starken Zentrale und die Vorstellung eines genügsamen, lokal verwurzelten und agrarisch ausgerichteten Lebens, das seinen Mittelpunkt in der kleinen politischen Einheit findet (Kenyon 1966).

Auf ihr puritanisches Erbe könnte man beide Seiten zurückführen, denn das ökonomische Erfolgsstreben und die damit verbundene Modernität lassen sich ebenso puritanisch begründen wie die eher rückwärtsgewandte Utopie des frugalen, von der Verderbnis des urbanen Lebens abgewandten Daseins in der kleinen, moralisch hochstehenden Gemeinschaft. Und wenn es sich bei der Charakterisierung der beiden Positionen auch um eine idealtypische Zeichnung handelt, die nicht vollständig mit dem Gegensatz von Federalists und Anti-Federalists identifizierbar ist – die genannte Bruchlinie, in der man durchaus den Gegensatz von Liberalismus und Republikanismus wiederfinden kann, hat sich im amerikanischen Denken durchgehalten. Sie prägt auch die beiden großen amerikanischen Parteien, was nicht ganz zufällig ist, da diese letztlich auf gewissen Umwegen aus der Spaltung zwischen Federalists und Anti-Federalists hervorgegangen sind.

Die neue, bundesstaatliche Verfassung zu ratifizieren, sollte Ratifizierungskonventen übertragen werden, die in den Einzelstaaten eingerichtet wurden. Um die Wahrscheinlichkeit der Annahme der Verfassung zu erhöhen, sollte die Unterzeichnung von neun der dreizehn Staaten genügen, die Verfassung in Kraft treten zu lassen. Allerdings hätte die Verfassung dann auch nur für die Unterzeichner-Staaten gegolten, eine Teilung der Union, die de facto dann aber nicht eintrat.

Nun galt es, für die Verfassung offensiv zu werben, zumal auch die Verfassungsgegner nicht untätig waren und die Debatte mit einer Vielzahl von Reden, Pamphleten, offenen Briefen etc. anheizten. Beide Seiten, Federalists wie Anti-Federalists, benutzten für ihre Veröffentlichungen oft Pseudonyme. Sehr beliebt waren solche, die auf die Zeit der römischen Republik anspielten. Wenn ein Verfassungsgegner mit „Brutus" unterzeichnete (der Autor war wahrscheinlich der New Yorker Richter Robert Yates), dann war klar, dass er gegen vermeintlich cäsaristische Elemente in der neuen Verfassung polemisierte. Zugleich signalisierte die auf Rom bezogene Namenswahl, dass die an der Debatte Beteiligten vorrangig dem Bildungsbürgertum entstammten und sich in einer republikanischen Tradition sahen, die sie auf amerikanischem Boden zeitgemäß umsetzen wollten.

Das nahmen auch die Autoren der *Federalist Papers* Alexander Hamilton, James Madison und John Jay für sich in Anspruch (Hamilton et al. 2007). In der von ihnen publizierten Artikelserie hatten sie sich das Pseudonym *Publius* gegeben – eine Anspielung auf Publius Valerius Publicola, den Retter der römischen Republik. Ihr engagiertes Plädoyer für die neue Verfassung ist das stringenteste und überzeugendste Dokument des damaligen Streits, und es ist zugleich der authentischste Kommentar zur Verfassung (Zehnpfennig 2007, S. 1–44). Dieser macht sichtbar, welchen Grundsätzen und auch Kompromissen die einzelnen Verfassungsbestimmungen entstammten.

Es ist gut möglich, dass die in drei New Yorker Zeitungen publizierte Serie von 85 Artikeln mit dazu beitrug, den Staat New York zur Ratifizierung zu bewegen. 1788 jedenfalls besiegelten zwölf der dreizehn Staaten, unter ihnen New York, die Neubegründung ihrer Union via Bundesverfassung, welche damit in Kraft trat. 1790 gesellte sich dann der dreizehnte Staat, Rhode Island, hinzu.

3 Grundsätze der Verfassung

Wenn man Revue passieren lässt, welche Veränderungen sich in der politischen Wirklichkeit Amerikas seit der Gründungszeit vollzogen haben, wird man auf eine Reihe sehr weitreichender stoßen: Die Verfassung war für rund drei Millionen Amerikaner entworfen worden, mittlerweile sind es über 300 Millionen von ethnisch sehr unterschiedlicher Herkunft; die demokratische Teilhabe ist nicht mehr Sache einer Minderheit, sondern jedes Amerikaners, der älter ist als 18 Jahre; die politischen Akteure sind die Parteien, die es damals so noch nicht gab; der politische Prozess erfordert ein sehr viel höheres Maß an Steuerung und Entscheidung als früher; die Medienöffentlichkeit übt einen starken Einfluss auf das politische Geschehen aus; Amerika hat die Rolle einer Weltmacht bzw. eines um seine Einflusssphären ringenden Welthegemons; die Bedeutung der Ökonomie hat sich maßgeblich erhöht; die Globalisierung verflicht den modernen Staat in Netzwerke und Abhängigkeiten, die völlig autonomes Agieren nicht mehr erlauben usw. Wieso ist die Verfassung all diesen neuen Herausforderungen gewachsen?

Die schon erwähnte Anpassungsfähigkeit der Verfassung hat ihren Grund wohl nicht nur in der Deutungsbreite, die ihre Artikel eröffnen, oder gar im Vorherrschen von Generalklauseln. Ein wesentlicher Grund könnte vielmehr sein, dass in der Verfassung Kompromisse aller Art zum Ausdruck kommen. Die großen Staaten wollten entsprechend ihrer Größe mehr Gewicht in der Vertretung bekommen als die kleinen Staaten; letztere plädierten für gleiche Repräsentation. Die Südstaaten beharrten auf der Berücksichtigung ihrer Sklaven bei der Ermittlung der Bevölkerungszahl, was sich zuungunsten der mittleren und nördlichen Staaten ausgewirkt hätte. Agrarisch orientierte Staaten hatten andere Präferenzen im Hinblick auf die Machtverteilung, speziell bei der Regulierung des Handels, als die merkantil ausgerichteten Staaten. Liberal denkende Männer glaubten an eine interne Balancierung der Gewalten, aufgrund derer es z. B. möglich wäre, auch die Exekutive mit entsprechenden Kompetenzen zu versehen, während primär republikanisch ausgerichtete Konventteilnehmer die Macht möglichst dezentral verorten wollten und eine schwache Exekutive bevorzugten (Heideking und Sterzel 2007, S. 54–55; Adams und Adams 1994, S. XXX–XXXI).

All dies und noch eine Reihe anderer Konfliktpunkte mussten zum Ausgleich gebracht werden. Hilfreich war dabei sicherlich der angelsächsische Pragmatismus. Es gehörte aber auch ein hohes Maß an staatsmännischer Klugheit dazu, die widerstrebenden Interessen und Prinzipien so zusammenzuführen, dass letztlich alle zustimmen konnten. Unstrittig und insofern allen Beteiligten gemeinsam war, dass man die republikanische Regierungsform wollte, was in der damaligen Terminologie die Ablehnung der direkten Demokratie und die Existenz einer Volksvertretung, keineswegs aber schon das Wahlrecht für alle bedeutete. Außerdem war man sich einig, der Montesquieuschen Gewaltenteilungslehre folgen zu wollen und den Einzelstaaten hinreichende Kompetenzen zu belassen. Aber was war nun republikanisch? Welches Verständnis Montesquieus war das richtige? Und wie sollte der Föderalismus gestaltet werden, damit sowohl der Bund als auch die Einzelstaaten zu ihrem Recht kamen?

Im Verfassungskonvent erfolgte der Ausgleich eines Teils der divergierenden Interessen durch den *great compromise*, der zwischen zwei Konzepten vermittelte. Der sogenannte „Virginia-Plan" hatte eine echte Bundesregierung und eine Legislative in Form eines Zwei-Kammer-Systems mit proportionaler Vertretung aller Staaten vorgesehen. Das hätte den großen Staaten ein klares Übergewicht gegeben. Der New Jersey-Plan bestand im Grunde nur aus einer Korrektur des

Konföderationsstatuts und plädierte für ein Ein-Kammer-System, durch das die Staaten gleich repräsentiert werden sollten, was sich natürlich zugunsten der kleinen Staaten ausgewirkt hätte (Adams und Adams 1987, S. 322–326). Mittels des great compromise verständigte man sich auf eine echte bundesstaatliche Lösung, bei der die eine Kammer der Legislative, das Repräsentantenhaus, auf proportionaler, die andere Kammer hingegen, der Senat, auf gleicher Vertretung beruhte. Da zugleich die Amtszeit der Senatoren deutlich länger angelegt war (6 Jahre) als die der Repräsentanten (2 Jahre), war man damit den Interessen der kleinen Staaten entgegengekommen, ohne die der großen Staaten zu vernachlässigen.

Ein echtes Problem war auch die Sklavenfrage gewesen. Die südliche Plantagenwirtschaft beruhte zu großen Teilen auf der Arbeit von Sklaven, in den Nordstaaten gab es die Bestrebung, die Sklaverei längerfristig abzuschaffen, sofern sie nicht bereits verboten war. Bei diesem Konfliktpunkt bestand der – fragwürdige – Kompromiss darin, die Sklaven als Drei-Fünftel-Menschen (drei Teile Mensch, zwei Teile Besitzgegenstand) in die Berechnung der Bevölkerungszahl eingehen zu lassen. An ein Wahlrecht der Sklaven dachte natürlich niemand, ebenso wenig wie an das der Frauen, das erst durch das 19. Amendment im Jahr 1920 eingeführt wurde. Die Halbherzigkeit in der Sklavenfrage sollte sich später rächen. Der amerikanische Bürgerkrieg von 1861–1865 trug den Konflikt zwischen Sklavenhaltern und Gegnern der Sklaverei blutig aus; der Auseinanderfall der Union konnte nur mit kriegerischen Mitteln verhindert werden.

Ein weiterer gravierender Dissens bestand in der Frage, ob man in die Verfassung einen Grundrechtekatalog, eine *bill of rights*, aufnehmen sollte (Adams und Adams 1994, S. LXXVIII), wie man sie aus England kannte und wie sie als erster der Staat Virginia in seine Verfassung inkorporiert hatte. Thomas Jefferson war ein vehementer Befürworter eines solchen Katalogs, Hamilton und Madison sahen dafür in einer Volksregierung anders als in einer Monarchie keinen Bedarf; der Souverän muss sich nicht via Grundrechte gegen sich selbst versichern. Die Verfassung wurde dann auch ohne den Katalog ratifiziert, allerdings nur mit dem Versprechen einer Nachbesserung (Heideking und Sterzel 2007, S. 55). 1791 erfuhr die Verfassung ihre erste Erweiterung durch zehn Amendments, in denen die wesentlichen Menschenrechte kodifiziert wurden. Auch wenn es sich bei der Regierung der Vereinigten Staaten um eine Volksregierung handelte, wollte man den Versuchungen, die jede Machtausübung mit sich bringt, durch Begrenzung der Zugriffsrechte des Staates auf den Bürger wehren.

Die amerikanische Verfassung ist also *a bundle of compromises*, das Ergebnis eines Ringens einander widerstreitender Kräfte, die zum Ausgleich gebracht werden konnten. Das sicherte ihr damals die Akzeptanz, und das ist bestimmt auch ein wesentlicher Grund dafür, dass sie sich flexibel dem Wandel der Zeiten anzupassen vermochte. Nichtsdestotrotz ist sie kein Sammelsurium, kein Ausdruck von Beliebigkeit. Vielmehr finden sich in ihr Prinzipien verwirklicht, die wegweisend für die moderne Demokratie wurden, selbst wenn man in der damaligen Zeit das Wort *Demokratie* eher in pejorativem Sinn gebrauchte, weil man damit die antiken Demokratien mit ihrer Neigung zur Unordnung und zum Abgleiten in die Tyrannei verband (Hamilton et al. 2007, Art. 10, S. 97–99; Art. 14, S. 114–115).

Wenn man die wesentlichen Prinzipien, die in die Verfassung inkorporiert sind, benennen wollte, könnte man sie in denen finden, die Verfassungsgegner wie -befürworter gleichermaßen vertraten: im Republikanismus, der Gewaltenteilung und dem Föderalismus. Alle drei Prinzipien spielen ineinander und bilden so das komplexe Ganze der Verfassung. Alle drei Prinzipien wurden allerdings von den beiden um die Verfassung ringenden Parteien ganz unterschiedlich gedeutet. Welche Deutung ist der Verfassung unterlegt?

1. Republikanismus. Der kleinste gemeinsame Nenner im Verständnis des Begriffs *Republikanismus* ist, dass damit die Volksregierung mittels Volksvertretung gemeint ist. Bei den Verfassungsgegnern hatte der Begriff aber noch sehr viel weitergehende Konnotationen: Die Volksregierung verwirklicht sich am besten in der kleinen, selbstgenügsamen Gemeinschaft. Dort gedeihen die Bürgertugenden, die ein selbstbestimmtes Zusammenleben erfordert. Da Macht korrumpiert, muss sie eingeschränkt werden und nahe bei den Bürgern bleiben.

Mit einem solchen Modell ist gesellschaftliche Homogenität deutlich besser vereinbar als Pluralität; obwohl der Einfluss John Lockes in den Kolonien sicher größer war als der Jean-Jacques Rousseaus, sind auch dessen Vorstellungen von der tugendhaften, kleinräumigen Republik in den allgemein herrschenden Eklektizismus eingeflossen (Bailyn 1992, S. 23, 27, 29). Montesquieu kann ebenfalls in diesem Zusammenhang genannt werden, ist für diesen das Prinzip der Republik doch die Tugend, die ihrerseits in der Liebe zur Gleichheit besteht (Montesquieu 1999, S. 62, 63). Nun waren allerdings nicht nur die Verfassungsbefürworter, sondern ebenfalls die Verfassungsgegner durchaus skeptisch, was die natürliche Güte des Menschen angeht (Kenyon 1955). Hier war das puritanische Erbe wohl stärker als der Einfluss Rousseaus. Dennoch setzten sie deutlich mehr auf bürgerliche Tugenden, als es im liberalen, Eigennutzorientierten Denken der Fall ist, und die Gemeinschaft stand bei ihnen viel stärker im Mittelpunkt, als es der liberale Individualismus zulässt.

Geht man davon aus, dass die Federalist Papers den authentischen Kommentar zur amerikanischen Verfassung liefern, kann man mit einiger Berechtigung behaupten, dass sich in der Verfassung die liberale Lesart durchgesetzt hat (Zehnpfennig 2010). Schon der Sprung vom Staatenbund zum Bundesstaat bedeutete den Bruch mit der Vorstellung, eine Demokratie (in der heutigen Terminologie) sei im Großflächenstaat nicht möglich. Weshalb diese Vorstellung falsch ist, begründen die Federalists mit dem Prinzip des Pluralismus: Wenn die Diversifikation der Interessen, die Teilung der Gesellschaft in Sekten, Parteiungen und soziale Schichten stark genug ist, dann verhindert das Gegeneinander der Kräfte die Durchsetzung einer Kraft bzw. auch die Tyrannei der Mehrheit (Hamilton et al. 2007, Art. 10, S. 93–100). Das Gegeneinander ermöglicht demnach erst das Miteinander; der Individualismus hat Vorrang vor dem Gemeinsamen.

In der Logik dieses Ansatzes liegt auch die deutliche Verschiebung von Kompetenzen der Einzelstaaten auf die Zentralgewalt. Ein nicht per se auf Tugend und Genügsamkeit bauendes System muss Zu- und Durchgriffsrechte an einem Ort konzentrieren. Deshalb obliegt es, wie Art. I, 8 der Verfassung festlegt, dem Bund, die für nationale Zielsetzungen nötigen Steuern einzuziehen, den Außen- und Binnenhandel zu regeln, über die Währung zu entscheiden, Armeen aufzustellen, Krieg und Frieden zu erklären usw. Hier sind alle Befugnisse gebündelt, die Ausdruck nationaler Interessen sind, nicht zuletzt die Sicherstellung der finanziellen Ressourcen und die Sorge für die äußere Sicherheit. Den besonderen Argwohn der Verfassungsgegner erregte im Hinblick auf Bundeskompetenzen die *neccessary and proper*-Klausel, die eine Art Generalklausel darstellt. Danach ist der Kongress berechtigt, die Umsetzung aller Bundeskompetenzen mittels Gesetzen zu unterstützen, die dafür „notwendig und geeignet" sind. Diese Formel und ungenaue Formulierungen andernorts können in der Tat so ausgedeutet werden, dass die Verfassung die Grenzen der Bundesgewalt gegenüber den Kompetenzen der Einzelstaaten nicht allzu scharf zieht, was einer Machtokkupation des Bundes Vorschub leisten kann (McKay 2009, S. 49).

Eindeutig ist hingegen die in Art. VI, 2 verankerte Klausel, dass die Verfassung selbst sowie alle Gesetze, die im Einklang mit ihr erlassen wurden, *supreme law of the land* sein sollen. Bundesrecht bricht Staatenrecht, ein Grundsatz, der nicht nur in Bezug auf den in der Verfassung zugrunde gelegten Republikanismusbegriff von Bedeutung ist. Natürlich kennzeichnet er auch die Grenzen des Föderalismus, und er verweist voraus auf die in der Verfassung nicht explizit genannte Möglichkeit der Normenkontrolle. Denn die Überprüfung der Verfassungsmäßigkeit von Gesetzen und Verordnungen setzt die Überordnung der Verfassung über das Gesetzesrecht voraus.

Dass Art. 4 der Verfassung jedem Mitgliedsstaat der Union die republikanische Regierungsform garantiert, erscheint in Bezug auf die Befürchtungen der Anti-Federalists, der Bund könnte zunehmend Macht okkupieren, ambivalent. Einerseits ist die innerstaatliche Demokratie durch diesen Artikel geschützt, andererseits könnte man argwöhnen, dass dem Bund damit Eingriffsmöglichkeiten in innerstaatliche Angelegenheiten verschafft werden. Die Federalists rechtfertigen diese Bundesgarantie damit, dass jede übergeordnete Gemeinschaft ihren Gliedern den Schutz vor Invasionen und inneren Unruhen schulde, den Einzelstaaten aber nach wie vor freistehe, eine selbstgewählte andere Variante der republikanischen Regierungsform einzurichten (Hamilton et al. 2007, Art. 43, S. 276–279). Tatsächlich ist kein föderatives demokratisches System denkbar, dessen Gliedstaaten sich nicht-demokratisch organisieren. Von daher war dieser Verfassungsartikel eine Vorsichtsmaßnahme, die angesichts der Turbulenzen nach dem Unabhängigkeitskrieg und der Neigung mancher Einzelstaatsregierungen, dem Druck der Straße nachzugeben, nahelag.

2. Gewaltenteilung. Die Gewaltenteilungslehre Montesquieus hatte in der Verfassungsdebatte den Rang eines unantastbaren Dogmas. Der Grund, weshalb ein Franzose in einer dominant englisch geprägten Kultur derart reüssieren konnte, liegt vielleicht darin, dass sich Montesquieu als Vorbild für seine Theorie die englische Verfassung ausgewählt hatte – eine idealisierte englische Verfassung allerdings, wie schon oft festgestellt wurde. Zudem hatte Montesquieu sein

Modell an einer Monarchie entwickelt, und seine Ausführungen über die Aufteilung der Gewalten folgten der Logik einer Ständegesellschaft. Es war also klar, dass der Transfer des Montesquieuschen Modells einer gewaltenteiligen, gemischten Verfassung auf ein demokratisches Gemeinwesen einige Übersetzungsleistung erforderte. Insofern verwundert es nicht, dass Federalists und Anti-Federalists eine sehr unterschiedliche Lesart ihres Lieblingsautors pflegten.

Für die Anti-Federalists hatte Montesquieu die Republik wegen der in ihr erforderlichen Tugend dem kleinräumigen Gemeinwesen vorbehalten, und die Teilung der Gewalten sollte eine strikte sein. Für die Federalists hatte Montesquieu hingegen gerade die föderative Republik als Möglichkeit zur Verwirklichung des republikanischen Gedankens in einem größeren Gemeinwesen empfohlen, und die Trennung der Gewalten sollte nur die völlige Vereinnahmung der einen durch die andere verhindern, nicht aber eine teilweise Überlappung zum Zweck der Kontrolle oder Kooperation (Hamilton et al. 2007, Art. 9, S. 90–91; Art. 47, S. 301–304).

Die letztgenannte Variante der Gewaltenteilung ist die in der Verfassung realisierte. Ein raffiniertes System sich wechselseitig beschränkender, aber auch miteinander kooperierender Gewalten ist darauf angelegt, ein Equilibrium der Kräfte hervorzubringen. Dass man damit auch einen allgemeinen Stillstand hervorbringen könnte, war damals noch nicht im Fokus der Debatte.

Wie funktioniert das System der checks and balances nun genau? Dass in einer Volksregierung die Legislative als die volksnaheste Gewalt besonders gut kontrolliert werden muss, um eine Tyrannei der Mehrheit zu verhindern, war den Verfassungsvätern klar (Heideking und Sterzel 2007, S. 51). Ein erster Schritt war hier die Spaltung der Legislative: Die auf zwei Jahre gewählten Mitglieder des Repräsentantenhauses vertreten die nationale Komponente, die auf sechs Jahre gewählten Senatoren die föderative. Unterschiedliche Provenienz und unterschiedliche Verweildauer der Mitglieder beider Häuser bedeuten einen Schutz vor Homogenität dieses Verfassungsorgans. Da man ein präsidentielles System entwarf, in dem der Präsident also anders als im parlamentarischen System nicht aus dem Parlament heraus gewählt wird, entwickelte man für die Wahl der Exekutive ein kompliziertes, mittlerweile allerdings modifiziertes Verfahren. Gemäß den Vorgaben der Legislativen der Einzelstaaten sollten Wahlmänner ernannt werden, die den Präsidenten in unabhängiger persönlicher Entscheidung für vier Jahre wählen sollten. Die Judikative wiederum sollte aus Gerichten bestehen, die vom Kongress eingerichtet werden; die Richterämter waren auf Lebenszeit angelegt.

Schon die Amtszeiten sind also raffiniert gestaffelt: zwei Jahre für die Volksvertreter, vier Jahre für den Präsidenten, sechs für die Senatoren und eine lebenslängliche Amtszeit für die Richter. So kann man – idealiter – die Entstehung festgefügter Machtblöcke verhindern. Auch die Legitimationsbasis ist recht unterschiedlich: Die Repräsentanten wählt das gesamte amerikanische Volk, die Senatoren (damals noch) die Legislative jedes Einzelstaats, den Präsidenten ein von den Legislativen der Einzelstaaten ernanntes, aber unabhängiges Elektorengremium, die Richter der Kongress.

Im Unterschied dazu geht im parlamentarischen System alle Regierungsgewalt aus *einer* Quelle hervor: der unmittelbaren oder mittelbaren Wahl des gesamten Volkes. Das heißt, das Volk wählt die Volksvertretung, und diese wählt wiederum die Regierung und besetzt die Judikative. In der Bundesrepublik Deutschland hat man sich aus gutem Grund für diese Variante der Demokratie entschieden: Da im Weimarer System Parlament und Präsident eine je eigene Legitimationsquelle hatten (beide gingen unabhängig voneinander aus einer direkten Volkswahl hervor), konnte es zu jenen verhängnisvollen Präsidialregierungen kommen, die den Weg in die Diktatur bereiteten. Dass man sich in der amerikanischen Verfassung für ein präsidentielles System entschied und dem Präsidenten trotz entsprechender Bedenken der Verfassungsgegner eine so starke, vom Parlament unabhängige Stellung verlieh, hing wohl mit der Angst vor einer zu mächtigen Legislative und dem Vertrauen in das System der checks and balances zusammen.

Dieses stellt sich dann auch als durchdacht angelegtes System aus Kooperation und Kontrolle, aus einem Miteinander und Gegeneinander dar. Repräsentantenhaus und Senat müssen bei der Gesetzgebung zusammenarbeiten; Etatgesetze kann aber nur das Repräsentantenhaus einbringen. Dem Präsidenten steht ein aufschiebendes, aber kein absolutes Veto gegen die Gesetze zu; er muss die Gesetze exekutieren. Mit dem Senat kooperieren muss er beim Abschluss von Verträgen, der Ernennung von Botschaftern und Gesandten und der Richter der obersten Bundesgerichte. Über ein Amtsenthebungsverfahren gegen ihn (*impeachment*) entscheidet der Senat, dessen Vorsitzender wiederum der Vizepräsident ist, dem allerdings nur im Fall von Stimmengleichheit ein Stimmrecht zukommt.

So haben weder Legislative noch Exekutive uneingeschränkte Macht; beide haben aber entscheidende Befugnisse: Das Repräsentantenhaus verfügt über *the power of the purse*, das Etatrecht. Der Präsident führt „the sword", (Hamilton et al. 1961, no. 78, S. 465), er ist der Entscheider, was sich nicht zuletzt an seiner Position als Oberbefehlshaber der Streitkräfte zeigt. Wie gestaltet sich im Vergleich dazu die Rolle der Judikative?

Dem Wortlaut der Verfassung nach ist sie die schwächste der Gewalten, denn sie kann nicht direkt in die Tätigkeit von Legislative und Exekutive eingreifen und erfährt darüber hinaus durch die Mitwirkung von Geschworenengerichten bei Strafverfahren sozusagen eine Kontrolle *von unten*, durch die Bürger. Gestärkt wird sie durch die Amtsdauer der Richter, ihr Verweilen im Amt auf Lebenszeit.

Eine weitaus entscheidendere Stärkung erfuhr die Judikative jedoch durch die Verfassungsinterpretation, die bereits in den Federalist Papers anhebt: die aus der *limited constitution* (Hamilton et al. 1961, no. 78, S. 466) abgeleitete Kompetenz zur Normenkontrolle. Danach erfordert der Umstand, dass die Verfassung der Legislative nur eingeschränkte Gesetzgebungsbefugnisse zuerkennt – so dürfen keine Gesetze mit rückwirkender Kraft oder Proskriptionsgesetze erlassen werden –, das Vorhandensein einer Instanz, welche diese Rückbindung der Parlamentsgesetze an die Verfassungsbestimmungen prüft.

Damit ist die Judikative, speziell der supreme court, zum Hüter der Verfassung ernannt. Wenn die Judikative, wie seit dem berühmten Supreme Court-Urteil *Marbury vs. Madison* aus dem Jahr 1803 bestätigt, das Recht hat, die Verfassungskonformität legislativer und exekutiver Akte zu überprüfen, ist sie im Machtgefüge eine ernstzunehmende dritte Kraft. Damit verschiebt sich das Augenmerk auf die Frage, wie sie ihrerseits kontrolliert wird. Diese Kontrolle liegt primär in der Bestellung der Richter durch Präsident und Senat.

Gewaltenteilung bedeutet in der amerikanischen Verfassung also partielle Gewaltenverschränkung zum Zweck der Zusammenarbeit und der wechselseitigen Überwachung. Doch die Konkurrenz um die Macht soll noch tiefer verankert sein als nur in den Institutionen. In den „Federalist Papers" enthüllen die Autoren den eigentlichen Wirkmechanismus hinter der Verfassung: „Man muss dafür sorgen, dass Ehrgeiz dem Ehrgeiz entgegenwirkt." (Hamilton et al. 2007, Art. 51, S. 320). Zusätzlich zu den in der Verfassung verankerten Vorkehrungen gegen eine Konzentration der Macht in einer der Gewalten ist es das Eigeninteresse der Amtsinhaber, das für die Balancierung der Gewalten sorgen soll. Damit ist der Tribut, den die Verfassung dem liberalen Eigennutz- und Konkurrenzgedanken zollt, offenkundig (Zehnpfennig 2010, S. 86–89). Der Appell an die Tugend der Amtsträger erscheint demgegenüber nachgeordnet.

Bisher wurde nur die horizontale Gewaltenteilung behandelt, d. h. die Aufteilung der Regierungskompetenzen zwischen Legislative, Exekutive und Judikative. Fast noch bedeutsamer war für die Anti-Federalists aber die vertikale Gewaltenteilung, die Verteilung der Macht zwischen Bund und Einzelstaat. Hier trafen die unterschiedlichen Konzepte des Föderalismus aufeinander. Einem Föderalismus, der die amerikanische Union als Bund souveräner Einzelstaaten verstand, bereitete die Verfassung ein Ende.

3. Föderalismus. Der Glaube, Macht korrumpiere und bedürfe deshalb der unmittelbaren Rückkoppelung an die Bürger, ließ viele Verfassungsgegner vor einer Verschiebung der Macht auf eine weit entfernt liegende Zentralregierung zurückschrecken. So befürchtete „Brutus" in einem seiner in New York veröffentlichten Artikel, „daß die den Einzelstaaten verbliebenen Rechte schon bald aufgehoben sein werden, wenn das Regierungssystem erst funktioniert, es sei denn, sie sind für die Organisation des Bundes notwendig." (Adams und Adams 1987, S. 379)

Abgesehen davon, dass die Verfassungsgegner den Schritt vom Staatenbund zum Bundesstaat ohnehin ablehnten, sahen sie in der Verfassung auch diverse Einfallstore für eine Machtokkupation des Bundes zu Lasten der Einzelstaaten. Dazu zählen die schon erwähnte *necessary and proper*-Klausel und der Artikel, der die Suprematie des Bundes festlegt, aber auch die *commerce*-Klausel aus Art. I, 8 (Heun 2012, S. 610). Diese befugt den Bund, den Außen- und Binnenhandel der Vereinigten Staaten zu regeln. Da es interpretationsfähig ist, was alles zur Regelung des Handels zählt, kann eine großzügige Auslegung tatsächlich zur Beschneidung von Einzelstaats-Rechten führen. So fürchtete man sich vor einem aus der Verfassung erwachsenden *consolidated government*, einer Verschmelzung der Staaten zu einer unitarischen Regierung, in der die darüber hinaus diagnostizierten aristokratischen und monarchischen Elemente sich ungehemmt entfalten und zur Unterdrückung der Bevölkerung führen könnten.

Anders als es die pessimistische Wahrnehmung ihrer Gegner nahelegt, sieht die Verfassung aber natürlich auch Regelungen vor, welche die Einzelstaaten explizit in ihren Rechten bestätigen. Dazu gehören die gleiche Vertretung der Staaten im Senat, die Unverletzlichkeit ihres Hoheitsgebiets, die Garantie der republikanischen Regierungsform und der Schutz vor Invasion und Revolten (McKay 2009, S. 66). Die Federalist Papers zählen noch weitere Faktoren auf, welche die Staaten in ihrem Verhältnis zum Bund stärken: Die Staaten wirken an der Bestellung der Bundesregierung mit, der Bund aber nicht an der der Staaten; die Einzelstaaten können selbst Steuern einziehen und bei der Einziehung der Unionssteuern nach ihren eigenen Regeln verfahren; die Befugnisse des Bundes sind klar umgrenzt, während die der Staaten unbegrenzt und deutlich umfangreicher sind, da die des Bundes sich primär auf die Verteidigung, die gemeinsame Außenpolitik und den Handel beziehen, während den Staaten die Regelung der Dinge des normalen Lebens obliegt (Hamilton et al. 2007, Art. 45, 291–293).

So klar umgrenzt – und begrenzt – waren die Befugnisse des Bundes dann aber doch nicht, wie schon an der *necessary and proper*-Klausel erkennbar. Außerdem wurden den Einzelstaaten in Art. I, 10 bestimmte Befugnisse explizit genommen, etwa der selbständige Vertragsschluss, die Emission einer eigenen Währung, die Erhebung von Zöllen oder die eigenmächtige Aufstellung von Truppen. Um die Staaten in ihrer Selbständigkeit doch noch besser abzusichern, als im ursprünglichen Verfassungstext vorgesehen, wurde deshalb 1791 im 10. Zusatzartikel festgelegt, dass alle Kompetenzen, die nicht ausdrücklich dem Bund übertragen oder den Einzelstaaten genommen wurden, bei Letzteren bzw. dem Volk verbleiben.

Der duale Föderalismus, den die Verfassung etablierte, machte aus souveränen Staaten Gliedstaaten, das ist völlig unstritten. Das war aber auch unabdingbar, wenn man eine Union wollte, die mehr war als ein loser Verbund von Staaten, und mehr wollte als eine bloß ephemere Rolle in der Geschichte. Dank z. T. eigenständiger, z. T. mit der des Bundes konkurrierender Gesetzgebung konnten die amerikanischen Bundesstaaten jedoch eine Selbständigkeit bewahren, die weit höher ist als etwa die der deutschen Bundesländer. Dass sie nichtsdestotrotz auf Rechte verzichten mussten, lag in der Natur des Zusammenschlusses. Eigentlich gehörte es auch zum intellektuellen Repertoire der Verfassungskritiker, dass ein Vertragsschluss mit Rechtsverzicht einhergeht. Sie übertrugen diesen Grundgedanken des Kontraktualismus nur nicht vom Gesellschafts- auf den Bundesvertrag.

4 Die Verfassungspraxis

Welche Praxis aus der Verfassung abgeleitet wird, ist in der Verfassung selbst natürlich nicht kodifiziert. Dennoch könnte man anhand der im Lauf der letzten zweihundert Jahre verabschiedeten Zusatzartikel eine kleine Geschichte der

Vereinigten Staaten schreiben (von Hoff 2008, S. 15–82). So spiegeln die Veränderungen im Wahlrecht die zunehmende Demokratisierung der USA wider (Schreyer 2007, S. 266–268). Seit 1804 werden die Senatoren direkt von der Bevölkerung der Einzelstaaten gewählt; nach dem Sezessionskrieg und der Abschaffung der Sklaverei wurde 1870 die Beschränkung des aktiven Wahlrechts aufgrund der ‚Rasse' aufgehoben; 1920 folgte das Frauenwahlrecht; 1971 im Gefolge des Vietnamkrieges, in dem bereits 18- Jährige ihr Leben für ihr Land einsetzen mussten, die Herabsetzung des Mindestalters für die Wahl auf 18 Jahre. Dazu kommen demokratische Veränderungen, die sich nicht in der Bundesverfassung, sondern in den Einzelstaatverfassungen niedergeschlagen haben, z. B. die allmähliche Abschaffung des Zensus und der Wandel im Wahlmodus bei der Präsidentenwahl. Nun werden die Wahlmänner nämlich direkt von der Bevölkerung gewählt, und die Elektoren geben zuvor bekannt, für wen sie stimmen werden. Sie handeln also nicht mehr autonom, wobei sie allerdings nicht in allen Bundesstaaten an ihre Zusage gebunden sind.

Aber nicht nur die Demokratisierung, sondern auch andere gesellschaftliche und politische Entwicklungen reflektieren sich in den Zusatzartikeln. Der 12. Zusatzartikel von 1804, nach dem die Wahl des Präsidenten und die des Vizepräsidenten getrennt vonstatten gehen sollen, war eine Reaktion auf die Tatsache, dass 1800 das Patt zwischen den Präsidentschaftskandidaten Aaron Burr und Thomas Jefferson eine mehrere Monate dauernde Krise zur Folge hatte. Die 1951 beschlossene Begrenzung der Amtszeit des Präsidenten auf zwei Amtsperioden hing nicht zuletzt mit der Erfahrung zusammen, 1944, in der kritischen Phase des 2. Weltkriegs, führungslos dazustehen, weil der bereits zum vierten Mal gewählte Präsident Roosevelt tödlich erkrankt war. Und nach dem Mord an John F. Kennedy wurde 1967 festgelegt, automatisch dem Vizepräsidenten das Präsidentenamt zu übertragen, wenn der Präsident selbst das Amt nicht mehr wahrnehmen kann.

Man hat die Verfassung also dort, wo sie sich als den Erfordernissen der Zeit nicht mehr gemäß erwies, korrigiert. Ob das System aber insgesamt so, wie die Verfassungsväter es versprochen hatten, funktioniert, ist umstritten. Im Grunde gilt das für alle drei Aspekte, die im vorigen Absatz genannt wurden, den Republikanismus, die Gewaltenteilung und den Föderalismus.

1. Wieweit das republikanische Element noch trägt, ist eigentlich weniger ein konstitutionelles als ein gesellschaftliches Problem. Denn wenn man mit Republikanismus den aktiven Einsatz des Bürgers für sein Gemeinwesen verbindet, dann hat die in der Verfassung fortgeschriebene Demokratisierung die Teilhabemöglichkeiten eher erhöht. Was einem gemeinsamen republikanischen Bewusstsein aber im Wege steht, ist die zunehmende Individualisierung in der Gesellschaft (Kainz 2012, S. 19–23) und eine damit einhergehende Kompromissunwilligkeit. Das zeigt sich nicht zuletzt an einer politischen Radikalisierung, wie sie sich bspw. in der Tea Party-Bewegung niederschlägt. Dieser Teil der republikanischen Partei nimmt auch die Totalblockade des amerikanischen Regierungssystems und die wegen fehlender Zustimmung zum Etat drohende Zahlungsunfähigkeit der USA in Kauf, um ihre politischen Ziele durchzusetzen.

Die Zerrissenheit der Gesellschaft aufgrund divergierender, durch Lobbymacht gestützter Interessen führt natürlich zur Stärkung der Schiedsinstanzen, sprich: der Judikative. Als Gegenbewegung ist die Forderung nach einem *republican revival* (Michelman 1988; Sunstein 1988) laut geworden, eine Erneuerung des amerikanischen Denkens aus dem Geist der Gründungsväter heraus, bzw. die Wendung zu einem *popular constitutionalism* (Eisgruber 2001; Kramer 2004), der die Verfassung nicht nur als juristischen Text, sondern auch als Werteordnung liest, die Ausdruck des Volkswillens ist. Allerdings dürfte es sich als schwierig erweisen, Letzteren in einer derart pluralistischen Gesellschaft festzustellen. Zudem ist der Versuch, republikanisches Ethos und *rule of the law* miteinander zu versöhnen, wieder auf die schon erwähnte Grundproblematik zurückgeworfen: die Spannung zwischen Republikanismus und Liberalismus. Die Grundrechte sind Individualrechte, und diese bestehen primär darin, das Eigene von dem des Anderen abzugrenzen. Eine auf Konkurrenz gründende Gesellschaft ist nicht per se auf Gemeinsinn hin angelegt.

2. Was die Gewaltenteilung angeht, so könnte man, auch wenn es paradox klingt, jeder der drei Gewalten vorwerfen, ein in der Verfassung nicht vorgesehenes Gewicht zu beanspruchen. Das fängt beim Präsidenten an. Dessen Rolle hat sich gegenüber der Gründungssituation in vielfacher Hinsicht gewandelt. Er ist nun Parteiführer; durch das geänderte Wahlverfahren und die große Medienwirkung der Wahlkampagnen konzentriert sich im Machtgefüge die größte Aufmerksamkeit auf ihn; im Gegensatz zum Wortlaut der Verfassung werden von ihm Gesetzesinitiativen erwartet (Jäger 2007, S. 147; Oldopp 2005, S. 65); sein suspensives Veto gegenüber dem Kongress kann er als endgültiges gebrauchen, wenn er die Unterzeichnung eines Gesetzes so lange herauszögert, bis der Kongress sich vertagt hat (*pocket veto*); durch die weltpolitische Rolle der USA hat er in punkto Außenpolitik sehr großes Gewicht gewonnen. Da in Krisenzeiten die Stunde der Exekutive schlägt, kann der Präsident das Tauziehen mit dem Kongress in solchen Situationen für sich entscheiden. So war es unter dem Eindruck der Attentate vom 11. September möglich, 2001 den Patriot Act, der Bürgerrechte deutlich einschränkt, durch den Kongress zu bringen (Braml 2011), und auch andere problematische Maßnahmen, die angeblich der nationalen Sicherheit dienen, wie die Behandlung von Strafgefangenen in Guantánamo oder die unkontrollierte Datensammlung des Geheimdienstes NSA, finden wenig Widerstand seitens Legislative und Judikative.

Dennoch lässt sich die These von der Entwicklung der Exekutivgewalt zur *imperial presidency* wohl nicht uneingeschränkt bestätigen (Oberreuter 1998); die Rolle des Präsidenten hängt stark von der historischen Konstellation und auch der Person ab. Wie aber steht es mit der Position des Kongresses? Eine verfassungsmäßig nicht gewollte Machtausübung liegt sicherlich in dessen Total-Verhinderungsmacht: dem *gridlock*, also der Blockade allen Regierungshandelns durch verweigerte Mitarbeit. Erleichtert wird eine solche Blockade durch ein *divided government*, wenn der Kongress parteipolitisch anders ausgerichtet ist als die Exekutive. Aber auch bei gleicher parteipolitischer Ausrichtung kann der Kongress den Präsidenten ausbremsen (s. z. B. die Vorstöße zu einer gesetzlichen Krankenversicherung von Bill Clinton), weil die Parteibindung in den USA mangels der Notwendigkeit, Fraktionsdisziplin zu üben wie im parlamentarischen System, relativ gering ist.

Das Problematische des *gridlock* ist, dass er in der Regel nicht politischer Entscheidung entspringt, sondern diese verhindert (Chafetz 2013, S. 2073). Bei gridlock nimmt die Nicht-Verabschiedung von Gesetzen dem Kongress die Gestaltungskraft, die Nicht-Ernennung von höheren Beamten ist kein bewusstes Votum gegen die Person, sondern ein willkürliches Aussetzen der Beschlussfassung. So kann sich durch Inanspruchnahme der Blockademöglichkeit paradoxerweise eine Selbstentmachtung der Legislative ergeben – sie beraubt sich ihrer primären Kompetenz der deliberativ zustande kommenden Gesetzgebung, und sie erlaubt es den anderen beiden Gewalten, an ihr vorbei in die von ihr gelassene Lücke zu springen (Teter 2013).

Was die Judikative betrifft, so hat die Rechtsprechung des Supreme Court und anderer Gerichte eine Bedeutung im amerikanischen politischen Prozess gewonnen, für die es in der Verfassung keinen Anknüpfungspunkt gibt. Davon zeugt schon die Tatsache, dass die Ernennung der Bundesrichter ein Politikum ersten Ranges ist und die politische Ausrichtung der Kandidaten eine wesentliche Rolle bei der Nominierung spielt (Hübner 2007, S. 157). Die Grenzen des Föderalismus wurden nicht zuletzt von Supreme Court-Urteilen gezogen (McKay 2010, S. 66), und auch die Entwicklung des Sozialstaats wurde wesentlich durch seine Entscheidungen geprägt. Noch weitergehender könnte man behaupten, dass die Voraussetzungen von Amerikas Wandel zur modernen Industriegesellschaft nicht zuletzt durch die Rechtsprechung des Supreme Court geschaffen wurden (Heideking und Sterzel 2007, S. 60). Auf jeden Fall urteilte das Gericht über so wichtige Fragen wie die staatliche Regulierung des Wirtschaftslebens, die Reichweite des Grundrechteschutzes, die ‚rassische', geschlechtliche und sexuelle Gleichstellung etc.; je nach politischer Ausrichtung der Richter fielen die Urteile einmal konservativer, einmal progressiver aus.

Kritiker der starken Stellung, die der Judikative im Machtgefüge der amerikanischen Politik zukommt, plädieren für ein *judicial restraint*, eine Selbstbeschränkung, die in einer Konzentration auf die direkte, am Wortlaut orientierte Auslegung der Verfassung liegen könnte. Die Gegenseite begrüßt den *judicial activism*, weil sie gemäß dem Konzept der *living constitution* davon ausgeht, dass nicht der Wortlaut, sondern der Geist der Verfassung im Mittelpunkt stehen müsse; dieser erfordere aber eine je zeitgemäße Deutung (Ashbee 2004, S. 72–76). Wie bei den anderen beiden Gewalten gibt es also auch bei der Judikative eine recht unterschiedliche Wahrnehmung, ob sie im Gesamtsystem die Position einnimmt, die ihr im Gefüge der checks and balances zugedacht war.

3. Bei der Ausgestaltung des Föderalismus ist, vor allem durch das Wirken des Supreme Court, eine deutliche Verschiebung der Gewichte zugunsten der Bundesmacht zu verzeichnen. Insofern waren die Befürchtungen der Verfassungsgegner nicht ganz unbegründet. Eine großzügige Auslegung der *necessary and proper*- sowie der *commerce*-Klausel trugen dazu bei, aber auch die Angleichung der Grundrechte bei Bund und Einzelstaaten (Heideking und Sterzel 2007, S. 60). Dennoch war die Entwicklung nicht geradlinig. Nach Phasen einer Ausweitung der Bundesmacht gab es auch wieder gegenläufige Tendenzen; so wurden die Bundeskompetenzen in der Zeit nach Verabschiedung der Verfassung bspw. im Hinblick auf die Besteuerung großzügig ausgelegt, während die Rechtsprechung danach den Einzelstaaten z. B. in der Wirtschaftspolitik wieder freiere Hand ließ. Das änderte sich allerdings in der *Großen Depression* der Dreißiger Jahre des letzten Jahrhunderts, als die Wirtschaftslage bundesstaatliche Eingriffe erforderlich machte (Welz 2007, S. 75–76).

So prägten diverse politische und gesellschaftliche Umbrüche das Verhältnis zwischen Bund und Einzelstaaten, das sich allmählich vom dualen zum kooperativen Föderalismus wandelte (Ashbee 2004, S. 159–160) – aus einem Nebeneinander getrennter Kompetenzen wurde zunehmend eine Verflechtung von Kompetenzen. Angesichts von Zentralisierungstendenzen sprechen Kritiker allerdings auch von einem *coercive federalism* (Zimmerman 1992, S. 7–9). Die Macht des Bundes liegt dabei nicht zuletzt in den „goldenen Zügeln", welche er durch seine Finanzzuweisungen (*federal grants*) an die Einzelstaaten in den Händen hält (Oldopp 2005, S. 29–33). Denn die Vergabe solcher Finanzmittel kann er natürlich an Bedingungen knüpfen, welche die Autonomie der Staaten einschränken. Insgesamt ist auch auf der Ebene des Föderalismus ein Kräfteringen festzustellen, das dann doch wieder im Sinn der Verfassung ist. Denn diese war von einer agonalen Gesellschaft ausgegangen, die ihre Einigung nur auf dem Umweg über den Konflikt erzielt.

5   Fazit

Der Kompromiss, den die Verfassung in ihrer Entstehung bestimmte, begründete wohl auch ihre Anpassungsfähigkeit. Sie nahm divergierende Interessen in sich auf und versuchte, eine Balance zwischen ihnen herbeizuführen. Trotz gravierend veränderter Lebensbedingungen seit der Gründungszeit der USA ist die Verfassung, nicht zuletzt dank flexibler Auslegung, unangefochtene Basis des amerikanischen Systems und des American creed. Als Gegenstand patriotischer Verehrung ist sie zugleich Ausdruck des Glaubens an die amerikanische Mission. Ungeachtet aller Kritik und aller Forderungen nach einer weitreichenden Reformierung ist es der Verfassung offenbar gelungen, den amerikanischen Geist einzufangen. Dieser bejaht den Konflikt als vorwärtstreibendes Moment und sieht die Konkurrenz als Garant des Fortschritts. Solange die Verfassung das Auseinanderstrebende doch wieder zu harmonisieren vermag, und sei es auch nur auf Zeit, scheint ihre Zukunft gesichert.

Literatur

Adams, Angela, und Willi Paul Adams, Hrsg. 1987. *Die Amerikanische Revolution und die Verfassung 1754–1791*. München: dtv.
Adams, Angela, und Willi Paul Adams. 1994. Einleitung zu: Hamilton/ Madison/Jay, *Die Federalist-Artikel*. Paderborn/München/Wien/Zürich: Schöningh.
Ashbee, Edward. 2004. *US politics today*, 2. Aufl. Manchester/New York: Manchester University Press.
Bailyn, Bernard. 1992. *The ideological origins of the American revolution*, 10th enlarged edition. Cambridge/London: The Belknap Press of Harvard University Press.
Bellah, Robert N. 1986. Zivilreligion in Amerika. In *Religion des Bürgers. Zivilreligion in Amerika und Europa*, Hrsg. Heinz Kleger und Alois Müller, 19–41. München: Chr. Kaiser Verlag.
Braml, Josef. 2011. Checks and Imbalances – Machtverschiebungen im institutionellen Gefüge der USA. In *Die Welt nach 9/11*, Hrsg. Thomas Jäger, 17–31. Wiesbaden: VS Verlag für Sozialwissenschaften.
Chafetz, Josh. 2013. The phenomenology of gridlock. *Notre Dame Law Review* 88(5): 2065–2087.
Eisgruber, Christopher. 2001. *Constitutional self-government*. Cambridge/London: Harvard University Press.
Foley, Michael. 1991. *American political ideas. Traditions and usages*. Manchester/New York: Manchester University Press.
Foley, Michael, und John E. Owens. 2000. *Congress and the presidency. Institutional politics in a separated system*, 5. Aufl. Manchester/New York: Manchester University Press.
Gerston, Larry N. 2007. *American federalism. A concise introduction*. Armon/New York/London: M. E. Sharpe.
Habermas, Jürgen. 1999. *Die Einbeziehung des Anderen. Studien zur politischen Theorie*. Frankfurt am Main: Suhrkamp.
Hamilton, Alexander, James Madison, und John Jay. 1961. *The federalist papers*, Hrsg. Clinton Rossiter. New York/Toronto: The New American Library.
Hamilton, Alexander, James Madison, und John Jay. 2007. *Die Federalist Papers*, Hrsg. und Übers. von Barbara Zehnpfennig. München: Beck.
Heideking, Jürgen, und Paul Sterzel. 2007. Entstehung und Ausformung des Verfassungssystems. In *Regierungssystem der USA*, Hrsg. Wolfgang Jäger, Christoph M. Haas und Wolfgang Welz, 45–68. München/Wien: Oldenbourg.
Heun, Werner. 2012. Der Föderalismus in den USA. In *Handbuch Föderalismus – Föderalismus als demokratische Rechtsordnung und Rechtskultur in Deutschland, Europa und der Welt*, Hrsg. Ines Härtel, 609–625. Heidelberg: Springer.
Hübner, Emil. 2007. *Das politische System der USA*, Eine Einführung. 6. aktualisierte Auflage. München: Beck.
Jäger, Wolfgang. 2007. Der Präsident. In *Regierungssystem der USA*, Hrsg. Wolfgang Jäger, Christoph M. Haas und Wolfgang Welz, 129–170. München/Wien: Oldenbourg.
Kainz, Peter. 2012. *Unbegrenzte Möglichkeiten? Probleme und Aporien des Individualismus*. Baden-Baden: Nomos.
Kenyon, Cecelia M. 1955. Men of little faith: The anti-federalists on the nature of representative government. *William and Mary Quarterly* 3rd series, XII, No. 1, 3–43.
Kenyon, Cecelia M., Hrsg. 1966. *The Antifederalists*. Indianapolis: The Bobbs-Merrill Company.
Kramer, Larry. 2004. *The people themselves. Popular constitutionalism and judicial review*. Oxford: Oxford University Press.
McKay, David. 2009. *American politics and society*, 7 Aufl. Chichester/West Sussex: Wiley-Blackwell.
Michelman, Frank. 1988. Law's republic. *The Yale Law Journal* 97(8): 1493–1537.
Montesquieu, Charles-Louis de Secondat. 1999. *Vom Geist der Gesetze*, Bd. 1, 2. Aufl. Übers. und Hrsg. von Ernst Forsthoff. Tübingen: J. C. B. Mohr (Paul Siebeck).

Oberreuter, Heinrich. 1998. Wer regiert Amerika? Wandlungen im politischen System der USA. In *Politikwissenschaftliche Spiegelungen. Ideendiskurs – Institutionelle Fragen Politische Kultur und Sprache*, Hrsg. Dirk Berg-Schlosser, Gisela Riescher, und Arno Waschkuhn, 217–228. Opladen/Wiesbaden: Westdeutscher Verlag.

Oldopp, Birgit. 2005. *Das politische System der USA*. Wiesbaden: VS Verlag für Sozialwissenschaften.

Paine, Thomas. 1982. *Common sense*, Hrsg. und übers. von Lothar Meinzer. Stuttgart: Reclam.

Pole, J.R. 1977. *The decision for American independence*. London: Edward Arnold.

Schreyer, Söhnke. 2007. Wahlsystem und Wählerverhalten. In *Regierungssystem der USA*, Hrsg. Wolfgang Jäger, Christoph M. Haas und Wolfgang Welz, 265–288. München/Wien: Oldenbourg.

Von Hoff, Stefanie. 2008. *Die Rolle des US-Supreme Court im Prozess der Verfassungsänderung in den Vereinigten Staaten von Amerika*. Frankfurt am Main: Lang.

Sternberger, Dolf. 1982. *Verfassungspatriotismus*. Hannover: Landeszentrale für politische Bildung.

Sunstein, Cass R. 1988. Beyond the republican revival. *The Yale Law Journal* 97(7): 1539–1590.

Teter, Michael J. 2013. Gridlock, legislative supremacy, and the problem of arbitrary inaction. *Notre Dame Law Review* 88(5): 2217–2232.

Welz, Wolfgang. 2007. Die bundesstaatliche Struktur. In *Regierungssystem der USA*, Hrsg. Wolfgang Jäger, Christoph M. Haas und Wolfgang Welz, 69–98. München/Wien: Oldenbourg.

Zehnpfennig, Barbara, Hrsg. 2007. Einleitung zu: *A. Hamilton, J. Madison, J. Jay, Die Federalist Papers*. 2007. München: Beck.

Zehnpfennig, Barbara. 2010. Liberaler Republikanismus? Das politische Konzept der Federalists. In *Die hybride Republik. Die Federalist Papers und die politische Moderne*, Hrsg. Roland Lhotta, 81–97. Baden-Baden: Nomos.

Zimmermann, Joseph F. 1992. *Contemporary American federalism, The growth of national power*. Leicester/London: Leicester University Press.

Strömungen der US-amerikanischen politischen Theorie

Hans-Jörg Sigwart

Inhalt

1 Einleitung 74
2 Die politische Theorie in der US-amerikanischen Politikwissenschaft 74
3 Die aktuelle Methodendiskussion in der US-amerikanischen politischen Theorie 78
4 Über die Demokratie in Amerika im 20./21. Jahrhundert 82
5 Die Globalisierung der amerikanischen politischen Theorie 85
6 Fazit 87
Literatur 88

Zusammenfassung

Der Aufsatz gibt einen Überblick über wichtige Strömungen und Themen in der politischen Theorie der USA und skizziert ihre Stellung in der US-amerikanischen Politikwissenschaft und Gesellschaft. Die politische Theorie ist eng mit dem demokratischen Selbstverständnis der USA verbunden. Zugleich bewegt sie sich in einem internationalen Kommunikations- und Wirkungshorizont. Thematisch steht die Begründung und kritische Reflexion einer demokratischen Idee des politischen Liberalismus im Zentrum der US-amerikanischen politischen Theorie. Zu den wichtigsten Entwicklungstendenzen der aktuellen Debatte gehört der Versuch einer Globalisierung der politisch-theoretischen Perspektive.

Schlüsselwörter

Politische Theorie • politische Philosophie • Liberalismus • Kommunitarismus • Realismus • Republikanismus • Gerechtigkeit • Demokratie

---

H.-J. Sigwart (✉)
Friedrich-Alexander-Universität Erlangen-Nürnberg, Erlangen, Deutschland
E-Mail: hans-joerg.sigwart@fau.de

1 Einleitung

Die US-amerikanische Politikwissenschaft und mit ihr die Politische Theorie als einer ihrer Teilbereiche ist einerseits in besonderer Weise in den politisch-kulturellen Kontext der Demokratie in den USA, andererseits aber zugleich in internationale Kommunikations- und Wirkungszusammenhänge eingebunden. Das US-amerikanische politische Denken hat eine nicht unerhebliche internationale Wirkung auf die Grundkategorien, in deren Rahmen die wesentlichen Probleme moderner Demokratie und globaler Politik zumindest aus der Perspektive der „westlichen Welt" wahrgenommen werden. Es beeinflusst damit nicht nur international die maßgeblichen Debatten in der Politikwissenschaft, sondern zum Teil auch die allgemeine öffentliche Auseinandersetzung mit politischen Fragen. Andererseits aber ist dieser vielfach die internationalen Standards setzende wissenschaftliche Diskurs zur Politik eng mit der besonderen Frage nach dem nationalen gesellschaftlichen Selbstverständnis der USA verbunden. Das gilt vor allem für die politische Theorie, in der neben wissenschaftlichen immer auch politische Identitätsfragen der US-amerikanischen Gesellschaft explizit oder implizit mit verhandelt werden. In der politischen Theorie zeichnen sich daher besonders deutlich die eigentümlichen Spannungen ab, die sich aus dem nationalen und zugleich internationalen bzw. globalen Referenzrahmen dieser gesellschaftlichen Selbstverständigung ergeben.

Diese Spannungen prägen auch den aktuellen politischen Theoriediskurs in den Vereinigten Staaten, und es wird im folgenden Überblick unter anderem auch darum gehen zu zeigen, inwiefern sich dieses Problem in den aktuellen Debatten widerspiegelt und mit welchen spezifischen Themen es dabei verknüpft wird. Unter dieser Vorgabe wird im anschließenden 2. Abschnitt zunächst die Rolle der politischen Theorie innerhalb der US-amerikanischen Politikwissenschaft skizziert. Daraufhin wird im 3. Abschnitt die aktuelle Diskussion um methodische Grundpositionen innerhalb der politischen Theorie betrachtet. Im daran anschließenden 4. Abschnitt steht der Beitrag der politischen Theorie zur nationalen Selbstverständigungsdebatte der demokratischen Gesellschaft in den USA im Vordergrund. Im 5. Abschnitt werden schließlich einige Varianten der konzeptionellen Globalisierung der politischen Theorie vorgestellt, die als zentrale Entwicklungstendenz in der aktuellen Theoriedebatte in den USA gelten kann.

2 Die politische Theorie in der US-amerikanischen Politikwissenschaft

Dass die politische Theorie in den Selbstverständigungsdebatten der US-amerikanischen Gesellschaft traditionell eine wichtige Rolle spielt, zeigt schon ein Blick auf die beiden Texte, die als die zwei großen klassischen Werke bezeichnet wurden, welche die US-amerikanische Tradition politischen Denkens hervorgebracht hat (Wolin 2001, S. 3). Die *Federalist Papers* der *Founding Fathers* Alexander Hamilton, James Madison und John Jay (2007) vom Ende des 18. und die Studie zur *Demokratie in Amerika* des Franzosen Alexis de Tocqueville (1984) aus der ersten Hälfte des 19. Jahrhunderts dienen bis in die aktuellen Debatten hinein als bevorzugte Projektionsfläche des US-amerikanischen Selbstverständnisses. In der sich wandelnden Rezeption dieser beiden Klassiker der politischen Theorie in den USA zeichnen sich daher „the vagacies of fashion and interpretation in (...) the culture at large" (Villa 2008, S. 467) besonders deutlich ab. Das gilt für breite öffentliche Debatten ebenso wie für den politischen oder auch den verfassungsrechtlichen Diskurs der politischen Funktions- und Entscheidungseliten, wie sich etwa in der wichtigen Rolle, welche die Referenz auf die *Federalist Papers* in den Entscheidungsbegründungen des *US Supreme Court* spielt (Corley et al. 2005), oder auch in der Debatte um George W. Bushs Selbstcharakterisierung seiner politischen Grundposition mit Verweis auf Tocquevilles politische Theorie zeigt (Villa 2008, S. 466 f.).

Bei Tocqueville (1984, S. 487 ff. und S. 525 ff.) findet sich allerdings auch die These, dass demokratische Gesellschaften wie die US-amerikanische beinahe eine natürliche Abneigung gegen allzu abstrakte Formen philosophischen und theoretischen Denkens haben. Es sei dahin gestellt, wie plausibel diese provokante These Tocquevilles von der tendenziellen Theoriefeindlichkeit der politischen Kultur moderner Demokratien ist. Auf das Beispiel der US-amerikanischen Politikwissenschaft bezogen scheint es allerdings, als mache Tocquevilles These, der generell nicht nur für seine Vorliebe für Spannungen und Widersprüche, sondern auch für die überraschende Treffsicherheit seiner Langzeitprognosen berühmt ist (vgl. Boesche 2006), auf eine Grundspannung aufmerksam, die in der historischen Entwicklung der Disziplin und der Stellung der politischen Theorie in ihr in der Tat eine Rolle spielt. Zumindest ist es unbestritten, dass „political theory's relationship to the discipline of political science has not always been a happy one."(Dryzek et al. 2009, S. 64.)

Der Mainstream der Politikwissenschaft in den USA orientiert sich traditionell vor allem an der empirischen Erforschung der nationalen demokratischen Politik und leitet seine „basic identity" und sein „normative purpose" unmittelbar aus dem unhinterfragten „main practical task" ab, die Etablierung und Stabilisierung „of a unitary national state accompanied by a virtuous national citizenry" zu unterstützen (Dryzek 2006, S. 487). Diese unmittelbar praktische Perspektive setzt den liberalen Grundkonsens des demokratischen Selbstverständnisses, die geteilten Grundwerte eines auf private Eigentumsrechte konzentrierten Besitzindividualismus, sozialer Mobilität, individueller Unabhängigkeit und Selbstverantwortung, religiöser Toleranz und föderal und repräsentativ organisierter demokratischer Mitbestimmung, stillschweigend als gegeben voraus. Die Grundlagenreflexion in der Politikwissenschaft in den USA konnte sich demnach oft weitgehend auf die Explikation dieses Grundkonsenses und daneben auf die unmittelbar anwendungsorientierte Diskussion sozialwissenschaftlicher Methodenfragen konzentrieren.

Die politische Theorie hat in dieser Konstellation allerdings nicht durchgehend die Rolle einer Ziviltheorie der Demokratie in den USA gespielt, wie zum Beispiel explizit bei Richard Rorty (1988, 1994), sondern immer wieder auch die Rolle des disziplinären Störenfrieds eingenommen, indem sie gerade die stillschweigend vorausgesetzte Einbettung der Politikwissenschaft in den Grundkonsens der nationalen Identität einer historischen und philosophischen Kritik zu unterziehen und in seiner gleichsam vorreflexiven Geltung zu hinterfragen versucht hat. In der Entwicklungsdynamik der „American Political Science" als einer „congenitally unsettled discipline" (Dryzek 2006, S. 487) verbindet sich die Frage nach der Stellung der politischen Theorie somit von Beginn an mit der Kontroverse um die Frage, ob die Disziplin insgesamt als unmittelbar praktische und auf die nationale Politik fokussierte Demokratiewissenschaft verstanden werden oder eher einer philosophisch inspirierten und historisch weiter ausgreifenden Perspektive verpflichtet sein sollte, die potentiell auch eine Kritik der US-amerikanischen Moderne und ihres liberal-demokratischen Selbstverständnisses ermöglichen müsse.

Für letzteres hat ein Teil der politischen Theorie zum Beispiel in den späten 1960er Jahren unter dem Eindruck des Vietnamkriegs argumentiert (ebd., S. 490 f.). Zuvor hatte sich schon in der unmittelbaren Nachkriegszeit unter dem Einfluss europäischer Emigranten wie etwa Herbert Marcuse, Leo Strauss, Hannah Arendt oder Eric Voegelin eine Strömung in der US-amerikanischen Theoriedebatte gebildet, die für eine kritische Reflexion des liberalen und dezidiert fortschrittsoptimistischen Selbstverständnisses argumentierte und die der politischen Theorie der frühen 1950er Jahre, so formuliert es John Dryzek, einen „decidedly antiliberal cast" verliehen habe (ebd., S. 490). Aus der Perspektive der europäischen Emigranten, die ihre politischen Theorien vor dem Hintergrund der Erfahrung des modernen Totalitarismus formulierten, erschienen eine Reihe der unhinterfragten Grundannahmen des liberalen Konsenses als problematisch. Indem sie den Liberalismus selbst „either inherently or because of its degenerate condition ... at the core of a modern crisis" verortete (Gunnell 1988, S. 73), stellte diese europäisch inspirierte politische Theorie auch den impliziten Grundkonsens der Politikwissenschaft in den USA als einer liberalen praktischen Demokratiewissenschaft in Frage.

Als besonders wirkungsvoll hat sich allerdings eine andere Theorieströmung der Nachkriegszeit erwiesen. Die *behavioral revolution*, die sich ebenfalls in den 1950er Jahren gegen diese „wave of European thought that was appearing in political theory" (ebd., S. 80) formierte, kann als unmittelbare Reaktion auf diese Infragestellung des liberalen Konsenses verstanden werden. Die bis in die späten 1960er Jahre hinein bestehende Dominanz des Behavioralismus und seines wertneutralen Wissenschaftsverständnisses revitalisierte auch den eigentümlichen „sense of liberal givenness" und die „traditional values of U.S. political science" (ebd. S. 73, 74). Sie lieferte damit in der Konsequenz die theoretische Grundlage, auf welcher der Mainstream der Politikwissenschaft in den USA weiterhin als unmittelbar praktische, am liberalen nationalen Selbstverständnis orientierte Demokratiewissenschaft fungieren konnte, ohne für diese normative Orientierung eigens eine politisch-theoretische Begründung geben zu müssen. Die dieser Konstellation entsprechende politische Theorie konnte es sich leisten, „to embrace relativism and the idea of the separation of facts and values while remaining totally committed to definite political ideals" (ebd., S. 74).

Erst mit der Erneuerung einer explizit normativen Theoriedebatte seit Anfang der 1970er Jahre, die vor allem von John Rawls angestoßen wurde, rückte die konstitutive Bedeutung dieses stillschweigenden „commitment" der US-amerikanischen Politikwissenschaft für die politischen Ideale des *American Creed* wieder stärker ins Bewusstsein. Im Unterschied zur Idee einer formal wertneutralen, faktisch aber den stillschweigenden Konsens geteilter „American values" voraussetzenden empirischen Demokratiewissenschaft geht Rawls' Werk vom Faktum eines gesellschaftlichen Wertepluralismus aus und steht gleichzeitig stellvertretend für den Anspruch des politischen Liberalismus, die normativen Grundlagen einer allgemein zustimmungsfähigen Idee gesamtgesellschaftlicher Gerechtigkeit (Rawls 1971) oder zumindest einer allgemeinen Form politischer Vernunft zu formulieren, die jenseits der religiösen, weltanschaulichen und kulturellen Differenzen zwischen den „umfassenden Lehren" und Identitäten von Menschen eine Basis für die Verständigung auf gültige politische Werte bereitstellen kann (Rawls 1993). Zugleich ist bei Rawls aber auch das Bewusstsein der Verwurzelung seiner politischen Theorie in denjenigen Grundüberzeugungen und „*considered judgments*" artikuliert (Rawls 1971, S. 47 ff.), die den Kern des gesellschaftlichen Selbstverständnisses der USA, gleichsam die Grundprinzipien der besonderen *umfassenden Lehre* des *American Creed* bzw. des *Amerikanismus* (Gebhardt 1993) ausmachen. Rawls artikuliert diese liberalen Grundüberzeugungen auf neue, den intellektuellen Gegebenheiten seiner Zeit entsprechende Weise und befragt sie zugleich auf die Möglichkeiten ihrer allgemeinen Begründung und universalen Geltung. Er greift damit ein Grundmotiv auf, welches das politische Denken in den USA seit der Gründungsperiode Ende des 18. Jahrhunderts bestimmt (vgl. Vorländer 1997). Rawls' Werk kann so gesehen als repräsentative Artikulation der zwischen nationalem *Exzeptionalismus* und demokratisch-liberalem Universalismus oszillierenden Denkbewegung der politischen Theorie in den USA verstanden werden, die diese Denkbewegung der *Liberal Tradition in America* (mit der berühmten Formel von Louis Hartz (1955) ausgedrückt) für das späte 20. und frühe 21. Jahrhundert erneuert und konzeptionell weiterentwickelt.

Rawlsṇ politische Philosophie hat seit der Veröffentlichung seines Hauptwerks *A Theory of Justice* den politischen Theoriediskurs in den Vereinigten Staaten und international dominiert und bestimmt ihn bis in die aktuellen Debatten hinein maßgeblich mit. Zugleich sind seit einigen Jahren aber auch grundsätzliche Fragen nach der Beziehung zwischen normativen und empirisch-analytischen Perspektiven, dem Verhältnis der Politikwissenschaft zum Selbstverständnis der US-amerikanischen Demokratie und vor allem nach der Stellung der politischen Theorie innerhalb der Disziplin erneut in den Fokus der Diskussion gerückt. In dieser jüngsten Neuauflage der Debatte stehen sich insbesondere die Befürworter eines am Vorbild der Naturwissenschaften orientierten quantitativen und formalen Methoden- und Theorieverständnisses und die Kritiker dieses dominanten Modells gegenüber. Zwar wird diese einfache Gegenüberstellung der Vielfalt der in der US-amerikanischen politischen Theorie tatsächlich vertretenen Konzeptionen sicherlich nicht gerecht. Allerdings zeigt sich in dieser Zuspitzung besonders deutlich, inwiefern sich in ihr Fragen der disziplinären Identität mit konkreten wissenschaftspolitischen Interessen, aber auch mit substantiellen inhaltlichen Grundfragen der politischen Theorie selbst vermischen. Insbesondere lassen sich anhand dieser aktuellen Kontroverse einige der methodologischen Grundprobleme exemplarisch verdeutlichen, die in der amerikanischen politischen Theorie aktuell diskutiert werden.

3 Die aktuelle Methodendiskussion in der US-amerikanischen politischen Theorie

Den ersten Anlass der Debatte lieferte die sogenannte Perestroika-Kontroverse, die 2000 durch eine unter dem Pseudonym „Mr. Perestroika" an die Herausgeber der *American Political Science Review* gerichtete anonyme Kritik am dominanten Mainstream der Politikwissenschaft in den USA ausgelöst wurde. Die zunehmend einseitige Ausrichtung der Disziplin an quantitativen Forschungsmethoden sowie an formalen, durch die ökonomische Rational Choice- und die Spieltheorie inspirierten Theoriemodellen führe, so die Kritik, zu einem Verlust komparativer Kenntnisse über die politisch-kulturellen Besonderheiten unterschiedlicher Gesellschaften und in Konsequenz zu einer ahistorischen und „parochialen" Verengung des politikwissenschaftlichen Forschungshorizonts nicht nur auf formalisier- und quantifizierbare, sondern in der Tendenz auch auf rein US-amerikanische Problemstellungen. Als Folge von beidem sei ein wachsender Bedeutungsverlust politikwissenschaftlicher Forschungsergebnisse in der Wahrnehmung der praktischen Politik und der Öffentlichkeit zu beobachten (vgl. zusammenfassend Luke und MacGovern 2010 und Jacobsen 2005). Das *Perestroika movement*, das sich in der Folgezeit gebildet hat, greift diese Kritik an der hegemonialen Stellung einer formal-quantitativen *normalwissenschaftlichen* Orthodoxie im Methoden- und Theorieverständnis der Politikwissenschaft auf und argumentiert für eine theoretische Öffnung der Disziplin, für die Förderung vergleichender qualitativer Feldforschung und für eine Umorientierung des wissenschaftlichen Selbstverständnisses auf das Prinzip eines methodologischen und theoretischen Pluralismus (Kasza 2001; Monroe 2005).

Die Forderungen der Perestroika-Befürworter, die sie im weiteren Verlauf der Diskussion unter anderem mit dem Hinweis auf die gestiegene praktische Relevanz historischen und komparativen Wissens in der sich verändernden internationalen Situation nach dem 11. September 2001 untermauern, umfassen die stärkere Miteinbeziehung interpretativer Methoden und von komparativen, historischen und hermeneutischen Theorieverständnissen sowie die breitere Reflexion normativer und philosophischer Fragestellungen. Die Bewegung stößt damit auf sehr unterschiedliche Reaktionen. Neben Versuchen, die Kritik konstruktiv aufzugreifen und theoretisch fruchtbar zu machen (Putnam 2003; Rigger 2013), hat sie auch vehemente Gegenreaktionen seitens der Vertreter des Mainstream hervorgerufen, aus deren Sicht die Kritik an dem von ihnen vertretenen Methoden- und Theorieideal einer *hard science* vor allem eine diffuse „fear of the modern" offenbart (Laitin 2003, S. 163). Gegen diese vermeintlich antimoderne Tendenz wird teilweise explizit ein liberal-progressives Wissenschaftsverständnis in Stellung gebracht (z. B. Bennett 2003), in dessen Tradition sich schon die Vertreter des *behavioral turn* in der Debatte der 1950er Jahre gestellt hatten. Die Befürworter des *Perestroika movement* hingegen verorten sich häufig in einer kritischen Theorietradition und argumentieren für eine substantielle, philosophisch inspirierte *Globalisierung* bzw. *Internationalisierung* der US-amerikanischen wissenschaftlichen Perspektive (Rigger 2013, S. 174 f.).

Die Fronten in dieser innerdisziplinären Kontroverse, in der die Vertreter der politischen Theorie meist auf der Seite der Kritiker des Mainstream zu finden sind, haben sich im weiteren Verlauf zeitweise stark verhärtet. Zu dieser Verhärtung hat nicht unwesentlich die Entscheidung des politikwissenschaftlichen Instituts der *Pennsylvania State University* im Jahr 2007 beigetragen, die politische Theorie als *major field* aus ihrem Curriculum für *graduate students* zu streichen. Die Entscheidung führte zu breit unterstützten Protestbekundungen seitens der *political theory community* (vgl. zusammenfassend Kaufman-Osborn 2010, S. 655 f.) und zu einer weiteren Zuspitzung der theoretisch-methodischen Grundsatzdebatte. In Reaktion auf die *Penn State*-Kontroverse wird teilweise für eine Schärfung des eigenständigen methodischen Profils, teilweise für eine engere disziplinäre Einbindung der politischen Theorie argumentiert, wobei auch aus letzterem zum Teil weitreichende methodische Konsequenzen abgeleitet werden.

Für eine solche Einbindung könne nämlich eine am Mainstream der empirischen Forschung orientierte politische Theorie selbst wesentliche Beiträge leisten. Sie könne etwa die dafür notwendigen konzeptionellen Grundlagen legen, indem sie theoretische Testverfahren zur Feststellung der disziplinären Zugehörigkeitsrechte unterschiedlicher Theoriefamilien entwerfe (Rehfeld 2010). Auf der Grundlage möglichst klar formulierter Kriterien wären demnach die politikwissenschaftlich kompatiblen Varianten politischer Theorie zu identifizieren. Eine disziplinär eingebundene politische Theorie müsse einem bestimmten theoretisch-methodischen Profil entsprechen, das sich etwa an dem klassisch sozialwissenschaftlichen, an Karl Poppers kritischem Rationalismus orientierten Wissenschaftsverständnis ausrichten könne. Die entsprechenden „criteria for a membership in the discipline" höben vor allem auf die Gewinnung von Fakten „about an observer-independent world", auf Falsifikation als empirisches Prüfungsverfahren und auf die inhaltliche Fokussierung der politischen Theorie auf einen an der Weberschen machttheoretischen Tradition angelehnten Politikbegriff ab (ebd., S. 471 ff.).

Solchen Vorschlägen einer normalwissenschaftlichen Konsolidierung und methodischen Integration der politischen Theorie in einen relativ eng verstandenen politikwissenschaftlichen Mainstream, nach dessen Logik allerdings weiten Bereichen der klassischen politischen Theorie, insbesondere der politischen Ideengeschichte, der Status disziplinärer *membership* entzogen werden müsste (ebd. S. 477), stehen Vorschläge für eine kritische theoretisch-methodische Profilschärfung gegenüber. Angesichts der einseitigen Ausrichtung der US-amerikanischen Politikwissenschaft am Ziel der Produktion von „applicable, quantifiable, and marketable knowledge" sowie der „recent aggressive penetration of the academy by neoliberal standards of evaluation, as signified by widespread adoption of the language of ‚outcomes assessment measures'", ist für einige Theoretiker sogar die Idee von politischer Theorie als disziplinär unabhängige *mongrel subdiscipline*, die auf der Basis eines als radikal offen vorgestellten, interdisziplinären und methodisch pluralistisch ausgerichteten kritischen Diskurses stehe, die sich inhaltlich und methodisch eigentlich aufdrängende Alternative (Kaufman-Osborn 2010, S. 666).

Die verschiedenen kritischen, sich für ein eigenständiges methodisches Profil der politischen Theorie aussprechenden Stellungnahmen orientieren sich zum Teil an poststrukturalistisch-genealogischen, zum Teil an kultur- und geisteswissenschaftlich orientierten oder philosophisch inspirierten Theorieverständnissen. Neben Versuchen, Konzepte der klassischen politischen Philosophie für die aktuelle Methodendebatte fruchtbar zu machen (Dietz 2012; Meckstroth 2012), knüpfen deren Vertreter vor allem an die Forderung eines *interpretive turn* der Politikwissenschaft an, wie sie etwa Charles Taylor schon zu Beginn der 1970er Jahre formuliert hat (1985; zusammenfassend auch Rabinow und Sullivan 1987 und Smith 2004). Die politische Theorie hat aus dieser Perspektive, aus der die politische Bedeutung von Sprache, kulturellen Selbstverständnissen und evaluativen Praktiken innerhalb des Deutungsrahmens umfassender *social imaginaries* betont wird (Gibbons 2006), nicht nur die Aufgabe einer hermeneutisch-interpretativen Rekonstruktion der kulturellen Hintergrundverständnisse politischer Praxis, sondern auch die einer „immanenten Kritik" von bestimmten Aspekten gesellschaftlicher Selbstverständnisse (Sabia 2010; Sigwart 2013a, S. 26 ff.).

Mit diesen Vorschlägen einer methodischen Profilschärfung der politischen Theorie verbinden sich zugleich Versuche ihrer engeren Verbindung mit der empirischen Forschung (Fung 2007; Gunnell 2010). In diesem Sinne einer Theorie und Empirie vermittelnden Position plädiert zum Beispiel Ian Shapiro (2005) für einen epistemologischen und methodischen *Realismus* in der politischen Theorie. Shapiro versteht darunter in erster Linie eine Perspektive, die systematisch versucht, der Relevanz bestimmter Sachprobleme gegenüber voraussetzungsreichen methodischen Vorannahmen Priorität einzuräumen. Auf der Grundlage einer Kritik sowohl interpretativer als auch quantitativ-formal ausgerichteter Ansätze, die beide jeweils bestimmte methodische Festlegungen priorisierten, argumentiert Shapiro für einen sachorientierten Methodenpluralismus, der Aspekte beider Ansätze zu vermitteln versucht. Mit hermeneutischen Ansätzen teilt diese realistische Perspektive die Betonung der Notwendigkeit eines methodischen Zugangs zu *unobservables*, also zu Bedeutungs- bzw. Sinnphänomenen, die einen wesentlichen Teil politischer Realität ausmachten und die nicht einfach beobachtbar seien, sondern nur interpretativ erschlossen werden könnten. Zugleich aber müsse an dem sozialwissenschaftlichen Ziel eines akkumulativen Forschungsprozesses mithilfe empirisch belastbarer kausaler Erklärungen politischer Phänomene festgehalten werden. Vor diesem Hintergrund skizziert Shapiro gegen die systematische *flight from reality*, die er sowohl poststrukturalistisch inspirierten interpretativen Ansätzen (ebd., S. 31 ff.) als auch der Rational Choice Theorie und dem reduktionistischen Falsifikationismus des quantitativ-formalen „Empirismus" vorwirft (ebd. S. 23 ff. und 51 ff.), die Idee einer multiperspektivischen Verbindung theoretischer Reflexionen und ihrer empirischen Überprüfung. Diese Verbindung dürfe nicht ausschließlich auf das formale Modell der empirischen Falsifizierung nomologischer Vorhersagen reduziert werden, sondern müsse darüber hinaus die

Übereinstimmung eines kausalen Erklärungsversuchs „with our existing experience of the phenomenon in question" sowie dessen Potential zur Eröffnung neuer theoretischer Perspektiven und von Möglichkeiten erfolgreicher praktischer Intervention berücksichtigen (ebd., S. 41).

Shapiros Überlegungen lassen sich in einen größeren Diskussionszusammenhang einordnen, in dem seit einigen Jahren allgemein für eine Erneuerung des „Realismus" als politisch-theoretische Grundposition argumentiert wird (vgl. Galston 2010). In Anknüpfung an Überlegungen britischer Theoretiker (Geuss 2008; Williams 2005) hat sich diese Strömung unter anderem aus einer neuen Welle der kritischen Auseinandersetzung mit dem rawlsianischen politischen Liberalismus entwickelt. Während seit den 1980er Jahren diese Kritik zunächst vor allem auf der Grundlage kommunitaristischer Konzeptionen und daneben besonders auch aus feministischer Perspektive (zusammenfassend Okin 2004) argumentierte, setzt sie seit einigen Jahren dezidiert „realistische" Akzente. Dabei spielen Fragen der Methode politischer Theoriebildung eine wichtige Rolle. Unter Rückgriff auf eine Unterscheidung von Rawls selbst (vgl. Simmons 2010) lässt sich das Methodenverständnis des Realismus etwas vereinfacht so charakterisieren, dass es eine Verschiebung des Fokus der politischen Theorie weg von „idealer" hin zu stärker „nicht-idealer" Theoriebildung fordert. Während erstere ihre Grundlage in der abstrakten Reflexion moralischer Grundprinzipien habe und von dort aus die Probleme der politischen Praxis als sekundäre Anwendungsfragen verstehe, gehe der Realismus umgekehrt primär von den konkreten Problemen der politischen Praxis aus und betone die zentrale Bedeutung und die Priorität von Konflikt, Macht und institutionellen Frameworks in der Politik (Galston 2010, S. 396 ff.).

Mit dieser Akzentverschiebung will die realistische politische Theorie einerseits Fragen der begrifflichen und historischen Analyse empirischer politischer Phänomene gegenüber normativen Fragestellungen in der politischen Theorie in den Vordergrund rücken. Andererseits schließt sie eine normative Perspektive nicht prinzipiell aus, sondern versucht auch diese auf eine nicht-ideale Grundlage zu stellen. In diesem Sinne schlägt zum Beispiel Amartya Sen (2009), ebenfalls in kritischer Abgrenzung zu Rawls, die nicht-ideale Grundlegung einer Theorie der Gerechtigkeit vor. Die zentrale realistische These ist dabei, dass nicht lediglich die situativen Restriktionen normativer Ansprüche, sondern dass sich buchstäblich der „Sinn" und die Bedeutungskoordinaten normativer Probleme prinzipiell anders darstellen, wenn sie auf der Grundlage einer nicht-idealen Theorie politischer Legitimität betrachtet werden. Im Zusammenhang mit diesem realistischen Verständnis von politischer Legitimität werden unter anderem dessen notwendig kontextualistische und historische Epistemologie (vgl. die Beiträge bei Floyd und Stears 2011) und die in ihm implizierte epistemologische Vorrangregel des *Politischen* sowohl vor dem *Rechten* als auch vor dem *Guten* (Sangiovanni 2008; Sigwart 2013b) diskutiert. Erst aus einer solchen Perspektive zeige sich demnach die eigentümliche „Syntax der Macht" (Arendt 1986, S. 227), in der ethisch-moralische Fragen in der Sphäre der Politik artikuliert werden.

Anhand dieser realistischen Strömung in der politischen Theorie- und Methodendebatte zeigt sich übrigens exemplarisch, dass die Auseinandersetzung mit dem theoretischen Paradigma des politischen Liberalismus in der Nachfolge von John Rawls zu den zentralen Fragestellungen auch in der aktuellen US-amerikanischen politischen Theorie gehört. Wie schon zu Beginn der breiten Rezeptionsgeschichte von Rawls' *Theory of Justice* wird auch die aktuelle Diskussion um sein Werk kontrovers geführt und ist sowohl durch konstruktive als auch kritische Stellungnahmen geprägt. Die Akzente haben sich allerdings etwas verschoben. So hat in der kritischen Diskussion gegenüber der detaillierten Auseinandersetzung mit Rawls' Schriften eine breiter angelegte Kritik des von ihm geprägten liberalen Mainstream in der politischen Theorie insgesamt an Bedeutung gewonnen. In ähnlicher Weise haben sich auch die Schwerpunkte der konstruktiven Rezeption seines Werks verschoben. Im Vordergrund stehen hier seit einiger Zeit Versuche der Weiterentwicklung bestimmter Grundfragen, die in Rawls' politischer Philosophie thematisiert, aber nicht in jedem Fall systematisch entwickelt wurden. Zu diesen Grundfragen gehören zum Beispiel die Implikationen von Rawls' Konzept des öffentlichen Vernunftgebrauchs unter der Bedingung eines *vernünftigen Pluralismus* verschiedener *umfassender Lehren* in modernen Gesellschaften oder auch die Möglichkeiten einer Globalisierung liberaler Gerechtigkeitstheorien. Auf letzteres wird im abschließenden 5. Kapitel zurückzukommen sein. Zunächst aber wende ich mich der nationalen Selbstverständigungsdebatte und einigen der inhaltlichen Hauptthemen zu, die in der politischen Theorie im Hinblick auf das Selbstverständnis der US-amerikanischen Demokratie und ihrer sozioökonomischen, kulturellen und Identitätsgrundlagen diskutiert werden. Auch hier spielt der konstruktive oder kritische Bezug auf den politischen Liberalismus im Allgemeinen und auf Rawls im Besonderen eine wichtige Rolle.

4 Über die Demokratie in Amerika im 20./21. Jahrhundert

Zu den grundlegenden Themen der US-amerikanischen politisch-theoretischen Selbstverständigungsdebatte gehört die Frage nach der Beziehung zwischen Liberalismus und Demokratie. Das Problem der Verhältnisbestimmung zwischen den individual- und grundrechtlichen bzw. den gerechtigkeitstheoretischen Anliegen des Liberalismus und den soziokulturellen und praktisch-politischen Grundlagen kollektiver demokratischer Selbstbestimmung stand schon in der Auseinandersetzung mit Rawls' liberaler politischer Philosophie in den 1980er Jahren im Zentrum der Aufmerksamkeit. Der Kommunitarismus, als dessen prominenteste Vertreter Michael Sandel, Alasdair MacIntyre, Charles Taylor, Amitai Etzioni, Michael Walzer und Benjamin Barber gelten, machte gegen den Individualismus der liberalen politischen Philosophie, insbesondere auch gegen deren radikalindividualistische *libertarianische* Variante, wie sie unter anderem von Robert Nozick (1974) vertreten wurde, auf die Bedeutung der intersubjektiven Einbettung der sozialen, kulturellen und politischen Identität von Individuen aufmerksam (Sandel 1982). Der überzogene Individualismus der liberalen Theorie vernachlässige systematisch, so die kommunitaristische Kritik, die soziale Basis individueller Freiheit und demokratischer Politik in der gemeinsamen Praxis konkreter politischer *communities* (vgl. zusammenfassend Dagger 2009). Die politische Partizipation von Bürgerinnen und Bürgern und ihre Vorstellungen zur gerechten Verteilung unterschiedlicher gesellschaftlicher Güter und Lasten sei auf solche konkreten sozialen Handlungs- und Kommunikationszusammenhänge und auf die von ihnen bereitgestellten normativen Deutungshorizonte angewiesen (Taylor 1992; Walzer 1983). Die allzu universal ausgerichtete und daher allzu abstrakt bleibende Theorie des Liberalismus müsse diese dichten sozialen und kulturellen Kontexte von Politik ausblenden und könne daher lediglich eine *dünne* Form von Demokratie begründen, der eine tatsächlich partizipatorische, *starke* Konzeption von Demokratie gegenüberzustellen sei (Barber 1984).

In wissenschaftstheoretischer Hinsicht kann der Kommunitarismus unter anderem als der Versuch verstanden werden, die konstitutive Einbettung der *liberal tradition* in das politisch-kulturelle Selbstverständnis der amerikanischen Demokratie konzeptionell zu fassen und konstruktiv zu wenden. Zwar hat das Interesse am Kommunitarismus als einer eigenständigen Theorieposition seit Anfang der 1990er Jahre abgenommen. Allerdings wurden viele der Impulse, die von der kommunitaristischen Kritik ausgingen, im liberalen Diskurs aufgegriffen und gehören seitdem zu den Grundfragen der politischen Theorie, wenn auch in sich wandelnder Form. Das gilt insbesondere für die Frage der Verhältnisbestimmung zwischen der Freiheit von Individuen und Gruppen, ihre unter Umständen radikal divergierenden Wertvorstellungen und Identitäten in einer pluralistischen und offenen modernen Gesellschaft leben und entfalten zu können auf der einen Seite und der Notwendigkeit auf der anderen Seite, eine gesamtgesellschaftlich geteilte normative Grundlage des demokratischen Prozesses und der in ihm generierten kollektiv verbindlichen Entscheidungen sowie eine gemeinsame Basis der wechselseitigen Anerkennung unterschiedlicher kultureller Identitäten zu finden.

Die entsprechenden Überlegungen der Kommunitaristen haben zum Beispiel das liberale Verständnis von Multikulturalismus (Kymlicka 1995), insbesondere aber auch die konzeptionelle Weiterentwicklung von Rawls' eigener Theorie zur Konzeption eines *politischen Liberalismus* (1993) nachhaltig beeinflusst, wenngleich Rawls auch dort gegen die Vorstellung einer unmittelbaren Einbettung von Politik in die dichten moralischen Vorstellungen *umfassender Lehren* auf dem Faktum des Pluralismus von Wertvorstellungen in modernen Gesellschaften und daher auf die diesbezüglich weitgehende Neutralität öffentlicher politischer Vernunft besteht. In diesem Punkt in eine ähnliche Richtung argumentieren die verschiedenen Theorien deliberativer Demokratie, die teilweise an Jürgen Habermas' politische und Gesellschaftstheorie anknüpfen und versuchen, die Spannung zwischen gesellschaftlicher Diversität und gesellschaftlichem Konsens in der Konzeption einer aktiv beratenden politischen Öffentlichkeit und ihrer besonderen Kommunikationsformen konstruktiv auszudeuten (Cohen 2002; Fishkin 2009; Habermas 1996). Dieselbe Frage der Verhältnisbestimmung zwischen Freiheit und Pluralität einerseits und den praktischen, kulturellen und moralischen Voraussetzungen von gesellschaftlicher Integration und demokratischer *citizenship* andererseits wird aktuell auch auf der Grundlage anerkennungstheoretischer Ansätze (Fraser/Honneth 2003) sowie im Zusammenhang einer Erneuerung des *Republikanismus* bzw. eines *neo-roman republicanism* (vgl. vor allem Pettit 1997, 2012), aber auch in neueren Konzeptionen *öffentlicher Vernunft* (Gaus 2012) diskutiert und weiter entwickelt. Die aktuelle Theoriedebatte spiegelt dabei auch die besonderen Herausforderungen, denen sich die amerikanische Gesellschaft im ersten Jahrzehnt des 21. Jahrhunderts gegenüber sieht. Das zeigt sich in Versuchen der theoretischen Reflexion des Terrorismus (Held 2008), aber auch in einer steigenden Aufmerksamkeit für die Beziehung zwischen Politik und Religion. So wird zum Beispiel aus liberaler Perspektive die Frage untersucht, wie die Beziehung zwischen einer weltanschaulich neutralen öffentlichen Vernunft und bestimmten religiösen *umfassenden Lehren*, etwa der islamischen Religion, konkret vorgestellt werden kann (March 2009a) bzw. welche Pflichten der öffentlichen Rechtfertigung religiösen Überzeugungen abverlangt werden können (Brettschneider 2010). Daneben wird aber vor allem die Frage nach den religiösen Grundlagen der *American Political Tradition* selbst wieder verstärkt zur Diskussion gestellt.

Die exzeptionelle Rolle der christlichen Religion und ihre besondere Verbindung zur Politik in der Geschichte der amerikanischen Aufklärung und Moderne ist seit der kolonialen Vorgeschichte der USA ein klassischer Topos sowohl des amerikanischen gesellschaftlichen Selbstverständnisses als auch der nationalen Geschichtsschreibung und der politischen Theorie. Diese besondere Rolle zeigt sich zum Beispiel in den Auswirkungen des puritanischen Erbes der Kolonialzeit auf die amerikanische politische Identität (Bercovitch 1975) und in dem spannungsreichen Nebeneinander eines säkularen Progressivismus und der strikten Trennung zwischen Kirche und Staat und einer dennoch durch starke *zivilreligiöse* Konnotationen geprägte politische Kultur in der modernen amerikanischen Politik (Bellah 1967). Im aktuellen Theoriediskurs wird sowohl diese Rolle der Religion in der politischen Identität der USA, zum Beispiel ihr unaufgelöster Widerspruch zum amerikanischen liberalen Progressivismus (Owen 2007) oder die Unterscheidung einer traditionalistischen und einer progressivistischen religiösen Strömung in der amerikanischen Tradition (Murphy 2009), als auch die grundlegende Frage nach den religiösen Unterströmungen im säkularen Selbstverständnis der westlichen Moderne insgesamt diskutiert (Gillespie 2008). Charles Taylor etwa macht in seinem Opus Magnum *A Secular Age* (2007) den Versuch, in einer groß angelegten ideengeschichtlichen Rekonstruktion des *säkularen Zeitalters* seit 1500 die eigentümliche Physiognomie von dessen religiösem Bewusstsein herauszuarbeiten. William Connolly (2008) schließlich wirft die klassische Frage Max Webers nach der Beziehung zwischen Christentum und Kapitalismus neu auf und macht sie zur Grundlage einer Kritik der religiös-ökonomischen *resonance machine* des amerikanischen Liberalismus.

Connollys Studie steht damit schließlich auch stellvertretend für die Auseinandersetzung in der politischen Theorie mit den Problemen einer neoliberal dominierten kapitalistischen Wirtschaftsordnung, die seit der Finanzkrise von 2008 das amerikanische Selbstverständnis ebenfalls vor grundlegende Herausforderungen stellt. Die Reaktionen auf diese Herausforderung reichen von Versuchen einer Weiterentwicklung der liberalen Kritik sozioökonomischer Ungleichheit (Green 2013) bis zu historisch weit ausgreifenden Krisendiagnosen. Nancy Fraser (2013) etwa stellt die aktuelle Krise in Anlehnung an Karl Polanyis kritische Modernisierungstheorie in den historischen Zusammenhang eines *triple movement* der Moderne, auf dessen Grundlage sie eine prinzipielle Neubewertung der zentralen Bedeutung kritisch-emanzipatorischer Bewegungen als Korrektiv sowohl zu der ökonomischen Modernisierungsdynamik des Kapitalismus als auch zu dem umfassenden Ordnungs- und Regulierungsanspruch moderner Nationalstaaten vorschlägt. Für Fraser stehen die Grundfragen emanzipatorischer demokratischer Politik, die sie vor dem Hintergrund ihrer Diagnose einer grundlegenden aktuellen Krise der westlichen Gesellschaften aufwirft, damit von vorne herein in einem globalen, den nationalen Referenzrahmen der US-amerikanischen Demokratie transzendierenden Zusammenhang.

5 Die Globalisierung der amerikanischen politischen Theorie

Ungeachtet der Vielfältigkeit der Probleme und Themen lässt sich insgesamt feststellen, dass die Möglichkeiten einer konzeptionellen und inhaltlichen Internationalisierung bzw. Globalisierung der politischen Theorie in der US-amerikanischen Debatte besonders breit diskutiert werden. Das zeigt sich zum Beispiel in der Diskussion um eine kosmopolitische Demokratietheorie (Held 1995; Archibugi und Held 2011; Archibugi et al. 2012) oder auch in der zunehmend transnationalen Ausrichtung von Theorien der Öffentlichkeit, des Rechts und der deliberativen Demokratie (Habermas 2001, 2006, S. 113 ff.; Mitzen 2005; Benhabib 2009; Sass und Dryzek 2014). Besonders klar lässt sich diese Tendenz auch an der Entwicklung des liberalen Mainstream in der politischen Theoriedebatte zeigen.

Die Frage der Möglichkeiten einer Internationalisierung bzw. Globalisierung der liberalen Theorie und insbesondere die Frage nach den Grundlagen einer globalen Gerechtigkeitstheorie erfährt in den vergangenen Jahrzehnten eine stetig wachsende Aufmerksamkeit (vgl. den Überblick bei Chatterjee 2011). Neben der Frage distributiver Gerechtigkeit werden dabei auch allgemeine gerechtigkeitstheoretische Probleme des globalen ökonomischen Systems (James 2012) sowie Fragen von Gender- und Migrationsgerechtigkeit (Jaggar 2005; Carens 2010; Wellman/Cole 2011) oder auch die Implikationen einer globalisierten liberalen Eigentumstheorie diskutiert (Nili 2013; Wenar 2008). Diese Argumente einer globalisierten gerechtigkeitstheoretischen Perspektive werden auch in der Forschung zur internationalen Politik aufgegriffen, insbesondere im Zusammenhang der Debatten um „gerechte Kriege", die Rechtfertigung von Interventionen und die Rolle der Menschenrechte auf globaler Ebene (Cohen 2008; Fabre 2008; Nardin 2006).

Den Anstoß zu der breit geführten und sich vielfach ausdifferenzierenden Debatte zum Problem globaler Gerechtigkeit gaben eine Reihe von Studien, die bereits in den 1970er und 1980er Jahren versuchten, zentrale Konzepte von Rawls' Theorie distributiver Gerechtigkeit auf die Probleme globaler sozialer Ungleichheit zu übertragen (Beitz 1979a, 1979b; Pogge 1989). Rawls selbst hat die Frage der

Übertragbarkeit seiner politischen Philosophie auf die internationale Ebene vor allem in seinem Spätwerk *The Law of Peoples* thematisiert. Die dort entwickelte Konzeption des Rechten und der Gerechtigkeit hinsichtlich der „principles and norms of international law and practice" (Rawls 1999, S. 3) hat allerdings gerade aus der Sicht vieler rawlsianisch argumentierender Theoretiker die Frage einer internationalen Theorie der Gerechtigkeit nur unbefriedigend beantwortet (Pogge 2002, S. 105 ff.). Vor allem der realistische und kosmopolitismuskritische Akzent von Rawls' „Theorie der Völker", der unter anderem den Bezug auf einen zwar völker- und menschenrechtstheoretisch eingebetteten und kritisch reflektierten, aber dennoch an einzelnen Nationalgesellschaften orientierten Souveränitätsbegriff impliziert (Rawls 1999, S. 23 ff.), wurde durch viele Vertreter einer anspruchsvolleren Vorstellung von kosmopolitisch fundierter globaler Gerechtigkeit kritisiert (Caney 2002).

Die Diskussion bewegt sich seitdem im Spannungsfeld dieser beiden Pole eines gerechtigkeitstheoretischen Realismus auf der einen Seite und verschiedenen Varianten eines gerechtigkeitstheoretischen Kosmopolitismus auf der anderen Seite. Erstere verweisen auf die konstitutive Bedeutung einer staatlich fundierten gesellschaftlichen Grundstruktur inklusive ihrer politisch-kulturellen Grundlagen als des unverzichtbaren Rahmens einer anspruchsvollen Theorie distributiver Gerechtigkeit und betonen daher die prinzipiellen Unterschiede zwischen *domestic* und *global theories of justice* (Miller 2007; Nagel 2005). Letztere betonen hingegen die zentrale Rolle von Individuen als finale Quelle und zentraler Bezugspunkt von Rechten und moralischen Verpflichtungen auch auf der internationalen Ebene und verknüpfen dieses Argument mit der Konzeption von internationaler Politik und Ökonomie als eines globalen Kooperations- und Handlungszusammenhangs (Cohen/Sabel 2009), in dem sich aus den weltweiten ökonomischen und sozialen Interdependenzen und gleichzeitigen Ungleichheiten unmittelbar gerechtigkeitstheoretische Forderungen und politische Verantwortlichkeiten ergäben. Die Kontroverse wird auch auf der methodischen Ebene ausgetragen (Freeman 2006; Meckled-Garcia 2008; Sangiovanni 2008; Valentini 2011). Dabei geht es um dieselbe Frage, die uns schon in der Auseinandersetzung um die disziplinäre Rolle der politischen Theorie und in der daran anschließenden allgemeinen Methodendiskussion begegnet ist und die in ähnlicher Form bereits die Auseinandersetzung zwischen Rawls und seinen kommunitaristischen Kritikern in den 1980er Jahren prägt: die Frage nämlich, ob und inwiefern die theoretische Begründung rechtlicher und moralischer Prinzipien auf einer praxis- und damit kontextabhängigen Grundlage oder aber auf einer von solchen konkreten Kontexten eher unabhängigen, prinzipiell universal gültigen Basis stehen.

Insofern spiegelt sich also auch hier die zwischen universalem Anspruch und nationaler Einbettung oszillierende Denkbewegung der amerikanischen politischen Theorie wider. Konsequenterweise hat gerade eine sich global ausrichtende liberale Gerechtigkeitstheorie potentiell stets mit dem Vorwurf zu rechnen, die unzulässige Universalisierung eines lediglich partikular gültigen amerikanischen oder westlichmodernen Selbstverständnisses zu betreiben. Vor diesem Hintergrund stellt das aktuelle Projekt einer *comparative political theory*, das die Kontextgebundenheit jeder Form von theoretisch-begrifflicher Reflexion konsequent ernst nimmt, einen besonders vielversprechenden Versuch der Globalisierung der politisch-theoretischen Perspektive dar (March 2009b). In diesem theoretischen Projekt gehe es darum, so Fred Dallmayr, die politische Theorie für eine kultur- und zivilisationsvergleichende Perspektive und damit für einen „more genuine universalism" zu öffnen, der über die unbefriedigende „spurious ‚universality' traditionally claimed by the Western canon and by some recent intellectual movements" substantiell hinaus komme (Dallmayr 2004, s. 253). An Stelle eines rein westlichen *Monologes* und entsprechender „hegemonic and imperialist modes of theorizing" müsse die politische Theorie den interkulturellen Dialog unterschiedlicher, westlicher und nicht-westlicher Traditionen politischen Denkens fördern und sich um die vergleichende Erforschung ihrer „different, historically grown cultural frameworks" (ebd., S. 249) bemühen.

Die unterschiedlichen epistemologischen und methodischen Positionen innerhalb der Debatte um einen solchen interkulturellen Theoriediskurs umfassen die ganze Bandbreite der aktuellen politischen Theorie. Sie reichen von Bezügen auf die philosophische Hermeneutik Heideggers und Gadamers (Dallmayr 2004, S. 250 ff.) und ihrer Verknüpfung mit nichtwestlichen Verständnissen von Hermeneutik (Godrej 2009) über Konzepte des interzivilisatorischen theoretischen Vergleichs im Anschluss an Eric Voegelin (Gebhardt 2008), von der kritischen Kulturwissenschaft Edward Saids (Euben 1999) oder von der analytischen Philosophie inspirierte Perspektiven (Jordan und Nederman 2012) bis hin zu liberal-rawlsianischen (Cline 2013; March 2009a), realistischen (Freeden und Vincent 2013) und demokratietheoretischen Ansätzen (Williams and Warren 2014). Einig sind sich die Vertreter der verschiedenen Positionen unter anderem darin, dass eine global ausgreifende politische Theorie einer kritischen Reflexion und Neubestimmung ihrer wesentlichen Grundbegriffe bedarf, die auf einer sehr fundamentalen Ebene ansetzen muss. Jenseits der Begriffe von Demokratie, Liberalismus und Gerechtigkeit müsse in einer interkulturell-dialogisch ausgerichteten politischen Theorie daher auch die grundlegendere Frage diskutiert werden, welche unterschiedlichen oder vielleicht auch ähnlichen Verständnisse „des Politischen" überhaupt „in the background of particular cultural and historical contexts" (2014, S. 46) impliziert sind. Diese für die politische Theorie insgesamt konstitutive Grundfrage nach dem Begriff des Politischen spielt auch in anderen aktuellen Diskussionszusammenhängen eine Rolle. Sie könnte eine Richtung anzeigen, in der eine breitere Debatte in der amerikanischen politischen Theorie für die Zukunft zu erwarten ist.

6 Fazit

In der US-amerikanischen politischen Theorie werden traditionell neben der konzeptionellen, epistemologischen und methodischen Grundlagendebatte der Politikwissenschaft auch die Auseinandersetzungen um das politische und gesellschaftliche Selbstverständnis der Disziplin ausgetragen und schließlich immer auch grundlegende politische Identitätsfragen der US-amerikanischen Gesellschaft insgesamt mit verhandelt. Zu den zentralen Themen, die vor diesem Hintergrund in der politischen Theorie in den USA diskutiert werden, gehören die vor allem an John Rawls' Werk anknüpfende Auseinandersetzung mit der politischen Philosophie des Liberalismus, die Beziehung zwischen politischem Liberalismus und Demokratie, die Beziehung zwischen normativen und analytischen bzw. „realistischen" Perspektiven in der politischen Theorie, die Reflexion der neuen Herausforderungen nach dem 11. September 2001 und im Zuge der jüngsten Finanzkrise sowie die Frage nach den Möglichkeiten einer Globalisierung der politischen Theorie, etwa in Form einer globalen Gerechtigkeitstheorie oder einer „*comparative political theory*". Die US-amerikanische politische Theorie bewegt sich dabei in einem grundsätzlichen Spannungsverhältnis zwischen ihrer Verortung in globalen Deutungs-, Geltungs- und Wirkungshorizonten und ihrer Einbettung im spezifischen nationalen Selbstverständnis der amerikanischen Demokratie.

Literatur

Archibugi, Daniele, Mathias Koenig-Archibugi, und Raffael Marchetti Hrsg. 2012. *Global democracy: Normative and empirical perspectives*. Cambridge: Cambridge University Press.
Archibugi, Daniele, und David Held. 2011. Cosmopolitan democracy: Paths and agents. *Ethics and international affairs* 25(4): 433–461.
Arendt, Hannah. 1986. *Über die Revolution*. München/Zürich: Piper Verlag.
Barber, Benjamin. 1984. *Strong democracy. Participatory politics for a new age*. Berkeley: University of California Press.
Beitz, Charles. 1979a. *Political theory and international relations*. Princeton: Princeton University Press.
Beitz, Charles. 1979b. Bounded morality: Justice and the state in world politics. *International Organisation* 33: 405–424.
Bellah, Robert. 1967. Civil religion in America. *Daedalus* 96(1): 1–21.
Benhabib, Seyla. 2009. Claiming rights across borders: International human rights and democratic sovereignty. *American Political Science Review* 103(4): 691–704.
Bennett, Stephen Earl. 2003. „Perestroika" lost: Why the latest „Reform" movement in political science should fail. *Political Science and Politics* 35(2): 177–179.
Bercovitch, Savran. 1975. *The puritan origins of the American self*. New Haven/London: Yale University Press.
Boesche, Roger. 2006. Why could tocqueville predict so well? In *Tocqueville's road map. methodology, liberalism, revolution, and despotism*, 1–25. Lanham: Lexington Books.
Brettschneider, Corey. 2010. A transformative theory of religious freedom: Promoting the reasons for rights. *Political Theory* 38(2): 187–213.
Caney, Simon. 2002. Cosmopolitanism and the law of peoples. *The Journal of Political Philosophy* 16(3): 245–271.
Carens, Joseph H. 2010. *Immigrants and the right to stay*. Cambridge: The Mit Press.
Chatterjee, Deen K. Hrsg. 2011. *Encyclopedia of global justice*. 2. Bde. New York: Springer Science.
Cline, Erin M. 2013. *Confucius, Rawls, and the sense of justice*. New York: Fordham University Press.
Cohen, Joshua. 2002. Procedure and substance in deliberative democracy. In *Philosophy and democracy*, Hrsg. Christiano Thomas, 17–37. Oxford: Oxford University Press.
Cohen, Jean L. 2008. Rethinking human rights, democracy, and sovereignty in the age of globalization. *Political Theory* 36(4): 578–606.

Cohen Charles Sabel, Joshua, und Charles Sabel. 2009. Extram republicam nulla justitia? *Philosophy and Public Affairs* 34(2): 147–175.
Connolly, William. 2008. *Capitalism and christianity, American style*. Durham: Duke University Press.
Corley, Pamela, Robert Howard, und David Nixon. 2005. The supreme court and opinion content: The use of the federalist papers. *Political Science Quarterly* 58: 329–340.
Dagger, Richard. 2009. Individualism and the claims of community. In *Contemporary debates in political philosophy*, Hrsg. Christiano Thomas und Christman John, 303–321. Malden: Wiley-Blackwell.
Dallmayr, Fred. 2004. Beyond monologue: For a comparative political theory. *Perspectives on Politics* 2(2): 249–257.
Dietz, Mary G. 2012. Between polis and empire: Aristotle's politics. *American Political Science Review* 106(2): 275–293.
Dryzek, John S. 2006. Revolutions without enemies: Key transformations in political science. *American Political Science Review* 100(4): 487–492.
Dryzek, John S., Bonnie Honig, und Anne Phillips. 2009. Overview of political theory. In *The Oxford handbook of political science*, Hrsg. John Goodin, 61–88. Oxford: Oxford University Press.
Euben, Roxanne L. 1999. *Enemy in the mirror. Islamic fundamentalism and the limits of modern rationalism: A work of comparative political theory*. Princeton: Princeton University Press.
Fabre, Cecile. 2008. Cosmopolitanism, just war theory and legitimate authority. *International Affairs* 84(5): 963–976.
Fishkin, James S. 2009. *When the people speak: Deliberative democracy and public consultation*. Oxford: Oxford University Press.
Floyd Marc Stears, Jonathan, und Marc Stears, Hrsg. 2011. *Political philosophy versus history? contextualism and real politics in contemporary political thought*. Cambridge: Cambridge University Press.
Fraser, Nancy. 2013. A triple movement? Parsing the politics of crisis after polanyi. *New Left Review* 81: 119–132.
Fraser Axel Honneth, Nancy, und Axel Honneth. 2003. *Redistribution or recognition? a political-philosophical exchange*. London: Verso.
Freeden, Michael, und Andrew Vincent. 2013. Introduction: The study of comparative political thought. In *Comparative political thought. Theorizing practices*, 1–23. London/New York: Routledge.
Freeman, Samuel. 2006. The law of peoples, social cooperation, human rights, and distributive justice. *Social Philosophy and Polity* 23(1): 29–68.
Fung, Archon. 2007. Democratic theory and political science: A pragmatic method of constructive engagement. *American Political Science Review* 101(3): 443–458.
Galston, William. 2010. Realism in political theory. *European Journal of Political Theory* 9(4): 385–411.
Gaus, Gerald. 2012. *The order of public reason. A theory of freedom and morality in a diverse and bounded world*. Cambridge: Cambridge University Press.
Gebhardt, Jürgen. 1993. *Americanism. Revolutionary order and societal self-interpretation in the american republic*. Baton Rouge: Louisiana State University Press.
Gehardt, Jürgen. 2008. Political thought in an intercivilizational perspective: A critical reflection. *The Review of Politics* 70(1): 5–22.
Geuss, Raymond. 2008. *Philosophy and real politics*. Princeton: Princeton University Press.
Gibbons, Michael T. 2006. Hermeneutics, political inquiry, and practical reason: An evolving challenge to political science. *American Political Science Review* 100(4): 563–571.
Gillespie, Michael. 2008. *The theological origins of modernity*. Chicago: University of Chicago Press.
Godrej, Farah. 2009. Towards a cosmopolitan political thought: The hermeneutics of interpreting the other. *Polity* 41(2): 135–165.

Green, Jeffrey E. 2013. Rawls and the forgotten figure of the most advantaged: In Defense of reasonable envy toward the superrich. *American Political Science Review* 107(1): 123–138.

Gunnell, John G. 1988. American political science, liberalism, and the invention of political theory. *American Political Science Review* 82(1): 71–87.

Gunnell, John G. 2010. Professing political theory. *Political Science Quarterly* 63(3): 674–679.

Habermas, Jürgen. 1996. Drei normative Modelle der Demokratie. In *Die Einbeziehung des Anderen*, 277–292. Frankfurt a. M: Suhrkamp.

Habermas, Jürgen. 2006. *The divided west*. Cambridge: Polity Press.

Habermas, Jürgen. 2001. The postnational constellation. Übers. M. Pensky, Hrsg. Cambridge: The Mit Press.

Hamilton, Alexander, James/Madison und John Jay. 2007. *Die Federalist Papers*. Übers, Hrsg. Barbara Zehnpfennig, Hrsg. München: Verlag C.H. Beck.

Hartz, Louis. 1955. *The liberal tradition in America. An interpretation of american political thought since the revolution*. New York: Hartcourt, Brace & World.

Held, David. 1995. *Democracy and the global order: From the modern state to cosmopolitan governance*. Cambridge: Polity Press.

Held, Virginia. 2008. *How terrorism is wrong: Morality and political violence*. Oxford: Oxford University Press.

Jacobsen, Kurt. 2005. Perestroika in American political science. *Post-Autistic Economics Review* 32 (http://www.paecon.net/PAEReview/issue32/Jacobsen32.htm. Zugegriffen am 10.03.2014).

Jaggar, Alison. 2005. ‚Saving Amina: Global justice for women and intercultural Dialogue. *Ethics and International Affairs* 19(3): 55–75.

James, Aaron. 2012. *Fairness in practice: A social contract for a global economy*. Oxford: Oxford University Press.

Jordan, Sara R., und Gary J. Nederman. 2012. The logic of the history of ideas and the study of comparative political theory. *Journal of the History of Ideas* 73(4): 627–641.

Kasza, Gregory. 2001. Perestroika: For an ecumenical science of politics. *Political Science and Politics* 34(3): 597–599.

Kaufman-Osborn, Timothy V. 2010. Political theory as profession and as subfield? *Political Research Quarterly* 63(3): 655–673.

Kymlicka, Will. 1995. *Multicultural citizenship: A liberal theory of minority rights*. Oxford: Oxford University Press.

Laitin, David D. 2003. The perestroikan challenge to social science. *Politics & Society* 31(1): 163–184.

Luke, Timothy W., und Patrick J. McGovern. 2010. The rebels' Yell: Mr. Perestroika and the causes of this rebellion in context. *Political Science and Politics* 43(4): 729–731.

March, Andrew F. 2009a. *Islam and liberal citizenship: The search for an overlapping consensus*. New York: Oxford University Press.

March, Andrew F. 2009b. What is comparative political theory? *The Review of Politics* 71(3): 531–565.

Meckled-Garcia, Saladin. 2008. On the very idea of cosmopolitan justice: Constructivism and international agency. *The Journal of Political Philosophy* 16(3): 245–271.

Meckstroth, Christopher. 2012. Socratic method and political science. *American Political Science Review* 106(3): 644–660.

Miller, David. 2007. *National responsibility and global justice*. Oxford: Oxford University Press.

Mitzen, Jennifer. 2005. Reading Habermas in anarchy: Multicultural diplomacy and global public spheres. *American Political Science Review* 99(3): 401–417.

Monroe, Kristen Renwick, Hrsg. 2005. *Perestroika! The raucous rebellion in political science*. New Haven: Vail-Ballou Press.

Murphy, Andrew R. 2009. *Prodigal nation: Moral decline and divine punishment from new England to 9/11*. New York: Oxford University Press.

Nagel, Thomas. 2005. The problem of global justice. *Philosophy and Public Affairs* 33(2): 113–147.
Nardin, Terry. 2006. International political theory and the question of justice. *International Affairs* 82(3): 449–465.
Nili, Shmuel. 2013. Rawlzickian global politics. *The Journal of Political Philosophy* 21(4): 473–495.
Nozick, Robert. 1974. *Anarchy, state, and utopia.* Oxford: Basic Books.
Okin, Susan Moller. 2004. Gender, justice and gender: An unfinished debate. *Fordham Law Review* 72(5): 1537–1567.
Owen, J.J. 2007. The struggle between 'Religion and Nonreligion': Jefferson, Backus, and the dissonance of America's founding principles. *American Political Science Review* 101(3): 493–503.
Pettit, Philip. 1997. *Republicanism: A theory of freedom and government.* Oxford: Oxford University Press.
Pettit, Philip. 2012. *On the people's terms: A republican theory and model of democracy.* Cambridge: Cambridge University Press.
Pogge, Thomas. 1989. *Realizing Rawls.* Ithaca: Cornell University Press.
Pogge, Thomas. 2002. *World poverty and human rights.* Cambridge: Polity Press.
Putnam, Robert. 2003. APSA Presidential address: The public role of political science. *Perspectives on Politics* 1(2): 249–255.
Rabinow, Paul, und William M. Sullivan. 1987. The interpretive turn: A second look. In *Interpretive social science: A second look*, 1–30. Berkeley: University of California Press.
Rawls, John. 1971. *A theory of justice.* Cambridge: Harvard University Press.
Rawls, John. 1993. *Political liberalism.* New York: Columbia University Press.
Rawls, John. 1999. *The law of peoples.* Cambridge: Harvard University Press.
Rehfeld, Andrew. 2010. Offensive political theory. *Perspectives on Politics* 8(2): 465–486.
Rigger, Shelley. 2013. The Perestroika movement in American political science and its lessons for Chinese political studies. In *Political science and Chinese political studies. The state of the field*, Hrsg. Sujian Guo, 163–176. Berlin/Heidelberg: Springer Verlag.
Rorty, Richard. 1988. *Solidarität oder Objektivität? Drei philosophische Essays*, Stuttgart.
Rorty, Richard. 1994. *Hoffnung statt Erkenntnis. Eine Einführung in die pragmatistische Philosophie.* Wien: Passagen Verlag.
Sabia, Dan. 2010. Defending immanent critique. *Political Theory* 38(5): 684–711.
Sandel, Michael. 1982. *Liberalism and the limits of justice.* Cambridge: Cambridge University Press.
Sangiovanni, Andrea. 2008. Justice and the priority of politics to morality. *The Journal of Political Philosophy* 16(2): 161–163.
Sass, Jensen, und John S. Dryzek. 2014. Deliberative cultures. *Political Theory* 42(1): 3–25.
Sen, Amartya. 2009. *The idea of justice.* Cambridge: Harvard University Press.
Shapiro, Ian. 2005. *The flight from reality in the human sciences.* Princeton: Princeton University Press.
Sigwart, Hans-Jörg. 2013a. Tradition and the experience of citizenship: Political Hermeneutics in Hans-Georg Gadamer, John Dewey and Hannah Arendt. *Anamnesis* 3(1): 7–40.
Sigwart, Hans-Jörg. 2013b. The logic of legitimacy: Ethics in political realism. *The Review of Politics* 75(3): 407–432.
Simmons, A. John. 2010. Ideal and nonideal theory. *Philosophy & Public Affairs* 38(1): 5–36.
Smith, Nicholas H. 2004. Taylor and the Hermeneutic tradition, Hrsg. Ruth Abbey und Charles Taylor, 29–51. Cambridge: Cambridge University Press.
Taylor, Charles. 1985. Interpretation and the sciences of man. In *Philosophy and the human sciences. Philosophical Papers 2*, 15–57. Cambridge: Cambridge University Press.
Taylor, Charles. 1992. *Negative Freiheit? Zur Kritik des neuzeitlichen Individualismus.* Suhrkamp: Frankfurt a. M.
Taylor, Charles. 2007. *A secular age.* Cambridge: Harvard University Press.

Tocqueville, Alexis de. 1984. Über die Demokratie in Amerika. Vollständige Ausgabe, Hrsg. von J. P. Mayer. 2. Auflage, München: DTV.

Valentini, Laua. 2011. Global justice and practice-dependence: Conventionalism, institutionalism, functionalism. *The Journal of Political Philosophy* 19(4): 399–418.

Villa, Dana. 2008. Tocqueville: Life and legacy. *Political Theory* 36(3): 466–472.

Vorländer, Hans. 1997. *Hegemonialer Liberalismus. Politisches Denken und politische Kultur in den USA 1776–1920*. Frankfurt a. M: Campus Verlag.

Walzer, Michael. 1983. *Spheres of justice*. New York: Basic Books.

Wellman Philip Cole, Christopher, und Philip Cole. 2011. *Debating the ethics of immigration: Is there a right to exclude?* Oxford: Oxford University Press.

Wenar, Leif. 2008. Property rights and the resource curse. *Philosophy and public affairs* 36(1): 2–32.

Williams, Bernard. 2005. *In the beginning was the deed*. Princeton: Princeton University Press.

Williams, Melissa S., und Mark E. Warren. 2014. A democratic case for comparative political theory. *Political Theory* 42(1): 26–57.

Wolin, Sheldon S. 2001. *Tocqueville between two worlds: The making of a political and theoretical life*. Princeton: Princeton University Press.

Sozialstruktur der Vereinigten Staaten von Amerika

Axel Murswieck

Inhalt

1 Einleitung 94
2 Bevölkerungsstruktur und demographischer Wandel 94
3 Erwerb – Einkommen – Soziale Mobilität 97
4 Wandel der Familienstrukturen 107
5 Fazit 110
Literatur 110

Zusammenfassung

Seit dem letzten Drittel des 20. Jahrhunderts haben sich wichtige Merkmale der US-amerikanischen Sozialstruktur verändert. Hierzu gehört insbesondere die Herausforderung des demografischen Wandels, der sich in der Erwerbs- und Beschäftigungsstruktur bemerkbar macht und etwa gegenüber der alternden Bevölkerung soziale und gesundheitspolitische Maßnahmen verlangt. Die Entwicklung zu einer zunehmenden und sich in den Sozialschichten verfestigenden Einkommens- und Vermögensungleichheit berührt den Kern des amerikanischen Selbstverständnisses von Chancengleichheit und der Möglichkeit vom sozialen Aufstieg.

Schlüsselwörter

Sozialstruktur • Erwerbsstruktur • Einkommensverteilung • Soziale Mobilität • Familienstrukturen • American Dream

---

A. Murswieck (✉)
Institut für Politische Wissenschaft, Universität Heidelberg, Heidelberg, Deutschland
E-Mail: axel.murswieck@urz.uni-heidelberg.de

© Springer Fachmedien Wiesbaden 2016
C. Lammert et al. (Hrsg.), *Handbuch Politik USA*, Springer NachschlageWissen,
DOI 10.1007/978-3-658-02642-4_3

1 Einleitung

Vielfalt und Unterschiedlichkeit prägen die US-amerikanische Gesellschaft: geografisch, ethnisch, ökonomisch und politisch. Bei der Frage nach dem verbindenden Band dieser Vielfalt wird immer wieder auf einen dominierenden Wertekonsens verwiesen, dessen Geschichtsmächtigkeit im *American Creed* (Gunnar Myrdal) zur Geltung kommt (Gebhardt 1990; Murswieck 2008, S. 580–585). Dieses Wertesystem fand in dem vom amerikanischen Historiker James Truslow Adams 1931 geprägten Begriff des *American Dream* seinen wirklichkeitsbezogenen Ausdruck (Samuel 2012, S. 3–5).

Der *American Dream* ist ein breites, in der politischen Kultur verwurzeltes Konzept mit vielen Bedeutungen. Der Kern des Konzepts ist jedoch sicherlich die in Umfragen stets geäußerte Überzeugung, dass man frei sein will, mit harter Arbeit alles zu erreichen was man will und man sich befähigt fühlt, erfolgreich zu sein, egal unter welchen ökonomischen Bedingungen man geboren wurde (Pew Charitable Trusts 2009; CBS/New York Times 2009). Der Traum ist der Glaube daran, dass alle Amerikaner die Chancengleichheit – *equality of opportunity* – zum erfolgreichen sozialen Aufstieg besitzen. Das hilft erklären, warum Amerikaner im Vergleich zu anderen reichen Ländern sehr viel toleranter gegenüber ungleichen Ergebnissen – *inequality of outcomes* – etwa in der Einkommensverteilung sind und staatliche Umverteilungsmaßnahmen kaum befürworten (Corak 2013, S. 1).

Die Analyse wesentlicher Aspekte der Sozialstruktur kann helfen, die Wirklichkeit der US-amerikanischen Gesellschaft zu erhellen.

2 Bevölkerungsstruktur und demographischer Wandel

Nach dem Zensus von 2010 hatten die USA 308.745.538 Einwohner, eine Zunahme von 9,7 % im Vergleich zur vorherigen Volkszählung von 2000 (U.S. Census Bureau 2012a). Am 25.1.2014 gab es nach Angaben der *Population Clock* des *U.S. Census Bureaus* bereits 317.421.701 Einwohner. Die USA haben von den OECD-Ländern die höchste Zuwanderungsrate (OECD 2013a). Zwischen 2000 und 2010 kamen jährlich mehr als eine Millionen legale Zuwanderer in die USA (U.S. Department of Homeland Security 2012). Die hohe Migrationsrate verbunden mit einer soliden Geburtenrate von 1,963 in 2012 (U.S. Census Bureau 2012b) haben zu einem stabilen Bevölkerungswachstum von jährlich 0,9 % geführt.

Die USA sind bis auf den heutigen Tag ein Einwanderungsland. Mit Ausnahme der indianischen Urbevölkerung sind alle Einwohner selbst Einwanderer oder Kinder von Einwanderern. Die ‚rassische' und ethnische Vielfalt der amerikanischen Gesellschaft ist dadurch entstanden (vgl. Abb. 1 und 2).

In den letzten 50 Jahren hat sich bei den Immigranten in Hinblick auf Anzahl, Herkunft und geografischer Verteilung eine dramatische Entwicklung ergeben. Der Anteil der Immigranten (*Foreign-Born Population*) an der Gesamtbevölkerung hat sich von 5,4 % in 1960 auf 12,9 % in 2010 vergrößert (vgl. auch Tab. 1 und 2). 1960

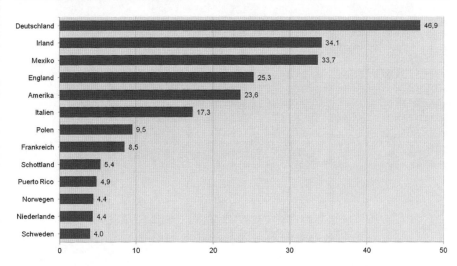

Abb. 1 Abstammung der amerikanischen Bevölkerung nach ausgewählten Ursprungsländern 2012 (in Mio.) (Quelle: U.S. Census Bureau 2012a, American Community Survey)

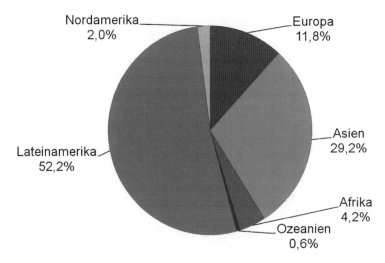

Abb. 2 Anteil der Herkunftsregionen der im Ausland geborenen Bevölkerung (ohne auf See Geborene) 2012 (Quelle: U.S. Census Bureau 2012a, American Fact Finder, American Community Survey, CP02, 2012 ACS 1-year estimates)

kamen noch 75 % der Immigranten aus Europa, 2012 waren es noch 11,8 %. Inzwischen kommen 52,2 % der im Ausland Geborenen aus Lateinamerika.

Die Immigranten aus Europa siedelten sich in den 1960er-Jahren im Nordosten und Mittleren Westen an. Die heutigen Immigranten aus Lateinamerika und Asien besiedelten den Westen und Süden (U.S. Census Bureau 2012a). Die USA, so die

Tab. 1 Anteil und Herkunft der im Ausland Geborenen (*Foreign Born*) und Staatsbürgerschaftsstatus 2010

	Absolut (in 1000)	Prozent
Gesamtbevölkerung	309,350	100,0
„Native"	269,394	87,1
„Foreign Born"	39,956	12,9
Eingebürgerte	17,476	5,6
Nicht-Staatsbürger	22,480	7,3

Quelle: U.S. Census Bureau 2012d, The Foreign-Born Population in the United States: 2010, ACS Reports 2012. Washington D.C.: U.S. Department of Commerce, S. 2

Tab. 2 Zusammensetzung der Bevölkerung nach ‚rassischen' und ethnischen Merkmalen 2000, 2005 und 2012

	‚Rasse'						Ethnie[a]	
Jahr	Weiße	Afro-amerikaner	Indigene	Asiaten	Hawaii & Pazifische Inseln	Andere	Hispanics	Weiße Nicht-Hispanics
2000	77,1 %	12,9 %	1,5 %	4,2 %	0,3 %	6,6 %	12,5 %	69,1 %
2005	76,3 %	12,8 %	1,4 %	4,8 %	0,3 %	6,5 %	14,5 %	66,8 %
2012	76,3 %	13,7 %	1,7 %	5,8 %	0,4 %	5,2 %	16,9 %	62,8 %

Quelle: U.S. Census Bureau, American Community Survey 2000, 2005, 2012
[a]Anmerkung: Hispanics werden vom U.S. Bureau of Census nicht als ‚Rasse', sondern als Ethnie geführt und können daher grundsätzlich jeder ‚Rasse' zugehörig sein

Prognose, werden in der Zukunft nicht länger Vorposten Europas sein, sondern eine *Nation of Mutts*, eine Nation mit hunderten von verschmolzenen Ethnien aus aller Welt und Mischehen. Notwendig sei, die Vielfalt in einen Ethos von bürgerlicher Kohäsion zu überführen (Brooks 2013).

2.1 Die alternde Gesellschaft

Die demografische Entwicklung wird neben der ethnischen Zusammensetzung der Bevölkerung auch vom Anstieg des Anteils der abhängigen Bevölkerung, d.h. der Summe der Alten (über 65 Jahre) und der Jugendbevölkerung (unter 15 Jahre) an der Gesamtbevölkerung bestimmt. Auswirkungen auf die privaten und staatlichen Ausgaben für die Alters- und Gesundheitsversorgung sowie die Bildung sind zu erwarten. Der Anteil der Jugendbevölkerung lag 2012 bei 19,38 % (U.S. Census Bureau 2012c) und wird der Projektion zufolge auf diesem Niveau aufgrund der günstigen Geburtenrate verharren (OECD 2013b). Anders sieht es bei der älteren Bevölkerung über 65 Jahre aus. Dieser Anteil ist von 12,4 % in 2000 auf 13,7 % in 2012 gestiegen (U.S. Census Bureau 2011; vgl. auch Abb. 3).

Dank staatlicher Transferleistungen (Rentenversicherung) ist es gelungen, die Armutsrate bei den über 65-Jährigen von 35 % in 1960 auf 14,8 % in 2012 zu senken (The Council of Economic Advisers 2014, S. 11). Die demografische

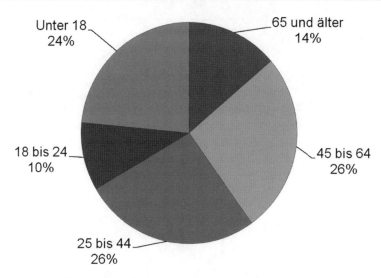

Abb. 3 Altersverteilung der Bevölkerung in den USA 2012 (Quelle: U.S. Census Bureau 2012a, American Fact Finder, American Community Survey, NP01, 2012 ACS 1-year estimates)

Herausforderung bezieht sich vor allem auf die Finanzierung der Rentenversicherung. Das Verhältnis von Rentenbeitragszahlern zu Rentenbeziehern betrug 2010 2,9 zu 1. In 2029, so die Vorhersage, wird es 2,1 zu 1 sein (U.S. Social Security Administration 2011).

3 Erwerb – Einkommen – Soziale Mobilität

Im Vergleich zu der ausgezeichneten Wirtschaftslage zu Beginn des 21. Jahrhunderts konnte sich die Wirtschaft nach der schlimmsten Wirtschaftskrise (2007–2009) seit der „Great Depression" der 1930er-Jahre nur langsam erholen. Obwohl zwischenzeitlich die Unternehmensgewinne Rekordhöhen erreicht haben, bleibt die Beschäftigungs- und Arbeitsmarktlage unbefriedigend. Insbesondere die für das amerikanische Selbstverständnis so wichtige Arbeitslosigkeit konnte seit der drastischen Zunahme in 2007 noch immer nicht auf das auch im internationalen Vergleich exzellente Niveau von vor der Rezession zurückgeführt werden (vgl. Abb. 4). Ende 2013 betrug die Arbeitslosenrate 6,7 % und die Inflationsrate 1,5 %. Das Ziel der Wirtschaftspolitik bleibt weiterhin an Wachstum und Schaffung von Arbeitsplätzen, insbesondere für die Mittelklasse, orientiert (Council of Economic Advisers 2013, Bureau of Labor Statistics 2013a).

Die Beschäftigungsentwicklung in der letzten Hälfte des 20. Jahrhunderts war durch tiefgreifende Veränderungen der Erwerbsstruktur im Bezug auf Größe und demografische Zusammensetzung gekennzeichnet. In den 1970er- und 1980er-Jahren gab es ein starkes Anwachsen der Erwerbstätigen, insbesondere durch die Zunahme der Frauenerwerbsquote und den Eintritt der *Baby-boomer Generation* in

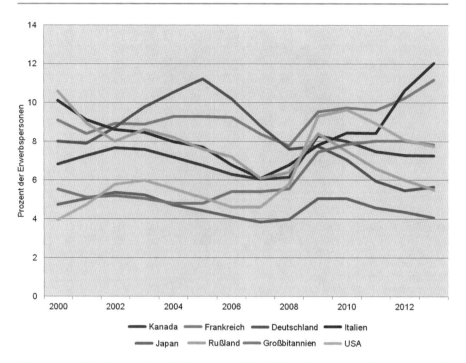

Abb. 4 Arbeitslosigkeit in den G8-Staaten von 2000–2013 (in Prozent aller Erwerbspersonen) (Anmerkung: Daten für 2013 und für Russland 2012 basierend auf Berechnungen des IMF. Quelle: IMF 2013, World Economic Outlook Database, April 2013)

Tab. 3 Frauenerwerbsquote 1960–2010

Jahr	Gesamt	Nie verheiratet	Verheiratet (Mann anwesend)	Andere (Verwitwet, geschieden, getrennt)
1960	37,7 %	58,6 %	31,9 %	41,6 %
1970	43,3 %	56,8 %	40,5 %	40,3 %
1980	51,5 %	64,4 %	49,8 %	43,6 %
1990	57,5 %	66,7 %	58,4 %	47,2 %
2000	59,9 %	68,9 %	61,1 %	49,0 %
2005	59,3 %	66,0 %	60,7 %	49,4 %
2010	58,6 %	63,3 %	61,0 %	48,8 %

Quelle: U.S. Census Bureau 2012a, Statistical Abstract 2012, Tab. 598

den Arbeitsmarkt (vgl. Tab. 3 und 4). Seit Anfang der 2000er-Jahre sinkt jedoch die Frauenerwerbsquote und betrug 2011 58,1 %. Prognostiziert wird eine weitere Abnahme der Frauenerwerbstätigkeit (Bureau of Labor Statistics Reports 2013b).

Die Zahl der Erwerbstätigen wird in 2022 auf 163,5 Mio. geschätzt bei einer jährlichen Wachstumsrate zwischen 2012–2022 von 0,5 %. Diese Wachstumsrate wird niedriger sein als im Jahrzehnt zuvor (2002–2012), wo sie noch jährlich 0,7 %

Tab. 4 Erwerbstätigenquote nach Geschlecht und Erwerbslosenquote nach Alter im internationalen Vergleich 2011

Land	Erwerbstätigenquote		Erwerbslosenquote	
	Männer	Frauen	15–64 Jahre	15–24 Jahre
Australien	78,7 %	66,7 %	5,2 %	11,3 %
Deutschland	77,3 %	67,7 %	6,0 %	8,6 %
Finnland	70,6 %	67,7 %	7,9 %	20,1 %
Frankreich	68,2 %	59,7 %	9,3 %	22,0 %
Italien	67,5 %	46,5 %	8,5 %	29,1 %
Niederlande	79,8 %	69,9 %	4,4 %	7,6 %
Norwegen	77,1 %	73,4 %	3,3 %	8,7 %
Russische Föderation	72,2 %	63,8 %	6,7 %	15,5 %
Schweden	75,8 %	71,3 %	8,0 %	22,8 %
Vereinigte Staaten	71,4 %	62,0 %	9,1 %	17,3 %
Vereinigtes Königreich	74,5 %	64,5 %	8,2 %	21,1 %

Quelle: Statistisches Bundesamt 2013, Statistisches Jahrbuch 2013, Internationaler Anhang, S. 650–654

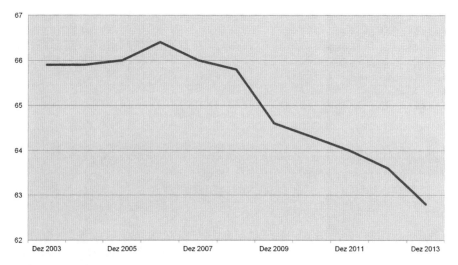

Abb. 5 Erwerbsquote in Prozent (Quelle: Bureau of Labor Statistics 2014, http://data.bls.gov/timeseries/LNS11300000. Zugegriffen am 25.01.2014)

betrug. Die Erwerbsquote insgesamt wird nach der Prognose auf 61,2 % in 2022 abnehmen. 2013 betrug sie noch 62,8 % (Monthly Labor Review 2013; ferner Abb. 5). Aufgrund demografischer Entwicklungen wird auch die Erwerbsquote der 16- bis 24-Jährigen und die der 25-bis 54-Jährigen abnehmen. Dahingegen wird eine Fortsetzung des Anstiegs der Erwerbsquote der 55- bis 64-Jährigen, sowie der 65- bis 74-Jährigen erwartet.

Tab. 5 Lohnnebenkosten in der Wirtschaft 2006 und 2013

	Kosten 2006		Kosten 2013	
	Dollar pro Arbeitsstunde	In % der Gesamtkosten	Dollar pro Arbeitsstunde	In % der Gesamtkosten
Gesamtkosten	**27,54**	**100,0**	**31,16**	**100**
Löhne und Gehälter	19,24	59,9	21,54	69,1
Gesamtnebenkosten	8,30	30,1	9,61	30,9
Ausfallzeiten	**1,94**	**7,0**	**2,17**	**7,0**
Urlaub	0,91	3,3	1,06	3,4
Gesetzliche Feiertag	0,63	2,3	0,66	2,1
Krankengeld	0,30	1,1	0,33	1,1
Andere	0,10	0,4	0,12	0,4
Zusatzleistungen (v.a. Prämien und Schichtarbeit)	**0,69**	**2,5**	**0,73**	**2,4**
Betriebliche Versicherungsleistungen	**2,26**	**8,2**	**2,79**	**9,0**
Lebensversicherung	0,05	0,2	0,05	0,1
Krankenversicherung	2,13	7,7	2,65	8,0
Kranken- und Unfalltagegeldversicherung	0,05	0,2	0,09	0,3
Betriebliche Altersvorsorge	**1,21**	**4,4**	**1,49**	**4,8**
Beiträge zu gesetzlichen Sozialversicherungen	**2,20**	**8,0**	**2,43**	**7,8**
Rentenversicherung	1,54	5,6	1,39	4,5
Bundesarbeitslosenversicherung	0,03	0,1	0,03	0,1
Länder- (State-) Arbeitslosenversicherung	0,15	0,5	0,21	0,7

Quelle: United States Department of Labor 2013, Bureau of Labor Statistics, Stand 11.12.2013 unter http://www.bls.gov/news.release/ecec.htm. Zugegriffen am 25.01.2014; U.S. Department of Labor: Employer Costs for Employee Compensation: September 2006, S. 6

Eine weitere Veränderung betrifft die ethnische Zusammensetzung der Bevölkerung. Hispanics (Männer) haben die insgesamt höchste Erwerbsquote von allen Gruppen nach ‚Rasse' und Ethnie. Für die schwarze Bevölkerung wird eine sinkende Erwerbsquote bis 2022 vorausgesagt.

In Bezug auf die Wirtschaftssektoren setzt sich der Anstieg der Erwerbstätigen im Dienstleistungssektor fort. 2010 betrug der Anteil 81,2 % im Vergleich zu 74,3 % in 2000 (Statista 2014).

Die amerikanische Wirtschaft ist im Vergleich zu anderen Ländern stärker marktorientiert und weniger auf sozialstaatliche Regelungen ausgerichtet. Es besteht weiterhin ein Kostenvorteil in der amerikanischen Wirtschaft aufgrund geringer sozialer Zusatzleistungen bei den Lohnnebenkosten (vgl. Tab. 5).

Tab. 6 Verteilung des U.S. Haushaltseinkommen nach Quintilen 1968–2011

Jahr	Anteil am gesamten Haushaltseinkommen in Prozent					
	Unteres Quintil	Zweites Quintil	Drittes Quintil	Viertes Quintil	Fünftes Quintil	Top 5 %
1968	4,2	11,1	17,6	24,5	42,6	16,3
1980	4,2	10,2	16,8	24,7	44,1	16,5
1990	3,8	9,6	15,9	24,0	46,6	18,5
2000	3,6	8,9	14,8	23,0	49,8	22,1
2001	3,5	8,7	14,6	23,0	50,1	22,4
2002	3,5	8,8	14,8	23,3	49,7	21,7
2003	3,4	8,7	14,8	23,4	49,8	21,4
2004	3,4	8,7	14,7	23,2	50,1	21,8
2005	3,4	8,6	14,6	23,0	50,4	22,2
2006	3,4	8,6	14,5	22,9	50,5	22,3
2007	3,4	8,7	14,8	23,4	49,7	21,2
2008	3,4	8,6	14,7	23,3	50,0	21,5
2009	3,4	8,6	14,6	23,2	50,3	21,7
2010	3,3	8,5	14,6	23,4	50,3	21,3
2011	3,2	8,4	14,3	23,0	51,1	22,3

Quelle: U.S. Census Bureau 2011, Income, Poverty, and Health Insurance Coverage in the United States: 2011, Tab. A-2

3.1 Einkommen und Einkommensverteilung

Die Kluft zwischen Arm und Reich ist in den USA auch im Vergleich der Industrieländer besonders hoch. Die USA haben unter den OECD-Ländern den schlechtesten sozialen Schichtaufbau und die geringste soziale Mobilität (Klein 2013, S. 17). Die Einkommensungleichheit ist seit den 1970er-Jahren stetig gewachsen. Insbesondere der Anteil der Mittelklasse, definiert als die mittleren 60 % der Haushalte, am Einkommen ist von 53,2 % in 1968 auf 45,7 % in 2011 gesunken. Hingegen ist der Anteil der oberen 20 % aller Haushalte auf 51,1 % und der oberen 5 % auf 22,3 % gestiegen. Das unterste Fünftel der Einkommensschichten konnte in den letzten Jahrzehnten seinen Anteil nicht verbessern und verblieb unter 4 % (vgl. Tab. 6). Diese Einkommenskluft wird bei dem bloßen Betrachten des Durchschnittseinkommens nicht deutlich, wenngleich beim Vergleich mit dem Medianeinkommen der Zuwachs an der Spitze der Einkommenspyramide ersichtlich wird (vgl. Abb. 6). Erklärungen über den zunehmenden Trend einer Einkommensungleichheit sind vielfältig. Neben dem Verweis auf Globalisierungseffekte und technologische Fortschritte, etwa im Bezug auf das Qualifizierungsniveau der Facharbeiter, spielen weiterhin demografische und ethnische Faktoren eine Rolle. Auffallend ist das hohe Einkommensniveau bei den Asiaten (vgl. Tab. 7). Gleiches gilt für das Bildungsniveau, das weiterhin Einfluss auf die Einkommenshöhe hat und dementsprechend auch bei den Berufsprofilen sichtbar wird (vgl. Abb. 7 und 8).

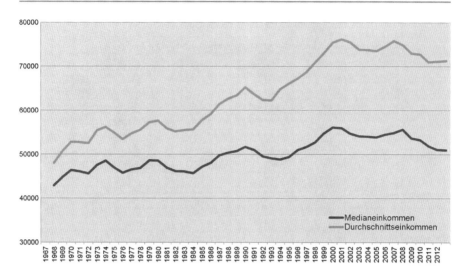

Abb. 6 Entwicklung der Haushaltseinkommen in den USA 1967–2012 (in 2012 US-Dollar) (Quelle: U.S. Bureau of the Census 2012a, Income, Poverty and Health Insurance Coverage in the United States, 2012, http://www.census.gov/prod/2012pubs/p60-243.pdf. Zugegriffen am 25.01.2014)

In der Bevölkerung wird die Einkommensungleichheit zunehmend als sozialer Konflikt zwischen Reich und Arm wahrgenommen. Sahen 2009 noch lediglich 47 % der Bevölkerung in dieser Spaltung einen gesellschaftlichen Konflikt, waren es 2011 bereits 66 %. Insbesondere in der Mittelschicht bei den Einkommensklassen zwischen 40–75 Tausend Dollar jährlich wuchs die Konfliktwahrnehmung um 24 Prozentpunkte auf 71 %. Unterschiede gibt es in der Einschätzung, inwieweit von einem schwelenden Klassenkonflikt gesprochen werden kann (Pew Research Center 2012a). Zum Vermögen gehört auch der Besitz des eigenen Hauses. Der amerikanische Traum ist mit dem Wunsch nach einem eigenen Heim verbunden. Dieser alle Amerikaner verbindende außergewöhnliche Hang zu Hauseigentum (Cullen 2003, S. 148) hat in der Wirtschaftsrezession 2007–2009 einen schmerzlichen Einbruch erlitten. Mehr als 7 Millionen Amerikaner haben ihr Eigenheim verloren. Die Hauseigentümerrate liegt in 2013 bei 65,2 % so tief wie vor 20 Jahren und ist noch lange von der Rekordhöhe von 69,2 % in 2004 entfernt (U.S. Census Bureau 2014, S. 5). Viel Hoffnung für die wirtschaftliche Erholung wird auf die neue, gut ausgebildete und technikaffine Generation der *Millennials*, der heute 18- bis 32-Jährigen gesetzt, die nach 1980 geboren wurden. Die Beschäftigungsrate liegt bei ihnen in 2013 bei 65 % im Vergleich zu 2007 von 71 % und nur 34 % besitzen Hauseigentum (Pew Research Center 2013).

3.2 Soziale Mobilität – Chancen des sozialen Aufstiegs

Chancengleichheit ist das zentrale Merkmal des amerikanischen Traums: der Glaube, dass jeder, der hart arbeitet sozial und wirtschaftlich erfolgreich sein wird.

Sozialstruktur der Vereinigten Staaten von Amerika

Tab. 7 Haushaltseinkommen 1990–2009 nach Einkommenskategorien und ‚Rasse', in (2009) US-Dollar

Jahr	Prozentuale Verteilung								Median-einkommen
	Unter 15.000	15.000–24.999	25.000–34.999	35.000–49.999	50.000–74.999	75.000–99.999	Über 99.999		
Gesamt									
1990	14,0	11,8	11,2	15,7	20,0	12,2	15,0		47.637
2000	12,1	11,1	10,5	14,5	18,4	12,7	20,6		52.301
2008	13,4	12,0	11,0	14,1	17,6	11,9	19,9		50.112
2009	13,0	11,9	11,1	14,1	18,1	11,5	20,1		49.777
Weiße									
1990	12,0	11,5	11,1	16,0	20,6	12,9	16,0		49.686
2000	10,8	10,8	10,3	14,4	18,6	13,2	21,9		54.700
2008	11,8	11,7	10,7	14,0	18,1	12,5	21,1		52.113
2009	11,4	11,6	10,8	14,2	18,7	12,0	21,4		51.861
Afroamerikaner									
1990	29,1	15,1	12,2	14,4	15,4	7,3	6,4		29.12
2000	21,0	14,4	12,9	15,4	17,2	8,8	10,3		36.952
2008	23,6	15,0	13,7	15,0	14,9	8,1	9,6		34.088
2009	23,5	15,4	13,4	14,6	15,1	8,7	9,3		32.584
Hispanics									
1990	19,7	16,5	12,9	17,6	18,2	7,8	7,4		35.525
2000	14,5	15,1	12,6	17,6	18,9	10,4	11,0		41.312
2008	17,8	14,8	14,5	16,4	16,2	9,0	11,3		37.769
2009	16,5	15,2	14,3	15,4	17,6	9,1	11,7		38.039
Asiaten und Pacific Islander									
1990	10,6	9,5	8,2	12,5	20,9	14,0	24,4		61.170
2000	9,3	7,7	7,4	12,4	16,9	14,8	31,5		69.448
2008	12,1	8,7	8,2	12,1	15,1	12,6	31,2		65.388
2009	11,7	7,9	8,2	11,1	16,9	11,8	32,4		65.469

Quelle: Statistical Abstract of the United States 2012, https://www.census.gov/compendia/statab/2012/tables/12s0690.pdf, Tab. 690, S. 452. Zugegriffen am 25.01.2014

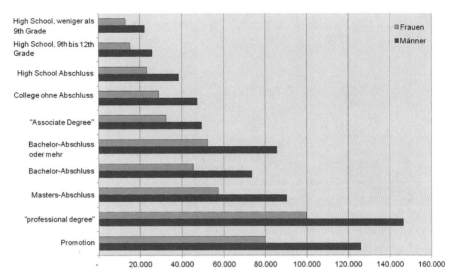

Abb. 7 Durchschnittliches Jahreseinkommen von Männern und Frauen nach Bildungsabschlüssen 2012 (in 2012 US-Dollar) (Quelle: U.S. Census Bureau 2012a, http://www.census.gov/hhes/www/income/data/historical/people/. Zugegriffen am 25.01.2014)

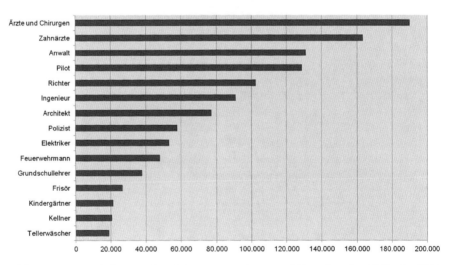

Abb. 8 Durchschnittliches Jahreseinkommen nach ausgewählten Berufen 2012 (in 2012 US-Dollar) (Quelle: United States Department of Labor, Bureau of Labor Statistics, http://www.bls.gov/oes/current/oes_nat.htm#00-0000. Zugegriffen am 25.01.2014)

Es ist die *rags-to-riches story*, die Geschichte vom Tellerwäscher, der Millionär wird. 70 % der Amerikaner sind der Auffassung, dass sie entweder den *American Dream* schon verwirklicht haben, oder es zu einem späteren Zeitpunkt tun werden. Der Glaube an den sozialen Aufstieg stärkt den amerikanischen Optimismus auch

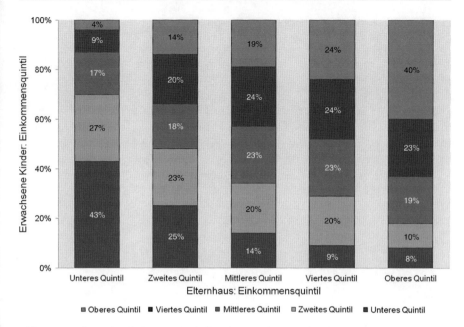

Abb. 9 Verteilung der Einkommensquintile von erwachsenen Kindern nach Einkommensquintil der Eltern (Quelle: Pew Charitable Trusts 2012, Pursuing the American Dream: Economic Mobility Across Generations, Economic Mobility Project, 09 Jul 2012, S. 6)

in wirtschaftlich schlechten Zeiten. An diesen Glauben wird stets appelliert, so auch von Präsident Obama in seiner *State of the Union Address* 2014, wenn er erneut die Chancengleichheit für alle beschwört (The White House, Office of the Press Secretary, Januar 28, 2014). Im Mittelpunkt steht die Einkommensmobilität, deren Realität allerdings anders als optimistisch aussieht. Die USA gehören im internationalen Vergleich zu den Ländern, in denen eine anwachsende Ungleichheit die Einkommensmobilität der nächsten Generation junger Erwachsener begrenzt. Dieser Zusammenhang von Ungleichheit und intergenerationaler Einkommensmobilität wird seit Ende 2012 unter der Bezeichnung *Great Gatsby Kurve* diskutiert (Corak 2013; S. 2–3). Es ist heute schwerer als für frühere Generationen, die Einkommensleiter hinauf zu klettern. 43 % der Amerikaner, die im unteren Ende der Einkommensleiter aufgewachsen sind, sind auch dort als Erwachsene geblieben und insgesamt 70 % erreichten niemals den mittleren Bereich. Nur 4 % erreichten jemals die Spitze der Einkommensleiter. Hingegen verblieben 40 % derjenigen, die an der Spitze der Einkommensleiter aufgewachsen sind, auch dort und insgesamt 63 % verblieben oberhalb des mittleren Bereichs (vgl. Abb. 9; Pew Charitable Trusts 2012).

Die Einkommensmobilität wird erheblich durch das Bildungsniveau bestimmt. Ein vierjähriges Hochschulstudium beispielsweise begünstigt den Aufstieg und schützt vor dem Abstieg auf der Einkommensleiter. 47 % derjenigen, die in der untersten Stufe der Einkommensleiter aufgewachsen sind und keinen Hochschulabschluss haben, bleiben auch dort als Erwachsene. Die Nichtwirksamkeit der

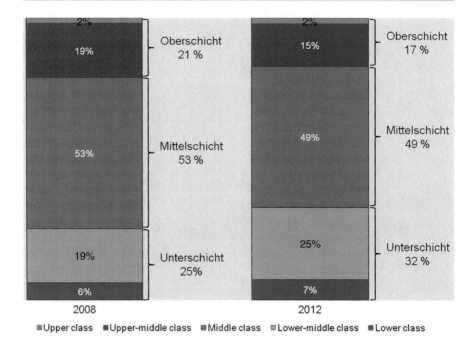

Abb. 10 Selbsteinordung der Amerikaner nach Klassen und Schichten 2008 und 2012 (Quelle: Pew Research Center. 2012b. *A Third of Americans Now Say They Are in the Lower Class*. http://www.pewsocialtrends.org/2012/09/10/a-third-of-americans-now-say-they-are-in-the-lower-classes/. Zugegriffen am 16.01.2014)

Chancengleichheit manifestiert sich auch bei den ‚Rassenunterschieden'. Schwarze Kinder, die in Einkommensarmut hineingeboren wurden, haben weniger Chancen auf einen Aufstieg als Weiße Kinder. Mehr als die Hälfte der Schwarzen (53 %), die in der untersten Einkommensstufe aufgewachsen sind, verbleiben auch dort als Erwachsene (Levine 2012; Pew Charitable Trusts 2012, S. 18–22, 23–26).

Nichts zerrt so sehr am Nerv des amerikanischen Selbstverständnisses, wie die Möglichkeit zur Mittelschicht zu gehören und dort auch zu bleiben. Inzwischen wird von einem verlorenen Jahrzehnt für die Mittelklasse gesprochen. Noch 2008 gaben 53 % der Amerikaner an, zur Mittelschicht zu gehören, 2012 waren es nur noch 49 %. In 2008 ordneten sich 25 % der Unterschicht zu, 2012 waren es 32 % (vgl. Abb. 10).

85 % der sich der Mittelschicht zuordnenden gaben an, dass es in den letzten 10 Jahren schwieriger geworden sei, den Lebensstandard aufrecht zu erhalten. Die Mittelschicht hatte ferner Einbußen beim Einkommen und beim Vermögen zu verbuchen. Die Wahrnehmung einer Abkopplung von der reichen Oberschicht wurde als eine neue soziale Ungleichheit perzipiert und von einem gedämpften Optimismus für die Zukunft begleitet (Pew Research Center 2012c). Im Vergleich zu anderen Ländern wird immer auf die größere Toleranz in den USA gegenüber sozialer Ungleichheit hingewiesen. Diese Toleranz ist aber implizit verbunden mit

dem Vorhandensein einer größeren sozialen Mobilität. Hohe Ungleichheit mit geringer sozialer Mobilität bedroht den Glauben an den eigenen Erfolg (Ferguson 2013).

4 Wandel der Familienstrukturen

Insbesondere seit den 1970er-Jahren gab es in den Haushalts- und Familienstrukturen bedeutende Veränderungen. Noch 1970 waren 81 % der Haushalte Familienhaushalte. 2012 waren es nur noch 66 %. Zwischen 1970 und 2012 sank der Anteil verheirateter Paare mit Kindern unter 18 Jahren von 40,3 % auf 19,6 %. Der Anteil von Ein-Personen-Haushalten nahm zwischen 1970 und 2012 von 17 % auf 27 % zu. Die Zahl der durchschnittlich in einem Haushalt lebenden Personen nahm im gleichen Zeitraum von 3,1 auf 2,6 ab. Von den etwa 115 Mio. Haushalten in 2012 waren 49 % Familien mit verheirateten Eheleuten, 4,6 % männliche Haushalte ohne anwesende Ehefrau und 12,9 % weibliche Haushalte ohne anwesenden Ehemann. Ein Drittel aller Haushalte (33,5 %) waren Nicht-Familienhaushalte, davon lebten in diesen 27,5 % Personen allein. 9,6 % der Nicht-Familienhaushalte hatten einen Haushaltsvorstand von über 65 Jahren. Zusammenfassend lässt sich der historische Wandel der Lebensverhältnisse in Haushalt und Familie dahingehend charakterisieren,

- dass Haushalte und Familien kleiner geworden sind
- dass Haushalte mit verheirateten Paaren tendenziell älter und kleiner geworden sind
- dass eine Zunahme von Ein-Personen-Haushalten zu verzeichnen ist, das alleine leben sich ausgebreitet hat.

(vgl. Tab. 8 und Abb. 11; U.S. Census Bureau 2013a, S. 2–7.)

Einige Aspekte des Familienwandels sind noch besonders hervorzuheben. So leben 28 % der Kinder in den USA in Haushalten mit nur einem Elternteil. Bei schwarzen Kindern betrug der Anteil 55 % in 2012 (vgl. Abb. 12).

Ein großes Problem ist ferner die Anzahl von Kindern von unverheirateten Müttern. Deren Anteil hat seit 1940 durchgängig zugenommen. 35,7 % der Geburten in 2011 fielen auf unverheiratete Mütter, 2005 waren es noch 30,6 % (U.S. Census Bureau 2012a, S.1-2; U.S. Census Bureau 2013b). Von 1960 bis 2008 gab es einen Anstieg von 5 % in 1960 auf 41 % in 2008. Schwarze und Hispanics verzeichneten hierbei den größten Zuwachs (Pew Research Center 2010, S. 10). Der Trend, dass bei denjenigen mit geringer Bildung und geringem Einkommen die Wahrscheinlichkeit, uneheliche Kinder zu bekommen am größten ist, hat beständig zugenommen (Sawhill und Venator 2014). Beim internationalen Vergleich der Familienmerkmale fallen die Unterschiede positiv bei den Eheschließungen und negativ bei der Scheidungsrate auf (vgl. Tab. 9).

Mit dem Wandel der Familienstrukturen hat sich auch das Familienbild gewandelt. Obwohl für 99 % der Amerikaner die traditionelle Familie mit Ehepaar und Kindern als Familie bezeichnet wird, meinen auch 88 %, dass ein kinderloses

Tab. 8 Familienhaushalte nach ausgewählten Merkmalen 2012

Merkmal	Absolut	Prozent
Haushalte gesamt	115.226.802	100,0
Familienhaushalte	76.595.548	66,5
Mit eigenen Kindern unter 18 Jahren	34.484.648	29,9
Familie mit verheiratetem Paar	56.428.122	49,0
Mit eigenen Kindern unter 18 Jahren	23.426.943	20,3
Männliche Haushalte, keine Frau anwesend	5.346.139	4,6
Mit eigenen Kindern unter 18 Jahren	2.595.537	2,3
Weibliche Haushalte, kein Mann anwesend	14.821.287	12,9
Mit eigenen Kindern unter 18 Jahren	8.462.168	7,3
Nicht-Familienhaushalte	38.631.254	33,5
1-Personen-Haushalt	31.631.926	27,5
65 Jahre oder älter	11.087.417	9,6
Durchschnittliche Haushaltsgröße	2,61	–
Durchschnittliche Familiengröße	3,21	–

Quelle: U.S. Census Bureau 2012a, American Community Survey, Selected Social Characteristics in the United States, DP02, 5-Year Estimates

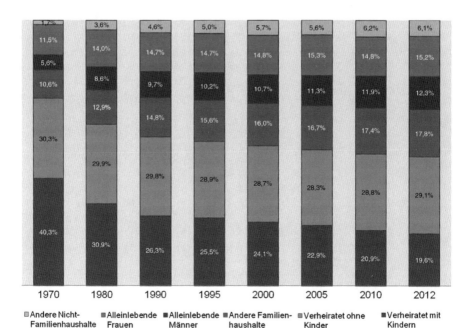

Abb. 11 Wandel der Haushaltsstrukturen von 1970–2012 (Quelle: U.S. Census Bureau 2013c, America's Families and Living Arrangements: 2012, S. 5)

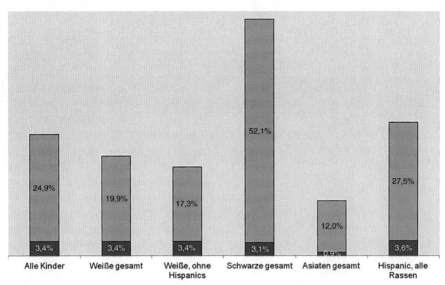

Abb. 12 Kinder in Haushalten mit nur einem Elternteil nach ‚Rasse' und Ethnie (Quelle: U.S. Census Bureau 2013c, America's Families and Living Arrangements: 2012, S. 27)

Tab. 9 Familienmerkmale nach ausgewählten Merkmalen – die USA und Westeuropa im Vergleich

Land	Haushaltsgröße (Durchschnitt) 2012	Eheschließungen (je 1000 Personen) 2011	Scheidungen (je 1000 Personen) 2011	Nicht-ehelich Geborene (% aller Geborenen) 2011
USA	2,6	6,8	3,6	46,0
Deutschland	2,0	4,6	2,3	33,9
Dänemark	1,9	4,9	2,6	49,0
Spanien	2,6	3,4	2,2	37,4
Frankreich	2,2	3,6	2,0	55,8
Irland	2,7	4,3	0,7	33,9
Italien	2,4	3,4	0,9	23,4
Niederlande	2,2	4,4	2,0	45,3
Großbritannien	2,3	4,5[a]	2,1	47,3
Schweden	2,1	5,0	2,5	54,3

Quelle: Eurostat, http://epp.eurostat.ec.europa.eu/tgm/table.do?tab=table&init=1&language=de&pcode=tps00017&plugin=1. Zugegriffen am 26.01.2014
[a]Zahlen für 2010

Ehepaar ebenso eine Familie darstellt. Das gilt auch für Alleinerziehende (86 %) und Unverheiratete mit Kindern. Immerhin halten auch 63 % gleichgeschlechtliche Partnerschaften mit Kind für eine Familie (Pew Research Center 2010, S. 40). Das neue Familienbild hat aber der Wertschätzung der Familie keinen Abbruch getan.

Die Institution Ehe und Familie wird weiterhin auch für die Zukunft von 67 % der Amerikaner als wichtig eingestuft, und sogar 76 % der Erwachsenen sehen die Familie als wichtigstes Element ihres gegenwärtigen Lebens, wobei es bei dieser Einschätzung so gut wie keine Unterschiede bei Alter, Altersklassen, ‚Rasse', Ethnie und Ausbildungsniveau gibt (Pew Research Center 2010, S. 5 und 46).

5 Fazit

Seit dem letzten Drittel des 20. Jahrhunderts haben sich wichtige Merkmale der US-amerikanischen Sozialstruktur verändert. Hierzu gehört insbesondere die Herausforderung des demografischen Wandels, der sich in der Erwerbs- und Beschäftigungsstruktur bemerkbar macht und etwa gegenüber der alternden Bevölkerung soziale und gesundheitspolitische Maßnahmen verlangt. Die Entwicklung zu einer zunehmenden und sich in den Sozialschichten verfestigenden Einkommens- und Vermögensungleichheit berührt den Kern des US-amerikanischen Selbstverständnisses von Chancengleichheit und der Möglichkeit vom sozialen Aufstieg. Vielfalt und Unterschiedlichkeit der amerikanischen Gesellschaft in ethnischer, ökonomischer und geografischer Hinsicht machen sich auch im Wandel der Familienstrukturen bemerkbar, der von einer teilweisen Verstetigung von sozialen Ungleichheiten in Alter, ‚Rasse' und Ethnie geprägt wird und zu einem neuen Familienbild geführt hat. Bislang haben die sozialstrukturellen Entwicklungen nicht den optimistischen Glauben der Amerikaner an einer auf Chancengleichheit beruhenden Selbstverwirklichung gefährdet. Die Zufriedenheit der Amerikaner mit ihrem Leben bewegt sich 2013 auf ähnlichem Niveau wie 1968 (Gallup 2013). Das betrifft Aspekte wie Lebensstandard, die Wohnsituation, das Familienleben und der Überzeugung, im Leben die Chance auf Erfolg zu haben. Etwas weniger gut werden die eigene Finanzsituation und die Zukunftsaussichten eingeschätzt[1].

Literatur

Brooks, David. 2013. A nation of mutts. *New York Times*, June 27.
Bureau of Labor Statistics. 2013a. *Labor force projections to 2022: The Labor force participation rate continues to fall.* http://www.bls.gov/opub/mlr/2013/article/labor-force-projections-to-2022-the-labor-force-participation-rate-continues-to-fall-1.htm. Zugegriffen am 25.01.2014.
Bureau of Labor Statistics. 2013b. *Woman in the labour force: A Databook.* BLS Reports. Report 1040. February 2013.
Bureau of Labor Statistics. 2014. http://data.bls.gov/timeseries/LNS11300000. Zugegriffen am 25.01.2014
CBS/New York Times. 2009. *CBS News/New York Times poll.: The American dream. April 1–5, 2009.* http://www.cbsnews.com/htdocs/pdf/poll_050409americandream.pdf. Zugegriffen am 23.01.2014.

---

[1]Für die redaktionelle Mitarbeit ist Herrn Sebastian Gräfe vom Institut für Politische Wissenschaft Heidelberg zu danken.

Corak, Miles. 2013. *Income inequality, equality of opportunity, and intergenerational mobility*. IZA DP No. 7520. Forschungsinstitut zur Zukunft der Arbeit.
Council of Economic Advisers. 2013. *Economic report of the president*. http://www.whitehouse.gov/sites/default/files/docs/erp2013/full_2013_economic_report_of_the_president.pdf. Zugegriffen am 23.01.2104.
Council of Economic Advisers. 2014. *The war on poverty 50 years later: A Progress report*. http://www.whitehouse.gov/sites/default/files/docs/50th_anniversary_cea_report_-_final_post_embargo.pdf. Zugegriffen am 23.01.2014.
Cullen, Jim. 2003. *The American dream: A short history of an idea that shaped a nation*. Oxford: Oxford University Press.
Ferguson, Niall. 2013. The end of the American dream? How rising inequality and social stagnation are reshaping us for the worse. *Newsweek*, June 26.
Gallup. 2013. *Americans' satisfaction with life similar to levels in 1998*. http://www.gallup.com/poll/165683/americans-satisfaction-life-similar-levels-1998.aspx. Zugegriffen am 01.02.2014.
Gebhardt, Jürgen. 1990. Amerikanismus – Politische Kultur und Zivilreligion in den USA. *Aus Politik und Zeitgeschichte* B49/90: 3–18.
Klein, Steven. 2013. *The land of freedom and inequality. Democracy and the welfare state in the United States of America*. ZeS Report 02/2013.
Levine, Linda. 2012. *The U.S. income distribution and mobility: trends and international comparisons*. CRS Report for Congress 7-5700. Congressional Research Service.
Murswieck, Axel. 2008. Die amerikanische Gesellschaft. In *Länderbericht USA*, Hrsg. Peter Lösche, 580–711, 5. Aufl. Bonn: BpB.
OECD. 2013a. *International migration outlook 2013*. OECD Publishing, Paris.
OECD. 2013b. Abhängige Bevölkerung. In *Die OECD in Zahlen und Fakten 2013*. OECD Publishing, Paris.
Pew Charitable Trusts. 2009. *Findings from a national survey & focus groups on economic mobility*. Economic Mobility Project. 12.03.2009.
Pew Charitable Trusts. 2012. *Pursuing the American dream: Economic mobility across generations*. Economic Mobility Project. 09.07.2012.
Pew Research Center. 2010. *The decline of marriage and rise of new families*. http://www.pewsocialtrends.org/files/2010/11/pew-social-trends-2010-families.pdf. Zugegriffen am 16.01.2014.
Pew Research Center. 2012a. *Rising share of Americans see conflict between rich and poor*. http://www.pewsocialtrends.org/2012/01/11/rising-share-of-americans-see-conflict-between-rich-and-poor/. Zugegriffen am 16.01.2014.
Pew Research Center. 2012b. *A third of Americans now say they are in the lower class*. http://www.pewsocialtrends.org/2012/09/10/a-third-of-americans-now-say-they-are-in-the-lower-classes/. Zugegriffen am 16.01.2014.
Pew Research Center. 2012c. *The lost decade of the middle class*. http://www.pewsocialtrends.org/2012/08/22/the-lost-decade-of-the-middle-class/. Zugegriffen am 16.01.2014.
Pew Research Center. 2013. *Millennials still lag in forming their own households*. http://www.pewresearch.org/fact-tank/2013/10/18/millennials-still-lag-in-forming-their-own-households/. Zugegriffen am 15.01.2014.
Samuel, Lawrence R. 2012. *The American dream. A cultural history*, 1. Aufl. Syracruse, NY: Syracruse University Press.
Sawhill, Isabel V., und Joanna Venator. 2014. *Three policies to close the class divide in family formation*. http://www.brookings.edu/blogs/social-mobility-memos/posts/2014/01/21-3-policies-to-close-family-formation-class-divide-sawhill. Zugegriffen am 22.01.2014.
Statista. 2014. *USA: Verteilung der Erwerbstätigen auf die Wirtschaftssektoren von 2000 bis 2010*. http://de.statista.com/statistik/daten/studie/165940/umfrage/verteilung-der-erwerbstaetigen-nach-wirtschaftssektoren-in-den-usa/. Zugegriffen am 23.01.2014.
U.S. Census Bureau. 2011. *The older population: 2010*. 2010 Census Briefs. C2010BR-09. Washington, D.C.: U.S. Department of Commerce.

U.S. Census Bureau. 2012a. *Statistical abstract of the United States 2012. Section 1: Population.* Washington, D.C.: U.S. Department of Commerce.

U.S. Census Bureau. 2012b. *American community survey 2012.* American Fact Finder. R 1304: Fertility.

U.S. Census Bureau. 2012c. *American fact finder DP05.* ACS demographic and housing Estimates. Washington, D.C.: U.S. Department of Commerce.

U.S. Census Bureau. 2012d. The foreign-born population in the United States: 2010, ACS Reports 2012. Washington D.C.: U.S. Department of Commerce, S. 2

U.S. Census Bureau. 2013a. *How do we know? America's foreigen born in the last 50 years.* http://www.census.gov/how/infographics/foreign_born.html. Zugegriffen am 23.01.2014.

U.S. Census Bureau. 2013b. *Social and economic characteristics of current unmarried women with recent birth: 2011.* ACS-21. Washington, D.C.: U.S. Department of Commerce.

U.S. Census Bureau. 2013c. *America's families and living arrangements: 2012.* P20-570. Washington, D.C.: U.S. Department of Commerce.

U.S. Census Bureau. 2014. *Residential vacancies and homeownership in the forth quarter 2013.* CB14-09. Washington, D.C.: U.S. Department of Commerce.

U.S. Department of Homeland Security. 2012. *U.S. legal permanent residents: 2012.* http://www.dhs.gov/sites/default/files/publications/ois_lpr_fr_2012_2.pdf. Zugegriffen am 23.01.2014.

U.S. Social Security Administration. 2011. *Fast facts and figures about social security.* Office of Retirement and Disability Policy.

Teil II
Institutionen und Strukturen

Der Kongress: Repräsentation, Machtkontrolle und Gestaltungswille

Thomas Zittel

Inhalt

1 Einleitung 116
2 Der Kongress als Gesetzgebungs-, Kontroll- und Repräsentationsorgan 118
3 Die Rolle der Parteien im Kongress 123
4 Der Kongress im Zeitvergleich 124
5 Warum ist der US-amerikanische Kongress ein besonderes Legislativorgan? 126
6 Fazit 129
Literatur 130

Zusammenfassung

Der US-amerikanische Kongress gilt im internationalen Vergleich als ein Musterbeispiel für Effektivität in der Gesetzgebung, in der Exekutivkontrolle, und in der Repräsentation der Wähler. Auf der strukturellen Ebene gilt er als Prototyp einer individualisierten Vertretungskörperschaft mit vergleichsweise schwach ausgeprägten Parteistrukturen. Dieser Beitrag zeigt in einem ersten Teil, wie sich diese funktionalen und strukturellen Besonderheiten auf der Handlungsebene niederschlagen bzw. welche typischen Handlungsstrategien der Kongressmitglieder damit jeweils verbunden sind. In einem zweiten Teil thematisiert der vorliegende Beitrag Unterschiede und Veränderungen im Zeitverlauf. Ein dritter und abschließender Teil diskutiert die Gründe für die skizzierten Unterschiede im Quer- und Längsschnitt.

Schlüsselwörter

US-Amerikanischer Kongress • Abgeordnete • Politisches Handeln

---

T. Zittel (✉)
Goethe-Universität Frankfurt, Frankfurt am Main, Deutschland
E-Mail: zittel@soz.uni-frankfurt.de

1 Einleitung

Die international vergleichende Forschung untersucht Parlamente in der Regel im Licht funktions- und strukturbezogener Kategorien. Funktionalistische Analysen greifen dabei vielfach auf die klassische, auf Walter Bagehot (1990 [1867]) zurückgehende Unterscheidung zwischen sechs zentralen Parlamentsfunktionen zurück: die Gesetzgebungs-, die Kontroll-, die Initiativ-, die Öffentlichkeits-, die Wahl-, und die Kommunikationsfunktion. Strukturalistische Analysen sind häufig von der Unterscheidung zwischen kollektivistisch und individualistisch strukturierten Parlamenten geprägt (Esaiasson und Holmberg 1996; Uslaner und Zittel 2006). Im ersten Fall sind die notwendigen Kompetenzen und Ressourcen zur Beteiligung am parlamentarischen Prozess in den Parteigruppierungen gebündelt. Im zweiten Fall werden Ressourcen und Teilhaberechte auf die Ebenen der Parlamentsmitglieder und anderer Organisationseinheiten wie die ständigen Ausschüsse verlagert (siehe etwa Shaw 1979).

Der US-amerikanische Kongress wird vor dem Hintergrund des von Bagehot abgeleiteten Funktionenkatalogs und im Vergleich zu anderen westlichen Vertretungskörperschaften als außerordentlich effektives Parlament wahrgenommen. Die Wahlfunktion ist zwar in diesem Fall bedeutungslos. Die Exekutive wird im Präsidialsystem der USA de facto in direkter Volkswahl gewählt und ist deshalb institutionell gesehen unabhängig von der Legislative. Der Kongress gilt aber im Urteil der einschlägigen Literatur als „starker" Gesetzgeber (etwa bei Polsby 1975), als durchsetzungsfähiger Wächter der Exekutive (Aberbach 1991; Davidson et al. 2013, S. 330; Gellner und Kleiber 2012, S. 62), und als effektives Repräsentationsorgan gemessen an seiner Responsivität gegenüber den Interessen der Wähler (Fenno 1978; Jones und McDermott 2010).

Aus einer strukturalistischen Sichtweise wird der Kongress im Vergleich zu den Fraktionenparlamenten der parlamentarischen Demokratien Westeuropas in entsprechenden Analysen als stark individualisiertes Parlament charakterisiert. Seine Binnenorganisation schließt zwar traditionelle Parteistrukturen und -funktionen wie die der Fraktionsversammlung (*party caucus*) oder des Fraktionsvorsitzenden (*majority* und *minority leader*) mit ein. Als zentrale Akteure und damit Zentren der Macht gelten aber stattdessen die ständigen Ausschüsse (*committees*) sowie die Kongressabgeordneten selbst (Katz 2007, S. 143ff.; für eine Darstellung der Binnenstrukturen siehe Davidson et al. 2013). Das Verdikt von David R. Mayhew (1974, S. 27), dass keine Analyse des Kongresses erfolgreich sein kann, die Partei als ihren zentralen Bezugspunkt wählt, bringt diese aus europäischer Sicht strukturelle Besonderheit der amerikanischen Vertretungskörperschaft prägnant auf den Punkt.

Die US-amerikanische Verfassung legt wichtige Grundlagen für die funktionalen und strukturalistischen Eigenarten der Vertretungskörperschaft des Landes. Sie verankert die Legislativfunktion in einem bikameralen Verfassungsorgan, das wir Kongress nennen, und das den Senat und das Repräsentantenhaus umfasst. Während in der ersten Kammer die 50 Bundesstaaten mit je jeweils 2 Abgeordneten vertreten sind, setzt sich das Repräsentantenhaus als die größere zweite Kammer aus 435 Abgeordneten zusammen. Hinzu kommen sechs nicht stimmberechtigte Delegierte, die u. a. den District of Columbia sowie sogenannte *territories* wie Guam und Puerto Rico vertreten. Die stimmberechtigten Mitglieder der beiden Kammern werden nach der relativen Mehrheitswahl in Einpersonenwahlkreisen gewählt.

Der amerikanische Bikameralismus ist im Licht der US-amerikanischen Verfassung in einer symmetrischen Form ausgestaltet (symmetrischer Bikameralismus). Diese spezifische Form des Bikameralismus zeichnet sich dadurch aus, dass beiden Kammern in gleicher Weise zentrale Kompetenzen zugewiesen sind. So sind die beiden Kammern des Kongresses in der Gesetzgebung nahezu gleichberechtigt. Eine Ausnahme bilden Haushaltsgesetze, die ihren Ursprung nur im Repräsentantenhaus haben dürfen. Der Senat andererseits ist alleinig bei der Ratifikation internationaler Verträge oder bei der Ernennung von Beamten und Richtern eingebunden.

Der Kongress ist laut Verfassung der zentrale Gesetzgeber im politischen System der USA. Das Initiativrecht liegt alleine auf seiner Seite, der Präsident hat über sein aufschiebendes Vetorecht lediglich negative Einflussmacht, der zudem durch eine 2/3 Mehrheit im Kongress Grenzen gesetzt werden können. Aufgrund der im US-amerikanischen Präsidialsystem fehlenden Wahlfunktion des Kongresses sind seine gesetzgeberischen Aktivitäten zudem nicht durch die gleichzeitige Verantwortung für die Stabilität der Regierung beeinflusst. Die Kontrollfunktion des Kongresses ist in der Verfassung nicht explizit geregelt. Sie ist allerdings aus seiner Rolle des Gesetzgebers als sogenannte *implied power* abgeleitet worden. Der Supreme Court hat in seiner Urteilspraxis deutlich gemacht, dass die effektive Ausübung der verfassten gesetzgeberischen Rolle des Kongresses ohne die Ausübung von weitgehenden Kontrollrechten nicht denkbar ist, und dass somit das Recht auf Exekutivkontrolle bei der Verfassungsauslegung ‚mitgedacht' werden muss (Fisher 2007, S. 155–191).

Das Wahlrecht, das die Ausübung der Repräsentationsfunktion des Kongresses beeinflusst, ist in den USA in weiten Teilen eine Sache der Bundesstaaten. Die Verfassung schreibt allerdings im Fall des Repräsentantenhauses eine Legislaturperiode von 2 Jahren fest. Mit dieser im internationalen Vergleich auffällig kurzen Legislaturperiode soll die zweite Kammer des Kongresses nach dem Willen der Verfassungsgeber gewollt eng an die Interessen der Wähler angebunden werden. An diesem Punkt findet sich ein wichtiger Unterschied zur ersten Kammer, dem Senat. Die US-amerikanischen Senatoren sind jeweils auf 6 Jahre gewählt und so nach dem Willen der Verfassungsgeber weniger stark von tagespolitischen Stimmungen beeinflusst (Jacobson 2013; Loomis 2011). Mit der Staffelung der Amtszeiten der Senatoren, die zu einem Austausch von einem Drittel der Mitglieder im Turnus von zwei Jahren führt, soll jedoch auch in diesem Fall die Repräsentationsfunktion des Kongresses gestärkt werden.

Verfasste Kompetenzen und Strukturen müssen in der Politik in politisches Handeln übersetzt werden, damit sie empirisch bedeutsam sind. Aus dieser Prämisse ergibt sich die weitere Zielsetzung des vorliegenden Beitrags und seine Gliederung in vier Hauptteile. In einem ersten und zweiten Teil werden die funktionalen und organisatorischen Besonderheiten des Kongresses auf die Handlungsebene zurückgeführt, d. h. auf jeweils spezifische Handlungsstrategien seiner Mitglieder. Dabei wird eine dezidiert international vergleichende Perspektive eingenommen und die aus dieser Sicht wesentlichen Eigenarten des Kongresses thematisiert. Entwicklungen über Zeit bleiben in diesen beiden Teilen ohne Beachtung. In einem dritten Teil wird dahingegen die Frage nach wichtigen Veränderungen in den identifizierten Handlungsstrategien im Zeitverlauf gestellt. Ein vierter Teil thematisiert die Gründe für die identifizierten Handlungsmuster im Licht der einschlägigen Literatur zum Thema. Der Beitrag schließt mit einem kurzen Fazit zu den wesentlichen Einsichten, die aus den vorgestellten Überlegungen und Beobachtungen gefolgert werden können.

2 Der Kongress als Gesetzgebungs-, Kontroll- und Repräsentationsorgan

Die Effektivität des Kongresses in seiner Funktion als Repräsentationsorgan zeigt sich auf der Handlungsebene an der intensiven Wählerkommunikation seiner Mitglieder. US-amerikanische Kongressabgeordnete investieren einen großen Anteil ihrer Zeit zur Herstellung und Pflege direkter Kommunikationsbeziehungen zu ihren Wählern im Wahlkreis (Davidson 1988). Sie bilden in diesem Zusammenhang spezifische Handlungsstrategien aus, die Richard Fenno (1978) als *homestyles* bezeichnet hat, und die mit „Wahlkreisstil" auf einen deutschen Begriff gebracht werden können. Laut Fenno unterscheiden sich die Wahlkreisstile der Abgeordneten u.a. nach der dominanten Bezugsgruppe im Rahmen der relativ großen und heterogenen amerikanischen Wahlkreise, also nach dem Fokus von Repräsentation (siehe auch Bishin 2000). Als mögliche Bezugsgruppen identifiziert Fenno in diesem Zusammenhang den Medianwähler im Wahlkreis (*reelection constituency*), die ideologisch-programmatisch motivierte Kernwählerschaft (*primary constituency*), und die sogenannte personalisierte Unterstützergruppe, die aus engen Vertrauten und persönlichen Bekannten besteht (*personal constituencies*). Die Wahl der primären Bezugsgruppe hat vielfach Rückwirkungen auf den Stil von Repräsentation, also auf die Frage wie bzw. zu welchem Zweck mit den Wählern kommuniziert werden soll.

Die Repräsentationsleistung des Kongresses wird vielfach an der Responsivität der Abgeordneten gegenüber den politischen Interessen ihrer Wähler im Wahlkreis festgemacht (*policy responsiveness*). Klassische Auseinandersetzungen mit dieser Frage gehen davon aus, dass hier der Medianwähler, also die *reelection constituency*, den zentralen Bezugspunkt darstellt (Downs 1957; Miller und Stokes 1963). Die Forschung zu dieser Frage hat dahingegen aber die Bedeutung alternativer Wählergruppen im Wahlkreis verdeutlicht. Uslaner (1999) zeigt z. B. in einer einschlägigen Studie auf der Grundlage von Plenumsabstimmungen und Wählerdaten, dass die Mitglieder des Senats in ihrem Entscheidungshandeln vorrangig an der programmatisch ideologisch motivierten Kernwählerschaft orientiert sind, also an der sogenannten *primary constituency* (siehe Clinton 2006, für das Repräsentantenhaus). In der Forschung zur *policy responsiveness* der Kongressabgeordneten wurde auch deutlich, dass die Übereinstimmung zwischen Wählerinteressen und dem Entscheidungshandeln von Abgeordneten mitunter stark nach Politikfeldern variiert. Miller und Stokes (1963) finden z. B. in ihrer klassischen Studie aus den frühen 1960er Jahren eine besonders hohe Übereinstimmung im Politikfeld Bürgerrechte bei geringer Übereinstimmung in außenpolitischen Fragen.

Die Mitglieder des Kongresses sind in Abhängigkeit von der sozio-politischen Zusammensetzung ihres Wahlkreises gezwungen, Koalitionen zwischen verschiedenartigen Wählergruppen anzustreben, um ihre Wiederwahl sicherzustellen. Der alleinige Fokus auf die programmatisch ideologisch motivierte Kernwählerschaft ist vielfach aus elektoralen Gründen nicht opportun (Bishin 2000). Kingdon (1973) findet zwar in seiner klassischen Studie zu dem Thema auf der Grundlage von Daten aus den 60er und 70er Jahren nur geringe Spannungen zwischen den Erwartungen der verschiedenen potentiellen Unterstützergruppen im Wahlkreis. Dabei bezieht er neben den von Fenno geographisch definierten Gruppen auch organisierte Verbände- und Parteiinteressen mit ein. In der Folge ist aber darauf verwiesen worden, dass dieser Umstand vom jeweiligen historischen Kontext abhängig ist und deshalb nicht generalisiert werden kann. Aus dieser Sicht sehen sich die Kongressabgeordneten zu anderen Zeitpunkten durchaus mit der Herausforderung konfrontiert, ihre Wiederwahl durch die Integration divergierender Wählerinteressen auf komplexen Wählermärkten sicherzustellen (Friedman 2007).

Die Strategie der Personalisierung (*personal vote seeking*) ist in der Forschung am Beispiel der US-amerikanischen Kongressabgeordneten als spezifische Strategie zur Stimmenwerbung identifiziert worden (Cain et al. 1984, 1987; Fiorina 1977). Damit verbinden die Kongressabgeordneten einerseits einen spezifischen Fokus von Repräsentation. Die Strategie der Personalisierung verfolgt das Ziel der Mobilisierung von Unterstützung im Wahlkreis über alle Wählergruppen hinweg. Personalisierung stellt somit eine integrative Strategie der Wählerkommunikation und –werbung dar, die über die programmatisch ideologisch definierten Kernwählerschaften hinausreicht. Die Personalisierungsstrategien der Kongressabgeordneten schließen andererseits einen spezifischen Repräsentationsstil mit ein. Ideologisch und programmatisch bedingte Positionen treten dabei als Vehikel zur Stimmenwerbung in den Hintergrund. An deren Stelle tritt z. B. ein besonderes Engagement in der Wahlkreisarbeit (*case-work*), bei der sich Abgeordnete als Dienstleister für ihre Wähler profilieren, etwa bei der Bearbeitung von individuellen Problemen mit Behörden. Eine weitere konkrete Strategie kann in dem besonderen Einsatz der Kongressabgeordneten für die ökonomischen Belange ihrer Wahlkreise beobachtet werden, z. B. im Zuge von standortpolitischen Entscheidungen im Parlament (Crespin und Finocchiaro 2013). Personalisierung dient dem Zweck, allen Wählern im Wahlkreis das Gefühl zu geben, dass man ‚einer der ihrigen' ist, der unabhängig von ideologischen Differenzen die allen gemeinsamen Interessen im Auge behält.

Die US-amerikanischen Abgeordneten haben sich im Zuge institutionenpolitischen Handelns mit erheblichen Ressourcen ausgestattet, die in der Wählerkommunikation produktiv eingesetzt werden können und die eine wichtige Grundlage für die Repräsentationsleistung des Kongresses darstellen. Die Mitglieder des Repräsentantenhauses verfügen auf der Grundlage der aktuell verfügbaren Daten über ein jährliches Budget, das sich jeweils in der Größenordnung von 1.2 bis 1.6 Mio. USD bewegt, und das u. a. mit dem Recht auf Beschäftigung von bis zu 18 Mitarbeitern in Vollzeit und 4 Mitarbeitern in Teilzeit verbunden ist (Davidson et al. 2013, S. 124). Das Budget der Senatoren bewegt sich jeweils zwischen 2.5 und 4.1 Mio. USD bei einer personellen Ausstattung von durchschnittlich 30 Mitarbeitern mit starken Schwankungen u. a. je nach Bevölkerungszahl des betroffenen Einzelstaates (Davidson et al. 2013, S. 124).[1] Die Gesamtzahl aller persönlichen Mitarbeiter im Kongress betrug für das Jahr 2010 und für beide Kammern insgesamt 11.397 Personen (Ornstein et al. 2013). Im Repräsentantenhaus sind mit Stand 2010 ungefähr 50 % der persönlichen Mitarbeiter in den Wahlkreisbüros beschäftigt, im Senat beträgt die entsprechende Zahl für das gleiche Jahr 41 % (Ornstein et al. 2013). Aber auch ein Teil derjenigen Mitarbeiter, die in der Hauptstadt beschäftig sind, erfüllen in beiden Kammern wichtige Aufgaben in der Wählerkommunikation, z. B. im Zusammenhang mit der Bearbeitung von Wählerpost. Die schnelle und effektive Nutzung neuer medientechnischer Gelegenheiten zur Wählerkommunikation ist im Kongress ganz wesentlich durch die weitgehende Ressourcenausstattung der US-amerikanischen Abgeordneten erklärt (Zittel 2010).

Der US-amerikanische Kongress ist nicht nur ein effektives Repräsentationsorgan, sondern zugleich auch effektiver Gesetzgeber. Auf der Handlungsebene wird dies an der hohen Zahl an Gesetzgebungsentwürfen deutlich, die im Lauf einer Legislaturperiode von den Abgeordneten erarbeitet und eingebracht werden. Für den 110ten Kongress (2007 – 2009) ermitteln Volden und Wiseman (2013, S. 246) einen Mittelwert von 15 Gesetzgebungsinitiativen pro Kongressmitglied. Im 112te Kongress (2011 – 2013) addieren sich die individuellen gesetzgeberischen Initiativen zu einer Gesamtzahl von 12.304 Gesetzgebungsentwürfen und parlamentarischen Resolutionen auf.[2] Gesetzinitiativen sind für die Abgeordneten wichtige Vehikel im Zuge der eigenen Karriereplanung und –entwicklung. Sie stellen in diesem Zusammenhang Maßnahmen des politischen Marketings dar, die für die Wiederwahlchancen von hoher Bedeutung sind, und über die sich Abgeordnete als effektive Repräsentanten ihrer Wähler darstellen. Dies steht aber nicht dem Umstand entgegen, dass im Rahmen dieser Initiativen genuine und substantielle Politikvorschläge entstehen, die im Ergebnis dazu führen, dass die Kongressmit-

---

[1]Siehe auch http://www.opencongress.org/wiki/Congressional_offices_and_staff#note-0. Zugegriffen am 25.04.2014.
[2]https://www.govtrack.us/congress/bills/statistics. Zugegriffen am 30.03.2014.

glieder als politische Unternehmer und mit ihnen der Kongress als Ganzes als zentrale Akteure in der Auseinandersetzung um die gesetzgeberische Agenda in den USA fungieren (Baumgartner und Jones 1993; Polsby 1984).

Die gesetzgeberische Bedeutung des Kongresses geht weit über die Initiativphase und den Zweck der Agenda Setzung hinaus. Fallbezogene Betrachtungen machen deutlich, dass die US-amerikanische Legislative eine wichtige Rolle in der Gesetzgebung als Vetospieler einnimmt. Das wird in besonderer Weise in der Haushaltsgesetzgebung sichtbar, in der es in den vergangenen Dekaden nicht selten zu Blockaden zwischen Exekutive und Legislative kam (Thurber 2013). Aber auch in anderen Bereichen der Gesetzgebung wie jüngst in der Wirtschafts- und Gesundheitspolitik gelingt es dem Kongress immer wieder unter Androhung von Blockademaßnahmen, der Regierung weitgehende Zugeständnisse abzufordern (Roper 2010, S. 112).

Die Professionalisierung der Mitglieder des Kongresses ist eine wichtige Grundlage für deren gesetzgeberische Handlungsfähigkeit. Professionalisierung zeigt sich auf der Handlungsebene u. a. in der hohen durchschnittlichen Verweildauer der Abgeordneten von 10 Jahren für beide Kammern (Davidson et al. 2013, S. 108). Das vielzitierte Verdikt aus dem frühen 20. Jahrhundert, dass wenige Kongressabgeordnete sterben und niemand in den Ruhestand tritt, hat nach wie vor Gültigkeit (Davidson et al. 2013, S. 126). Durch diese Form der Professionalisierung erwerben die Kongressmitglieder Prozess- und Sachexpertise, die im Aggregat die Durchsetzungsfähigkeit der Institution in der Gesetzgebung positiv beeinflusst.

Auf der Ebene ihres institutionenpolitischen Handelns haben die amerikanischen Abgeordneten eine Struktur von ständigen Ausschüssen entwickelt, die als das gesetzgeberisches Epizentrum im Kongress bezeichnet werden kann. Die ständigen Ausschüsse sind eine wichtige Grundlage für die gesetzgeberische Effektivität der Institution. Bei diesen Ausschüssen handelt es sich um Gremien von 10 bis 60 Mitgliedern, die in ihren sachpolitischen Zuständigkeiten spiegelbildlich zu den Ministerien zugeschnitten sind, und die über weitgehende gesetzgeberische Kompetenzen wie z. B. das Befassungsrecht und das Recht zur Veränderung von Gesetzgebungsvorlagen verfügen.

Die gesetzgeberische Bedeutung der ständigen Ausschüsse im Kongress ergibt sich zu einem gewichtigen Teil aus deren Ausstattung mit Ressourcen (Fenno 1973). Die Zahl der Ausschussmitarbeiter, die zur Vorbereitung und Ausführung gesetzgeberischer Initiativen von zentraler Bedeutung sind, liegt mit Stand 2009 bei 2.237 Personen in beiden Kammern des Kongresses (Ornstein et al. 2013). Die zum großen Teil informellen Regeln der Vergabe von Ausschusssitzen sichert den Mitgliedern der Ausschüsse darüber hinaus ein hohes Maß an Handlungsautonomie. Den Wünschen der Abgeordneten sowie deren Seniorität kommt über längere Zeiträume betrachtet bei der Vergabe von Ausschusssitzen in der Regel hohe Bedeutung zu (Davidson und Oleszek 1996, S. 209f.). Einmal getätigte Ausschusszuweisungen werden zu einer Art von Eigentumsrecht, das nur schwer gegen den Willen der Betroffenen in Frage gestellt werden kann. Aus diesem Gleichklang von politischer Motivation, sachpolitischer Spezialisierung und institutionalisierter Handlungsautonomie speist sich die gesetzgeberische Energie und Effektivität der

US-amerikanischen Vertretungskörperschaft. Jeder Ausschuss ist wichtiger Teil eines gesetzgeberischen Subsystems, das nur schwer durch die Regierung oder parteipolitische Mehrheiten kontrolliert werden kann (Baumgartner und Jones 1993).

Die gesetzgeberische Bedeutung der Kongressausschüsse ist in der einschlägigen Literatur intensiv und aus verschiedenartigen Perspektiven diskutiert worden. Shepsle und Weingast (1994) charakterisieren die Ausschüsse als Gruppen von *preferences outliers*, die zu spezifischen Themen der Gesetzgebung homogene und vom Plenum abweichende Positionen vertreten. Der Gesetzgebungsprozess wird in dieser Sichtweise als Prozess des „*logrollings*" bezeichnet, also des Tausches von präferierten gesetzgeberischen Maßnahmen zwischen Ausschüssen. Krehbiel (1991) bietet eine alternative Deutung, der zufolge die Bedeutung der US-amerikanischen Kongressausschüsse in der Gesetzgebung vorrangig aufgrund ihres informationellen Vorsprungs entsteht. Aus beiden Darstellungen erwächst die Vorstellung eines Gesetzgebungsprozesses, der durch Vetopolitik und durch das Bemühen um die Wahrung von Partikularinteressen gekennzeichnet ist. Die Umsetzung gesetzgeberischer Maßnahmen wird so u. a. zu einer Frage von themenspezifischen vielfach überparteilichen ad-hoc Koalitionen, die von der Regierung bzw. dem Präsidenten moderiert aber keinesfalls gesteuert werden können.

Die Kongressausschüsse stellen auch eine wichtige Grundlage zur effektiven Exekutivkontrolle dar. Die Besonderheit besteht dabei darin, dass der Kongress selbst im Zuge institutionenpolitischen Handelns die wesentlichen rechtlichen Grundlagen hierfür entwickelt hat. Der *Legislative Reorganization Act* von 1946 setzt die in der Einleitung ausgeführte Urteilspraxis des Supreme Court zu den Kontrollbefugnissen des Kongress konsequent in gesetzgeberisches Handeln um und weist allen Ausschüssen im Senat und im Repräsentantenhaus ausdrücklich die Aufgabe zu, die programmgerechte Implementation der Gesetzgebung stetig und genau zu überwachen (Davidson et al. 2008, S. 351–352). Diesem Auftrag sind die Ausschüsse in der Folge durch die umfängliche und entschlossene Anwendung einer ganzen Reihe von Kontrollstrategien in weitgehender Weise gerecht geworden (Aberbach 1991, S. 132).

Die Kontrolle der Exekutive durch den Kongress ist nicht immer sichtbar und durch offene Konflikte geprägt. Ein wichtiger Teil dieser Aufgabe wird durch lautlose informelle Kontakte zwischen den Abgeordneten und Mitarbeiterstäben auf Seiten des Kongresses einerseits und den Vertretern des Exekutivapparats andererseits ausgefüllt. Die Anforderung von Berichten, in denen Ministerien und Behörden Stellung zur Umsetzung von Gesetzgebung nehmen, stellt ein weiteres wenig sichtbares Instrument dar. Die sichtbarsten und schärfsten Instrumente zur Exekutivkontrolle sind öffentliche Anhörungen (*hearings*) und das sogenannte *congressional veto*. Die Watergate Hearings (1973–1974) oder die Anhörungen zum Irakkrieg von 2007 sind Beispiele für intensivste öffentliche Untersuchungen des Kongresses mit weitreichenden personellen und sachpolitischen Konsequenzen. Im Fall des *congressional vetos* nutzt der Kongress seine gesetzgeberischen Kompetenzen zur Exekutivkontrolle. Der Exekutive wird in diesem Fall eine Vollmacht zur Regelung eines Sachverhalts gegeben, die allerdings unter den

Vorbehalt einer späteren Überprüfung durch den Kongress steht, und die abhängig von den Ergebnissen einer solchen Überprüfung auch wieder entzogen werden kann (Davidson et al. 2013, S. 330ff.).

3 Die Rolle der Parteien im Kongress

Politische Parteien sind in der Mehrzahl der westlichen Demokratien zentrale Akteure im Gesetzgebungsprozess. Das zeigt sich auf der Handlungsebene u. a. in der Bereitschaft von Parlamentsvertretern zur Geschlossenheit Plenumsabstimmungen. Die Geschlossenheit der beiden Kongressparteien ist im Vergleich zu anderen westlichen Demokratien dahingegen traditionell gering (Jewell und Patterson 1973; Katz 2007). Gemessen an der Prozentzahl der Abgeordneten, die im Plenum mit ihrer Partei stimmen (*party unity scores / party cohesion*), bewegt sie sich über längere Zeiträume betrachtet im Mittel etwa um 80 % (Brady et al. 1979, S. 383f.; Davidson et al. 2013, S. 257). Mit diesem Wert ist ausgesagt, dass ein Fünftel der Kongressmitglieder in Plenumsabstimmungen nicht der Parteimehrheit folgt. Das liegt deutlich unter den entsprechenden Werten für andere westliche Demokratien (Sieberer 2006).

Das Konzept der parteipolitischen Polarisierung fungiert in der US-amerikanischen Debatte als zweiter Bezugspunkt zur Analyse der Rolle der Parteien im Kongress. Als Indikator dient in diesem Zusammenhang die Verteilung des Stimmverhaltens der Abgeordneten nach Partei. Als „parteibezogene Abstimmungen" (*party unity votes / party voting*) gelten diejenigen Entscheidungen im Plenum, in denen eine Mehrheit der Mitglieder der Republikanischen Partei einer Mehrheit der Mitglieder der Demokratischen Partei gegenübersteht. Entsprechende Untersuchungen zeigen, dass sich in einem typischen Jahr dieser Wert zwischen 50 und 75 % bewegt, dass also zwischen 50 und 75 % aller Abstimmungen als parteipolitisch polarisiert einzustufen sind (Davidson et al. 2013, S. 255f.; Taylor 2012). Festzuhalten ist, dass dieser Wert lediglich den Grad der Polarisierung zwischen den beiden Parteien bestimmt, nicht deren innerparteiliche Geschlossenheit (Collie 1988, S. 173; Smith und Gramm 2013).

Die vergleichsweise geringe Geschlossenheit der US-amerikanischen Kongressparteien korrespondiert mit dem Umstand, dass die Kongressabgeordneten im Zuge institutionenpolitischen Handelns nur schwache Strukturen zur aktiven Mobilisierung von Parteidisziplin entwickelt haben. Auf der formalen Ebene finden wir im Kongress wie in allen europäischen Parlamenten Rollen und Strukturen, die dem Zweck der Mobilisierung von Parteigeschlossenheit dienen sollen. Hierzu gehören u. a. die Rollen des *speakers* im Repräsentantenhaus, des Fraktionsführers (*majority* und *minority leader*) und des Parlamentarischen Geschäftsführers (*whip*) sowie die Struktur der Fraktionsversammlung (*party caucus*). Darüber hinaus hält die Fraktionsführung auf der formalen Ebene wichtige Instrumente zur politischen Führung in den Händen, wie die Entscheidungsgewalt über die Vergabe von Ausschusssitzen oder Ressourcen zur Unterstützung von Abgeordneten in Wahlkämpfen und in Nominierungsverfahren. Die verfügbaren formalen Kompetenzen werden aber einerseits vielfach von informellen parlamentarischen Regeln und Tauschkartellen konterkariert. Andererseits führen das in den USA gebräuchliche Vorwahlsystem, die geltenden Regeln der Wahlkampffinanzierung, und das Wahlsystem mit den damit verbundenen Anreizen zur personalisierten Stimmenwerbung dazu, dass Parteien die Wahlchancen ihrer Mitglieder zwar beeinflussen aber keinesfalls kontrollieren können. Ein Teil der hohen Parteigeschlossenheit wird in europäischen Parlamenten auf den etwas irreführenden Begriff des „Fraktionszwangs" zurückgeführt. Gemeint ist damit, dass Parteiführungen in der Lage sind, Abgeordnete durch positive und negative Sanktionsdrohungen auf gemeinsame Positionen und Handlungsstrategien festzulegen. Im Kongress steht den Parteiführungen zu diesem Zweck de facto ein deutlich schwächeres Instrumentarium zur Verfügung. Insbesondere das Vorwahlsystem, das die Parteiführungen der Kontrolle über die Nominierung von Kandidaten zu den Kongresswahlen beraubt, konterkariert die Herstellung von Parteigeschlossenheit über politische Führung (Fraktionsdisziplin).

Die kleinere der beiden Kammern des Kongresses, der Senat, ist traditionell durch ein noch geringeres Maß an Parteilichkeit ausgezeichnet als dies beim Repräsentantenhaus der Fall ist. Dies wird zum einen an der außergewöhnlich geringen Reglementierung von Teilhaberechten in dieser Kammer deutlich. Das sogenannte *filibuster* und die hohen Hürden, die im Senat zum Schutz des *filibusters* errichtet sind, kann als prägnantes Beispiel hierfür gelten. Der Begriff des *filibuster* bezeichnet die Praxis der ununterbrochenen Rede, die zum Zweck der Obstruktion bzw. der Entscheidungsblockade gehalten wird und die nur von einer qualifizierten Mehrheit von 60 Senatoren auf Antrag beendet werden kann (Krehbiel 1998). Die vergleichsweise zurückgenommene Rolle der Parteien im Senat wird auch durch die besondere Bedeutung informeller Normen der Reziprozität und Konsenssuche in dieser Institution deutlich (White 1956). Der Senat ist im Vergleich zum Repräsentantenhaus traditionell in weitgehender Weise auf Zusammenarbeit ausgerichtet und nicht auf parteipolitisch motivierten Wettbewerb.

4   Der Kongress im Zeitvergleich

Der Kongress ist aus einer international vergleichenden Perspektive ein sehr besonderes Parlament. Betrachtet man die skizzierten Eigenarten jedoch im Zeitvergleich, dann werden durchaus Unterschiede und Entwicklungen deutlich. Dies betrifft vor allem die Rolle der Parteien im Kongress, die zu unterschiedlichen historischen Phasen unterschiedlich geschlossen und polarisiert sind.

Die wechselhafte Rolle der Kongressparteien wird bereits Ausgangs des 20. Jahrhunderts durch Lowell (1901, S. 336) thematisiert, der in einer Untersuchung zu parlamentarischen Parteien in den USA und Großbritannien feststellt, dass der Grad an Parteigeschlossenheit im Kongress stark zwischen Legislaturperioden variiert. Seine Analyse entstand unter dem Eindruck einer Phase der Parteistärke, die in die Literatur als „Zarenherrschaft" eingegangen ist. Diese Phase erstreckte sich auf die Jahre zwischen 1890 bis 1911. Sie ist durch die Amtsperiode zweier Sprecher des Repräsentantenhauses (*speakers*) gekennzeichnet, die an der Spitze der damaligen Republikanischen Mehrheit standen, und deren aktiver und parteiorientierter Führungsstil maßgeblich zur Disziplinierung der Republikanischen Parlamentsfraktion beitrug. Bei diesen Sprechern handelte es sich um Thomas Reed (R – ME) und Joseph Cannon (R – Ill). Die Führungsstrategien, die in beiden Fällen zum Tragen kamen, umfassten u. a. die weitgehende Kontrolle der Vergabe von Ausschusssitzen durch den jeweiligen *speaker*, teilweise unter Absehung der Senioritätsregel. Mitglieder des Repräsentantenhauses, die in einen Konflikt mit den gesetzgeberischen Vorhaben der Parteiführung gerieten, wurden vielfach anderen, weniger ‚störenden' Ausschüssen zugewiesen. Weiterhin unterwarfen Reed und Cannon als Vorsitzende des Geschäftsordnungsausschusses das Gesetzgebungsverfahren im Plenum ihrer vollständigen Kontrolle (Smith und Gramm 2013, S. 172f.). Die Fragen, welche Gesetzgebungsvorhaben unter welchen Regeln wann im Plenum beraten und welchen Ausschüssen zugewiesen werden konnten, waren in dieser Phase ‚Chefsache', d. h. in starker Weise von der Parteiführung beeinflusst.

Auf der Ebene des Abstimmungsverhaltens der Kongressmitglieder drückte sich die Stärke der Parteigruppierungen in dieser Phase in einem hohen Grad an Geschlossenheit aus, insbesondere in den Reihen der Republikanischen Mehrheit im Repräsentantenhaus. Der entsprechende Wert liegt mit einem Mittel von 85 % für die Phase zwischen 1896 und 1906 an einer oberen Grenzen im Vergleich über Zeit (Brady et al. 1979, S. 384). Diese Phase der Parteidominanz im Repräsentantenhaus endete mit einem innerparteilichen Konflikt in der Republikanischen Partei, der zu der Ablösung von Joseph Cannon führte. Die Bedeutung der Parteien entwickelte sich in der Folge zurück und die Kongressausschüsse gewannen wieder an Autonomie, u. a. durch die konsequente Umsetzung der Senioritätsregel im Verfahren der Vergabe von Ausschusssitzen.

Die Literatur zum Kongress ist sich einig darin, dass die 1950er bis 1970er Jahre durch eine außergewöhnliche Schwäche der Parteigruppierungen gekennzeichnet waren und damit in einem deutlichen Kontrast zur Phase der ‚Zarenherrschaft' stehen. Die Befunde zur Geschlossenheit der Parteien im Plenum sprechen hier eine deutliche Sprache. Die Analyse von Brady et al. (1979, S. 385) findet für die Phase von 1956 bis 1966 für die Demokratische Mehrheitsfraktion im Repräsentantenhaus eine mittlere Geschlossenheit von 68 %. Das heißt, dass im Mittel 32 % der Mehrheitsfraktion nicht mit der Parteimehrheit gestimmt hat. Einschlägige Analysen zu den Strategien der Parteiführungen in dieser Phase betonen die Dominanz ‚weicher' Führungsstrategien wie die Organisation sozialer Zusammenkünfte und die argumentative Einwirkung auf die Mitglieder der jeweiligen Parlamentsfraktion (Davidson et al. 2013, S. 152f.). Diese Schwächephase der Parteien geht mit einem Bedeutungszugewinn der Kongressausschüsse einher, die in den 1950er und 1960er Jahren als Steuerungszentren im Kongress gelten (Fenno 1973). Dieser Phase der ‚Ausschussregierung' im Kongress wird durch weitgehende Strukturreformen in den 1970er Jahren ein Ende gesetzt, die zu einer Stärkung der Unterausschüsse bei gleichzeitiger Schwächung der Ausschussvorsitzenden führen. Die Hauptintention dieser Reformen lag in der Stärkung der Kontroll- und Gesetzgebungskapazitäten der Institution (Sundquist 1981). De facto führten sie zunächst zu einer weiteren Zergliederung und Individualisierung in der Binnenorganisation des Kongresses. Ihre Ironie liegt in dem Umstand begründet, dass sie die fruchtbare Grundlage für eine neue Phase der parteipolitischen Polarisierung boten.

Mit dem Beginn der Präsidentschaft Ronald Reagans im Jahr 1981 sehen viele Beobachter den Beginn einer neuen Phase der Parteidominanz und der parteipolitischen Polarisierung eingeleitet (Rohde 1991, S. 51). Mitte der 1990er Jahre verweisen Beobachter in diesem Zusammenhang auf Veränderungen auf der Ebene der Einstellungen der Kongressmitglieder, die sich u. a. in der verringerte Bedeutung informeller Normen der Überparteilichkeit und der Reziprozität ausdrücken (Uslaner 1996). Die Haushaltsblockaden von 1990 und 1996, die massiven Konflikte um die gesetzgeberische Agenda zwischen Präsident Clinton und dem 1994 gewählten Sprecher des Repräsentantenhauses Newt Gingrich (R – Ga), und vor allem das *impeachment*-Verfahren gegen Präsident Clinton in 1998, gelten als fallbezogene Beispiele für den zunehmenden Konflikt zwischen zunehmend disziplinierten Parteien (Ware 2010, S. 58f.). Damit verbunden ist das gesteigerte aktive Bemühen der Parteiführungen um die Herstellung von Parteigeschlossenheit. Als vielzitierte Beispiele gelten entsprechende Maßnahmen Gingrichs, der in aktiver und entschlossener Weise die Vergabe von Ausschusssitzen und die Steuerung des Gesetzgebungsprotesses seiner Kontrolle unterwarf (Smith und Gramm 2013, S. 182f.; Ware 2010, S. 59).

Die einschlägigen quantitativen Indikatoren dokumentieren die anwachsende Parteigeschlossenheit im Kongress seit den 1980er Jahren bei zunehmender parteipolitischer Polarisierung (Mann 2010, S. 118f.; Theriault 2006; Fleisher und Bond 2004). Für das Repräsentantenhaus und das Jahr 2011 dokumentieren Davidson et al. (2013, S. 255) mit 76 % ein historisches Hoch von Abstimmungen, die nach der gängigen Definition als parteibezogen bezeichnet werden. Gleichzeitig bewegt sich der Grad an innerparteilicher Geschlossenheit zu Beginn der 2010er Jahre auf einem Allzeithoch. In den Jahren 2011 und 2012 haben im Mittel 92 % der Mitglieder der Demokratischen Partei im Repräsentantenhaus und im Senat mit ihrer Partei gestimmt. Die entsprechenden Werte für die Republikanische Partei liegen nur unwesentlich unter diesen Werten. Lediglich die Republikanische Fraktion im Senat weicht mit einer mittleren Geschlossenheit von 80 % in 2012 von diesem Muster ab (Davidson et al. 2013, S. 256f.). Diese Abweichung ändert nichts an dem Umstand, dass sich der Kongress in einer neuen Phase der parteipolitischen Polarisierung bei hoher Parteigeschlossenheit befindet, die in die Richtung einer Europäisierung des US-amerikanischen Gesetzgebers deutet (Uslaner und Zittel 2006).

5 Warum ist der US-amerikanische Kongress ein besonderes Legislativorgan?

Die Eigenarten des Kongresses können sowohl aus spezifischen institutionellen Rahmenbedingungen wie aus spezifischen sozio-politischen Kontextbedingungen erklärt werden. Während der erste Set von Faktoren geeignet ist, Unterschiede im

Querschnitt, also im internationalen Vergleich, zu erklären, sind die Ursachen für die beschriebenen Entwicklungen im Längsschnitt alleine im zweiten Set von Faktoren zu suchen.

Neo-institutionalistisch gefärbte Analysen des Kongresses haben die vorausgehend skizzierten Handlungsmuster mit den Anreizwirkungen des US-amerikanischen Mehrheitswahlrechts und des präsidentiellen Regierungssystems in Verbindung gebracht. David Mayhew (1974) hat in einer bahnbrechenden Arbeit argumentiert, dass das Entscheidungshandeln im Kongress ausschließlich durch die Anreize erklärt ist, die von dem amerikanischen System der relativen Mehrheitswahl ausgehen. Dieser Wahlmodus begründe die individuelle Verantwortlichkeit der Abgeordneten gegenüber geographisch definierten Wählergruppen und setze Anreize zur Pflege personalisierter Unterstützergruppen im Zuge gesetzgeberischen wie auch institutionenpolitischen Handelns. Die stärker kollektivistisch orientierten Strategien europäischer Abgeordneter sind aus dieser Sicht das Ergebnis des in diesen Fällen verbreiteten Verhältniswahlrechts in Mehrpersonenwahlkreisen. Die Wahl von geschlossenen Parteilisten wird in dieser Argumentation mit Anreizen in Verbindung gebracht, die auf die Pflege von Parteinetzwerken und auf die Loyalität gegenüber der eigenen Parteiführung hinwirken.

Huber (1996) und Diermeier und Feddersen (1998) haben einen anderen Weg zur Erklärung der funktionalen und strukturellen Eigenarten des Kongresses eingeschlagen. Diese Autoren verweisen darauf, dass die Handlungsstrategien der Abgeordneten, und dabei insbesondere deren Responsivität gegenüber Wahlkreisinteressen, maßgeblich durch das Präsidialsystem beeinflusst sind. In diesem Regierungstypus fehlt dem Parlament das Recht zur Wahl und Abberufung der Exekutive (Wahlfunktion). Die Exekutivspitze verfügt damit über eine eigene Legitimitätsbasis im Zuge einer de facto direkten Volkswahl und sie ist durch eine feste Amtsperiode institutionell unabhängig von der Legislative. Damit entfällt die kollektive Verantwortung der parlamentarischen Mehrheit für die Regierungsstabilität mit der Folge, dass Anreize für individualistische Handlungsstrategien entstehen. In parlamentarischen Regierungssystemen wissen die Mitglieder der parlamentarischen Mehrheit, dass Niederlagen der Regierung in Plenumsabstimmungen den Abschied von der Regierungsmacht bedeuten (können), und aufgrund von möglicherweise notwendigen Neuwahlen auch den Abschied vom eigenen Parlamentsmandat. Dieser Anreiz zur Wahrnehmung kollektiver Verantwortung im parlamentarischen System drückt sich in entsprechenden institutionenpolitischen Entscheidungen aus, die es Parteiführungen erlauben, kollektive Verantwortung im politischen Alltag zu mobilisieren (Depauw 1999). Im amerikanischen Präsidialsystem sind diese Anreize zur Wahrnehmung von kollektiver Verantwortung nicht vorhanden.

Neo-institutionalistische Analysen sind gut geeignet, die Besonderheiten des Kongresses im internationalen Vergleich zu erklären, insbesondere die Schwäche der Kongressparteien. Die entsprechenden Entwicklungen im Zeitvergleich können jedoch alleine durch kulturalistische Erklärungsmodelle ursächlich verstanden werden, die sozio-politische Kontextbedingungen mit einbeziehen. Der institutionelle Rahmen, also der Regierungstypus und das Wahlsystem, ist im

US-amerikanischen Fall über Zeit weitgehend konstant geblieben und kann somit kaum als Grundlage für die beschriebenen Unterschiede im Zeitverlauf gelten. Auf der sozio-politischen Ebene, also im Elektorat, beobachten wir dahingegen im Längsschnitt sichtbare Wandlungsprozesse, die in einen plausiblen Zusammenhang zu den parteipolitischen Dynamiken im Kongress gebracht werden können.

Die jüngste Stärkung der Parteien im Kongress kann als das Ergebnis parteipolitischer Polarisierungen innerhalb der Wahlbevölkerung begriffen werden und wurde aus dieser Sicht von Rohde (1991) als „*conditional party government*" charakterisiert. Von entscheidender Bedeutung sind dabei die ideologischen Homogenisierungstendenzen in den beiden Parteien bei gleichzeitiger räumlicher Konzentration der jeweiligen Parteihochburgen (Cooper und Brady 1981). Diese Entwicklung wurzelt laut Rohde (1991) im *Voting Rights Act* von 1965. Diese von Präsident John F. Kennedy und Teilen der Demokratischen Partei betriebene Gesetzgebung sicherte de facto das Wahlrecht für die afro-amerikanischen Wähler und führte zu einem Exodus der konservativen (rassistischen) Teile der Wählerschaft der Demokraten, die in den Südstaaten beheimatet war. Als Folge entwickelte sich die Demokratische Partei zu einer homogen liberalen und progressiven Partei mit geographisch klar definierten Hochburgen im Westen und im Nordosten der USA. Durch die Aufnahme von konservativen Wählerklientelen bildete sich umgekehrt in der Republikanischen Partei eine zugespitzte konservative Agenda heraus, die zu einem Exodus der liberalen Republikanischen Wähler in den Staaten des Nordostens führte. Als Folge entwickelten sich die Republikaner zu einer homogen konservativen Partei, ebenfalls mit geographisch klar definierten Hochburgen im Süden und im Mittleren Westen der USA.

Die skizzierte These, dass sich in der parteipolitischen Polarisierung des Kongresses weitgehende sozio-politische Wandlungsprozesse im US-amerikanischen Elektorat niederschlagen, ist nicht unumstritten (siehe zur Debatte etwa Abramowitz 2010; Fiorina 2011). Mark Hetherington (2009) kommt in einer jüngeren Auseinandersetzung mit dieser These zu dem Schluss, dass die parteipolitische Polarisierung im Elektorat lediglich moderater Natur ist, und das eine zunehmende Abkopplung der Entwicklungen auf Eliten- und Wählerebene zu beobachten ist. Aus dieser Sicht ist die zunehmende parteipolitische Polarisierung im Kongress ein Phänomen, das auf der Ebene der Eliten und nicht auf Wählerebene verankert ist. Andere Autoren verweisen in diesem Sinn auf die Bedeutung der Parteiführungen und der von dieser Seite betriebenen institutionenpolitischen Weichenstellungen zur Zentralisierung der parlamentarischen Willensbildung als Voraussetzung zur Erklärung der parteipolitischen Dynamiken im Kongress (Evans und Oleszek 1997; Sinclair 1989; Smith 1989).

Die Anhänger der „*conditional party government*" These widersprechen den Verweisen auf die eigenständige Bedeutung der Handlungsstrategien der Parteiführungen im Kongress. Aus dieser Sicht zeigen sich in den gesteigerten Anstrengungen der Parteiführung zur Herstellung von Parteigeschlossenheit und umgekehrt in der Bereitschaft der Kongressmitglieder, den Maßnahmen der Fraktionsführungen Folge zu leisten, weitergehende Wirkfaktoren, die alleine auf der Ebene des sozio-politischen Kontextes zu suchen sind (Uslaner und Zittel 2006; Rohde 1991).

Für die Plausibilität dieser Annahme spricht der Umstand, dass parteipolitische Polarisierung und gesteigerte Geschlossenheit in beiden Kammern des Kongresses zu beobachten ist, obwohl die strukturelle Stärkung der Parteiführung seit den 1980er Jahren alleine auf das Repräsentantenhaus beschränkt bleibt (Binder 2003; Brady und Hahn 2004; Lee 2009). Für die Plausibilität der *conditional party government* These sprechen weiterhin solche Befunde, die zu dem Schluss kommen, dass seit den 1970er Jahren im US-amerikanischen Elektorat eine deutliche räumlichen und ideologischen Homogenisierung von Kernwählerschaften zu beobachten ist, die als Voraussetzung für die parteipolitische Polarisierung im Kongress gelten kann (Zingher 2014).

6 Fazit

Der vorausgehende Beitrag zum US-amerikanischen Kongress unterstreicht in einem ersten Schritt den aus international vergleichender Perspektive vielzitierten exzeptionellen Charakter dieses Legislativorgans. Er verdeutlicht für die Ebene der Handlungs- und Entscheidungsstrategien seiner Mitglieder, dass der Kongress in der Wahrnehmung seiner Gesetzgebungs-, Kontroll- und Repräsentationsfunktion als außerordentlich starke Legislative bezeichnet werden kann. Weiterhin wird gezeigt, dass die Binnenstruktur der US-amerikanischen Vertretungskörperschaft durch schwache Parteiformationen und einen hohen Grad an Individualisierung ausgezeichnet ist.

Die vorausgehende Analyse thematisiert in einem zweiten Schritt, dass die Handlungs- und Entscheidungsstrategien der Mitglieder des Kongresses im Zeitverlauf variabel sind, und dass insbesondere der Faktor Partei in seiner Bedeutung im Verlauf des 20. Jahrhunderts starken Schwankungen unterworfen ist. In diesem Zusammenhang wird die jüngere Debatte um Polarisierungstendenzen in der US-amerikanischen Politik aufgenommen und am Beispiel des Kongresses nachvollzogen. Es kann gezeigt werden, dass die Parteigruppierungen im Kongress seit den 1990er Jahren durch gesteigerte Geschlossenheit gekennzeichnet sind, dass in diesem Zusammenhang der parteipolitische Wettbewerb an Schärfe gewonnen hat, und dass die Rolle der Parteiführungen in der parlamentarischen Willensbildung zugleich im Zuge institutionenpolitischen Handelns eine strukturelle Stärkung erfahren hat.

Aus der im zweiten Schritt eingenommenen Längsschnittperspektive ergibt sich die Frage nach den Ursachen für den jüngsten Bedeutungszugewinn der Parteien im US-amerikanischen Kongress. Diese Frage ist im Vorausgehenden im Licht der *conditional party government* These in der Debatte aufgenommen und kritisch beleuchtet worden. Die parteipolitische Polarisierung im Kongress wird aus dieser Sicht als die Folge von Homogenisierungsentwicklungen in den Kernwählerschaften der US-amerikanischen Parteien gesehen, die sowohl ideologischer wie räumlicher Natur sind. Die Republikanische Partei hat sich im Zuge dieser Entwicklung zu einer durchgängig konservativen Partei ausgebildet, die ihren gesellschaftspolitisch liberalen Flügel im Nordosten der USA verloren hat, und deren

Hochburgen klar im Süden und im Mittleren Westen des Landes liegen. Umgekehrt hat die Demokratische Partei ihren gesellschaftspolitisch konservativen Flügel im Süden verloren und ist im Zuge dieser Entwicklung zu einer durchgängig liberalen Partei mit Hochburgen im Nordosten und Westen des Landes geworden. Aus den beiden dargestellten Perspektiven ergibt sich letztlich auch die Frage nach dem Zusammenhang zwischen den im Querschnitt sichtbaren funktionalen und strukturellen Eigenarten des Kongresses und der im Längsschnitt deutlich gewordenen gegenwärtigen parteipolitischen Polarisierung. Haben diese jüngeren Entwicklungen zum Beispiel Einfluss auf die Fähigkeit des US-amerikanischen Legislativorgans zur Wahrnehmung seiner Aufgaben in der Gesetzgebung und der Exekutivkontrolle? Diese Frage wurde im Rahmen des vorliegenden Beitrags nicht thematisiert, da sie über den gesteckten Rahmen eindeutig hinausreichen. Trotzdem kann abschließen spekuliert werden, dass die Verschärfung des parteipolitischen Wettbewerbs nicht ohne Probleme in einem System ist, das aufgrund der strikten institutionellen Gewaltenteilung im Präsidialsystem, der starken Rolle des Supreme Court, der dualistischen Föderalismusstruktur sowie des symmetrischen Bikameralismus über zahlreiche Vetopunkte verfügt, die nach Verhandlungslösungen im Gegensatz zu parteipolitischem Wettbewerb verlangen. Die Anhänger von Gleichgewichtslösungen in der Politik werden daraus den Schluss ziehen, dass die parteipolitischen Polarisierungsbewegungen in der US-amerikanischen Politik längst ihren Höhepunkt überschritten haben sollten. Aus einer skeptischen Perspektive kann dagegen eingewendet werden, dass Ungleichgewichte in der Politik keine Seltenheit darstellen, und dass die Zukunft der US-amerikanischen Politik somit offen bleibt.

Literatur

Aberbach, Joel D. 1991. *Keeping a watchful eye. The politics of congressional oversight.* Washington, D.C.: Brookings Institution.
Abramowitz, Alan I. 2010. *The disappearing center. Engaged citizens, polarization, and American democracy.* Yale: Yale University Press.
Bagehot, Walter. 1990 [1867]. The House of Commons. In *Legislatures*, Hrsg. Philip Norton, 36–46. Oxford: Oxford University Press.
Baumgartner, Frank R., und Bryan D. Jones. 1993. *Agendas and instability in American politics.* Chicago, Ill: University of Chicago Press.
Binder, Sarah. 2003. *Stalemate.* Washington, D.C.: Brookings Institution.
Bishin, Benjamin G. 2000. Constituency influence in congress: Do subconstituencies matter? *Legislative Studies Quarterly* 25: 389–415.
Brady, David W., Joseph Cooper, und Patricia A. Hurley. 1979. The decline of party in the U.S. House of Representatives, 1887–1968. *Legislative Studies Quarterly* 4(3): 381–407.
Brady, David H., und Hahrie Hahn. 2004. An extended historical view of congressional party polarization. Working Paper prepared for presentation at Princeton University, Dec. 2. Stanford, CA.
Cain, Bruce E., John A. Ferejohn, und Morris P. Fiorina. 1984. The constituency service basis of the personal vote for U.S. Representatives and British Members of Parliament. *The American Political Science Review* 78(1): 110–125.

Cain, Bruce E., John A. Ferejohn, und Morris P. Fiorina. 1987. *The personal vote. Constituency service and electoral independence*. Cambridge, MA, London: Harvard University Press.
Clinton, Joshua D. 2006. Representation in congress: Constituents and roll calls in the 106th house. *Journal of Politics* 68: 397–409.
Collie, Melissa P. 1988. Universalism and the parties in the U.S. House of Representatives, 1921–1980. *American Journal of political science* 32(4): 865–83.
Cooper, Joseph, und David W. Brady. 1981. Institutional context and leadership style. *American Political science review* 75: 411–425.
Crespin, Michael H., und Charles J. Finnochiaro. 2013. Elections and the politics of pork in the US Senate. *Social Science Quartely* 94(2): 506–529.
Davidson, Roger H., und Walter J. Oleszek. 1996. *Congress and its members*, 5 Aufl. Washington, DC: CQ Press.
Davidson, Roger H. 1988. Der Kongreß als Repräsentative Institution. In *US-Kongress und Deutscher Bundestag*, Hrsg. Uwe Thaysen, Roger H. Davidson und Robert G. Livingston, 49–72. Opladen: Westdeutscher Verlag.
Davidson, Roger H., Walter J. Oleszek, und Frances E. Lee. 2008. *Congress and its members*, 11 Aufl. Washington, D.C.: CQ Press.
Davidson, Roger H., Walter J. Oleszek, Frances E. Lee, und Eric Schickler. 2013. *Congress and its members*, 14. Aufl. Los Angeles, CA: Sage und CQ Press.
Depauw, Sam. 1999. Parliamentary party cohesion and the scarcity of sanctions in the Belgian Chamber of Representatives (1991–1995). *Res Publica* 41: 15–39.
Diermeier, D., und T.J. Feddersen. 1998. Cohesion in legislatures and the vote of confidence procedure. *American Political Science Review* 92(3): 611–621.
Downs, Anthony. 1957. *An economic theory of democracy*. New York, NY: Harper.
Esaiasson, Peter, and Soeren Holmberg. 1996. *Representation from above. Members of parliament and representative democracy in Sweden*. Dartmouth: Ashgate.
Evans, C.L., und Walter J. Oleszek. 1997. *Congress under fire*. Boston, MA: Houghton Mifflin.
Fenno, Richard. 1973. *Congressmen in committees*. Boston: Little Brown.
Fenno, Richard. 1978. *Homestyle. House members in their districts*. Boston, MA: Little Brown.
Fiorina, Morris P. 1977. The case of the vanishing margins: The bureaucracy did it. *The American Political Science Review* 71(1): 177–181.
Fiorina, Morris P. 2011. *Culture war? The myth of a polarized America*. Boston: Longman Publishers.
Fisher, Louis. 2007. *Constitutional conflicts between congress and the President*, 5th ed. Lawrence: University of Kansas Press.
Fleisher, Richard, und Jon Bond. 2004. The shrinking middle in the US congress. *British Journal of Political Science* 34(3): 429–451.
Friedman, Sally. 2007. *Dilemmas of representation: Local politics, national factors, and the home styles of modern U.S. Congress members*. Albany, NY: State University of New York Press.
Gellner, Winand, und Martin Kleiber. 2012. *Das Regierungssystem der USA*, 2nd ed. Baden-Baden: Nomos.
Hetherington, Mark J. 2009. Putting polarization in perspective. *British Journal of Political Science* 39(2):413–448.
Huber, John. 1996. *Rationalizing parliament: Legislative institutions and party politics in France*. Cambridge: Cambridge University Press.
Jacobson, Gary C. 2013. *The politics of congressional elections*, 8 Aufl. New York, NY: Longman.
Jewell, Malcom E., and Samuel C. Patterson. 1973. *The legislative process in the United States*. New York, NY: Random House.
Jones, David R., und Monika L. McDermott. 2010. *Americans, congress, and democratic responsiveness*. Ann Arbor, MI: University of Michigan Press.
Katz, Richard S. 2007. *Political institutions in the United States*. Oxford: Oxford University Press.
Kingdon, John W. 1973. *Congressmen's voting decisions*. New York, NY: Harper and Row.

Krehbiel, Keith. 1991. *Information and legislative organization.* Ann Arbor, MI: University of Michigan Press.
Krehbiel, Keith. 1998. *Pivotal politics.* Princeton, NJ: Princeton University Press.
Lee, Frances E. 2009. *Beyond ideology. Politics, principles, and partisanship in the U.S. Senate.* Chicago, Ill: University of Chicago Press.
Loomis, Burdett A. 2011. *The US Senate: From deliberation to dysfunction.* Washington, DC: CQ Press.
Lowell, A.L. 1901. The influence of party upon legislation in England and America. *Annual Report of the American Historical Association for 1901* 1: 319–542.
Mann, Thomas E. 2010. Congress. In *Developments in American politics 6*, Hrsg. Gillian Peele, Christopher J. Bailey, Bruce E. Cain und B. Guy Peters, 117–131. Houndsmills: Palgrave Macmillan.
Mayhew, David. 1974. *Congress: The electoral connection.* New Haven, CT und London: Yale University Press.
Miller, Edward E., und Donald Stokes. 1963. Constituency influence in congress. *American Political Science Review* 57: 45–56.
Ornstein, Norman J., Thomas E. Mann, Michael J. Malbin, und Andrew Rugg. 2013. *Vital statistics on congress.* Washington, D.C.: www.brookings.edu/vitalstats.
Polsby, Nelson. 1984. *Political innovation in America. The politics of policy initiation.* New Haven, CT und London: Yale University Press.
Polsby, Nelson. 1975. Legislatures. In *Handbook of political science*, Hrsg. Fred I. Greenstein und Nelson W. Polsby, 277–296. Reading, MA: Addison-Wesley.
Rohde, D.W. 1991. *Parties and leaders in the postreform house.* Chicago, Ill: University of Chicago Press.
Roper, John. 2010. The presidency. In *Developments in American politics 6*, Hrsg. Gillian Peele, Christopher J. Bailey, Bruce E. Cain und B. Guy Peters, 102–116. London, New York: Palgrave Macmillan.
Shaw, Malcom. 1979. Conclusion. In *Committees in legislatures*, Hrsg. John D. Lees und Malcom Shaw. Durham: Duke University Press.
Shepsle, Kenneth A., und Barry R. Weingast. 1994. Positive theories of congressional institutions. *Legislative Studies Quarterly* 19(2): 149–179.
Sieberer, Ulrich. 2006. Party unity in parliamentary democracies. A comparative analysis. *The Journal of Legislative Studies* 12: 150–178.
Sinclair, Barbara. 1989. *The transformation of the U.S. Senate.* Baltimore, MD: Johns Hopkins Verlag.
Smith, Steven S. 1989. *Floor politics in the house and senate.* Washington, DC: Brookings Institution.
Smith, Steven S., und Gerald Gramm. 2013. The dynamics of party government in congress. In *Congress reconsidered*, Hrsg. Lawrence C Dodd und Bruce I. Oppenheimer. Los Angeles, CA: Sage und CQ Press.
Sundquist, James L. 1981. *The decline and resurgence of congress.* Washington, DC: Brookings.
Taylor, Andrew J. 2012. Voting on the floor: Members' most fundamental right. In *New Directions in Congressional Politics*, Hrsg. Jamie L. Carson. New York, London: Routledge.
Theriault, Sean M. 2006. Party polarization in the US congress. *Party Politics* 12(4): 483–503.
Thurber, James A. 2013. The dynamics and dysfunction of the congressional budget process: From inception to deadlock. In *Congress reconsidered*, Hrsg. Lawrence C. Dodd und Bruce I. Oppenheimer, 319–345. Los Angeles, CA: Sage und CQ Press.
Uslaner, Eric M. 1996. *The decline of comity in congress: Representatives and ideologues in the senate.* Ann Arbor, MI: University of Michigan Press.
Uslaner, Eric M. 1999. *The movers and the shirkers.* Ann Arbor, MI: University of Michigan Press.
Uslaner, Eric M., und Thomas Zittel. 2006. Comparative legislative behavior. In *The Oxford Handbook of political institutions*, Hrsg. Rod A.W. Rhodes, Sarah Binder und Bert Rockman, 455–473. Oxford: Oxford University Press.

Volden, Craig, und Alan E. Wiseman. 2013. Legislative effectiveness and representation. In *Congress reconsidered*, Hrsg. Lawrence C. Dodd und Bruce I. Oppenheimer, 237–265. Los Angeles, CA: Sage und CQ Press.
Ware, Alan. 2010. Political parties and the new partisanship. In: *Developments in American politics 6*, Hrsg. Gillian Peele, Christopher J. Bailey, Bruce E. Cain und B. Guy Peters, 50–66. Houndsmills: Palgrave Macmillan.
White, W.S. 1956. *The Citadel*. New York, NY: Harper and Brothers.
Zingher, Joshua N. 2014. An analysis of the changing social bases of America's political parties: 1952–2008. Electoral studies. Online first at http://dx.doi.org/10.1016/j.electstud.2014.02.003
Zittel, Thomas. 2010. *Mehr Responsivität durch neue digitale Medien? Die elektronische Wählerkommunikation von Abgeordneten in Deutschland, Schweden und den USA*. Baden-Baden: Nomos.

Der Präsident: Zwischen Führungsanspruch und Machtbegrenzung

Markus B. Siewert

Inhalt

1	Einleitung	136
2	Verfassungsrechtliche Grundlagen	137
3	Der Präsident in der exekutiven Arena: Organisations- und Handlungsstrategien des Regierens	139
4	Der Präsident in der legislativen Arena: Bedingungen gesetzgeberischen Erfolgs und strategische Instrumente	142
5	Der Präsident in der öffentlichen Arena: Zwischen Evaluierung, Beeinflussung und Responsivität	146
6	Schlussfolgerungen: Der Präsident in Zeiten parteipolitischer Polarisierung	149
Literatur		150

Zusammenfassung

Dass der Präsident die Führung im politischen Prozess der USA übernehmen soll, prägt sowohl die Erwartungshaltung der politischen Akteure, Medien und Bevölkerung als auch das Selbstverständnis des Präsidenten. Angesichts seiner Einbettung im System der *separated institutions sharing powers* sind den Handlungsspielräumen präsidentieller Führung hingegen enge Grenzen gesetzt. Dieser Beitrag zeigt auf, unter welchen Bedingungen und mittels welcher Instrumente und Strategien der Präsident in der exekutiven, legislativen und öffentlichen Arena eine Führungsposition einzunehmen vermag.

Schlüsselwörter

US-Präsident • präsidentielle Führung • exekutive Arena • legislative Arena • öffentliche Arena

---

M.B. Siewert (✉)
Goethe-Universität Frankfurt, Frankfurt am Main, Deutschland
E-Mail: siewert@soz.uni-frankfurt.de

1 Einleitung

Richard E. Neustadts Diktum, wonach „[e]verybody now expects the man inside the White House to do something about everything" (Neustadt 1991, S. 7), besitzt heutzutage noch die gleiche, wenn nicht sogar größere Gültigkeit als in den 1960er Jahren. Mit der Herausbildung der modernen Präsidentschaft (*modern presidency*) im ersten Drittel des 20. Jahrhunderts und deren endgültigem Durchbruch unter Franklin D. Roosevelt sind die Aufgabenbereiche der Exekutive im Allgemeinen, und des Präsidenten im Speziellen, enorm ausgebaut worden. Damit einhergehend stiegen auch die Erwartungen, die an das Amt und die Person des Präsidenten gerichtet werden. Heute sind die Forderungen nach präsidentieller Führung (*presidential leadership*) seitens der Bevölkerung, der Medien und der politischen Akteure omnipräsent. Gleichzeitig ist der Anspruch zu führen ein zentrales Element präsidentiellen Selbstverständnisses. Ein Blick in die US-Verfassung offenbart jedoch das Dilemma des Präsidenten: Verglichen mit der Fülle an Zuständigkeiten und der immensen Erwartungshaltung versetzen ihn seine verfassungsrechtlichen Kompetenzen nur bedingt in die Lage, die Führung im politischen Prozess zu übernehmen. Eingebettet in ein System der „separated institutions *sharing* powers" (Neustadt 1991, S. 29; Hervorhebung im Original) kann der Präsident nur selten Entscheidungen im Alleingang treffen. Vielmehr muss er bei den anderen politischen Akteuren wie auch innerhalb der Bevölkerung für seine Positionen werben und sie von diesen überzeugen.

Im Mittelpunkt des vorliegenden Beitrags steht die Frage, welche Möglichkeiten und Grenzen präsidentieller Führung in einem politischen System existieren, dessen grundlegende Funktionslogik die politischen Akteure fortwährend in Aus- und Verhandlungsprozesse zwingt. Dabei wird die Position des Präsidenten im politischen System der USA aus zwei Perspektiven betrachtet: Erstens müssen die formalen und informellen Kompetenzen des Präsidenten wie auch seine institutionellen Ressourcen skizziert werden. Da die Handlungsräume des Präsidenten im Zusammenspiel mit den übrigen Institutionen sowie der Bevölkerung definiert werden, ist zweitens zu analysieren, wie der Präsident die ihm zur Verfügung stehenden Machtmittel einsetzen kann. Ziel ist es aufzuzeigen, in welchen Konstellationen der Präsident in der Lage ist, eine Führungsposition im politischen Prozess einzunehmen und inwieweit er mittels unterschiedlicher Instrumente und Strategien seine Stellung zu stärken vermag.

Das nächste Kapitel rückt die verfassungsrechtlichen Kompetenzen und Befugnisse des Präsidenten im US-amerikanischen Institutionengefüge in den Fokus. Daran anschließend wird die Position des Präsidenten in drei zentralen Politikarenen untersucht: der exekutiven, legislativen und öffentlichen Arena. Hierzu werden wichtige institutionelle Ressourcen sowie Handlungsstrategien des Präsidenten vorgestellt und deren Effekte auf seine Stellung in der entsprechenden Arena erörtert. Abschließend werden die wesentlichen Befunde der vorangegangenen Untersuchung mit Blick auf die Ausgangsfragestellung bewertet und diskutiert, wie sich die extreme parteipolitische Polarisierung der vergangenen Jahre auf die Entscheidungsräume des Präsidenten auswirkt.

2 Verfassungsrechtliche Grundlagen

Die Debatte über die Möglichkeiten und Grenzen präsidentieller Führung ist so alt wie die Vereinigten Staaten von Amerika. Bereits auf dem Verfassungskonvent von Philadelphia 1787 und in der anschließenden Auseinandersetzung um die Ratifizierung der Verfassung zwischen den *Federalists* und den *Antifederalists* kam der Ausgestaltung der Exekutive und ihrer Kompetenzen eine zentrale Bedeutung zu. So plädierten die *Federalists* für eine geschlossene Exekutive in Form eines Präsidenten, der mit weitreichenden Befugnissen ausgestattet ein Gegengewicht zum Kongress als Legislative bilden sollte. Die *Antifederalists* standen einer Ausweitung der exekutiven Handlungsfähigkeit zwar nicht grundsätzlich ablehnend gegenüber, sahen allerdings in einem zu starken Präsidenten, der nur unzureichend von den anderen Gewalten eingehegt würde, die Gefahr von Machtmissbrauch und Tyrannei angelegt (Hamilton et al. 2007; Storing 1981). Letztendlich etablierte der Verfassungskompromiss von 1789 ein austariertes System wechselseitiger Kontroll- und Kooperationsmechanismen (*checks and balances*), das auf horizontaler Ebene durch institutionelle Gewaltentrennung und funktionale Gewaltenverschränkung gekennzeichnet ist (Neustadt 1991; Jäger 2007, 2012).

Gemäß der US-amerikanischen Verfassung wird der Präsident vom Volk indirekt über ein Wahlmännergremium (*electoral college*) auf vier Jahre gewählt (Art. II, Abs. 1 US-Verf.). Dabei kann er einmal wiedergewählt werden (Zusatzartikel XXII US-Verf., 1951). Grundelement der institutionellen Gewaltentrennung ist die unabhängige Wahl von Exekutive und Legislative. Beide Institutionen besitzen somit eine eigenständige Legitimation. Hieraus folgt, dass der Präsident im Gegensatz zur Regierung in parlamentarischen Systemen nicht vom Vertrauen der Legislative abhängig ist und von dieser nicht aus politischen Motiven, sondern lediglich aus strafrechtlichen Gründen abberufen werden kann (*impeachment*, Art. II, Abs. 4 US-Verf.). Im Gegenzug hat der Präsident keinerlei Möglichkeit, die Legislative aufzulösen oder Neuwahlen einzuberufen. Ein weiteres Attribut der Gewaltentrennung ist das Inkompatibilitätsgebot, wonach kein Mitglied der Regierung zugleich einen Sitz der Legislative innehaben darf – mit Ausnahme des Vizepräsidenten, der den Vorsitz im Senat einnimmt (Art. I, Abs. 6 US-Verf.).

Betrachtet man den Zuschnitt der präsidentiellen Kompetenzen, zeigt sich die funktionale Verschränkung der Gewalten. Gemäß Verfassung ruht im Amt des Präsidenten die vollziehende Gewalt (*vesting clause*, Art II, Abs. 1 US-Verf.). Damit stellt sie den Präsidenten eindeutig an die Spitze der Exekutive, regelt deren konkrete Ausgestaltung sowie seine Machtbefugnisse allerdings recht unspezifisch: Der Präsident hat ganz allgemein dafür Sorge zu tragen, dass die Gesetze des Landes gewissenhaft vollzogen werden (*taking care clause*, Art. II, Abs. 3 US-Verf.). Über die Struktur und Aufgabenbereiche der Ministerien und des Kabinetts schweigt die Verfassung, jedoch lässt sich aus der Berichtspflicht der Bundesbeamten gegenüber dem Präsidenten eine klare Hierarchie herleiten. Zu den wichtigsten administrativen Kompetenzen des Präsidenten zählt das Recht, mit Zustimmung des Senats Botschafter und Gesandte, Richter des Supreme Courts und nachgeordneter Bundesgerichte sowie führende Mitglieder der Regierung und weitere Beamte zu ernennen. Darüber hinaus besitzt der Präsident mit Ausnahme in Fällen der Amtsanklage (*impeachment*) das Recht zur Begnadigung bei Straftaten (Art. II, Abs. 2 US-Verf.). Die gesetzgebende Gewalt ist explizit dem Kongress zugeschrieben (Art. I, Abs. 1 US-Verf.), allerdings ist der Präsident an verschiedenen Stellen in den Gesetzgebungsprozess eingebunden: So bedürfen alle Gesetzentwürfe der Unterschrift und damit Genehmigung des Präsidenten, um in Kraft zu treten. Dabei verfügt er über ein suspensives Veto, welches nur durch Zweidrittelmehrheiten in beiden Kammern überstimmt werden kann (Art. I, Abs. 7 US-Verf.). Zusätzlich kommt dem Präsidenten die Aufgabe zu, den Kongress von Zeit zu Zeit über die Lage der Nation zu informieren sowie „Maßnahmen zur Beratung zu empfehlen, die er für notwendig und nützlich erachtet" (*necessary and proper clause*, Art. II, Abs. 3 US-Verf.), woraus sich etwa die *State of the Union Address* ableitet. Zu den wenigen ausdrücklich genannten Kompetenzen des Präsidenten zählt der Oberbefehl über die amerikanischen Streitkräfte im Krisen- und Kriegsfall (Art. II, Abs. 2 US-Verf.), wobei die formale Kriegserklärung durch den Kongress erfolgen muss. Darüber hinaus empfängt der Präsident als Staatsoberhaupt Repräsentanten anderer Nationen (Art. II, Abs. 3 US-Verf.) und kann mit Zustimmung einer Zweidrittelmehrheit des Senats internationale Verträge abschließen (Art. II, Abs. 2 US-Verf.).

Insgesamt betrachtet regelt die Verfassung die Aufgaben und Kompetenzausstattung des Präsidenten sehr knapp und wenig detailliert. Dies macht die beständige Interpretation ihrer Bestimmungen erforderlich und lädt die politischen Institutionen dazu ein, um die Grenzziehung ihrer Zuständigkeitsbereiche zu konkurrieren. Dabei haben im historischen Zeitverlauf die verfassungsrechtlichen Befugnisse des Präsidenten auf zwei Wegen eine wesentliche Ausweitung erfahren. Erstens vollzog sich diese auf Grundlage einer weiten Auslegung bestimmter Verfassungsklauseln. So sind etwa zahlreiche administrative Instrumente des Präsidenten, wie *executive orders*, *proclamations*, *memoranda* oder *signing statements*, nicht explizit durch die Verfassung geregelt, sondern leiten sich aus der *vesting clause* und der *taking care clause* ab (*implied powers*). Das selbige gilt auch für das *executive privilege*, welches dem Präsidenten erlaubt, Angehörige der Exekutive vor Anhörungen im Kongress oder vor dem Supreme Court aus Gründen der nationalen Sicherheit zu schützen und diese zu verweigern. Andere Bereiche hat der Oberste Gerichtshof hingegen nicht letztentscheidlich geregelt und sie somit der politischen Auseinandersetzung überlassen, wie etwa die Frage des Einsatzes von Streitkräften ohne vorherige formale Kriegserklärung durch den Kongress (*war powers*) (Fisher 2007). Zweitens ist die Erweiterung präsidentieller Gestaltungskompetenzen ein Element der Herausbildung der *modern presidency*, und somit eng verbunden mit dem Ausbau des Staats- und Verwaltungsapparates, dem Bedeutungszuwachs der Bundesebene gegenüber den Einzelstaaten, sowie der Innovation der Massenmedien und dem Aufstieg der USA zur Weltmacht (Pfiffner 2010). Im Zusammenspiel dieser Entwicklungen schuf der Kongress nicht nur zahlreiche neue Behörden und Ministerien, sondern delegierte per Gesetz immer wieder Zuständigkeitsbereiche an den Präsidenten. Exemplarisch ist hier der der *Budget and Accounting Act of 1921* zu nennen, welcher dem Präsidenten die Aufgabe übertrug, einen jährlichen Haushaltsentwurf anzufertigen und darüber hinaus auch das *Bureau of Budget* (*BoB*) – seit 1970 *Office of Management and Budget* (*OMB*) – gründete. Ein weiteres Beispiel ist der *Reorganization Act* von 1939, mit dem auf Empfehlung der Brownlow-Kommission der Grundstein für den institutionellen Ausbau gelegt und das *Executive Office of the President* (*EOP*) begründet wurde.

3 Der Präsident in der exekutiven Arena: Organisations- und Handlungsstrategien des Regierens

Als *chief executive* steht der Präsident an der Spitze eines gewaltigen Verwaltungsapparats. Dieser umfasst aktuell 15 Ministerien (*departments*), zwischen 50 und 60 unabhängige Behörden sowie zahlreiche Stiftungen und staatliche Unternehmen. Heute sind in den Ministerien und Behörden rund 2,7 Mio. (2012) zivile Angestellte beschäftigt (Office of Personnel Management 2014; Dickinson 2011). Konfrontiert mit einer dezentralisierten und fragmentierten Bürokratie sieht sich der Präsident einem doppelten Dilemma gegenüber: Er ist auf Informationen aus der Verwaltung angewiesen, um die täglich anstehenden Entscheidungen zu einer Vielzahl, meist kontrovers diskutierter Themen zu treffen und muss zugleich die Implementierung bestehender Gesetze koordinieren und kontrollieren.

Um beiden Ansprüchen gerecht zu werden, ist dem Präsidenten mit dem *EOP* ein eigener Apparat zur Seite gestellt. Das *EOP* umfasst heute unter der Leitung des Stabchefs (*chief of staff*) des Weißen Hauses elf Büros und einige beigeordnete Einheiten mit etwa 1.880 Mitarbeitern. Die beiden wichtigsten Mitarbeiterstäbe sind das *OMB* (ehemals *BoB*) und das *White House Office* (*WHO*), welches den persönlichen Stab des Präsidenten beheimatet. Das *OMB* erfüllt die Funktion einer zentralen Clearingstelle in der Planung, Koordinierung und Umsetzung von Politikinhalten. Zu seinen Aufgaben zählen unter anderem die Erarbeitung des präsidentiellen Haushaltsentwurfs und die Prüfung von Verordnungen und Gesetzinitiativen hinsichtlich der politischen und budgetären Positionen und Prioritäten des Präsidenten. Das *WHO* bildet den innersten Kreis des Weißen Hauses. Es umfasst die engsten persönlichen Berater sowie wichtige Stabstellen des Präsidenten, wie z. B. Redenschreiber, Presse- und Öffentlichkeitsarbeit oder Verbindungsbüros des Weißen Hauses zum Kongress und den Ministerien (Warsaw 2013; Patterson 2008).

Diese *institutional presidency* soll den Präsidenten darin unterstützen, seine wichtigste Funktion zu erfüllen: Entscheidungen zu treffen. Um dieser Aufgabe nachzukommen, benötigt er umfassende Informationen, wobei Zeitpunkt, Menge und Qualität derselben zu einem wesentlichen Teil von der Organisationsstruktur und dem Kompetenzzuschnitt seines Stabes abhängig sind. Hier lassen sich idealtypisch zwei Modelle der Regierungsorganisation im Weißen Haus unterscheiden. Im kollegialen Modell sind alle Berater des Präsidenten gleichrangig und es gibt keinen *chief of staff*, der den Zugang zum Präsidenten regelt. Es soll die Berater zu einem Wettstreit der Ideen einladen und gewährleisten, dass der Präsident alle notwendigen Informationen und Sichtweisen zu einem Thema erhält. Im formalistischen Gegenmodell jedoch nimmt der Stabschef die Schlüsselposition des *gatekeepers* ein, der sowohl den Informations- und Arbeitsprozess im Weißen Haus als auch den Kontakt zum Präsidenten kontrolliert. In der Regierungspraxis findet sich meist eine am formalistischen Modell orientierte Mischform. Seit Ronald Reagan operieren alle Präsidenten in ihren Regierungsgeschäften auf der Basis eines strukturierten und spezialisierten Stabs mit *chief of staff* an der Spitze. Zusätzlich richtet jeder Präsident einen Zirkel persönlicher Berater (*senior adviser*) ein, die ihm als Generalisten ohne festes Aufgabengebiet zuarbeiten (Walcott und Hult 2005; Rudalevige 2005).

Letztendlich existiert keine Blaupause für die ideale Regierungsorganisation. Sie muss vielmehr auf die Bedürfnisse und Charaktereigenschaften des Präsidenten zugeschnitten sein. Barack Obama pflegt beispielsweise einen wesentlich offeneren Entscheidungsstil als sein Amtsvorgänger. Während Obama gerne Entscheidungen auf Basis möglichst vieler und diverser Ansichten trifft, zog Bush die Wahl zwischen wenigen, ausgearbeiteten Alternativen vor. Beide Stile besitzen Vor- und Nachteile. Bei ersterem wird der Präsident mit einer Vielzahl divergierender Standpunkte und Informationen konfrontiert. Im Umkehrschluss erhöht sich aber der Koordinierungsbedarf, verzögert sich der Entscheidungsprozess und kann zu einer Überlastung präsidentieller Ressourcen führen. Bei letzterem hingegen besteht die Gefahr, dass der Präsident nicht alle notwendigen Informationen erhält. Andererseits delegiert dieser Regierungsstil in größerem Umfang und ist deshalb effizienter und ressourcenschonender. Allerdings wechselt die Ausgestaltung nicht nur von einem Präsidenten zum anderen, sie variiert auch innerhalb einer Administration nach Politikfeldern und Problemstellungen. Die ideale Regierungsorganisation sollte demnach darauf abzielen, die Stärken des individuellen Entscheidungsstils des Präsidenten zu maximieren und die Schwächen zu minimieren (Rudalevige 2008, 2012; Pfiffner 2009, 2011).

Konfrontiert mit einer dezentralen Verwaltung verfügt der Präsident über unterschiedliche Instrumente, die gewährleisten sollen, dass seine Präferenzen in den Ministerien und Behörden bei der Planung und Implementierung von Politikinhalten berücksichtigt werden. Eine Strategie ist die Politisierung des Verwaltungsapparats (*politicization*), d. h. die Berufung von Personal in leitende Positionen aufgrund ihrer politischen Loyalität oder ideologischen Nähe. Die Zahl der Posten innerhalb der Exekutive, die vom Präsidenten ernannt werden, ist bis in die 1980er Jahre konstant gestiegen und stagniert seither. Dabei ist zu beobachten, dass nicht nur die Anzahl politischer Beamter angewachsen ist, sondern der Präsident zulasten der jeweiligen Behördenleiter sein Ernennungsrecht auch auf die unteren Verwaltungsebenen ausdehnen konnte. Barack Obama konnte zu Beginn seiner Amtszeit zwischen 3.000 und 4.000 Mitarbeiter ernennen, wovon ca. 25 % der Zustimmung des Senats bedurften. Präsidenten nutzen dieses personelle Instrument der Politisierung des Verwaltungsapparats, um ihren Einfluss auf dessen inhaltliche Ausrichtung zu sichern. Der Anreiz zur Politisierung steigt mit der Bedeutung der Behörde für die Umsetzung der präsidentiellen Agenda, wie etwa der gescheiterte Versuch Präsident Obamas, Elizabeth Warren als Direktorin des *Consumer*

Financial Protection Bureau (CFPB) zu nominieren, verdeutlicht. Allerdings besteht ein trade-off zwischen präsidentiellem Zugewinn an Einfluss auf eine Behörde und sinkender Performanz dieser Behörde. Nicht immer bringt das politisch loyale Personal auch die notwendige fachliche Expertise für das Amt mit. Dieser negative Effekt der Politisierung zeigt sich etwa an den Beispielen mangelhaften Krisenmanagements der *Federal Emergency Management Agency (FEMA)* nach dem Hurrikan Katrina 2005 oder des *Mineral Management Service (MMS)* in der Deepwater-Ölkatastrophe 2010, welche zu nicht unerheblichen Teilen auf die Besetzung von Führungspersonal ohne hinreichende Qualifikationen zurückgeführt werden (Lewis 2008, 2012; Dickinson 2005).

Ein zweites Instrumentarium präsidentieller Einflussnahme ist die Zentralisierung von Zuständigkeiten und Ressourcen aus der Verwaltungsperipherie in das *EOP* oder *WHO*. Hierdurch reduziert sich der Koordinationsaufwand für den Präsidenten, während zugleich die Kontrolle über den Politikformulierungsprozess zunimmt. Dabei können Politisierung und Zentralisierung als substituierende Strategien begriffen werden, da die Notwendigkeit zu zentralisieren abnimmt, wenn der Präsident die Bürokratie zuvor effizient politisiert hat. Ihr strategischer Nutzen erhöht sich sowohl mit zunehmender Salienz und steigendem Problemdruck, als auch im Falle von politikfeldübergreifenden Angelegenheiten oder Verwaltungsumstrukturierungen. Allerdings kann die institutionelle Machtposition der Ministerien nur bedingt umgangen werden, da deren Expertise gerade bei sehr komplexen und Detailfragen betreffenden Problemstellungen essentiell ist. Zudem wirkt sich die Strategie der Zentralisierung auf den Erfolg des Präsidenten im Gesetzgebungsprozess aus. Sie gewährleistet, dass ein Gesetzentwurf eng den Präferenzen des Präsidenten folgt. Allerdings kann sie auch den Widerstand des Kongresses wecken, wie z. B. die missglückte Gesundheitsreform unter Bill Clinton 1993 zeigt. Ihr Scheitern kann maßgeblich auf die Zentralisierung innerhalb des *WHO* – genauer in einer Arbeitsgruppe unter der Leitung der damaligen First Lady Hillary Clinton – zurückgeführt werden (Rudalevige 2002).

Drittens verfügt der Präsident über exekutive Machtmittel, die sich aus der Verfassung ableiten. Hierzu zählen *executive orders, directives, proclamations, memoranda, signing statements, recess appointments* und *executive agreements*. Da der Präsident allein über Einsatz, Inhalt und Reichweite dieser Instrumente entscheidet (*unilateral powers*), verleihen sie ihm einen strategischen Vorteil gegenüber den anderen Institutionen (Cooper 2002; Howell 2005). Dabei sind sie aufgrund ihrer Tragweite verfassungsrechtlich und politisch meist sehr umstritten – insbesondere wenn der Präsident sie dazu nutzt, am Ende des Gesetzgebungsprozesses Gesetze einseitig umzuinterpretieren (*signing statements*) oder den Aushandlungsprozess in der legislativen Arena komplett zu umgehen (*executive orders, recess appointments, executive agreements*). *Executive orders* ermöglichen es dem Präsidenten, eigenständig Politikinhalte zu formulieren und umzusetzen. Sie sind in ihrer Wirkkraft Gesetzen gleichrangig, können aber vom Kongress per Gesetz abgeändert, vom Obersten Gerichtshof gekippt und ebenso vom Präsidenten durch eine neue *executive order* abgelöst werden. Die Liste wichtiger *executive orders* ist lang: Beispielsweise setzte Abraham Lincoln das Recht auf habeas corpus außer

Kraft, Bill Clinton verfügte die ‚*don't ask, don't tell*'-Politik bezüglich Homosexueller im Militärdienst, George W. Bush richtete im Zuge des ‚*war on terror*' Militärtribunale ein und Barack Obama ordnete die Schließung des Gefangenenlagers auf Guantanamo Bay an (Mayer 2002; Howell 2003). *Signing statements* sind Kommentare, die der Präsident mit der Unterzeichnung eines Gesetzes anfügen kann. Meist dankt er in diesen den an der Gesetzgebung beteiligten Protagonisten. Allerdings kann er sie auch nutzen, um der Verwaltung seine Interpretation des Gesetzestexts darzulegen, d. h. ihr die Ausführung gezielt vorzuschreiben oder sie anzuweisen, einzelne Regelungen aufgrund verfassungsrechtlicher Bedenken nicht auszuführen. Letzteres kommt einem *line-item* Veto nahe, welches der Supreme Court 1998 für verfassungswidrig erklärt hat, da Gesetze nur ganz oder gar nicht vom Präsidenten zurückgewiesen werden können. Für Aufsehen sorgte etwa das *signing statement* von Präsident George W. Bush zum *Detainee Treatment Act* 2005, in welchem er unter Berufung auf den Ansatz der *unitary executive* angibt, nicht an den Gesetzesabsatz zum Folterverbot gebunden zu sein. Auch Präsident Obama nutzt regelmäßig, aber bei Weitem nicht so umfänglich wie sein Amtsvorgänger das Instrument des *signing statements*, etwa um die Finanzierung der umstrittenen *policy czars* im *WHO* zu schützen (Cooper 2005; Crouch et al. 2013).

4 Der Präsident in der legislativen Arena: Bedingungen gesetzgeberischen Erfolgs und strategische Instrumente

Ob und inwieweit es dem Präsidenten gelingt, sein politisches Programm umzusetzen, ist ein, wenn nicht gar das zentrale Kriterium zur Beurteilung einer Präsidentschaft. Dabei ist die aktive Rolle des Präsidenten im Legislativprozess erst eine Entwicklung der *modern presidency*. Noch zu Beginn des 20. Jahrhunderts wurde vom Präsidenten weitgehend gesetzgeberische Zurückhaltung erwartet und von diesem auch akzeptiert. Heute hingegen ist die Auffassung, dass der Präsident die Aufgabe hat, eine legislative Agenda zu formulieren, diese in den Kongress einzuspeisen und die Führung im Gesetzgebungsprozesses zu übernehmen, tief im Bewusstsein der Öffentlichkeit, der Kongressmitglieder und des präsidentiellen Selbstverständnis verankert (Dickinson und Bosso 2008).

Die Verfassung jedoch rückt den Kongress ins Zentrum des Gesetzgebungsprozesses. Dementsprechend definieren dessen politische und ideologische Zusammensetzung sowie institutionellen Regelsets die Handlungsspielräume, innerhalb derer der Präsident agieren kann (Edwards 1989; Bond und Fleisher 1990, 2000; Beckmann 2010). Zieht man beispielsweise die *presidential success scores* als ein Maß zur Bewertung präsidentiellen Erfolgs in der legislativen Arena heran (Abb. 1), zeigt sich zweierlei. Erstens ist der Präsident erfolgreicher, wenn seine Partei die Mehrheit im Kongress innehat (*unified government*), im Gegensatz zu wenn die Kontrolle der Regierungszweige zwischen den Parteien aufgeteilt ist (*divided government*). So erfolgten im Jahr 2009 96,7 % aller Abstimmungen, zu denen Präsident Obama eine klare Position geäußert hatte, in Übereinstimmung mit seinem Standpunkt. Er übertraf damit die alte Bestmarke Lyndon B. Johnsons von

Der Präsident: Zwischen Führungsanspruch und Machtbegrenzung 143

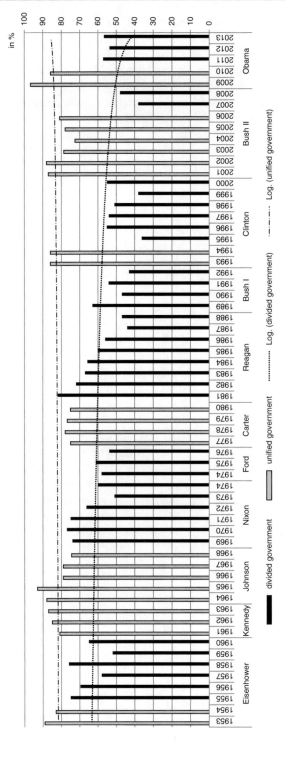

Abb. 1 *Presidential success scores* nach parteipolitischer Kontrolle der Regierungszweige; 1953–2013. Die *presidential success scores* werden jährlich von Congressional Quarterly auf der Grundlage aller namentlichen Abstimmungen (*roll calls*) im Kongress berechnet, zu denen eine klare Position des Präsidenten für oder gegen die Verabschiedung des Gesetzes vorliegt. Sie geben Auskunft darüber, in wie vielen Fällen, die Abstimmung im Sinne des Präsidenten erfolgte. Quelle: CQ Vote Studies (2003–2013); eigene Zusammenstellung

93 % (1965) – beide unter *unified government*. Unter *divided government* sinkt die Erfolgsquote hingegen deutlich, wobei die tiefsten Werte in die Amtszeiten von Bill Clinton (1995: 36,2 %; 1999: 38 %) und George W. Bush (2007: 38 %) fallen. Zweitens verstärkt die seit Mitte der 1970er Jahre zu beobachtende Polarisierung der Kongressparteien die Effekte der parteipolitischen Zusammensetzung des Kongresses auf den Erfolg des Präsidenten. Vergleicht man die Phase geringer (1953–1976) und gestiegener Polarisierung (1977–2013) miteinander, zeigt sich deren asymmetrische Wirkung: Während unter *unified government* die Erfolgsraten immer recht hoch sind und nie unter 70 % fallen, nehmen sie unter *divided government* drastisch ab. Insbesondere nach Ronald Reagan erreichen Präsidenten in Zeiten geteilter Regierungsverantwortung nur noch selten eine Erfolgsquote von mehr als 50 %.

Die Auswirkungen der parteipolitischen Zusammensetzung der Regierungszweige und Polarisierung der Kongressparteien auf die Position des Präsidenten in der legislativen Arena zeigen sich in vier Mechanismen. Erstens ist die Übereinstimmung elektoraler Interessen, inhaltlicher Ziele und ideologischer Grundausrichtung innerhalb einer Partei größer als über die Parteigrenzen hinweg. Dies wird durch die gestiegene Polarisierung der Kongressparteien noch verstärkt. Im Umkehrschluss bedeutet dies nicht, dass das Verhältnis von Präsident und Kongressmehrheit zwangsläufig harmonisch ist, wie die Beispiele der gescheiterten Reform der Sozialversicherung unter Bush oder der steckengebliebenen Klimaschutzgesetzgebung unter Obama verdeutlichen. Wenngleich sich der Präsident anders als in parlamentarischen Systemen nicht auf eine Regierungsmehrheit stützen kann, so sind die exekutiv-legislativen Beziehungen unter *unified government* in der Regel doch weniger konfliktgeladen als unter *divided government*. (Coleman und Parker 2009). Zweitens verringert sich für den Präsidenten in Zeiten geteilter Regierungsverantwortung die Zahl potentieller Unterstützer im Kongress. Die Polarisierung verstärkt diesen Effekt, da die moderaten Abgeordneten nahezu vollständig aus beiden Kammern verschwunden sind. Im 112. Kongress gab es gemessen an den *DW-Nominate scores* keinen liberalen Republikaner und keinen konservativen Demokraten, und auch moderate Kongressmitglieder wie z. B. die *Blue Dog Democrats* oder *Republican Mainstreet Partnership* machen nur noch einen Bruchteil der Abgeordneten aus (Bond und Fleisher 2004). Drittens haben Demokraten und Republikaner im Repräsentantenhaus – aber auch im Senat – die Stellung ihrer jeweiligen Parteiführungen gestärkt, die aufgrund ihrer Lenkungskompetenzen, wie z. B. der Kontrolle über die Tagesordnung, über die Zuweisung von Gesetzentwürfen an die Ausschüsse oder über die Regeln der Plenardebatte und -abstimmung, eine Schlüsselposition im Gesetzgebungsprozess einnehmen. Dies macht sie unter *unified government* zu wichtigen Verbündeten des Präsidenten, unter *divided government* hingegen zu seinen zentralen Gegnern in der legislativen Arena (Aldrich und Rohde 2000; Rohde 2013; Sinclair 2013). Viertens nimmt mit der Homogenisierung und Zentralisierung der Kongressparteien deren innerparteiliche Geschlossenheit zu. 2013 stimmten im Repräsentantenhaus 88 % der Demokraten und 92 % der Republikaner gemeinsam mit der Mehrheit ihrer Partei ab; im Senat waren es 94 % bei den Demokraten und 86 % bei den

Republikanern (Weyl 2014). Dies schlägt sich in der Unterstützung des Präsidenten (*presidential support scores*) nieder, die innerhalb der eigenen Partei zwar steigt, in der Gegenpartei hingegen drastisch sinkt. 2013 stimmten im Repräsentantenhaus 12 % der Republikanischen Mehrheitspartei und 83 % der Demokraten gemeinsam mit der Position Obamas ab; im Senat betrug die Quote bei den Demokraten 96 % und 40 % bei den Republikanern (Ethridge 2014). Gerade im Senat hat die schwindende Unterstützung aus der Gegenpartei des Präsidenten massive Folgen, da die institutionellen Spielregeln, wie etwa das *hold* oder der *filibuster*, den Einfluss einzelner Senatoren stärken und diesen die Möglichkeit einräumen, den Gesetzgebungsprozess zu blockieren.

Folglich muss der Präsident in der legislativen Arena zunächst einmal mit den Karten spielen, die ihm durch die Kongresswahlen in die Hand gegeben werden. Allerdings verfügt er über unterschiedliche Ressourcen, mithilfe derer er in der Lage ist, auf den Formulierungs- und Entscheidungsprozess Einfluss zu nehmen und seine Erfolgschancen zu maximieren. In der Vorbereitungsphase des Gesetzgebungsprozesses kann der Präsident auf die Themen einwirken, die sich auf der politischen Agenda befinden. Hierzu besitzt er mit der *State of the Union Address* und dem Haushaltsentwurf zwei wichtige Instrumente, den Mitgliedern des Kongresses und der Öffentlichkeit die Leitlinien und Schwerpunkte seines politischen Programms darzulegen. Dabei kommt es darauf an, welche Themen er auswählt, welche Priorität er den einzelnen Initiativen zuschreibt und in welcher Reihenfolge er diese anzugehen gedenkt. Zwar kann der Präsident seine Gesetzentwürfe nicht direkt in den Kongress einbringen, jedoch kann er in der Regel seine Initiativen über ein Kongressmitglied in den Legislativprozess einspeisen. Gerade in Zeiten von *unified government* bestimmen präsidentielle Initiativen mehrheitlich die Tagesordnung des Kongresses, wohingegen unter *divided government* die Führung der Mehrheitspartei zu einem starken Kontrahenten heranwächst, der eine alternative politische Agenda formuliert (Edwards und Barrett 2000). Während der Beratungs- und Abstimmungsphase beruht die Machtposition des Präsidenten in erster Linie auf nicht-formalen Ressourcen. Hier geht es darum, in einem beständigen Verhandlungsprozess mit den Kongressführungen sowie einzelnen Abgeordneten und Senatoren einen gemeinsamen Gesetzentwurf zu erarbeiten. Dieser Prozess des Aushandelns und der Kompromissfindung verläuft über institutionalisierte wie informelle Kanäle. Dabei verlaufen die Kommunikationswege einfacher innerhalb einer Partei als über die Parteigrenzen hinweg. Das einzige formelle Werkzeug des Präsidenten in der legislativen Arena ist sein Veto. Am Ende des Gesetzgebungsprozesses angesiedelt, ist das Veto kein rein negatives Instrument zur Blockade unliebsamer Gesetze. Vielmehr ist bereits die Androhung eines Vetos ein effektives Mittel, Zugeständnisse während des Aushandlungsprozesses zu erwirken und Gesetzesinhalte in die gewünschte Richtung zu beeinflussen. Dabei werden die Politikpräferenzen des Präsidenten mit oder ohne Androhung eines Vetos fortwährend ‚mitgedacht', um ein Gesetz ‚vetosicher' zu machen. Da zur Zurückweisung eines Vetos Zweidrittelmehrheiten in beiden Kammern notwendig sind, werden nur wenige Initiativen, die der Präsident grundlegend ablehnt trotzdem zu Gesetzen. Von 1.498 regulären Vetos seit 1789 wurden

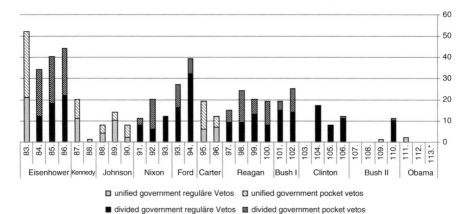

Abb. 2 Präsidentielle Vetos (reguläre und *pocket vetoes*) nach parteipolitischer Kontrolle der Regierungszweige; 1953–2013. Neben dem regulären Veto gibt es noch das sogenannte *pocket veto*. Der Präsident hat zehn Tage Zeit, um ein Gesetz zu unterschreiben oder es mit einem Veto zu belegen. Lässt er diese Zehntagefrist verstreichen, so tritt das Gesetz auch ohne seine Unterschrift in Kraft, es sei denn der Kongress vertagt sich innerhalb dieser Phase. Dann verschwindet das Gesetz ‚in der Tasche' des Präsidenten und muss den Gesetzgebungsprozess auf ein Neues durchlaufen
* einschließlich Dezember 2013.
Quelle: Woolley und Peters 2014; http://www.presidency.ucsb.edu/data/vetoes.php [Zugegriffen am 20.01.2014]; eigene Darstellung.

nur 110 (7,3 %) überstimmt (Senate Reference Desk 2014). Setzt man die Anzahl der Vetos in Beziehung zur parteipolitischen Kontrolle der Regierungszweige, zeigt sich, dass der Präsident unter *divided government* häufiger von seinem Veto Gebrauch macht als unter *unified government* (Abb. 2) (Cameron 2000, 2009; Gilmour 2011).

5 Der Präsident in der öffentlichen Arena: Zwischen Evaluierung, Beeinflussung und Responsivität

Die Unterstützung in der öffentlichen Arena ist für den Präsidenten von zentraler Bedeutung – sei es um (wieder)gewählt zu werden oder um sein politisches Programm zu verwirklichen. Obgleich empirische Studien widersprüchliche Ergebnisse zum Zusammenhang von öffentlicher Zustimmung und gesetzgeberischem Erfolg des Präsidenten liefern, so ist dennoch anzunehmen, dass das Schicksal des Präsidenten in der legislativen und elektoralen Arena eng mit der Stimmungslage innerhalb der Öffentlichkeit verbunden ist (Edwards 2009a, b; Kernell 2006).

Ein Indikator zur Evaluierung des Präsidenten ist seine Zustimmungsquote (*job approval*) innerhalb der Bevölkerung. Wirft man einen Blick auf die Zufriedenheitswerte mit der Amtsführung Barack Obamas, kann man zwei grundlegende

Trends beobachten. Erstens startete Obama im Januar 2009 in seine erste Amtszeit mit 67 %, dem höchsten Ausgangswert eines Präsidenten seit Gerald Ford. Danach schwanden seine Zustimmungswerte allerdings rasch. Zwar stiegen sie zu den Wahlen 2012 nochmal, lagen im Januar 2014 jedoch bei nur 40 %. Dabei ist der Verlust an Zustimmung weniger ein singuläres Phänomen der Präsidentschaft Obamas als ein strukturelles: Im diachronen Vergleich zeigt sich, dass nahezu alle Präsidenten im Laufe ihrer Administration an Unterstützung verlieren (Gallup 2014). Zweitens sticht die große Differenz der Zustimmungswerte von Demokraten und Republikanern ins Auge, die in der Woche der Präsidentschaftswahlen 2012 einen historischen Höchststand von 86 % (92 % Demokraten, 6 % Republikaner) erreichte. Während die Demokratischen Parteianhänger die Amtsführung des Präsidenten konstant (sehr) positiv bewerteten, nahm die Zufriedenheit im Republikanischen Lager mit der Amtsübernahme ab und verharrte seither auf sehr niedrigem Niveau. Dieser *partisan gap* erklärt sich durch die unterschiedliche Wahrnehmung und Gewichtung des Zustands der Wirtschaft, innen-/außenpolitischer Ereignisse oder von Persönlichkeitsmerkmale des Präsidenten. Dabei ist die parteipolitische Prädisposition lediglich ein Faktor von vielen, der die Bewertung der Amtsführung prägt – sowie auch Hautfarbe, Geschlecht, Ideologie oder Klasse (Gronke und Newman 2009; Bartels 2002).

Angesichts einbrechender persönlicher Umfragewerte und der Wahlniederlage der Demokraten in den Zwischenwahlen 2010 konstatierte Barack Obama, dass „making an argument that people can understand, I think we haven't always been successful at that. And I take personal responsibility for that" (zit. nach Elving 2011, S. 146). Demnach waren nicht Politikinhalte verantwortlich für das schlechte Abschneiden, sondern deren mangelhafte Kommunikation durch den Präsidenten. Die Aussage Obamas steht exemplarisch für die These, dass der Präsident in der Lage sei, mittels geschickten Einsatzes des *bully pulpits*, d. h. der medialen Präsenz des Weißen Hauses, die Öffentlichkeit zu beeinflussen oder gar zu führen. Nun weist ihm die Rolle als alleiniger Repräsentant der gesamten Nation zweifelsohne eine exponierte Stellung in der öffentlichen Arena zu. Seine Möglichkeiten präsidentieller Führung sind allerdings eher begrenzt. Zwar ist der Präsident aufgrund seiner medialen Omnipräsenz ein zentraler, aber keinesfalls der dominierende Agendasetzer. Mittels direkter Ansprache an die Bevölkerung ist er in der Lage, das Bewusstsein für bestimmte Problemstellungen zu schärfen oder deren Bedeutung zu steigern. Darüber hinaus kann er versuchen, durch strategisches *framing* einer Thematik, d. h. die Art und Weise der Darstellung der Thematik die Denk- und Sichtweise auf diesen Sachverhalt zu beeinflussen. Beispielsweise kann das Thema Wohlfahrtsstaat als Instrument des sozialen Ausgleichs oder individueller Entmündigung ‚geframed' werden. Eine weitere Perspektive bietet sich für den Präsidenten durch gezieltes *priming* auf die Rangordnung von Bewertungs- und Entscheidungskriterien einzuwirken, z. B. wenn durch die stetige Betonung des Sicherheitsaspekts im Kampf gegen den Terror diesem Kriterium eine höhere Wichtigkeit zugeschrieben wird als etwa der Wirtschaft (Canes-Wrone 2006; Chong und Druckman 2007). Ob und inwieweit der Präsident erfolgreich diese Strategien einzusetzen vermag, ist einerseits von seinen rhetorischen Fertigkeiten abhängig, wird andererseits aber auch durch den Sachgegenstand – dessen Inhalt, Komplexität und Salienz – und die Prädispositionen und Merkmale der anvisierten Zielgruppe – z. B. Partei und Ideologie, Bildung und politisches Interesse – bestimmt. Zudem konkurriert der Präsident mit anderen Akteuren, denen die gleichen Instrumente zur Verfügung stehen, in einer ausdifferenzierten Medienlandschaft um die Aufmerksamkeit einer zunehmend fragmentierten und polarisierten Gesellschaft (Edwards 2003; Cohen 2008; Rottinghaus 2010; Eshbaugh-Soha und Peake 2011).

Politische Informationen werden durch die Massenmedien nicht nur bereitgestellt, sondern auch selektiert und kommentiert. Aufgrund der Mediatisierung kommt den Kommunikationsstrategien politischer Akteure eine wichtige Rolle zu. Präsidenten verfolgen in den letzten Jahren eine Strategie des *governing by campaigning*, die zum einen auf mediale Dauerpräsenz und zum anderen auf einen Mix verschiedener Informationskanäle und -ressourcen setzt, der auf die jeweilige Zielgruppe sowie die persönlichen Eigenschaften des Präsidenten abgestimmt ist. Hier verfügt der Präsident über eine Vielzahl unterschiedlicher Plattformen: von *town-hall meetings* und kleineren Auftritten quer über die Republik, über Radioansprachen und Pressekonferenzen, Interviews und Fernsehauftritten, bis hin zur direkten ‚Ansprachen an die Nation'. Dieses Arsenal unterschiedlicher Instrumente hat sich mit der Digitalisierung und dem Aufkommen der neuen Medien noch vergrößert. Als erster Präsident bedient sich Barack Obama des gesamten Spektrums an Möglichkeiten der Presse- und Öffentlichkeitsarbeit. Seine Kommunikationsstrategie verbindet traditionelle und innovative Elemente. Einen massiven Ausbau erfuhr unter Obama die Internetseite des Weißen Hauses. Unter www.whitehouse.gov finden sich Reden und Videos, wie z. B. die nun mittlerweile als Videopodcast veröffentlichte traditionelle Radioansprache ‚*Your Weekly Address*', und im Gegensatz zu früheren Administrationen werden hier auch in größerem Umfang Politikinhalte präsentiert und aufbereitet. Zudem wird mit Elementen der online-Partizipation experimentiert. Besonders präsent ist die Obama-Administration in den sozialen Medien wie Facebook, YouTube, MySpace oder Twitter. Diese neuen Medien sind aus zweierlei Gründen ein wertvolles Instrument für den Präsidenten: Zum einen erlauben sie es ihm, direkt und ungefiltert von den traditionellen Medien, mit der Bevölkerung in Kontakt zu treten, sei es über die sozialen Netzwerke oder Direktmails. Zum anderen ist es in der gegenwärtigen *post-broadcasting* Ära schwierig, eine breite Öffentlichkeit zu erreichen, da diese zunehmend in unterschiedliche Nischenöffentlichkeiten zerfällt. Hier sind die neuen Medien ein ideales Instrument, da Inhalte zielgruppenspezifisch aufbereitet und verbreitet werden können (Heith 2012; Elving 2011).

Die Beziehung zwischen Präsident und Bevölkerung in der öffentlichen Arena verläuft nicht einseitig, sondern vielmehr wechselseitig. Der Präsident muss sich gegenüber den Ansichten, Wünschen und Bedürfnissen der Bevölkerung responsiv zeigen. Um das Auf und Ab der öffentlichen Meinung genauer beobachten zu können, wurde der Stab im Weißen Haus, der mit der Erforschung der öffentlichen Meinung betraut ist, beständig ausgebaut. Dessen Einschätzungen fließen dann im Entscheidungsfindungsprozess des Präsidenten als ein Faktor von vielen in seine

Beurteilung ein (Heith 2004, 2012). Allerdings stellt sich die Frage, wem gegenüber genau sich der Präsident responsiv verhält? Auf der einen Seite umfasst sein Wahlkreis die gesamte Republik und demnach sollte er das Wohl aller oder zumindest einer Mehrheit der Bevölkerung im Blick haben. Auf der anderen Seite ist auch der Präsident ein parteipolitischer Akteur, der zuvorderst auf die Bedürfnisse derer reagiert, die ihn in sein Amt gewählt haben. So argumentiert ein Strang der Forschung, dass der Präsident seine Politikpositionen in der Regel den Präferenzen der Bevölkerungsmehrheit anpasst und sich damit in Richtung der gesellschaftlichen Mitte bewegt (Canes-Wrone und Shotts 2004; Erikson et al. 2002; Rottinghaus 2006). Andere Studien hingegen verweisen darauf, dass der Präsident sich in erster Linie an der Zustimmung der Anhänger des eigenen Parteilagers orientiert und sich deshalb diesen Präferenzen gegenüber responsiver verhält – ein Trend, der durch die gestiegene Polarisierung der Parteien und ihrer Wählerschaft verstärkt wird (Wood 2009; Eshbaugh-Soha und Rottinghaus 2013; Canes-Wrone und Kelly 2013).

6 Schlussfolgerungen: Der Präsident in Zeiten parteipolitischer Polarisierung

Es wurde bereits angesprochen, dass sich die parteipolitische Polarisierung auf die Rahmenbedingungen und Sachinhalte des politischen Entscheidungsprozesses auswirkt und damit auch die Position des Präsidenten beeinflusst. Für die legislative Arena kann gesagt werden, dass die Präsidenten der 1980er-2010er Jahre im Durchschnitt keine extremeren Politikpräferenzen besaßen als ihre Amtsvorgänger in den 1950er-1970er Jahren (Cohen 2011). Es zeigt sich jedoch, dass die Polarisierung die Kompromissfindung zwischen Präsident und Kongress gerade unter *divided government* – aufgrund des Regelarrangements im Senat aber auch unter *unified government* – einschränkt. Dabei fällt es dem Präsidenten aufgrund der größeren Distanz zwischen den Kongressparteien schwerer, seine Politikstandpunkte zu moderieren. Er muss immer auch die Präferenzen der Abgeordneten und Senatoren seiner Partei mitberücksichtigen, ist er doch an deren Erfolg in den nächsten Wahlen interessiert. Darüber hinaus kann es unter Umständen für den Präsidenten strategisch sinnvoller sein, wenn er im Prozess des Aushandelns im Hintergrund bleibt, weil seine Positionierung für oder gegen ein Gesetz die Fronten zwischen den Parteien im Kongress zusätzlich verhärten und die Kompromissfindung verkomplizieren könnte (Ethridge 2014).

Mit der Rückkehr zu *divided government* nach den Zwischenwahlen 2010 und dem Erstarken des *Tea Party*-Flügels innerhalb der Republikanischen Partei scheinen die Konfrontationen zwischen Weißem Haus und Kapitol eine neue Stufe erreicht zu haben. Exemplarisch hierfür stehen die wiederkehrenden Auseinandersetzungen um die Anhebung der Schuldengrenze, welche im Oktober 2013 in einem *government shutdown* kulminierten. In diesem Kontext wurde auch diskutiert, inwieweit der Präsident das Recht hat, eigenständig die Schuldenobergrenze anzuheben (Liptak 2013). Dies verweist auf einen weiteren Effekt der Polarisierung, denn in Zeiten gegenseitiger Blockade erhöht sich für den Präsidenten der

Anreiz, unilateral und damit am Kongress vorbei zu agieren. Administrative Instrumente wie *executive orders* oder *signing statements* sind hier zu nennen, aber auch die Ernennung von Beamten während der Kongress nicht tagt (*recess appointments*) oder die Strategien der Zentralisierung und Politisierung. Zwar finden sich sowohl für die Administration George W. Bushs als auch Barack Obamas zahlreiche Beispiele für unilaterale Alleingänge des Präsidenten. Inwieweit diese allerdings rechtfertigen, das Schreckgespenst einer ‚imperialen Präsidentschaft' erneut zu beschwören, bleibt zunächst abzuwarten. Zudem kann unilaterales Handeln des Präsidenten durchaus von Teilen der Bevölkerung gewünscht und damit responsiv sein. Die Herausbildung klarer parteipolitischer Lager in der Gesellschaft, sowie in den Medien, welche das Bild des Präsidenten übermitteln, schwächt die Position des Präsidenten als Repräsentanten der gesamten Nation. Zudem mussten sowohl George W. Bush – z. B. in der Einwanderungs- und Sozialpolitik – als auch Barack Obama – etwa in der Gesundheitspolitik – erfahren, wie schwierig es ist, die Interessen innerhalb der eigenen Parteianhängerschaft zwischen moderaten und extremen Kräften auszutarieren (Siewert und Haas 2012).

Ausgangspunkt des vorliegenden Beitrags war die Frage nach den Möglichkeiten und Grenzen präsidentieller Führung im US-amerikanischen System der *separated institutions sharing powers*, in dem die politischen Akteure institutionell zwar voneinander getrennt, funktional hingegen in einem permanenten Aus- und Verhandlungsprozess miteinander verbunden sind. Dabei ist deutlich geworden, dass den Handlungsräumen des Präsidenten enge Grenzen gesetzt sind. So stehen die regelmäßigen Forderungen aus Politik, Medien und Gesellschaft, nach denen der Präsident eine aktive Führungsrolle im politischen Prozess einnehmen soll, in Kontrast zu seinen verfassungsrechtlichen Ressourcen. Diese ermöglichen ihm in den seltensten Fällen ein alleiniges Handeln und keinesfalls versetzen sie ihn in die Lage, seinen politischen Willen im Alleingang gegen den Widerstand anderer Akteure durchzusetzen. George C. Edwards stellt daher richtigerweise fest, dass der Präsident weniger ein ‚*director of change*' ist, welcher eigenständig neue Handlungsspielräume kreieren und andere Akteure dahin treiben kann, wohin sie andernfalls nicht gehen würden. Vielmehr ist er ein ‚*facilitator of change*', der die vorhandenen Entscheidungsräume im politischen Spiel erkennen und nutzen muss (Edwards 2009a, S. 10–14). Für den Präsidenten ist folglich entscheidend, dass er die ihm zur Verfügung stehenden Instrumente situations- und gegenstandsadäquat strategisch einzusetzen und taktisch umzusetzen versteht.

Literatur

Aldrich, John H., und David W. Rohde. 2000. The consequences of party organization in the house: The role of the majority and minority parties in conditional party government. In *Polarized politics. Congress and the President in a partisan era*, Hrsg. Jon R. Bond und Richard Fleisher, 31–72. Washington, D.C.: CQ Press.

Bartels, Larry M. 2002. Beyond the running tally: Partisan bias in political perceptions. *Political Behavior* 24(2): 117–150.

Beckmann, Matthew N. 2010. *Pushing the agenda: Presidential leadership in US lawmaking, 1953–2004*. New York: Cambridge University Press.
Bond, Jon R., und Richard Fleisher. 1990. *The President in the legislative arena*. Chicago: The University of Chicago Press.
Bond, Jon R., und Richard Fleisher. 2000. *Polarized politics: Congress and the President in a partisan era*. Washington, D.C.: CQ Press.
Bond, Jon R., und Richard Fleisher. 2004. The shrinking middle in the US congress. *British Journal of Political Science* 34(3): 429–451.
Cameron, Charles M. 2000. *Veto bargaining: Presidents and the politics of negative power*. New York: Cambridge University Press.
Cameron, Charles. 2009. The presidential veto. In *The Oxford handbook of the american presidency*, Hrsg. George C. Edwards III und William G. Howell, 362–382. Oxford / New York: Oxford University Press.
Canes-Wrone, Brandice. 2006. *Who leads whom? Presidents, policy, and the public*. Chicago/London: Chicago University Press.
Canes-Wrone, Brandice, und Jason P. Kelly. 2013. The Obama presidency, public position-taking, and mass opinion. *Polity* 45(1): 85–104.
Canes-Wrone, Brandice, und Kenneth W. Shotts. 2004. The conditional nature of presidential responsiveness to public opinion. *American Journal of Political Science* 48(4): 690–706.
Chong, Dennis, und James N. Druckman. 2007. Framing public opinion in competitive democracies. *American Political Science Review* 101(4): 637–655.
Cohen, Jeffrey E. 2008. *The presidency in an era of 24-hour news*. Princeton: Princeton University Press.
Cohen, Jeffrey E. 2011. Presidents, polarization, and divided Government. *Presidential Studies Quarterly* 41(3): 504–520.
Coleman, John J., und David C.W. Parker. 2009. The consequences of divided government. In *The Oxford handbook of the american presidency*, Hrsg. George C. Edwards III und William G. Howell, 383–402. Oxford/New York: Oxford University Press.
Cooper, Phillip J. 2002. *By order of the President: The use and abuse of executive direct action*. Lawrence: University Press of Kansas.
Cooper, Phillip J. 2005. George W. Bush, Edgar Allan Poe, and the use and abuse of presidential signing statements. *Presidential Studies Quarterly* 35(3): 515–532.
Crouch, Jeffrey, Mark J. Rozell, und Mitchel A. Sollenberger. 2013. The law: President Obama's signing statements and the expansion of executive power. *Presidential Studies Quarterly* 43 (4): 883–899.
Dickinson, Matthew J. 2005. The executive office of the President: The paradox of politicization. In *The executive branch*, Hrsg. Joel D. Aberbach und Mark A. Peterson, 135–173. Oxford/New York: Oxford University Press.
Dickinson Matthew, J. 2011. The presidency and the executive branch. In *New directions to the american presidency*, Hrsg. Lori Cox Han, 136–165. New York: Routledge.
Dickinson, Matthew J. und Christopher J. Bosso. 2008. The president as legislative leader. In: *Congressional quarterly's guide to the american presidency*, Hrsg. Michael Nelson. 4. Aufl. Washington D.C.: CQ Press, 647–694.
Edwards III, George C. 1989. *At the margins: Presidential leadership of congress*. New York: Yale University Press.
Edwards III, George C. 2003. *On deaf ears: The limits of the Bully Pulpit*. New York: Yale University Press.
Edwards III, George C. 2009a. *The strategic president: Persuasion and opportunity in presidential leadership*. Princeton und Oxford: Princeton University Press.
Edwards III, George C. 2009b. Presidential approval as a source of influence in congress. In *The Oxford handbook of the american presidency*, Hrsg. George C. Edwards III und William G. Howell, 338–361. Oxford und New York: Oxford University Press.

Edwards III, George C., und Andrew Barrett. 2000. Presidential agenda setting in congress. In *Polarized politics: The president and congress in a partisan era*, Hrsg. Jon R. Bond und Fleisher Richard, 109–133. Washington, D.C.: CQ Press.
Elving, Ron. 2011. Fall of the Favorite. In *Obama in office*, Hrsg. James A. Thurber, 145–166. London: Boulder.
Erikson, Robert S., Michael B. Mackuen, und James A. Stimson. 2002. *The macro polity*. New York: Cambridge University Press.
Eshbaugh-Soha, Matthew, und Jeffrey Peake. 2011. *Breaking through the noise: Presidential leadership, public opinion, and the news media*. Stanford: Stanford University Press.
Eshbaugh-Soha, Matthew, und Brandon Rottinghaus. 2013. Presidential position taking and the puzzle of representation. *Presidential Studies Quarterly* 43(1): 1–15.
Ethridge, Emily. 2014. 2013 Vote studies: Presidential support. *CQ Weekly*. 03.02.2014, 170–176.
Fisher, Louis. 2007. Constitutional conflicts between congress and the president, 5. Aufl. Lawrence: University Press of Kansas.
Gallup, Inc. 2014. *Presidential job approval center*. http://www.gallup.com/poll/124922/Presidential-Approval-Center.aspx. Zugegriffen am 13.02.14.
Gilmour, John B. 2011. Political theater or bargaining failure: Why presidents veto. *Presidential Studies Quarterly* 41(3): 471–487.
Gronke, Paul, und Brian Newman. 2009. Public evaluations of presidents. In *The Oxford handbook of the american presidency*, Hrsg. George C. Edwards und William G. Howell, 232–253. Oxford und New York: Oxford University Press.
Hamilton, Alexander, James Madison, und John Jay. 2007. Die federalist papers, Hrsg. Barbara Zehnpfennig, 2. Aufl. München: C.H. Beck.
Heith, Diane J. 2004. *Polling to govern: Public opinion and presidential leadership*. Stanford: Stanford University Press.
Heith, Diane J. 2012. Obama and the public presidency: What got you here won't get you there. In *The Obama presidency: Appraisals and prospects*, Hrsg. Bert A. Rockman, Andrew Rudalevige und Campbell Colin, 123–148. Washington D.C.: CQ Press.
Howell, William G. 2003. *Power without persuasion: The politics of direct presidential action*. Princeton: Princeton University Press.
Howell, William G. 2005. Unilateral powers: A brief overview. *Presidential Studies Quarterly* 35(3): 417–439.
Jäger, Wolfgang. 2007. Der Präsident. In *Das Regierungssystem der USA: Ein Lehr- und Handbuch*, Hrsg. Wolfgang Jäger, Christoph M. Haas, und Wolfgang Welz, 129–170. München: Oldenbourg Wissenschaftsverlag.
Jäger, Wolfgang. 2012. Who's the Chief? Präsident und Kongress im politischen System der USA. In *What a President Can: Barack Obama und Reformpolitik im Systemkorsett der USA*, Hrsg. Christoph M. Haas und Wolfgang Jäger, 19–38. Baden-Baden: Nomos.
Kernell, Samuel. 2006. *Going public*. 4. Aufl. Washington D.C.: CQ Press.
Lewis, David E. 2008. *The politics of presidential appointments: Political control and bureaucratic performance*. Princeton: Princeton University Press.
Lewis, David E. 2012. The contemporary presidency: The personnel process in the modern presidency. *Presidential Studies Quarterly* 42(3): 577–596.
Liptak, Adam. 2013. Experts see potential ways out for Obama in debt ceiling maze. *The New York Times*. 03.10.2013.
Mayer, Kenneth R. 2002. *With the stroke of a pen: Executive orders and presidential power*. Princeton: Princeton University Press.
Neustadt, Richard E. 1991. *Presidential power and the modern presidents: The politics of leadership from Roosevelt to Reagan*. New York: The Free Press.
Office of Personnel Management 2014. *Comparison of total civilian employment of the federal government by branch, agency, and area as of June 2012 and September 2012*. http://www.opm.gov/policy-data-oversight/data-analysis-documentation/federal-employment-reports/employment-trends-data/2012/september/table-2/. Zugegriffen am 13.02.2014.

Patterson, Bradley H. 2008. *To serve the president: Continuity and innovation in the White House staff.* Washington, D.C.: The Brookings Institution Press.
Pfiffner, James P. 2009. The contemporary presidency: Decision making in the Bush White House. *Presidential Studies Quarterly* 39(2): 363–384.
Pfiffner, James P. 2010. The modern presidency. 5. Aufl. Boston: Wadsworth.
Pfiffner James, P. 2011. Organizing the Obama White House. In *Obama in Office*, Hrsg. James A. Thurber, 75–85. London: Boulder.
Rohde, David W. 2013. Reflections on the practice of theorizing: Conditional party government in the twenty-first century. *The Journal of Politics* 75(4): 849–864.
Rottinghaus, Brandon. 2006. Rethinking presidential responsiveness: The public presidency and rhetorical congruency, 1953–2001. *The Journal of Politics* 68(3): 720–732.
Rottinghaus, Brandon. 2010. *The provisional pulpit: Modern conditional presidential leadership of public opinion.* Galveston: Texas A&M University Press.
Rudalevige, Andrew. 2002. *Managing the president's program: Presidential leadership and legislative policy formulation.* Princeton: Princeton University Press.
Rudalevige, Andrew. 2005. The structure of leadership: Presidents, hierarchies, and information flow. *Presidential Studies Quarterly* 35(2): 333–360.
Rudalevige, Andrew. 2008. The decider: Issue management and the Bush White House. In *The George W. Bush Legacy*, Hrsg. Colin Campbell, Bert A. Rockman und Andrew Rudalevige, 135–163. Washington, D.C.: CQ Press.
Rudalevige, Andrew. 2012. Rivals, or a team? Staff and issue management in the Obama administration. In *The Obama presidency: Appraisals and prospects*, Hrsg. Bert A. Rockman, Andrew Rudalevige, und Colin Campbell, 171–197. Washington, D.C.: CQ Press.
Senate Reference Desk. 2014. Summary of bills vetoed, 1789-present. http://www.senate.gov/reference/Legislation/Vetoes/vetoCounts.htm. Zugegriffen am 13.02.2014.
Siewert, Markus B., und Christoph M. Haas. 2012. Change (un)limited? Präsident Obamas politische Handlungsmöglichkeiten zwischen Anspruch und Wirklichkeit. In *What a President Can: Barack Obama und Reformpolitik im Systemkorsett der USA*, Hrsg. Christoph M. Haas und Wolfgang Jäger, 207–218. Baden-Baden: Nomos.
Sinclair, Barbara. 2013. The president and the congressional party leadership in a hyperpartisan era. In: *Rivals for Power: Presidential-Congressional Relations*, Hrsg. James A. Thurber. 4. Aufl. Lanham: Rowman & Littlefield, 113–136.
Storing, Herbert J. 1981. *What the anti-federalists were for: The political thought of the opponents of the constitution.* Chicago: University of Chicago Press.
Taylor, Andrew J. 1998. Domestic agenda setting, 1947–1994. *Legislative Studies Quarterly* 23 (3): 373–397.
Walcott, Charles E., und Karen M. Hult. 2005. White House structure and decision making: Elaborating the standard model. *Presidential Studies Quarterly* 35(2): 303–318.
Warsaw, Shirley Anne. 2013. *Guide to the White House staff.* Washington, D.C.: CQ Press.
Wayne, Stephen J. 2009. Legislative skills. In *The Oxford handbook of the american presidency*, Hrsg. George C. Edwards III und William G. Howell, 311–337. Oxford und New York: Oxford University Press.
Wayne, Stephen J. 2012. *Personality and politics: Obama for and against Himself.* Washington, D.C.: CQ Press.
Weyl, Ben. 2014. 2013 Vote studies: Party unity. *CQ Weekly.* 03.02.2014, 183–188.
Wood, B. Dan. 2009. *The myth of presidential representation.* New York: Cambridge University Press.
Woolley, John T. und Gerhard Peters. 2014. *The american presidency project.* http://www.presidency.ucsb.edu/. Zugegriffen am 13.02.2014.

Der Supreme Court: Hüter der Verfassung oder Interpret der Gegenwart?

Michael Dreyer und Nils Fröhlich

Inhalt

1 Der Supreme Court – dritte Gewalt unter drei Gleichen 156
2 Der Supreme Court zwischen Recht und Politik 157
3 Die Richter 159
4 Verfahren und Entscheidungen 163
5 Living constitution oder original intent? 168
6 Trends und Entwicklungen im gegenwärtigen Supreme Court 170
Anhang: Einige wichtige Fälle 172
Literatur 178

Zusammenfassung
Der Supreme Court gilt als das älteste und zugleich mächtigste Verfassungsgericht der Welt, dessen Entscheidungen immer wieder weitreichende politische Konsequenzen gehabt haben. Oftmals treten die Urteile sogar als Ersatz an die Stelle ausbleibender Entscheidungen der politischen Gewalten. Umgekehrt steht das Gericht daher auch in der Kritik der Öffentlichkeit. Untersucht werden Aufbau, Funktionsweise und Urteilsfindung des Supreme Court im Rahmen des politischen Systems der USA.

Schlüsselwörter
Supreme Court • Verfassung • Gewaltenteilung • Bürgerrechte

M. Dreyer (✉) • N. Fröhlich
Friedrich-Schiller-Universität Jena, Jena, Deutschland
E-Mail: michael.dreyer@uni-jena.de; nils.froehlich@uni-jena.de

© Springer Fachmedien Wiesbaden 2016
C. Lammert et al. (Hrsg.), *Handbuch Politik USA*, Springer NachschlageWissen,
DOI 10.1007/978-3-658-02642-4_11

1 Der Supreme Court – dritte Gewalt unter drei Gleichen

Unter den drei *co-equal branches of government* wird der Supreme Court in der Regel etwas stiefmütterlich behandelt. Das gilt für die politikwissenschaftliche Forschung,[1] aber auch bereits für die Verfassung, in der der Kongress in Art. 1 mit über 2.000 Wörter beschrieben wird, die Präsidentschaft in Art. 2 immerhin noch mit gut 1.000 Wörtern – aber der Supreme Court und das gesamte Rechtssystem der USA mit 369 Wörtern. Dazu passt, dass bis 1935 dauerte, bis der Supreme Court sein eigenes Gebäude im Washingtoner Regierungsviertel bekam, nachdem er sich bis dahin mit Räumen im Kongress-Gebäude hatte begnügen müssen.

Ist der Supreme Court also die *least dangerous branch*, wie nicht nur Alexander Hamilton bereits in den *Federalist Papers* behauptete, sondern wie es auch der Titel eines der bekanntesten Bücher zum Thema aufgreift (Bickel 1962/1986)? Hamilton begründete seine Einschätzung im *Federalist* Nr. 78 damit, die Justiz habe „no influence over either the sword or the purse; no direction either of the strength or of the wealth of the society; and can take no active resolution whatever. It may truly be said to have neither force nor will, but merely judgment; and must ultimately depend upon the aid of the executive arm even for the efficacy of its judgments" (Hamilton et al. 1788/1961, Nr. 78). Diese Einschätzung war 1788 sicherlich berechtigt, denn tatsächlich sollte Hamiltons Co-Autor der *Federalist Papers*, John Jay, 1795 entnervt die Position als erster Chief Justice der USA aufgeben, um Gouverneur von New York zu werden – das Oberste Gericht hatte in den sieben Jahren seiner Amtszeit gerade vier Fälle behandelt, was dem nach Aktivität strebenden Politiker offenbar zu wenig war. Und auch heute braucht der Supreme Court für seine Entscheidungen, ganz wie von Hamilton analysiert, die Unterstützung der politischen Gewalten, denn ohne exekutive und legislative Mitwirkung setzt sich keine von ihnen gleichsam von selbst durch. Ein schlagendes Beispiel hierfür ist die vielleicht berühmteste Entscheidung des Gerichts, *Brown v. Board of Education* (347 U.S.483 (1954)), mit der 1954 die Rassentrennung in den USA rechtlich für unzulässig erklärt wurde. Das einzige Problem hieran ist, dass diese Entscheidung die Rassentrennung keineswegs beendete, nicht einmal die in öffentlichen Schulen, auf die sich *Brown* eigentlich bezog. Die mangelnde Kooperation der Regierung Eisenhower führte dazu, dass es ungefähr ein Jahrzehnt dauerte (und damit in die Präsidentschaften von Kennedy und Johnson hinein), bis die Rassenintegration in den Schulen sichtbare Fortschritte gemacht hatte.

Und doch wäre es verfehlt, dem Supreme Court mit Hamilton nur mindere Machtmittel zuzuschreiben. Das Gegenteil ist der Fall.

---

[1]Die beste kurz politikwissenschaftliche Einführung ist Baum (2010). Hilfreiche statistische Werte finden sich in Epstein et al. (2012). Zur Geschichte des Supreme Court immer noch am besten Currie (1985, 1990); als populäre neuere Übersicht Rosen (2007). Als Nachschlagewerk unverzichtbar Hall (2005). Erwähnt werden muss, dass Wikipedia inzwischen zu allen wesentlichen Fällen, zu allen Richtern und Sachthemen gründliche Artikel aufweist. Zur deutschen Forschung Dreyer (2004).

2 Der Supreme Court zwischen Recht und Politik

2.1 Die Stellung des Supreme Court im amerikanischen Rechtssystem

Die Rechtsstellung des Supreme Court ist in der Verfassung nur ansatzweise geregelt. Weder die Zahl der Richter ist festgelegt, noch die Organisation der unteren Gerichte, noch irgendwelche notwendigen Qualifikationen für das Richteramt. Alles dies wurde erst im *Judiciary Act* von 1789 festgelegt, der seither bei zahllosen Gelegenheiten wieder geändert wurde. Selbst so grundlegende Fragen wie die Zahl der Richter im Supreme Court können also durch ein einfaches Gesetz geändert werden. Allerdings ist dies seit 1869 nicht mehr geschehen, und der letzte Plan, die Zahl aus durchsichtigen politischen Gründen zu erhöhen, scheiterte in der zweiten Amtszeit von F.D. Roosevelt spektakulär. (Vgl. McKenna 2002; Solomon 2009; Feldman 2010).

Der Judiciary Act regelt auch die Einrichtung der unteren Bundesgerichte, also „such inferior Courts as the Congress may from time to time ordain and establish" (Art. III der Verfassung). Sie sind gegliedert in gegenwärtig 89 *District Courts* in den 50 Einzelstaaten der USA und 13 geographisch strukturierte *Courts of Appeals*. Hinzu kommen noch einige District Courts in den Territorien sowie einige sachlich geordnete Courts of Appeals, etwa der *Court of Appeals for the Armed Forces*. Anders als beim Supreme Court, dessen personelle Zusammensetzung seit 1869 auf neun Richter festgelegt ist, wird für die unteren Gerichte die Zahl der Richterstellen wie auch die geographische Zuordnung der einzelnen Gerichte immer wieder je nach demographischen Veränderungen (und auch politischen Zielrichtungen) geändert.

Der Supreme Court ist, wie jedes Verfassungsgericht, ein politisches Gericht. Dies gilt umso mehr, als die Prozeduren zur formellen Verfassungsänderung so kompliziert sind und die Zahl der Vetospieler im Verfassungsrevisionsprozess so hoch ist, dass es in der gesamten Verfassungsgeschichte der USA überhaupt nur 27 Verfassungszusätze gegeben hat, von denen zudem die meisten entweder nur technischen Charakter haben[2] oder aber nach ihrer Ausführung keine weiteren Konsequenzen folgten. So wichtig etwa die Sklavenbefreiung (13. Amendment) oder die Ausdehnung des Wahlrechts auf Frauen (19. Amendment) waren, hatten sie doch den *Nachteil*, dass sie nach Umsetzung der hier festgeschriebenen Verfassungsgebote vollkommen erfüllt waren. Neben der *Bill of Rights* (1791) ist es vor allem das 14. Amendment (1868), das für die Verfassungsinterpretation des Supreme Court eine besondere Rolle haben sollte und das uns noch mehrfach begegnen wird.

Die geringe Zahl von 27 Amendments war nicht in der Lage, den gesamten Verfassungswandel von 1787 bis heute abzubilden. An der Stelle, wo die

---

[2]Etwa das 20. Amendment (1933), das den Amtsantritt des Präsidenten vom März auf den Januar verschiebt.

politischen Gewalten nicht handelten, musste notgedrungen der Supreme Court einspringen. Das galt vor allem, für die Grundrechtsentwicklung, aber auch für die Abwägung der Rolle der Gewalten zueinander sowie für Fragen der föderativen Ordnung – horizontale und vertikale Gewaltenteilung bedürfen bis heute der Interpretation durch den Supreme Court.

Ein zweiter Punkt kommt hinzu. Das Gericht heißt „Supreme Court of the United States", und nicht „Supreme *Constitutional* Court of the United States". Mit anderen Worten: der Supreme Court erfüllt die Funktion, die in der Bundesrepublik von den fünf obersten Bundesgerichten gemeinsam wahrgenommen werden. Und dies, obwohl er nur über eine einzige Kammer mit neun Richtern verfügt. Dies ist nur dadurch möglich, dass der Supreme Court fast vollkommen Herr über seine Verfahren ist. Von vernachlässigenswerten Ausnahmen wie etwa dem Rechtsstreit zwischen zwei Botschaftern abgesehen gibt es keine originäre Rechtsprechung, die direkt vor dem Supreme Court beginnt. In fast allen Fällen agiert er als Revisionsinstanz, nachdem schon mehrere untere Instanzen Urteile in gleicher Sache gefällt haben. Seit der Revision des Judiciary Act von 1925 hat der Supreme Court fast völlige Freiheit, welche Fälle er hören will und welche nicht. Er ist seither also Herr über seine Arbeitslast und nimmt fast nur solche Fälle an, die eine bedeutende Verfassungsfrage zur Entscheidung vorlegen und in der nachgeordnete Gerichte einander widersprechende Urteile gefällt haben. Soweit agiert der Supreme Court wie ein normales oberstes Gericht in anderen Ländern. Es ist aber seine Funktion als Verfassungsgericht, die ihm seine spezielle politische Rolle gibt, und zwar seit 1803.

2.2 Die Stellung des Supreme Court im politischen System

In der Verfassung ist nicht explizit festgelegt, dass der Supreme Court der letzte Schiedsrichter zur Auslegung der Verfassung ist, und auch wenn Alexander Hamilton in Nr. 78 der Federalist Papers diese Auffassung bereits vertrat, war es ein kühnes Urteil des Supreme Court selbst, in *Marbury v. Madison* (5 U.S. 137 (1803), in dem das einstimmige Gericht und sein Chief Justice John Marshall als Autor des Urteils sich das Recht auf *judicial review* zuschrieben, also auf letztinstanzliche Überprüfung der Verfassungsgemäßheit von Gesetzen und Handlungen der anderen Gewalten. Marshall war sich dessen bewusst, dass dies eine Machterweiterung war, die vorsichtig gebraucht sein wollte, und er hat sie bis ans Ende seiner langen Amtszeit (1833) nie wieder genutzt – anders als die Verwerfung einzelstaatlicher Gesetzgebung, die von ihm regelmäßig ausgesprochen wurde und die erheblich zur Stärkung der schwachen Bundesgewalt gegenüber den Staaten beitragen sollte. Aber dies galt nicht für die Bundesebene und ihre Gesetzgebung selber.

Tatsächlich sollte die zweite Gelegenheit, bei der ein Bundesgesetz vom Supreme Court für verfassungswidrig und damit ungültig erklärt wurde, das Gericht und das ganze Land in seine tiefste politische Krise stürzen. In *Dred Scott v. Sandford* (60 U.S 393 (1857) wurde der die Sklaverei begrenzende *Missouri Compromise* von 1820 für verfassungswidrig erklärt. Anstatt die Debatte um die Sklaverei zu befrieden und zu beenden, wie es Chief Justice Roger Taney[3] und die Mehrheit von immerhin sieben der neun Richter beabsichtigt hatten, sollte dieses Urteil die politische Polarisierung im Lande drastisch verschärfen und damit den Weg in den Bürgerkrieg bereiten.

Konsequenzen dieser Tragweite sind extrem selten, aber mit vielen Urteilen, gerade zu Menschen- und Bürgerrechtsfragen, tritt das Gericht fast notgedrungen an die Stelle der Gesetzgeber, die viele politisch heikle Fragen schlicht ignorieren und Entscheidungen, in denen jede eigene Positionierung Stimmen kosten könnte, gerne den Gerichten überlassen.

Als ältestes Verfassungsgericht der Welt hat der Supreme Court weltweit traditionsbildend gewirkt. Länder mit starken Verfassungsgerichten wie Deutschland, Kanada, Israel oder Indien haben sich zum Teil am amerikanischen Vorbild orientiert, wobei diese Vorbildfunktion stärker in der Existenz dieser Institutionen generell zu sehen ist und nicht in der konkreten Ausgestaltung der Gerichte. Ein aufschlussreicher Vergleich kann zwischen dem Supreme Court und dem Bundesverfassungsgericht gezogen werden. Der Einfluss beider Gerichte auf die Politik ihrer Länder ist ausgesprochen stark. Aber es ist ein Mythos, dass der Supreme Court unmittelbar Pate bei der Errichtung des Bundesverfassungsgerichtes gestanden hätte; hier waren vielmehr deutsche Traditionen weit einflussreicher. Die weltweite Leuchtturmfunktion des Supreme Court ist aber trotzdem unübersehbar. Wie funktioniert er nun im Detail, jenseits der mageren Verfassungsbestimmungen?

3 Die Richter

3.1 Wie wird man Richter am Supreme Court?

Art. III der Verfassung bestimmt, dass alle Richter an Bundesgerichten vom Präsidenten nominiert und dann vom Senat mit einfacher Mehrheit bestätigt werden. Danach besitzen sie ihr Amt *during good behavior*, also auf Lebenszeit. Ihre Amtszeit wird beendet durch freiwilligen Rücktritt oder durch den Tod, bzw. bei Vergehen der Richter durch ein Impeachment-Verfahren, das dem präsidentiellen Impeachment vergleichbar gestaltet ist. Gegen Richter am Supreme Court ist ein solches Impeachment noch nie erfolgreich durchgeführt worden, gegen korrupte Richter unterer Bundesgerichte hingegen schon ab und an. 1805 versuchte Präsident Jefferson, den ihm unliebsamen Richter Samuel Chase aus dem Gericht zu

---

[3]Roger Taney (1777-1864) war von 1863 bis zu seinem Tode Chief Justice und gilt in Fachkreisen als einer der bedeutendsten Richter in der Geschichte des Supreme Court. In der Öffentlichkeit ist er allerdings nur als Autor von *Dred Scott*, der schlimmsten Fehlentscheidung in der Geschichte des Gerichts bekannt.

entfernen, aber das Impeachment-Verfahren scheiterte, was umgekehrt die Unabhängigkeit des Supreme Court wesentlich befestigte (Rehnquist 1992).

Wenn es auch keine rechtlichen Bestimmungen gibt, die den Präsidenten bei seinen Nominierungen zum Supreme Court (und zu den unteren Bundesgerichten) einschränken, gibt es doch handfeste politische Überlegungen, die beachtet sein wollen (Abraham 2008). Zunächst wird ein Präsident nur Richter nominieren, die ihm ideologisch nahestehen und in der Regel seiner Partei angehören. Tatsächlich war Lincoln 1863 der erste Präsident, der einen Richter aus der Minderheitenpartei ernannte – Stephen Johnson Field aus Kalifornien, der zwar Demokrat war, aber zugleich ein starker Verfechter der Einheit der Union, und der damit den Präsidenten im zentralen politischen Thema der Zeit unterstützte. Nicht immer ist diese vermeintliche ideologische Nähe jedoch ein Garant dafür, dass die so ernannten Richter auch eine Verfassungsinterpretation verfolgen, die wirklich auf der Linie des Präsidenten liegt. Die amerikanische Geschichte ist voll von Präsidenten, die ihre Ernennungen zum Supreme Court später bitter bereut haben. Sowohl Präsident Truman (Miller 1973, S. 242) wie Präsident Eisenhower betrachteten Supreme Court Ernennungen als die größten Fehler ihrer Präsidentschaft. Allerdings ist Eisenhowers angebliche Behauptung möglicherweise apokryph (Smith 2012, S. 603 FN). Da die Ernennungen auf Lebenszeit erfolgen, nützt diese späte Reue nichts mehr. Die lebenslange Dauer des Sitzes im Supreme Court ist zugleich auch ein Hinweis auf die nächste politische Überlegung: Präsidenten werden versuchen, relativ junge Richter zu ernennen, um einen möglichst langfristigen Einfluss auszuüben. In den letzten Jahrzehnten waren die ernannten Richter im Schnitt knapp über 50 Jahre alt, was eine entsprechend lange Amtsdauer vermuten ließ und lässt. Tatsächlich sind inzwischen Amtszeiten von über 20 Jahren normal geworden. Überhaupt hat es in der gesamten Geschichte der USA bislang nur 112 Richter am Supreme Court gegeben, darunter 17 „Chief Justices". Als bislang letzte Richterin wurde 2010 Elena Kagan ernannt. Ihre drei direkten Vorgänger in ihrem Sitz, John Paul Stevens (ernannt 1975), William O. Douglas (1939) und Louis Brandeis (1916) hielten diesen einen Sitz im Supreme Court fast durch ein ganzes Jahrhundert.

Andere Kriterien sind im Laufe der Zeit weniger wichtig geworden bzw. umgekehrt neu hinzugekommen. In Zeiten des sektionalen Konfliktes um die Sklaverei spielte die geographische Ausgewogenheit des Gerichtes zwischen Nord und Süd eine zentrale Rolle. Heute ist die Geographie belanglos geworden. Früher war die Religion der Kandidaten wichtig; ab Mitte des 19. Jahrhunderts wurde darauf geachtet, wenigstens einen Katholiken im Gericht zu haben. Als 2010 mit John Paul Stevens der einzige verbliebene Protestant aus dem Gericht ausschied (Baker 2010), wurde dies von kaum jemandem eines Kommentars würdig befunden. Gegenwärtig sind sechs Mitglieder des Gerichtes katholischen und drei jüdischen Glaubens – eine Zusammensetzung, die noch vor kurzem politisch unmöglich gewesen wäre. 2005 endete mit dem Ausscheiden von Sandra Day O'Connor, einer ehemaligen Staatssenatorin aus Arizona, eine andere Tradition. Von Anfang an sind neben Fachjuristen immer auch ehemalige Politiker im Gericht gewesen, von denen einige zu den bedeutendsten Richtern der

Geschichte des Supreme Court gezählt werden.[4] Ihr konsensorientierter staatsmännischer Blick ist heute anscheinend nicht mehr gefragt; ein Indikator der politischen Polarisierung, die längst auch den Supreme Court erreicht hat. Gegenwärtig sind alle Mitglieder des Gerichtes Juristen ohne jegliche politische Erfahrung in einem Wahlamt.

Wichtig geworden sind demgegenüber in vergangenen Jahren ethnische Überlegungen. Präsident Johnson ernannte 1967 mit Thurgood Marshall den ersten „African-American" zum Richter im Supreme Court, während Ronald Reagan 1981 mit Sandra Day O'Connor die erste Frau ernannte. Es ist politisch undenkbar, dass der Supreme Court wieder zu einer reinen Bastion weißer Männer werden könnte. Gerade Minderheiten, die für Präsidenten politisch wichtig sind, achten auf entsprechende Ernennungen. Es ist kein Zufall, dass Ronald Reagan mit Antonin Scalia 1986 den ersten Italo-Amerikaner ernannte oder dass Barack Obama sich 2009 bei seiner ersten Ernennung mit Sonia Sotomayor für die erste Latina entschied.

Im Schnitt kann ein Präsident damit rechnen, in einer vollen Amtszeit ein bis zwei Ernennungen durchzuführen – allerdings ist diese Angabe mit Vorsicht zu nehmen, denn angesichts der Freiheit der Richter, ihren eigenen Rücktritt zu bestimmen, gibt es keine Garantien. Pech hatte Jimmy Carter, der als einziger Präsident mit einer vollen Amtszeit keinen einzigen Richter bestimmen konnte.

Nach der Nominierung durch den Präsidenten werden (wie auch bei den Richtern für die unteren Bundesgerichte) Anhörungen im Justizausschuss des Senates durchgeführt, der danach eine Empfehlung an den gesamten Senat ausspricht. Dieser braucht eine einfache Mehrheit, um den Kandidaten zu bestätigen. So einfach, wie dies klingt, ist es in Zeiten politischer Polarisierung allerdings nicht mehr. Früher war es nicht ungewöhnlich, dass der Senat die Nominierungen des Präsidenten ohne wirkliche Debatte in kurzer Zeit bestätigte. Heute wollen Nominierungen über Wochen hinweg vorbereitet sein, damit man auf alle schwierigen Fragen vorbereitet ist. Der letzte im Senat gescheiterte Kandidat war Robert Bork, der 1987 mit 58:42 abgewiesen wurde. Bork war ein brillanter erzkonservativer Denker, der in zahllosen Aufsätzen seine Ansicht zur Verfassung niedergelegt hatte – was den Gegnern natürlich erhebliche Munition bot. Nach dem Bork-Debakel haben sich alle Präsidenten, egal welcher Partei, für sogenannte *stealth candidates* entschieden, von denen nach Möglichkeit niemand wusste, was ihre Positionen waren. Die Nominierungsanhörungen sind inzwischen zu einem ritualisierten Kabuki-Theater verkommen, in dem die Senatoren versuchen, belastbare Antworten zu bekommen und die Kandidaten nach Möglichkeit vermeiden, solche Antworten zu geben. Die letzte bislang gescheiterte Kandidatin war Harriet Miers, die

---

[4]Etwa John Marshall (Chief Justice 1801-35; ehemaliger Kongress-Abgeordneter und Außenminister), Roger Taney (Chief Justice 1836-64; ehemaliger Verteidigungs-, Justiz- und Finanzminister), Charles Evans Hughes (Justice 1910-16, Chief Justice 1930-40; ehemalige Gouverneur von New York, Außenminister und 1916 Präsidentschaftskandidat) Earl Warren (Chief Justice 1953-69; ehemaliger Gouverneur von Kalifornien und 1948 Vizepräsidentenkandidat), und Hugo Black (Justice 1937-71, ehemaliger Senator aus Alabama). Die Liste ließe sich fast beliebig fortsetzen.

2005 von Präsident Bush nominiert wurde, allerdings schon im Vorfeld wegen ihres Mangels an Qualifikation von beiden Parteien abgelehnt wurde und die auf die Nominierung schon vor Beginn der Anhörungen verzichtete. Alles in allem haben Präsidenten im 20. und 21. Jahrhundert jedoch ganz überwiegend Erfolg mit ihren Nominierungen gehabt, während im 19. Jahrhundert noch ca. ein Drittel der Kandidaten im Senat scheiterte.

In der gesamten Geschichte der USA ab 1789 hat es ca. 3.300 Bundesrichter insgesamt gegeben, davon 112 am Supreme Court. Die knappe Mehrheit der heutigen knapp 900 Bundesrichter ist von Demokratischen Präsidenten ernannt worden; 2013 hatten noch Republikaner knapp die Nase vorn. Jeder Richter am Supreme Court hat Anspruch auf vier *law clerks*, die als Mitarbeiter für ein Jahr im Gericht arbeiten und die in der Regel zu den fachlich herausragenden Absolventen der wichtigsten Juristischen Fakultäten des letzten Jahres zählen. Finanziell lohnt sich die Arbeit in den Bundesgerichten kaum; ein Richter am Supreme Court verdient gut 200.000 USD, ein Richter an den unteren Bundesgerichten knapp darunter. Das ist gemessen an den Summen, die Spitzenanwälte in den USA sonst verdienen können, keine große Summe. Tatsächlich bekommen die ehemaligen law clerks, die nach ihrem Jahr im Supreme Court natürlich bevorzugt von großen Anwaltskanzleien angestellt werden, im Durchschnitt bei Vertragsabschluss einen *signing bonus* der höher ist als das Jahresgehalt der Richter. Das vergleichsweise niedrige Gehalt ist vor allem ein Problem bei der Besetzung der unteren Gerichte. Die Positionen am Supreme Court sind so prestigereich, dass es lange her ist, dass ein Kandidat aus finanziellen Überlegungen abgelehnt hätte. Im Übrigen haben fast alle Richter am Supreme Court vor ihrer Zeit im Gericht mehr oder minder lange als Anwalt gearbeitet und bringen von daher ein erhebliches Vermögen ins Gericht. Nach den letzten Vermögensübersichten, die die Richter als Personen des öffentlichen Lebens ebenso wie Politiker zugänglich machen müssen, sind außer Anthony Kennedy alle Mitglieder des Gerichts Millionäre (Moneyline 2014).

3.2 Persönlichkeit und Verfassungsphilosophie

Die Berufung in den Supreme Court ist in der Regel die letzte berufliche Position, die jemand in seinem Arbeitsleben ausüben wird. Auch früher sind Richter nur in Einzelfällen zurückgetreten, um andere Aufgaben zu übernehmen.[5] Das bedeutet, dass man für die gesamte Dauer seiner Amtszeit exakt acht weitere Kollegen hat sowie vier jährlich wechselnde Mitarbeiter. Es wäre wünschenswert, unter diesen Umständen gut miteinander auszukommen.

---

[5]John Jay, der erste Chief Justice, trat 1795 zurück, um Gouverneur von New York zu werden; Charles Evans Hughes verließ das Gericht 1916, um Präsidentschaftskandidat der Republikaner anzutreten. Nach 1945 ist nur Arthur Goldberg (Justice 1962-65) zurückgetreten, da Präsident Johnson ihn drängte, den Posten des UNO-Botschafters zu übernehmen – ein Schritt, den Goldberg später sehr bereute.

Tatsächlich sind die Richter früher als „Nine Scorpions in a Bottle" (Lerner 1994) beschrieben worden. So war Justice James Clark McReynolds (ernannt durch Präsident Wilson 1914) ein offener Antisemit, Rassist und Frauenfeind, was das Leben im Gericht nach der Ernennung des ersten jüdischen Richters Louis Brandeis (gleichfalls durch Präsident Wilson 1916) schwierig gestaltete. Auch die Abneigung von Justice William Brennan gegen Chief Justice Warren Burger (seit 1969) war bekannt. Brennan hielt Burger, nicht ganz ohne Berechtigung, für inkompetent und nicht vertrauenswürdig.

Aber dies sind die Ausnahmen. Normalerweise kommen die Richter gut miteinander aus, wobei oftmals auch persönliche Freundschaften jenseits ideologischer Gräben bestehen. So sind die sehr liberale[6] Richterin Ruth Bader Ginsburg und der ebenso konservative Antonin Scalia durch ihr gemeinsames Interesse an der Oper eng verbunden. Und im Alltag haben die Richter ohnehin weniger miteinander zu tun, als man erwarten würde. Jeder Richter bildet gewissermaßen mit seinen Mitarbeitern eine kleine Anwaltskanzlei. Gemeinsame Sitzungen aller Richter gibt es nur in den Verhandlungswochen; ansonsten verkehrt man untereinander durch schriftliche Memoranden, über die auch Urteilsentwürfe, Änderungswünsche, Zustimmungen und zuletzt abweichende Meinungen kommuniziert werden.

4 Verfahren und Entscheidungen

4.1 Wie kommt ein Fall vor den Supreme Court?

Ein Verfahren vor dem Supreme Court ist kein Recht, sondern ein Privileg. Da das Gericht keine nennenswerten Fälle mit originärer Jurisdiktion hat, ist die Basis eines Urteils fast immer ein vorliegendes Urteil eines unteren Gerichts. Je nachdem, wo das Verfahren seinen Anfang genommen hat, können sich sogar bereits bis zu fünf Instanzen (drei einzelstaatliche Gerichtsebenen sowie District und Appeals Court auf Bundesebene) mit der Materie befasst haben. Die Fakten des Falles sind also längst geklärt; dem Supreme Court geht es nur noch um die verfassungsrechtliche Würdigung – die letztverbindliche wohlgemerkt, denn jeder untere Bundesrichter kann Gesetze für verfassungswidrig erklären und damit die Anwendung des Gesetzes bis zur Entscheidung einer höheren Instanz aussetzen. Allerdings gilt eine solche Entscheidung einer unteren Instanz nur für den geographischen Bereich ihres Districts.

Das bedeutet auch, dass der Supreme Court in der Regel nur Fälle annimmt, die verfassungspolitische Bedeutung haben. Zum Beispiel können zwei unterschiedliche Appeals Courts die Verfassung verschieden ausgelegt haben. In diesem Fall ist ein Spruch des Supreme Court erforderlich, um die Rechtseinheit wieder herzustellen. Solche Voraussetzungen liegen aber nur in den wenigsten

---

[6]Die Begriffe „liberal" und „konservativ" werden im amerikanischen Sinne gebraucht und nicht im europäisch-ideengeschichtlichen Verständnis.

Fällen vor, und die große Majorität der an das Gericht herangetragenen Fälle gelangt nie zur Verhandlung.

Zur Annahme eines Falles müssen sich vier Richter bereit erklären, ihn zu hören. Da sich neun Richter unmöglich durch Tausende von Berufungsunterlagen kämpfen können, liegt hier eine der wesentlichen Aufgaben der law clerks, die ihren Richtern Vorschläge machen, welche Fälle anzunehmen sind.

In der Regel muss ein Antrag an den Supreme Court in gedruckter Form und mit einer hohen Zahl von Exemplaren eingereicht werden. Als Ausnahme gilt der Antrag *in forma pauperis*, also von Applikanten, die sich solchen Luxus nicht leisten können. Hierbei handelt es sich in der Regel um Strafgefangene, die gegen ihre Verurteilung vorgehen wollen. Einige der wichtigsten Fälle der 1960er Jahre sind auf diese Weise eingereicht worden (z. B. *Gideon v. Wainwright* 372 U.S. 335 (1963); heute ist dies seltener ein erfolgversprechender Weg zum Gericht.

4.2 Die Entwicklung des „docket"

Ein Meilenstein in der Entwicklung des Supreme Court war die bereits erwähnte Revision des Judiciary Act von 1925. Seither kann das Gericht im wesentlichen selbst entscheiden, wie viele Fälle es im Jahr hören und entscheiden will, womit natürlich zugleich die eigene Arbeitslast festgelegt wird. Angenommene Fälle werden in aller Regel innerhalb der gleichen Saison (die von Anfang Oktober bis Ende Juni reicht) entschieden; nur sehr selten werden Fälle in das nächste Jahr mit hinübergenommen.

Seit 1925 ist die Entwicklung des *docket*, also die für jedes Jahr angenommenen Fälle, sehr ungleich verlaufen. Zunächst kam es zu einem erheblichen Anwachsen der Fallzahl, vor allem in der Zeit des *Warren Court* (1953-1969)[7] wurden jährlich bis zu 300 Fälle bearbeitet. In diesen Jahren wurde nach und nach die Bill of Rights, die traditionell lediglich für die Bundesregierung bindend war, in ihrer Geltung auf die einzelnen Staaten ausgeweitet (*Incorporation*). Dies führte, zu erheblichen Aktivitäten des Gerichtes gerade auf dem Sektor der Bürgerrechte.

Mit dem Beginn des *Rehnquist Court* (1986-2005) war der neue Chief Justice William Rehnquist, der zuvor bereits seit 1972 dem Gericht als *Associate Justice* angehört hatte, bestrebt, die Arbeitslast des Gerichtes zu reduzieren. Rehnquist war erfolgreich, was dazu führte, dass der Supreme Court heute in der Regel nicht mehr als ca. 70 Fälle im Jahr hört und entscheidet. Dies hat vielfach zu Beschwerden über die vermeintliche Faulheit des Gerichtes geführt, die jedoch überzogen sind. Zunächst einmal sind die acht bis neun Urteile, die jeder Richter im Schnitt jährlich schreibt, keine Kleinigkeit. Es handelt sich dabei um viele Hundert Seiten, die als Resultat der

---

[7]Es ist üblich, den Supreme Court in der sich wandelnden personellen Besetzung nach dem Chief Justice zu benennen. 2014 haben wir also den „Robert Court"; um genau zu sein „Roberts 4", da sich seit dem Amtsantritt von Roberts 2005 die personelle Zusammensetzung durch den Eintritt der Richter Alito, Sotomayor und Kagan noch dreimal geändert hat.

Arbeit in die Öffentlichkeit gelangen – die vorhergehenden und oftmals vielfach umgeschriebenen Entwürfe bekommen nur die anderen Richter zu sehen. Zum anderen hat der Supreme Court in den Jahren des Warren Court und des Burger Court (1969-1986) viele Fälle angenommen, die nicht notwendig eine höchstrichterliche Entscheidung benötigten. Der Gang der Entscheidungsfindung ist zeitraubend genug, um auch bei 70 Fällen für volle Beschäftigung des Gerichtes zu sorgen.

4.3 Entscheidungsfindung und Urteilsbegründung

Nachdem der Supreme Court einen Fall zur Entscheidung angenommen hat (*certiorari granted* in der Gerichtssprache, im Gegensatz zu *certiorari denied*) wird dies den Parteien mitgeteilt, häufig mit Auflagen verbunden, welche verfassungsrechtlichen Themen sie in ihren Gutachten (*briefs*) ansprechen sollen. Neben den eigentlichen Parteien werden oftmals auch mehrere, wenn nicht Dutzende weitere Interessengruppen als *Freunde des Gerichts* (*amicus curiae*) zugelassen, die ebenfalls zum Teil sehr ausführliche Rechtsgutachten einreichen. Diese amicus briefs können von allen möglichen am Ausgang des Verfahrens interessierten ökonomischen, politischen oder weltanschaulichen Gruppen stammen. Bei allen einigermaßen wichtigen Verfahren kann man auch davon ausgehen, dass die Bundesregierung durch ihren ständigen Prozessvertreter, den *Solicitor General* ebenfalls ihre Rechtsauffassung zu Gehör bringt, auch wenn sie selbst keine Prozesspartei ist.

Der Solicitor General ist nicht dem deutschen Generalbundesanwalt vergleichbar, sondern erfüllt die Funktion des Anwalts der Bundesregierung in allen Verfahren vor dem Supreme Court. Die von seinem Amt verfassten *briefs* haben hohes Gewicht für die Urteilsfindung, stellen sie doch die offizielle Verfassungsinterpretation der gleichrangigen Exekutive dar. Man hat deshalb den Solicitor General auch gelegentlich als den *Tenth Justice* bezeichnet, und mehrere Inhaber dieses Amtes sind später selbst in den Supreme Court aufgestiegen, darunter auch Elena Kagan, die 2010 von Präsident Obama für das Gericht nominiert wurde.[8]

Nach der Annahme der Fälle beginnt im Oktober jedes Jahres die Sitzungsperiode des Gerichtes. Von Montag bis Mittwoch werden in den Sitzungswochen Fälle gehört, am Freitag treffen sich die Richter zur Beratung. In der Regel wird jeder Fall nicht nur schriftlich, sondern auch mündlich vor dem Gericht verhandelt (wiederum im Kontrast zum Bundesverfassungsgericht). Im 19. Jahrhundert konnten solche Verhandlungen mehrere Tage dauern, und die Plädoyers zogen sich nicht nur über Stunden hin, sondern waren geradezu gesellschaftliche Ereignisse in Washington. Seither ist die für die Plädoyers erlaubte Zeit immer mehr beschnitten worden. Heute steht für jeden Fall in der Regel nur eine Stunde zur Verfügung, die zwischen beiden Parteien aufgeteilt wird. Allerdings wird ein Anwalt kaum jemals

---

[8]Auch Chief Justice Roberts und Justice Samuel Alito haben Spitzenpositionen unterhalb des Solicitor General innegehabt. Insgesamt sind fünf frühere Prozessbevollmächtigte später selbst Richter im Supreme Court geworden, darunter William Taft und Thurgood Marshall.

mehr als ein bis zwei Sätze sagen können, bevor er von einem der Richter, die den Fall natürlich bereits aus den Akten perfekt kennen, unterbrochen wird. Die Fragen der Richter an die Anwälte dienen in der Regel dazu, extreme Konsequenzen der hier vertretenen Verfassungsinterpretationen aufzuzeigen sowie auf diesem Umweg in einen Dialog mit den anderen Richtern einzutreten.[9] Nach allgemeiner Auffassung lässt sich durch kein noch so brillantes Plädoyer vor dem Gericht ein Fall gewinnen, wohl aber kann man Fälle, die nach der Aktenlage gut aussahen, durch ein ungeschicktes Plädoyer noch verlieren.

Am Freitag jeder Sitzungswoche kommen die Richter im Beratungszimmer zu einer ersten Übersicht über die Fälle der Woche zusammen. Das ist, abgesehen von den öffentlichen Auftritten im Gerichtssaal, der einzige Moment im Entscheidungsfindungsprozess, in dem alle Richter in einem Raum zusammen sind – und auch nur die Richter; ohne jegliche Mitarbeiter. Jeder Richter gibt sein vorläufiges Votum ab, und der Chief Justice fasst die Meinungen zusammen. Wenn er sich selbst in der Mehrheit befindet, kann er bestimmen, wer für das Gericht das Urteil schreiben wird – bei knappen Mehrheiten empfiehlt es sich dabei, den unsichersten Kantonisten mit dem Urteil zu betrauen, um so ein späteres Abspringen zu verhindern. Bei besonders wichtigen und prestigereichen Urteilen, die weitreichende Folgen oder sogar historischen Charakter haben, behält sich der Chief Justice oftmals selbst vor, das Urteil zu schreiben – so etwa Warren bei *Brown v. Board of Education* (1954) oder Roberts im Obamacare-Fall (2013). Wenn der Chief Justice in der Minderheit ist, geht das Recht, das Urteil einem Richter zuzuteilen, auf den dienstältesten Richter der Mehrheit über.

Der nächste Schritt ist die Formulierung des Urteilsentwurfs. Wenn das geschehen ist, zirkuliert der Entwurf unter den Richtern und der Autor wartet nunmehr auf *join memoranda*. Sobald vier weitere Richter schriftlich erklärt haben, dass sie sich dem Urteil anschließen, steht die Mehrheit. In dieser Phase fliegen die Memoranda hin und her, einzelne Richter verlangen mehr oder minder substantielle Änderungen und der Autor bemüht sich, seine Mehrheit zusammenzuhalten. Neben den erwünschten join memoranda werden jetzt auch *concurring opinions* verfasst, also Meinungen, die mit dem Ergebnis übereinstimmen, aber eine andere verfassungsrechtliche Begründung vorziehen, und *dissenting opinions*, die das Ergebnis der Mehrheit für falsch halten und dies auch mehr oder minder drastisch ausdrücken. Ein Meister des scharf formulierten Dissenses ist Justice Scalia, der gelegentlich seinen Kollegen die Befähigung eines Studenten im ersten Jahr abspricht und den Untergang des Abendlandes heraufbeschwört.

In dieser Phase kann es auch passieren, dass ein Richter der Mehrheit abspringt und somit Mehrheit und Minderheit sich umdrehen können. Es spricht einiges dafür, dass Justice Roberts sein Urteil in *National Federation of Independent*

---

[9]Justice Clarence Thomas wird oft dafür kritisiert, dass er niemals während der öffentlichen Verhandlungen Fragen stellt. Diese Kritik ist nicht gerechtfertigt; die Meinungsbildung auf Grund der Aktenlage ist wesentlich wichtiger als die möglichen Antworten der Anwälte in der Verhandlung.

Business v. Sibelius (der Obamacare-Fall 567 U.S.___(2012) zunächst so verfasste, dass es die Gesundheitsreform für verfassungswidrig erklärte und erst später umschwenkte. Ein Indikator dafür findet sich darin, dass die anderen vier Richter, die seine knappe Mehrheit ausmachten, die Begründung von Roberts nicht mitgetragen haben, sondern ihre eigene vorlegten. Ein solcher Wechsel eines Richters ist natürlich vor allem dann von Bedeutung, wenn die Mehrheitsverhältnisse knapp liegen. Das gilt jedes Jahr nur für relativ wenige Urteile – aber unter denjenigen mit einer 5:4-Mehrheit sind oftmals die politisch wichtigsten und umstrittensten Urteile, die nach den ideologischen Bruchlinien im Gericht entschieden werden. Gegenwärtig gibt es vier durchgehend konservative und vier durchgehend liberale Richter im Supreme Court, mit dem libertär-konservativen Anthony Kennedy als Zünglein an der Waage. Kennedys grundlegend konservative Überzeugungen geben in den eng umkämpften Urteilen in der Regel dem konservativen Flügel die Oberhand, aber eben nicht immer. Wenn es sich um Individualrechte handelt wie die Meinungsfreiheit, die Gleichbehandlung von Schwulen oder Abtreibungsrechte, findet sich Kennedy in der Regel auf Seiten der Individuen wieder, und damit auf der linken Seite des Gerichts.

Übrigens gibt es neben den 5:4-Urteilen auch viele einstimmige Urteile. In der Regel werden mehr als ein Drittel aller Fälle auf diese Art entschieden; manchmal sogar die Hälfte der Fälle eines Jahres. Problematisch ist es, wenn es zu einem 4:4-Patt kommt. Das kann dann geschehen, wenn ein Richter sich aus persönlicher Betroffenheit für befangen erklärt – so schied Justice Kagan am Anfang ihrer Amtszeit bei einigen Fällen aus, für die sie noch als Solicitor General der USA auf Seiten der Exekutive gearbeitet hatte. Ein 4:4 lässt das letzte Urteil bestehen, besitzt aber nicht die Kraft eines verbindlichen Präzedenzfalles, da die Mehrheit fehlt. In diesem Fall ist also alle Arbeit vergebens gewesen.

Nicht alle Urteile des Supreme Court haben das gleiche verfassungspolitische Gewicht; Gelegentlich fallen auch Urteile auf der Basis gewöhnlicher Gesetze oder Verträge (etwa in den sogenannten *Indian cases*, die Verträge zwischen den Native Americans und der Regierung der USA interpretieren), die dann keine große Reichweite haben. Bei der Entscheidung wenden die Richter unterschiedliche Testverfahren an. In den meisten Fällen ist das *ordinary scrutiny*, wo es reicht, dass etwa eine gesetzliche Ungleichbehandlung *vernünftig* bezogen ist auf ein *legitimes* Regierungsinteresse – etwa Ungleichbehandlungen bei progressiver Steuererhebung, oder Versagung des Wahlrechts für Bürger unter 18 Jahren. Anders sieht es bei Ungleichbehandlungen etwa auf Grund der Hautfarbe aus. Hier müsste unter dem *strict scrutiny*-Test nachgewiesen werden, dass die gesetzliche Maßnahme *closely related* ist zu einem *compelling governmental interest* – was in der Praxis nur selten gelingt (kritisch Winkler 2006).

Die wichtigsten Urteile werden in der Regel gegen Ende des Gerichtsjahres verkündet und in seltenen Fällen auch teilweise im Sitzungssaal verlesen. Ganz selten kommt es vor, dass ein Richter mit dem Urteil nicht nur nicht einverstanden ist, sondern den Kurs der Mehrheit für so falsch hält, dass er oder sie den Dissens gleichfalls im Gericht verliest. Die Urteile enthalten natürlich ein gerüttelt Maß an juristischem Fachjargon und zitieren reichlich frühere Entscheidungen des Supreme Court. In der Regel, und vor allem bei politisch wichtigen Fällen, gibt es aber immer auch Abschnitte im Urteil, die weniger technisch sind und die in klaren Worten erklären, worum es bei der Entscheidung geht. In der klassischen Entscheidung *Brown v. Board of Education*, legte der neue Chief Justice Warren 1954 großen Wert darauf, dass das Urteil in allgemeinverständlichen Worten verfasst und zugleich so kurz war, dass es in seiner Gesamtheit auf einer Zeitungsseite abgedruckt werden konnte.

Präzedenzfälle haben in der Regel einen starken präjudizierenden Charakter gemäß dem Prinzip *stare decisis*; der Bestätigung der bestehenden Rechtssicherheit. Aber dies ist keineswegs selbstverständlich, wie das Schicksal von *Plessy v. Ferguson* (163 U.S. 537 (1896)) zeigt. Immerhin lagen hier 58 Jahre zwischen Präzedenzfall und seiner Aufhebung in *Brown*. Es ist sehr ungewöhnlich, dass grundlegende Urteile innerhalb weniger Jahre wieder aufgehoben werden. Ein solcher Fall ergab sich 2003, als die Entscheidung im Fall *Bowers v. Hardwick* (478 U.S. 186 (1986), der Diskriminierung gegen Schwule für verfassungsgemäß erklärt hatte, in Bausch und Bogen durch *Lawrence v. Texas* 539 U.S. 558 (2003) aufgehoben wurde. Der Verfassungstext hatte sich inzwischen nicht geändert, wohl aber die gesellschaftliche Akzeptanz von Homosexualität. Ist also das Gericht nur ein Spiegel der politischen Verhältnisse?

5 Living constitution oder original intent?

5.1 Richterlicher Aktivismus und richterliche Zurückhaltung (*judicial restraint*)

Im Laufe der gut 200 Jahre des Supreme Courts haben sich Verfassungsinterpretationen und die hinter ihnen stehenden Ideologien und Verfassungsphilosophien immer wieder geändert. Die beiden wichtigsten gegenwärtigen Schulen werden durch die Begriffe *living constitution* (Breyer 2008, 2010, S. 78) bzw. *original intent/textualism*[10] (Scalia 1997, 2012) umrissen. Erstere postuliert, dass sich die Verfassung und ihre Interpretation mit dem Wandel der Zeiten gleichfalls wandeln müsse. Wenn also das 1868 verabschiedete 14. Amendment *equal protection under the law* verlangt, dann müsse das heute etwa die Gleichbehandlung der Geschlechter einschließen, von der im 19. Jahrhundert natürlich keine Rede sein konnte. Für diese Verfassungsinterpretation steht im heutigen Gericht etwa Justice Stephen Breyer.

---

[10]Es gibt gewisse Unterschiede zwischen „originalism" und „textualism", die aber weniger bedeutend sind, als von ihren Anhängern behauptet und die hier vernachlässigt werden können. Grob gesagt geht „originalism" auf die Intentionen der Gesetzgeber zurück, während „textualism" die originäre Meinung des Gesetzestextes für primär hält. Beide sehen sich jedoch bei heutigen Interpretationen durch das gebunden, was bei der Verabschiedung der Verfassung oder der Amendments damit gemeint war.

Umgekehrt verlangt die Schule des *original intent*, dass eine Verfassungsbestimmung unwandelbar nur das bedeuten könne, was sie zur Zeit ihrer Verabschiedung bedeutete. So sei es absurd, unter *equal protection* etwa gleichgeschlechtliche Ehen zu verlangen, wenn Schwule 1868 mit Gefängnis bedroht waren. Hauptadvokat dieser Richtung ist Justice Antonin Scalia, der aber zugleich auch eine Lösung offenbart: in diesen Fällen müsse der demokratische Prozess Gesetze oder Verfassung ändern, nicht aber der Supreme Court. Das Problem der ersten Schule liegt darin, dass sie dazu verführen kann, den Text der Verfassung in gewagten Konstruktionen solange zu verzerren, bis er dem gewünschten Ergebnis entspricht. Das Problem der zweiten Schule liegt darin, dass sich die originale Bedeutung einer Bestimmung oftmals nicht mehr rekonstruieren lässt und dass zudem die Verfassung so zu einem eisernen Korsett für die Gesellschaft wird (Rakove 1996).

Die Frage, welche Haltung des Gerichts richterlichen Aktivismus darstellt, liegt fast ausschließlich in der politischen Überzeugung des Beobachters begründet. In den 1960er Jahren beklagten Konservative den Aktivismus des liberalen Warren Court und verlangten richterliche Zurückhaltung gegenüber den Entscheidungen der politischen Gewalten, und heute beklagen Liberale den Aktivismus des konservativen Roberts Court und verlangen richterliche Zurückhaltung. Außer natürlich im Falle umgekehrter Mehrheiten. Wenn der Roberts Court hier und da in wichtigen Fällen liberale Entscheidungen fällt (*Obamacare*, *Lawrence*), dreht sich das Blatt sofort um 180 Grad, und nunmehr verlangen die Konservativen mehr Zurückhaltung.

Es gibt im gegenwärtigen Gericht vermutlich keinen Richter – noch hat es jemals einen Richter gegeben – der in Fragen von Aktivismus oder Zurückhaltung eine vollkommen konsistente Haltung vertreten hätte. Ähnliches gilt für die *political question doctrine*, mit der das Gericht Entscheidungen in politisch heiklen Fällen ablehnen kann und diese den politischen Gewalten überlässt. In der Regel ist dies etwa in Fragen der Außenpolitik der Fall. So hat es zahllose Klagen gegen die Verfassungsgemäßheit des Irak-Krieges gegeben, für die sich das Gericht nicht zuständig erklärte. Aber diese Zurückhaltung reicht eben nur so weit, wie das Gericht es will. Sobald vier Richter einen Fall hören wollen, hält sie auch keine *political question* davon ab.

In politikwissenschaftlichen Analysen wurde gezeigt, dass die Verfassungsinterpretation des Supreme Court in ungefähr der öffentlichen Meinung und den Wahlergebnissen folgt (etwa Casillas et al. 2011) – was natürlich auch daran liegt, dass jeder neue Präsident Richter ernennt, die ihm ideologisch nahestehen. Aber es steckt noch mehr dahinter. Der Supreme Court bemüht sich, weder zu weit vor der öffentlichen Meinung vorauszuschreiten, noch zu weit hinterherzuhinken. Das hängt mit der demokratisch prekären Legitimation des Gerichts zusammen. Ein ungewähltes Gericht mit lebenslanger Amtszeit passte problemlos in die politische Landschaft von 1787, als weder Präsident noch Senat direkt durch das Volk gewählt wurden. Die Demokratisierungswellen seither haben das Gericht immer wieder anfällig gegenüber Kritik gemacht, und auf einzelstaatlicher Ebene gibt es seit dem *Progressive Movement* um die Wende vom 19. zum 20. Jahrhundert zahllose Staaten, in denen auch Richter gewählt werden – was allerdings, wie man inzwischen sehen kann, seine eigenen Probleme mit sich bringt. Jedenfalls ist auch das Gericht Gegenstand von zum Teil heftiger öffentlicher Kritik, bleibt aber trotzdem im Vergleich zum Präsidenten oder gar dem Kongress immer noch die öffentliche Institution mit dem höchsten Ansehen.

5.2 Die wachsende Bedeutung des Internationalen Rechts

Prinzipiell steht der Supreme Court ganz und gar innerhalb der angelsächsischen Rechtstradition. Neben der Verfassung und dem statuarischen Recht spielen Präzedenzfälle eine große Rolle und dem Gericht gehen Sätze wie „as we held in *Marbury v. Madison*" ganz selbstverständlich von der Zunge, als sei dieser Fall gerade gestern entschieden und nicht vor über 200 Jahren. Neben der Kontinuität steht aber auch eine steigende Bereitschaft, sich dem Internationalen Recht zu öffnen, was wiederum den erbitterten Widerstand konservativer Kreise nach sich zieht, die hier einen Ausverkauf amerikanischer Werte sehen. Es ist bemerkenswert, dass am gegenwärtigen Gericht immerhin vier der neun Richter neben ihren amerikanischen Universitätsabschlüssen auch ausländische Studienabschlüsse haben – also nicht nur ein Studienjahr im Ausland verbracht, sondern tatsächlich einen akademischen Titel erworben haben.[11]

Es ist vor allem Justice Kennedy, der ein aufmerksames Auge für internationale Entwicklungen hat und der in einer Reihe von Fällen diese Rechtsentwicklungen herangezogen hat, um das Argument zu unterstützen, dass sich weltweite Rechtsvorstellungen in eine bestimmte Richtung entwickeln. Prinzipiell ist dies nichts Neues; seit den 1790ern sind immer wieder internationale Fälle zitiert worden. Trotzdem ist es bemerkenswert, dass Kennedy diese Fälle systematisch in seine Überlegungen mit einbezieht (McCaffrey 2013). Ob dies einen neuen Trend markiert oder eine auf eine Person begrenzte Abweichung kann allerdings erst die Zukunft erweisen.

6 Trends und Entwicklungen im gegenwärtigen Supreme Court

6.1 Der Rehnquist Court und der Roberts Court

Seit 2005 ist John Roberts (nominiert von George W. Bush) Chief Justice, vor ihm waren es William Rehnquist (1986-2005, nominiert von Ronald Reagan) und Warren Burger (1969-1986, nominiert von Richard Nixon). Der letzte Demokratische Präsident, der einen Chief Justice nominieren konnte, war Harry Truman, und von den gegenwärtigen neun Richtern verdanken fünf ihre Position Republikanischen Präsidenten. Zudem ist inzwischen die Durchleuchtung der Kandidaten wesentlich gründlicher geworden. Ernennungsdesaster wie die Erfahrung, die Eisenhower mit dem entschieden liberalen Earl Warren machen musste, hat es

---

[11] Es handelt sich dabei um die Justices Antonin Scalia (AB Fribourg), Anthony Kennedy (BA, London School of Economics), Stephen Breyer (BA, Oxford) und Elena Kagan (MPhil Oxford).

lange nicht mehr gegeben. Unter sämtlichen seit der Präsidentschaft von Ronald Reagan ernannten Richtern hat vermutlich nur David Souter (1990-2009), nominiert von George H.W. Bush) seinen Mentor überrascht, da er zum liberalen Flügel des Gerichts gezählt wurde. Das ist ein bemerkenswertes Zeugnis für die wachsende Fähigkeit des Weißen Hauses, Kandidaten so gut einzuschätzen, dass sie tatsächlich der politischen Linie des Präsidenten aus eigenem Antrieb folgen.

Man kann Richter am Supreme Court auf einer Links-Rechts-Skala messen, auch wenn diese quantitative Auswertung der Stimmenverhältnisse nicht unumstritten ist (Martin et al. 2004), schließlich geht es hier um Verfassungsauslegungen und nicht um freie Abstimmungen wie im Kongress. Außerdem verschieben sich die Koordinaten. Eine Verfassungsinterpretation, die vor Jahrzehnten liberal gewesen sein mag, wäre heute konservativ, besonders wenn man die Entwicklung der Bürgerrechte betrachtet. Gleichwohl: wenn man die Stimmen der Richter skaliert, ergibt sich eine Liste, die den Vermutungen entspricht (einen sehr guten Überblick bietet Wikipedia 2014). Die als konservativ geltenden Richter sprechen sich tatsächlich in weit höherem Maße als ihre liberalen Kollegen z. B. für die Einzelstaaten gegen den Bund aus, für Handlungen der Polizei und gegen die Rechte von Angeklagten in Strafprozessen, für eine restriktive Auslegung der Grundrechte und so weiter. Solche Tabellen geben aber noch weitere Aufschlüsse: seit Jahrzehnten ist jeder neuberufene Richter am Supreme Court konservativer in seiner Stimmabgabe als der direkte Vorgänger. Das gilt auch für die von Obama ernannten Richterinnen Sotomayor (im Vergleich zu David Souter) und Kagan (im Vergleich zu John Paul Stevens). Was bedeutet dies für die politische Richtung des Supreme Court?

6.2 Auf dem Weg zu einer einheitlich konservativen Verfassungsinterpretation?

In der Tat gibt es viele Bereich der Verfassungsauslegung, in denen der Supreme Court in der Ära der beiden letzten Chief Justices von der liberalen Linie seiner Vorgänger abgewichen ist und deren Präzedenzfälle durch konservative Auslegungen ersetzt hat. Besonders deutlich war dies im Bereich des Strafrechts (mit deutlich restriktiveren Interpretationen der Rechte der Angeklagten) und des Föderalismus. Beginnend mit *United States v. Lopez* (514 U.S. 549 (1995) hat der Rehnquist Court erhebliche Bestandteile der Kompetenzübertragungen von den Einzelstaaten auf den Bund, wie sie seit dem New Deal kennzeichnend waren, wieder zurückgenommen und für verfassungswidrig erklärt – und dies, obwohl es sich zum Teil um bis zu 60 Jahre alte, wohletablierte Präzedenzfälle handelte. Die hauptsächlichen Motoren dieser Entwicklung waren William Rehnquist und Sandra Day O'Connor, die beide inzwischen aus dem Gericht ausgeschieden sind. Seither ist es auch um die Neuordnung der föderativen Ordnung etwas stiller geworden.

Prinzipiell aber hat der Roberts Court die konservative Linie seines Vorgängers fortgesetzt und liberale Präzedenzfälle sehr kritisch unter die Lupe genommen. Das gilt etwa für *Affirmative Action*-Programme, die die Folgen der Rassentrennung überwinden sollten und die immer mehr eingeschränkt wurden. Das Recht, Waffen zu tragen wurde entgegen langgeltenden Präzedenzfällen als fundamentales Individualrecht neu interpretiert (*District of Columbia v. Heller* 554 U.S. 570 (2008), *McDonald v. Chicago* 2010) und auch Restriktionen der Wahlkampffinanzierung wurden weitgehend über Bord geworfen, zuletzt mit dem monumentalen Urteil in *Citizens United*, das das mühsam errungene McCain-Feingold Parteifinanzierungsgesetz fast völlig aufhob. Und auch wenn der Supreme Court 2013 etwas überraschend Obamacare nicht für verfassungswidrig erklärte, hat er inzwischen allerlei Lücken und Ausnahmen in die wichtigste gesetzgeberische Leistung der Obama-Präsidentschaft geschlagen (*Burwell v. Hobby Lobby* 573 U.S. (2014). Dem gegenüber stehen jedoch auch Ausweitungen der Bürgerrechte, insbesondere zur Meinungsfreiheit sowie bahnbrechende Urteile zugunsten sexueller Minderheiten, die wesentlich auf den libertären Ideen von Justice Kennedy beruhen (*Lawrence v. Texas* 2003, *United States v. Windsor* 570 U.S. __ (2013). Der Supreme Court scheint sich in diesen Fällen in die Richtung zu bewegen, Diskriminierung auf Grund sexueller Orientierung unter den *strict scrutiny*-Test zu stellen. Jedenfalls ist dies eine der interessantesten gegenwärtigen Entwicklungen, und hier ist die Verfassungsinterpretation noch sehr im Flusse.

Dies sind jedoch Ausnahmen, die die generelle konservative Linie des Supreme Court nicht ändern. Daran wird sich auch nichts ändern, solange die personelle Zusammensetzung des Gerichtes sich nicht wesentlich ändert. Radikale Abweichungen der Richter von ihrer jeweiligen bisherigen Verfassungsphilosophie sind extrem unwahrscheinlich. Es kommt aber auch noch hinzu, dass die Richter, die sich ja einer lebenslangen Amtszeit erfreuen, den Moment ihres Rücktritts in der Regel genau bestimmen können. Man muss bis 1991 zurückgehen, um einen Fall zu finden, in dem ein amtierender Richter zurücktrat, als ein ihm ideologisch entgegengesetzter Präsident im Amte war. Das war der von Lyndon B. Johnson 1967 ernannte Thurgood Marshall, der wegen erheblicher gesundheitlicher Probleme nicht länger im Gericht bleiben konnte und somit George H.W. Bush die Gelegenheit gab, mit Clarence Thomas einen außerordentlich konservativen Richter an Stelle des liberalen Marshall zu setzen – ein Wechsel im Personal, der den Kurs des Gerichtes wesentlich bestimmte. Seither sind sämtliche Richter strategisch zu einem Zeitpunkt zurückgetreten, an dem sie einem Präsidenten ihrer eigenen Couleur die Gelegenheit gaben, einen Nachfolger zu bestimmen. Abgesehen von plötzlichen Todesfällen oder ernsthaften gesundheitlichen Problemen einzelner Richter wird dies mit Sicherheit auch in der Zukunft der Fall sein.

Anhang: Einige wichtige Fälle

Die bisherigen Ausführungen haben sich primär mit den Strukturen des Gerichts und seiner Funktionsweise beschäftigt. Man kann aber ein Kapitel über ein oberstes Gericht nicht abschließen, ohne nicht auch einige zentrale Fälle zu erwähnen. Bei einem Gericht, das seit 1789 amtiert und eine im Prinzip gleichgebliebene Verfassung auslegt, liegen inzwischen unzählige Urteile vor, darunter auch eine enorme Zahl von Urteilen mit bleibender Bedeutung für Verfassung und Politik. Der Versuch, hier auch nur annähernd Vollständigkeit zu erreichen, ist von vornherein zum Scheitern verurteilt. So wird der folgende Überblick nur einige wenige Fälle kursorisch herausgreifen. Die Information in eckigen Klammern enthält das Stimmverhältnis und den Autor des Urteils.

I. Die „Klassiker" – Präzedenzfälle aus der Ära von Chief Justice John Marshall
1. *Marbury v. Madison*, 5 U.S. 137 (1803) [4:0, Marshall]; „judicial review" liegt beim Supreme Court, der allein die Verfassung verbindlich interpretieren und der damit auch Gesetze für verfassungswidrig erklären kann.
2. *McCulloch v. Maryland*, 17 U.S. 316 (1819) [7:0, Marshall]; Doktrin der „implied powers"; der Bund hat neben den explizit festgelegten Kompetenzen auch die implizite Macht, alle Mittel anzuwenden, um legitime Ziele der Verfassung zu erreichen.
3. *Trustees of Dartmouth College v. Woodward*, 17 U.S. 518 (1819) [5:1, Marshall]; einmal geschlossene Verträge dürfen nicht durch einen einseitigen Akt der einzelstaatlichen Legislativen verändert werden. Hierdurch wurde die Rechtssicherheit wirtschaftlicher Verträge für die gesamte Union gesichert.
4. *Cohens v. Virginia*, 19 U.S. 264 (1821) [7:0, Marshall]; der Supreme Court beansprucht das Recht für sich, Entscheidungen eines einzelstaatlichen Supreme Court aufzuheben, falls sie der Verfassung widersprechen.
5. *Gibbons v. Ogden*, 22 U.S. 1 (1824) [6:0, Marshall]; die „commerce clause" der Verfassung verbietet einzelstaatliche Handelshemmnisse; das Urteil lässt einen liberalen Markt entstehen.

Die „Klassiker" des Marshall Court (1801-35) teilen wegen ihrer zeitlichen Nähe zur Verfassunggebung ein Merkmal miteinander: sie sind allesamt zu Präzedenzfällen mit einer Bedeutung über die Jahrhunderte hinweg geworden. Ihr gemeinsamer Tenor ist die Stärkung der damals politisch noch recht schwachen Bundesregierung gegenüber den Einzelstaaten, die versuchten, ihren Machtbereich gegenüber dem Bund weiter auszudehnen. Mit *Marbury* und *Cohens* beanspruchte der Supreme Court das Recht für sich, alleiniger Interpret der Verfassung zu sein. Auf Bundesebene wurde dieses Recht erst 1857 wieder angewendet (im *Dread Scott*-Fall), während es gegenüber den Einzelstaaten auch von Marshall noch vielfach genutzt wurde. Diese Urteile ließen überhaupt erst die USA als Rechts- und Wirtschaftseinheit praktisch entstehen und haben somit maßgeblichen Anteil am amerikanischen „nation building".

II. First Amendment – Meinungs- und Pressefreiheit
1. *Schenck v. United States*, 249 U.S. 47 (1919) [9:0, Holmes]; Meinungsfreiheit wird als Grundrecht anerkannt unter dem Vorbehalt des „clear and present danger"-Tests.
2. *West Virginia State Board of Education v. Barnette*, 319 U.S. 624 (1943) [6:3, Jackson]; kein Schüler kann gezwungen werden, der amerikanischen Flagge zu salutieren oder die „Pledge of Allegiance" zu sprechen.

3. *New York Times v. Sullivan*, 376 U.S. 254 (1964) [9:0, Brennan]; Pressefreiheit siegt über Persönlichkeitsschutz, außer bei „actual malice" oder „reckless disregard".
4. *New York Times v. United States*, 403 U.S. 713 (1971) [6:3, Douglas, Stewart, White, Black, Marshall, Brennan]; Pressefreiheit verbietet Vorzensur selbst bei gestohlenen Geheimdokumenten.
5. *Texas v. Johnson*, 491 U.S. 524 (1989) [5:4, Brennan]; „symbolic speech", das Verbrennen der US-Flagge ist als politischer Protest erlaubt.

Die Meinungsfreiheit des Ersten Verfassungszusatzes ist zentral für die politische Kultur der USA. Es mag daher erstaunen, dass es bis 1919 dauerte, bis ein erster zentraler Fall dem Grundrecht zur Geltung verhalf. Das lag daran, dass Einschränkungen der Meinungsfreiheit in der Regel auf Einzelstaatsebene erfolgten, während die „Bill of Rights" nur für die Bundesebene galt. Seither sind diese Freiheiten immer mehr ausgeweitet worden, bis sie heute fast unumschränkt gelten.

III. First Amendment – Religionsfreiheit („free exercise" und „establishment clause")
1. *Engel v. Vitale*, 370 U.S. 421 (1962) [7:1, Black]; „wall of separation" zwischen Staat und Kirche macht nicht-konfessionelles Schulgebet im Staat New York verfassungswidrig.
2. *Abington School District v. Schempp*, 374 U.S. 203 (1963) [8:1, Clark]; ein Gesetz in Pennsylvania, nachdem zu Beginn jedes Schultages kommentarlos eine Reihe von Bibelversen gelesen werden sollte, ist verfassungswidrig.
3. *Lemon v. Kurtzman*, 403 U.S. 602 (1971) [8:0, Burger]; der Fall etablierte den „Lemon Test", der seither etwa die Förderung von religiösen Schulen mit Steuergeldern erlaubt, wenn es kein „excessive government entanglement" mit der Religion gibt, wenn dadurch Religion weder gefördert noch behindert werden und wenn das Gesetz einen weltlichen Zweck habe.
4. *Edwards v. Aguillard*, 482 U.S. 578 (1987) [7:2, Brennan]; ein Gesetz aus Louisiana, das in öffentlichen Schulen neben der Evolutionslehre auch Unterricht in „scientific creationism" vorsah, ist verfassungswidrig.
5. *Burwell v. Hobby Lobby*, 573 U.S. __ (2014) [5:4, Alito]; profitorientierte Geschäfte können unter bestimmten Voraussetzungen religiöse Ausnahmen von gesetzlichen Vorschriften reklamieren (in diesem Fall Obamacare).

Fälle zur Religionsfreiheit erreichten den Supreme Court noch später als die zur Meinungsfreiheit. Seither hat er eine starke Trennung von Staat und Religion durchgesetzt, die allerdings nicht notwendig staatliche Finanzhilfen für religiöse Institutionen ausschließt (der *Lemon Test*). Konservative Richter haben seit langem versucht, der Religion eine stärkere Position im öffentlichen Leben zu sichern.

IV. Bürgerrechte – ethnische Minderheiten
  1. *Scott v. Sandford*, 60 U.S. 393 (1857) [7:2, Taney]; der berüchtigte „Dred Scott"-Fall; Schwarze können nie, auch nicht als freie Menschen, Bürger der USA sein; die Sklaverei ist überall in der Union legal. Das Urteil hob den „Missouri Compromise" von 1820 auf und sorgte im Norden für einen Sturm des Unmuts, der den Weg zum Bürgerkrieg beschleunigte.
  2. *Plessy v. Ferguson*, 163 U.S. 537 (1896) [7:1, Brown]; die Rassentrennung in Eisenbahnen (und überall sonst) ist mit der Verfassung vereinbar, vorausgesetzt, dass die getrennten Einrichtungen „separate but equal" sind.
  3. *Brown v. Board of Education*, 347 U.S. 483 (1954) [9:0, Warren]; Verbot der Rassentrennung in Schulen und faktische Aufhebung von *Plessy*.
  4. *Grutter v. Bollinger*, 539 U.S. 306 (2003) [5:4, O'Connor]; bestätigt im Prinzip „affirmative action"; ‚Rasse' darf als *ein* Faktor bei Universitätszulassungen berücksichtigt werden.
  5. *Parents Involved in Community Schools v. Seattle School District No. 1*, 551 U.S. 701 (2007) [5:4; Roberts]; ‚Rasse' der Schüler darf *nicht* berücksichtigt werden bei Verteilung auf Schulen.

Die Sklaverei ist eines der Urübel der amerikanischen Geschichte. In vielen Fällen hat der Supreme Court mit den Auswirkungen zu kämpfen gehabt. In *Brown* wurde erstmals die Rassentrennung als verfassungswidrig verurteilt. In den letzten Jahren geht es in den Fällen primär um „reverse discrimination", also bevorzugte Behandlung auf Grund ethnischer Zugehörigkeit, die vom Supreme Court immer enger eingegrenzt wird.

V. Bürgerrechte – „privacy"
  1. *Griswold v. Connecticut*, 381 U.S. 479 (1965) [7:2, Douglas]; in diesem berühmt gewordenen Fall fand Justice Douglas, dass es in der Verfassung ein „right to privacy" gebe, auch wenn diese Worte nirgendwo explizit zu finden sind.
  2. *Roe v. Wade*, 410 U.S. 113 (1973) [7:2, Blackmun]; basierend auf dem „right to privacy" wird die Straffreiheit der Abtreibung eingeführt; das ungeborene Leben ist keine Person und hat deshalb auch keine Rechte.
  3. *Bowers v. Hardwick*, 478 U.S. 186 (1986) [5:4, White]; das in Georgia bestehende Verbot der Homosexualität wird unter Berufung auf christliche Moral aufrechterhalten.
  4. *Planned Parenthood v. Casey*, 505 U.S. 833 (1992) [5:4, O'Connor, Kennedy, Souter]; entgegen allen Erwartungen bestätigt der Supreme Court, inzwischen mit acht Republikanern und nur einem Demokraten besetzt, den Präzedenzfall Roe und damit die fortdauernde Freigabe des Schwangerschaftsabbruchs. Der Fall ist auch deshalb ungewöhnlich, weil das Urteil von drei Richtern gemeinsam geschrieben wurde.
  5. *Lawrence v. Texas*, 539 U.S. 558 (2003) [6:3, Kennedy]; Straffreiheit der Homosexualität mit Berufung auf das „right to privacy". *Hardwick* wird in Bausch und Bogen explizit aufgehoben.

6. *United States v. Windsor*, 570 U.S. __ (2013) [5:4; Kennedy]; weite Teile des „Defense of Marriage Act" von 1996 werden für verfassungswidrig erklärt und damit der Boden für die rasante Verbreitung gleichgeschlechtlicher Ehen in immer mehr Einzelstaaten gelegt.

Die um das Konzept der „privacy" gruppierten Fälle zählen zu den problematischsten des gegenwärtigen Supreme Court, und zugleich zu Verfassungsbereichen, in denen sich die Interpretation am schnellsten fortentwickelt. Von den unterlegenen Richtern wird hier prinzipiell behauptet, dass es kein Verfassungsrecht auf Privatsphäre gibt. Die Mehrheit nutzt diese Verfassungskonstruktion vor allem in Fällen, die für viele Amerikaner moralisch fragwürdig erscheinen. Um die Geltung von *Roe* wird heute ebenso gestritten wie 1973.

VI. Strafrecht und Rechte von Angeklagten
    1. *Mapp v. Ohio*, 367 U.S. 643 (1961) [6:3, Clark]; unrechtmäßig gefundene Beweismittel dürfen in Strafverfahren von den Anklagebehörden nicht genutzt werden. Der Fall ist wichtig, weil hier erstmals eine Bestimmung aus dem Vierten Amendment der Bundesverfassung, das Verbot von „unreasonable searches and seizures", auf dem Weg über das Vierzehnte Amendment auch auf einzelne Staaten angewandt wurde.
    2. *Gideon v. Wainwright*, 372 U.S. 335 (1963) [9:0, Black]; jeder Angeklagte hat in einem Strafverfahren das Recht auf einen öffentlich bestellten Verteidiger. Mit diesem Fall wurde ein weiterer Teil der „Bill of Rights" für die Einzelstaaten verbindlich erklärt.
    3. *Miranda v. Arizona*, 384 U.S. 436 (1966) [5:4, Warren]; jeder Verdächtige muss vor seiner Vernehmung darüber belehrt werden, dass er die Aussage verweigern kann und das Recht auf einen Anwalt hat.
    4. *Gregg v. Georgia*, 428 U.S. 153 (1976) [7:2, Stewart]; die Todesstrafe ist prinzipiell mit der Verfassung vereinbar.
    5. *Boumediene v. Bush*, 553 U.S. 723 (2008) [5:4, Kennedy]; „Habeas Corpus"-Garantien gelten auch für Gefangene in Guantanamo, die das Recht haben, sich an ordentliche Gerichte der USA zu wenden.
    6. *United States v. Jones*, 565 U.S. __ (2012) [9:0, Scalia]; das heimliche Anbringen eines GPS-Senders am Auto eines Verdächtigen ist ohne richterlichen Befehl eine Verletzung von *Mapp*.

Wie auch in anderen Grundrechtsbereichen beginnt die Involvierung des Supreme Court in die Strafgesetzgebung der Einzelstaaten in den 1960er Jahren. Nach und nach wurde die „Bill of Rights" der Bundesverfassung auf dem Weg über die Garantien des Vierzehnten Amendments auch für die Einzelstaaten „inkorporiert". Seither gibt es bundeseinheitliche Grundrechtsgarantien, die zudem an aktuelle technische Entwicklungen angepasst werden können, wie *Jones* zeigt.

VII. Staatsorganisation – „checks and balances" auf Bundesebene
1. *United States v. Curtiss-Wright Export Corp.*, 299 U.S. 304 (1936) [7:1, Sutherland]; der Fall gibt dem Präsidenten weitgehende Freiheiten, die Außenpolitik der USA nach seinem Ermessen und ohne richterliche Nachprüfung zu gestalten.
2. *Youngstown Sheet & Tube Co. v. Sawyer*, 343 U.S. 579 (1952) [6:3, Black]; der sogenannte „Steel Seizure Case" stärkte die Rechte des Kongresses gegenüber dem Präsidenten, der nicht einfach auf Grund von Verordnungen in privates Eigentum eingreifen kann (sehr wohl aber auf gesetzlicher Grundlage).
3. *Clinton v. City of New York*, 524 U.S. 417 (1998) [6:3, Stevens]; das „line item veto", nach dem der Präsident einzelne Teile eines Gesetzes mit seinem Veto verhindern kann ohne den Rest des Gesetzes zu berühren, verletzt die Gewaltenteilung. Das entsprechende Gesetz von 1996 ist daher verfassungswidrig.
4. *National Federation of Independent Business v. Sibelius*, 567 U.S. (2012) [5:4, Roberts]; „Obamacare" ist nicht verfassungsgemäß auf Basis der „commerce clause" der Verfassung (Art. I, Sec. 8, Cl. 3), wohl aber als Steuer (Art. I, Sec. 8, Cl. 1).

Immer wieder ist die Gewaltenteilung Gegenstand von Urteilen gewesen, beginnend mit *Marbury* (1803), als der Supreme Court seine eigene Rolle im Verfassungssystem in gewisser Weise selbst schuf. Manchmal agiert das Gericht als Schiedsrichter zwischen den streitenden Gewalten, manchmal bewahrt es aber auch Rechte (wie in *City of New York*), die eine Gewalt freiwillig aufzugeben bereit war.

VIII. Staatsorganisation – Wahlrecht und Föderalismus
1. *Colegrove v. Green*, 328 U.S. 549 (1946) [4:3, Frankfurter]; der Supreme Court greift nicht in die Wahlkreiseinteilung von Illinois ein, da dies eine rein politische Frage sei, die gemäß der „political question doctrine" nicht justiziabel sei.
2. *Baker v. Carr*, 369 U.S. 186 (1962) [6:2, Brennan]; *Colegrove* wird weitgehend aufgehoben; die Verfassung verlangt gleichgroße Wahlbezirke auf Staatsebene in Tennessee. Hier verändert der Supreme Court die „political question doctrine" in einer Entscheidung, die die Legislativen fast aller Einzelstaaten grundlegend veränderte.
3. *United States v. Lopez*, 514 U.S. 549 (1995) [5:4, Rehnquist]; diese Entscheidung leitete eine Reihe von Urteilen des Rehnquist Court ein, die die Rechte der Einzelstaaten nach dem Zehnten und Elften Amendment stärkte und die Fähigkeit des Bundes, Kompetenzen nach der „commerce clause" an sich zu ziehen, erheblich reduzierte.
4. *Citizens United v. Federal Election Commission*, 558 U.S. 50 (2010) [5:4, Kennedy]; der Fall hebt wesentliche Grenzen der Wahlkampffinanzierung

auf und erlaubt Einzelpersonen und Firmen (die als „Personen" gelten) fast unbegrenzte Ausgaben. Das Gericht betrachtet Geldausgaben als „speech" im Sinne des Ersten Amendments.
5. *Shelby County v. Holder*, 570 U.S. __ (2013) [5:4; Roberts]; ein wesentlicher Bestandteil des „Voting Rights Acts" von 1965, nach dem Einzelstaaten mit einer Geschichte von Rassendiskriminierung bei Wahlen Änderungen des Wahlrechts vom Bundesjustizministerium genehmigen lassen müssen, wird für verfassungswidrig erklärt.

Die Eingriffe des Supreme Court in die Ausgestaltung des Wahlrechts zählen zu den politisch folgenreichsten Fällen, da hier die Grundstruktur der Gewaltenteilung in Frage steht. Seit *Lopez* sind die Rechte der Einzelstaaten außerhalb von Wahlrechtsfragen erstmals seit dem New Deal der 1930er Jahre wieder systematisch gegenüber der Bundesebene gestärkt worden.

IX. Politische Fälle – große politische Bedeutung, wenig Bedeutung für die Verfassung...
1. *United States v. Nixon*, 418 U.S. 683 (1974) [8:0, Burger]; Präsident Nixon muss die „Watergate Tapes" der Staatsanwaltschaft aushändigen; 15 Tage nach dem Urteil trat der Präsident zurück.
2. *Bush v. Gore*, 531 U.S. 98 (2000) [5:4, per curiam]; eine weitere Auszählung der Stimmen in Florida verletzt die „equal protection clause" des Vierzehnten Amendments und muss deshalb gestoppt werden. Mit dieser von fünf Republikanischen Richtern gefällten Entscheidung ging der Staat Florida und damit die Präsidentschaft an George W. Bush.

Rein politische Entscheidungen sind selten in der Geschichte des Supreme Court, da sie zu spezielle Begleitumstände verlangen, die in dieser Form kaum jemals wieder vorkommen werden. Trotzdem haben sie in der jeweiligen politischen Situation natürlich erhebliche einmalige Wirkung. In *Bush v. Gore* stipulierte die Mehrheit des Gerichts sogar explizit, dass dieses Urteil niemals als Präzedenzfall gelten solle, sondern lediglich für den Einzelfall, der hier entschieden wurde – ein klares Zeichen, dass das Urteil verfassungsrechtlich bedenklich war.

Literatur

Abraham, Henry J. 2008. *Justices, presidents, and senators. A history of the U.S. Supreme Court appointments from Washington to Bush II*, 5 Aufl. Lanham: Rowman & Littlefield.
Baker, Peter. 2010. Kagan is sworn in as the fourth woman, and 112th justice, on the Supreme Court. *New York Times,* Aug 7, 2010.
Baum, Lawrence. 2010. *The Supreme Court*. 10. Aufl. Washington, D.C.: Congressional Quarterly Press.
Bickel, Alexander M. 1962/1986. *The least dangerous branch. The Supreme Court at the bar of politics*. 2. Aufl. New Haven, London: Yale University Press.

Breyer, Stephen G. 2008. *Active liberty. Interpreting a democratic constitution.* Oxford, New York: Oxford University Press.
Breyer, Stephen G. 2010. *Making our democracy work. A Judge's view.* New York: Knopf.
Casillas, Christopher J., Peter K. Enns, und Patrick C. Wohlfarth. 2011. How public opinion constrains the U.S. Supreme Court. *American Journal of Political Science* 55(1): 74–88.
Currie, David P. 1985. *The constitution in the Supreme Court. The first hundred years. 1789–1888.* Chicago: University of Chicago Press.
Currie, David P. 1990. *The constitution in the Supreme Court. The second century. 1888–1986.* Chicago: University of Chicago Press.
Dreyer, Michael. 2004. Der Supreme Court und das Rechtssystem der USA in der deutschen Politikwissenschaft. In *Amerikaforschung in Deutschland. Themen und Institutionen der Politikwissenschaft nach 1945*, Hrsg. Michael Dreyer, Markus Kaim, und Markus Lang, 83–101. Stuttgart: F. Steiner.
Epstein, Lee, Jeffrey A. Segal, Harold J. Spaeth, und Thomas G. Walker, Hrsg. 2012. *The Supreme Court compendium. Data, decisions & developments.* 5. Aufl. Thousand Oaks, CA: Congressional Quarterly Press.
Feldman, Noah. 2010. *Scorpions. The battles and triumphs of FDR's great Supreme Court justices.* New York: Twelve.
Hall, Kermit. Hrsg. 2005. *The Oxford companion to the Supreme Court of the United States,* 2. Aufl., New York, Oxford: Oxford University Press.
Hamilton, Alexander, James Madison, und John Jay. 1788/1961. In The federalist papers, Hrsg. Clinton Rossiter. New York: New American Library.
Lerner, Max. 1994. *Nine scorpions in a bottle. Great judges and cases of the Supreme Court.* New York: Arcade Publishing.
McKenna, Marian C. 2002. *Franklin Roosevelt and the great constitutional war. The court-packing crisis of 1937.* New York: Fordham UP.
Martin, Andrew D., Kevin M. Quinn, und Lee Epstein. 2004. The median justice on the United States Supreme Court. *N.C. L. Rev* 83: 1275.
McCaffrey, Stephen C. 2013. There's a whole world out there: Justice Kennedy's use of international sources. *McGeorge Law Review* 44(1): 201–210.
Miller, Merle. 1973. *Plain speaking. An oral biography of Harry S. Truman.* New York: Berkley Publishing Corporation.
Moneyline. 2014. http://www.politicalmoneyline.com/tr/tr_dyn_courts.aspx?&td=9_0. Zugegriffen am 25.08.2014.
Rakove, Jack N. 1996. *Original meanings. Politics and ideas in the making of the constitution.* New York: Vintage Books.
Rehnquist, William H. 1992. *Grand inquests: The historic impeachments of justice Samuel Chase and president Andrew Johnson.* New York: Morrow.
Rosen, Jeffrey. 2007. *The Supreme Court. The personalities and rivalries that defined America.* New York: Times Books.
Scalia, Antonin. 1997. *A matter of interpretation. Federal courts and the law.* Princeton, N.J.: Princeton University Press.
Scalia, Antonin. 2012. *Reading law. The interpretation of legal texts.* St. Paul, M.N.: Thomson/West.
Smith, Jean Edward. 2012. *Eisenhower in war and peace.* New York: Random House.
Solomon, Burt. 2009. *FDR v. The constitution. The court-packing fight and the triumph of democracy.* New York: Walker & Co.
Toobin, Jeffrey. 2013. *The oath. The Obama White House and the Supreme Court.* New York: Anchor Books.
Wikipedia. 2014. *Ideological leanings of U.S. Supreme Court justices.* http://en.wikipedia.org/wiki/Ideological_leanings_of_U.S._Supreme_Court_justices. Zugegriffen am 01.09.2014.
Winkler, Adam. 2006. Fatal in theory and strict in fact: An empirical analysis of strict scrutiny in the federal courts. *Vanderbilt L.R.* 59: 793.

Die Regierungsbürokratie im politischen Gestaltungsprozess

Kai-Uwe Schnapp und Roland Willner

Inhalt

1	Einleitung	182
2	Der Kontext bürokratischen Handelns im politischen System der USA	183
3	Die Federal Bureaucracy	187
4	Politikentwicklung und Implementation	193
5	Reformen der Verwaltung und neue Herausforderungen	197
6	Fazit	199
Literatur		200

Zusammenfassung

Gegenstand des Beitrags ist die Struktur der Bundesbürokratie in den USA, die komplexe Interaktion von politischen Beamten und permanent beschäftigten *civil servants* in dieser Ministerialverwaltung sowie das Zusammenspiel von *federal bureaucracy*, Präsident und Kongress. Im Zentrum stehen zwei Fragen: Erstens welchen Einfluss hat die *federal bureaucracy* auf politische Entscheidungsprozesse? Zweitens inwieweit kann der Präsident die Bundesbürokratie dazu bringen seine politischen Programme umzusetzen und wenn ja wie? Bei der Beantwortung der zweiten Frage spielen die so genannten *issue networks* aus Bürokratie, Kongressabgeordneten und Interessengruppen eine zentrale Rolle, denn sie sind ein Faktor, der die Gestaltungsmöglichkeiten des Präsidenten erkennbar begrenzt.

Schlüsselwörter

Bundesbürokratie • issue networks • Agency • öffentlicher Dienst

---

K.-U. Schnapp (✉)
Universität Hamburg, Hamburg, Deutschland
E-Mail: kai-uwe.schnapp@wiso.uni-hamburg.de

R. Willner
Behörde für Schule und Berufsbildung, Hamburg, Deutschland
E-Mail: roland.willner@bsb.hamburg.de

1   Einleitung

Die Verfassung der USA kennt keinen Platz für die Verwaltung.[1] Die Vereinigten Staaten haben auch nicht einen öffentlichen Dienst, sie haben buchstäblich hunderte. Neben dem öffentlichen Dienst des Bundes, dem *federal civil service* oder der *federal bureaucracy*, haben jeder Bundesstaat und auch tausende Kommunen ihren eigenen öffentlichen Dienst. Im Jahre 2007 waren in den USA insgesamt über 21 Mio. Menschen in einem öffentlichen Dienstverhältnis angestellt. Alle öffentlichen Verwaltungen zusammen waren für ca. ein Drittel des Bruttosozialproduktes zuständig (Anagnoson 2011, S. 125).

Gegenstand dieses Beitrages ist ausschließlich die *federal bureaucracy*. Sie ist die einzige öffentliche Verwaltung, deren Strukturen und Funktionsweise das Leben überall in den USA beeinflusst. Sie ist auch die Verwaltung, über die mit Abstand die meiste systematische Forschung vorliegt. Die US-Bundesbürokratie ist, darin unterscheiden sich die Vereinigten Staaten von vielen anderen heutigen Demokratien, nicht nur deutlich nach der Gründung des Nationalstaates entstanden, sie ist im heutigen Sinne auch deutlich nach der Gründung der USA als demokratisch verfasster Staat aufgebaut worden (Heclo 1984, S. 11). Zieht man in Betracht, dass die USA ein Gemeinwesen mit einer geringen Akzeptanz gegenüber zentraler staatlicher Autorität ist (Glassman 1987), so beginnt man zu ahnen, dass es die nationale Bürokratie – die doch eine Vergegenständlichung des Staates ist – vergleichsweise schwer hat, ein akzeptierter Bestandteil der politischen Struktur und Kultur des Landes zu sein. Nicht zuletzt vor diesem Hintergrund hat sich in den USA eine Vorstellung etabliert, die auch als Dichotomie von Bürokratie und Politik beschrieben wird (Martin 1988). Diese Vorstellung – Svara (2001) bezeichnet sie als Mythos – beschreibt Bürokratie und Politik als klar voneinander unterscheidbare Systeme mit eigenen Handlungslogiken und Entwicklungsdynamiken.

Für die Bürokratie erwies sich das Narrativ von der Dichotomie immer wieder als Rückzugsort, der ihr eine gewisse Legitimität verschaffte, indem jede Einmischung der Bürokratie in politische Prozesse konzeptionell abgelehnt und empirisch abgestritten wurde. Eine Konsequenz daraus ist, dass die Bürokratie sich um ihre politische Unterstützung selbst zu kümmern begann (Hansen und Levine 1988, S. 258). Als Ergebnis dieser Entwicklung aber war und ist die Beteiligung der Bürokratie an politischen Prozessen nirgendwo so real vorhanden wie in Washington (Heclo 1986, S. 100). Die klare Trennung zwischen Politikgestaltung (*policy making*) und Administration wurde aber auch immer wieder von Politikern wie den Präsidenten Richard Nixon und Ronald Reagan vertreten. Diese wollten damit markieren, wo ihr Einflussbereich als Staats- und Regierungschef liegt, und einer für wenig zuverlässig gehaltenen Bürokratie signalisieren, aus welchen Angelegenheiten und Entscheidungen sie sich herauszuhalten habe.

---

[1]Im Folgenden werden die Begriffe Verwaltung, Bürokratie und öffentlicher Dienst synonym gebraucht.

Ziel dieses Beitrags ist es, die nationale Bürokratie in den USA in ihren Strukturen und Prozessen, aber auch in ihrer Verwobenheit mit der Präsidentschaft und dem Kongress, vorzustellen. Um dies zu erreichen, wird zunächst auf Elemente der Struktur und Funktionsweise der Präsidentschaft, des Kabinetts und der Legislative verwiesen, die für das Verständnis der Arbeit der *departmental bureaucracy* vorausgesetzt sind. Besonderes Augenmerk erhält dabei das Regierungskabinett, weil von hier aus die engsten prozeduralen und strukturellen Verbindungen zur Bürokratie bestehen. Gleichzeitig kann hieran aber auch am besten deutlich gemacht werden, wie sehr sich Struktur und Arbeitsprozesse der Washingtoner Ministerialbürokratie von anderen (parlamentarischen) Systemen unterscheiden. Im Anschluss klären wir Fragen der Struktur der *federal bureaucracy* und fahren fort mit einer knappen Darstellung des üblichen Policyprozesses in den USA. Abschließend gehen wir auf aktuelle und – soweit notwendig – ältere Schritte zur Reform der Bundesverwaltung ein.

2 Der Kontext bürokratischen Handelns im politischen System der USA

Das Regierungssystem der USA kann als getrennt und atomisiert beschrieben werden. Ersteres geht auf die Gewaltentrennung zurück, die per Verfassung Präsident und Kongress als voneinander unabhängige Institutionen etabliert. Mit ihnen bestehen zwei entscheidungsberechtigte Körperschaften in der Regierung der USA, die zwar formal gemeinsam für das Wohl und Wehe der Union verantwortlich sind, die aber gesetzlich kaum zu einem kooperativen Umgang miteinander gezwungen sind oder auch nur gezwungen werden können. Gleichzeitig ist eine Zusammenarbeit aber im unmittelbaren Interesse eines reibungslos funktionierenden politischen Prozesses notwendig. Der Kongress kann nur unter verschärften Anforderungen an die Mehrheitsverhältnisse (Zwei-Drittel-Mehrheit zur Überwindung eines Vetos) gegen den Präsidenten regieren. Der Präsident wiederum ist zur Realisierung seiner Gesetzesvorhaben grundsätzlich auf die Unterstützung des Kongresses angewiesen, denn er hat nicht einmal ein eigenes Initiativrecht im Gesetzgebungsprozess. Die Zersplitterung des Regierungssystems in viele eigenständige voneinander formal unabhängige Akteure kann einerseits als Reflexion des Pluralismus und der Fragmentierung der US-amerikanischen Gesellschaft angesehen werden (Davidson 1990, S. 63), sie ist aber auch Resultat der Gewaltentrennung und der spezifischen Arbeitsweise der US-amerikanischen Regierung, die wenig effektive Instrumente zur Integration ihrer einzelnen Elemente hat.

Beide Institutionen, Kongress und Präsident, haben direkten Einfluss auf die Arbeit der Regierungsbürokratien in den Ministerien *(departments)* und den weiteren Bundesbehörden *(agencies)*. Der Präsident ist der eigentliche Dienstherr der gesamten nationalen Bürokratie, und diese ist prinzipiell an seine Weisungen gebunden. Dennoch ist der Präsident nicht in der Lage, den bürokratischen Apparat effektiv zu kontrollieren und seinen politischen Vorstellungen dienstbar zu machen (Hess 1976, S. 143–145). Der Kongress ist mit einem starkem Einfluss auf die

Arbeit der Ministerialbürokratie in Washington ausgestattet, weil jede Bewilligung finanzieller Mittel, sei sie zur Sicherung der Arbeit der Bürokratie im engeren Sinne oder zur Ausführung politischer Programme benötigt, durch den Kongress vorgenommen werden muss. Wie stark dieser Einfluss ist, zeigt sich am Beispiel des *government shutdown* am 1. Oktober 2013, als der Kongress die Pläne für das an diesem Tag beginnende Haushaltjahr nicht gebilligt hatte: Somit stand kein Geld für die Arbeit der Ministerialbürokratie zur Verfügung und viele Behörden mussten ihre Tore zeitweilig schließen (Executive Office of the President 2013).

Als *chief executive* steht der Präsident der gesamten Ministerialbürokratie vor und ist für die Politik der Regierung verantwortlich. Dabei hat er aber nur begrenzten Einfluss auf den Kongress und damit auf die Gesetzgebung (McKeever und Davies 2012, S. 199). Der Präsident verfügt mit dem *Executive Office of the President* (*EOP*), zu dem u. a. das *White House Office* (*WHO*) und das *Office of Management and Budget* (*OMB*) gehören, über einen eigenen Verwaltungsstab jenseits der Ministerien (McKeever und Davies 2012, S. 203). Das *EOP* besitzt einen vergleichsweise großen Einfluss auf politische Prozesse in Washington. Es ist eine eigene, in Fachabteilungen untergliederte Behörde, die dem Präsidenten direkt als großer Beratungs- und Policyentwicklungsstab zuarbeitet. Die wichtigsten Entscheidungen trifft der Präsident aber mit seinem persönlichen Mitarbeiterstab im *WHO*, der zentralen Steuerungseinheit innerhalb des *EOP*. *WHO* und *OMB* sowie andere Organisationseinheiten des *EOP* unterstützen den Präsidenten bei der Steuerung der *departments* und *agencies* (Peters 2011, S. 132).

Die amerikanischen Minister, die *secretaries*, bilden nicht – wie dies in parlamentarischen Regierungssystemen der Fall ist – ein mit kollektiver Regierungsverantwortung ausgestattetes Kabinett. Das Kabinett als ‚Versammlung der Minister' ist im US-System politisch fast bedeutungslos. Seine Rolle ist beschränkt auf Koordinierungsaufgaben und die Beratung des Präsidenten. Nur selten wird das Kabinett überhaupt einberufen und wenn es berät, so sind die dort getroffenen Entscheidungen ohne Verbindlichkeit (McKeever und Davies 2012, S. 211; Oldopp 2005, S. 74–75).

In den *departements* treten die Minister vor allem als ‚Gesandte' des Präsidenten auf. Jedoch kann sich ein Präsident nicht immer darauf verlassen, dass ‚seine' Minister konsequent der Durchführung seiner politischen Vorstellungen dienen. Wiederholt wurde beobachtet, dass Minister zu Anwälten ‚ihrer' Ministerien wurden oder sich – aus der Sicht des Präsidenten – von der Handlungslogik ihres Hauses einfangen ließen, so dass sie ihre Vermittlerrolle vom Präsidenten in die Bürokratie nur noch eingeschränkt wahrnehmen konnten (Wilson 2009, S. 238–240).

Die Nichtexistenz eines kollektiv verantwortlichen Kabinetts erschwert auch die Koordination administrativer Aktivitäten. Die Hilfsbürokratien des Präsidenten, *EOP* und *WHO*, sind zur Koordination nur begrenzt in der Lage. Allenfalls kann das *OMB* mit seiner Verantwortung für den Haushaltsentwurf des Präsidenten für eine gewisse Konsistenz der Regierungspolitik sorgen. Doch auch diesem Potenzial sind enge politische und praktische Grenzen gesetzt (Stockman 1986). Durch den hohen Grad an interministerieller Anonymität, den Heclo mit dem Begriff des

„government of strangers" (Heclo 1977) so treffend beschreibt, wird auch an der Basis der Ministerien – wenn überhaupt – lediglich eine sporadische Zusammenarbeit und Koordination ermöglicht, die sich nach Abschluss eines konkreten Projektes wieder auflöst. Eine regelmäßige informelle Koordination und Kooperation zwischen den *departments* kommt nicht zustande.

Diesen auseinanderstrebenden Tendenzen versuchen US-Präsidenten entgegen zu wirken. Da sie immer klarer und direkter für alle Handlungen und Aktionen der US-Regierung in die Verantwortung genommen werden, sind wichtige Politikfunktionen im Weißen Haus konzentriert. Es sind dann nicht mehr die Linienorganisationen in den *departements*, sondern Stabseinheiten im Weißen Haus, die die Verantwortung für politische Projekte tragen (Rudalevige 2002, S. 4–6). Ein Beispiel hierfür ist die Gesundheitsreform von Präsident Bill Clinton. Diese für das politische Programm Clintons zentrale Reform wurde unter Leitung von Hillary Clinton maßgeblich vom Weißen Haus aus betrieben und koordiniert. Die d*epartements* waren seinerzeit zwar involviert und haben große Teile der rund 500 Mitarbeiter an dieser Reform gestellt; die Führung für das Unterfangen lag aber nicht im *Department of Health* (*DoH*), sondern im Weißen Haus.

Diese jüngeren Zentralisierungstendenzen sollten einerseits nicht überbewertet werden. Es wurden auch schon unter Präsident Dwight D. Eisenhower wichtige Politikaufgaben in das Weiße Haus geholt. Gleichzeitig gibt es auch heute noch viele Aufgaben, die weiterhin eigenständig in den *departments* und *agencies* erledigt werden. Als Beispiel kann der *Employee Retirement Income Security Act* genannt werden, der während der Präsidentschaft Clintons unter Arbeitsminister Robert Reich im *Department of Labor* erarbeitet wurde. Andererseits ist tatsächlich zu konstatieren, dass die Verantwortung für als bedeutsam eingeschätzte Politiken von den Präsidenten immer mehr im Weißen Haus konzentriert wird.

Ein wichtige Zentralisierungstechnik sind die von der Presse so genannten ‚Zaren' (*czars*). Das sind Personen, die an einer bestimmten Stelle in der Administration quasi als persönliche Abgesandte oder Beauftragte des Präsidenten platziert werden. Sie sollen dafür sorgen, dass a) die Pläne des Präsidenten möglichst getreu umgesetzt werden und b), dass bei Politikproblemen, die mehrere *departments* und/oder *agencies* betreffen, angemessen für Kooperation zwischen diesen gesorgt wird (Villalobos und Vaughn 2010). Die Zaren, deren Stellung meist eher informell ist, sind zum Teil für den Politikprozess wichtiger als die formal zentraler positionierten *departmental secretaries* (Pfiffner 2010, S. 5).

Im eigenen Hause sind die *secretaries* nicht im gleichen Sinne einflussreiche Minister wie ihre Kollegen in Berlin, London oder Paris. Sie haben nur wenige eigenständige Entscheidungsbefugnisse, vergleichsweise kurze Amtszeiten und sind eher Verbindungspersonen des Präsidenten in die *departments* hinein. Eine energische Einflussnahme der *secretaries* auf die Arbeit der *departments* wird vor allem durch die strikte Trennung von Laufbahn- und politischer Bürokratie gehemmt (zu diesen beiden Typen von Bürokraten siehe unten). Vor allem die Verbindung in die permanente Bürokratie bleibt oft brüchig. Amerikanische Minister verfügen zwar aufgrund der ausführlichen Nutzung der Praxis von *political appointments* über eine große Zahl vertrauter und politisch konformer Mitarbeiter; diese politischen Funktionäre bedürfen aber ‚williger' Laufbahnbürokraten, die ihnen helfen, sich im politischen Dickicht Washingtons zurechtzufinden und die ihnen Einsicht in die Funktionsweise des *departments* gewähren. Das Zusammenbringen dieser beiden Arten von Ministerialbürokraten in eine funktionierende Arbeitsbeziehung erweist sich aber oft eher als eine Sache des Zufalls, denn die *political appointees* kommen oft von außerhalb der *departments* und kennen deshalb die Gepflogenheiten des Hauses nicht, in das sie sich einfügen sollen oder sind auch fachlich den gestellten Aufgaben nicht gewachsen. Sie haben wenig bis keinen Einfluss auf die Auswahl der Laufbahnbürokraten, mit denen sie zusammenarbeiten sollen. Gleichzeitig sind sie selbst oft misstrauisch gegenüber dem Leistungswillen der dauerhaften Bürokraten oder ihrer Fähigkeit, bestimmte Leistungen zu erbringen (Durant und Resh 2010, S. 553–559).

Umgekehrt haben auch die Laufbahnbürokraten keinen Einfluss auf die Ernennung ihrer politischen Vorgesetzten. Schließlich entwickeln die Laufbahnbeamten eine gewisse Abneigung gegenüber den ständig wechselnden politischen Funktionären. Diese kann von den *political appointees* nur mit Glück und Geschick überwunden werden (Campbell und Peters 1988, S. 88; Heclo 1977, S. 154–190). So bleibt am Ende der auf den Erfolg seiner *political appointees* im Umgang mit der Bürokratie angewiesene Minister nur allzu oft weit entfernt von seinem *department* und einer effektiven Lenkung desselben.

Minister können dennoch als Person auf verschiedene Weise politisch einflussreich sein: Wenn sie (1) einem der zentralen Ministerien wie z. B. dem Finanz-, Verteidigungs- oder Außenministerium vorstehen und es ihnen (2) gegen die oben beschriebenen Widerstände gelingt, ihr Haus hinter sich zu bringen oder wenn sie (3) als persönlicher Berater einen exklusiven Zugang zum Präsidenten genießen. Als Einzelakteure sind sie in den von ihnen verantworteten Politikfeldern wichtig, stehen dabei aber immer in Konkurrenz zu etablierten Netzwerken aus permanenter Bürokratie und dem Kongress. Die aktive Arbeit in den Washingtoner Netzwerken wird ihnen dadurch erschwert, dass sie ihr Amt in der Regel nur kurz bekleiden, während Stellen in der *permanent bureaucracy* in der Regel sehr langfristig mit der gleichen Person besetzt sind und Abgeordnete auf dem *Capitol Hill* auch oft ihr Mandat über viele Legislaturperioden hinweg ausüben (McKeever und Davies 2012, S. 211).

Die Zentralisierung politischer Entscheidungen im Weißen Haus, die institutionell angelegte Geringachtung des Kabinetts und der selektive Umgang des Präsidenten mit den Ministern verringern ihre Bedeutung als politische Ansprechpartner für die permanente Bürokratie in ihren *departments*. Eine häufige Reaktion der Minister auf diese undefinierte Stellung ist eine schnelle Anpassung an die Gepflogenheiten und Policysichtweisen ihres Hauses, das so genannte *going native* (McKeever und Davies 2012, S. 215). Diese Reaktion ist nicht nur bei Ministern, sondern auch bei *political appointees* tiefer in der Ministerialhierarchie zu finden: „Even so presidents try to appoint loyalists to positions that oversee the internal bureaucracies, the organizational cultures may dominate" (Peters 2011, S. 140). Das *going native* hat zur Konsequenz, dass der präsidentielle Einfluss in die

Ministerien hinein oft weniger effektiv funktioniert, als dies durch die vielen politischen Besetzungen hoher Hierarchiepositionen gewollt ist.

Zusammenfassend kann man sagen, dass der Präsident als *chief executive* zwar einer der mächtigsten Regierungschefs der Welt ist, dass er als Gesetzgeber aber vor allem über eine Verweigerungsmacht und nur in geringem Maße über Gestaltungsmacht verfügt. Insbesondere Letzteres hat starke Implikationen für die Rolle, die die Bürokratie im politischen Prozess spielt, und für die Macht, die sie dabei ausüben kann.

3 Die Federal Bureaucracy

3.1 Entwicklung und Struktur der Bundesbürokratie

Die amerikanische Zentralbürokratie ist sehr jung. Eigentlich kann erst mit Franklin D. Roosevelts *New Deal* und der zeitlich parallel verlaufenden Zentralisierung politischer Entscheidungsprozesse auf nationaler Ebene wirklich von der Etablierung einer nationalen Bürokratie gesprochen werden (Beer 1978, S. 7–10; Lowi 1969, S. 33–36). Zwar gab es auch im 19. Jahrhundert schon eine nennenswerte Anzahl von Bundesbeamten. Diese waren aber – anders als heute – weniger in politik- und gestaltungsnahen Positionen tätig, sondern nahmen unter anderem Tätigkeiten im *US-Post Office* wahr. Erst mit der Politik des *New Deal* in den dreißiger Jahren des 20. Jahrhunderts, der Kriegsökonomie des Zweiten Weltkriegs und der Politik der Nachkriegszeit wuchs das nationalstaatliche Steueraufkommen massiv und damit gleichzeitig die Größe und politische Bedeutung der Bundesverwaltung (Wilson 2009, S. 266–269).

Die US-Bundesverwaltung besteht heute aus den Ministerien (*departments*) und einer sehr großen Anzahl von Bundesbehörden (*agencies*) und sonstigen Organisationen. Die Ausdifferenzierung des Systems ist sehr hoch. Sie hat ein unübersichtliches Netz von Zuständigkeiten, Unter- und Überordnungen hervorgebracht, das von einigen Autoren sogar als „administratives Chaos" bezeichnet wird (Oldopp 2005, S. 76).

Der Präsident besitzt formal die Möglichkeit der Einrichtung, Schließung oder Umstrukturierung von *departments* und *agencies*. Er ist dabei jedoch von der Zustimmung des Kongresses abhängig. Bisher haben Präsidenten diese Organisationsgestaltungsmacht nur in seltenen Fällen genutzt. Wenn tatsächlich Änderungen vorgenommen wurden, so nahm man sie bald wieder zurück, weil sie sich, wie etwa Nixons ‚*super-departments*', als impraktikabel erwiesen (Nathan 1975, S. 68–70). Die Zahl und Aufgabengliederung der US-amerikanischen Ministerien erwies sich daher in der gesamten Zeit seit 1945 als erstaunlich konstant.

Neben den 15 Ministerien (Stand 2014) gibt es die bereits erwähnten weit über 100 unabhängigen Regierungsbehörden (*independent agencies*) (McKeever und Davies 2012, S. 212). Dazu gehören so unterschiedliche Einrichtungen wie die *Federal Reserve Bank* (die *Fed*), die *Equal Employment Opportunity Commission* (*EEOC*) oder die *Federal Aviation Administration* (*FAA*). Die *agencies* sind in der

Regel sehr einflussreiche Policyakteure, die in ihrem Wirkungsfeld eine hohe Regulierungskraft besitzen und kaum umgangen werden können. Ihre Leitungen werden vom Präsidenten bestimmt und müssen, wie die *departmental secretaries*, durch den Senat bestätigt werden. Eine der einflussreichsten Behörden ist die *Environmental Protection Agency* (*EPA*), die seit ihrer Gründung durch Präsident Nixon im Jahre 1972 ein mächtiger Akteur in der Umweltpolitik geworden ist. Der Chef der *EPA* hat sogar Kabinettsrang. Die *EPA* hat sich in ihrer Geschichte immer wieder maßgeblich durch Gesetzgebungen zum Umweltschutz hervorgetan, wie etwa mit dem *Clean Air Act* (*CAA*) aus dem Jahre 1970. Dieses Gesetz war weltweit eine der ersten großen Regulierungsinitiativen zur Luftreinhaltung und zur Verbesserung der Luftqualität. Es war mit dafür verantwortlich, dass Themen wie saurer Regen, Blei- und Ozonbelastung der Luft durch Autoabgase u. a. öffentliche Aufmerksamkeit erlangten und dass damit begonnen wurde, aktiv Maßnahmen zur Minderung dieser Emissionen zu ergreifen (EPA 2013).

3.2 Das Personal der Bundesbürokratie

Das Personal der US-Bundesbürokratie setzt sich neben unmittelbaren politischen Wahlämtern aus zwei Typen von Personal zusammen. Da ist zum einen die permanente Bürokratie. Zu ihr gehören die dauerhaft in den *departments* und *agencies* tätigen Laufbahnbürokraten. Zum anderen gibt es eine große Anzahl von *political appointees*. Hierbei handelt es sich um eine Schicht von Funktionären, die entweder durch den Präsidenten, die Minister oder die Leitungen der *agencies* auf Basis politischer Eignung auf administrative Führungspositionen gesetzt werden (Heady 1988, S. 400).

Die meisten Mitarbeiter der Ministerialbürokratie der US-amerikanischen Bundesregierung sind unbefristet beschäftigte Laufbahnbeamte. Die Gesamtgröße des *federal civil service* (ohne die Streitkräfte der USA) betrug im Jahre 2011 etwa rund 1,8 Mio. Beschäftigte (McKeever und Davies 2012, S. 210–212). Diese Zahl umfasst jedoch nicht nur das Personal der Ministerien im engeren Sinne; zum *federal civil service* gehört auch Ausführungspersonal in den *field offices* von Bundesbehörden in den Bundesstaaten der USA. Dies ist dem Trennföderalismus geschuldet, der impliziert, dass Bundesaufgaben auch von Bundesbehörden umgesetzt werden. Die 1,8 Mio. Beschäftigten schließen also zum Beispiel auch die Finanzbehörden, alle Beschäftigten des *Department of Veterans Affairs*, die *NSA*, die *CIA*, das *FBI* und die *EPA* mit ein. Ebenfalls zu den Angestellten der Regierung gehören die ca. 1,4 Mio. Angehörigen des US-Militärs, die in die oben genannte Zahl nicht eingehen.

Die *political appointees* stellen einen deutlich kleineren Teil der Administration dar. In der Amtszeit von George W. Bush und auch unter Barack Obama handelte es sich um 3.000 bis 4.000 Personen. Von diesen hatten etwa 1.800 so genannte PAS-Positionen inne. PAS steht für *political appointment with senate confirmation*; es handelt sich also um Positionen, die der Präsident nur mit Zustimmung des

Senates besetzen kann. Weitere 2.200 politische Besetzungen können ohne Beteiligung des Senats erfolgen. Der so genannte *Senior Executive Service* (*SES*), aus dem die administrativen Leitungsfunktionen in den Ministerien besetzt werden, besteht aus ca. 7.000 Positionen, von denen rund 10 % politisch besetzt werden. Unterhalb des *SES* gibt es eine weitere Personalschicht, den so genannten *Schedule C*, in dem nochmals 1.500 politisch zu besetzende Positionen existieren. Die politischen Besetzungen im *Schedule C* erfolgen grundsätzlich ohne Beteiligung des Senats (Lewis und Waterman 2013, S. 37).

Das Verhältnis von *political appointees* und Laufbahnbürokraten ist unter den meisten Präsidenten der letzten Jahrzehnte eher angespannt gewesen. Die *appointees* werden wegen der Vorläufigkeit ihrer Tätigkeit von den Laufbahnbeamten kritisch beäugt. Den Laufbahnbürokraten wiederum wird von den *appointees* nicht zugetraut, aus eingefahrenen bürokratischen Bahnen auszubrechen (Durant und Resh 2010, S. 559). Dazu kommt der Zweifel am tatsächlichen Vorliegen einer politischen Neutralität des *permanent civil service* (zur Norm politischer Neutralität siehe Abschnitt 3.4). Der Sachverstand und die Verfahrenskenntnisse der Laufbahnbürokraten, so unverzichtbar sie auch sind, werden aus beiden Gründen oft nicht abgefragt (Heclo 1986, S. 101–102); eine gute Zusammenarbeit zwischen politischen und permanenten Mitarbeitenden in den Ministerien kommt dadurch oft nicht zustande (Durant und Resh 2010; Heclo 1988).

Wirft man einen Blick auf die soziale Zusammensetzung der US-Bürokratie, so zeigt sich, dass amerikanische Ministerialbürokraten hochgebildet sind. Im Durchschnitt herrscht in den obersten Hierarchieebenen der Ministerien und *agencies* ein höheres Bildungsniveau als in den Chefetagen der großen US-amerikanischen Unternehmen (Aberbach 2003, S. 380–382). Laufbahnbürokraten und *political appointees* haben ein breites Spektrum an Ausbildungsrichtungen absolviert. Dabei spielen Absolventen der US-amerikanischen *Law Schools* ebenso eine Rolle wie Absolventen naturwissenschaftlich-technischer Fachrichtungen oder auch aus den Sozial- und Wirtschaftswissenschaften (Aberbach 1990, S. 7). Die Betonung bestimmter Universitäten als Rekrutierungsorte für Washingtoner Bürokraten konnte in keiner Quelle gefunden werden, so dass davon auszugehen ist, dass Vorzugsuniversitäten für die Rekrutierung der administrativen Elite nicht existieren. Frauen, Afroamerikaner und US-Bürger mit lateinamerikanischen Wurzeln sind in der Ministerialbürokratie nach wie vor unterrepräsentiert. Der Grad der Unterrepräsentation nimmt mit der Höhe der Positionen in der Verwaltungshierarchie zu (Wilson 2009, S. 275–276), hat aber im Vergleich zu den 60er und 70er Jahren des 20. Jahrhunderts deutlich abgenommen (Aberbach 2003, S. 378–379).

3.3 Rekrutierung in administrative Ämter

Historisch ist das System der Rekrutierung von Personen in höhere Ämter in der Ministerialbürokratie als *spoils system* berüchtigt. Präsidenten brachten in großer Zahl Personen in Verwaltungsämter, die ihnen im Wahlkampf geholfen hatten und die die Parteimaschine am Laufen hielten. Es war also nicht Professionalität, sondern vor allem politische Loyalität und persönliche Bekanntschaft, die jemanden für nationale administrative Ämter ‚qualifizierten' (Anagnoson 2011, S. 126; McKeever und Davies 2012, S. 212). Die Dysfunktionalität dieses Systems nahm jedoch immer mehr zu, so dass im Jahre 1893 dieser Rekrutierungspraxis mit dem *Pendleton Act* ein Ende bereitet und auf ein meritokratisches, also qualifikationsbasiertes System umgestellt wurde (Anagnoson 2011, S. 127). Dies führte zum sogenannten *competitive service*, einem System, in dem Bewerberinnen und Bewerber sich in einem wettbewerblichen Verfahren als geeignet für eine Stelle erweisen mussten. Das entsprechende Verfahren wird vom *Office of Personal Management* (*OPM*) durchgeführt (Wilson 2009, S. 272).

Im Jahre 1939 wurden durch eine Expertenkommission, das so genannte *Brownlow Committee*, erneut erhebliche Änderungen in der Struktur der US-amerikanischen Exekutive angeregt. Den Verfassern des Reports ging es vor allem darum, die Arbeitsfähigkeit des Präsidenten zu erhöhen, indem ihm ein größerer präsidentieller Stab zur Verfügung gestellt wurde. Als Ergebnis des *Brownlow Reports* wurde das *EOP* gegründet und unter anderem das *Bureau of the Budget* (*BoB*). Dieses wurde 1970 in *OMB* umbenannt und zu einem Teil des *EOP* gemacht. In Folge dieser Organisationsänderung kam es auch zu einer deutlichen Ausweitung explizit politischer Besetzungen in der US-amerikanischen Bundesadministration (Anagnoson 2011, S. 130–131). Diese unterscheiden sich von den Patronagebesetzungen des *spoils system* vor allem dadurch, dass heute Positionen existieren, die explizit für politische Besetzungen vorgesehen sind, und dass diese Besetzungen wie in Abschnitt 3.2 dargestellt zum großen Teil durch den Senat kontrolliert werden.

Während die 50er bis 70er Jahre als Phase der Konsolidierung der professionellen Orientierung der Verwaltung bei einer gleichzeitigen weiteren Ausdehnung des staatlichen Regelungsbereichs bezeichnet werden können, schwang das Pendel seit dem Beginn des *National Performance Review* im Jahre 1993 wieder in Richtung einer Verstärkung des politischen Einflusses und einer stärkeren Politisierung der Verwaltung (Aberbach 2003; Savoie 1994; Thayer 1997). Konkreter vermerkt Wilson, dass die Zahl der Stellen, die außerhalb des *competitive service* (siehe oben) besetzt wurden, im Vergleich zu den 60er und 70er Jahren des 20. Jahrhunderts massiv zugenommen hat. Eine zentrale Rolle für diese Veränderung spielen sogenannte *name-request jobs*: Weiß eine Behörde bereits genau, mit welcher Person sie eine bestimmte Stelle füllen will, so kann sie beim *OPM* eine solche Besetzung genehmigen lassen. In diesem Verfahren bleibt die Prüfung formaler Qualifikationen erhalten, lediglich die wettbewerbliche Besetzung kann umgangen werden (Wilson 2009, S. 274).

Gleichzeitig mit dieser Entwicklung stieg auch bei den politisch zu besetzenden Positionen der Anteil der Patronageentscheidungen wieder an. Gegenstand der öffentlichen Diskussion wurde dies unter anderem, nachdem Hurrikan Katrina im Jahre 2005 die Stadt New Orleans schwer zerstört hatte. Die *Federal Emergency*

Management Agency (FEMA) reagierte seinerzeit sehr langsam und zunächst unzureichend auf die Naturkatastrophe. Als eine zentrale Ursache wird genannt, dass die Führungsebene der Behörde mit Personen besetzt war, die vom Präsidenten aus politischen Gründen ausgewählt worden waren, und die von Katastrophenmanagement wenig verstanden (Lewis und Waterman 2013, S. 36).

Bei den politischen Besetzungen müssen Präsidenten versuchen, verschiedene Ziele zeitgleich zu erreichen. Sie wollen erstens Personen mit einer hohen Loyalität zum ihrem politischen Programm finden, die in den Behörden dann dafür sorgen, dass dieses Programm umgesetzt wird (siehe die Diskussion um die „Zaren" in Abschn. 2). Sie wollen zweitens Personen einsetzen, die das Amt mit hoher Kompetenz ausüben, damit positive Politikergebnisse positiv auf ihre eigene Leistungsbilanz wirken. Weiterhin gibt es politische und elektorale Gründe, aus denen Ämter besetzt werden (Lewis und Waterman 2013). Einerseits sind Personen zu belohnen, die den Wahlkampf eines Präsidenten auf die eine oder andere Weise unterstützt haben, andererseits geht es auch darum, sich durch Besetzungen Interessengruppen und Abgeordnete gewogen zu machen. „Presidents who use appointments wisely find it easier to build legislative support for themselves and their programs." (Hollibaugh et al. 2013, S. 5). Schließlich kann ein Präsident nur auf die Expertise zurückgreifen, die in seinem Team verfügbar ist (Lewis und Waterman 2013, S. 53). Exemplarisch steht hierfür die Besetzung politischer Positionen im *Department of Labor* durch George W. Bush, der in seinem Republikanischen Personalpool kaum Personen fand, die umfassende Erfahrungen in diesem Politikfeld vorweisen konnten.

Fälle wie die unangemessen besetzte *FEMA* sind für die Gesellschaft ein Problem, weil sie gegebenenfalls die Konsequenzen solcher Personalentscheidungen tragen muss. Sie sind aber auch für den Präsidenten ein Problem, der für die schlechte Performanz von Behörden verantwortlich gemacht wird. Folgerichtig ist zu erwarten, dass Präsidenten sich genau überlegen, welche Art von Besetzung, eher professionell oder eher politisch und elektoral orientiert, sie an welchen Stellen vornehmen. Wie die Forschung zeigen kann, ist dem auch tatsächlich so: *Political appointments* aus elektoralen oder politischen Gründen erfolgen vor allem auf Positionen, die weniger hoch auf der politischen Agenda des Präsidenten stehen und die wenig Einfluss auf den Policyoutput haben. Professionelle Besetzungen erfolgen auf Ämter, bei denen das Gegenteil der Fall ist (Lewis und Waterman 2013). Je mehr Expertise auf einer Position gebraucht wird oder je wichtiger eine *agency* für den Präsidenten ist, desto höher ist der Anteil an professionellen Besetzungen. Große Behörden, in denen die einzelne Person vergleichsweise wenig Einfluss auf den Policyoutput hat, haben größere Anteile rein elektoral oder politisch motivierter Besetzungen. Das Gleiche gilt für Behörden, die ohnehin dem Präsidenten politisch nahe stehen. Behörden mit einer anderen ideologischen Grundorientierung dagegen, werden verstärkt mit qua Kompetenz ausgewählten Personen besetzt, um so diese Behörden gestützt auf Expertise auf Kurs bringen zu können (Hollibaugh et al. 2013, S. 20–24).

3.4 Bürokratische Prinzipien und Einstellungen der Ministerialbediensteten

Welche Werte aber leiten die Bürokratie, welche ihre Mitarbeiter und Mitarbeiterinnen? Bürokratien erfüllen in modernen Staatswesen zwei zentrale Funktionen: Sie sorgen erstens dafür, dass jeder Bürger und jede Bürgerin ohne Ansicht von ‚Rasse', Klasse und Stand vom Staat nach den gleichen Prinzipien behandelt und in den vorgetragenen Anliegen ernst genommen wird (Olsen 2008, S. 15, 23). Bürokratien sind zweitens der stabile Teil eines Regierungssystems, das in den USA durch Verfassungsregeln dafür sorgt, dass das Team eines Präsidenten, also des Regierungschefs, spätestens nach acht Jahren Amtszeit ausgetauscht wird. Bürokratien gewährleisten also auch das immer notwendige Maß an Kontinuität in einem Regierungssystem (Schnapp 2004, S. 18–19 und 65–67).

Ganz im Sinne dieser allgemeinen Funktionen gehört es zu den zentralen Werten der *permanent bureaucracy*, politischen und parteiorientierten Erwägungen keinen zentralen Platz in der Arbeit einzuräumen, sondern eher zu versuchen, möglichst neutral und sachorientiert zu beraten und zu entscheiden (McKeever und Davies 2012, S. 213). Diese Neutralität wird von Politikern allerdings mitunter mit Misstrauen beobachtet. Das galt unter anderem in sehr starkem Maße für Richard Nixon und Ronald Reagan (Rockman und Thiam 2009, S. 207, 211). Der Bundesbürokratie wurde von beiden Präsidenten unterstellt, dass sie in großer Mehrheit den Demokraten und ihren politischen Werten und Zielen zugeneigt sei. Empirische Forschung zu den Einstellungen der Beamten zeigt allerdings, dass deren politische Überzeugungen keineswegs fixiert sind. Sie folgen einerseits politischen Bewegungen an der Spitze der Regierung (Aberbach 2003, S. 384–387) und sind andererseits abhängig von dem Aufgabenspektrum, das von einem Ministerium bzw. einer *agency* zu bearbeiten ist (Wilson 2009, S. 276). Überwiegend traditionelle Aufgaben bearbeitende Organisationen tendieren eher zu konservativen Werten, überwiegend aktiv sozialstaatlich agierende Organisationen eher zu liberalen.

Normen und Regeln haben auch ihre Schattenseiten. Es gibt Verschwendung öffentlicher Gelder, der Amtsschimmel wiehert hier und da auch in US-amerikanischen Amtsstuben und mitunter agieren Verwaltungen eigenständiger, als sie es sollten. Und einiges davon ist wohl tatsächlich Missmanagement, anmaßendem Verhalten oder auch mangelndem Engagement zuzuschreiben. Häufiger aber dürften es spezifische Umstände und komplexe Interaktionen von Akteuren sein, die das Handeln der Verwaltung suboptimal aussehen lassen. So unterliegen Verwaltungen oft sehr speziellen Regeln darüber, was wo und von wem beschafft werden darf. Solche Regeln können etwa heißen, dass Verwaltungen, wenn sie Dinge benötigen, inländische Hersteller auch dann vorziehen müssen, wenn diese ein Produkt teurer anbieten. Die Begründung dafür ist, dass Steuergelder möglichst innerhalb der Landesgrenzen ausgegeben werden sollen, um zum Beispiel inländische Arbeitsplätze zu sichern (Wilson 2009, S. 283). Gleichzeitig erzeugt die (demokratisch sehr sinnvolle) Forderung, dass Verwaltungen umfassend über das eigene Tun Rechenschaft ablegen müssen, erhebliche Aufwände, weil das Festhalten von Abwägungen und Entscheidungen, das Protokollieren von Handlungsweisen usw. Zeitressourcen in Anspruch nimmt, die dann nicht für produktive Tätigkeit aufgewendet werden können. Aber wer Transparenz von und Rechenschaftslegung über Verwaltungshandeln will, der kommt um die Aufwendung dieser Ressourcen nicht herum.

Schließlich erzeugt Demokratie als solche Ineffizienzen. Zum einen benötigen Prozesse Zeit, wenn unterschiedlichste Interessen gehört und sinnvoll in Entscheidungen und Handeln eingebunden werden sollen. Effizienz kann folglich in demokratischen Verfahren nicht die oberste Handlungsmaxime sein, es sei denn um den Preis eines geringeren Demokratie- und Partizipationsniveaus. Zum anderen können zum Beispiel radikale Politikwechsel massive Ineffizienzen erzeugen, wenn etwa bei einer Wahl das Präsidentenamt von einer auf die andere Partei übergeht oder die Kräfteverhältnisse auf dem *Capitol Hill* sich massiv geändert haben. Verwaltung ist dann in der Pflicht, zu tun, was *the government of the day* entschieden hat. Schließlich wurde dieses von den Wählerinnen und Wählern gewählt und steht so repräsentativ für den aktuellen Mehrheitswillen. Gerade noch mit aller Energie betriebene Maßnahmen können in einer solchen Situation obsolet werden, gerade begonnene Programme sind, möglicherweise nur halb durchgeführt, abzubrechen. Und es ist oft die Verwaltung, die dem Einzelnen im Alltag dann als der Akteur erscheint, der verantwortlich ist für Ineffizienz und ‚Verschwendung', einfach weil die Ausübung von Herrschaft, die Umsetzung politischer Entscheidungen im Alltag, letztlich Verwaltung ist (Weber 1972, S. 126).

4 Politikentwicklung und Implementation

4.1 Programmentwicklung

Politikentwicklung findet in den USA in der Regel in so genannten Themennetzwerken (*issue networks*) statt. Themennetzwerke sind ein enges Gewebe von Ministerialabteilungen (*bureaus*) und Kongressausschüssen (*committees*), in dem die Entwicklung von politischen Programmen und Gesetzen vor allem vonstattengeht (Fiorina 1977, S. 72–79; Freeman 1969, S. 11; Ripley und Franklin 1980, S. 209). Eng in diese Netzwerke eingebunden sind Interessengruppen, deren Recht auf Beteiligung 1946 im *Administrative Procedures Act* normiert wurde (Gormley 1991, S. 12). Alle drei Akteursgruppen zusammen bilden die *issue networks*, wie Hugh Heclo sie in seinem berühmten Aufsatz nannte (Heclo 1978). Jede der drei Gruppen spielt dabei eine spezifische Rolle: Sach- und Prozesswissen kommt aus der Bürokratie, die Kenntnis von Zuständen vor Ort in den Bundesstaaten von den Abgeordneten, Interessenverbände schließlich bringen Erfahrungen aus den unterschiedlichsten Regelungsbereichen und konkrete Problemkenntnis ein. Alle Netzwerkpartner nehmen damit als Informationslieferanten wechselseitig füreinander eine zentrale Stellung ein.

Für die *bureaus* und die dort tätigen Laufbahnbeamten (*carrier bureaucrats*) sind die *issue networks* in der Regel der zentrale inhaltliche Orientierungspunkt, weniger der Präsident und seine *political appointees*. Das liegt vor allem daran, dass die Netzwerke auf lange Sicht von den gleichen Personen und Akteuren besetzt und dadurch ein stabiler Handlungs- und Orientierungsrahmen sind, während der Präsident und sein Gefolge als vorübergehend, als „transients" wahrgenommen werden (Durant und Resh 2010, S. 549).

Initiativen für neue Politiken kommen oft aus den *bureaus* der Ministerien. Diese orientieren sich dabei häufig mehr an den Erfolgsaussichten eines Vorschlags im Kongress, als an den politischen Leitlinien des Präsidenten (McKeever und Davies 2012, S. 217). Die Orientierung am Kongress wird durch die Themennetzwerke erleichtert, in denen lang gediente Abgeordnete des Kongresses, Angehörige der permanenten Bürokratie und Vertreter von Interessengruppen gemeinsame Policyinteressen verfolgen. Die andere Quelle von Gesetzesinitiativen ist der Kongress selbst und beide, Bürokratie wie Kongress, werden regelmäßig von Interessenverbänden auf Regelungsprobleme aufmerksam gemacht und um Befassung gebeten.

Wenn Policyinitiativen aus der Ministerialbürokratie heraus entwickelt werden, gibt es zwei Wege, wie diese in den politischen Entscheidungsprozess eingebracht werden können. Ein Pfad führt über die Themennetzwerke. Eine Organisationseinheit aus der Bürokratie sucht für eine Initiative einen Partner im Kongress (einzelne Abgeordnete, Unterausschüsse oder Ausschüsse). Meist müssen diese Partner nicht einmal gesucht werden. Es ist die zentrale Eigenschaft der Themennetzwerke, dass solche Partnerschaften dauerhaft bestehen. Gemeinsam kann dann ein Regelungsentwurf entwickelt werden, der von den Netzwerkpartnern im Kongress in den dortigen Abstimmungs- und Entscheidungsprozess eingebracht werden kann. Die Bürokratie muss aber, will sie mit Entwürfen erfolgreich sein, den Kongress oder ihre Netzwerkpartner im Kongress von ihren Ideen überzeugen, also für die eigenen Ideen Lobbyarbeit betreiben. Nur so kann sie erreichen, dass Gesetzesentwürfe und Regelungsideen den Weg auf die offizielle Tagesordnung des Kongresses finden und am Ende positiv entschieden werden.

Alternativ führt ein Weg für neue Policies über den zuständigen Minister und den Präsidenten. Da der Präsident aber kein Initiativrecht im Kongress besitzt, wird auch bei Nutzung dieses Pfades die Unterstützung des Kongresses im doppelten Sinne benötigt: zunächst für die Einbringung eines Gesetzesentwurfs, sodann für die notwendigen Abstimmungsmehrheiten. Dieser zweite Weg ist also notwendigerweise länger als der erste, denn er unterscheidet sich vom ersten Weg durch zusätzliche Prozessschritte. Das Beschreiten des längeren Weges kann bei bestimmten Initiativen trotz Mehraufwand strategisch sinnvoll sein. Meist wird in der Praxis aber auf der Grundlage existierender Themennetzwerke der erstbeschriebene Weg genutzt (Oldopp 2005, S. 77).

Der Kongress ist in den Themennetzwerken und im Prozess der Policyentwicklung und -entscheidung ein in hohem Maße eigenständiger Partner. Er verfügt über umfassende eigene Kapazitäten zur Bearbeitung von Policyproblemen. Insgesamt arbeiten für den US-Kongress ca. 24.000 Personen. Darin eingeschlossen sind über 3.000 Mitarbeiter von Ausschüssen beider Häuser, der sehr umfangreiche *Congressional Research Service* (*CRS*) und die *Library of Congress* (McKeever und Davies 2012, S. 256). Diese enormen Personalkapazitäten führen dazu, dass keines der beiden Häuser des Kongresses darauf angewiesen ist, sich Vorlagen aus der

Bürokratie oder von den Verbänden vorlegen zu lassen. Vielmehr kann, wenn es erforderlich ist, der Prozess der Auswahl und Bearbeitung von Policyalternativen direkt im und vom Kongress selbst durchgeführt werden. Die Eigenständigkeit des Kongresses wird schließlich dadurch gestärkt, dass Abgeordnete oftmals über lange Zeiträume ihr Mandat behalten. Im Jahr 2000 lag die Wiederwahlquote in beiden Kammern bei 98 %. Bei den Wahlen 2010 waren es auf einem Tiefstand 85 % der Mandatsträger, die ihren Wahlkreis verteidigen konnten (Gellner und Kleiber 2012, S. 38), im Jahre 2012 behielten 90 % der Abgeordneten im Repräsentantenhaus und 91 % der Senatoren ihr Mandat (Opensecrets.org 2014). Diese hohe personelle Kontinuität im Kongress trägt dazu bei, dass die fachliche Expertise vieler Abgeordneter sehr groß ist, so dass nur geringe Informationsasymmetrien zwischen Parlament und Bürokratie bestehen. Am meisten benachteiligt sind in diesem System die „*in and outers*" (Heclo 1988) in den politisch besetzten Verwaltungspositionen, die *secretaries* und der Präsident selbst.

Bürokratie und Kongress sind also Handlungsbereiche, in denen die individuellen Akteure oft eine sehr lange Amtsdauer aufweisen - mit allen damit verbundenen Möglichkeiten, ein tiefes Sach- und Prozesswissen aufzubauen. Dagegen sind ein Präsident, sein Kabinett sowie alle *political appointees* im günstigsten Falle für 8 Jahre im Amt, oft viel kürzer. Hier steht also langjährige Erfahrung und hochgradige Vernetzung, die die Interessengruppen in den Themennetzwerken einschließt, gegen politische Loyalität, deutlich geringere Erfahrung und oft auch fehlende fachliche Kompetenz (siehe Abschn. 3.3). Letzteres wird zwar zum Teil dadurch aufgebrochen, dass die *in and outers* oft den Politikbetrieb nach einem Amtswechsel im Weißen Haus nicht völlig verlassen. Sie verbleiben in *think tanks*, an Universitäten usw. und kehren gegebenenfalls später in den Politikbetrieb zurück. Gleichwohl wird hier nicht mit gleichen Waffen gekämpft. Das ist nicht per se zum Nachteil der politischen Entscheidungen, die getroffen werden. Es ist aber zum Nachteil des Präsidenten und der Erfüllung seines politischen Programms.

4.2 Implementation

Die Implementation von Bundesrecht erfolgt in der Regel durch eine der vielen *agencies* der Bundesregierung, wie z. B. die Finanzbehörde (*IRS - Internal Revenue Service*), die Umweltschutzbehörde (*EPA - Environmental Protection Agency*) oder die *U.S. Coastgard*. In ausgewählten Fällen erfolgt die Implementation auch direkt durch die *departments*, wie im Falle des 1989 von einer *agency* zum *department* umgewandelten *Department of Veterans Affairs*, das sich um die Betreuung und Versorgung der amerikanischen Kriegsveteranen kümmert. Die *agencies* haben im Rahmen der Gesetze eine große Eigenständigkeit. Die Leitungen dieser Behörden werden zwar, sofern eine Vakanz vorliegt, durch den Präsidenten für eine feste Amtsdauer besetzt - eine vorzeitige Entlassung ist aber nur bei Vorliegen besonderer Gründe möglich. Bei der Interpretation dieser Aussage ist zu beachten, dass politische Differenzen zwischen Präsident und Behördenchef nicht zu den „anerkannten besonderen Gründen" gehören (McKeever und Davies 2012, S. 212).

Die formale Eigenständigkeit und die politische Unabhängigkeit der Behördenleitung sorgen dafür, dass die Ausführung von Policies nur in geringem Umfang durch den Präsidenten beeinflusst werden kann. Das Gleiche gilt zunächst auch für den Kongress, jedoch steht diesem ein Mittel zur Verfügung, das ihm bei Bedarf eine massive Einflussnahme erlaubt. Dieses Mittel ist „the power of the purse" (Fenno 1966), denn die Budgets der *agencies* müssen jährlich durch den Kongress bewilligt werden. Die für einen Politikbereich zuständigen Ausschüsse stellen daher für die *agencies* eine deutlich wichtigere Bezugsinstanz dar, als der Präsident es ist, da Letzterer seine Budgetentscheidungen auch nur in dem vom Kongress abgesteckten Rahmen treffen kann (McKeever und Davies 2012, S. 217).

Im Rahmen der Budgetbewilligungen hat der Kongress sehr umfassende und zum Teil stark in Detailprozesse eingreifende Möglichkeiten, um vorzuschreiben, wie Gelder ausgegeben werden sollen. Eines dieser Mittel sind die sogenannten *limitation riders*. Das sind Verwendungsanweisungen für zugewiesene Mittel, die genau vorschreiben, wie ein bestimmter Budgettitel genutzt werden darf bzw. auch, was mit diesem Titel nicht finanziert werden darf. MacDonald (2013, S. 525–527) erläutert an einem Beispiel aus der Umweltpolitik, wie der Republikanische Kongress zur Zeit der Clinton-Administration die *EPA* durch Nutzung von *limitation riders* an der Ausführung einer Policy zur Kontrolle und Reduktion von Pestiziden in Lebensmitteln hinderte, bis dann unter George W. Bush das entsprechende Gesetz geändert wurde. Obwohl Clinton sowohl Gesetz als auch Behörde auf seiner Seite hatte, konnte er nichts gegen diese Finanzblockade tun. Das Beispiel macht deutlich, wie direkt der Kongress die Implementationstätigkeit der Bürokratie kontrollieren und beeinflussen kann. MacDonald weist abschließend darauf hin, dass dieses Instrument vor allem im Falle des *divided government* angewendet wird, also wenn im Kongress nicht die Partei des Präsidenten die Mehrheit hat (MacDonald 2013, S. 535).

Divided government ist gleichzeitig aber auch eine Konstellation, die eine *agency* sich zunutze machen kann, um eigene Umsetzungsinteressen zu realisieren. Das liegt darin begründet, dass sich bei starken ideologischen Meinungsverschiedenheiten zwischen Kongress und Präsident in dem ideologischen Raum, der durch diese Meinungsverschiedenheiten geschaffen wird, Spielräume für bürokratische Eigenmächtigkeiten bilden können. Werden solche Spielräume genutzt, so müssten Kongress und Präsident sich auf eine Korrektur oder Spezifizierung eines Gesetzes einigen, um eine zu selbständig gewordene Bürokratie wieder ‚einzufangen'. Agiert die Bürokratie klug, ist genau das aber wegen der ideologischen Differenzen zwischen beiden Akteuren nicht möglich; die Bürokratie gewinnt hier also Spielraum für eigenständiges Implementationshandeln. Dieser dürfte umso größer ausfallen, je mehr sich die Bürokratie bei der Ausnutzung des Spielraumes auf die Policyposition des Kongresses zubewegt, weil ihr dann nicht droht, dass dieser mit 'der Macht der Geldbörse' reagiert.

Eine weitere Struktur, aus der der Bürokratie entgegen der Absicht der Akteure Handlungsspielraum erwächst, ist ihre Kontrolle und Steuerung durch den Kongress bzw. seine Ausschüsse und Unterausschüsse. Clinton et al. (2014) stellen fest, dass die Möglichkeit des Kongresses, die Tätigkeit von *agencies* zu beeinflussen mit der Anzahl der Kontrolle ausübenden Ausschüsse und Unterausschüsse sinkt. Begründet wird dies vor allem mit einem Problem kollektiven Handelns und der fehlenden Handlungskoordination zwischen den Ausschüssen. Relevant ist diese Beobachtung vor allem, weil wichtige und große *agencies* fast notwendig von mehr Ausschüssen und Unterausschüssen betreut und kontrolliert werden als kleine, weniger bedeutsame. Das bedeutet aber, dass vor allem wichtige Politikfelder weniger eng von der Legislative und dadurch letztlich die Wählerinnen und Wähler kontrolliert und gesteuert werden als solche, die weiter am Rand der Wahrnehmungs- und Bedeutungsskala stehen.

Zusammenfassend kann man sagen, dass die *agencies* zwar in ein enges Netzwerk von Beaufsichtigungs- und Einflussmöglichkeiten eingebunden sind. Gleichwohl gelingt es ihnen immer wieder, Spielräume für eigenständiges bürokratisches Handeln - man könnte natürlich auch sagen: für bürokratische Eigenmächtigkeiten - zu erobern. Eine der besten Strategien dafür ist es, die Kontrollinstanzen gegeneinander auszuspielen. Gelingt dies, so haben die *agencies* in den USA große Spielräume bei der Ausführung von Gesetzen (Peters 2011, S. 129).

5 Reformen der Verwaltung und neue Herausforderungen

Die US-amerikanische Bundesverwaltung ist regelmäßigen Reformen unterworfen. Diese werden umgesetzt, um die Verwaltung an sich verändernde Bedingungen der Regierungstätigkeit anzupassen; sie werden zum Teil aber auch aus ideologischen Gründen und im Gefolge von Parteiwechseln im Präsidentenamt umgesetzt. Einige bedeutsame Reformen sind im Laufe dieses Beitrags bereits genannt worden. Weitere Reformen, die die Struktur- und Funktionsweise der Verwaltung ebenfalls nachhaltig verändert haben, werden in diesem Abschnitt vorgestellt. Dabei gehen wir sowohl auf die jeweiligen Reformauslöser oder -anlässe als auch auf deren Lösungen ein.

Wie oben bereits erläutert begann in den frühen 80er Jahren des 19. Jahrhunderts das patronagebasierte Spoilssystem sehr spürbar negative Folgen zu zeigen. Mit dem *Pendleton Act* von 1883 wurde ein Rekrutierungssystem etabliert, in dem neue Mitarbeiterinnen und Mitarbeiter nicht wegen politischer Gefälligkeiten, sondern nach Befähigung und Eignung ausgewählt werden sollten (Anagnoson 2011, S. 126–128). Das Personalsystem wurde also im Weberschen Sinne auf rationale Füße gestellt. Diese Entwicklung wurde bei der Umsetzung des bereits erwähnten *Brownlow Report* nochmals vertieft.

Im Jahre 1939 wurden mit dem *Hatch Act* politische Aktivitäten von Bundesbeamten unter strenge Regeln gestellt. Zwar blieb ihnen das aktive Wahlrecht erhalten, direktes parteipolitisches Engagement, insbesondere eine Beteiligung an Wahlkampagnen, oder das Ergreifen von Wahlämtern wurden durch das Gesetz jedoch untersagt (Heady 1988, S. 408).

In den 70er Jahren des 20. Jahrhunderts wurden immer deutlicher Probleme im Rekrutierungs- und Karrieresystem vor allem in den obersten Rängen der Verwaltung erkennbar. So wurde es zunehmend schwer, geeignete Personen in hinreichend kurzer Zeit für Spitzenämter zu finden. Gleichzeitig gewann die Überzeugung Raum, dass insbesondere für Spitzenpositionen in der Verwaltung Bezahlungssysteme etabliert werden müssten, die Leistungskomponenten beinhalteten. Mit dem *Civil Service Reform Act* von 1978 wurde die Lösung dieser Probleme in Angriff genommen: Es wurde der *Senior Executive Service* (*SES*) eingeführt, der unter anderem Leistungsbezahlungssysteme etablierte und der die Flexibilität der Beschäftigung von Spitzenbeamten dadurch erhöhte, dass der Rang eines Spitzenbeamten nicht mehr durch seine konkrete Position bestimmt, sondern an die Person geknüpft wurde und so mit der Person „wandern" konnte (Rockman und Thiam, S. 206–210).

Nach der Inauguration von Präsident Clinton wurde der *National Performance Review (NPR)* ins Leben gerufen, ein Projekt, das zentral vom damaligen Vizepräsidenten Al Gore betrieben wurde. Beim *NPR* ging es vor allem darum, die Bürgernähe des öffentlichen Dienstes zu erhöhen und eine höhere Serviceorientierung sowie höhere Servicestandards zu verankern. Gleichzeitig sollte die Effizienz des Verwaltungshandelns gesteigert werden. Dazu wurden einerseits wo immer möglich moderne Verwaltungstechnologien eingesetzt, aber auch staatliche Leistungserbringung durch private ersetzt. Diese Reform war aber vor allem eine Reform der inneren Prozeduren. Sie erfolgte weitgehend innerhalb der etablierten Strukturen und Personalsysteme (Rockman und Thiam 2009, S. 211–2014).

Etwa zeitgleich mit dem Beginn des *NPR* wurden einige Regeln des *Hatch Act* überarbeitet. Bundesbeamten wurde mit dem *Federal Employees Political Activities Act* von 1993 u.a. erlaubt, aktiv an Wahlkämpfen teilzunehmen oder für öffentliche Ämter auf anderen Ebenen als der eigenen Anstellungsebene zu kandidieren. Nicht erlaubt blieben aber weiterhin die Ausübung politischer Aktivitäten im Dienst, das Sammeln von Kampagnengeldern sowie das Kandidieren für politische Ämter, die im Parteienwettbewerb besetzt werden (Anagnoson 2011, S. 137).

Da die gesellschaftliche und politische Entwicklung nicht still steht, sieht sich die Bundesverwaltung in den USA aber bereits wieder mit neuen Herausforderungen konfrontiert. So stellen verschiedene Autoren fest, dass als Konsequenz einer als permanent wahrgenommenen Bürokratiekritik und eines als permanent empfundenen Misstrauens gegenüber dem öffentlichen Dienst dieser inzwischen vor massiven Imageproblemen steht. Das hat unter anderem zur Folge, dass es immer schwieriger wird, hoch gebildete und motivierte junge Leute für eine Karriere im öffentlichen Dienst zu begeistern (Anagnoson 2011, S. 148; Rockman und Thiam 2009, S. 217–218; Wilson 2009, S. 282–284). Hier wird zu erörtern sein, wie der öffentliche Dienst als Arbeitgeber wieder attraktiv für hoch qualifizierte Bewerberinnen und Bewerber gemacht werden kann.

Eine weitere problematisierende Feststellung ist die, dass die Zeit, bis ein neuer Präsident und seine Administration wirklich einsatzfähig sind, immer länger werde und längst zu lang sei. Dies liege vorrangig an zwei Faktoren: Erstens an einer zu großen Zahl politisch besetzter Ämter in der Bürokratie, und zweitens an einer immer stärker kritischen Haltung des Senats in den Besetzungsprozessen. Dies hat zur Folge, dass die Besetzung der Spitzenämter sehr lange dauern und also viel Zeit vergeht, ehe eine neue Administration handlungsfähig ist (Anagnoson 2011, S. 148). Während die große Zahl an politischen Ämtern ein Ausdruck des Misstrauens gegenüber der permanenten Bürokratie ist, liegt der Einmischung des Senats unter anderem eine starke Uneinigkeit zwischen Demokraten und Republikanern über den gewünschten Umfang staatlicher Programme und die gewünschte Rolle der staatlichen Bürokratien zugrunde. Für die Bürokratie selbst ist es äußerst schwierig, zwischen diesen unterschiedlichen Vorstellungen ein funktionierendes und weithin akzeptiertes Selbstverständnis zu entwickeln. Hier läge eine Lösung nahe, nämlich eine Reduktion der Anzahl politisch zu besetzender Ämter und mehr permanente Bürokratie, die über einen Wechsel des Präsidenten hinweg im Amt bleibt. Angesichts der oben beschriebenen Entwicklungen im Bereich der elektoralen und politischen Patronage muss eine solche Lösung jedoch als unwahrscheinlich bezeichnet werden.

Schließlich bleibt das alte Misstrauen zwischen der permanenten Laufbahnbürokratie und den nur für kurze Zeit beschäftigten *political appointees* ein Funktionsproblem für die öffentliche Verwaltung in den USA. Dieses Misstrauen führt zu erheblichen Reibungsverlusten, teilweise zu Doppelarbeit und birgt schließlich immer wieder auch die Gefahr von Patronage. Vor allem aber steht dieses Misstrauen für ein tief in die politische Kultur der USA eingelassenes Staatsmisstrauen. Und wenn Präsidenten und Abgeordnete ihre Wahlkämpfe als Außenseiter und als nicht dem Establishment Zugehörige betreiben, dann ist das Establishment, also der Akteur, der an allem schuld ist, letztlich der öffentliche Dienst. Verwaltungsreformen, erfolgreich oder nicht, konnten an dieser Grundeinstellung über die Jahrzehnte hinweg bislang wenig ändern und eine durchgreifende Änderung der öffentlichen Bewertung der Verwaltung und des politisch-kulturell bedingten Umganges mit ‚dem Staat' ist auch nicht in Sicht.

6   Fazit

Bezeichnend für die Bundesverwaltung in den USA ist ihr Eingebundensein in ein hochkomplexes interaktives System der Politikgestaltung und -implementation. Unterschiedliche Akteure, allen voran Präsident und Kongress, ringen um die Vorherrschaft und darum, sich die Verwaltung zunutze zu machen. Dabei behindern sie sich mitunter gegenseitig und eröffnen gerade dadurch der Verwaltung Handlungsspielräume. Diese können vor allem durch den Kongress und seine Budgethoheit aber auch immer wieder verengt werden. Welche Handlungsmöglichkeiten, -freiheiten oder -beschränkungen die Verwaltung hat, hängt auch vom Politikfeld und von konkreten Ereignissen und politischen Entwicklungen ab sowie davon, welche Partei gerade welchen Teil des Regierungsprozesses beherrscht. Und letztlich ist es auch nur schwer möglich, zu sagen, welches Verhältnis von Unabhängigkeit und Beeinflussbarkeit in welchem Politikbereich ideale Bedingungen für einen reibungslosen und problemlösenden politischen Entscheidungsprozess mit sich bringt (Durant und Resh 2010). Wohl kann man aber feststellen, dass die öffentliche Verwaltung des Bundes in den USA zwar groß und einflussreich ist, dass sie in der Regel aber dennoch durch die demokratisch gewählten Institutionen kontrolliert und gesteuert werden kann. Dabei verändert sie sich beständig, um sich den Veränderungen in der Gesellschaft anzupassen und das zu tun, wozu sie eingerichtet wurde: der US-Gesellschaft in vielen Angelegenheiten im Durchschnitt recht gute Dienste zu leisten.

Literatur

Aberbach, J.D. 1990. What has happened to the US Senior Civil Service. *Brookings Review* 18: 35–41.
Aberbach, J.D. 2003. The U.S. federal executive in an era of change. *Governance* 16: 373–399.
Anagnoson, T. 2011. The United States civil service. In *International handbook on civil service systems*, Hrsg. A. Massey, 125–151. Cheltenham: Edward Elgar.
Beer, S.H. 1978. In search of a new public philosophy. In *The new american political system*, Hrsg. Anthony King, 5–44. American Enterprise Institute.
Campbell, C.S.J., und B.G. Peters. 1988. The politics/administration dichotomy: Death or merely change? *Governance* 1: 79–99.
Clinton, J.D., D.E. Lewis, und J.L. Selin. 2014. Influencing the bureaucracy: The irony of congressional oversight. *American Journal of Political Science* 58: 387–401.
Davidson, R.H. 1990. Congress as a representative institution. In *The U.S. congress and the German Bundestag. Comparisons of democratic processes*, Hrsg. R.H. Davidson und U. Thaysen, 45–66. Boulder: Westview Press.
Durant, R.F., und W.G. Resh. 2010. „Presidentializing" the bureaucracy. In *The Oxford handbook of american bureaucracy*, Hrsg. R.F. Durant, 545–568. Oxford: Oxford University Press.
EPA (2013). The Clean Air Act in a Nutshell: How It Works. http://www.epa.gov/air/caa/pdfs/CAA_Nutshell.pdf. Zugegriffen am 18.07.2014.
Executive Office of the President 2013. Impacts and costs of the October 2013 Federal Government Shutdown, Washington D.C.
Fenno, R. 1966. *The Power of the Purse. Appropriations Politics in Congress*. Boston: Little Brown.
Fiorina, M.P. 1977. An outline for a model of party choice. *American Journal Political Science* 21: 601–625.
Freeman, J.L. 1969. *The political process: Executive bureau – legislative committee relations*. New York: Random House.
Gellner, W., und M. Kleiber. 2012. *Das Regierungssystem der USA. Eine Einführung*. Nomos: Baden-Baden.
Glassman, R.M. 1987. The United States: The anti-statist society. In *The state and public bureaucracies. A comparative perspective*, Hrsg. M. Heper, 27–39. New York: Greenwood press.
Gormley, W.T. 1991. Bureaucracy and its masters. *Governance* 1: 1–18.
Hansen MG, und Charles H. Levine 1988. The centralization-dezentralization Tug-of-War in the new executive branch, In *Organizing governance. Governing organizations*, Hrsg. Colin SJ Campbell, und B. Guy Peters. Pittsburgh, University of Pittsburgh Press.
Heady, F. 1988. The United States. In *Public administration in developed democracies. A comparative study*, Hrsg. D.C. Rowat, 395–418. New York/Basel: Marcel Dekker.
Heclo, H. 1977. *A government of strangers. Executive politics in Washington*. Washington, D.C.: Brookings Institution.
Heclo, H. 1978. Issue networks and the executive establishment. In *The new american political system*, Hrsg. A. King, 94–105. Washington: American Enterprise Institute.
Heclo, H. 1984. In Search of a Role. Americas higher civil service. In *Bureaucrats and policy making. A comparative overview*, Hrsg. Ezra N. Suleiman. Holmes und Meier, London.

Heclo, H. 1986. Whitehall and Washington revisited: In essay on constitutional lore. In *Politics in Britain and the United States. Comparative perspectives*, Hrsg. R. Hodder-Williams und J. Ceasar, 88–118. Durham: Duke University Press.
Heclo, H. 1988. The In-and-Outer system: A critical assessment. *Political Science Quaterly* 103: 37–56.
Hess, S. 1976. *Organizing the presidency*. Washington D.C: Brookings Institution.
Hollibaugh, G.E., G. Horton, und D.E. Lewis. 2013. *Presidents and patronage*. Nashville, Tennessee: CSDI - Center for the Study of Democratic Institutions, Vanderbilt University.
Lewis, D.E., und R.W. Waterman. 2013. The invisible presidential appointments: In examination of appointments to the department of labor, 2001–11. *Presidential Studies Quarterly* 43: 35–57.
Lowi, T.J. 1969. *The end of liberalism: Ideology, policy and the end of public authority*. New York: W.W. Norton.
MacDonald, J. 2013. Congressional power over executive branch policy making: Limitations on bureaucratic regulations, 1989–2009. *Presidential Studies Quarterly* 43: 523–537.
Martin, D.W. 1988. Fading legacy of Woodrow Wilson. *Public Administration Review* 48: 631–636.
McKeever, R.J., und P. Davies. 2012. *Politics USA*. Harlow: Pearson.
Nathan, R. 1975. *The plot that failed: Nixon and the administrative presidency*. New York: John Wiley and Sons.
Oldopp, B. 2005. *Das politische System der USA. Eine Einführung*. Wiesbaden: VS Verlag für Sozialwissenschaften.
Olsen, J.P. 2008. The ups and downs of bureaucratic organization. *Annual Review of Political Science* 11: 13–37.
Opensecrets.org. (2014) Reelection rates over the years. https://www.opensecrets.org/bigpicture/reelect.php. Zugegriffen am 24.09.2014.
Peters, B.G. 2011. Governing from the centre(s): Governance challenges in the United States. In *Steering from the centre. Strengthening political control in Western democracies*, Hrsg. C. Dahlström, B.G. Peters, und Jon Pierre, 123–146. Toronto: University of Toronto Press.
Pfiffner, J.P. 2010. President Obama's White House „Czars". *PRG Report* 32: 5–7.
Ripley, R.B., und G.A. Franklin. 1980. *Congress, the bureaucracy and public policy*. Homewood: Dorsey Press.
Rockman, B.A., und T. Thiam. 2009. The United States: The political context of administrative reform. In *International handbook of public management reform*, Hrsg. S.F. Goldfinch und J.L. Wallis, 200–219. Cheltenham: Elgar.
Rudalevige, A. 2002. *Managing the president's program: Presidential leadership and legislative policy formulation*. Princeton: Princeton University Press.
Savoie, D.J. 1994. *Thatcher, Reagan, Mulroney: In search of a new bureaucracy*. Pittsburgh: University of Pittsburgh Press.
Schnapp, K.-U. 2004. *Ministerialbürokratien in westlichen Demokratien. Eine vergleichende Analyse*. Opladen: Leske+Budrich.
Stockman, D.A. 1986. *The triumph of politics: How the Reagan revolution failed*. New York: Harper & Row.
Svara, J.H. 2001. The myth of the dichotomy: Complementarity of politics and administration in the past and future of public administration, *Public Adminisatration Review* 61: 176–183.
Thayer, F.C. 1997. The U.S. Civil Service: 1883–1993 (R.I.P.). In *Modern systems of government*, Hrsg. Ali Farazmand, 95–124. Thousand Oaks/London/New Dehli: Sage.
Villalobos, J., und J.S. Vaughn. 2010. Revolt against the Czars: Why Barack Obama's staffing critics are (mostly) wrong. *PRG Report* 32: 8–10.
Weber, M. 1972. *Wirtschaft und Gesellschaft*. Tübingen: J.C.B. Mohr.
Wilson, J.Q. 2009. *American government. Brief version*. Boston: Wadsworth Publ.

Das föderale System der Vereinigten Staaten von Amerika

Annika Hennl

Inhalt

1 Einleitung 204
2 Bedeutung und Entstehung des amerikanischen Föderalismus 205
3 Gesetzgebungskompetenzen im amerikanischen Föderalismus 209
4 Implementation und fiskalische Dezentralisierung 215
5 Fazit 219
Literatur 221

Zusammenfassung

Die föderale Staatsorganisation ist neben der horizontalen Gewaltenteilung das zweite Kernmerkmal der amerikanischen Verfassungsinstitutionen. Dabei etabliert die amerikanische Verfassung einen Bundesstaat dualen Typs, dessen Charakter sich im Laufe des 20. Jahrhunderts durch Prozesse der Zentralisierung und eine zunehmende Verschränkung der Finanzbeziehungen nachhaltig verändert hat. Dieses Kapitel analysiert neben der Entstehung des amerikanischen Bundesstaats den Wandel der Handlungsspielräume beider Ebenen in der Normsetzung und Implementation.

Schlüsselwörter

Föderalismus • Einzelstaaten • Finanzverfassung • Dezentralisierung • Zentralisierung

---

A. Hennl (✉)
Goethe-Universität Frankfurt, Frankfurt am Main, Deutschland
E-Mail: hennl@soz.uni-frankfurt.de

© Springer Fachmedien Wiesbaden 2016
C. Lammert et al. (Hrsg.), *Handbuch Politik USA, Springer NachschlageWissen*,
DOI 10.1007/978-3-658-02642-4_13

1 Einleitung

Die föderale Staatsorganisation ist neben der horizontalen Gewaltenteilung der *checks and balances* das zweite Kernmerkmal der amerikanischen Verfassungsinstitutionen. Dabei ist die *compound republic* eine politisch-institutionelle Innovation, die als Prototyp des modernen Föderalismus gilt (Hueglin 2003, S. 276). Im Kern zeichnet sie sich durch die Existenz zweier territorialer Ebenen innerhalb eines Verfassungsstaates aus, die je eigene Souveränität besitzen, mit garantierten Kompetenzen in mindestens einem Politikbereich ausgestattet sind und über eine direkte Legitimation durch das Volk verfügen. Historisch betrachtet ist die Etablierung des amerikanischen Bundesstaats das Ergebnis intensiver Verhandlungen zwischen den Vertretern der ehemaligen britischen Kolonien. Die spezifische Ausgestaltung des föderalen Arrangements und die Kompetenzen beider Ebenen sind dabei Gegenstand einer hitzigen Debatte gewesen. Und sie sind es bis heute.

Die amerikanische Verfassung etabliert einen Föderalstaat dualen Typs, bei dem beide Ebenen über je eigene Kompetenzen und Ressourcen verfügen und ihre Regierungen primär auf freiwilliger Basis miteinander verhandeln. Kernidee einer solchen Ausgestaltung ist, dass sowohl der Bund als auch die Einzelstaaten in den ihnen zugewiesenen Politikfeldern autonom Entscheidungen treffen und auf Basis eigener Ressourcen auch umsetzen können. Die verfassungsgebende Versammlung beschränkte zudem die Kompetenzbereiche des Bundes im Wesentlichen auf die Etablierung und Erhaltung eines gemeinsamen Binnenmarktes sowie die Vertretung und Verteidigung des Bundesstaats nach außen. Alle nicht explizit dem Bund zugesprochenen Bereiche spricht die Verfassung mittels einer Residualkompetenz den Staaten oder dem Volk zu.

Während eine solche Verteilung der Kompetenzen in einer Agrargesellschaft des ausgehenden 18. Jahrhunderts, in welcher der Staat im Alltagsleben eine untergeordnete Rolle spielte, angemessen schien, zeigten sich im Übergang zur Industriegesellschaft alsbald ihre Grenzen. Der amerikanische Föderalismus ist seither geprägt durch mehr oder weniger starke Dynamiken der Zentralisierung und Kompetenzaneignung des Bundes sowie einen zunehmenden Kooperationsbedarf zwischen dem Bund, den Gliedstaaten und auch den Kommunen. Dabei entwickelt sich diese Dynamik weniger über Verfassungsänderungen, sondern entfaltet sich vielmehr im Zusammenspiel der zentralen politischen Kräfte innerhalb des teils lose gesteckten Rahmens der Verfassung. Den verfassungsstaatlichen Grundlagen des Bundesstaats sowie ihrer Interpretation durch den Supreme Court kommt damit eine erhebliche Bedeutung zu.

Begleitet werden diese realpolitischen Entwicklungen seit jeher von einer konzeptionellen Debatte um die akkurate Beschreibung des amerikanischen Bundesstaats. Diese findet ihren Ausdruck in den zahlreichen Adjektiven und Analogien, die seit der Gründung der Vereinigten Staaten zur Deskription ihrer föderalen Dynamiken genutzt werden. Der amerikanische Föderalismus sei zunächst dual, später kooperativ gewesen und habe schließlich einen Zwangscharakter entwickelt (Kincaid 1990; Elazar 1991; Zimmerman 2001), der bis heute prägend sei (Kincaid

2013). Er habe Kompetenzen zunächst wie ein Schichtkuchen den einzelnen Ebenen zugesprochen, um sich dann zu einem Marmorkuchen zu entwickeln, bei dem nicht mehr zu erkennen sei, welche Ebene welche Kompetenzen innehabe (Grodzins 1966). Angesichts der Vielgestalt intergouvernementaler Beziehungen wird er in der neueren Debatte auch als nuancierter (Conlan und Posner 2011) oder fragmentierter (Bowling und Pickerill 2013) Föderalismus bezeichnet.

Dieser Beitrag begegnet der hochgradigen Komplexität empirisch beobachtbarer Dynamiken im amerikanischen Föderalstaat auf zweierlei Weise. Erstens nutzt er die analytische Unterscheidung zwischen Entscheidungs- und Implementationskompetenzen zur Darstellung der Handlungsspielräume beider Ebenen. Zweitens differenziert er in der Betrachtung von Normsetzung und Implementation zwischen den kodifizierten Kompetenzen und den politischen Dynamiken einer „gelebten" Verfassung. Letztere werden dabei in einer historischen Perspektive betrachtet, welche die relativen Handlungsspielräume von Bund und Einzelstaaten über Zeit beschreibt und auf markante Wendepunkte der Entwicklung fokussiert.

Zusammengenommen liegen diesem Beitrag damit drei Leitfragen zugrunde, die auch die Gliederung der nachfolgenden Unterkapitel begründen: 1) Welche normativen Zielsetzungen waren mit der Etablierung des amerikanischen Bundesstaats verbunden? 2) Wie groß ist der Handlungsspielraum des Bundes und jener der Gliedstaaten bei der Setzung allgemein verbindlicher Normen? 3) Wie groß ist ihr Handlungsspielraum bei der Implementation von Normen? Auf Basis der generierten Befunde leistet das letzte Unterkapitel schließlich zweierlei. Es wagt erstens eine übergreifende Einschätzung (sub)nationaler Handlungsspielräume im amerikanischen Föderalstaat. Dabei zeigt sich im Zeitverlauf ein Trend, nach dem Kompetenzen der Entscheidungsfindung über extensive Preemption des Bundes und mit Rückendeckung des Supreme Court zunehmend zentralisiert wurden, während die Umsetzung von Bundespolitiken verstärkt auf Ebene der Gliedstaaten und Kommunen erfolgt (Zimmerman 2006). Eine solche funktionale Verschränkung der Kompetenzen und wechselseitige Abhängigkeit birgt jedoch auch Gefahren. So problematisiert das letzte Unterkapitel, zweitens, die Grenzen eines solchen Arrangements in Zeiten parteipolitischer Polarisierung und stark angespannter Haushalte.

2 Bedeutung und Entstehung des amerikanischen Föderalismus

Die Verabschiedung der amerikanischen Verfassung im Jahr 1787 markiert den Höhepunkt einer Entwicklung, an dessen Beginn die britischen Kolonien noch vom Mutterland abhängige Einheiten ohne eigenständige Souveränität waren. Innerhalb von nur 11 Jahren vollzog sich ein Wandel, dessen Wegmarken sich in den Formen territorialer Staatsorganisation widerspiegeln: „Each colony became an *independent state*, later formed a *confederation*, and subsequently abandoned the confederation for a *federation*" (Zimmerman 2006, S. 27, Hervorhebung durch Autorin).

Worin genau bestand aber dieser Wandel? Und warum wurde die erst 1777 verabschiedete Konföderation bereits 1787 zugunsten eines Bundesstaats aufgegeben? Zur Beantwortung dieser Fragen stellt dieses Unterkapitel zunächst drei zentrale Formen territorialer Staatsorganisation – Unitarismus, Konföderation, Föderation – einander knapp gegenüber. In einem zweiten Schritt beschreibt es dann in historischer Perspektive jene Argumentationslinien und Motive, die zur Errichtung des amerikanischen Föderalstaats geführt haben.

2.1 Formen territorialer Staatsorganisation

In vergleichender Perspektive lassen sich mit Blick auf die territoriale Organisation staatlicher Souveränität und Kompetenzaufteilung zwischen verschiedenen Ebenen zunächst zwei Formen der Staatsorganisation voneinander unterscheiden: Unitarische Staaten einerseits und Formen föderaler Staatsorganisation andererseits (Hennl 2011, S. 13–19). Während im Unitarismus die staatliche Souveränität vollständig auf nationaler Ebene lagert, sind Formen föderaler Staatsorganisation eng mit dem Streben nach einem Ausgleich zwischen der Eigenständigkeit territorial begrenzter Einheiten und der Leistungsfähigkeit räumlich ausgedehnter Staaten verbunden (Elazar 1968, S. 361; Riker 1975). Dem Wortstamm gemäß bezeichnet Föderalismus einen Zusammenschluss souveräner Einheiten auf Grundlage eines Bündnisses oder Vertrags (lat. *foedus*). Aus ideengeschichtlicher Perspektive und auch hinsichtlich der empirischen Ausprägungen föderaler Arrangements sind dann zwei Grundtypen dieser Organisationsform zu unterscheiden (Elazar 1968, S. 354).

Erstens können eigenständige Staaten einen völkerrechtlichen Vertrag zur Regelung gemeinsamer Angelegenheiten schließen, ihre Souveränität im Inneren aber vollständig erhalten. Dieses Modell wird als Konföderation oder auch als Staatenbund bezeichnet. In ideengeschichtlicher Perspektive ist dieses Modell eng mit den Schriften Althusius verbunden, für den sich Föderalismus als Prozess der Verhandlung und des Ausgleichs zwischen prinzipiell Gleichen manifestiert (Hueglin 2003, S. 280).

Ein solches Arrangement etablierten die 13 ehemaligen britischen Kolonien 1777 mit den *Articles of Confederation and Perpetual Union*, der ersten amerikanischen Verfassung. Diese zielte darauf, die gemeinsame Verteidigung der äußeren Sicherheit gegen Großbritannien zu institutionalisieren, um auf Basis einer koordinierten militärischen Strategie effektiver gegen die britischen Truppen agieren zu können. Das etablierte konföderale Arrangement umfasste die Errichtung eines gemeinsamen Kongresses, verzichtete aber auf eine Exekutive. Ferner erhielt der Kongress kein eigenes Recht zur Steuererhebung und jede seiner Entscheidungen musste von neun der 13 einzelstaatlichen Delegationen befürwortet werden.

Zweitens existiert das Modell einer Föderation bzw. eines Bundesstaates, bei dem sich mehrere Staaten unter einer gemeinsamen Verfassung zusammenschließen und *beide* Ebenen staatliche Souveränität sowie eine direkte demokratische Legitimation besitzen. Mit der Entstehung der Vereinigten Staaten von Amerika und der Veröffentlichung der *federalist papers*, die zweifelsohne „the very essence of the modern federal state in theory and practice" (Hueglin 2003, S. 276) enthalten, obsiegte diese moderne Föderalismuskonzeption sowohl ideengeschichtlich als auch realpolitisch. Seither verweisen Föderalismusdefinitionen vor allem auf drei Kriterien: a) eine *territoriale* Grenzziehung zwischen den Gliedstaaten, b) die verfassungsgemäße Verankerung eigener Entscheidungskompetenzen beider Ebenen und c) ihre direkte demokratische Legitimation (Riker 1964, S. 5; Elazar 1968, S. 361; Hueglin und Fenna 2006, S. 32; Bednar 2009, S. 18–19).

2.2 Von der Konföderation zum Föderalstaat

In historischer Perspektive bestand die große Innovation der amerikanischen Verfassung folglich darin, eine Republik zu erschaffen, in der sowohl die Einzelstaaten als auch der Bundesstaat souverän sind und der Bund ferner über eigene Ressourcen zur Umsetzung seiner Politiken verfügt. Dieses Arrangement ist dabei als Ergebnis eines Verhandlungsprozesses zwischen politischen Eliten zu verstehen, die spezifische Schwächen der Konföderation durch eine Stärkung der zentralen Staatsgewalt auszugleichen suchten. Das Ausmaß der Kompetenzverlagerung war jedoch bereits während der Verhandlungen in Philadelphia höchst umstritten bis schließlich der sog. *Connecticut Compromise* zur Verabschiedung der Verfassung führte, die – nach einer leidenschaftlichen öffentlichen Debatte zwischen ihren Befürwortern, den sog. *Federalists* um James Madison und Alexander Hamilton, und ihren Kritikern, den *Anti-Federalists* – mit der Ratifikation 1788 durch New Hampshire als Neuntem von 13 Staaten in Kraft trat (Hueglin und Fenna 2006, S. 120; Hübner und Münch 2013, S. 13f).[1]

Warum aber schien eine weitere Stärkung der Zentralgewalt überhaupt notwendig? Genährt wurde der wahrgenommene Reformdruck vor allem durch die Erfahrung, dass die einzelnen Staaten sowohl während des Unabhängigkeitskrieges als auch in den folgenden Jahren systematisch weniger finanzielle und personelle Ressourcen bereitgestellt hatten als vom Kongress angefordert wurden (Cain und Dougherty 1999; Dougherty 2001, 2009). Die Ursachen für dieses Phänomen waren zwischen *Federalists* und *Anti-Federalists* umstritten und in der Folge auch das favorisierte Reformkonzept (Dougherty 2009). Aus Perspektive der *Anti-Federalists* waren die Einzelstaaten zwar am nationalen Wohl orientiert, aufgrund ihrer Ressourcenknappheit jedoch nicht in der Lage, die angeforderten Beiträge zu leisten. Die *Anti-Federalists* sahen daher in der Konföderation ein grundsätzlich funktionales Konstrukt und wollten die zentrale Staatsgewalt lediglich insofern stärken, dass sie

---

[1]Zur territorialen Ausdehnung des amerikanischen Staatsgebiets, die im Wesentlichen 1867 nach dem Kauf Alaskas von Russland abgeschlossen war, siehe Elazar (1996, S. 304) und Hübner und Münch (2013, S. 19).

grundsätzlich die äußere Sicherheit gewährleisten, nationale Schulden begleichen und die innere Ordnung in den Einzelstaaten aufrecht erhalten könne. Die Einzelstaaten hingegen sollten als Garanten individueller Freiheit ein Höchstmaß an Autonomie behalten und gleichberechtigt an der Formulierung nationaler Politik teilhaben (Robertson 2005). Aus dieser Perspektive heraus erklärt sich auch, weshalb die *Anti-Federalists* leidenschaftlich und letztlich erfolgreich für eine Begrenzung der staatlichen Gewalt durch die Erweiterung der Verfassung um die *bill of rights* kämpften. Die *Federalists* hingegen betonten die primäre Orientierung der Einzelstaaten am eigenen Wohlergehen und ihre Neigung, als Trittbrettfahrer von Gütern zu profitieren, deren Kosten andere getragen haben. Demgemäß wollten sie spezifische institutionelle Mechanismen in Kraft setzen, welche dem eigennützigen Verhalten der Einzelstaaten entgegenwirken. Sie favorisierten einen souveränen Bundesstaat, der über weitgehende Rechte zur Steuererhebung und Regulierung der Wirtschaftspolitik verfügt und sahen in der territorial ausgedehnten Republik ein Mittel zur Zähmung eigennütziger und widerstreitender Interessen, dem *evil of factions*. So sind seit der Gründung der Vereinigten Staaten repräsentative Demokratie und Föderalismus eng aufeinander bezogen.

Realpolitisch resultierten die Verhandlungen von Philadelphia in einem Kompromiss, der über die Etablierung eines souveränen Zentralstaats mit weitgehenden wirtschaftspolitischen Befugnissen und einem eigenen Recht zur Steuererhebung eine erhebliche Stärkung der zentralen Ebene bedeutete. Die Verfechter einzelstaatlicher Autonomie setzen vor allem zwei Ziele durch. Die Repräsentation aller Einzelstaaten ungeachtet ihrer Bevölkerungsgröße durch je zwei Senatoren in der zweiten Kammer sowie die Wahl der Senatoren durch die einzelstaatlichen Legislativen. Zudem wurden beide Häuser mit nahezu symmetrischen Kompetenzen ausgestattet.

Zusammengenommen etablierten die Verfassungsväter in Philadelphia einen modernen Bundesstaat mit dem Ziel, eine möglichst effektive Bereitstellung der öffentlichen Güter Sicherheit und Wohlstand zu gewährleisten (Riker 1964; Robertson 2005, S. 227; Bednar 2009). Die Kürze des Verfassungstexts und die Verankerung einer Residualkompetenz schufen dabei zugleich einen großen Spielraum zur Auslegung der Kompetenzaufteilung. Diese Flexibilität war einerseits bewusst gewählt, um flexibel auf sich wandelnde Anforderungen und Interessen reagieren zu können (Krause und Bowman 2005, S. 362; Zimmerman 2006, S. 44). Andererseits ist sie bis heute ein potentieller Nährboden für opportunistisches Verhalten der beteiligten Ebenen. So ist die delikate Balance der Kompetenzen und Einflusssphären (nicht nur) im amerikanischen Bundesstaat durch drei Formen des Opportunismus gefährdet (Bednar 2009). Erstens die übermäßige Ausdehnung der Bundeskompetenzen in genuin subnationale Politikbereiche, das sog. *encroachment*; zweitens die Tendenz subnationaler Einheiten, zu wenig Ressourcen bereit zu stellen oder die Implementation nationaler Politiken zu verzögern, das sog. *shirking*; und schließlich, drittens, die Externalisierung spezifischer Kosten zwischen den Gliedstaaten, das sog. *burden-shifting*. Folglich sind auch Föderalstaaten keineswegs vor den Herausforderungen kollektiven Handelns gefeit. Im Unterschied zu Konföderationen sind diesen Dynamiken jedoch verfassungsgemäß Grenzen gesetzt.

3 Gesetzgebungskompetenzen im amerikanischen Föderalismus

In vergleichender Perspektive lässt sich die Kompetenzverteilung föderaler Arrangements vor allem anhand des Ausmaßes subnationaler Entscheidungskompetenzen (*self rule*) als auch hinsichtlich der Mitwirkungsrechte und Einflusschancen subnationaler Akteure in nationalen Entscheidungsprozessen (*shared rule*) messen (Sharman 1987; Watts 1999; Keman 2000). Zudem lassen sich mit Blick auf die Ausprägung getrennter oder verbundener Kompetenzen und Ressourcen sowie den Charakter intergouvernementaler Beziehungen verschiedene ideale Föderalismustypen voneinander abgrenzen (Braun 2000, S. 30; Wachendorfer-Schmidt 2000, S. 6; Schultze 2010).

Gemessen an diesen Kriterien entspricht der amerikanische Föderalismus qua Verfassung nahezu dem Idealtyp eines dualen oder auch legislativen Föderalismus (Hueglin und Fenna 2006, S. 146). Dabei erscheint das Ausmaß subnationaler *self-rule* angesichts strikt limitierter Bundeskompetenzen und einer subnationalen Residualkompetenz groß. Ein Blick auf die Genese legislativer Tätigkeit des Kongresses sowie die Verfassungsauslegung des Supreme Court im Verlauf des 20. Jahrhunderts entlarvt jedoch ein erhebliches Maß an nationaler Kompetenzaneignung. Dieses Kapitel argumentiert, dass dieses *encroachment* vor allem durch drei Faktoren ermöglicht wurde: den großen Interpretationsspielraum der amerikanischen Verfassung, die geringe Integration einzelstaatlicher Interessen in Prozesse nationaler Gesetzgebung und die weite Auslegung impliziter Bundeskompetenzen durch den Supreme Court.

3.1 *Self-rule* und *shared-rule* in der amerikanischen Verfassung

Die amerikanische Verfassung strukturiert die Kompetenzverteilung im Kern über fünf Mechanismen. Sie listet spezifische, dem Kongress übertragene Rechte in Art. I, Abs. 8 auf (*enumerated powers*); sie untersagt den Einzelstaaten bestimmte Kompetenzen in Art. I, Abs. 10 (*prohibited powers*); sie spricht mit dem 10. *amendment* die „Machtbefugnisse, die von der Verfassung weder den Vereinigten Staaten übertragen noch den Einzelstaaten entzogen werden"[2] entweder jeweils den Einzelstaaten oder dem Volke zu. Ferner begründet sie in Art. I, Abs. 7 die Suprematie nationalen Rechts und begrenzt schließlich die Kompetenzen beider Ebenen über die *bill of rights* sowie das 13. und 14. *amendment* (Verbot der Sklaverei und Gleichbehandlungsklausel).

Die *enumerated powers* des Kongresses umfassen dabei primär vier Bereiche: Erstens ein Recht zur Erhebung von Steuern und Zöllen „für die Erfüllung der Zahlungsverpflichtungen, für die Landesverteidigung und das allgemeine Wohl der

---
[2]Verfassung der Vereinigten Staaten von Amerika (deutsche Übersetzung). http://usa.usembassy.de/etexts/gov/gov-constitutiond.pdf. Zugegriffen am 13.11.2013.

Vereinigten Staaten" (Art. I, Abs. 8). Diese als *welfare clause* bekannte Klausel ist seit Roosevelts New Deal in den 1930er Jahren Grundlage für die extensiven Transferzahlungen des Bundes. Zweitens die Kompetenz zur Regulierung des Handels und der Wirtschaft, so etwa in den Bereichen des Münzwesens, des Postwesens, oder auch des Patentrechts. Die größte Bedeutsamkeit kommt hier der sog. *commerce clause* zu, nach der der Kongress das Recht erhält, „den Handel mit fremden Ländern, *zwischen den Einzelstaaten* und mit den Indianerstämmen zu regeln" (Art. I, Abs. 8, Hervorhebung durch Autorin). Drittens erhält der Kongress umfangreiche Kompetenzen im Bereich des Militärwesens und Kriegsrechts. Viertens schließlich findet sich am Ende des 8. Abschnitts die folgenreiche *necessary and proper clause*, nach der der Kongress das Recht zum Erlass aller zur Ausübung der vorstehenden Kompetenzen und aller in der Verfassung aufgeführten Kompetenzen „notwendigen und zweckdienlichen" Gesetze hat. Neben den explizit gelisteten Kompetenzen stehen dem Bund damit *implied powers* zu, die eine umfangreiche regulative Tätigkeit ermöglichen.

Die Einzelstaaten hingegen haben Entscheidungskompetenz in allen Bereichen mit Ausnahme der *prohibited powers* von Art. I, Abs. 10. Diese untersagen ihnen v.a. spezifische Tätigkeiten in denen als Bundeskompetenz geltenden Feldern der Außen- und Verteidigungspolitik sowie spezifische Steuerrechte. So darf kein Einzelstaat „einem Vertrag, Bündnis oder einer Konföderation beitreten ... Münzen prägen, Banknoten ausgeben, ... ohne Zustimmung des Kongresses Abgaben oder Zölle auf Ein- oder Ausfuhr legen" (Art. I, Abs. 10). Angesichts dieser Auflistung von *prohibited powers* innerhalb der als genuinen Bundeskompetenzen gekennzeichneten Bereiche sind die restlichen Kompetenzen des Bundes konkurrierender Natur (Hueglin und Fenna 2006, S. 154). Entscheidend ist ferner, welche Politikfelder und Kompetenzen in der Verfassung *nicht* explizit genannt sind, denn es sind ebendiese Bereiche, die qua Residualklausel zunächst in den einzelstaatlichen Kompetenzbereich fallen: Straf- und Zivilrecht, öffentliche Sicherheit, Gesundheit, Soziales, Bildung, Infrastruktur und Transport, Landwirtschaft, Kommunalpolitik (Hueglin und Fenna 2006, S. 153; Zimmerman 2006, S. 34). Zusammengenommen haben die amerikanischen Einzelstaaten damit qua Verfassung einen deutlich größeren exklusiven Kompetenzbereich als etwa die australischen Einzelstaaten, die österreichischen und deutschen Länder oder auch die Schweizer Kantone (Thorlakson 2003, S. 8). Zugleich ist jedoch der Auslegungsspielraum der Kompetenzverteilung angesichts der *implied powers* und des kondensierten Gehalts der Verfassung enorm.

Die Integration einzelstaatlicher Interessen in Prozesse nationaler Gesetzgebung ist hingegen vergleichsweise schwach. Zwar lässt sich mit Blick auf die umfangreichen Kompetenzen des amerikanischen Senats von einem starken Bikameralismus sprechen, seit Einführung der Direktwahl der Senatoren durch die Ratifikation des 17. *amendments* im Jahr 1913 hat die zweite Kammer jedoch den Charakter einer territorialen Interessensvertretung weitgehend eingebüßt. Verstärkt wird diese Tendenz durch die Dominanz der funktionalen Konflikt- und Verhandlungsdimensionen im amerikanischen Kongress. In Ermangelung formal verfasster Einflussoptionen finden sich einzelstaatliche Regierungen sowie ihre gemeinsamen

Interessensverbände wie die *National Association of States* seither mit einer Situation konfrontiert, in der sie sich als eine Lobbyorganisation unter vielen in Washington um Einfluss bemühen (Hueglin und Fenna 2006, S. 188; Sbragia 2006). Ihre Möglichkeiten, die im folgenden Kapitel beschriebene Dynamik der Zentralisierung zu bremsen, sind daher gering.

3.2 Nationale Kompetenzaneignung und die Interpretation des Supreme Court

Seit Beginn des 20. Jahrhunderts schränken Prozesse der nationalen Kompetenzaneignung den verfassungsgemäß hohen Autonomiebereich einzelstaatlicher Gesetzgebung kontinuierlich ein. So stellt insbesondere die Kombination aus *implied powers* und der Suprematie nationalen Rechts die Grundlage für eine umfangreiche gesetzgeberische Tätigkeit des Bundes in solchen Bereichen dar, die zunächst eine genuin einzelstaatliche Kompetenz oder konkurrierender Natur waren. Dabei stehen dem Bund verschiedene Instrumente zur Verfügung, mittels derer er die Entscheidungsspielräume der Einzelstaaten nachhaltig begrenzen kann (Dye et al. 2001, S. 111; Zimmerman 2006: S. 55–81; Welz 2007, S. 90). Erstens kann der Bund im Rahmen der totalen Preemption die regulative Kompetenz in einzelnen Politikfeldern komplett für sich beanspruchen, wie es etwa mit Blick auf das Konkurswesen oder die Regulierung von Verkehrsgesellschaften geschehen ist (Zimmerman 2006, S. 63). Zweitens kann der Bund im Rahmen der partiellen Preemption den Einzelstaaten die Regulierung solange zugestehen wie die einzelstaatlichen Gesetze nicht mit existierenden Bundesgesetzen in Konflikt stehen. Dabei kann der Bund entweder einen vollständigen Anspruch auf die Verantwortlichkeit in einem Teilbereich eines Politikfelds erheben, er kann die Einzelstaaten mittels eines (auch ungedeckten) Mandates verpflichten, eine bestimmte öffentliche Dienstleistung anzubieten oder sich in der Ausübung ihrer Tätigkeiten an bestimmte Mindeststandards zu halten.

In historischer Perspektive lassen sich grob vier Phasen der Kompetenzausübung unterscheiden. Nach Gründung der Vereinigten Staaten und bis in die 30er Jahre des 20. Jahrhunderts entsprachen die legislativen Dynamiken zunächst weitgehend dem dualen Charakter des Verfassungstexts. Zwar entwickelte der Supreme Court bereits 1819 mit *McCulloch v. Maryland* [*17 U.S. 316*] eine Interpretation der *implied powers*, welche den Kompetenzraum des Bundes so weit als möglich fasste: „If the end be legitimate, and within the scope of the Constitution, all the means which are appropriate, which are plainly adapted to that end, and which are not prohibited, may constitutionally be employed to carry it into effect." Das Ausmaß tatsächlicher Kompetenzausübung durch den Zentralstaat war allerdings sehr gering. So wurden zwischen 1789 und 1900 insgesamt nur 29 preemptive Statute erlassen (Zimmerman 2006, S. 56). Getragen wurde diese Kompetenzausübung von einem „general agreement that the states were the proper level of government for most domestic policy formulation and implementation" (McKay 2013, S. 69).

Diese Perspektive änderte sich zu Beginn des 20. Jahrhunderts angesichts der (Inter)Nationalisierung der Wirtschaftsbeziehungen und der erheblichen

Herausforderungen beider Weltkriege. So wurde bereits 1913 der Kompetenzrahmen des Bundes durch die Einführung einer nationalen Einkommenssteuer (16. *amendment*) erheblich erweitert. Spätestens mit dem Ausbruch der Weltwirtschaftskrise schlug das Pendel dann kräftig in Richtung einer nationalen Kompetenzerweiterung, da die Einzelstaaten schlicht als zu schwach galten, um eine soziale und wirtschaftliche Krise diesen Ausmaßes abfangen zu können. Die Reaktion des Bundes war allerdings nur in Teilen regulativer Natur. Zwar stieg die Anzahl preemptiver Statuten von durchschnittlich 18 pro Dekade zwischen 1900 und 1929 auf 31 in den 1930er Jahren (Zimmerman 2006, S. 56). Der eigentliche Schwerpunkt des New Deal lag jedoch in einer massiven Ausgabenpolitik des Bundes zugunsten subnationaler Infrastruktur-, Sozial- und Bildungsprogramme. So nutzte der Zentralstaat zwischen den 1930er und bis zu Beginn der 1970er Jahre vorwiegend finanzielle Anreize statt seine regulative Kompetenz zur Steuerung subnationaler Politiken (Hueglin und Fenna 2006, S. 229; Zimmerman 2006). Zudem etablierte er direkte Beziehungen zu den Kommunen. Für die Einzelstaaten hatte diese Form der Zentralisierung unter der Ägide des Kongresses dennoch kooperativen Charakter (Kincaid 1990). Zum einen blieb ihre Entscheidungskompetenz weitgehend erhalten und wurde primär über die positiven Anreize gebundener Transfers begrenzt. Sie haben somit grundsätzlich die – auch genutzte – Möglichkeit, diese abzulehnen (Nicholson-Crotty 2012). Zum anderen übernahmen die Einzelstaaten in Kooperation mit dem Bund zunehmend Aufgaben in der Implementation nationaler Politiken sowie der Überwachung kommunaler Verwaltungen. Dabei stellte diese Form der Kooperation eine durchaus effektive Form der Reaktion auf die zentralen Herausforderungen der folgenden Dekaden dar und förderte die koordinierte Bekämpfung von Rassismus, städtischer Armut ebenso wie die Durchsetzung individueller Bürgerrechte oder umweltpolitischer Maßnahmen (Kincaid 1990, S. 140). Der Supreme Court deckte diese Formen der „sanften" Zentralisierung weitgehend, wobei der Zeitraum des kooperativen Föderalismus insgesamt von einer starken Zurückhaltung des Supreme Court geprägt ist. Die Grenzen der Verfassungsauslegung waren damit weitgehend dem Präsidenten und Kongress überlassen.

Mit dem Ende der 1960er Jahre und insbesondere seit den 1970er Jahren erfuhr der kooperative Charakter intergouvernementaler Beziehungen jedoch eine massive Änderung (Kincaid 1990; Zimmerman 2001). So verabschiedete der Kongress zwischen 1970-1999 im Schnitt 93 preemptive Statuten pro Dekade. Deren teils partiell, teils vollständig preemptiver Charakter verringerte den regulativen Entscheidungsspielraum der Einzelstaaten erheblich. Erstens erklärte der Bund im Rahmen der partiellen Preemption einzelne Bereiche innerhalb der Umwelt-, Gesundheits-, Arbeitsmarkt- und Bildungspolitik zu vollständig nationalen Aufgaben (Zimmerman 2006, S. 64). Ein prominentes Beispiel ist der *Air Quality Act* von 1967, mit dem der Bund sich die Kompetenz zur Emissionskontrolle neuer Fahrzeuge vollständig aneignete (Zimmerman 2006, S. 59). Zweitens existieren insbesondere im umweltpolitischen Bereich Statute, mittels derer der Bund die regulative Kompetenz für einzelne Bereiche von den Gliedstaaten zunächst zu Bundesbehörden verlagert. Diese setzen dann wiederum minimale Standards, innerhalb derer die Implementation inklusive der ausführenden Gesetzgebung wieder an die Einzelstaaten übertragen werden kann. Mit Blick auf das Ausmaß subnationaler Entscheidungskompetenz sind solche verpflichtenden Mindeststandards folglich ein zweischneidiges Schwert. Einerseits begrenzen sie die Residualkompetenzen der Einzelstaaten direkt, andererseits setzen sie Anreize zur Ausübung legislativer Tätigkeit innerhalb des national definierten Rahmens (Conlan und Posner 2011). Drittens nutzte der Bund verstärkt gebundene Transfers zur Steuerung subnationaler Politiken. Mit Blick auf die Entscheidungskompetenzen der Einzelstaaten sind hier vor allem solche Auflagen relevant, welche die Vergabe von erheblichen Bundesmitteln an die Verabschiedung spezifischer Gesetze in genuin subnationalen Kompetenzbereichen koppeln. Das wohl prominenteste Beispiel ist der *National Minimum Drinking Age Act*, der all jenen Staaten bis zu 10 % ihrer Highway Funds vorenthielt, deren Mindestalter zum Konsum und Erwerb von Alkohol unterhalb 21 Jahren lag. Zusammengenommen weisen die föderalen Dynamiken seit den 1970er Jahren zunehmend einen Zwangscharakter auf (Kincaid 1990; Zimmerman 2001), wobei der Bund die legislativen Spielräume der Einzelstaaten sowohl direkt als auch indirekt begrenzt. Diese Dynamik überdauert auch die Periode von Reagans *New Federalism*, der wie Bowmans und Krauses quantitative Analysen eindrücklich zeigen entgegen der politischen Rhetorik keine Revitalisierung subnationaler Entscheidungskompetenzen umfasste (2003, S. 311). Auch der Supreme Court erklärte das massive *encroachment* des Bundes unter Verweis auf die *implied powers* zunächst wiederholt für verfassungskonform. Den Höhepunkt dieser Entwicklung stellte 1985 das Urteil im Fall *Garcia v. San Antonio Metropolitan Transit Authority* dar. Hier erklärte er die nationale Regulierung der Löhne von Busfahrern in San Antonio mit folgender Begründung für verfassungskonform: „The States' continued role in the federal system is primarily guaranteed not by any externally imposed limits on the commerce power, but by the structure of the Federal Government itself." Die Grenzen bundesstaatlicher Kompetenzausübung wohnen in dieser radikalen Interpretation folglich dem Prozess nationaler Politikformulierung selbst inne. Den Einzelstaaten verbleibt damit nur ihr (verfassungsgemäß stark begrenzter) Einfluss auf die nationale Gesetzgebung, um sich gegen die zunehmende nationale Regulierungsdichte zu wehren.

Mitte der 1990er Jahre lässt sich mit Blick auf die Verfassungsinterpretation des Supreme Court schließlich eine erneute Verschiebung des Kompetenzgleichgewichts zwischen Bund und Einzelstaaten beobachten. Zwar blieb das Ausmaß preemptiver Gesetzgebung auf konstant hohem Niveau erhalten, einer unbegrenzten Auslegung der *implied powers* schob der Supreme Court unter Chief Justice William Rehnquist allerdings gleich mehrfach einen Riegel vor. Zunächst erklärte der Supreme Court 1992 in *New York v. the United States*, dass der Kongress unter Verweis auf die *commerce clause* nicht das Recht habe, die Einzelstaaten direkt zu einer spezifischen Gesetzgebung bezüglich der Lagerung radioaktiven Abfalls zu verpflichten. Vielmehr umfasse die Bundeskompetenz das Recht zur Ausübung gesetzgeberischer Autorität gegenüber individuellen Bürgern. In *US v. Lopez* schließlich erklärte er das erste Mal seit 1936 ein Bundesgesetz, den *Gun-Free Schools Act* für verfassungswidrig. Mit diesem Gesetz hatte der Kongress unter

Verweis auf die *commerce clause* versucht, das Mitbringen von Waffen an Schulen zu untersagen, da es zu kriminelle Handlungen führen könne, die den zwischenstaatlichen Handel gefährden. Eine derart extensive Auslegung wies der Supreme Court deutlich zurück und entschied „the possession of a gun in a local school zone is in no sense an economic activity that might, through repetition elsewhere, have such a substantial effect on interstate commerce". Die Grenzen bundesstaatlicher Kompetenzausübung sind hier nicht mehr prozessual sondern konkret inhaltlich über den erheblichen Effekt auf den zwischenstaatlichen Handel bestimmt. Mit beiden Urteilen stärkt der Supreme Court folglich die Residualkompetenzen der Einzelstaaten und erkennt damit an, wie McKay es drastisch formuliert, „that the Tenth Amendment does have some validity and application" (2013, S. 81). Neben der veränderten Position des Supreme Courts war in den 1990ern auch die Praxis der ungedeckten Mandate Gegenstand einer kritischen Revision. So führte der erhebliche Druck einzelstaatlicher Lobbyverbände 1995 zur Verabschiedung des *Unfunded Mandates Reform Act*, der den Kongress bei entsprechenden Gesetzen zu einer Kostenabschätzung verpflichtet. Wenngleich die Effektivität dieses Gesetzes umstritten ist (Magleby et al. 2001, S. 79), lässt sich seither gelegentlich beobachten, dass ein koordiniertes Lobbying der Einzelstaaten zu einer Befreiung von spezifischen Mandaten führen kann.

In jüngster Zeit weist die Rechtsprechung des Supreme Court keine eindeutige Tendenz auf (Heun 2013), sondern betont in differenzierter Weise sowohl den Umfang als auch die Grenzen nationaler Kompetenzausübung. Deutlich wird dies etwa an seiner Entscheidung im Fall *National Federation of Independent Businesses v Sebelius* zur hochgradig umstrittenen Gesundheitsreform der Obama-Administration (Bowling und Pickerill 2013; Kincaid 2013, S. 24). Einerseits erhielt das Gericht die individuelle Versicherungspflicht (*individual mandate*) über eine Umdeutung der Strafzahlung in einen Steuererlass *de facto* aufrecht. Es betont damit die Grenzen der *commerce clause* und verweist den Bund zugleich auf die erheblichen Handlungsspielräume fiskalischer Anreize. Andererseits erklärte es die Verpflichtung der Einzelstaaten zu einer Ausweitung des *Medicaid*-Programms unter Androhung eines Verlusts sämtlicher *Medicaid*-Transferzahlungen mit dem Verweis auf ihren Zwangscharakter für verfassungswidrig (*Medicaid expansion*).

Zusammengenommen reklamierte der Bund seit dem Beginn der 1930er Jahre unter Rückgriff auf seine *implied powers* und mittels partieller wie totaler Preemption große Bereiche der einzelstaatlichen Residualkompetenzen sowie der konkurrierenden Kompetenzen für sich. Dabei verlief diese Aneignung legislativer Entscheidungskompetenzen zunächst sehr zurückhaltend, stieg allerdings in den 1970er Jahren drastisch an und ist seither auf einem gleichbleibend hohen Niveau geblieben. Die Möglichkeiten der Einzelstaaten, diesen Dynamiken auf politischem Wege Einhalt zu gebieten, sind gering und zugleich deckt die Verfassungsauslegung des Supreme Court das nationale *encroachment* weitestgehend. Erst in den 1990er Jahren finden sich Anzeichen einer erneuten Begrenzung nationaler Kompetenzaneignung und seither ist es insbesondere die hochgradig differenzierte Rechtsprechung des Supreme Court, welche dem Wandel des föderalen Charakters Grenzen setzt. Die aus diesen Dynamiken resultierende Komplexität der tatsächlichen Kompetenzausübung ist folgenreich. Sie erschwert die Zuordnung politischer Verantwortlichkeiten und kann – insbesondere in Kombination mit dem im kommenden Unterkapitel geschilderten Zuwachs der einzelstaatlichen Implementationsverantwortung – ein Hindernis für die Verabschiedung und Umsetzung flächendeckender politischer Vorhaben darstellen.

4 Implementation und fiskalische Dezentralisierung

Neben der Initiierung und Verabschiedung von Gesetzesvorhaben können politische Akteure die Implementationsphase nutzen, um Politikergebnisse gemäß ihren Prioritäten zu gestalten. Der Handlungsspielraum der Gliedstaaten bei der Umsetzung von politischen Entscheidungen ist somit für ein umfassendes Verständnis föderaler Dynamiken entscheidend. Gemäß des dualen Charakters der amerikanischen Verfassung ist zunächst ausschlaggebend, dass beide Ebenen die Vollzugsverantwortung für ihre eigenen Gesetze tragen und auch einen eigenen Verwaltungsapparat besitzen. Dabei weist der hohe Grad personeller Dezentralisierung auf die umfangreiche Vollzugstätigkeit der Einzelstaaten hin (Albritton 2006, S. 134). Ferner schreibt die amerikanische Verfassung den Einzelstaaten zunächst keine Verwaltungskompetenz zur Umsetzung von Bundespolitiken zu. Der tatsächliche Handlungsspielraum der Einzelstaaten wird jedoch neben der verfassungsrechtlichen Zuordnung ausführender Kompetenzen vor allem über die Finanzbeziehungen zwischen den Ebenen und die gliedstaatliche Autonomie bei der Allokation von Ressourcen bestimmt. Dabei ist von entscheidender Bedeutung, über welchen Teil des subnationalen Budgets die einzelstaatlichen Regierungen im Rahmen der Implementation tatsächlich frei verfügen können.

Dieses Kapitel analysiert die einzelstaatlichen Handlungsspielräume bei der Implementation politischer Entscheidungen daher unter besonderer Berücksichtigung des Ausmaßes fiskalischer Dezentralisierung in einer zweistufigen Betrachtung. Zunächst beleuchtet es die verfassungsgemäßen Kompetenzen beider Ebenen zur Steuererhebung wie Allokation finanzieller Mittel. In einem zweiten Schritt betrachtet es dann die historische Genese der tatsächlichen Einnahmen- und Ausgabenstruktur amerikanischer Einzelstaaten. Dabei zeigt sich eine eigentümliche Mischung. Während die amerikanische Finanzverfassung einnahmeseitig ein freies Konkurrenzsystem etabliert, führt die über die *welfare clause* legitimierte, extensive Ausgabetätigkeit des Bundes zu einer starken Einschränkung allokativer Spielräume subnationaler Einheiten. Insbesondere gebundene Transfers machen die Einzelstaaten seit den 1930er Jahren zunehmend zu ausführenden Organen bundesstaatlicher Politik.

4.1 Die amerikanische Finanzverfassung

Die extreme Kürze des Verfassungstexts prägt auch die amerikanische Finanzverfassung, die im Wesentlichen aus der „lapidare(n) Kompetenzzuweisung"

(Heun 2013, S. 616) in Art.I Abs. 8 besteht. Gemäß der Logik eines dual-föderalen Systems etabliert die Finanzverfassung dabei im Bereich der Steuererhebung ein Trennsystem. So herrscht auf der Einnahmeseite ein freies Konkurrenzsystem, dass es sowohl dem Bund als auch den Einzelstaaten ermöglicht, über die Art und das Ausmaß eigener Steuereinnahmen weitgehend frei zu entscheiden. In der Folge kommt es zu vielen Überschneidungen in den Abgabenstrukturen beider Ebenen.

Art. I, Abs. 8 schreibt dem Bund umfassende Steuererhebungsrechte zu, die im Rahmen der *welfare clause* mit einer extrem weit gefassten Ausgabenkompetenz verbunden sind. Ferner wurde die zunächst geltende Einschränkung, dass Bundessteuern nur in Relation zur Bevölkerung der Einzelstaaten erhoben werden können, 1913 mit dem Recht zur Erhebung einer allgemeinen Einkommenssteuer aufgehoben. Zwischen 1945 und 2012 stellt diese individuelle Einkommenssteuer mit durchschnittlich 44,7 % der Bundeseinnahmen die Haupteinnahmequelle des Bundes dar (Executive Office of the President of the United States 2013, S. 39).

Die Steuererhebungsrechte der Einzelstaaten umfassen gemäß der Residualklausel alle Steuerarten mit Ausnahme der in Art. I, Abs. 10 genannten Zölle auf Importe oder Exporte sowie der Tonnengelder für ausländische Schiffe. Zusätzlich dürfen einzelstaatliche Steuern gemäß der Rechtsprechung des Supreme Court keine unangemessene Belastung für den zwischenstaatlichen Handel bewirken (Welz 2007, S. 86). Eine Folge der umfassenden subnationalen Erhebungskompetenzen ist die große Varianz einzelstaatlicher Steuersysteme. Zugleich schafft die amerikanische Finanzverfassung über die hohe Autonomie einzelstaatlicher Finanzpolitik einen Mechanismus, der in Interaktion mit Marktmechanismen – einem gereiften nationalen Bankensystem, diversifizierten Gläubigerstrukturen lokaler Haushalte, integrierten Kapitalmärkten – sowie einzelstaatlichen Schuldenbremsen die Verschuldungspraxis subnationaler Haushalte effektiv begrenzt (Inman 2003). So können amerikanische Einzelstaaten wie Kommunen nicht damit rechnen, dass der Bund im Falle einer Schuldenkrise einspringt (*bailout*) und sie die Kosten einer übermäßigen Bereitstellung öffentlicher Güter externalisieren können. Deutlich wird diese Haltung des Bundes auch in der neuesten Debatte um die bankrotte Metropole Detroit, in der Bundeshilfen explizit als Unterstützung, nicht aber als *bailout* klassifiziert werden (Calmes 2013; Williams 2013).

Trotz der umfangreichen einzelstaatlichen Rechte zur Steuererhebung entspricht die Praxis der amerikanischen Finanzverfassung nicht ganz dem Ideal des Trennsystems. Vielmehr hat sich ein komplexes System intergouvernementaler Transfers entwickelt, welches die Möglichkeiten der Einzelstaaten, Ausgaben gemäß ihrer eigenen politischen Prioritäten zu tätigen, potenziell begrenzt.

4.2 Fiskalische Dezentralisierung und der Handlungsspielraum der Einzelstaaten

Die amerikanische Bundesregierung unterstützt subnationale Budgets neben direkten, meist konditionalen Bundestransfers (*grants-in-aid* oder *categorical grants*) auch über Steuererlasse und –freibeträge bei der Bemessung nationaler Steuergrundlagen (Zimmerman 2006, S. 127–131). So kann der Bund – wie im Falle der Arbeitslosenversicherung geschehen – Steuern nur dann erlassen, wenn bereits vergleichbare Abgaben an den Einzelstaat geleistet wurden (*tax credits*). Die Einzelstaaten können folglich über die Erhebung spezifischer Steuern die Gesamtsteuerlast ihrer Bürger verringern. Zudem unterliegen Einkommen aus Zinsen von Anleihen an Gliedstaaten oder Kommunen nicht immer der nationalen Einkommenssteuer. Den Löwenanteil der Bundeshilfen machen jedoch jene konditionalen Transfers aus, die der Bund seit Beginn des 20. Jahrhunderts zur Förderung spezifischer Sozial-, Bildungs-, Infrastruktur- und Gesundheitsprogramme getätigt hat. Dabei zahlt der Bund komplementär zu der Bereitstellung von Geldern durch die Einzelstaaten und Kommunen Finanzhilfen unter der Voraussetzung, dass die Mittel innerhalb eines festgesetzten Rahmens verausgabt werden. Ein Blick auf die Einnahmenstruktur der amerikanischen Gliedstaaten im Jahr 2011 zeigt, dass sie 34,7 % ihrer Einnahmen aus Bundestransfers bezogen, während 45,9 % eigene Steuereinnahmen waren. Der größte Teil der Transferzahlungen entfällt dabei auf die Wohlfahrts- und Gesundheitsprogramme *Medicaid* und *Temporary Assistance to Needy Families*, die zusammengenommen 57,9 % der Zahlungen umfassen (Lee et al. 2013, S. 3). Trotz der erheblichen einzelstaatlichen Rechte zur Steuererhebung ist damit eine starke Verschränkung der Finanzbeziehungen beider Ebenen gegeben.

In historischer Perspektive zeigt sich, dass das finanzielle Engagement des Bundes gegenüber den Einzelstaaten und Kommunen periodischen Schwankungen unterlag (siehe Abb. 1). Während der Anteil intergouvernementaler Transfers an den Gesamtausgaben des Bundes zwischen 1945 und 1980 abgesehen von leichten Schwankungen einen steten Aufwärtstrend aufwies, brachen die Transferzahlungen unter Reagan's *New Federalism* von 16 % (1980) auf 11 % (1989) ein. Einem leichten Anstieg unter George H. W. Bush folgend hat sich der Anteil der Transfers seit Mitte der 1990er mit 15–18 % auf einem hohen Niveau stabilisiert.

Neben der Gesamthöhe intergouvernementaler Transfers sind für den tatsächlichen Handlungsspielraum der Einzelstaaten jedoch zwei Aspekte entscheidend: Erstens ob die Zahlungen im Sinne gebundener Transfers an spezifische Vorhaben

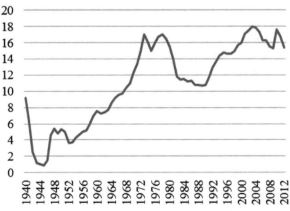

Abb. 1 Anteil intergovernmentaler Transfers an Gesamtausgaben des Bundes in Prozent 1940–2012 (Quelle: Eigene Darstellung nach Executive Office of the President of the United States (2013))

gekoppelt sind oder weitestgehend ungebunden sind (*block grants* und *revenue-sharing grants*)[3]; zweitens, wie hoch der Anteil jener Zahlungen ist, die als Hilfen bei individuellen Notlagen direkt an die Bürger ausgezahlt werden, statt über die Einzelstaaten und Kommunen für größere Investitionen im öffentlichen Sektor verausgabt zu werden. Auch diesbezüglich zeigen sich in historischer Perspektive verschiedene Phasen (Zimmerman 2006; siehe auch Kincaid 2013; Welz 2007; McKay 2013, S. 70–74). Während vor 1916 Bundestransfers insgesamt nur eine sehr marginale Rolle spielten, führte der *Federal Aid Road Act* von 1916 zu einem ersten starken Anstieg gebundener Transferzahlungen auf durchschnittlich 100 Millionen Dollar pro Jahr zwischen 1918–1930. Zielsetzung war eine Stärkung der Landwirtschaft durch den massiven Ausbau öffentlicher Infrastruktur. Unter Roosevelt's *New Deal* stiegen die gebundenen Transferzahlungen dann massiv auf ca. 10 % des nationalen Budgets an und setzen vor allem im Bereich der Sozialpolitik starke Anreize zur Orientierung einzelstaatlicher Initiativen an nationalen Politiken. Dabei waren die zweckgebundenen Bundeszuweisungen im Sinne des kooperativen Föderalismus bis in die 1960er Jahre noch stark auf die einzelstaatlichen Bedürfnisse zugeschnitten. Zwischen den 1960er und 1980er Jahren kam es dann neben dem weiteren Anstieg der Transfers zu qualitativen Veränderungen. Zum einen waren die Zielsetzungen von Johnson's *Great Society* – Bekämpfung von Armut und Rassendiskriminierung – prägend für die Gestaltung der Bundesprogramme. So wurde neben einem weiteren Infrastrukturausbau in Großstädten massiv in die Bereiche der Sozial- und Gesundheitspolitik investiert. Zum anderen wurden die Transfers verstärkt direkt an Bürger statt an die Einzelstaaten oder Kommunen ausgezahlt (McKay 2013, S. 72–75). Den Einzelstaaten kam damit immer mehr die Rolle zu, ihre Politik innerhalb eines Rahmens verpflichtender und optionaler Bundesvorgaben zu gestalten. Zwar waren seit den späten 1960er Jahren und insbesondere mit den unter Nixon eingeführten *revenue-sharing grants* (1972–1987) auch Anstrengungen zu verzeichnen, der kritisch beäugten Reduktion einzelstaatlichen Handlungsspielraums etwas entgegenzusetzen (Zimmerman 2006, S. 124–126). Diesen Bestrebungen waren jedoch in den späten 1970er angesichts der wirtschaftlichen Rezession und veränderter politischer Rahmenbedingungen zunehmend Grenzen gesetzt. Spätestens mit der Präsidentschaft Reagans zeigte sich ein differenzierter Wandel. Einerseits wurden allein 1981 83 Programme gebundener Transfers in 6 politikfeldbezogene *block grants* umgewandelt (McKay 2013, S. 76). Andererseits stieg der Anteil jener Transfers, die an individuelle Bürger statt an subnationale Körperschaften ausgezahlt werden, allein zwischen 1980 und 1990 von 35,5 % auf 57,4 % (Executive Office of the President of the United States 2013). In Verbindung mit der erheblich reduzierten Gesamtsumme an Transfers verloren die Einzelstaaten somit an Einfluss über die

---

[3]Bei *block grants* ist der Aufgabenbereich nur grob zugeschrieben (z. B. bildungspolitische Vorhaben), die unter Nixon eingeführten und 1986 wieder abgeschafften *revenue-sharing grants* werden hingegen ganz ohne Zweckbindung oder Auflage vergeben. Darüber hinaus existieren *project grants*, die spezifischen Vorhaben, z. B. der Forschungsförderung, dienen.

Politikgestaltung und die intergouvernementalen Beziehungen wurden zu einem „titanic struggle over defense, debt, and dependency" (Kincaid 1990, S. 147). Seit den 1990er Jahren blieb der Charakter der Transfers dann trotz des erneuten Anstiegs der Transfersumme weitgehend unverändert. Einzelnen Erhöhungen des Handlungsspielraums durch die Umwidmung gebundener in ungebundene Blocktransfers – etwa durch den *Personal Responsibility and Work Opportunity Reconciliation Act* im Jahr 1996 – stehen umfangreiche Programme gebundener Transfers entgegen, welche die Einzelstaaten *de facto* zu ausführenden Organen nationaler Politik machen.

Zusammengenommen lässt sich im Zeitverlauf eine zunehmende finanzielle Abhängigkeit der Einzelstaaten von den Transferzahlungen des Bundes ausmachen. Dabei erscheinen diese mit Blick auf den Implementationsspielraum der Einzelstaaten als zweischneidiges Schwert. Einerseits ermöglichen ungebundene Transfers eine subnationale Priorisierung politischer Vorhaben und auch gebundene Transfers können ein Niveau der Bereitstellung öffentlicher Güter auf einzelstaatlicher Ebene ermöglichen, das aus eigener Kraft erst gar nicht zu stemmen wäre. Andererseits spiegeln sich in der amerikanischen Debatte (Zimmerman 2006, S. 119–121) um die intergouvernementalen Beziehungen im Allgemeinen und gebundene Transfers im Besonderen viele Argumente der finanzwissenschaftlichen Literatur, welche die negativen Effekte vertikaler Imbalanz betonen (Oates 2005; Weingast 2009). So reduzieren gebundene Transfers die Fähigkeit der Einzelstaaten, politische Programme an regionale Gegebenheiten anzupassen. Sie können zu einer Überbereitstellung öffentlicher Güter führen und die Zuordnung politischer Verantwortlichkeiten erschweren. Zugleich können besonders kleine Einzelstaaten an den teils sehr komplexen Anforderungen zum Erhalt der Bundesgelder scheitern, während es sich andere finanzstarke Einzelstaaten leisten können, einzelne Bundesprogramme aus politischen Gründen erst gar nicht in Anspruch zu nehmen. Eine hohe Varianz in der Bereitstellung öffentlicher Güter ist die Folge, deren Effizienz in wohlfahrtsökonomischer Perspektive zumindest fragwürdig ist. Während die amerikanische Erfahrung somit Parallelen zu jener in anderen Föderalstaaten aufweist (siehe etwa Biela et al. 2013 zum schweizerischen und österreichischen Fall), ist zu bedenken, dass weder in der amerikanischen Verfassung noch in der politischen Kultur des Landes die normative Leitidee einer Angleichung oder gar Gleichheit der Lebensverhältnisse besteht. So spiegelt sich in der Debatte um *grants-in-aid* Programme vielmehr auch jene „deep ambiguity on the proper role of government" (McKay 2013, S. 3) wider, die prägend für die amerikanische politische Kultur ist. Demnach kollidiert eine grundlegende Sehnsucht nach einem limitierten und wenig regulierenden Staat regelmäßig angesichts drängender sozialer Konflikte mit dem Wunsch nach Lösungen nationaler Natur (Sbragia 2006, S. 246).

5 Fazit

Die amerikanische Verfassung etabliert in äußerst knappen Worten einen Föderalstaat dualen Typs, innerhalb dessen die Einzelstaaten – insbesondere im Vergleich zu jenen anderer Föderalstaaten – umfassende Entscheidungskompetenzen sowie die zugehörige Implementationskompetenz innehaben. Im Verlauf des 20. Jahrhunderts prägten jedoch deutliche Zentralisierungstendenzen das Gesicht des amerikanischen Föderalismus und der duale Charakter veränderte sich angesichts einer zunehmend funktionalen Aufgabenteilung grundlegend. Dabei lassen sich – neben *amendments* – zwei Mechanismen unterscheiden, mittels derer der Bund seine Einflusssphäre gegenüber den Gliedstaaten mehr oder weniger stark ausgebaut hat: die regulierende gesetzgeberische Tätigkeit auf Basis der *implied powers* einerseits und die extensive Nutzung von zumeist zweckgebundenen Bundestransfers auf Basis der *welfare clause* andererseits. Im Verlauf der 1970er Jahre verschob sich dabei die relative Bedeutung beider Mechanismen und neben der weichen, kooperativen Steuerung der Einzelstaaten durch finanzielle Anreize gewann der regulative Zugriff auf einzelstaatliche Kompetenzen deutlich an Bedeutung. Die Ursachen der Zentralisierung insgesamt und des dokumentierten qualitativen Wandels sind vielschichtig und umfassen neben der schwachen Integration der Einzelstaaten in Prozesse nationaler Politikformulierung eine auf die nationale Ebene fokussierte Problemwahrnehmung (Kincaid 1990), politischen Druck nationaler Lobbyorganisationen (Zimmerman 2006) und parteipolitisch motivierte Dynamiken im Mehrebenensystem (Krause und Bowman 2005).

Vor allem aber sind diese Dynamiken für die Natur des amerikanischen Föderalismus folgenreich. So sind die Einzelstaaten mittlerweile nicht nur in hohem Maße für die Implementation von Bundesprogrammen in zentralen Bereichen der Sozial-, Gesundheits- und Bildungspolitik zuständig, sondern ihre finanziellen Handlungsspielräume werden zusätzlich durch kostenintensive Bundesmandate begrenzt. Ferner verringern sich im Zuge dieser Dynamiken die einzelstaatlichen Entscheidungskompetenzen in einzelnen Politikfeldern der konkurrierenden Gesetzgebung erheblich. Und auch Programme einer Revitalisierung der Einzelstaaten im Rahmen eines neuen Föderalismus, wie sie etwa unter Reagan oder in der Folge auch schwächer unter Bush sen., Clinton und Bush jun. proklamiert wurden, beschnitten bei genauerer Betrachtung primär nationale Sozialprogramme statt einzelstaatliche Kompetenzen zu erhöhen. In jüngster Zeit stehen einzelnen Initiativen der Dezentralisierung dann Zentralisierungstendenzen in anderen Bereichen gegenüber. Insgesamt erscheint der amerikanische Föderalismus gegenwärtig einigen Beobachtern als nuanciert (Conlan und Posner 2011) oder auch fragmentiert (Bowling und Pickerill 2013), da insbesondere unter der Obama-Administration vielschichtige Formen der regulativen wie finanziellen Verschränkung die Interaktion beider Ebenen selbst innerhalb einzelner Politikfelder prägen.

Die komplexe Verschränkung der Ebenen und zunehmend funktionale Aufgabenteilung stellt sowohl die Einzelstaaten als auch den Bund vor erhebliche Herausforderungen. Und dies gilt angesichts der enormen parteipolitischen Polarisierung und der immensen Belastung der öffentlichen Haushalte im Nachklang der Finanzkrise insbesondere in jüngster Zeit. Abschließend sei daher auf zwei Problemkomplexe hingewiesen, die sich diesbezüglich in analytischer Perspektive unterscheiden lassen. Zum einen operieren die Einzelstaaten angesichts ihrer starken finanziellen Abhängigkeit von Bundestransfers und eines immer wieder drohenden *government shutdown* unter hoher Unsicherheit (Bowling und Pickerill 2013).

Während die Einzelstaaten unter der ersten Obama-Administration im Rahmen des *American Recovery and Reinvestment Act* von 2009 noch mit erheblichen und zum großen Teil lediglich politikfeldgebundenen Transfergeldern ausgestattet wurden (Dinan und Gamkhar 2009; Conlan und Posner 2011), sind sie seit dem Auslaufen des Konjunkturprogramms besonders stark durch die nationale Schuldenkrise, politische Blockaden bei der Verabschiedung des nationalen Haushalts und die resultierende Sequestration betroffen. Die Planbarkeit subnationaler Haushalte ist unter diesen Bedingungen deutlich beeinträchtigt, was erhebliche Kosten birgt und Forderungen nach einer erhöhten Koordination der Finanzbeziehungen mit sich bringt (Farmer 2013; Joyce 2013; Posner 2013). Zugleich leiden viele einzelstaatliche Haushalte angesichts der Rezession und ihrer erheblichen Finanzierungsverpflichtungen im Rahmen einzelner Bundesprogramme wie etwa *Medicaid* unter einem wachsenden strukturellen Haushaltdefizit (State Budget Crises Task Force 2012). Zum anderen findet sich der Bund in einer Situation wieder, in der er zur Umsetzung zentraler politischer Vorhaben zwingend auf die einzelstaatliche Kooperation angewiesen ist, diese jedoch angesichts einer hohen parteipolitischen Polarisierung oft verweigert wird. Die jüngst dokumentierten Defizite bei der Implementation der Gesundheitsreform sind ein plakatives Beispiel für die Gefahren eines solchen Arrangements (Jacobs und Callaghan 2013; Rigby und Haselswerdt 2013; Thompson 2013). Die Steuerungsfähigkeit des amerikanischen Bundesstaats erscheint damit unter den gegenwärtigen Bedingungen erheblich eingeschränkt.

Literatur

Albritton, Robert B. 2006. American federalism and intergovernmental relations. In *Developments in American politics 5*, Hrsg. Gilian Peele, Christopher Bailey, Bruce Cain und B. Guy Peters, 124–145. New York: Palgrave.

Bednar, Jenna. 2009. *The Robust federation. Principles of design*. Cambridge: Cambridge University Press.

Biela, Jan, Annika Hennl, und Andre Kaiser. 2013. *Policymaking in multilevel systems. Federalism, decentralisation, and performance in the OECD countries*. Essex: ECPR Press.

Bowling, Cynthia J., und J. Mitchell Pickerill. 2013. Fragmented federalism: The state of American federalism 2012–13. *Publius: The Journal of Federalism* 43: 315–346.

Bowman, Ann O'.M., und George A. Krause. 2003. Power shift: Measuring policy centralization in U.S. intergovernmental relations, 1947–1998. *American Politics Research* 31: 301–325.

Braun, Dietmar. 2000. The territorial division of power in comparative public policy research. In *Public policy and federalism*, Hrsg. Dietmar Braun, 27–56. Aldershot: Ashgate.

Cain, Michael J.G., und Keith L. Dougherty. 1999. Suppressing Shays' rebellion: Collective action and constitutional design under the articles of confederation. *Journal of Theoretical Politics* 11: 233–260.

Calmes, Jackie. 2013. $300 Million in Detroit Aid, but No Bailout. New York Times 26 Sept. 2013

Conlan, Timothy J., und Paul L. Posner. 2011. Inflection point? Federalism and the Obama administration. *Publius: The Journal of Federalism* 41: 421–446.

Dinan, John, und Shama Gamkhar. 2009. The State of American federalism 2008–2009: The presidential election, the economic downturn, and the consequences for federalism. *Publius: The Journal of Federalism* 39: 369–407.

Dougherty, K.L. 2001. *Collective action under the articles of confederation*. Cambridge: Cambridge University Press.

Dougherty, Keith L. 2009. An empirical test of federalist and anti-federalist theories of state contributions, 1775–1783. *Social Science History* 33: 47–74.
Dye, Thomas, L. Tucker Gibson, und Clay Robinson. 2001. *Politics in America*. Upper Saddle River: Prentice Hall.
Elazar, Daniel J. 1968. Federalism. In *International encyclopedia of the social sciences*, Hrsg. David L. Sills, 353–366. New York: Macmillan.
Elazar, Daniel J. 1991. Cooperative federalism. In *Competition among states and local governments, efficiency and equity in American federalism*, Hrsg. D. A. Kenyon und John Kincaid, 65–86. Washington: The Urban Institute Press.
Elazar, Daniel J. 1996. *Federal systems of the world. A handbook of federal, confederal and autonomy arrangements*. London: Longman.
Executive Office of the President of the United States. 2013. *Fiscal year 2014 U.S. Government budget. Historical tables*. www.budget.gov/budget. Zugegriffen am 09.12.2013.
Farmer, Liz. 2013. Federal government budget problems make state budgeting impossible. *Governing the states and localities*. http://www.governing.com/topics/finance/gov-the-certainty-of-uncertainty-in-writing-todays-state-budget.html. Zugegriffen am 14.12.2013.
Grodzins, Morton. 1966. *The American system: A new view of government in the United States*. New Brunswick: Transaction Books.
Hennl, Annika. 2011. *Effekte territorialer Institutionen auf Repräsentation und politische Performanz*. Köln: Universität zu Köln.
Heun, Werner. 2013. Der Föderalismus in den USA. In *Handbuch Föderalismus – Föderalismus als demokratische Rechtsordnung und Rechtskultur in Deutschland, Europa und der Welt*, Hrsg. Ines Härtel, 609–625. Berlin, Heidelberg: Springer.
Hübner, Emil, und Ursula Münch. 2013. *Das politische System der USA*. Beck: Eine Einführung. München.
Hueglin, Thomas. 2003. Federalism at the crossroads: Old meanings, new significance. *Canadian Journal of Political Science-Revue Canadienne De Science Politique* 36: 275–294.
Hueglin, Thomas, und Alan Fenna. 2006. *Comparative federalism. A systematic inquiry*. Peterborough: Broadview Press.
Inman, Robert. 2003. Transfers and bailouts: Enforcing local fiscal discipline with lessons from U.S. federalism. In *Fiscal decentralization and the challenge of hard budget constraints*, Hrsg. Jonathan A Rodden, Gunnar S. Eskeland und Jenny Litvack, 35–84. Cambridge, London: MIT Press.
Jacobs, Lawrence R., und Timothy Callaghan. 2013. Why states expand medicaid: Party, resources, and history. *Journal of Health Politics, Policy and Law* 38(5): 1023–1050.
Joyce, Philip. 2013. *The costs of budget uncertainty: Analyzing the impact of late appropriations*. Washington: IBM Center for the Business of Government.
Keman, Hans. 2000. Federalism and policy performance: A conceptual and empirical inquiry. In *Federalism and political performance*, Hrsg. Ute Wachendorfer-Schmidt, 196–227. London: Routledge.
Kincaid, John. 1990. From cooperative to coercive federalism. *Annals of the American Academy of Political and Social Science* 509: 139–152.
Kincaid, John. 2013. *State-federal relations: Back to the future? The book of the states*. http://dspace.lafayette.edu/bitstream/handle/10385/1264/Kincaid-BookoftheStates-2013.pdf?sequence=1. Zugegriffen am 16.01.2014.
Krause, George A., und Ann O'.M. Bowman. 2005. Adverse selection, political parties, and policy delegation in the American federal system. *Journal of Law, Economics, and Organization* 21 (2): 359–387.
Lee, Cheryl H., Mara Beleacov, und Nancy Higgins. 2013. *State government finances summary 2011*. http://www.census.gov/govs/state/. Zugegriffen am 16.01.2014.
Magleby, David B., David O'Brien, Paul Light, James MacGregor Burns, J. W. Peltason, Thomas E. Cronin. 2001. *Government by the people*. Upper Saddle River: Prentice Hall.
McKay, David. 2013. *American politics and society*. Chichester: Wiley-Blackwell.

Nicholson-Crotty, Sean. 2012. Leaving money on the table: Learning from recent refusals of federal grants in the American States. *Publius*: *The Journal of Federalism* 42(3): 449–466.
Oates, Wallace E. 2005. Toward a second-generation theory of fiscal federalism. *International Tax and Public Finance* 12(4): 349–373.
Posner, Paul L. 2013. The bleak outlook for our intergovernmental fiscal future. *Governing the states and localities*. http://www.governing.com/columns/mgmt-insights/col-bleak-outlook-fiscal-future-state-local-federal-intergovernmental-forum.html. Zugegriffen am 12.12.2013.
Rigby, Elizabeth, und Jake Haselswerdt. 2013. Hybrid federalism, partisan politics, and early implementation of state health insurance exchanges. *Publius: The Journal of Federalism* 43(3): 368–391.
Riker, William H. 1964. *Federalism: Origin, operation, significance*. Boston: Little.
Riker, William H. 1975. Federalism. In *Handbook of political science*, Hrsg. Fred Greenstein und Nelson Polsby, 93–172. Reading, MA: Addison-Wesley.
Robertson, David Brian. 2005. Madison's opponents and constitutional design. *American Political Science Review* 99(02): 225–243.
Sbragia, Alberta M. 2006. American federalism and intergovernmental relations. In *Oxford handbook of political institutions*, Hrsg. R. A. W. Rhodes, Sarah A. Binder und Bert A. Rockman, 239–260. Oxford: Oxford University Press.
Schultze, Rainer-Olaf. 2010. Föderalismus. In *Lexikon der Politikwissenschaft Band 1: A-M: Theorien, Methoden, Begriffe*, Hrsg. Dieter Nohlen und Rainer-Olaf Schultze, 266–268. München: Beck.
Sharman, Campbell. 1987. Second chambers. In *Federalism and the role of the state*, Hrsg. Herman Bakvis und William M. Chandler, 82–100. Toronto: University of Toronto Press.
State Budget Crises Task Force. 2012. *Report of the state budget crises task force*. http://www.statebudgetcrisis.org/wpcms/wp-content/images/Report-of-the-State-Budget-Crisis-Task-Force-Full.pdf. Zugegriffen am 11.01.2014.
Thompson, Frank J. 2013. Health reform, polarization, and public administration. *Public Administration Review* 73(1): 3–12.
Thorlakson, L. 2003. Comparing federal institutions: Power and representation in six federations. *West European Politics* 26(2): 1–22.
Verfassung der Vereinigten Staaten von Amerika (deutsche Übersetzung). http://usa.usembassy.de/etexts/gov/gov-constitutiond.pdf. Zugegriffen am 13.11.2013.
Wachendorfer-Schmidt, Ute. 2000. Introduction. In *Federalism and political performance*, Hrsg. Ute Wachendorfer-Schmidt, 1–20. London, New York: Routledge.
Watts, Ronald L. 1999. *Comparing federal systems*, 2. Aufl. Montreal & Kingston, London, Ithaca: McGill-Queen's University Press.
Weingast, B.R. 2009. Second generation fiscal federalism: The implications of fiscal incentives. *Journal of Urban Economics* 65(3): 279–293.
Welz, Wolfgang. 2007. Die bundesstaatliche Struktur. In *Regierungssystem der USA: Lehr- und Handbuch*, Hrsg. Wolfgang Jäger, Christoph M. Haas und Wolfgang Welz. München: Oldenbourg Verlag.
Williams, Corey. 2013. Federal funds for Detroit announced, broke city to receive $100 million in grants. Huffington Post 26 Sept. 2013
Zimmerman, Joseph F. 2001. National-State relations: Cooperative federalism in the twentieth century. *Publius: The Journal of Federalism* 31(2): 15–30.
Zimmerman, Joseph F. 2006. *Contemporary American federalism. The growth of national power*. New York: SUNY.

Kommunalpolitik in den USA

Boris Vormann und Christian Lammert

Inhalt

1 Einleitung 226
2 Kommunalpolitik in den USA: Strukturen und Prozesse 227
3 Vom dualen zum kooperativen zum neuen Föderalismus 231
4 Von *Government* zu *Governance* 236
5 Fazit 238
Literatur 238

Zusammenfassung

Die Kommunalpolitik genießt in den Vereinigten Staaten von Amerika als Versuchsraum der Demokratie hohes öffentliches Ansehen. Auch wenn sich die Vielfalt kommunalpolitischer Strukturen im Laufe des vergangenen Jahrhunderts weitgehend erhalten hat, bergen jedoch Kompetenzverlagerungen neben einem Steuerungsverlust die Gefahr, die Funktion der Kommunalpolitik als Ort demokratischer Partizipation und als Legitimationsquelle demokratischer Politik zu unterlaufen. Auf eine Erläuterung der wichtigsten Strukturen und Prozesse der kommunalen Ebene folgt ein Überblick über die historischen Entwicklungstendenzen der Kommunalpolitik im Kontext einer sich wandelnden föderalen Ordnung.

Schlüsselworter

Kommunalpolitik • Gemeinde- und Stadtverwaltung • Föderalismus in den USA • local governance

---

B. Vormann (✉) • C. Lammert
John F. Kennedy-Institut für Nordamerikastudien, FU Berlin, Berlin, Deutschland
E-Mail: boris.vormann@fu-berlin.de

1 Einleitung

Alexis de Tocqueville sprach in seinem epochemachenden Werk *Über die Demokratie in Amerika* 1835 vom *township* als dem Ort zur direkten Ausübung politischer Macht und als Forum politischer Teilhabe (2011 [1835/1840]). Als „Versuchsräume der Demokratie" (*laboratories of democracy*) bezeichnete auch der Supreme Court Justice Louis Brandeis ein Jahrhundert später, im Jahr 1932, die lokalen und einzelstaatlichen Regierungen (*The New State Ice Company v. Liebmann [1932] 285 U.S. 262*). Dieses Vertrauen in die lokale Regierungsebene ist bis heute nicht versiegt. Trotz genereller, politisch tief verwurzelter Skepsis gegenüber dem Staat, ist das Vertrauen in die lokale Regierungsebene laut Umfragen in den letzten Jahrzehnten konstant hoch (~69–74 %; Gallup 2012). Selbst mit der Finanz- und Wirtschaftskrise von 2008 konnte der Glaube an die Wichtigkeit der Kommunalpolitik nicht erschüttert werden (Gallup 2012). Dies steht in starkem Kontrast zur Einstellung der Bürgerinnen und Bürger gegenüber der Bundesregierung: Vertrauten Ende der 1990er Jahre noch 34 % der Politik in Washington, D.C., waren es 2010 nur noch 19 % (Gallup 2013).

Im Kontext einer zunehmend entgrenzten Wirtschaft, einer polarisierten Gesellschaft und einer blockierten Politik auf Bundesebene wird der durch die Kommunalpolitik ermöglichte direkte Kontakt mit der Bevölkerung als ein vielversprechender Kanal für einen demokratischen politischen Diskurs empfunden. In der Tat ist ein oft gerühmter Vorteil der kommunalen Ebene deren Nähe zu den Bürgerinnen und Bürgern und damit ihre Funktion als Keimzelle der Demokratie. Mit der Tradition einer möglichst freien Handhabe bei kommunalpolitischen Entscheidungen, die in den Vereinigten Staaten von Amerika besonders ausgeprägt ist, ging jedoch historisch betrachtet auch eine Fragmentierung politischer Prozesse und Mechanismen einher, welche die Regierbarkeit und Koordination der institutionell äußerst unterschiedlich ausgestalteten Formen kommunaler Politik erheblich einschränkt (Falke 2008). Überdies werden in der gegenwärtigen Situation, in der globale Städte und Regionen an ökonomischer Bedeutung gewinnen, die politischen und wissenschaftlichen Diskussionen um die Autonomie lokaler Regierungen angesichts der teils konträren Interessen verschiedener politischer Ebenen und Akteure mit einer gewissen Schärfe geführt. Die Kontroversen gehen unter anderem darüber, ob unter diesen Bedingungen die Grenzen der Stadt enger werden oder ob und wie die Handlungsspielräume der Gebietskörperschaften sich erweitern – und welche Rolle lokale politische Auseinandersetzungen darin zu spielen haben (Brenner 2009; Soja und Kanai 2006).

Verstehen kann die Vielfalt, Muster und Konflikte der Kommunalpolitik in den Vereinigten Staaten nur, wer nach ihrem Funktionieren im föderalen System fragt. Der folgende Überblick über die Akteure, Strukturen, Finanzen und Prozesse der Kommunalpolitik in den USA veranschaulicht die Diversität politischer Prozesse auf kommunaler Ebene. In einem zweiten Schritt wird die Bedeutung der Kommunalpolitik im Zeichen eines sich verändernden Föderalismus dargestellt – vom dualen zum kooperativen und schließlich zum neuen Föderalismus. Dieser Teil erläutert, wie sich das Zusammenspiel einer Transformation sozialpolitischer

Strategien, institutioneller Pfadabhängigkeiten und neuer politischer Instrumente unter verschiedenen Präsidenten seit der ersten Hälfte des 20. Jahrhunderts auf die Rolle und Funktionsweise der Kommunalpolitik ausgewirkt haben. Abschließend wenden wir uns einer Neudefinierung von Regierungstechniken zu, wie sie im Laufe der vergangenen Jahrzehnte in der politischen Praxis zu beobachten ist, und in welcher die Kommunalpolitik einem für die Demokratie bedenklichen Funktionswandel unterzogen wurde.

2 Kommunalpolitik in den USA: Strukturen und Prozesse

Traditionell haben Gebietskörperschaften in den USA eine größere Autonomie als vergleichbare Regierungseinheiten in anderen Demokratien. Aber die Rechte der *home rule* sind auch hier deutlich begrenzt und variieren von Einzelstaat zu Einzelstaat erheblich. In den sogenannten *home rule states* gewährt ein Verfassungszusatz den lokalen Regierungseinheiten die Möglichkeit der autonomen Gesetzgebung, während in anderen Staaten nur begrenzte Kompetenzen durch Parlamentsbescheid an die Lokalregierungen übertragen wurden. Die kommunale Ebene ist außerdem integraler Bestandteil des US-amerikanischen Föderalismus. Sie gliedert sich zugleich vertikal in das föderale System ein, in dem die Kommunalpolitik mit gliedstaatlichen Regierungen und der Bundesregierung interagiert; als auch horizontal, im Austausch zwischen kommunalen Regierungen. In dieser komplexen Gemengelage werden Kommunen maßgeblich von politischen Entscheidungen auf einzel- und föderalstaatlicher Ebene beeinflusst. Dies geschieht einerseits direkt, etwa mittels finanzieller Zuwendungen, andererseits aber auch indirekt, da beispielsweise Änderungen auf Bundesebene in der Bildungspolitik oder im Transportwesen sich auf lokaler Ebene manifestieren und dort weitreichende Konsequenzen für das gesellschaftliche Miteinander nach sich ziehen.

Trotz dieser Einschränkungen, Zwänge, und wechselseitigen Abhängigkeiten sind Kommunen jedoch den Anweisungen seitens der Gliedstaaten und des Bundesstaats nicht willkürlich ausgeliefert. Zum einen profitieren sie durchaus davon, in intergouvernementalen Auseinandersetzungen auf beiden Ebenen Verhandlungspartner zu finden – was Städten und Gemeinden nicht selten einen gewissen Handlungsspielraum verschafft, die anderen Akteure gegeneinander auszuspielen. Wenn die Politik auf kommunaler Ebene auch von anderer Stelle eingeschränkt und begünstigt werden kann, verfügen lokale Regierungen, zum anderen, über eine beträchtliche politische Entscheidungsgewalt. Dies gilt zum Beispiel auch bei vom Bundesstaat finanzierten Initiativen, bei denen lokale Gebietskörperschaften wie beispielsweise Stadtverwaltungen oftmals das letzte Wort bei der konkreten Umsetzung politischer Strategien behalten. Umgekehrt stützen sich Regierungsverantwortliche auf föderaler Ebene erfahrungsgemäß auch auf das Wissen kommunaler Verwaltungen, um ein Gelingen politischer Maßnahmen wahrscheinlicher zu machen.

Historisch sind im föderalen Prinzip die Gebietskörperschaften in erster Linie dem Einzelstaat untergeordnet. Dieses Prinzip wurde in verschiedenen

Gerichtsentscheidungen im 19. Jahrhundert wiederholt bestätigt. *Dillon's Rule* (*Atkins v. Kansas [1903] 191 US 182*)- legte schließlich fest, dass Städte die „Schöpfungen, [und damit] nur politische Unterabteilungen des Staates zum Zwecke der Ausübung von Teilen seiner Macht" seien. Dieses Prinzip regelt einerseits grundsätzlich die Abhängigkeit der lokalen Regierungen von den Einzelstaaten, andererseits beschränkt diese tief in der politischen Kultur verankerte föderalistische Rechtsauslegung die Aktivitäten der Bundesregierung. Auch als dualer Föderalismus (*dual federalism*) bezeichnet, bestimmte diese klare Trennung der Kompetenzen von Bund und Gliedstaaten bis in das frühe 20. Jahrhundert die politische Realität (Landy und Milkis 2008, S. 211–215).

Das bedeutet jedoch nicht, dass es im 19. Jahrhundert keine Gegenstimmen zu dieser Interpretation der föderalen Aufgabenverteilung gab. Thomas M. Cooley, Richter des Obersten Gerichtshof von Michigan, hielt der Dillon's Rule 1871 entgegen: „Lokalregierungen genießen absolutes Recht; und der Staat kann ihnen dieses nicht nehmen." (*People v. Hurlbut [1871] 24 Mich 44, 95*). Diese Gegentendenz beschränkte sich keineswegs auf Meinungsverschiedenheiten. Die föderale Struktur ließ in der Tat eine gewisse Offenheit in der politischen Praxis zu, die unsere Auffassung vom dualen Föderalismus zumindest nuancieren sollte. Auch Gary Gerstle und Kimberley Johnson schränken die gängige These eines zunehmend starken Staates im Übergang vom 19. zum 20. Jahrhundert ein: Sie argumentieren, dass das föderale System des 19. Jahrhunderts zwar durch eine schwache Zentralregierung charakterisiert war, jene aber umso mehr Spielraum für die Entstehung einflussreicher lokaler und einzelstaatlicher Regierungen ließ (Gerstle 2009; Johnson 2009).

Diese Offenheit spiegelt sich noch heute in den institutionellen Strukturen der Kommunalpolitik in den Vereinigten Staaten wider, deren frappierende Diversität in der politischen Organisation auffällt. Sie ist generell auf die historische Tatsache zurückzuführen, dass die gebietskörperlichen Einheiten auf kommunaler Ebene nach den Gesetzen in den Einzelstaaten strukturiert sind. Überdies hat jeder Staat in der Regel zumindest zwei separate Formen in der Gemeindeverwaltung: Landkreise (*counties*) und Kommunen (*municipalities*). Einige Bundesstaaten unterteilen ihre Landkreise zusätzlich in Gemeinden. Auch die Kommunen heben sich in ihren Organisationsformen, abhängig vom Bedarf und der Bevölkerungsdichte, voneinander ab. Die genauen Formen variieren zwar abhängig vom Bundesstaat, aber grundsätzlich kann man Großstädte (*city*), Städte (*town*), Bezirke (*borough*) und Dörfer (*village*) unterscheiden.

Die Komplexität der kommunalen Verwaltungsebene ist auch dem Umstand geschuldet, dass die speziellen Zuständigkeiten in verschiedenen Kontexten unterschiedlich zugeteilt sein können. Zahlreiche ländliche Regionen und auch einige städtische Außenbezirke haben keine Kommunalregierung unterhalb der Landkreisebene. In einigen Bundesstaaten existiert sogar nur eine Ebene von Kommunalverwaltung: Hawaii hat beispielsweise keine Kommunalregierung unter der Landkreisebene und in Massachusetts, Connecticut und Rhode Island haben die Landkreise keine legislative Funktion; diese wird dort von den Städten und Gemeinden ausgeübt. Zusätzlich existieren noch zahlreiche Sonderbezirke (*special districts*) für bestimmte Aufgaben wie Wasserversorgung, Entsorgung, Feuerwehr und Straßenbau. In vielen Bundesstaaten werden die Schulen von Schulbezirken (*school districts*) verwaltet (Lammert 2013, S. 650). Nach den Daten des letzten Zensus (2010) existieren insgesamt 90.056 kommunale bzw. lokale Regierungseinheiten. Davon sind 38.910 sogenannte *general purpose governments*, also Landkreise (3031), Städte (19.519) und Gemeinden (16.360) und 51.910 Sonderbezirke: 12.880 unabhängige *school districts* und 38.266 sonstige Sonderbezirke (Census Bureau 2013).

In der Struktur der lokalen Regierungsebene lassen sich besondere regionale Unterschiede aufzeigen. Im Mittleren Westen findet sich mit durchschnittlich 3332 Regierungen pro Einzelstaat die höchste Dichte auf der lokalen Ebene, gefolgt vom Nordosten mit 1494, dem Westen mit 1274 und dem Süden mit 1181. Diese Unterschiede lassen sich damit erklären, dass im Westen und im Süden keine Gemeinderegierungen und in Connecticut, Rhode Island und District of Columbia (D.C.) keine Landkreisregierungen existieren. Anderseits haben einige Einzelstaaten öffentliche Schulsysteme, die den Regierungen des Bundesstaates, der Gemeinde oder des Landkreises unterstehen. D.C., Maryland, North Carolina und Hawaii verfügen nicht über unabhängige Schulverwaltungen, wobei Hawaii der einzige Bundesstaat mit einem Schulsystem ist, das völlig der einzelstaatlichen Regierung untergeordnet ist. In 16 weiteren Staaten gibt es sowohl abhängige als auch unabhängige Schulbezirke; Virginia hat beispielsweise nur einen unabhängigen Schulbezirk und 135 abhängige Schulbezirke, Louisiana demgegenüber 69 unabhängige und nur einen abhängigen Schulbezirk. Die Sonderbezirke machen mit 38.266 den Löwenanteil der lokalen Regierungseinheiten aus. Die meisten Sonderbezirke finden sich mit 13.145 im Mittleren Westen, gefolgt vom Westen (11.205); dem Süden (9277); und dem Nordosten mit 4639. Die Sonderbezirke umfassen in erster Linie Brandschutz (5865), Wasserversorgung (3522), Raum- und Gemeindeentwicklung (3438) sowie Abwasser und Hochwasserschutz (3248).

Aber nicht nur regional lassen sich Unterschiede in der Strukturierung der Lokalverwaltung aufzeigen, auch über die Zeit hinweg haben sich diese Strukturen verändert. Zwischen 2007 und 2012 ist die Zahl der lokalen Regierungseinheiten leicht um 0,6 % angestiegen. Seit 1952 hingegen ist die Zahl um 22,9 % zurückgegangen, wobei sich in einigen Staaten die Zahl der lokalen Regierungseinheiten deutlich erhöht hat: in Alaska um 263 %, in Delaware um 215 %, in New Mexico um 199 % und in Florida um 168 %. Besonders interessant erscheint hier der drastische Anstieg von Sonderbezirken von 12.340 (1952) auf 38.266 (2012). Im gleichen Zeitraum ging die Zahl der unabhängigen Schulbezirke von 67.355 auf 12.880 zurück (Census Bureau 2013).

Entstehen können neue Kommunen grundsätzlich auf vier verschiedene Arten: (1) durch Spezialgesetzgebung der einzelstaatlichen Legislative; (2) durch allgemeines Gesetz; (3) durch Gesetze, die die Erstellung einer Stadt-Charta regeln und (4) durch Prozeduren lokaler Selbstverwaltung (*home rule*). Hierdurch erhält die lokale Regierung eine Art örtlich gültiger Konstitution. Heute sind vor allem durch Volksabstimmung sanktionierte Inkorporierungen nach den letzten drei Methoden üblich. Die Gründung neuer lokaler gebietskörperschaftlicher Einheiten hat dabei oft den Zweck der sozialen Abgrenzung und hat historisch sozialräumliche Ungleichheiten in den USA verstärkt. Eine Folge dieser Entwicklungen ist die anhaltende Diskussion um das beste Maß lokalstaatlicher Selbstverwaltung im Gegensatz zu stadtregionalen Konsolidierungsbestrebungen bei wachsenden Problemen der metropolitanen Gebiete.

Gewöhnlich unterscheidet man drei Arten von Gemeindeverwaltung: (1) Das *council-mayor*-System, in dem die Wähler in getrennten Wahlen den Stadtrat und den Bürgermeister wählen. In dieser Variante ist der Bürgermeister zumeist vollbeschäftigt und hat erhebliche administrative und haushalterische Befugnisse. Abhängig von der jeweiligen *municipal charter* hat der Stadtrat mehr oder weniger Kompetenzen. In der *strong-mayor*-Variante dieses Systems bestimmt der Bürgermeister über die städtischen Abteilungen. In der *weak-mayor*-Variante übernimmt dies der Stadtrat, der üblicherweise auch die Ausschüsse stellt. *Weak-mayor*-Regierungen findet man vor allem in kleinen Gemeinden und wenigen Großstädten (Chicago), *strong-mayor-Regierungen* sind in den meisten Groß- und vielen Kleinstädten üblich. (2) Das *commission-Sy*stem war die Reaktion von progressivistischen Reformern um die Jahrhundertwende, die der Instrumentalisierung lokaler Regierungen durch *party machines* im Stil des *bossism* einen Riegel vorschieben wollten. Diese wenig verbreitete Form (ca. 300 Städte) konsolidiert die legislativen und exekutiven Funktionen der städtischen Regierung in einem städtischen Ausschuss. (3) Auch die *council-manager*-Form hat ihren Ursprung im Effizienzstreben städtischer Reformer. Der von der Bevölkerung gewählte Stadtrat, der aus seiner Mitte meist einen Bürgermeister wählt, übergibt hier die administrativen Funktionen an einen *city-manager*. Die zugrunde liegende Vorstellung ist die Abschottung einer geforderten rationalen Stadtverwaltung nach betriebswirtschaftlichen Prinzipien von der Politik. Diese Form findet man vornehmlich in sozial homogenen Vorstädten. *County*-Regierungen, die in vieler Hinsicht lediglich administrative Funktionen für Bundes- oder Staatsprogramme sind, sind zumeist politisch schwache Ausschüsse oder Aufsichtsräte (*boards of supervisors*). Insgesamt lässt sich ein Trend aufzeigen, wonach die Unterschiede zwischen den lokalen Regierungsmodellen abnehmen. Dies lässt sich in erster Linie mit konvergenten Reaktionsmustern auf sozio-ökonomische, demografische und politische Veränderungen auf der lokalen Ebene erklären. Die Reformprozesse kulminieren mehr und mehr in einen spezifischen Mix innerhalb der beiden dominanten Modelle, dem *council-mayor* und dem *council-manager* Modell (Svara 2003).

Die Einnahmen der Lokalregierungen können grob vereinfacht in zwei Kategorien unterteilt werden: Finanztransfers vom Bund und den Einzelstaaten sowie selbst erhobene Einnahmen aus Steuern und Gebühren. Im Jahr 2008 nahmen die lokalen Regierungen insgesamt 1,4 Billionen US-Dollar (USD) ein. Rund 38 % dieser Einnahmen kamen vom Bund und den Einzelstaaten, die restlichen 62 % verteilten sich auf Einnahmen aus der Einkommenssteuer (2 %), Umsatzsteuer (6 %), Besitzsteuer (2 %) und diversen Gebühren (Tax Policy Center 2012). Bei den Bundeszuweisungen (*federal grants-in-aid*) ist zwischen *categorical grants* und *block grants* zu unterscheiden. Der zentrale Unterschied liegt darin, wie zweckgebunden diese Mittel verwendet werden können. *Categorical grants* lassen den subnationalen Regierungsebenen wenig Handlungs- und Ermessensspielraum bei der Ausgabengestaltung; die Bundesgelder sind strikt an spezifische Programme und Ausgabenkategorien gebunden. *Block grants* hingegen werden den Einzelstaaten von der Bundesebene pauschal für breiter gefasste politische Zielsetzungen (z. B. Umweltschutz, Kriminalitätsbekämpfung) zugewiesen und bieten ihnen damit einen größeren Gestaltungsspielraum bei der Verwendung der Bundesmittel. Die spezifische Ausgestaltung der Finanzzuweisungen – die Entscheidung also, für *block grants* oder *categorical grants* – ist ein zentrales Kennzeichen der sich wandelnden föderalen Ordnung: Zentralisierung geht einher mit einer stärkeren Zweckbindung der Mittel, was die Ausgabenkontrolle durch die Bundesregierung stärkt, wohingegen Dezentralisierungstendenzen im Föderalismus auch mit der Verlagerung der Entscheidungskompetenzen in der Ausgabenpolitik auf untere Regierungsebenen verknüpft sind. Von diesen Kompetenzverlagerungen hängt auch das tatsächliche, bereits zu Beginn angesprochene demokratische Potenzial der Kommunalpolitik ab.

3 Vom dualen zum kooperativen zum neuen Föderalismus

Wachsende städtische Probleme führten seit dem *New Deal* in den 1930er Jahren zur Restrukturierung der Beziehungen zwischen den staatlichen Ebenen, als deren wichtigstes Resultat die Etablierung direkter Beziehungen zwischen der Bundesregierung und den lokalen Regierungen gelten kann. Im Zuge der Weltwirtschaftskrise und angesichts hoher Arbeitslosigkeit sowie anderer von der Krise ausgelöster gesellschaftlicher Probleme, die über die Einzelstaaten nicht in den Griff zu bekommen waren, umging man mit dieser Unmittelbarkeit bei der Umsetzung antizyklischer politischer Maßnahmen den sperrigen Zwischenschritt über die Einzelstaaten. Ermöglicht wurden die direkten Beziehungen zwischen föderaler und kommunaler Ebene vor allem durch eine der Konjunktur geschuldete wechselseitige Abhängigkeit: benötigten Städte finanzielle Unterstützung seitens des Bundes, baute man auf föderaler Ebene auf die Unterstützung der kommunalen Verwaltungen, um Notprogramme des New Deal möglichst effizient in die Tat umzusetzen. Die Gliedstaaten ließen sich auch deshalb auf die Restrukturierung des Föderalismus ein, weil es ihnen Rechte einräumte, kommunale Verwaltungen bei der Umsetzung von bundesstaatlichen Programmen in den Bereichen Bildung, Gesundheit und Sozialhilfe zu überwachen (Berman 2003, S. 23–24).

Infolgedessen kam es zu einem enormen Anstieg der Bundeszuweisungen sowohl an die Einzelstaaten als auch an lokale Gebietskörperschaften. In diesen Entwicklungen sahen manche die Abkehr von einem hierarchischen dreigliedrigen föderalen System, in dem Kommunen lediglich den untersten Rang einnahmen und damit Befehlsempfänger waren, hin zu einem kooperativen Föderalismus (*cooperative federalism*), der intergouvernementale Beziehungen auf Augenhöhe ermöglichte (z. B. Reagan und Sanzone 1981, S. 3). Im Laufe der 1940er und 1950er Jahre vereinfachte sich wie für Stadt- und Gemeindeverwaltungen auch für Schuldistrikte, Counties und andere kommunale Verwaltungsbehörden der Zugang zu

Bundesmitteln. Vor allem infolge der städtischen Unruhen der 1960er Jahre erfuhr das Verhältnis zwischen kommunaler und föderaler Ebene durch massive Sozialprogramme des Bundes (*Great Society*) eine Stärkung (Lammert und Grell 2013, S. 89–93). In diesem Kontext wurde auch das Bauministerium der Vereinigten Staaten (*United States Department of Housing and Urban Development*, HUD) im Jahre 1965 gegründet, welches staatliche Impulse in der Stadtentwicklung und im sozialen Wohnungsbau setzen sollte. In den Jahren 1965 und 1966 wurden 130 neue *grant*-Programme initiiert, was bis 1968 insgesamt zu einer Erhöhung der intergouvernementalen Bundeszuweisungen auf 19 Mrd. USD führte (Welz 2007, S. 76).

Auf Druck der Kommunen und mit dem Ziel, den Föderalismus anpassungsfähiger zu gestalten, wurde 1972 unter der republikanischen Nixon Administration das *general revenue sharing* eingeführt, mit dem föderale Steuereinnahmen von der Bundesebene mit den Gliedstaaten und der kommunalen Ebene geteilt wurden. Besonders beliebt war diese Form der intergouvernementalen Zuwendung, weil sie nahezu ohne Auflagen und nicht zweckgebunden verteilt wurde. Ferner kam es unter Nixon zu einer Verschiebung von *categorical grants* hin zu *block grants*. die von den Kommunen und Einzelstaaten flexibler eingesetzt werden konnten. Insgesamt standen die 1970er Jahre allerdings im Zeichen eines tiefgreifenden Wandels, der Folge eines technologisch ermöglichten und politisch gewollten ökonomischen Umstrukturierungsprozesses war, sich in städtischen Krisen äußerte und zu einer Umkehr in der Stadtpolitik führte. Der Bankrott New York Citys von 1975 gilt in Teilen der Stadtforschung als beispielhaft, da dort auch erstmals die wirtschaftsnahe Neuorientierung der Stadtentwicklung politische Form annahm. Unter anderem auch Konsequenz einer erodierenden Steuerbasis aufgrund nationaler und globaler ökonomischer Umstrukturierungsprozesse und der Suburbanisierung wurde jene Fiskalkrise New York Citys jedoch im politischen Diskurs nicht auf diese breiteren gesellschaftlichen Dynamiken zurückgeführt, auf welche man politisch ja auf verschiedenen föderalen Ebenen hätte Einfluss nehmen können. Vielmehr rückten Medien und führende Politiker den Verfall der Innenstädte sowie die Krawalle der späten 1960er (*urban riots*) in den Fokus der Debatte, weshalb statt etwa über eine neue, affirmierende Industrie- oder Sozialpolitik nachzudenken, New York City's Staatsbankrott insbesondere in konservativen Kreisen als Sinnbild eines dysfunktionalen Wohlfahrtsstaats und Schlusspunkt der industriellen Ära interpretiert wurde. Neue Priorität erhielten nach der Krise – nicht nur in New York – unternehmerische Stadtentwicklungsstrategien, die darauf abzielten mit einem neuen, postindustriellen Image die Stadt für Investoren attraktiv zu machen (Greenberg 2008).

Obgleich die Politik Nixons von vielen als Fortsetzung des kooperativen Föderalismus verstanden wurde, zeichnete sich mit der Verlagerung administrativer Funktionen an regionale Körperschaften (*devolution*) bereits ein Kernelement des neuen Föderalismus der Reagan-Jahre ab. Einige sehen deshalb das Jahr 1972 und die mit ihm einsetzende Reduktion bundesstaatlicher Mittel und lokaler Steuereinkünfte als Geburtsstunde der unternehmerischen Stadt und des *urban entrepreneurialism* (z. B. Judd und Ready 1986; Peterson 1981; Leitner 1990).

Gemeint ist eine die US-amerikanische Tradition des *urban boosterism* unter Konditionen der fiskalen Austerität fortsetzende Stadtpolitik, die sich von ihrem wohlfahrtstaatlichen Auftrag verabschiedete, um das Heil der Stadt im Wirtschaftswachstum zu suchen. Vornehmliche Aufgabe der unternehmerischen Stadt, die zur Einnahme zusehends auf neue, globale Investoren, das Zuziehen großer Wirtschaftsunternehmen und Tourismusströme setzte, wurde damit die Herstellung eines wirtschaftsfreundlichen Umfeldes, beispielsweise durch Steueranreize und ein attraktives und sicheres Wohnklima für die neuen Eliten der Dienstleistungsgesellschaft (Harvey 1989; Jessop 1998).

Die Präsidentschaft Jimmy Carters kann in diesem Sinne rückblickend als episodenhafter Rückfall betrachtet werden. Er setzte ab 1976 mit seinem *New Partnership to Preserve America's Communities* noch die intergouvernementale Politik des kooperativen Föderalismus fort, intensivierte sie sogar. Sein letztlich gescheiterter Versuch, eine nationale Stadtpolitik einzurichten (*national urban policy*), markierte jedoch das Ende eines Prozesses, den manche als rapide „Intergouvernementalisierung" (*galopping intergovernmentalization*) gefürchtet hatten und zum Schreckgespenst überhöhten (Hovey 1989, S. 164): 1978 waren 28 % aller Bundesmittel direkt an lokale Regierungen gegangen, gegenüber lediglich 13 % im Jahr 1970. Zwischen 1960 und 1980 war die Zahl föderaler Programme von 132 auf 540 und die damit verbundene finanzielle Unterstützung von 7 Milliarden auf über 80 Milliarden USD gestiegen (Berman 2003, S. 25). Wer sollte sich diesen Luxus angesichts des steigenden internationalen Wettbewerbs in den Arbeitsmärkten und der ohnehin effizienteren, transparenteren und gerechteren Bereitstellung öffentlicher Güter mittels des Marktmechanismus noch leisten wollen?

Ein klarer Bruch folgte. Seit der Reagan-Administration gab es einen Trend zur Reduzierung von Bundesausgaben für die Städte und eine Tendenz weg von der Unterstützung ökonomisch, fiskalisch und sozial belasteter Munizipalitäten. Der *New Federalism* der Reagan-Administration stellte die in der Ära des kooperativen Föderalismus gestärkten Beziehungen zwischen dem Bundesstaat und den Lokalstaaten damit klar in Frage. Während sich Demokraten und sogar weite Teile der Republikaner in den 1960er und 1970er Jahren noch darum bemüht hatten, ihre wohlfahrtsstaatliche Sozialpolitik mittels intergouvernementaler Lösungen umzusetzen, drang die Republikanische Partei nun darauf, politische Verantwortung von der föderalen Ebene auf die lokale und Einzelstaatenebene zu übertragen, gleichzeitig aber die Mittel hierfür nicht aus staatlichen Kassen bereitzustellen, sondern auf die Überlegenheit der Märkte zu bauen. Dass Ideen des *new public management* und eines verschärften Marktliberalismus besonders in den USA Anklang fanden, hängt mit einer politischen Tradition zusammen, die oftmals als staatsskeptisch und freiheitsliebend charakterisiert – und karikiert – worden ist. Es entstand ein neoliberales Modell der Stadtentwicklung und Kommunalpolitik, das später auch in anderen politischen Kontexten zur Anwendung gekommen ist.

Das unter Nixon eingeführte *revenue sharing* wurde 1986 abgeschafft und durch kleinere zweckgebundene *block grants* ersetzt. Im Gegensatz zu Carter setzte die Reagan-Administration nicht auf föderale Subventionen zur ökonomischen Wiederbelebung der Kommunen. Bereits in einer frühen Version des *President's*

National Urban Policy Report fasste man die neue Perspektive auf die Kommunalpolitik ohne Umschweife zusammen: „Städten ist kein ewiges Leben beschieden" (zitiert in Ross und Levine 2006, S. 453). War bereits unter Nixon von Dezentralisierung und Devolution die Rede gewesen, sah Reagan nunmehr von jeglicher staatlichen Intervention ab, gleich von welcher Ebene. *Block grants* dienten hierbei vor allem als Mittel des Übergangs bei dem Versuch, staatliche Eingriffe zu eliminieren. Unter Reagan wurden Mittel für den sozialen Wohnungsbau um drei Viertel gekürzt, der Neubau von Sozialwohnungen komplett eingestellt. Verbunden mit der neuen Betonung privatwirtschaftlicher Prinzipien und der Eigenverantwortlichkeit subnationaler Regierungen erhöhte diese Politik in der Folge lokale Ungleichheiten. In seinem letzten Regierungsjahr beendete Reagan schließlich das *Urban Development Action Grant* (UDAG) Programm, ein Instrument zur Revitalisierung von Innenstädten, das dafür in Kritik geriet, zu sehr vom Staat und damit von ‚oben nach unten' (*top-down*) zu funktionieren (Ross und Levine 2006, S. 454).

Konsequenz dieser neuen Politik war ein deutlicher Rückgang föderaler Zuwendungen. Stellten bundesstaatliche Förderprogramme 1979 noch 22 % der gliedstaatlichen und kommunalen Einnahmen dar, fiel diese Zahl bis 1989 auf 16 %. Zwar erhöhten die Gliedstaaten im Gegenzug ihre Unterstützung für die kommunale Ebene – von 1980 bis 1986 stieg diese Unterstützung von 83 Millionen auf 130 Millionen USD – allerdings reichte dies nicht aus, um die Umkehr der nationalen Politik aufzufangen, so dass kommunale Gebietskörperschaften sich im Sinne der bereits erläuterten unternehmerischen Stadt auf die Suche nach neuen Einnahmequellen begeben mussten (Berman 2003, S. 27). Unter der Regierung von George H. W. Bush stiegen zwar erneut die Mittel, die von der Bundesregierung an die Glied- und Lokalstaaten flossen. Jedoch kam es wegen der enormen Defizite der Reagan-Jahre zu Verdrängungseffekten, so dass in diesem Zeitraum kaum neue Programme für Städte ins Leben gerufen wurden. Zudem wurden auch durch eine restriktivere Haushaltsplanung des Kongresses die föderalen Ausgaben für Kommunen beschnitten (Ross und Levine 2006, S. 454). So stellte Demetrios Caraley im Jahre 1992 in seinem viel beachteten Aufsatz mit dem Titel „Washington Abandons Cities" den Administrationen Reagans und Bushs für ihre innen- und, im Speziellen, kommunalpolitischen Maßnahmen des New Federalism ein verheerendes Zeugnis aus,

> [da er] zu einer Kürzung föderaler Zuschüsse an lokale und einzelstaatliche Regierungen führte, die ehemals dafür genutzt wurden, armen Bevölkerungsteilen und bedürftigen Stadtbezirken zu helfen. Diese Kürzungen haben das Abdriften der großen Städte beschleunigt, insbesondere jener im Osten und Mittleren Westen. Diese Städte werden zunehmend zu verwahrlosenden, von Gewalt beherrschten, von Crack-Sucht befallenen, von Obdachlosigkeit heimgesuchten Slum Ghettos, die am Bankrott entlangschlittern. (Caraley 1992, S. 1; *Übers. d. Verf.*)

Unter Bill Clinton, dem ersten Demokraten im Amt des Präsidenten seit den 1970er Jahren, kam es keineswegs zu einer klaren Abkehr von Reagans New Federalism. Clintons Politik des dritten Weges, die dem Markt ohnehin einen hohen Stellenwert einräumte, führte zu einer gewissen Kontinuität der politischen

Ideologie; das Scheitern seiner Gesundheitsreform und seine Niederlage bei den Kongresswahlen von 1994 schränkten darüber hinaus seine politischen Handlungsspielräume deutlich ein, auch in den gesellschaftlichen Bereichen, in denen die Administration dem Staat einen höheren Interventionsanteil beigemessen hätte. Anstelle einer Rückkehr zur Idee der *national urban policy* entschied sich die Clinton Administration deshalb für eine Politik der kleinen Schritte, die eher indirekt Einfluss auf die Kommunalpolitik nahm, beispielsweise durch Zuschüsse für das Bildungswesen, das Gefängnissystem und zur Revitalisierung von Industriebrachen. Eine Reform des HUD nach der Wahlschlappe von 1994 führte zu einer weiteren Dezentralisierung der Stadtpolitik sowie zur Einführung leistungsabhängiger Zuschüsse. Teil dieser heimlichen Stadtpolitik (*stealth urban politics*) unter Clinton war auch die Ausweitung der Berechtigungen auf Anspruch für den *Earned Income Tax Credit* (EITC), welcher vor allem der arbeitenden Bevölkerung in Städten als Lohnauffüllung zugutekommen sollte. Der EITC genießt bis heute große Beliebtheit und ist seither gewachsen, da er als Steuergutschrift geringen bürokratischen Aufwand verursacht – der Wohlfahrtsstaat also gewissermaßen unsichtbar wird. Gleichwohl ist er wegen seiner Leistungsabhängigkeit weit vom Ideal einer sozialen Staatsbürgerschaft (*social citizenship*) entfernt. Diesem näherte man sich, zumindest für gewisse Bevölkerungsteile, in der Zeit des kooperativen Föderalismus an, als man staatliche Sozialdienstleistungen auch auf kommunalpolitischer Ebene nicht als Almosen, sondern Anrecht interpretierte. In einer dem EITC ähnlichen Logik waren *empowerment zones* und *enterprise communities* Versuche, Förderungen bei der Zusammenarbeit von Stadtverwaltung, der Wirtschaft und lokalen Gemeindegruppen an das Leistungsprinzip zu koppeln – auch wenn diese Programme die in sie gesteckten hohen Erwartungen nicht erfüllten (Ross und Levine 2006, S. 456).

Dieser Trend hin zur Leistungsbindung war auch während der Regierung George W. Bushs erkennbar, unter der es aber nach dem Amtsantritt von 2001 angesichts hoher Defizite zu weiteren Einschnitten in der Kommunal- und Sozialpolitik kam. Mit den enormen Ausgaben für den Irakkrieg und den Krieg gegen den Terror geriet die Finanzierung staatlicher Sozialprogramme auf kommunaler Ebene weiter unter Druck. Wenn auch mit der Bildungsreform und glaubensbasierten Initiativen (*faith-based initiatives*) Spuren eines sozialpolitischen Programms erhalten blieben, forcierte die Bush-Regierung massive Kürzungen bei Bundeszuweisungen für die kommunale Ebene. So blieben zwar *community development block grants* und Steuergutschriften für Niedrigverdiener erhalten, andere auf lokaler Ebene wirkende Sozialprogramme kamen jedoch massiv unter Beschuss. Bei den Bemühungen, Bundesausgaben zu begrenzen, griff die Bush-Administration wieder vermehrt auf *block grants* zurück unter gleichzeitiger Forcierung von Voucher-Programmen in der Bildungs- und Sozialpolitik.

Unter Barack Obama kam es tendenziell zu einer erneuten Veränderung des Föderalismus. Ob dies nun der Aufbruch zu einer neuen Form ist, der den New Federalism und seine Variationen der 1980er, 1990er und 2000er Jahre ablöst, bleibt abzuwarten. Anzeichen für eine gewisse Gegenreaktion gegenüber der Überhand unkontrollierter Märkte in vielen Lebensbereichen lassen sich zumindest erkennen – und könnten sich mittelfristig auch auf kommunaler Ebene auswirken. Insbesondere die Reform des Gesundheitswesens (*health care reform*), sowie die Konjunkturpakete in Reaktion auf die Finanzkrise stellten Eckpfeiler der größten Reformversuche seit der *Great Society* unter Lyndon B. Johnson dar. Der *Recovery Act* stellte alle früheren Konjunkturmaßnahmen der Nachkriegszeit in den Schatten. Entsprechend verzeichnete die erste Obama-Administration auch den größten Anstieg von Bundeszuweisungen an einzelstaatliche und lokale Regierungen seit den 1970er Jahren: von 461 Mrd. USD im Jahr 2008 auf geschätzte 624 Mrd. USD 2011 (Conlan und Posner 2011, S. 424). Hier lässt sich in der Tat, trotz aller Kontinuitäten, ein gewisser Bruch mit der Bush-Administration erkennen. Gleichwohl musste Obama in einem politischen Klima der Konfrontation und Blockade seine Programme derart kompromittieren, dass die kommunalpolitischen Effekte seiner Sozialpolitik ungewiss bleiben.

4 Von *Government* zu *Governance*

Mit dieser historischen Entwicklung der Kommunalpolitik im Kontext eines sich transformierenden föderalen Systems veränderten sich auch die Regierungstechniken und politischen Führungsstrategien – und damit das Potenzial einer direkteren Teilhabe an der Demokratie, das in der US-amerikanischen Bevölkerung als Ideal nach wie vor hoch im Kurs steht. Die in den 1980er Jahren, vor allem unter Ronald Reagans Ägide, an Unterstützung gewinnende politische Ideologie des Neoliberalismus – als der (in der Praxis letztlich unerreichbare) Versuch, Marktmechanismen in allen Lebensbereichen als Verteilungsinstrument einzusetzen (Peck 2010) – äußerte sich in einem gesellschaftlichen Übergang, der mit dem Wechsel von *government* zu *governance* beschrieben werden kann. Gemeint ist hiermit eine Verlagerung der Regierungsaufgaben und -verantwortlichkeiten von den staatlichen Institutionen auf private Akteure der Zivilgesellschaft und den Markt. Man erwartete hiervon eine größere Nähe zu den Bürgerinnen und Bürgern, gewissermaßen als Gegengift zum demokratischen Defizit, das sich mit Globalisierungsprozessen eingestellt hat. Erwachsen ist diese neue politische Kultur unter anderem aus einer gewissen Frustration mit den Bürokratien des fordistisch-keynesianischen Regierungsapparats und der Hoffnung, der Markt könne gewisse Güter effizienter bereitstellen (Vormann 2012). In den letzten Jahren paarte sich diese Skepsis gegenüber sozialpolitischer, staatlicher Invention mit einer Kritik an der Bürgerferne politischer und ökonomischer Prozesse.

Im Gegensatz zu *government* wird *governance* als politische Praxis bezeichnet, die außerhalb der formalen politischen Institutionen betrieben wird und in der private und zivilgesellschaftliche Akteure entscheidende politische und wirtschaftliche Funktionen einnehmen (Slater und Tonkiss 2004, S. 143). Mit dieser Aufwertung der Zivilgesellschaft als politischer Raum ging, keineswegs zwangsläufig, eine Neugewichtung des Marktes einher. Zurückgreifend auf den Wirtschaftsliberalismus des 19. Jahrhunderts betont diese Sichtweise die Vorzüge eines unbürokratischen, emanzipatorischen und Eigeninitiative belohnenden

Ausgleichs von Angebot und Nachfrage. Die zunehmend privatwirtschaftliche Bereitstellung vormals öffentlicher Güter betraf viele Bereiche der Kommunalpolitik, beispielsweise den Bau und die Instandhaltung öffentlicher Räume, Infrastrukturen wie Straßen, Häfen oder Flughäfen und Dienstleistungen wie Wasser- und Stromversorgung.

Es handelt sich hier nicht nur um eine Verschiebung von öffentlicher zu privater Verantwortung, sondern vielmehr um eine komplexe Restrukturierung von Zuständigkeiten, Rechenschaftsmechanismen und Kontrollfunktionen mit weitreichenden Konsequenzen für die Demokratie. Zum einen sind die neu entstandenen Gremien und Institutionen weder rein öffentlich oder privat. Oftmals werden Funktionen auf lokaler Ebene an quasi-öffentliche Funktionsträger übertragen, die aber nicht gewählt, sondern ernannt werden. Angesichts der für die Allgemeinheit beträchtlichen Entscheidungen, die in derartigen Foren gefällt werden, stellt sich in diesen Fällen durchaus die Frage nach der Legitimität politischen Handelns. So werden beispielsweise Ausschüsse der *special districts* oftmals nicht anhand eines Wahlverfahrens bestimmt, sondern von lokalen und einzelstaatlichen Entscheidungsträgern eingesetzt. Wenig trennscharf ist die Unterscheidung zwischen Öffentlichem und Privatem auch deshalb, weil der Staat auf kommunaler Ebene privatwirtschaftlich ausgelagerte Funktionen direkt und indirekt entscheidend mitgestaltet. Öffentlich-private Partnerschaften (*public-private partnerships*), beispielsweise in der Stadtentwicklung, gehen oftmals einher mit Subventionen für Bauunternehmen und Investoren, mit Steuervergünstigungen bei gleichzeitiger Haftungsgarantie der öffentlichen Hand. Mit der verstärkten Marktorientierung der Kommunalpolitik haben sich auch veränderte Kontrollmechanismen etabliert, deren Maßstab nicht das demokratische Gemeinwohl, sondern vielmehr die Rentabilität geworden ist. Angesichts der zunehmenden Abhängigkeit von volatilen Kreditmärkten sind es oftmals Rating Agenturen, die über die Kreditwürdigkeit – und damit über die Funktionsfähigkeit – von Kommunen entscheiden (Hackworth 2007).

Die Depolitisierung der kommunalen Ebene äußert sich auch darin, dass neue governance-Strategien, wie beispielsweise die Gentrifizierung von Stadtteilen, als nicht gesteuerter Prozess der Stadtentwicklung verstanden werden (Vormann und Schillings 2013). Davon zeugt auch das Vokabular von Stadtentwicklern, Architekten und Planern, die von der „Revitalisierung" von Stadtteilen und der „Wiederbelebung" ganzer Nachbarschaften sprechen, als seien diese Entwicklungen organisch gewachsen, völlig natürlich und unpolitisch (Smith 2002). Dieses Verständnis unterminiert weiter die Leistungsfähigkeit kommunalpolitischer Funktionen, die immer weniger durch demokratische Kontrollmechanismen legitimiert sind und zunehmend von technokratischen Instanzen und externen Akteuren umgesetzt werden. Dabei wäre eine aktiv eingreifende Kommunalpolitik im demokratischen Interesse durchaus möglich, beispielsweise im sozialen Wohnungsbau oder beim Mieterschutz. Mit der scheinbar neutralen Ausverlagerung wichtiger kommunalpolitischer Funktionen an die Privatwirtschaft und nicht rechenschaftspflichtige Institutionen verschärfen sich gesellschaftliche Ungleichheiten auch auf lokaler Ebene, die indirekt zur Erosion demokratischer Partizipationsmöglichkeiten beitragen.

5 Fazit

Ungeachtet ökonomischer und politischer Krisen und trotz des gesellschaftlichen Wandels ist das Vertrauen in die Kommunalpolitik in den USA über die letzten hundert Jahre sehr stabil geblieben. Dieses Vertrauen ist sicherlich zu einem großen Teil Konsequenz der weitreichenden Freiheitsräume, die die Einzelstaaten der kommunalen Ebene von Beginn an eingeräumt haben und die sich auch in einer Vielfalt von Regulierungsmechanismen und Partizipationsformen ausdrückt. Dieser Glaube an die Kommunalpolitik hat sich auch erhalten, nachdem sich die Autonomiebereiche im Zuge von Föderalismusreformen gewandelt haben.

In der Entwicklung vom dualen zum kooperativen zum neuen Föderalismus hat sich die politische Rolle der kommunalen Ebene grundlegend verändert. Im dualen Föderalismusmodell lässt sich eine verstärkte Integration von kommunaler und einzelstaatlicher Ebene erkennen, an der sich auch die Kompetenz- und Aufgabenverteilung orientierte. Nach der Weltwirtschaftskrise und im Zuge des New Deal wurde die Rolle der Einzelstaaten in innenpolitischen Bereichen begrenzt und die Kommunalpolitik schrittweise zum Instrument der föderalen Sozialpolitik ausgebaut. Diese enge Verbindung zwischen kommunaler und föderaler Ebene ist im Kontext der grundlegenden gesellschaftlichen Transformationsprozesse der 1960er und 1970er Jahre wieder aufgebrochen worden. Im Rahmen des Neuen Föderalismus der Reagan-Administration wurden weitreichende Zuständigkeiten bei gleichzeitiger Kürzung der Mittel an die Kommunalpolitik transferiert. Dies ging einher mit der Privatisierung und Zersplitterung kommunalpolitischer Funktionsbereiche, die damit weitestgehend der demokratischen Kontrolle enthoben wurden. Wenn sich also auch die Vielfalt kommunalpolitischer Strukturen weitgehend erhalten, ja sogar verstärkt hat, bergen die aufgezeigten Veränderungen neben dem Steuerungsverlust die Gefahr, die Kommunalpolitik als Ort demokratischer Partizipation und als Legitimationsquelle demokratischer Politik zu unterlaufen.

Literatur

Berman, David R. 2003. *Local government and the states. Autonomy, politics, and policy.* Armonk, London: M. E. Sharpe.
Brenner, Neil. 2009. Is there a politics of 'urban' development? Reflections on the US case. In *The city in American development*, Hrsg. Richardson Dilworth, 122–140. New York, London: Routledge.
Caraley, Demetrios. 1992. Washington abandons cities. *Political Science Quarterly* 107-1: 1–30.
Census Bureau. 2013. 2012 Census of government. Individual state descriptions: 2012, Washington, D.C.: Census Bureau.
Conlan, Timothy J., und Paul L. Posner. 2011. Inflection point? Federalism and the Obama administration. *Publius* 41-3: 421–446.
Falke, Andreas. 2008. Föderalismus und Kommunalpolitik. In *Länderbericht USA*, Hrsg. Peter Lösche, 160–195. Bonn: Bundeszentrale für Politische Bildung.
Gallup. 2012. *U.S., Trust in state, local governments up. Gallup, September 26.* http://www.gallup.com/poll/157700/trust-state-local-governments.aspx. Zugegriffen am 30.11.2013.

Gallup. 2013. *Trust in government. Gallup.* http://www.gallup.com/poll/5392/trust-government. aspx. Zugegriffen am 30.11.2013.
Gerstle, Gary. 2009. The resilient power of the states across the long nineteenth century: An inquiry into a pattern of American governance. In *The Unsustainable American State*, Hrsg. Lawrence Jacobs und Desmond King, 61–87. Oxford, New York: Oxford University Press.
Greenberg, Miriam. 2008. *Branding New York. How a city in crisis was sold to the world.* New York: Routledge.
Hackworth, Jason. 2007. *The neoliberal city. Governance, ideology, and development in American urbanism.* Ithaca, London: Cornell University Press.
Harvey, David. 1989. From managerialism to entrepreneurialism: The transformation in urban governance in late capitalism. *Geografiska Annaler. Series B, Human Geography* 71-1: 3–17.
Hovey, Harold A. 1989. Analytic approaches to state-local relations. In *A Decade of Devolution: Perspectives on State-Local Relations*, Hrsg. E. Blaine Liner, 163–182. Washington, D.C.: Urban Institute Press.
Jessop, Bob. 1998. The narrative of enterprise and the enterprise of narrative: Place marketing and the entrepreneurial city. In *The Entrepreneurial city. Geographies of politics, regime, and representation*, Hrsg. Tim Hall und Phil Hubbard, 77–99. Chichester: Wiley.
Johnson, Kimberley S. 2009. The first new federalism and the development of the modern American state: Patchwork, reconstitution, or transition? In *The Unsustainable American state*, Hrsg. Lawrence Jacobs und Desmond King, 88–115. Oxford, New York: Oxford University Press.
Judd, Dennis R., und Randy L. Ready. 1986. Entrepreneurial cities and the new politics of economic development. In *Reagan and the cities*, Hrsg. George E. Peterson und Carol W. Lewis. Washington, D.C.: The Urban Institute Press.
Lammert, Christian. 2013. Local government. In *USA lexikon*, Hrsg. von Christof Mauch und Rüdiger B. Wersich, 650–651. Berlin: Erich Schmidt Verlag.
Lammert, Christian, und Britta Grell. 2013. *Sozialpolitik in den USA. Eine Einführung.* Wiesbaden: Springer VS.
Landy, Marc, und Sidney M. Milkis. 2008. *American government. Balancing democracy and rights*, 2. Aufl. Cambridge: Cambridge University Press.
Leitner, Helga. 1990. Cities in pursuit of economic growth: The local state as entrepreneur. *Political Geography Quarterly* 9-2: 146–170.
Peck, Jamie. 2010. *Constructions of neoliberal reason.* Oxford, New York: Oxford University Press.
Peterson, Paul E. 1981. *City limits.* Chicago: The University of Chicago Press.
Reagan, Michael D., und John G. Sanzone. 1981. *The new federalism*, 2. Aufl. New York, Oxford: Oxford University Press.
Ross, Bernard H., und Myron A. Levine, Hrsg. 2006. *Urban politics. Power in metropolitan America*, 7. Aufl. Belmont, CA: Thomson Wadsworth.
Slater, Don, und Fran Tonkiss. 2004. *Market society. Markets and modern social theory.* Cambridge, Malden: Polity Press.
Smith, Neil. 2002. New globalism, new urbanism: Gentrification as global urban strategy. In *Spaces of neoliberalism. Urban restructuring in north America and western Europe*, Hrsg. Neil Brenner und Nik Theodore, 80–103. Malden, Oxford: Blackwell Publishing.
Soja, Edward, und Miguel Kanai. 2006. The urbanization of the world. In *The endless city: The urban age project by the London School of Economics and Deutsche Bank's Alfred Herrhausen Society*, Hrsg. Ricky Burdett und Deyan Sudjic, 54–68. London: Phaidon.
Svara, James H. 2003. *Two decades of continuity and change in American city councils.* Commission by the national leagues of cities. http://www.skidmore.edu/~bturner/Svara% 20citycouncilrpt.pdf. Zugegriffen am 30.11. 2013.
Tax Policy Center. 2012. The tax policy briefing book. Washington, D.C.: Urban Institute and Brookings Institution. http://www.taxpolicycenter.org/briefing-book/. Zugegriffen am 8.10.2014.

Tocqueville, Alexis de. 2011 [1835/1840]. *Über die Demokratie in Amerika*. Stuttgart: Reclam.
Vormann, Boris. 2012. *Zwischen Alter und Neuer Welt. Nationenbildung im transatlantischen Raum*. Heidelberg: Synchron.
Vormann, Boris, und Sonja Schillings. 2013. The vanishing poor. Frontier narratives in US gentrification and security debates. *UCLA Critical Urban Planning* 20: 145–165.
Welz, Wolfgang. 2007. Die bundesstaatliche Struktur. In *Regierungssystem der USA*, Hrsg. Wolfgang Jäger, Christoph M. Haas und Wolfgang Welz, 3. Aufl. München: Oldenbourg Wissenschaftsverlag.

Teil III
Politische Prozesse und Akteure

Wahlen und Direkte Demokratie: Demokratische Teilhabe im Spannungsfeld politischer Machtinteressen

Philipp Weinmann

Inhalt

1 Einführung und Kontext amerikanischer Wahlen 244
2 Wahlrecht 246
3 Wahlsysteme 248
4 Wahlkampffinanzierung 253
5 Wahlbeteiligung 255
6 Wahlverhalten 257
7 Direktdemokratische Partizipationsformen 259
8 Fazit 260
Literatur 261

Zusammenfassung

Die Vereinigten Staaten sind nicht zuletzt aufgrund ihrer langen Tradition regelmäßiger, kompetitiver Wahlen ein Vorbild für viele junge Demokratien. Für Politiker und Parteien hingegen stellen die zahlreichen und häufigen Partizipationsmöglichkeiten eine große Herausforderung dar. Wie kann es in einem solchen Umfeld gelingen, sich machtpolitische Vorteile in Form von Ämtern oder Gestaltungseinfluss zu verschaffen? Um dieser Frage nachzugehen, werden die für die demokratische Teilhabe grundlegenden Regeln des Wahlrechts und Wahlsystems, der Wahlkampffinanzierung und der direkten Demokratie sowie der Umgang mit ihnen in der politischen Praxis vorgestellt. Es werden außerdem die Erklärungsfaktoren von Wahlbeteiligung und Wahlverhalten sowie die daraus resultierenden Einflussmöglichkeiten behandelt.

P. Weinmann (✉)
Albert-Ludwigs-Universität Freiburg, Freiburg, Deutschland
E-Mail: philipp.weinmann@politik.uni-freiburg.de

© Springer Fachmedien Wiesbaden 2016
C. Lammert et al. (Hrsg.), *Handbuch Politik USA*, Springer NachschlageWissen,
DOI 10.1007/978-3-658-02642-4_16

Schlüsselwörter
Wahlen • *Gerrymandering* • *Primaries* • *PACs* • *Realignment* • direkte Demokratie

1 Einführung und Kontext amerikanischer Wahlen

Kein Land der Welt besetzt so viele öffentliche Ämter durch Wahlen und weist eine so hohe Frequenz an Wahlen auf wie die USA (Lindner und Schultze 2005, S. 656; Schreyer 2007, S. 266). Insgesamt werden über 500.000 staatliche Stellen auf bundesstaatlicher, einzelstaatlicher sowie lokaler Ebene durch regelmäßige Wahlen besetzt (U.S. Census Bureau 1995, S. V). Die tiefe Verankerung von Wahlen in der amerikanischen Kultur zeigt sich darin, dass im Gegensatz zu anderen Demokratien z. B. auch Staatsanwälte, Sheriffs und lokale Schulaufsichtsbehörden direkt gewählt werden. Neben der mit zwei Jahren sehr kurzen Legislaturperiode des Repräsentantenhauses wird die Frequenz von Wahlen auch durch eine US-amerikanische Besonderheit deutlich erhöht: die Vorwahlen (*primaries*), die ältere parteiinterne Nominierungsmethoden weitgehend abgelöst haben. Hinzu kommen schließlich noch direktdemokratische Partizipationsmöglichkeiten auf einzelstaatlicher und kommunaler Ebene wie z. B. die Volksinitiative.

Wie können Politiker und Parteien sich in diesem Umfeld zahlreicher und häufiger demokratischer Wahlen noch machtpolitische Vorteile verschaffen? Mehrere Mittel stehen ihnen zur Verfügung (Hershey 2013, S. 149–150): Erstens war und ist bereits das Wahlrecht selbst Gegenstand von Interessenskonflikten. Zweitens können prozedurale Hürden abgebaut oder errichtet werden, um eigenen Anhängern die Wahl zu erleichtern oder Anhängern von Konkurrenten diese zu erschweren. Zu den prozeduralen Hürden können alle institutionellen Rahmenbedingungen gezählt werden, also das Wahlsystem, die Wahlkampffinanzierung und die Regularien zur direkten Demokratie. Drittens schließlich kommt es auch darauf an, im Wahlkampf um Stimmen zu werben und die eigenen Anhänger zu mobilisieren oder gegebenenfalls die der Konkurrenz zu demobilisieren.

Im Folgenden werden daher Wahlrecht, Wahlsystem und Wahlkampffinanzierung vorgestellt und auf Einflussmöglichkeiten politischer Eliten untersucht, gefolgt von Erklärungsfaktoren der Wahlbeteiligung und des Wählerverhaltens. Den Abschluss bildet die direkte Demokratie, die einen grundsätzlich anderen Weg für Bürger darstellt, politisch aktiv zu werden. Zunächst jedoch ist es für das Verständnis amerikanischer Wahlen essentiell, vier zentrale Eigenheiten des politischen Systems zu verstehen, die den Kontext von Wahlen prägen.

Erstens gibt es im Gegensatz zu europäischen Demokratien keine formale Parteimitgliedschaft und damit auch keine Mitgliedsbeiträge und kein Parteiausschlussverfahren als Disziplinierungsinstrument (Lösche 2007, S. 313). Die Steuerungsmöglichkeiten der Parteiorganisationen sind daher deutlich beschränkter, was durch die *primaries* noch verstärkt wird. Wahlen in den USA sind daher grundsätzlich stärker von Kandidaten geprägt als in Europa.

Zweitens hat die stark dezentrale und föderale Prägung der USA ebenfalls einen wesentlichen Einfluss auf amerikanische Wahlen und Abstimmungen. Zwar regelt Art. 1, Abs. 4 der U.S.-Verfassung, dass der Bund Gesetze erlassen kann, um Kongresswahlen zu regulieren. Von dieser Möglichkeit wurde aber nie umfassend und systematisch Gebrauch gemacht. Daher fallen alle nicht vom Bund standardisierten Bereiche des Wahlrechts immer noch in die Zuständigkeit der Einzelstaaten. Hierzu gehören zahlreiche bedeutsame Aspekte: So gibt es bis heute kein nationales Wählerverzeichnis und keine einheitlichen Regeln über das aktive Wahlrecht von Gefängnisinsassen und geistig eingeschränkten Personen, das passive Wahlrecht für dritte Parteien, die Neueinteilung der Wahlkreise, die Registrierungspflichten der Wähler, die Überprüfung der Identität der Wähler, Anzahl und Öffnungszeiten der Wahllokale, das Design der Stimmzettel, Vorauswahl und Briefwahl, die Möglichkeit, durch ein Kreuz alle für die verschiedenen Ämter zu vergebenden Stimmen auf die Kandidaten einer Partei zu vergeben (*straight-ticket voting option*), die Wahlmethode selbst (diverse Wahlautomaten oder Scanner), die Auszählung uneindeutiger Stimmen sowie nicht zuletzt Anfechtungs- und Klagemöglichkeiten (s. NCSL 2014). Schließlich existieren offizielle Wahlergebnisse nur auf Ebene der Einzelstaaten. Richard Katz resümiert daher lakonisch, dass die USA keine wirklich nationalen Wahlen hätten (Katz 2007, S. 58).

Statt durch systematische nationale Gesetzgebung erfolgt drittens ein bedeutender Teil der Weiterentwicklung und Implementierung des Wahlrechts durch die Rechtsprechung der Gerichte, da immer wieder gegen bestehende Regularien geklagt wird. Dies spielt besonders bei hochumstrittenen Materien wie der Wahlkampffinanzierung, Wahlkreiseinteilung oder direktdemokratischen Abstimmungen eine wichtige Rolle. Direkt machtrelevant war auch das Urteil des Supreme Courts zur Präsidentenwahl 2000 (*Bush v. Gore*). Solche Fälle machen deutlich, dass Wahlrecht immer auch Machtrecht ist, also „die Spielregeln nicht neutral sind" (Maisel und Brewer 2012, S. 137) und politische Akteure daher immer wieder versuchen werden, die bestehenden Regeln zum eigenen Vorteil zu gestalten oder auszulegen.

Viertens schließlich gibt das präsidentielle und bikamerale Regierungssystem einen Rahmen für Wahlen vor, der mit leichten Variationen auch in den Einzelstaaten verwendet wird. Alle vier Jahre wird der Präsident (in Einzelstaaten Gouverneur) gewählt, alle zwei Jahre das komplette Repräsentantenhaus sowie ein Drittel der für sechs Jahre amtierenden Senatoren (in den Einzelstaaten die Hälfte der meist für vier Jahre amtierenden Senatoren). Wahltag ist seit 1845 stets der Dienstag nach dem ersten Montag im November in geraden Jahren (fünf Einzelstaaten wählen in ungeraden Jahren), wodurch eine Vielzahl von Wahlen gleichzeitig und auf demselben Stimmzettel stattfindet. Die Kongresswahlen nach der halben Amtszeit des Präsidenten werden *midterm elections* genannt und erfahren eine niedrigere Aufmerksamkeit und Wahlbeteiligung. Für den Präsidenten gilt seit dem 22. Verfassungszusatz von 1951 eine Beschränkung auf zwei Amtszeiten, ebenso wie für die meisten Gouverneure (CSG 2013). Mitglieder von Repräsentantenhaus und Senat unterliegen keinen Beschränkungen der Amtszeit, während 15 Einzelstaaten solche für ihre Abgeordneten in unterschiedlicher Höhe vorsehen (NCSL 2013a).

2 Wahlrecht

Die Entwicklung des Wahlrechts illustriert die sukzessive Demokratisierung des politischen Systems, da die Grundsätze allgemeiner, gleicher, geheimer und direkter Wahlen erst in vielen Reformschritten realisiert werden konnten – abgesehen von wenigen Ausnahmen wie der indirekten Wahl des Präsidenten. Dabei werden auch die Machtinteressen politischer Eliten sowie der große, zumindest in diesem Bereich aber abnehmende Regelungsspielraum der Einzelstaaten ersichtlich. Gemäß Art. 1, Abs. 2 der Verfassung entspricht das aktive Wahlrecht für nationale Wahlen jeweils demjenigen für einzelstaatliche Legislativen. Kontrolliert eine Partei also die Gesetzgebung eines Staates, kann sie versuchen, sich elektorale Vorteile zu verschaffen. So kam es zu einer wechselvollen Entwicklung des Wahlrechts, die einerseits von einzelstaatlicher Initiative und deutlicher regionaler Variation, andererseits aber auch von Vereinheitlichungstendenzen geprägt war (Lindner und Schultze 2005; Keyssar 2009).

Ende des 18. Jahrhunderts waren aufgrund erheblicher Einschränkungen in Form von Sklaverei, damals vorherrschenden Geschlechterrollen sowie Eigentums- und Steuererfordernissen faktisch nur wohlhabende weiße Männer wahlberechtigt. Außerdem stellten die Kandidaten die Wahlzettel selbst bereit, so dass die Wahl im eigentlichen Sinne nicht geheim war. Ende der 1850er Jahre war für weiße Männer das universelle Wahlrecht weitgehend erreicht. Nach dem US-amerikanischen Bürgerkrieg wurde es 1870 durch den 15. Verfassungszusatz zwar offiziell auf afroamerikanische Männer ausgedehnt. Jedoch errichteten bereits nach Ende der *Reconstruction Era* 1877 viele, v.a. südliche Staaten zahlreiche prozedurale Hindernisse, die faktisch zu einem Entzug des Wahlrechts von Afroamerikanern führten. Hierzu gehörten erstens Wahlsteuern, von denen arme Weiße teils durch sogenannte *grandfather clauses* ausgenommen wurden, zweitens Analphabetismustests, über deren Bestehen ein weißer Wahlbeamter entschied, sowie später drittens der Ausschluss von Vorwahlen der Demokratischen Partei (*white primaries*), welcher aufgrund ihrer Vorherrschaft im Süden eine ähnliche Wirkung hatte wie ein kompletter Ausschluss vom Wahlrecht.

Das *Progressive Movement* zwischen circa 1890 und 1920 hatte mehrere Reformen zur Folge: So wurden in den 1890er Jahren offizielle Stimmzettel eingeführt (*Australian ballot* genannt), die die Geheimhaltung der Wahlentscheidung gewährleisten sollten. Weitere Maßnahmen gegen zuvor übermächtige Parteichefs und ausgeprägten Klientelismus waren die erstmalige Einführung von Vorwahlen und Volksinitiativen, die direkte Wahl der Senatoren ab 1913 (17. Verfassungszusatz) und die Einführung des Frauenwahlrechts 1920 (19. Verfassungszusatz).

Ab Mitte des 20. Jahrhunderts begann das System der Rassentrennung zu bröckeln. Mehrere Gerichtsurteile – z. B. das Verbot von *white primaries* 1944 (*Smith v. Allwright*) – und die amerikanische Bürgerrechtsbewegung führten

1965 zum Verbot von Wahlsteuern sowie der Lese-und Schreibtests durch den 24. Verfassungszusatz und letztendlich zum *Voting Rights Act*. Dieser etablierte erstmals eine nationale Aufsicht über Wahlgesetze und -behörden in denjenigen Landesteilen, die Rassendiskriminierung betrieben hatten. Wenn beaufsichtigte Gebiete ihre Wahlprozeduren ändern wollten, mussten sie fortan nachweisen, dass die Änderung keine rassendiskriminierende Wirkung hatte (U.S. Department of Justice 2014). Afroamerikaner konnten dadurch wieder an Wahlen teilnehmen. Die Reform des *Voting Rights Acts* 1970 schränkte die nötige Mindestwohndauer auf maximal 30 Tage vor der Wahl ein, der 26. Verfassungszusatz senkte 1971 das Mindestwahlalter auf 18 Jahre und ab 1986 erhielten auch sich im Ausland befindende Amerikaner die Möglichkeit, an Wahlen teilzunehmen. Damit war das allgemeine Wahlrecht praktisch vollständig erreicht.

Zwei Ausnahmen davon bestehen allerdings bis heute: Einwohner des Hauptstadtbezirks District of Columbia haben zwar 1961 das Wahlrecht für Präsidentschaftswahlen erhalten (23. Verfassungszusatz), von den Wahlen zum Kongress sind sie aber weiterhin ausgeschlossen. Dasselbe gilt bei allen Bundeswahlen für Einwohner von Überseegebieten wie Puerto Rico. Die größte Einschränkung besteht aber im Entzug des Wahlrechts von verurteilten Verbrechern. Dadurch waren 2010 mehr als 5,8 Millionen Amerikaner nicht wahlberechtigt, wobei Afroamerikaner überproportional betroffen sind (Uggen et al. 2012). Es gibt große Unterschiede: Während Maine und Vermont auch Häftlingen das Wahlrecht zugestehen, schließen Florida, Iowa, Kentucky und Virginia Verbrecher auch nach Verbüßung aller Strafen vom Wahlrecht aus (Brennan Center for Justice 2013). Die meisten Staaten gehen einen Mittelweg und stellen das Wahlrecht nach dem Ende sämtlicher Strafen inklusive Bewährung wieder her. Politisch benachteiligt dieser Wahlrechtsentzug tendenziell die Demokraten (Uggen und Manza 2002; Manza und Uggen 2006).

Durch die äußerst knappe, von Pannen überschattete Präsidentenwahl 2000 rückten die teils erheblichen Wahlrechtsunterschiede zwischen Einzelstaaten oder sogar *counties* in den Fokus der Öffentlichkeit. Beispielsweise existierten in Florida keine einheitlichen Vorgaben, wie uneindeutige Stimmzettel auszuzählen sind. Auch variierten die Stimmzettel und Wahlmethoden zwischen den *counties*, wobei einige Methoden wie die Lochkarten deutlich fehleranfälliger waren (Wand et al. 2001; Voting Technology Project 2001; Wolter et al. 2003; Washington Post 2001). Außerdem wurden Zehntausende, vor allem afroamerikanische Wähler vor der Wahl von den Wählerlisten gestrichen, weil ihre Namen denjenigen von nicht wahlberechtigten Verbrechern in groben Zügen ähnelten (U.S. Commission on Civil Rights 2001; The Guardian 2001). Die notwendige Neuauszählung der Stimmen in Florida wurde schließlich bei einem Vorsprung für George W. Bush von nur 537 Stimmen durch ein Urteil des Supreme Courts gestoppt und George W. Bush zum Sieger erklärt (*Bush v. Gore*). Aufgrund des sehr geringen Abstandes besaß bereits jeder einzelne der aufgezählten Problemkomplexe eine potentiell wahlentscheidende Größenordnung, so dass das Ergebnis bis heute umstritten ist.

Als Reaktion wurde 2002 der *Help America Vote Act* verabschiedet, der einige Minimalstandards etablieren und die aufgetretenen Mängel zukünftig beheben sollte. Die Einzelstaaten wurden verpflichtet, staatenweite Wählerregister zu unterhalten, Standards zur Identitätsprüfung mindestens der Erstwähler zu erlassen, die provisorische Stimmabgabe für Wähler zu ermöglichen, deren Wahlrecht am Wahltag nicht sicher feststeht sowie Beschwerdeverfahren einzurichten (Coleman und Fischer 2011). Außerdem wurden Subventionen für den Austausch älterer, fehleranfälliger Hebel- und Lochkartenmaschinen vergeben, so dass diese inzwischen durch elektronische Wahlmaschinen oder Scanmaschinen ersetzt worden sind. Ob und wie die Vorgaben umgesetzt wurden, variierte jedoch erneut von Staat zu Staat. Beispielsweise schreiben nur manche Staaten vor, dass Wahlcomputer für den Fall einer späteren Nachprüfung den markierten Stimmzettel zusätzlich ausdrucken müssen. Auch die Beeinflussung des Zugangs zu Wahlen ist weiterhin möglich. In einigen Staaten ist eine Registrierung noch am Wahltag möglich, während andere die maximal erlaubten 30 Tage voll ausschöpfen, was merkliche Auswirkungen auf den Anteil registrierter Wähler hat (Hall 2013). Dass sich weiterhin Möglichkeiten zur Beeinflussung ergeben, zeigt auch das Urteil des Supreme Courts vom Juli 2013 (*Shelby County v. Holder*): Darin entschied das Gericht, dass die Kriterien des *Voting Rights Acts* zur Auswahl der zu beaufsichtigenden Landesteile verfassungswidrig sind. Damit entfällt faktisch die nationale Aufsicht solange, bis ein neues Gesetz vom Kongress beschlossen ist. Unmittelbar danach nutzten mehrere Staaten im Süden die neue Freiheit und erschwerten den Zugang zu Wahlen zum Beispiel durch die Abschaffung der Registrierung am Wahltag oder neue Identitätsnachweise, die der Wähler sich erst beschaffen muss (ProPublica 2013).

3 Wahlsysteme

Wie beim Wahlrecht sind auch für das Wahlsystem prinzipiell die Einzelstaaten zuständig. Jedoch haben sich inzwischen für fast alle Haupt- und Vorwahlen auf nationaler Ebene verschiedene Mehrheitswahlsysteme durchgesetzt. Die einzige nennenswerte Ausnahme sind die Verfahren zur Nominierung der Präsidentschaftskandidaten, für die bei den Demokraten immer und bei den Republikanern in manchen Staaten Verhältniswahl mit einer allerdings sehr hohen Hürde von 15 % angewandt wird. Dennoch verbleiben v.a. durch die Wahlkreiseinteilung Spielräume für Politiker, die eigene Macht abzusichern.

3.1 Kongress

Alle Vor- und Hauptwahlen zum Kongress wenden eine Mehrheitswahl in Einerwahlkreisen an. Die Wahlen zum Repräsentantenhaus lassen sich in fünf Phasen gliedern (Bowler et al. 2005, S. 188–189):

1. Alle zehn Jahre werden auf der Grundlage des Zensus die 435 Sitze gemäß den Bevölkerungsanteilen proportional auf die Einzelstaaten aufgeteilt

(*reapportionment*) (Balinski und Young 2001; CQ 2005). So hatte der Zensus von 2010 unter anderem zur Folge, dass für die Wahlen 2012 bis 2020 Texas 4 Sitze und Florida 2 Sitze hinzugewannen, während New York und Ohio je 2 Sitze verloren (U.S. Census Bureau 2013). Generell gewinnen seit Jahrzehnten die südlichen und westlichen Staaten aufgrund ihres überproportionalen Bevölkerungswachstums Sitze im Repräsentantenhaus hinzu, während Staaten im Nordosten und Mittleren Westen Sitze verlieren.

2. Die Einzelstaaten sind seit 1967 per Bundesgesetz verpflichtet, so viele Wahlkreise einzurichten wie ihnen Sitze zustehen, wodurch Einerwahlkreise entstehen. Nach mehreren wegweisenden Urteilen des Supreme Courts beginnend 1962 mit *Baker v. Carr* dürfen die Einwohnerzahlen der einzelnen Wahlkreise nur so geringfügig wie möglich voneinander abweichen, gegebenenfalls müssen die Wahlkreise neu eingeteilt werden (*redistricting*). Die Urteile waren eine Reaktion auf zuvor teils erhebliche Überrepräsentationen ländlicher Gebiete und hatten zur Folge, dass ein solches *malapportionment* seitdem nicht mehr auftritt. Allerdings kommt es in großem Umfang zur politisch motivierten Beeinflussung der Wahlkreisgrenzen, dem sogenannten *gerrymandering* (Cox und Katz 1999; 2002). Dabei gibt es zwei Strategien (Katz 2007): Beim *packing* werden möglichst viele Anhänger einer Partei in einem Wahlkreis versammelt, meist um Wähler der Konkurrenz dadurch aus anderen Wahlkreisen herauszuhalten, gegebenenfalls auch, um den Wahlkreis selbst sicher zu gewinnen. Beim *cracking* hingegen werden Wähler einer Partei absichtlich über viele Wahlkreise verteilt, damit diese Partei überall in der Minderheit ist. Über die Einteilung entscheiden die meisten Staaten mittels eines einfachen Gesetzesbeschlusses, was bei *unified government* dazu führt, dass sich die Regierungspartei – mithilfe detaillierter Wahldaten und Computertechnologie – erhebliche Vorteile verschaffen kann. Einige Staaten richten zwar formal unabhängige Kommissionen ein, auf deren Besetzung beide Parteien de facto allerdings meist erheblichen Einfluss haben (NCSL 2008; McDonald 2008, Brennan Center for Justice 2010). Dann kommt es häufig zur gegenseitigen Absicherung der Wahlkreise von Amtsinhabern (*bipartisan gerrymandering*). Unabhängig vom Zustandekommen der Einteilung kann diese danach außerdem angeklagt werden, wodurch letztlich manchmal die Gerichte die Wahlkreiseinteilung festlegen.

Die bis hierhin vorgestellten ersten beiden Schritte entfallen bei Senatswahlen, da bei diesen das jeweilige Gebiet des Einzelstaates als Wahlkreis fungiert und jedem Staat immer gleich viele Senatoren, nämlich zwei, zustehen. Die nachfolgenden Schritte hingegen treffen auch auf Senatswahlen zu.

3. In einem nächsten Schritt wird entschieden, welche Parteien zur Hauptwahl Kandidaten aufstellen dürfen, also auf den Stimmzettel gelangen. Dabei legen die Staaten fest, welche Parteien als „*major party*" gelten und damit automatisch antreten dürfen und welche Bedingungen für andere Parteien gelten (meistens das Sammeln einer bestimmen Anzahl von Unterschriften).

4. Die antretenden Parteien halten dann in der Mitte des Wahljahres ihre Vorwahlen (*primaries*) ab. Vorwahlen sind je nach Staat unterschiedlich ausgestaltet (Maisel und Brewer 2012, S. 171–193): In den meisten Staaten wird eine

relative Mehrheitswahl (*first past the post-system*) angewandt, teilweise ist hingegen ein zweiter Wahlgang nötig, wenn kein Kandidat eine absolute Mehrheit erreicht. Um als Kandidat antreten zu dürfen, muss man registrierter Anhänger der Partei sein und meistens eine bestimmte Anzahl Unterschriften sammeln. Zusätzlich versuchen die Parteien, Einfluss auf die Nominierung zu nehmen. In Delaware, North Dakota und Rhode Island gelangen z. B. diejenigen Kandidaten automatisch auf den Stimmzettel, die bei einem vorangegangenen Parteitag zum Parteikandidat gekürt wurden.

Beim aktiven Wahlrecht gibt es zwei Grundtypen (NCSL 2014; Lösche 2007): An geschlossenen Vorwahlen (*closed primaries*) können nur Wähler teilnehmen, die sich vorher in öffentlich einsehbaren Listen für die jeweilige Partei registriert haben. Unabhängige, nicht-registrierte Wähler sind damit ebenso ausgeschlossen wie registrierte Anhänger anderer Parteien. Bei offenen Vorwahlen (*open primaries*) hingegen entscheiden die Wähler geheim in der Wahlkabine, für welche Partei sie in der Vorwahl teilnehmen wollen. Ein Sympathisant der Demokraten könnte also alternativ an den Vorwahlen der Republikaner teilnehmen. Die meisten Staaten wenden Mischformen an: Häufig können sich Wähler noch am Tag der Vorwahl für eine Partei registrieren, teilweise müssen sie zwar öffentlich erklären, an welcher Vorwahl sie teilnehmen, diese Entscheidung wird aber nicht dokumentiert und mancherorts dürfen zumindest nicht-registrierte Unabhängige teilnehmen. Eine Sonderform ist die *top-two primary*: Dabei treten alle Kandidaten aller Parteien auf einem Wahlzettel an. Die beiden Kandidaten mit den meisten Stimmen erreichen die Hauptwahl. Es kann daher vorkommen, dass zwei Kandidaten derselben Partei in der Hauptwahl gegeneinander antreten, während die Kandidaten der anderen Parteien schon ausgeschieden sind. Vorwahlen dieser Art werden derzeit in Kalifornien, Washington sowie Louisiana angewandt. In Louisiana gilt dabei zusätzlich, dass ein Kandidat, der in der Vorwahl bereits eine absolute Mehrheit erreicht, sofort gewählt ist und die Hauptwahl entfällt. Dies entspricht der absoluten Mehrheitswahl, wie sie bei Präsidentschaftswahlen in vielen Ländern, z. B. in Frankreich, angewandt wird.

Die Vorwahlen haben zahlreiche Wirkungen (Hershey 2013; Maisel und Brewer 2012): Der Amtsinhaber kann auch in sicheren Wahlkreisen noch durch parteiinterne Gegenkandidaten besiegt werden. Die Wählerschaft ist dabei jedoch eine andere. Einerseits ist die Wahlbeteiligung bei Vorwahlen nur halb so hoch. Andererseits dürfen zumindest bei geschlossenen Vorwahlen nur die eigenen Parteianhänger wählen, wodurch die Kandidaten ideologisch extremere Wähler umwerben müssen. Daher wird diskutiert, ob geschlossene Vorwahlen tendenziell zu einer verstärkten Polarisierung führen, wobei die empirische Evidenz allerdings gering ausfällt (McGhee et al. 2014). Vorwahlen können außerdem den innerparteilichen Konflikt fördern wie zum Beispiel im Vorwahlkampf Barack Obama gegen Hillary Clinton 2008. Vor allem aber büßen die Parteien ihr Nominierungsmonopol ein. Prinzipiell kann jeder Bürger für eine beliebige Partei kandidieren, ohne dass diese das verhindern könnte. Die Parteien verlieren damit ihre Themen- und Markenhoheit und ein wichtiges

Disziplinierungsinstrument. Schließlich verlängern Vorwahlen den Wahlkampf und erhöhen damit den Finanzbedarf, was wiederum abschreckend auf potentielle Kandidaten wirkt, so dass die Parteien für weniger attraktive Ämter teilweise Probleme haben, überhaupt Kandidaten zu finden.
5. Schließlich findet am *Election Day* im November die Hauptwahl statt. Durch die Einteilung in Einerwahlkreise besteht zwangsläufig ein Mehrheitswahlsystem. Außer der absoluten Mehrheitswahl in Louisiana benutzen alle anderen Staaten relative Mehrheitswahl. Es zeigen sich einerseits typische Wirkungen dieses Wahlsystems (Bowler et al. 2005): So konzentriert sich der Wettbewerb in jedem Wahlkreis auf die beiden erfolgversprechendsten Kandidaten (Cox 1997). Da es im Unterschied zu Kanada oder Indien auch keine regional konzentrierten Drittparteien gibt, sind Stimmen für andere als die beiden großen Parteien nutzlos, weil deren Kandidaten keine realistische Gewinnchance haben. Die Folge ist eine geradezu idealtypische Konzentration auf zwei Parteien und eine für Mehrheitswahlsysteme ungewöhnlich niedrige Disproportionalität. Das Wahlrecht generiert auch dann absolute Mehrheiten in der Legislative, wenn keine der beiden Parteien eine absolute Mehrheit der Stimmen errungen hat. In seltenen Fällen kann dies dazu führen, dass nicht die Partei mit den meisten Stimmen die Mehrheit der Sitze erlangt, sondern die zweitstärkste Partei. Eine solche Mehrheitsumkehrung geschah zuletzt 2012 im Repräsentantenhaus. Die Ursache dafür ist ein als *bias* bekanntes Phänomen: Die Anhänger der Demokraten sind stärker als die der Republikaner auf wenige Wahlkreise, z. B. Großstädte, konzentriert. Dadurch erlangen sie dort weit mehr als die für einen Sieg benötigte Stimmenanzahl, während sie im Rest des Landes häufig keine Gewinnchancen haben. Im Ergebnis benötigen die Demokraten insgesamt mehr Stimmen als die Republikaner, um dieselbe Sitzanzahl zu gewinnen (Chen und Rodden 2013). Schließlich findet durch die starke Konzentration der Parteianhänger und die gegenseitige Absicherung von Wahlkreisen mittels *gerrymandering* in vielen Wahlkreisen kein wirklicher Wettbewerb zwischen den Parteien mehr statt. In solchen sicheren Hochburgen stellt die schwächere Partei teilweise gar keinen Kandidaten mehr auf.

3.2 Präsident

Sowohl bei der Nominierung als auch der Hauptwahl unterscheiden sich Präsidentschaftswahlen deutlich von Kongresswahlen. Während die Vorwahlen für den Kongress auf einzelstaatlichen Gesetzen beruhen, basieren die Nominierungen der Präsidentschaftskandidaten auf Regeln der beiden großen Parteien, die für jede Präsidentschaftswahl erneut geändert werden können. Die Anzahl der Delegierten, die auf dem Bundesparteitag (*national convention*) in aufwändiger medialer Inszenierung den Kandidaten der Partei bestimmen, werden nach einem vereinbarten Schlüssel auf die Einzelstaaten und Wahlkreise aufgeteilt, wobei beide Parteien ihren Hochburgen überproportional viele Sitze zuteilen (The Green Papers 2014). Hinzu kommen Amtsträger der Partei (*superdelegates*), die etwa bei Obamas Sieg

2008 gegen Clinton entscheidend waren. Bei den Demokraten ist seit 1984 vorgeschrieben, dass zur Auswahl der Delegierten in den Einzelstaaten Verhältniswahl mit einer allerdings sehr hohen Hürde von 15 % angewendet werden muss. Bei den Republikanern wird je nach Staat Verhältnis- oder Mehrheitswahl angewendet.

Seit den 1970er Jahren wenden beide Parteien in den meisten Staaten Vorwahlen an (CQ 2005). Teilweise gibt es auch noch das traditionelle Nominierungsverfahren durch eine lokale Versammlung der Parteianhänger (*caucus*). Dabei teilen sich die Teilnehmer in Anhänger der verschiedenen Kandidaten sowie Unentschlossene auf und es kommt zu Plädoyers und Diskussionen, um für den bevorzugten Kandidaten zu werben. Die Abstimmung findet hierbei im Unterschied zu Vorwahlen häufig öffentlich statt.

Von großer Bedeutung ist der sequentielle Ablauf der Nominierungen: Traditionell eröffnet der *caucus* in Iowa die Vorwahlsaison, gefolgt von den *primaries* in New Hampshire. Den frühen Vorwahlen (bzw. *caucuses*) wird eine große Bedeutung zugeschrieben, während die Staaten am Ende der Nominierungsperiode kaum noch Einfluss haben, da zu diesem Zeitpunkt das Rennen oftmals bereits entschieden ist. Das hat dazu geführt, dass immer mehr Staaten ihre Nominierung nach vorne verlegt haben, was als *front-loading* bezeichnet wird (Mayer und Busch 2004). Die Parteien reagieren darauf bislang eher erfolglos, indem sie z. B. Bonusdelegierte an Staaten mit späten Nominierungen vergeben oder Staaten mit frühen Nominierungen Delegierte abziehen. Neben guten Umfragewerten und umfangreichen Finanzmitteln bereits vor den ersten Nominierungen ist es für die Gewinnchancen der Kandidaten daher essentiell, die Erwartungen in den zuerst nominierenden Staaten zu übertreffen und dadurch von Wahl zu Wahl eine Eigendynamik (*momentum*) zu erzeugen (Steger 2013).

Die Hauptwahl des Präsidenten findet indirekt statt: Die Wähler geben am Wahltag ihre Stimme an sogenannte Elektoren, die am Montag nach dem zweiten Mittwoch im Dezember ihre Stimmen für einen Kandidaten abgeben und nach Washington senden. Wer die absolute Mehrheit von 270 der 538 Stimmen im *Electoral College* erhält, wird Präsident. Im unwahrscheinlichen Fall, dass dies keinem Kandidaten gelingt, wählen gemäß dem 12. Verfassungszusatz die Abgeordneten des Repräsentantenhauses in Gruppen ihrer Einzelstaaten den Präsidenten, wobei jedem Einzelstaat nur eine Stimme zukommt (zuletzt 1824 geschehen); der Vizepräsident wird in diesem Fall durch den Senat gewählt. Jedem Staat stehen so viele Elektoren zu, wie er Abgeordnete und Senatoren zusammen entsendet. Aufgrund der gleichen Repräsentation aller Staaten im Senat sind kleine Staaten dadurch systematisch überrepräsentiert. Die Einzelstaaten entscheiden, wie ihre Elektoren bestimmt werden. Alle Staaten außer Maine und Nebraska wenden dabei die relative Mehrheitswahl auf das gesamte Staatsgebiet an, d.h. der Kandidat mit den meisten Stimmen im Staat erhält alle Elektorenstimmen dieses Staates.

Da es keine Rolle spielt, wie knapp ein Staat gewonnen wird, werden sichere Staaten wie Kalifornien, Texas und Alabama fast komplett vernachlässigt und der Wahlkampf mit Wahlwerbung und Kandidatenbesuchen konzentriert sich auf die umkämpften *swing states* wie Florida und Ohio. Auch sonst zeigen sich die bekannten Folgen eines Mehrheitswahlrechts: Im *Electoral College* kommt praktisch immer eine Mehrheit zustande, selbst wenn kein Kandidat eine (absolute) Mehrheit an Stimmen gewinnt. Der Vorsprung des siegreichen Kandidaten wird meist deutlich vergrößert und schafft so den Eindruck einer breiten Unterstützung. Andererseits ist es in seltenen Fällen auch möglich, dass nicht der Kandidat mit den meisten, sondern derjenige mit den zweitmeisten Stimmen die Mehrheit der Elektorenstimmen gewinnt und somit Präsident wird – so dreimal geschehen: 1876, 1888 und 2000.

4 Wahlkampffinanzierung

Durch das präsidentielle Regierungssystem, die schwachen Parteiorganisationen und den innerparteilichen Wettbewerb in Vorwahlen müssen Kandidaten in den USA deutlich stärker als in den meisten anderen westlichen Demokratien wie Unternehmer selbstständig eine schlagkräftige Kampagnenorganisation aufbauen, Personal rekrutieren sowie um finanzielle Unterstützung werben (Epstein 1986, S. 273–275). Insgesamt haben die Kosten von Wahlkämpfen stark zugenommen, ob in Jahren mit oder ohne Präsidentschaftswahl (Abb. 1).

Die Mittel der Kandidaten stammen aus fünf Quellen (Maisel und Brewer 2012; Hershey 2013): 1. Individuelle Spender, 2. *Political Action Committees* (*PACs*), 3. Privatvermögen der Kandidaten selbst, 4. Parteien, sowie 5. staatliche Finanzierung (nur für Präsidentschaftswahlen).

Die meisten Mittel der Kandidaten stammen von individuellen Spendern. Bei Kongresswahlen machen diese über die Hälfte aus und bei Präsidentschaftswahlen noch weit mehr, 2012 sogar praktisch alle Mittel (CRP 2013, 2014a). Seit den

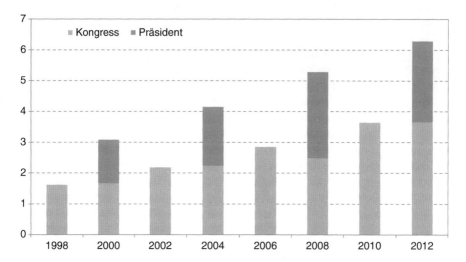

Abb. 1 Wahlkampfkosten (in Milliarden US-Dollar). Quelle: Center for Responsive Politics (CRP) (2014a)

1970er Jahren ist der Betrag pro Person und (Vor-)Wahl beschränkt, um einen ungebührlich hohen Einfluss reicher Einzelspender zu verhindern (aktuell 2.600 USD, s. FEC 2014).

Von *PACs* stammen bei Wahlen zum Repräsentantenhaus circa 20-40 % der Wahlkampfmittel der Kandidaten, bei Senatswahlen sind es 10-20 % (CRP 2014a). Ein *PAC* wird wie folgt definiert:

> any committee, association, or organization (whether or not incorporated) which accepts contributions or makes expenditures for the purpose of influencing, or attempting to influence, the nomination or election of one or more individuals to Federal, State, or local elective public office. (26 U.S.C. § 9002(9))

Zwei Arten von *PACs* sind zu unterscheiden (Maisel und Brewer 2012): Möchten Unternehmen, Gewerkschaften, Vereine oder Verbände Kandidaten unterstützen, an die sie aber nicht direkt spenden dürfen, so richten sie einen von der Ursprungsgesellschaft getrennten Fonds ein, der um Mittel lediglich bei deren Angehörigen werben darf. Davon zu unterscheiden sind nichtverbundene *PACs*, also solche, die mit keiner Muttergesellschaft assoziiert sind. Diese dürfen bei allen Bürgern um Spenden werben. In beiden Fällen ist sowohl die Höhe der Spenden begrenzt, die sie selbst erhalten, als auch die, die sie an einen Kandidaten weitergeben dürfen. Nicht davon betroffen sind hingegen von *PACs* getätigte Wahlkampfausgaben, die nicht mit Kandidaten oder Parteien koordiniert werden. Seit dem Urteil *Citizens United v. FEC* des Supreme Courts von 2010 dürfen solche unabhängig ausgegebenen Mittel nicht begrenzt werden, weil das Gericht darin eine Form freier Meinungsäußerung sieht. Daraufhin haben sich zahlreiche *PACs* gegründet, die ihre Mittel ausschließlich unabhängig von Parteien und Kandidaten ausgeben und damit unbegrenzt Mittel akquirieren können (*Super PACs*). Auch ohne Koordination mit den Kandidaten rufen die Werbespots von *Super PACs* explizit zur Wahl oder Nichtwahl von Kandidaten auf und sind daher den politischen Lagern leicht zuzuordnen.

Super PACs und *PACs* müssen erhaltene Spenden über 200 USD der *Federal Election Commission* (*FEC*) melden. Diese Offenlegungspflicht kann ebenfalls umgangen werden. Gemäß dem amerikanischen Steuerrecht sind gemeinnützige Organisationen, Gewerkschaften und Verbände von der Steuer ausgenommen. Die einzige Ausgabenbegrenzung für diese nach dem Paragraphen des Steuerrechts benannten 501(c)-Gruppen ist die Bestimmung, dass der Wahlkampf nicht ihre Haupttätigkeit darstellen und daher nicht mehr als die Hälfte ihrer Ausgaben ausmachen darf. 501(c)-Gruppen müssen die Identität der Spender nicht offenlegen und die getätigten Ausgaben häufig ebenfalls nicht (CRP 2014b).

Auch wenn bei Präsidentschaftswahlen *PACs* und 501(c)-Gruppen kaum direkt an die Kandidaten spenden, sind sie aufgrund ihrer unabhängigen Ausgaben bedeutsam. Diese lagen bei den Republikanern 2012 mit einem Anteil von einem Drittel bereits knapp unterhalb der Ausgaben des Kandidaten selbst (CRP 2013). *PACs* übernehmen damit im Wahlkampf Funktionen, die in parlamentarischen Systemen Westeuropas von Parteien wahrgenommen werden (Lösche 2007, S. 309).

Die Parteien haben allerdings an finanziellem Einfluss hinzugewonnen. Sowohl nationale als auch einzelstaatliche und lokale Parteigremien dürfen bis zu einer gesetzlichen Grenze Spenden erhalten und Beträge an Kandidaten weitergeben. Wichtiger sind die mit Kandidaten koordinierten Ausgaben, weil die Partei damit mehr Möglichkeiten zur Einflussnahme hat. Im Präsidentschaftswahlkampf 2012 hatten die Parteien an den Gesamtausgaben bereits einen Anteil von circa 25 % (Demokraten) bzw. 30 % (Republikaner) (CRP 2013). Bei Kongresswahlen organisieren die sogenannten *Hill Committees* zunehmend den Wahlkampf. Sie lenken Mittel in umkämpfte Wahlkreise und helfen damit vielversprechenden Herausforderern. Zusätzlich wird der Druck auf finanzstarke Kandidaten größer, einen Teil ihrer Mittel an finanzschwächere Parteikollegen weiterzugeben, was mittels sogenannter *leadership PACs* geschieht.

Eine staatliche Finanzierung existiert nur für Präsidentschaftswahlen. Nimmt ein Kandidat diese in Anspruch, darf er aber nur begrenzte Ausgaben tätigen. Inzwischen sind allerdings sowohl die *fundraising*-Kapazitäten als auch die Kosten von Wahlkämpfen so stark angestiegen, dass 2012 weder Obama noch Romney diese Option genutzt haben, um durch die Ausgabengrenze keinen Wettbewerbsnachteil hinnehmen zu müssen.

Insgesamt kann festgehalten werden, dass sich die Freiräume der Kandidaten tendenziell verkleinern. Durch *Super PACs* wird ein zunehmender Anteil des Wahlkampfes von Gruppen bestritten, auf die Kandidaten keinen direkten Einfluss haben. Außerdem ist zu beachten, dass der Erfindungsreichtum sowohl von Wahlkämpfern als auch von Großspendern stets ausgeprägt war. Beide Seiten versuchen immer wieder, bestehende gesetzliche Grenzen auszureizen, Regelungslücken zu finden und auszunutzen. Entsprechend häufig wird auch geklagt, entweder um angebliche Regelverstöße anzumahnen oder um auf dem Umweg über die Gerichte die Spielregeln zu ändern wie zuletzt durch das *Citizens United*-Urteil. Es wäre daher nicht verwunderlich, wenn in der Zukunft gänzlich neue Formen der Wahlkampffinanzierung auftauchten, denn „,money in politics is like water' – it finds its way through the cracks" (Maisel und Brewer 2012, S. 140).

5 Wahlbeteiligung

Da es kein Register aller Wahlberechtigten gibt, ist die Wahlbeteiligung in den USA schwierig zu berechnen (McDonald und Popkin 2001). Unabhängig von der Messmethode ist sie verglichen mit anderen etablierten Demokratien niedrig: Bei *midterm elections* liegt sie deutlich niedriger als bei Präsidentschaftswahlen (Abb. 2).

Wie können politische Akteure die Wahlbeteiligung zu ihren Gunsten beeinflussen? Um diese Frage beantworten zu können, müssen zunächst Faktoren identifiziert werden, die die Schwankungen der Partizipation erklären können. Die Forschung hat hierzu drei Erklärungsfaktoren herausgearbeitet (Abramson et al. 2012; Hershey 2013; Wolfinger und Rosenstone 1980): individuelle, soziale und konjunkturelle.

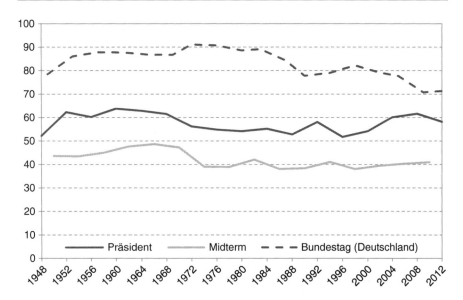

Abb. 2 Wahlbeteiligung im Zeitverlauf (in %). Quellen: McDonald (2009; 2014), Bundeswahlleiter (2013). Anmerkung: Für die USA ist die Anzahl abgegebener Stimmen geteilt durch die geschätzte Anzahl der Wahlberechtigten (*voting-eligible population*) angegeben

Als wichtigster individueller Einflussfaktor gilt das Bildungsniveau. Je höher es ist, umso eher nimmt ein Bürger an der Wahl teil. Das Bildungsniveau korreliert wiederum stark mit dem Einkommen und dem Beschäftigungsstatus, die unabhängig vom Bildungsstand einen höchstens schwachen Einfluss ausüben. Ältere Bürger beteiligen sich außerdem eher an Wahlen als jüngere. Hispanics und Asian-Americans gehen deutlich seltener wählen als Weiße und Afroamerikaner, die heutzutage beide gleich hohe Beteiligungsraten aufweisen. Es gilt außerdem: Wird Wählen als Bürgerpflicht wahrgenommen, werden die Regierung oder das Regierungssystem positiv bewertet oder identifizieren sich Befragte stärker mit einer Partei, so begünstigt dies tendenziell die Partizipation bei Wahlen. Die Einbindung in soziale Kontexte wie die Ehe oder in Kirchengemeinden erhöht tendenziell das Wahlverhalten, genauso wie der Kontakt zu politisch informierten Personen. Wohnt ein Wahlberechtigter außerdem erst seit wenigen Monaten an einem Ort, ist die Wahrscheinlichkeit, dass dieser zur Wahl gehen wird, deutlich geringer als bei längerer Wohndauer, was bei der hohen Mobilität der amerikanischen Bevölkerung nicht unbedeutend ist. Konjunkturelle Faktoren sind die wahrgenommene Wichtigkeit und Knappheit der Wahl, wobei Präsidentschaftswahlen die höchste Bedeutung beigemessen wird. Knappe Wahlen regen zur Beteiligung an, weil dann der eigenen Stimme ein größeres Gewicht zukommt.

Einige dieser Faktoren werden zur Mobilisierung genutzt, die in den USA eine wichtige Rolle spielt (Green und Gerber 2008; Yale University 2014). Parteien oder Kandidaten können neuen Einwohnern bei der Wählerregistrierung behilflich sein oder das Bewusstsein für die Relevanz demokratischer Wahlen steigern. Dass die

Wahlbeteiligung von Afroamerikanern inzwischen gleich hoch ist wie von Weißen, ist z. B. zu einem erheblichen Teil auch das Resultat einer Mobilisierungskampagne der Demokraten. Die Mobilisierung eigener Anhänger ist für gewöhnlich auch effektiver als der Versuch, Anhänger von Konkurrenten abzuwerben. Als effizientestes Mittel – speziell bei Erstwählern – gilt nicht die Kontaktaufnahme per Post oder Telefon, sondern die persönliche Wahlwerbung (*personal canvassing*). Durch das Tür-zu-Tür-Gehen wird der Kontakt mit politisch informierten Mitbürgern gezielt hergestellt und damit die soziale Verpflichtung, wählen zu gehen, gestärkt.

6 Wahlverhalten

Um Wahlverhalten zu erklären, spielt die Identifikation mit politischen Parteien eine wichtige Rolle. Gemäß dem sozialpsychologischen Erklärungsansatz (Campbell et al. 1960) werden Bürger bereits in jungen Jahren politisch sozialisiert und erwerben dabei ein Zugehörigkeitsgefühl zu einer Partei, das sich im Laufe des Lebens nur selten grundlegend ändert. Das Wahlverhalten sollte weitgehend dieser Parteiidentifikation folgen, auch wenn kurzfristige Einflüsse bzw. Abweichungen aufgrund der Beliebtheit der Kandidaten oder der Parteiprogramme grundsätzlich möglich sind. Infolgedessen sind drastische Änderungen des Wählerverhaltens kaum zu erwarten. Wird eine Partei von einer Mehrheit der Wähler unterstützt, müsste sie den politischen Wettbewerb über mehrere Wahlen hinweg dominieren. Darauf aufbauend werden häufig mehrere Phasen des Parteiensystems unterschieden. Wählerkoalitionen können sich aber auch wandeln. Dies ist dann der Fall, wenn sich gesellschaftliche Gruppen anderen Parteien zuwenden und wird als *realignment* bezeichnet (Key 1955, 1959). *Realignment* kann einerseits auftreten durch langfristige Änderungen der Parteiidentifikationen. Andererseits kann es auch als Konsequenz von kurzfristigen Ereignissen – wie zum Beispiel außen- und innenpolitischen Konflikten, Wirtschaftskrisen oder der Ausdehnung des Wahlrechts auf bis dahin nichtwahlberechtigte Bürger – zu sogenannten kritischen Wahlen kommen, in denen ein abruptes *realignment* stattfindet.

Als Paradebeispiel einer erfolgreichen Wählerkoalition, die zur langjährigen Dominanz der Demokraten geführt hat, gilt die in der Präsidentschaft Franklin D. Roosevelts geschmiedete *New Deal Coalition*. Neben der traditionellen Hochburg in den Südstaaten („*solid South*") konnte er vor allem Industriearbeiter aus dem Norden sowie katholische Wähler hinter sich bringen; später kamen noch Afroamerikaner und Juden hinzu (Schreyer 2007). Die Wählerbasis der Republikaner – vorwiegend bestehend aus *White Anglo-Saxon Protestants (WASPs)* – war hingegen kaum mehrheitsfähig. Infolgedessen identifizierten sich deutlich mehr Wähler mit den Demokraten als mit den Republikanern und da die meisten Wähler auch entsprechend ihrer Parteiidentifikation wählten, waren beide Kammern des Kongresses – von kurzen Unterbrechungen abgesehen – jahrzehntelang in den Händen der Demokraten (s. ebd.).

Bereits nach dem Zweiten Weltkrieg begann jedoch der schleichende Zerfall der *New Deal Coalition*, der mindestens für die Südstaaten ein Lehrbuchbeispiel für langfristiges *realignment* darstellt (Niemi et al. 2011, S. 319–332). Weiße Südstaatler wandten sich bereits in den 1950er Jahren von den Demokraten ab und den Republikaner zu, was sich bis in die 2000er Jahre kontinuierlich fortgesetzt hat. Ausgelöst wurde diese Entwicklung durch mehrere Faktoren: 1. Während nach dem Zweiten Weltkrieg im Wahlverhalten noch kein merklicher Unterscheid zwischen einkommensstarken und einkommensschwachen weißen Wählern im Süden auszumachen war, begannen weiße Wähler mit hohem Einkommen bereits in den 1950er Jahren sich den Republikanern zuzuwenden, während solche mit eher niedrigen Einkommen mehr und mehr die Demokraten präferierten. Durch diese neue Politisierung der ökonomischen Verhältnisse passte sich das Wahlverhalten im Süden dem nationalen Muster an. 2. Die Demokratische Partei änderte ihre Haltung gegenüber der Rassentrennung, die sie zuvor stets unterstützt hatte. Nachdem bereits 1948 der Parteitag sich für die Gewährleistung der Bürgerrechte auch von Afroamerikanern ausgesprochen hatte – was zur Abspaltung einiger Befürworter der *segregation* führte –, war der entscheidende Wendepunkt die Unterzeichnung des *Civil Rights Acts* 1964 durch Präsident Lyndon B. Johnson. Als Folge dieser Neupositionierung wählen seitdem Afroamerikaner mit Mehrheiten um die 90 % für die Demokraten. Im Gegenzug warben die Republikaner bereits ab 1968 mit ihrer „*Southern strategy*" erfolgreich um weiße Wähler im Süden, deren Ansichten teilweise rassistischen Ressentiments zugrunde lagen. 3. Ab den 1980er Jahren wurden außerdem moralisch umstrittene und religiös aufgeladene Themen wie Abtreibung oder gleichgeschlechtliche Ehen zunehmend politisiert. Auch hier wandten sich konservativere Wähler im Süden immer stärker den Republikanern zu.

Im Ergebnis führte das *realignment* dazu, dass die Republikaner die Demokraten als Mehrheitspartei im Süden abgelöst haben. Umgekehrt konnten aber auch die Demokraten ihre Position an der Westküste und im Nordosten des Landes festigen. Entgegen der gewohnten Erwartung, dass durch ein *realignment* die zuvor unterlegene Partei, also die Republikaner, danach in einer vorherrschenden Position sein müsste, hat sich stattdessen auf nationaler Ebene schon seit zwei Jahrzehnten ein Patt eingestellt. Einige sprechen daher nicht von einem *realignment*. Stattdessen ist auch die These des *dealignments* verbreitet, die eine generell abnehmende Bindung der Wähler an politische Parteien bezeichnet. Auch dafür gibt es Anzeichen. So hat seit den 1950er Jahren der Wähleranteil, der sich stark oder schwach mit den Demokraten identifiziert, von 47 % auf 34 % abgenommen (Stanley und Niemi 2011, S. 107). Zugenommen hat hingegen der Anteil der Wähler, die bei einer Befragung zunächst antworten, unabhängig zu sein, um dann bei einer Nachfrage doch eine Neigung zu einer Partei zugeben (*leaners*). Aber auch die Unabhängigen im engen Sinn haben sich von 6 % 1952 auf 11 % 2008 vergrößert. Allerdings finden seit zwei Jahrzehnten keine nennenswerten Verschiebungen mehr statt und im selben Zeitraum hat der zuvor seit 1968 erhöhte Anteil an Wählern, die entgegen ihrer Parteiidentifikation abstimmen, wieder merklich abgenommen (Schreyer 2007, S. 277). Die Hochzeit des *dealignments* dürfte also vorüber sein. Dennoch sind die Wähler heute weniger fest an die Parteien gebunden als zu Zeiten der *New Deal Coalition*. Das eröffnet den Parteien die Möglichkeit, sich stärker mit

Kandidaten und Themen zu profilieren und damit ihre Wählerkoalitionen zu erweitern. Beispielsweise gelang es den Republikanern durch die Politisierung von moralischen Themen wie Abtreibung oder gleichgeschlechtlichen Ehen, religiöse Wähler stärker an die Partei zu binden.

7 Direktdemokratische Partizipationsformen

„In keinem anderen Staat der Welt stimmen so viele Stimmberechtigte über so viele Sachvorlagen ab wie in den USA" (Moeckli 2007, S. 19). Bereits zur Zeit der Unabhängigkeitsbewegung ließen einige Gründerstaaten ihre Bürger über die neu geschaffenen Verfassungen abstimmen. Heute ist in allen Staaten außer Delaware die Zustimmung der Wähler zu Verfassungsänderungen notwendig (obligatorisches Verfassungsreferendum). Die Gründungsväter der Vereinigten Staaten verzichteten hingegen bewusst auf die Einrichtung direktdemokratischer Verfahren auf Bundesebene, da sie hierdurch die Freiheit von Minderheiten gefährdet sahen.

Der entscheidende Schritt zum Ausbau direktdemokratischer Elemente erfolgte zu Beginn des 20. Jahrhunderts durch das *Progressive Movement*. In vielen Staaten vor allem des Westens propagierten die Reformer unter Rückgriff auf das Vorbild Schweiz drei Instrumente, um die Macht der gewählten Repräsentanten einzuschränken: erstens die Volksinitiative, mit der Bürger durch das Sammeln von Unterschriften eine Änderung der Verfassung oder eines Gesetzes zur Abstimmung bringen können; zweitens das fakultative Gesetzesreferendum, das es erlaubt, ein soeben von der Legislative beschlossenes Gesetz einer Abstimmung zu unterwerfen; sowie drittens das *recall*-Verfahren, mit dem gewählte Amtsträger vor Ablauf ihrer regulären Wahlperiode abgewählt werden können. Wie in der Schweiz war insbesondere die Einführung der Verfassungsinitiative entscheidend, da sich die Bürger damit bei Bedarf weitere direktdemokratische Rechte erstreiten konnten.

Heute existiert die Verfassungsinitiative in 18, die Gesetzesinitiative in 21, das fakultative Gesetzesreferendum in 23 und das *recall*-Verfahren in 19 Staaten (NCSL 2013b). Zusätzlich bestehen auch in vielen Städten und Gemeinden direktdemokratische Beteiligungsmöglichkeiten. Die Detailregeln unterscheiden sich von Staat zu Staat. Dazu gehört insbesondere die Frage, wie viele Unterschriften in welchem Zeitraum zu sammeln sind, ob einzelne Rechtsmaterien ausgenommen sind und ob bei der Abstimmung bestimmte Stimmenquoten erfüllt sein müssen (NCLS 2013b; CSG 2013). Die Initiatoren müssen ihre Finanzmittel offenlegen. Allerdings können spezialisierte Unternehmen gegen entsprechende Bezahlung damit beauftragt werden, die Organisation einer Kampagne inklusive möglichst überzeugender Formulierung der Initiative, Unterschriftensammlung und -einreichung sowie Abstimmungskampf zu übernehmen. Diese müssen ihre Ausgaben dann häufig nicht mehr veröffentlichen. Auch darf es aufgrund der Rechtsprechung wie bei Wahlkämpfen keine Obergrenzen für Ausgaben geben (Smith 2010).

Welche Folgen hat die direkte Demokratie für Politiker? Zunächst einmal wird auf Amtsträger durch die häufigen Abstimmungen ein erheblicher Druck ausgeübt, Position zu beziehen. Andererseits bietet sich ihnen damit eine Gelegenheit zur

Profilierung. Dabei sind drei Besonderheiten zu beachten, die die direkte Demokratie in den USA prägen (Moeckli 2007): Erstens ist in vielen Staaten nur eine direkte Initiative möglich. Das heißt, dass vor der Abstimmung keine Beratung der Initiative stattfindet und die Legislative auch keinen Alternativvorschlag an die Wähler unterbreiten kann. Eine Kompromissfindung ist damit nicht möglich, was den Einfluss der Initiatoren vergrößert, da sie den Abstimmungstext alleine festlegen.

Zweitens finden die Abstimmungen meist zusammen mit der Hauptwahl, teilweise auch mit den Vorwahlen statt. Der Wähler hat daher eine große Anzahl an Entscheidungen zugleich zu treffen, was viele Wähler wohl überfordert, da sie manche Abstimmungsfragen ganz auslassen. Der gleichzeitige Wahlkampf überlagert außerdem den Abstimmungswahlkampf, so dass es schwierig ist, Aufmerksamkeit für einzelne Sachthemen zu erzeugen. Und auch die Abstimmungsbeteiligung hängt davon ab, ob gleichzeitig eine Präsidentenwahl oder nur eine Vorwahl stattfindet. Andererseits können bestimmte Themen per Initiative strategisch auf die Agenda gesetzt werden, um damit gleichzeitig stattfindende Wahlen zu beeinflussen (Donovan et al. 2008).

Drittens schließlich sind alle direktdemokratischen Entscheidungen vor Gericht anklagbar, genießen also nicht wie zum Beispiel in der Schweiz einen höherwertigen Status als von der Legislative erlassene Gesetze. Fast jede erfolgreiche, aber umstrittene Initiative wird auch angefochten, was für Minderheitenrechte auch einen wichtigen Schutzmechanismus darstellt (Heußner 2012, Christmann 2012).

8   Fazit

Zusammenfassend zeigt sich, dass für Politiker und Parteien in den USA auch im Kontext der umfassenden Partizipationsmöglichkeiten noch einige Gelegenheiten bestehen, sich machtpolitische Vorteile zu verschaffen. Regeln können einerseits zum eigenen Vorteil geändert werden, wenn man in einem Einzelstaat die Gesetzgebung dominiert, so z. B. beim Zugang zu Wahlen, den beachtlichen Möglichkeiten des *gerrymandering* oder dem *front-loading*.

Die zweite Route verläuft über die Gerichte. Da hierbei keine Mehrheiten organisiert werden müssen und selbst Änderungen der Verfassung über den Umweg der Verfassungsinterpretation und damit unter Umgehung der hohen verfassungsändernden Hürden möglich sind, ist der Gang vors Gericht insbesondere dann reizvoll, wenn man politisch nicht über ausreichend Macht verfügt. Nach einer Niederlage bei einer Wahlkreisneueinteilung oder direktdemokratischen Abstimmung werden Gerichte besonders häufig aktiviert und die Regularien der Wahlkampffinanzierung sind ebenfalls stark von Gerichtsurteilen geprägt. Grundlegende Änderungen der demokratischen Spielregeln sind aus diesen Gründen eher von den Gerichten zu erwarten.

Drittens kommt es innerhalb des bestehenden Regelwerkes auf die Handlungen der Akteure an. So wird es interessant sein, zu beobachten, ob die Parteiführungen ihre zunehmenden Finanzmittel zum Ausbau ihrer innerparteilichen Machtposition nutzen können und ob andererseits der Einfluss der *Super PACs* ansteigt. Die Kandidaten wiederum verfügen in den USA über mehr Spielräume als ihre Pendants in Europa, wenn es darum geht, die eigene Wahlkampagne zu organisieren, Anhänger zu mobilisieren und gezielt Themen im Wahlkampf zu setzen. Diese größeren Freiräume gehen allerdings auch mit einer stärkeren Verantwortung für den eigenen Erfolg oder Misserfolg einher.

Literatur

Abramson, Paul R., John Herbert Aldrich, und David W. Rohde. 2012. *Change and continuity in the 2008 and 2010 elections*. Washington, DC: CQ Press.

Balinski, M. L., und H. Peyton Young. 2001. *Fair representation: Meeting the ideal of one man, One Vote*. 2. Aufl. Washington, DC: Brookings Institution Press.

Bowler, Shaun, Todd Donovan, und Jennifer van Heerde. 2005. The United States of America: Perpetual campaigning in the absence of competition. In *The politics of electoral systems*, Hrsg. Michael Gallagher und Paul Mitchell, 185–205. Oxford; New York: Oxford University Press.

Brennan Center for Justice. 2010. *A Citizen's guide to redistricting*. http://www.brennancenter.org/publication/citizens-guide-redistricting-2010-edition. Zugegriffen am 22.05.2014.

Brennan Center for Justice. 2013. *Criminal disenfranchisement laws across the United States*. http://www.brennancenter.org/sites/default/files/legacy/d/download_file_48642.pdf. Zugegriffen am 22.05.2014.

Bundeswahlleiter. 2013. Wahl zum 18. Deutschen Bundestag. http://www.bundeswahlleiter.de/de/bundestagswahlen/BTW_BUND_13/. Zugegriffen am 22.05.2014.

Campbell, Angus, Philip E. Converse, Warren E. Miller, und Donald E. Stokes. 1960. *The American Voter*. Chicago: The University of Chicago Press.

Center for Responsive Politics (CRP). 2013. *Presidential race*. http://www.opensecrets.org/pres12. Zugegriffen am 22.05.2014.

Center for Responsive Politics (CRP). 2014a. *Outside spending*. http://www.opensecrets.org/outsidespending. Zugegriffen am 22.05.2014.

Center for Responsive Politics (CRP). 2014b. *The money behind the elections*. http://www.opensecrets.org/bigpicture. Zugegriffen am 22.05.2014.

Chen, Jowei, und Jonathan Rodden. 2013. Unintentional gerrymandering: Political geography and electoral bias in legislatures. *Quarterly Journal of Political Science* 8: 239–269.

Christmann, Anna. 2012. *Die Grenzen direkter Demokratie: Volksentscheide im Spannungsverhältnis von Demokratie und Rechtsstaat*. Baden-Baden: Nomos.

Coleman, Kevin J., und Eric A. Fischer. 2011. The help America vote act and elections reform: Overview and issues Hrsg. Congressional Research Service. http://fpc.state.gov/documents/organization/167975.pdf. Zugegriffen am 22.05.2014.

Congressional Quarterly (CQ), Hrsg. 2005. *Guide to U.S. elections*. 5. Aufl. Washington, DC: CQ Press.

Council of State Governments (CSG). 2013. *The book of the states 2013*. http://knowledgecenter.csg.org/kc/category/content-type/content-type/book-states/bos-2013. Zugegriffen am 22.05.2014.

Cox, Gary W. 1997. *Making votes count: Strategic coordination in the world's electoral systems*. Cambridge, New York: Cambridge University Press.

Cox, Gary W., und Jonathan N. Katz. 1999. The reapportionment revolution and bias in U.S. Congressional Elections. *American Journal of Political Science* 43: 812–840.

Cox, Gary W., und Jonathan N. Katz. 2002. *Elbridge Gerry's salamander: The electoral consequences of the reapportionment revolution*. Cambridge, New York: Cambridge University Press.

Donovan, Todd, Caroline J. Tolbert, und Daniel A. Smith. 2008. Priming presidential votes by direct democracy. *The Journal of Politics* 70: 1217.
Epstein, Leon D. 1986. *Political parties in the American mold*. Madison, Wis: University of Wisconsin Press.
Federal Election Commission (FEC). 2014. *Contribution limits 2013–14*. http://www.fec.gov/pages/brochures/contriblimits.shtml. Zugegriffen am 22.05.2014.
Green, Donald P., und Alan S. Gerber. 2008. *Get out the vote: How to increase voter turnout*. 2. Aufl. Washington, DC: Brookings Institution Press.
Hall, Thad E. 2013. US voter registration reform. *Electoral Studies* 32: 589–596.
Hershey, Marjorie Randon. 2013. *Party politics in America*. Boston u.a: Pearson.
Heußner, Hermann K. 2012. Minorities and direct democracy in the USA: Direct legislation concerning minorities and instruments of minority protection. In *Direct democracy and minorities, direct democracy in modern Europe*, Hrsg. Wilfried Marxer, 123–144. Wiesbaden: Springer VS.
Katz, Richard S. 2007. *Political institutions in the United States*. Oxford, New York: Oxford University Press.
Key Jr., V.O. 1955. A theory of critical elections. *Journal of Politics* 17: 3–18.
Key Jr., V.O. 1959. Secular realignment and the party system. *Journal of Politics* 21: 198–210.
Keyssar, Alexander. 2009. *The Right to vote: The contested history of democracy in the United States*. Revised Aufl. New York: Basic Books.
Lindner, Ralf, und Rainer-Olaf Schultze. 2005. United States of America. In *Elections in the Americas. A data handbook. volume 1: North America, Central America, and the Caribbean*, Hrsg. Dieter Nohlen, 647–729. Oxford: Oxford University Press.
Lösche, Peter. 2007. Die politischen Parteien. In *Regierungssystem der USA: Lehr- und Handbuch*, Hrsg. Wolfgang Jäger, Christoph M Haas, und Wolfgang Welz, 289–325. München u.a.: Oldenbourg.
Maisel, Louis Sandy, und Mark D. Brewer. 2012. *Parties and elections in america: The electoral process*. 6. Aufl. Lanham: Rowman & Littlefield Publishers.
Manza, Jeff, und Christopher Uggen. 2006. *Locked out: Felon disenfranchisement and American democracy*. New York, Oxford: Oxford University Press.
Mayer, William G., und Andrew Busch. 2004. *The front-loading problem in presidential nominations*. Washington, DC: Brookings Institution Press.
McDonald, Michael P. 2008. United States redistricting: A comparative look at the 50 states. In *redistricting in comparative perspective, comparative politics*, Hrsg. Lisa Handley und Bernard Grofman. Oxford, New York: Oxford University Press.
McDonald, Michael P. 2009. United States elections project. Election of a century? http://elections.gmu.edu/Election_of_a_Century.html. Zugegriffen am 22.05.2014.
McDonald, Michael P. 2014. United States elections project. Voter turnout frequently asked questions. http://elections.gmu.edu/FAQ.html. Zugegriffen am 22.05.2014.
McDonald, Michael P., und Samuel L. Popkin. 2001. The myth of the vanishing vote. *American Political Science Review* 95: 963–974.
McGhee, Eric, Seth Masket, Boris Shor, Steven Rogers, und Nolan McCarty. 2014. A primary cause of partisanship? Nomination systems and legislator ideology. *American Journal of Political Science* 58: 337–351.
Moeckli, Silvano. 2007. Direkte Demokratie in den Gliedstaaten der USA. In *Direkte Demokratie: Bestandsaufnahmen und Wirkungen im internationalen Vergleich*, Hrsg. Markus Freitag und Uwe Wagschal, 19–40. Berlin: Lit.
National Conference of State Legislatures (NCSL). 2008. Redistricting commissions: Legislative Plans. http://www.ncsl.org/research/redistricting/2009-redistricting-commissions-table.aspx. Zugegriffen am 22.05.2014.
National Conference of State Legislatures (NCSL). 2013a. The term limited states. http://www.ncsl.org/research/about-state-legislatures/chart-of-term-limits-states.aspx. Zugegriffen am 22.05.2014.

National Conference of State Legislatures (NCSL). 2013b. *Initiative, referendum and recall*. http://www.ncsl.org/research/elections-and-campaigns/initiative-referendum-and-recall-overview.aspx. Zugegriffen am 22.05.2014.
National Conference of State Legislatures (NCSL). 2014. *Elections laws and procedures Overview*. http://www.ncsl.org/research/elections-and-campaigns/election-laws-and-procedures-overview.aspx. Zugegriffen am 22.05.2014.
Niemi, Richard G., Herbert F. Weisberg, und David C. Kimball. 2011. *Controversies in voting Behavior*. Washington, DC: CQ Press.
ProPublica. 2013. *Everything that's happened since supreme court ruled on voting rights act*. http://www.propublica.org/article/voting-rights-by-state-map. Zugegriffen am 22.05.2014.
Schreyer, Söhnke. 2007. Wahlsystem und Wählerverhalten. In *Regierungssystem der USA: Lehr- und Handbuch*, Hrsg. Wolfgang Jäger, Christoph M Haas und Wolfgang Welz, 289–325. München u.a.: Oldenbourg.
Smith, Daniel A. 2010. US States. In *Financing referendum campaigns*, Hrsg. Karin Gilland Lutz und Simon Hug, 39–61. Basingstoke, New York: Palgrave Macmillan.
Stanley, Harold W., und Richard G. Niemi. 2011. *Vital Statistics on American Politics, 2011–2012*. Los Angeles: Sage/CQ Press.
Steger, Wayne. 2013. Polls and elections: Two paradigms of presidential nominations. *Presidential Studies Quarterly* 43: 377–387.
The Green Papers. 2014. *Election 2012 presidential primaries, caucuses, and conventions*. http://www.thegreenpapers.com/P12. Zugegriffen am 22.05.2014.
The Guardian. 2001. *Inquiry into new claims of poll abuses in Florida*. http://www.theguardian.com/world/2001/feb/17/usa.julianborger. Zugegriffen am 22.05.2014.
U.S. Census Bureau. 1995. *Census of governments*. http://www.census.gov/prod/2/gov/gc/gc92_1_2.pdf. Zugegriffen am 22.05.2014.
U.S. Census Bureau. 2013. *2010 Apportionment results*. http://www.census.gov/population/apportionment/data/2010_apportionment_results.html. Zugegriffen am 22.05.2014.
U.S. Commission on Civil Rights. 2001. *Voting irregularities in Florida during the 2000 presidential election*. http://www.usccr.gov/pubs/vote2000/main.htm. Zugegriffen am 22.05.2014.
U.S. Department of Justice. 2014. *Civil rights division statutes overview*. http://www.justice.gov/crt/about/vot/overview.php. Zugegriffen am 22.05.2014.
Uggen, Christopher, und Jeff Manza. 2002. Democratic contraction? Political consequences of Felon disenfranchisement in the United States. *American Sociological Review* 67: 777–803.
Uggen, Christopher, Sarah Shannon, und Jeff Manza. 2012. The sentencing project. State-level estimates of Felon disenfranchisement in the United States, 2010. http://www.sentencingproject.org/doc/publications/fd_State_Level_Estimates_of_Felon_Disen_2010.pdf. Zugegriffen am 22.05.2014.
Voting Technology Project. 2001. *Voting – What is, what could be*. http://www.vote.caltech.edu/content/voting-what-what-could-be. Zugegriffen am 22.05.2014.
Wand, Jonathan N., et al. 2001. The butterfly did it: The aberrant vote for Buchanan in palm beach County, Florida. *American Political Science Review* 95: 793–810.
Washington Post. 2001. *Florida recounts would have favored bush*. http://www.washingtonpost.com/wp-dyn/articles/A12623-2001Nov11.html. Zugegriffen am 22.05.2014.
Wolfinger, Raymond E., und Steven J. Rosenstone. 1980. *Who votes?* New Haven: Yale University Press.
Wolter, Kirk, Diana Jergovic, Whitney Moore, Joe Murphy, und Colm O'Muircheartaigh. 2003. reliability of the uncertified ballots in the 2000 presidential election in Florida. *The American Statistician* 57: 1–14.
Yale University, Institution for Social and Policy Studes. 2014. *Get out the vote!* http://gotv.research.yale.edu. Zugegriffen am 22.05.2014.

Mehr als nur Wahlkampfmaschinen: Über die neue Lebendigkeit US-amerikanischer Parteien

Maik Bohne und Torben Lütjen

Inhalt

1 Einleitung 266
2 Zur historischen Entwicklung des US-amerikanischen Parteiensystems 267
3 Das Drei-Sphären-Modell amerikanischer Parteien 271
4 Fazit 282
Literatur 282

Zusammenfassung

US-Amerikanische Parteien galten traditionell als die große Ausnahme im Vergleich mit ihren europäischen Pendants: Demokraten und Republikaner waren keine organisationsstarken Mitgliederparteien und definierten sich weniger über weltanschaulich klar definierte Programme. Mittlerweile jedoch zeigt sich ein anderes Bild: Das Parteiensystem ist stark polarisiert, die ideologischen Unterschiede zwischen Demokraten und Republikaner so deutlich wie nie in der jüngeren Geschichte des Landes. Und schließlich haben sich beide Parteien ein dichtes Netzwerk von Interessengruppen und anderen ihnen nahestehenden Organisationen geschaffen, mit dem sie stärker als zuvor gesellschaftlich verankert sind.

Schlüsselwörter

Parteien • Polarisierung • Ideologie • Parteiorganisation • Party Spaces

---

M. Bohne (✉)
Deutsche Gesellschaft für Politikberatung, Hamburg, Deutschland
E-Mail: maik.bohne@gmail.com

T. Lütjen
Universität Düsseldorf, Düsseldorf, Deutschland
E-Mail: torben.luetjen@uni-duesseldorf.de

© Springer Fachmedien Wiesbaden 2016
C. Lammert et al. (Hrsg.), *Handbuch Politik USA, Springer NachschlageWissen*,
DOI 10.1007/978-3-658-02642-4_17

1 Einleitung

Überblicksdarstellungen zum US-amerikanischen Parteiensystem beginnen in der Regel mit einer historischen Einführung, bei der dann die Autoren auf wenigen Seiten 200 Jahre Parteiengeschichte abhandeln. Ganz verzichtet werden soll auf ein solche Tour de Force auch hier nicht, aber es erscheint sinnvoll, einen solchen kurzen strukturierenden Einstieg ins Thema mit einer schon notorisch gewordenen Frage zu verknüpfen: Wie außergewöhnlich waren und sind politische Parteien in den USA? Es ist lange ein Gemeinplatz gewesen, dass Amerikas Parteien mit ihren europäischen Pendants nur schwer zu vergleichen sind. Und es ist ja wahr: Die europäische Stufenfolge – von der Honoratioren- zur Massen- und von da zur Catch-all-party – haben US-amerikanischen Parteien in dieser Art nie gekannt. Man könnte auch sagen: Sie sind über die erste Entwicklungsstufe, jene der locker organisierten Honoratioren- oder Elitenpartei, nie wirklich hinausgekommen. Bekanntermaßen kennen die US-amerikanischen Parteien nicht das Prinzip des beitragszahlenden, ordentlichen Parteimitgliedes, sind daher keine Mitgliederparteien. Schon den Klassikern der Parteiensoziologie galten die USA daher als die große Ausnahme (vgl. Duverger 1959). Und bis heute spielen sie in den Überlegungen vergleichend arbeitender Parteienforscher keine besonders große Rolle, scheinen die strukturellen Unterschiede für eine sinnvolle Gegenüberstellung doch zu groß zu sein.

Es ist dabei nicht allein die Abwesenheit eines bestimmten Organisationstypus, der lange Zeit prägend war und die USA zum Sonderfall zu machen schien. Vielleicht noch entscheidender war, dass die Parteien jenseits des Atlantiks nicht in gleicher Weise die Träger geschlossener Weltanschauungen waren und die ideologische Spannbreite des amerikanischen Parteiensystems weitaus geringer erschien. Es gibt einen reichen Vorrat an durchaus verächtlich gemeinten Zitaten über die prinzipielle Prinzipienlosigkeit der US-amerikanischen Parteien. Auch hier lässt sich mit Tocqueville beginnen, der schon in den 1830er Jahren seine ganz eigene parteienkritische These formulierte: „The political parties that I style great are those which cling to principles more than to their consequences; to general and not to especial cases; to ideas and not to men. ... Americas has had great parties, but has them no longer" (Tocqueville 1863, S. 223). Der zweite große europäische Amerika-Interpret, James Bryce, legte fast fünf Jahrzehnte später nach: „Neither party has anything definite to say on issues; neither party has any principles, any distinctive tenets" (Bryce 1888, S. 344). Den Höhepunkt erreichte diese Sichtweise weltanschaulicher Minimaldifferenz in den zwei Jahrzehnten nach dem Zweiten Weltkrieg. 1950 schon erschien der Zustand des Parteienwettbewerbs der Zunft der amerikanischen Politlogen gar so besorgniserregend, dass die *American Political Science Association* (APSA) in einem Report anmahnte, das Land brauche dringend Parteien, die den Wählern markantere Alternativen anböten (Rae 2007).

An diesen Aufruf ist in den letzten Jahren oft erinnert worden, scheint er doch ein gutes Beispiel für die Mahnung zu sein, man solle vorsichtig mit den eigenen Wünschen umgehen – sie könnten schließlich wahr werden. Denn heute, angesichts der krassen Polarisierung zwischen Demokraten und Republikanern in Washington und anderswo im Land, würde wohl kaum jemand ein „Mehr" an programmatischem Gegensatz einfordern. In den 1950er Jahren glaubten in der Tat gerade einmal die Hälfte der Amerikaner, es gäbe zwischen den Parteien „wichtige Unterschiede"; heute sind nach den Zahlen der (American National Election Study annähernd 80 % dieser Auffassung (So hat sich auch die Schlagrichtung der Kritik am amerikanischen Parteienwesen längst verlagert: vom Vorwurf der Beliebigkeit und mangelnder Kohärenz ist man nun zum Vorwurf – insbesondere gegenüber den Republikanern – des starren Dogmatismus gewechselt (vgl. Mann und Ornstein 2012).

2 Zur historischen Entwicklung des US-amerikanischen Parteiensystems

Bevor es auch darum gehen soll, wie es zu dieser tiefgreifenden Polarisierung zwischen den beiden Parteien gekommen ist, gilt es jedoch zunächst, einen genaueren Blick auf die historische Realität zu werfen: Waren Amerikas Parteien in ihrer Geschichte wirklich so beliebig und prinzipienlos wie in solchen und anderen populär gewordenen Verallgemeinerungen dargestellt? Wie so oft hängt alles von der Perspektive ab. Nicht zuletzt John Gerring hat bereits in den 1990er Jahren recht überzeugend argumentiert, dass das Bild prinzipieller Prinzipienlosigkeit kaum aufrecht zu erhalten ist und die amerikanische Politikgeschichte fast durchweg von einem dualistisch strukturierten weltanschaulichen Antagonismus durchzogen gewesen ist, in dem die Konflikte jeweils von einer der beiden großen Parteien aufgenommen wurden (Vgl. Gerring 1998). Und in der Tat: Schon die Auseinandersetzungen in der Gründerzeit der USA zwischen *Federalists* und *Anti-Federalists* um die Rolle der Washingtoner Zentralregierung besaßen alle Zutaten für einen weltanschaulichen Grunddissens, ausgefochten von auch sozialstrukturell klar unterscheidbaren sozialen Gruppen: auf der einen Seite die Vertreter transatlantischer Handelsinteressen um Alexander Hamilton, auf der anderen Seite die Repräsentanten agrarischer Interessen im Süden der USA um Thomas Jefferson. Die Federalists vertraten die politische Elite des Landes und suchten die weitere enge Anbindung an das Vereinigte Königreich; die Anti-Federalists, die bald als *Democratic-Republican Party* firmierten, sympathisierten stärker mit den egalitären Ideen der Französischen Revolution und forderten daher eine stärkere Anlehnung an Frankreich. Freilich: Um Parteien im eigentliche Sinne handelte es sich dabei zunächst kaum, sondern um Zusammenschlüsse einzelner Parlamentarier, und das Abstimmungsverhalten im amerikanischen Kongress orientierte sich schon damals nicht an zwei festen politischen Blöcken (Vgl. Aldrich 1995); allerdings gilt die Kampagne zur Wahl Jeffersons zum Präsidenten im Jahre 1800 mit ihrer Etablierung von *local chapters* in den Einzelstaaten als Vorbild der späteren Parteiorganisationsentwicklung.

In der Folge bewegten sich die USA auf eine Art Ein-Parteien-Monopol zu, da die schrittweise Ausweitung des Wahlrechts die Democratic-Republicans gegenüber den elitären Federalists stark bevorzugte. Von Parteienwettbewerb konnte daher im eigentlichen Sinne erst wieder die Rede sein, als sich in den 1820er und 1830er Jahren die Democratic-Republican Party spaltete. Die Anhänger Andrew Jacksons, des siebten Präsidenten der USA, gründeten die *Democratic Party*, seine innerparteilichen Gegner firmierten erst als *National Republicans*, dann schließlich als *Whigs Party*, aus der 1854 dann die *Republican Party* hervorging.

Jedenfalls: Mit der *Jacksonian Democracy* der 1830er Jahre beginnt in gewisser Weise die Blütezeit des US-amerikanischen Parteiensystems. Als nationalstaatliche Organisationen mochten sie weiter amorph sein, doch auf lokaler Ebene gelang es ihnen durch ungehemmte Patronage die öffentlichen Verwaltungen zu durchsetzen. Parteien schwangen sich dort zu den zentralen Katalysatoren der *militaristic campaign auf*, die ihre Wähler mit Paraden, Fackelzügen, Veranstaltungen und eigener Parteipresse an den Graswurzeln der Gesellschaft mobilisierten. Angetrieben von knappen Wahlausgängen und einer hohen Parteidisziplin im Kongress entstand in der zweiten Hälfte des 19. Jahrhunderts das, was Arthur Schlesinger als *cult of parties* bezeichnete (Vgl. Epstein 1986, S. 5). Parteien durchdrangen die US-amerikanische Gesellschaft, sie dominierten die politische Kultur mit ihrem auf Massenmobilisierung ausgerichteten Wahlkampfstil. Nur wenige Kandidaten konnten sich in dieser Phase eine eigene Machtbasis abseits der Parteien aufbauen. Sie waren angewiesen auf die Ressourcen und Strukturen der Parteiorganisationen, ganz im Sinne des Parteivisionärs Martin Van Buren, dessen Überzeugung es war, dass „the p*arty was to be ‚above' the men in it*" (Aldrich 1995, S. 266). In diese Zeit fiel auch die Entstehung der Parteimaschinen in den größeren Städten des Nordostens, der *Mid-Atlantic*-Region und des Mittleren Westens, die als effiziente Machtvehikel fungierten. Ihr Schmiermittel war ein ausgeklügeltes System der Patronage, das auf materiellen Anreizen für die eigenen Anhänger und Wähler basierte. Über diese materiellen Ressourcen konnte man jedoch nur verfügen, wenn man die wichtigen Regierungsämter auf lokaler und einzelstaatlicher Ebene besetzte. So entstanden sich selbst ernährende, äußerst effizient aufgebaute Parteimaschinen. Zahlreiche Autoren bewunderten die Parteimaschinen in dieser „Goldenen Ära" für ihre organisatorische Stärke. Auch James Bryce, der die amerikanischen Parteien wegen ihrer Inhaltsleere kritisierte, kam nicht umhin, ihre organisatorische Schlagkraft zu würdigen. 1893 schrieb er: „*[T]hose who in the old world seek to forecast the course of their own popular governments must look for light beyond the Atlantic. This is especially the case as regards the organization of political parties*" (Bryce 1893, S. 105). Dominiert wurden diese *party machines* von ihren legendäreren *Bossen*, die in den *smoke filled rooms* alle wesentlichen Entscheidungen trafen und dabei primär auf die Versorgung der eigenen Klientel achteten. Ende des 19. Jahrhunderts erreichte das *spoils system* seinen Höhepunkt. Es ist zu Recht schon von Zeitgenossen als Ausdruck politischer Verfilzung und Verkrustung kritisiert worden, aber in den letzten Jahrzehnten haben Historiker auch die integrative Kraft der Patronageparteien des 19. Jahrhunderts betont, durch die Migranten effektiv in das politische System eingebunden wurden.

Erst zu Beginn des 20. Jahrhunderts begann sich das Zeitalter der amerikanischen Patronageparteien dem Ende zuzuneigen. Den Reformern der *Progressive Era* war der Parteienklüngel ein Dorn im Auge. Ihr wichtigster Reformbeitrag zur

Brechung der Macht der Parteimaschinen war das Instrument der *Primary* – ergänzt durch die Etablierung von Meritensystemen in Behörden und die Einführung von *non-partisan elections* in den Kommunen: In innerparteilichen Vorwahlen sollten fortan die Kandidaten für politische Ämter ausgewählt werden. Damit war den Parteien das Monopol auf die Kandidatenauswahl entzogen und es unterminierte auch jede Form von Parteidisziplin, da es den Einfluss der Parteibosse auf die Mandatsträger untergrub. Freilich war das ein langsamer und gradueller Prozess: Die Einführung und Ausweitung des Primary-System erfolgte schrittweise und graduell und gerade in amerikanischen Großstädten mit hohem Emigrantenanteil erodierte die Macht der Maschinen nur langsam, während sie anderswo früh gebrochen wurde (Vgl. etwa Buell 2004).

Allerdings soll es uns primär auch hier um die Frage gehen, inwiefern Democrats und Whigs (später: Republicans) die Heimstätten verschiedener Ideologien waren. In der herrschenden Meinung galten besonders die Parteimaschinen als besonderer Hort ideologischer Indifferenz, deren Organisationsmacht sich scheinbar umgekehrt proportional zu ihrer Programmfunktion verhielt. Zwar gab es weiterhin große, den Parteienwettbewerb strukturierende Linien: Republikaner befürworteten die industrielle Revolution, Demokraten beäugten sie mit Skepsis; Republikaner waren Merkantilisten, Demokraten Anhänger des Laissez-Faire; die Demokraten verteidigten die Sklaverei, die die Republikaner abschaffen wollten; die Demokraten standen Einwanderung aus Europa positiv gegenüber, die Republikaner beäugten den Zuzug vor allem katholischer Migranten äußerst skeptisch. Einfach nur „Tweedledum against Tweedledee", wie Leon D. Epstein es einmal zynisch beschrieb, war es gewiss nicht (Vgl. Epstein 1986). Und doch fallen aus vergleichender Perspektive – und um diese soll es uns hier explizit gehen – die Einschränkungen stärker ins Auge. Von beiden politischen Parteien wurde eine bemerkenswerte Akkumulation gesellschaftlicher Interessen geleistet. Weltanschauungsparteien im europäischen Sinne, die bemüht gewesen wären, abstrakte Ideen in einem politischen Programm mit dem Ziel gesellschaftlicher Transformation zu konkretisieren, waren sie deswegen natürlich trotzdem nicht. Das war natürlich auch der bekannten Abwesenheit einer wirklich erfolgreichen sozialistischen Bewegung oder Partei zu verdanken (Vgl. Lipset und Marks 2001). Es fehlte aber auch der andere Fundamentalkonflikt europäischer Gesellschaften zwischen Staat und Kirche. Republikaner und Demokraten in den USA waren *Big Tent* Parteien, die aufgrund der Heterogenität ihrer Koalition ein kohärentes Programm kaum hätten entwerfen können. *Faktionalismus* blieb die wirkungsmächtige Realität in beiden Parteien: In einem komplexen Aushandlungsprozess ging es darum, die unterschiedlichen Interessen zum Zweck des Wahlerfolges in der eigenen Koalition zu halten, und nicht darum, sie etwa durch eine übergeordnete Erzählung dauerhaft miteinander zu harmonisieren und zu verschmelzen, wie dies die ideologisch gesteuerten Massenintegrationsparteien Europas taten.

Allerdings: In wirtschafts- und sozialpolitischer Hinsicht hatten die 1920er und 1930er Jahre dann durchaus eine klärende Wirkung. In der Auseinandersetzung um die Ursachen und die Bekämpfung der Weltwirtschaftskrise positionierten sich Demokraten und Republikaner eindeutig konträr: die Demokraten initiierten unter

Franklin D. Roosevelts New Deal eine antizyklische, keynesianische Wirtschaftspolitik zur Überwindung der Depression und bauten den zuvor nur rudimentären amerikanischen Wohlfahrtsstaat aus. Die Republikaner hingegen fanden in der Auseinandersetzung mit den Politikern des New Deal allmählich zu einer wirtschaftsliberalen Position. Bereits damals formierte sich der entschlossen Widerstand gegen *Big Government* der dann seit den 1960er Jahren bis in die Gegenwart bisweilen schrille Züge entwickelte (Vgl. Phillips-Fein 2009).

In anderer Hinsicht jedoch blieben die Parteien fragile Koalitionen und an keiner Stelle wird das deutlicher als beim Betrachten der berühmten New Deal-Koalition, die in der Ära liberaler Vorherrschaft (1932–1968) die Demokraten zur dominanten Partei machte. Sozioökonomisch, doch mehr noch bei der entscheidenden Frage nach der Interventionsmacht des Staates, mochte es bedeutende Schnittmengen geben zwischen konservativen Farmern im amerikanischen Süden und Industriearbeiten im Nordosten oder zwischen Afroamerikanern und Katholiken. Kulturell jedoch – etwa in Fragen der Einhaltung traditioneller Moralvorstellungen und der Bedeutung der Religion für das öffentliche Leben, der Toleranz gegenüber anderen Ethnien usw. – trennten sie Welten. Nur solange solche eher kulturell bedingten *Cleavages* nicht politisiert wurden bzw. im politischen Diskurs sozioökonomischen Themen klar nachgeordnet waren, war die New Deal-Koalition stabil.

Doch diese Konflikte brachen offen aus, als der liberale Flügel der Partei sich Anfang der 1960er Jahre nach anfänglichem Zögern für die Anliegen des *Civil Rights Movement* zur Überwindung der Rassentrennung in den Südstaaten der USA offen zeigte. Das entfremdete die Partei nach und nach von ihrer bis dato treusten Klientel: weißen Amerikanern im Süden der USA, der bis dahin als *Solid South* eine Bastion der Demokratischen Partei gewesen war. Im Süden vollzog sich so ein dramatischer Repräsentanzwechsel: Er wurde zur republikanischen Hochburg, ein Prozess der allgemein mit dem Begriff des *Southern Realignment* bezeichnet wurde (Vgl. Black und Black 2003). Das begann mit der Präsidentschaftswahl 1964, als der – für damalige Verhältnisse – erzkonservative Senator von Arizona, Barry Goldwater, die Nominierung als Kandidat der Republikanischen Partei erkämpfte. Goldwater war vor allem ein erbitterter Gegner des *Civil Rights Act* – gegen den damals im Kongress auch viele konservative Demokraten gestimmt hatten. Goldwater verlor die Wahl gegen den amtierenden Präsidenten Lyndon B. Johnson mit einer krachenden Niederlage und gewann nur sechs von fünfzig Bundesstaaten. Allerdings: Fast alle dieser Einzelstaaten lagen im Süden der USA. Insgesamt war die strukturelle Neuausrichtung der Wähler im Süden aber ein langsamer Prozess, der auch bei Präsidentschaftswahlen nicht immer geradlinig verlief; 1976 etwa gewann Jimmy Carter noch einmal den Süden für die Demokraten. Bei Wahlen zum Kongress und den *state legislatures* dauerte dieser Prozess sogar bis in die jüngste Gegenwart an: Bis in die 1990er Jahre hinein gelang es konservativen Demokraten, hier ihre Position zu halten. Mittlerweile jedoch ist dies Geschichte und das Southern Realignment kann quasi als abgeschlossen gelten. Die Spezies des konservativen Südstaaten-Demokraten ist quasi ausgestorben. Gleiches gilt für den einst einflussreichen liberalen Ostküstenflügel der Republikanischen Partei.

Das Machtzentrum der GOP liegt seitdem eindeutig im Süden und Südwesten der USA.

Was für die Republikaner das Jahr 1964 war, das war für die Demokraten das Jahr 1972, als es George McGovern vom äußerst linken Parteiflügel gelang, die Nominierung der Partei zu erlangen. Die Geschichte widerholte sich: Auch McGovern ging mit fliegenden Fahnen unter, in diesem Fall gegen Richard Nixon. Aber auch McGoverns Niederlage zeitigte eine späte Dividende, da er die Angehörigen der Protestgeneration, die Babyboomers, und viele ethnische Minderheiten in seine Wählerkoalition integrieren konnte. Damals war das noch nicht mehrheitsfähig, aber langfristig sollte das den Demokraten in demographisch wichtigen Gruppen einen entscheidenden Vorteil verschaffen.

Damit hatten sich die Fronten geklärt: Die Republikaner wurden nun zu einer konservativ-libertären Partei (eine ideengeschichtliche Verschmelzung, die in Europa in dieser Form nie stattgefunden hat) und die Demokraten zu einer linksliberalen, quasi sozialdemokratischen Partei. Den vorläufigen Endpunkt in der programmatischen Auseinanderentwicklung beider Parteien stellte die Integration evangelikaler Protestanten in die republikanische Wählerkoalition durch Ronald Reagan 1980 dar. Die konfessionelle Spaltung zwischen Protestanten und Katholiken, die beinahe 200 Jahre den Parteienwettbewerb strukturiert hatte, verlor danach an Bedeutung. Stattdessen kam es nun zu einem Bündnis der konservativen Christen in beiden Konfessionen: jener Konflikt zwischen orthodox-traditionalistisch gegen liberal-progressive Strömungen wie James Davison Hunter ihn in seinem Buch „Culture Wars" beschrieben hat (Vgl. Hunter 1991). Mittlerweile dürfte die Frage der Religiosität die entscheidende Variable des Wahlverhaltens sein, weitaus wichtiger jedenfalls als Einkommen und Schichtzugehörigkeit.

Die Ironie war wohl, dass die Politikwissenschaft den Wandel jener Jahre eher als Niedergang der Parteien interpretierte. „Party in decline" – das war die große These der 1970er und 1980er Jahre. Wie wir heute wissen waren diese Jahrzehnte eine Übergangsphase, in der alte Loyalitäten zerbröselten und man sich nicht sicher war, als wie belastbar sich die neuen Allianzen herausstellen würden. Die langsame Umorientierung der Wähler mochte den Eindruck mangelnder ideologischer Stabilität erzeugen – war aber in Wahrheit aber nur ein Zwischenspiel auf dem Weg zu einem Parteiensystem und einem Elektorat mit wesentlich markanteren weltanschaulichen Konturen.

3 Das Drei-Sphären-Modell amerikanischer Parteien

Blicken wir auf die amerikanischen Parteien von heute. Gerne beschreiben Autoren Parteien in den USA als *three-legged stool*, als dreibeiniger Hocker. Dieses Bild prägte vor allem V. O. Key. Er teilte Parteien konzeptionell in die Bereiche *party organization* (Partei als Organisation in der Gesellschaft), *party in government* (Partei in öffentlichen Ämtern) und *party in the electorate* (Partei in der Wählerschaft) auf. Dieser Einteilung wollen wir – wenn auch etwas künstlich und in der Realität ineinander verschwimmend – in unserer Betrachtung folgen, um Parteien in den USA besser fassen und sie analysieren zu können.

3.1 Party in the Electorate

Die Krisendiskussionen der 1970er und 1980er um den Zustand der amerikanischen Parteien bezogen sich vor allem auf die nachlassende elektorale Verankerung der beiden Parteien. In der Tat sank in jenen Jahren die Anzahl der Amerikaner mit Parteiidentifikationen spürbar und die Zahl der *Independents* – der sich keiner der beiden Parteien zuordnenden Wähler – stieg. Gleichzeitig machten immer mehr Amerikaner vom *split ticket voting* Gebrauch und stimmten bei gleichzeitig stattfindenden Präsidentschafts- und Kongresswahlen für die Kandidaten verschiedener Parteien. So ergab sich in jenen Jahren das Bild einer weitgehenden elektoralen Destabilisierung. Kandidaten und ihre Positionen zu einzelnen Themen schienen den Wählern weitaus entscheidender zu sein als langfristige Parteibindungen oder ideologische Orientierungen.

Es gibt durchaus Stimmen, die diesen Prozess des dealignment bis in die Gegenwart zu beobachten meinen (Vgl. Dalton 2013). In der Tat steigt die Zahl der Independents im Zeitverlauf. Mit 40 % sind sie, legt man die Zahlen der *American Election Study* zu Grunde, die stärkste Gruppe innerhalb des Elektorats, mit weitem Vorsprung vor demokratischen oder republikanischen Parteianhängern. Indes: Auch hier kommt es auf die richtige Einordnung der Zahlen an und die auch in amerikanischen und deutschen Medien dominante These vom wachsenden und wahlentscheidenden Segment der Independents stellt sich bei genauerer Betrachtung als stark übertrieben dar. Denn in der amerikanischen Wahlforschung wird allen Befragten stets eine Folgefrage gestellt. Bei denjenigen, die sich als Parteianhänger, als *partisans*, zu erkennen geben, wird gefragt, ob sie sich als „strong" oder „weak" partisans empfinden. Und alle Independents bekommen die Folgefrage, ob sie sich einer der beiden Parteien generell stärker verbunden fühlen – was die meisten mit Ja beantworten. Das sind dann – in der Terminologie der Wahlforscher – die *Independent Leaners*. Und wie Studien gezeigt haben, stimmen diese Independent Leaners mit mindestens ebensolcher Regelmäßigkeit für „ihre" Partei wie die *weak partisans* (Vgl. Magleby et al. 2011). Nur eine Minderheit präferiert auch auf Nachfrage keine der beiden großen Parteien. Das sind die *Pure Independents* oder *Independent-Independents*. Deren Anzahl aber ist seit den 1970er Jahren tendenziell gesunken und hat sich knapp über der 10 %-Marke eingependelt. Und entscheidend ist: Es handelt sich bei Ihnen in der Regel gerade nicht um den Typus des aufgeklärten Wählers, der kühl und sachlich die politischen Positionen von Demokraten und Republikanern vergleicht und danach seine Wahlentscheidung trifft. Die Pure Independents sind in der Regel unterdurchschnittlich an Politik interessiert und auch nur unterdurchschnittlich politisch informiert. Zudem sind sie weniger engagiert und neigen deutlich häufiger zur Wahlenthaltung. Nimmt man zu diesen Befunden hinzu, dass in der Gruppe der Parteianhänger wiederum vor allem die Zahl der strong partisans in den letzten

Jahren stark angestiegen ist, und heute gut ein Drittel der amerikanischen Wählerschaft ausmacht, dann ergibt sich eindeutig das Bild einer verstärkten Bindung der amerikanischen Wähler an die beiden großen Parteien.

Schließlich untermauen auch andere Befunde die These zunehmender Stabilität des Wahlverhaltens im Zeitalter ideologisch aufgeladener Polarisierung. Abgenommen hat z. B. das bereits erwähnte split ticket voting. In den 1970er Jahren war diese Praxis auf ihrem Höhepunkt, um seitdem relativ stetig abzunehmen (Vgl. Stonecash et al. 2003). Auch auf bundesstaatlicher Ebene spielt Parteiidentifikation heute eine größere Rolle als in der Vergangenheit. In immer mehr Bundesstaaten ist die Einparteiendominanz, die *one party rule* heute wieder zur Regel geworden: Das Amt des Gouverneurs wird häufig von der gleichen Partei bekleidet, die auch das Parlament in den Einzelstaaten kontrolliert.

Desweiteren korrelieren heute viel stärker als in der Vergangenheit Parteiidentifikation und ideologische Selbsteinordnung. Insbesondere aufgrund des starken regionalen Faktionalismus in beiden Parteien hatten Demokraten wie Republikaner als *Big Tent*-Parteien stets konservative wie liberale Wählergruppen unter ihrem Banner vereint. Das bekannteste Beispiel waren natürlich auch die konservativen Südstaatenwähler, die den Demokraten ihre Stimme gegeben hatten. Im Laufe der letzten Jahrzehnte jedoch sind sowohl konservative Demokraten wie liberale Republikaner zunehmend zur bedrohten Spezies geworden. Heute wählen z. B. weit über 90 % der sich als konservativ etikettierten Amerikaner republikanisch und ebenso sieht es beim Zusammenhang zwischen liberalen politischen Anschauungen und der Wahl der demokratischen Partei aus (Vgl. Levendusky 2009).

Für die Stabilisierung des Wahlverhaltens spricht außerdem die zunehmende räumliche Konzentration der amerikanischen Wähler: immer mehr Regionen des Landes werden von einer Partei quasi hegemonial beherrscht. Dies ist zum einen ablesbar an den Wahlbezirken zur Wahl des Repräsentantenhauses, wo die Zahl der umkämpften Wahlkreise stark gesunken ist: Gerade einmal ein Viertel der Wahlkreise gelten hier noch als *competitive*. In diesem Fall allerdings bleibt zumindest umstritten, ob nicht Praktiken des künstlichen Zuschneidens der Wahlkreise, das sogenannte *gerrymandering*, für diesen Verlust an politischem Wettbewerb verantwortlich sind. Allerdings zeigt sich dieser elektorale Homogenisierungsprozess auch in geographischen Einheiten, die solchen Manipulationstechniken nicht ausgesetzt sind und deren Grenzen im Zeitverlauf stabil geblieben sind, etwa bei den US-amerikanischen *Counties*, vergleichbar den deutschen Landkreisen. Hier hat sich die Zahl sogenannter *landslide counties* bei Präsidentschaftswahlen – Counties bei denen der Unterschied zwischen dem demokratischen und republikanischen Wettbewerber 20 Prozentpunkte oder mehr beträgt – seit den 1970er Jahren praktisch verdoppelt. Und wie manche amerikanische Sozialwissenschaftler und Publizisten vermuten, ist dieses z.T. das Resultat bewusster, inneramerikanischer Migrationsprozesse: US-Amerikaner achten bei der Wahl ihres Wohnortes zunehmend darauf, dort mit politisch und kulturell Gleichgesinnten zu leben und zu verkehren (Vgl. Bishop 2008; Hawley 2014). Insofern spricht einiges dafür, dass dieser Prozess der Bildung politischer Hochburgen in Zukunft noch zunehmen wird. Auch das aber dürfte die politische Lagerpolarisierung weiter zementieren.

Betrachtet man die verlässlichsten Wählergruppen der beiden Parteien nach sozio-strukturellen Merkmalen, so ergibt sich ein durchaus vielschichtiges und komplexes Bild. Am eindeutigsten ist der Zusammenhang zwischen ethnischer Zugehörigkeit und Parteiwahl: Bei praktisch allen Minderheiten besitzen die Demokraten hier einen Vorsprung. Am deutlichsten ist die Nähe der Afro-Amerikaner zu den Demokraten. 2012 erhielt Obama weit über 90 % ihrer Stimmen. Aber auch bei mittel- und lateinamerikanisch und asiatisch stämmigen Wählern genießen Demokraten einen deutlichen Vorsprung. Freilich scheint die Dominanz der Demokraten in den beiden letztgenannten Fällen nicht annähernd so zementiert zu sein. George W. Bush war es schließlich 2000 und 2004 noch gelungen, im wachsenden Wählersegment der *Hispanics*, von denen viele bei gesellschaftspolitischen Themen eher konservative Positionen einnehmen, annähernd Parität herzustellen. Im Gegenzug sind die Republikaner mittlerweile zur Mehrheitspartei des Weißen Amerika geworden. Freilich geben sich auch republikanische Parteistrategen wenig Illusionen hin: Auch weil es sich um eine schrumpfende Gruppe handelt (bis schätzungsweise 2050 wird sie nur noch den Status der größten Minderheit haben), wird das Wachstum hier naturgemäß an seine Grenzen stoßen. Die Grand Old Party (GOP) wird daher darauf bedacht sein müssen, ihren großen Rückstand bei Hispanics und *Asian Americans* zumindest zu verkleinern.

Dass ansonsten die Frage der Religiosität ein entscheidender Faktor der Wahlentscheidung ist, wurde oben bereits erwähnt: Je religiöser ein Amerikaner, desto größer die Wahrscheinlichkeit, dass er oder sie republikanisch wählt. Die früheren konfessionellen Unterschiede zwischen Protestanten und Katholiken sind hingegen weitgehend verschwunden: die konservativen Christen aller Konfessionen verbindet heute, gerade auch bei Fragen wie Abtreibung, gleichgeschlechtlicher Ehe oder Stammzellenforschung viel mehr als sie trennen würde. Auch der Mormone Mitt Romney, Angehöriger einer lange Zeit kritisch beäugten religiösen Sekte, hatte 2012 keinerlei Probleme, eine Mehrheit der Stimmen von Protestanten und Katholiken auf sich zu vereinen.

Komplizierter ist es bei der Einkommensverteilung bzw. dem soziökonomischen Status. Grundsätzlich gilt zwar hier, dass mit steigendem Einkommen auch die Wahrscheinlichkeit steigt, republikanisch zu wählen und die Demokraten einen relativ klaren Vorsprung bei amerikanischen Wählern besitzen, die unter 50.000 USD im Jahr verdienen. Und doch überschneiden sich gerade hier eine Vielzahl anderer Faktoren. Insbesondere die Arbeiten des Politikwissenschaftlers Andrew Gelman haben sich dabei dem auf den ersten Blick verblüffendem Umstand gewidmet, dass die Demokraten zwar im nationalen Durchschnitt die Stimmen der ärmeren Amerikaner auf sich vereinen – gleichzeitig aber die ärmsten Bundesstaaten republikanische Hochburgen sind. Wie passt dieses zusammen? Gelman erklärt dieses vor allem durch den Umstand, dass ärmere Amerikaner in republikanisch dominierten Regionen oft ihre konservativen Wertvorstellungen höher gewichten als sozialstaatliche Unterstützung. So scheinen kulturelle und regionale Cleavages sehr viel mehr zum Verständnis des amerikanischen Wahlverhaltens beizutragen als Fragen der Einkommensverteilung (Vgl. Gelman 2010).

Insgesamt besteht damit kein Zweifel, dass sich das politische System der USA heute wieder „*in an era of vibrant partisanship*" (Bartels 2000, S. 44) – in einer Ära der lebendigen Parteilichkeit – befindet. Ein bipolares politisches Klima ist entstanden, das auch die Vereinigten Staaten, die auf eine lange Tradition des konkurrierenden Zweiparteiensystems zurückblicken können, in dieser Tiefe und Form noch nicht erlebt haben. Genau dieses Klima ist es, das die Wahlkampflandschaft nachhaltig prägt und Anreize für die Bildung von Parteiallianzen im demokratischen und republikanischen Umfeld schafft.

3.2   Parties in Government

Als prominente amerikanische Politikwissenschaftler wie E. E. Schattschneider in dem bereits erwähnten APSA-Report von 1950 einen weltanschaulich klarer abgegrenzten Parteienwettbewerb forderten, da ging es ihnen nicht um die Programmfunktionen der Parteien als Selbstzweck. Vielmehr sollten Parteien imstande sein, die vorgeschlagenen Programme auch in die politische Realität zu übersetzen. *Responsible Party Government* – das war die vorgeschlagene Therapie, um eine stärkere Zurechnung von politischem Programm und Regierungshandeln zu erreichen. Parteien sollten nicht nur die gesellschaftlichen Interessen durch ihre Programme besser und markanter artikulieren, sondern auch für deren stringente Umsetzung sorgen und die Transmissionsriemen eines ansonsten äußerst fragmentierten politischen Systems sein – ein Gedanke, der zur Zeit des APSA-Reports aufgrund der Heterogenität der Kongressfraktion unwahrscheinlich erschien. Traditionell konnten Präsidenten bei der Durchsetzung ihrer Agenda kaum auf ihre eigene Partei setzten, denn die *party in congress* war ideologisch und geographisch keine homogene Einheit. Doch selbst wenn es hier genügend Rückhalt gegeben hätte: Da *Divided Government* – also der Umstand, dass Präsident und Kongressmehrheit von unterschiedlichen Parteien gestellt wurden – in den USA zumindest für die Zeit nach 1950 eher die Regel als die Ausnahme war, wäre auch dieses kaum ausreichend gewesen, hinreichende Unterstützung zu erfahren. Im amerikanischen Regierungssystem ist Macht bekanntermaßen stets fragmentiert, konnte, jenseits exzeptioneller Krisenzeiten (man denke an Roosevelts atemlosen und rasanten ersten 100 Tage im Amt), nie durchregiert werden, sondern mussten in zähen Aushandlungsprozessen immer neue politische Konstellationen und Koalitionen zur Durchsetzung von politischen Ideen gebildet werden.

Dennoch spekulieren heute nicht wenige Politikwissenschaftler, ob nicht die Forderungen nach Responsible Party Government heute beinahe erfüllt sind. Manches mag auf den ersten Blick dafür sprechen: Bei wichtigen Abstimmungen votieren die Mitglieder der *republican conference* oder des *democratic caucus*, wie die Fraktionen der Parteien im Kongress genannt werden, heute extrem einheitlich. Die Abstimmung entlang der Parteilinien (*party voting*) ist heute bei wichtigen Gesetzesvorhaben die Regel statt die Ausnahme. Das ist messbar: Die Zahl der Parlamentarier, die mit der Linie ihrer Partei stimmen, ist von ca. 70 Prozent in den

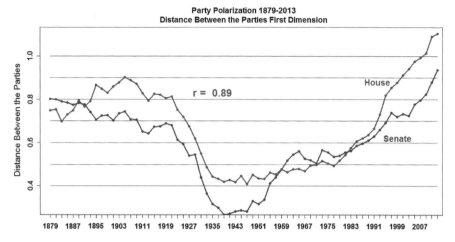

Abb. 1 Programmatische Distanz zwischen Demokraten und Republikanern im Kongress (nach Poole/Rosenthal DW-Nominate), 1879–2013

1970er Jahren auf heute über 90 Prozent gestiegen und erreicht damit Dimensionen von Fraktionsdisziplin, wie wir sie eigentlich nur aus parlamentarischen Regierungssystemen kennen (Vgl. McCarty et al. 2006). Der Poole/Rosenthal DW-Nominate, ein gängiger Maßstab für die Bestimmung ideologischer Polarisierung im Kongress, deutet auf ähnliche Tendenzen hin. Lag die durchschnittliche programmatische Abweichung zwischen Demokraten und Republikanern 1973-74 bei 0.4 (*House of Representatives*) bzw. 0.5 Standardpunkten (*Senate*), so liegen die Abgeordneten in beiden Häusern heute mehr als 0.9 Punkte auseinander (s. Abb. 1) (Vgl. McCarty et al. 2006, S. 1 ff.; Theriault 2008, S. 499).

Konnte man in der moderaten Grauzone zwischen dem liberalsten Republikaner und dem konservativsten Demokraten vor 35 Jahren noch 252 Repräsentanten und 40 Senatoren zählen, so fehlt diese Mitte heute nahezu komplett. Im 112. Kongress (2010-12) legte kein einziger demokratischer Senator ein konservativeres Abstimmungsverhalten an den Tag als der liberalste republikanische Senator.

Auch das Amt des Präsidenten hat sich vor diesem Hintergrund immer stärker in Richtung einer „*partisan presidency*" verändert. In einem stark parteipolarisierten Umfeld entfernt sich der Präsident – gewollt oder ungewollt – von seiner ihm zugedachten Funktion der nationalen Integrationsfigur, die politische Kompromisse zum Wohle des Landes schmiedet und als eine Art überparteiliche Galionsfigur über den parteipolitischen Ränkespielen im Kongress schwebt (Vgl. Milkis und Rhodes 2012). Insbesondere in den 2000er Jahren ist diese Funktion ganz bewusst von Präsident George W. Bush geschwächt worden, als er in der Lage war, eigene Parteimehrheiten im Repräsentantenhaus und im Senat ganz gezielt und straff für die Umsetzung seiner Politik zu nutzen (Vgl. Sinclair 2006, S. 234–54). Zwar war der Texaner noch zu Beginn der ersten Amtszeit seiner eigenen Rhetorik der Überparteilichkeit gefolgt und hatte überparteiliche Mehrheiten für eine weitreichende Bildungs- und Rentenreform organisiert. Nach dem republikanischen

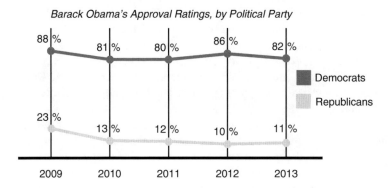

Abb. 2 Zustimmungswerte nach Parteizugehörigkeit zu Beginn von Präsident Barack Obama zu Beginn seiner zweiten Amtszeit (Quelle: Gallup, abgerufen unter http://www.gallup.com/poll/167006/obama-fifth-year-job-approval-ratings-among-polarized.aspx)

Wahlsieg 2002 arbeitete er jedoch nahezu ausschließlich mit und über die konservative Parteiführung im Kongress, die umstrittene Gesetze wie Steuererleichterungen für Besserverdienende und Unternehmen, die Aufstockung der Truppen im Irak oder die Nominierung von konservativen Richtern für den Obersten Gerichtshof mit einer Fraktionsdisziplin durch den Kongress peitschte, die Amerika bis dato nur aus den Zeiten des legendären *Speakers* Joe Cannon gekannt hatte (Vgl. Skinner 2005, S. 1–27).

Auch Barack Obama hat die beharrenden Kräfte der Polarisierung in seiner bisherigen Regierungszeit deutlich zu spüren bekommen. Angetreten als ein Präsidentschaftskandidat, der nicht für das blaue (demokratische) oder rote (republikanische) Amerika, sondern ausschließlich für die *Vereinigten* Staaten von Amerika Politik machen wollte, sah er sich schnell einer geschlossenen Opposition der republikanischen Abgeordneten im Repräsentantenhaus und Senat gegenüber, die es ihm bis heute extrem erschwert, seine zentralen Reformvorschläge legislativ umzusetzen. Auch wenn die Mehrzahl der Amerikaner Obama zu Beginn seiner Amtszeit noch attestierte, dass er sich um die politische Zusammenarbeit mit der gegnerischen Partei bemühte, so ist sein *approval gap* mit 71 Prozent heute ähnlich hoch wie das von George W. Bush in den 2000er Jahren. In einer Umfrage vom Januar 2014 bewerten 82 Prozent der demokratischen Unterstützer seine Arbeit positiv, hingegen nur 11 Prozent der republikanischen Wähler (Abb. 2) (Vgl. Jones 2014).

So gesehen spielen Parteien heute gewiss eine wichtigere Rolle als dieses in den meisten Perioden der amerikanischen Geschichte der Fall war. Und doch: Um *Party Government* im europäischen Sinne handelt es sich natürlich dennoch nicht. Denn Institutionen sind zwar nie immun gegen die politischen Zeitumstände, aber eben auch nicht beliebig überformbar. Denn all die Polarisierung hat ja an grundsätzlichen Parametern des amerikanischen Regierungssystems nichts geändert: Die Gewalten bleiben getrennt und nicht fusioniert wie in europäischen parlamentarischen Systemen, weswegen ein Präsident anders als ein Premierminister oder

Kanzler nicht grundsätzlich auf eine eigene Parlamentsmehrheit bauen kann. Doch noch wichtiger: Allen ideologischen Homogenisierungsprozesse zum Trotz bleiben amerikanische Abgeordnete in erster Linie ihrem Wahlkreis verpflichtet, woraus sich potentiell divergierende Loyalitäten ergeben können.

Problematisch ist fraglos, dass die Architektur des amerikanischen Regierungssystems für diese Art der Parteipolarisierung denkbar schlecht ausgestattet zu sein scheint. Gerade in Zeiten des Divided Government scheint politischer Stillstand – sogenannter *gridlock* – die Folge zu sein. Überdies legen Studien den Schluss nahe, dass in Zeiten der Polarisierung die Partei, die nicht den Präsidenten stellt, in ihrer Opposition grundsätzlich geschlossener agiert als die Präsidentenpartei in ihrer Unterstützung von Gesetzesinitiativen (Vgl. Layman et al. 2006). Ein Verlust an Vertrauen in die politischen Institutionen, wenngleich aus ganz anderen Gründen, ist daher auch auf der anderen Seite des Atlantiks sehr präsent: Das starke Obstruktionspotenzial der Opposition führt zu dem Eindruck, dass Washingtons Politiker statt an Problemlösung eher an ideologischen Grabenkämpfen interessiert seien.

3.3 Party Organizations

Die Bedeutung des Terminus Parteiorganisation ist in den USA weiterhin eine substantiell andere als in Europa. Der Verfassungsrahmen und die darin gelebte politische Kultur haben einen originären Parteitypus hervorgebracht, der sich seit über 200 Jahren in einem äußerst spannenden Prozess des *party change* befindet. Die Folge dieses ständigen Wandels: Für Parteiforscher ist es enorm schwierig, den Charakter von amerikanischen Parteien treffend zu beschreiben, denn bis heute treten sie organisatorisch sehr diffus auf, sind in ihren Zielen oft widersprüchlich und in ihrer Gestalt schwer zu greifen.

Lange Zeit wurde Parteien in den USA der Charakter von Wahlvereinen zugeschrieben, deren primäres Ziel der Gewinn von elektoralen Mehrheiten war. „*A party is to elect*", so hieß es im amerikanischen Kontext ganz pragmatisch. Parteien galten als nötiges Vehikel im Kampf um Macht und Wählerstimmen. Diese Definition lässt sich bereits bei E. E. Schattschneider, dem führenden Kopf der frühen Politikwissenschaft in den USA, finden. Er schrieb mit Blick auf amerikanische Parteien ganz basal: „*A political party is an organized attempt to get power*" (Schattschneider 1942, S. 35).

Organisatorisch-strukturell sind Parteien in den Vereinigten Staaten schwer zu fassen, haben sie doch eher den Charakter von lose verkoppelten Sympathisantenkreisen ausgebildet, nicht den von organisatorisch eng verknüpften Gemeinschaften oder Vereinen. In der Tat kennen die beiden Großparteien in den USA keine Mitgliedschaft im europäischen Sinne. Man sympathisiert als Bürger offen mit einer Partei. Man bekennt sich zu ihr, indem man sich als *Democrat* oder *Republican* im Wählerverzeichnis registriert. Es gibt kein Parteibuch, keine Mitgliedsnummer, keine regelmäßigen Beitragszahlungen, kein deutlich definiertes „Innen" und „Außen", keine eingrenzende Vereinsmentalität. Die Konsequenz: Parteiaktivität ist häufig von sehr episodischer Natur. Eine dauerhafte Ortsverbandsstruktur gibt es nur selten. Auch strukturierte Formen innerparteilicher Willensbildung und ein institutionalisierter Mittelbau, der Einfluss auf die Kandidatenselektion und die inhaltliche Ausrichtung der Partei hat, sind amerikanischen Parteien fremd.

US-amerikanische Parteienforscher versuchten immer wieder, die organisatorische Diffusität US-amerikanischer Parteien zu beschreiben. Erfolgreich ist hier eine neue Richtung der Parteienforschung in den USA gewesen, die auf netzwerktheoretischen Überlegungen basiert. Diese Netzwerkforscher fingen an, den Blick auf das zu öffnen, was Partei in den USA ausmacht. Sie blickten über den organisatorischen Tellerrand der formalen Parteiorganisation hinaus, indem sie ihren Forschungsgegenstand als ein offenes und fluides Beziehungsgeflecht betrachteten – als ein *web of relationships* –, das sich erst aus dem Zusammenspiel von offizieller Parteiorganisation und inoffiziellen Parteiakteuren in deren Umfeld ergibt. Zu diesen inoffiziellen Akteuren gehören u.a. Wahlkampfberater, etablierte Interessengruppen genauso wie temporäre Wahlkampfvehikel in Form von SuperPACs, Geldgeber, Think Tanks, Lobbyisten oder parteinahe Medien. Diese Akteure agieren auf den ersten Blick zwar unabhängig von den festen Parteiorganisationen, neigen in einem polarisierten Umfeld aber dazu, sich parteiäquivalent zu verhalten und Allianzen mit ihr zu bilden. Jonathan Bernstein, einer der konzeptionellen Vordenker der Netzwerkparteitheorie, schreibt: „*American political parties are now organizations encompassing a wide variety of partisan elements, only some of which are found within the formal party structure*" (Bernstein 1999, S. 5). Cohen et al. ergänzen: „*Organizational form is not what makes a party; it is the will and the ability [of party-allied actors] to bridge their differences in a united front*" (Cohen et al. 2001, S. 75). Die mittlerweile empirisch belegbare These: Parteien konstituieren sich in den USA als offene Netzwerke kooperierender Akteure, die nicht mehr durch starre Grenzziehungen zwischen „innen" und „außen" bestimmt werden, sondern als ein permeabler Organismus mit durchlässigen Außengrenzen agieren, der das temporäre Andocken von Akteuren zulässt, ohne sie zu vereinnahmen. Bezieht man eine solche Betrachtungsweise auf Parteien, dann gelangt man zu einem fundamentalen Perspektivwechsel. Es dominiert nicht mehr der starre Blick auf die formelle Organisation, sondern es sind die gemeinsamen Aktivitäten von Akteuren inner- und außerhalb der Parteihierarchie, die definieren, was „Partei" ist und wie sie agiert. Parteinetzwerke bilden sich mithin durch Zusammenarbeit, durch gemeinsame Strategiefindung und durch die Koordination ihrer Aktivitäten heraus.

Am Eindringlichsten lassen sich die Parteinetzwerke der Republikaner und Demokraten in den besonders umkämpften Wahlkreisen und Einzelstaaten beobachten. Dort sind die Kandidaten nicht mehr das Zentrum des Wahlkampfes, sondern sie agieren als *primus inter pares*. Sie setzen zwar die Grundkoordinaten der Kampagne und sind deren Gesicht nach außen, informell sind sie jedoch in einen vitalen Parteiraum eingebettet, unter dessen Dach die unterschiedlichsten Parteiakteure ihren Beitrag zum Wahlgewinn „ihres" Bewerbers leisten. Dieser Parteiraum lässt sich anhand des Zusammenspiels von Parteizentralen, Mandatsträgern, parteinahen Interessengruppen und Wahlkampfberatern kurz skizzieren.

Parteizentralen: Eine zentrale Position im Parteiraum nehmen die Parteikomitees ein. Sie haben sich heute wieder zu schlagkräftigen und finanzstarken Wahlkampfvehikeln entwickelt, die so straff und so zentral wie selten zuvor von der Bundesebene aus geführt werden. Zwar besitzen Parteien als Organisationen weiterhin einen offenen Charakter. Eine nachhaltige Mitarbeiterstruktur existiert nicht; Mitarbeiter stellen sich nach dem Prinzip des *in and out* nur für eine kurze Zeit in den Dienst der Parteiorganisation. Insgesamt sind die Parteizentralen in Washington, D.C. im Wahlkampf aber die tonangebenden Akteure in ihrem jeweiligen Parteiraum, die ihre Kandidaten nicht nur als Service-Stationen begleiten, sondern aktiv steuernd in deren Kampagnen eingreifen – vor allem mit Hilfe von *Independent Expenditures*, die sie sehr strategisch einsetzen. Geschickt passen sie ihre Wahlwerbung an die Agenda ihrer Bewerber an, indem sie die ergänzende Rolle des *bad cop* spielen, der die in den USA nötige Negativität und Schärfe in die Kampagnen bringt. So haben die Kandidaten die Chance, ihren politischen Gegner mit Hilfe ihrer Parteien in Misskredit zu bringen, ohne sich selbst zu sehr in die Niederungen des Wahlkampfes begeben zu müssen.

Unverzichtbar sind die Parteiorganisationen heute auch im Bereich der Wählermobilisierung, die sie straff aus den Parteizentralen heraus steuern, ohne aber den Freiwilligen vor Ort an der Parteibasis den nötigen Freiraum zu nehmen, mit eigenen Aktionen für ihre Kandidaten zu werben. Auf allen Ebenen des politischen Systems kämpfen die revitalisierten Parteiorganisationen buchstäblich um jede Stimme. Dies tun sie nicht nur mit Hilfe der von ihnen professionell gesteuerten Zielgruppenanalyse und -ansprache (*Targeting*), sondern auch mit einer neuen Ausrichtung auf das alt hergebrachte *Grassroots Campaigning* – auf die persönliche Ansprache von Nachbar zu Nachbar, von Freund zu Freund, von Aktivist zu Wähler.

Mandatsträger: Eine wichtige – wenn auch bis dato weithin unterschätzte – Unterstützerrolle für Kandidaten spielen die gewählten Parteivertreter in Exekutive und Legislative, die ihre Ressourcen solidarisch in ihren jeweiligen Parteiraum einbringen, um Mehrheiten zu sichern bzw. zu erobern. Besonders effektiv geschieht dies im Falle der Umverteilung von Spenden, die viele „sichere" Amtsinhaber (*Incumbents*) in Millionenhöhe bei ihren Unterstützern einsammeln, um sie dann entweder als Direktspenden an bedürftige Kandidaten oder als „Parteisteuern" an ihre jeweiligen Kongressparteien weiterzuleiten. Dies gilt vor allem für diejenigen Mandatsträger, die einen Sprung auf der Karriereleiter innerhalb der Partei machen wollten – sei es durch die Besetzung eines Ausschussvorsitzes, eines Parteiamtes oder zur Vorbereitung einer Kandidatur für das Präsidentenamt. Melden sie einen Anspruch auf höhere politische Weihen an, dann werden sie von der Parteiführung geradezu verpflichtet, Parteikollegen in den umkämpften Wahlkreisen und Einzelstaaten zu unterstützen. Das Engagement von Mandatsträgern ist mithin selten selbstlosem Altruismus, sondern zumeist politischem Kalkül geschuldet. Und dennoch: Am Ende zählt, dass eine Vielzahl von Kandidaten in engen Rennen maßgeblich von den Hilfeleistungen ihrer Parteifreunde profitiert.

Wahlkampfberater: In ihrer täglichen Arbeit sind die *political consultants* zwar fixiert auf den individuellen Erfolg ihrer jeweiligen Kunden. Da sie sich aber ausschließlich für Klienten im Parteiraum der Demokraten oder der Republikaner engagieren, hat ihre individuelle Arbeit eine übergeordnete Dimension. Sie trägt – in all ihren Facetten – maßgeblich dazu bei, das gemeinsame Ziel zu erreichen: den Gewinn von politischen Mehrheiten. Wahlkampfberater in den USA begreifen sich heute ohne Zweifel als Teil eines vernetzten Parteiraumes. Sie sind keine unpolitischen PR-Gurus, die ihre Arbeit an den meist bietenden Kunden verkaufen. Politisch sozialisiert im Parteinetzwerk, haben die meisten von ihnen eine manichäische Sicht auf den Wahlkampf entwickelt, die die elektorale Welt in gut und böse, in pro und contra einteilt. Nur in besonderen Ausnahmefällen wechseln Berater die Parteiseiten. Wenn sie dies tun, haben sie nicht nur mit der Ächtung ihrer Kollegen zu kämpfen, sondern auch mit erheblichem Misstrauen der Kunden in ihrem neuen Parteiraum.

Consultants bewegen sich geradezu wie Spinnen im vernetzten Parteiraum. Sie sind als Medienberater und Meinungsforscher für Kandidaten aktiv, agieren als Mobilisierungs- und Targeting-Experten für die Parteizentralen, sie machen Fundraising für ausgewählte Interessengruppen und produzieren die Wahlwerbung von SuperPACs. Diese vernetzte Tätigkeit wird im jeweiligen Parteinetzwerk von ca. einem Dutzend Wahlkampfberatungen betrieben, die nicht nur enge Beziehungen zu Kandidaten, Parteiführungen und Interessengruppen pflegen, sondern sich auch untereinander gut kennen und informell abstimmen. Genau dieser elitäre Club von Wahlkampfberatern ist es auch, der in beiden Lagern als Hüter des Wahlkampfwissens seiner Partei fungiert. Da die Fluktuation der Mitarbeiter in den Parteizentralen sehr hoch ist und die Wahlkampforganisationen der Kandidaten nach dem Wahltag schnell wieder auseinanderfallen, sind es die Chefs und leitenden Angestellten der Beraterfirmen, die über Jahre hinweg konstantes Wissen über Wahlkämpfe „ihrer" Partei im ganzen Land akkumuliert haben. Dieses Expertenwissen hegen und pflegen sie, um es immer wieder aufs Neue an den unterschiedlichsten Stellen in ihrem jeweiligen Parteiraum einzubringen.

Interessengruppen: Mittlerweile haben sich Vielzahl von schlagkräftigen Interessengruppen aus dem links-progressiven und dem konservativen Spektrum in die Parteiräume der Demokraten und der Republikaner integriert, die gemeinsam für den Wahlerfolg von Kandidaten „ihrer" Parteien kämpfen. Genannt seien hier Gewerkschaften, Frauenrechtsverbände, Umweltorganisationen und die Vertreter der *Open Left* wie *MoveOn.org* auf Seiten der Demokraten sowie Handelskammer (*Chamber of Commerce*), *Club for Growth*, *National Rifle Association* (NRA) und wertkonservative Gruppen wie der *Family Research Council* auf Seiten der Republikaner. Diese Allianzen zwischen Interessenorganisationen und Parteien sind in den USA allerdings sehr fluide und schwer zu greifen, manifestieren sie sich doch äußerst selten in offiziellen Absprachen, Austauschen oder Kontaktroutinen. Dies liegt zum einen an den mangelnden gesetzlichen Möglichkeiten der Koordinierung. Zum anderen an der Vielzahl von unterschiedlichen und oft sehr temporär agierenden Wahlkampfvehikeln, die sich im jeweiligen Interessenspektrum gründen. Hier gerät insbesondere das Verhalten der vermehrt entstehenden SuperPACs in den Blick, die – befördert von der komplexen und skurrilen Wahlkampfgesetzgebung – die die Möglichkeit haben, unbegrenzte Summen von reichen Spendern einzunehmen und sie als eine Art Schattenpartei in den Wahlkampf zu investieren. Das Ziel dahinter: Das Schließen von finanziellen und organisatorischen Lücken der Parteien. Aus diesen Gründen hat sich in den Vereinigten Staaten bis heute kein klassisches Vorfeld von Parteien herausgebildet, wie man es lange Zeit bei Volksparteien westeuropäischer Prägung beobachten konnte, sondern ein Umfeld von Interessengruppen, das zwar für die Kandidaten *einer* Partei kämpft, nicht aber für die Partei als Organisation mobilisiert oder mit ihr personell eng verbunden ist.

4 Fazit

Was lässt sich aus alldem schließen und lernen? US-Parteien sind widersprüchliche Geschöpfe. Einerseits agieren sie heute so ideologisch polarisiert und aufgeladen wie nie zuvor in der Geschichte der Vereinigten Staaten. In der Wählerschaft sind die Bindungen zu und die Identifikation mit den Parteien stärker geworden. Auch ihre Anbindung und ihr Einfluss auf den Prozess der politischen Entscheidungsfindung sind heute so groß wie selten zuvor. So gesehen scheinen sie sich tatsächlich „europäisiert" zu haben. Bedenkt man zudem, dass sich die Parteien in Europa seit längerem weltanschaulich entkernt haben, so scheinen sich die Verhältnisse heute beinahe in ihr Gegenteil verkehrt zu haben (Lütjen 2008).

Andererseits: Schlagkräftige und geschlossene Parteimaschinen alter Prägung sind Demokraten und Republikaner nicht geworden und schon gar nicht Massenintegrationsparteien im europäischen Sinne. Parteien existieren weiterhin in Gestalt zweier informell organisierter und vernetzter Parteiräume, in denen nicht die formale Mitgliedschaft in der Partei das strukturierende Element ist, sondern die gelebte politische Leidenschaft, das Ergreifen von „Partei", das gemeinsame Agieren für die eine oder andere politische Seite – unabhängig von formellen Grenzen und Strukturen.

Literatur

Aldrich, John H. 1995. *Why Parties? The origin and transformation of political parties in America*. Chicago: University of Chicago Press.
Bartels, Larry M. 2000. Partisanship and voting behavior, 1952–1996. *American Journal of Political Science* 44(1): 35–50.
Bernstein, Jonathan. 1999. *The expanded party in American politics*. Unveröffentlichtes Manuskript, University of Berkeley, CA.
Bishop, Bill. 2008. *The Big Sort – Why the clustering of like-minded America is tearing us apart*. New York: Houghton Mifflin Company.
Black, Earl und Merle Black. 2003. *The rise of southern republicans*, 2. Aufl. Cambridge, MA: Harvard University Press.
Bryce, James. 1893. Political organizations in the United States and England. *The North American Review* 156(434): 105–118.
Bryce, James. 1888. *The American commonwealth. In Three volumes*, Bd. 2, New York, London: Macmillan.

Buell, Emmett H. Jr. 2004. The rise of a primary-dominated process. In *Enduring controversies in presidential nominating politics*, Hrsg. Emmett Buell und William G. Mayer, 193–219. Pittsburgh: University of Pittsburgh Press.
Cohen, Marty, David Karol, Hans Noel und John Zaller. 2001. Beating reform. The resurgence of parties in presidential nominations, 1980 to 2000, Paper zur Präsentation auf der Jahrestagung der American Political Science Association.
Committee on the Political Parties. 1950. *Toward a more responsible two-party system. A report of the committee on political parties*. American Political Science Association.
Dalton, Russel J. 2013. *The apartisan American. Dealignment and changing electoral politics*. Thousand Oaks, CA: CQ Press.
Duverger, Maurice. 1959. *Die politischen Parteien*. Mohr (Siebeck): Tübingen.
Epstein, Leon D. 1986. *Political parties in the American mold*. Madison, WI: University of Wisconsin Press.
Gelman, Andrew. 2010. *Red state, blue state, rich state, poor state. Why Americans vote the way they do*. 2. erw. Aufl. Princeton, Oxford: Princeton University Press.
Gerring, John. 1998. *Party ideologies in America, 1828–1996*. Cambridge, New York: Cambridge University Press.
Hawley, George. 2014. *Voting and migration patterns in the U.S.* New York, London: Routledge.
Hunter, James Davison. 1991. *Culture wars. The struggle to define America*. New York: Basic Books.
Jones, Jeffrey M. 2014. *Obama's fifth year job approval ratings most polarized*. http://www.gallup.com/poll/167006/obama-fifth-year-job-approval-ratings-among-polarized.aspx. Zugegriffen am 22.05.2014.
Layman, Geoffrey C., Thomas M. Carsey, und Juliana Menasce Horowitz. 2006. Party polarization in American politics. Characteristics, causes, and consequences. *Annual Reviews of Political Science* 9: 83–110.
Levendusky, Matthew. 2009. *The partisan sort. How liberals became democrats and conservatives became republicans*. Chicago, London: University of Chicago Press.
Lipset, Seymore Martin, und Gary Marks. 2001. *It didn't happen here. Why socialism failed in the United States*. New York: W.W. Norton & Co.
Lütjen, Torben. 2008. Das Ende der Ideologien und der amerikanische Sonderweg. *Zeitschrift für Politik* 55(3): 292–314.
Magleby, David B., Candice J. Nelson und Mark C Westlye. 2011. The myth of the independent voter revisited. In *Facing the challenge of democracy. Explorations in the analysis of public opinion and political participation*, Hrsg. Paul M. Sniderman und Benjamin Highton, 238–263. Princeton: Princeton University Press.
Mann, Thomas E., und Norman J. Ornstein. 2012. *It's even worse than it looks. How the American constitutional system collided with the new politics of extremism*. New York: Basic Books.
McCarty, Nolan, Keith T. Poole, und v. Rosenthal. 2006. *Polarized America. The dance of ideology and unequal riches*. Cambridge, MA, London: MIT Press.
Milkis, Sidney M., und Jesse H. Rhodes. 2012. The president, party politics, and constitutional development. In *The Oxford handbook of american political parties and interest Groups*, Hrsg. Sandy L. Maisel und Jeffrey M. Berry, 377–402. Oxford, New York: Oxford University Press.
Phillips-Fein, Kim. 2009. *Invisible hands. The making of the conservative movement from the new deal to Reagan*. Aufl. New York: W. W. Norton & Co.
Rae, Nicol C. 2007. Be careful what you wish for: The rise of responsible parties in American National Politics. *Annual Review of Political Science* 10: 169–191.
Rockman, Bert A. 2004. Presidential leadership in a time of party polarization – The George W. Bush presidency. In *The George W. Bush presidency. Appraisals and prospects*, Hrsg. Colin Campbell und Bert A. Rockman, 319–357. Washington, D.C.: CQ Press.
Schattschneider, Elmer E. 1942. *Party government*. New York: Farrar and Rinehart.
Sinclair, Barbara. 2006. *Party Wars. Polarization and the politics of national policy making*. Norman, OK: University of Oklahoma Press.

Skinner, Richard. 2005. *The partisan presidency*, Paper, State of the parties conference, Akron, OH.
Stonecash, Jeffrey M., Mark D. Brewer, und Mack D. Mariani. 2003. *Diverging parties. Social change, realignment, and party polarization*. Boulder, CO: Westview Press.
The American National Election Study. 2008. *The ANES guide to public opinion and electoral behavior*. http://www.electionstudies.org/nesguide/toptable/tab2b_4.htm. Zugegriffen am 22.05.2014.
Theriault, Sean M. 2008. *Party polarization in congress*. Cambridge, New York: Cambridge University Press.
Tocqueville, Alexis de. 1863. *Democracy in America*. Bd. 1, Kapitel 10, Cambridge, MA, 1863.

Hyper-Pluralismus? Die Welt der Interessengruppen, Gewerkschaften, Lobbyisten und Think Tanks

Martin Thunert

Inhalt

1 Einleitung 286
2 Die US-amerikanischen Interessengruppenlandschaft und Think Tank-Szene:
  Struktur und Typologie 286
3 Interessengruppen und das politische System der USA 293
4 Erscheinungsformen und Strategien der Interessenvertretung und des Lobbyismus 295
5 Organisierte Interessen, Hyperlobbyismus und politischer Entscheidungsprozess:
  Ausdruck von Pluralismus oder *unequal heavenly chorus*? 299
Literatur 302

Zusammenfassung

Der Beitrag wirft einen theoriegeleiteten empirischen Blick auf die vielfältige Landschaft der organisierten Interessenvertretung und der Think Tanks in den USA. In einem ersten Schritt wird die amerikanische Interessengruppenlandschaft – unter besonderer Berücksichtigung der Gewerkschaften – und die Advocacy-Szene grob umrissen und typologisiert. Danach geht es um ihre Rolle im politischen System der USA sowie um Lobbyismus als primäre Einflussstrategie als auch um Versuche, den Lobbyismus gesetzlich zu regulieren. In einem dritten Schritt werden die Erscheinungsformen der US-amerikanischen Interessengruppenlandschaft mit unterschiedlichen theoretischen Herangehensweisen erklärt, bevor ein vierter und letzter Abschnitt sich mit dem Einfluss von Interessengruppen auf den politischen Entscheidungsprozess auseinandersetzt.

M. Thunert (✉)
Heidelberg Center for American Studies, Universität Heidelberg, Heidelberg, Deutschland
E-Mail: mthunert@hca.uni-heidelberg.de; mthunert@live.de

© Springer Fachmedien Wiesbaden 2016
C. Lammert et al. (Hrsg.), *Handbuch Politik USA*, Springer NachschlageWissen,
DOI 10.1007/978-3-658-02642-4_18

Schlüsselwörter

Interessengruppen • Gewerkschaften • Think Tanks • Lobbying • Super-PACs • Advocacy • Regulierung • Kollektives Handeln

1 Einleitung

Befindet sich der politische Entscheidungsprozess der USA im Würgegriff von Sonderinteressen? Sind die Vereinigten Staaten aufgrund des politischen Einflusses des großen Geldes vielleicht sogar eine Oligarchie, wie es insbesondere publizistische und journalistische Darstellungen der Lobby- und Interessenbranche immer wieder konstatieren (u. a. Kaiser 2010)? Wie der folgende Beitrag zeigen wird, muss die Antwort auf diese alarmistisch anmutenden Fragen ja und nein lauten. Ja zum ersten, weil kein Zweifel daran besteht, dass wirtschaftliche Interessenverbände einen unverhältnismäßig großen Einfluss in Washington haben, ja zum zweiten, weil in den USA durchaus Anzeichen eines Zustands erkennbar sind, der in der Literatur als ‚Hyper-Pluralismus' bezeichnet wird. Grundsätzlich wird mit diesem Begriff die Selbstblockierung des politischen Systems diagnostiziert. Diese Selbstblockade ist indes nicht allein die Konsequenz institutioneller Gewaltenteilung, welche die Blockade der politischen Entscheidungsfindung durch unterschiedliche parteipolitische Kontrolle der Exekutive und der Legislative möglich macht, sondern es geht eher um eine Blockade aufgrund gesellschaftlicher Entwicklungen und um (Fehl)Entwicklungen im System der Interessenvermittlung. Hyperpluralismus gleicht einem Verkehrsinfarkt, der eintritt, weil gesellschaftliche Teilinteressen die Kontrolle über die politische Tagesordnung übernehmen, sich ohne jegliches Regelwerk gegenseitig blockieren und der Staat und seine Regierungsinstitutionen als zentrale Steuerungsinstanzen zu schwach sind – da sie zum Teil Gefangene der Partikularinteressen sind – um das Verkehrschaos aufzulösen. Doch Hyper-Pluralismus zeigt auch, dass es in Washington generell schwerer wurde, Veränderungen des Status Quo gesetzgeberisch herbeizuführen, ganz gleich, in wessen Interesse. Deshalb lautet die Antwort zu etwa der Hälfte nein, weil der Aufwand, den Sonderinteressen, private Geldgeber etc. betreiben, um den politischen Entscheidungsprozess zu beeinflussen, nicht immer zum gewünschten Ergebnis führt. Der Diskussion der Frage nach der Macht der Verbände und Einflussnehmer vorangestellt, ist eine möglichst genaue Vermessung und Kategorisierung der vielschichtigen US-Interessengruppenlandschaft.

2 Die US-amerikanischen Interessengruppenlandschaft und Think Tank-Szene: Struktur und Typologie

Unter dem Obergriff Interessengruppen versteht man freiwillige, organisierte Zusammenschlüsse von Personen und Körperschaften (z. B. Verbände), die nicht demokratisch durch Volkswahl legitimiert sind, jedoch – neben anderen

Aktivitäten – versuchen, den Willensbildungsprozess der staatlichen Entscheidungsträger zu beeinflussen, um spezifische Interessen durchzusetzen. Die Strategie der direkten oder indirekten Einflussnahme auf politische Entscheidungen wird heute allgemein als Lobbyismus oder Lobbying bezeichnet. In der Wandelhalle (*lobby*) des britischen Parlamentes trafen sich Vertreter der einflusssuchenden Gruppierungen einst mit Abgeordneten, um über gesetzliche Regelungen und staatliche Eingriffe zu verhandeln. Der Begriff Lobbying wurde in den USA im 19. Jahrhundert in den allgemeinen Sprachgebrauch aufgenommen, etwas später dann auch auf dem europäischen Kontinent verwendet.

Seit dem letzten Quartal des 20. Jahrhunderts wird die Landschaft der politischen Interessen auch als Advocacy-Szene bezeichnet. Gemeint ist das Sammelsurium an Organisationen und Kampagnenorganisationen, die ein bestimmtes Sachanliegen befürworten bzw. für Sachanliegen und/oder Personen eintreten. Die Advocacy-Szene ist sehr ausdifferenziert: Neben verbandlich organisierten Interessengruppen und Nichtregierungsorganisationen (*NGOs*) sind ihr auch professionelle Lobbyfirmen, public affairs-Agenturen, Büros und Spezialisten für Regierungsbeziehungen (*government relations*) und politische Kampagnenorganisationen zuzurechnen. Während die Masse der traditionellen Interessenverbände durchaus dezentral – also lokal und regional – organisiert ist oder als Bundesverbände zahlreiche regionale Untergliederungen aufweist, konzentrieren sich die politischen Dienstleister der Advocacy-Szene tendenziell in der Bundeshauptstadt Washington DC, mitunter auch in den Hauptstädten größerer Bundesstaaten wie Kalifornien oder Texas sowie in einigen Wirtschaftsmetropolen der USA wie New York, Chicago, Los Angeles, Atlanta oder Houston. Da in der US-Hauptstadt die meisten Interessengruppen und Verbände sowie die Lobbyfirmen in wenigen Abschnitten der innenstädtischen Geschäftsstraße K Street und deren näherer Umgebung angesiedelt sind, wird die Interessenvertretungsszene in den USA gerne als *K Street-Komplex* bezeichnet (Continetti 2006). Im weiteren Sinne der Advocacy-Szene zuzurechnen sind außerdem die Think Tanks und die gemeinnützigen Stiftungen, die sich ursprünglich primär auf wissenschaftliche Politikanalyse und Politikberatung bzw. auf Kultur- und Wissenschaftsförderung konzentrierten, heute aber immer mehr dazu übergehen, ihre Erkenntnisse und Politikempfehlungen professionell und kampagnenartig zu vermarkten.

Über die Größe der Interessengruppenlandschaft und der Advocacy-Szene in den USA gibt es keine genauen Zahlen. Schätzungen zufolge gibt es in den USA mindestens 24.000 Interessengruppen auf Bundesebene (Lösche 2008, S. 274). Das Handbuch National Trade and Professional Associations of the United States (AssociationExecs.com) listet in seiner Ausgabe von 2014 knapp 8.000 Organisation auf Bundesebene. Eine weitere Quelle ist die Encyclopedia of Associations (Gale Directory Library 2014), die Informationen über ein breites Spektrum von nicht-gewinnorientierten, freiwilligen Vereinigungen und bürgerschaftlichen Initiativen enthält und ca. 23.000 Organisationen auflistet. Das *Washington Representatives Directory* (Lobbyists.Info 2014) ist eine der wichtigsten Quellen, um sich einen Überblick über diejenigen Interessenvertretungen zu verschaffen, die in der US-Hauptstadt präsent sind (Schlozman et al. 2012,

S. 621–644). Gelistet sind hier ca. 1.700 Lobbyfirmen mit knapp 20.000 beschäftigen Lobbyisten. Allerdings fehlen im Washingtoner Vertreterverzeichnis all diejenigen Organisationen, die auf der Ebene der Einzelstaaten oder der lokalen Politik aktiv sind sowie solche, die in Washington DC punktuelle Lobbyarbeit leisten, ohne dort über eine dauerhafte Präsenz zu verfügen. Nimmt man all diese Einrichtungen dazu, können schätzungsweise rund 200.000 Organisationen der Advocacy-Szene zugerechnet werden.

Das Erscheinungsbild der amerikanischen Interessengruppenlandschaft ist somit ausgesprochen vielfältig. Die Spanne reicht von den traditionellen Gewerkschaften und Arbeitgeber-, Branchen-, Berufs- und Bauernverbänden über Gebietskörperschaften und den Bund der Steuerzahler bis hin zu weltanschaulichen, sozial- oder umweltpolitisch orientierten Gruppierungen. Die erste grundlegende Unterscheidung dieser vielfältigen Landschaft ist die zwischen dem Typus der traditionell gewinnorientierten, privaten Interessen (*private interests*) und dem Typus der nicht- gewinnorientierten öffentlichen Interessengruppen (*public interests*). Die Unterscheidung ist keine moralische, sondern bezieht sich auf die Art des Gutes, welches die Interessengruppe anstrebt. Unter öffentlicher Interessenvertretung versteht man das Eintreten für Themen wie öffentliche Sicherheit, Sicherheit von Konsumartikeln, sauberes Wasser und saubere Luft oder transparentes Regieren und ähnliche. Die bessere Versorgung mit Gemeinschaftsgütern kommt in der Regel allen Mitgliedern der Gesellschaft zugute, während die bessere Versorgung mit privaten Gütern andere Menschen tendenziell ausschließt. Wie später gezeigt wird, besteht das Problem der öffentlichen Interessen ganz generell darin, dass diese Ziele zwar von der breiten Mehrheit der Menschen geteilt werden, sie aber selten zu den höchsten politischen Prioritäten der meisten Menschen gehören und ein Eintreten für diese Güter politisch selten belohnt wird.

Mehr als zwei Drittel der organisierten Interessen sind Organisationen, Institutionen oder Mitgliedschaftsverbände, deren politische Anliegen im Kern wirtschaftlicher Natur sind. Über die Dominanz ökonomisch orientierter Interessen herrscht in der Forschung weitgehende Einigkeit. Dabei dominieren innerhalb der ökonomisch orientierten Interessen Firmen, Wirtschaftsverbände und berufsständische Organisationen gegenüber Gewerkschaften oder den Vertretern von armen und der Fürsorge unterliegenden Menschen (Schattschneider 1961, Imig 1996 oder Hays 2001).

Bei weitem nicht alle Interessengruppen sind Verbände mit Individualmitgliedschaft wie die Gewerkschaften, die Seniorenvereinigung *AARP* oder der Interessenverband der Schusswaffenbesitzer *NRA*. Verbände mit Individualmitgliedschaft machen nur ca. 12 % aller im Repräsentantenverzeichnis aufgeführten Organisationen aus. Zu den ressourcenstärksten Interessen gehören institutionelle Verbände, deren Mitglieder Unternehmen, Krankenhäuser, Universitäten, Spielkasinos oder öffentliche Körperschaften sind. Diese Gruppe macht 65 % aller Organisationen aus. Weitere 17 % sind Vertretungen von Berufsgenossenschaften, Gewerkschaften, Industrie- und Handelstage, Wirtschaftskammern usw. (Schlozman et al. 2012, S. 318–321). Tabelle 1 zeigt die Stärke der Washington-Repräsentanz unterschiedlicher Typen von Interessengruppen und Verbänden.

Tab. 1 Welche Interessen werden in Washington durch Organisationen vertreten?

Konzerne und Firmen	34,9 %
Wirtschaftsverbände	13,2 %
Berufsständische Organisationen	6,8 %
Gewerkschaften	1,0 %
Bildung/Erziehung	4,2 %
Gesundheit	3,5 %
Armut und Sozialfürsorge	0,8 %
Öffentliche Interessen	4,6 %
Identitätsgruppen	3,8 %
Gebietskörperschaften regional/lokal	10,4 %
Ausland	7,8 %
Sonstige Interessen	7,7 %
Unbekannt	1,4 %

Quellen: Schlozman et al. 2012, S. 321; sowie Baumgartner und Leech 2001, S. 1207; Smith 2000, 2010; Hacker und Pierson 2010

2.1 Interessengruppen mit wirtschaftlichem Interesse

Mehr als die Hälfte der Organisationen mit wirtschaftlichem Interesse vertreten direkt die Anliegen der amerikanischen Wirtschaft, indem sie z. B. Konzernrepräsentanzen in der US-Hauptstadt unterhalten. Dazu kommen branchenspezifische Wirtschaftsverbände und die Vertretungen der mittelständischen Wirtschaft (*small business*) etwa in Gestalt der US-Handelskammer. Der Hyperpluralismus der Wirtschaftsinteressen in Washington führt gerade nicht dazu, dass die US-Wirtschaft insgesamt mit einer Stimme spricht. Der Chor der amerikanischen Wirtschaft ist extrem vielstimmig. In der Literatur herrscht indes keine Einigkeit darüber, ob die interne Vielstimmigkeit der Wirtschaftsinteressen diese schwächt oder nicht. Während etwa Smith (2000, 2010) den Hyperpluralismus als Schwäche bei der Vertretung von Wirtschaftsinteressen betrachtet, sehen Hacker und Pierson (2010) die Wirtschaftslobby dadurch nicht beeinträchtigt. Zu den weiteren Organisationen mit wirtschaftlichem Interesse gehören Landwirtschaftsinteressen sowie bildungs- und gesundheitspolitische Verbände, hinter denen primär Universitäten oder Krankenhäuser, Seniorenheime etc. stecken.

2.2 Gewerkschaften

Zu den wichtigsten Organisationen mit Individualmitgliedschaft zählen berufsständische Einrichtungen und vor allem die Gewerkschaften. Zu den Gewerkschaften amerikanischer Lesart zählen all jene berufsspezifischen Interessenvertretungen, die kollektiv im Namen ihrer Mitglieder verhandeln. Insgesamt sind die berufsständischen Vertretungen, die bestimmte Berufsgruppen wie Ärzte, Anwälte, Architekten, Manager, Journalisten oder auch Soldaten vertreten und der Definition nach nicht zu den Gewerkschaften zählen, deutlich zahlreicher, als die klassischen Arbeitnehmervertretungen mit kollektivem Verhandlungsmandat (Schlozman et al. 2012, S. 326–327). Es ist falsch, die öffentliche Meinung in den USA pauschal als gewerkschaftsfeindlich einzustufen, denn die Zustimmung zu Gewerkschaften in der Gesamtbevölkerung liegt seit dem Zweiten Weltkrieg bis heute nahezu kontinuierlich bei 60–70 %. Starke Veränderungen gab es hingegen beim gewerkschaftlichen Organisationsgrad. In den USA waren in den beiden Jahrzehnten nach dem Zweiten Weltkrieg ca. ein Drittel aller Arbeitnehmer gewerkschaftlich organisiert. Seit dem Beginn des 21. Jahrhunderts ist der Organisationsgrad auf einen Wert unter 15 % gefallen. Das Bureau of Labor Statistics (*BLS*) veröffentliche Anfang 2014 die neuesten Zahlen für das Jahr 2013: demnach sind 11,3 % der abhängig Beschäftigten gewerkschaftlich organisiert, wohingegen 30 Jahre zuvor noch 20,1 % Gewerkschaftsmitglieder waren (BLS 2014). Auffällig ist, dass der Organisationsgrad der öffentlich Beschäftigten mit 35,3 % fünfmal höher ist als der in der Privatwirtschaft beschäftigten Amerikaner, von denen nur 6,7 % gewerkschaftlich organisiert sind. Den höchsten Organisationsgrad haben die Beschäftigten im Bildungs- und Erziehungssektor bzw. die Beschäftigten kommunaler Arbeitgeber wie Lehrer, Polizisten und Feuerwehrleute. In der Privatwirtschaft weisen Sektoren wie die Energieversorgung, Logistik, Telekommunikation und Bauwesen überdurchschnittliche Raten gewerkschaftlicher Organisierung auf, während in der Landwirtschaft, im Finanzsektor sowie in der Lebensmittelbranche der Organisationsgrad deutlich unter 2 % liegt. Nimmt man sozialstrukturelle Merkmale der Gewerkschaftsorganisation in den Blick, so zeigt sich, dass Arbeitnehmer über 45 Jahre deutlich häufiger organisiert sind als jüngere Arbeitnehmer. Der Organisationsgrad von Männern liegt nur leicht über dem der Frauen, während schwarze Arbeitnehmer einen höheren Organisationsgrad aufweisen als weiße, asiatisch-stämmige oder hispanische Beschäftigte. Regional weisen die Bundesstaaten des Mittleren Atlantik und des Nordostens – insbesondere New York – sowie um die Großen Seen und entlang des Pazifiks einen überdurchschnittlichen Organisationsgrad auf, während in Südstaaten wie North Carolina, aber auch im Sonnengürtel der USA generell die wenigsten Menschen gewerkschaftlich organisiert sind. Insgesamt spaltet sich der gewerkschaftliche Organisationsgrad weiter: in 26 Bundesstaaten fällt er, während er in 22 Staaten ansteigt. Die landesweiten Werte sind somit von sehr begrenzter Aussagekraft.

Die zahlreichen Berufs-, Branchen- und Spartengewerkschaften der USA sind zum größeren Teil in Dachverbänden organisiert. Der größte gewerkschaftliche Dachverband ist die 1955 gegründete *American Federation of Labor and Congress of Industrial Organizations* (*AFL-CIO*), der im Jahr 2013 59 nationale und internationale Gewerkschaften angehörten und zusammen mehr als 12 Millionen Arbeitnehmer vertrat. Zwischen 1955 und 2005 vertraten die *AFL-CIO* Mitgliedsgewerkschaften nahezu alle gewerkschaftlich organisierten Arbeiternehmer in den Vereinigten Staaten. 2005 spalteten sich mehrere große Gewerkschaften vom *AFL-CIO* ab und bildeten die rivalisierende *Change to Win Federation*. *Change to Win* möchte durch eine offensive Anwerbung neuer Mitglieder die schwindende Macht der Gewerkschaften stärken. Bei dieser Spaltung der US-amerikanischen Gewerkschaften handelte es sich um die größte seit den 1930er-Jahren (Greven 2006).

Tab. 2 Die 10 größten Einzelgewerkschaften in den USA

Einzelgewerkschaft	Mitglieder (2008/2012)
National Education Association of the United States	2.730.000
Service Employees International Union[b]	1.500.000
American Federation of State, County and Municipal Employees[a]	1.460.000
The International Brotherhood of Teamsters[b]	1.400.000
United Food and Commercial Workers[a]	1.300.000
American Federation of Teachers[a]	829.000
United Steelworkers[a]	860.000
International Brotherhood of Electrical Workers[a]	705.000
Laborers' International Union of North America[a]	670.000
International Association of Machinists and Aerospace Workers[a]	654.000

Quelle: Eigenrecherche
[a]American Federation of Labor and Congress of Industrial Organizations
[b]Change to Win Federation

Change to Win vertrat 2012 rund 4,3 Millionen Arbeitnehmer. Allerdings kehrte 2013 die *United Food and Commercial Workers Union*, die mitgliederstärkste Einzelgewerkschaft im privaten Sektor, sowie einige mittelgroße Gewerkschaften unter das Dach der *AFL-CIO* zurück, da sie sich innerhalb des größeren Verbands mehr politisches Gewicht und Gehör in Washington versprachen (Tab. 2).

2.3 Think Tanks

Die USA verfügen über die weltweit mit Abstand größte und vielfältigste Think Tank Landschaft. Dies gilt sowohl für die Zahl der in den USA tätigen *public policy research institutes* – so die technische Bezeichnung für Think Tanks – als auch für deren personelle und finanzielle Ausstattung. Die Vermessung des Think Tank Sektors in den USA hängt von definitorischen Grenzziehungen ab und variiert daher je nach Quelle sehr stark. Schätzungen rangieren zwischen ca. 1.600 Instituten landesweit, wenn man universitäre Forschungsinstitute und forschungsstarke *NGOs* miteinbezieht (Go To 2013) und ca. 350–400 Einrichtungen, wenn man engere Definitionskriterien anlegt (Rich 2004).

Als Think Tank (oder Policy Institute, Denkfabrik etc.) gilt in den USA eine Organisation, die Forschung und Interessenvertretung/Fürsprache zu Themen wie Sozialpolitik, politische Strategie, Wirtschaft, Militär, Technik und Kultur betreibt. Die meisten Denkfabriken sind private und steuerbefreite Non-Profit-Organisationen. Andere werden von Regierungsbehörden, Interessengruppen oder Unternehmen gefördert oder erwirtschaften Einnahmen aus kommerzieller Beratungs- oder Forschungstätigkeit. Nach wie vor geht ein Teil der amerikanischen Think Tanks eher der wissenschaftlichen Politikberatung nach oder berät die Politik bei politik-technischen Fragen nach Beauftragung durch staatliche Stellen. Die sog. ‚Universitäten ohne Studenten' oder akademischen Think Tanks ähneln strukturell in vielerlei Hinsicht universitären Forschungsinstituten – mit den zwei wichtigen Unterschieden, dass erstens die akademische Lehre keine oder nur eine untergeordnete Rolle spielt und zweitens die Forschung nicht grundlagen-, sondern praxisorientiert ist und Forschungsthemen nach dem primären Gesichtspunkt der politischen Relevanz ausgesucht werden. Doch ansonsten ist die Arbeit akademischer Think Tanks eher technisch-wissenschaftlich als ideologisch und parteinah angelegt. Da aber auch die eher ideologiefreien zentristischen Denkfabriken großen Wert auf mediale Präsenz und Wirkung legen, wird auch bei den akademischen Think Tanks die Grenze zwischen nüchterner Beratung in Sachfragen und fürsprachlichem Eintreten für weltanschaulich gebundene Lösungsvorschläge immer undeutlicher. So lässt sich heutzutage mindestens die Hälfte dem Typus des advokatischen Think Tanks zuordnen. Die meisten advokatischen Think Tanks lassen sich weltanschaulich mehr oder weniger klar verorten, manche arbeiten in bewusster Nähe zu einer der beiden großen Parteien, ohne aber organisatorisch oder finanziell mit den Parteien verbunden oder gar weisungsgebunden zu sein.

Nach der heute üblichen Definition eines Think Tanks ist das 1910 gegründete *Carnegie Endowment for International Peace* die älteste und noch immer bestehende Denkfabrik in den USA. Nur wenig später wurde im Jahr 1916 der Vorläufer der *Brookings Institution* gegründet. Andere frühe Think Tanks in der ersten Hälfte des 20. Jahrhunderts sind die *Hoover Institution* (1919), der *Twentieth Century Fund* (1919) – heute als *Century Foundation* bekannt –, das *National Bureau of Economic Research* (1920) und der *Council on Foreign Relations* (1920). Nach dem Zweiten Weltkrieg entstand in Zusammenarbeit mit der Douglas Aircraft Corporation und der US Air Force im Jahr 1946 der bis heute weltgrößte sicherheitspolitische Think Tank, die *RAND Corporation* in Santa Monica, CA. Während die bisher genannten Institute parteipolitisch neutral und weltanschaulich gemäßigt agieren und häufig technokratische Analysen und Empfehlungen abgeben, gelten die späten 1960er- und frühen 1970er-Jahre als die Geburtsphase der advokatischen Think Tanks. Zunächst schienen Anfang der 1970er-Jahre gegründete konservative und libertäre Think Tanks wie die *Heritage Foundation* oder das *Cato Institute* in punkto medialer Präsenz und öffentlicher Sichtbarkeit die Oberhand zu gewinnen, doch spätestens Anfang des 21. Jahrhunderts holten linksliberale und progressive Think Tanks wie das *Center for American Progress* (2003) auf.

Der aus dem progressiven Lager stammende Medienmonitor *Fairness & Accuracy in Reporting* (*FAIR*) untersuchte anhand von Medienerwähnungen die wichtigsten 25 Think Tanks seit Mitte der 1990er-Jahre. Die jüngste Analyse von FAIR für das Jahr 2012 offenbart die ideologische Ausrichtung der Think Tanks (vgl. Dolny 2013): 45 % werden von FAIR als zentristisch bzw. als ideologisch nicht identifizierbar eingestuft, 35 % als konservativ oder sehr marktliberal, knapp 20 % als progressiv oder linksgerichtet.

In der Think Tank Forschung herrscht heute weitgehend Konsens, dass Think Tanks zu enorm wichtigen Akteuren im politischen Prozess der USA geworden sind, und dass sich größere Teile der Branche in den letzten Jahren zunehmend politisiert haben und somit die Grenzen zwischen Think Tanks und Lobbyismus immer fließender wurden. Allerdings ist die übergroße Mehrzahl amerikanischer Think Tanks und operativer Stiftungen rechtlich als gemeinnützige und steuerbefreite

Organisationen eingestuft, was ihnen direkten Lobbyismus oder die direkte Unterstützung von politischen Kandidaten für öffentliche Ämter verbietet. Um diese steuerrechtlichen Auflagen nicht zu verletzen, sind advokatische Think Tanks, wie z. B. die *Heritage Foundation* oder das *Center for American Progress*, dazu übergegangen, ihre kommerziellen Tätigkeiten und ihre Lobbyaktivitäten in gewinnorientierte Teilfirmen auszulagern. Amerikanische Think Tanks sehen ihre Rolle zudem in der Versorgung der funktionalen Eliten des Landes mit Nachwuchs und personellen Alternativen. So wechselten beispielsweise alleine in den beiden ersten Jahren der Obama-Administration mehr als 60 Mitarbeiter des *Centers for American Progress* auf temporäre Regierungsstellen. Ähnliches fand bereits in den 1980er-Jahren zwischen der Reagan-Administration und Einrichtungen wie der *Hoover Institution* oder dem *American Enterprise Institute* statt. Dabei unterliegen diese Personalwechsel nicht den Regulierungen der Lobbygesetze, solange die Think Tanks als gemeinnützige Organisationen bewertet werden.

3 Interessengruppen und das politische System der USA

Anders als in den korporatistischen Strukturen der Interessenvermittlung, wie sie in Teilen Kontinentaleuropas mit starken Dachverbänden, tripartistischen Arrangements und ‚konzertierten Aktionen' zwischen Arbeitgebern, Arbeitnehmern und dem Staat lange vorherrschend waren, sind Interessengruppen in den USA seit jeher dezentral und staatsfern strukturiert. Diese nicht-korporatistische Struktur der Interessenvermittlung in den USA erklärt die schiere Größe der Interessenlandschaft (Lösche 2008, S. 274). Doch existieren noch weitere Gründe, weswegen Verbände, Interessengruppen und Think Tanks in den USA eine noch größere Rolle spielen als in anderen westlichen Demokratien.

Der erste Grund ist sozio-kultureller Natur. Interessenvertretung und Lobbying sind in den Vereinigten Staaten von Amerika verfassungsrechtlich geschützte Aktivitäten. Der erste Verfassungszusatzartikel schützt ausdrücklich die Rede-, Vereinigungs- und die Petitionsfreiheit und besitzt innerhalb der Grundrechte einen kulturell erhöhten Status (Eastman 1997). Zudem war die amerikanische Gesellschaft nahezu von Anbeginn entlang von dem Einkommen betreffender, beruflicher, religiöser, ‚rassischer', landsmannschaftlicher und kultureller Grenzen segmentiert und entsprechend organisiert. Schon Alexis de Tocqueville bemerkte 1835 die starke Neigung der Amerikaner, sich in freiwilligen Assoziationen zu organisieren. Auf Tocqueville geht auch die Tradition zurück, das private Engagement der Amerikaner in Vereinigungen und freiwilligen Clubs per se als eine demokratieförderliche Verhaltensweise zu betrachten.

Der zweite und vielleicht wichtigste Grund liegt in der gewaltenteiligen Struktur des amerikanischen Regierungssystems. Die Funktionslogik des Präsidialsystemsystems der USA bestimmt in hohem Maße die Struktur und die Arbeitsweise der organisierten Interessenvertretung und des Lobbyismus. Mit seinem stark fragmentierten Entscheidungsprozess im Kongress und geringem Fraktionszwang bietet es höhere Anreize für die Vertretung von Einzelinteressen als ein parlamentarisches System mit Gewaltenfusion und Fraktionszwang. In den USA ist somit institutionell der Anreiz gegeben, neben der Exekutive auch die Legislative – und dort einzelne Abgeordnete und Ausschussmitglieder – zum mindestens gleichberechtigten Adressaten, wenn nicht gar zum Hauptziel der Lobbybemühungen zu machen.

Einen weiteren starken institutionellen Anreiz für Mehrebenenlobbyismus bietet der amerikanische Wettbewerbsföderalismus. US-Bundesstaaten nehmen zwar weniger Einfluss auf die nationale Gesetzgebung, jedoch besitzen sie erheblichen politischen Gestaltungsspielraum – insbesondere in der Wirtschafts-, Sozial- und Bildungspolitik, da Kompetenzen zurückverlagert wurden und in den Einzelstaaten wichtige innenpolitische Experimente stattfinden. Die institutionellen Bedingungen der Politik in den Einzelstaaten wie beispielsweise selten und kurz tagende Legislativen, oder eine schwache Beratungsinfrastruktur der Exekutive bilden einen besonders guten Nährboden für lobbyistische Arbeit und machen die Detailkenntnis und das institutionelle Gedächtnis der professionellen Lobbyisten nahezu unentbehrlich.

Als dritter institutioneller Anreiz prägt das Wahlrecht in den USA die Strategien der organisierten Interessenvertretung. Sämtliche Abgeordnete und Senatoren – egal ob auf Bundes- oder Landesebene – werden direkt nach relativem Mehrheitswahlrecht gewählt. Der Einzug in ein Parlament über die Landesliste ist in einem solchen Wahlsystem nicht möglich. Dies führt zu einer engen Wahlkreisbindung der amerikanischen Volksvertreter. Verstärkt wird die enge Wahlkreisbindung durch die Praxis der namentlichen Abstimmung im Kongress und den Legislativen der Einzelstaaten. Der interessierte Wähler kann das Abstimmungsverhalten seines Abgeordneten genau nachvollziehen und bewerten. Daher besteht für Interessenvertreter der Anreiz, auch die Stimmung in den Wahlkreisen zu beeinflussen und die Abgeordneten mit ihrem Abstimmungsverhalten zu konfrontieren.

Ein vierter institutioneller Anreiz für bestimmte Erscheinungsformen des Lobbyismus sind die vielfältigen Formen der direkten Demokratie, die in den USA auf Einzelstaatsebene praktiziert werden. So wird etwa in den westlichen Bundesstaaten der USA ein erheblicher Anteil der nicht-haushaltsrelevanten Gesetzgebung auf direktdemokratischem Weg entschieden.

Als letzter Grund für die ausgeprägte Rolle der Interessengruppen im politischen System der USA lässt sich die spezifische Organisationsform der amerikanischen Großparteien anführen, die in Verbindung mit dem kandidatenzentrierten System weiten Raum für den Einfluss von Interessenverbänden und Think Tanks bietet. Politische Parteien sind auch in den USA die primären Vehikel der politischen Willensbildung. In der US-Verfassung, aber auch im Selbstverständnis der USA, besitzen die Parteien jedoch keine hervorgehobene Stellung, sind aber während der Wahlkämpfe in sehr hohem Maße von der Einwerbung privater Spenden sowie auf Unterstützung durch befreundete Gruppierungen angewiesen. Daher ist die Wahlkampf- und Kandidatenfinanzierung eine besondere, aber auch sehr wichtige Art der Interessenvertretung in den USA, die in zahlreichen anderen Demokratien, mit ihren unterschiedlichen Modellen der Politikfinanzierung, keine echte Entsprechung findet.

4 Erscheinungsformen und Strategien der Interessenvertretung und des Lobbyismus

4.1 Direktes und indirektes Lobbying

Man kann mindestens zwei Arten des Lobbying unterscheiden (Kollman 1998, Leech und Baumgartner 1998): Unter *inside-lobbying* versteht man das direkte Lobbying der politischen Entscheidungsträger und ihrer Mitarbeiterstäbe. Die gesetzlichen Regulierungsmaßnahmen des Lobbying, von denen später zu sprechen sein wird, beziehen sich in der Regel ausschließlich auf diese Art des Lobbying. Indirektes oder *outside-lobbying* zielt dagegen auf das Umfeld der politischen Entscheidungsträger oder auf relevante Meinungsführer aus anderen politikrelevanten Sektoren wie Wissenschaft, Think Tanks und Journalismus, aber auch auf Gerichte. Beim indirekten Lobbying handelt es sich häufig um eine Abstimmung von Interessen und Aktivitäten unterschiedlicher, zumeist nicht-staatlicher Akteure, bei denen der Kontakt zum politischen Entscheidungsträger nur noch ein Element einer breiteren Strategie ist. Eine immer häufiger genutzte Variante des *outside-lobbying* ist das sog. *grassroots-lobbying*. Zunächst eine Domäne von *public interest groups* und sozialen Bewegungen, entdeckten seit den 1990er-Jahren kommerzielle Lobbyisten die Nutzung dieser Lobby-Strategie für ihre ökonomisch motivierte Klientel. Insofern die organisierten Basis-Kampagnen den Anschein von spontanem Bürger-Engagement und naturwüchsiger intellektueller Diskussionsfreude erwecken sollen, ohne tatsächlich von einer sozialen Bewegung oder einem authentischen Meinungsbild gestützt zu werden, spricht man in der Fachsprache von *astro-turf-lobbying*.

Zahlreiche Großunternehmen vertreten ihre Interessen nicht primär über Verbände, sondern direkt und beauftragen zu diesem Zweck entweder hauseigene Lobbyisten oder große Anwaltskanzleien mit spezialisierten Beratern für Regierungsbeziehungen. Nicht selten beschäftigen Großunternehmen und die für sie tätigen Lobbyfirmen ehemalige Kongressabgeordnete, Senatoren, Minister und ehemalige hohe Regierungsbeamte als Lobbyisten. Große Konzerne und Verbände unterhalten Lobbyisten mit Kontakten zum gesamten politischen Spektrum, um gegen Regierungswechsel und für die Konstellation des *divided government* gewappnet zu sein und somit stets Zugang zu beiden Parteilagern zu haben.

4.2 Politik- und Wahlkampffinanzierung

Eine Sonderform des indirekten Lobbying ist die Politik-, Wahlkampf und Kandidatenfinanzierung etwa durch die Einrichtung und Förderung von sog. *Political Action Committees* (*PACs*). Lobbyisten und ihre Klienten erhoffen sich durch diese Art der Wahlkampfhilfe die spätere Berücksichtigung des eigenen Anliegens durch den gewählten Politiker (Graziano 2001, S. 50–84). Amerika hat eine lange Tradition, den Einfluss von Interessengruppengeldern im politischen Prozess zu regulieren. Der *Tillman Act* von 1907 untersagte Unternehmensspenden an Kandidaten für politische Ämter. Der *Smith-Connally Act* von 1943 verbot Gewerkschaftsspenden an politische Kandidaten und schließlich zog das Bundeswahlkampfgesetz von 1971 enge Grenzen, was die Spendenhöhe von Individualbürgern an Parteien und Wahlkämpfer während einer Kampagne angeht. Derzeit sind dies 2.600 USD pro Kandidat und Wahlkampfzyklus. Aufgrund der Spendenobergrenzen für Individualpersonen haben viele Interessengruppen und Verbände *PACs* etabliert, um direkt in die Wahlkämpfe einzugreifen. Diese Wahlkampfkomitees werden in Stellung gebracht, um mit Anzeigenkampagnen die Wählerinnen und Wähler über die Kandidaten und ihre Anliegen in der jeweils gewollten Weise – fürsprechend oder ablehnend – zu informieren. Darüber hinaus bilden sie Wahlkampfmanager und Wahlhelfer aus und stellen den Kandidaten weitere politikbezogene Dienstleistungen aller Art zur Verfügung – von Meinungsumfragen über die Produktion von Fernseh-Werbespots bis hin zum Online- und Social Media Wahlkampf (Lösche 2008, S. 296).

Das bisher umfassendste Gesetz, das den Einfluss privater Spenden auf die Politik in Wahlkampfzeiten unterbinden sollte, war der *McCain-Feingold Act* von 2002. Vor 2002 konnten Parteien unbegrenzte Spenden von Einzelpersonen oder Gruppen (Unternehmen, Gewerkschaften etc.) annehmen, solange sie akzeptierten, dass sie diese ‚weiches Geld' (*soft money*) genannten Mittel nicht direkt für den Kandidatenwahlkampf, sondern für nicht näher bestimmte Zwecke der Parteientwicklung ausgaben. Das McCain-Feingold Gesetz unterband diese Mittelzuflüsse für Parteien und verbot darüber hinaus die Finanzierung indirekter Wahlkampfwerbung, die sich für oder gegen von den Kandidaten thematisierte Inhalte positionierten. Die heimliche Koordination der indirekten Wahlkampfhelfer mit der offiziellen Kampagne der Kandidaten wurde unter Strafe gestellt.

Doch im Jahr 2010 erklärte die sog. *Citizens United* Entscheidung des Obersten Gerichtshofes die Beschränkungen indirekter Wahlkampfunterstützung im McCain-Feingold Gesetz als Einschränkung der Ausdrucksfreiheit von juristischen Personen und damit als verfassungswidrig. Natürliche und juristische Personen – zu denen auch Unternehmen, Verbände, Gewerkschaften sowie gemeinnützige Organisationen usw. zählen – dürfen Gruppierungen, die zur Wahl eines Kandidaten aufrufen oder sich für Sachthemen einsetzen, die von den betreffenden Kandidaten vertreten werden, in unbegrenzter Höhe unterstützen. Diese *Super-PACs* müssen lediglich zwei Bedingungen erfüllen: sie dürfen sich nicht direkt mit den unterstützten Kandidaten und deren Teams abstimmen und müssen ihre Spenderlisten offenlegen. Allerdings lässt sich diese Maßgabe u. a. dadurch umgehen, indem das Geld an gemeinnützige Organisationen, die sich für Kandidaten und Themen engagieren, gespendet wird, die nicht von der Bundeswahlkommission (*Federal Election Comission, FEC*) beaufsichtigt werden und ihre Spender nicht offenlegen müssen. Lediglich die Steuerbehörde ist befugt, die gemeinnützigen Gruppierungen zu beaufsichtigen, um ggf. einen Verstoß gegen den Gemeinnützigkeitsstatus festzustellen. In der Praxis ist der Nachweis, dass steuerbefreite Wohltätigkeitsorganisationen hauptsächlich zum Zwecke der Wahlkampfunterstützung gegründet wurden, schwer zu führen. Was der Mehrheit der Obersten Richter als bedingungslose

Durchsetzung der verfassungsrechtlich garantierten Redefreiheit gilt, halten andere für die Kapitulation der elektoralen Demokratie der USA vor dem *dark money* anonymer Großspender. Ein weiteres Urteil eines unteren Gerichts entfernte jegliche Schranken für betuchte Individuen, Gruppierungen der indirekten Wahlkampfhilfe zu finanzieren. Seitdem sind in den USA die Schleusentore indirekter Wahlkampf- und Politikfinanzierung weit geöffnet: Im Jahr 2000 verbrauchten diese Gruppierung nach Angaben des *Centers for Responsive Politics* noch ca. 52 Millionen USD für indirekte Kampagnen. Bis 2012 war diese Summe bis auf 1 Milliarde USD gestiegen. Im Ergebnis bedeuten die beiden Gerichtsurteile eine massive Machtverschiebung – weg von den Parteiorganisationen und ihren Funktionären hin zu finanzstarken Personen und Organisationen, welche nun die *Super-PACs* genannten neuen Hilfsorgane des indirekten Wahlkampfes finanzieren. Fast über Nacht verschoben sich traditionelle Parteifunktionen wie die Durchführung von TV-Werbespots, die Einrichtung von Wahlkampforganisationen, die Errichtung und Pflege von Wählerdatenbanken, aber selbst die Kandidatenrekrutierung und die Einstellung von Wahlkampfpersonal – mehr oder weniger offen in die externen Super-PAC Gruppierungen. Die nicht beanstandeten Teile des McCain-Feingold Gesetzes, nämlich das Verbot der privaten Finanzierung der Parteiaufbauarbeit, haben den unbeschränkten Einfluss privaten Geldes auf die indirekte Wahlkampfführung paradoxerweise sogar noch verstärkt.

4.3 Lobbyregulierung

Der öffentliche Anspruch auf Transparenz im Bereich von Interessenvertretung, Lobbyismus und Public Affairs-Kommunikation wird in den USA durch ein Potpourri aus gesetzlicher Regulierung, Ethik-Regeln und Transparenzverpflichtungen sowie durch sog. *watchdog*-Gruppen und institutionelle Vorkehrungen zumindest im Ansatz zu befriedigen versucht (ausführlich Thunert 2003; Krick 2014). Im Ergebnis zählen die USA im internationalen Vergleich auf Bundesebene sowie in ca. der Hälfte der Bundesstaaten zu den hoch regulierten Lobbysystemen (Chari et al. 2010). So sind in den USA Lobbyisten gesetzlich verpflichtet, sich zu registrieren und über die Adressaten ihres Handelns und ihre Aktivitäten Auskunft zu geben.

Die ersten Bemühungen den Lobbyismus in den USA auf Bundesebene zu beschränken, reichen bis ins späte 19. Jahrhundert zurück. Die erste umfassende gesetzliche Regulierung stammt aus dem Jahr 1938 (*Foreign Agents Registration Act of 1938*) und galt der Registrierungspflicht für Lobbyisten, welche die Interessen ausländischer Mächte und Interessen vertreten. 1946 wurde das erste einheimische Regulierungsgesetz (*The Federal Regulation of Lobbying Act of 1946*) verabschiedet. Auf Grund ungenauer Definition, welche Aktivitäten der Interessenvertretung als Lobbying zu verstehen seien und wegen zahlreicher Schlupflöcher wurde das Gesetz schnell reformbedürftig. Nach mehreren fehlgeschlagenen Versuchen einer Neugestaltung wurde 1995 der *Lobbying Disclosure Act* verabschiedet. Das jüngste Lobbyregulierungsgesetz, der *Honest Leadership and Open Government Act of 2007* folgte einer Serie von Lobbyskandalen in den Jahren 2004-2006 um den mittlerweile verurteilten Lobbyisten Jack Abramoff. Das neue Gesetz präzisierte einige Bestimmungen vorangegangener Regulierungen und verschärfte die drohenden Strafen z. T. deutlich. In übersichtlicher Form aufbereitet und für eine breitere Öffentlichkeit zur Verfügung gestellt, werden die relevanten Daten von der Website Open Secrets des *Center for Responsive Politics* (http://www.opensecrets.org).

Ebenfalls gesetzlich geregelt sind in den USA die Karenzzeiten für Politiker aus Exekutive und Legislative und deren höhere Mitarbeiter. Vergleichbare Regeln existieren auf Einzelstaatsebene. Pauschal gesprochen, fallen die Karenzzeiten von 1–2 Jahren umso länger aus, je konkreter ein bestimmtes Thema und ein Gesetzesvorhaben, das Politiker oder hohe Beamte bearbeitet haben, mit dem Aufgabenbereich beim neuen Arbeitgeber in Verbindung gebracht werden kann und je stärker die persönliche Einbindung der in den Lobbyismus wechselnden Person in das Thema oder das Gesetzesvorhaben war (Maskell 2014).

Zu den Hauptlücken dieser gesetzlichen Regelungen gehört, dass sie zu keiner Offenlegung des indirekten Lobbying führen, da etwa die Aufforderung einer Interessengruppe oder eines Verbandes an seine Mitglieder, Briefe an Abgeordnete zu schreiben so lange nicht als Lobbying angesehen werden, so lange kein direkter Kontakt zu den Entscheidungsträgern hergestellt wird. Die Namen von Auftraggebern der Lobbyisten werden immer häufiger dadurch verschleiert, dass als Kunde eine namentlich nicht identifizierbare Koalition von Auftraggebern in einem Politikfeld angegeben wird.

Neben den gesetzlichen Bestimmungen setzen die in den Vereinigten Staaten zur Anwendung kommenden Regularien auf Verfahrenstransparenz. Die Lobbyisten in den USA sind hoch professionalisiert. Ein Zeichen für Professionalisierung ist die Verabschiedung von Ethik-Kodices und Verhaltensregeln für Lobbyisten und Public Affairs-Berater, wie sie zum Beispiel die *American Association of Political Consultants* (*AAPC*) in Gestalt des *Code of Professional Ethics* herausgegeben hat. Ethikkodices sind Teil der Selbstregulierungen des Berufsstandes. Sie sollen den fairen Wettbewerb innerhalb der Lobbyistenszene garantieren und das öffentliche Image der Branche verbessern helfen. Sie dienen ferner dazu, gesetzgeberische Eingriffe in die Berufsausübung der Lobbyisten zu begrenzen oder zu verhindern. Einige US-Bundesstaaten nutzen strikte Ethikregeln in Verbindung mit dem Internet zu Transparenzzwecken, so dass ein Einblick in Lobbyakteure, Lobbyadressaten und Lobbyaufwendungen online jederzeit für jede Stufe des Entscheidungsprozesses möglich wird. Die gesetzlichen Offenlegungspflichten ermöglichen und erleichtern die Arbeit von mehreren Dutzend gemeinnütziger *watchdog*-Organisationen, zu deren Aufgaben die Beobachtung und öffentliche Aufbereitung von Entwicklungen in Politikfinanzierung, Lobbying- und Interessengruppenszene der USA gehören. Zu den wichtigsten dieser um saubere Politik kämpfenden Einrichtungen zählen das *Center for Public Integrity*, *Common Cause* oder das *Center for Responsive Politics*, das neben seiner Washingtoner Zentrale Filialen in nahezu allen US-Bundesstaaten besitzt.

5 Organisierte Interessen, Hyperlobbyismus und politischer Entscheidungsprozess: Ausdruck von Pluralismus oder *unequal heavenly chorus*?

5.1 Interessengruppentheorien

Es stehen sich zwei Narrative zur Rolle von Interessengruppen in der amerikanischen Demokratie gegenüber. Das Narrativ des Pluralismus geht in einer frühen Version auf James Madison bzw. auf Alexis de Tocqueville zurück. Madison glaubte, dass es die schiere Größe eines föderalen Flächenstaates ist, die verhindert, dass die Politik der gesamten Nation von einem noch so starken Interessenverband, damals *faction* genannt, gekapert werden könnte, da es immer wieder zu Gegenmachtbildung käme. Doch selbst wenn es einem Partikularinteresse gelänge, nationale Bedeutung zu erlangen, so stehe die Gewaltenteilung einer kompletten Machtübernahme aller nationalen Institutionen durch ein Partikularinteresse entgegen. Die moderne Form des Pluralismus bei Arthur Bentley und David Truman geht davon aus, dass eine Vielzahl von im Wettbewerb stehender Gruppen versuchen, ihre Interessen bestmöglich zu verwirklichen (Bentley 1908, Truman 1951). Dabei wird unterstellt, dass alle Interessen organisierbar sind sowie eine weitgehende Chancengleichheit für alle beteiligten Interessen besteht. Nach der von Truman und Robert H. Salisbury entwickelten ‚Theorie der Unruhe' (*disturbance theory*) bestehen auf dem Markt der Interessengruppen prinzipiell keinerlei Eintrittsbarrieren für neue Interessen, die sich immer dann gründen, wenn in der Gesellschaft Unruhe herrscht und Verwerfungen auftreten, die von neuen technologischen, wirtschaftlichen oder soziopolitischen Entwicklungen ausgelöst werden können (Salisbury 1969). Abwesende Interessenverbände deuten nach Bentley und Truman somit darauf hin, dass für das nicht vertretene Anliegen nicht genügend Relevanz besteht.

Das neopluralistische Credo eines freien Spiels der Kräfte auf dem Markt der Interessen löste mehrere Gegennarrative aus, insbesondere von E.E. Schattschneider und Mancur Olson. Schattschneiders Einwand war empirisch fundiert, indem er zeigte, dass die Interessengruppenlandschaft der USA nach dem Zweiten Weltkrieg von Gruppen dominiert wurde, welche die Interessen der Wohlhabenden und der Wirtschaft vertraten, während die schwächeren Teile der Gesellschaft bei den führenden Interessenverbänden stark unterrepräsentiert waren. Darüber hinaus stellte Schattschneider fest, dass die Vertretung öffentlicher Interessen in der Praxis daran hakte, dass nur sehr wenige Menschen der Vertretung öffentlicher Interessen absolute Priorität einräumten. „Der Schönheitsfehler im Himmelreich der organisierten Interessen besteht darin, dass der himmlische Chor mit einem starken Oberklasse-Akzent singt", lautete der berühmte Einwand Schattschneiders gegen allzu naive pluralistische Vorstellungen von der Chancengleichheit aller Interessenlagen (Schattschneider 1961, S. 35). Schattschneiders Befund eines ‚verzerrten Pluralismus' (*biased pluralism*) wurde jüngst durch die empirischen Untersuchungen Martin Gilens und Benjamin I. Page bestätigt. Auch sie fanden, dass die politischen Entscheidungen sehr häufig die Wünsche von

Unternehmen sowie Wirtschafts- und Berufsverbänden berücksichtigen und seltener auf die Bedürfnisse von massenbezogenen Interessengruppen und Durchschnittsbürgern eingehen (Gilens und Page 2014, S. 567).

In den 1960er-Jahren räumte der eher theoretisch arbeitende Ökonom Mancur Olson mit der Vorstellung auf, dass Verbraucher, Arbeiter, Studenten und einfache Bürger durch Bildung freiwilliger Vereinigungen ohne weiteres in der Lage wären, sich zu schlagkräftigen organisierten Interessen zu formieren, wie es die Pluralismustheorie unterstellte (Olson 1965). Olson zeigte, weshalb ‚kollektives Handeln' von großen gesellschaftlichen Gruppen nur schwer oder gar nicht in Gang kommt. Den potenziellen Mitstreitern z. B. von Verbrauchergruppen, Bürgerinitiativen, aber auch Frauen- und Studentenverbänden fehlte meist der individuelle Anreiz, sich für das gewünschte Kollektivgut zu engagieren, denn der Gemeinwohlgewinn wäre bei Erreichen des kollektiven Ziels zwar vorhanden, doch bliebe der eigene Gewinnanteil eher klein. Bei einer solchen Kosten-Nutzen-Abwägung des Engagements kämen viele Individuen zu dem Schluss, dass sich der Aufwand des Engagements entweder nicht lohne oder man das Ziel ja auch dann erreicht, wenn andere sich engagieren und den Gewinn in Form höherer Löhne, sauberer Luft, besserer Studienbedingungen etc. erstreiten. Organisationen, die große und heterogene Mitgliederinteressen zu vertreten versuchen, sind nach Olson unweigerlich mit dem Trittbrettfahrersyndrom (*free-riding*) konfrontiert, das sie nur umgehen können, wenn sie weitere, nicht direkt in der Zielerreichung liegende, selektive Anreize für Mitgliedschaft und Engagement aussenden könnten wie Rechtsbeistand für Gewerkschaftsmitglieder, Geld aus der Streikkasse, oder diverse andere Vergünstigungen. Durch selektive Anreize lasse sich das Trittbrettfahrerproblem zumindest zurückdrängen. Bei kleineren und homogeneren Gruppen seien die Mitglieder leichter zu motivieren für das gemeinsame Interesse zu kämpfen, da der direkte Gewinnanteil deutlicher sichtbar sei und das Trittbrettfahren mangels Anonymität schlechter möglich sei. Jüngere Forschungen zur Organisierbarkeit vermeintlich ‚schwacher' Interessen kommen mit Olson zu dem Ergebnis, dass die Schwierigkeiten der Mobilisierung breiter und heterogener Interessen zwar real sind, argumentieren aber gegen Olson, dass die Anreize zur Überwindung dieser Herausforderungen häufig noch größer sind als die Hindernisse selbst. So stellt etwa Gunnar Trumbull fest, dass diffuse Interessengruppen wie Rentner, Patienten oder Verbraucher immer wieder von den politischen Entscheidungsträgern der USA berücksichtigt wurden, häufig gegen den Widerstand vermeintlich leicht organisierbarer Industrieinteressen. (Trumbull 2012, S. 2–3).

5.2 Der Einfluss organisierter Interessen und Lobbys auf den Entscheidungsprozess

An der enormen Größe und Kraft des amerikanischen Interessengruppen- und Lobbysektors kann genauso wenig ein Zweifel bestehen wie an der Größe, Breite und sehr guten finanziellen Ausstattung von anderen Akteuren der Einflussnahme und der Politikberatung wie Think Tanks und operativ arbeitenden Stiftungen und

NGOs. Die populäre politische Folklore schließt aus der schieren Macht von *K Street* sowie aus der Präsenz gut finanzierter Think Tanks, dass die Entscheidungsfindung der amerikanischen Politik ganz wesentlich von Lobbyinteressen und intransparenten Netzwerken beeinflusst und mitgestaltet wird. Diesbezüglich Beispiele zu finden, wie insbesondere gut ausgestattete wirtschaftliche Interessen die Gesetzgebung in ihrem Sinne beeinflussen, ist nicht schwer.

Bei einer systematischeren Herangehensweise, die sich weniger auf anekdotische Evidenz als auf methodisch sauber ausgesuchte Fallanalysen stützt, differenziert sich das populäre Bild vom allgegenwärtigen Einfluss des Lobbyismus und der interessenorientierten Politikberatung. Interessengruppen und Lobbyisten sind im politischen Entscheidungsfindungsprozess der USA omnipräsent, sie versuchen politische Entscheidungen zu beeinflussen und deren Umsetzung zu formen, aber sie sind nicht in jedem Fall erfolgreich in dem Sinne, dass ihr Anliegen gesetzgeberische und administrative Berücksichtigung findet. Die umfangreichste empirische Studie zur Frage, wie erfolgreich oder erfolglos Lobbyarbeit ist, stammt von Baumgartner und Kollegen (2009). Anhand von 98 Fallstudien zu politischen Entscheidungen in den USA zeigen die Autoren, dass private Interessengruppen zwar sehr aktiv und kraftvoll zur Entscheidungsfindung beitragen, aber weniger einflussreich sind als allgemein angenommen. Was die Studie insbesondere in Frage stellt, ist der direkte Zusammenhang von finanziellem Engagement – sowohl in Form der Politik- und Kandidatenfinanzierung durch *PACs* als auch in Form der finanziellen Stärke des von der Lobby vertretenen Interesses – und Lobbyerfolg. Folgt man dieser Argumentation, dann ist im Streit der Interessen nicht diejenige Seite erfolgreich, welche sich besonders stark in der Politik- und Kandidatenfinanzierung über *PACs* engagiert, sondern diejenige Seite, der es gelingt, möglichst viele Regierungsvertreter und hohe Regierungsbeamte von ihrem Anliegen zu überzeugen bzw. möglichst viele ehemalige Vertreter dieser Gruppe für die Interessenvertretung einzuspannen (Baumgartner et al. 2009, S. 208).

Um Lobbyerfolg und Lobbymisserfolg zu verstehen, reicht es nicht, einzelnen Interessenverbände und Lobby-Organisationen aufzulisten und ihre Ressourcen zu messen. Genauso wenig ist es ausreichend, den Einfluss von Think Tanks alleine oder primär nach ihrer medialen Sichtbarkeit und ihrer Ressourcenstärke zu beurteilen. Baumgartner und Kollegen benutzen das Bild vom Wolfsrudel. Lobbyisten und Interessenvertreter in Washington DC sind keine einsamen Wölfe, sondern Rudeltiere oder – modern ausgedrückt – Netzwerker. Der Weg zur erfolgreichen Interessenvertretung besteht darin, eine möglichst große und vielfältige Gruppe von Akteuren zu mobilisieren, die ein gemeinsames politisches Ziel unterstützen. Die Beweggründe einzelner Akteure, sich einem Themennetzwerk als Themenanwälte anzuschließen und das gemeinsame Ziel zu unterstützen mögen sehr unterschiedlich sein, denn häufig hat die unterstützte Maßnahme auf verschiedene Wahlkreise, Wählergruppen, Branchengruppen und Regionen unterschiedliche Auswirkungen. Wenn der Befund der Studien von Baumgartner und Kollegen zutrifft, dass das Finden von Verbündeten im Regierungsapparat und zum Teil im Kongress zentral für den Lobbyerfolg ist, dann sind Regulierungspflicht für Lobbyisten, Transparenznormen und Ethikregeln per se kein Hindernis für eine vitale Lobbykultur, da sie sich leicht umgehen lassen. Ist es z. B. Regierungsvertretern untersagt, sich von Lobbyisten direkt auf deren Veranstaltungen einladen zu lassen, so werden neutrale Foren gefunden, zu denen sich sowohl Regierungsvertreter, Kongressmitarbeiter, aber auch Lobbyvertreter legal anmelden und zwanglos austauschen können.

Interessengruppenaktivitäten und deren Einfluss unterscheiden sich ferner nach der Art des Politikfelds. In den Bereichen der distributiven und regulativen Politik scheinen die Entscheidungsnetzwerke geschlossener als im Bereich der redistributiven und emotional-symbolischen Politik. Da die Struktur der Entscheidungsnetzwerke insbesondere bei stark emotional besetzten sowie bei ideologisierten Themen zunehmend lockerer wurden, ließen sich schwächer ausgestattete nicht-ökonomische Interessen weniger leicht aus den *issue*-Netzwerken ausschließen als in den geschlossenen Entscheidungszirkeln (Leech und Baumgartner 1998).

Generell zielen die erdachten oder bestehenden Regulierungsmaßnahmen in den USA darauf ab, Lobbying nicht zu unterbinden, sondern Abhängigkeitsverhältnisse offenzulegen und die Schieflage im Kräfteverhältnis zwischen ökonomischen und nicht-ökonomischen Interessen durch institutionelle Reformen zu mildern. Jüngere Forschungen haben gezeigt, dass in solchen amerikanischen Bundesstaaten, in denen die Möglichkeit besteht, Gesetzes- und/oder Verfassungsinitiativen auf direktdemokratischem Wege einzubringen, die Zahl der als Lobbyisten registrierten Interessengruppen größer ist als in Bundesstaaten ohne oder mit sehr restriktiven direktdemokratischen Möglichkeiten. Dies deutet zunächst auf die Verstärkung des Lobbyismus durch Direktdemokratie hin und birgt die Gefahr der Käuflichkeit von Referendumskampagnen in sich. Interessant wird diese Beobachtung jedoch durch einen zweiten Befund: in Einzelstaaten mit Volksinitiativen ist der Anteil von nicht-ökonomischen Interessengruppen im Vergleich zu ökonomischen Interessengruppen deutlich höher als in den übrigen Bundesstaaten (Boehmke 2002). Die aus diesem Befund abgeleitete Hypothese, die der weiteren empirischen Überprüfung bedarf, postuliert daher, dass direkte Demokratie zumindest zu einem Ausgleich der Schieflage innerhalb der Interessengruppen und Lobbylandschaft beitragen kann. Ob dadurch der politische Prozess demokratischer und repräsentativer wird, bleibt dahingestellt. Bereits James Madision hat in seinem berühmten 10. Federalist-Artikel festgestellt, dass man dem Übel der Interessengruppen nur durch zwei Mittel beikommen könnte: entweder durch massive Freiheitseinschränkungen, was das Übel noch vergrößere oder durch die Ausbalancierung der unterschiedlichen Interessen.

Literatur

AssociationExecs.com. 2014. *National trade and professional associations directory 2014*. Bethesda, MD.

Baumgartner, Frank R., und Beth L. Leech. 1998. *Basic interests. The importance of groups in politics and political science*. Princeton: Princeton University Press.

Baumgartner, Frank R., und Beth L. Leech. 2001. Interest niches and policy bandwagons: Patterns of interest group involvement in national politics. *Journal of Politics* 63: 1191–1213.
Baumgartner, Frank R., Berry M. Jeffrey, Marie Hojnacki, David C. Kimball, und Beth L. Leech. 2009. *Lobbying and policy change: who wins, who loses, and why.* Chicago: University of Chicago Press.
Bentley, Arthur F. 1908. *The process of government.* Chicago: University of Chicago Press.
Bureau of Labor Statistics – BLS. 2014. News release. Union Members 2013. http://www.bls.gov/news.release/pdf/union2.pdf. Zugegriffen am 15.12.2014.
Boehmke, Frederick J. 2002. The effect of direct democracy on the size and diversity of state interest group populations. *Journal of Politics* 64(3): 827–844.
Chari, Raj, John Hogan, und Gary Murphy. 2010. *Regulating lobbying: a global comparison.* Manchester: University Press.
Continetti, Matthew. 2006. *The K street gang. The rise and fall of the republican machine.* New York: Doubleday.
Dolny M. 2013. FAIR study: Think tank spectrum 2012. 1 July 2013, http://fair.org/extra-online-articles/fair%E2%80%88study-think-tank-spectrum-2012. Zugegriffen am 15.12.2014.
Eastman, Hope. 1997. *Lobbying: a constitutionally protected right.* Washington, DC: AEI.
Gale Directory Library. 2014. *Encyclopedia of Associations,* http://find.galegroup.com/gdl/help/GDLeDirEAHelp.html. Zugegriffen am 15.12.2014.
Gilens, Martin, und Benjamin I. Page. 2014. Testing theories of American politics: Elites, interest groups, and average citizens. *Perspectives on Politics* 12(3): 564–581.
Go To. 2013. Think tank index report. University of Pennsylvania. Philadelphia. gotothinktank.com/dev1/wp-content/uploads/2014/01/GoToReport2013.pdf. Zugegriffen am 15.12.2014.
Graziano, Luigi. 2001. *Lobbying, pluralism and democracy.* New York: Palgrave.
Greven T. 2006. Nur Bruch oder auch Aufbruch? Die Spaltung der US-Gewerkschaften. *Das Argument für Philosophie und Sozialwissenschaften 264*, Schwerpunktheft Aussichten auf Amerika, Jg. 48(1): 85–94. Hamburg: Argument Verlag.
Hacker, Jacob S., und Paul Pierson. 2010. *Winner-takes-all politics: How Washington made the rich richer – And turned its back on the middle class.* New York: Schuster & Schuster.
Hays, R. Allen. 2001. *Who speaks for the poor?* New York: Routledge.
Imig, Douglas R. 1996. *Poverty and power. The political representation of poor Americans.* Lincoln: University of Nebraska Press.
Kaiser, Robert G. 2010. *So damn much money. The triumph of lobbying and corrosion of American government.* New York: Vintage Books.
Kollman, Ken. 1998. *Outside lobbying: Public opinion and interest group strategies.* Princeton: Princeton University Press.
Krick, Eva. 2014. Je strenger, desto besser? Lobbyismusregulierung in den USA und der EU. In *Interessengruppen und Parlamente,* Hrsg. Thomas von Winter und Julia von Blumenthal, 235–274. Wiesbaden: Springer VS.
Leech, Beth L., und Frank R. Baumgartner. 1998. Lobbying friends and foes in Washington. In *Interest group politics.* 5. Aufl, Hrsg. Allan J. Cigler und Burdett A. Loomis, 217–233. Washington, DC: Congressional Quarterly.
Lobbyists.Info. 2014. *Washington Representatives Directory.* Fall edition 2014.
Lösche P. 2008. Verbände, Gewerkschaften und das System der Arbeitsbeziehungen. *Länderbericht USA,* Hrsg. P. Lösche, 5. Aufl., 274–314. Bonn Bpb Verlag.
Maskell J. 2014. Post-employment, Revolving Door, Laws for Federal Personnel, Congressional Research Service. 7.1. 2014. http://fas.org/sgp/crs/misc/R42728.pdf. Zugegriffen am 15.12.2014.
Olson, Mancur. 1965. *The logic of collective action: Public goods and the theory of groups.* Cambridge: University Press.
Rich, Andrew. 2004. *Think tanks, public policy, and the politics of expertise.* Cambridge: Cambridge University Press.

Salisbury, Robert H. 1969. An exchange theory of interest groups. *Midwest Journal of Political Science* 13(1): 1–32.

Schattschneider, E.E. 1961. *Semi-sovereign people*. New York: Holt, Rinehart and Winston.

Schlozman, Kay Lehman, Sidney Verba, und Henry E. Brady. 2012. *The unheavenly chorus. Unequal political voice and the broken promise of American democracy*. Princeton: Princeton University Press.

Smith, Mark A. 2000. *American business and political power: Public opinion, elections and democracy*. Chicago: Chicago University Press.

Smith, Mark A. 2010. The mobilization and influence of business interests. In *The Oxford handbook of American political parties and interest groups*, Hrsg. Andrew McFarland, 451–467. Oxford: Oxford University Press.

Thunert, Martin. 2003. Is that the way wise like it? Lobbying in den USA. In *Die Stille Macht. Lobbyismus in Deutschland*, Hrsg. Thomas Leif und Rudolf Speht, 320–334. Wiesbaden: Westdeutscher Verlag.

Truman, David B. 1951. *The governmental process. Political interests and public opinion*. New York: Knopf.

Trumbull, Gunnar. 2012. *Strength in numbers: The political power of weak interests*. Cambridge: Harvard University Press.

Soziale Bewegungen: Zwischen kommunitärer Solidarität und Gleichheitsversprechen des American Dream

Margit Mayer

Inhalt

1	Einleitung	306
2	Soziale Bewegungen der Fordistischen Ära	308
3	Soziale Bewegungen im Kontext der Neoliberalisierung	313
4	Nach der Finanzkrise: Occupy Wall Street und Tea Party	316
5	Charakteristische Merkmale, Muster und Wirkungen der amerikanischen Bewegungen	319
Literatur		321

Zusammenfassung

Das Kapitel präsentiert die Eigenheiten US-amerikanischer Konflikttraditionen und sozialer Bewegungen im Kontext der spezifischen gesellschaftlichen und politischen Entwicklungsbedingungen der USA. Es fokussiert auf drei Bewegungszyklen der jüngeren Geschichte, um an Hand einzelner innerhalb dieser Zyklen beispielhafter Mobilisierungen die typischen Merkmale US-amerikanischer Protestbewegungen – ihre Akzeptanz als selbstverständlicher Teil der politischen Kultur, ihre Prägung durch das liberale Gleichheitsversprechen, aber auch ihre Verankerung in Traditionen kommunitärer Solidarität – zu verdeutlichen.

Schlüsselwörter

Soziale Bewegungen • Arbeiterbewegung • Frauen- und Bürgerrechtsbewegung • Neoliberalisierung • Tea Party • Occupy

---

M. Mayer (✉)
John F. Kennedy-Institut für Nordamerikastudien, FU Berlin, Berlin, Deutschland
E-Mail: mayer@zedat.fu-berlin.de

1 Einleitung

Während in Europa mit dem Begriff *soziale Bewegungen* über Jahrhunderte hinweg primär die Arbeiterbewegung oder andere auf fundamentale gesellschaftliche Umwälzung gerichtete Mobilisierungen gemeint waren, steht der Begriff in den USA nicht erst seit den sogenannten *neuen sozialen Bewegungen* der 1960er und 70er Jahre für eine enorme Vielfalt von Protest- und Reformbewegungen. Er umfasst religiöse Sekten, nationalistische Bewegungen, ethnische Minderheitsbewegungen, und organisierte Bürger(rechts)- und Klassenbewegungen genauso wie Aufstände, populistische Bewegungen sowie militante, politische Gewalt einsetzende – rechte wie linke - Bewegungen. Diese aus europäischer Sicht diffus erscheinende Definition reflektiert bestimmte Eigenheiten der US-amerikanischen Geschichte, in der Klassenbeziehungen für gesellschaftliche Konflikte zwar nicht unbedeutend waren, aber stets von demographischen, ethnischen, politischen, und soziokulturellen Variablen überlagert wurden (vgl. Kitschelt 1985). Diese enorme Vielfalt von unterschiedlichsten Bewegungen wurde durch spezifische Merkmale, wie bspw. die Durchlässigkeit und Offenheit der gesellschaftlichen und politischen Strukturen der USA, noch befördert, die mit dazu beitrugen, dass kaum je eine antagonistische Polarisierung zwischen sozialen Bewegungen einerseits und politischem Establishment andererseits, vergleichbar der zwischen europäischer Arbeiterbewegung und jeweiligem Staat, entstanden ist. Soziale Bewegungen, selbst rebellische, galten also keineswegs, wie bspw. sozialistische oder kommunistische (Arbeiter)Bewegungen in europäischen Ländern, als systemische Herausforderung. Ganz im Gegenteil: die Meinung Thomas Jeffersons, dass „eine kleine Rebellion ab und an eine gute Sache (ist), und in der politischen Welt genauso notwendig wie Stürme in der physischen Welt" (Jefferson 1787, Übersetzung MM), prägte lange Zeit die politische Kultur des Landes, wo Protestbewegungen und Aufstände als selbstverständliche und weit verbreitete Bestandteile des politischen Lebens wahrgenommen werden.

Die Spezifik der Konflikttradition lässt sich an drei zentralen Charakteristika festmachen, welche die Entstehung sowie den Verlauf von US-amerikanischen Bewegungen kennzeichnen:

– Erstens, die enorme *Heterogenität* der sozio-ökonomischen Bedingungen einer Gesellschaft, in der *liberale* demokratische Wertvorstellungen gleichzeitig mit *ausgrenzenden* Ideologien koexistierten, ließ dezentrale, sog. *single issue*-Bewegungen florieren, die weder von Klasseninteressen noch anderen umfassenden Ideologien geprägt waren. Während solche Ein-Punkt-Bewegungen in Europa erst nach den Aufbrüchen der 1960er Jahre als signifikante gesellschaftliche und politische Akteure auftauchten, spielten sie in den USA bereits im 19. und 20. Jahrhundert immer wieder eine wichtige Rolle. Unter anderem deshalb entwickelten sich die sog. neuen sozialen Bewegungen – also Umwelt-, Frauen-, Alternativ-, Friedens-, Schwulen- und andere sog. „neue", vorgeblich postmaterialistische oder identitäre Bewegungen – in den USA früher als in Europa, konnten sie doch an Traditionen vorgängiger, ähnlicher Bewegungen anknüpfen.

- Zweitens fördert auch die dezentrale, zerklüftete *politische Struktur* der USA eher solch themenbezogene, fragmentierte Mobilisierungen. Die durchlässigen und offenen Strukturen des politischen Institutionengefüges haben dazu beigetragen, dass sich soziale Bewegungen in den USA häufig unkompliziert bilden und schnell erstarken konnten. Gleichzeitig bewirken dieselben Faktoren und Strukturen, dass soziale Bewegungen in ihrer Wirkmächtigkeit eher gebremst werden, denn ihre Fragmentierung führt zu disparaten Entwicklungen und das politische System absorbiert, kooptiert, und torpediert Forderungen und Akteure von Bewegungen auf vielfältige Weisen, so dass nicht nur die Aufwärtszyklen von Bewegungen schnell und unkompliziert verlaufen, sondern meist auch ein schnelles Abebben typisch ist.
- Schließlich wirkt sich drittens die *libertär-individualistische politische Kultur* positiv auf die Entstehung solcherart disparater Bewegungen aus – während sie umgekehrt eher hinderlich ist für die Ausbildung einer florierenden Arbeiterbewegung oder anderer, an gesellschaftlichen Strukturkonflikten ansetzenden transformativen Bewegungen. Sie bietet unterschiedlichsten benachteiligten Gruppen Anknüpfungspunkte, ihre Forderungen nach Gleichberechtigung *innerhalb* des vorherrschenden liberalen Paradigmas zu begründen. So entwickelten die Feministinnen des 19. Jahrhunderts ihre Argumente, weshalb den Frauen Zugang zu Ausbildung, Menschen- und Bürgerrechten, sowie die Verfügung über eigenen Besitz und Verdienst zustehen sollten, genau so aus den liberalen Annahmen der Unabhängigkeitserklärung wie die Bürgerrechtsbewegung oder die *Students for a Democratic Society* (SDS) der 1960er Jahre.

Obwohl die USA bis zur Verabschiedung der Bürgerrechtsgesetzgebung 1964/1965 – also über mehr als zwei Jahrhunderte – eine höchst beschränkte und ungleichzeitige Demokratie blieben, weil vor allem AfroamerikanerInnen von politischen und den meisten Bürgerrechten ausgeschlossen waren, wurden im Lauf dieser Zeit doch vielfältige Reformbewegungen immer wieder in die dominante Amerikanische Ideologie integriert: Welle um Welle von neuen Einwanderern, ethnischen Gruppen, Frauen, und andere diskriminierte Gruppen wurden – vermittelt über soziale Kämpfe und *pressure group politics* – in das vergleichsweise offene, aber auch fragmentierte politische System der USA integriert. Sowohl die Flexibilität des Parteiensystems als auch die Heterogenität der Lebensbedingungen beförderten die Entstehung einer Vielzahl spezifischer Bewegungen, von außerstaatlichen Selbsthilfe-Bewegungen (die wir heute als NGOs bezeichnen würden), *voluntary associations* und unterschiedlichen Formen des bereits von de Tocqueville beschriebenen *civic engagement*, aber auch kulturell-orientierter Bewegungen sowie in jeder historischen Periode auch starke moralisierende Protestbewegungen. Aus Sicht der komparativen sozialen Bewegungsforschung erscheinen all diese vielfältigen amerikanischen Bewegungen, genauso wie die Bürgerrechtsbewegung der 1950er und 60er Jahre, durch eine Beschränkung auf spezifische, einzelne Forderungen sowie durch ‚unkonventionelle' Aktionsformen charakterisiert, und eher komplementär als antagonistisch zum existierenden politischen (Parteien-)System.

Die Spezifika der US-amerikanischen sozialen Bewegungslandschaft – die Leichtigkeit der Entstehung, die Heterogenität und starke Verbreitung, sowie die pragmatische beziehungsweise unideologische Ausrichtung der meisten Bewegungen, die Schwäche der Arbeiterbewegung bei gleichzeitiger Vielfalt anderer, pragmatischer oder moralisierender Einpunkt-Bewegungen, aber auch die Bedeutung von auf Inklusion gerichteten Gleichberechtigungsforderungen – können mit in der Geschichte der USA zu verortenden Variablen erklärt werden (vgl. Mayer 1991, 1995; Frey et al. 1992).

Das politische System selbst reagierte zumeist keineswegs abweisend oder ausschließend, sondern, aufgrund seiner offenen, föderalen, und fragmentierten Struktur (v. a. auf öffentlichkeitswirksam vorgetragene Beschwerden) häufig mit Konzessionen und Inkorporierungsangeboten (wenn auch selektiv). Dies Muster trug dazu bei, dass viele der US-amerikanischen Bewegungen bis heute eher unternehmerisch und kompetitiv sowie unideologisch ausgerichtet sind. Das Kapitel kann dies Muster nur exemplarisch an wenigen Fällen illustrieren: der Fokus liegt auf den Bewegungszyklen der fordistischen Ära, gefolgt von der Entwicklung der Bewegungen der 1980er Jahre zum globalisierungskritischen *Social Justice Movement,* und schliesslich auf den durch die Finanzkrise von 2008 angestossenen jüngsten Bewegungen auf progressiver wie konservativer Seite, Occupy und Tea Party.

2   Soziale Bewegungen der Fordistischen Ära

Mit dem New Deal der 1930er Jahre wurden die Grundlagen für die fordistische Phase des amerikanischen Kapitalismus gelegt, das *Goldene Zeitalter* des Fordismus setzte jedoch erst nach dem 2. Weltkrieg auf der Basis neuer Produktionstechnologien und im Kontext neuer internationaler Arrangements (Bretton Woods, Vorherrschaft des Dollar) ein. Dies Keynesianisch-fordistische, von einem intensiven Akkumulationsmodus gekennzeichnete System generierte, abgefedert durch sozialstaatliche Politik, dank Fließband-gestützter Massenproduktion, Produktivitätswachstum und Lohnzuwächsen eine Wachstumsphase einmaliger und relativ breitgestreuter Prosperität (Glyn et al. 1990). Allerdings waren die sozial- und wohnungspolitischen Maßnahmen der Bundesregierung so gestaltet, dass AfroamerikanerInnen jeweils benachteiligt waren: weder konnten Schwarze in gleichem Maß von den Förderprogrammen für Eigenheimbesitz profitieren wie Weiße, noch waren sie frei in der Wahl ihrer Wohngegend (vgl. z. B. Freund 2007). Auch hatten die im Kongress erzielten Kompromisse zwischen *Jim Crow*-Südstaaten und ‚freien' Nordstaaten Zugeständnisse an den Süden fixiert, die bspw. in der Sozialversicherungsgesetzgebung oder auch beim *National Labor Relations Act* von 1935 dafür sorgten, dass Schwarze von den neuen sozialen Rechten ausgeschlossen blieben. Damit blieben Disparitäten bei Einkommen genauso wie Ausbildung selbst in der goldenen Ära des Fordismus festgeschrieben: der fordistische Fahrstuhleffekt galt nicht für Afroamerikaner. Erst der breiten Mobilisierung der Bürgerrechtsbewegung mit dem Ziel, auch dieser Gruppe die Teilhabe am amerikanischen Traum zu erlauben, gelang es, nach 1965 Verbesserungen in der Situation der Schwarzen herbei zu führen. Die Segregation nach ‚Rasse' war vom Obersten Gerichtshof 1954 (Brown vs. Board of Education) aufgehoben worden – und doch beeinflusst die jahrhundertelange Unterdrückung und Entrechtung der AfroamerikanerInnen sowie auch die Ausgrenzung bestimmter migrantischer bzw. ethnischer Gruppen die Dynamik sozialer Bewegungen in den USA bis heute.

Zunächst setzte die Bürgerrechtsbewegung selbst Maßstäbe, auf die sich folgende Bewegungen immer wieder bezogen. Die Aufhebung der Segregation war durch die Entscheidung des Obersten Gerichtshofs im Süden noch lange keine Realität. Mit Hilfe von Ressourcen und Infrastrukturen der schwarzen Kirchen und ihrer charismatischen Führer begannen afroamerikanische Communities zunächst, sich gegen den weißen Terror zu organisieren. So schufen sie die notwendige Massenbasis für die Busboykotts (Baton Rouge 1953, Montgomery 1955/56), zahllose Aktionen des zivilen Ungehorsams, und die studentischen *Sit-ins* (1960), die dank der *Freedom Rides* (1961) und dem Marsch auf Washington (1963) zu einer breiten nationalen Bewegung wurden. Involviert war dabei eine Bandbreite verschiedener Akteursgruppen mit unterschiedlichen Handlungsrepertoires, die parallel auf juristischem Weg (Interessengruppen und Advocacy-Organisationen wie die *National Association for the Advancement of Colored People*, NAACP), mit Kampagnen der direkten Aktion (Lunch Counter Sit-ins, Freedom Rides), mittels Wählerregistrierung sowie Massenmobilisierung, sowohl einzeln als auch in Koalitionen, hinreichend öffentlichen Druck erzeugen konnten, um schließlich die politische Gleichheit durchzusetzen (Verabschiedung 1964 des Bürgerrechts- und 1965 des Wahlrechtsgesetzes).

Angesichts dennoch anhaltender Gewalt gegen Bürgerrechtler wuchs unter der jüngeren Generation die Sympathie für Black Power und Malcolm X's Black-Muslim-Bewegung. Nachdem Malcolm X 1965 ermordet wurde, schwor das Student Nonviolent Coordinating Committee (SNCC) 1966 dem gewaltlosen Widerstand Martin Luther Kings ab, wohingegen die NAACP sich von beiden Strömungen distanzierte. Ebenfalls 1966 gründete sich die Black Panther Partei, um – auf das konstitutionell garantierte Recht auf Selbstverteidigung pochend–bewaffneten Widerstand gegen die fortdauernde Unterdrückung der Schwarzen zu leisten. Während die vereinte Bürgerrechtsbewegung so zerfiel, brachen jährlich – von 1964 bis 1967 – tagelange *ghetto riots* in Städten des Nordens aus, bei denen – wie in Los Angeles, Detroit oder Newark – jeweils Dutzende von Menschen ums Leben kamen, weit über Tausend verletzt wurden, und enormer Sachschaden entstand.

Diese Form städtischer Revolte findet sich in europäischen Städten der Zeit nicht, sie stellt also ein US-amerikanisches Spezifikum dar. Hintergrund der zunehmenden Konzentration sozialer Probleme in den (Innen)Städten des Nordens und Westens sind ökonomische, demographische und sozialräumliche Verschiebungen, die in der Deindustrialisierung (Schließung bzw. Verlagerung der großen Automobil-, Stahl-, und anderer fordistischer Industrien) ihren Ausgangspunkt haben. Der Arbeitsplatzabbau traf vor allem die in der großen Migrationswelle nach dem 2. Weltkrieg vom Süden der USA in die expandierenden Fertigungsanlagen des

Nordens und Westens gewanderten AfroamerikanerInnen bzw. ihre Nachkommen, die – arbeitslos und durch diverse Stadterneuerungsprogramme aus ihren angestammten Vierteln vertrieben, und von rassistischer Wohnungpolitik und Polizeigewalt gedemütigt – kaum andere Formen des Protests sahen.

Die sozialräumlichen Verschiebungen hatten ihren Ursprung neben der Abwanderung der Industrien auch in der Flucht der wachsenden weißen Mittelklassen in die Vorstädte. Die (staatlich subventionierte) Expansion der *suburbs* wiederum etablierte nicht nur neue Formen sozialräumlicher Segregation; sie schuf auch ein neues Modell lokaler *Community*, in der die größtenteils weißen Bewohner quasi ein Recht auf ethnisch homogene Mittelklasse-Viertel entwickelten, die von niedrigen Steuern, effizienten Dienstleistungen und üppigen Konsumgelegenheiten charakterisiert sind. Schon vor dem „white backlash" der 1970er Jahre war dieser rassistisch gefärbte Anspruch wichtiger Bestandteil des politischen Bewußtseins der fordistischen weißen Arbeiterklasse: sie nahm ihre wirtschaftlichen Interessen und ihre kollektive Verantwortung aus der Perspektive des Individualismus des weißen Eigenheimbesitzers wahr. Diese Perspektive sollte sich wenig später als Wegbereiter der Neoliberalisierung eignen.

Der Black Power Bewegung folgten alsbald Mobilisierungswellen weiterer ethnischer Minderheiten (z. B. Indigene, Brown Power). Diese Bewegungen zielten sämtlich auf politische Inklusion. Die verschiedenen Varianten ethnischer und nationaler Bewegungen werden mit dem Begriff der *Sixties Movements* mit weiteren während dieser Dekade (nicht nur in den USA) explodierenden Bewegungen zusammen gebracht: der Anti-Vietnam-Kriegs- und Studentenbewegung, der Stadtteil- bzw. Community-Bewegung, der Frauenbewegung, und der neu entstehenden Umwelt- und Anti-Atomkraft-Bewegung. Alle reagierten in gewisser Weise auf Krisenphänomene des fordistischen Wachstumsmodells, und beeinflussten und politisierten sich gegenseitig: während die Frauen gegen ihre Rolle im „goldenen Käfig" des suburbanen Eigenheims rebellierten (Friedan 1963), wehrten sich die (meist ethnischen ‚Minoritäten' angehörigen) InnenstadtbewohnerInnen gegen Stadterneuerungsprogramme (sog. *Urban Renewal*-Programme, die jedoch als „urban removal", als Vertreibungsprogramme wahrgenommen wurden) und forderten Selbstbestimmung in ihren Communities (Fainstein und Fainstein 1974). Während in Europa vor allem Jugendliche, Studierende und Migranten vergleichbare Bewegungen gegen das fordistische (Konsum- und Lebens-)Modell anführten, und die sozialen (Klassen)Kämpfe allmählich weg von den Fabriken und hin zur „reproduktiven Sphäre" und auf Einrichtungen des kollektiven Konsums orientierten, verlegte in den USA der sowohl für gewerkschaftliches wie nachbarschaftliches Organizing berühmt gewordene Saul Alinsky (2011) bereits in den frühen 1960er Jahren die Mobilisierungsarbeit von den Fabriken in die innerstädtischen *Communities*, wo er eine nachhaltige Tradition pragmatischer Stadtteilarbeit begründete, die – mit Ausbildungsinstitutionen und standardisierten Organisierungsmodellen bis heute die städtischen Bewegungen prägt (vgl. Castells 1983; Mayer 1987; Swarts 2008).

Dem Schutz und der Bewahrung der Natur verpflichtete Organisationen existierten in den USA bereits seit langem, die bekannteste, der 1892 gegründete Sierra

Club, war allerdings, wie die meisten, gesellschaftlich konservativ, und schloss beispielsweise Afroamerikaner von der Mitgliedschaft aus. In den 1960er Jahren jedoch drang eine neue Generation von AktivistInnen – aus der jugendlichen Gegenkultur, der Friedens-, Studenten-, Frauen- und anderen Bürgerbewegungen – in diese bestehenden Organisationen und gründeten auch neue Umwelt- und Ökologiegruppen. Gemeinsam erzielten sie schnelle Erfolge: Bereits 1969 verabschiedete die Bundesregierung ein Umweltschutzgesetz, 1970 setzte Präsident Nixon die *Environmental Protection Agency* ein. Radikalere Umweltorganisationen wie *Earth First!* oder *Earth Liberation Front* entstanden erst 1980 beziehungsweise 1992, um gegen den „Ausverkauf" der mainstream Umweltbewegung ein Zeichen zu setzen. Bis heute unterstützen weit mehr AmerikanerInnen professionelle Kampagnen-Organisationen wie Greenpeace (die durchaus auch zur Methode gewaltfreier direkter Aktion greifen).

Eng verbunden mit der Ökologiebewegung ist die Anti-AKW-Bewegung, die sich in den 1970er Jahren zur nationalen Bewegung auswuchs: 1974 fand das erste bundesweite Treffen der *Citizens Movement to Stop Nuclear Power* (organisiert von der Nader-Gruppe, eine der wichtigsten Verbraucherorganisationen) statt. Eine wichtige Vorreiterrolle spielte die *Clamshell Alliance*, die in New Hampshire gegen ein geplantes AKW mobilisierte. Die erfolgreiche Besetzung des Seabrook Baugeländes im April 1977 durch circa 2000 Aktivisten, von denen schließlich weit über Tausend verhaftet wurden, wurde richtungsweisend für eine neue Massenbewegung, in der gut vorbereitete Besetzungen, Betonung von Gewaltlosigkeit, antihierarchische und basisdemokratische Organisationsformen (Prinzip der Affinitätsgruppe, *consensus-decision-making*) zentrale Elemente des Handlungsrepertoires wurden, wie schon in den Anfängen der schwarzen Bürgerrechtsbewegung. Auch diese Bewegung erzielte schnelle Reformen, v.a. nach dem Fast-GAU in Harrisburg (im März 1979) wurde der öffentliche Druck so stark, dass die Regierung ein Moratorium des Kernenergieausbaus beschloss. Allerdings hat sich im AKW-Bereich genauso wie in anderen ökologisch problematischen Industrien ein regelrechter industrieller Komplex für Kontrollsysteme herausgebildet, der im wesentlichen aus den Konzernen besteht, die die jeweiligen Risiken und Schäden verursachen.

Wie in der Umweltbewegung dominierte auch in der US-amerikanischen Frauenbewegung die liberale Strömung gegenüber einem radikalen Flügel. Angesichts der für die Belange der Frauen relativ offenen Demokratischen Partei und Staatsapparate machte sich der Feminismus die Gleichheitspostulate des klassischen Liberalismus zu eigen, um insbesondere gleiche Rechte (auf Ausbildung und Arbeitsplätze) sowie gleichen Schutz als Personen (vor Gewalt und Misshandlung) einzufordern. Nach dem Vorbild der Bürgerrechtsbewegung ging es der Frauenbewegung zentral um „equal opportunity" – und da in der Folge der Bürgerrechtsbewegung „*separate but equal*" in den USA jede Legitimität verloren hatte, impliziert das Gleichheitspostulat in der Tat radikal ‚gleiche Behandlung' – ob am Arbeitsplatz oder im Militär. Die Bewegung der radikalen Feministinnen (die eine Hoch-Zeit zwischen 1968 und 1973 erlebte) dagegen scheute sich nicht, Unterschiede zwischen Frauen und Männern zu betonen. Dieser Flügel wähnt

Frauen häufig als naturnäher und pazifistischer, und überschneidet sich teilweise mit den Umwelt-, Friedens- und Antinuklear-Bewegungen, in anderen Teilen mit Bewegungen ethnisch minoritärer Frauen. Letztere hatten nicht nur den Kampf gegen den Sexismus (auch den schwarzer Männer), sondern auch den gegen Rassismus (auch den weißer Feministinnen) zu führen. Viele BeobachterInnen sehen arme Frauen und Arbeiterinnen, ob farbig oder weiß, sowie women of color der Mittelschicht in den 1970er bis 1990er Jahren als eher marginalisierte Teile der Frauenbewegung (z. B. Levin 1990), aber Afroamerikanerinnen sowie Gewerkschafterinnen waren durchaus präsent, sie waren u. a. auch an der Gründung von NOW beteiligt (vgl. B. Roth 2004; Fonow 2003; S. Roth 2003).

Insgesamt hat die Frauenbewegung dort, wo sie materielle Benachteiligungen von Frauen und geschlechtsspezifische Auswirkungen des unterentwickelten amerikanischen Sozialstaats aufgriff, im internationalen Vergleich jedoch wenig erreicht: der Feminisierung von Armut konnte sie weder in Bezug auf staatliche Unterstützungsleistungen für untere Einkommensschichten und *Welfare*-Empfängerinnen entgegenwirken, noch den stagnierenden Löhnen vor allem in schlecht bezahlten Arbeitsplätzen. Im Maß wie sie Mutterschaft allem voran als *individual choice* definiert, hat sie auch keine protektionistischen Maßnahmen für Frauen als Mütter durchsetzen können. Andererseits hat die US-amerikanische Frauenbewegung früher als anderswo Themen, die kennzeichnend für die neue Frauenbewegung wurden, auf die politische Agenda gesetzt, wie Gewalt in der Ehe, Abtreibung, sexuelle Belästigung, und sexuelle Selbstbestimmung.

Gemeinsam ist zumindest den radikalen Strömungen der letztgenannten drei Bewegungen (Frauen, Antiatomkraft, Umwelt), dass sie weitere neue Taktiken in die Praxis der sozialen Bewegungen einführten (die sowohl aus der Tradition der Quaker als auch der Bürgerrechtsbewegung übernommen wurden): *direct action, consensus-decision-making, affinity groups* und *spokes councils* wurden wichtige Elemente des bis dato von Demonstrationen, Teach-ins und Sit-ins dominierten Handlungsrepertoires. Vergleichbare Bewegungen firmierten in Westeuropa unter dem Namen ‚Neue Soziale Bewegungen' (im Gegensatz zur „alten" Arbeiterbewegung); die amerikanischen fungierten dabei als Vorreiter, denn sie traten in den USA dank der langen Tradition thematisch spezifischer, basismobilisierender Bewegungen bereits früher auf als in Deutschland, England, oder Frankreich.

Während sich diese Bewegungen im Lauf der 1970er und 80er Jahre teils verbreiteten, teils ausdifferenzierten und fragmentierten, und vielfach in mehr oder weniger kooptierte – NGOisierte oder kommerzialisierte – Formen von Interessenpolitik transformierten, fanden sich Teile dieser Bewegungen im globalisierungskritischen *Social Justice Movement* wieder, das 1999 in Seattle die politische Bühne betrat, aber schon länger (mehr oder weniger latent) entlang der neuen, mit zunehmender Globalisierung und Neoliberalisierung auftretenden Verwerfungen mobilisierte.

Gleichzeitig entstanden neue Armutsbewegungen (Piven und Cloward 1977), von Betroffenen sowie von *advocacy*-Organisationen. Ein Beispiel für letztere ist die Organisation *Community for Creative Non-Violence* CCNV), die, mit Wurzeln im *Catholic Workers Movement*, 1970 zur Stärkung der Rechte von Obdachlosen gegründet wurde, und christliche Tradition mit Gewaltfreiheit und zivilem Ungehorsam verbindet. In einer Vielzahl solcher, meist lokal orientierter Bewegungen wird gleichzeitig versucht, politisch zu mobilisieren *und* das löchrige soziale Netz des US-Wohlfahrtsstaats auszugleichen und Überlebenshilfe für Arme und Obdachlose zu organisieren. Deren Zahlen nahmen in den USA selbst während der fordistischen Phase nicht ab, da v. a. rassistisch diskriminierte Gruppen von diesem Modell ausgeschlossen blieben und weil das Sozialhilfeprogramm nie als Kompensation für fehlende Arbeitsmarktpartizipation, sondern primär für Alleinerziehende konzipiert war.

Insgesamt eint die *Sixties*-Bewegungen sowie die folgenden Frauen-, Umwelt- und Community-Bewegungen der 1970er Jahre die Kritik am US-amerikanischen Wachstums- und Urbanisierungsmodell, das dank Suburbanisierung und Wohneigentum stetig expandierende Konsumbedürfnisse genährt und für rasantes Wachstum gesorgt hatte, aber zunehmend an seine inneren wie äußeren Grenzen v. a. in Bezug auf Ressourcenverbrauch stieß.

Neben den bislang dargestellten mehr oder weniger progressiven Bewegungen mobilisierten in jeder und auch dieser Phase der amerikanischen Geschichte auch konservative, rechte und reaktionäre Bewegungen. Angefangen mit den Hexenjagden im kolonialen Salem, über den anti-katholischen Nativismus der 1800er Jahre, die Know-Nothings in den 1840er Jahren, die rechten Populisten in der 1890er Dekade, die Palmer Raids 1919-20, den Ku-Klux-Klan in den 1920ern, die John Birch-Gesellschaft in den 1950ern, bis zur Goldwater-Bewegung Mitte der 1960er Jahre korrespondierten jeder Periode wirtschaftlichen und gesellschaftlichen Wandels auch rechte, xenophobe und rassistische Bewegungen. In unterschiedlicher Weise reagierten sie auf wirtschaftliche und kulturelle Veränderungen, die als bedrohlich für den gesellschaftlichen Status der jeweiligen Gruppe wahrgenommen wurden. Auch sie reflektieren das verbreitete Muster von Ein-Punkt-Bewegungen, die ihre Forderungen zumeist *innerhalb* der Ideologie des *American Dream* artikulieren, zum Beispiel mit dem Motto „Take back America!" Die Tea Party, die im nächsten Abschnitt ausführlicher dargestellt wird, steht ebenfalls in dieser Tradition.

3 Soziale Bewegungen im Kontext der Neoliberalisierung

Die in den 1980er Jahren einsetzende Politik der Neoliberalisierung rief neue Wellen von Protest und Bewegungen auf den Plan, die – von rechts wie links – gegen die Auswirkungen von Deregulierung, Privatisierung, und Flexibilisierung mobilisierten. Genauso wie für die liberale und fordistische Phase ist auch diese Phase von einer spezifisch amerikanischen Ausprägung (neoliberaler) Regulation gekennzeichnet, in der ethnische Ungleichheit, v. a. im dualen System von Arbeits- und Wohnungsmärkten, eine große Rolle spielt.

Die Deindustrialisierung der späten 1970er und frühen 80er Jahre betraf weiße und schwarze Industriearbeiter gleichermaßen, aber schwarze konfrontierten weit mehr Hürden beim Versuch, alternative Möglichkeiten zu erschließen, zumal ihre Arbeitslosigkeitsraten konstant höher waren (und sind). Die durch die Bürgerrechtsrevolution initiierten Verbesserungen in der Lage der AfroamerikanerInnen fanden primär in den 15 Jahren nach der Bundesgesetzgebung 1964/65 statt – ab 1980 verlangsamte sich der Aufwärtstrend deutlich.

Parallel zum Abbau von Sozialhilfe und sozialem Wohnungsbau und Verschärfungen im Strafsystem (Alexander 2010) intensivierte sich ein gesellschaftlicher Diskurs, in dem AfroamerikanerInnen als störrische Hemmnisse einer wiedererstarkenden (v. a. städtischen) Ökonomie dargestellt wurden: arme schwarze Frauen wurden als *undeserving*, als des sozialen Sicherheitsnetzes nicht würdig verleumdet, junge schwarze Männer als tendenziell kriminell.

Die zunehmende Verlagerung industrieller Fertigung in billigere Länder führte jedoch in breiten Schichten zu Arbeitsplatzverlusten und die unter Reagan einsetzende Austeritätspolitik produzierte ebenfalls in wachsenden Kreisen sozialen Abstieg oder zumindest die Furcht davor. Dadurch verbreiterte sich die soziale Basis für Rekrutierungsversuche reaktionärer politischer Gruppen: Antistaatliche Steuerrevolten konnten in mehr und mehr Einzelstaaten Referenden, v.a. gegen die *property tax*, durchsetzen, bei denen konservative (suburbane) Eigenheimbesitzer oft Allianzen mit religiösen Fundamentalisten eingingen (Lo 1990). Auch breiteten sich in den 1990er Jahren sowohl die Christliche Rechte als auch rechtsradikale *Militias* aus, die an die Traditionen früherer rechter populistischer Bewegungen anknüpften – beides Bewegungen, die den Unmut über Enteignungen und Entrechtung weg von wirtschaftlichen und politischen Eliten in Richtung xenophober, rassistischer und konspirativer Anschauungen kanalisierten.

Auf der anderen Seite produzierte die neoliberale Globalisierung eine neue, global-lokal ausgerichtete progressive Bewegung. Proteste gegen supranationale Organisationen wie WTO, IWF, Weltbank oder gegen Gipfeltreffen der G8, die in Europa als Antiglobalisierungsbewegung bekannt wurden, firmieren in den USA als *global justice movement*. Unterschiedliche Bewegungen brachten insbesondere bei Gipfeltreffen (1999 in Seattle, 2000 in Washington, 2003 in Miami) pluralen, breiten Widerstand gegen die Politik der neoliberalen Globalisierung zum Ausdruck und versuchten, die Treffen zu stören oder zumindest ihre Themen zu politisieren. In langen Vorbereitungen und während der Tage des Protests entwickelten sich dabei Koalitionen und Netzwerke aus lokalen, regionalen, nationalen und globalen Organisationen, die bei Demonstrationen, Blockaden, Versammlungen, Workshops und Kulturveranstaltungen zusammen arbeiteten. Neben einigen transnationalen Netzwerkorganisationen (wie *People's Global Action, Grassroots Global Justice*) sind in den USA vor allem lokale Gruppen aktiv, in Seattle waren das neben alten linken und anarchistischen Gruppierungen und neuen Umwelt-, Frauen- und religiös-orientierten Gruppen auch die Hafenarbeiter, Teamster und Gewerkschaftsgruppen, die bereits die lokalen Streiks von 1919 und 1934 getragen haben (Levi und Olson 2000). Die *global justice*-Bewegung richtet sich also nicht nur auf (gegen-)hegemoniale Globalisierung, sondern versucht auch vor Ort die negativen Auswirkungen des globalen neoliberalen Projekts deutlich zu machen und den Widerstand dagegen zu organisieren. Aus der Koalition globalisierungskritischer Gruppen in Seattle, die den Anti-WTO-Protest vorbereitet und koordiniert hatten, bildete sich ein nordamerika-weiter Zusammenschluss ähnlicher lokaler, autonomer Gruppen, das *Direct Action Network* (DAN). Dieses Netzwerk spielte eine wichtige Rolle in der Verbreitung des ursprünglich von Quakern, Bürgerrechtlern und Feministinnen entwickelten Modells der *affinity groups* und *consensus decision making*.

Im Gegensatz zu anderen globalisierungskritischen Bewegungen erlitt die US-amerikanische durch 9/11 einen massiven Rückschlag. Im Kontext des amerikanischen ‚War on Terror' änderte sich die politische Gelegenheitsstruktur für soziale Bewegungen dramatisch, der öffentliche Diskurs wurde komplett vom Thema der bedrohten *Homeland Security* beherrscht (vgl. Gilham und Edwards 2011). Während sich in anderen Ländern die globalisierungskritischen Bewegungen im Gefolge des ersten Weltsozialforums 2001 in Porto Alegre auch regional und lokal in Sozialforen zu organisieren begannen, wandten amerikanische Aktivisten sich 2002-3 stärker der Antikriegsbewegung (v.a. gegen den Irakkrieg) zu. In den USA fand zunächst keine vergleichbare Internalisierung des Sozialforumsprozesses statt, und als schließlich 2007 das erste US Sozialforum in Atlanta organisiert wurde, unterschied es sich, genauso wie ein folgendes 2010 in Detroit, in wichtigen Dimensionen von europäischen, lateinamerikanischen und afrikanischen Foren. Statt transnationaler beziehungsweise globaler Themen standen vielfältige innenpolitische *single issues* im Vordergrund, die obendrein kaum miteinander in Verbindung gebracht wurden. Im Gegensatz zum für das WSF zentralen *Open Space*-Konzept, in dem die Vielfalt und die Differenzen der beteiligten Bewegungen als positiv und als potentielle Energiequelle für eine progressive gesellschaftliche Transformation gelten, definierten die amerikanischen AktivistInnen ihr Forum als *intentional space* – aus der Erfahrung heraus, dass offene, unstrukturierte Bewegungsarenen allzu leicht von ressourcenreichen Akteuren, in den USA also von weißen Männern aus der Mittelklasse dominiert werden (Blau und Karides 2008; Juris 2008). Um dies zu vermeiden, bemühten sich die VeranstalterInnen, v. a. Schwarze, Latinas, Indigene und andere marginalisierte Gruppen in die wichtigen Sprecherpositionen zu bringen. Dadurch forcierten sie die starke Vertretung von ethnisch-orientierten Community-Organisationen, die politisch häufig eine Distanz zu anarchistischen oder anderen linken Gruppen wie dem Direct Action Network, aber auch zu weißen Gewerkschaften pflegen. Spannungen zwischen diesen unterschiedlichen Akteuren innerhalb der amerikanischen sozialen Bewegungen wurden hier zwar bearbeitbar, tauchen aber auch im nächsten, durch die Occupy-Bewegung angestoßenen Bewegungszyklus wieder als charakteristisch und spezifisch für die US-Variante des ‚globalen Aufstands' auf.

Dennoch bot diese Phase sich intensivierender Neoliberalisierung auch eine Grundlage für diverse Bewegungen, sich zu vernetzen und zu verbünden: zunehmend bildeten sich in den 1990er und 2000er Jahren neue Allianzen, von grünblauen (zwischen Umwelt- und ArbeiterInnen-Gruppen, vgl. Mayer et al. 2010) über Allianzen zwischen Friedens- und Global Justice-Bewegungen (Beamish und Luebbers 2009) bis hin zu Koalitionen zwischen Frauen- und Gewerkschaftsbewegungen (Roth 2003).

4 Nach der Finanzkrise: Occupy Wall Street und Tea Party

Die Bankenkrise von 2007/2008 vernichtete mindestens 2,9 Millionen Arbeitsplätze, fast 80 % der amerikanischen Bevölkerung werden heute als entweder prekär oder arm kategorisiert; Höhere Obdachlosigkeitsraten, mehr Zwangsräumungen, mehr Suppenküchen markieren nur die Spitze der massiven Umverteilungsprozesse. Nach der 2008-Krise landeten 95 % der Einkommenszuwächse bei den obersten 1 %. Die fünf größten Banken sind seit dem Höhepunkt der Krise um 30 % gewachsen (Petruno 2013, Yen 2013). Die Programme, mit denen die Obama-Administration auf die Finanzkrise von 2008 reagierte (insbesondere das Stimulus-Paket und der *Homeowner Affordability and Stability Plan*) provozierten zunächst Protest von rechts, der in diesen Maßnahmen eine unverdiente Unterstützung für die Verlierer der Rezession sah. Konservative Medien mobilisierten für bundesweit stattfindende *Anti-Tax-Day* Tea Party-Kundgebungen am 15. April 2009, die mehr als 300.000 Menschen in 346 Städten auf die Beine brachten. Mit dem Namen wurde der amerikanische anti-koloniale Kampf gegen die Britische Krone heraufbeschworen: Genauso wie die Amerikaner damals direkte Aktion gegen ungerechte Besteuerung einsetzten, so müssten sie sich heute gegen *big government* und dessen hohe Steuern und allzu generöse Sozialprogramme wehren. Der Feind heute manifestiert sich für die Tea Party vor allem in Präsident Obama, der ihre Interessen eher zu bedrohen als zu vertreten scheint. Das vereinende Ziel der verschiedenen Tea Party Gruppierungen und von Hunderten lokaler *Chapters* ist „to take back America" – von einem nicht-weißen Präsidenten und machtvollen Interessen, die die bis dato für selbstverständlich gehaltene homogene, heterosexuelle, christliche, patriarchalische, weiße Mittelklasse-Gesellschaft, und insbesondere ihren Status und ihre Privilegien in dieser Gesellschaft bedrohen.

Wenn *grassroots*-Aktivismus auch ein zentrales Element des Tea Party-Phänomens darstellt, so wäre diese Bewegung ohne Verweis auf die zentrale Rolle rechter Medien (allen voran Fox News) sowie äußerst vermögender Interessenorganisationen wie *Americans for Prosperity* oder *Freedom Works*, die die Bewegung finanzieren und organisieren, nicht angemessen dargestellt (vgl. Skocpol und Williamson 2013; Parker und Barreto 2013). Die ultrarechten, milliardenschweren Organisationen (finanziert u. a. von den Koch Brüdern) verbanden mit der Unterstützung der Tea Party nicht nur die Absicht, die Republikanische Partei im Wahlkampf zu stärken, sondern vor allem, sie in eine radikalere Partei – im Sinne von mehr Marktfreiheit – zu transformieren. In der Tat war die Tea Party politisch erfolgreich: sie erzielte nicht nur Wahlerfolge, sondern es gelang ihr auch, die Republikanische Partei zu radikalisieren. Jedoch bereits 2012, nachdem nicht nur die Präsidentschaftswahlen, sondern auch Sitze im Kongress verloren waren, begannen sich Konflikte innerhalb der GOP zuzuspitzen: der *Government Shutdown* von 2013 und die Konfrontationen über das *Debt Ceiling* stärkten die zentristischen Stimmen innerhalb der Republikanischen Partei, Tea Party-Kandidaten gelten zunehmend, gerade auch in einflußreichen Wirtschaftskreisen, als unwählbar.

Aber auch andere Kreise artikulierten ihren Unmut über den *Bailout* der großen Investment-Banken der Wall Street, nachdem wirtschaftlich schwache

Communities mit ruinösen Darlehen enteignet worden waren. Vielerorts mobilisierten Community-Organisationen gegen die räuberischen Praktiken der Banken und unterstützten von Zwangsräumungen bedrohte Familien. Diese Aktionen wurden aber in der Öffentlichkeit kaum wahrgenommen. Auch klassische Demonstrationen, selbst wenn sie Zehntausende auf die Beine brachten (wie mehrfach 2010 und 2011, v. a. in Washington D.C.), hatten kaum Resonanz. Erst die Besetzung des Capitols in Madison/Wisconsin aus Protest gegen die Austeritätspolitik der Republikanischen Regierung und ihre Attacken auf die Gewerkschaften des öffentlichen Sektors im Februar 2011 durchbrach die Schallmauer, vielleicht weil sie auch direkt Bezug auf die zeitgleichen Proteste in Tunesien und Ägypten nahm (Wright und Peschanski 2011). Mit spektakulären Platzbesetzungen und anhaltenden *encampments* formierte sich schließlich eine neue progressive Massenbewegung, die in Anlehnung an die Besetzung des Zuccotti-Park (am 17.9.2011) in der Nähe der Wall Street *Occupy Wall Street* (OWS) getauft wurde, aber bald im ganzen Land Nachahmung fand. Unterschiedliche progressive Gruppen konnten sich, ebenso wie bislang nicht organisierte vor allem Jugendliche „ohne Zukunft," unter dem Dach der Platzbesetzer in ihrem Protest gegen wirtschaftliche und soziale Ungerechtigkeit – trotz vielerlei politischer Differenzen – zusammen finden. Die direkt-demokratischen, gewaltlosen Aktionsformen, die horizontalen Beteiligungsstrukturen sowie der breite und kreative Einsatz sozialer Medien verliehen ihrem Protest eine neuartige Qualität und sicherten Occupy Wall Street schnell wachsende Sympathien und Unterstützung in der Öffentlichkeit. In der täglichen gemeinsamen politischen Praxis, den direkt-demokratischen *Assemblies*, den gemeinsamen Aktionen politischen Ungehorsams und der kollektiven Organisation des Alltags bildeten sich solidarische Strukturen nach innen, aber der Bewegung gelang es auch, das lange tabuisierte Thema der wachsenden Ungleichheit auf die politische Agenda zu setzen und den Reichtum und die Macht der 1% zu skandalisieren.

In mancher Hinsicht knüpft OWS an den (antikapitalistischen) Positionen sowie den Handlungsrepertoires der globalisierungskritischen Bewegung der 90er Jahre an, aber genau so greift sie Taktiken der Bürgerrechtsbewegung und der Studentenbewegung (vgl. Hayden 2012) auf, während die *general assemblies* sogar an die *town meetings* der neuenglischen Siedler erinnern. Im Gegensatz zu (zeitlich begrenzten) Besetzungen in früheren Bewegungszyklen eröffnete die andauernde Präsenz der Zeltlager auf zentralen, häufig symbolträchtigen Plätzen breitere und intensivere Lern- und Politisierungsmöglichkeiten – und auch die Verknüpfung mit den Kämpfen um ‚echte Demokratie' der südeuropäischen Indignados und des ‚arabischen Frühlings'. Im Gegensatz zur in den USA vorherrschenden Form von professionalisierten Bewegungsunternehmen kamen die neuen Aktivisten ohne Stiftungsgelder und ohne bezahlte *Organizer* daher und konnten dennoch, dank individueller Spenden und zusammengelegter Ressourcen, ihren Alltag und ihre Öffentlichkeitsarbeit, ihre Teach-ins und ihre Aktionen zivilen Ungehorsams, ihre Logistik und ihre Politik effektiv organisieren und so diese Aktivitäten selbst politisieren.

Im Maß wie sich OWS im Lauf des Herbsts und Winters 2011/12 (auf mehr als 400 Städte) ausbreitete, hat sich die Bewegung gleichzeitig diversifiziert und konsolidiert, aber auch wieder an die traditionellen US-amerikanischen Bewegungsmuster angepaßt: Indem die Kämpfe von Stadtteilgruppen und Mietern, von Gewerkschaften und Aktivisten gegen Polizeigewalt und Gefängnispolitik konkret unterstützt und zu den eigenen erklärt wurden, diversifizierte sich die Occupy-Bewegung und schaffte es damit, aus bislang heterogenen und fragmentierten Bewegungen ein neues politisches Subjekt zu formen. Während Zwangsräumungen blockiert, Banken belagert, Auktionen gestört, Fabriken und Häfen bestreikt, gegen die Todesstrafe mobilisiert, und gegen Polizeigewalt demonstriert wurde/n, entstanden neue Kooperationen und Koalitionen – mit lokalen Gewerkschaften, Studierenden, arbeitslosen Graduierten, und vor allem mit Community-Organisationen, die bereits seit Jahren in Latino/a, afroamerikanischen und anderen armen Vierteln aktiv sind, aber nun zum ersten Mal in den Bann einer umfassenderen sozialen Bewegung gerieten. Einige linksradikale Gruppen und intellektuelle Zirkel (z. B. um die Zeitschrift Jacobin „für Kulturkritik und Polemik") unterstützten diesen neuartigen Widerstand und machten sich zum Teil zu ihrem Sprachrohr. In vielen Fällen suchten die Akteure, ihre politische Arbeit mittels der ‚klassischen' Mittel von *Organizing* und *Fundraising* durch Gründung eingetragener Vereine zu konsolidieren.

OWS wird häufig für das Fehlen klarer Forderungen kritisiert, jedoch ist deutlich, dass diese Bewegung die *gemeinsame* Wurzel verschiedener Formen von Entrechtung und Enteignung sucht. Es ist die *Summe* der von ihr thematisierten *Issues* – soziale Ungleichheit, die Macht der Grosskonzerne, der Einfluss von Geld in der Politik, die Freihandelsabkommen, Umweltzerstörung und Klimawandel, Datenschutz und (digitale) Überwachung, Kriege und Militarisierung –, die OWS von früheren sozialen Bewegungen unterscheidet. Insofern stellt die Occupy-Bewegung eine eher untypische für die amerikanischen Verhältnisse dar – und in der Tat, als Platzbesetzung florierte sie lediglich einige Monate.

Nach der Räumung der besetzten Plätze und Protestcamps diffundierte der Aktivismus jedoch in die Stadtteile und in verschiedene Konfliktzonen, nun eher nach dem klassischen Muster von *single issue*-Bewegungen: beispielsweise entstand ein landesweites Netzwerk *Occupy Our Homes* aus den während der Hochphase von Occupy vereinzelt praktizierten Aktionen gegen Zwangsvollstreckungen und Räumungen. Dutzende von Haushalten konnten vor der Enteignung bewahrt werden, bisweilen gaben Banken dem Druck der Bewegung nach und passten die Hypotheken dem gefallenen realen Wert der Immobilien an. In manchen Städten konnte der Kampf auf andere sozialpolitische Forderungen ausgeweitet, Räumungsmoratorien durchgesetzt, oder sogar die Schulden von der Kommune übernommen und mit den Kreditinstituten neu verhandelt werden. Wo umweltbedrohliche Maßnahmen durchgesetzt werden (sollen), finden sich OWS-Aktivisten bei Blockaden von Fracking–Bohrlöchern (v. a. in Pennsylvanien und New York), von Kohletagebau-Minen (in West Virginia), oder von Keystone XL Öl-Pipelines (von Montana bis Texas), bei denen nicht nur die klassischen ökologisch bewußten Gruppen, sondern auch indigene Organisationen aktiv sind (Ibanez 2014). Auch eine neue Welle von Arbeitskämpfen scheint vom Impuls von OWS beflügelt, insbesondere der erfolgreiche Streik der LehrerInnen in Chicago (Uetricht 2014), aber auch neue Kampagnen der Niedriglohnarbeiter der Fastfoodketten und der sogenannten ‚Associates' von Walmart für existenzsichernde Löhne, die 2013-14 vielfach Erfolge – bspw. die Erstattung von Millionen Dollars an geraubtem Lohn – erzielen konnten.

Selbst in den Südstaaten formierte sich eine neue Protestbewegung in Größenordnungen, wie sie seit dem Bürgerrechtsmarsch 1965 von Selma nach Alabama nicht gesehen wurden. Eine im April 2013 begonnene Serie von zunächst kleinen, aber stetig wachsenden und sich auf mehr und mehr Städte ausbreitenden ‚Moral Monday'-Kundgebungen in North Carolina kulminierte Anfang Februar 2014 in einem ‚Moral March on Raleigh', wo mehr als 80.000 zum Regierungssitz von North Carolina marschierten, um gegen die Politik der Republikanisch-geführten Staatsregierung zu protestieren. Von der Tea Party und extrem-rechten Think Tanks unterstützte Republikaner haben, seit sie 2012 Gouverneursämter und in North Carolina auch beide Häuser der Legislative erobert haben, verschärft rückwärtsgewandte und reaktionäre Maßnahmen (wieder) eingeführt, von Einschränkungen des Wahlrechts über Beschneidungen des Abtreibungsrechts und anderer Frauenrechte bis hin zur Weigerung, die im Rahmen von Obamas Gesundheitsreform angebotene Krankenversicherung Medicaid auf weitere Gruppen sozial Schwacher auszuweiten. Die radikalen Kürzungen im Erziehungssektor, bei der Arbeitslosenunterstützung und vielen Sozialprogrammen riefen allerdings eine breite *Moral Monday*-Bewegung auf den Plan, die sich auf Georgia und weitere Südstaaten ausgedehnt hat, und die – ähnlich wie Occupy – neben den Anti-Austeritäts- auch antirassistische, anti-Armuts-, und anti-Kriegs-Forderungen formuliert. Im Gegensatz zu Occupy ist diese *Social justice*-Bewegung jedoch stärker religiös ausgerichtet, Prediger spielen führende Rollen, aber auch klassische Bürgerrechtsorganisationen wie die NAACP sind zentral an der Organisierung beteiligt (Moyers 2014; Parramore 2014; Simonton 2014; Democracy Now! 2014). Daß sogar im gewerkschaftsfeindlichen, konservativen, boomenden *Sunbelt* sich nun Tausende von Menschen dafür entscheiden, bei gewaltlosen Aktionen zivilen Ungehorsams Verhaftung zu riskieren, illustriert wie weit die Forderungen und Handlungsrepertoires von Occupy in die amerikanische Gesellschaft vorgedrungen sind.

5 Charakteristische Merkmale, Muster und Wirkungen der amerikanischen Bewegungen

Der kursorische Überblick über die jüngsten amerikanischen Bewegungszyklen verdeutlicht, dass einige Merkmale durchgängig charakteristisch sind. In jedem Zyklus tauchen kommunitäre Experimente, die mit präfigurativen Praxen und alternativen Projekten und Communities nicht nur jeweilige Gegenentwürfe leben, sondern dafür auch mobilisieren: in den frühen Phasen geschah dies meist auf religiöser Basis (Shaker, Mennoniten), in den 1960er Jahren eher in utopischsozialistischen Gemeinden (vgl. Boal et al. 2012), auch die Occupy-Encampments wurden häufig als Gegenentwürfe einer Polis gesehen (Kimmelman 2012;

Mayer 2014, S. 35–38). Ein weiteres durchgängiges Element ist die Stärke populistischer Ideologien, die ursprünglich im Lauf des 19. Jahrhunderts im Kampf um die Bewahrung des traditionellen landwirtschaftlichen Familienbetriebs ausgebildet wurden. Beiden Merkmalen ist die widersprüchliche Spannung der US-amerikanischen Ideologie zueigen, die Spannung zwischen liberaler Befürwortung von Marktfreiheit *und* von kommunitären Solidarordnungen.

Grundlage für die stark ausgeprägten kommunitären Orientierungen, an die soziale Bewegungen immer wieder anknüpfen können, ist das heterogene und stark segmentierte Grundmuster des Landes aus vielen verschiedenen „Inseln der Gleichheit und Happiness" (Wagner 1977). Dies Grundmuster impliziert allerdings gleichzeitig eine ausgesprochen ungleichzeitige und disparate gesellschaftliche Entwicklung, so daß Verteilungskämpfe eigentlich nie von der politischen Agenda verschwunden sind. Selbst die angeblich „post-materialistisch" ausgerichteten neuen sozialen Bewegungen (Inglehart 1989) tauch(t)en in den USA stets im Bündnis mit klassenmäßig oder ‚rassisch' diskriminierten Gruppen auf, weil vor allem die *working poor*, die Arbeitslosen und ethnische Minderheiten unter den scharfen ökonomischen Disparitäten zu leiden haben. Aufgrund des extrem rudimentären Wohlfahrtstaats wird selbst in Phasen der Prosperität wirtschaftliche und soziale Ungleichheit kaum abgefedert. In Krisenphasen gelangen die Nöte der Unterschichten – Obdachlosigkeit, Lohnraub im abgewerteten Dienstleistungssektor, v. a. bei papierlosen Migranten, Verschuldung und Zwangsräumungen, wie seit 2012 im Zug der Diffusion der OWS-Bewegung in die armen Stadtteile, etc. – massiv auf die Agenda.

Wegen dieser Gleichzeitigkeit materieller und post-materieller Anliegen konnten in den USA in keiner Phase streng definierte „neue" soziale Bewegungen dominant werden, die durch Infragestellung wirtschaftlichen Wachstums und Priorisierung ökologischer sowie von Identitätsthemen definiert sind. Aber weil auch die Ideologie des Locke'schen Besitzindividualismus nach wie vor stark verankert ist und Vorbehalte gegenüber staatlichen Interventionen ebenfalls immer noch weit verbreitet sind, hatten es soziale Bewegungen – bis OWS – schwer, die Verteilungsungerechtigkeit in der US-amerikanischen Gesellschaft zu attackieren. Erst mit der Identifizierung der „1%" steht die Skandalisierung von Ungleichheit und die Forderung nach *social justice* auf der politischen Tagesordnung.

Aber auch diese Forderung wird sogleich eingemeindet, dank allgegenwärtiger unternehmerischer Ideologie und Praxis, die in den USA nicht nur Interessengruppen und professionelle Bewegungsorganisationen prägen, sondern auch progressive und gegenkulturelle Bewegungen. Beeinflußt von den Strategien des *Organizing* sind instrumentelle Formen des Fundraising und *door-to-door canvassing* genauso selbstverständliche Methoden wie die Nutzung von *mass mailings*, high-tech Kampagnen, und anderer Werbe- und Verkaufsstrategien. Auch Community-Organisationen und alternative Selbsthilfegruppen mutierten schnell zu *social enterprises* Dienstleistungs- und Entwicklungsunternehmen, oder sogar Mikrokredit-Banken.

Die politischen Konsequenzen sozialer Bewegungen blieben in den USA meist beschränkt. Sie bewirkten nie einen strukturellen Wandel und selten – so wie die

Bürgerrechtsbewegung – substantielle Erfolge. Selbst wenn Reformgesetze verabschiedet wurden, konnten sie oft im fragmentierten politischen System nicht implementiert werden. Effektive Wirkungen beschränken sich deshalb zumeist auf Verfahrensänderungen, z. B. in der Form, daß vormals Ausgegrenzte an Entscheidungsprozessen beteiligt werden – ohne daß dabei die Herrschaftsstrukturen als solche angetastet werden.

Deshalb sind vor allem solche Bewegungen (prozedural) erfolgreich, die gemäßigte Forderungen vertreten, welche innerhalb des liberalen Konsens Legitimität genießen. Darüber hinaus gehende Forderungen haben nur in Krisenzeiten Aussicht auf Erfolg, wenn die gesellschaftliche Kohäsion gefährdet erscheint – wie in der Weltwirtschaftskrise, während der 1960er Jahre, möglicherweise im Gefolge der aktuellen Krise. Die Gründe für diese begrenzten Wirkungen erklären auch, weshalb Bewegungszyklen in den USA meist kürzer sind als in Westeuropa. Die Bewegungen werden meist schnell zu Opfern ihres eigenen (prozeduralen) Erfolgs: sowohl legislative Erfolge als auch institutionelle Kooptation haben demobilisierende Effekte. Obendrein rufen erfolgreiche Bewegungen oft auch Gegenbewegungen auf den Plan.

Die Konsequenzen dieser strukturellen Merkmale für soziale Bewegungen, sind, wie wir gesehen haben, daß in den USA vor allem Bewegungen florieren, deren *gemäßigte* Forderungen auf *soziale Chancengleichheit, politische Fairness, Integration in die dominanten Institutionen*, oder die partielle *Autonomisierung von Subkulturen* abzielen. Bewegungen, die redistributive Forderungen artikulieren oder gesamtgesellschaftliche Veränderungen verlangen, sind weit seltener und erfahren, wo sie auftauchen, schärfere Repression. Durch sämtliche Phasen hindurch und bei ganz unterschiedlichen progressiven Bewegungen finden wir deshalb eine starke Betonung ethnischer Gleichheitspostulate beziehungsweise ein Bemühen, antirassistische Arbeit in den Vordergrund zu stellen: Solche *affirmative action* eint die Kapitolbesetzer von Wisconsin mit der Gewerkschaft der Hotelarbeiter UNITE-HERE, genauso wie die Organisatoren des Sozialforum mit den OWS-Aktivisten.

Literatur

Alexander, Michelle. 2010. *The new jim crow. Mass incarceration in the age of color-blindness.* New York: The New Press.

Alinsky, Saul D. 2011. *Call me a radical. Organizing & Empowerment.* Göttingen: Lamuv Verlag.

Beamish, Thomas D., und Amy J. Luebbers. 2009. Alliance building across social movements: Bridging difference in a peace and justice coalition. *Social Problems* 56(4): 647–676.

Blau, Judith, und Marina Karides, Hrsg. 2008. *The World and US social forums: A better world is possible and necessary.* Leiden, Boston: Brill Academic Pub.

Boal, Iain, Janferie Stone, Michael Watts, und Cal Winslow, Hrsg. 2012. *West of Eden. Communes and Utopia in northern California.* Oakland: PM Press.

Castells, Manuel. 1983. The resurgence of urban populism: The Alinsky model of community organization. In *The city and the grassroots*, Hrsg. Manuell Castells. London: Edward Arnold.

Democracy Now! 2014. *Georgia activists confront GOP rejection of medicaid as moral mondays spread across south*. 20. März. http://www.democracynow.org/2014/3/20/georgia_activists_ confront_gop_rejection_of. Zugegriffen am 21.03.2014.
Fainstein, Norman, und Susan Fainstein. 1974. *Urban political movements. The search for power by minority groups in american cities*. Prentice Hall: Englewood Cliffs.
Fonow, Mary Margaret. 2003. *Union women. Forging feminism in the united steelworkers of America*. Minneapolis: University of Minnesota Press.
Freund, David M.P. 2007. *Colored property: State policy and white racial politics in suburban America*. Chicago: University of Chicago Press.
Frey, R. Scott, Thomas Dietz, und Linda Kalof. 1992. Characteristics of successful American protest groups: Another look at Gamson's strategy of social protest. *American Journal of Sociology* 98(2): 368–387.
Friedan, Betty. 1963. *The Feminism Mystique*. New York: W.W. Norton & Co.. (dt. 1983: *Der Weiblichkeitswahn oder Die Selbstbefreiung der Frau. Reinbek*).
Gillham, Patrick F., und Bob Edwards. 2011. Legitimacy management, preservation of exchange relationships, and the dissolution of the mobilization for global justice coalition. *Social Problems* 58(3): 433–460.
Glyn, Andrew, Alan Hughes, Alain Lipietz, und Ajit Singh. 1990. The rise and fall of the golden age. In *The golden age of capitalism: Reinterpreting the postwar experience*, Hrsg. Stephen R. Marglin und Juliet B. Schnor, 39–125. New York: Oxford University Press.
Hayden, Tom. 2012. Participatory democracy. From the port huron statement to OWS. In *The nation*. 27 März. http://www.thenation.com/article/167079/participatory-democracy-port-huron-statement-occupy-wall-street. Zugegriffen am 15.03.2012.
Ibanez, Camila. 2014. Indigenous Vow: We'll be ‚Dead Or In Prison Before We Allow' Keystone pipeline. In *AlterNet*, 14 März. http://www.alternet.org/indigenous-vow-well-be-dead-or-prison-we-allow-keystone-pipeline?akid=11610.110997.C2raKx%26rd=1%26src=newsletter 971566%26t=24. Zugegriffen am 15.03.2014.
Inglehart, Ronald. 1989. *Kultureller Umbruch. Wertewandel in der westlichen Welt*. Frankfurt: Campus.
Jefferson, Thomas an James Madison, Paris, 30. Januar 1787. In *The papers of thomas jefferson* http://www.monticello.org/site/jefferson/little-rebellionquotation#footnote1_8siamtc. Zugegriffen am 28.12.2013.
Juris, Jeffrey S. 2008. Spaces of intentionality: Race, class, and horizontality at the US social forum. *Mobilization* 13(4): 353–372.
Kimmelman, Michael. 2012. Foreword. In *Beyond Zuccotti Park. Freedom of assembly and the occupation of public space*, Hrsg. Ron Shiffman et al., xiii–xviii. Oakland: New Village Press.
Kitschelt, Herbert. 1985. Zur Dynamik neuer sozialer Bewegungen in den USA. Strategien gesellschaftlichen Wandels & ‚American Exceptionalism.' In *Neue Soziale Bewegungen in Westeuropa & den USA. Ein internationaler Vergleich*, Hrsg. Karl-Werner Brand, 248–305, Frankfurt, New York: Campus.
Levi, Margaret, und David Olson. 2000. Strikes. Past and present – And the battles of seattle. *Politics and Society* 28(3): 309–329.
Levin, Tobe. 1990. U.S. Feminismus: Schwarz auf Weiss. *Beiträge zur feministischen Praxis* 27: 59–66.
Lo, Clarence Y. H. 1990/1995. *Small Property versus Big Government: Social Origins of the Property Tax Revolt*. Berkely: University of California Press.
Mayer, Brian, Phil Brown, und Rachel Morello-Frosch. 2010. Labor-environmental coalition formation: Framing and the right to know. *Sociological Forum* 25(4): 746–768.
Mayer, Margit. 1987. Städtische Bewegungen in USA: Gegenmacht & Inkorporierung. *Prokla* 68: 73–89.
Mayer, Margit. 1991. Social movement research and social movement practice: the U.S. pattern. In *Research on social movements: The state of the art in western Europe and the USA*. Hrsg. Dieter Rucht, 47–120. Frankfurt: Campus/Boulder, Co.: Westview.

Mayer, Margit. 1995. Social movement research in the United States: a European perspective. In *Social movements: Critiques, concepts, case studies*, Hrsg. Stanford M. Lyman, 168–195. London: MacMillan Press.

Mayer, Margit. 2014. Soziale Bewegungen in Städten – städtische soziale Bewegungen. In *Stadt und soziale Bewegungen*, Hrsg. Norbert Gestring, Jan Wehrheim und Renate Ruhne, 25–42. Wiesbaden: Springer VS.

Moyers, Bill. 2014. State of conflict: Bill Moyers on north Carolina's right-wing takeover and the citizens fighting back. In *Democracy Now!* 27. Jan. http://www.democracynow.org/2014/1/27/state_of_conflict_bill_moyers_on. Zugegriffen am 28.01.2014.

Parker, Christopher S., und Matt A. Barreto. 2013. Change they can believe. In *The tea party and reactionary politics in America*. Princeton, NJ: Princeton University Press.

Parramore, Lynn Stuart. 2014. 80.000 March in north Carolina proudly pushing back against radical right agenda. Largest protest in south since selma in '65. *AlterNet*, 9. Februar http://www.alternet.org/activism/80000-march-north-carolina-proudly-pushing-back-against-radical-right-agenda. Zugegriffen am 10.02.2014.

Petruno, Tom. 2013. Five years after financial crash, many losers – and some big winners. *Los Angeles Times*, 14. September 2013 http://articles.latimes.com/2013/sep/14/business/la-fi-crisis-winners-losers-20130915. Zugegriffen am 12.12.2013.

Piven, Frances Fox, und Richard A. Cloward. 1977. *Poor people's movements. Why they succeed, how they fail*. New York: Random House.

Roth, Benita. 2004. *Separate roads to feminism. Black, chicana and white feminist movements in America's second wave*. Cambridge: Cambridge University Press.

Roth, Silke. 2003. *Building movement bridges: The Coaliton of labor union women*. Westport, Ct: Praeger.

Simonton, Anna. 2014. Progressives shaking things up in the south: Moral monday Georgia and truthful tuesday south Carolina commence. In: *AlterNet*, 15. Januar http://www.alternet.org/activism/progressives-shaking-things-south-moral-monday-georgia-and-truthful-tuesday-south-carolina. Zugegriffen am 17.01.2014.

Skocpol, Theda, und Vanessa Williamson. 2013. *The tea party and the remaking of republican conservatism*. Oxford: Oxford University Press.

Swarts, Heidi. 2008. *Organizing urban America. Secular and faith-based progressive movements*. Minneapolis: University of Minnesota Press.

Uetricht, Micah. 2014. *Strike for America: Chicago teachers against austerity*. London: Verso.

Wagner, Wolf. 1977. USA – ein Land aus Inseln der Gleichheit & Happiness Ein Erklärungsversuch zur Langlebigkeit der amerikanischen Alltagsideologie. *Leviathan. Zeitschrift für Sozialwissenschaft* 5(1): 100–114.

Wright, Eric Olin, und Joao Alexandre Peschanski. 2011. Wisconson. In Luxemburg 2/2011 (Juni 2011). http://www.zeitschrift-luxemburg.de/ruckkehr-der-kampfe-heft-22011-ist-in-druck

Yen, Hope. 2013. 80 percent of U.S. Adults face near-poverty, unemployment: Survey. In *Huffington Post*, 28 July 2013. http://www.huffingtonpost.com/2013/07/28/poverty-unemployment-rates_n_3666594.html. Zugegriffen am 02.08.2013.

Die Medien: Vierte Gewalt oder Sprachrohr der Macht?

Curd B. Knüpfer

Inhalt

1 Einleitung: Die Rolle der Medien im politischen System der USA 326
2 Fragmentierung oder Homogenisierung? Medien- und Öffentlichkeitswandel in den USA 327
3 Professionalisierung oder Kommerzialisierung? Der Einfluss der Marktwirtschaft auf Medieninhalte in den USA 333
4 Medienpolitik oder mediatisierte Politik? Das Verhältnis von Staat und Medien in den USA 337
5 Fazit 342
Literatur 342

Zusammenfassung

Es lassen sich zwei grundsätzliche Funktionen der Medien im politischen System der USA ausmachen: einerseits die einer vierten Gewalt, die bestehende Machtstrukturen hinterfragt und überwacht, andererseits die Rolle eines vermittelnden Organs, welches Gemeinschaft stiftet, dabei jedoch bestehende Machtstrukturen erhält. Die Rolle der Medien wird in Anbetracht der hieraus resultierenden Spannung in Hinblick auf drei gesellschaftspolitische Themenfelder untersucht: den US-amerikanischen Pluralismus, den marktwirtschaftlichen Liberalismus und das Verhältnis zwischen Medien und politischem Betrieb. Dabei werden jeweils Wandlungsprozesse und historische Kontexte aufgezeigt und erläutert.

Schlüsselwörter

Medien • Liberalismus • pluralistische Öffentlichkeit • Gewaltenteilung

---

C.B. Knüpfer (✉)
Graduate School of North American Studies, FU Berlin, Berlin, Deutschland
E-Mail: knuepfer@gsnas.fu-berlin.de

© Springer Fachmedien Wiesbaden 2016
C. Lammert et al. (Hrsg.), *Handbuch Politik USA, Springer NachschlageWissen*,
DOI 10.1007/978-3-658-02642-4_20

1 Einleitung: Die Rolle der Medien im politischen System der USA

Die Vereinigten Staaten von Amerika wurden durch die Presse ins Leben gerufen – beispielsweise durch die aufklärerischen Flugschriften Thomas Paines oder Thomas Jeffersons Unabhängigkeitserklärung (McChesney und Nichols 2011, S. 1). Medien waren eine notwendige Voraussetzung für die Entstehung eines kollektiven nationalen Bewusstseins, denn sie vermitteln nicht nur Informationen. Sie fungieren als eine Schmiede gemeinsamer Wahrnehmung, Werte und Vertrauensverhältnisse, gerade dort, wo kein unmittelbarer oder persönlicher Kontakt zwischen den politischen Akteuren und der Zivilgesellschaft besteht. Wie der französische Aristokrat Alexis de Tocqueville bereits 1840 anmerkte, dienten die Medien als Gegenmittel zu den fragmentierenden Tendenzen des US-amerikanischen Liberalismus und Individualismus, denn „nur eine Zeitung kann gleichzeitig denselben Gedanken in ungezählte Geister pflanzen. (...) Es hieße ihre Bedeutung verkleinern, wollte man glauben, daß sie nur die Freiheit verbürgen helfen; sie erhalten die Kultur" (de Tocqueville 1962, S. 128).

Trotz dieser zentralen Bedeutung der Medien im politischen System der USA, ist ihre konkrete Rolle schwer zu definieren. Es ist bereits nicht unbedingt klar, welche Medien (im technischen Sinne des Wortes) gemeint sind, wenn von „den Medien" oder gar „der Presse" die Rede ist. Zwar schien, wie letztere Bezeichnung andeutet, das Verständnis einst eindeutig mit dem Printjournalismus verbunden zu sein. Spätestens seit der Verbreitung des Rundfunks, des Fernsehgeräts und zuletzt des Internets hat sich aber auch diese Begriffsauslegung als unzureichend erwiesen. Obwohl sämtliche Kommunikationsmittel, vor allem aber auch kulturelle Informationsträger wie Kunst, Film oder Musik als Medien bezeichnet werden und gerade letzteren fraglos eine große gesellschaftspolitische Bedeutung zukommt, konzentriert sich die Politikwissenschaft meist auf diverse Formen des Nachrichtenjournalismus, der über (politische) Ereignisse informiert.

Häufig wird dabei der Begriff der „vierten Gewalt" angeführt, welcher die Medien als einen weiteren Faktor im System der gegenseitigen Überwachung der Verfassungsorgane, den sogenannten *checks and balances*, bezeichnet. *Die* Medien – sofern hier überhaupt von einer homogenen Gesamtheit gesprochen werden kann – verfügen allerdings weder über Entscheidungs- oder Gesetzgebungskompetenzen, noch sind sie an feste Lokalitäten oder Akteure gebunden. Sie bilden daher keine politische Institution im klassischen Sinne. Der zuständige, erste Zusatzartikel der Verfassung fordert lediglich, dass die „Freiheit der Presse" (neben der Religions-, Meinungs- und Versammlungsfreiheit) durch kein Bundesgesetz einzuschränken sei (U. S. Constitution, Amendment 1). Anstelle einer verfassungsrechtlichen Definition ist der Begriff der vierten Gewalt also eher als ein Ideal zu begreifen. Dieses wurde wiederum durch Rollenbilder und gesellschaftliche Funktionen geprägt, die das Selbstverständnis einzelner Akteure oder die externen Erwartungshaltungen gegenüber den Medien mitbestimmen können. Die Rolle des *Watchdog* setzt Journalistinnen und Journalisten beispielsweise auf Korruption und bürokratische Willkür an und lässt sie Alarm schlagen, sobald sie Witterung aufnehmen. Durch die Rolle des

Gatekeeper, übernehmen die Medien eine Art Filterfunktion, durch die der öffentliche Diskurs geordnet und in produktive Bahnen geleitet werden soll. Inwiefern die Medien der Vorstellung einer vierten Gewalt gerecht werden können hängt jedoch von Faktoren ab, die von den jeweiligen politischen und gesellschaftlichen Rahmenbedingungen mitbestimmt werden. So setzt die Rolle des *Watchdog* ein Mindestmaß an wirtschaftlicher und politischer Unabhängigkeit einzelner Medien voraus, während die Rolle des *Gatekeeper* gesellschaftlichen Konsens darüber erfordert, von wem und wie diese Funktion erfüllt werden sollte.

Neben diesen Rollen erfüllen Medien ganz grundsätzlich die Funktion, Informationen zwischen diversen Teilen der Bevölkerung, Institutionen und der Öffentlichkeit zu vermitteln. Werden bestimmte Perspektiven systematisch ausgeblendet, während andere überrepräsentiert sind, entsteht der Vorwurf, dass die Medien lediglich als eine Art Sprachrohr bereits bestehender Machtverhältnisse dienen. Dabei ist es oftmals entscheidend, wer durch sie zu Wort kommen kann und wer nicht. Denn auch dort wo sie als vierte Gewalt fungieren, stellen Medien eine Art „Sprachrohr der Macht" dar. In diesem Fall „sprechen" nicht der Staat oder marktwirtschaftliche Interessen, sondern die Zivilgesellschaft oder Vertreter der Öffentlichkeit. Insgesamt lässt sich die Medienlandschaft der USA daher am besten als ein eigenes soziales Feld begreifen, welches gesellschaftlichem und technologischem Wandel ausgesetzt ist und als eine Art Bindeglied diverse andere Felder, wie das der Wirtschaft oder der Politik miteinander verknüpft (Bourdieu 2005). Gemessen am Grad ihrer jeweiligen Autonomie von diesen Einflüssen, lassen sich Medien grob innerhalb des Spektrums verorten, welches zwischen den Polen einer vierten Gewalt und dem eines Sprachrohr der Macht (von Markt und Staat) besteht.

Statt also *die* Rolle der Medien zu definieren, sollen im vorliegenden Kapitel Fragenfelder formuliert werden, um derartige Verknüpfungspunkte und Spannungsverhältnisse aufzudecken. Zunächst wird der Frage nachgegangen, inwiefern Medien in den USA Garanten einer pluralistischen Öffentlichkeit darstellen. Welche Auswirkungen haben institutionelle Verschiebungen und technologischer Wandel dabei? Wer wird repräsentiert und wer kann mittels der Medien demokratische Diskurse steuern? Daran anschließend wird die Schnittstelle zwischen wirtschaftlichen Faktoren und einer freien, professionellen Presse aufgegriffen. Wie wirkt sich Kommerzialisierung auf den Journalismus aus? Dienen Medien als ein Marktplatz der Ideen oder verkommen die dort entstehenden Nachrichten zu Waren? Letztlich wird das Wechselspiel von Medien und Politik in den USA genauer untersucht. Wie werden Medien von Politikern genutzt? Wie wird wiederum die Politik mediatisiert? Welchen Einfluss kann dies auf politische Inhalte haben?

2 Fragmentierung oder Homogenisierung? Medien- und Öffentlichkeitswandel in den USA

Die Vorstellung der US-amerikanischen Medien als vierte Gewalt ist mit der Annahme verbunden, dass sie die vielfältigen Interessen und Perspektiven der Öffentlichkeit reflektieren können. Ob und wie dies geschieht, muss unter

Berücksichtigung gesellschaftlicher und technologischer Wandlungsprozesse ständig neu erörtert werden. Im Verlauf der vergangenen drei Jahrzehnte hat sich die Art und Weise, in der Nachrichten vermittelt werden, rasant verändert. Die Digitalisierung von Informationen resultierte in einem geradezu exponentiellen Anwuchs medialer Inhalte, was wiederum einen enormen Zuwachs an Wettbewerb um die Aufmerksamkeit der Bevölkerung mit sich brachte. Dem Überangebot konnte weitere Innovation Abhilfe leisten: Geräte wie *TiVo* erlaubten dem amerikanischen Fernsehpublikum beispielsweise, selbst zu bestimmen, wann und in welcher Zusammensetzung Sendungen konsumiert werden sollen, während im Internet komplexe Suchalgorithmen und personalisierbare Webportale effektiv als Informationsfilter fungieren. Indem sich der Nachrichtenkonsum so zunehmend individualisieren lässt, treten die „Sender" von Informationen Autorität an die „Empfänger" ab. Die Epoche der Digitalisierung und der Verbreitung des Internets wird daher zu Recht als ein „kritischer Wendepunkt" in der Geschichte der Vereinigten Staaten gesehen (McChesney und Nichols 2011, S. 216). Die gesellschaftspolitischen Fragen, die durch die zunehmende Fragmentierung der Medien aufgeworfen werden, sind teilweise jedoch nicht so neu, wie sie auf den ersten Blick erscheinen mögen.

In der Epoche vor dem Bürgerkrieg und der Verbreitung der Telegraphie waren Nachrichtenquellen in der Regel noch an lokale, oft aber auch ethnische Gemeinden gebunden. Dies sorgte insgesamt für ein enorm vielfältiges Zeitungsangebot: Als Deutsche beispielsweise noch rund ein Viertel aller Einwanderer in die USA ausmachten, existierte eine florierende deutschsprachige Presselandschaft. Seinen Zenit erreicht der amerikanische Zeitungsmarkt 1910 mit rund 2.600 Tageszeitungen (Schudson und Tifft 2005, S. 22–24). Zudem war das Medienangebot im 19. Jahrhundert durch ein hohes Maß an subjektiver und politisierter Berichterstattung geprägt (Sheppard 2008). Doch bis in die Mitte des 20. Jahrhunderts ging diese Art der medialen Stimmenvielfalt zunehmend verloren und wurde durch den Aufstieg der Massenmedien ersetzt. Überregionale Printprodukte, Rundfunk und schließlich auch das Fernsehen, machten es möglich, ein breites Publikum umfangreich mit Informationen zu versorgen. Bereits 1950 besaßen neun von zehn amerikanischen Haushalten ein Fernsehgerät (Williams und Delli Carpini 2011, S. 60). In dieser neuen Medienlandschaft veränderten sich auch die Medieninhalte und vermittelten Perspektiven.

Wenn sich der Fernsehnachrichtensprecher Walter Cronkite in den 1960er Jahren von seinem Publikum verabschiedete, tat er das beispielsweise stets mit der Floskel: „And that's the way it is." Diese Autorität eines Nachrichtensprechers, welche ihn mit Gewissheit behaupten ließ, „so ist es", wenn er „der" Öffentlichkeit „die" Nachrichten präsentierte, kann durchaus als Ausdruck des damaligen Einflusses und des Selbstverständnisses von Rundfunk- und Fernsehanstalten gedeutet werden. In der Phase zwischen den 1920er und 1980er Jahren bildeten drei große *Networks* ein Oligopol. Man bezeichnet dementsprechend auch die *National Broadcasting Company* (NBC), das *Columbia Broadcasting System* (CBS), die *American Broadcasting Company* (ABC) als die „*Big Three*". Es handelt sich dabei um Zusammenschlüsse (Netzwerke) lokaler Sender, *affiliates* genannt, die jeweils von einem gemeinsamen, zentralen Dachverband mit Inhalten beliefert werden. Den Geltungsanspruch der *Big Three* konstituierte also vorrangig deren mächtige Marktposition. Doch der Geltungsanspruch der durch sie präsentierten Nachrichten ergab sich außerdem aus der weithin verbreiteten Annahme journalistischer Objektivität. Moderner amerikanischer Journalismus setzt sich dadurch zum Ziel, „nur die Fakten" zu präsentieren, um ein möglichst akkurates Bild der Realität zu vermitteln. So sollen Medien als neutraler Vermittler zwischen diversen Perspektiven wirken, wodurch nicht zuletzt dem Prinzip des Pluralismus auch dort gedient werden soll, wo einzelne Stimmen womöglich sonst nicht selbst zu Wort kämen. Die Entwicklung dieser „Norm der Objektivität" lässt sich maßgeblich anhand dreier Faktoren erklären:

1. Eine sozio-kulturelle Tradition, die zunächst durch die Bewegungen und Wahrheitsideale des US-amerikanischen *Realism*, dann durch den Positivismus des *Progressivism* beeinflusst wurde und journalistische Normen und Rollenbilder des 20. Jahrhunderts entscheidend beeinflusste (Williams und Delli Carpini 2011, S. 38–44).
2. Die zunehmende Zentralisierung von Informationen, die einherging mit dem Übergang vom Mediensystem des 19. Jahrhunderts hin zu einer Medienlandschaft, die im 20. Jahrhundert durch nationale Rundfunkanstalten und überregionale Tageszeitungen geprägt wurde (Schudson und Tifft 2005, S. 24–27).
3. Die Notwendigkeit einer staatlichen Aufsicht, bedingt durch die begrenzte Anzahl von Sendefrequenzen: Ab 1934 wurde die zeitlich begrenzte Vergabe von Rundfunklizenzen durch die zuständige Behörde (die *Federal Communications Commission* – FCC) mit der Forderung verbunden, dem öffentlichen Interesse zu dienen, „Fairness" walten und diverse Stimmen zu Wort kommen zu lassen (Cook 2005, S. 255).

Der journalistische Anspruch, eine objektive Realität zu vermitteln, war eng mit der Annahme verbundenen, dass so der Nährboden für einen vielfältigen diskursiven Raum entstand. Dies wurde nicht zuletzt auch durch das politische Klima des Kalten Krieges begünstigt. Da die politischen Eliten der beiden Parteien sich in der Regel nur innerhalb eines relativ engen Spektrums voneinander abzugrenzen suchten, waren öffentlich ausgetragene Konflikte um die grundlegende Deutung von Ereignissen, vor allem was den Rundfunk betraf, eher eine Ausnahme (Hallin 1994, S. 26). Da auch die Anzahl dieser Informationsquellen und Nachrichtenformate begrenzt war, lag die Schlussfolgerung nahe, dass derartige Massenmedien auch ein relativ homogenes Publikum formten: *eine* mediale Öffentlichkeit, die insgesamt Zugang zu dem gleichen Nachrichtenmaterial hatte (Williams und Delli Carpini 2011, S. 75). So lässt sich ein Zitat des Präsidenten Lyndon B. Johnson erklären, der 1968 in Bezug auf Berichterstattung über den unpopulären Krieg in Vietnam behauptet haben soll: „Wenn ich Cronkite verloren habe, habe ich auch die amerikanische Mitte verloren" (vgl. Crawford 2007, S. 76, *Übers. d. Verf.*). Dass sowohl die Vorstellung einer homogenen Öffentlichkeit als auch die Idee einer objektiven, wahrheitsvermittelnden Nachrichtenzunft stets mehr Fiktion denn Fakt war, zeichnete sich spätestens in den gesellschaftspolitischen Auseinandersetzungen der späten 1960er Jahre ab; etwa im Kontext der unterschiedlichen Auslegung der Bürgerrechte schwarzer und weißer US-Amerikaner, oder durch die von Regierung und Medien verschleierte Eskalation des Vietnamkriegs.

Auch heute bildet das Fernsehen für US-Amerikaner noch die mit Abstand wichtigste Informationsquelle. In einer nationalen Umfrage von 2013 gaben 55 % der Befragten das Fernsehen, 21 % das Internet und nur 9 % Printmedien als präferiertes Nachrichtenformat an (Saad 2013). Dennoch: die Machtstellung der *Big Three* (aus denen 1986 und mit der *Fox Broadcasting Company* bereits die *Big Four* geworden waren) scheint indes längst gebrochen. Schaltete der durchschnittliche Zuschauer im Jahr 1950 weniger als drei Kanäle pro Woche ein, so war im Jahr 2009 die Zahl der eingeschalteten Sender auf mehr als 16 herangewachsen (Williams und Delli Carpini 2011, S. 78). Mit diesem Anstieg der Konkurrenz um Aufmerksamkeit nahm die Autorität der Nachrichtensprecher ab, die sich im Gegensatz zu Walter Cronkite nicht mehr sicher sein können, dass „ihre" Fakten diejenigen sind, die einen Großteil des US-amerikanischen Volks erreichen.

Ob die Medien, trotz vielfältigerer Angebote heute den Idealen des Pluralismus eher gerecht werden, ist allerdings fragwürdig. Beispielsweise finden sich zwar durchaus Medien und auch Massenmedien, die ein explizit afro-amerikanisches Publikum ansprechen, wie etwa traditionsreiche Zeitungen wie *The Afro* oder der Kabelfernsehsender *Black Entertainment Television* (BET). Ähnliche Angebote sind auf ein lateinamerikanisches Publikum ausgelegt, wie die spanisch-sprachigen Fernsehsender *Telemundo* und *Univision*. Das ändert jedoch nichts daran, dass Minderheiten in führenden Massenmedien chronisch unterrepräsentiert sind oder überwiegend in stereotypen Rollen auftauchen (Monk-Turner et al. 2010). Derartige Unverhältnismäßigkeiten finden sich auch in Bezug auf Geschlechterbilder. Eine Analyse nationaler Nachrichtenprogramme und überregionaler Zeitungen für den Zeitraum der Präsidentschaftswahlen 2012 ergab, dass im Fernsehen 16 %, in führenden Printmedien sogar nur 13 % der zitierten Meinungen zum Wahlkampf von Frauen stammten (The 4th Estate 2013). Mit solchen Zahlen korrespondieren ökonomische Faktoren: Wem gehören Medienhäuser und Rundfunklizenzen? 2007 wurden in einer Studie 34 % der US-Bevölkerung als Minderheiten klassifiziert, deren Anteil in der Gruppe von Eigentümern kommerzieller Fernsehsender jedoch nur bei 3,15 % lag. Und auch hier klafft ein gewaltiger *Gender Gap*. Während Frauen 51 % der Gesamtbevölkerung ausmachen, besitzen sie weniger als 6 % aller kommerziellen Fernsehlizenzen (Turner und Cooper 2007, S. 2). In Anbetracht solch ernüchternder Zahlen wäre es vollkommen unberechtigt die Gesamtheit der Medien als einen Spiegel der US-amerikanischen Gesellschaft begreifen zu wollen.

Denn der Umkehrschluss der angeführten Statistiken liegt auf der Hand: Der Anteil weißer Männer ist in der US-amerikanischen Medienbranche überproportional groß und wird sich, den Trendlinien zufolge, auf absehbare Zeit nicht nur halten, sondern womöglich noch vergrößern (Turner et al. 2012, S. 16). Ein Faktor, der hierzu maßgeblich beitragen könnte, ist das Phänomen der Medienkonsolidierung. Seit den 1980er Jahren wurde die Regulierung des Medienmarkts durch die zuständige Aufsichtsbehörde, die *Federal Communications Commission* (FCC), zunehmend gelockert. Dies hatte zum einen technische, zum anderen politische Gründe, die maßgeblich in einem neoliberalen Umschwung in Bezug auf die Auslegung der Kompetenzen der Behörde begründet waren. Im Bruch mit der bis dahin betriebenen Politik definierte 1985 der damalige Chef der Behörde, Mark Fowler, ein Fernsehgerät als einen „Toaster mit Bildern" und die Interessen der Öffentlichkeit als „das, wofür die Öffentlichkeit sich interessiert" (Hamilton 2004, S. 1. *Übers. d. Verf.*). 1987 verabschiedete sich die Behörde von der bis dahin geltenden „Fairness Doktrin", was den politischen Diskurs tatsächlich öffnete und beispielsweise den Aufstieg des politischen *talk radio* zur Folge hatte. Radiomoderatoren wie der rechts-konservative Rush Limbaugh nutzten seither erfolgreich die entstandenen Sendemöglichkeiten für ihre politisch gefärbten Kommentierungen tagespolitischer Ereignisse. Statt auf Marktregulierung legte die FCC in den Folgejahren ihren Fokus eher auf die Kontrolle von Medieninhalten, vor allem in Bezug auf als „obszön" geltende Begriffe und vermeintlich unanständige Darstellung von Sexualität.

Durch den neuen Kurs der FCC sowie durch Gesetzesvorlagen im Kongress wurden außerdem die Regeln bezüglich der *cross-media ownership* gelockert. Ab 1984 wurde eine Vorschrift, die den Besitz von mehr als sieben Fernseh- und Radiosendern untersagte, mehrfach aufgeweicht. Die Zahl der in einer Hand geduldeten Sender wurde zunächst auf zwölf erhöht, 1993 dann auf 18, 1994 gar auf 20 (Klinenberg 2007, S. 26–27). Eine weitere Lockerung erfolgte durch den *Telecommunications Act* aus dem Jahr 1996, der die Trennung zwischen den Telekommunikations- und Rundfunkmärkten aufhob. Dies ermöglichte den Zusammenschluss großer Firmen aus den jeweiligen Branchen und führte zu spektakulären Marktfusionen wie der Übernahme des Medienunternehmens *Time Warner* durch den Internetprovider *AOL* im Jahr 2000. Als weiteres Beispiel sei hier die durch den australischen Medienmogul Rupert Murdoch gegründete Firma *News Corporation* genannt, die ab Ende der 1990er Jahre ihren Marktanteil innerhalb der USA maßgeblich ausbauen konnte. 1996 ging etwa ihr Kabelsender *The Fox News Channel* auf Sendung; 2003 kaufte sie sich in den Satellitenfernsehmarkt ein; 2005 übernahm sie das soziale Netzwerk *Myspace* und 2007 das *Wall Street Journal*, die auflagenstärkste Tageszeitung der USA. Was Konglomerate wie die *News Corporation* und ihre Konkurrenten *Clear Channel*, *Comcast*, die *Walt Disney Company* oder die *CBS Corporation* für die Telekommunikations- und Unterhaltungsindustrie sind, sind Firmen wie *Apple*, *Google* und *Microsoft* mittlerweile für die Schnittstellen zwischen Hardware und Internet. Auch hier deutet sich längst ein marktübergreifendes Oligopol an (Wu 2010, S. 255–321). Die Annahme, dass eine derartige Konzentration der Reichhaltigkeit der Medienlandschaft und der Nachrichtenvielfalt abträglich sein könnte, liegt vor allem dort nahe, wo sich die Interessen der großen Firmen überschneiden. Dies zeigte sich bereits in der Berichterstattung zum *Telecommunications Act* selbst, dem beispielsweise in den Nachrichtenformaten von ABC, NBC und CBS, deren Besitzer ein direktes Interesse an den neuen Regularien haben mussten, insgesamt nur 19 Minuten Sendezeit gewidmet wurden (Schudson und Tifft, S. 38). Trotz eines scheinbar zunehmend vielfältigen Medienangebots ist daher die Sorge berechtigt, dass letztendlich die Interessen ein paar weniger Firmenkonglomerate die Rahmenbedingungen und potentiell sogar die dargestellten Inhalte des gesellschaftlichen und politischen Diskurses mitbestimmen könnten.

Es lässt sich allerdings feststellen, dass homogene Medieninhalte auch dort entstehen, wo keine gemeinsamen Besitzer oder Partikularinteressen klar identifizierbar sind. Dies hängt zum einen mit den Quellen der Nachrichten zusammen, welche oftmals die Öffentlichkeitsbüros politischer Institutionen oder Akteure sind. Zum anderen ist die Bedeutung von nationalen Nachrichteragenturen wie der *Associated Press* (AP) nicht zu unterschätzen, die diversen Redaktionen den Zugriff auf einen zentralen, gemeinsamen Datensatz von Informationen ermöglicht. Einen ähnlichen Effekt hat das Geschäftsmodell der *content syndication*, durch welches lokale Redaktionen und Rundfunksender zentral produzierte Kommentare oder Sendungen günstig kaufen und veröffentlichen können. Ein weiterer Grund für die Homogenität der Medieninhalte innerhalb eines diversen Mediensystems mag zudem erneut im handwerklichen Aspekt der journalistischen Objektivitätsnorm liegen: Diese kann dazu führen, dass Nachrichtenredaktionen „unkonventionelle" Berichterstattung, gerade in Bezug auf politisierte oder kontroverse Themen, zu vermeiden suchen und sich dabei anhand der Berichterstattung ihrer Kolleginnen und Kollegen orientieren. Und auch im ursprünglich als basisdemokratisch gelobten Internet (Barlow 1996) zeichnet sich mittlerweile ab, dass Nachrichten sich nicht so pluralistisch verbreiten, wie ursprünglich erhofft. Die Webportale großer Medienunternehmen ziehen einen Großteil aller Verlinkungen und Klickzahlen an sich. Dies führte zu der Erkenntnis, dass auch im Internet die Freiheit zu sprechen nicht gleichzusetzen ist mit der Wahrscheinlichkeit, tatsächlich auch gehört zu werden (Hindman 2008, S. 16).

Gleichzeitig zeichnet sich derzeit in den USA insgesamt eine Rückkehr subjektiverer politischer Berichterstattung ab, die an die Ideologien politischer Lager gekoppelt ist. Häufig werden in diesem Zusammenhang die Kabelfernsehsender *Fox News* oder *MSNBC* angeführt, die sich in ihrer Berichterstattung jeweils anhand der Parteilinien von Republikanern und Demokraten orientieren. Durch das Phänomen der *selective exposure*, so eine damit verbundene Gefahr, könnten Teile der Öffentlichkeit nun ausschließlich mit Meinungen in Kontakt kommen, die sie ohnehin schon teilen (Mancini 2013, S. 47). Durch soziale Netzwerke begünstigt sind ähnliche Entwicklungen längst auch im Internet zu beobachten. Derartige Polarisierungstendenzen lassen sich als Autonomieverlust der Medien deuten, da diese sich enger an bestehende politische Institutionen und Parteien binden. Andererseits ließe sich dieser Prozess und die damit einhergehende Auflösung einer politischen Mitte ebenso als eine Erweiterung des diskursiven Spektrums verstehen.

Trotz der eingangs angeführten Fragmentierungstendenzen und der Vervielflätigung von Informationsquellen, die maßgeblich durch die Digitalisierung von Informationen und die Verbreitung das Internets vorangetrieben wurden, lassen sich also, je nach eingenommener Perspektive, auch starke Homogenisierungstendenzen innerhalb des US-amerikanischen Mediensystems feststellen. Ob durch die gegenwärtige

Fragmentierung des Mediensystems dem Prinzip des Pluralismus besser Rechnung getragen wird als in der Ära des Rundfunks bleibt daher fragwürdig. Einerseits könnte gerade mit den neuen Medien die Hoffnung verbunden werden, dass diese die Vielfalt der Gesellschaft besser widerspiegeln; andererseits geht gleichzeitig die Funktion einer breit geteilten Kommunikationsfläche abhanden, durch welche gesamtgesellschaftliche Wahrheitsfindung stattfinden und politischer Konsens erreicht werden könnte. Anhand dieses komplizierten Wechselspiels zeigt sich also, inwiefern gesellschaftlicher und technologischer Wandel die Rahmenbedingungen des mediatisierten politischen Diskurses prägen können. Wie hier bereits angedeutet wurde, üben zudem vorrangig marktwirtschaftliche und politische Faktoren einen enormen Einfluss auf die Inhalte und Formen der Medien aus. Im nun folgenden Unterpunkt soll daher anhand einschlägiger Beispiele zunächst das ebenfalls ambivalente Verhältnis zwischen Medien und Markt genauer erläutert werden.

3 Professionalisierung oder Kommerzialisierung? Der Einfluss der Marktwirtschaft auf Medieninhalte in den USA

In der komparativen Mediensystemforschung werden die USA üblicherweise als „liberales Modell" klassifiziert, in welchem Prozesse der Nachrichtenproduktion in erster Linie durch einen Primat des Kommerziellen und eine stark eingeschränkte Rolle des Staates geprägt sind (Hallin und Giles 2005, S. 7–9). Die Medienhistoriker Michael Schudson und Susan Tifft fassen die Geschichte der US-amerikanischen Medien daher unter den übergeordneten Trendlinien der Professionalisierung und der Kommerzialisierung zusammen – dem Entstehen einer beruflichen Zunft des Journalismus also und der gewinnorientierten Verbreitung von Nachrichten (Schudson und Tifft 2005, S. 18). Waren die Printmedien der Kolonialzeit im Wesentlichen noch Werbeblätter für einzelne Unternehmer oder Politiker, so etablierten sich ab den 1830er Jahren und mit den Geschäftsmodellen der *Penny-Press* erstmals Zeitungen, die aus dem Massenvertrieb von Information Profit zu schlagen wussten. Bis zum Ende des Jahrhunderts sollte die zunehmende Industrialisierung den Zeitungsvertrieb zu einer boomenden Branche gedeihen lassen, deren Auflagenstärke zum einen als Indikator für Reichweite und politischen Einfluss der vierten Gewalt herhalten könnte, aber eben auch für die Gewinnmarge, die sie ihren Besitzern und Mitarbeitern bescherte. Politischer Diskurs, sofern dieser von Medien vermittelt wird, unterliegt somit einer Art Filtersystem, welches zum einen durch bestimmte Arbeitsweisen und professionelle Standards, zum anderen anhand kommerzieller Interessen entscheidet, wie und welche Informationen Verbreitung finden (Hamilton 2004, S. 7–36).

Als 1920 der Sender KDKA mit dem ersten modernen Rundfunkprogramm auf Sendung ging, war die primäre Absicht dahinter noch nicht das Verbreiten von Informationen, sondern der Verkauf von Radiogeräten. Zwei Jahre später entstand die erste moderne Radiowerbung, als ein Immobilienmakler einem New Yorker

Sender 50 Dollar zahlte, um zehn Minuten lang über Wohnungsangebote zu referieren (Schudson und Tifft Jahr, S. 26). Auch bei der Verbreitung des Fernsehens und internetfähiger Mobiltelefone waren zwei Märkte ausschlaggebend: Es galt, die Empfangstechnik, also Geräte zu verkaufen sowie die dadurch neu entstandenen Informationsformate als Werbeflächen zu nutzen (Wu 2010). Gleichzeitig ermöglichte das profitable Geschäft mit Informationen immer wieder ein Maß an journalistischer Unabhängigkeit, wie sie durch eine Koppelung journalistischer Ausdrucksmöglichkeiten an politische Parteien oder den Staat nicht unbedingt hätte gewährleistet werden können. Organisationen wie die *Society of Professional Journalists* (seit 1909), der *National Press Club* (1908) oder die Gewerkschaft *The Newspaper Guild* (seit 1933) unterstrichen den selbstbewussten Anspruch von Journalisten, Mitglieder einer selbstbewussten und unabhängigen professionellen Zunft darzustellen.

Die Verbindung zwischen offenen Wirtschaftsstrukturen und einem freien Austausch von Informationen ist tief verwurzelt im liberalen Demokratieverständnis der USA. Thomas Jefferson soll Informationen beispielsweise als „die Währung der Demokratie" bezeichnet haben. Ähnliche Assoziationen bietet die Vorstellung eines „Marktplatz der Ideen" – einer Metapher mit langer Tradition in der liberalen Philosophie. Im US-amerikanischen Kontext wird sie in erster Linie mit dem Obersten Verfassungsrichter Oliver Wendell Holmes Jr. in Verbindung gebracht, der in seiner abweichenden Meinung im Fall *Abrams v. United States* 1919 einen „freien Handel der Ideen" forderte und erklärte, dass die beste Prüfung für den Wahrheitsgehalt eines Gedankens sei, sich in der Konkurrenz dieses Marktes durchsetzen zu können (Schmuhl und Picard 2005, S. 114). Holmes Argumentation wurde in der Folge nicht nur im juristischen Kontext zitiert, sondern formte eine zentrale Vorstellung der Verknüpfung von Markt- und Meinungsfreiheit.

Dennoch stehen sich im liberalen Mediensystem der USA die Bedürfnisse des Marktes und die Anforderung an eine „unabhängige" vierte Gewalt teilweise durchaus gegenüber. Wie bereits angedeutet, zeigte sich gerade während des 20. Jahrhunderts, dass Wettbewerb nicht zwangsläufig zu Meinungsvielfalt, geschweige denn -freiheit führen muss. Dies ist vielleicht nirgends so offensichtlich wie in der Berichterstattung zur US-amerikanischen Außenpolitik. Insbesondere im ideologischen Kontext des Kalten Krieges ließ sich beobachten, inwiefern sich Medien anhand der (oftmals wirtschaftlichen) Interessen der USA orientierten, wobei in der Berichterstattung externer Ereignisse oftmals kaum zwischen den Interessen der Marktwirtschaft, des Staats und der Öffentlichkeit der USA unterschieden wurde (Herman und Chomsky 1988/2002; Hallin 1994).

Ein relativ offensichtlicher potentieller Konflikt zwischen den Interessen von Marktwirtschaft und Journalismus besteht zudem zwischen der Gewinnmaximierung auf der einen Seite und der Präsentation qualitativ hochwertiger Inhalte auf der anderen. Kosteneffiziente Nachrichtenproduktion kann durch hohe Anzeigen- und Werbeeinnahmen entstehen – oder durch das Einsparen von Arbeitskräften und -material. Die Grundlogik der Gewinnmaximierung sorgte in US-amerikanischen

Redaktionen spätestens seit den 1980er Jahren für Sparmaßnahmen in großem Stil. Die Folgen lassen sich anhand einiger eindrucksvoller Statistiken ablesen. Während die Quote der Berufstätigen in der PR zu denen im Journalismus laut Daten des *US Bureau of Labor Statistics* im Jahr 1960 noch 0,75 zu 1 stand, hatte sich das Verhältnis bis 2011 auf fast 4 zu 1 erhöht (McChesney und Nichols 2011, S. xiii). Dass sich derartige Entwicklungen auch auf Nachrichteninhalte auswirken können, zeigt exemplarisch eine Studie aus dem Jahr 2011, die sich zum Ziel nahm, das gesamte Nachrichtenangebot der Stadt Baltimore für eine Woche zu untersuchen. Sie ergab, dass 83 % aller Meldungen im Wesentlichen aus einer Wiedergabe vorgefertigter Informationen statt dem Berichten neuer Ereignisse oder dem Erläutern von Zusammenhängen bestanden (Pew Research Center 2010). Der britische Journalist Nick Davies hat dafür den Begriff *Churnalism* (von to churn = Butter aufwühlen) geprägt, der eine Tätigkeit bezeichnet, die zwar dem Journalismus ähnele, eigentlich aber mit dem Umformulieren bereits bestehender Informationen beschäftigt sei (Davies 2009, S. 59).

Neben der kostengünstigen Produktion von Meldungen ist das Etablieren, Erhalten und Ausweiten eines Anzeigenmarkts und dessen Konkurrenzfähigkeit oft der wichtigste Teil des Geschäftskonzepts von Medienunternehmen. Die Leser, beziehungsweise das Publikum, werden in diesem Kontext als Konsumenten statt als Teil einer demokratischen Öffentlichkeit gesehen – eine Perspektive, die zu Formen der Berichterstattung führen kann, die mehr Wert auf Unterhaltung legt als auf das Berichten von Ereignissen und sozialer und politischer Zusammenhänge. Man spricht in diesem Zusammenhang vom Phänomen der *soft news* (als Gegenstück zu *hard news*). Seit den frühen 1990ern lässt sich beispielsweise ein relativ konstanter Anstieg derartiger Nachrichtensendungen im Fernsehen beobachten. Dies kann vorrangig durch Marktfaktoren erklärt werden, da Lokalnachrichten bis zu einem Drittel der Einnahmen einzelner Sendestationen ausmachen – Lokalsender müssen Werbeeinnahmen aus eigenproduzierten Nachrichtensendungen in der Regel nicht mit ihren *networks* teilen (Klinenberg 2007, S. 97). Dadurch entsteht zwar ein großer Anreiz, Nachrichtenformate anzubieten. Ein Anreiz, gleichzeitig auch in die Produktion von Nachrichteninhalten zu investieren, ist jedoch nicht zwangsläufig gegeben. Im Gegenteil: als Geschäftsmodell mag es sich für die einzelnen Sender rentieren, Nachrichteninhalte möglichst kostengünstig zu erwerben und dann mehrfach zu verwenden. So zeigte beispielsweise eine Studie des Fernsehmarkts in der Metropole Los Angeles, dass sich die örtlichen Nachrichtensendungen während 30 Minuten Sendezeit im Schnitt nur 22 Sekunden lang mit rechercheaufwendigen, kommunalpolitischen Themen befassten (Kaplan und Hale 2010).

Nur weil ein Format damit wirbt, *hard news* zu präsentieren, muss dies inhaltlich keineswegs der Fall sein. Doch auch *soft news* können selbstverständlich wichtige gesellschaftspolitische Funktionen erfüllen. Beispielsweise kann Berichterstattung zu internationalen Ereignissen über diesen Umweg einen Teil der Bevölkerung erreichen, der sonst nur selten mit außenpolitischen Themen in Kontakt gerät (Baum 2003). Ebenso können etwa Lifestyle Berichte kulturell und sozial relevante

Informationen veranschaulichen und kommunizieren. Hinzu kommt, dass der „Nutzen" und Anteil an relevanter Information vermeintlicher *hard news* nicht zwangsläufig ersichtlich ist. Während der Präsidentschaft von George W. Bush wurden die Satiresendungen *The Daily Show* und *The Colbert Report* populär. Zwar laufen diese auf dem Kabelfernsehsender *Comedy Central* und sind klar als Unterhaltungsformate konzipiert, dennoch sind sie inhaltlich auf die Kommentierung tagespolitischer Ereignisse ausgelegt. Umfragen ergaben, dass das Publikum dieser Sendungen nicht nur überproportional jung, sondern oftmals auch besser über politische Ereignisse informiert ist als das anderer Nachrichtenformate (Pew Research Center for the People and the Press 2012, S. 15, 43).

Ebenso lässt sich beobachten, dass Journalisten in US-amerikanischen Filmen und Fernsehsendungen oftmals von tatsächlichen TV-Journalisten verkörpert werden. In diesen Fällen „spielen" nominelle *hard news* Moderatoren sich in Unterhaltungsformaten selbst und verkomplizieren somit das eigene professionelle Rollenbild. Neben diesem Aufkommen prominenter Fernsehjournalisten war ein weiterer Effekt des 24/7 Nachrichten-Zyklus im Kabelfernsehen der wachsende Bedarf an so genannten *talking heads*. Diese kommen regelmäßig als Meinungsmacher und Experten zu diversen Themenfeldern zu Wort und befinden sich oft in festen Vertragsverhältnissen mit den Nachrichtenprogrammen. So werden frühere Politiker beschäftigt, gerne aber auch Mitglieder ideologischer *think tanks* oder Parteistrategen. Der auf Nachrichten spezialisierte Kabelsender *MSNBC* füllt dabei beispielsweise nur rund 15 % seiner Sendezeit mit dem Berichten von tatsächlichen Neuigkeiten – die übrigen 85 % mit Meinungen und Kommentaren (Jurkowitz et al. 2013). Dem Publikum wird dabei oft nicht mitgeteilt, ob die unbefangenen Meinungen neutraler Experten präsentiert werden, oder aber die individuellen oder institutionellen Interessen einzelner Akteure. Mit diesem Verschwimmen professioneller Rollenbilder und Identitäten, verschwimmen in einer fragmentierten Medienlandschaft also auch die Grenzen zwischen PR und Journalismus, Nachrichten und Unterhaltung, sowie „realen" Fakten und medial dargestellten Fiktionen. Politischem Diskurs werden klare Referenzpunkte entzogen, wodurch zu befürchten ist, dass die kollektive Willensbildung und Interessensartikulation erschwert und somit der demokratische Entscheidungsprozess gehemmt werden könnte (Mancini 2013, S. 54–57).

Im liberalen Mediensystem der USA ist die Möglichkeit professionell und „unabhängig" zu agieren, eng mit wirtschaftlichen Bedingungen verbunden, die dies letztendlich ermöglichen. Aus diesem grundsätzlichen Spannungsverhältnis entstehen Konsequenzen für den Produktionsablauf, das Vermitteln und den Inhalt politischer Informationen. Auf dem eingangs erwähnten, metaphorischen Marktplatz können „die Ideen" bisweilen in den Hintergrund rücken. Je nach Medium können marktwirtschaftliche Interessen mal stärker, mal schwächer darüber mitentscheiden, welche Themenfelder kategorisch „uninteressant" sind und somit möglicherweise aus dem (medialen) öffentlichen Diskurs ausgeschlossen werden. Wie im nun folgenden Unterpunkt aufgezeigt werden soll, bedeutet jedoch auch eine starke Bindung an den Markt keinesfalls, dass die Medien dadurch vollkommen frei und unabhängig vom Staat und dem politischem Betrieb existieren.

4 Medienpolitik oder mediatisierte Politik? Das Verhältnis von Staat und Medien in den USA

Im Vergleich mit anderen nationalen Mediensystemen scheint die Rolle des Staats in den USA auf den ersten Blick deutlich begrenzt. Der Stellenwert des öffentlich-rechtlichen Mediensektors wirkt gemessen an Ländern wie Großbritannien oder Deutschland geradezu unbedeutend. Die Gebührenmodelle, die den gewaltigen Budgets der traditionsreichen *British Broadcasting Corporation* (6,1 Milliarden Euro) oder der ARD und des ZDF (8,2 Milliarden Euro) zugrunde liegen, wären in den USA unvorstellbar.[1] Die *Corporation for Public Broadcasting*, welcher diverse Rundfunkanstalten wie der *Public Broadcast Service* (PBS), *National Public Radio* (NPR) oder *Public Radio International* (PRI) untergeordnet sind, verfügte 2013 über einen Haushalt von gerade einmal 309 Millionen Euro (Tayman 2013, S. 2). Der größte Anteil der Einnahmen des öffentlichen Rundfunks (ca. 22 %) setzt sich aus freiwilligen Beiträgen einzelner Privatpersonen zusammen (Corporation for Public Broadcasting 2012, S. 17). Es ist demnach nicht weiter verwunderlich, dass das öffentliche Fernsehprogramm in den USA nur rund zwei Prozent des Fernsehpublikums erreicht, während diese Zahl in anderen demokratischen Staaten bei 30-40 % liegt (Hallin und Giles 2005, S. 7). Dennoch genießen die öffentlichen Rundfunkanstalten und ihre Nachrichtenformate ein relativ hohes Vertrauen in der Öffentlichkeit (Pew Research Center 2008, S. 56–60). Vor allem konservative und libertäre Politiker stellen nichtsdestotrotz regelmäßig die Notwendigkeit, Rechtfertigung und die grundsätzliche Legitimität staatlich (mit-) finanzierter Medien in Frage. Zudem unterstellen sie dem tendenziell eher progressiv ausgelegten Journalismus der öffentlichen Sender eine links-liberale Agenda und somit eine Form der politischen Berichterstattung, die weder einem neutralen Vermittlungsauftrag gerecht wird noch aus Steuermitteln finanziert werden sollte.

Ein Blick in die Geschichte zeigt, dass das US-amerikanische Mediensystem trotz der niedrigen öffentlichen Ausgaben jedoch keinesfalls frei von staatlichen Einflüssen ist. Neben der bereits angesprochenen staatlichen Grundaufsicht der FCC über die Rundfunkindustrie gibt es eine lange Reihe historischer Beispiele, bei denen der Staat eine weniger offensichtliche, aber oftmals dennoch entscheidende Rolle in der Entwicklung und Verbreitung neuer Medien spielte. So existiert in den USA beispielsweise eine lange Tradition der indirekten Subventionen. Bereits die Gesetzestexte der *Postal Acts* von 1792 und 1794 sicherten Zeitungen günstigere Konditionen im Postversand zu (McChesney und Nichols 2011, S. 121–132). Vom Ausbau der Telegraphennetze profitierte beispielsweise die *Associated Press*. Frühe, experimentelle Radiotechnologie wurde vom US-amerikanischen Wetteramt finanziert, das nach Möglichkeiten suchte, die

---

[1]Bei den angegebenen Ziffern handelt es sich um Prognosen für das Jahr 2013. Die Zusammensetzung dieser Zahlen ist den jeweiligen Geschäftsberichten zu entnehmen (British Broadcasting Corporation 2013; Kommission zur Ermittlung des Finanzbedarfs der Rundfunkanstalten (KEF) 2011) (siehe Literaturverzeichnis).

Bevölkerung vor nahenden Sturmfronten zu warnen (Cook 2005, S. 254). Global agierende, US-amerikanische Medienunternehmen wurden dadurch begünstigt, dass US Regierungen sich immer wieder für ihre internationalen Interessen einsetzten. Und nicht zuletzt entstand das Internet aus einem Projekt des Verteidigungsministeriums, das in Kooperation mit öffentlichen Universitäten ins Leben gerufen wurde (Hallin und Giles 2005, S. 7). In all diesen Fällen legte der Staat seine Rolle tendenziell so aus, dass er der Privatwirtschaft Infrastrukturen oder Finanzierungsmittel bereitstellte, sich dann aber (mit der Ausnahme der Rundfunkregulationsstrukturen) zurückzog und das Feld der Wirtschaft überließ.

Die von der Verfassung geforderte Pressefreiheit und die Vorstellung einer vierten Gewalt wird im US-amerikanischen Kontext also in der Regel über ihre Unabhängigkeit gegenüber dem Staat und den politischen Parteien definiert. Gleichzeitig wird den Medien dabei abverlangt, im Dienst der Allgemeinheit zu stehen. Mit der grundsätzlichen Frage, wie das Verhältnis von modernen Massenmedien zur Demokratie erfüllt werden könnte, befasste sich 1947 ein Bericht der *Hutchins Commission*. Viele der Ansätze des Abschlussberichts, der eine „freie und verantwortungsvolle Presse" forderte (Commission on Freedom of the Press 1947), finden sich in späteren Journalismus-Handbüchern, Organisationsstrukturen und Gesetzesentwürfen wieder. Im gleichen Zusammenhang ist auch der *Freedom of Information Act* (FOIA) zu verstehen; ein Gesetz, das 1966 vom Kongress verabschiedet wurde und welches Regierungsdokumente zur öffentlichen Einsicht zugänglich machen sollte. In den darauf folgenden Jahren kam es immer wieder zu Erweiterungen dieser Rechte – aber auch zu Einschränkungen, etwa 1976 durch den *Government in the Sunshine Act* bezüglich Unterlagen, die die nationale Sicherheit betreffen. In Folge des 11. Septembers 2001 wurden die Geheimdienste explizit aus der Pflicht genommen, ihre Akten zu öffnen. Die Auslegung der FOIA Gesetze ist somit immer ein Stück weit Verhandlungssache zwischen Staat und Öffentlichkeit, doch der Geist des Gesetzes findet in der Regel selbst bei Mitgliedern der Regierung Anklang. So sind die Entscheidungsabläufe im Kongress seit der Zeit der *Hutchins Commission* deutlich transparenter geworden. Anhörungen werden auf dem Fernsehsender *C-SPAN* (seit 1979) übertragen und im Internet veröffentlicht. Die meisten Regierungsbehörden verfügen über eigene Abteilungen, die für den Kontakt mit der Öffentlichkeit zuständig sind. Mit zunehmender Masse und Komplexität von Gesetzestexten und bürokratischen Abläufen ist es kaum verwunderlich, dass Bürgerinnen und Bürger nur selten selbst die Zeit und Expertise aufbringen, FOIA Anfragen zu stellen und sich in derartige Dokumente einzulesen. Diese Rolle wird daher eher von professionellen Journalistinnen und Journalisten übernommen.

Als historisches Beispiel für der Medien in ihrer Funktion als vierte Gewalt werden oftmals die frühen 1970er Jahre herangezogen: 1971 veröffentlichten die *New York Times* und die *Washington Post* die sogenannten *Pentagon Papers*; geheime Dokumente aus dem Verteidigungsministerium, die aufzeigten, in welchem Maße das amerikanische Volk bezüglich des Vietnamkriegs hinters Licht geführt worden war. Kurz darauf folgte die öffentliche Skandalisierung der *Watergate*-Affäre. Der hier praktizierte investigative Journalismus wird dabei oft als eine der Begründungen dafür angeführt, warum Präsident Richard Nixon schließlich in Unwürden aus dem Amt scheiden musste. Dennoch resultierte der *Watergate*-Skandal keineswegs in der Lähmung des Staatswesens an sich. Im Gegenteil – es waren die Ermittlungen der Bundespolizei, Anhörungen im Kongress und Urteile des Obersten Gerichtshofs, die dem Wachhund letztendlich Zähne verpassten. Zwar nahmen US-amerikanische Medien ab den 1970er Jahren eine betont kritischere Rolle an, was einen Zuwachs an skandalorientierter Berichterstattung zur Folge hatte, in der Regel blieb es jedoch ihr Tagesgeschäft, die Öffentlichkeit über Ereignisse und Meinungsäußerungen zu informieren.

Die Frage, wie weit diese gesellschaftliche Verantwortung der Medien reicht und ab wann Öffentlichkeit und Transparenz angeblich politische Abläufe lähmen, bietet dennoch stets Stoff für politische Auseinandersetzungen. Gegenteiligen Wahlkampfversprechen zum Trotz ging die Regierung unter Barack Obama mit großem Eifer gegen die Veröffentlichung vertraulicher Informationen vor. Unter dem umstrittenen *Espionage Act*, einem Gesetzestext, der aus der Zeit des Ersten Weltkriegs stammt, erhob die Obama-Administration häufiger Anklage gegen Einzelpersonen als es unter sämtlichen Präsidenten zuvor geschehen ist. Unter den Angeklagten befinden sich Chelsea Manning, die der Internetplattform *Wikileaks* unter anderem rund 250.000 Dokumente des Außenministeriums zuspielte und von einem Militärtribunal zu einer langen Haftstrafe verurteilt wurde, sowie der NSA *Whistleblower* Edward Snowden. Mehrfach drohte das Justizministerium unter Obama auch Journalisten, was laut Kritikern zu einem generellen Klima der Einschüchterung beitrug (Downey und Rafsky 2013).

Die Interessen von Medien auf der einen Seite und politischen Akteuren auf der anderen können einander im Wege stehen oder aber konvergieren. Auch für Letzteres gibt es zahlreiche historische Beispiele. Noch bevor er zum Präsidenten gewählt wurde, nutzte Theodore Roosevelt geschickt die Sensationslust der *yellow press*, Boulevardblätter des späten 19. und frühen 20. Jahrhunderts, um sich während des spanisch-amerikanischen Kriegs in Szene zu setzen. Sein entfernter Verwandter Franklin Delano Roosevelt setzte, zunächst während der Großen Depression und später während des Zweiten Weltkriegs, auf den Rundfunk, um in so genannten *fireside chats* direkt mit dem amerikanischen Volk zu kommunizieren. Ronald Reagan verstand es durch Aussehen und Auftreten, als *great communicator* in die Geschichte einzugehen. Und es war vielleicht kein Zufall, dass mit Reagan ein früherer Schauspieler 1980 in. Amt des Präsidenten gewählt wurde – zu einer Zeit also, in der das Fernsehen als Nachrichtenmedium fest etabliert war und gleichzeitig die Bedeutung und Deutungshoheit von Printmedien beständig abzunehmen begann.

Was zunächst der Rundfunk, später das Fernsehen ermöglichten, war ein bis dato ungewohnter, direkter Kontakt von Politikern mit breiten Teilen der Öffentlichkeit. Neue Technologien ermöglichten das synchrone Vermitteln von Informationen an ein gewaltiges Publikum. Bereits im Ersten Weltkrieg hatten Frühformen moderner Massenmedien vermuten lassen, wie sich moderne Kommunikationsmittel für die Zwecke der Propaganda einsetzen ließen. Ein Trend, der sich auch heute in Hinblick auf das Internet beobachten lässt: Mussten Organisationen,

Unternehmen und Institutionen einst durch Pressemitteilungen einen Umweg über diverse Redaktionen in Kauf nehmen, lässt sich heute über Webseiten, Blogs und soziale Netzwerke direkter mit einer interessierten Öffentlichkeit kommunizieren. Die Rolle des *Gatekeeper* geht in solchen Fällen verloren.

Die Trennlinie zwischen PR, Propaganda und dem unabhängigen Vermitteln von Ereignissen ist jedoch grundsätzlich nicht immer leicht zu ziehen. Das beste Beispiel dafür liefert die Kriegsberichterstattung. Von Medien wird dabei oft erwartet, in ihrer Funktion als vierte Gewalt skeptisch die Regierungspolitik zu hinterfragen. Gleichzeitig sind sie aber auf den Zugang zu Regierungsstellen und amtlichen Informationen angewiesen, um über Ereignisse zu informieren. Dabei ist der Druck groß, die Perspektive der „eigenen Seite" einzunehmen (Knightly 2002). So verwiesen viele prominente Medienvertreter auf ihr Selbstverständnis als Vermittler zwischen der Regierung und der breiten Öffentlichkeit, als ihnen vorgeworfen wurde, in Folge des 11. Septembers die Begründungen der zweiten Bush-Administration für den Angriff auf den Irak 2003 nicht kritisch genug hinterfragt zu haben. Bei US-amerikanischen Truppen „eingebettete" Journalisten, die aus erster Hand über das Kriegsgeschehen berichten wollten, mussten sich indessen vorhalten lassen, als Propagandawerkzeuge des Pentagons fungiert zu haben. Wann einzelne Medienvertreter dabei in die Rolle politischer Akteure fallen und wann sie dies vermeiden, ab wann Neutralität nicht mehr neutral ist und wie genau „gute" Berichterstattung über den Krieg aussehen sollte, mag (gerade für Redaktionen selbst) nicht immer klar ersichtlich sein.

Die Politik hat in den USA also stets Einfluss auf die Medien genommen, indem sie mediale Infrastrukturen unterstützte, den Zugang zu Informationen erleichterte, oder Massenmedien als Kommunikationsmittel und für die Zwecke der Propaganda nutzte. In diesem Prozess haben sich jedoch auch Politiker dem medialen Betrieb angepasst – mit Konsequenzen für den demokratischen Diskurs. Da Rundfunk und Fernsehen beispielsweise häufig einzelne *sound bites*, also isolierte Originaltöne, aneinanderreihen, deren durchschnittliche Länge sich während der Präsidentschaftswahlkämpfe von 1968 bis 1988 von 43 auf nur 9 Sekunden reduzierte, lässt sich beispielsweise beobachten, dass politische Akteure ihre Kommunikationsstrategien entsprechend anpassen und zunehmend auf Floskeln und *punchlines* zurückgreifen (Hallin 1992). Derartige Prozesse der Mediatisierung können einen direkten Einfluss auf die Struktur und Komplexität politischer Debatten haben. Ebenso setzen Medien Anreize dafür, politische Ereignisse als *media events* und Pseudo-Ereignisse zu inszenieren. Zu einem der eindrucksvollsten Beispiele aus der jüngeren Vergangenheit zählt die Fernsehübertragung von George W. Bushs Landeanflug auf den Flugzeugträger *USS Abraham Lincoln*, auf dem er im Mai 2003 die Mission im Irak für erfolgreich beendet erklärte (Schill 2009, S. xii–xiii).

Auch Wahlkampagnen können die Strategie verfolgen, durch inszenierte Ereignisse in den Fokus von Nachrichtenmedien zu gelangen. Besonders offensichtlich wird dies während der nationalen Parteitage, auf denen Republikaner und Demokraten jeweils ihre Präsidentschaftskandidaten nominieren. Hier entstehen Symbiose-Effekte zwischen Medien und Wahlkampagnen, da den Redaktionen recherchefrei Bild, Ton- und Textmaterial geliefert wird. Derart unwiderstehliche *win-win* Situationen für Politik und Medien mögen erklären, dass Wahlkämpfe in den USA mediale Großereignisse sind und dies oftmals schon lange vor der tatsächlichen Abstimmung. Auch lässt sich so eine Form der Berichterstattung erklären, die als *horse-race journalism* bezeichnet wird: der Wahlkampf wird wie ein sportlicher Wettkampf zwischen zwei Mannschaften (oder eben Pferden) behandelt (Patterson 1993, S. 94–133). Es ist dabei auch dem Ideal der neutralen Vermittlerfunktion geschuldet, dass US-amerikanischer Wahlkampfjournalismus sich oft mehr für die jeweilige Strategie der Kampagnen interessiert als für die politischen Ziele der Kandidaten.

Neue Medien ermöglichen zugleich ein nie dagewesenes Potential zur Datenerfassung und somit vollkommen neue Möglichkeiten für die strategische Platzierung von Wahlkampfwerbung, -organisation und *Fundraising*. Dank Klickzahlerfassungen, Suchanfragen und digitaler, sozialer Netzwerke lassen sich neue Wählerpotentiale und Geldgeber nicht nur identifizieren, sondern auch gezielt ansprechen. Im Präsidentschaftswahlkampf 2004 demonstrierte der demokratische Kandidat Howard Dean erstmals, wie sich das Internet effektiv dafür nutzen ließ, eine Basis zu mobilisieren und Spenden einzutreiben (auch wenn Dean letztendlich nicht erfolgreich kandidierte). Seither ist die Bedeutung dieser neuen Medien in den Wahlkämpfen stetig gewachsen: 2013 gaben bereits 72 % aller Internetnutzer an, in einem sozialen Netzwerk angemeldet zu sein (Brenner 2013). In den Wahlkämpfen 2008 und 2012 war es vor allem die Obama-Kampagne, die Webplattformen im großen Stil nutzte: Obamas Wahlkampfteam war hierzu 2012 auf insgesamt neun verschiedenen Online-Plattformen aktiv (Pew Research Center for the People and the Press (2012), S. 5).

Die breite Nutzung dieser neuen technischen Möglichkeiten setzte den Einsatz gewaltiger Geldsummen voraus und schließt damit breite Teile der Öffentlichkeit kategorisch vom direkten Eingriff in das politische Geschehen aus. Durch das Urteil des Obersten Gerichtshofs im Fall *Citizens United v. Federal Election Commission* im Jahr 2010 wurden die zuvor bereits relativ laxen Wahlkampffinanzierungsregularien weiter gelockert. Im Wahljahr 2012 konnten deshalb insgesamt 5.219.574.823 USD, also knapp vier Milliarden Euro, für die Wahlkämpfe auf Bundesebene ausgegeben werden (Bowie und Liosz 2013, S. 3). Dabei ist wichtig zu berücksichtigen, dass ein großer Anteil dieser Summen letztendlich in Form von bestellten Werbespots direkt Nachrichtenmedien zu Gute kommt. Trotz der zunehmenden Bedeutung neuer Medien ist der Hauptnutznießer dabei das Fernsehen. Besonders in den heiß umkämpften *swing states* wurden 2012 von der Obama-Kampagne 404 Millionen, von der seines republikanischen Gegners Mitt Romney 492 Millionen USD in (zum Großteil negative) Wahlwerbespots investiert (The Washington Post 2012). Man dürfte also gerade den Fernsehanstalten und ihren lokalen Ablegern, bei denen Werbespots in der Regel geschaltet werden, getrost ein direktes finanzielles Interesse an langen und erbittert geführten Wahlkämpfen unterstellen.

Eines der Hauptdistinktionsmerkmale des Mediensystems der USA ist eine scheinbar deutliche Trennung von Staat und Mediensystem. Doch trotz eines relativ begrenzten öffentlich-rechtlichen Mediensektors ist die historische Entwicklung

US-amerikanischer Medien tief mit politischer Gestaltung und der Vergabe staatlicher Fördermitteln verzahnt. Zudem lässt sich stets eine Wechselwirkung zwischen politischem Betrieb und medialen Inhalten beobachten, die keineswegs eindeutig in die eine oder andere Richtung verläuft: Medien können starken politischen Akteuren dazu verhelfen, sich vorteilhaft in Szene zu setzen. Gleichzeitig müssen Politiker sich ebenfalls den Regeln der Medien beugen und anpassen. Der politische Betrieb ist also auf die Medien in ihrer Funktion als vermittelndes Organ angewiesen. Auch hierdurch lässt sich erklären, dass in den USA Kommunikationsstrukturen aufgebaut und erhalten wurden, durch die (zumindest potentiell) auch immer die Rolle der vierten Gewalt erfüllt werden kann.

5 Fazit

Die Rolle der Medien im politischen System der USA wird innerhalb mehrerer Spannungsverhältnisse geformt. Medien können die Vielfalt der US-amerikanischen Gesellschaft reflektieren, dienen jedoch ebenfalls als gemeinsame Kommunikationsfläche, auf welcher politische Diskurse zwangsläufig fokussiert und abgegrenzt werden. Die liberale Marktwirtschaft ermöglichte einzelnen Journalistinnen und Journalisten zwar ein Maß an Professionalität und Autonomie, zwang medialen Inhalten dafür jedoch stets eine eigene Logik auf. In Bezug auf den politischen Betrieb lässt sich beobachten, dass Medien zum einen von der Politik genutzt und geformt werden, zum anderen aber auch die Politik selbst beeinflussen – indem sie beispielsweise als vierte Gewalt agieren oder diskursive Strukturen und Rahmenbedingungen verändern.

Wie viel Homogenität oder Heterogenität verträgt das Mediensystem? Wie frei darf sich der Markt entfalten, bevor er die Pressefreiheit gefährdet? Wie abhängig ist die Politik von den Medien und umgekehrt? Um diese Fragen zu beantworten, muss eine bestimmte Vorstellung der Rolle und Funktion der Medien festgelegt werden. Wie aufgezeigt, stellt eben dies in Hinblick auf eine amerikanische „Presse", die sich frei entfalten soll, aber eine gewisse Schwierigkeit dar. Ob man es mit Tocqueville hält und die Fähigkeit der US-amerikanischen Medien lobt, Gedanken zu verbreiten, um die Kultur zu erhalten oder ob man eben dies als einengend und bedrohlich erachtet – letztendlich mag dies mehr über den jeweils eingenommenen Standpunkt gegenüber der Gesellschaft und dem politischen Betrieb denn über die Rolle der Medien an sich aussagen.

Literatur

Barlow, John Perry. 1996. A declaration of the independence of cyberspace. *Electronic frontier foundation*. 8 Feb 1996. https://projects.eff.org/~barlow/Declaration-Final.html. Zugegriffen am 30.01.2014.

Baum, Matthew A. 2003. *Soft news goes to war: Public opinion and American foreign policy in the new media age*. Princeton, NJ: Princeton University Press.

Bourdieu, Pierre. 2005. The political field, the social science field and the journalistic field. In *Bourdieu and the journalistic field*, Hrsg. Rodney Benson und Erik Neveu, 29–47. Cambridge, UK: Polity.
Bowie, Blair, und Adam Liosz. 2013. Billion dollar democracy: The unprecedented role of money in the 2012 elections. *Demos & U.S. PIRG Education Fund.* http://www.demos.org/sites/default/files/publications/BillionDollarDemocracy_Demos.pdf. Zugegriffen am 30.01.2014.
Brenner, Joanna. 2013. *Pew internet: social networking*. Pew internet & American life project. http://pewinternet.org/Commentary/2012/March/Pew-Internet-Social-Networking-full-detail.aspx. Zugegriffen am 30.01.2014.
British Broadcasting Corporation. 2013. *BBC Annual report and accounts 2012/13.* http://downloads.bbc.co.uk/annualreport/pdf/2012-13/bbc-annualreport-complete-2012-13.pdf. Zugegriffen am 30.01.2014.
Commission on Freedom of the Press. 1947. *A free and responsible press.* Chicago: University of Chicago Press.
Cook, Timothy E. 2005. Public policy toward the press: What government does for the news media. *The Press*, Hrsg. Geneva Overholser und Kathleen Hall Jamieson, 248–262. New York: Oxford University Press.
Corporation for Public Broadcasting. 2012. *Alternative sources of funding for public broadcasting stations.* http://www.cpb.org/aboutcpb/Alternative_Sources_of_F%26ing_for_Public_Broadcasting_Stations.pdf. Zugegriffen am 30.01.2014.
Crawford, Craig. 2007. *Attack the messenger: How politicians turn you against the media.* Lanham, Md: Rowman & Littlefield.
Davies, Nick. 2009. *Flat earth news: An award-winning reporter exposes falsehood, distortion and propaganda in the global media.* London: Vintage.
de Tocqueville, Alexis. 1962. *Über die Demokratie in Amerika.* Band 2. Stuttgart: Deutsche Verlagsanstalt.
Downie Jr., Leonard und Sara Rafsky. 2013. The Obama administration and the press. Leak investigations and surveillance in post-9/11 America. *Committee to Protect Journalists.* 10 Oct 2013. http://cpj.org/reports/us2013-english.pdf. Zugegriffen am 31.01.2014.
Hallin, Daniel C. 1992. Sound Bite News: Television Coverage of Elections, 1968–1988. *Journal of Communication* 42: 5–24.
Hallin, Daniel C. 1994. *We keep America on top of the world. Television journalism and the public sphere.* London: Routledge.
Hallin, Daniel C., und Robert Giles. 2005. Presses and democracies. *The Press*, Hrsg. Geneva Overholser und Kathleen Hall Jamieson, 4–16. New York: Oxford University Press.
Hamilton, James. 2004. *All the news that's fit to sell. How the market transforms information into news.* Princeton, NJ: Princeton University Press.
Herman, Edward S., und Noam Chomsky. 1988/2002. *Manufacturing consent: The political economy of the mass media.* 2. Aufl. New York: Pantheon Books.
Hindman, Matthew Scott. 2008. *The myth of digital democracy.* Princeton: Princeton University Press.
Jurkowitz, Mark et al. 2013. *The changing TV news landscape.* Pew research center project for excellence in journalism. http://stateofthemedia.org/2013/special-reports-landing-page/the-changing-tv-news-landscape/. Zugegriffen am 30.01.2014.
Kaplan, Martin und Matthew Hale. 2010. *Local TV news in the Los Angeles media market: Are stations serving the public interest?* The norman lear center – USC Annenberg school for communication & journalism. http://www.learcenter.org/pdf/LANews2010.pdf. Zugegriffen am 30.01.2014.
Knightley, Phillip. 2002. *The first casualty: The war correspondent as hero and myth-maker from the crimea to kosovo.* 5. Aufl. Baltimore, MD: Johns Hopkins University Press.
Klinenberg, Eric. 2007. *Fighting for air: The battle to control America's media.* New York: Henry Holt & Co.

Kommission zur Ermittlung des Finanzbedarfs der Rundfunkanstalten (KEF). 2011. *18. KEF Bericht*. Mainz: ZDF. http://www.zdf.de/ZDF/zdfportal/blob/26683756/1/data.pdf. Zugegriffen am 30.01.2014.

Mancini, Paolo. 2013. Media fragmentation, party system, and democracy. *The International Journal of Press/Politics* 18(1): 43–60.

McChesney, Robert W., und John Nichols. 2011. *The death and life of American journalism: The media revolution that will begin the world again*. New York: Nation Books.

Monk-Turner, Elizabeth, Mary Heiserman, Crystle Johnson, Vanity Cotton und Manny Jackson. 2010. The portrayal of racial minorities on prime time television: A replication of the mastro and greenberg study a decade later. *Studies in popular culture* Mai 2010, Heftnr. 32(2): 101–114.

Patterson, Thomas E. 1993. *Out of order*. New York: Knopf.

Pew Research Center for the People and the Press. 2008. *Audience segments in a changing news environment – section 7: Media credibility*, 56–60. http://www.people-press.org/files/legacy-pdf/444.pdf. Zugegriffen am 30.01.2014.

Pew Research Center for the People and the Press. 2012. *Trends in news consumption: 1991–2012*. http://www.people-press.org/files/legacy-pdf/2012%20News%20Consumption%20Report.pdf. Zugegriffen am 30.01.2014.

Pew Research Center's Project for Excellence in Journalism. 2010. *How news happens*. http://www.journalism.org/analysis_report/how_news_happens. Zugegriffen am 30.01.2014.

Pew Research Center Project for Excellence in Journalism. 2012. *How the presidential candidates use the web and social media*. http://www.journalism.org/files/legacy/DIRECT%20ACCESS%20FINAL.pdf. Zugegriffen am 30.01.2014.

Saad, Lydia. 2013. TV Is Americans' Main source of news. *Gallup*. http://www.gallup.com/poll/163412/americans-main-source-news.aspx. Zugegriffen am 30.01.2014.

Schill, Dan. 2009. *Stagecraft and statecraft. Advance and media events in political communication*. Lanham, MD: Lexington Books.

Schmuhl, Robert und Robert G. Picard. 2005. The marketplace of ideas. *The Press*, Hrsg. Geneva Overholser und Kathleen Hall Jamieson, 141–155. New York: Oxford University Press.

Schudson, Michael und Susan E. Tifft. 2005. American journalism in historical perspective. *The Press*, Hrsg. Geneva Overholser und Kathleen Hall Jamieson, 17–47. New York: Oxford University Press.

Sheppard, Si. 2008. *The partisan press. A history of media bias in the United States*. Jefferson NC: McFarland & Co.

Tayman, William P. 2013. *Revision to CPB's FY 2013 operating budget*. http://www.cpb.org/aboutcpb/financials/budget/archives/FY2013-Operating-Budget.pdf. Zugegriffen am 30.01.2014.

The 4th Estate. 2013. *Silenced: Gender gap in election coverage*. http://www.4thestate.net/female-voices-in-media-infographic/. Zugegriffen am 30.01.2014.

The Washinton Post. 2012. Mad Money: TV ads in the 2012 presidential campaign. 12 Nov 2012. http://www.washingtonpost.com/wp-srv/special/politics/track-presidential-campaign-ads-2012/. Zugegriffen am 30.01.2014.

Turner, S. Derek, und Mark Cooper. 2007. *Out of the picture 2007: Minority & Female TV Ownership in the United States*. http://www.freepress.net/sites/default/files/fp-legacy/otp2007.pdf

Turner, S. Derek, Lauren M Wilson, und Matthew F. Wood. 2012. *Free press comments on FEDERAL COMMUNICATIONS COMMISSION Form 323 Data, MB Docket 09-182 and MB Docket 07-294*. http://apps.fcc.gov/ecfs/document/view?id=7022089263. Zugegriffen am 30.01.2014.

Williams, Bruce Alan, und Michael X. Delli Carpini. 2011. *After broadcast news: Media regimes, Democracy, and the new information environment*. New York: Cambridge University Press.

Wu, Tim. 2010. *The master switch: The rise and fall of information empires*. New York: Alfred A. Knopf.

Teil IV
Politikbereiche

Rechts- und Innenpolitik im Zeichen der Globalisierung

Michael Dreyer

Inhalt

1 Zur Komplexität einfacher Politikfelder 348
2 Rechtspolitik zwischen Recht und Politik 348
3 Innenpolitik und das „Department of Everything Else" 354
4 Zum Stellenwert von Rechts- und Innenpolitik 358
Literatur 358

Zusammenfassung

Die Rechts- und Innenpolitik ist in den USA anders strukturiert als in den meisten europäischen Staaten. So ist das Justizministerium hauptsächlich als Anwalt der Bundesregierung tätig sowie als Oberbehörde für die vielfach verzweigten Arme der Bundespolizei. Umgekehrt hat das Innenministerium kaum sicherheitspolitische Kompetenzen, sondern sieht sich auf die Verwaltung des öffentlichen Landes mit seinen Parks und Wirtschaftschancen beschränkt, sowie auf die Belange der Ureinwohner in den USA. Föderative Doppelzuständigkeiten schränken vor allem den Geltungsbereich der Rechtspolitik auf Bundesebene weiter ein.

Schlüsselwörter

Rechtspolitik • Innenpolitik • Föderalismus • Umwelt • Sicherheit • Kongress

M. Dreyer (✉)
Friedrich-Schiller-Universität Jena, Jena, Deutschland
E-Mail: michael.dreyer@uni-jena.de

1 Zur Komplexität einfacher Politikfelder

Als im Jahr 1808 in Berlin im Zuge der Stein-Hardenbergschen Reformen das kollegiale *General-Ober-Finanz-Kriegs- und Domainen-Directorium* aufgehoben wurde, ersetzten es die fünf später als *klassisch* bezeichneten Ministerien für Äußeres, Krieg, Finanzen, Inneres und Justiz mit direkt verantwortlichen Ministern an der Spitze der Häuser. Diese Aufteilung, die es in England schon länger gab, sollte sich als grundsätzliche Gliederung der Exekutive auch in anderen Ländern durchsetzen. Und auf den ersten Blick sieht es so aus, als folgten auch die USA in ihrer ministeriellen Struktur dem europäischen Ansatz. Die Departments für *State* (ursprünglich als *Department of Foreign Affairs* bezeichnet), *War* (seit 1947: *Defense*), *Treasury* und die Position des *Attorney General* wurden bereits 1789 mit der Verfassung geschaffen. Und als erste Neuschöpfung trat zu den ursprünglichen exekutiven Bereichen 1849 noch *Interior* hinzu. Dabei beließ man es zunächst; im ganzen 19. Jahrhundert wurde die exekutive Struktur nur noch um das *Department of Agriculture* (1862) erweitert, dessen Kompetenzen aus dem Bereich des Innenministeriums herausgelöst wurden. Heute gibt es in den USA 15 Ministerien bzw. Departments, deren jüngstes das 2002 gegründet *Department of Homeland Security* ist. Theoretische Bedeutung hat dies für die Nachfolge des Präsidenten. Die *Erbfolge*, wenn man es so bezeichnen will, geht nach dem Vizepräsidenten und dem Sprecher des Repräsentantenhauses sowie dem President pro tempore des Senates auf die jeweiligen Minister in der Reihenfolge der Entstehung der Departments über, beginnend mit State, Treasury, Defense und Justice. Dazu allerdings ist es bislang noch nie gekommen.

Aber die vermeintliche Übereinstimmung im Zuschnitt europäischer Ministerien und amerikanischer Politikfelder ist bei näherer Betrachtung eben doch nicht so eng, wie es den Anschein erweckt. Das beginnt bereits bei der Amtsführung der Minister bzw. Secretaries. Nach Art. 65 GG (praktisch identisch mit Art. 56 WRV) „leitet jeder Bundesminister seinen Geschäftsbereich selbständig und unter eigener Verantwortung". In der Praxis ist dies bei amerikanischen Secretaries oftmals ähnlich, aber letzten Endes dienen sie alle „at the pleasure of the President" und können jederzeit ihr Amt verlieren (Bennett 1996; Rudalevige 2006). Auch die Politikfelder und die Aufgabenbereiche für die Minister erweisen sich bei näherer Betrachtung als recht unterschiedlich. Im Folgenden soll dies für beide Bereiche dargestellt werden, wobei sich an die Betrachtung von Minister und Ministerium auch noch die Abgrenzung zur föderativen Ordnung der USA und zum Kongress anschließen wird.

2 Rechtspolitik zwischen Recht und Politik

2.1 Der Attorney General im politischen Gefüge

Die Position des Attorney General (Baker 1992; Clayton 1992) wurde, wie erwähnt, bereits 1789 geschaffen, das dazugehörige Ministerium jedoch erst 1870. Wie ist dies möglich? Diese Ungleichzeitigkeit deutet auf einen Funktionswandel hin, und in der Tat war die Aufgabe des Attorney General zunächst deutlich eingeschränkter, als sie es heute ist. Bereits die Bezeichnung deutet darauf hin, denn analog zum *Department of Justice* wäre eigentlich die Amtsbenennung *Secretary of Justice* sinnvoll, was im übrigen auch dem Sprachgebrauch aller anderen Ministerien entspräche. Bei der Schaffung des Amtes war seine Funktion auf die Prozessvertretung der Bundesebene beschränkt – die Aufgabe, die seit 1870 und bis heute der *Solicitor General* innerhalb des Justizministeriums erfüllt (Black und Owens 2012). Der Judiciary Act von 1789 hielt als Aufgabe des Attorney General fest, „to prosecute and conduct all suits in the Supreme Court in which the United States shall be concerned, and to give his advice and opinion upon questions of law when required by the President of the United States, or when requested by the heads of any of the departments" (sec. 35). Symbolisch ausgedrückt wird dies in dem Motto, das man über dem 1935 erbauten Gebäude des Ministeriums findet, das heute nach einem seiner bekanntesten Minister als *Robert F. Kennedy Department of Justice Building* bezeichnet wird. Das Motto lautet Qui Pro Domina Justitia Sequitur, also „Der für die Herrin Gerechtigkeit Prozessiert".

Neben der Prozessführung ist es also die Rechtsberatung für den Präsidenten und die anderen Departments, die die hauptsächliche Aufgabe des Attorney General war. Es ist bezeichnend für den ursprünglichen Stand der Dinge in der Bundesadministration, dass hierfür tatsächlich nur ein einziger Beamter mit einem zunächst winzigen Stab vorgesehen war. Eine eigenständige Rechtspolitik, also das Nachdenken über neue Gesetzgebung oder auch Verfassungsänderungen war in der Behördenstruktur nicht vorgesehen. Wenn so etwas überhaupt auf Bundesebene erfolgte, dann war es die Aufgabe des Kongresses, von sich aus aktiv zu werden.

Gleichwohl wuchs selbst in dieser beschränkten Aufgabendefinition die Rolle des Attorney General nach und nach, bis die rechtlichen Schwierigkeiten nach der Beendigung des Bürgerkrieges nicht mehr von einem einfachen Amt bewältigt werden konnten, sondern ein reguläres Ministerium nötig machten.

Wenn der Attorney General und sein Ministerium also kaum Rechtspolitik im europäischen Sinne betreiben, worin liegen dann ihre Aufgaben? Zunächst einmal gibt es natürlich sehr wohl auch wichtige Rechtsbereiche, deren Durchsetzung dem Attorney General obliegen. Dazu gehört etwa die Durchsetzung der von der Bundesverfassung garantierten Grundrechte, zu deren weiterem Bereich auch wichtige Gesetze wie der Civil Rights Act (1964) oder der Voting Rights Act (1965) gehören. Auch die Aufgabe als oberster Anwalt der USA ist wesentlich umfangreicher, als dies für die entsprechenden Behörden in Deutschland, also das Amt des Generalbundesanwalts, der Fall ist. Als Rechtsvertreter der USA vor den Gerichten des Landes steht der Attorney General einem weitverzweigten System von Bundesanwälten vor, die in allen Regionen der USA als Anklagebehörden fungieren, soweit es sich um die Einhaltung von Bundesgesetzen handelt. Allerdings reichen diese Aufgaben noch nicht aus, um zu erklären, warum das Justice Department in der Finanzierung der 15 amerikanischen Bundesministerien einen Mittelplatz einnimmt, und gemessen an der Zahl der Mitarbeiter nach den drei größten Ministerien Defense, Veterans Affairs und Homeland Security sowie nach Treasury sogar den fünften Platz einnimmt. Zum Verständnis muss man sich die Organisation des Ministeriums ansehen.

2.2 Zur Organisation des Ministeriums

Die innere Struktur entspricht der Aufgabenstellung des Ministeriums. Die Führungsebene besteht außer dem Attorney General aus seinem Stellvertreter, dem *Deputy Attorney General*, sowie dem *Associate Attorney General*, der für bürgerliches Recht, öffentliche Sicherheit und die Bundespolizei zuständig ist, und dem *Solicitor General*, also dem eigentlichen Prozessvertreter der US-Regierung, der vor allem vor dem Supreme Court die Rechtsauffassung der Regierung darlegt. Alle diese Führungspositionen werden von politischen Beamten besetzt, die vom Präsidenten nominiert werden und die der Bestätigung durch den Senat bedürfen. Die weitaus größte Menge der weiteren Mitarbeiter des Hauses besteht allerdings aus Berufsbeamten, die ihre Arbeit neutral und apolitisch verstehen.

Die Organisationsstruktur unterhalb der Führungsebene ist zunächst in acht Abteilungen gegliedert, die den Zuständigkeitsbereich sehr gut umreißen:

1. Antitrust Division
2. Civil Division
3. Civil Rights Division
4. Criminal Division
5. Environment and Natural Resources Division
6. Justice Management Division
7. National Security Division
8. Tax Division

Letztere ist nicht die gefürchtete Steuerfahndung des *Internal Revenue Service* (der in die Zuständigkeit des *Department of the Treasury* gehört), sondern die zivil- und strafrechtliche Verfolgung von Vergehen gegen die Steuergesetzgebung auf Bundesebene. Die einzelnen Abteilungen, die zu unterschiedlichen Zeiten entstanden sind, umfassen wesentlich die bürgerliche, bürgerrechtliche und strafrechtliche Zuständigkeit des Bundes im amerikanischen Rechtssystem. Aber die weite Mehrheit der Mitarbeiter des Ministeriums ist in den *law enforcement agencies*, den verschiedenen Abteilungen der Bundespolizei, angesiedelt (als Überblick: Bumgarner et al. 2013). Anders als in Deutschland, wo eine relativ übersichtliche Bundespolizei dem Innenministerium untersteht, handelt es sich in den USA um einen enorm umfangreichen Apparat, der eben nicht dem *Department of Interior*, sondern dem *Department of Justice* angesiedelt ist.

Im Einzelnen sind die wesentlichen Strafverfolgungsbehörden wie folgt gegliedert:

1. United States Marshals Service
2. Federal Bureau of Investigation
3. Federal Bureau of Prisons
4. Bureau of Alcohol, Tobacco, Firearms, and Explosives
5. Drug Enforcement Administration
6. Office of the Inspector General

Abgesehen von letzterem Amt, das sich auschließlich mit der Untersuchung internen Fehlverhaltens im Justizministerium beschäftigt, sind die anderen Abteilungen alle mit der Strafverfolgung im engeren Sinne beschäftigt. Das reicht von normaler Polizeiarbeit über die Bundesgefängnisse bis hin zu quasi-militärischen Aufgaben, die vor allem von ATF und DEA wahrgenommen werden. Die älteste Abteilung ist der *United States Marshal Service* (USMS), der auf den Judiciary Act von 1789 zurückgeht. Das duale Rechtssystem der USA, das neben dem Bundesrecht einen intensiven einzelstaatlichen Rechtskörper aufweist, verlangt auch nach getrennten Strafverfolgungsbehörden. Dem Laien und ausländischen Betrachter wird dieser Unterschied vor allem aus amerikanischen Filmen und Fernsehserien deutlich. Der Sheriff ist bis heute der lokale, gewählte Vertreter von Recht und Ordnung, während der Marshall seine für das Bundesrecht zuständige Ergänzung darstellt – und damit sind nicht nur auf dem Bildschirm, sondern oft genug auch im realen Leben Kompetenzkonflikte vorgezeichnet. Auch auf Bundesebene gibt es ähnliche Konflikte, denn längst nicht alle polizeilichen und polizeiähnlichen Behörden unterstehen dem Justizministerium. Der Secret Service, der für den Personenschutz des Präsidenten und anderer Spitzenpolitiker verantwortlich ist, gehörte bis 2003 aus historischen Gründen, die mit seiner Entstehung 1865 zur Sicherung der Währung vor Fälschungen zu tun haben, zur Zuständigkeit des Finanzministeriums. Heute untersteht er dem 2002 gegründeten *Department of Homeland Security*, das auch für den Grenzschutz, die Küstenwache und die Verkehrssicherheitsbehörde zuständig ist.

Die bekannteste und von der Personalausstattung her umfangreichste Abteilung im Justizministerium ist sicherlich das 1908 gegründet *Federal Bureau of Investigation*, oder FBI, das von seinem langjährigen Chef J. Edgar Hoover zum Kern der Bundespolizei entwickelt wurde. Vereinfacht gesagt, ist das FBI für die Aufrechterhaltung und Durchsetzung aller Gesetze auf Bundesebene zuständig. Einzelne Dienststellen verteilen sich quer über das ganze Land, und ihre Zuständigkeit reicht so weit, wie die Rechtsordnung der USA reicht. Das ist sehr weit, aber gleichwohl nicht allumfassend. Bereits mehrfach ist in diesen Zeilen auf den Gegensatz von Bundesbehörden und lokalen oder einzelstaatlichen Behörden hingewiesen worden, und damit letztlich auf das Verhältnis von Bund und Einzelstaaten. Dem Föderalismus und seiner Bedeutung für das Justizministerium müssen wir uns daher jetzt zuwenden.

2.3 Bundeskompetenz und Föderalismus

Die Justiz, und damit auch die Rechtspolitik und die Rechtsdurchsetzung, ist in den USA in einem europäische Verhältnisse bei weitem übersteigenden Maß durch lokale und staatliche Regelungen gekennzeichnet.

Es beginnt bei den Gesetzen. Während der deutsche Föderalismus wesentlich ein Verwaltungsföderalismus ist, in dem Gesetze und Verordnungen der Bundesebene in den Ländern und Kommunen umgesetzt werden, ist der amerikanische Föderalismus eindeutig ein Regelungsföderalismus, in dem die unteren Ebenen ihre eigenen Vorschriften setzen und diese auch selbständig – wenn auch im Rahmen der Bundesverfassung – in die Realität führen. Diese weitreichende Eigenständigkeit, die sich so in keinem europäischen föderativen System finden lässt, hängt einerseits mit der Entwicklung des amerikanischen politischen Systems zusammen und der Gründung von immer neuen Staaten auf dem Weg nach Westen, zum zweiten mit dem normativen Freiheits- und Demokratieverständnis, zum dritten aber auch schlicht mit der enormen Größe und Vielfalt des Landes. Rein praktisch kann es einem Bürger in Maine ziemlich egal sein, welche Strafgesetze in Oregon herrschen, da er mit ihnen vermutlich niemals im Leben in Berührung kommen wird. Der Staat Montana, in dem ca. eine Million Menschen leben, ist ungefähr 20.000 qkm größer als die Bundesrepublik und kommt ihr damit unter allen amerikanischen Staaten in der Fläche am nähesten. Aber daneben gibt es eben noch 49 weitere Staaten, von denen etwa Texas so groß ist wie Deutschland, das Vereinigte Königreich und Irland zusammengenommen – unter diesen geographischen Bedingungen lassen sich uneinheitliche Lebensbedingungen einfach ertragen.

Die weitaus meisten Bestimmungen der Bürgerlichen Gesetzbuches wie auch der Strafgesetze sind in den USA einzelstaatlich festgelegt. Dementsprechend erfolgt auch der Großteil der Rechtsprechung, ca. 90 Prozent, lediglich auf einzelstaatlicher Ebene. Die Bundesgesetze und damit auch die Bundesgerichte bis hin zum Supreme Court bleiben von diesen Entscheidungen komplett unberührt. Erst dann, wenn durch ein einzelstaatliches Gesetz eventuell Bestimmungen der übergeordneten Bundesebene oder Grundrechte gemäß der Bill of Rights oder dem Vierzehnten Amendment verletzt sind, ergibt sich überhaupt eine Zuständigkeit der Bundesgerichtsbarkeit. So ist, um ein Beispiel zu nennen, die Rechtslage zur Abtreibung wesentlich durch das grundlegende Urteil in *Roe v. Wade*, 410 U.S. 113 (1973), bestimmt. Aber Ausführungsgesetze auf Bundesebene gibt es hierzu nicht, und fast alles, was seither als Gesetz erlassen wurde, ist auf einzelstaatlicher Ebene erfolgt – in vielen Fällen mit der klaren Intention, die Rechtslage des Bundes auszuhebeln und so weit wie möglich einzuschränken. Bundesgerichte wiederum greifen nur dann ein, wenn sie einen Verstoß gegen die Rechtsprechung des Supreme Court vermuten.

Die Gesetzgebungskompetenz der Einzelstaaten entspricht beinahe der eines souveränen Nationalstaates. Sie umfasst vor allem beinahe das gesamte Strafrecht, bis hin zur Frage, ob ein Staat die Todesstrafe vorsieht oder eben nicht. Wenige Meter, die zwischen Orten von Straftaten liegen mögen, gewinnen damit lebenswichtige Bedeutung.

Was für die Gesetzgebung gilt, gilt auch für die Wahrung des Rechtsfriedens und die Durchsetzung von Recht und Ordnung. Von der Bundespolizei gibt es über die Landespolizei, die Polizeibehörden des dem deutschen Landkreis vergleichbaren *County* bis hin zu lokalen Polizeibehörden jede Menge miteinander konkurrierende Einheiten, die für jeweils überlappende territoriale Einheiten zuständig sind. Als wäre dies noch nicht genügend Konfusion, können auch spezielle Einheiten wie etwa Flughäfen oder Universitäten ihre eigenen Polizeiabteilungen haben, die in der Regel recht klein sind, aber trotzdem über die ganze Bandbreite der

Polizeikompetenzen verfügen. Auch die Bezeichnung „lokale Polizeibehörde" ist irreführend, denn das reicht von kleinsten Kommunen mit nur einem Beamten bis hin zur Polizei von Millionenstädten mit bis zu 30.000 Mitarbeitern. Ca. 60 Prozent der Polizeibeamten arbeiten für lokale Behörden, und ungefähr die Hälfte aller Polizeibehörden hatten weniger als 10 Beamte. Die Bundespolizei machte weniger als ein Zehntel aller Polizisten in den USA aus (Reaves 2011). Übrigens ist der Beruf des Polizisten in den USA, aller offensichtlichen Gefahren zum Trotz, sehr begehrt und gut bezahlt. Polizisten gehören im Schnitt zum oberen Drittel von Lohnempfängern in den USA.

2.4 Exekutive und Legislative

Den exekutiven Ministerien entsprechen in der Regel korrespondierende Ausschüsse in beiden Häusern des Kongresses. So ist es auch hier; dem Department of Justice stehen gegenüber das *Senate Committee on the Judiciary* (seit 1816) und das *House Committee on the Judiciary* (seit 1813). Beide Ausschüsse nehmen in gleichem Maße Übersichts- und Aufsichtsfunktionen gegenüber dem Justizministerium und dem gesamten Rechtsapparat auf Bundesebene wahr. Auch etwaige Verfassungsänderungen gehen durch diese Ausschüsse, wie auch alle Aspekte des Bundesstrafrechts, der Immigrationsgesetze, der Privatheit im Internet und weiterer Rechtsbereiche.

Mitgliedschaft in den Justizausschüssen war lange Zeit eine der prestigereicheren Zuordnungen im Kongress, aber das hat sich seit einigen Jahrzehnten geändert. Heute sind die beiden Ausschüsse zu einem guten Teil mit kontroversen Gesetzgebungsvorhaben beschäftigt (etwa Immigration oder Abtreibung), die viele Mitglieder des Kongresses lieber umgehen. Während die Zuständigkeiten beider Ausschüsse in der Regel identisch sind, gibt es doch auch zwei gewichtige Unterschiede. Zunächst ist lediglich das Repräsentantenhaus für alle Impeachment-Verfahren zur Amtsenthebung von Bundesrichtern oder Bundesbeamten verantwortlich (Gerhardt 2000). Die Anklage hierzu muss vom Justizausschuss des Hauses erhoben werden. Verhandelt wird dann im Plenum des Senates, wobei einige Mitglieder des Hauses als Anklagevertreter auftreten. Der Senat kann dann mit Zweidrittelmehrheit die Entfernung des Amtsträgers anordnen. Die Impeachment-Verfahren gegen die Präsidenten Andrew Johnson (1868) und Bill Clinton (1998) gingen diesen Gang bis zum Freispruch des Präsidenten, während Richard Nixon (1974) zurücktrat, bevor formell Anklage erhoben werden konnte. Amtsenthebungsverfahren gegen den Präsidenten sind extrem selten, gegen andere Amtsträger und vor allem gegen Bundesrichter (in der Regel wegen Korruption) sind sie etwas häufiger – bei insgesamt 19 Verfahren seit 1797 kann man allerdings kaum von einer Anklagewelle sprechen.

Wichtiger ist die exklusive Kompetenz des Justizausschusses im Senat, nach der präsidentiellen Nominierung von Bundesrichtern bis hin zum Supreme Court Anhörungen vorzunehmen und Empfehlungen an den gesamten Senat auszusprechen (Sollenberger 2011). Mit der zunehmenden Polarisierung in der amerikanischen

Politik hat diese Kompetenz zu erheblichen Auseinandersetzungen zwischen den Parteien geführt, und die extrem umstrittene Änderung der Filibuster-Regeln im Senat erfolgte nicht zuletzt deshalb, weil sich die Republikanische Minderheit weigerte, richterliche Nominierungsverfahren behandeln zu lassen. Gerade bei Anhörungen von Kandidaten für den Supreme Court ist das Verfahren vor dem Justizausschuss inzwischen zu einem Medienzirkus geworden, der von den großen Fernseh-Nachrichtensendern live und in voller Länge übertragen wird. Dies entspricht kaum den Vorstellungen der Verfassungsväter, ist aber inzwischen politische Realität.

Die Rechtspolitik in den USA unterscheidet sich also in Umfang, Zuschnitt und Zuständigkeiten erheblich von europäischen Begriffen. Das gilt für die Innenpolitik erst recht, jedenfalls dann, wenn man das *Department of Interior* betrachtet.

3 Innenpolitik und das „Department of Everything Else"

3.1 Was ist Innenpolitik?

Die launige Bezeichnung *Department of Everything Else* (Utley und Mackintosh 1989) mag deutsche Leser an Ex-Bundeskanzler Schröder und das Ministerium für „Familie und Gedöns" erinnern; beide Ausdrücke sind nicht eben Zeugnisse für die Bedeutung des Ministeriums im Gefüge des jeweiligen politischen Systems. In der Tat ist das Department of Interior zwar eines der klassischen fünf Ministerien, hat aber in den USA niemals die Breite der Zuständigkeiten auf sich vereinen können wie die anderen Ministerien oder wie die Innenministerien anderer Länder. Es ist bezeichnend, dass die Neuorganisation des amerikanischen Sicherheitsbereiches nach den Anschlägen von 2001 zur Gründung eines neuen Ministeriums führte, des *Department of Homeland Security*, und dass niemand daran dachte, das bestehende Innenministerium mit den neuen und sehr weit gefassten Vollmachten auszustatten. Auch die Entstehungsgeschichte ist aufschlussreich. Die Idee, ein eigenes Innenministerium in der Bundesadministration zu begründen, kam erstmals in der Amtszeit von Präsident James Madison (1809–17) auf. Aber es sollte bis zu Präsident James K. Polk (1845-49) dauern, bis diese Pläne verwirklicht wurden. Es ist kein Zufall, dass dieser in der breiten Öffentlichkeit kaum bekannte, von Experten aber hoch gehandelte Präsident es war, der am Ende seiner Amtszeit – exakt einen Tag vor der Amtsübergabe an seinen Nachfolger Zachary Taylor – das entsprechende Gesetz unterzeichnen konnte. Mit der Annexion von Texas (1845), dem Oregon Treaty (1846) und dem Mexikanischen Krieg (1846–48) hatte sich das Territorium der USA in nur vier Jahren enorm erweitert; zum bisherigen Gebiet kamen ca. 40 Prozent hinzu. Und die Aufgabe des neuen Ministeriums, des ersten seit der Gründung der USA, sollte im wesentlichen die Verwaltung dieses neuen Gebietes sein.

Das ist bis heute die vornehmliche Aufgabe des Innenministeriums geblieben. Vor allem im spärlich besiedelten Westen der USA (abgesehen von der Küstenregion) ist der Bund nach wie vor bei weitem der größte Landbesitzer. Über zwei Millionen Quadratkilometer (also beinahe die sechsfache Fläche Deutschlands oder ein Fünftel der Fläche der USA) werden vom Innenministerium verwaltet. Das ist in der Regel keine unbedingt politisch kontroverse Tätigkeit, beinhaltet aber doch eine große Vielfalt von konkreten Aufgaben. In eine stärker politische Sphäre rückte das Innenministerium allerdings in den letzten Jahren, als wiederholt Farmer im Westen, die ihre Tiere auf öffentlichem Land grasen lassen, sich weigerten, dafür die gesetzlichen Gebühren zu entrichten, da sie als „sovereign citizens" die Oberhoheit des Bundes nicht anerkannten. Auch das relative Gewicht von Naturschutz und Ausbeutung der enormen Flächen für Rohstoffgewinnung oder touristische Zwecke hat immer wieder für Debatten gesorgt. Einen wesentlichen Teil seiner Zuständigkeiten verlor das Innenministerium 1862, als das *Department of Agriculture* aus seinem Bereich herausgelöst und als eigenes Ministerium konstituiert wurde. Immerhin war das Ministerium seit 1852 in einem imposanten Gebäude untergebracht, das auch heute vielen Touristen bekannt ist: es beherbergt seit 1917 die National Portrait Gallery und das National Museum of American Art.

3.2 Zur Organisation des Ministeriums

Abgesehen von der internen und technischen Gliederung des Ministeriums, sind es fünf inhaltliche Bereiche, die jeweils von einem Assistant Secretary geleitet werden:

1. Fish, Wildlife and Parks
2. Indian Affairs
3. Land and Minerals Management
4. Water and Science
5. Insular Affairs

Diese Zusammenstellung zeigt bereits, warum man hier mit einer gewissen Berechtigung vom *Deaprtment for Everything Else* gesprochen hat. Es ist eine bunte Kombination, die nur recht wenig miteinander zu tun hat. Sie demonstriert aber auch den beinahe selbstverständlichen Rassismus des 19. Jahrhunderts, wenn Fische und Naturschätze in einem Atem mit den Ureinwohnern des Landes genannt werden – deren Status war eben nicht viel höher angesiedelt, was sich auch bis heute in zahlreichen Museen für „Natur- und Völkerkunde" ausdrückt, und zwar nicht nur in den USA. Übrigens würde man angesichts des Zuschnitts des Ministeriums erwarten, dass auch die Umweltbehörde *Environmental Protection Agency* in dessen Bereich fallen würde. Das ist jedoch nicht der Fall; die EPA ist seit ihrer Gründung 1970 eine eigenständige Bundesbehörde, deren Vorsitzender in der Regel Kabinettsrang genießt, ohne dass die EPA selbst ein Ministerium darstellt.

Die einzelnen Abteilungen im Innenministerium haben sehr unterschiedliche Zuständigkeiten. *Fish, Wildlife and Parks* ist für den Natur- und Artenschutz verantwortlich, aber auch für die Fischereipolitik der USA. Hierzu gehören

388 Nationalparks und 544 Naturschutzgebiete; in beiden Fällen sind erstrangige Touristenattraktionen darunter wie etwa der Grand Canyon oder der Yosemite Park (Mackintosh 2005).

Ganz anders ist die Zuständigkeit von *Indian Affairs*; hier geht es um die Beziehungen der Bundesregierung zu den Stämmen der *Native Americans* (Fixico 2012). Diese sind nur zum Teil über die Verfassung der USA geregelt; in vielen Fällen sind es Verträge aus dem 19. Jahrhundert, die den Stämmen einen quasi-souveränen Status zubilligen. Während solche Verträge im Entstehungszeitraum immer wieder nonchalant ignoriert wurden, sind die in den letzten Jahrzehnten mehr und mehr Gegenstand rechtlicher Auseinandersetzungen geworden, die oftmals bis vor den Supreme Court gelangen. Mit der Frage der Verfügungsgewalt über Mineralien und andere Naturschätze auf Stammesland oder mit den Nutzungsrechten des im Westen knappen und wertvollen Wassers geht es dabei häufig um beträchtliche Summen. Auch Fragen der Gesundheitspolitik und der Erziehungs- und Ausbildungspolitik, soweit sie Native Americans betreffen, werden vom *Bureau of Indian Affairs* geregelt, dessen Vorläuferinstitutionen bereits in der Revolutionszeit gegründet wurden – damals beim Kriegsministerium angesiedelt und mit Gründung des Innenministeriums in dessen Bereich überführt.

Mit *Land and Minerals Management* befindet man sich im Konfliktbereich von Naturschutz und wirtschaftlicher Nutzung der Landmassen. Kaum ein Bereich des Innenministeriums hat so viele Politikwandel über sich ergehen lassen müssen wie diese Aufgabe, je nachdem, ob die Republikaner oder Demokraten den Präsidenten stellten. Erstere haben sich vor allem dafür eingesetzt, privaten Investoren den Zugang zum Land möglich zu machen, während letztere dem Naturschutz zumindest gleichen Stellenwert zugemessen haben. Ein Beispiel hierfür ist der bereits 2005 begonnene Disput über die von Kanada bis Texas geplante Keystone Pipeline, der sowohl die Präsidentschaft von Bush wie von Obama beschäftigt hat und von letzterer deutlich weniger positiv beurteilt wurde.

Mit *Water and Science* ist man im Bereich des Wassermanagement, das für die großen landwirtschaftlichen Gebiete im Westen bei gleichzeitiger Wasserknappheit und Streitereien der Einzelstaaten über die Wasserzuteilung von großer praktischer und wirtschaftlicher Bedeutung ist. Hunderte von Dämmen und Wasserreservoirs fallen hier unter die Bundeszuständigkeit, darunter etwa der gewaltige Hoover Dam (erbaut 1931–36), der die für die Wasserversorgung des Westens kritischen Wässer des Colorado River reguliert, erhebliche Mengen an Energie erzeugt und noch dazu jährlich ungefähr eine Million Besucher anzieht. Hierzu gehört auch der 1879 gegründete *United States Geological Service*; ein Teil des enorm umfangreichen öffentlichen naturwissenschaftlichen Netzwerks der USA – die Bundesregierung der USA ist der weltweit größte Arbeitgeber für Naturwissenschaftler. Der USGS untersucht Bodenschätze und Ökosystem, Umweltbedrohungen und Wasser, aber eben auch Klimafragen, die in den USA unverändert und mit immer wachsender Polarisation zwischen den Parteien umstritten sind.

Letztlich bleibt das *Office of Insular Affairs*, ursprünglich 1902 im Kriegsministerium angesiedelt und seit 1939 dem Innenministerium zugeschlagen. Das Gründungsjahr, kurz nach dem Spanisch-Amerikanischen Krieg von 1898, verweist auf den kolonialpolitischen Hintergrund dieser im Kontext leicht anachronistisch anmutenden Abteilung. Es ist gleichsam das Gegenstück zum *Bureau of Indian Affairs*, nur eben nicht im Inneren der USA tätig, sondern in den pazifischen Überseeterritorien der USA, die – anders als Hawaii – nicht die Qualität eines Staates besitzen. Zu diesen Überseegebieten gehören American Samoa, Guam, die amerikanischen Virgin Islands, die Nördlichen Marianen und einige weitere kleine Territorien. Es ist erneut bezeichnend, dass der einzige Außenbesitz der USA von erheblicher Bedeutung und Konsequenz, Puerto Rico, nicht in die Zuständigkeit dieser Behörde fällt, sondern direkt im Weißen Haus angesiedelt ist.

Dies sind die wesentlichen Funktionen des *Department of the Interior*. Wie sieht es hier mit der Konkurrenz zu den Einzelstaaten aus?

3.3 Bundeskompetenz und Föderalismus

Es mag überraschen, dass hier im Vergleich zum Justizministerium der Konfliktbereich zu den Einzelstaaten deutlich geringer ist. Und doch ist dies der Fall, denn die Zuständigkeiten des Innenministeriums sind durchweg exklusive Bundeskompetenzen, was weniger Raum für Streitigkeiten lässt. Es gibt hier keine (oder nur sehr wenige) miteinander konkurrierende parallele Behördenstrukturen.

Die Streitigkeiten spielen sich eher auf der politischen Ebene ab, also im Konflikt zwischen den Parteien darüber, welche Umwelt- oder Wirtschaftspolitik anzustreben ist. Es geht nicht darum, ob Bund oder Staaten zuständig sind, sondern um die generelle Richtung. Allerdings gibt es sehr wohl auch immer wieder politische Bestrebungen der Einzelstaaten oder gar einzelner Bürger, größere Selbständigkeit in der Verwaltung und Ausbeutung der auf ihrem Territorium liegenden Ressourcen zu erlangen. Der weit verbreitete Anti-Washington Affekt der amerikanischen Politik bricht sich natürlich auch dort Raum, wo tatsächlich einmal der lange Arm Washingtons die Gestaltung dominiert, wo also die vermeintliche Bundesbürokratie nicht nur eingebildet ist, sondern real existiert. Gleichwohl sind die Zuständigkeiten so eindeutig geregelt, dass die Bundeszuständigkeit nicht wirklich ernsthaft herausgefordert wurde.

3.4 Exekutive und Legislative

Es ist bemerkenswert, dass es für das *Department of Interior* weder im Senat noch im Repräsentantenhaus einen gleichlautenden und für diesen Politikbereich zuständigen Ausschuss gibt – das einzige Ministerium, bei dem dies der Fall ist. Im Senat gibt es das *Committee on Energy and Natural Resources*, im Repräsentantenhaus das *Committee on Natural Resources*. Beide tragen ihren Namen noch nicht sehr lange; der 1816 gegründete Ausschuss im Senat hieß lange Committee on Public Lands (bzw. leichte Abweichungen davon) und von 1948 an *Committe on Interior and Insular Affairs*, bis er 1977 seinen heutigen Namen bekam. Sein Gegenstück im Repräsentantenhaus begann seine Vorgeschichte erst 1939 als *Committee on*

Interior and Insular Affairs, bis es 1993 den seither weitgehend unveränderten Namen erhielt. Die Zuständigkeiten bieten wesentlich das legislative Pendant zu den exekutiven Kompetenzen des Ministeriums.

Von größter Wichtigkeit ist der Ausschuss natürlich für die Delegierten der Überseegebiete, die zwar keine vollberechtigten Mitglieder des Kongresses sind, die aber gleichwohl als Vertreter ihrer Gebiete an den Beratungen teilnehmen. Im Repräsentantenhaus sind sechs Delegierte vertreten; neben Washington D.C. stammen sie aus American Samoa, Guam, den Nördlichen Marianen, Puerto Rico und den U.S. Virgin Islands. Mit Ausnahme der Delegierten der Virgin Islands sind alle anderen Delegierten (die sämtlich den Demokraten angehören) im 113. Kongress (seit 2014) in diesem Ausschuss als nicht-stimmberechtigte Mitglieder vertreten.

Auch diese Ausschüsse sind Austragungsort grundsätzlicher Auseinandersetzungen über die Umwelt- und Wirtschaftspolitik der USA. Um erstrangige Ausschüsse, die hoch auf der Wunschliste der Kongressabgeordneten und Senatoren stünden, handelt es sich jedoch in beiden Fällen nicht. Die vergleichsweise geringe Bedeutung des Innenministeriums findet ihr Spiegelbild in den Ausschüssen des Kongresses.

4 Zum Stellenwert von Rechts- und Innenpolitik

Der Überblick über die Rechts- und Innenpolitik hat gezeigt, dass beide Politikfelder in den USA recht verschieden vom europäischen Verständnis eingeordnet werden. Natürlich gibt es alle Bereiche, die in Europa in der Regel zur Innenpolitik gerechnet werden, auch in den USA. Nur sind sie hier eben überwiegend nicht dem entsprechenden Ministerium zugeordnet, sondern finden sich unter anderen Rubriken, wie etwa dem neuen *Department of Homeland Security*, das man wiederum umgekehrt in Europa vergebens sucht – auch das Bayerische Heimatministerium hat ganz andere Aufgaben als die ähnlich klingende amerikanischen Behörde. Weite Bereiche der traditionellen Innen- und Sicherheitspolitik sind in den USA dem Justizministerium übertragen, dass zugleich als Rechtsberatung und Anklagebehörde für den Bund fungiert, dafür aber in Gebieten klassischer Rechtspolitik (jedenfalls nach europäischem Verständnis) hinter den Einzelstaaten und Kommunen eher eine untergeordnete Rolle einnimmt. Wer nach dem vollen Umfang der europäischen Rechts- und Innenpolitik in den USA sucht, wird weitere Artikel dieses Handbuchs heranziehen müssen, um sich so das Bild aus einzelnen Bestandteilen zusammenzusetzen.

Literatur

Baker, Nancy V. 1992. *Conflicting loyalties. Law and politics in the Attorney General's office 1789–1990*. Lawrence: University of Kansas Press.

Bennett, Anthony. 1996. *The American President's cabinet. From Kennedy to Bush*. New York: St. Martin's Press.

Black, Ryan C., und Ryan J. Owens. 2012. The Solicitor General and the United States Supreme Court. Executive branch influence and judicial decisions. Cambridge: Cambridge University Press.

Bumgarner, Jeffrey B., Charles Crawford, und Ronald Burns. 2013. *Federal law enforcement. A primer*. Durham: Carolina Academic Press.

Clayton, Cornell W. 1992. *The politics of justice. The Attorney General and the making of legal policy*. Armonk: M.E. Sharpe.

Fixico, Donald Lee. 2012. *Bureau of Indian Affairs*. Santa Barbara: Greenwood.

Gerhardt, Michael J. 2000. *The federal impeachment process. A constitutional and historical analysis*. 2. Aufl. Chicago: University of Chicago Press.

Mackintosh, Barry. 2005. *The National Parks. Shaping the system*. Washington, DC: U.S. Department of the Interior.

Reaves, B.A. 2011. Census of state and local law enforcement agencies, 2008. U.S. Department of Justice. http://www.bjs.gov/index.cfm?ty=pbdetail&iid=2216. Zugegriffen am 10.10.2014

Rudalevige, Andrew. 2006. The President and the Cabinet. In *The presidency and the political system*. 8. Aufl, Hrsg. Michael Nelson. Washington, DC: Congressional Quarterly Press.

Sollenberger, Mitchel A. 2011. *Judicial appointments and democratic controls*. Durham: Carolina Academic Press.

Utley, Robert M., und Barry Mackintosh. 1989. *The department of everything else. Highlights of interior history*. Washington, DC: Department of the Interior.

Sozialpolitik zwischen Markt und Staat

Christian Lammert

Inhalt

1 Einleitung 362
2 US-amerikanische Sozialpolitik in Perspektive 362
3 Der US-amerikanische Wohlfahrtsstaat in Zahlen 364
4 Historische Entwicklungslinien und zentrale sozialpolitische Bereiche 368
5 Fazit: Sozialpolitik in der Krise? 377
Literatur 377

Zusammenfassung

Der Artikel bietet eine problemorientierte Skizze der Sozialpolitik in den USA. Aus einer vergleichenden Perspektive werden dabei sowohl konzeptionelle als auch empirische Besonderheiten des US-amerikanischen Wohlfahrtsregimes diskutiert. Anhand der Bereiche Alterssicherung, Gesundheit und Sozialhilfe werden die Kernmerkmale von US-Sozialpolitik herausgearbeitet, die sich insbesondere im Bereich der privaten Absicherung und der staatlichen Subventionierung von Sozialpolitik über das Steuersystem zeigen.

Schlüsselwörter

Sozialpolitik • Wohlfahrtsstaat • Social Security • Sozialhilfe • Gesundheitspolitik

---

Für eine detaillierte Betrachtung der Thematik siehe auch Grell und Lammert 2013

C. Lammert (✉)
John F. Kennedy-Institut für Nordamerikastudien, FU Berlin, Berlin, Deutschland
E-Mail: clammert@zedat.fu-berlin.de

© Springer Fachmedien Wiesbaden 2016
C. Lammert et al. (Hrsg.), *Handbuch Politik USA, Springer NachschlageWissen*,
DOI 10.1007/978-3-658-02642-4_23

1 Einleitung

Die USA gelten als das Land der unbegrenzten Möglichkeiten, hier – so ein gängiges Klischee – kann man es vom Tellerwäscher zum Milliardär schaffen. Auf der Liste der reichsten Menschen der Welt, die das Forbes Magazin regelmäßig publiziert, stehen dann auch regelmäßig US-Bürger ganz weit oben. Allerdings gibt es auch das andere, das arme Amerika: Obdachlose, die sich im Winter unter den Zubringern der Highways in den Randgebieten der Großstädte an brennenden Öltonnen die Finger wärmen, Suppenküchen und extrem hohe Kriminalitätsraten. Die USA, ein Land der großen Widersprüche: extremem Reichtum steht extreme Armut gegenüber. Im Jahr 2012 lebten 46,3 Millionen US-Bürger unter der Armutsgrenze, das sind 15 % der Gesamtbevölkerung (DeNavas-Walt u. a. 2013). Die USA: das Land extremer Gegensätze, in dem man grandiosen Erfolg haben aber auch ganz leicht scheitern kann.

Mit der Finanz- und Wirtschaftskrise im Jahr 2008, die immer wieder mit der Großen Depression in den 1930er Jahren verglichen wird, hatte sich die soziale Lage in den USA noch drastisch zugespitzt: Millionen von Familien haben im Zuge der geplatzten Immobilienblase ihre Wohnungen und Häuser verloren. Langzeitarbeitslosigkeit und ein mangelhaftes Krankenversicherungssystem haben die Anzahl privater Insolvenzen in die Höhe getrieben, die ehemals breiten und selbstbewussten Mittelschichten, die für das Selbstverständnis der US-Gesellschaft so entscheidend sind, scheinen wegzubrechen oder zumindest schwer angeschlagen zu sein. Eine weitreichende Verarmung und Verelendung bei gleichzeitiger Konzentration des Reichtums in den Händen einiger weniger, wie sie die USA seit dem Ende des 19. Jahrhundert nicht mehr erlebt haben, wirft Fragen nach den sozialen Sicherungssystemen in den USA auf. Mit diesem Artikel sollen die Grundstrukturen, die ideologische Einbettung und die historische Entwicklung der sozialen Sicherungssysteme in den USA skizziert werden, um so den spezifischen Charakter des US-amerikanischen Wohlfahrtsstaates besser erfassen zu können.

2 US-amerikanische Sozialpolitik in Perspektive

Um die spezifischen Muster sozialer Absicherung in den USA besser zu konturieren, ist ein konzeptioneller und vergleichender Blick auf Sozialpolitik notwendig. Insbesondere aus einer vergleichenden Perspektive haben sich zwei Interpretationen zur wohlfahrtsstaatlichen Entwicklung in den USA etabliert: Zum einen sei der US-amerikanische Wohlfahrtsstaat im internationalen Vergleich ungewöhnlich schwach ausgeprägt und zum anderen aus einer historischen Perspektive ein Nachzügler (vgl. Garfinkel u. a. 2010). Solche Einschätzungen und Deutungen erfordern natürlich ein genaues Verständnis dessen, was man unter einem Wohlfahrtsstaat versteht und welche Funktionen Sozialpolitik überhaupt zugeschrieben werden. Die Vertreter der beiden genannten Interpretationen verweisen zumeist auf das Ausgabenniveau, das die Staaten für Soziales aufwenden und den Zeitpunkt, an dem die umfassenden öffentlichen sozialen Sicherungssysteme etabliert worden sind. Und in der Tat kann der US-Wohlfahrtsstaat aus einem solchen Blickwinkel als rückständig, fragmentiert und unvollständig charakterisiert werden. Von den großen Sozialversicherungsprogrammen war vor 1935 lediglich eine Unfallversicherung für Arbeiter (*workmen's compensation*) eingeführt worden. Die gesetzliche Renten- und Arbeitslosenversicherung folgte in den 1930er Jahren im Zuge der New Deal Gesetzgebung, und erst in den 1960er Jahren wurde eine Krankenversicherung für Senioren implementiert. Das hier erkennbare dominante Prinzip der sozialen Sicherheit, das zu einem Leitbild wohlfahrtsstaatlicher Entwicklung geworden ist, kann allerdings nicht als einzige Ziel- und Werteidee gesetzt werden. Gerechtigkeit, Freiheit und Solidarität sind alternative Ideale und Orientierungen, die genannt werden können. Solche unterschiedlichen Leitbilder und Vorstellungen von den primären Aufgaben und Zielsetzungen der Sozialpolitik sind nicht überall gleich ausgeprägt und auch nicht statisch über die Zeit, sondern unterliegen bestimmten nationalen und regional bestimmten ideologischen Denk- und Wertetraditionen und müssen in den entsprechenden Gesellschaften immer wieder neu ausgehandelt werden. Dabei können insbesondere drei Sektoren genannten werden, die im modernen Gesellschaften Wohlfahrt produzieren, bzw. Solidarität stiften können: Der Markt, der Staat und die Familie (Esping-Andersen 2002).

Die USA unterscheiden sich von den meisten anderen westlichen Sozialstaaten darin, wie und welche Aufgaben und Relevanz sie diesen verschiedenen Sektoren zuschreiben. In der US-amerikanischen Gesellschaft mit ihrer starken liberalen Tradition und der damit verbundenen Betonung von Individualismus und Eigenverantwortung spielt der Markt eine zentrale Rolle bei der Verteilung von Lebenschancen und der Versorgung der Bürger. Dem Staat wird hier weniger Vertrauen entgegengebracht. Er soll in erster Linie die notwendigen Rahmenbedingungen schaffen, damit der Markt ausreichend Reichtum und Wohlfahrt produzieren kann. Dieser Aspekt ist zum Verständnis der US-Sozialpolitik ganz elementar und wird sowohl in der aktuellen politischen Debatte aber auch in der vergleichenden Wohlfahrtsstaatsforschung nicht ausreichend thematisiert. Dies ist umso erstaunlicher, weil bereits in den 1970er Jahren der britische Soziologe Richard Titmuss die analytischen Konzepte erarbeitet hat, die diese Differenzen berücksichtigen. Titmuss (1976) unterscheidet idealtypisch drei Modelle, abhängig davon, welche Rolle dem Staat im Verhältnis zu anderen Wohlfahrtsproduzenten zugewiesen wird: Im ersten Modell dominieren der Markt und die Familie als Wohlfahrtsproduzenten. Staatliche Institutionen springen erst ein, wenn die beiden ersten Instanzen versagen. Beim zweiten Modell besteht die Funktion staatlicher Sozialpolitik nicht vornehmlich darin, Lückenbüßer zu sein, sondern vielmehr darin, den im Zuge von Industrialisierung und Modernisierung erreichten sozialen Status der Bürger abzusichern. Sozialversicherungsprogramme sind hierfür das zentrale Instrument. Dem dritten Modell liegt dann das umfassendste Verständnis von staatlicher Sozialpolitik zugrunde. Der Staat stellt dem Bürger hier Leistungen zur Verfügung, unabhängig von sozialen Statusunterschieden und ihrer Position auf dem Arbeitsmarkt. Die Leistungen sind universell und leiten sich aus dem Status als

Staatsbürger ab. Laut der gängigen Interpretation kommen die USA dem residualen Modell am nächsten: staatliche Instanzen greifen erst, wenn die anderen Instanzen versagen; zudem ist die staatliche Unterstützung mit strikten Anspruchskriterien, Auflagen und Kontrollen verknüpft.

Natürlich finden sich diese Idealtypen nicht in Reinform in der Wirklichkeit, alle Wohlfahrtssysteme sind ein spezifischer Mix aus den drei verschiedenen Modellen. Mit Blick auf die USA müssen die Sozialversicherungsprogramme genannt werden, um deutlich zu machen, dass es auch hier durchaus statuserhaltende Elemente gibt. Auch bei der notwendigen Feineinstellung in dieser Frage können wir auf Titmuss zurückgreifen, der nicht nur die Institutionen der Wohlfahrtsproduktion, sondern auch die Art der Leistungen unterscheidet, die durch diese generiert werden. Soziale Wohlfahrtsleistungen sind bei Titmuss angelehnt an etablierte Definitionen: öffentliche Sozialversicherungsprogramme, Gesundheitsprogramme und Sozialhilfe. In Abgrenzung dazu hebt er die Bedeutung von beschäftigungsbezogenen und fiskalen Wohlfahrtsleistungen hervor. Erstere umfassen soziale Transfer und Vorsorgeprogramme, die über den Arbeitsplatz zur Verfügung gestellt werden und somit in erster Linie privat organisiert sind. Im Bereich der fiskalen Wohlfahrt kommen dann aber Markt und Staat stärker zusammen: private bzw. beschäftigungsbezogene Sozial- und Versicherungsleistungen werden vom Staat über das Steuersystem subventioniert. Sozialpolitik kann also nicht reduziert werden auf öffentlich verwaltete und finanzierte direkte Transferprogramm; private und über das Steuersystem indirekt subventionierte Sozialleistungen müssen mitberücksichtigt werden, um die spezifische Ausprägung eines Wohlfahrtssystems zu erfassen.

Aus einer solchen breiten Perspektive zeigt sich ein weit komplexeres Bild von Sozialpolitik in den USA. So finden sich hier im Prinzip die gleichen Strukturelemente und Merkmale wie in allen anderen entwickelten Demokratien. Die These vom *American Exceptionalism* in der Sozialpolitik muss also relativiert werden. Allerdings setzt sich der ‚Baukasten Sozialpolitik' in den USA doch deutlich anders zusammen als in Europa, und dies lässt sich primär aus der Geschichte, den dort dominanten Wertetraditionen, spezifischen politischen Konfliktlinien und Entscheidungsstrukturen sowie der Bevölkerungszusammensetzung ableiten. Hier ist nicht der Raum, um die spezifischen Voraussetzungen zu erarbeiten, dies kann an andere Stelle nachgelesen werden (Grell und Lammert 2013). Im Folgenden wird vielmehr die spezifische institutionelle Ausprägung der USA analysiert.

3 Der US-amerikanische Wohlfahrtsstaat in Zahlen

Es wurde bereits darauf hingewiesen, dass eine Fokussierung auf öffentliche Sozialausgaben nur ein unvollständiges Bild von Sozialpolitik in den USA skizziert. Gängige Interpretationen und Kritiken US-amerikanischer Sozialpolitik konzentrierten sich auf diese Ausgabenart und wie Abb. 1 deutlich zeigt, liegen die USA bei den öffentlichen Sozialausgaben auch klar unter den Ausgabenniveaus europäischer Länder. Gemessen wird der öffentliche Aufwand für Soziales in Relation zur Wirtschaftsleistung (% des BIP). Aus diesen Daten lässt sich leicht

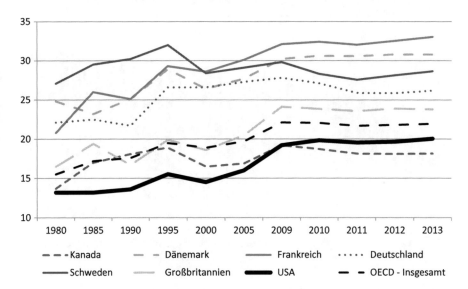

Abb. 1 Öffentliche Sozialausgaben (in % des BIP), 1980–2013.Quelle: OECD (2013), Social Expenditure Database

die gängige Einordnung des US-amerikanischen Wohlfahrtsstaates als rückständig und unterentwickelt ablesen. Von den fünf hier berücksichtigten Ländern geben die USA deutlich am wenigsten für Soziales aus. Der Trend zeigt zwar seit den 1980er Jahren leicht nach oben, aber das gilt auch für die Vergleichsstaaten. Im Jahr 2013 gaben die USA 20 % ihrer Wirtschaftskraft für Soziales aus und lagen damit unter dem OECD Durchschnitt von 21,9 % des BIP. Deutlich darüber lagen noch Deutschland mit 26,2 % des BIP und Schweden mit 27,4 % des BIP.

Hinzu kommen Essens- und Wohnbeihilfen für die Bedürftigsten. Sozialleistungen variieren in ihrer umverteilenden Wirkung und beziehen sich auf unterschiedliche Segmente der Bevölkerung. Zudem bestehen für alle sozialen Programme unterschiedliche Zugangs- und Leistungskriterien, die weiter unten für die zentralen Transferprogramme skizziert werden. Hier sollen lediglich die Aspekte hervorgehoben werden, die die Besonderheit des US-amerikanischen Wohlfahrtsregimes ausmachen. Und dazu gehört an erster Stelle die Relevanz privater Ausgaben für soziale Absicherung. In dieser Rubrik nehmen die USA eine absolute Spitzenposition im internationalen Vergleich ein (Vgl. Abb. 2). Die freiwilligen und obligatorischen privaten Sozialausgaben lagen 2009 in den USA bei 10,6 % des BIP. Deutschland, Kanada und Schweden gaben hier beispielsweise deutlich weniger aus. So lässt sich als erstes Zwischenfazit festhalten, dass die USA im internationalen Vergleich bei den öffentlichen Sozialausgaben durchaus als rückständig charakterisiert werden können, dafür aber im Bereich der privaten sozialen Absicherung international führend sind.

Kommen wir in einem nächsten Schritt zur fiskalen Wohlfahrtsleistung des US-amerikanischen Wohlfahrtsregimes im internationalen Vergleich. Hierzu gehören jene sozialpolitischen Leistungen, die über das Steuersystem generiert

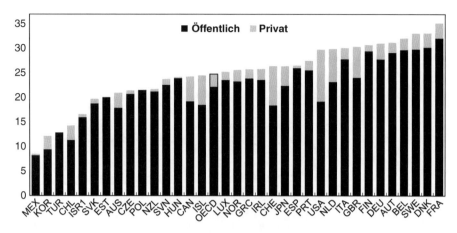

Abb. 2 Öffentliche und private Sozialausgaben in % des BIP, 2009.Quelle: OECD Social Expenditure Database (SOCX) über www.oecd.org/els/social/expenditure

werden, entweder als direkte Transferprogramme oder als Subventionierung privater sozialer Absicherung der Bürger.

Die oben dargestellten öffentlichen Sozialausgaben werden in jüngsten Studien der OECD auch als Bruttosozialausgaben bezeichnet, eben weil insbesondere die Wirkung der Steuersysteme auf die Sozialleistungen noch nicht berücksichtigt worden ist. Aus diesem Grund berechnet die OECD jetzt auch immer die sogenannten Nettosozialausgaben. Dahinter steht die Überlegung, dass es nicht entscheidend ist, wieviel der Staat für Soziales ausgibt, sondern wieviel davon auch wirklich bei den Haushalten ankommt. Schweden ist in dieser Hinsicht ein gern zitiertes negatives Beispiel: Zwar sind die Leistungen aus der schwedischen Rentenversicherung im internationalen Vergleich relativ großzügig, was gleichzeitig heißt, dass viele öffentliche Gelder in das Programm fließen. Allerdings müssen diese Rentenleistungen versteuert werden. Ein Teil des Geldes holt sich der Staat also über die Steuern gleich wieder zurück, was den realen Wert der Rentenleistungen erheblich verringert. Andere Länder wie Beispielsweise die USA besteuern die öffentlichen Renten nicht.

In vier Schritten berechnen sich die Nettosozialausgaben. Zuerst wird die öffentliche Nettosozialleistungsquote berechnet. Dafür werden von den Bruttosoziausgaben die vom Staat einbehaltenen direkten Steuern und Sozialabgaben abgezogen. In einem zweiten Schritt müssen dann auch die indirekten Steuern auf den Konsum abgezogen werden, weil auch hier der Staat einen Teil der Einnahmen über den Verbrauch wieder einnimmt. In einem dritten Schritt werden dann die sozialen Transfers und Subventionen über das Steuersystem hinzuaddiert, um in einem letzten Schritt die obligatorischen und freiwilligen Sozialausgaben hinzu zu addieren. Mit Blick auf diese unterschiedlichen Ausgabenkategorien lassen sich einige interessante Ergebnisse aufzeigen. Während in zahlreichen europäischen Wohlfahrtsregimes die Bruttosozialausgaben über dem Niveau der Nettosozialausgaben liegen, ist dies in den USA genau umgekehrt: das Ausgabenniveau der

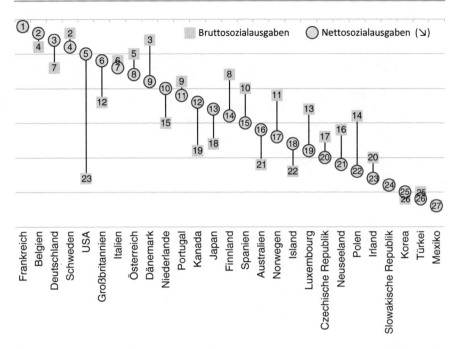

Abb. 3 Sozialausgaben, Länderranking von höchsten Ausgaben zu den niedrigsten, 2007. Quelle: OECD (2010)

Nettosozialausgaben liegt über dem der Bruttosozialausgaben. Insgesamt lässt sich hier eine deutliche Konvergenz in den Ausgabenniveaus feststellen, erstellt man gar ein Länderranking (Abb. 3), dann klettern die USA von Platz 23 bei den Bruttosozialausgaben auf Platz 5 bei den Nettosozialausgaben, der mit Abstand größte Sprung im OECD Ländersample.

Die festgestellten Unterschiede in den Ausgabeniveaus lassen aber nur begrenzte Aussagen über die Wirkung von Sozialpolitik zu. Ein Mehr an Ausgaben setzt sich nicht unbedingt in weniger Armut oder weniger Einkommensungleichheit um. Die Umverteilungswirkungen von Sozialprogrammen sind unterschiedlich. Eine einfache Methode, um die Effektivität der Sozialsysteme z. B. bei der Verminderung von Einkommensungleichheit zu messen, ist ein Vergleich der Ungleichheit bei den Markteinkommen und der Einkommensungleichheit bei den verfügbaren Haushaltseinkommen, also nachdem das Steuer- und die Transfersysteme gewirkt haben. Daraus lässt sich dann berechnen, inwieweit Steuer- und Transfersysteme zu einer Reduzierung von Einkommensungleichheit beitragen. In Abb. 4 wird deutlich, dass die sozialen Transfersysteme im Vergleich zu Deutschland, Schweden und auch Kanada nur zu einem weit aus geringeren Ausmaß die Ungleichheit bei den Einkommen reduzieren können. Allerdings wird anhand der Daten ein weiteres Charakteristikum des US-amerikanischen Wohlfahrtssystems deutlich: Umverteilung wird hier viel stärker über das Steuersystem generiert und weniger über die sozialen Transferprogramme. Das erklärt zum Teil auch die

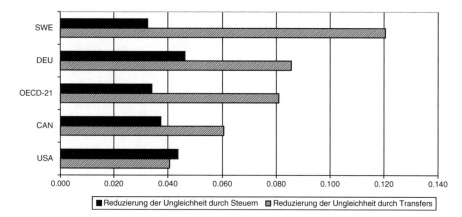

Abb. 4 Ungleichheitsreduzierung durch Steuern und Transfers, 2005. Quelle: OECD (2010)

erheblichen Differenzen, die sich bei den Redistributionseffekten im internationalen Vergleich zeigen. Wird in erster Linie über die Steuersysteme umverteilt, so bleiben die Bevölkerungsgruppen außen vor, die kein Erwerbs- oder sonstiges Einkommen haben, das besteuert werden kann. Genau diese Gruppen sind auf soziale Transfersysteme angewiesen, deren umverteilende Wirkung in den USA im Vergleich aber nur schwach ausgeprägt ist.

Die präsentierten Daten verweisen auf die Problematik, die Generosität und Effizienz von Wohlfahrtsregimes zu bestimmen. Zu unterschiedlich sind die Wirkungsmechanismen einzelner Leistungen und Programme, die jeweiligen Wechselwirkungen zwischen sozialpolitischen und anderen Maßnahmen wie auch der jeweilige gesellschaftliche und demographische Kontext. Trotzdem lassen sich für die USA einige Spezifika festhalten. Dazu gehört an erster Stelle der besondere Mix bei den Sozialausgaben. Hier ist beachtlich, wie hoch der Anteil der öffentlichen Aufwendungen für Rentner und Kranke ist. Kein anderes Land gibt soviel zur Absicherung der sozialen Risiken Alter und Krankheit aus. Das heißt auf der anderen Seite, dass andere Sozialleistungen wie z. B. die Arbeitslosenunterstützung oder monetäre Hilfen für erwerbsfähige Erwachsene im vergleich relativ gering ausfallen und restriktiv gehandhabt werden. Desweiteren ist der Anteil der privaten Sozialausgaben deutlich höher als in anderen entwickelten Sozialstaaten. Zudem subventioniert der Staat in den USA unterschiedlichste Formen der privaten sozialen Absicherung direkt und indirekt über das Steuersystem, wie das insbesondere die europäischen Wohlfahrtssysteme bislang nicht tun.

4 Historische Entwicklungslinien und zentrale sozialpolitische Bereiche

In der Forschung zum US-amerikanischen Wohlfahrtsstaat dominierte lange Zeit die Auffassung von den beiden außergewöhnlichen sozialpolitischen ‚big bangs' (Leman 1977). Demnach war der New Deal in den 1930er Jahren eine Art

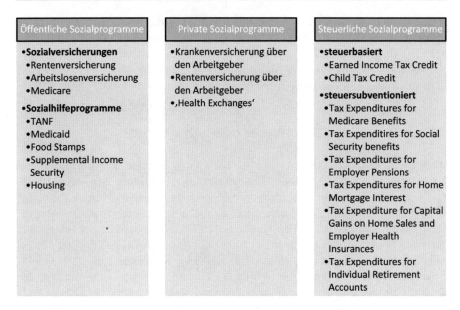

Abb. 5 Struktur des US-amerikanischen Wohlfahrtsregimes. Quelle: Eigene Darstellung

verspäteter Urknall, der die rechtlichen und strukturellen Grundlagen für zentrale Sozialleistungen legte. Diese wurden dann in den 1960er Jahren im Zuge des *War on Poverty* und der *Great Society* ergänzt. Spätestens seit den 1990er Jahren wird diese Interpretation der nicht linearen Herausbildung des Wohlfahrtsregimes in den USA immer häufiger in Frage gestellt und relativiert (vgl. z. B. Weir u. a. 1988; Skocpol 1992; Amenta 1998; Thelen 1999). So konnten Studien zeigen, dass bereits vor der New Deal Gesetzgebung in vielen Bundesstaaten wichtige Vorläufer nationaler Sozialprogramme existierten, die der stark föderalen Staatsform entsprachen und zum Teil weit mehr Personen umfassten, als die europäischen Äquivalentprogramme (Orloff 1993, 136). Zum anderen rückte auch die private und steuerbasierte Sozialpolitik stärker in den Fokus der sozialwissenschaftlichen Forschung, die einem komplett anderen Entwicklungsmuster als die öffentlichen Wohlfahrtsprogramme folgte. Letztere Bereiche des Wohlfahrtsregimes versuchte man in der Forschung mit unterschiedlichen Begriffen zu fassen: der *franchise state* (Wolfe 1975), der *shadow state* (Wolch 1990), der ‚hidden welfare state' (Howard 1997) oder der *submerged welfare state* (Mettler 2011). Bislang fehlt in der vergleichenden Wohlfahrtsstaatsforschung noch eine systematische Abbildung des besonderen *welfare mix*, der das Wohlfahrtsregime in den USA von seinem europäischen Gegenpart so deutlich unterscheidet.

In Abb. 5 wird das Wohlfahrtsregime in drei Säulen dargestellt, die nicht nur den öffentlichen Teil umfassen, sondern auch die private und steuerbasierte Sozialpolitik in den Blick nehmen, die den spezifischen *welfare mix* in den USA ausmachen. Im Folgenden soll an den Bereichen Alters- und Gesundheitspolitik sowie dem

Sozialhilfebereich dieses spezifische Mischungsverhältnis sowie der fragmentierte Charakter der US-Sozialpolitik exemplarisch skizziert werden. Einige andere wichtige sozialpolitische Bereiche (Arbeitsmarkt-, Familien-, Bildungs- und Wohnungspolitik) müssen dabei aus Platzgründen außen vor gelassen werden (vgl. zu diesen Bereichen Grell und Lammert 2013).

4.1 Gesundheit: Öffentliches oder privates Gut?

Die Gesundheitspolitik gehört sicherlich nicht nur wegen der jüngsten Reformen der Obama-Administration zu den besonderen sozialpolitischen Bereichen. Lange Zeit wurde der Ausnahmencharakter des US-amerikanischen Wohlfahrtsstaates mit dem Fehlen eines universellen öffentlichen Krankenversicherungssystems begründet (Béland und Hacker 2004; Quadagno 2004). Bis zur Verabschiedung des *Patient Protection and Affordable Care Acts* von 2010 gab es nur einen eingeschränkten Schutz gegen das Risiko Krankheit. Das etablierte US-amerikanische System teilte sich in einen staatlich organisierten Bereich, der für eine Grundversorgung von meist mittellosen Bevölkerungsgruppen (Mediciad) sowie Behinderten und Rentner (Medicare) aufkam, und in einen weitreichenden und wenig regulierten privaten Versicherungsmarkt für den Rest der Bevölkerung. Dieser private Versicherungsbereich ist überwiegend über den Arbeitsplatz organisiert. Das heißt, wer einen Job hat, hatte im Regelfall auch einen Krankenversicherungsschutz. Das Ausmaß des Schutzes war abhängig vom Versicherungsprogramm, das der Arbeitgeber angeboten hat. Nach Daten der Zensusbehörde hatten kurz vor der Obama Reform rund 56,1 % der US-Bürger eine Krankenversicherung über den Arbeitgeber abgeschlossen und etwa 30 % qualifizierten sich für ein öffentliches Gesundheitsprogramm (Blank 2010). Die Probleme im Gesundheitssektor, die dann schließlich auch zur Reform unter der Obama-Administration führten, lassen sich mit zwei Worten umreißen: Kostenentwicklung und Nicht-Versicherte. Obwohl der Staat in den USA einen Großteil der medizinischen Versorgung und Absicherung dem privaten Markt überlässt, sind in kaum einem anderen Land die öffentlichen Gesundheitsausgaben in den letzten Jahren derart explodiert wie hier. Betrug ihr Anteil am Bruttoinlandsprodukt (BIP) 1980 noch 3,7 %, so waren es 2007 bereits 7,2 % (OECD 2011). Damit ist das US-System das teuerste Gesundheitssystem aller entwickelten OECD-Staaten. Im Jahr 2010 gaben die US-Bürger pro Kopf 8.402 US-Dollar (USD) für ihre Gesundheitsversorgung aus, doppelt soviel wie beispielsweise die Bürger in Deutschland. Inzwischen verschlingt das Gesundheitssystem – rechnet man private und öffentliche Ausgaben zusammen – fast 20 % des BIP (Centers for Medicare und Medicaid 2010).

Neben der Kostenentwicklung zählt das hohe Ausmaß an Nicht- bzw. Unter-Versicherten zu den zentralen Problemen. 2010 hatten 16,2 %, das sind annährend 50 Millionen Menschen in den USA, keine Krankenversicherung (Blank 2010). Aber selbst bei vielen Haushalten und Individuen, die über eine Versicherung verfügen, stellt ein Unfall oder eine Erkrankung ein erhebliches finanzielles Risiko dar, weil sie als unterversichert gelten und die Versicherungspolicen extreme

Eigenbeteiligungen bei medizinischen Behandlungen, Operationen und Krankenhausaufenthalten verlangen. Zwei-Drittel aller privaten Haushaltsinsolvenzen gehen in den USA auf Krankheiten, bzw. die dafür notwendigen Behandlungskosten zurück (Himmelstein u. a. 2009). Allerdings ist es nicht so, dass Nicht-Versicherte und undokumentierte Migranten – wie häufig kolportiert wird – vollständig von jedweder Gesundheitsversorgung ausgeschlossen sind. Seit dem *Emergency Medical Treatment and Labor Act* von 1986 sind die meisten Krankenhäuser gesetzlich verpflichtet, eine Notfallbehandlung vorzunehmen, auch wenn keine Krankenversicherung vorliegt.

Wie sehen nun die einzelnen Programmstrukturen und -leistungen im Gesundheitsbereich der USA aus? Wie bereits erwähnt, ist der Großteil der US-Bevölkerung über eine betriebliche Gruppenversicherung abgesichert. Zwischen 70 % und 85 % der anfallenden Prämien übernimmt dabei in der Regel der Arbeitgeber, der auch die Verträge mit den privaten Versicherungsunternehmen aushandelt. Im Schnitt lag die jährliche Versicherungsprämie 2012 bei 12.745 USD für eine Familie mit zwei Kindern, wovon der Arbeitgeber 11.429 USD übernahm und der Arbeitnehmer die restlichen 4.316 USD zahlen musste (Kaisers Family Foundation 2012, S. 83). Für beide Seiten sind diese Kosten steuerlich absetzbar.

Durch die Koppelung des Versicherungsschutzes an den Arbeitsplatz ergeben sich allerdings grundlegende Probleme: Wer die Firma verlässt oder entlassen wird, verliert in der Regel zumindest kurzfristig seinen Versicherungsschutz. Wer erwerbslos ist, kann sich für gewöhnlich keinen privaten Versicherungsschutz leisten. Zudem ist der Abdeckungsgrad in den letzten Jahrzehnten kontinuierlich rückläufig. Zwischen 2000 und 2008 sank er um rund fünf Prozentpunkte (Holahan u. Cook 2009, S. 2). Als Hauptgrund dieses Rückgangs müssen an erster Stelle die gestiegenen Versicherungsprämien genannt werden. Nach Angaben des ‚National Compensation Surveys' mussten die Arbeitgeber 2009 bereits 2 USD pro Arbeitsstunde für die Krankenversicherungen ausgeben (YI 2010).

Die privaten Krankversicherungen lassen sich danach unterscheiden, wie das Verhältnis zwischen Patienten, Versicherungen und medizinischen Dienstleistern (Ärzte, Krankenhäuser) geregelt ist. Bei dem traditionellen Versicherungstyp bezahlt der Patient die Behandlungskosten aus eigener Tasche und lässt sich diese dann durch die Versicherung zurückerstatten. Viel verbreiteter sind inzwischen allerdings Versicherungssysteme, die auf einem festen Pool medizinischer Dienstleister basieren und zu festgelegten Konditionen bestimmte medizinische Versorgungsleistungen abdecken. Generell werden solche Netzwerke von Versicherungs- und Leistungsanbietern unter dem Begriff *managed care* gefasst. Hauptmotiv ist hier vor allem die Kostenkontrolle, ohne dabei die Qualität der medizinischen Leistungen zu reduzieren. Als Pionier in diesem Bereich gelten die *Health Maintenance Organizations* (HMOs). Seit den 1970er Jahren haben diese und ähnliche Organisationen einen festen Platz im privaten Gesundheitsbereich der USA. Sie sind vertraglich verpflichtet, ihre freiwilligen Mitglieder mit ambulanten, stationären und zum Teil auch zahnärztlichen Leistungen zu versorgen und hierfür den Versicherungsschutz zu übernehmen. Der monatliche Beitrag ist fix und unabhängig von der Inanspruchnahme der Leistungen.

Für alle Personen über 65 Jahren und diejenigen, die Aufgrund einer Erkrankung oder Behinderung langfristig erwerblos sind, existiert seit 1965 das nationale, vom Bund verwaltete Sozialversicherungsprogramm Medicare. Finanziert wird es über Beiträge der Arbeitnehmer und Arbeitgeber, aber auch über allgemeine Steuermittel. Seit den 1960er Jahren sind die Kosten für Medicare kontinuierlich angestiegen, sowohl in absoluten Zahlen als auch in Relation zum BIP. 2010 kostete Medicare den US-Staat „524 Milliarden und macht damit rund 15 % aller vom Bund finanzierten Sozialleistungen aus" (Kaiser Family Foundation 2011, S. 1).

Das ebenfalls 1965 eingeführte Programm Medicaid sorgt für eine medizinische Grundversorgung für Personen und Kinder in Haushalten, die unter eine bestimmte Einkommensgrenze fallen. Die Leistungen werden weitgehend anteilig aus Steuermitteln des Bundes und der Einzelstaaten finanziert, aber auf der subnationalen Ebene verwaltet. In den meisten Einzelstaaten darf das Haushaltseinkommen nicht 133 % der Armutsgrenze überschreiten, um Ansprüche geltend zu machen. Darüber hinaus müssen weitere Voraussetzungen erfüllt sein, wie z. B. eine körperliche Behinderung, eine Schwangerschaft oder Erziehungspflichten gegenüber minderjährigen Kindern. Rund 60 Millionen US-Bürger qualifizieren sich derzeit für Leistungen aus Medicaid, annähernd die Hälfte davon ist minderjährig, rund ein Viertel sind Rentner und Menschen mit Behinderung. Für Kinder existiert in allen Staaten seit 1997 darüber hinaus das *State Children's Health Unsurance Programm* (SCHIP). Anspruchsberechtigt sind hier Minderjährige, deren Eltern ein Einkommen haben, das für Medicaid zu hoch ist, aber zu niedrig, um eine privaten Krankenversicherung abzuschließen.

Unter Medicaid und SCHIP wird eine breite Palette von Leistungen angeboten. Zusätzlich zu einer medizinischen Notversorgung können auch Kosten für Langzeitbehandlungen übernommen werden, die von Medicare oder von privaten Versicherungen überhaupt nicht oder nur zum Teil abgedeckt sind. Obwohl der offizielle Leistungskatalog recht vielfältig ist, ist der Zugang vielerorts de facto eher eingeschränkt. Das hängt damit zusammen, dass aufgrund der reduzierten Vergütung nur wenige Ärzte Anreize haben, Medicaid-Patienten zu behandeln.

Mit dem 2010 mit knapper Mehrheit verabschiedeten *Patient Protection and Affordable Care Act* war das Ziel verbunden, in allen Einzelstaaten neue Versicherungsmärkte (*Health exchanges*) zu schaffen, die private Versicherungspolicen zu moderaten Preisen und nach gesetzlich geregelten Kriterien anbieten sollten. Hiermit sollen alle US-Bürger mit einem Einkommen von bis zu 400 % der Armutsgrenze, die über keine betriebliche Krankenversicherung verfügen und keinen Anspruch auf staatliche Leistungen haben, eine erschwingliche Krankenversicherung erwerben können. Die Grundstruktur, dass eine Krankenversicherung vorrangig an den Arbeitsplatz gekoppelt und wichtiger Teil der unternehmerischen Sozialpolitik ist, bleibt erhalten. Allerdings wurde der Schutz der Individuen gegenüber den Versicherungsunternehmen gestärkt. Diese dürfen beispielsweise nicht mehr aufgrund von Vorerkrankungen (*preexisting conditions*) einen Versicherungsschutz verweigern. Zudem können die Vertragsbedingungen nicht mehr einseitig aufgekündigt oder abgewandelt werden, falls sich die Gesundheitssituation des Versicherungsnehmers verändert hat.

Der stärkeren Regulierung der Versicherungsbranche steht die Einführung einer allgemeinen Versicherungspflicht gegenüber, was in der Geschichte der USA einmalig ist und die dem privaten Versicherungsmarkt nach Schätzungen rund 30 Millionen neue ‚Kunden' bringen wird. Ab 2014 muss jeder Bürger und auch Unternehmen mit mehr als 50 Beschäftigten, die ihren Angestellten keine Gruppenversicherung anbieten, eine Strafe zahlen. Auch wenn die duale Struktur des Gesundheitssektors mit ihrem Schwerpunkt auf den privaten Versicherungsmarkt weiter fortgeschrieben wird, kann Obamas Gesundheitsreform von 2010 als weitreichendste Sozialreform seit der Ära der Great Society in den 1960er Jahren betrachtet werden. Zahlreiche Defizite im privaten System wurden entschärft und die Rechte der Versicherten wurden gestärkt.

4.2 Social Security – Third Rail of American Politics

Die Alterssicherung gehört traditionell zu den Kernbereichen staatlicher Sozialpolitik und auch in den USA steht die Alterssicherung seit jeher im Zentrum sozialpolitischer Aktivitäten und Auseinandersetzungen. Wie im Gesundheitssektor hat sich auch hier ein komplexes System öffentlicher aber auch privater Leistungen herausgebildet, die sich zum Teil gegenseitig bedingen und ergänzen. Die erste und staatlich organisierte Säule besteht aus der gesetzlichen Renten- und Invalidenversicherung (*Old Age and Survivors Insurance and Disbaility Insurance*, OASID), umgangssprachlich einfach *Social Security* genannt. Sie gilt als das Herzstück des *Social Security Acts* von 1935 und wurde in den Nachkriegsjahren kontinuierlich ausgebaut. Die zweite Säule bildet der Bereich der betrieblichen oder berufsbezogenen Rentensysteme, die sich zurzeit in einem Umbruch befinden und immer mehr mit der dritten Säule, der rein individuellen Altersversorgung, die vorrangig über die Kapital- und Versicherungsmärkte organisiert wird, verschmilzt. Beide Formen der privaten Absicherung werden mit erheblichen Steuerbegünstigungen staatlich gefördert.

Zur Erfolgsbilanz von Social Security zählt, dass sich mit ihrer Einführung und Expansion das Problem der Altersarmut erheblich verringert hat. In Kombination mit Medicare hat sich die Rentenversicherung im laufe der Jahrzehnte zu einem der erfolgreichsten sozialstaatlichen Programme entwickelt. Lag die Armutsrate im Alter in den 1960er Jahren noch mit rund 35 % doppelt so hoch wie beim Rest der Bevölkerung, ist sie bis 2010 auf 9 % gesunken und liegt damit deutlich unter dem Durchschnittswert bei der Bevölkerung. (DeNavas u. a. 2013, S. 15). Kein Wunder also, dass die gesetzliche Rente zusammen mit Medicare in der Bevölkerung auf eine sehr breite Unterstützung stößt und sich mit der AARP (vormals *American Association of Retired People*) eine äußerst einflussreiche Lobbygruppierung herausgebildet hat, die bislang verschiedene Reforminitiativen abwenden konnte.

Social Security ist ein beitragsfinanziertes Sozialversicherungssystem, in das fast alle US-Bürger während ihres Arbeitslebens einzahlen, um so Ansprüche auf Lohnersatzleistungen im Alter zu erhalten. Das offizielle Renteneintrittsalter liegt derzeit bei 65,5 Jahren und wird bis 2002 graduell auf 67 Jahre angehoben. Die gesetzliche Rentenversicherung kann annährend als universell charakterisiert werden, da inzwischen rund 96 % der Arbeiter und Angestellte beitragspflichtig sind und somit in das System einbezogen sind. Derzeit beträgt der Arbeitnehmerbeitrag (Payroll tax) 6,2 % des monatlichen Gehalts bis zu einem Jahreseinkommen von 90.000 USD. Der Arbeitgeber zahlt den gleichen Betrag in die Versicherungskasse. Organisiert ist das System nach dem Pay-as-you-go Prinzip: Die gegenwärtigen Rentenzahlungen werden aus den Beiträgen der heutigen Arbeitnehmer finanziert. Die Höhe der Rentenleistung orientiert sich am Durchschnittsverdienst der letzten 35 Jahre. 2012 erhielt ein Rentner im Schnitt monatlich 1.230 USD als Rente aus dem Programm (Social Security Administration 2012).

Mit Blick auf den privaten Altersvorsorgebereich haben die USA den weltweit größten Rentenmarkt, dessen Anlagevermögen 2007 auf 6,1 Billionen USD geschätzt wurde (US Department of Labor 2010, 1). Insgesamt lässt sich seit Ende der 1970er Jahre eine erhebliche Ausdifferenzierung und Individualisierung der privaten Altersversorgung konstatieren. Etwas mehr als die Hälfte der Beschäftigten arbeitet in Unternehmen, die ihnen zusätzlich zur gesetzlichen Rente eine private Altersabsicherung anbieten; im öffentlichen Dienst sind dies gar 80 % (Copeland 2010, S. 9). Diese Werte sind seit den 1970er Jahren weitgehend konstant geblieben, während sich die Art der Vorsorgepläne und -leistungen stark gewandelt hat und der Anteil der Beschäftigten, der tatsächlich in ein Betriebsrentensystem eingebunden ist, abgenommen hat (Munnell u. Quinby 2009, S. 2). Von staatlicher Seite werden die finanziellen Aufwendungen für die betriebliche Altersvorsorge seit 1913 relativ großzügig durch Steuerfreibeträge begünstigt. Die betrieblichen Pensions- und Vorsorgepläne unterliegen zudem einigen gesetzlichen Mindestanforderungen (*Employee Retirement Income Security Act*), die eine gewisse Aufsicht, Kontrolle und Transparenz für die Arbeitnehmer garantieren sollen. Ein wichtiges Unterscheidungskriterium für die verschiedenen betrieblichen Vorsorgesysteme ist die Art und Weise, wie die Chancen und Risiken verteilt sind. Generell unterscheidet man zwischen Verträgen, die dem Arbeitnehmer im Voraus festgelegte Leistungen zusichern (*defined benefit plans*), und solchen Plänen, bei denen die später Pensionshöhe durch marktabhängige Verzinsung des Rentenguthabens bestimmt wird (*defined contribution plans*). Zusätzlich existieren noch *Individual Retirement Accounts* (IRAs). Als diese Anlageform 1974 mit dem *Employer Retirement Income Security Act* (ERISA) eingeführt wurde, richtete sie sich ausschließlich an diejenigen Beschäftigten ohne einen Zugang zu *employer-sponsored pensions*, wie z. B. Mitarbeiter kleiner Firmen oder Selbstständige.

Das Alterssicherungssystem gehört sicherlich zu den erfolgreichsten Bereichen im Wohlfahrtssystem und genießt innerhalb der Bevölkerung große Unterstützung. Allerdings erweist sich auch ein solch populäres Programm nicht sakrosankt gegenüber der horrenden Staatsverschuldung in den USA. Zwar betonte Obama bei seinem Amtsantritt, dass seine Administration keine Privatisierung von Social Security anstreben werde, allerdings hat Obama eine Kommission eingesetzt, die Maßnahmen zur Reduzierung des Haushaltsdefizites erarbeiten soll und dabei wurden auch konkrete Vorschläge erarbeitet, die aus dem Ausbau der privaten Säule der Versorgung Einsparungen im öffentlichen Haushalt generieren sollen (Nichols 2011).

4.3 Armutsbekämpfung

Das Gesundheits- und Altersvorsorgesystem in den USA wird dominiert durch das Prinzip der Sozialversicherung und wird maßgeblich mitbestimmt durch einen privaten Bereich der sozialen Absicherung, der wiederum über das Steuersystem vom Staat subventioniert wird. Einer ganz anderen Logik folgt hier der Sozialhilfe-, bzw. Fürsorgebereich. Diese Art von öffentlicher Unterstützung wird aus allgemeinen Steuermitteln bestritten und das nicht nur in monetärer Forms (*cash assistance*), sondern häufig auch als Sach- und Dienstleitung (*in-kind assistance*). Voraussetzung für den Leistungsbezug ist in der Regel der Nachweis einer besonderen Notlage oder Bedürftigkeit, die zumeist anhand von bestimmten Einkommens- und Vermögensgrenzen gemessen wird. Zu den wichtigsten Einkommensbeihilfe-Programmen gehören gegenwärtig: die Familienfürsorge für Eltern mit Minderjährigen Kindern, seit 1997 *Temporary Assistance for Needy Families* (TANF) genannt, Ernährungsbeihilfen, Wohngeld, Einkommensbeihilfen für bedürftige Senioren und körperlich Behinderte, verschiedene steuerbasierte Sozialleistungen wie der *Earned Income Tax Credit* (EITC) sowie kleinere einzelstaatliche Sozialhilfeprogramme, die unter der Rubrik *General Assistance* zusammengefasst werden. Seit 1990 haben sich die Ausgaben für diese Einkommensbeihilfen von 63 auf 217 Milliarden USD mehr als verdreifacht und machen zusammen rund 10 % der gesamten sozialen Transferleistungen aus.

Sozialhilfeleistungen gehören traditionell zu den umstrittensten sozialpolitischen Instrumenten, obwohl die Ausgaben für diese monetären Hilfen gemessen am BIP und an der Kostenentwicklung im Bereich Gesundheit und Altersvorsorge in den USA immer eher bescheiden ausfallen. Dies hat mit der Wirkmächtigkeit des dominanten kulturellen Leitbildes der Eigenverantwortung zu tun. Dem entspricht eine starke Erwerbsorientierung des Individuums sowie eine gesellschaftliche Stigmatisierung aller Personengruppen und Lebensweisen, die mit schlechter, das heißt selbstverschuldeter psychologischer, ökonomischer und sozialer Abhängigkeit in Verbindung gebracht werden. Abhängigkeit kann man daher als einen ideologischen Schlüsselbegriff in der US-amerikanischen Politik (Fraser und Gordon 1997, S. 180) betrachten, insbesondere mit Blick auf die Entwicklung und Ausrichtung von Sozialhilfeleistungen. Der Streit darum, wer wirklich bedürftig ist und wie diesen legitimen Bedürftigen – den *deserving poor* – geholfen werden kann, ohne sie von staatlicher Unterstützung abhängig zu machen, durchzieht die gesamte Entwicklung der US-amerikanischen Armutspolitik.

Auch deshalb hat sich ein relativ schwaches, fragmentiertes und dezentralisiertes soziales Auffangnetz etabliert, in dessen Mittelpunkt die Familienbeihilfe

Temporary Assistance for Needy Families (TANF) steht. Dieses Programm ging 1997 aus dem bereits in der New Deal Gesetzgebung implementierten Sozialhilfeprogramms *Aid for Families with Dependent Children* (AFDC) hervor. Zielgruppe dieses Programms waren mittellose alleinerziehende Mütter und deren minderjährige Kinder. Auch wenn die Leistungen aus diesem Programm oftmals nicht ausreichten, um die Leistungsempfänger über die Armutsgrenze zu heben (Albert 2000, 304), bot das AFDC-Programm den Einzelstaaten und Kommunen die Option, zumindest einen Teil der Armutsbevölkerung vom Arbeitszwang zu befreien und deren Einkommen mithilfe von Bundes- und Landesmitteln zu alimentieren. Angesichts drastisch steigender Bezugszahlen (US House of Representatives 2012, Table 7–9) geriet die Familiensozialhilfe immer mehr unter die Kritik konservativer Politiker, die Kostenargumente mit dem Vorwurf verbanden, mit dem Programm würde über eine zu große Permissivität in der Sozialpolitik traditionelle US-amerikanische Normen und Werte wie individuelles Leistungsstreben, ökonomische Selbstständigkeit und der Familienzusammenhalt unterminiert (Weaver 2000). Es war dann schließlich der demokratische Präsident Bill Clinton, der 1996 den *Personal Resonsibility and Work Opportunity Act* (PRWORA) unterzeichnete. Als wichtigste Neuerungen müssen sicherlich die Abschaffung des Rechtsanspruchs auf staatliche Unterhaltszahlungen, eine zeitliche Befristung der Sozialhilfeleistungen des Bundes auf maximal fünf Jahre sowie die Ausgrenzung von neu zugewanderten Migranten und ihren Familien aus der sozialpolitischen Verantwortung genannt werden.

Zu den wenigen bundesweiten Sozialhilfeprogrammen, die sich als krisentauglich erwiesen und auf die in den letzten Jahren immer mehr Haushalte zurückgegriffen haben, zählen die Ernährungsbeihilfen. Insgesamt existieren in den USA momentan 15 Food-Aid Programme, von denen das bekannteste das Food-Stamp-Programm ist, im Jahr 2008 in *Supplemental Nutrition Assistance Programm* (SNAP) umbenannt. Im Jahr 2012 bezogen 46,4 Millionen US-Amerikaner, das heißt annähernd jeder sechste Bürger, Ernährungsbeihilfen, wobei sich die Zahl bedingt durch die allgemeine Wirtschaftskrise und die damit einhergehende hohe Arbeitslosigkeit, seit 2005 fast verdoppelt hat. Bei schätzungsweise sechs Millionen Personen stellen Food Stamps das einzige Einkommen dar (Eslami u. a. 2011).

Daneben existiert in den USA seit den 1970er Jahren eine neue sozialpolitische Einkommensbeihilfe, der viel zitierte Earned Income Tax Credit (EITC). Dieses Programm ist zwar keine Sozialhilfe im klassischen Sinne, muss aber in diesem Kontext genannt werden, weil er sich spätestens seit den 1990er Jahren zu einem der wichtigsten Instrumente zur Reduzierung der Armutsraten entwickelt hat. 1978 wurde der anfangs nur als eine temporäre Krisenmaßnahme gedachte EITC von der Carter-Administration auf eine dauerhafte Basis gestellt. In den 1980er Jahren entwickelte er sich dann zu einem zentralen Element der Doppelstrategie der Bundesregierung, bestehend aus *Welfare to Work* und *Making Work Pay*, die für Sozialhilfeempfänger und andere Erwerbslose verschiedene Anreize zur Arbeitsaufnahme schaffen wollte und darauf bedacht war, dass Erwerbstätige im Niedriglohnsektor dazu in der Lage sein würden, eine Familie zu ernähren (Peter 2005). Seitdem hat sich der EITC zum Anti-Armuts-Programm in den USA mit der breitesten politischen Unterstützung und der höchsten Steigerungsrate entwickelt. Allein zwischen 1990 und 1994 wuchs die Zahl der Begünstigten um 50 %. Bereits 1996 ließ der EITC die Sozialhilfe TANF in Bezug auf Finanzvolumen und Empfängerzahlen hinter sich(Center on Budget und Policy Priorities 2012).

5 Fazit: Sozialpolitik in der Krise?

Am Ende dieses Überblicks über die unterschiedlichen Muster und Entwicklungen der US-amerikanischen Sozialpolitik und ihre institutionellen Ausprägungen sollen einige zentrale Besonderheiten des Wohlfahrtsregimes in den USA hervorgehoben werden. An erster Stelle muss hier der komplexe und weitgehend unkoordinierte Charakter der Sozialpolitik genannt werden. Ein übergeordnetes sozialpolitisches Prinzip ist nicht zuerkennen, die Programme unterscheiden sich sowohl in ihren Funktionslogiken als auch hinsichtlich der Zielgruppen, die von ihnen profitieren. Der Ausbau vollzog sich weitgehend inkrementell und basierte auf einer Vielzahl unterschiedlicher, auf nationaler und subnationaler Ebene angesiedelten öffentlichen und privaten Politiken. Generell ist der Sozialstaat für Rentner relativ gut ausgebaut, während Menschen im erwerbsfähigen Alter in Notlagen und bei Unterstützungsbedarf einem sehr fragmentierten, lückenhaften und unübersichtlichen System sozialer Sicherung gegenüber stehen. Darüber hinaus muss die Bedeutung privater sozialer Absicherung gerade aus einer international vergleichenden Perspektive betont werden. Diese privaten Systeme und Versicherungen haben sich teilweise ergänzend, teilweise als Äquivalent zur lückenhaften öffentlichen Absicherung herausgebildet. Nur selten gesetzlich vorgeschrieben beruhen sie zumeist auf der Grundlage von Freiwilligkeit. Private Absicherung heißt aber nicht, dass der Staat hier überhaupt keine Rolle spielt. Über rechtliche und institutionelle Regulierung sowie über das Steuersystem greift er in einem erheblichen Maße in die Verteilung und Umverteilung von Ressourcen zugunsten bestimmter Bevölkerungsgruppen ein. Gerade steuerliche Subventionierung von privaten Aufwendungen für die Kindererziehung, die soziale Absicherung oder die Altersversorgung sind in den USA seit den 1970er Jahren massiv ausgebaut worden. Zugleich werden hiermit viele traditionelle sozialpolitische Ansprüche der Umverteilung unterlaufen und im Ergebnis entsprechende Leistungen auch deutlich zurückgefahren. Insgesamt wird aufgrund dieser eher verborgenen Strukturen von Sozialstaatlichkeit die allgemeine Unterstützung in der Bevölkerung für den Wohlfahrtsstaat als relativ schwach eingeschätzt.

Literatur

Albert, Vicky. 2000. Reducing welfare benefits: consequences for adequacy of and eligibility for benefits. *Social Work. Journal of the National Association of Social Workers* 45(4): 300–310.

Amenta, Edwin. 1998. *Bold relief: Institutional politics and the origins of modern social policy*. Princeton: Princeton University Press.

Béland, Daniel, und Jacob Hacker. 2004. Ideas, private institutions and American welfare state „Exceptionalism": The case of health and old-age insurance, 1915-1965. In *International Journal of Social Welfare* 13: 42–54.
Blank, Rebecca M. 2010. The new American model of work-conditioned public support. In *United in diversity? Comparing social models in Europe and in America*, Hrsg. Jens Alber und Neil Gilbert, 176–198. Oxford, New York: Oxford University Press.
Center on Budget und Policy Priorities. 2012. *The earned income tax credit*. Washington, D.C.: CBPP.
Centers for Medicare und Medicaid Services. 2010. *National health expenditure accounts*. http://www.cms.gov/Research-Statistics-Data-and-Systems/Statistics-Trends-and-Reports/NationalHealthExpendData/NationalHealthAccountsHistorical.html. Zugegriffen am 11.10. 2013.
Copeland, Craig. 2010. *Employment-based retirement plan participation: Geographic differences and trends*, 2009. Employment Benefits Research Institute Issue Brief No. 348. Washington, D.C.
DeNavas, Carmen, Bernadette Proctor, und Cheryl Lee. 2013. *Income, poverty, and health insurance coverage in the United States: 2012*. Washington, D.C.: US Department of Commerce. http://www.census.gov/prod/2013pubs/p60-245.pdf. Zugegriffen am 11.10. 2013.
Eslami, Esa, Kai Filion, und Mark Strayer. 2011. *Characteristics of supplemental nutrition assistance program households: Fiscal year 2010*. Washington, D.C.: US Department of Agriculture.
Esping-Andersen, Gøsta. 2002. *Why we need a new welfare state*. Oxford: Oxford University Press.
Fraser, Nancy, und Linda Gordon. 1997. Abhängigkeit im Sozialstaat. Genealogie eines Schlüsselbegriffs. In *Die halbierte Gerechtigkeit*, Hrsg. Nancy Fraser, 180–220. Frankfurt a.M.: Suhrkamp Verlag.
Garfinkel, Irwin, Lee Rainwater, und Timothy Smeeding. 2010. *Wealth & welfare states. Is America a laggard or leader?* Oxford, New York: Oxford University Press.
Grell, Britta, und Christian Lammert. 2013. Sozialpolitik in den USA, Eine Einführung. Wiesbaden: Springer VS Verlag.
Himmelstein, David et al. 2009. Medical bankruptcy in the United States, 2007: Results of a national study. *The American Journal of Medicine* 20(10): 1–6.
Holohan, John, und Alison Cook. 2009. Changes in health insurance coverage, 2007–2008: Early impact of the recession. Issue Paper, Kaiser Commission on Medicaid and the Uninsured, Washington. D.C.: Kaiser family Foundation.
Howard, Christopher. 1997. *The hidden welfare state. Tax expenditures and social policy in the United States*. Princeton: Princeton University Press.
Kaisers Family Foundation. 2011. *Employer health benefits. Annual report*. Menlo Park. http://ehbs.kff.org/pdf/2011/8225.pdf. Zugegriffen am 11.10. 2013.
Kaisers Family Foundation. 2012. *Employer health benefits 2012. Annual survey*. http://ehbs.kff.org/pdf/2012/8345.pdf. Zugegriffen am 11.10. 2013.
Leman, Christopher. 1977. Patterns of policy development: Social security in the United States and Canada. *Public Policy* 25: 261–291.
Mettler, Suzanne. 2011. *The submerged state. How invisible government policies dermine american democracy*. Chicago/London: University of Chicago Press.
Munnell, Alicia, und Laura Quinby. 2009. *Pension coverage and retirement security*. Chestnut Hill: Center for Retirement Research at Boston College.
Nichols, John. 2011. The nation: Obama's social security dilemma. *NPR News*. http://www.npr.org/2011/01/25/133207198/the-nation-obamas-social-security-dilemma. Zugegriffen am 11.10. 2013.
OECD. 2010. *Employment outlook 2010*, Paris.
OECD. 2011. Gross pension replacement rates. In *Pensions at a glance 2011: Retirement-income systems in OECD and G20 countries*. Paris: OECD Publishing.

OECD. 2013. *Social expenditure database.* http://www.oecd.org/els/social/expenditures. Zugegriffen am 11.10. 2013.
Orloff, Ann Shola. 1993. *The politics of pensions: A comparative analysis of Britain, Canada, and the United States, 1880-1940.* Madison: University of Wisconsin Press.
Peter, Waltraut. 2005. Der amerikanische earned income tax credit als Beispiel einer „make work pay"-Strategie. In *I.W-Trends – Vierteljahresschrift zur empirischen Wirtschaftsforschung* (http://www.iwkoeln.de/de/studien/iw-trends/beitrag/53895). Zugegriffen am 11.10. 2013.
Quadagno, Jill S. 2004. Why the United States has no national health insurance: Stakeholder mobilization against the welfare state, 1945-1996. *Journal of Health and Social Behaviour* 45: 25–44.
Skocpol, Theda. 1992. *Protecting soldiers and mothers: The political origins of social policy in the United States.* Cambridge: Harvard University Press.
Social Security Administration. 2012. Beneficiary data: Benefits paid by type of beneficiary. Baltimore, M.D.: Social Security Administration (http://www.ssa.gov/oact/progdata/benefits.html). Zugegriffen am 11.10. 2013.
Thelen, Kathleen. 1999. Historical institutionalism in comparative politics. *Annual Review of Political Science* 2: 369–404.
Titmuss, Richard M. 1976. *Commitment to welfare.* London: Harper Collins.
US Department of Labor. 2010. *Private pension plan bulletin.* Washington, D.C.: Historical Tables and Graphs.
US House of Representatives. 2012. *2011 Green book. Chapter TANF. Tables and figures.* Washington, D.C.: U.S.
Weaver, Kent R. 2000. *Ending welfare as we know it.* Washington, D.C.: Brookings Institution Press.
Weir, Margaret, Ann Shola Orloff, und Theda Skocpol. 1988. Understanding american social policy. In *The politics of social policy in the United States*, Hrsg. Dies, 3–27. Princeton: Princeton University Press.
Wolch, Jennifer. 1990. *The shadow state: Government and voluntary sector in transition.* New York: The Foundation Center.
Wolfe, Alan. 1975. *The limits of legitimacy: Political contradictions of contemporary capitalism.* New York: Free Press.
Yi, Song G. 2010. *Consumer-driven health care: What is it, and what does it mean for employees and employers?* Washington, D.C.: US Bureau of Labor Statistics.

Bildungspolitik in den USA

Michael Dobbins und Tonia Bieber

Inhalt

1 Einleitung 382
2 Das amerikanische Bildungssystem: Ein kurzer historischer Überblick 383
3 Die soziale Integrationsfunktion des Bildungswesens unter föderalen,
  finanziellen, politischen und judiziellen Aspekten 386
4 Gegenwärtige Reformbemühungen 393
5 Ausblick: Internationalisierung und politische Polarisierung 397
Literatur 399

Zusammenfassung

Seit Jahrzehnten wird das Bildungssystem der USA von zwei Herausforderungen gekennzeichnet, einerseits als zentraler Wirtschafts- und Wohlstandsfaktor zu fungieren und andererseits die Chancengleichheit, soziale Integration und gleichen Bildungszugang zu gewährleisten. Die US-Bildungspolitik der letzten Jahrzehnte ist nicht zuletzt deshalb von starkem politischem Aktionismus geprägt, der jedoch – wie von diversen Leistungsvergleichen belegt – nur selten seine Ziele erreichte. Dieser Beitrag gibt einen Überblick über die Strukturen, Institutionen und Steuerungsformen des Bildungssystems, seines hohen Dezentralisierungs- und Autonomiegrades und marktorientierten Charakters, sowie die historische Entwicklung von sozialer Segregation zu Integration.

M. Dobbins (✉)
Goethe-Universität Frankfurt, Frankfurt am Main, Deutschland
E-Mail: Dobbins@soz.uni-frankfurt.de

T. Bieber
Universität Bremen, Sonderforschungsbereich 597 "Staatlichkeit im Wandel", Bremen, Deutschland

© Springer Fachmedien Wiesbaden 2016
C. Lammert et al. (Hrsg.), *Handbuch Politik USA, Springer NachschlageWissen*,
DOI 10.1007/978-3-658-02642-4_24

Schlüsselwörter

Bildungsbenachteiligung • Bildungspolitik • Hochschulen • Internationalisierung • Schulen • Soziale Integration

1 Einleitung

Das Bildungssystem in den USA ist seit Jahrzehnten von einem inhärenten Spannungsfeld gekennzeichnet. Einerseits fungiert das Bildungswesen und vor allem das Hochschul- und Forschungssystem als Magnet für ausländische Talente und leistet damit einen unermesslichen Beitrag zum wirtschaftlichen Fortschritt und Wohlstand des Landes. Anderseits weist das Bildungssystem aber auch erhebliche Schwächen auf, wie z. B. bei der Chancengleichheit (Hochschild 2003; Dobbins und Martens 2010). Spätestens seit dem Bericht *A Nation at Risk* aus dem Jahre 1983 ist bekannt, dass breiten gesellschaftlichen Gruppen der Zugang zu erstklassiger Bildung verwehrt bleibt, was wiederum die wirtschaftliche und technologische Wettbewerbsfähigkeit gefährdet. Dabei erreichten die Reformen der letzten Jahrzehnte – wie viele nationale und internationale Leistungsvergleiche belegen (Martens 2010; Bieber et al. 2014) – nur selten ihre gesteckten Ziele. Trotz diverser Bemühungen und durchaus positiver Tendenzen in einigen Bereichen wird das US-Bildungswesen den Herausforderungen der globalen Wissensökonomie nicht gerecht und meistert die Integration und Ausbildung sozial- und lernschwacher Schülerinnen und Schüler nur bedingt.

Dieser Beitrag gibt aus historischer und politikwissenschaftlicher Perspektive einen umfassenden Überblick über die Strukturen, Institutionen und Steuerungsformen des amerikanischen Bildungssystems. Da die USA über ein sehr fragmentiertes und schwach institutionalisiertes System der beruflichen Bildung und Erwachsenenweiterbildung verfügen (Deissinger 1994), stehen im Mittelpunkt der Analyse die Grund-, Sekundar- und Hochschulsysteme. Der zweite Teil des Beitrags setzt sich mit der Entstehung und historischen Entwicklung des amerikanischen Bildungswesens auseinander, das im Gegensatz zu den meisten kontinentaleuropäischen Bildungssystemen bereits im 19. Jahrhundert gut ausgebaut war. Dabei liegt der Fokus der Untersuchung auf den historischen Ursachen für den hohen Dezentralisierungsgrad und ausgeprägten wettbewerbs- und marktorientierten Charakter des US-Bildungssystems. Im dritten Abschnitt wird detailliert auf die wesentlichen Merkmale des modernen Bildungssystems eingegangen, wie beispielsweise seine politische Steuerung und Finanzierung, die Rolle von Zentralregierung, lokalen Bildungsträgern und Justiz, sowie seine Entwicklung von sozialer Segregation zu Integration. Im vierten Teil werden dann die jüngsten bildungspolitischen Reformbemühungen erläutert. Dazu gehören vor allem das *No Child Left Behind*-Gesetz sowie die Versuche des Bundes und der Einzelstaaten, die steigenden Kosten des Hochschulstudiums in den Griff zu bekommen. Das abschließende fünfte Kapitel widmet sich den veränderten Rahmenbedingungen für die Gestaltung der

Bildungspolitik im Zeichen der zunehmenden Globalisierung bzw. Internationalisierung von Bildungspolitik, aber auch der steigenden innenpolitischen Polarisierung des Landes.

2 Das amerikanische Bildungssystem: Ein kurzer historischer Überblick

Angesichts seines dezentralen und heterogenen Charakters ähnelt das Bildungssystem der USA in seinen wesentlichen Grundzügen der allgemeinen politischen Struktur des Landes. Das moderne amerikanische Bildungssystem lässt sich als Ergebnis der geschichtlichen Entwicklung der USA verstehen und unterscheidet sich damit in seinen grundlegenden Merkmalen von der eher staatszentrierten Bildungstradition Europas.

2.1 Historische Entwicklung des amerikanischen Sekundarbildungssystems

Die ersten amerikanischen Schulen entstanden bereits im 16. Jahrhundert. Sie funktionierten primär als eng geknüpfte soziale Einheiten und als Erweiterungen von Familien und Kirchengemeinschaften (Loveless 1998). Die frühen Siedlergruppen nutzten die Schulgemeinschaften zur Vermittlung gemeinsamer religiöser Überzeugungen und Weltanschauungen. Vor diesem Hintergrund etablierte sich schon früh in der Kolonialzeit die Tradition der *lay governance*, d. h. weitgehende autonome Regulierung der Schulstrukturen (Alsbury 2008, S. 126), an denen sich gewählte Interessenten aus dem kirchlichen, sozialen und wirtschaftlichen Umfeld aktiv an der schulischen Selbstverwaltung beteiligten. Bildung wurde damit schon früh zu einer lokalen Angelegenheit – eine Tendenz, die durch das Fehlen einer starken zentralen Bürokratie verstärkt wurde (Busemeyer 2007, S. 60). Die territoriale Expansion nach Westen verstärkte diese Entwicklung weiter, indem neue lokale Schuleinrichtungen zu öffentlichen Sammelpunkten für Siedlerinnen und Siedler aus den übrigen Bundesstaaten wurden.

Die frühe Demokratisierung der USA hinterließ Spuren in der Bildungspolitik und ebnete den Weg für die relativ frühe Bildungsexpansion. Schon Mitte des 19. Jahrhunderts galt Bildung als Mittel zur Demokratisierung und gesellschaftlichen Inklusion. So erkannte bereits 1844 ein Gericht im Bundesstaat Vermont das Bürgerrecht auf den Besuch einer allgemeinen Schule an (Martens 2010, S. 236; Busemeyer 2007, S. 61). Danach universalisierte sich die Primarbildung in vielen Bundesstaaten, wobei Bildung immer mehr mit demokratischen und partizipatorischen Grundsätzen verknüpft wurde. Bildung wurde zu einem Sozialisierungsinstrument für die Massen, was wiederum die gesellschaftliche Teilhabe begünstigen sollte. Immer mehr Eltern der wachsenden Mittelschicht wollten ihren Kindern

Fertigkeiten vermitteln, die ihnen die Teilhabe an Industrialisierung und wirtschaftlichem Wachstum ermöglichen sollten (Busemeyer 2007, S. 62). Dieses humankapitalorientierte Verständnis von Bildung führte im Vergleich zu Kontinentaleuropa zum frühen Ausbau des Sekundarbildungswesens, wobei neben rein wirtschaftlichen Interessen mit inklusiver Bildung versucht wurde, die Lage der Arbeiterkinder zu verbessern (Church 1976, S. 60).

Im Gegensatz zu vielen europäischen Staaten, in denen das private bzw. von der Kirche getragene Schulwesen langsam zurückgedrängt wurde, ist in den USA die parallele Existenz öffentlicher und privater Schulen weitgehend erhalten geblieben. Während die öffentlichen, auf lokaler Ebene verwalteten Schulen vorwiegend der „Amerikanisierung und Sozialisierung" der Einwanderer dienten (Busemeyer 2007, S. 62), gründeten diverse Einwanderergruppen ihre eigenen Bildungseinrichtungen, was die Expansion und Heterogenität des Bildungssystems weiter vorantrieb. Für die Verstaatlichung des Schulwesens war das *Common School Movement* im 19. Jahrhundert von großer Bedeutung. Diese vom Pädagogen und Bildungsreformer Horace Mann inspirierte Bewegung zielte nicht nur darauf ab, Primär- und Sekundarbildung für die breiten Massen - unter Ausschluss der afroamerikanischen Bevölkerung - zugänglich zu machen, sondern auch nach preußischem Vorbild gemeinsame Inhalte für alle Schülerinnen und Schüler zu verankern. Auf den ersten Blick handelte es sich bei den *Common School*-Reformen um eine stärkere Orientierung an den europäischen Bildungssystemen des 19. Jahrhunderts. Tatsächlich kam es beispielsweise zu einer Verlagerung von Entscheidungskompetenzen von lokalen Akteuren zu übergeordneten regionalen Behörden (z. B. durch die Gründung des *Massachusetts Board of Education*) sowie zu einer stärkeren Professionalisierung der Lehrerschaft. Dennoch trieb das *Common School-Movement* gleichzeitig auch die weitere Fragmentierung der amerikanischen Bildungslandschaft voran. Zwar plädierten Mann und andere Vertreter der Bewegung für die Zurückdrängung der Kirche aus dem Bildungssystem. Doch in Wirklichkeit orientierten sich die neuen Schulcurricula stark an protestantischen Grundsätzen, was wiederum Unmut in katholischen Bevölkerungsgruppen erregte. Vor diesem Hintergrund wendeten sich viele Katholiken gegen das öffentliche Schulwesen und gründeten ihre eigenen Einrichtungen (Dichanz 1991, S. 28; Busemeyer 2007, S. 62). Im Gegenzug wurden vor allem in den Südstaaten zahlreiche protestantische Schulen gegründet, um dem zunehmenden katholischen Einfluss entgegenzuwirken.

Neben der Tradition der gesellschaftlichen Teilhabe und der zunehmenden Institutionalisierung von Bildung als Bürgerrecht existierte in den USA eine tief verwurzelte Tradition der Segregation, die mit einer starken Bildungsungleichheit einherging bzw. einhergeht. Auch nach der Abschaffung der Sklaverei wurden die Afroamerikaner weiterhin diskriminiert, etwa durch die *Jim Crow-Laws*, die ihre gesellschaftliche Teilhabe am Bildungssystem erschwerten. Infolge des *Plessy vs. Ferguson*-Urteils (1896), das die Bereitstellung getrennter Einrichtungen für Schwarze und Weiße nach dem Prinzip „*separate but equal*" (getrennt, aber gleichberechtigt) beinhaltet, wurden sogenannte *black schools* gegründet. Danach liefen diverse Bestrebungen ins Leere, die Finanzierungsgrundlage der schwarzen und weißen Schulen vor allem in den Südstaaten gleichzustellen, was zur weiteren Fragmentierung der amerikanischen Bildungslandschaft beitrug.

Auch nach dem Zweiten Weltkrieg existierte in den USA keine zentralstaatliche Koordinierungsinstanz für bildungspolitische Angelegenheiten. Damit zeichnete sich das System nicht nur durch seine beispiellose Heterogenität im Hinblick auf Qualität, Finanzierung, und Ausbildung des pädagogischen Personals aus, sondern auch durch einen auffälligen Widerspruch. Einerseits lag dem System die Leitidee zugrunde, dass Schulen zur gesellschaftlichen Integration beitragen sollten. Aufgrund ihres segmentierten Charakters verfestigte das Schulsystem andererseits die soziale Segregation und Spaltung weiter (Hochschild 2003).

2.2 Historische Entwicklung des amerikanischen Hochschulsystems

Der amerikanische Hochschulsektor kann auf einen ähnlichen Entwicklungspfad zurückblicken wie das Sekundarbildungswesen, der ebenso durch die Prinzipien der Dezentralisierung und weitreichenden Autonomie geprägt war. Wie auch die Schulen dienten die ersten Universitäten (z. B. Harvard 1636; Yale 1701) vorwiegend der Ausbildung des kirchlichen Nachwuchses und waren damit eng mit den einzelnen religiösen Konfessionen verbunden. Als weitgehend selbstfinanzierte und selbsttragende studentische und akademische Gemeinschaften waren die Universitäten jener Zeit ihren europäischen Pendants sehr ähnlich. Im Zuge der Industrialisierung wurde höhere Bildung als Schlüssel zur Sicherstellung von Humankapital verstanden, was zur Gründung neuer forschungsorientierter Universitäten führte wie z. B. der American University oder auch der Johns Hopkins University, die sich stark an der Humboldt'schen Leitidee der Einheit von Forschung und Lehre ausrichtete (Fischer, Appelt 2004).

Ähnlich wie im Schulwesen existierte keine zentrale Bildungsbürokratie, was zur Folge hatte, dass die amerikanischen Hochschulen schon früh eine starke Industrie- und Marktorientierung aufwiesen. Aufgrund fehlender staatlicher Finanzierung waren amerikanische Universitäten und Colleges[1] seit jeher auf privates Kapital angewiesen. Die aktive Finanzierung der Universitäten durch Industrielle (z. B. Dartmouth, Cornell) machte sie zu sehr *durchdringbaren* Institutionen, deren interne Angelegenheiten (z. B. Studien- und Forschungsinhalte, Personalpolitik) durch externe *stakeholder* mitgestaltet wurden. Zwar wurden Mitte des 19. Jahrhunderts infolge der *Morrill Land-Grant-Colleges Acts* (1862 und 1890) viele öffentliche Hochschulen gegründet (*state universities* und *state colleges*). Der private Charakter der meisten Hochschulen wurde jedoch weitgehend

---

[1]*Colleges* sind generell Hochschuleinrichtungen, die in Fachteilungen gegliedert sind und „*undergraduate*"-Programme (v. a. Bachelor-Abschlüsse und „*associate degrees*") anbieten. *Universities* sind im Allgemeinen Hochschulen, die Graduiertenprogramme (d. h. Master-Abschlüsse und Doktorandenprogramme) anbieten.

aufrechterhalten, sodass sie sich eher im Einklang mit den regionalen wirtschaftlichen Anforderungen und den akademischen, beruflichen, religiösen und politischen Interessen ihrer studentischen Klientel entwickelten als mit nationalstaatlichen Zielsetzungen. Vor dem Hintergrund des Ziels, äußerst heterogenen gesellschaftlichen Gruppen eine maßgeschneiderte Bildung zu bieten, zeichnet sich die Hochschullandschaft der USA bis heute durch eine extreme Vielfalt aus: neben Elite-Universitäten mit starker Forschungsorientierung existieren religiöse Hochschulen (v. a. katholische, protestantische, baptistische und jüdische), sportorientierte Colleges und Universitäten, berufsvorbereitende Elite- und Massenuniversitäten sowie Hochschulen mit expliziter politischer Orientierung (konservativ, liberal).

Das Schulwesen wie das Hochschulsystem der USA zeichnen sich durch eine sehr dezentrale Steuerung durch lokale Behörden und Bundesstaaten und einen hohen Privatisierungsgrad aus (Interview USA 01, Dobbins und Martens 2010). So verstehen sich die ca. 7000 amerikanischen postsekundären Bildungseinrichtungen als weitgehend autonome, marktorientierte Institutionen. Dies kann auch für die öffentlichen Universitäten gelten, die einerseits zwar unter der formellen Kontrolle des Staates stehen und stärker von Steuergeldern abhängig sind, andererseits aber über eine hohe Autonomie hinsichtlich der Einstellung von Personal, der Tätigung strategischer Investitionen und der Festlegung von Bildungsinhalten verfügen. Hier liegt die Annahme zugrunde, dass Universitäten am effektivsten funktionieren, wenn sie wie Wirtschaftsunternehmen geführt werden, und Studierenden und Firmen, die als Marktkonsumenten konzipiert werden, akademische Dienstleistungen anbieten. Anstelle bürokratischer Steuerung dominieren unternehmerische Managementmethoden (Clark 1983; Dill 1997; Dobbins et al. 2011). Vor diesem Hintergrund ist die Hochschulausbildung in den USA häufig unmittelbar berufsbezogen, wobei Bildung als Investition betrachtet wird, die Absolventen vermeintlich deutlich bessere Berufsaussichten und Verdienstmöglichkeiten bietet als Nicht-Absolventen.

3 Die soziale Integrationsfunktion des Bildungswesens unter föderalen, finanziellen, politischen und judiziellen Aspekten

Das amerikanische Bildungssystem erfüllt bedeutende Funktionen der sozialen Integration. Hierbei spielt insbesondere der Aspekt der föderalen Machtverteilung eine Rolle, insbesondere der wachsende Einfluss der Zentralregierung im Bildungsbereich. Auch politische und gerichtliche Maßnahmen sowie finanzielle Verteilungsmechanismen des Staates können sich gravierend auf die Bildungschancen unterschiedlicher Bevölkerungsgruppen auswirken, wie das Beispiel der sog. *affirmative action* zeigt. Ein weiterer zentraler Faktor ist die Interessengruppenpolitik, die sich besonders auf die gesellschaftliche Integrationsfähigkeit des Hochschul- und Sekundarbildungswesens der USA auswirkt.

3.1 Erweiterung zentralstaatlicher Kompetenzen im Bildungsbereich

Im dezentralen und heterogenen amerikanischen Bildungswesen bleiben – trotz wachsender zentralstaatlicher Interventionsmöglichkeiten – die faktischen bildungspolitischen Entscheidungskompetenzen auf einzelstaatlicher und lokaler Ebene verankert. In der US-Verfassung werden dem Bund keine bildungspolitischen Entscheidungskompetenzen zugeschrieben. Nach dem Zweiten Weltkrieg gewann dieser jedoch an Einfluss, zumindest auf die Finanzierung von Bildung. Mit der *GI-Bill* unterstützte die Bunderegierung die Aus- und Weiterbildung der aus dem Krieg zurückgekehrten Soldaten – vor allem mit dem Ziel, eine befürchtete Massenarbeitslosigkeit zu verhindern (Mettler 2005). Diese zentralstaatlichen Maßnahmen beförderten die weitere Expansion und Diversifizierung des Bildungssystems, insbesondere im universitären Bereich. Es kam beispielsweise zu Neugründungen von Hochschulen (z. B. sog. *community colleges*), die nicht nur die privilegierte Elite bedienten, sondern besonders die gesellschaftlichen Mittel- und Unterschichten (Cohen und Brawer 2008).

Nachdem die Sowjetunion als erstes Land einen Sputnik-Satelliten ins Weltall geschickt hatte, wuchsen Zweifel an der technologischen Überlegenheit der USA. Versuche, das amerikanische Bildungssystem grundlegend zu reformieren, gingen erneut mit einem schleichenden Ausbau der Kompetenzen des Zentralstaats einher. Konkret wurden bildungspolitische Fördermittel zum Bestandteil verschiedener *federal-aid*-Programme, die die Lehrerausbildung verbessern und neue Schul- und Hochschuleinrichtungen finanzieren sollten. Dabei legte man einen stärkeren Fokus auf die naturwissenschaftliche Grund- und Weiterbildung als bisher. Im Zuge dessen ersetzten die zuständigen Entscheidungsträger beispielsweise die angewandte berufliche Bildung an Schulen und anderen Bildungseinrichtungen durch Kurse in Mathematik, Physik und Chemie. Bei gleichzeitiger Aufstockung der Mittel für die Geistes- und Gesellschaftswissenschaften erhöhte der Zentralstaat die Gelder für die naturwissenschaftlich orientierte *National Science Foundation*. Parallel wurden zur Unterstützung sozial benachteiligter Personen neue Stipendien vergeben und zusätzliche Ressourcen für allgemeinbildende öffentliche Fernsehsendungen aufgebracht – mit der Hoffnung, bislang unentdecktes Potential der sozial schwächeren Schichten stärker auszuschöpfen (Dobbins und Martens 2010).

3.2 Das Ende der ‚rassischen' Segregation

In diesem Zeitraum setzte der Oberste Gerichtshof der Zwangssegregation *schwarzer* und *weißer* Schulen mit dem *Brown vs. Topeka Board of Education*-Urteil (1954) ein Ende. Dies untermauerte die Rolle des Zentralstaats in der Bildungspolitik, da die Zulassungspraktiken der lokalen Schulen aufgrund der Aufhebung der Rassentrennung nunmehr unter ständiger Beobachtung der Bundesregierung standen. Spätestens seit diesem Urteil gilt Bildung in den USA nicht nur als

Förderungsinstrument des Humankapitalpotentials, sondern auch der sozialen Integration. In diesem Zusammenhang verstärkte der Bund auch seine Bemühungen, Kindern aus ländlichen Gegenden den Zugang zu Bildung zu ermöglichen. Besonders nennenswert in diesem Zusammenhang ist die *busing*-Praxis. Hier urteilte der Oberste Gerichtshof (*Swann vs. Charlotte-Mecklenburg Board of Education*, 1971), dass Bundesgerichte befugt sind, Kinder aus ethnisch und sozioökonomisch benachteiligten städtischen Schulbezirken mit Bussen in andere Bezirke zu transportieren, um den Abbau der de facto existierenden Rassentrennung zu fördern. Dies hatte jedoch zur Folge, dass sozial stärkere weiße Familien aus den Großstädten in die Vororte (*suburbs*) zogen oder ihre Kinder an Privatschulen anmeldeten, was die ethnische Trennung verfestigte. Später wurden auf regionaler Ebene Versuche unternommen, sozial schwächere Kinder vorwiegend afroamerikanischer Herkunft aus den Großstädten zu Schulen in die Vorstädte zu bringen, was jedoch nur in Einzelfällen das Problem der ungleichen Bildungschancen lindern konnte (Wells et al. 2005).

3.3 Bildung als „Ersatz-Sozialpolitik"

Im Gegensatz zu den Bildungssystemen deutschsprachiger Länder verstärken einige strukturelle Eigenschaften des Systems die integrative Funktion von Bildung in den USA. Statt der vertikalen Differenzierung in unterschiedliche Schultypen wie Gymnasien, Realschulen und Hauptschulen nach deutschem Modell wurden in den USA die *high schools* als Gesamtschulen ausgebaut. Mit diesem integrativen Bildungsverständnis versuchten die Entscheidungsträger, Schulkinder unterschiedlicher Lernbegabung und sozioökonomischen Hintergrunds bis zum Ende der Regelschulzeit gemeinsam zu unterrichten. Im Gegensatz zum deutschen und zu anderen kontinentaleuropäischen Schulsystemen werden Kinder mit besonderem Betreuungsbedarf außerdem nicht an gesonderten Förderschulen betreut, sondern in allgemeinen Schulen (Powell 2009). Ein zusätzlicher nicht zu unterschätzender, integrativer Faktor ist die Tatsache, dass die Schulen selbst extracurriculare Aktivitäten (z. B. Sport, Musik) organisieren.

Die integrative Funktion des amerikanischen Bildungswesens wird durch einen weiteren wichtigen Umstand untermauert: das Fehlen eines gut ausgebauten sozialen Sicherungsnetzes. Bildung erlangte früh den Status eines Bürgerrechts – zumindest für Weiße – und Mittels zum sozialen Aufstieg (Busemeyer 2007). Die mit der mangelnden politischen und administrativen Kapazität des Zentralstaats verbundenen Schwierigkeiten hatten zur Folge, dass Bildungspolitik und insbesondere Bildungsinvestitionen sowohl von Seiten des Zentralstaats und der Bundesstaaten als auch von Seiten der privaten Haushalte weitgehend als „Ersatz-Sozialpolitik" fungierten. Dies manifestiert sich vor allem in den sehr hohen – vorwiegend privaten – Bildungsausgaben und vergleichsweise extrem niedrigen öffentlichen Sozialausgaben im internationalen Vergleich (Allmendinger und Nikolai 2010). So hatten Bildung und Bildungsausgaben in den USA schon seit jeher den Charakter einer präventiven Investition, die die individuelle Anpassungsfähigkeit an

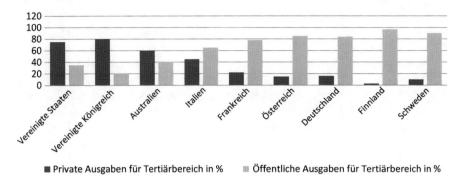

■ Private Ausgaben für Tertiärbereich in %   ■ Öffentliche Ausgaben für Tertiärbereich in %

Abb. 1 Private vs. öffentliche Ausgaben für Tertiärbildung im internationalen Vergleich. Quelle: OECD (2012)

Marktschwankungen gewährleisten sollte. In diesem Zusammenhang spricht der amerikanische Bildungsforscher Trow (1997, S. 157) von einer fast religiösen Zuversicht der Amerikaner hinsichtlich der positiven Wirksamkeit der kostspieligen Hochschulausbildung auf ihre Zukunftsmöglichkeiten. Auch Hochschild und Scovronek (2003, S. 9) vertreten die These, dass das staatliche (Sekundar-)Bildungswesen die amerikanische Antwort auf den europäischen Wohlfahrtsstaat darstelle. Diese Ersatz-Funktion von Bildung zeigt sich einerseits im öffentlichen und privaten Bildungsausgabenniveau der USA im internationalen Vergleich (siehe Abb. 1) und andererseits – trotz der beispiellos hohen Studiengebühren – in dem hohen Anteil der Bevölkerung, der höhere Bildung erlangt.

3.4 Finanzielle Verteilungsmechanismen im Bildungswesen

Die wichtigsten bildungspolitischen Entscheidungskompetenzen liegen auf einzelstaatlicher und lokaler Ebene. Der 1965 verabschiedete *Elementary and Secondary Education Act* (ESEA) ermöglichte es der Bundesregierung, Finanzmittel für Primar- und Sekundarbildung zur Verfügung zu stellen, verbot jedoch explizit die Entwicklung eines nationalen Curriculums. Die vom Zentralstaat gewährten Mittel, die in erster Linie für die professionelle Entwicklung der Lehrkräfte und die Verbesserung der Ressourcenausstattung von Schulen in finanzschwachen Gegenden eingesetzt wurden, sollten vorwiegend zur Gewährleistung gleicher Bildungschancen beitragen. Zwar erweiterte sich mit der Gründung des *Department of Education* im Jahr 1979 der Wirkungsbereich der Zentralregierung. Allerdings dient die Behörde vorwiegend als Informationsplattform für bildungspolitische Angelegenheiten und verfügt somit über nur sehr eingeschränkte „harte" Entscheidungsbefugnisse (Bieber et al. 2014).

Die Grundfinanzierung öffentlicher Schulen wird in den meisten Bundesstaaten sowohl aus deren Haushalt als auch über die lokale Immobiliensteuer (Grundsteuer) bestritten. Diese Praxis führt zu erheblichen Ungleichheiten hinsichtlich der finanziellen und damit personellen und sachlichen Ausstattung der Bildungseinrichtungen, da Schulen, die sich in wohlhabenden Gegenden befinden, durch das höhere Immobiliensteueraufkommen privilegiert werden. Schulen in wohlhabenden Kommunen mit vielen Besitzern von (größeren) Häusern profitieren somit direkt vom höheren Immobiliensteueraufkommen, während Schulen in sozial schwachen Gegenden in der Regel finanziell wesentlich schlechter gestellt sind. Dieses Missverhältnis wird durch die hohe Entscheidungsautonomie amerikanischer Schulen verstärkt: Im Gegensatz zu den meisten europäischen Ländern, in denen die Einstellung des Lehrpersonals staatlich geregelt ist, verfügen die amerikanischen Schulen über eine hohe Personalautonomie und können somit ihr eigenes Personal einstellen. Infolgedessen können im öffentlichen Schulwesen finanziell besser gestellte Schulen besser ausgebildeten Lehrkräften höhere Gehälter und attraktivere Arbeitsbedingungen bieten, was häufig zu einer ungleichen Verteilung der Lehrerschaft führt. Damit gehören die USA zu den wenigen Ländern, in denen Schulen, die primär sozioökonomisch privilegierte Kinder bedienen, über mehr Ressourcen verfügen als diejenigen, die sozial schlechter gestellte Schülerinnen und Schüler betreuen (Porter 2013).

Diese ungleiche Verteilung der Finanzmittel an Schulen untergräbt die integrative Funktion von Bildung. Das soziale Gefälle wird dadurch verstärkt, dass die Wahl des Wohnorts in den USA häufig nach ‚rassischen' bzw. ethnischen Kriterien erfolgt. Wie Uslaner (2012) zeigen konnte, ziehen finanziell gut gestellte Familien vorzugsweise in wohlhabende Vororte, während die Innenstädte generell von sozial schwachen Familien bewohnt werden. Diverse neuere Untersuchungen konnten belegen, dass „weiße" und „schwarze" Kinder sehr häufig noch de facto segregierte Schulen besuchen. Beispielsweise besucht der durchschnittliche weiße Schüler eine Schule, in der rund 20 % der Schülerschaft unter der Armutsgrenze lebt, während der durchschnittliche Latino-Schüler eine Schule besucht, in der 44 % der Schülerschaft unter der Armutsgrenze lebt. Diese Tendenz nahm in den letzten Jahren sogar dahingehend zu, dass immer weniger afroamerikanische Schülerinnen und Schüler eine überwiegend „weiße" Schule besuchen (Orfield 2001, S. 391). Seit vielen Jahren gibt es allerdings diverse, von Bundesregierung und einzelstaatlichen Regierungen geförderte Maßnahmen, um des Problems der Bildungsungleichheit Herr zu werden. Ein nennenswertes Beispiel ist das *Teach for America*-Programm von 1990, das besonders aussichtsreiche junge Hochschulabsolventen als Lehrpersonal für einen Zeitraum von zwei Jahren in einkommensschwachen Gegenden platziert.

Die oben angesprochene Erblast der Rassentrennung wird folglich trotz diverser integrativer Elemente des US-Bildungssystems (z. B. Gesamtschulen, *community colleges*) durch den Finanzierungsmechanismus auf einzelstaatlicher Ebene verstärkt. In den Bundesstaaten existieren zwar unterschiedliche Mechanismen, die zum Ausgleich der Finanzierungsbedingungen einzelner Schulbezirke und Schulen beitragen sollen. Beispielsweise sind die meisten einzelstaatlichen Regierungen dazu verpflichtet, eine finanzielle Mindestgrundsicherung für sozial schwache Schulbezirke zu gewährleisten. In den letzten Jahren gibt es allerdings insbesondere von rechtskonservativen Gouverneuren Bestrebungen, staatliche Ausgaben für den öffentlichen Bildungsbereich zu verringern, was eine lange Reihe juristischer Klagen nach sich gezogen hat (Education Justice 2014).

3.5 „Affirmative action" zur Förderung gesellschaftlicher Integration

Ein weiteres wichtiges, jedoch sehr umstrittenes Instrument der gesellschaftlichen Integration stellen sogenannte *affirmative action*-Programme, also Fördermaßnahmen zugunsten von Minderheiten, dar. Seit den 1970er Jahren wird versucht durch unterschiedliche bildungspolitische Maßnahmen, z. B. Hochschulstipendien für sozioökonomisch benachteiligte Studierende oder eine Lockerung der Zulassungsbeschränkungen zum Hochschulbereich, das sozioökonomische Gefälle wieder auszugleichen. Durch eine Zulassungspolitik, die nicht ausschließlich akademische und extracurriculare Leistungen, sondern auch sozioökonomische und ethnische Kriterien berücksichtigt, wird ex post – d. h. erst im Tertiärbildungswesen – eine heterogenere Studierendenschaft konstruiert.

Diese Praxis der *affirmative action*, die auch in der Privatwirtschaft und im öffentlichen Wirtschaftssektor existiert, ist immer wieder Gegenstand juristischer Streitigkeiten gewesen. Im Falle *University of California Regents vs. Bakke* (1978) entschied der Oberste Gerichtshof, dass manche *affirmative action*-Maßnahmen – jedoch nicht ‚rassenbasierte' Zulassungsquoten – verfassungskonform seien. Zwei wichtige Nachfolgeentscheidungen – *Grutter vs. Bollinger* und *Gratz vs. Bollinger* (beide 2003) – erklärten die Verfahrensweise der *University of Michigan Law School*, ‚Rassenkriterien' im Rahmen einer „holistischen" Beurteilung der eingegangenen Bewerbungen mit zu berücksichtigen, für verfassungskonform. Allerdings wurde das Punktesystem, welches Angehörigen von „Minderheiten" automatisch 20 Punkte zuweist, für verfassungswidrig erklärt. Auch bestehen unterschiedliche einzelstaatliche Regelungen, die immer wieder vor Gericht angefochten werden. Beispielsweise hat der Bundesstaat Kalifornien mit der *Proposition 209* (1998) die Berücksichtigung ‚rassischer' Merkmale bei der Zulassung zu seinen öffentlichen Hochschulen per Referendum verboten. Im Jahr 2009 entschied ein Bundesgericht im Falle einer weißen Bewerberin an der Universität Texas, die sich aufgrund der vermeintlichen Bevorzugung von Minderheiten diskriminiert fühlte, zugunsten der Universität, die ‚rassische' und sozioökonomische Kriterien bei der Zulassung Studierender mitberücksichtigt. Drei Jahre später entschied der Oberste Gerichtshof jedoch erneut, dass sowohl öffentliche als auch private Hochschulen, deren *affirmative action*-Maßnahmen eine Form ‚rassischer' Diskriminierung darstellen, ihren Anspruch auf Bundesfinanzmittel verlieren könnten. Letzteres Urteil verdeutlicht sehr klar, wie verflochten die bildungspolitische Arena trotz ihres dezentralen Charakters in Wirklichkeit ist.

Diese Reihe von Urteilen zeigt, dass die Rechtslage im Hinblick auf *affirmative action* noch nicht endgültig geklärt ist. Generell kann jedoch konstatiert werden, dass in den USA derzeit ein Rückgang solcher Maßnahmen zu beobachten ist. Dies hängt damit zusammen, dass die Forschungsergebnisse zu den Wirkungen von *affirmative action* nicht eindeutig sind. Einerseits kann argumentiert werden, dass das Vorhandensein einer größeren kulturellen und sozioökonomischen Vielfalt an Hochschulen eine intellektuelle Horizonterweiterung und bessere Vorbereitung auf eine globalisierte Welt zur Folge hat. Andererseits fallen die Befunde zu den konkreten Effekten von *affirmative action* auf die Zulassungspolitik und die daraus entstehende Studierendenschaft gemischt aus. Beispielsweise zeigen Antonovic et al. (2013), dass die Teilnahmeraten von Minderheiten an den Studiengängen der *University of California* seit dem Verbot der Fördermaßnahmen (1998) keineswegs abgenommen haben. Hinrichs (2012) argumentiert dagegen ebenso am Beispiel Kaliforniens, dass das Verbot in der Tat zu einem Rückgang der Teilnahmeraten „unterrepräsentierter" Studierender geführt hat und Minderheiten zunehmend dazu tendieren, Hochschulen mit einer selektiven Zulassungspolitik zu vermeiden und nun vermehrt Hochschulen mit lockeren Zulassungsbedingungen besuchen.

3.6 Bildungspolitik als Interessengruppenpolitik

Im Einklang mit der Tradition des Pluralismus und der zahlreichen politischen Einflusskanäle ist das Bildungssystem der USA höchst „durchdringbar" für die Interessen externer, nichtstaatlicher Akteure und kann als Arena für Konflikte zwischen Interessengruppen gelten. So zeigen beispielsweise Opfer et al. (2008, S. 197), dass in den letzten 30 Jahren die Ausgaben von Lobbygruppen für bildungspolitische Angelegenheiten enorm angestiegen sind.

Im Vordergrund stehen Bestrebungen religiöser Gruppen, den „Kreationismus" – das Festhalten an einer wörtlichen Auslegung des biblischen Schöpfungsberichts – als Unterrichtsfach zu verankern und die Möglichkeiten für das *homeschooling* (das Unterrichten von Kindern zuhause, häufig aus religiösen Gründen) zu erweitern. Zu den wichtigsten ideologisch geprägten Reizthemen gehören zudem die sogenannten *school vouchers* sowie die Eröffnung von *charter schools*. *School vouchers* beziehen sich auf staatlich subventionierte Bildungsgutscheine, die es Eltern ermöglichen, die Schule für ihre Kinder frei auszuwählen. Allerdings finden die Bildungsgutscheine keine so große Anwendung wie von Gegnern befürchtet und beschränken sich noch vorwiegend auf regionale Pilotprogramme (Klitgaard 2008). Ein weiterer wichtiger Faktor in diesem Zusammenhang sind die amerikanischen Lehrerverbände (*American Federation of Teachers, National Education Association*), die im Gegensatz zu den eher schwach und fragmentierten Arbeitnehmergewerkschaften äußerst einflussreich sind und grundsätzlich für die Aufrechterhaltung des öffentlichen Schulsystems und gegen die Einführung weiterer marktorientierter Mechanismen (z. B. leistungsbasierte Bezahlung, Entlassung ineffektiven Lehrpersonals, *school vouchers*) aussprechen (Moe 2011). *Charter schools* als formal öffentliche Schulen sind von lokalen und staatlichen Regulierungsmaßnahmen befreit und ermöglichen die direkte Mitwirkung von Eltern, lokalen Führungskräften (*community leaders*), Unternehmen und anderen Akteuren an bildungspolitischen Entscheidungsprozessen. Dabei steht das Ziel im Vordergrund, Bildungsangebote an den individuellen Bedürfnissen der

Schülerinnen und Schülern auszurichten und die Rechenschaft der Bildungsträger hinsichtlich einer hohen Qualität unter verantwortungsvoller Verwendung der (zum Teil privaten) Finanzmittel zu gewährleisten. Dagegen wird jedoch eingewendet, dass die finanzielle Grundlage öffentlicher Schulen und damit die integrative Funktion von Bildung wieder unterminiert werden könnte.

4 Gegenwärtige Reformbemühungen

Das amerikanische Bildungswesen durchlief zunächst eine lange Expansionsphase, vorangetrieben durch die Bürgerrechtsbewegung und die Bemühungen, den Bildungsbedürfnissen einer heterogenen Gesellschaft gerecht zu werden. Seit ca. 20 Jahren richtet sich das Augenmerk der zentral- und einzelstaatlichen Reformbemühungen vor allem auf die Optimierung der Qualität und der Leistungen und weiterhin auf den Abbau der Bildungsbenachteiligung. In diesem Abschnitt besprechen wir nicht nur die gegenwärtigen bildungspolitischen Reformbemühungen in den USA *per se*, sondern geben auch einen erweiterten Überblick über die Konfliktarena und -struktur der amerikanischen Bildungspolitik.

4.1 Gegenwärtige Reformbemühungen im Sekundarbildungswesen

Seit ca. 20 Jahren kommt es vermehrt zu Kompetenzverschiebungen auf dezentraler Ebene. Nennenswert in diesem Zusammenhang ist die administrative Entmachtung der *school boards* (d. h. der lokalen Schulverwaltungsgremien) in einer Reihe amerikanischer Großstädte. Aufgrund akuter Leistungsdefizite, Managementprobleme und einer Politisierung schulischer Angelegenheiten haben fast schon fünfzig amerikanische Bürgermeisterinnen und Bürgermeister die Verantwortung für das lokale Schulsystem übernommen, indem sie die *school boards* mit eigenem, nicht gewähltem Personal besetzt haben, das mit der Schulmodernisierung beauftragt wurde. Trotz dieser immer weiter verbreiteten Praxis existieren bisher keine Belege dafür, dass sich die schulischen Leistungen verbessert haben (Alsbury 2008, S. 137; Edelstein 2008).

Als relativ neue Reformmaßnahme lancierte Präsident Barack Obama 2010 eine der weltweit ambitioniertesten Bildungsreformen. Das föderal finanzierte Programm „*Race to the top*" bildet den Eckpfeiler dieser Agenda und ermutigt die Bundesstaaten, internationale Standards und Prüfungen zu entwickeln, die den Erfolg der Studierenden im College und am Arbeitsplatz fördern sollen. Zudem soll die Effektivität der Lehrer- und Schulleiterschaft durch entsprechendes Personalmanagement gesteigert werden. Die einzelnen Staaten sollen Datensysteme aufbauen, die den Erfolg der Schülerinnen und Schüler messen und die Lehrer- und Schulleiterschaft darüber informieren, wie sie ihre Praktiken verbessern können.

Als prominentestes Beispiel im Sekundarbereich kann jedoch das *No Child Left Behind*-Programm (*NCLB*) gelten, dessen Entstehung und Umsetzung die Art der

Politikgestaltung und die Konfliktstruktur der USA besonders gut widerspiegeln. Das Fehlen einer zentralisierten Bildungsbürokratie und die pluralistischen politischen Strukturen erschweren übergreifende zentralstaatliche, *top-down* organisierte Politikmaßnahmen (Kern 2000). Dies hat zur Folge, dass die Politikgestaltung häufig dem *bottom-up*-Prinzip folgt: die Zentralregierung wird sich einer vermeintlich erfolgreichen einzelstaatlichen Politik bewusst und versucht sie zu ihrer eigenen Politik zu machen. Die auf zentraler Ebene beschlossenen Reformen werden aber dezentral umgesetzt. Die *NCLB*-Initiative folgt im Wesentlichen diesem Politikgestaltungsmuster. Mitte der 1990er Jahre wurde die Zentralregierung auf die Initiative einiger Gouverneure aufmerksam, die darauf abzielte, mehr Rechenschaft und Qualität von Bildungsanbietern bei gleichzeitiger Aufstockung der Finanzmittel und Erweiterung der Wahlmöglichkeiten zu verlangen. Diese Verknüpfung von Rechenschaft mit erhöhten, anreizbezogenen Bildungsausgaben des Zentralstaats ermöglichte eine breite, aus Demokraten und Republikanern bestehende Reformkoalition.

Das 2002 beschlossene Reformpaket baut auf einer Reihe bereits bestehender Maßnahmen auf, die einen stärkeren Fokus auf den messbaren Ertrag bildungspolitischer und pädagogischer Anstrengungen legen. Dabei ist das Reformpaket vom Gedanken geleitet, dass die Festlegung höherer Standards und messbarer Bildungsziele zu besseren Einzelleistungen führen können. Um das Ziel einer erhöhten Rechenschaft und Qualität in der Produktion von Bildungsleistungen seitens der Bundesstaaten, Schulbezirke und Einzelschulen zu erreichen, wurden die Bildungsausgaben der Zentralregierung erhöht. Allerdings sieht das *NCLB*-Gesetz auch vor, dass Bundesstaaten, die Finanzmittel aus Washington erhalten möchten, Mechanismen für die Evaluation des Aneignungserfolgs von Grundfertigkeiten und -kompetenzen entwickeln. Es werden also im Gegensatz zu vielen anderen Ländern, die ähnliche Maßnahmen eingeführt haben, und im Einklang mit der dezentralisierten amerikanischen Bildungstradition, keine nationalen Bildungsstandards festgelegt. Die Schulen müssen eigene Maßstäbe für die Messung von Bildungserfolgen entwickeln, die dann auf einzelstaatlicher Ebene festgelegt und auf zentralstaatlicher Ebene überwacht werden (Dobbins und Martens 2010). Damit entstehen jedoch Anreize für die Einzelstaaten, bewusst niedrige Standards festzulegen, um dann in Leistungsvergleichen künstlich bessere Ergebnisse zu erzielen (Duncombe et al. 2008). Gleichzeitig kommt das Gesetz den Forderungen rechtskonservativer Gruppen und Denkfabriken insofern entgegen, als Eltern mehr Flexibilität bei der Schulwahl eingeräumt wird. Beispielsweise dürfen Kinder, deren Schulen als unsicher eingestuft werden oder die geforderten Leistungen nicht erbringen, alternative Schulen besuchen oder staatliche Mittel für Nachhilfe und Zusatzunterricht in Anspruch nehmen (US Department of Education 2013; McGuinn 2006).

Mit seinen Auswirkungen auf die traditionellen Steuerungsstrukturen des amerikanischen Bildungswesens kann das *NCLB*-Gesetz unterschiedlich gedeutet werden. Einerseits erweitert *NCLB* die Rolle des Zentralstaats, da die Einführung dezentral organisierter, aber zentral überwachter Testverfahren es der Zentralregierung erlaubt, Einzelschulen auf bundesstaatlicher Ebene zu belohnen oder zu sanktionieren. So kann die Zentralregierung nunmehr Auflagen für verbesserungsbedürftige Schulen erteilen oder auch finanzielle Strafen gegenüber Schulen verhängen, die mehrere Jahre hintereinander in den Leistungsevaluationen schlecht abschneiden. Andererseits kann man angesichts der staatlichen finanziellen Unterstützung eines breiten Spektrums an Bildungsangeboten (v. a. *charter schools*) gleichzeitig von einer Stärkung der Wahlmöglichkeiten der Eltern und der dezentralen Akteure sprechen (Bennett und Hansel 2008, S. 225). Im Einklang mit der dezentralisierten Bildungstradition ermöglicht das Gesetz den Einzelstaaten erhebliche Freiräume für divergierende Reformstrategien. Ausgehend von der Prämisse, dass erhöhte Leistungserwartungen die Bildungsperformanz verbessern, hat sich beispielsweise der Bundesstaat North Carolina der „Bildungsstandards-Welle" angeschlossen und sein eigenes Repertoire groß angelegter, standardisierter Testverfahren ausgebaut (Febey und Louis 2008, S. 58). Im Gegensatz dazu wehrt sich der Bundesstaat Iowa, der von einer starken lokal gesteuerten bildungspolitischen Kultur geprägt ist, gegen eine zentralstaatliche Einmischung in bildungspolitische Angelegenheiten und gegen bundesstaatlich einheitliche Standards. Stattdessen werden dort die einzelnen Schulen als Motor von Bildungsreformen und -innovationen im Rahmen individueller *school development plans* betrachtet.

Das Reformpaket des *NCLB* ist nach wie vor höchst umstritten. Sowohl Reformbefürworter als auch -kritiker sehen ihre Standpunkte bezüglich seiner Effekte bestätigt. Beispielsweise argumentieren Dee und Jacob (2011), dass die Maßnahmen im Rahmen des *NCLB*-Gesetzes zu signifikanten Leistungssteigerungen bei Viert- und Achtklässlern im Bereich Mathematik geführt haben, und zwar sowohl bei bisher leistungsschwachen als auch -starken Schülerinnen und Schülern. Dagegen findet der *National Research Council* (2011) keine Beweise dafür, dass die testbasierten und anreizbezogenen *NCLB*-Maßnahmen bessere Bildungsergebnisse bewirken. Weiterhin wird vielfach argumentiert, dass die Reform das Gegenteil des Intendierten bewirkt und zum Teil den zu fördernden Personen schadet. Beispielsweise wird nicht nur die thematische Engführung des Unterrichts (*„teaching to the test"*) kritisiert, verursacht durch die fortwährenden Vorbereitungen auf standardisierte Tests. Auch die vermeintlich zu starke Fokussierung auf Basiskenntnisse (*„low-level-skills"*), die für das Bestehen der Tests erforderlich sind, steht im Fokus der Kritik. Die Möglichkeiten für maßgeschneiderte thematische Erweiterungen und selbständiges Arbeiten werden durch die wiederholten Tests eingeschränkt. Eine weitere Problematik besteht darin, dass Anreize geschaffen werden, leistungsschwache Kinder aus den Testverfahren auszuschließen, um damit die Ergebnisse künstlich zu verbessern. Vor allem wird kritisiert, dass das Gesetz – trotz Aufstockung der anreizbezogenen zentralstaatlichen Finanzmittel – das Problem der extrem ungleichen Verteilung finanzieller, sachlicher, technischer und personeller Ressourcen im Bildungswesen nicht ausreichend berücksichtigt, was wiederum die Bildungsungleichheit verstärken könnte (Darling und Race 2007).

4.2 Gegenwärtige Reformbemühungen im Hochschulbildungswesen

Seit ca. 10 Jahren kann man auch im Hochschulbereich von einer hohen Reformdynamik sprechen. Dabei ist das Hochschulwesen mit unterschiedlichen Problemkonstellationen konfrontiert: Zum einen kämpft das Hochschulsystem mehr denn je mit den Exzessen des Markts, wie etwa den enormen Ausgaben für Managementpersonal und Sporteinrichtungen (Kemp 2014). Zum anderen steigen ungeachtet der weltweiten Wirtschafts- und Finanzkrise die Studiengebühren immens an, während sich gleichzeitig die Arbeitsmarktchancen der Hochschulabsolventinnen und –absolventen verschlechtern. Daher kommen zunehmend Zweifel am ökonomischen Nutzen eines Hochschulstudiums auf.

Obwohl dem Bundesstaat kaum und den Einzelstaaten nur wenige Instrumente zur Verfügung stehen, das Problem der Kostensteigerung in den Griff zu bekommen und die Erschwinglichkeit eines Hochschulstudiums zu verbessern, wurden in den letzten Jahren verschiedene Reformanstrengungen unternommen. So versucht der Zentralstaat, mit indirekten Wirkungsmechanismen „durch die Hintertür" Einfluss auf die Hochschulen zu nehmen. Beispielsweise hat Präsident Barack Obama kürzlich Veränderungen des *Akkreditierungssystems* für Colleges und Universitäten vorgeschlagen, die ihnen und den Bildungsanbietern ermöglichen würden, leistungs- und ergebnisbasierte Studienbeihilfen des Bundes zu erhalten. Insbesondere sollen bestehende Akkreditierungsinstitutionen geschwächt werden, die ein Monopol über die Bestimmung der Anspruchsberechtigung zu föderaler Finanzbeihilfe haben und über den Zugang zu *Pell Grants*[2] und Studiendarlehen entscheiden (Carey 2013). Dies würde entweder Reformen zum bestehenden Akkreditierungssystem nach sich ziehen oder die Etablierung eines neuen Systems durch die Regierung, das föderale Studienbeihilfen an Colleges bzw. Universitäten und Studienprogramme abhängig von studentischer Leistung und Erschwinglichkeit verteilt. So reformierte die Obama-Administration das nationale *Darlehenssystem* (Simkovic 2013). Im Zuge der Aktualisierung des *Higher Education Opportunity Act* von 1965 wurden im Jahr 2008 größere Veränderungen für Nachlässe bei Studiendarlehen behinderter Personen vorgenommen: Während diese zuvor kein Einkommen haben durften, wenn sie Nachlässe erhalten wollten, wurde dies zu einem Test der Erwerbstätigkeit geändert. Das Gesetz nötigte erstmalig zu höherer Kostentransparenz, indem es von den postsekundären Institutionen, die föderale Finanzbeihilfen erhalten, Nettopreisrechner auf ihren Webseiten verlangt. Auf diese Weise soll künftigen und derzeitigen Studierenden, ihren Familien und anderen Bildungskonsumenten geholfen werden, die Kosten eines Hochschulstudiums besser abzuschätzen.

---

[2] Als staatliches Ausbildungsförderungsprogramm des *U.S. Department of Education* soll das sog. *Pell Grant*-Programm bedürftigen Studienanwärtern das Studium ermöglichen und wird nur nach strikten Kriterien gewährt. Die Höchstförderung von 5,645 USD jährlich für die Jahre 2010–2011 und 2011–2012 ist für die Studienfinanzierung nicht ausreichend und kann nur ca. ein Drittel der anfallenden Gebühren öffentlicher Hochschulen decken.

Auf einzelstaatlicher Ebene kann auch „Tuning USA" als innovatives Pilotprogramm gelten, das 2008 von der größten privaten US-Stiftung, der „Lumina Foundation for Education", ins Leben gerufen und gemeinsam von europäischen und amerikanischen Wissenschaftlern entwickelt wurde (Wiarda 2009, IEBC 2013). Basierend auf dem Bologna-Reformmodell (Dobbins und Martens 2010) will das Projekt die Lernergebnisse mit der Beschäftigungsfähigkeit Graduierter verknüpfen, um ein gemeinsames Verständnis der *stakeholder* von fachspezifischem Wissen zu schaffen, das Graduierte aufweisen müssen (Adelman 2009). Ähnlich den Bologna-Qualifikationsrahmen will *Tuning USA* die praktische Bedeutung akademischer Abschlüsse für den Arbeitsmarkt erhöhen und Kredit-Transfers zwischen Hochschulinstitutionen verbessern (Inside Indiana Business 2009).

5 Ausblick: Internationalisierung und politische Polarisierung

In den letzten Jahrzehnten haben sich die politischen und ökonomischen Rahmenbedingungen für die Gestaltung von Bildungs- und Hochschulpolitik in den USA nur bedingt zu ihren Gunsten verändert. Dies äußert sich zum einen in der zunehmenden bildungspolitischen Internationalisierung mit den damit einhergehenden Bildungsstudien, an denen sich die USA beteiligt, und regionalen Harmonisierungsprozessen, auf die das Land reagieren muss (Powell und Solga 2008). Zum anderen liegt die derzeitige Herausforderung für das Bildungswesen in der wachsenden politischen Spaltung des Landes und der Lähmung seines politischen Systems, sowie auch im massiven Abbau finanzieller Grundlagen durch die Republikanische Partei auf einzelstaatlicher Ebene (Nelson 2012).

Die USA nimmt an zahlreichen international vergleichenden Bildungsstudien teil, so auch an der von der OECD durchgeführten Studie PISA (*Programme for International Student Assessment*). Trotz der intensiveren Reformbemühungen der letzten Jahrzehnte befanden sich die Ergebnisse der USA in der PISA-Erhebung kontinuierlich im oder unter dem OECD-Durchschnitt (Martens 2010, Bieber et al. 2014). In den Kompetenzbereichen Lesefähigkeit und Naturwissenschaften liegt die Leistung der 15 Jährigen in den Vereinigten Staaten im Mittelfeld der OECD-Rangliste, in Mathematik jedoch regelmäßig unter dem Durchschnitt. Dabei ist die Verteilung der Performanz innerhalb der USA recht breit gestreut, mit einigen extrem hohen Leistungen, aber auch einem langen Ausläufer an schwach abschneidenden Jugendlichen und Schulen. Zudem variiert die Leistung der USA in der internationalen Schulvergleichsstudie sowohl stark zwischen den einzelnen Bundesstaaten als auch den einzelnen Schulen.

Die PISA-Studien zeigten jedoch nicht nur ein fachlich unbefriedigendes Abschneiden der USA, sondern auch eine anhaltend starke Benachteiligung der sozial schwächeren Bevölkerungsgruppen im Bildungsbereich (OECD 2010a). Die OECD demonstrierte, dass die Auswirkung des sozioökonomischen Hintergrunds auf Lernergebnisse in den USA vergleichsweise groß ist (OECD 2010b). Die Bildungsbenachteiligung wird auch durch das „PISA für Erwachsene" belegt, die sogenannte PIAAC-Studie (*Programme for the International Assessment of Adult Competencies*) der OECD von 2013. Ihr zufolge haben die USA – gefolgt von Deutschland – die größte Abhängigkeit der Leistungen vom Bildungsstand der Eltern in den Kompetenzbereichen Lesefähigkeit und Mathematik (Kemper 2013).

Das erhöhte Problembewusstsein – zumindest der politischen Elite – spiegelt sich wider in dem Bericht „*Tough Choices or Tough Times*" von 2007 der „Neuen Kommission über Fähigkeiten der amerikanischen Arbeitnehmerschaft" (NCEE 2007). Die kühnen politischen Empfehlungen zur Innovation des Bildungssystems von der Vorschulstufe bis zu postsekundären Bildungseinrichtungen betreffen die Abschaffung der lokalen bzw. kommunalen Finanzierung der Primar- und Sekundarstufe zugunsten einer Finanzierung durch Bundesstaaten. Zudem soll eine zusätzliche Finanzierung für Schulen mit hohen Schülerzahlen, hohem Schüleranteil an Minderheiten und hohem Schüleranteil einkommensschwacher oder fremdsprachiger Eltern geboten werden (ebd.).

Die Wahrscheinlichkeit, diese Empfehlungen in praktische Reformen umzusetzen, erscheint derzeit allerdings eher gering. Bisher galt Bildungspolitik in den USA als Bereich, in dem – trotz aller Unterschiede hinsichtlich der konkreten Politikinstrumente – ein vergleichsweise großer überparteilicher Konsens hinsichtlich der Bedeutung von Bildung und der Notwendigkeit hoher öffentlicher Investitionen bestand. Seit etwa einem Jahrzehnt ist die politische Landschaft der USA allerdings zusehends durch eine extreme Polarisierung und Spaltung geprägt. Während die Republikanische Partei früher bereit war, sowohl auf Ebene des Zentralstaats als auch der Einzelstaaten höhere Bildungsausgaben im Sinne einer präventiven Sozialpolitik mitzutragen, kann man spätestens seit der Amtsübernahme Präsident Obamas von einer Radikalisierung der Partei und des rechten politischen Spektrums sprechen (Mann und Ornstein 2012). Diese Neuausrichtung der Republikaner geht mit einer bisher beispiellosen anti-etatistischen Obstruktionspolitik auf zentralstaatlicher Ebene einher, die es dem Kongress nahezu unmöglich macht, Gesetze zu verabschieden, die zu einer Erweiterung staatlicher Handlungsmöglichkeiten führen könnten. Zu dieser Konfrontationspolitik gehört auch die erhöhte Bereitschaft, den Staatsapparat lahm zu legen, um finanz- und haushaltspolitische Forderungen durchzusetzen, darunter massive Kürzungen im Bildungs- und Sozialbereich (Center for Budget and Policy Priorities 2013). Die äußerst eingeschränkte zentralstaatliche Handlungskapazität hat zur Folge, dass Bildungspolitik zunehmend wieder auf die Ebene der Bundesstaaten verlagert wird.

Doch auch auf einzelstaatlicher Ebene kann man – trotz der zunehmenden Sorgen um die globale Wettbewerbsfähigkeit amerikanischer Unternehmen und Arbeitskräfte – eher von einem „Bildungsabbau" sprechen, der die Erfüllung der im Bericht „*Tough Choices or Tough Times*" formulierten Empfehlungen noch in weite Ferne rücken lässt. Insbesondere in Republikanisch regierten Bundesstaaten ist der Bildungsbereich von der Austeritätspolitik stark betroffen (Center for Budget and Policy Priorities 2013). Dies hat einerseits zur Folge, dass Schulen weniger Mittel zur Verfügung haben, um ihre integrative und berufsqualifizierende Funktion zu erfüllen. Andererseits begrenzen die Haushaltskürzungen die Kapazitäten der einzelnen Bundesstaaten und Schulen, die erforderlich sind, um die im Rahmen des *NCLB*-Gesetzes zentralstaatlich vorgegebenen Bildungsziele zu erreichen, darunter die Verbesserung der Lehrerausbildung, die Überwindung von Leistungsdefiziten benachteiligter Schulkinder sowie die Steigerung der Performanz leistungsschwacher Schulen. Vor diesem Hintergrund kehrt die gegenwärtige Bildungspolitik der USA zunehmend zu ihrer ursprünglichen historischen Tradition zurück, nämlich zu einer Politik, in der die einzelnen Schulen und Gemeinden weitgehend auf sich allein gestellt sind und ihren Auftrag im Bereich der Integration, Qualifikation, Sozialisation und Erziehung der Schülerinnen und Schüler ohne gesicherte staatliche Unterstützung erfüllen müssen. Ob und auf welche Weise sich diese Tendenz im Kontext der in diesem Beitrag vorgestellten Reform- und Internationalisierungsprozesse verstärkt, bleibt abzuwarten.

Literatur

Adelman, C. 2009. *The bologna process for U.S. eyes. Re-learning higher education in the age of convergence.* Washington, D.C.: Resource Document. http://www.ihep.org/assets/files/EYESFINAL.pdf. Zugegriffen am 30.01.2014.

Allmendinger, J., und R. Nikolai. 2010. Bildungs- und Sozialpolitik: Die zwei Seiten des Sozialstaats im internationalen Vergleich. *Soziale Welt* 61(2): 105–119.

Alsbury, T. 2008. Hitting a moving target: How politics determines the changing roles of superintendents and school boards. In *Handbook of education politics and policy*, Hrsg. B. Cooper, J. Cibulka, und L. Fusarelli, 126–147. New York: Taylor und Francis.

Antonovic, K., L. Sander, und H. Richard. 2013. Affirmative action bans and the ‚Chilling Effect'. *American Law and Economics Review* 15(1): 252–299.

Bennett, J., und J. Hansel. 2008. Institutional agility: using the new institutionalism to guide school reform. In *Handbook of education politics and policy*, Hrsg. B. Cooper, J. Cibulka und L. Fusarelli, 217–231. New York: Taylor und Francis.

Bieber, T., Dobbins, M., Fulge, T., und Martens, K. 2014. Reacting to internationalization processes in education – at last! U.S. Education policy after the PISA study and the Bologna process. In *A new constellation of statehood in education policy?*, Hrsg. K. Martens, P. Knodel, und M. Windzio. Basingstoke: Palgrave. (Im Druck).

Busemeyer, M.R. 2007. Bildungspolitik in den USA. *Eine historisch-institutionalistische Perspektive auf das Verhältnis von öffentlichen und privaten Bildungsinstitutionen. Zeitschrift für Sozialreform* 53(1): 57–78.

Carey, K. (2013). Obama's bold plan to reshape American higher education. http://chronicle.com/blogs/conversation/2013/02/13/obamas-bold-plan-to-reshape-american-higher-education/. Zugegriffen am 30.01.2014.

Center for Budget and Policy Priorities. (2013). Most states funding schools less than before the recession. http://www.cbpp.org/cms/index.cfm?fa=view%26id=4011. Zugegriffen am 30.01.2014.

Church, R.L. 1976. *Education in the United States: An interpretive history.* London: Free Press, Macmillan.

Cohen, Arthur M. and Brawer, Florence. 2008. The American community college. San Fransicso. Jossey Bass.

Clark, Burton. 1983. The higher education system. Berkeley: University of California Press.

Darling, H., und L. Race. 2007. Inequality and educational accountability: The irony of „No Child Left Behind". *Race, Ethnicity and Education* 10(3): 245–260.

Deissinger, T. 1994. Neue Trends in der US- amerikanischen Berufsbildung. *Bildung und Erziehung* 47(3): 329–339.

Dichanz, H. 1991. *Schulen in den USA: Einheit und Vielfalt in einem flexiblen Schulsystem.* Weinheim: Juventa Verlag.

Dee, T., und B. Jacob. 2011. The impact of no child left behind on student achievement. *Journal of Policy Analysis and Management* 30(3): 418–446.

Dill, David. (1997). 'Higher education markets and public policy', in Higher education policy, 10(3–4): 167–185.

Dobbins, M., und K. Martens. 2010. A contrasting case – the USA and its weak response to internationalization processes in education policy. In *Transformation of education policy – the impact of the Bologna process and the PISA study in comparative perspective*, Hrsg. K. Martens, A. Nagel, M. Windzio, und A. Weymann, 179–198. Basingstoke: Palgrave.

Dobbins, Michael, Knill, Christoph und Vögtle, Eva-Maria. 2011. To what extent does transnational communication drive cross-national policy convergence? The impact of the Bologna-process on domestic higher education policies, in higher education 61: 77–94.

Duncombe, W., A. Lukemeyer, und J. Yinger. 2008. The no child left behind act have federal funds been left behind? *Public Finance Review* 36(4): 381–407.

Edelstein, Fritz. 2008. The evolving political role of urban mayors in education. In *Handbook of education politics and policy*, Hrsg. B. Cooper, J. Cibulka, und L. Fusarelli, 179–194. New York: Taylor und Francis.

Education Justice Litigation. 2014. http://www.educationjustice.org/litigation.html. Zugegriffen am 30.01.2014.

Febey, K., und K.S. Louis. 2008. Political cultures in education at the state and local level: Views from three states. In *Handbook of education politics and policy*, Hrsg. B. Cooper, J. Cibulka, und L. Fusarelli, 52–73. New York: Taylor und Francis.

Fischer-Appelt, Peter. 2004. "The University of Reason" In A *spirit of reason: A festschrift for steven muller*, Hrsg. Janes Jackson. Baltimore: American Institute for Contemporary German Studies.

Hinrichs, P. 2012. The effects of affirmative action bans on college enrollment, educational attainment and the demographic composition of universities. *Review of Economics and Statistics* 94(3): 712–722.

Hochschild, J. 2003. Social class in public schools. *Journal of Social Issues* 59(4): 821–840.

Hochschild, J., und N. Scovronick. 2003. *The American dream and the public schools.* Oxford: Oxford University Press.

IEBC. 2013. Tuning American higher education: The process. Institute for evidence-based change. http://tuningusa.org/Library/Newsletters-(1)/Tuning-Higher-Education-The-Process.aspx. Zugegriffen am 30.01.2014.

Inside Indiana Business. 2009. Lumina Foundation launches tuning USA Project. http://www.insideindianabusiness.com/newsitem.asp?ID=34943. Zugegriffen am 30.01.2014.

Klitgaard, M.B. 2008. School vouchers and the new politics of the welfare state. *Governance* 21(4): 479–498.

Kemp, W. 2014. Akademischer Kapitalismus: Wahnsinnige Immobilienprojekte und „globale Professoren": Die amerikanischen Universitäten werden gerade von profithungrigen Managern zerstört. Eine Warnung an alle willigen Nachahmer in Deutschland. Süddeutsche Zeitung, 04.01.2014.

Kemper, A. 2013. OECD: Stärkste Bildungsbenachteiligung in USA und Deutschland. http://andreaskemper.wordpress.com/2013/10/08/oecd-starkste-bildungsbenachteiligung-in-usa-und-deutschland/. Zugegriffen am 30.01.2014.

Kern, K. 2000. *Institutionelle Arrangements und Formen der Handlungskoordination im Mehrebenensystem der USA.* WZB Discussion Paper.

Loveless, T. 1998. Uneasy allies: The evolving relationship of school and state. *Educational Policy Analysis Archives* 20(1): 1–8.

Mann, T., und N. Ornstein. 2012. *It's even worse than it looks: How the American constitutional system collided with the new politics of extremism.* New York: Basic Books.

Martens, K. 2010. USA -Wie man PISA auch ignorieren kann. In *Das PISA-Echo – Internationale Reaktionen auf die Bildungsstudie*, Hrsg. P. Knodel, K. Martens, D. De Olano und M. Popp, 235–250. Frankfurt am Main: Campus.
McGuinn, P.J. 2006. *No child left behind and the transformation of federal education policy, 1965-2005*. Lawrence: University Press of Kansas.
Mettler, S. 2005. *Soldiers to citizens: The G.I. bill and the making of the greatest generation*. Oxford: Oxford University Press.
Moe, T. 2011. *Special interest. Teachers unions and america's public schools*. Washington, D.C.: Brookings Institution.
Myers, N., und J. Cibulka. 2008. Religious faith and policy in public education: A political and historical analysis of the Christian right. In *Handbook of education politics and policy*, Hrsg. B. Cooper, J. Cibulka und L. Fusarelli, 232–245. New York: Taylor und Francis.
National Center on Education and the Economy – NCEE. (2007). *Tough choices or tough times. The report of the new commission on the skills of the American workforce*. Washington, D.C.
National Research Council. 2011. Incentives and test-based accountability in education. Committee on incentives and test-based accountability in public education, Hrsg. Michael Hout und Stuart W. Elliott. The National American Press. Washington, D.C.
Nelson, L. 2012. Tough budget for loans and pell. *Inside Higher Ed, 21*. http://www.insidehighered.com/news/2012/03/21/higher-education-proposals-2013-republican-budget. Zugegriffen am 07.02.2014.
OECD. 2010a. *PISA 2009 Results: Overcoming social background: Equity in learning opportunities and outcomes (Volume II)*. Paris: OECD.
OECD. 2010b. *PISA 2009 Results: What students know and can do: Student performance in reading, mathematics and science (Volume I)*. Paris: OECD.
OECD. 2012. Bildung auf einen Blick. Paris: OECD.
Opfer, V.D., T. Young, und L. Fusarelli. 2008. Politics of interest: Interest groups and advocacy coalitions in American education. In *Handbook of education politics and policy*, Hrsg., B. Cooper, J. Cibulka, und L. Fusarelli, 195–216. New York: Taylor und Francis.
Orfield, G. 2001. *Schools more separate. Consequence of a decade of resegregation*. Report: Civil Rights Project. Cambridge, MA: Harvard University.
Porter, E. 2013. In public education, edge still goes to rich. *New York Times*. http://www.nytimes.com/2013/11/06/business/a-rich-childs-edge-in-public-education.html?_r=0. Zugegriffen am 30.01.2014.
Powell, J.J.W. 2009. To segregate or to separate special education expansion and divergence in the United States and Germany. *Comparative Education Review* 53(2): 161–187.
Powell, J. J. W., und Solga, H. 2008. *Internationalization of vocational and higher education systems: a comparative-institutional approach*. WZB Working Paper.
Simkovic, M. 2013. Risk-based student loans. *Washington and Lee Law Review* 70(1): 527–648.
Trow, M. 1997. The exeptionalism of American higher education. In *University and society*, Hrsg. M. Trow und T. Nyborn, London: Kingsley, 156–172.
US Department of Education. 2013. http://www2.ed.gov/nclb/choice/index.html?exp=0. Zugegriffen am 30.01.2014.
Uslaner, E. 2012. *Segregation and mistrust diversity, isolation, and social cohesion*. Cambridge: Cambridge University Press.
Wells, A., S. Wells, J.J. Holme, A.T. Revilla, und A.K. Atanda. 2005. *Search of brown*. Cambridge: Harvard University Press.
Wiarda, J.M. 2009. Die Bologna-Kopie. *Die Zeit* 65(16).

Stadt- und Regionalpolitik: Globale Ströme und lokale Verankerung

Boris Vormann

Inhalt

1 Einleitung 404
2 Neue Realitäten: Die globalen Stadtregionen der USA 405
3 Eine neue Politik? Stadt- und Regionalplanung in den USA 410
4 Fazit 417
Literatur 418

Zusammenfassung

Infolge von Suburbanisierungs- und ökonomischen Restrukturierungsprozessen haben sich die globalen Städte Nordamerikas – New York City, Los Angeles und Chicago – im Laufe des 20. Jahrhunderts zu Stadtregionen ausgedehnt, deren Einzugsgebiete existierende Gerichtsbarkeiten und politische Zuständigkeiten sprengen. Dieser Beitrag befasst sich historisch einordnend mit der Frage, inwiefern globale Stadtregionen und deren gesellschaftliche Akteure eine eigenständige Politik und eigene politische Institutionen entwickelt haben, um diesen neuen Realitäten adäquat zu begegnen. Mit Blick auf die drängendsten ökologischen und sozialen Probleme ist dies bislang nur sehr eingeschränkt der Fall.

Schlüsselwörter

Globale Städte • Stadtregionen • Suburbanisierung • Regionalisierung • Globalisierung

---

B. Vormann (✉)
John F. Kennedy-Institut für Nordamerikastudien, FU Berlin, Berlin, Deutschland
E-Mail: boris.vormann@fu-berlin.de

1 Einleitung

In den Vereinigten Staaten sind mit den Metropolräumen New York City, Los Angeles und Chicago nach dem Zweiten Weltkrieg globale Stadtregionen entstanden, die seither die bevölkerungsreichsten und wirtschaftlich entscheidenden Ballungszentren der USA darstellen (Census 2012a) und die in einem transnationalen Netzwerk mit anderen globalen Städten im Wettbewerb und Austausch stehen (Sassen 1991; Taylor 2004). Angesichts der engen Verflechtung von Globalisierungs- und Urbanisierungsprozessen spricht man in Politik und Wissenschaft, auch jenseits der Grenzen Nordamerikas, mit Anbruch des frühen 21. Jahrhunderts sogar vom Beginn eines urbanen Zeitalters (z. B. UN Habitat 1996, hierzu auch Vormann 2014). In diesem Zusammenhang wird der regionalen Ausweitung urbaner Prozesse und einer Neuskalierung politischer Entscheidungsebenen, in der Städte und Regionen an politischer und ökonomischer Bedeutung gewinnen, eine hohe Bedeutung beigemessen (z. B. Soja 2011).

Diese veränderten gesellschaftlichen Realitäten stellen politische Akteure vor neue Herausforderungen. Wenn man sich in den USA auch früher als anderswo, beispielsweise in Europa, der politischen Probleme angenommen hat, die aus der Ausweitung metropolitaner Räume über existierende Gerichtsbarkeiten resultierten, bleiben Konflikte zwischen residualen Verwaltungsstrukturen und Versuchen einer neuausgerichteten Entwicklungsplanung auf stadtregionaler Ebene bestehen (Mayer 2014). Verschiebungen in der internationalen Arbeitsteilung und die Erstarkung stadtregionaler Agglomerationen, als privilegierte Zugangsorte zu einer neuen globalen Wirtschaftsstruktur, haben zwar zur Entstehung neuer Bündnisse zwischen Akteuren in der Politik und Wirtschaft geführt, die jedoch nur vereinzelt politische Institutionen und nachhaltig prägende Strukturen und Strategien ausgebildet haben. Vielmehr bestehen existierende Planungsinstrumente und Institutionen fort, die nur begrenzt den Herausforderungen des 21. Jahrhunderts gewachsen sind.

Ein Grund für diese beschränkte stadtregionale Manövrierfähigkeit sind institutionelle Pfadabhängigkeiten. Lokale Raumplanung und wirtschaftliche Regionalplanung können im föderalen System der USA klar als zwei distinkte – und teils im Widerspruch stehende – Ebenen verstanden werden. Sie verfügen beide nur über eingeschränkte Handhabe zur Steuerung stadtregionaler Entwicklung. Auf *lokaler* Ebene haben Suburbanisierungsprozesse zu einer Ausdehnung städtischer Einzugsgebiete geführt, die mit dem Phänomen fast eigenständiger und wirtschaftlich spezialisierter Randstädte einhergingen (Garreau 1991; Knox 2008). Diese Ausweitung urbaner Ballungszentren hat im Laufe des 20. Jahrhunderts zu einer Überlappung existierender Gerichtsbarkeiten und politischer Verantwortlichkeiten geführt und damit zu Problemen bei der Plan- und Steuerbarkeit der größeren Metropolregionen. Auf *einzel- und bundesstaatlicher* Ebene kam es gleichzeitig, insbesondere in den Jahrzehnten der Nachkriegszeit, zu einer dezentral gesteuerten Regionalplanung. Der Rückzug des Staats aus marktwirtschaftlichen Entwicklungsprozessen seit den 1970er Jahren führte jedoch auch auf dieser Ebene, abgesehen von wenigen Ausnahmen, zu einem jähen Ende stadtregionaler Planung.

Trotz der zunehmenden wirtschaftlichen Verflechtung von Städten und ihrem regionalen Hinterland und in Anbetracht jener politischen Dynamiken kann daher auch heute von einer stadtregionalen Politik, mit Ausnahme eingeschränkter verkehrsplanerischer Kompetenzen auf dieser Ebene, noch keine Rede sein. Dennoch zeichnen sich Muster einer stadtregionalen Politik vor allem aufseiten der Zivilgesellschaft ab, die teils auf existierenden Institutionen aufbauen und an stadtplanerische Diskurse des frühen 20. Jahrhunderts anknüpfen (Schönig 2011). Diese Entwicklung einer sich den Urbanisierungsprozessen anpassenden Stadt- und Regionalpolitik in den Vereinigten Staaten von Amerika steht im Fokus dieses Beitrags. Zunächst wird die Entstehung globaler Städte und Stadtregionen in den USA im Kontext der Globalisierung erläutert und historisch eingeordnet. Suburbanisierungsprozesse, ökonomische Restrukturierung und die Herausbildung globaler Städte als Schaltzentralen des Finanzkapitalismus ließen stadt- und regionalplanerische Realitäten entstehen, die mit steigenden Ungleichheiten und den Konsequenzen zunehmender Umweltverschmutzung neue Herausforderungen mit sich gebracht haben. Die Frage, inwiefern angesichts dieser neuen urbanen Realitäten auch von einer neuen, stadtregionalen Politik die Rede sein kann, wird in einem zweiten Schritt in den Blick genommen. Zwar existieren durchaus nicht-staatliche und zivilgesellschaftliche Institutionen auf stadtregionaler Ebene, jedoch sind jene nicht demokratisch legitimiert und rechenschaftspflichtig, was berechtigten Zweifel daran erlaubt, ob sie den Herausforderungen des 21. Jahrhunderts nachhaltig begegnen können.

2 Neue Realitäten: Die globalen Stadtregionen der USA

Trotz im vergangenen Jahrzehnt vermehrt aufgekommener Spekulationen über ein urbanes Zeitalter sind Städte und deren regionales Hinterland historisch betrachtet bereits deutlich länger ökonomische und geopolitische Schaltzentralen der US-amerikanischen Gesellschaft. In den USA spielten Städte als Knotenpunkte des Handels, vor allem entlang der Wasserwege und Küsten, eine entscheidende Rolle in der Kolonialisierungsgeschichte und Westexpansion. New York City wurde mit seinen merkantilen Eliten bereits im späten 18. und frühen 19. Jahrhundert zu einem entscheidenden Drehkreuz der vermeintlichen Entdeckung und Eroberung des Kontinents und stand mit anderen Städten der Atlantikküste wie Philadelphia, Baltimore und Boston im Wettbewerb um die Ressourcen des Appalachenhinterlandes (Yeates 1990, S. 37). Im Zuge der Industrialisierung entwickelten sich die Städte zu Wachstumsmaschinen und Knotenpunkten der US-amerikanischen Wirtschaft. Der US-amerikanische Bürgerkrieg (1861–1865) und der sich anschließende nationale Wiederaufbau (*reconstruction*) stimulierten die Wirtschaft und führten zu einem Städteboom im Mittleren Westen, wo allem voran Chicago, als Verbindungsglied zwischen den Finanziers im Osten und der Expansion im Westen, zum industriellen Herzstück der USA heranwuchs. Kein Wunder also, dass der Stadthistoriker Robert Fishman bereits die Zeit von 1830 bis 1930 als das „urbane Jahrhundert" (*urban century*) der Vereinigten Staaten bezeichnete (Fishman 2000a, S. 6). Mit der Verlagerung industrieller Aktivitäten und der Entstehung eines militärisch-industriellen Komplexes (*military-industrial complex*) wurde der *Sunbelt* und insbesondere Los Angeles nach dem Ende des Zweiten Weltkriegs zu einem dritten Wachstumszentrum der US-amerikanischen politischen Ökonomie (Ethington und Levitus 2009, S. 162).

Schon zu Anbeginn des Nationenbildungsprozesses im späten 18. Jahrhundert war die öffentliche Wahrnehmung der Stadt ambivalent. Zum einen galten Städte seit dem Zeitalter der Aufklärung als Orte des Kosmopolitismus, des Austausches zwischen dem Fremden und dem Eigenen und als Keimzellen einer entstehenden demokratischen Öffentlichkeit. Bis heute ist jedoch Thomas Jeffersons Skepsis gegenüber der Stadt als Brutstätte gesellschaftlicher Ungleichheit, aristokratischer Dekadenz und politischer Tyrannei nicht verklungen (Lieberman 2009, S. 17). Dies auch, weil Städte im Laufe des 19. Jahrhunderts als Ballungszentren der Industrialisierung zu Schmelztiegeln wachsender sozialer Ungleichheiten und Konflikte wurden. Nach 1830 nahm die Stadtbevölkerung und die Zahl von Großstädten in den Vereinigten Staaten rapide zu: Bis 1860 existierten acht Städte mit einer Bevölkerungszahl von über 100.000 Einwohnern, bis 1910 dann fünfzig. In Boston wuchs die Einwohnerzahl von 1820 bis 1900 von 43.000 auf 748.000, in Philadelphia sprang sie von 64.000 auf 1,8 Mio und in New York, der Stadt, die am rasantesten wuchs, von 137.000 auf 5,6 Mio (siehe Cullingworth 1997, S. 22). Diese demographische, wirtschaftliche und territoriale Ausdehnung US-amerikanischer Städte, die mit dem Ende des 19. Jahrhunderts und dem Bau für Teile der Bevölkerung erschwinglicher Straßenbahnen bereits Suburbanisierungstendenzen des Folgejahrhunderts vorwegnahm, rief Kritiker und Visionäre auf den Plan, die gleichermaßen die sozialen und ökologischen Konsequenzen ungebremster Industrialisierung infrage stellten und neue politische Steuerungsmöglichkeiten zur stadtregionalen Planung forderten.

Heute befinden wir uns in einer ähnlichen Situation. Das Wachstum städtischer Zentren über existierende Gerichtsbarkeiten, fragmentierte politische Prozesse und die Zwiegespaltenheit gegenüber der gesellschaftlichen Rolle der Stadt in den Vereinigten Staaten gehören keineswegs der Vergangenheit an. Angesichts wachsender urbaner Ballungsräume sprechen einige Stadtforscher heute von globalen Stadtregionen (*global city-regions*) – ein Begriff, der oftmals Synonym mit dem Term der ‚Metropolregion' und auch nicht immer in klarer Abgrenzung zum Konzept der globalen Stadt Gebrauch findet. Stadtforscher sehen in diesen Stadtregionen die neuen ökonomischen, politischen und territorialen Knotenpunkte der Globalisierung (z. B. Scott et al. 2001, S. 11). Trotz gewisser Kontinuitäten in der Stadtentwicklung nehmen Urbanisierungsprozesse heute jedoch eine neue Qualität ein. Drei Entwicklungen sind mit Blick auf die Entstehung gegenwärtiger globaler Stadtregionen besonders hervorzuheben: (1) die bereits angedeutete ökonomische Restrukturierung seit den 1970er Jahren; (2) die damit einhergehende Relativierung nationalstaatlicher Kompetenzen zugunsten der politischen Bedeutung von Städten und Regionen; und (3) die territoriale Ausdehnung urbaner Agglomerationen angesichts anhaltender, jedoch qualitativ neuer Suburbanisierungsdynamiken.

Ökonomische Restrukturierungsprozesse haben seit den 1970er Jahren zu einer Neuausrichtung urbaner und regionaler Wirtschaftsstrukturen geführt. Während bereits Präsident Carter Programme zur Inflationsbekämpfung initiierte, „revolutonierte" vor allem Ronald Reagan das Verhältnis zwischen Staat und Markt – und damit die ökonomische Geographie US-amerikanischer Städte und Regionen. Neben antiinflationären Austeritätsprogrammen und Steuersenkungen wirkte sich, indirekter, vor allem die Verknappung der Geldmenge und ein deshalb explodierendes Zinsniveau (*Volcker shock*) auf die wirtschaftliche Geographie der USA aus. Eine daraus resultierende Aufwertung des US-Dollars (USD) um 55 % von 1979 bis 1984 verringerte die internationale Wettbewerbsfähigkeit der verarbeitenden Industrie und begünstigte damit die Ausverlagerung von Produktionsprozessen (*Offshoring*). Waren die Vereinigten Staaten 1970 noch weltweit führender Exporteur von Industriegütern, kehrte sich die Handelsbilanz im Jahre 1983 um, ein Trend der sich bis heute deutlich verstärkt hat. Zugleich wurde der wenig gewerkschaftlich organisierte Dienstleistungssektor ausgebaut. In der Zeit von 1979 bis 1985, in dem die verarbeitende Industrie um 10 % schrumpfte (von 21 Mio auf 18,9 Mio), stieg die Zahl von Angestellten im Dienstleistungssektor um 7,8 Mio (Sassen 1990, S. 467). Dies führte in den Städten des Nordostens und des Mittleren Westens zu beschleunigten Deindustrialisierungsprozessen bei einem gleichzeitigen Wachstum der Finanz-, Versicherungs- und Immobilienindustrien (FIRE), der unternehmensbezogenen Dienstleistungen (*business services*) und der Tourismusindustrien. In New York City schrumpfte die Zahl der Industriearbeitsplätze von einer Million im Jahr 1950 auf nur noch etwa ein Viertel im Jahr 1995. Zugleich wurden in Manhattan allein zwischen 1948 und 1978 282 neue Bürogebäude mit einer Nutzfläche von knapp 134 Mio Quadratmeter errichtet (Wagner 1980, S. 84). Infolge einer unternehmensfreundlichen Stadtpolitik avancierte New York City zum Finanzzentrum der USA, weshalb trotz hoher Abwanderungsquoten das ökonomische Potenzial der Stadtregion vor allem im tertiären, wissensintensiven Sektor gesehen wird. Auch Chicago, historischer Kern des *manufacturing belt*, durchlief massive Restrukturierungsprozesse. Trotz der günstigen Lage der Stadtregion innerhalb der Einzelstaatgrenzen Illinois – welche politischen Entscheidungsträgern den bürokratischen Mehraufwand sich überschneidender Gerichtsbarkeiten und Zuständigkeiten ersparte – waren Deindustrialisierungsprozesse für die Bevölkerung genauso schmerzhaft wie in New York. Auch hier wuchs sich der Niedergang fordistischer industrieller Aktivität zu einer Krise der Stadt aus, von der sich Chicago allerdings bis in die Mitte der 1990er nicht erholen konnte.

Neben dem Ausbau des Dienstleistungssektors (*tertiarization*) haben Globalisierungsprozesse zweitens, insbesondere in der zweiten Hälfte des 20. Jahrhunderts, zu einer Verschiebung politischer Zuständigkeiten und Handlungsmöglichkeiten geführt. Die vormals nationalstaatlich gebündelte politische Macht wurde in gewissen Bereichen dezentralisiert, teils entstaatlicht und auf Institutionen und Akteure auf lokaler, regionaler – und globaler – Ebene neuverteilt (Jessop 2000). Städte und Stadtregionen sind in diesem Kontext zu strategischen Orten im Kontext globaler Verflechtungen neuen Ausmaßes geworden: Güter-, Informations- und

Kapitalströme werden in ihnen hergestellt und koordiniert. Die Schaltzentralen des Finanzkapitalismus befinden sich den gängigen Definitionen zufolge in Städten wie Tokyo, London und Frankfurt – und, in den USA, in New York City, Los Angeles und Chicago. John Friedmann und Goetz Wolff sprachen in den frühen 1980er Jahren noch von Weltstädten (*world cities*) als Zentren des Finanzkapitals, in denen sich Banken, Finanzindustrien, Verwaltungshauptquartiere und Investitionsstandorte für den Immobilienmarkt boten (Friedmann und Wolff 1982). Systematischer erschloss Friedmann dann die Verbindung zwischen Urbanisierungs- und Globalisierungsprozessen mit seiner Weltstadthypothese und der Annahme, strukturelle Veränderungen in Weltstädten seien Konsequenz einer neuen internationalen Arbeitsteilung, in der Städte als Knotenpunkte (*basing points*) zur räumlichen Organisierung internationaler Märkte dienten (1986). Für Saskia Sassen, die die globale Stadtforschung mit ihren Konzepten wie keine andere geprägt hat, sind globale Städte „moderne Moleküle" der Wirtschaftsglobalisierung, in denen die Strukturen der Weltwirtschaft notwendigerweise verankert sind. Je globalisierter die Wirtschaft, so eine der Schlüsselthesen Sassens, desto höher auch die Agglomeration zentraler Funktionen in einer relativ überschaubaren Anzahl von Orten, den *global cities* (Sassen 1991). Globale Städte sind damit mehr als nur Ballungsräume von Finanz- und unternehmensbezogenen Dienstleistungszentren, von Geschäfts- und Freizeittourismus, von kulturellen und kreativen Industrien: Sie vereinen in räumlicher Nähe mit den Regierungsinstitutionen, internationalen Agenturen und Hauptquartieren großer Privatunternehmen außerdem die zentralen Kommando- und Kontrollfunktionen des Finanzkapitalismus.

Schließlich kam es parallel zur Bündelung tertiärer Beschäftigungsfelder in den global cities Nordamerikas auch zur territorialen Ausdehnung urbaner Agglomerationen (*sprawl*). Dieser Prozess setzte schon Ende des 19. Jahrhunderts ein, als städtische Eliten die industrialisierten Innenstädte auf der Suche nach ihrem ländlichen Idyll verließen – und die Kommerzialisierung der Straßenbahn einer etwas größeren Bevölkerungsgruppe diesen Luxus gewährte. Aufgrund von Innovationen im Transport, der Stadtflucht weißer Mittelschichten und einem suburbanen Lebensstil der Nachkriegsära, dehnte sich das städtische Einzugsgebiet dann weit über existierende administrative Grenzen der Stadt aus (Jackson 1985). Die Massenproduktion und Erschwinglichkeit des Autos im fordistischen Zeitalter und der Ausbau von Highways, beispielsweise unter Robert Moses in New York City, ermöglichte höheren (weißen) Einkommensschichten den Wegzug aus der Innenstadt (*white flight*), welche insbesondere nach den blutigen Protestaktionen der späten 1960er und frühen 1970er Jahre im politischen Mainstream als symbolischer Krisenherd der US-amerikanischen Gesellschaft betrachtet wurde. Zudem lockten seit Ende des Weltkriegs massenproduzierte suburbane Siedlungen, die für vermögende Familien einen ländlichen Lebenswandel mit den Bequemlichkeiten eines Einfamilienhauses und Gartengrundstücks verbanden. Als Symbol dieser suburbanen Utopie der (weißen) Mittelschichten gilt das wohl bekannteste und größte, von 1947 bis 1951 entstandene Levittown im Nassau County, New York, auf Long Island. In diesen suburbanen Kontexten haben sich seither multifunktionale, nahezu eigenständige Stadtgebiete entwickelt, sogenannte *edge cities* (Garreau 1991), die Wohn-, Handels- und Büroflächen miteinander vereinen und dennoch räumlich funktionsspezialisiert sind und keine urbane Identität im herkömmlichen Sinne ausgebildet haben. Ferner werden jene Randstädte – von denen es Ende 1990er Jahre entlang von Autobahnkreuzen und Transportkorridoren allein im Metropolraum New York City siebzehn gab (Benjamin und Richard 2001) – zumeist privat geplant, vermarktet und verwaltet, was die ohnehin schon komplexe Steuerung metropolregionaler Entwicklungen weiter erschwert hat.

Ergebnis dieser ökonomischen, politischen und demographischen Entwicklungen sind riesige globale Stadtregionen, die herkömmliche Gerichtsbarkeiten und Zuständigkeiten überschreiten. Die Stadtregion New York-Newark ist mit 18.351.295 Einwohnern nach wie vor die bevölkerungsreichste urbane Gegend der USA, gefolgt von Los Angeles-Long Beach-Anaheim (12.150.996) und der Metropolregion Chicago (8.608.208; Census 2012a). Zählt man im Falle New York Citys neben dem Kerngebiet in den Staaten New York und New Jersey auch die Einzugsgebiet im Nordosten Pennsylvanias und Connecticuts hinzu, variiert die Bevölkerungszahl je nach Definition sogar zwischen 19,8 Mio (*metropolitan statistical area*; Census 2012b) und 23,4 Mio (*combined statistical area*; Census 2012c).

Die Stadtregion Los Angeles nimmt im Kontext der USA eine Sonderstellung ein, weshalb sie, insbesondere von Stadtforschern der sogenannten *Los Angeles School*, zumeist im Kontrast zu den urbanen Agglomerationen des Nordostens analysiert worden ist (z. B. Davis 1990; Soja 1996; Dear 2002). Los Angeles hat Chicago als zweitgrößte Stadt bei der Bevölkerungszählung von 1960 überholt; seither hat sich an dieser Reihenfolge nichts geändert. Dies nicht zuletzt, weil Los Angeles in der Nachkriegszeit zum Wachstumszentrum neuer Militär- und Informationstechnologien avancierte. Los Angeles galt lange Zeit sowohl als pulsierendes Herz dieser neuen politischen Ökonomie als auch als die Stadt, die Suburbanisierung wie keine andere Stadt ins Extreme trieb. Insbesondere in der Zeit zwischen 1960 und 1990 profitierte Los Angeles von der günstigen Lage am Pazifik und damit sowohl vom Wachstum im transpazifischen Handel angesichts der Verlagerung von Industriearbeit nach Asien – Los Angeles/Long Beach ist der größte und bedeutendste Hafenkomplex des nordamerikanischen Kontinents – und Militärinvestitionen des Pentagons, die unmittelbar zum Ausbau der High-tech-, Computer- und Luftfahrtindustrien beitrugen (Erie 2004). In der im Vergleich zu Chicago und New York deutlich späteren Entstehung von Los Angeles unter völlig verschiedenen technologischen Voraussetzungen liegt auch der Grund für eine stadtregionale Geographie, die mit ihrer territorialen Ausdehnung und raumfunktionalen Ausdifferenzierung von vielen Autoren als das Paradebeispiel einer postmodernen *Megalopolis* interpretiert worden ist (z. B. Dear 2000). Die horizontale Expansion der Stadt – ihre mosaikartige Versprengung über ein ausgedehntes Territorium, in das über 140 Städte inkorporiert worden sind (Abu-Lughod 1999, S. 359) – galt vielen als materieller Ausdruck sowohl eines neuartigen gesellschaftlichen Pluralismus als auch der Zersplitterung moderner Identitäten und Narrative.

Die territoriale Ausdehnung urbaner Gebiete im Kontext einer globalisierten Wirtschaft hat mit den globalen Stadtregionen zu einer neuen gesellschaftlichen

Realität geführt. Allein in New York City, Los Angeles und Chicago lebten zu Beginn dieses Jahrzehnts knapp zehn Prozent der gesamten US-amerikanischen Bevölkerung (29,1 Mio. von 308,7 Mio. Menschen; Census 2012a). Heutige Urbanisierungsprozesse haben den Maßstab der Stadt überschritten und sind nur regional begreifbar: In diesen globalen Stadtregionen sind die administrativen Grenzen der Stadt nicht mehr deckungsgleich mit deren ökonomischen und politischen Grenzen (Sassen 2001, S. 91; Soja 2011, S. 679). Dort bündeln sich die Güter- und Kapitalströme und die entscheidenden Institutionen der Wirtschaft und Politik. Dort verdichten sich die Gesellschaftsprobleme der Gegenwart. Neue Ungleichheiten materialisieren sich in segregierten Stadtteilen; Umweltverschmutzung ist in großen Teilen Konsequenz des urbanen Lebenswandels – und soll dort am effektivsten bekämpft werden (z. B. Glaeser 2011). Die Ausbildung globaler Stadtregionen als Knotenpunkte der Globalisierung ging jedoch einher mit einer Relativierung politischer Zuständigkeiten und Kompetenzen, nicht mit deren stadtregionaler Konsolidierung. Herkömmliche Steuerungsinstrumente und Institutionen der Stadt- und Regionalplanung scheinen den sozialen und ökologischen Herausforderungen der Globalisierung deshalb nur bedingt gewachsen. Auch in der Gegenwart werden – wie im frühen 20. Jahrhundert – Forderungen nach einer adäquaten Politik laut, um die Gegensätze zwischen gesellschaftlicher und politischer Realität zu überbrücken. Dies umso mehr als es mit der Rückkehr zum Markt seit den späten 1970er Jahren zu einer erneuten Verschärfung ökonomischer Ungleichheiten und ökologischer Folgekosten gekommen ist.

3 Eine neue Politik? Stadt- und Regionalplanung in den USA

Wegen der Einbettung globaler Städte und Stadtregionen in transnationalen Netzwerken liegt deren Entwicklung nicht allein in den Händen der Stadt- und Regionalpolitik. Die bereits erläuterten ökonomischen Restrukturierungsprozesse des 20. Jahrhunderts waren Konsequenz politischer Entscheidungen auf verschiedenen Regierungsebenen und einer wirtschaftlichen Konjunktur, die teils den nationalstaatlichen Rahmen überstieg. Sie können hier als Beispiel der Überdeterminierung von Stadt- und Regionalentwicklung dienen. Zum anderen ist die Entstehung lokaler und stadtregionaler Wachstumskoalitionen (*growth coalitions*) zwischen Akteuren der Wirtschaft und Politik in nationalstaatliche institutionelle Parameter eingebettet. Unternehmer und Politiker sind bei der Finanzierung und Durchführung von Entwicklungsprojekten deshalb an Sachzwänge gebunden, die vonseiten des Nationalstaats determiniert werden (Brenner 2009, S. 127–130).

Obgleich aber Städte und Stadtregionen Teil der föderalen Strukturen der Vereinigten Staaten sind, also durchaus auch Entscheidungen auf der Ebene der Einzelstaaten und auf Bundesebene Auswirkungen auf städtische und stadtregionale Entwicklung hatten und haben, steht Lokalregierungen eine gewisse politische Handlungsfreiheit zu. Dies auch deshalb, weil viele Programme und Initiativen von föderaler Ebene erst durch lokale Behörden implementiert und umgesetzt werden (Ross und Levine 2006, S. 441). Dasselbe gilt, wenn auch eingeschränkt und weniger systematisch, auf der Ebene der Regionalpolitik.

In der Stadtpolitik werden für gewöhnlich drei historische Entwicklungsphasen unterschieden. Die erste Phase des *urban boosterism* (3.1) bezeichnet die marktradikale Zeit der rasanten Verstädterung der USA im Kontext der Industrialisierung von der zweiten Hälfte des 19. Jahrhunderts bis zum Einsetzen der Weltwirtschaftskrise 1929. Die zweite Phase des *managerialism* (3.2), deren Beginn sich mit den Programmen des *New Deal* in den 1930er Jahren recht genau datieren lässt und die in den 1960er Jahren endete, zeichnet sich durch eine engere Koordination zwischen makroökonomischen Zielsetzungen des Föderalstaats und dessen Intervention auf verschiedenen Regierungsebenen aus. Die Krise der 1970er Jahre und die Reagan Revolution führten zu einer Rückkehr zum Ideal des freien Marktes: In der Phase des *entrepreneurialism* (3.3) rückte erneut die Wettbewerbsfähigkeit von Städten und Regionen in den Vordergrund. Seit den 1990er Jahren mehren sich erneut Stimmen, die deshalb eine stadtregionale Steuerung einfordern. Ob es zu einem solchen neuen *metropolitanism* kommen könnte – dessen gesellschaftlicher Mehrwert ohnehin erst noch zu ermitteln wäre –, ist angesichts der widersprüchlichen Interessenlagen, der institutionellen Fragmentierung und der oft eingeschränkten Perspektive derartiger Diskussionen jedoch fraglich (3.4).

3.1 Boosterism

Bereits im 19. Jahrhundert hob sich Stadtpolitik in den USA durch die besondere Bedeutung marktzentrierter lokaler Wachstumsregimes von europäischen Städten ab. Ziel der staatlichen und, vor allem, zivilgesellschaftlichen Akteure war die Wettbewerbsfähigkeit der eigenen Stadt, unter geringer Rücksichtnahme auf gesellschaftliche Folgen. Die starke Marktorientierung und ein Mangel an regulatorischen Institutionen auf lokaler Ebene entfachten ein städtisches Wachstum mit problematischen sozialen und ökologischen Konsequenzen, welches zu Beginn des 20. Jahrhunderts Kritik in der Zivilgesellschaft erstarken ließ.

Zwischen 1900 und 1930 unternahmen insbesondere Wirtschaftseliten der Metropolregionen Chicagos und New York Citys erstmals den Versuch, Pläne zur Entwicklung der gesamten Metropolregion zu entwerfen. Ihre Vision eines *metropolitanism* speiste sich aus einer Denktradition, die sich gegen Jeffersons Anti-Urbanismus richtete, und orientierte sich an der Notwendigkeit, die sozialen Konsequenzen der Industrialisierung in den Griff zu bekommen (Fishman 2000b). Ihr Engagement basierte dabei auf der keineswegs uneigennützigen Einsicht, dass die Profitabilität ihrer Unternehmen gleichermaßen von funktionierenden Infrastrukturen und einer gesunden Arbeiterschaft abhingen.

Der nur teilweise umgesetzte „Plan of Chicago" (1909) und der „Regional Plan of New York and its Environs" (1929) bezeugen diese ersten Versuche der sogenannten *metropolitanists*, nicht nur die Stadt, sondern die gesamte Stadtregion mittels öffentlicher Räume und Grünflächen und einer modernisierten Infrastruktur ästhetisch ansprechender (*city beautiful movement*) und effizienter (*city efficient movement*) zu gestalten, wobei soziale Fragen nicht zuletzt aufgrund der Akteurskonstellation hierbei weitestgehend ausgeklammert wurden (hierzu Schönig 2011, S. 92–113; Wilson 1989). Dieser metropolitanism kam „von unten" – also von Institutionen und Akteuren auf der lokalen und regionalen Ebene – und wurde eher indirekt institutionell gestützt, beispielsweise durch die Programme des *Research Committee on Social Trends* unter Präsident Hoover (1932) und zivilgesellschaftliche Institutionen wie die *Russell Sage Foundation* und die *National Municipal League*.

Das Wachstum von Metropolregionen – welche sich in diesem historischen Kontext noch um *einen* Stadtkern formierten – wurde von diesen Akteuren nicht infrage gestellt, sondern zur Prämisse erhoben, die man anhand wissenschaftlicher und technokratischer Lösungen (des *scientific management*) verwirklichen wollte. Der Fokus lag auf administrativen Reformen, um die Wettbewerbsfähigkeit der Stadt anhand des Ausbaus von Transportinfrastrukturen, koordiniertem Wohnbau und neuen Parkanlagen zu erhöhen. Gleichzeitig geriet die unhinterfragte Wachstumsorientierung der metropolitanists zunehmend unter Kritik. *Regionalists* des frühen 20. Jahrhunderts und deren bekanntester Fürsprecher Lewis Mumford forderten in den 1920er Jahren eine Dezentralisierung der Metropolregionen. Durch die Entstehung regional vernetzter und ökologisch nachhaltiger Kleinstädte sollten Wohnbedingungen verbessert und eine sozial gerechte Ressourcenverteilung begünstigt werden (Schönig 2011, S. 407). Hier deutete sich bereits ein Spannungsverhältnis an, das auch in der Phase des managerialism nicht aufgelöst werden konnte: Während die Stadtzentren in Ansätzen stadtregionale Politik betrieben, um ihre politische Kontrolle regional projizieren zu können, begannen sich suburbane Interessenskoalition zu formieren, deren eigene Strategien im Laufe der 1920er Jahre zunehmend an politischem Gewicht gewannen und die Dominanz der Städte zusehends infrage stellten (siehe Brenner 2002, S. 5–6).

3.2 Managerialism

Die Leitprinzipien der zivilgesellschaftlichen Befürworter des metropolitanism und des regionalism erhielten in den 1930er Jahren teils Eingang in die Politik des Föderalstaats. Mit dem *New Deal* nahm die Stadtpolitik 1933 unter Franklin D. Roosevelt eine besondere Rolle bei der Umsetzung sozialpolitischer Reformen ein. Im Kontext eines kooperativen Föderalismus wurde in dieser Ära des *managerialism* die unmittelbare Verbindung zwischen der kommunalen und der föderalen Ebene ausgebaut (siehe auch Vormann und Lammert 2014). Städtische Entwicklung wurde unter makroökonomischen und sozialpolitischen Gesichtspunkten maßgeblich von nationalstaatlicher Ebene mitbestimmt. Angesichts der Auswirkungen der Weltwirtschaftskrise rückten soziale Probleme in den Vordergrund dieser neuen Art von Stadt- und Regionalpolitik.

Obgleich, gewissermaßen aus gegenläufiger Richtung, vonseiten des Nationalstaats, mit dem New Deal auch eine neue Form der Regionalplanung einsetzte, die ebenso Aspekte der Leitbilder der *regionalists* und der *metropolitanists* in die Tat umsetzte, blieb die Ausprägung einer dezidierten Regionalpolitik jedoch unvollständig. Regionale Behörden sind nicht eindeutig in die föderalen Strukturen der Vereinigten Staaten eingepasst worden und eher aus einem an den spezifischen Herausforderungen individueller Regionen orientierten Pragmatismus heraus entstanden. Nur einige der nach 1933 entstandenen regionalen Planungsbehörden haben deshalb beständig über einen längeren Zeitraum Einfluss auf die Entwicklung von Regionen nehmen können (Gray und Johnson 2005). So bot zwar die Tennessee Valley Authority (TVA) in den 1930er und 1940er Jahren ein erfolgreiches Muster einer integrierten Regionalplanung, die Infrastrukturprojekte, Industriepolitik und gesellschaftliche Erholungsprojekte miteinander verband. Sie führte jedoch nirgends zu vergleichbaren Folgeprojekten (Hall und Tewdwr-Jones 2011, S. 228).

Insbesondere nach Ende des Weltkriegs diente Regionalplanung mit dem Bau nationaler Highways, der Industrialisierung ruraler und verarmter Gegenden makroökonomischen Zielen. Die Entstehung polyzentrischer Stadtregionen, die durch Subventionen des Föderalstaats für Transportinfrastrukturen und den Wohnungsbau begünstigt wurden (Florida und Jonas 1991), beschleunigten den ökonomischen Niedergang von Innenstädten und verschärften die räumliche Segregation ethnischer und sozialer Gruppen in den Metropolregionen (Marcuse 2006; Wacquant 2008). Diese urbane Fragmentierung führte Politiker vor neue Herausforderungen und zu Forderungen nach einer verstärkten Koordinierung verschiedener Regierungsebenen. Die administrative Neuausrichtung der stadtregionalen Politik beließ jedoch existierende Institutionen und Gerichtsbarkeiten. Etabliert wurden stattdessen informelle Formen der stadtregionalen Kooperation und Koordination beispielsweise durch die Entstehung von stadtregionalen Räten (*Metropolitan Councils of Governments*, COGS) und Planungsverbänden (*Metropolitan Planning Organizations*) – Institutionen, denen vor allem eine zentrale Rolle bei der Verteilung und Aufsichtsplanung föderaler Zuweisungen zukam (Brenner 2002, S. 7).

Mit der Entstehung der *Advisory Commission on Intergovernmental Relations* (ACIR) im Jahre 1959 konnten die föderalen und einzelstaatlichen Regierungen eine umfassendere Regionalplanung durchsetzen. Durch den Zusammenschluss verschiedener Counties mit Städten konnten so tatsächlich auch stadtregionale Institutionen entstehen, wie beispielsweise in Indianapolis, Minneapolis-St.Paul und Seattle (Hamilton 1999, S. 155–169). In den 1960er Jahren kam es mit der *Area Redevelopment Administration* (ARA 1961) und dem *Public Works Acceleration Act* von 1962 darüber hinaus zu einer Unterstützung für Infrastrukturprojekte. Doch erst mit dem *Public Works and Economic Development Act* von 1965 und der Entstehung der *Economic Development Administration* (EDA), die die Area Redevelopment Administration ersetzte, wurden konzertiert einkommensschwache Regionen unterstützt, der Zusammenschluss mehrerer Entwicklungsregionen um

Städte vorangetrieben, die als Entwicklungszentren *(growth center)* dienen sollten, und regionale Planungskommissionen eingerichtet (Hall und Tewdr-Jones 2011, S. 229). Letztere konnten Einzelstaatsgrenzen übergreifen, wie zum Beispiel im Falle der Four Corners (Arizona, New Mexico, Colorado und Utah), blieben jedoch die Ausnahme, nicht die Regel.

Mit Blick auf sozialpolitische Fragen erreichte die Phase des managerialism ihren Höhepunkt in den *Great Society* Programmen und des *War on Poverty* unter der Administration Lyndon B. Johnsons. In sogenannten Modellstädten *(model cities)* experimentierte die Regierung von 1966 bis 1974 mit neuen Programmen zur Armutsbekämpfung und Stadtentwicklung. Diese Phase der Stadtpolitik scheiterte mit den städtischen Krisen der späten 1960er und frühen 1970er Jahre und dem sich zugleich vollziehenden Niedergang des fordistischen Wohlfahrtsregimes. Wendepunkt dieser Politik war die New Yorker Finanzkrise von 1975, die die Stadt an den Abgrund des Bankrotts trieb, und bei der Präsident Gerald Ford mit der Verwehrung föderaler Zuwendungen eine neue Ära der Stadtpolitik einläutete. Damit wurde auch die zentrale Rolle neuer stadtregionaler Institutionen in der makroökonomischen Politik des Keynesianisch-fordistischen Nationalstaats – als Verwaltungs-, Finanzierungs- und Planungsautoritäten – aufgegeben.

3.3 Entrepreneurialism

Der Rückzug staatlicher Unterstützung für Städte im Zuge eines reformierten Föderalismus *(new federalism)* nach den Krisen der 1970er Jahre führte zu einer Situation, in der Städte und Regionen finanziell zunehmend auf sich allein gestellt waren. Im Kontext des *urban entrepreneurialism*, der dritten Phase der Stadt- und Regionalpolitik, waren lokale und regionale Akteure darauf angewiesen, neue Mittel zur Stadtentwicklung zu finden (Harvey 1989; Mayer 1997; Hall und Hubbard 1998). Verschärft wurde dieser Umstand durch fallende Steuereinnahmen angesichts der Abwanderung finanzkräftiger Mittelschichten ins suburbane Umland sowie von Industrien in die Vororte, in andere Regionen und ins Ausland. Konsequenz dieses neuen Föderalismus und der Aufkündigung sozialpolitischer Regulierungen des Keynesianisch-fordistischen Regimes war ein erhöhter Wettbewerb subnationaler Regierungseinheiten auf lokaler, regionaler und einzelstaatlicher Ebene.

Ähnlich dem frühen 20. Jahrhundert rückte erneut die Wettbewerbsfähigkeit der Städte in den Vordergrund politischer und zivilgesellschaftlicher Entwicklungsstrategien – stadtregionale und regionale Institutionen wurden hingegen als übermäßig rigide und bürokratische Residuen eines zu starken Staates angesehen, die es zu fragmentieren und zu überkommen galt (Brenner 2002, S. 8). Für jene inzwischen generalisierte Stadtentwicklungspolitik (Hackworth 2007) diente New York City als Blaupause (Greenberg 2008; Vormann 2015). Zum Ziel der unternehmerischen Stadt *(entrepreneurial city)* wurde die Schaffung eines wirtschaftsfreundlichen Umfelds anhand von Steueranreizen sowie der Gewährleistung eines sicheren Umfelds und einer hohen Lebensqualität für die Eliten der

Wissensgesellschaft. In dieser jüngeren Entwicklung ist die Bedeutung der Kultur und der städtischen Identitäten vor allem aus Vermarktungszwecken (*branding*) deutlich gestiegen (Featherstone 1997). Repräsentative, oftmals von Stararchitekten entworfene Bauwerke an Uferpromenaden und die Revitalisierung vormals brachliegender Industriegebäude, wurden zwei unter vielen Entwicklungsstrategien, die darauf ausgelegt waren, Städten ein neues, postindustrielles Gesicht zu verleihen und vermögende Bevölkerungsschichten zurück in die Innenstadt zu locken (Vormann 2015). Die unternehmerische Stadt wurde damit zum strategischen Schauplatz des „Wettbewerbsstaats" (*competition state*; Cerny 1997).

In einer jüngeren Entwicklung seit den 1990er Jahren wurde zwar unter der Bush- und Clinton-Administration die stadt- und regionalpolitische Marschroute Reagans weitestgehend eingehalten, die Rolle stadtregionaler Planungsstrategien erfuhr jedoch eine erneute Aufwertung. Seither haben sich neue Debatten über die regionalen Dimensionen urbaner Probleme entfacht – wie beispielsweise die Segregation und Ghettoisierung bestimmter Bevölkerungsgruppen, Verkehrsstörungen aufgrund der langen Pendelwege in suburbane Regionen oder die damit zusammenhängende Umweltverschmutzung. Im Vordergrund stehen hierbei auch Forderungen nach institutionellen Reformen, um diesen Problemen zu begegnen. Ebenso wurden in den 1990er Jahren die regionale Kooperation und die Reform stadtregionaler Institutionen in den urbanen Ballungszentren beispielsweise von Portland, Minneapolis-St. Paul, Chicago, Philadelphia und Boston intensiviert, weshalb viele Kommentatoren in Anlehnung an die Debatten des frühen 20. Jahrhunderts von einer neuen Regionalbewegung (*new regionalism movement*) sprachen (siehe Brenner 2002, S. 3-4).

3.4   Eine neue Politik der Stadtregion?

Die Neuentdeckung der globalen Stadtregion vollzog sich seit den 1990er Jahren nicht nach denselben Parametern des Nachkriegs-*managerialism*. Statt als institutionelle und räumliche Anker einer intragouvernmentalen Sozialpolitik werden Stadtregionen seither als strategische Wachstumsinstrumente betrachtet, wohingegen die Minimierung gesellschaftlicher Folgekosten eines unregulierten Marktes als notwendiges Übel verstanden wird (Brenner 2002, S. 9). Auch heute ist daher angesichts der Vielfalt stadtregionaler Projekte nicht von einem konzertierten Regionalismus zu sprechen, sondern eher von nicht koordinierten Anpassungsstrategien regionaler Akteure an lokal-spezifische Probleme. Ob diese neueste Form der Stadt- und Regionalpolitik zur Entstehung nachhaltiger stadtregionaler Strategien beigetragen hat, die den Herausforderungen des 21. Jahrhunderts gewachsen sind, ist auch deshalb äußerst fraglich.

Zum einen ging diese Form der marktorientierten Entwicklung mit dem Problem der Verdrängung wirtschaftlich schwächerer Bevölkerungsgruppen einher (Smith 2008; Vormann und Schillings 2013). Zum Beispiel wurden *Business Improvement Districts* (BIDs) zunächst in Philadelphia, später dann in anderen US-amerikanischen Städten eingesetzt, um innenstädtische Räume wiederzubeleben und verwertbar zu machen – was in vielen Städten, auch in den globalen Stadtregionen der USA, über die letzten Jahrzehnte zu Inseln des Reichtums in einem Meer urbanen Verfalls geführt hat (Hall und Tedwr-Jones 2011, S. 238; Vormann 2014). Zum anderen verlagerte bei diesen Revitalisierungsprojekten die Umsetzung in öffentlich-privaten Partnerschaften (*public private partnerships*) die Entscheidungsgewalt von Lokalpolitikern auf Unternehmer, womit ein Steuerungsverlust kommunaler Prozesse und eine Unterwanderung demokratischer Rechenschaftsmechanismen einhergingen (Vormann und Lammert 2014).

Hierbei wird oft vergessen, dass, trotz der rhetorischen Betonung marktwirtschaftlicher Instrumente, der lokale Staat beispielsweise in der Umsetzung von *public-private partnerships* immer noch eine entscheidende Rolle einnimmt, beispielsweise durch die Verbürgung von Risiken, durch Steuervergünstigungen und die Bereitstellung von Infrastrukturen. Die Rhetorik der unternehmerischen Stadt und Stadtregion sollte also nicht darüber hinwegtäuschen, dass der Staat in der Tat nach wie vor eine zentrale Funktion in der Stadtentwicklung einnimmt. Nur mit diesem eingeschränkten Blick ist jedoch zu erklären, weshalb bei der marktorientierten Stadt- und Regionalplanung soziale Fragen den Maßnahmen zur technologischen Effizienzsteigerung und Stadtverschönerungsprojekten nachgestellt werden. Der Fokus auf städtische Identitäten – und weniger deren Infra- und Sozialstrukturen – verstellt außerdem den Blick auf die stadtregionale Entwicklung: Ähnlich den Diskursen der *metropolitanists* im frühen 20. Jahrhunderts liegt das Hauptaugenmerk vieler Stadtforscherinnen auf den Leitprinzipien der Ästhetik (z. B. Marshall 2007) und der Effizienz (z. B. Glaeser 2011). Deshalb auch der Fokus auf die Umgestaltung einzelner, repräsentativer Räume und die Fortsetzung eines Markt- und Technologieglaubens in der Stadtentwicklungspolitik.

Diese paradoxe Verengung des Stadtbegriffs ist ein Hauptgrund dafür, dass stadtregionale Fragen auch in der Politik aus dem Blickfeld geraten sind. Auch wenn auf kommunaler und regionaler Ebene eine einheitliche Politik der Stadtregionen nur angedacht und kaum umgesetzt worden ist, bleiben die Forderungen nach einer stadtregionalen Entwicklungspolitik jedoch von akuter Bedeutung. Kostenverlagerungen, die mit der ökonomischen Restrukturierung zu einer Dienstleistungsgesellschaft einhergegangen sind, bleiben innerhalb der Metropolregionen ungleich verteilt. Neue Ungleichheiten und die gestiegene Bedeutung des internationalen Handels haben diese Konflikte sogar befeuert. Die Umweltverschmutzung betrifft in den globalen Stadtregionen der USA überproportional ärmere Bevölkerungsgruppen (*social gradient in health*). Beispielsweise berühren in Los Angeles und New York City, den beiden wichtigsten Hafenstädten der USA, die sozialen und ökologischen Folgekosten des Warenverkehrs verschiedene urbane Räume unterschiedlich. Gesundheitsschädliche Emissionen des Schiffs- und Lastwagenverkehrs entlang der Transportkorridore gefährden deutlich ärmere Bevölkerungsschichten, die zum größten Teil außerdem ethnischen Minderheiten angehören und an der Armutsgrenze leben. Zwar sind, beispielsweise mit der *Port Authority of New York and New Jersey* (PANYNJ), stadtregionale politische Entitäten entstanden, die über existierende Gerichtsbarkeiten hinweg agieren können. Jedoch vereitelt deren und ähnlicher Institutionen Ausrichtung an der Profitsteigerung oftmals die Möglichkeit, längerfristige Ziele im Sinne des Gemeinwohls zur öffentlichen Diskussion zu stellen, geschweige denn umzusetzen (Vormann 2015).

Die Entwicklung einer stadtregionalen Politik muss auch nicht zwangsläufig progressiv oder demokratisch sein. Ähnlich der Situation im frühen 20. Jahrhundert sind es vor allem zivilgesellschaftliche Akteure, die sich der stadtregionalen Entwicklungsplanung zuwenden. Damals wie heute drohen soziale Fragen unberücksichtigt zu bleiben. Dies umso mehr, als die Privatisierung zu einem ungleichen Zugang zu öffentlichen Gütern (wie Bildung, Kommunikation und Transport) geführt hat (Graham und Marvin 2001). Stadtregionale Akteure wie Handelskammern (*chambers of commerce*) und Hafenbehörden (*port authorities*) sind nicht demokratisch durch Wahlen legitimiert, Entscheidungen zumeist intransparent und nur sehr eingeschränkt rechenschaftspflichtig. Der kurzfristige Entscheidungshorizont privater und semi-öffentlicher Akteure erlaubt deshalb berechtigten Zweifel an der ökologischen Nachhaltigkeit und sozialen Gerechtigkeit der von zivilgesellschaftlicher Seite initiierten Projekte.

Dieses Problem wird dadurch verschärft, dass gegenwärtige Debatten in der Öffentlichkeit dazu tendieren, die stadtregionalen Infrastrukturen auszublenden und als selbstverständlich zu erachten – und damit das Spielfeld den Akteuren zu überlassen, die ein Eigeninteresse an stadtregionaler Entwicklung haben, statt eine demokratische Debatte über nachhaltige und sozial gerechte stadtregionale Entwicklung zu führen. Zwar haben sich durchaus kleinere Gemeinden und zivilgesellschaftliche Gruppen zu Interessensvertretungen (*advocacy groups*) zusammengeschlossen, um, teils erfolgreich, ärmeren Bevölkerungsgruppen bei politischen Entscheidungsträgern Gehör zu verschaffen. Aber ohne einen geeinten politischen Willen aufseiten des politischen Betriebs und existierender Institutionen sind die Forderungen und Strategien dieser Gruppen bislang Flickwerk geblieben.

4 Fazit

Die Situation des frühen 21. Jahrhunderts ähnelt der des frühen 20. Jahrhunderts. Auch heute hat ein marktorientiertes Wachstumsregime in den USA zur explosionsartigen Ausweitung urbaner Agglomerationen geführt, auch heute mit ähnlich negativen Konsequenzen für Gesellschaft und Umwelt. Existierende politische Institutionen stoßen erneut an ihre Grenzen und zivilgesellschaftliche Gruppierungen formieren sich, die in ihrem Eigeninteresse stadtregionale Institutionen fordern. Angesichts dieses unaufgelösten Spannungsverhältnisses ähneln auch Forderungen nach ästhetischen und technologischen Lösungen zur Behebung der größten ökologischen und sozialen Folgekosten den Forderungen des *city-beautiful* und des *city-efficient movements*. Doch reicht das zivilgesellschaftliche Engagement aus, um ökologischen und sozialen Problemen adäquat zu begegnen? Kann die Profitorientierung des privaten Sektors die Bereitstellung öffentlicher Güter wie den Zugang zu Infrastruktur und öffentlichem Raum gewährleisten?

In den 1930er Jahren bot sich in Reaktion zur Weltwirtschaftskrise die Möglichkeit, unter der Administration Franklin D. Roosevelts gewisse stadtregionale Visionen der *metropolitanists* und *regionalists* umzusetzen. Jedoch blieb es bei zaghaften und sporadischen Versuchen – ein integrierter Entwicklungsansatz auf stadtregionaler Ebene wurde historisch einzigartig nur mit der Tennessee Valley Authority, und auch da nur in Teilen, umgesetzt. Insbesondere seit den 1970er Jahren hat die Rückkehr zum Markt als primäres gesellschaftliches Allokationsinstrument die stadtregionalen Reformversuche der ersten Hälfte des 20. Jahrhunderts zunächst in Vergessenheit gebracht. Erst die sozialen und ökologischen Konsequenzen der Deregulierungen und Privatisierungen des Folgejahrzehnts haben kritische Stimmen wieder erstarken lassen.

Könnte es mit der Finanz- und Wirtschaftskrise der letzten Jahre zu einer Wiederbelebung dieser zivilgesellschaftlichen Diskurse und damit vielleicht zu einer neuartigen Institutionalisierung stadtregionaler Politik kommen? Wenn Barack Obama mit seinem Amtsantritt 2008 auch eine neue Stadtpolitik ankündigte, die stadtregionale Problematiken mit einschloss, sind diese Ambitionen – auch wegen der Krise – ohne nennenswerte Erfolge verklungen. Im Gegenteil: gespart wurde im Zuge des Krisenmanagements vor allem an Geldern für die Kommunalpolitik und öffentliche Einrichtungen auf substaatlicher Ebene. Was jedoch noch schwerer wiegt, ist, dass sich dominante Diskurse unter Architekten, Stadtplanern und Stadtforschern – den heutigen Visionären der stadtregionalen Entwicklung – auf die Umgestaltung öffentlicher Räume und die Effizienz urbaner Menschen- und Güterströme konzentrieren. Eine stadtregionale Politik, die sich nicht nur ästhetischer und technologischer, sondern auch sozialer Probleme annimmt, scheint in dem weiterhin alternativlos erscheinenden Paradigma des freien Marktes daher in weite Ferne gerückt zu sein.

Literatur

Abu-Lughod, Janet L. 1999. *New York, Chicago, Los Angeles. America's global cities*. Minneapolis: University of Minnesota Press.

Benjamin, Gerald, und Richard P. Nathan. 2001. *Regionalism and realism. A study of governments in the New York Metropolitan Area*. Washington, DC: The Century Foundation.

Brenner, Neil. 2009. Is there a politics of 'urban' development? Reflections on the US case. In *The city in American development*, Hrsg. Richardson Dilworth, 122–140. New York und London: Routledge.

Brenner, Neil. 2002. Decoding the newest „metropolitan regionalism" in the USA: A critical overview. *Cities 19–1*: 3–21.

Cerny, Philip G. 1997. Paradoxes of the competition state: The dynamic of political globalisation, government and opposition. *Government and Opposition 32–2*: 251–71.

Cullingworth, Barry. 1997. *Planning in the USA. policies, issues and processes*. London, New York: Routledge.

Davis, Mike. 1990. *City of Quartz: Excavating the future in Los Angeles*. London: Verso.

Dear, Michael J., Hrsg. 2002. *From Chicago to L.A. making sense of urban theory*. Thousand Oaks: Sage Publications.

Dear, Michael J., Hrsg. 2000. *The postmodern urban condition*. Oxford, Malden, MA: Blackwell.

Erie, Steven P. 2004. *Globalizing L.A.: Trade, infrastructure, and regional development*. Stanford: Stanford University Press.
Ethington, Philip J., und David P. Levitus. 2009. Placing American political development. Cities, regions, and regimes, 1789–2008. In *The city in American development*, Hrsg. Richardson Dilworth, 154–176. New York, London: Routledge.
Featherstone, Mike. 1997. City cultures and post-modern lifestyles. In *Post-Fordism. A Reader*, Hrsg. Ash Amin, 387–408. Oxford: Blackwell.
Fishman, Robert. 2000a. The American Planning Tradition. An introduction and interpretation. In *The American planning tradition*, Hrsg. Robert Fishman, 1–29. Washington, DC: The Woodrow Wilson Center Press.
Fishman, Robert. 2000b. The metropolitan tradition in American planning. In *The American planning tradition*, Hrsg. Robert Fishman, 65–85. Washington, DC: The Woodrow Wilson Center Press
Florida, Richard, und Andrew Jonas. 1991. US urban policy: The postwar state and capitalist regulation. *Antipode* 23–4: 349–384.
Friedmann, John. 1986. The world city hypothesis. *Development and Change* 17: 69–83.
Friedmann, John, und Goetz Wolff. 1982. World city formation: An Agenda for research and action. *International Journal of Urban and Regional Research* 3: 309–44.
Garreau, Joel. 1991. *Edge city: Life on the new frontier*. New York: Doubleday.
Glaeser, Edward Ludwig. 2011. *Triumph of the city. How our greatest invention makes us richer, smarter, greener, healthier, and happier*. New York: Penguin Press.
Graham, Stephen, und Simon Marvin. 2001. *Splintering urbanism. Networked infrastructures, technological mobilities and the urban condition*. London, New York: Routledge.
Gray, Aelred J., und David A. Johnson. 2005. *The TVA regional planning and development program*. Burlington: Ashgate.
Greenberg, Miriam. 2008. *Branding New York. How a city in crisis was sold to the world*. New York, London: Routledge.
Hackworth, Jason. 2007. *The Neoliberal city. Governance, ideology, and development in American urbanism*. Ithaca und London: Cornell University Press.
Hall, Peter, und Mark Tewdwr-Jones. 2011. *Urban and regional panning*. 5. Aufl. London, New York: Routledge.
Hall, Tim, und Phil Hubbard, Hrsg. 1998. *The entrepreneurial city. Geographies of politics, regime, and representation*. Chichester: Wiley.
Hamilton, David K. 1999. *Governing metropolitan areas: Response to growth and change*. New York, London: Garland Publishing.
Harvey, David. 1989. From managerialism to entrepreneurialism: The transformation in urban governance in late capitalism. *Geografiska Annaler. Series B, Human Geography* 71(1): 3–17.
Jackson, Kenneth T. 1985. *Crabgrass Frontier: The Suburbanization of the United States*. New York: Oxford University Press.
Jessop, Bob. 2000. The crisis of the national spatio-temporal fix and the tendential ecological dominance of globalizing capitalism. *International Journal of Urban and Regional Research* 24(2): 323–360.
Knox, Paul L. 2008. *Metroburbia USA*. New Brunswick: Rutgers University Press.
Lieberman, Robert C. 2009. The city and exceptionalism in American political development. In *The city in American development*, Hrsg. Richardson Dilworth, 17–42. New York, London: Routledge.
Marcuse, Peter. 2006. The partitioned city in history. In *Of States and cities. The partitioning of urban space*, Hrsg. Peter Marcuse und Ronald van Kempen, 11–35. Oxford: Oxford University Press.
Marshall, Richard, Hrsg. 2007. *Waterfronts in post-industrial cities*. London: Spon.
Mayer, Margit. 2014. Movements and politics in the metropolitan region. In *Governing cities through Regions: Transatlantic perspectives*, Hrsg. Julie-Anne Boudreau, Pierre Hamel, Roger Keil und Stefan Kipfer. Waterloo: Wilfrid Laurier University Press. [Im Druck]
Mayer, Margit. 1997. Post-Fordist city politics. In *Post-fordism. A reader*, Hrsg. Ash Amin, 316–337. Oxford: Blackwell.

Ross, Bernard H., und Myron A. Levine, Hrsg. 2006. *Urban politics. Power in metropolitan America*. 7. Aufl. Belmont: Thomson Wadsworth.
Sassen, Sassen. 1990. Economic restructuring and the American city. *Annual Review of Sociology* 16: 465–490.
Sassen, Sassen. 1991. *The global city. New York, London, Tokio*. Princeton, Oxford: Princeton University Press.
Sassen, Sassen. 2001. Global cities and global city-regions: A comparison. In *Global city-regions: Trends, theory, policy*, Hrsg. Allen J. Scott, 78–95. Oxford: Oxford University Press.
Schönig, Barbara. 2011. *Pragmatische Visionäre: Stadtregionale Planung und zivilgesellschaftliches Engagement in den USA*. Frankfurt am Main, New York: Campus.
Scott, Allen John, Agnew, John, Soja, Edward W., und Michael Storper. 2001. Global City-Regions. In *Global city-regions: Trends, theory, policy*, Hrsg. Allen J. Scott, 11–30. Oxford: Oxford University Press.
Smith, Neil. 2008. New Globalism, New urbanism: Gentrification as global urban strategy. In *Spaces of neoliberalism. Urban restructuring in north America and western Europe*, Hrsg. Neil Brenner, 80–103, 4. Aufl. Malden: Blackwell.
Soja, Edward. 2011. Regional urbanization and the end of the metropolis era. In *The new blackwell companion to the City*, Hrsg. Gary Bridge und Sophie Watson, 679–689. Malden, Oxford: Wiley-Blackwell.
Soja, Edward. 1996. Los Angeles, 1965-1992: From crisis-generated restructuring to Restructuring-Generated Crisis. In *The City. Los Angeles and Urban Theory at the End of the twentieth century*, Hrsg. Allen J. Scott und Edward S. Soja, 426–462. Berkeley, Los Angeles, London: University of California Press.
Taylor, Peter J. 2004. *World city network. A global urban analysis*. London: Routledge.
UN Habitat (United Nations Centre for Human Settlements). 1996. *An urbanizing world: Global report on human settlements*. Oxford: Oxford University Press for UN- Habitat.
United States Census Bureau (Census). 2012a. *Growth in urban population outpaces rest of nation*. www.census.gov/newsroom/releases/archives/2010_census/cb12-50.html. Zugegriffen am 21.02.2014.
United States Census Bureau (Census). 2012b. *Population estimates. Metropolitan statistical areas*. http://www.census.gov/popest/data/metro/totals/2012/tables/CBSA-EST2012-01.csv. Zugegriffen am 18.03.2014.
United States Census Bureau (Census). 2012c. *2012 American community survey 1-year estimates New York-Newark-Bridgeport, NY-NJ-CT-PA CSA*. http://factfinder2.census.gov/faces/tableservices/jsf/pages/productview.xhtml?pid=ACS_12_1YR_DP05%26prodType=table. Zugegriffen am 18.03.2014.
Vormann, Boris. 2014. Infrastrukturen der globalen Stadt. Widersprüche des urbanen Nachhaltigkeitsdiskurses am Beispiel Vancouvers. *Zeitschrift für Kanadastudien* 34: 62–86.
Vormann, Boris. 2015. *Global port cities in north America: Urbanization and global production networks*. London, New York: Routledge.
Vormann, Boris, und Christian Lammert. 2014. Kommunalpolitik in den USA. In *Handbuch Politik USA*, Hrsg. Christian Lammert, Markus Siewert und Boris Vormann. Wiesbaden: Springer VS.
Vormann, Boris, und Sonja Schillings. 2013. The vanishing poor. Frontier narratives in US gentrification and security debates. *UCLA Critical Urban Planning* 20: 145–165.
Wacquant, Loïc J.D. 2008. *Urban Outcasts. A comparative sociology of advanced marginality*. Cambridge: Polity Press.
Wagner, Robert F. 1980. New York City Waterfront: Changing land use and prospects for redevelopment. In *Urban waterfront Lands*, Hrsg. Committee on Urban Waterfront Lands, 78–99. Washington, DC: Committee on Urban Waterfront Lands.
Wilson, William H. 1989. *The city beautiful movement*. Baltimore, London: The John Hopkins University Press.
Yeates, Maurice. 1990. *The north american city*. New York: Harper Collins.

Einwanderungspolitik zwischen Integration und Ausgrenzung

Henriette Rytz

Inhalt

1   Einleitung 422
2   Einwanderungsland USA: Demographische und politische Verschiebungen 423
3   Die Genese der Einwanderungspolitik: Die *nation of immigrants* als
    Referenzrahmen und Reibungspunkt 426
4   Die aktuelle Einwanderungspolitik und ihr Reformbedarf 430
5   Ausblick 435
Literatur 436

Zusammenfassung

Der politische Umgang mit dem Thema Immigration steht in den USA in einem Spannungsverhältnis zwischen einem Selbstverständnis als Einwanderernation, wirtschaftlichen Interessen und xenophobischen Tendenzen. So fördert Washington einerseits die Einwanderung, hat aber andererseits dabei immer wieder einzelne Gruppen aufgrund ihrer nationalen Herkunft diskriminiert. Dennoch sind die USA auch am Anfang des 21. Jahrhunderts das beliebteste Auswanderungsziel weltweit. Mit zunehmendem politischem Gewicht der Einwanderer wächst die Chance, die lang diskutierte Reform der Einwanderungspolitik zu verwirklichen.

Schlüsselwörter

Einwanderung • Migration • Vereinigte Staaten • außenpolitisches Selbstverständnis • Latinos/Hispanics • Demografie

---

H. Rytz (✉)
Wissenschaftliche Referentin, Deutscher Bundestag, Berlin, Deutschland
E-Mail: mail@hrytz.de

1 Einleitung

Das Bekenntnis, eine Einwanderernation zu sein, ist im Selbstverständnis der Vereinigten Staaten von Amerika fest verankert. Das Motto *E Pluribus Unum* (Aus vielen eines) findet sich beispielsweise auf jedem Ein-Dollarschein und auf zahlreichen Münzen. Wie kein anderes Land dieser Erde stehen die USA für den Traum eines neuen, eines besseren Lebens durch Immigration. Im Jahr 1776 machten europäische Einwanderer mit der Unabhängigkeitserklärung den ersten Schritt zur Gründung der Vereinigten Staaten. Seitdem ist die Bevölkerung von etwa 2,5 Millionen auf über 300 Millionen Personen gewachsen – fast alle von ihnen haben familiäre Wurzeln außerhalb des Territoriums der USA.

Die Vereinigten Staaten bleiben auch im frühen 21. Jahrhundert das Land, das die meisten Einwanderer weltweit empfängt. 13 % seiner Gesamtbevölkerung wurden in einem anderen Land geboren. Das sind 40 Millionen Personen und damit so viele wie nie zuvor in seiner Geschichte (Stand: 2011; Pew 2013a, S. 2). Schon lange sind die Vereinigten Staaten und der *American way of life* nicht nur ein Magnet für Europäer, sondern auch und vor allem für Zuwanderer aus Lateinamerika, Asien und Afrika. In den USA leben Menschen aus mehr als 170 Ländern (LeMay 2006, S. 9). Die meisten sind aus wirtschaftlichen Gründen gekommen. Denn der *American Dream* verheißt auch heute noch den sozialen Aufstieg, den Weg zu Wohlstand und persönlichem Wohlbefinden, und motiviert jedes Jahr Millionen dazu, einen Neuanfang in den USA zu suchen; sei es durch Teilnahme an der Greencard-Lotterie, bei der ein Gewinn nicht nur eine Aufenthalts-, sondern auch eine Arbeitsgenehmigung verspricht, sei es durch ein Studium oder ein Arbeitsvisum, oder durch einen undokumentierten Aufenthalt im Land. Zu letzterem führt meist einer von zwei Wegen: die Einreise über die grüne Grenze aus Mexiko oder der Verbleib in den USA nach Ablaufen eines Visums (Wasem 2012, S. 1).

In den Vereinigten Staaten stehen Öffentlichkeit und Politik der Immigration grundsätzlich positiv gegenüber. Der Schritt der „Amerikaner-Werdung" ist deutlich kürzer als der Schritt zur Anerkennung als Deutsche in Deutschland. Wer sich mit der Einbürgerung zur Verfassung der USA, ihrer Geschichte und Kultur bekennt, wird nicht weniger als US-Amerikaner wahrgenommen als derjenige, der im Land geboren wurde. Dies zeigt sich auch in der Politik. Im Kongress finden sich immer wieder Abgeordnete, die trotz ihres unüberhörbar nichtmuttersprachlichen Akzents hohe Anerkennung unter ihren Kollegen und den Wählern genießen. Ein Beispiel ist der mittlerweile verstorbene Tom Lantos, der als ungarisch-jüdischer Überlebender des Holocaust einer der profiliertesten Außenpolitiker während seiner Zeit im Repräsentantenhaus war. In Deutschland ist eine ähnlich weitreichende Integration eines Politikers, dessen Akzent ihn oder sie als Einwanderer ausweist, viel schwerer vollstellbar.

Trotz dieser positiven Grundeinstellung gegenüber der Immigration hat die (Nicht-)Regelung der Zuwandererströme immer wieder zu Kontroversen und damit auch widersprüchlichen politischen Maßnahmen geführt. Seit Ende des 19. Jahrhunderts wurde die Gesetzgebung wiederholt angepasst, mal um die Einwanderung zu erhöhen, mal um sie zu dämmen; mal wurden Gruppen bestimmter nationaler

Herkunft direkt angeworben, mal gezielt ausgegrenzt. Die letzte weitreichende Reform der Einwanderungspolitik geht auf die Reagan-Administration in den 1980er Jahren zurück. Seitdem haben sich Größe, Zusammensetzung und soziale Situation der Einwanderergruppen, aber auch der US-amerikanische Arbeitsmarkt derart verändert, dass viele Politiker in den USA eine neue Reform für dringend notwendig halten. Aufgrund der Polarisierung zwischen den politischen Lagern und den daraus resultierenden Blockaden im US-Kongress konnte ein entsprechendes Gesetz jedoch bislang nicht verabschiedet werden. Mit wachsendem politischem Gewicht der Einwanderer steigt jedoch der Druck auf die Reformgegner, die insbesondere in der republikanischen Partei zu finden sind.

2 Einwanderungsland USA: Demographische und politische Verschiebungen

Die Zahlen zur Einwanderung am Anfang des 21. Jahrhunderts kommen denen zur Hochzeit der Immigration ein gutes Jahrhundert zuvor sehr nahe. Zwischen 1890 und 1920 machten Zuwanderer fast 15 % der US-Bevölkerung aus, heute sind es immerhin noch 13 % (Stand: 2011; Pew 2013a, S. 2). Die meisten von ihnen kamen aus Europa, insbesondere aus Italien, Russland und Österreich-Ungarn (Wasem 2013a, S. 3).

Bereits in der Mitte des 19. Jahrhunderts gab es legislative Versuche, die Einreise bestimmter Gruppen einzuschränken oder ganz zu verhindern. So schürte beispielsweise die Aufnahme katholischer Europäer in der damals vorwiegend protestantisch geprägten US-amerikanischen Gesellschaft Ressentiments; und eingeschleppte Krankheiten, die besonders häufig in bestimmten Einwanderergruppen auftauchten, führten zur Diskriminierung derselben. Eine rassistisch motivierte Partei mit dem vielsagenden Namen *Know-Nothing-Party* (Weißnichts-Partei) scheiterte jedoch in den 1850er Jahren mit ihren legislativen Versuchen, die Zuwanderung dieser Gruppen zu stoppen (Martin 2011, S. 96–100).

Am Ende des 19. Jahrhunderts beschränkte die Regierung in Washington erstmals die reguläre Zuwanderung (u.a. durch den *Immigration Act of 1882*, der eine Einreise nun an medizinische Kriterien knüpfte, und den *Chinese Exlusion Act* aus demselben Jahr, der die Zuwanderung aus China stoppte). Doch erst die *Immigration Acts* in den Jahren 1921 und 1924 führten zu einem deutlichen Rückgang der Einwanderung. Durch eine Deckelung der Einwandererzahlen sowie durch präferentielle Herkunftsquoten sollten sie die Zusammensetzung der US-amerikanischen Gesellschaft regulieren. Demnach durfte ein Land nur einen bestimmter Prozentsatz aller Zuwanderer stellen, der sich nach der Größe der entsprechenden Einwanderergruppe, die bereits in den USA war, berechnete. Diese Regelung war darauf ausgelegt, Immigranten aus Nordwesteuropa vor denen aus Süd- und Osteuropa (und Asien, die jedoch durch Vorläufergesetze bereits weitestgehend ausgeschlossen waren) zu bevorzugen. Kanada und die Länder Lateinamerikas waren von der neuen Regelung ausgenommen. Ersetzt wurden die Herkunftsquoten erst im Jahre 1965 durch Länderquoten, die relativ gleichmäßig pro Land und unabhängig von der Zusammensetzung der US-amerikanischen Gesellschaft festgesetzt wurden (Martin 2011, S. 183).

Die Reform des Jahres 1965, ein Produkt der Bürgerrechtsbewegung in den USA, führte zu einer Trendwende. Die Einwanderung begann wieder zu steigen, von knapp 2,5 Millionen Einwanderern in den 1950er Jahren auf 6,2 Millionen in den 1980er Jahren. Zuvor hatten nicht nur die Immigration Acts, sondern auch die Weltwirtschaftskrise der 1930er Jahre und der Zweite Weltkrieg für einen Rückgang der Immigration gesorgt (Wasem 2013a, S. 3; LeMay 2006, S. 16–17, 25–26; Martin 2011, S. 150, 191). Die *Immigration Amendments* aus dem Jahre 1965 bilden damit den Beginn der auch im Jahr 2014 noch andauernden aktuellen Einwanderungswelle. Ihre Bezeichnung als *amendments* (Gesetzesänderungen) bezieht sich auf das Stammgesetz der heutigen Einwanderungspolitik, den *Immigration and Nationality Act* aus dem Jahre 1952. Dieser regelt die Ein- und Ausreise in die USA für Nicht-Staatsangehörige der Vereinigten Staaten. Dazu zählen auch längerfristige begrenzte Aufenthalte, beispielsweise von Gaststudierende und Gastarbeitern (Wasem 2013a, S. 1–3, 5). Die Festsetzung von Länderquoten und der Wegfall diskriminierender Gruppenkontingente durch die *amendments* führten zu einer Diversifizierung der Herkunftsländer. Kamen zuvor mehr als die Hälfte der *legal permanent residents* (LPRs), also der registrierten Einwanderer, aus lediglich drei bis vier Ländern, kommen sie seitdem aus sieben bis acht Ländern. Auch die Herkunftsregionen haben sich verändert. Stammten 1960 noch 74 % der dokumentierten Einwanderer aus Europa, sind nun Lateinamerika und Asien mit 81 % (Jahr 2010) die mit Abstand am besten repräsentierten Regionen. Dabei kommen auf jeden asiatischen Einwanderer zwei Immigranten aus Lateinamerika (sogenannte *Latinos* oder *Hispanics*) (Wasem 2013a, S. 3–4).

Die Gruppe der Latinos (dazu zählen hier auch undokumentierte Einwanderer) umfasste im Jahr 2012 insgesamt 53 Millionen Personen. Damit stellen diese etwa 17 % der Bevölkerung der USA – und liegen deutlich vor den Afro-Amerikanern (12 %) und den Einwanderern aus Asien (5 %). Unter den Latinos sind die *Mexican-Americans* seit jeher die mit Abstand größte Gruppe. Bereits 1860 kamen vier von fünf Latinos aus Mexiko; allerdings betrug deren Gesamtzahl damals nur 155.000. Im Jahr 2011 waren immerhin noch zwei Drittel aller Hispanics mexikanischer Abstammung. Zum Vergleich: die zweitgrößte Latinogruppe, die der Puerto Ricaner, umfasste nur knapp 10 % (Pew 2013b, S. 3–5). Zwar besitzen Puerto Ricaner grundsätzlich von Geburt an einen US-Pass, da die karibische Insel zu den USA gehört, auch wenn sie kein Bundesstaat ist. Diejenigen, die aufs Festland gezogen sind, zählen in den Statistiken aufgrund des Sonderstatus der Insel aber als Zuwanderer (vgl. Rezvani 2007).

Der Anteil der Latinos und anderer Einwanderergruppen an der Gesamtbevölkerung der Vereinigten Staaten wird in den nächsten Jahrzehnten weiter zunehmen. In der Mitte des 21. Jahrhunderts werden US-Amerikaner europäischer Abstammung in der Minderheit sein. Nach den Prognosen des renommierten Umfrageinstituts Pew Research Center würde der Bevölkerungsanteil der Latinos sich bis zum Jahr 2050 auf 29 % nahezu verdoppeln, der Anteil der US-Amerikaner asiatischer Abstammung von 5 % auf 9 % steigen, während die Gruppe der Afro-Amerikaner mit etwa 13 % kaum wachsen dürfte. Zusammen bildeten diese Gruppen dann eine Mehrheit der US-amerikanischen Gesellschaft (Taylor und Cohn 2012).

Der Grund dafür ist, dass Zuwanderer für einen großen Teil des Bevölkerungswachstums der USA verantwortlich sind (zwischen 2000 und 2010 für 32 %) (Wasem 2013a, S. 4). In den Vereinigten Staaten ist nach einer längeren Phase der Stagnation die allgemeine Geburtsrate zwischen 2007 und 2010 um 8 % gesunken. Zwar sind Immigrantinnen von diesem Rückgang besonders deutlich betroffen. Ihre Geburtenrate sank um ganze 14 %, unter den Mexican-Americans sogar um 23 %. Immigrantinnen tragen dennoch immer noch knapp ein Viertel aller Geburten aus (Jahr 2010), also signifikant mehr als der Anteil aller Einwanderer von 13 % an der Gesamtbevölkerung der USA (Livingston und Cohn 2012, S. 1–2). Diese hohen Geburtenraten lassen sich teilweise dadurch erklären, dass ein Drittel aller Immigranten erst seit dem Jahr 2000 im Land ist (Wasem 2013a, S.18). Da Einwanderung meist in einem relativ jungen Alter geschieht, ist diese Gruppe durchschnittlich jünger (und umfasst dementsprechend auch mehr Frauen im gebärfähigen Alter) als ihre in den USA geborenen Mitbürger, die gleichzeitig auch durchschnittlich immer älter werden.

Somit fallen in den Vereinigten Staaten die demografischen Prognosen für die Gruppe der Einwanderer letztendlich immer noch deutlich günstiger aus als für Nicht-Immigranten. Zwar stagniert insbesondere die illegale Zuwanderung seit dem Jahr 2007, weshalb sich die Frage stellt, ob die europäisch stämmige Bevölkerung in der Mitte des Jahrhunderts tatsächlich in der Minderheit sein wird. Doch auch unter einem weniger optimistischen Wachstumsszenario wäre der Trend derselbe, würde bloß ein langsameres Tempo einnehmen. Dann verfügten die „weißen" US-Amerikaner im Jahr 2050 zwar immer noch mit 52 % über eine knappe Mehrheit. Es wäre aber bloß eine Frage der Zeit, wann sich dies zugunsten heutiger Minderheiten umdrehen würde (Taylor und Cohn 2012).

Diese demografischen Verschiebungen nehmen Einfluss auf politische Prozesse. Zuwanderer werden zu Wählern, wenn sie die Staatsbürgerschaft der USA erlangen. Dies erfordert zunächst einen in der Regel fünfjährigen Aufenthalt mit einer Greencard, also einer mit einer Arbeitsgenehmigung kombinierten Aufenthaltserlaubnis (Lee 2011, S. 1). Der Schritt zur Staatsbürgerschaft ist in den USA insgesamt mit weniger rechtlichen Hürden und kürzeren Wartezeiten verbunden als beispielsweise in Deutschland. Dennoch kann es Jahre dauern, bis der Schritt auch gemacht wird, da er den Nachweis ausreichender Englischkenntnisse erfordert und mit hohen Verwaltungsgebühren verbunden ist. Nicht zuletzt steht undokumentierten Einwanderern dieser Weg derzeit nicht offen.

61 % der Zuwanderer, welche die rechtlichen Anforderungen dafür erfüllen, lassen sich jährlich einbürgern. Ausgerechnet die größte Gruppe, die der Mexican-Americans, weist die niedrigste Quote auf. Nur 36 % derjenigen, die eine Staatsbürgerschaft beantragen könnten, entscheiden sich dafür (Gonzalez-Barrera et al. 2013, S. 5–7). Jedoch ist die Tendenz steigend – in den 1990er Jahren lag die Rate noch bei 20 % (Pew 2013c). Die höchsten Einbürgerungsraten verzeichnen Einwanderer aus Asien. Über ein Drittel aller *naturalizations* im Haushaltsjahr 2011 betrafen diese Bevölkerungsgruppe (Lee 2011, S. 2). Dies ist verhältnismäßig

viel, sind doch nur etwa ein Viertel aller nicht in den USA geborenen, aber dort lebenden Personen asiatischer Herkunft (Connor et al. 2013, S. 8).

Auch wenn längst nicht alle Einwanderer an Wahlen teilnehmen können und einige auch nicht wollen (ihre Wahlbeteiligung liegt leicht unter ihrem Anteil an der Wahlbevölkerung), nimmt ihr politisches Gewicht mit steigenden Einbürgerungsraten doch stetig zu. Im Jahr 2012 war bereits jeder zehnte stimmberechtigte US-Amerikaner lateinamerikanischer Abstammung; bei den Präsidentschaftswahlen entfielen auf diese Gruppe 8,4 % aller abgegebenen Stimmen. Damit haben sich die Anteile der Latinos am Wahlvolk und an den abgegebenen Stimmen seit 1996 fast verdoppelt (U.S. Census 2013, S. 5). Auch vom passiven Wahlrecht machen sie immer mehr Gebrauch. Im 113. Kongress (dessen Legislaturperiode von Anfang 2013 bis Ende 2014 dauerte) waren 35 der 435 Abgeordneten des Repräsentantenhauses lateinamerikanischer Abstammung (also 8 %), ebenso wie drei der hundert Mitglieder des Senats (Manzano 2013).

3 Die Genese der Einwanderungspolitik: Die *nation of immigrants* als Referenzrahmen und Reibungspunkt

Die Gründung der USA als Einwanderernation, als *nation of immigrants*, ist zu einer Metapher des US-amerikanischen Selbstverständnisses geworden. Der Verweis auf den Ursprung der Nation als eine Kolonie von Emigranten, die sich per Unabhängigkeitserklärung und Krieg ihres repressiven Mutterlandes entledigten, durchzieht auch heute noch die US-amerikanische Gesellschaft und Kultur, aber auch die Politik. Das Nation-Building als eine freie, unabhängige Gemeinschaft von Menschen aus verschiedenen Teilen der Erde bildet die Grundlage dafür, wie sich die USA nicht nur zuhause, sondern auch in der Welt definieren.

Der darauf begründete US-amerikanische Exzeptionalismus, die Triebkraft einer Außenpolitik, die je nach weltpolitischer und innenpolitischer Lage eher isolationistische oder eher interventionistische Elemente aufweist, stößt jedoch immer wieder auf Argwohn außerhalb der Grenzen der Vereinigten Staaten, bis hin zu radikaler Ablehnung. Die Ambivalenz der internationalen Gemeinschaft – einerseits Skepsis gegenüber der US-amerikanischen Dominanz in ihrer Mitte, andererseits der Wunsch nach einem wohlwollenden Hegemon, der sich dann international engagiert, wenn andere nicht wollen oder können – spiegelt sich in einer Ambivalenz der USA gegenüber den Neuankömmlingen im Land. Die in der Kultur der USA allgegenwärtige Metapher Immigration, die als Selbstreferenz dient, bricht sich mit einem weniger klaren politischen Bekenntnis zur Einwanderung als ständiger Selbsterneuerungsquelle der Nation. Damit bleibt auch das politische Herangehen an das Thema Immigration zwiegespalten.

Vor diesem Hintergrund verwundert es wenig, dass das rechtliche System zur Regulierung der Einwanderung in die USA, das im 20. Jahrhundert entstanden ist, so komplex wie kompliziert ist. Die Zuständigkeit für die entsprechende Gesetzgebung liegt auf Bundesebene; jedoch versuchen einzelne Bundesstaaten immer wieder durch eigene politische Initiativen die Einwanderungspolitik gemäß ihrer

Vorstellungen zu modifizieren. Ein Beispiel dafür ist der äußerst umstrittene *Support Our Law Enforcement and Safe Neighborhoods Act* (kurz SB 1070), der es Polizeibeamten im Bundesstaat Arizona erlaubt, den Aufenthaltsstatus einer Person aus einem nicht näher begründeten Verdacht heraus zu überprüfen. Kritiker monieren, das Gesetz aus dem Jahre 2010 lade zur Diskriminierung aufgrund von Hautfarbe und Sprachkenntnissen ein. Der Oberste Gerichtshof der USA bestätigte jedoch die Rechtmäßigkeit des Verfahrens, wenngleich er andere Teile des Gesetzes kippte (American Civil Liberties Union 2014).

Das rechtliche Fundament der aktuellen Einwanderungspolitik auf bundesstaatlicher Ebene ist der bereits genannte Immigration and Naturalization Act aus dem Jahre 1952. Er erlaubt momentan 675.000 Personen pro Jahr, legal in die USA einzuwandern. Hinzu kommt noch eine bestimmte Zahl von Flüchtlingen, deren Höhe der jeweilige US-Präsident festlegt. Drei Prinzipien bilden die Grundlage der Politik: die Familienzusammenführung, die Anwerbung von Immigranten mit einem Mehrwert für die Volkswirtschaft der USA und der Schutz von Flüchtlingen (American Immigration Council 2010). Die aktuelle Rechtslage erfüllt diese Prinzipien jedoch nur unzureichend. Sie hat sich der aktuellen Zusammensetzung und Lage der sogenannten *foreign-born population*, der im Ausland geborenen Bevölkerung, nicht ausreichend angepasst. Insbesondere der Umgang mit den elf Millionen undokumentierten Einwanderer stellt das aktuelle System vor eine bislang ungelöste Herausforderung. Die Gründe für diese hohe Zahl sind umstritten. Einige Stimmen in der Debatte sind der Meinung, der in den 1990er Jahren verschärfte Grenzschutz habe zu einem „Käfigeffekt" (*caging effect*) geführt. Demnach wurde das zuvor fließende Kommen und Gehen von mexikanischen Saisonarbeitern gebremst, da die Chancen auf eine Rückkehr, hat man einmal die USA verlassen, gesunken beziehungsweise nun mit hohen Kosten und Risiken verbunden sind. Andere Stimmen führen an, dass das Angebot an Visa (und damit die Möglichkeiten eines regulären Aufenthalts) die Nachfrage bei weitem übersteige (Wasem 2012, S. 14–15).

Auch wenn die Wege zur Legalisierung undokumentierter Immigranten (und darüber hinaus die Bedingungen für eine Einbürgerung) nach wie vor politisch äußerst umstritten sind, fußt das US-amerikanische Einwanderungsrecht doch auf einer festen Grundlage, was die Anerkennung im Land geborener Personen als Staatsbürger betrifft. Anders als beispielsweise in Deutschland, wo das *ius sanguinis*, das Abstammungsprinzip, vorherrschend ist, gilt in den USA das *ius soli*, das Geburtsprinzip. Demnach erhält jede Person, die auf dem Territorium der USA geboren wird, automatisch die Staatsbürgerschaft der Vereinigten Staaten. Jedoch reibt sich das gegenwärtige Einwanderungsrecht mit dieser Grundlage, was zu erheblichen sozialen Problemen führt. Denn während Kinder undokumentierter Einwanderer sich nicht nur legal im Land aufhalten dürfen, sondern sogar den besonderen Schutz als Staatsbürger genießen, können ihre Eltern jederzeit abgeschoben werden.

Diese Ambivalenz der US-amerikanischen Einwanderungspolitik zieht sich seit der Staatsgründung durch die Geschichte des Landes. Die kulturelle Selbstreferenz als Einwanderernation wurde bereits beim Entwerfen der Verfassung auf bestimmte

Gruppen und Formen der Immigration eingegrenzt. Die Gründungsväter der USA waren allesamt europäischer Abstammung. In ihren Augen war Einwanderung gleichzusetzen mit Einwanderung aus Europa. Zwar betrachteten sie eine radikale Abkehr vom kolonialen Mutterland als notwendig, um den neugegründeten Staat effektiv gestalten und leiten zu können. Um eine zu enge Bindung ans Heimatland zu verhindern, legten sie sogar in der Verfassung fest, dass nur jemand Präsident der USA werden könne, der auch im Land geboren ist (Gabaccia 2012, S. 52–53). Jedoch akzeptierten sie auch nur Einwanderer europäischer Herkunft als legitime Mitglieder der Gesellschaft des jungen Landes. Dies zeigt sich in der Zwangsimmigration von Afrikanern durch Versklavung. Von der Gründung der Republik bis zum Ende des Bürgerkriegs war dies eine verfassungskonforme Form der Migration, die eindeutig rassistischen Kriterien folgte. Die afroamerikanischen Sklaven besaßen keine Bürgerrechte und wurden von der weißen Mehrheitsbevölkerung nicht als Teil der US-amerikanischen Gesellschaft betrachtet.

Im 19. Jahrhundert setzte zusätzlich zur Migration aus Europa und Afrika auch Zuwanderung aus Mexiko und China ein. Während viele Mexikaner dadurch ins Land kamen, dass Teile des mexikanischen Territoriums im Krieg und durch Verkauf an die USA fielen, kamen chinesische Migranten vor allem als Arbeiter ins Land. Der Bau der transkontinentalen Eisenbahn, welche die Ost- und die Westküste der USA miteinander verbinden sollte, erforderte zahlreiche und insbesondere sehr belastbare Arbeiter. Ein bilateraler Vertrag mit China regelte daher die freie Einreise. Als der Eisenbahnbau vollendet war, blieben viele Chinesen im Land und stellten dort plötzlich eine Konkurrenz auf dem Arbeitsmarkt dar, da die 1870er Jahre von hoher Arbeitslosigkeit geprägt waren. Um weißen US-Amerikanern Vorteile bei der Jobsuche zu verschaffen, verabschiedete der US-Kongress daher 1882 das erste Gesetz, das explizit Angehörige einer bestimmten Nation von einer Einwanderung in die USA ausschloss, den *Chinese Exclusion Act*. Folgegesetze zielten außerdem darauf ab, bereits immigrierte Chinesen nach Heimatbesuchen an einer Rückkehr zu hindern und weiteten den betroffenen Personenkreis auf andere asiatische Staaten aus (Martin 2011, S. 93–96).

Auch im 20. Jahrhundert sorgte die Einwanderungsgesetzgebung immer wieder für die Ausgrenzung von Gruppen bestimmter nationaler Herkunft. Die Immigration Acts der 1920er Jahre zeigen, dass auch nicht alle europäischen Einwanderer stets willkommen waren. Die diskriminierenden Gesetze wurden verabschiedet, als Immigranten aus Südeuropa, aber auch Ungarn und Russland, immer größere Anteile der Neuankömmlinge ausmachten. Und obwohl die dann festgelegte Quote für Zuwanderung aus Deutschland in den 1930er Jahren genügend Spielraum ließ, wurde längst nicht allen jüdischen und sonstigen Opfer des Nazi-Regimes, die dies beantragten, Exil in den USA gewährt (Martin 2011, S. 6).

In den 1940er Jahren, insbesondere aber in den durch die Bürgerrechtsbewegung geprägten 1960er Jahren, verschwand die Diskriminierung einzelner Gruppen aus der Einwanderungsgesetzgebung. Ersetzt wurde sie allerdings durch eine zunehmende Regulierung der Einwanderung im Allgemeinen durch Visakontingente und, insbesondere seit den 1990er Jahren, durch strengere Grenzkontrollen. Ausgangspunkt für diesen Trend zur Liberalisierung einerseits (hinsichtlich der Herkunft der

Immigranten) und zur Regulierung andererseits (hinsichtlich des Bestrebens, die Migrationsströme in ihrer Stärke und Form besser zu kontrollieren) war das *bracero*-Programm aus dem Jahr 1942. Im Rahmen dieses Gastarbeiterprogramms wurden bis Kriegsende fast 220.000 Mexikaner in der Landwirtschaft der USA eingesetzt. 1950 umfasste das Programm fast 200.000 Arbeiter pro Jahr, darunter auch ehemals illegale Einwanderer, deren Aufenthalt zu diesem Zweck legalisiert worden war. Dennoch stellte eine Kommission im selben Jahr fest, dass die 200.000 registrierten *braceros* nur ein Fünftel aller landwirtschaftlichen Arbeiter mit Migrationshintergrund darstellten. Der Rest hielt sich illegal im Land auf und war damit rechtlich (vor allem arbeitsrechtlich) deutlich schlechter gestellt. Bereits damals fand also illegale Einwanderung statt, die durch Arbeitsmöglichkeiten in den USA (und einen Mangel an vergleichbaren Möglichkeiten in Mexiko) motiviert war. Das *bracero*-Programm führte dazu, dass billige mexikanische Arbeitskräfte eine Grundlage der Landwirtschaft in den USA wurden. In den 1950er Jahren machten sie beispielsweise ganze 70 % der Saisonarbeiter im Bundesstaat New Mexico aus und drückten in bestimmten landwirtschaftlichen Zweigen wie der Baumwollproduktion das Lohnniveau. Das *bracero*-Programm endete erst im Jahr 1964 im Zuge der Reform der Einwanderungspolitik (Martin 2011, S. 167–174).

Das Problem der undokumentierten Einwanderung blieb jedoch bestehen. Der einzige umfassende politische Versuch, diesem zu begegnen, erfolgte im Jahr 1986. Mithilfe von Interessengruppen der Industrie, Gewerkschaften und Kongressabgeordneten lateinamerikanischer und afrikanischer Herkunft beschloss Präsident Ronald Reagan eine umfassende Amnestie für undokumentierte Immigranten (LeMay 2006, S. 175). Der *Immigration Reform and Control Act* (IRCA) verhalf fast 2,7 Millionen von ihnen zu einer Aufenthalts- und Arbeitsgenehmigung und ebnete ihnen gleichzeitig einen Weg zum Erlangen der Staatsbürgerschaft. Antragsberechtigt waren alle, die vor dem Jahr 1982 in. Land gekommen waren, sowie Arbeiter in der Landwirtschaft. Die Zahl der undokumentierten Zuwanderer fiel in der Folge zwischen 1986 und 1988 von 3,2 auf 1,9 Millionen (Wasem 2012, S. 1–2).

Da das Gesetz jedoch eine einmalige Amnestieaktion darstellte, wuchs die Zahl der illegalen Einwanderer schnell wieder an (im Jahr 1990 auf 3,5 Millionen) und erreichte im Jahr 2007, kurz vor Einsetzen der Finanz- und Wirtschaftskrise in den USA, den Höchststand von 12,4 Millionen (Wasem 2012, S. 3–4). Durch die zeitliche Begrenzung der IRCA-Maßnahmen wurde die illegale Einwanderung also nur vorübergehend gedämmt; die Push- und Pull-Faktoren der Immigration blieben unverändert und gewannen bis zum Höchststand der Zahlen 2007 offenbar sogar noch an Attraktivität. Gleichzeitig stieg auch die Zahl der Flüchtlinge infolge einer Reform im Jahr 1980. Der *Refugee Act* etablierte Mechanismen, die Flüchtlingen und Asylbewerbern einen Weg zur Erlangung einer regulären Aufenthalts- und Arbeitsgenehmigung eröffneten. Waren zwischen 1966 und 1980 insgesamt 718.000 Flüchtlinge ins Land gekommen, stieg diese Zahl nach der Verabschiedung des Gesetzes auf 1,6 Millionen im Jahr 1995 (Wasem 2013a, S. 2). Gemäß der Kalten-Kriegs-Logik wurden Flüchtlinge aus kommunistischen Staaten wie Kuba und der Sowjetunion bevorzugt; Flüchtlinge aus Staaten, die geografisch nah bei den USA liegen und Quelle illegaler Einwanderung gewesen waren, wie Haiti, El Salvador oder Guatemala, wurden größtenteils abgewiesen (Martin 2011, S. 249).

4 Die aktuelle Einwanderungspolitik und ihr Reformbedarf

Die letzte größere Reform der Einwanderungsgesetzgebung fand im Jahr 1990 statt. Der *Immigration Act of 1990* erweiterte die Möglichkeiten der Einwanderung. Ziel war es, insbesondere hochqualifizierte Personen anzuwerben, um so positive Effekte für die Volkswirtschaft der USA herzustellen. Gleichzeitig verbesserte das Gesetz die Möglichkeiten, langfristig die Staatsbürgerschaft zu erlangen. Es erhöhte die Zahl neu erteilter Greencards auf 675.000 pro Jahr und legte Quoten für Visa zur Familienzusammenführung und Arbeitsvisa mit Arbeitgeberunterstützung fest (Wasem 2013a, S. 2; Martin 2011, S. 217–219). Als Anfang der 1990er Jahre die illegale Zuwanderung wieder deutlich zunahm, trübte dies die einwanderungsfreundliche politische Stimmung, die zur Verabschiedung des Gesetzes geführt hatte. Auch innerhalb der US-amerikanischen Gesellschaft, vor allem in den Grenzregionen zu Mexiko, wuchs der Unmut über den Zuwachs der Bevölkerung ohne Aufenthaltserlaubnis. Offiziellen Schätzungen zufolge nahm deren Zahl jedes Jahr um etwa 300.000 Personen zu. Die meisten von ihnen gingen nach Kalifornien; danach folgten Texas, New York, Florida und Illinois.

Besonders drastisch brachten die Bürger des Bundesstaats Kalifornien ihre Ablehnung der neuen Mitbürger zum Ausdruck. 1994 sprachen sie sich in einem Volksentscheid dafür aus, illegalen Einwanderern den Zugang zu öffentlichen Dienstleistungen wie Bildung und medizinische Betreuung (jenseits der Notfallmedizin) zu sperren. Damit widersprach die *Proposition 187* einem Urteil des Obersten Gerichtshofes der USA aus dem Jahr 1982, demzufolge alle sich in den USA befindlichen Kinder, egal ob Bürger oder undokumentierte Einwanderer, ein Recht auf Schulbildung haben. Das politische Signal, das Kalifornien mit der Proposition 187 nach Washington sendete, war jedoch eindeutig (Martin 2011,S. 253–254).

Mitte der 1990er Jahre reagierte die Regierung der USA auf den geringen Erfolg ihrer Strategie, die Zunahme der undokumentierten Einwanderung vor allem durch Sanktionen von Arbeitgebern einzudämmen. Grund für den ausbleibenden Erfolg war, dass es relativ einfach war, die für eine legale Beschäftigung erforderlichen Dokumente zu fälschen. Der Kongress setzte daher eine Expertenkommission ein, die Vorschläge für eine Reform der Einwanderungspolitik formulieren sollte. Die *U.S. Commission on Immigration Reform* forderte in ihrem Bericht 1994 ein elektronisches System zur Identifikation legal registrierter Arbeitnehmer. Ziel ihrer Handlungsempfehlungen war es, nicht nur die illegale Einwanderung einzudämmen, sondern gleichzeitig auch die legale Einwanderung zu fördern beziehungsweise bereits im Land befindliche Immigranten zu legalisieren.

Die Empfehlungen zur illegalen Einwanderung wurden durch Maßnahmen der Exekutive weitgehend umgesetzt; die zur legalen Einwanderung fanden keine Anwendung (Martin 2011, S. 255–257, 263–264). Stattdessen verabschiedete der

US-Kongress im Jahr 1996 mehrere Gesetze, welche den Status von Immigranten mit einem legalen und langfristig angelegten Aufenthaltsstatus verschlechterten – und damit viele Forderungen des kalifornischen Bürgerentscheids aufgriffen. Der Kongress schränkte beispielsweise den Zugang zu staatlichen Förderprogrammen ein. Gleichzeitig bewilligte er aber auch mehrere Gastarbeiterprogramme, um die Nachfrage der rasch wachsenden Volkswirtschaft der USA zu bedienen (Martin 2011, S. 266–267; LeMay 2006, S. 195–196). Immigranten wurden also immer noch als Teil der volkswirtschaftlichen Wertschöpfungskette willkommen geheißen, aber weniger als Mitglieder der US-amerikanischen Gesellschaft.

Zugleich stiegen die Bemühungen um eine bessere Abriegelung und Kontrolle der Grenze zwischen den USA und Mexiko. Die Grundlage dafür hatte der eigentlich einwanderungsfördernde *Immigration Act of 1990* gelegt (Martin 2011, S. 219). Das Personal an der Grenze wurde verstärkt (Rosenblum et al. 2013, S. 3) und die Zahl der Abschiebungen wuchs von 1996 auf 1997 um ganze 60 % (U.S. Department of Homeland Security 2010). Auch wenn seit den 1970er Jahren der Kampf gegen den ansteigenden Drogenhandel eine bedeutende Motivation gewesen war, den Grenzschutz zu verschärfen, und in den 1990er Jahren die Sorge um den Terrorismus hinzukam (insbesondere infolge des Bombenanschlags in Oklahoma City 1993), war die Eindämmung der illegalen Einwanderung in all diesen Jahren die wichtigste Aufgabe des Grenzschutzes.

Mit den Terroranschlägen in New York und Washington am 11. September 2001 rückte das Ziel, das Staatsgebiet vor Terroristen zu schützen, jedoch in den Vordergrund. Unter Präsident George W. Bush wurde die Einwanderungspolitik durch weitreichende gesetzliche und institutionelle Veränderungen darauf fokussiert, ausländische Terroristen an einem Betreten der Vereinigten Staaten zu hindern. Beispielsweise erfordert die Ausstellung eines Visums nun ein persönliches Interview in einem Konsulat oder einer Botschaft der USA; ein neues elektronisches Datenerfassungssystem registriert jeden Neuankömmling bei der Einreise in die USA; die Kriterien für eine Einreiseerlaubnis wurden verschärft; und der rechtliche Spielraum für Abschiebungen erweitert. Insbesondere Personen arabischer Herkunft und/oder muslimischen Glaubens waren von den neuen Regelungen betroffen, was zu heftiger Kritik führte.

Die Grundlage dieser Reformen bildete der *USA Patriot Act*, den der US-Kongress nur wenige Wochen nach den Terroranschlägen verabschiedete (Martin 2011, S. 271–277; Gabaccia 2012, S. 197). Ein Jahr später folgte der *Homeland Security Act*, der eine umfassende institutionelle Umstrukturierung begründete. Die Zuständigkeit für Immigrationsfragen wurde vom Justizministerium größtenteils an das neugeschaffene *Department of Homeland Security* (DHS), das Heimatschutzministerium, übertragen, das im März 2003 seine Arbeit aufnahm (U.S. Department of Homeland Security 2014). Die seit fast hundert Jahren für Einwanderungspolitik zuständige Behörde *Immigration and Naturalization Service* wurde aufgelöst und mit neuem Namen und neuer Struktur Teil des DHS. Visafragen obliegen nun den *U.S. Citizenship and Immigration Services*; für die Umsetzung der einwanderungsrechtlichen Bestimmungen sind hingegen zwei verschiedene Einheiten zuständig. *Customs and Border Protection* verantwortet den Grenzschutz und *Immigration and Customs Enforcement* die Einhaltung der entsprechenden Gesetze innerhalb der Landesgrenzen (LeMay 2006, S. 9–10; Martin 2011, S. 277–278). Mit der Schaffung des DHS erhielt der Schutz vor Terroristen politische und administrative Priorität vor Einwanderungsfragen. Dies macht der Name der neuen Behörde deutlich, denn *homeland security* (Heimatschutz) bedeutete genau dies – das Territorium der USA vor weiteren Angriffen durch Terroristen zu bewahren (LeMay 2006, S. 10).

Gleichzeitig erkannte Präsident George W. Bush, der zuvor als Gouverneur den Bundesstaat Texas an der Grenze zu Mexiko regiert hatte, dass die Einwanderungspolitik der USA stark reformbedürftig war. Anders als die meisten seiner republikanischen Parteikollegen, die ihn im Präsidentenamt beerben wollten, nahm er die Interessen der im Ausland geborenen Bevölkerung, insbesondere die der Latinos ernst, was u.a. auch daran lag, dass er ihren Einfluss als Wählerblock nicht unterschätzte. Dies zeigte sich beispielsweise in seinen – wenn auch oft als unbeholfen und sprachlich fehlerhaft belächelten – Versuchen, im Wahlkampf Latino-Wähler auf Spanisch anzusprechen (Trende 2013).

In seiner zweiten Amtszeit machte Präsident Bush daher, wohl auch um sich angesichts seiner zunehmend in die Kritik geratenen Außen- und Sicherheitspolitik anderweitig politische Lorbeeren zu verdienen, die umfassende Reform der Einwanderungspolitik zu einer seiner obersten politischen Prioritäten. Sein wichtigstes Anliegen war hierbei, die illegale Einwanderung in den Griff zu bekommen. Seine Reformvorschläge sahen einerseits eine weitere Verstärkung des Grenzschutzes vor. Andererseits forderte er aber auch eine umfassende Reform des Visasystems für Gastarbeiter, die Ausweitung der legalen Einwanderung sowie und Änderungen des Prozesses, mit dem bestimmt wurde, welche ausländischen Arbeiter besonders gebraucht würden (Wasem 2013b, S. 1).

Unterstützung erhielt er im Senat durch seinen Parteikollegen John McCain, Senator des an Mexiko angrenzenden Bundesstaats Arizona, der 2008 als Präsidentschaftskandidat gegen Barack Obama antreten sollte. Ein Gesetzesentwurf, den McCain gemeinsam mit seinem demokratischen Kollegen Senator Ted Kennedy aus Massachusetts propagierte, scheiterte aber 2007 im Kongress. Der Entwurf hatte ein neues umfassendes Gastarbeiterprogramm, mehr Visa für hochqualifizierte Personen sowie einen Weg zur Legalisierung für undokumentierte Einwanderer vorgesehen – allesamt Forderungen, die auch im Jahr 2014 die Debatte um eine Reform der Einwanderungspolitik bestimmten (Gabaccia 2012, S. 208).

Die Einwanderungspolitik von Präsident Barack Obama zeichnet sich einerseits durch eine neue Härte, andererseits aber auch durch ein klares Bekenntnis zur Einwanderung als Grundprinzip der US-amerikanischen Gesellschaft nicht nur in der Vergangenheit, sondern auch in der Gegenwart aus. Dementsprechend setzte Barack Obama sich bereits in seinen Präsidentschaftswahlkämpfen 2008 und 2012 für eine umfassende Reform ein. Sein Ziel war es dabei vor allem, den undokumentierten Immigranten einen Weg zur Staatsbürgerschaft, zumindest aber einen legalen Aufenthaltsstatus zu gewährleisten. Ähnlich wie sein Vorgänger George W. Bush machte er die Einwanderungspolitik zu einem der wichtigsten legislativen Projekte seiner zweiten Amtszeit.

Mit diesem Engagement konnte er in beiden Präsidentschaftswahlen den zunehmend wichtigen Block der Latino-Wähler für sich gewinnen. Zwei Drittel (67 %) gaben Barack Obama 2008 ihre Stimme, 2012 waren es sogar 71 % (Lopez und Taylor 2012, S. 4). Auch wenn die Mehrheit der Latinos sich traditionell dem Lager der Demokratischen Partei zuordnet, stimmten bei diesen zwei Wahlen doch deutlich weniger für die republikanischen Kandidaten als für George W. Bush, der 2004 immerhin 40 % der sogenannten *latino vote* gewann (Suro et al. 2005, S. 15). Präsident Obama konnte 2012 bei dieser Wählergruppe vor allem deshalb punkten, weil sie ihm beim Thema Wirtschaft, das ihr laut Umfragen am wichtigsten war, mehr Kompetenz und soziale Gesinnung zusprach als seinem Herausforderer Mitt Romney. Zwar waren Latinos überproportional stark von den Folgen der Rezession und Wirtschaftskrise in den USA betroffen, erholten sich aber auch überdurchschnittlich rasch wieder davon. Auch bei ihrem zweitwichtigsten Thema, der Bildung, welches mit der Chance auf soziale Mobilität gleichzusetzen ist, erhielt Obama die besseren Umfragewerte (Rytz 2012b, S. 5–6).

Sorge bereitete vielen Latino-Wählern allerdings die Abschiebungspolitik der Obama-Administration, wenngleich das ihr Wahlverhalten offenbar nicht maßgeblich beeinträchtigte. In einer Umfrage des Pew Research Center vom Herbst 2013 zeigte sich über die Hälfte der befragten Latinos besorgt, ein Familienmitglied oder ein enger Freund könne abgeschoben werden (Lopez und Brown 2014). Denn unter Präsident Obama stieg die Zahl der Abschiebungen deutlich an. Im Haushaltsjahr 2013 (Oktober 2012 bis September 2013) wurden beispielsweise knapp 370.000 Immigranten ausgewiesen. Als Reaktion auf diese Sorgen reduzierte Präsident Obama den Kreis derjenigen, die abgeschoben werden können. Dieser umfasste nun vor allem kriminell gewordene Einwanderer (im Haushaltsjahr 2011 betraf fast die Hälfte aller Abschiebungen diese Gruppe) (Wasem 2013a, S. 17); andere Gruppen sollten möglichst gar nicht mehr abgeschoben werden, zum Beispiel Eltern minderjähriger Kinder (Washington Times 2013).

Die wichtigste rechtliche Neuerung in diesem Zusammenhang war jedoch die Ausnahmeregelung für die sogenannten *Dreamers*. Dabei handelt es sich um junge illegale Immigranten, die ihre Schulbildung oft komplett in den USA erhalten oder dort sogar ein College besucht haben. Sie sind also nicht nur im Land fest verwurzelt, sondern der Staat hat auch bereits viel Geld in sie investiert. Jahrelang wurde ein Gesetz namens *DREAM Act (Development, Relief, and Education for Alien Minors)*, das dieser Gruppe eine Amnestie ermöglicht hätte, immer wieder in den Kongress eingebracht, diskutiert und schließlich verworfen. Im August 2012 gewährte nun Präsident Obama den Dreamers eigenhändig Amnestie. Im ersten Jahr nach Inkrafttreten der Regelung wurden fast eine halbe Million Anträge auf Ausnahme von einer Abschiebung bewilligt (U.S. Citizenship and Immigration Services 2013). Zwar muss die Bewilligung nach zwei Jahren erneuert werden, aber sie erlaubt es den jungen Leuten, in dieser Zeit aus dem Schatten der Illegalität zu treten, sich beispielsweise einen Führerschein (wichtig auch als Ausweisdokument in den USA) zuzulegen oder ein Bankkonto zu eröffnen (Singer und Svajlenka 2013).

Diese Regelungen sind für die Obama-Administration jedoch nur Überbrückungsmaßnahmen bis der Kongress eine umfassende Reform der

Einwanderungspolitik beschließt. Mit der Forderung nach einer Reform ist sie Teil einer Koalition von Interessengruppen der Wirtschaft, Immigrantenverbänden und Abgeordneten im Kongress, die hauptsächlich der demokratischen Partei angehören. Ihre Argumentation beruht hauptsächlich auf drei Elementen: der Verweis auf (1) makroökonomische Interessen, (2) den großen bürokratischen Aufwand und die hohen Kosten der aktuellen Politik und (3) die nicht angemessene Erfüllung des Ziels der Familienzusammenführung (festgelegt im Immigration and Naturalization Act aus dem Jahr 1965) (Greenstone et al. 2012).

Erstens führen sie auf verschiedene Studien an, die zeigen, dass eine Legalisierung der illegalen Einwanderer und ein Ausbau der legalen Einwanderung positive Effekte für die Volkswirtschaft der USA hätten. Das Bruttoinlandsprodukt (BIP) würde zwischen 0,3 und 0,8 % pro Jahr wachsen, das Steueraufkommen steigen und die wirtschaftlichen Aktivitäten der Immigranten zunehmen (Enchautegui et al. 2013, S. 2). Zweitens verweisen sie auf die hohen Kosten für alle Beteiligten des Einwanderungsprozesses, die Einwanderer selbst, die beteiligten Behörden und die Arbeitgeber. Diese ließen sich durch eine Reform deutlich reduzieren. Um sich durch den rechtlichen Dschungel bis hin zur Greencard oder Einbürgerung zu kämpfen, sind Immigranten häufig auf die Unterstützung von auf Einwanderungsrecht spezialisierten Anwälte angewiesen (Greenstone et al. 2012, S. 3). Zudem sind die Gerichte der hohen Zahl von Abschiebungsverfahren nicht gewachsen. Pro Fall werden durchschnittlich nur sieben Minuten im Gerichtssaal verwendet. Drittens schätzen die Reformbefürworter Familienzusammenführungen unter den jetzigen Bedingungen als zu langwierig ein. Die Wartezeiten betragen nach Antragstellung mindestens sieben Jahre, außer bei Ehepartnern und Eltern (Washington Post 2014).

Kritiker dieser Forderungen fürchten hingegen erhöhte Sozialausgaben. Zwar liegen bereits jetzt die Steuereinnahmen durch Immigranten über den entstehenden Kosten für Schulbesuche oder die medizinische Versorgung, doch sind Staaten mit einem besonders hohen Migrantenanteil tatsächlich überproportional stark belastet. Die renommierte Brookings Institution forderte daher einen Lastenausgleich zwischen den Bundesstaaten der USA (Greenstone et al. 2012, S. 5–6).

Die verschiedenen Reformvorschläge, die in Washington diskutiert werden, umfassen meist ein stärkeres staatliches Durchgreifen (also besseren Grenzschutz und bessere Umsetzung des Einwanderungsrechts), eine bessere Überprüfung des Aufenthaltsstatus potentieller Arbeitnehmer durch die Arbeitgeber, eine bessere Regulierung der legalen Einwanderung sowie eine Strategie zum Umgang mit den undokumentierten Einwanderern im Land. Differenzen gibt es insbesondere beim letzten Punkt: Sollten alle Illegalen legalisiert werden oder nur bestimmte Gruppen? Öffnet eine Legalisierung automatisch auch einen Weg zur Staatsbürgerschaft? Welche Voraussetzungen wären dafür jeweils von den Betroffenen zu erfüllen? Und sollte zunächst der Grenzschutz verstärkt werden, oder könnte dies parallel zur Legalisierung laufen? Präsident Obamas eigener Vorschlag sieht eine sogenannte *earned citizenship*, eine verdiente Staatsbürgerschaft, vor. Demnach sollen undokumentierte Einwanderer langfristig nur eingebürgert werden können, wenn sie bestimmte Kriterien erfüllen. Sie sollen beispielsweise ein Bußgeld zahlen, ausstehende Steuerschulden begleichen und bei der Bearbeitung ihrer Anträge keine Sonderbehandlung erfahren (Weißes Haus 2014).

5 Ausblick

Die Debatte um die Reform der Einwanderungspolitik im Jahr 2014 steht exemplarisch für die Ambivalenz, welche den politischen Umgang mit dem Thema Immigration seit Gründung der USA prägt. Einerseits ist das Selbstverständnis als Einwanderernation fest im nationalen Narrativ verankert und der Staat fördert – in erster Linie motiviert durch wirtschaftliche Interessen – Immigration mit politischen Maßnahmen. Auch im 21. Jahrhundert sind die USA das beliebteste Auswanderungsziel weltweit. Andererseits zeigt die Analyse der Gesetzgebung im historischen Kontext, dass Washington immer wieder bestimmte Gruppen von einer Einwanderung abschreckte oder gänzlich ausschloss. Insbesondere im 19. Jahrhundert erfuhren Einwanderer, die nicht europäischer Abstammung oder protestantischen Glaubens waren, teils massive Diskriminierung. Auch die Sklaverei stand, als wirtschaftlich motivierte und nach rassistischen Kriterien konzipierte Zwangsmigration, bis zu ihrer Abschaffung in den 1860er Jahren im scharfen Kontrast zum positiven Selbstverständnis der USA als *nation of immigrants*.

Nicht zuletzt der US-amerikanischen Bürgerrechtsbewegung ist es zu verdanken, dass die Einwanderungspolitik der Vereinigten Staaten im Jahr 2014 Ausgrenzung einzelner Gruppen aufgrund ihrer nationalen Herkunft weitestgehend ausschließt. Dennoch ist sie, so die übereinstimmende Meinung von Präsident Obama, den Demokraten im Kongress und Teilen des republikanischen Parteiestablishment, dringend reformbedürftig. Größte Herausforderung ist der Umgang mit den etwa elf Millionen undokumentierten Einwanderern im Land, von denen die meisten aus dem Nachbarland Mexiko stammen. Mittelfristig ist eine politische Reform zu erwarten, welche den Weg zur Einbürgerung dieser Gruppe oder zumindest zu einem legalen Aufenthaltsstatus ebnet. Dabei wird auch der Grenzschutz verstärkt werden, der bereits seit den 1970er Jahren großen finanziellen und personellen Zuwachs verzeichnet. Auch eine gezieltere Anwerbung von Fachkräften, um volkswirtschaftliche Wachstumseffekte zu erzielen, ist zu erwarten.

Dass es in naher Zukunft zu einer solchen Reform kommen wird, ist eher unwahrscheinlich. Der Kongress ist derzeit so stark polarisiert zwischen den zwei Parteien, dass selbst bei grundsätzlichen Fragen wie der Verabschiedung des Haushalts eine Einigung regelmäßig hinausgezögert wird und oft ganz scheitert (siehe Beitrag von David Sirakov in diesem Sammelband sowie Rytz 2012a). Allerdings könnten die Präsidentschaftswahlen im Jahr 2016 eine Chance darstellen. Denn der Druck auf die Republikaner ist hoch, ihre Stimmenanteile bei den Latino-Wählern deutlich zu verbessern. Eine Reform der Einwanderungspolitik könnte den entscheidenden Impuls liefern. Selbst nach einer Reform werden die Debatten um die Einwanderungspolitik in den USA aber nicht verstummen. Zu groß ist das

Spannungsverhältnis zwischen nationalem Selbstverständnis, wirtschaftlichen Interessen und der sogenannten Angst vor „Überfremdung". Je mehr sich das demografische Gewicht jedoch hin zu Personen nichteuropäischer Herkunft verschiebt, desto mehr könnte die moderne Immigration aus Lateinamerika, Asien und Afrika an Akzeptanz gewinnen.

Literatur

American Civil Liberties Union. 2014. *SB1070 at the Supreme Court. We vow to fight.* https://www.aclu.org/whats-stake-sb-1070-supreme-court-0. Zugegriffen am 05.02.2014.
American Immigration Council. 2010. *Basics of the United States immigration system.* Washington, D.C.
Connor, Phillip, D'Vera Cohn, Ana Gonzalez-Barrerra, Russ Oates. 2013. *Changing patterns of global migration and remittances.* Washington, D.C.: Pew Research Center.
Enchautegui, María E., Stephan Lindner, und Erika Poethig. 2013. *Understanding the economic and fiscal impacts of immigration reform. A guide to current studies and possible expansions.* Washington, D.C.: Urban Institute.
Gabaccia, Donna R. 2012. *Foreign relations. American immigration in global perspective.* Princeton, Oxford: Princeton University Press.
Gonzalez-Barrera, Ana, Mark Hugo Lopez, Jeffrey S. Passel, und Paul Taylor. 2013. *The path not taken. Two-thirds of legal Mexican immigrants are not U.S. citizens.* Washington, D.C.: Pew Research Center. 4 February 2013
Greenstone, Michael, Adam Looney, und Harrison Marks. 2012. *The U.S. immigration system. potential benefits of reform.* Washington, D.C.: Brookings Hamilton Project.
Lee, James. 2011. *U.S. Naturalizations. 2011.* Washington, D.C.: Department of Homeland Security (Annual Flow Report). April 2012.
LeMay, Michael C. 2006. *Guarding the gates. Immigration and national security.* Westport, London: Greenwood.
Livingston, Gretchen und D'Vera Cohn. 2012. *U.S. birth rate falls to a record low. Decline is greatest among immigrants.* Washington, D.C.: Pew Research Center.
Lopez, Mark Hugo, und Anna Brown. 2014. *Hispanics prioritize legalization for unauthorized immigrants over citizenship.* Washington, D.C.: Pew Research Center.
Lopez, Mark Hugo, und Paul Taylor. 2012. *Latino voters in the 2012 election.* Washington, D.C.: Pew Research Center.
Manzano, Sylvia. 2013. *Latino representation in the 113th congress.* http://www.latinodecisions.com/blog/2013/01/25/latino-representation-in-the-113th-congress/. Zugegriffen am 25.01.2013.
Martin, Susan F. 2011. *A nation of immigrants.* New York: Cambridge University Press.
New York Times. 2013. Senate, 68 to 32, Passes Overhaul for Immigration. 27 June 2013.
Pew Research Center. 2013a. *A nation of immigrants. A portrait of the 40 Million, Including 11 Million Unauthorized.* Washington, D.C.
Pew Research Center. 2013b. *Diverse origins. The nation's 14 largest hispanic-origin groups.* Washington, D.C.
Pew Research Center. 2013c. *Unauthorized immigrants. How Pew research counts them and what we know about them.* Washington, D.C.
Rezvani, David A. 2007. The basis of Puerto Rico's constitutional status: Colony, compact, or 'federacy'? *Political Science Quarterly* 122(1): 115–140.
Rosenblum, Marc R., Jerome P. Bjelopera, Kristin M. Finklea. 2013. *Border security. Understanding threats at U.S. Borders.* Washington, D.C.: Congressional Research Service.
Rytz, Henriette. 2012a. Die politische Handlungsfähigkeit. Blockaden in Washington. In *State of the union. Innenpolitische und binnenwirtschaftliche Herausforderungen für die*

Führungsrolle der USA in der Welt. Stormy Mildner, Henriette Rytz, Johannes Thimm, 50–70. SWP-Studie 2012/S 16. Berlin: Stiftung Wissenschaft und Politik.
Rytz, Henriette. 2012b. *Konservative unter Anpassungsdruck. Die republikanische Partei vor den Wahlen 2012. SWP-Aktuell 32*. Berlin: Stiftung Wissenschaft und Politik.
Rytz, Henriette. 2013. *Ethnic interest groups in US foreign policy making. A Cuban-American story of success and failure*. New York: Palgrave Macmillan.
Singer, Audrey, Nicole Prchal Svajlenka. 2013. *Immigration facts. Deferred action for childhood arrivals (DACA)*. Washington, D.C.: Brookings Metropolitan Program.
Suro, Roberto, Richard Fry, und Jeffrey Passel. 2005. *Hispanics and the 2004 election. Population, electorate and voters*. Washington, D.C.: Pew Research Center.
Taylor, Paul, D'Vera Cohn. 2012. *A milestone en route to a majority minority nation*. Washington, D.C.: Pew Research Center.
Trende, Sean. 2013. The GOP and Hispanics: What the future holds. http://www.realclearpolitics.com/articles/2013/06/28/the_gop_and_hispanics_what_the_future_holds_119011.html. Zugegriffen am 10.02.2014.
U.S. Census. 2013. *The diversifying electorate. Voting rates by race and origin (and other recent elections)*. Washington, D.C.
U.S. Citizenship and Immigration Services. 2013. *Deferred action for childhood arrivals. Data*. Washington, D.C.
U.S. Department of Homeland Security. 2010. *Aliens removed or returned. Fiscal years 1892 to 2010*. Washington, D.C. Januar 2011, Dezember 2010.
U.S. Department of Homeland Security. 2014. *Creation of the department of homeland security*. http://www.dhs.gov/creation-department-homeland-security. Zugegriffen am 07.02.2014.
Wasem, Ruth Ellen. 2012. *Unauthorized aliens residing in the United States. Estimates since 1986*. Washington, D.C.: Congressional Research Service.
Wasem, Ruth Ellen. 2013a. *U.S. immigration policy. Chart book of key trends*. Washington, D.C.: Congressional Research Service.
Wasem, Ruth Ellen. 2013b. *Brief history of comprehensive immigration. Reform efforts in the 109th and 110th congresses to inform policy discussions in the 113th congress*. Washington, D.C.: Congressional Research Service.
Washington Post. 2014. *In a crowded immigration court, seven minutes to decide a family's future*. 03.02.2014.
Washington Times. 2013. *Obama adds to list of illegal immigrants not to deport: Parents*. 23.08.2013.
Weißes Haus. 2014. *Immigration*. http://www.whitehouse.gov/issues/immigration. Zugegriffen am 10.02.2014.

Der Präsident schlägt vor, der Kongress ordnet an: US-Wirtschaftspolitik nach der Finanz- und Wirtschaftskrise

Stormy-Annika Mildner und Julia Howald

Inhalt

1 Einleitung: Checks and Balances in der Wirtschaftspolitik 440
2 Wirtschaftliches Potenzial und Herausforderungen 441
3 Fiskalpolitik: Zankapfel zwischen Demokraten und Republikanern 445
4 Finanzmarktpolitik: Für die nächste Krise gewappnet? 448
5 Geldpolitik in der Krise? 451
6 Handelspolitik: Handel für Wirtschaftswachstum 453
7 Fazit und Ausblick 456
Literatur 457

Zusammenfassung

Als Präsident Obama Anfang 2009 sein Amt antrat, steckten die USA noch tief in der schwersten Finanz- und Wirtschaftskrise seit der Großen Depression. Infolge der Finanz- und Wirtschaftskrise und seit dem Amtsantritt von Präsident Obama Anfang 2009 wurden in einigen wirtschaftspolitischen Bereichen wie der Finanzmarktpolitik wichtige Reformen vorgenommen. In der Geldpolitik wurden die Kompetenzen der US-Zentralbank erweitert. Andere Felder sind jedoch von der politischen Blockade im Kongress stark beeinträchtigt: die Fiskalpolitik hat sich zum Zankapfel von Demokraten und Republikanern entwickelt, und auch in der Handelspolitik besteht derzeit zu viel Uneinigkeit, um dem Präsidenten das Handelsmandat zu übertragen. Dabei wären weitere Reformen dringend notwendig, um die wirtschaftliche Stärke des Landes langfristig nicht zu gefährden.

S.-A. Mildner (✉) • J. Howald
Bundesverband der Deutschen Industrie e.V., Berlin, Deutschland
E-Mail: s.mildner@bdi.eu; j.howald@bdi.eu

© Springer Fachmedien Wiesbaden 2016
C. Lammert et al. (Hrsg.), *Handbuch Politik USA, Springer NachschlageWissen*,
DOI 10.1007/978-3-658-02642-4_27

Schlüsselwörter

Fiskalpolitik • Geldpolitik • Handelspolitik • Federal Reserve System • Finanzmarktaufsicht

1 Einleitung: Checks and Balances in der Wirtschaftspolitik[1]

Der US-amerikanische Präsident kann sich viel vornehmen für seine Wirtschaftspolitik. Wie diese letztlich ausfällt, hängt jedoch keinesfalls nur von den Vorstellungen des Präsidenten und seiner Berater ab. Vielmehr ist Wirtschaftspolitik das Ergebnis eines komplexen Zusammenspiels zahlreicher interner und externer Faktoren: der verfassungsrechtlichen Aufgabenverteilung zwischen der Exekutive und der Legislative, der Mehrheitsverhältnisse im Kongress, der Kooperationsbereitschaft der Regierungsorgane, dem Einfluss von Interessengruppen und der öffentlichen Meinung sowie nicht zuletzt der wirtschaftlichen Lage selbst. So ist es zwar einigen Präsidenten gelungen, wirtschaftspolitische Paradigmenwechsel zu vollziehen. Man denke allein an die Politik Ronald Reagans in den 1980er Jahren, genannt *Reaganomics*, die mit ihrer Deregulierungspolitik und dem Abbau staatlicher Leistungen gerade im Sozialbereich deutlich mit der Wirtschaftspolitik der 1970er Jahren brach. Zumeist trägt die Wirtschaftspolitik jedoch weit mehr als die Handschrift des Präsidenten. Dies gilt für *Reaganomics* genauso wie für die Wirtschaftspolitiken anderer Präsidenten.

Die institutionelle Aufgabenverteilung in der Wirtschaftspolitik spiegelt ein komplexes System von *checks and balances* wider, das der uralten US-amerikanischen Angst vor übermäßiger Machtkonzentration Rechnung trägt. Der US-amerikanische Präsident ist in der Wirtschaftspolitik mit weit geringeren Vollmachten ausgestattet als beispielsweise in der Außen- und Sicherheitspolitik. *The President proposes*, *Congress disposes* – der Präsident schlägt vor, der Kongress ordnet an. In fast allen wirtschaftspolitischen Fragen muss der Präsident zunächst entweder den Kongress – was Fiskalpolitik, Geld- und Kreditwesen sowie Handel betrifft – oder die Notenbank (*Federal Reserve, Fed*) – in Bezug auf die Geldpolitik – von seinen Zielen überzeugen.

Innerhalb der Exekutive stehen ihm eine Reihe von Ministerien und Behörden zur Seite. Zum *White House Office* gehören das Haushaltsbüro (*Office of Management and Budget, OMB*), das Büro des Handelsbeauftragten (*United States Trade Representative, USTR*) und der Wirtschaftsrat (*Council of Economic Advisers, CEA*). Das *OMB* ist zuständig für die Haushaltsplanung und Budgetvorlagen des Präsidenten. Der *CEA* berät den Präsidenten in allen wirtschaftspolitischen Fragen; in die Kompetenz des Büros des Handelsbeauftragten fallen unter anderem die Verhandlungen über internationale Handelsabkommen. Die wichtigsten wirtschaftspolitischen Ministerien sind das Finanzministerium (*Department of the*

---

[1]Der Beitrag wurde Anfang Mai 2014 finalisiert. Entwicklungen nach Mai wurden in der Analyse nicht mehr berücksichtigt.

Treasury), das Wirtschaftsministerium (*Department of Commerce*), das Energieministerium (*Department of Energy*) und das Landwirtschaftsministerium (*Department of Agriculture*).

Im Kongress sind zahlreiche Ausschüsse des Repräsentantenhauses und des Senats mit wirtschaftspolitischen Aspekten betraut. Zu den bedeutendsten unter ihnen gehören für Haushaltfragen die Bewilligungsausschüsse (*Committees on Appropriations*), die Haushaltsausschüsse (*Committees on Budget*) und die Finanzausschüsse (das *Committee of Ways and Means* des Repräsentantenhauses und das *Senate Finance Committee* des Senats). Letztere sind auch für Handelsfragen zuständig. Finanzmarktfragen werden unter anderem von den Bankausschüssen behandelt (das *Committee on Financial Services* des Repräsentantenhauses und das *Committee on Banking, Housing, and Urban Affairs* des Senats). Für Energiefragen sind die Energieausschüsse (das *Committee on Energy and Commerce* des Repräsentantenhauses und das *Committee on Energy and Natural Resources* des Senats) federführend.

Daneben haben zahlreiche unabhängige Regierungsbehörden Einfluss auf die Wirtschaftspolitik. Die wohl mächtigste Behörde ist das *Federal Reserve System*, die Zentralbank der USA. Die *Export Import Bank* ist für die Exportförderung zuständig. Die Umweltbehörde (*Environmental Protection Agency, EPA*) hat als nationale Behörde den Auftrag, den Schutz der menschlichen Gesundheit und der Umwelt (Wasser, Land, Luft) sicherzustellen.

Der Beitrag gibt zuerst einen Einblick in die wirtschaftlichen Potenziale und wirtschaftspolitischen Herausforderungen in den USA, bevor einzelne Politikfelder analysiert werden: die Haushaltspolitik, die Finanzmarktpolitik, die Geldpolitik und schließlich die Handelspolitik. Dabei wird ein Blick auf die institutionelle Aufgabenverteilung, die aktuelle Politik und die Herausforderungen im jeweiligen Politikfeld geworfen.

2 Wirtschaftliches Potenzial und Herausforderungen

Die jüngste Finanz- und Wirtschaftskrise war eine der schwersten Rezessionen seit der Großen Depression der 1930er Jahre. Die Wirtschaft hat sich zwar mittlerweile wieder erholt. 2013 wuchs das Bruttoinlandsprodukt (BIP) laut dem *Bureau of Economic Analysis* um 1,9 % (BEA 2014), wie Abb. 1 zeigt. Dennoch steht das Land wie bisher vor immensen wirtschaftspolitischen Herausforderungen. Dazu gehören Rigiditäten auf dem Arbeitsmarkt, eine steigende Einkommensungleichheit, Infrastruktur- und Bildungsdefizite sowie die hohe Verschuldung auf Bundes- aber auch auf Einzelstaatenebene. Hinzu kommt ein Kongress, dem es in den vergangenen sechs Jahren nicht gelungen ist, die Weichen für umfassende Reformen zu stellen. Ganz im Gegenteil wurden wichtige Reformen immer wieder verschleppt.

Der wirtschaftliche Niedergang der USA wurde schon mehrfach vorhergesagt – in den 1970er Jahren, als das Land durch eine Stagflation (hohe Inflation und hohe Arbeitslosigkeit bei niedrigem Wirtschaftswachstum) geprägt war, ebenso wie in

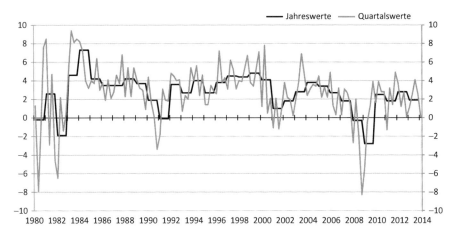

Abb. 1 Reales Wachstum des BIP in Prozent in Preisen von 2009, 1980 bis 2013: Quartals- und Jahreswerte. Quelle: U.S. Bureau of Economic Analysis (BEA), *National Income and Product Account Tables*, Table *1.5.1*, April 2014, via <http://www.bea.gov/iTable/index_nipa.cfm>. Zugegriffen am 09.05.2014

den 1980er Jahren, als Japan das Land wirtschaftlich zu überholen drohte. Auch in der jüngsten Finanz- und Wirtschaftskrise mehrten sich die Stimmen, die einen Niedergang der Vereinigten Staaten, einen *American decline*, vorhersagten. Für solche Kassandrarufe ist es jedoch zu früh. Denn nicht vergessen werden sollte, über welches enorme wirtschaftliche Potenzial die USA nach wie vor verfügen.

In dem flächenmäßig drittgrößten Land der Erde (9.826.675 km^2, größer sind nur Russland und Kanada) (CIA World Factbook 2014), lebten im Jahr 2013 nach Schätzungen des IWF rund 317 Millionen Einwohner (IMF 2014). Damit verfügen die USA nicht nur über einen riesigen Binnenmarkt, sondern auch ein gewaltiges Arbeitskräftepotenzial. Die USA sind das Land mit der höchsten Einwanderung; 2012 betrug die Nettomigration laut der Weltbank 5 Millionen Menschen (The World Bank 2014b). Die Fertilitätsrate liegt in den USA seit Jahren bei rund zwei Kindern pro Frau (The World Bank 2014a), was bedeutet, dass das Bevölkerungsniveau auch ohne Einwanderung stabil bleibt. Auch für die nächsten Jahre wird weiterhin ein kräftiges Wachstum des Arbeitskräftepotenzials der USA prognostiziert: Im Jahr 2012 betrug die Erwerbsbevölkerung rund 155 Millionen Personen. Bis 2022 wird ein Anstieg auf 163,5 Millionen Personen erwartet (Toossi 2013).

Die USA zeichnen sich durch ihre enorme Innovationskraft aus. Viele der weltweit innovativsten Unternehmen haben ihren Ursprung in dem Land. Zudem profitieren die USA von der Schiefergas- und Schieferölrevolution. Während die heimische Produktion von Rohöl seit Anfang der 1980er Jahre kontinuierlich gesunken war, erleben die USA zurzeit eine Renaissance der fossilen Energieträger. Laut der Internationalen Energieagentur (*International Energy Agency*, EIA) sind die Elektrizitätspreise für industrielle Konsumenten in Japan und Europa im

Durchschnitt doppelt so hoch wie für Wettbewerber in den USA (IEA 2013, S. 261). Der im internationalen Vergleich niedrige Gaspreis in den USA mindert die Kosten der Herstellung energieintensiver Produkte wie Aluminium und anderer Nichteisenmetalle, Stahl, Baustoffe, Kunststoffe oder auch Papier. Zudem profitiert die chemische Industrie von niedrigen Gaspreisen, da Erdgas als Rohmaterial in der Herstellung vieler Chemikalien, Kunststoffe und Dünger verwendet wird. Inwieweit die verarbeitende Industrie von dieser Entwicklung profitieren und es zu einer Re-Industrialisierung der USA kommen wird, wie viele Analysten vorhersagen, bleibt abzuwarten. Schon heute zeigt sich jedoch, dass ausländische Unternehmen wieder stärker in den USA investieren und die zukünftige Entwicklung positiv eingeschätzt wird.

Gleichzeitig stehen die USA jedoch vor einer Reihe von Herausforderungen. Dazu gehören die nach wie vor vergleichsweise hohe Arbeitslosigkeit und die steigende Einkommensungleichheit. Die Verteilung der Einkommen in einer Volkswirtschaft lässt sich anhand sogenannter Einkommensquintile abbilden. Hierbei wird die Zahl der Haushalte in fünf gleiche Teile geteilt; jedem Quintil wird dann der Prozentsatz des aggregierten Gesamteinkommens zugeordnet, über das es jeweils verfügt. Dabei zeigt sich, dass die Schere zwischen Reichen und Armen in den USA immer weiter auseinanderklafft. 1980 entfielen auf das oberste Einkommensquintil 44,1 % und auf das unterste 4,2 % des gesamten Einkommens der Haushalte. 16,8 % lagen im mittleren Quintil. 2012 entfielen auf das oberste Einkommensquintil 51,0 %, auf das unterste 3,2 % des gesamten Einkommens der Haushalte. 14,4 % lagen im mittleren Quintil (DeNavas-Walt et al. 2013, S. 40, 43). Damit haben sich die Einkommen weiter zugunsten der oberen Einkommensgruppen verschoben. Hinzu kommt, dass die Zahl armer Menschen seit den 1970er Jahren steigt. 46,5 Millionen US-Amerikaner (15 % der Bevölkerung) lebten im Jahr 2012 unterhalb der Armutsgrenze (DeNavas-Walt et al. 2013, S. 13).

Trotz wirtschaftlicher Erholung ist die Arbeitslosigkeit immer noch hoch. Wie nach der Rezession 2000/2001, als man vom *jobless recovery* sprach, gestaltet sich die Erholung am Arbeitsmarkt auch nach der jüngsten Krise schleppend. Im April 2014 lag die Arbeitslosigkeit bei 6,3 % (BLS 2014a). Ungewöhnlich für das Land ist auch der hohe Anteil der Langzeitarbeitslosen. Im April 2014 waren 35,3 % der Arbeitslosen bereits für mindestens 27 Wochen ohne Job. Im Vergleich zum Vorjahr ist damit die Langzeitarbeitslosigkeit etwas zurückgegangen (April 2013: 37,4 %) (BLS 2014b). Zählt man diejenigen hinzu, die bereits nicht mehr nach Arbeit suchen oder unterbeschäftigt sind, aber eigentlich eine Vollzeitstelle wollen (Unterbeschäftigungsquote), lag die Quote im April 2014 bei 12,3 % (BLS 2014c) (hierbei handelt es sich jeweils um saisonbereinigte Zahlen). Aufgrund der hohen Arbeitslosigkeit und wachsenden Einkommensungleichheit ist die Bevölkerung zunehmend verunsichert.

Wichtige Determinanten für das langfristige Wirtschaftswachstum sind Bildung und Infrastruktur. Während die USA über zahlreiche Spitzenuniversitäten verfügen, beklagt gerade die Industrie einen Mangel an gut ausgebildeten Fachkräften. Im PISA-2012-Ranking der OECD zu den Leistungen 15- bis 16-jähriger in

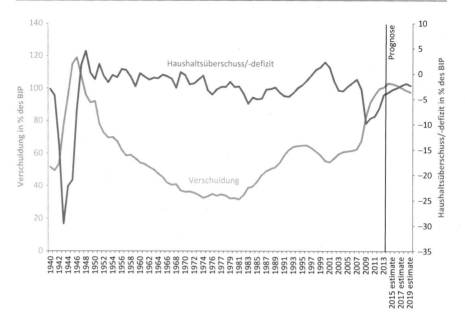

Abb. 2 Haushaltsüberschuss/-defizit und Verschuldung. Quelle: Office of Management and Budget, *Historical Tables: Table 1.2 und 7.1*, via <www.whitehouse.gov/omb/budget/historicals>, 2014

Mathematik, Lesekompetenz und Naturwissenschaften liegen die USA lediglich im Mittelfeld der 34 OECD-Mitgliedsstaaten sowie 31 weiterer Partnerländer. Im Bereich Mathematik gehören die USA zu den Ländern, deren Anteil besonders leistungsstarker Schüler unter dem OECD-Durchschnitt bzw. deren Anteil besonders leistungsschwacher Schüler über dem OECD-Durchschnitt liegt. In den Bereichen Lesekompetenz und Naturwissenschaften weichen die USA nur sehr geringfügig vom OECD-Durchschnitt ab. Die USA schneiden jedoch insgesamt schlechter ab als beispielsweise Slowenien oder die Tschechische Republik (OECD 2013, S. 5).

Und auch in der Infrastruktur des Landes gibt es Defizite. So schätzt die *American Society of Civil Engineers* (*ASCE*), dass bis 2020 Investitionen in Höhe von 3,6 Billionen USD in die Infrastruktur des Landes nötig sein werden. Diese Zahl umfasst Investitionen in Wasserinfrastruktur und Umweltschutz, Transport zu Land, Luft und Wasser, Parks und Schulen sowie Energieinfrastruktur (ASCE 2013).

Um die Defizite im Bildungssystem und der Infrastruktur zu beseitigen, ist eine aktive Wirtschaftspolitik notwendig. Doch der finanzpolitische Handlungsspielraum ist eingeschränkt. Mit der Finanz- und Wirtschaftskrise ist der Schuldenberg geradezu explodiert, wie Abb. 2 zum Schuldenstand und dem Haushaltsüberschuss bzw. -defizit zeigt. Die Haushaltsjahre 2009 und 2010 schlossen mit einem Defizit von 9,8 und 8,8 %. Am Ende des Haushaltsjahrs 2013 betrug die Verschuldung mit 16,7 Billionen USD 100,6 % des BIP (White House 2014). Verantwortlich für diesen Trend waren mehrere Faktoren, darunter die enormen Aufwendungen im US-Verteidigungsetat für die Kriege in Afghanistan und im Irak, die unter der Bush-Regierung veranlassten Steuersenkungen für US-Amerikaner aller Einkommensklassen, die Stabilitäts- und Konjunkturpakete von 2008 und 2009 sowie die steigenden Staatsausgaben für Sozialprogramme wie die Arbeitslosenhilfe – bei gleichzeitig sinkenden Steuereinnahmen.

3 Fiskalpolitik: Zankapfel zwischen Demokraten und Republikanern

Die Demokraten und Republikaner sind sich darin einig, dass das Niveau der Verschuldung nicht tragfähig ist. Tritt der Staat als Kreditnehmer auf die Kapitalmärkte, treibt er durch seine zusätzliche Nachfrage die Kreditzinsen nach oben. In der Folge kann private Investitionstätigkeit verdrängt werden, wie in den 1980er Jahren in den USA zu beobachten war. Da staatliche Investitionen oft ineffizienter sind als private Investitionen, kann der sogenannte „crowding out"-Effekt langfristig niedrigeres Wachstum bedingen. Zudem stellen die stetig steigenden Zinszahlungen eine ausgesprochen unproduktive Verwendung von Kapital dar. Zukünftige Generationen werden belastet, auch weil nicht ausreichend in Bildung, Forschung und Entwicklung sowie Infrastruktur investiert werden kann. Hinzu kommt schließlich, dass die USA zur Finanzierung ihrer Schulden auf das Ausland angewiesen sind. Im Dezember 2013 lag der im Ausland gehaltene Anteil an den gesamten US-Staatsanleihen (US-Treasuries Dezember 2013: 17,4 Billionen USD) mit einem Wert von 5.793 Milliarden USD bei etwa 33 %. Davon entfielen allein auf China 1.270 Milliarden USD (knapp 22 % aller im Ausland gehaltener US-Staatsanleihen) (U.S. Department of the Treasury 2014a, b).

Beide Parteien wollen den Schuldenberg (Stand Mai 2014: 17,6 Bio. USD) abbauen. Nicht einig sind sie sich hingegen über den besten Weg, wie dies erreicht werden kann. Während die Demokraten das Defizit größtenteils durch Steuererhöhungen abbauen und Kürzungen im Sozialbereich begrenzen wollen, lehnen die Republikaner höhere Steuern kategorisch ab und setzen auf konsequentes Sparen. Sie wollen gerade die Sozial- und Gesundheitsprogramme wie *Medicaid* kürzen. Auch die Mittel für Regulierungsbehörden wie die Umweltbehörde oder auch die jüngst gegründete *Consumer Protection Agency* wollen sie deutlich reduzieren.

Auch wenn Ende 2013 ein Kompromiss erzielt werden konnte, zeigt sich in keinem Politikfeld die Polarisierung der Parteien so sehr wie in der Haushaltspolitik. Seit Jahren ist es dem Kongress nicht mehr gelungen, einen Haushalt rechtzeitig zu verabschieden. Vielmehr stand die Regierung wiederholt vor einem *government shutdown*. Das erste Mal war dies im Sommer 2011 der Fall. Nur in letzter Minute konnte mit dem *Budget Control Act* verhindert werden, dass die USA zahlungsunfähig werden. Mit diesem Gesetz wurde die Schuldenobergrenze von 14,29 Billionen auf 16,4 Billionen USD gehoben. Im Gegenzug sollten zeitlich gestaffelte Ausgabenkürzungen in den nächsten zehn Jahren 917 Milliarden USD einsparen. Diese betreffen Ermessensausgaben, insbesondere

Infrastrukturentwicklung, Energiepolitik, Bildung und Forschung sowie Gesundheit. Pflichtausgaben wie die Gesundheitsprogramme *Medicare* und *Medicaid* wurden zunächst nicht angetastet. Zudem wurde ein paritätisch besetzter Ausschuss beauftragt, bis Ende November 2011 Sparvorschläge in Höhe von weiteren 1,2 Billionen USD zu erarbeiten. Die Mitglieder zerstritten sich allerdings derart, dass sie noch vor Ablauf der Frist ihre Verhandlungen abbrachen. Und auch die im Falle eines Scheiterns drohenden automatischen Pauschalkürzungen bei allen Haushaltstiteln (inklusive der Sozialprogramme und des Verteidigungsetats) (der sogenannte Sequester) reichte nicht, um die nötige Kompromissbereitschaft unter den Parteien herzustellen. Anfang März 2013 setzte der Sequester schließlich ein.

Im Herbst 2013 scheiterte der Kongress, einen Kompromiss zu finden: Am 1. Oktober musste die Regierungstätigkeit temporär eingestellt werden, da sich Demokraten und Republikaner weder auf einen Haushalt für das Haushaltsjahr 2014 noch auf einen Übergangshaushalt einigen konnten. Denn laut der Verfassung der Vereinigten Staaten darf der Staatskasse (des Bundes) Geld „nur aufgrund gesetzlicher Bewilligungen entnommen werden" (Art. I, Abs. 9).

Gut 800.000 von insgesamt rund zwei Millionen Staatsbediensteten wurden aufgrund des *government shutdown* in den Zwangsurlaub geschickt, Nationalparks, staatliche Zoos und Museen blieben geschlossen. Das letzte Mal hatte es dies unter Präsident Clinton gegeben, als es drei Wochen – vom 16. Dezember 1995 bis zum 6. Januar 1996 – dauerte, bis eine Einigung erzielt wurde und die Verwaltung ihre Arbeit wieder aufnehmen konnte. Die Situation 2013 war besonders brenzlig, da den USA gleichzeitig die Zahlungsunfähigkeit drohte. Denn die Regierung hatte die gesetzlich festgeschriebene Schuldenobergrenze bereits überschritten. 1917 hatte der Kongress erstmals mit dem *Second Liberty Bond Act* eine gesetzliche Schuldengrenze für die einzelnen Schuldenkategorien der USA eingeführt. Seit 1939 gilt ein Limit für die Gesamtschulden der USA. Seitdem wurde die Grenze wiederholt temporär ausgesetzt und/oder angehoben. Die Schuldengrenze wurde zwar bereits mehrmals überschritten. Bislang konnte das Limit jedoch stets rechtzeitig angehoben werden, bevor die Regierung tatsächlich zahlungsunfähig wurde. So auch im Jahr 2013. Ein vorläufiger Haushaltskompromiss beendete den *government shutdown* am 16. Oktober 2013. Zudem wurde die gesetzliche Schuldenobergrenze vom 17. Oktober 2013 bis zum 7. Februar 2014 ausgesetzt. Die Zahlungsfähigkeit der USA war damit gesichert.

Wie läuft der Haushaltsprozess grundsätzlich ab? Zu Beginn jeden Jahres erarbeitet das zur Administration gehörende *Office of Management and Budget* (*OMB*) in enger Absprache mit dem Präsidenten einen Entwurf des Haushalts, der traditionell am ersten Montag im Februar vorgelegt wird. Dieser Vorschlag ist weder ein Gesetzesvorschlag noch in anderer Weise verbindlich, setzt aber wichtige Rahmendaten für die Entscheidungsfindung im Kongress.

Daraufhin beginnt die zweite Phase des Budgetprozesses: Die ständigen Ausschüsse im Senat und Repräsentantenhaus beraten den präsidentiellen Haushaltsentwurf und erstellen einen unverbindlichen Plan für die finanzielle Ausgestaltung der Programme in ihren Zuständigkeitsbereichen. Die Haushaltsausschüsse der beiden Kongresskammern entwickeln dann jeweils eine Gegenvorlage zum Entwurf des Präsidenten, die Haushaltsresolution (*budget resolution*). Unterstützung dabei erhalten sie vom *Congressional Budget Office* (*CBO*). Die Vorlagen der zwei Kammern werden in einem Vermittlungsausschuss angeglichen. Wie der Haushaltsentwurf des Präsidenten besitzt auch die *budget resolution* keinerlei legislative Autorität, sondern dient vielmehr als Rahmen für die konkreten Einnahmen- und Ausgabengesetze. Im dritten Schritt wird über die konkreten Ausgaben verhandelt. Diese können in zwei Kategorien unterteilt werden: die Ermessensausgaben (*discretionary spending*) und die Pflichtausgaben (*mandatory spending*). Etwa 35 % des gesamten US-Staatshaushalts müssen jährlich neu genehmigt werden.

Über die Ermessensausgaben entscheidet der Kongress jährlich, zumeist in zwei Schritten: Zuerst werden in der *authorization* der Inhalt eines Ausgabenprogramms festgelegt und Aussagen zur notwendigen Finanzierungshöhe getroffen. Dann wird den Programmen ein Geldbetrag zugewiesen (*appropriation*). Die zwölf *appropriation bills* werden zunächst vom Repräsentantenhaus vorgelegt und dann an den Senat weitergeleitet, der eigene Vorschläge entwickelt. Eine Angleichung findet daraufhin im *Conference Committee* statt. Wie jedes andere Gesetz durchlaufen die *appropriation bills* den gesamten legislativen Prozess, müssen also auch vom Präsidenten einzeln unterzeichnet werden. Der Präsident hat die Möglichkeit, die Gesetze mit einem Veto zu belegen; einzelne Abschnitte blockieren (*line item veto*) kann er nicht. Dieser Prozess soll Ende Juni eines jeden Jahres abgeschlossen werden. Die gesetzlich festgelegten Pflichtausgaben (darunter die Rentenversicherung, *Social Security*, und die Gesundheitsprogramme *Medicare* und *Medicaid*) werden in so genannten *permanent laws* (auch *authorization legislation* genannt) geregelt; über sie wird nicht jedes Jahr neu entschieden. Beinhaltet die *budget resolution* jedoch eine *reconciliation directive*, also eine Anweisung zur Abstimmung, müssen entsprechend Pflichtprogramme (Ausgaben- und Einnahmen) von den zuständigen Ausschüssen modifiziert werden. Mit der *reconciliation* sollen die Ausgaben mit den in der Budgetresolution gesetzten Limits in Einklang gebracht werden. Dies geschieht über Zusätze zu den bestehenden Gesetzen. Für die Verabschiedung reicht eine einfache Mehrheit in beiden Kammern (Mildner und Dretzka 2010).

Ist mit dem Haushaltskompromiss vom Dezember 2013 nun der Streit zwischen den beiden Parteien beigelegt? Zumindest einigten sich die beiden Parteien auf einen Haushalt für die folgenden zwei Jahre, der einen erneuten *government shutdown* zunächst einmal verhindert. Der erzielte Minimalkompromiss enthält eine Deckelung der Ausgaben für 2014 und 2015 auf jeweils gut eine Billion USD. Zudem nahm er einige der automatischen Ausgabenkürzungen zurück. Beide Seiten mussten dafür Zugeständnisse machen: Während die Demokraten beispielsweise auf die Erhöhung der Steuern für Wohlhabende verzichten mussten, gaben die Republikaner ihre Kürzungspläne in der Sozialversicherung auf. Ein nachhaltiges Sparprogramm enthält dieser Kompromiss jedoch nicht.

Trotz dieser Eskapaden straften die internationalen Finanzmärkte die USA kaum ab. Der Grund hierfür liegt in der besonderen Rolle der USA in der Weltwirtschaft. Das Land wird nach wie vor als sicherer und attraktiver Standort für Investitionen bewertet. Zudem hat der US-Dollar eine Sonderstellung im internationalen System. Er ist die weltweite Leitwährung, die USA zahlen ihre Importe in Dollar und verschulden sich in ihrer eigenen Währung. Anders als Ländern wie Griechenland droht den USA daher so bald keine Zahlungsbilanzkrise – zumindest solange das Vertrauen in den Dollar nicht grundsätzlich erschüttert wird (Mildner und Howald 2014).

4 Finanzmarktpolitik: Für die nächste Krise gewappnet?

4.1 Die Reform der Finanzmarktregulierung und -aufsicht gehört neben der Gesundheitsreform zu einer der großen Erfolge der Obama Administration

„Die Finanzkrise war vermeidbar" – zu diesem Urteil kam Anfang 2011 die vom US-amerikanischen Kongress ins Leben gerufene, zehnköpfige *Financial Crisis Inquiry Commission* (*FCIC*) in ihrem Bericht „*Final Report of the National Commission on the Causes of the Financial and Economic Crisis in the United States*". Die Krise sei durch „menschliche Taten und Tatenlosigkeit verursacht worden". Ihre Ursachen seien ein „enormes Versagen" von Regierung und Finanzaufsicht sowie ein „rücksichtsloses Risikomanagement" der Geldindustrie gewesen (Financial Crisis Inquiry Commission 2011, xvii ff.). Nicht nur seien Politiker auf die Krise schlecht vorbereitet gewesen. Die seit Jahren sichtbaren Risiken wurden entweder ignoriert oder unterschätzt. Zu den Warnsignalen gehörten laut dem Bericht unethische Kreditvergabepraktiken, eine dramatisch steigende Verschuldung der privaten Haushalte und ein exponentielles Wachstum des Finanzsektors, insbesondere des Handels der wenig regulierten Finanzderivate. Die Frage nach den Ursachen der Krise wird sich wohl nie ganz abschließend beantworten lassen. Klar ist jedoch: die Krise war sowohl einem Markt- als auch Staatsversagen geschuldet. Zu ihren Ursachen gehören eine zu laxe Geldpolitik und hohe Kapitalzuflüsse in die USA genauso wie eine ungenügende Regulierung und Aufsicht der Finanzmärkte.

Die Krise deckte zahlreiche Mängel in der Finanzmarktregulierung (Regeln) und -aufsicht (Aufsichtsarchitektur und Behörden) der USA auf: Erstens war die Aufsicht stark fragmentiert, es mangelte ihr an einer zentralen Regulierungsinstanz mit überspannender Verantwortung zur Identifizierung und Beseitigung systemischer Risiken. Der Ökonom David Singer nannte die Finanzregulierung daher zu Recht eine „Buchstabensuppe von Regulierungsbehörden mit überlappenden Zuständigkeiten" (Singer 2009, Übers. d. Verf.). Zweitens konzentrierte sich die Regulierung auf die Mikroebene (*micro-prudential regulation*), also die Kontrolle einzelner Banken in dem Glauben, dass dadurch auch die Stabilität des gesamten Finanzsystems gewährt wäre. Drittens kam hinzu, dass wichtige Finanzmarktakteure (darunter auch Ratingagenturen) und -instrumente (allen voran mit Hypotheken hinterlegte Wertpapiere und Derivate) nicht ausreichend, mitunter überhaupt nicht, reguliert wurden. Dass weder die *Fed* noch die US-Finanzaufsicht frühzeitig korrigierend in die Märkte eingriffen, lag unter anderem am unerschütterlichen

Glauben an die Selbstregulierung und die Selbstheilungskräfte der Märkte. Viertens fehlte es an Instrumenten für das Krisenmanagement, insbesondere um das *Too Big To Fail*-Problem (*TBTF*) in den Griff zu bekommen, also große, systemisch relevante Finanzinstitute ohne verheerende Auswirkungen auf die Finanzmärkte geordnet abzuwickeln. Schließlich spielte auch Finanzbetrug eine zentrale Rolle sowohl im Vorfeld als auch im Verlauf der Krise.

Damit Finanzmärkte effektiv funktionieren, benötigen sie klare Regeln. Die Reform der Finanzmarktregulierung und -aufsicht gehörte daher neben der Gesundheitsreform und dem Richtungswandel in der Klima- und Energiepolitik zu den großen Regierungsvorhaben der Obama-Administration. Den Auftakt monatelanger schwieriger Verhandlungen mit dem Kongress bildete das *White Paper: Financial Regulatory Reform*, das der damalige Finanzminister Timothy Geithner zusammen mit Obama am 17. Juni 2009 vorlegte (White House 2009). Zusammen mit Larry Summers, dem damaligen Regierungsberater und Vorsitzenden des *National Economic Council* (*NEC*), begründete Geithner die geplanten Maßnahmen wie folgt: „Der Rahmen unserer Finanzregulierung ist voller Lücken, Schwächen und sich überschneidenden Zuständigkeiten und leidet unter einem veralteten Verständnis von Risiko" – ganze Märkte und ihre Akteure seien praktisch ohne Kontrolle, seit die Innovationen auf den Finanzmärkten den Aufsichtsbehörden davongelaufen sind (Geithner und Summers 2009, Übers. d. Verf.). Rund ein Jahr später, nach mühsamen Verhandlungen und zahllosen Kompromissen, verabschiedete der Kongress schließlich den *Dodd-Frank Wall Street Reform and Consumer Protection Act* (kurz: *Dodd-Frank Act*) und leitete damit die umfassendste Finanzmarktreform in den USA seit den 1930er Jahren ein, als unter anderem mit dem *Glass-Steagall Act* von 1933 eine Trennung von Geschäfts- und Investmentbanken für mehr Stabilität im Bankensystem sorgen sollte.

Der *Dodd-Frank Act* konzentriert sich auf vier Bereiche: 1. die Reform des institutionellen Regulierungs- und Aufsichtsrahmens, 2. die Regulierung von Banken und anderen Finanzinstitutionen, 3. Regelungen zum Verbraucherschutz und 4. die *TBTF*-Problematik. Durch eine strengere Aufsicht sollten nicht nur die Markttransparenz verbessert und Marktexzesse verhindert werden, überdies sollten die Anleger und Verbraucher auch vor unlauteren Geschäftspraktiken geschützt werden (Kern 2010, S. 1; Gollmer 2010).

Trotz institutioneller Reformen gibt es in den USA jedoch nach wie vor keine zentrale Bankenaufsicht. Eine Verschmelzung der Börsenaufsicht *Securities Exchange Commission* (*SEC*) mit der für die Rohstoffmärkte zuständigen *Commodity Futures Trading Commission* (*CFTC*) scheiterte. Auch eine schlagkräftige bundesstaatliche Regulierungsbehörde für das Versicherungswesen wurde nicht gegründet. Dafür wurde eine Reihe anderer Institutionen ins Leben gerufen: das *Consumer Financial Protection Bureau* (*CFPB*, Verbraucherschutzbehörde), der übergeordnete *Financial Stability and Oversight Council* (*FSOC*, Rat zur Überwachung der Finanzstabilität), das im Finanzministerium angesiedelte *Federal Insurance Office* (*FIO*, Büro für Versicherungswesen) und das ebenfalls zum Finanzministerium gehörende *Office of Financial Research* (*OFR*, Büro für Finanzanalyse).

Der *FSOC* ist sowohl mit der makro- als auch mikroprudenziellen Aufsicht betraut (Masera 2010). Seine Aufgabe ist somit zum einen, das gesamte Finanzsystem auf systemische Risiken hin zu überwachen. Zum anderen soll er einzelne systemrelevante Finanzinstitute, deren Schieflage die Stabilität des gesamten Systems zu gefährden droht, besonders ins Visier nehmen (Cooley und Walter 2011). Der *FSOC* besitzt zwar keine eigenen Durchsetzungsbefugnisse, kann aber Empfehlungen an die Regulierungsagenturen aussprechen und große Institute der Kontrolle der *Fed* und strengeren Regeln zu Offenlegung, Kapitalausstattung und Liquidität unterwerfen. Dabei soll er eine Reihe von Faktoren berücksichtigen, unter anderem die Kapitalausstattung und Liquidität der betreffenden Institution, außerbilanzielle Risiken (Positionen in Zweckgesellschaften) und die Verflechtung mit anderen Finanzakteuren (Pepper Hamilton LLP 2011; Open Congress 2010). Im Extremfall kann der Rat Großbanken abwickeln. So soll er helfen, das *TBTF*-Problem – die implizite Staatsgarantie für systemrelevante Finanzakteure – in den Griff zu bekommen. Die neue Verbraucherschutzbehörde, das *CFPB*, ist für Kreditkarten, Hypotheken und andere Finanzprodukte und deren sachgerechte Handhabung zuständig. Der *Dodd-Frank Act* ermächtigt das *CFPB*, Maßnahmen gegen unfaire, irreführende und missbräuchliche Handlungen oder Praktiken im Bereich des Finanzverbraucherschutzes zu ergreifen (*Dodd-Frank Act*: Sec. 1031). Es hat Regelsetzungs-, Überwachungs- und Durchsetzungsbefugnisse über alle Marktteilnehmer, die mit Finanzprodukten oder -dienstleistungen befasst sind. Das *CFPB* ist zwar innerhalb der Fed angesiedelt und wird von dieser finanziert, gilt aber als autonome Behörde.

Neben den institutionellen Reformen geht der *Dodd-Frank Act* zahlreiche Lücken in der Regulierung der Finanzmärkte (besonders die außerbörslichen Derivategeschäfte und Hedgefonds) sowie Anreizstrukturen (Bonuszahlungen, Corporate Governance, Rating-Agenturen) an. Das Gesetz etabliert eine umfassende Regulierung für die Derivatemärkte. Eine weitere Neuerung im Rahmen des *Dodd-Frank Acts* ist die strengere Kontrolle von Hedgefonds und Private-Equity-Gesellschaften. Das Gesetz stellt überdies höhere Anforderungen an Eigenkapital, Verschuldung und Risikostandards: Banken sollen fortan mehr und qualitativ besseres Eigenkapital aufweisen, um für den Krisenfall besser gewappnet zu sein. Auch Ratingagenturen (die *Nationally Recognized Statistical Rating Organization*, NRSRO) werden durch den *Dodd-Frank Act* künftig strengeren Kontrollen und Transparenzpflichten unterworfen.

Wie steht es um die Umsetzung des Gesetzes? Der 848 Seiten umfassende *Dodd-Frank Act* ist ein äußerst komplexes Regulierungsrahmenwerk. Die konkreten Regeln müssen erst noch von den Aufsichtsbehörden wie der *SEC* erarbeitet werden. Der Gesetzestext sieht 398 Durchführungsmaßnahmen vor. Von diesen wurden bis Mai 2014 207 (52 %) finalisiert. Dass noch nicht alle Vorschriften ausgearbeitet sind, überrascht nicht angesichts des Regulierungsumfanges. Grundsätzlich stellen die im *Dodd-Frank Act* angestoßenen Reformen einen Schritt in die richtige Richtung dar. Allerdings wird sich erst noch zeigen müssen, ob sie ausreichen, um die nächste Krise zu verhindern. So werden Finanzmarktakteure auch in Zukunft versuchen, Regulierungen zu umgehen. Wie in der Vergangenheit dürften sie dabei den Regulierern immer einen Schritt voraus sein.

5   Geldpolitik in der Krise?

Die Notenbank der USA spielte während der Finanz- und Wirtschaftskrise eine zentrale Rolle. Mit einer expansiven Geldpolitik und ohne vor ungewöhnlichen Instrumenten zurückzuscheuen trug die wohl mächtigste Behörde in den USA maßgeblich zur Stabilisierung und Erholung der US-Wirtschaft bei. Sie senkte die *federal funds rate* (dies ist der Zinssatz, zu dem sich Banken in den USA untereinander Geld leihen können, also der Leitzins), unterstützte die Rettungsaktionen von Finanzgiganten wie dem Versicherungskonzern AIG und kaufte im großen Stil Staatspapiere auf (*quantitative easing*).

Die 1913 gegründete *Fed* besteht aus einem Netz von zwölf formal selbständigen, aber untereinander korrespondierenden Zentralbanken (*Federal Reserve Banks*, *FRBs*). Während es bei der Europäischen Zentralbank eine einseitige Prioritätensetzung zugunsten der Preisstabilität gibt, verfolgt die *Fed* eine „Mehrzielorientierung": Sie ist gleichermaßen Preisstabilität und Beschäftigung verpflichtet. Sie formuliert und führt die Geldpolitik durch. Sie „hütet" die Währung vor allem durch Zins- und Geldmengensteuerung, um Preisstabilität und nachhaltiges Wirtschaftswachstum zu gewährleisten. Und sie trägt als „Bank der Banken" Sorge für die Stabilität des nationalen Bankensystems. Im Zuge der Finanz- und Wirtschafskrise ist diese Funktion noch einmal gestärkt worden. Die *Fed* ist zwar weisungsunabhängig, aber doch dem Kongress Rechenschaft schuldig. Das *Board of Governors* der *Fed* charakterisiert sie daher auch als „unabhängig innerhalb der Regierung" (Federal Reserve Bank 2005).

Das Zentralbankensystem besteht aus drei Teilen: dem *Board of Governors*, den zwölf regionalen *Reserve Banks* und dem *Federal Open Market Committee* (*FOMC*). Letzteres ist für die Offenmarktpolitik zuständig. An der Spitze des Zentralbankensystems steht das *Board of Governors of the Federal Reserve System* – kurz *Board*. Es ist für die Konzeption der Geldpolitik zuständig. Die sieben Mitglieder des *Board* werden vom US-Präsidenten einmalig auf vierzehn Jahre ernannt und müssen vom Senat mit einfacher Mehrheit bestätigt werden. Alle zwei Jahre scheidet ein Mitglied aus. Ein Präsident kann also während seiner Amtszeit das *Board* nicht entscheidend verändern oder beeinflussen. Damit die einzelnen Regionen angemessen im *Board* vertreten sind, müssen die Gouverneure aus unterschiedlichen *Federal Reserve Districts* (regionale Zuständigkeitsbereiche der einzelnen *FRBs*) stammen. Dem Board sitzt der Chairman vor. Auch er wird vom Präsidenten ernannt (allerdings nur auf vier Jahre) (Smale 2005). Derzeitige Vorsitzende ist die Ökonomin und langjährige *Fed*-Mitarbeiterin Janet Louise Yellen. Ihre Vorgänger waren Alan Greenspan, der von 1987 bis 2006 Vorsitzender des *Boards* war, und Ben Bernanke, auf den Yellen Anfang 2014 folgte.

Greenspans Erbe ist umstritten. Gelobt wird er dafür, dass er die unter seinem Vorgänger Paul Volcker in den achtziger Jahren begonnene Antiinflationspolitik erfolgreich in den 1990er Jahren fortsetzte und die USA aus mehreren Krise herausführte. Als im Oktober 1987 („Schwarzer Montag") die Weltbörsen in die Krise stürzten, gelang es Greenspan, die Märkte mit Zinssenkungen zu beruhigen. Auch den dramatischen Fall der Hochtechnologiewerte auf den Aktienmärkten im

Jahr 2000 federte er ab, indem er die Wirtschaft mit billigem Geld versorgte. Gleichzeitig wird ihm jedoch auch eine erhebliche Mitschuld an der jüngsten Finanz- und Wirtschaftskrise zugeschrieben. Denn „*easy money*" – ein einfacher Zugang zu Krediten, um Investitionen zu ermöglichen – war eine der Ursachen der Krise. Neben den hohen Kapitalzuflüssen in die USA aus Ländern wie China sorgte die expansive Geldpolitik der *Fed* für viel Liquidität in den Märkten und heizte damit sowohl die Immobilienblase als auch die Kreditvergabe an Kreditnehmer mit geringer Bonität an. Nach dem Platzen der *New-Economy*-Blase 2000 und den Terroranschlägen des 11. Septembers 2001 hatte die *Fed* die Zinsen auch dann noch niedrig gehalten, als die US-Wirtschaft bereits wieder wuchs. Denn trotz der wirtschaftlichen Erholung war die Arbeitslosigkeit vergleichsweise hoch geblieben. Erst Mitte 2004 hob die *Fed* die Zinsen allmählich wieder an. Allerdings war die hohe Arbeitslosigkeit nicht der einzige Grund für die laxe Geldpolitik. Mit niedrigen Zinsen sollte auch der Erwerb von Wohneigentum gefördert werden. Die *Fed* unterschätzte lange Zeit die Preisblase am US-Immobilienmarkt, wie aus den Sitzungsprotokollen der betreffenden Jahre hervorgeht. Weder Greenspan noch sein Nachfolger Ben Bernanke deuteten die Zeichen richtig. Bernanke rechnete noch im Mai 2006 im schlimmsten Fall mit einem „planmäßigen Rückgang am Häusermarkt" (Welt Online 2012).

Sogar Anfang 2008 wurde die Blase am Immobilienmarkt noch unterschätzt. Erst als die Investmentbank Lehman Brothers Pleite ging, griff die *Fed* ein. Die *Fed* drängte den Kongress, ein Rettungspaket für die angeschlagenen Banken aufzusetzen und beteiligte sich an der Rettung von AIG. Bis Jahresende 2008 senkte sie den Leitzins auf fast Null, kündigte den Kauf von hypothekengesicherten Wertpapieren an und startete Programme zur Stützung von Geldmarktfonds. Seit Dezember 2008 liegt der Leitzins im Korridor von 0 bis 0,25 % und soll bis mindestens zur Jahresmitte 2015 auf diesem niedrigen Niveau bleiben – abhängig von der Entwicklung der Beschäftigung und Arbeitslosenzahlen (Board of Governors of the Federal Reserve System 2013). Um der Wirtschaft einen weiteren Impuls zu geben, führte die *Fed* seit März drei Runden quantitativer geldpolitischer Lockerung, *quantitative easing* (kurz: QE1), durch. Dabei kaufte die Fed Anleihen, zuletzt in einem Wert von 55 Milliarden USD im Monat (QE3; April 2014).

Um Bernankes Erbe zu beurteilen ist es noch zu früh. Fest steht jedoch, dass die *Fed* unter seiner Leitung erheblich zu verhindern half, dass die USA in eine tiefe Depression abrutschen. Dennoch ist die Politik der *Fed* umstritten. Ob die *Fed* den richtigen Zeitpunkt gefunden hat, um von einer expansiven zu einer restriktiveren Geldpolitik zu wechseln, wird sich erst noch zeigen müssen. Nach der letzten Krise (2000/2001) war sie in diesem Punkt nicht erfolgreich gewesen. Auch wird die *Fed* erst noch beweisen müssen, dass sie ihren neuen Aufsichtsaufgaben effektiv nachkommt. In der Folge der Finanz- und Wirtschaftskrise sind ihre Kompetenzen erweitert worden. Der *Dodd-Frank Act* weist ihr eine zentrale Stellung im Regulierungs- und Aufsichtssystem zu: Neben Preisstabilität und Vollbeschäftigung soll sie fortan stärker auch die Finanzmarktstabilität gewährleisten (Masera 2010, S. 20). Die *Fed* ist verantwortlich für die Überwachung und Regulierung von systemisch wichtigen Unternehmen (Banken, Sparkassen,

Bankenholdinggesellschaften und Finanzakteure, die keine Banken sind), welche über eine Bilanzsumme von mindestens 50 Milliarden USD verfügen (Polk 2010, S. 2). Einzelstaatlich lizenzierte Banken und Sparkassen mit einem Bilanzvolumen von unter 50 Milliarden Dollar fallen unter die Aufsicht der *Federal Deposit Insurance Corporation* (*FDIC*), nationale Banken/ Sparkassen mit einer Bilanzsumme von unter 50 Milliarden USD werden vom *Office of the Comptroller of the Currency* (*OCC*) überwacht (Masera 2010, S. 310f.).

6 Handelspolitik: Handel für Wirtschaftswachstum

Seit Jahrzehnten ist der Anteil der USA am weltweiten Handel zurückgegangen. Im Jahr 2013 wurden die USA als weltweit größte Handelsnation von China überholt. Haupthandelspartner der USA war im Jahr 2012 die Europäische Union, gefolgt von Kanada, China, Mexiko und Japan. Insgesamt wickelten die USA zwischen Dezember 2012 und Dezember 2013 29,6 % ihres Handels – 27 % ihrer Importe und 33,3 % ihrer Exporte – mit Kanada und Mexiko ab, mit denen seit 1994 ein Freihandelsabkommen (*North American Free Trade Agreement, NAFTA*) besteht (U.S. Census 2014a).

Seit Jahren haben die USA ein hohes Handelsbilanzdefizit, wie Abb. 3 zeigt. Das Defizit in der Güterbilanz betrug im Jahr 2013 insgesamt 688,4 Milliarden USD (U.S. Census 2014c). Positiv auf die Handelsbilanz wirken sich derzeit die

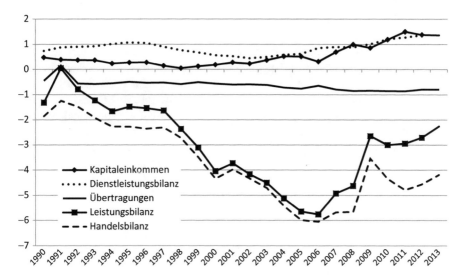

Abb. 3 *Salden der Leistungsbilanzkomponenten im Verhältnis zum BIP, 1990–2013 (in %).* Quelle: BEA, *National Income and Product Accounts Tables, Table 1.1.5. Gross Domestic Product*, via <http://www.bea.gov/iTable/index_nipa.cfm>; *International Transactions, Table 1. U.S. International Transactions*, via <http://www.bea.gov/iTable/index_ita.cfm >. Zugegriffen am 19.05.2013

sinkenden Energieimporte aus. Sollten sich die USA – wie von vielen Analysten erwartet – zu einem großen Exporteur von Gas entwickeln, dürfte dies den positiven Trend weiter verstärken. Das Handelsbilanzdefizit der USA konzentriert sich auf wenige Länder. Während sie seit 2009 Defizite im Handel mit vielen ihrer Partner abbauen konnten, vergrößerte sich das Güterbilanzdefizit mit China noch. Allein das Defizit mit China belief sich 2013 auf 318,4 Milliarden USD (U.S. Census 2014b).

Die USA haben einen riesigen Binnenmarkt mit einer kauffreudigen Bevölkerung. Anders als kleine Länder wie Deutschland, die auf Exportmärkte angewiesen sind, spielen Ausfuhren somit für Unternehmen eine geringere Rolle. Zudem können sich die Vereinigten Staaten die hohen Einfuhren leisten. Wenn die USA mehr importieren als exportieren, bedeutet dies, dass sie mehr ausgeben als sie selbst erwirtschaften. Dies ist nur möglich, weil Kapital aus anderen Ländern in die USA strömt.

Speziell im bilateralen Handel mit China spielt auch eine Rolle, dass viele US-amerikanische Unternehmen die Produktion – oft auch nur die Montage der Einzelteile – aufgrund der niedrigen Lohnkosten nach China verlegt haben. Trotzdem gelten Produkte, die dort hergestellt und weiter in die USA und den Rest der Welt verschifft werden, als chinesische Exporte. Das große Handelsbilanzdefizit mit China ist also auch auf regionale Produktionsnetzwerke in Asien zurückzuführen. In den kommenden Jahren könnte das Handelsdefizit mit China allerdings zurückgehen, denn die chinesische Regierung will künftig von exportorientiertem auf ein stärker konsum- und damit importorientiertes Wirtschaftswachstum umschwenken, auch um die Nachfrage der wachsenden chinesischen Mittelschicht zu befriedigen. China ist schon jetzt einer der am stärksten wachsenden Exportmärkte für US-amerikanische Güter.

Die jüngste Krise hat gezeigt, dass die Stärke des Binnenkonsums auch eine der großen Schwächen der USA ist. Bricht dieser weg, rutschen die USA schnell in eine Rezession; der Außenhandel kann dies nicht abfangen. Barack Obama hat sich daher vorgenommen, die US-amerikanischen Exporte von 2010 bis 2015 zu verdoppeln. Ein Ziel dieser Handelsstrategie ist der Abschluss von Handels- und Investitionsabkommen mit einer Reihe von pazifischen Anrainern (*Trans-Pacific Partnership*, *TPP*) und mit der Europäischen Union (*Transatlantic Trade and Investment Partnership*, *TTIP*). Wie in anderen Bereichen der Wirtschaftspolitik auch, ist jedoch die Kompetenz des Präsidenten in der Handelspolitik eingeschränkt. Sie liegt nach Artikel I, Abschnitt 8 der Verfassung eindeutig beim Kongress: „Der Kongress hat das Recht: Steuern, Zölle, Abgaben und Akzisen aufzuerlegen und einzuziehen [und] den Handel mit fremden Ländern, zwischen den Einzelstaaten und mit den Indianerstämmen zu regeln". Abkommen müssen vom Kongress – beiden Kammern, dem Repräsentantenhaus und dem Senat – ratifiziert werden. Der Kongress hat somit die Möglichkeit, Verträge zu verändern oder, im Extremfall, ganz abzulehnen. Der Kongress kann jedoch einen Teil seiner Handelskompetenz an den Präsidenten delegieren. Er tat dies erstmals 1934 mit dem *Reciprocal Trade Agreement Act* (*RTAA*). 1974 wurde der *RTAA* durch die *Fast Track Authority* abgelöst. Im Jahr 2002 erfolgte eine erneute Modifikation des

Handelsmandats durch die *Trade Promotion Authority* (*TPA*). Mit der *TPA* verpflichtete sich der Kongress, Gesetzesentwürfe zur Ratifizierung von Handelsübereinkünften beschleunigt anzunehmen oder abzulehnen, ohne einzelne Passagen abzuändern. Dafür ist der Präsident an Konsultations- und Notifizierungspflichten gebunden. So sicherte sich der Kongress einen gewissen Einfluss auf die Gestaltung der Handelsabkommen vor deren Unterzeichnung. Mitte 2007 lief das Handelsmandat aus.

Die USA haben neben dem Abkommen zur Gründung der Welthandelsorganisation (*WTO*) mit 20 Staaten bilaterale und plurilaterale Freihandelsabkommen abgeschlossen. Unter Präsident George H. W. Bush wurde im Jahr 1992 *NAFTA* unterzeichnet, das am 1. Januar 1994 in Kraft trat. Ein Freihandelsabkommen (*free trade agreement*, *FTA*) bestand vorher schon zwischen den USA und Kanada; durch *NAFTA* wurde dieses Abkommen um ein weiteres Land, Mexiko, erweitert. Gerade unter Präsident George W. Bush spielten bilaterale Freihandelsabkommen in der Außenwirtschaftspolitik eine zunehmend wichtige Rolle, um Märkte im Ausland für US-Waren und Dienstleistungen zu öffnen. So gingen die USA bilaterale Freihandelsabkommen mit Jordanien, Singapur, Chile, Australien, Marokko, Bahrain, Oman, Peru, Kolumbien, Panama und Südkorea ein. Außerdem unterzeichneten die USA 2004 das plurilaterale *Dominican Republic-Central America-United States Free Trade Agreement* (*CAFTA-DR*) mit fünf zentralamerikanischen Ländern – Costa Rica, El Salvador, Guatemala, Honduras und Nicaragua – und der Dominikanischen Republik.

Die USA führen zurzeit zwei große Handelsverhandlungen: über die *TPP* und *TTIP*. *TPP* umfasst neben den USA noch elf Pazifikanrainer (Australien, Brunei, Chile, Japan, Malaysia, Neuseeland, Peru, Singapur, Vietnam, Kanada und Mexiko). Zusammengenommen sind die *TPP*-Länder der viertgrößte Markt für US-amerikanische Industriegüter- und Dienstleistungsexporte. Die Ursprünge der *TPP* liegen in der *Trans-Pacific Strategic Economic Partnership* (*TPSEP*). Auch „P4-Abkommen" genannt, wurde diese von 2002 bis 2005 zwischen Chile, Neuseeland, Singapur und später auch Brunei verhandelt, und trat im Mai 2006 in Kraft. Der P4-Vertrag enthält eine Klausel, welche die zukünftige Erweiterung um neue Mitglieder vorsieht. Im Februar 2008 verkündete der damalige US-Präsident George W. Bush, dass sich die USA an den Verhandlungen beteiligen würden. Im März 2010 nahmen die USA dann zum ersten Mal an den Verhandlungen zur TPP teil (Mildner et al. 2014). Neben dem Abbau von Zöllen soll das Abkommen nichttarifäre Handelshemmnisse beseitigen; die Märkte für gegenseitige Investitionen öffnen; Investitionsschutz gewährleisten; geistiges Eigentum besser schützen; die öffentlichen Vergabemärkte stärker liberalisieren; und Regeln für fairen Wettbewerb schaffen. Das Abkommen ist in den USA umstritten: Gewerkschaften, Verbraucher- und Umweltschützer befürchten, dass die gegenseitige Marktöffnung mit Ländern wie Malaysia oder auch Vietnam den Produktionsstandort USA weiter unter Druck setzt. Sie warnen davor, dass Produktion und Arbeitsplätze ins Ausland verlagert werden und in der Folge Arbeitslosigkeit, Armut und Einkommensungleichheit in den USA steigen. Zudem fürchten sie, dass durch das Abkommen Arbeits- und Sozialstandards in den USA untergraben werden.

Der Startschuss für die *TTIP*-Verhandlungen fiel Mitte 2013. Bis Ende 2015 sollen die Verhandlungen abgeschlossen werden. Auch *TTIP* soll neben der Beseitigung von Zöllen vor allem auch den Abbau nichttarifärer Handelshemmnisse vorantreiben. Außerdem umfassen die Verhandlungen sogenannte Handels-Plus-Themen, darunter Regeln für die öffentliche Auftragsvergabe, den Schutz geistigen Eigentums und Patente, Wettbewerb, Datenschutz, Umwelt und Soziales. Auch sollen Investitionen, die in den transatlantischen Beziehungen die Bedeutung des Handels bereits überholt haben, weiter erleichtert werden. Einen besonders hohen Stellenwert in den Verhandlungen hat die Regulierungskooperation. Auch wenn das geplante Transatlantische Handels- und Investitionsabkommen weniger umstritten als die Transpazifische Partnerschaft ist, gibt es auch hier kritische Stimmen in den USA. Strittig ist unter anderem das Thema Agrarhandel: Seit Jahren kritisieren die USA EU-Importbeschränkungen für genetisch veränderte Nahrungsmittel oder auch Fleisch von Tieren, die mit Wachstumshormonen behandelt wurden, als unfaire Handelsbarrieren. Sie fürchten, dass auch *TTIP* daran nichts ändern wird.

Auch ohne die Ermächtigung des Kongresses ist der Präsident befugt, mit anderen Staaten bilaterale, regionale oder multilaterale Handelsverträge zu verhandeln und zu unterzeichnen. Für die Ratifizierung gerade großer und umstrittener Abkommen ist die *Trade Promotion Authority* jedoch unabkömmlich. Daher bat der Präsident den Kongress bereits wiederholt um *TPA*. Am 9. Januar 2014 wurde ein entsprechender Gesetzesvorschlag, der *Bipartisan Congressional Trade Priorities Act of 2014*, im Kongress eingereicht. *TPA* ist jedoch umstritten. Das Mandat wird nicht nur als undemokratisch und intransparent kritisiert. Die Demokraten fürchten zudem, mit einer zu offensiven Handelsstrategie wichtige Wählergruppen zu verärgern. Gerade die Transpazifische Partnerschaft ist bei ihren Wählern und ihnen nahestehenden Interessengruppen wie beispielsweise den Gewerkschaften äußerst umstritten. Schlimmstenfalls könnte ein offensives Werben für *TPA* den Verlust ihrer Mehrheit im Senat bedeuten (im Repräsentantenhaus haben die Republikaner bereits eine Mehrheit). Mittlerweile rechnet kaum noch jemand damit, dass über den Entwurf noch vor den Zwischenwahlen im November 2014 entschieden wird. Es bleibt abzuwarten, ob der Kongress nach den Zwischenwahlen einen zweiten Anlauf für die Übertragung des Handelsmandats machen wird. Präsident Obama wird sicherlich weiterhin für die *TPA* werben.

7   Fazit und Ausblick

Ein Blick auf die Obama-Administration zeigt, wie sehr die Wirtschaftspolitik das Ergebnis zahlreicher interner und externer Faktoren ist: der verfassungsrechtlichen Aufgabenteilung zwischen Exekutive, Legislative und den unabhängigen Behörden, allen voran der *Fed*, ihrem Willen, zusammenzuarbeiten und Kompromisse einzugehen, aber auch der wirtschaftlichen Lage.

Die jüngste Finanz- und Wirtschaftskrise, eine der schwersten Krisen seit der Großen Depression der 1930er Jahre, machte zahlreiche strukturelle Schwächen der US-Wirtschaft, aber auch Schwächen der Wirtschaftspolitik deutlich. Anders als sein Vorgänger Präsident George W. Bush, der an die Selbststeuerung der Märkte glaubte und kräftig zu ihrer Deregulierung beigetragen hatte – wie auch dessen Vorgänger Ronald Reagan, George Bush und Bill Clinton –, wollte Präsident Barack Obama mit der alten Wirtschaftsordnung brechen. Er schlug daher eine Steuerreform vor, in deren Zentrum Erleichterungen für die Mittelschicht und eine stärkere Belastung der hohen Einkommen standen. Zudem wollte er der Deregulierungspolitik seiner Vorgänger ein Ende setzen und die Finanzmärkte einer strengeren Aufsicht unterwerfen.

Zu Obamas größten Erfolgen gehört die Reform der Finanzmarktregulierung und -aufsicht. Viele Reformvorhaben blieben jedoch auf der Strecke, darunter die Steuer- oder auch die Bildungsreform. Teilweise ist dies dem System der *checks and balances* zuzuschreiben. Das System ist auf die Kompromissbereitschaft von Präsident und Kongress angewiesen. Dies gilt umso mehr, wenn der Präsident einer anderen Partei angehört als jener, die die Mehrheiten in den beiden Kammern des Kongresses stellt (*divided government*). Geht die Kompromissbereitschaft verloren, wie seit einigen Jahren zu beobachten ist, können kaum überwindbare Blockaden das Resultat sein. Dies zeigt sich aktuell besonders in der Haushaltspolitik. Zudem gab die Wirtschafts- und Finanzkrise die politische Agenda und Prioritätensetzung für Präsident Obama vor. Es galt, mit umfassenden und ungewöhnlichen geld- und fiskalpolitischen Maßnahmen die konjunkturelle Talfahrt zu stoppen. Viele Reformvorhaben mussten daher hintanstehen. Welche Reformen in den verbleibenden anderthalb Jahren der Obama-Administration noch umgesetzt werden können, bleibt abzuwarten. Damit die USA auch zukünftig im globalen Wettbewerb bestehen können, muss sich der Kongress auf eine Steuerreform einigen, die lange geplanten Einwanderungs- und Bildungsreformen vorantreiben und mehr in Infrastruktur investieren. Gut stehen die Chancen dafür jedoch nicht.

Literatur

ASCE. 2013. *2013 Report card for America's infrastructure*. http://www.infrastructurereportcard.org/a/#p/home. Zugegriffen am 19.05.2014.

BEA. 2014. *National income and product Account tables, Table 1.5.1*. via http://www.bea.gov/iTable/index_nipa.cfm. Zugegriffen am 05.05.2014.

BLS. 2014a. *Home*. http://www.bls.gov/. Zugegriffen am 16.05.2014.

BLS. 2014b. *Table A-12, unemployed persons by duration of unemployment*. http://www.bls.gov/news.release/empsit.t12.htm. Zugegriffen am 16.05.2014.

BLS. 2014c. *Table A-15, Alternative measures of labor anderutilization*. http://www.bls.gov/news.release/empsit.t15.htm. Zugegriffen am 16.05.2014.

Board of Governors of the Federal Reserve System. 2013. *Historical data*. http://www.federalreserve.gov/releases/h15/data.htm. Zugegriffen am 05.05.2014.

CIA World Factbook. 2014. *Country comparison: Area*. https://www.cia.gov/library/publications/the-world-factbook/rankorder/2147rank.html?countryname=United%20States&countrycode=us&regionCode=noa&rank=3#us. Zugegriffen am 16.05.2014.

Cooley, Thomas, und Ingo Walter. 2011. *The Architecture of financial regulation*. In *Regulating Wall Street*. Hrsg. Viral Acharya, Thomas Cooley, Matthew Richardson und Ingo Walter, 35–49. New York: Wiley.

DeNavas-Walt, Carmen, Bernadette D. Proctor, und Jessica C. Smith. 2013. *Income, poverty, and health insurance coverage in the United States: 2012 current population reports.* http://www.census.gov/content/dam/Census/library/publications/2013/demo/p60-245.pdf. Zugegriffen im Sep 2013.

Federal Reserve Bank. 2005. *Overview of the federal reserve system.* http://www.federalreserve.gov/pf/pdf/pf_1.pdf. Zugegriffen am 19.05.2014.

Financial Crisis Inquiry Commission. 2011. *Final report of the national commission on the causes of the financial and economic crisis in the united states.* http://fcic-static.law.stanford.edu/cdn_media/fcic-reports/fcic_final_report_full.pdf. Zugegriffen im Jan 2011.

Geithner, Timothy, und Lawrence Summers. 2009. The case for financial regulatory reform. *Washington Post.* http://www.washingtonpost.com/wp-dyn/content/article/2009/06/14/AR2009061402443. Zugegriffen am 19.05.2014.

Gollmer, Martin. 2010. Neue Regeln belasten US-Banken deutlich. In *Ausland* (50). http://www.martingollmer.ch/upload/pdf/100630-US-Finanzmarktreform.pdf. Zugegriffen am 19.05.2014.

IEA. 2013. *World energy outlook 2013.* Paris: IEA.

IMF. 2014. *World economic outlook database April 2014.* via http://www.imf.org/external/pubs/ft/weo/2013/01/weodata/index.aspx. Zugegriffen am 16.05.2014.

Kern, Steffen. 2010. *US financial market reform: The economics of the Dodd-Frank Act.* http://www.dbresearch.com/PROD/DBR_INTERNET_EN-PROD/PROD0000000000262857.pdf. Zugegriffen am 19.05.2014.

Masera, Rainer. 2010. Reforming financial systems after the crisis: A comparison of EU and USA. *OSL Quarterly Review* Jg 63(255): 299–362.

Mildner, Stormy-Annika, und Edna Dretzka. 2010. *Gespart wird später. US-Präsident Obama legt seinen Haushaltsentwurf für 2011 vor.* Berlin: Stiftung Wissenschaft and Politik, März 2010 (SWP-Aktuell 28/2010).

Mildner, Stormy-Annika, und Julia Howald. 2014. Die US-amerikanische Wirtschaft. In *USA – Geschichte, Wirtschaft, Gesellschaft.* Bonn: Bandeszentrale für politische Bildung. Informationen zur politischen Bildung (Heft 268).

Mildner, Stormy-Annika, Julia Howald, und Claudia Schmucker. 2014. *Schnellspurmandat für Präsident Obama? Trade Promotion Authority and ihre Bedeutung für die US-amerikanische Handelspolitik.* DGAPanalyse. https://dgap.org/de/article/getFullPDF/25380. Zugegriffen am 19.05.2014.

OECD. 2013. *PISA 2012 Ergebnisse im Fokus.* http://www.oecd.org/pisa/keyfindings/pisa-2012-results-overview-GER.pdf. Zugegriffen am 19.05.2014.

Open Congress. 2010. *Dodd-Frank wall street reform and consumer protection act.* http://www.opencongress.org/bill/111-h4173/show. Zugegriffen am 16.05.2014.

Pepper Hamilton LLP. 2011. *The Dodd-Frank act and the insurance industry.* http://www.pepperlaw.com/publications_update.aspx?ArticleKey=2036#_edn. Zugegriffen am 16.05.2014.

Polk, Davis. 2010. *Summary of the Dodd-Frank wall street reform and consumer protection act, enacted into law on july 2, 2010.* http://www.davispolk.com/files/Publication/7084f9fe-6580-413b-b870-b7c025ed2ecf/Presentation/PublicationAttachment/1d4495c7-0be0-4e9a-ba77-f786fb90464a/070910_Financial_Reform_Summary.pdf. Zugegriffen am 19.05.2014.

Singer, David. 2009. Uncertain leadership. The U.S. regulatory response to the global financial crisis. In *Global finance in crisis. The politics of international regulatory change.* Hrsg. Eric Helleiner, Stefano Pagliari und Hubert Zimmermann, 93–107. London, New York.

Smale, Pauline. 2005. *Structure and functions of the federal reserve system.* CRS report for congress. http://www.fas.org/sgp/crs/misc/RS20826.pdf. Zugegriffen am 19.05.2014.

(The) White House. 2009. *Financial regulatory reform: A new foandation.* www.financialstability.gov/docs/regs/FinalReport_web.pdf. Zugegriffen am 19.05.2014.

(The) White House. 2014. *Historical tables.* http://www.whitehouse.gov/omb/budget/historicals. Zugegriffen am 05.05.2014.

The World Bank. 2014a. *Fertiliy rate.* http://data.worldbank.org/indicator/SP.DYN.TFRT.IN. Zugegriffen am 16.05.2014.

The World Bank. 2014b. *Net migration.* http://data.worldbank.org/indicator/SM.POP.NETM. Zugegriffen am 16.05.2014.
Toossi, Mitra. 2013. *Labor force projections to 2022: The labor force participation rate continues to fall.* http://www.bls.gov/opub/mlr/2013/article/pdf/labor-force-projections-to-2022-the-labor-force-participation-rate-continues-to-fall.pdf. Zugegriffen am 16.05.2014.
U.S. Census. 2014a. *Top trading Partners - December 2013.* http://www.census.gov/foreign-trade/statistics/highlights/top/top1312yr.html. Zugegriffen am 19.05.2014.
U.S. Census. 2014b. *Trade in goods with china.* http://www.census.gov/foreign-trade/balance/c5700.html. Zugegriffen am 19.05.2014.
U.S. Census. 2014c. *Trade in goods with world, seasonally adjusted.* http://www.census.gov/foreign-trade/balance/c0004.html. Zugegriffen am 19.05.2014.
U.S. Department of the Treasury. 2014a. *Major foreign holders of treasury securities.* http://www.treasury.gov/resource-center/data-chart-center/tic/Documents/mfh.txt. Zugegriffen am 19.05.2014.
U.S. Department of the Treasury. 2014b. *Treasury bulletin. Ownership of federal securities.* März 2014. via http://www.fms.treas.gov/bulletin/index.html. Zugegriffen am 19.05.2014.
Welt Online. 2012. *US-Notenbank Fed unterschätzte Immobilienblase.* 14.1.2012. http://www.welt.de/print/die_welt/wirtschaft/article13814709/Wirtschaft-Kompakt-II.html. Zugegriffen am 16.05.2014.

Arbeitsmarktpolitik und Außenhandel in den USA

Julia Püschel

Inhalt

1 Einleitung 462
2 Der flexible und polarisierte US-amerikanische Arbeitsmarkt 463
3 Aktive und passive Arbeitsmarktpolitik 467
4 Trade Adjustment Assistance 472
5 Fazit 475
Literatur 476

Zusammenfassung

Die zunehmende außenwirtschaftliche Verflechtung und die daraus resultierenden ökonomischen Anpassungsprozesse auf den Arbeitsmärkten haben zu einer wachsenden Globalisierungsskepsis in der US-amerikanischen Bevölkerung geführt. Im liberalen Wohlfahrtsregime der USA kommt dem Arbeitsmarkt eine besonders maßgebliche Rolle für die Lebensstandards der Menschen zu. Allerdings greift der Staat auch in den USA über vielfältige Maßnahmen in den Arbeitsmarkt ein. Dieses Kapitel gibt einen Überblick über die US-amerikanische Arbeitsmarktpolitik im engeren Sinn und diskutiert inwiefern diese den strukturellen Herausforderungen auf dem Arbeitsmarkt erfolgreich begegnen kann.

Schlüsselwörter

Arbeitsmarktpolitik in den USA • Jobpolarisierung • Außenwirtschaft • Trade Adjustment Assistance

---

J. Püschel (✉)
John F. Kennedy-Institut für Nordamerikastudien, FU Berlin, Berlin, Deutschland
E-Mail: j.pueschel@fu-berlin.de

© Springer Fachmedien Wiesbaden 2016
C. Lammert et al. (Hrsg.), *Handbuch Politik USA, Springer NachschlageWissen*,
DOI 10.1007/978-3-658-02642-4_28

1 Einleitung

Gegenwärtige Globalisierungsprozesse unterscheiden sich wirtschaftlich betrachtet in zentralen Punkten von früheren historischen Entwicklungen. Zunächst hat sich das weltweite Exportvolumen von 1.838 Milliarden USD (USD) seit 1983 nahezu verzehnfacht und damit ein bisher unerreichtes Niveau von 17.930 Milliarden USD im Jahr 2012 erlangt (WTO 2013). Neben dieser quantitativen Ausweitung des internationalen Handels ist die gegenwärtige „zweite Phase der Globalisierung" seit Mitte der 1980er Jahre auch in qualitativer Hinsicht besonders.[1] Der Anteil des Zwischenprodukthandels am gesamten Handel hat stark zugenommen, wobei dieser proportionale Zuwachs die zunehmende Bedeutung der internationalen Fragmentierung von Wertschöpfungsketten, dem sogenannten „offshoring", widerspiegelt. Zudem hat sich die gehandelte Produktpalette erweitert und insbesondere der Dienstleistungshandel verzeichnet seit Mitte der 1990er Jahre starke Zuwachsraten. Die lange den Welthandel dominierenden Mitgliedsstaaten der Organisation für wirtschaftliche Zusammenarbeit und Entwicklung (OECD) handeln darüber hinaus verstärkt mit großen Schwellenländern, wie China, Indien, Brasilien und Russland, welche ein besonders niedriges Lohnniveau aufweisen (OECD 2007, S. 105–148).

Ökonomen sind sich grundsätzlich einig, dass eine zunehmende außenwirtschaftliche Verflechtung den beteiligten Ländern viele Vorteile bringt. Vor dem konjunkturellen Einbruch durch die Weltwirtschaftskrise seit 2009 hat der internationale Handel beispielsweise wesentlich zum Wirtschaftswachstum und den hohen Beschäftigungsquoten in den USA beigetragen. Allerdings sieht ein Großteil der Bevölkerung in den OECD-Staaten die Auswirkungen der Globalisierung zunehmend skeptisch. Insbesondere die keineswegs klaren Auswirkungen für die einheimischen Arbeitsmärkte aus den resultierenden ökonomischen Restrukturierungen schaffen Unsicherheiten und damit verbunden Angst und Ablehnung (The PEW Research Center 2006, S. 2). Diese öffentliche Wahrnehmung steht nur auf den ersten Blick im Widerspruch zu der Einschätzung der Wirtschaftswissenschaftler, welche die weit verbreiteten positiven Gesamtwohlfahrtseffekte des internationalen Handels betonen. Gleichzeitig besteht nämlich auch unter Ökonomen ein breiter Konsens, dass die mit dem Handel einhergehenden ökonomischen Anpassungsprozesse negative Konsequenzen für *bestimmte* Berufsgruppen mit sich bringen (Pavcnik 2011).

Der Arbeitsmarkt ist ausschlaggebend für die Lebensstandards und -perspektiven der meisten Menschen. Die aktive Teilnahme am Arbeitsmarkt ist nicht nur maßgeblich für die Sicherung materieller Wohlfahrt, sondern auch für den sozialen Status, den Gesundheitszustand sowie eine Teilhabe am politischen Prozess. In den USA, deren wohlfahrtsstaatliches System gemeinhin als „liberal" bezeichnet wird (Esping-Anderson 1990), nimmt der Arbeitsmarkt in dieser Hinsicht eine

---

[1] Die „erste Globalisierung" dauerte vom letzten Drittel des 19. Jahrhunderts bis zum Ausbruch des ersten Weltkriegs (Wolf 2013).

besonders zentrale Stellung ein, da eine Verschlechterung der Lebensverhältnisse durch Arbeitsplatzverlust oder Einkommensrückgang sozial weniger abgefedert wird (Grell und Lammert 2013, S. 108–130). Die neuen Charakteristika der wirtschaftlichen Globalisierung in Kombination mit fortschreitenden technologischen Innovationen stellen den US-amerikanischen Arbeitsmarkt vor eine historisch neue Herausforderung. Während bis Mitte der 1990er Jahre vor allem Geringqualifizierte in der produzierenden Industrie einen Verlust ihrer Arbeitsplätze oder einen Einkommensrückgang befürchten mussten, sind zunehmend auch Beschäftigungsverhältnisse der traditionellen Mittelklasse und im Dienstleistungssektor betroffen.

Allerdings sind nationale Arbeitsmärkte dem ökonomischen Strukturwandel nicht willkürlich ausgesetzt. Generell lassen sich drei Dimensionen unterscheiden, entlang derer der Staat Einfluss auf die Arbeitsmärkte und die daraus resultierenden Lebensverhältnisse nehmen kann: indirekt über makroökonomische Maßnahmen wie die Fiskal- und Geldpolitik, über die Arbeitsmarktregulierung (Arbeitszeit- und Lohnpolitik) und über die Arbeitsmarktpolitik im engeren Sinn. Letztere interveniert am direktesten (auf der Mikroebene) im Arbeitsmarkt – entweder *passiv* durch die Unterstützung von Arbeitslosen oder *aktiv* durch die gezielte Förderung der Beschäftigungsfähigkeit bestimmter Gruppen.

Dieses Kapitel beschäftigt sich mit der Frage, inwiefern in den USA existierende arbeitsmarktpolitische Maßnahmen im engeren Sinn den strukturellen Herausforderungen auf dem einheimischen Arbeitsmarkt erfolgreich begegnen können. Dafür wird zunächst ein Überblick über die Besonderheiten des US-amerikanischen Arbeitsmarktes gegeben, wobei weniger auf konjunkturelle, kurzfristigere Probleme als auf längerfristige Restrukturierungsprozesse und die daraus resultierende Polarisierung des US-amerikanischen Arbeitsmarkts eingegangen wird. Danach werden die arbeitsmarktpolitischen Maßnahmen im engeren Sinn beschrieben. Im Fokus der Betrachtung steht, inwiefern diese Maßnahmen an die Herausforderungen eines zunehmend polarisierten Arbeitsmarkts angepasst sind. Die *Trade Adjustment Assistance* kann in diesem Kontext als ein besonderes, US-amerikanisches arbeitsmarktpolitisches Instrument verstanden werden, welches darauf abzielt, Globalisierungseffekte auf dem Arbeitsmarkt abzufedern. Zieht man jedoch insgesamt Bilanz, so haben politische Reaktionen auf die Polarisierung und die ihr zugrunde liegenden tiefgreifenden strukturellen Veränderungen nur unzureichend und mit großer zeitlicher Verzögerung Eingang in konkrete arbeitsmarktpolitische Maßnahmen gefunden.

2 Der flexible und polarisierte US-amerikanische Arbeitsmarkt

Im Jahr 2011 haben die OECD Mitgliedsländer im Durchschnitt 1,46 % ihres Bruttoinlandsprodukts (BIP) für aktive und passive arbeitsmarktpolitische Maßnahmen ausgegeben. Innerhalb dieser Ländergruppe haben die USA mit 0,71 % des BIP unterdurchschnittlich wenig für arbeitsmarktpolitische Maßnahmen aufgewendet (OECD 2014).[2] Diese im internationalen Vergleich geringe Bedeutung der Arbeitsmarktpolitik im engeren Sinn lässt sich auf ein in den USA vorherrschendes, neoklassisches Verständnis der Arbeitsmärkte zurückführen. Staatliche Eingriffe in den Arbeitsmarkt werden weitestgehend als unerwünscht betrachtet, da sie das reibungslose Funktionieren der unsichtbaren Hand (*invisible hand*) und damit das Erreichen optimaler Allokationsergebnisse beeinträchtigen (Knapp 2004).

Trotz dieser generellen Skepsis gegenüber staatlichen Eingriffen in den Arbeitsmarkt, gibt es auch in den USA vielfältige arbeitsmarktpolitische Regulierungen. Diese weisen allerdings aufgrund der geringen Verbreitung bundesweiter Regelungen ein besonders hohes Maß an Heterogenität auf. Auf Bundesebene werden die Rechte von Arbeitnehmerinnen und Arbeitnehmern lediglich in einigen wenigen Bereichen geschützt. Durch den *Fair Labor Standards Act* von 1938 wurde ein Verbot von Kinderarbeit eingeführt, ein bundesweiter Mindestlohn etabliert und die Bezahlung von Überstunden geregelt. Gesundheitliche Aspekte werden durch den *Occupational Health and Safety Act* aus dem Jahr 1970, Eltern- und Pflegezeiten durch den *Family and Medical Leave Act* aus dem Jahr 1993 geregelt. Zudem existiert in den USA seit Mitte der 1960er Jahre ein bundesweites Diskriminierungsverbot aufgrund persönlicher Merkmale wie Hautfarbe, Geschlecht und Religion (Grell und Lammert 2013, S. 112). Neben diesen vier allgemeinen Regelungen gibt es im Vergleich zu Kontinentaleuropa in den USA jedoch kein spezielles Arbeitsrecht. Über 80 % aller Arbeitsverhältnisse basieren dort auf Privatverträgen und auf dem „at will-" Prinzip des amerikanischen *Common Law*. Es gibt weder verbindliche Kündigungsfristen noch Abfindungsregelungen und auch die Lohnfortzahlung im Krankheitsfall ist nicht gesetzlich geregelt. Zudem besteht keine allgemeine gesetzliche Verpflichtung zum Abschluss einer Krankenversicherung (Jahn 2004).

Zur Eigenheit des US-amerikanischen Arbeitsmarktes trägt auch bei, dass die Gewerkschaftsmacht seit den 1980er Jahren in den USA besonders stark abgenommen hat (Milberg und Winkler 2011). Waren im Jahr 1983 noch mehr als 20 % aller Beschäftigten Gewerkschaftsmitglieder, so fiel dieser Anteil im Jahr 2013 auf 11 %. Berücksichtigt man ausschließlich Beschäftigte in der Privatwirtschaft, so fällt dieser Anteil mit knapp 7 % noch geringer aus, während Beschäftigte im expandierenden Dienstleistungssektor kaum gewerkschaftlich organisiert sind und im Jahr 2013 nur 2,9 % aller Beschäftigten Gewerkschaftsmitglieder waren (Bureau of Labor Statistics 2014b). Aufgrund des geringen gewerkschaftlichen Organisationsgrads werden Lohnverhandlungen hauptsächlich dezentral auf Unternehmensebene ausgehandelt (Werner 1999, S. 64–66).

Aufgrund dieser vergleichsweise geringen Regulierung und dem geringen Grad gewerkschaftlicher Organisation gilt der US-amerikanische Arbeitsmarkt als besonders flexibel. Diese herausragende Flexibilität wurde lange von der OECD

---

[2]Deutschland hat im Jahr 2011 mit 1,82 % des BIP für arbeitsmarktpolitische Maßnahmen im engeren Sinn ausgegeben (OECD 2014).

und dem Internationalen Währungsfond (IWF) als Grund für die hohen und seit der Nachkriegszeit nahezu stetig gestiegenen Erwerbsquoten in den USA gepriesen (OECD 1994). Zwischen 1947 und 2012 hat sich die Zahl der Erwerbstätigen mit einem Anstieg von 57,038 Millionen auf 142,469 Millionen in der Tat mehr als verdoppelt. Dadurch ist die Erwerbsquote von 56 % im Jahr 1947 auf einen Höchststand von 64,4 % im Jahr 2000 gestiegen und lag damit zwischen 1980 und 2000 10 Prozentpunkte über dem Durchschnitt in den EU-Staaten (Bureau of Labor Statistics 2014a; Grisse et al. 2011). Jene positive Einschätzung erscheint jedoch, vor allem im Licht jüngster Entwicklungen, als problematisch. Empirisch lässt sich zum einen kein kausaler Zusammenhang zwischen der Höhe der Arbeitslosigkeit und der Regulierung des Arbeitsmarktes feststellen (OECD 1999). Im Jahr 2009 ist außerdem der Unterschied in den Erwerbsquoten zwischen Europa und den USA auf lediglich 1,7 % gesunken (Grisse et al. 2011).

Aktuell ist der US-amerikanische Arbeitsmarkt schwer von den Auswirkungen der Wirtschaftskrise betroffen. Die Erwerbsquote fiel von 63 % im Jahr 2007 auf 58,6 % im Jahr 2012 und die Arbeitslosenquote stieg von 4,6 % (2007) auf 8,1 % im Jahr 2012. Da die Arbeitslosenquote trotz eines Wiederauflebens der Konjunktur seit dem Sommer des Jahres 2009 nur unterproportional abgenommen hat, wird von einer „jobless recovery" gesprochen.[3] Im Januar 2014 lag die Arbeitslosenquote bei 6,5 % (Bureau of Labor Statistics 2014a). Dieser konjunkturelle Anstieg der Arbeitslosigkeit hat längerfristige Trends im US-amerikanischen Arbeitsmarkt verstärkt, die sich in besonders ungleichen Beschäftigungschancen für verschiedene Gruppen manifestieren und auf den ökonomischen Strukturwandel zurückzuführen sind. Wie in anderen Industrieländern auch, kam es in den vergangenen 50 Jahren zu einer Verschiebung der relativen Gewichte über die verschiedenen Wirtschaftssektoren. Während in den USA im Jahr 1960 65 % der Beschäftigten außerhalb des Primärsektors im Dienstleistungssektor beschäftigt waren, so ist dieser Anteil im Jahr 2007 auf 85 % angestiegen. Insbesondere die Beschäftigung in unternehmensbezogenen Dienstleistungen (*business services*) hat starke Wachstumsraten verzeichnet. Ihr Anteil an der Gesamtbeschäftigung außerhalb des Primärsektors lag im Jahr 1960 bei nur 15 % und entsprach damit ungefähr der Hälfte des Beschäftigungsanteils der verarbeitenden Industrie. Im Jahr 2007 war dieser Anteil mehr als doppelt so hoch wie im Industriesektor und lag bei 21 % (Jensen 2011, S. 14–15).

Ökonomische Restrukturierungsprozesse stehen im Zusammenhang mit verstärkten ökonomischen Ungleichheiten. Einhergehend mit der Tertiarisierung galten die Beschäftigungen geringqualifizierter Industriearbeiter als besonders gefährdet. Wegen des Eintritts der hochausgebildeten Baby Boom Generation in den Arbeitsmarkt während der 1970er Jahre hat sich dieser Rückgang in den Beschäftigungsmöglichkeiten jedoch erst seit den 1980er Jahren auch in niedrigeren

---

[3]Dieser Begriff wurde in der Rezession von 1990-91 geprägt, weil im Vergleich zum Anstieg des U.S. BIP in den darauf folgenden eineinhalb Jahren nur wenige neue Beschäftigungsverhältnisse geschaffen wurden (Groshen und Potter 2003).

Erwerbseinkommen für Geringqualifizierte niedergeschlagen und damit zu einem Anstieg der Lohndisparitäten geführt. Während die ersten drei Jahrzehnte der Nachkriegszeit lediglich durch einen leichten Anstieg der Lohnungleichheiten in den USA gekennzeichnet waren, kam es deshalb in den frühen 1980er Jahren zu einer Trendwende (Levy und Murnane 1992). Wenn sich die Erwerbseinkommen zwischen dem 90er Perzentil und dem 10er Perzentil der Einkommensverteilung auch in nahezu allen OECD Ländern auseinander entwickelt haben, so ist die Lohndisparität in den USA besonders stark ausgeprägt.[4] Verschärft wird das Problem dort durch eine seit den 1970er Jahren gestiegene Armutsrate. Laut dem US-Census lebten 2012 15 % der US-amerikanischen Bevölkerung unterhalb der offiziellen Armutsgrenze (DeNavas-Walt et al. 2013, S. 13).

Seit Mitte der 1990er Jahre ist darüber hinaus die Mittelklasse zunehmend schmerzhaften Anpassungsprozessen ausgesetzt. Die sogenannte „Job-Polarisation" (Goos und Manning 2007) ist durch einen relativen Rückgang in Erwerbseinkommen und Beschäftigungsmöglichkeiten für die Mittelschicht gekennzeichnet (Autor 2010). Während die Nachfrage nach hoch- und niedrig qualifizierten Arbeitern gestiegen ist, werden Arbeiter mit einem mittleren Bildungsniveau und Einkommen zunehmend weniger nachgefragt. Für diese Arbeitsmarktpolarisierung werden in der Fachliteratur momentan verschiedene Erklärungsansätze diskutiert. Da eine solche Polarisierung des Arbeitsmarktes ebenfalls in zahlreichen europäischen Ländern stattfindet, sehen Ökonomen neben dem fortschreitenden technologischen Wandel und der damit einhergehenden Automatisierung bestimmter Tätigkeiten auch die neuen Charakteristika des Außenhandels als ursächlich an. Besonders Mittelklasseberufe sind durch Tätigkeitsprofile charakterisiert, die leicht durch computergesteuerte Programme ersetzt oder ins Ausland verlagert werden können. Beispielsweise führen mittel-qualifizierte und -bezahlte Arbeiter besonders häufig Routineaufgaben aus (Autor 2010). Da Routineaufgaben durch klare Handlungsabläufe gekennzeichnet sind, können diese Tätigkeiten entweder automatisiert werden oder durch eine klare Beschreibung der Handlungsvorgaben in Länder mit einem geringeren Lohnniveau ausgelagert werden.

Die Polarisierung des Arbeitsmarkts, welche sich bis in die 1980er Jahre zurückverfolgen lässt, stellt den US-amerikanischen Arbeitsmarkt seit der Mitte der 1990er Jahre damit vor eine neue Herausforderung. Während ursprünglich vor allem geringqualifizierte Arbeiter in der Industrie die negativen Konsequenzen des ökonomischen Strukturwandels tragen mussten, sind seit Mitte der 1990er Jahre

---

[4]Eine ungleiche Entwicklung der Erwerbseinkommen kann sich entsprechend verschiedener staatlicher Maßnahmen mehr oder weniger stark auf das erzielte Nettogesamteinkommen auswirken. Da sich dieses Kapitel auf die Herausforderungen für arbeitsmarktpolitische Maßnahmen konzentriert, werden hier die direkt aus dem Arbeitsmarkt resultierenden Ungleichheiten beschrieben. Die Effekte beispielsweise von steuerlicher Umverteilung werden dadurch außen vor gelassen. Es lässt sich festhalten, dass Erwerbseinkommen und Gesamtnettoeinkommen seit Mitte der 1980er Jahre einem gemeinsamen Trend folgen und dass Erwerbseinkommen 2003 in den USA einen Anteil von 67 % des Nettogesamteinkommens ausmachten (OECD 2007, S. 117).

zunehmend auch die Mittelschicht und bestimmte Beschäftigungen im Dienstleistungssektor jenen schmerzhaften Anpassungsprozessen ausgesetzt. Dem Wandel des Arbeitsmarkts und den neuen Herausforderungen der ökonomischen Umstrukturierung hat man sich in der Politik auf verschiedene Weise und mit unterschiedlichem Erfolg angenommen.

3 Aktive und passive Arbeitsmarktpolitik

Zielt *passive* Arbeitsmarktpolitik vor allem auf die (finanzielle) Unterstützung von Erwerbslosen ab, verfolgt die *aktive* Arbeitsmarktpolitik einen eher präventiven Ansatz mit dem Zweck, die Beschäftigungsfähigkeit und die Erwerbsbeteiligung bestimmter Gruppen zu erhöhen. Im Folgenden sollen diese zwei Formen der Arbeitsmarktpolitik in den USA diskutiert werden. Abschließend wird mit der *Trade Adjustment Assistance* ein arbeitsmarktpolitisches Programm in den Blick genommen, welches ausschließlich für Personen zur Verfügung steht, die aufgrund der wirtschaftlichen Globalisierung ihre Arbeitsplätze verloren haben – und welches deshalb, angesichts fortschreitender Globalisierungsprozesse, in Zukunft an Bedeutung gewinnen könnte.

Eine bundesweite Arbeitslosenversicherung – und damit der historische Ausgangspunkt *passiver* arbeitsmarktpolitischer Instrumente – wurde in den USA im internationalen Vergleich relativ spät mit dem *Social Security Act* von 1935 eingeführt. Erst in Folge der *Great Depression* kam es in den USA zu dem dafür benötigten Konsens zwischen Gewerkschaften, Regierungsparteien und Unternehmern (Münnich 2010, S. 248). Während seither auf Bundesebene durch den *Social Security Act* (Abschnitt III, IX und XII) und den *Federal Unemployment Tax Act* lediglich administrative Zuständigkeiten geregelt werden, entscheiden die Bundesstaaten über die Finanzierung, die Zugangsbedingungen sowie die Leistungsbemessung bei der Arbeitslosenversicherung.

Überblicksweise lassen sich die Details der passiven arbeitsmarktpolitischen Maßnahmen, die in den USA heute Anwendung finden, wie folgt zusammenfassen. Die Finanzierung der Arbeitslosenversicherung erfolgt in den meisten Bundesstaaten über die Arbeitgeber, nur in drei Staaten sind auch die Arbeitnehmer verpflichtet einen Teil ihres Lohns einzuzahlen (Shaw und Stone 2011). In den meisten Bundesstaaten können Erwerbslose bis zu 26 Wochen Arbeitslosengeld (*regular state benefits*) beziehen. Nach dieser Förderdauer werden in Zeiten besonders hoher Arbeitslosigkeit oftmals „extended benefits" gewährt. Beispielsweise konnten im Zuge des bundesweiten *Emergency Unemployment Compensation* Programms von 2008 bis zu 14 zusätzliche Wochen Arbeitslosengeld bezogen werden (Shaw und Stone 2011). Die Höhe der Transferleistungen unterscheidet sich erheblich in den Bundesstaaten. Die wöchentliche Mindestunterstützung für Alleinstehende schwankte im Jahr 2012 zwischen 5 USD in Hawaii und 138 USD in Washington. Die höchste Transferleistung variierte zwischen 235 USD in Mississippi und 653 USD in Massachusetts (U.S. Department of Labor 2012a).

Inwiefern ist diese passive Form der Arbeitsmarktpolitik geeignet, den strukturellen Herausforderungen auf dem US-amerikanischen Arbeitsmarkt zu begegnen? Der ökonomische Strukturwandel als Folge zunehmender internationaler wirtschaftlicher Verflechtungen und technologischen Wandels ist dadurch gekennzeichnet, dass bestimmte Kenntnisse, Fähig- und Fertigkeiten weniger stark auf dem Arbeitsmarkt nachgefragt werden, während die Nachfrage nach anderen Qualifikationen steigt. In diesem Zusammenhang ist die im internationalen Vergleich geringe Lohnersatzquote in den USA problematisch. Im Jahr 2011 wurden in den USA durchschnittlich 33 % des Nettolohns als Arbeitslosengeld gewährt, während der OECD Durchschnitt bei 41 % lag. Eine solche vergleichsweise geringe Orientierung am vorherigen Erwerbseinkommen führt dazu, dass Erwerbslose eher gewillt sind, neue Beschäftigungen aufzunehmen – auch wenn diese nicht optimal zu ihren Kenntnissen und Fähigkeiten passen. Dies ist insbesondere problematisch, weil es einen Zusammenhang zwischen solch einem „skill switching" und den potenziellen Einbußen bei Aufnahme einer neuen Beschäftigung zu geben scheint. Die USA zeichnen sich im OECD Vergleich entsprechend durch besonders hohe Lohneinbußen bei einer Neubeschäftigung aus (OECD 2013, S. 204–231). Insbesondere im Kontext der Arbeitsmarktpolarisierung, findet oftmals ein sogenanntes „skill downgrading" statt: Arbeiter mit einem mittleren formalen Bildungsabschluss verlieren ihren Job und nehmen danach eine Beschäftigung auf, welche ein geringeres formales Bildungsniveau erfordert. Diese Problematik ist insbesondere bei Männern stark ausgeprägt (Autor 2010).

Generell ist die passive Arbeitsmarktpolitik darauf ausgerichtet, die negativen Konsequenzen von Arbeitslosigkeit abzufedern. Sie zielt jedoch nicht darauf ab, längerfristig die Ursachen struktureller Arbeitslosigkeit zu beseitigen. Im Rahmen des Strukturwandels in den OECD-Staaten, kam es daher seit den 1990er Jahren zu einer stärkeren Betonung der *aktiven* Arbeitsmarktpolitik. Statt die negativen Konsequenzen durch eine zeitweise – im speziellen Fall der USA ohnehin unzureichende – Kompensation abzufedern, ist das Ziel solcher aktiven Maßnahmen, längerfristig das Arbeitsangebot den veränderten Nachfragebedingungen anzupassen. Diese Form der Arbeitsmarktpolitik zielt darauf ab, Arbeitslosigkeit zu vermeiden oder aber die Dauer der Arbeitslosigkeit zu verkürzen, indem Einfluss auf die Anpassungsprozesse auf dem Arbeitsmarkt genommen wird. Durch Lohnkostenzuschüsse und öffentliche Beschäftigungsprogramme (*job creation*), berufliche Weiterbildungs- und Umschulungsmaßnahmen (*job training*) oder durch Beratungsangebote über offene Stellen und Bewerbungstrainings (*job matching*) wird ein reibungsloser Ausgleich von Arbeitsmarktangebot und -nachfrage angestrebt (Janoski 1990, S. 7).

In den meisten OECD Ländern hat insbesondere der Anstieg der Arbeitslosigkeit seit den 1980er Jahren zu einer Neugewichtung arbeitsmarktpolitischer Maßnahmen geführt – wobei die USA diesem Trend, den oben beschriebenen neoklassischen Vorstellungen entsprechend, nur begrenzt gefolgt ist. Mit der *OECD Jobs Strategy* (OECD 1994) und den *EU Employment Guidlines* (1997) wurde die Rolle der aktiven Arbeitsmarktpolitik im Vergleich zu passiven arbeitsmarktpolitischen Maßnahmen aufgewertet. Als Resultat haben die OECD Mitgliedsstaaten im

Durchschnitt ihre Ausgaben für solche aktiven Maßnahmen von 0,72 % des BIP im Jahr 1985 auf 0,80 % im Jahr 2000 erhöht. Mit einem Ausgabenanteil von 0,15 % im Jahr 2000 und damit einem sinkenden Anteil am BIP, wurden die USA auch im Bereich der aktiven Maßnahmen innerhalb der OECD nur noch von Mexiko untertroffen (Martin und Grubb 2001). Im Jahr 2011 entfiel weniger als ein Fünftel aller arbeitsmarktpolitischen Ausgaben in den USA auf aktive arbeitsmarktpolitische Maßnahmen (OECD 2014).[5]

Nichtsdestotrotz lässt sich auch in den USA eine Geschichte der aktiven Arbeitsmarktpolitik nachzeichnen. Vergleichbar zur Arbeitslosenversicherung haben aktive arbeitsmarktpolitische Maßnahmen in den USA ihren Ursprung in Programmen zur Überbrückung von wirtschaftlichen Krisen (O'Leary und Eberts 2009). Öffentliche Beschäftigungsprogramme erzielten erstmals nationale Bedeutung in der Zeit des *New Deals*. So waren zwischen 1935 und 1943 mehr als acht Millionen Menschen in öffentlichen Beschäftigungsprogrammen angestellt (Janoski 1990, S. 68–73).

Weiterbildungs- und Umschulungsmaßnahmen wurden hingegen erst im *War on Poverty* bundesweit relevant. Im Gegensatz zu öffentlichen Beschäftigungsprogrammen waren diese Maßnahmen auf bestimmte Zielgruppen ausgerichtet, die als auf dem Arbeitsmarkt benachteiligt angesehen wurden und zielten darauf ab, die Beschäftigungsfähigkeit und Vermittelbarkeit dieser Zielgruppen zu erhöhen. Der *Manpower Development and Training Act* (MDTA) aus dem Jahr 1962 bot beispielsweise als Antwort auf die wirtschaftliche Stagnation der 1950er Jahre öffentliche Umschulungs- und Weiterbildungsmaßnahmen für Geringverdiener und Sozialhilfeempfänger an. Die Idee war, die Kenntnisse und Fähigkeiten dieser Gruppe an die veränderte Arbeitsnachfrage insbesondere aufgrund zunehmender Automatisierung von niedrigqualifizierten Tätigkeiten anzupassen und damit die Abhängigkeit von Sozialhilfeleistungen zu verringern.[6] In dieser ersten Phase der US-amerikanischen Trainingsprogramme wurde ein sehr zentraler Organisationsansatz verfolgt. Verwaltung, Finanzierung und auch der Betrieb (*operation*) erfolgten auf Bundesebene (LaLonde 1995; O'Leary und Eberts 2009). Der *Comprehensive Employment and Training Act* (CETA) von 1973 bündelte dann die zwei Stränge der aktiven Arbeitsmarktpolitik. Im CETA waren sowohl Bundesmittel für öffentliche Arbeitsbeschaffungsmaßnahmen als auch für Weiterbildungsmaßnahmen vorgesehen. Durch die Zuweisung einer Kommune oder Stadt als verantwortlicher Instanz für die Ausgestaltung, die Umsetzung und die Evaluierung der einzelnen Maßnahmen läutete der CETA jedoch zugleich auch die Dezentralisierung der aktiven Arbeitsmarktpolitik in den USA ein (O'Leary et al. 2004, S. 8).

---

[5]Auch unter Berücksichtigung der Arbeitslosenzahlen geben die USA verhältnismäßig wenig sowohl für passive als auch für aktive arbeitsmarktpolitische Maßnahmen aus (Schmitt 2011; Armingeon 2007).

[6]Die explizite Betonung einer Reduktion der Abhängigkeit von Sozialhilfeleistungen erfolgte mit dem *Economic Opportunity Act* von 1964 (LaLonde 1995).

1982 wurde der CETA durch den *Job Training and Partnership Act* (JTPA) ersetzt, welcher stark von konservativen Idealen geprägt war und eine Kehrtwende in der aktiven Arbeitsmarktpolitik der USA darstellte. Öffentliche Beschäftigungsprogramme wurden bis auf die Ausnahme von *Job Corps* – einer im Rahmen des MDTAs eingeführten Beratung, Ausbildung und Krankenversicherungsunterstützung für junge Personen zwischen 16 und 24 Jahren – vollständig von der Agenda gestrichen (LaLonde 1995). Sowohl Republikaner als auch Demokraten kritisierten zudem zunehmend die theoretische Trainingskomponente der bisherigen Programme und betonten die Relevanz praktischer Umschulungs- und Weiterbildungsmaßnahmen. Die Beteiligung privater Akteure in den regionalen Gremien sollte zu einer stärkeren Ausrichtung der vermittelten Qualifikationen und Kompetenzen am „Kunden" – also den Arbeitgebern – führen und finanzielle Unterstützung wurde dementsprechend nur noch für bestimmte Maßnahmen gewährleistet (O'Leary und Eberts 2009). Der von Bundesstaat zu Bundesstaat variierende Konsens in solchen lokalen Gremien zwischen Repräsentanten der Arbeitnehmer, der Arbeitgeber und Politikern sorgte für eine geringe Standardisierung des Inhalts selbst theoretischer Umschulungs- und Weiterbildungsmaßnahmen (Heckman et al. 1999, S. 1872–1875). Als Antwort auf den Strukturwandel und die Abnahme von Beschäftigungsmöglichkeiten im Industriesektor wurde zudem der bezugsberechtigte Personenkreis auf entlassene Arbeiter im Allgemeinen ausgeweitet. Darüber hinaus wurden im Rahmen des JTPA sogenannte „performance standards" eingeführt, die eine regelmäßige Evaluierung der Maßnahmen aufgrund von Wiederbeschäftigungsraten und Löhnen vorsehen (O'Leary et al. 2004, S. 9–11).

Im Zuge der Wohlfahrtsreform, des *Personal Responsibility and Work Opportunity Reconciliation Act* (1996), wurde der *Workforce Investment Act* (WIA; 1998) verabschiedet, welcher den JTPA ersetzte, dessen kundenorientierte Logik aber fortsetzte. Der WIA verstärkte die Dezentralisierung des Weiterbildungssystems und rückte zudem das „work-first-" Prinzip ins Zentrum der Maßnahmen. Danach werden die Wiederaufnahme einer Beschäftigung als oberste Priorität und Training- und Weiterbildungsmaßnahmen als ein „service of last resort" angesehen (King 2004, S. 88–90; O'Leary und Eberts 2009, S. 15). Dieser „letzte Ausweg" ist nach wie vor ein Leitprinzip der aktiven Arbeitsmarktpolitik. Als Antwort auf den starken Anstieg der Arbeitslosenquote im Zuge der Wirtschaftskrise wurde im Rahmen des makroökonomischen Stimulusprogramms, des *American Recovery and Reinvestment Act* (ARRA), im Jahr 2009 dessen Budget im Vergleich zum Vorjahr außerdem verdoppelt: zu den ursprünglich geplanten 3.626.488 USD für das Jahr 2009 kamen mit der Verabschiedung des ARRA weitere 3.950.000 USD hinzu (O'Leary und Eberts 2009).

Doch auch beim WIA ist – wie schon im Rahmen des JTPA – die Leistungskopplung der Bundesfinanzierung problematisch. Es ist vor allem fraglich, ob die Kriterien zur Leistungsbewertung tatsächlich als Erfolgsmaße geeignet sind. Ein generelles Problem besteht nämlich darin, dass es keine Kontrollgruppe gibt, die allerdings notwendig wäre, um überhaupt beurteilen zu können, ob die Wiederbeschäftigung beziehungsweise der erzielte Lohn tatsächlich auf die Teilnahme an einer bestimmten arbeitsmarktpolitischen Maßnahme zurückzuführen ist. Studien zeigen, dass die „performance standards" und die darauf basierenden finanziellen Anreize zu einer Selektion besonders fähiger Teilnehmer geführt haben, um die Bewertung positiv zu beeinflussen. Beispielsweise wurden Erwerbslose, die auch ohne die Teilnahme an bestimmten Maßnahmen eine besonders hohe Aussicht auf eine Neueinstellung hatten, verstärkt als Teilnehmer ausgewählt (sogenanntes „participant creaming") (Barnow und Smith 2004, S. 30–40).

Aufgrund der starken Dezentralisierung und der geringen Standardisierung sowohl der Inhalte als auch des anspruchsberechtigten Personenkreises über die verschiedenen Bundesstaaten ist eine abschließende Beurteilung der Wirksamkeit aktiver arbeitsmarktpolitischer Maßnahmen in den USA besonders schwer.[7] Die meisten Studien finden keine nachweislichen Auswirkungen theoretischer Trainingsmaßnahmen, wohingegen sich praktische Weiterbildungsmaßnahmen gering positiv sowohl auf die Wahrscheinlichkeit einer Neueinstellung als auch auf die Höhe zukünftiger Erwerbseinkommen auszuüben scheinen. Besonders von solchen Trainingsmaßnahmen scheinen Frauen zu profitieren, wohingegen die Effekte für Männer oft sehr gering ausfallen (Jacobsen et al. 2005; Heckman et al. 1999, S. 1868). Allerdings ist durch die Orientierung auf kurzfristige Auswirkungen die Aussagekraft dieser Studien insbesondere in Hinblick auf die Effekte theoretischer Maßnahmen stark eingeschränkt, da diese tendenziell längere Zeit benötigen, um sich in messbaren Erfolgen, wie höheren Erwerbseinkommen niederzuschlagen (OECD 1999, S. 145). Die wenigen Studien, die hingegen einen längeren Untersuchungszeitraum aufweisen, zeigen dementsprechend, dass manche Arbeiter stärker von längerfristigen, theoretischen Maßnahmen profitieren (Jacobsen et al. 2005).

Darüber hinaus betonen Ökonomen, dass sich ein oftmals übersehener Grund für den Anstieg der Lohn- und Beschäftigungsdisparitäten in den seit den 1970er Jahren stetig gesunkenen Wachstumsraten des Anteils der Bevölkerung mit einem höheren Bildungsabschluss findet, wobei dieses Problem insbesondere für die männliche US-amerikanische Bevölkerung gilt (z. B. Autor 2010). Ein höherer formaler Bildungsabschluss reduziert zudem die Wahrscheinlichkeit eines Arbeitsplatzverlustes – und Arbeiter mit einem höheren Qualifikationsniveau finden im Falle einer Entlassung schneller eine Neuanstellung und müssen geringere und weniger lang andauernde Lohneinbußen in Kauf nehmen (OECD 2013, S. 192). Während also über die Wirksamkeit von tätigkeitsspezifischen Umschulungs- und Weiterbildungsmaßnahmen wenig gesicherte Erkenntnisse existieren, bestätigen Studien wiederholt die positiven Effekte von vergleichsweise generellem Humankapital, welches seine Besitzer vor einem Abstieg im Arbeitsmarkt abzusichern scheint und ihre Flexibilität erhöht (Sesselmeier und Somaggio 2009). Diese Aspekte weisen auf die Grenzen der stark praktischen Orientierung der US-amerikanischen Umschulungs- und Weiterbildungsmaßnahmen hin und unterstreichen gleichzeitig die Notwendigkeit eines grundständigen Bildungsangebots.

---

[7]Die generellen Schwierigkeiten bei der Beurteilung der Wirksamkeit arbeitsmarktpolitischer Maßnahmen sind auf das Fehlen von Kontrollgruppen zurück zu führen (Heckman et al. 1999).

Allerdings steigt seit Mitte der 1990er Jahre neben der Nachfrage nach höheren Qualifikationen der Beschäftigungsanteil von Tätigkeiten, die ein relativ geringes, formales Bildungsniveau erfordern. Diese strukturelle Polarisierung des Arbeitsmarktes ist neben dem technologischen Wandel auch auf die neuen Charakteristika des Außenhandels zurückzuführen. Die *Trade Adjustment Assistance* stellt eine arbeitsmarktpolitische Maßnahme dar, welche speziell darauf abzielt den negativen Globalisierungskonsequenzen auf dem einheimischen Arbeitsmarkt zu begegnen.

4 Trade Adjustment Assistance

Mit Blick auf die Arbeitsmarkteffekte des Außenhandels heben sich die USA mit einer besonderen arbeitsmarktpolitischen Strategie von anderen OECD Ländern ab. Seit über 50 Jahren existiert mit der *Trade Adjustment Assistance* ein bundesweites Programm, welches Unterstützung speziell für Arbeiter gewährleistet, die aufgrund einer zunehmenden internationalen wirtschaftlichen Verflechtung ihre Beschäftigung verloren haben. In anderen OECD-Staaten gab es hingegen in der Vergangenheit lediglich Programme zur Unterstützung einzelner Industrien; die Europäische Union etablierte erst 2007 ein vergleichbares Programm, den *European Globalisation Adjustment Fund* (OECD 2005, S. 56–59).[8]

Die Existenz spezieller arbeitsmarktpolitischer Maßnahmen für Arbeiter, deren Beschäftigungen von ausländischer Konkurrenz bedroht sind, wird im Allgemeinen dadurch gerechtfertigt, dass diese Personengruppe sich in bestimmten Charakteristika von der allgemeineren Gruppe der Erwerbslosen unterscheidet. Arbeiter, die ihre Beschäftigung aufgrund von internationaler Konkurrenz verlieren, sind durchschnittlich älter, schlechter ausgebildet und verfügen über höhere Erwerbseinkommen vor der Entlassung als die Gruppe der Erwerbslosen im Allgemeinen (Rosen 2011). Zudem wird ein tendenziell höherer Anteil dieser Arbeiter aufgrund von Unternehmensschließungen entlassen, sodass die Wahrscheinlichkeit für eine Wiederaufnahme ihrer vorherigen Tätigkeiten geringer ist. Dies kann erklären, warum diese Gruppe von Erwerbslosen im Durchschnitt längere Arbeitslosenzeiten und höhere Lohneinbußen bei einer Neueinstellung in Kauf nehmen muss (Baicker und Rehavi 2004; Kletzer 2001).

Die *Trade Adjustment Assistance* (TAA), welche mit dem *Trade Expansion Act* von 1962 auf Bundesebene eingeführt wurde, zielt speziell darauf ab, die Verlierer einer zunehmenden außenwirtschaftlichen Verflechtung in den USA zu kompensieren und die Anpassungen an die ökonomischen Restrukturierungsprozesse zu erleichtern. Historisch sollte mit der Einführung des Programms auch der Widerstand der Gewerkschaften sowie handelsskeptischer Senatoren und Abgeordneter gegenüber geplanten Handelsliberalisierungen reduziert werden (Richardson 1982, S. 8–9). Eine Strategie, die offensichtlich erfolgreich war: Im Rahmen des *Trade*

---

[8]Australien verfügte von 1973 bis 1976 über ein generelles Programm, welches jedoch auf passive arbeitsmarktpolitische Maßnahmen beschränkt war (OECD 2005, S. 66).

Expansion Act fand eine Liberalisierung des Handels durch eine Zollreduktion von 50 % auf Importe aus der Europäischen Gemeinschaft statt (OECD 2005, S. 58).

Seit seiner Einführung durchlief das Programm zahlreiche Reformen. Nachdem in den ersten sieben Jahren aufgrund der sehr strikten Anspruchsvoraussetzungen keinem einzigen Arbeiter TAA gewährt wurde und auch in den folgenden fünf Jahren über die Hälfte der TAA Anträge als nicht anspruchsberechtigt abgelehnt wurden, lockerte der *Trade Act* von 1974 in Voraussicht auf die Tokyo Runde der Verhandlungen zum Allgemeinen Zoll- und Handelsabkommen (GATT) die Anspruchskriterien und führte die Umschulungs- und Weiterbildungskomponente ein. Im Jahr 1980 wurde deshalb 532.000 Arbeitern Unterstützung im Rahmen der TAA gewährleistet und die Kosten des Programms beliefen sich auf 1,6 Milliarden USD. Nachdem 1981 unter Präsident Reagan die finanzielle Unterstützung reduziert wurde, kam es erst im Jahr 2002 mit dem *Trade Adjustment Assistance Reform Act* zum umfangreichsten Reformpaket. Die Verwaltung des TAA Programms auf Bundesebene erfolgt durch die *Employment and Training Adminsitration* (ETA) des *U.S. Department of Labor*. Die ETA entscheidet über die Berechtigung einzelner Anträge, welche entweder von drei oder mehr Arbeitern eines Betriebs gemeinsam, dem Arbeitgeber, oder einem offiziellen Arbeitnehmervertreter eingereicht werden müssen (U.S. Department of Labor 2014b). Ist ein solcher Antrag erfolgreich, so haben alle Arbeitnehmer dieses Betriebs bis zu zwei Jahre nach der Einschätzung des *U.S. Department of Labor* Anspruch auf Leistungen im Rahmen der TAA (Park 2012).

Die TAA bietet neben der Unterstützung für Arbeiter auch verschiedene Maßnahmen für Unternehmen sowie Landwirte und Fischer an, die jedoch von vergleichsweise geringer Bedeutung sind (Rosen 2008). Um die Wettbewerbsfähigkeit für Unternehmen zu erhöhen, leistet das Programm mit elf *Trade Adjustment Assistance Centers* technische Unterstützung. Bezugsberechtigungskriterien ähneln denen für Arbeiter. Die Ausgaben im Rahmen dieses Programms sind historisch sehr gering, zwischen 2001 und 2006 wurden lediglich 150 Unternehmen unterstützt. Ähnlich gering ist die Bedeutung der Maßnahmen für Landwirte und Fischer, welche durch den *Trade Adjustment Assistance Reform Act* im Jahr 2002 eingeführt wurde. Fällt der Weltpreis für landwirtschaftliche oder Fischereiprodukte stark, so kann finanzielle Unterstützung beantragt werden (Rosen 2008).

Mit über 90 % des Jahresbudgets von 2010 zielt der Hauptteil des Programms auf die Unterstützung von Arbeitern, die entweder als Folge gestiegener Importe oder aber aufgrund von Produktionsverlagerungen ihren Arbeitsplatz verloren haben (Rosen 2011). Bei diesen Anspruchsvoraussetzungen werden sowohl Importe in der Industrie des Arbeiters als auch in vor- und nachgelagerten Wertschöpfungsaktivitäten berücksichtigt. Produktionsverlagerungen müssen in Länder erfolgen, mit denen die USA ein Handelsabkommen abgeschlossen haben (U.S. Department of Labor 2014a). Folgende Unterstützung wird im Rahmen der TAA seit 2002 gewährt:[9] Einkommensbeihilfen (*Trade Readjustment Allowance*,

---

[9]Bis zum ersten Januar 2014 wurde zudem ein Steuerfreibetrag in Höhe von 65 % der Beiträge zur Krankenversicherung (*Health Coverage Tax Credit*) gewährt (U.S. Department of Labor 2014a).

TRA) für zusätzliche 78 Wochen nach Auslaufen der regulären Arbeitslosenversicherung, wenn die Arbeiter an einem Vollzeittrainingsprogramm teilnehmen;[10] Kostenerstattungen für Umschulungs- und Weiterbildungsprogramme von bis zu zwei Jahren; sowie eine Erstattung von 90 % der Kosten für die Arbeitsplatzsuche und für einen im Rahmen der Aufnahme einer neuen Beschäftigung notwendigen Umzug (jeweils bis zu einem Höchstbetrag von 1.250 USD). Arbeitern über einem Alter von 50 Jahren und mit einem jährlichen Einkommen unterhalb von 50.000 USD wird außerdem als *Alternative Trade Adjustment Assistance* (ATAA) für bis zu zwei Jahre die Hälfte der Lohneinbußen im Vergleich zu ihrer vorherigen Beschäftigung erstattet (max. 10.000 USD) (Rosen 2008).

Im Zuge des *American Recovery and Reinvestment Act* (ARRA) kam es im Jahr 2009 zur Verabschiedung des *Trade and Globalization Adjustment Assistance Act*, der die im Rahmen der TAA gewährten Unterstützungsmaßnahmen in verschiedener Hinsicht bis zum 31. Dezember 2013 ausweitete. Zum einen wurde die Förderdauer der Leistungen um 26 zusätzliche Wochen beim Bezug der TRA sowie bei der Frist für die Teilnahme an Umschulungs- und Weiterbildungsmaßnahmen erhöht (Park 2012; U.S. Department of Labor 2012b). Darüber hinaus können Arbeiter bereits an Qualifikationsmaßnahmen teilnehmen, wenn sie ihren Arbeitsplatz als bedroht empfinden. Auch die Höchstsätze für die Kostenerstattungen wurden temporär angehoben. Sowohl die Kosten für die Arbeitsplatzsuche als auch für einen Umzug wurden bis zu 100 % erstattet und der Höchstbetrag wurde auf 1.500 USD angehoben. Zudem wurde der bezugsberechtigte Personenkreis erweitert. Produktionsverlagerungen mussten nicht auf Länder beschränkt sein, mit denen die USA ein Handelsabkommen unterhalten und auch Beschäftigte im Dienstleistungssektor erhielten Anspruch auf Leistungen (U.S. Department of Labor 2012b). Die bis dahin geltende Interpretation des U.S. Department of Labor, dass Dienstleistungstätigkeiten nicht in Konkurrenz mit Importen stehen – und Arbeitnehmer in diesem Sektor daher auch kein Anrecht auf Unterstützung haben – stand im starken Widerspruch zu der zunehmenden Ausweitung des Dienstleistungshandels seit Mitte der 1990er Jahre (Rosen 2008; OECD 2007, S. 105–148). Der *Omnibus Trade Act* verlängerte diese Leistungsausweitungen im Jahr 2011 für sechs weitere Wochen, bevor sie durch den *Trade Adjustment Assistance Extension Act* im Oktober 2011 dauerhaft implementiert wurden.

Insgesamt ist die Anzahl von Personen, welche Unterstützung im Rahmen der TAA in Anspruch genommen haben, im Lauf der Geschichte des Programms gering geblieben. Im Jahr 2010 haben lediglich 86.081 Arbeiter Unterstützungen in Anspruch genommen. Dies waren nur ungefähr 20 % der vom *U.S. Department of Labor* als anspruchsberechtigt eingestuften Personen (Rosen 2011). Bezüglich der Wirksamkeit der Maßnahmen sind die existierenden Evaluationsstudien von denselben Problemen geplagt, wie die Studien über allgemeine

---

[10]Im Falle, dass die Qualifikation des Arbeiters als „auszureichend" für eine baldige, neue Beschäftigungsaufnahme angesehen wird, kann eine Ausnahme gewährt werden. In solchen Fällen ist die TRA auf 26 Wochen beschränkt (Park 2011).

arbeitsmarktpolitische Maßnahmen. Ein Problem der „Kunden"-orientierten Umschulungsmaßnahmen wird zudem im Rahmen der TAA besonders deutlich. Das gegenwärtige Wissen über zukünftig verstärkt nachgefragte Tätigkeiten ist sehr gering. Von den Personen, die nach ihrer Teilnahme an einer durch die TAA geförderte Umschulung zwischen 2004 und 2007 eine neue Beschäftigung gefunden haben, fanden lediglich 37,53 % eine neue Position, die ihrer Umschulung entsprach (Park 2012).

Es wird daher abzuwarten bleiben, ob die TAA sich tatsächlich als wirkungskräftiges Gegenmittel zur Bekämpfung der Polarisierung eines im globalen Wettbewerb stehenden Arbeitsmarkts eignen kann. Insbesondere angesichts der inadäquaten Leistungskopplung und der Kurzfristigkeit der Lösungsansätze hat sie sich zumindest in ihrer bisherigen Ausgestaltung als aktives arbeitsmarktpolitisches Instrument als unzureichend erwiesen. Vergegenwärtigt man sich die liberale Grundausrichtung des Wohlfahrtsregimes in den USA, dann ist jedoch durchaus fraglich, ob Politiker in der Zukunft von diesen Grundprinzipien abrücken werden.

5 Fazit

Wie in den anderen OECD-Staaten hat auch in den USA im Zuge des zunehmenden Strukturwandels der 1980er Jahre eine Aufwertung der aktiven Arbeitsmarktpolitik stattgefunden. Diese aktiven Maßnahmen sollen zur Feinsteuerung auf dem Arbeitsmarkt beitragen, indem das Zusammenspiel zwischen Arbeitsnachfrage und -angebot verbessert wird. Eine besondere Rolle kommt dabei den Umschulungs- und Weiterbildungsmaßnahmen zu, welche das Arbeitskräfteangebot langfristig an die veränderte Nachfragestruktur anpassen sollen. In den Worten von Barack Obama soll die „Zukunft gewonnen" (*win the future*) werden, indem verstärkt in Ausbildung und Training investiert wird, um neben einer Verbesserung der individuellen Arbeitsmarktchancen auch die strukturelle Beschäftigungsentwicklung positiv zu beeinflussen (Schmitt 2011). Dieser starke Fokus auf berufliche Umschulung wurde auch mit dem *American Recovery and Reinvestment Act* im Jahr 2009 deutlich, welcher das bundesweite Budget für berufliche Qualifizierungsmaßnahmen im Vergleich zum Vorjahr mehr als verdoppelte (O'Leary und Eberts 2009).

Allerdings existieren kaum gesicherte Kenntnisse darüber, welche Tätigkeiten zukünftig verstärkt nachgefragt werden. Eindeutig scheint, dass Beschäftigungen in der produzierenden Industrie als klassische Säule der US-amerikanischen Mittelklasse der Vergangenheit angehören. Allerdings zeigt die zunehmende Automatisierung und internationale Verlagerung bestimmter Dienstleistungstätigkeiten, dass das Wissen über die genauen Profile zukünftig verstärkt nachgefragter Tätigkeiten immer noch vergleichsweise gering ist. Während in den 1980er Jahren eine generelle Tendenz zu einer erhöhten Nachfrage nach hochqualifizierten Arbeitern verzeichnet wurde, so ist seit Mitte der 1990er Jahre mit dem Aufkommen der Arbeitsmarktpolarisierung keine derartig eindeutige Tendenz mehr erkennbar. Neben einer gestiegenen Nachfrage nach höheren Qualifikationen steigt der

Beschäftigungsanteil von Tätigkeiten, die ein relativ geringes formales Bildungsniveau erfordern.

Der seit dem *Job Training and Partnership Act* (1982) verstärkte Fokus auf nachfrageorientierte Weiter- und Umschulungsmaßnahmen könnte als eine Möglichkeit angesehen werden, dieser Herausforderung durch eine stärkere Dezentralisierung und Einbindung lokaler Arbeitgeber zu begegnen. Allerdings ist die langfristige Wirksamkeit dieser „Kunden"-orientierten Maßnahmen aufgrund des meist sehr kurzen Untersuchungszeitraums und der fehlenden Kontrollgruppe existierender Studien fraglich. Zudem scheint die starke Orientierung darauf auch auf institutionelle Evaluationsmechanismen zurückzuführen zu sein, welche Maßnahmen mit kurz- bis mittelfristigen Ergebnissen bevorzugen. Da die TAA, welche speziell zum Abfedern negativer Globalisierungskonsequenzen ins Leben gerufen wurde, über keine eigenen Maßnahmen verfügt und damit auf keiner gesonderten arbeitsmarktpolitischen Strategie basiert, leidet unter den selben Schwächen wie die US-amerikanische Arbeitsmarktpolitik im Allgemeinen.

Die Wirksamkeit arbeitsmarktpolitischer Maßnahmen wird insbesondere davon abhängen, ob und inwiefern es gelingt, verschiedene Maßnahmen zukünftig mittels geeigneter Daten und Studien zu evaluieren. Eine engere Verzahnung von Wissenschaft und Politik wäre dafür unabdingbar. Zudem müsste ein schnellerer und umfassenderer Wissensaustausch zwischen beiden Bereichen entsprechende Anpassungsmechanismen mit sich bringen. Da diese Voraussetzungen in naher Zukunft eher unwahrscheinlich sind, sollten sich arbeitsmarktpolitische Strategien in den USA weniger stark an kurzfristigen Marktbedürfnissen orientieren, sondern eher auf längerfristig erfolgreiche Maßnahmen, wie die Vermittlung von generellen Zusatzqualifikationen, zurückgreifen.

Literatur

Armingeon, Klaus. 2007. Active labour market policy, international organizations and domestic politics. *Journal of European Public Policy* 14(6): 905–932.

Autor, David H. 2010. *The Polarization of job opportunities in the U.S. labor market*. Washington, D.C: The Center for American Progress and The Hamilton Project.

Baicker, Katherine, und M. Marit Rehavi. 2004. Policy watch: Trade adjustment assistance. The Journal of Economic Perspectives 18(2):239–255.

Barnow, Burt S., und Jeffrey A. Smith. 2004. Performance management of U.S. job training programs. In Job training policy in the United States, Hrsg. Christopher J. O'Leary, Robert A. Straits, und Stephen A.Wandner, 21–56. Kalamazoo: W.E. Upjohn Institute for Employment Research.

Bureau of Labor Statistics. 2010. *The employment situation – December 2009. News Release*. Washington, DC: U.S. Department of Labor, Bureau of Labor Statistics. http://www.bls.gov/news.release/archives/empsit_01082010.pdf. Zugegriffen am 20.02.2014.

Bureau of Labor Statistics. 2014a. *Labor sorce statistics from the current population survey, 1*. Employment status of the civilian noninstitutional population, *1942 to Date*. Washington, D.C.: U.S. Department of Labor, Bureau of Labor Statistics. http://www.bls.gov/cps/cpsaat01.pdf. Zugegriffen am 20.02.2014.

Bureau of Labor Statistics. 2014b. *Union members summary - January 2014. News Release*. Washington, DC: U.S. Department of Labor, Bureau of Labor Statistics. http://www.bls.gov/news.release/union2.nr0.htm. Zugegriffen am 20.02.2014.

DeNavas-Walt, Carmen, Bernadette D. Proctor, und Jessica C. Smith. 2013. *Income, poverty, and health insurance coverage in the United States: 2012*. U.S. Census Bureau, Current Population Reports, P60-245. Washington, D.C.: U.S. Government Printing Office.

Esping-Anderson, Gøsta. 1990. The three worlds of welfare capitalism. Cambridge: Polity Press.

Goos, Maarten, und Alan Manning. 2007. Lousy and lovely jobs: The rising polarization of work in Britain. *Review of Economics and Statistics* 89(1): 118–133.

Grell, Britta, und Christian Lammert. 2013. *Sozialpolitik in den USA – Eine Einführung*. Wiesbaden: Springer VS.

Grisse, Christian, Thomas Klitgaard und Ayşegül Sahin. 2011. *The vanishing U.S.-E.U. Employment gap*. New York: Federal Reserve Bank of New York. http://libertystreeteconomics.newyorkfed.org/2011/07/the-vanishing-us-eu-employment-gap.html. Zugegriffen am 10.01.2014.

Groshen, Erica L. und Simon Potter. 2003. *Has structural change contributed to a jobless recovery?* New York: Federal Reserve Bank of New York. http://www.newyorkfed.org/research/current_issues/ci9-8/ci9-8.html. Zugegriffen am 10.01.2014.

Heckman, James J., Robert J. LaLonde, und Jeffrey A. Smith. 1999. The economics and econometrics of active labor market programs. In *Handbook of labor economics*, Hrsg. Orley Ashenfelter und David Card, 1865–2085. Amsterdam: Elsevier.

Jacobsen, Louis, Robert LaLonde, und Daniel G. Sullivan. 2005. Estimating the returns to community college schooling for displaced workers. *Journal of Econometrics* 125: 271–304.

Jahn, Elke J. 2004. Employment at will versus employment against will – Kündigungsschutz in Deutschland und USA im Vergleich. *Industrielle Beziehungen* 3(11): 177–202.

Janoski, Thomas. 1990. The Political economy of unemployment. *Active Labor market policy in West Germany and the United States*. Berkeley: University of California Press.

Jensen, Bradford J. 2011. *Global trade in services – fear, facts, and offshoring*. Washington, D.C: Peterson Institute for International Economics.

King, Christopher T. 2004. The Effectiveness of publicly financed training services. In *Job training policy in the United States*, Hrsg. Christopher J. O'Leary, Robert A. Straits, und Stephen A. Wandner, 57–100. Kalamazoo: W.E. Upjohn Institute for Employment Research.

Kletzer, Lori. 2001. *Job loss from imports: Measuring the costs*. Washington, D.C: Institute for International Economics.

Knapp, Ulla. 2004. *Beschäftigungs- und Arbeitsmarktpolitik*. Diskussionsbeiträge aus dem Fachgebiet Volkswirtschaftslehre an der Hamburger Universität für Wirtschaft und Politik.

LaLonde, Robert J. 1995. The promise of public sector-sponsored training programs. *The Journal of Economic Perspectives* 9(2): 149–168.

Levy, Frank, und Richard J. Murnane. 1992. U.S. earnings levels and earnings inequality: A review of recent trends and proposed explanations. *Journal of Economic Literature* 30(3): 1333–1381.

Martin, John P., und David Grubb. 2001. What works and for whom: A review of OECD countries' experiences with active labour market policies. *Swedish Economic Policy Review* 8(1): 1400–1829.

Milberg, William, und Deborah Winkler. 2011. Effects of offshoring on economic insecurity. In *Making Globalization Socially Sustainable*, Hrsg. Marc Bacchetta, und Marion Jansen, 147–198. Geneva: International Labour Organization and World Trade Organization.

Münnich, Sascha. 2010. *Interessen und Ideen. Die Entstehung der Arbeitslosenversicherung in Deutschland und den USA*. Frankfurt a.M., New York: Campus Verlag.

O'Leary, Christopher J., Robert A. Straits, und Stephen A. Wandner. 2004. U.S. job training – types, participants, and history. In *Job training policy in the United States*, Hrsg. Christopher J. O'Leary, Robert A. Straits, und Stephen A. Wandner, 1–20. Kalamazoo: W.E. Upjohn Institute for Employment Research.

O'Leary, Christopher J, und Randall Eberts. 2009. *Employment and training policy in the United States during the Economic crisis* (Working Paper No. 10-161). Kalamazoo: W.E. Upjohn Institute for Employment Research.

OECD. 1994. *The OECD Jobs Study, Evidence and explanations, part I*. Paris, Washington, D.C.: OECD.

OECD. 1999. *OECD Employment Outlook 1999*. Paris, Washington, D.C.: OECD.

OECD. 2005. *OECD Employment Outlook 2005*. Paris, Washington, D.C.: OECD.

OECD. 2007. *OECD Employment Outlook 2007*. Paris, Washington, D.C.: OECD.

OECD. 2013. *OECD Employment Outlook 2013*. Paris, Washington, D.C.: OECD.

OECD. 2014. *Employment and Labour Market Statistics*. http://stats.oecd.org/BrandedView.aspx?oecd_bv_id=lfs-data-en&doi=data-00312-en. Zugegriffen am 20.01.2014.

Park, Jooyoun. 2012. Does occupational training by the trade adjustment assistance program really help reemployment? Success measured as matching. *Review of International Economics* 20(5): 999–1016.

Pavcnik, Nina. 2011. Globalization and within-country income inequality. In *Making globalization socially sustainable*, Hrsg. Marc Bacchetta und Marion Jansen, 233–260. Geneva: International Labour Organization and World Trade Organization.

Richardson, J. David. 1982. Trade adjustment assistance under the U.S. Trade Act of 1974: An analytical examination and worker survey. In *Import competition and response*, Hrsg. Jagdish N. Bhagwati, 321–368. Chicago: University of Chicago Press.

Rosen, Howard F. 2008. *Strengthening trade adjustment assistance* (Policy Brief No. PB08-2). Washington, DC, Peterson Institute for International Economics.

Rosen, Howard F. 2011. *Trade adjustment assistance: Facts versus fiction*. The American Enterprise Institute. http://www.aei.org/files/2011/06/30/TAA%20Fact%20versus%20Fiction%20-%20Howard%20Rosen.pdf. Zugegriffen am 20.01.2014.

Schmitt, John. 2011. *Labor market policy in the great recession. Some lessons from Denmark and Germany*. Washington, D.C: Center for Economic and Policy Research.

Sesselmeier, Werner, und Gabriele Somaggio. 2009. Funktionswandel der Arbeitsmarktpolitik. *Aus Politik and Zeitgeschichte*. Bonn: Bundeszentrale für Politische Bildung, 9–14.

Shaw, Hannah und Chad Stone. 2011. Key Things to know about unemployment insurance. Center on Budget and Policy Priorities, Washington, DC.

The PEW Research Center. 2006. *Free trade agreements get a mixed review*. http://www.people-press.org/2006/12/19/free-trade-agreements-get-a-mixed-review/. Zugegriffen am 25.01.2014.

U.S. Department of Labor. 2012a. *Comparison of state unemployment laws, chapter 3 monetary entitlement*. http://workforcesecurity.doleta.gov/unemploy/comparison2012.asp. Zugegriffen am 10.01.2014.

U.S. Department of Labor. 2012b. *TAA program benefits and services under the 2009 amendments*. http://www.doleta.gov/tradeact/2009law.cfm. Zugegriffen am 27.01.2014.

U.S. Department of Labor. 2014a. Employment and training administration. *TAA Program*. http://www.doleta.gov/tradeact/. Zugegriffen am 27.01.2014.

U.S. Department of Labor. 2014b. Employment and training administration. *TAA program benefits and services under the 2011 amendments*. http://www.doleta.gov/tradeact/2011_amend_att1.cfm. Zugegriffen am 27.01.2014.

Werner, Heinz. 1999. *Das amerikanische „Beschäftigungswunder" – viel Licht aber auch viel Schatten. In Jobwunder USA – Modell für Deutschland? Hrsg. Sabine Lang, Margit Mayer and Christoph Scherrer*, 54–69. Münster: Verlag Westfälisches Dampfboot.

Wolf, Nikolaus. 2013. Kurze Geschichte der Weltwirtschaft. *Aus Politik und Zeitgeschichte*. Bonn: Bundeszentrale für Politische Bildung: 9–15.

World Trade Organization. 2013. *World trade developments. International Trade Statistics 2013*. http://www.wto.org/english/res_e/statis_e/its2013_e/its13_world_trade_dev_e.pdf. Zugegriffen am 27.01.2014.

Umwelt- und Klimapolitik: Lokale Interessen und globale Verantwortung

Simone Müller

Inhalt

1 Einleitung 480
2 Akteure der US-amerikanischen Umweltpolitik 481
3 Geschichte der Umweltgesetzgebung in den USA 486
4 Herausforderungen und gegenwärtige politische Zusammenhänge 493
5 Fazit 495
Literatur 496

Zusammenfassung

Der folgende Beitrag gibt Einblick in die Umweltpolitik als eines der innovativsten Politikfelder in den USA. In Zeiten von *divided government* lassen sich sowohl der Neue Pragmatismus wie auch der Neue Föderalismus deutlich nachzeichnen. Trotz Reformstaus auf nationaler Ebene, sowie großer Zurückhaltung mit Blick auf internationale Abkommen werden auf lokaler und bundesstaatlicher Ebene wegweisende Lösungen für Umweltprobleme gesucht und gefunden. Nach einer Einführung zu den wichtigsten Akteure der US-amerikanischen Umweltpolitik und ihren Aufgaben, folgt ein historischer Überblick seit den 1970er Jahren. Hier zeigt sich die stete Aushandlung zwischen Zentralstaat und Einzelstaaten wie auch zwischen Umweltkonservativen und Reformern. Zuletzt greift der Artikel die wichtigsten Themen für die Zukunft der US-amerikanischen Umweltpolitik auf.

Schlüsselwörter

Umweltpolitik • Umweltgeschichte • Klimapolitik • Umweltbewegung

---

S. Müller (✉)
Albert-Ludwigs Universität Freiburg, Freiburg, Deutschland
E-Mail: simone.mueller-pohl@geschichte.uni-freiburg.de

1 Einleitung

Umwelt und Umweltschutz traten erst relativ spät auf die Agenda der nationalen Politik in den USA – dann jedoch mit einem ‚Big Bang'. Angefeuert durch den landesweit mit Massendemonstrationen und *teach-ins* begangenen ‚Tag der Erde' im April 1970 avancierte Umweltschutz zum politischen In-Thema der 1970er Jahre. Präsident Richard Nixons ‚Jahrzehnt der Umwelt' sollte in der Tat wegweisend sein und die US-amerikanische Umweltpolitik bis heute prägen. Zu dieser Zeit entstanden zentrale Institutionen, wie etwa die *Environmental Protection Agency (EPA)* oder das *Council on Environmental Quality (CEQ)*, grundlegende Gesetze wie der *Clean Air Act* und der *Clean Water Act* wurden verabschiedet und wichtige umweltpolitische Grundsätze wie der *citizens suit* festgelegt. Nachdem so das Grundgerüst konstituiert wurde, fand in den darauf folgenden Jahrzehnten hauptsächlich eine Feinjustierung statt, wobei die Politik mit immer neuen nationalen und internationalen Herausforderungen wie Biodiversität, Giftmüll, Bevölkerungswachstum, Klimawandel und Ökoterrorismus konfrontiert wurde. Während in den 1970er Jahren die Umweltpolitik große Errungenschaften feierte, folgte in den Jahrzehnten darauf eine Politik der kleinen Schritte. Umweltpolitiker in den USA manövrieren heute wie damals im Spannungsfeld zwischen Demokraten und Republikanern, zwischen Zentralstaat und Einzelstaaten, sowie zwischen Umweltaktivisten und Industrielobbyisten. Bis heute lässt sich keine rote Linie in der US-amerikanischen Umweltpolitik ausmachen.

Umweltpolitik in den USA ist ein spannendes, doch oft unterschätztes Politikfeld. Das Fehlen eines ‚richtigen' Umweltministeriums, die Unübersichtlichkeit der politischen Prozesse und Zuständigkeiten, die Tatsache, dass Umweltpolitik im nationalen Rahmen ein relativ junges Betätigungsfeld darstellt, wie auch die zurückhaltende Position der USA in globalen Umweltfragen führen bei Gesamtbetrachtungen der US-amerikanischen Politik oft zu einer stiefmütterlichen Behandlung der Thematik Umwelt. Dennoch ist es eines der innovativsten Politikfelder auf dem sich der Neue Pragmatismus in Zeiten parteipolitischer Blockaden, wie auch der Neue Föderalismus in der US-amerikanischen Politik deutlich nachzeichnen lassen. In Zeiten von *divided government* und eines damit oftmals einhergehenden Reformstaus auf nationaler Ebene werden auf lokaler und bundesstaatlicher Ebene wegweisende Lösungen für Umweltprobleme gesucht und gefunden. Globale Herausforderungen, wie Klimawandel oder Treibhausgase beantworten die einzelnen Bundesstaaten der USA erfolgreich im lokalen Rahmen. Gleichzeitig verdeutlicht dieses Auseinanderdriften bundesstaatlicher und nationaler Umweltpolitik auch die gesamtpolitische Problematik in den USA zwischen Bundesstaaten und Zentralstaat mit den klassischen Konfliktlinien über Zuständigkeiten und Finanzierung politischer Programme. Letztendlich steht die Umweltpolitik in den USA nicht nur vor diesen strukturellen, sondern auch vor einer Reihe an thematischen Herausforderungen, wie Klimawandel oder Ressourcenknappheit, welche sie mittelfristig von ihrem politischen Schattendasein befreien sollte.

Im Folgenden werden zunächst die wichtigsten Akteure der US-amerikanischen Umweltpolitik vorgestellt, bevor dann ein Überblick über die drei Hauptphasen der

US-amerikanischen Umweltpolitik gegeben wird. Zuletzt werden die wichtigsten Themen für die Zukunft der Umweltpolitik in den USA vorgestellt.

2 Akteure der US-amerikanischen Umweltpolitik

Die US-amerikanischen Prinzipien der horizontalen und vertikalen Gewaltenteilung manifestieren sich deutlich auf dem Feld der Umweltpolitik. Ohne eigenständiges Umweltministerium sind in den USA eine Vielzahl an Ministerien, Behörden, Gremien und Gerichten – und damit Akteure aus den Bereichen der Exekutive, Legislative wie auch Judikative – am Prozess der Umweltgesetzgebung beteiligt. Auf föderaler Ebene sind die beiden zentralen Organe das Ministerium des Inneren und die *EPA*. Daneben gibt es noch das *CEQ* innerhalb des präsidentiellen Verwaltungsapparats (seit Präsident Clinton *White House Office of Environmental Policy*), sowie die diversen Gerichte in den USA. Da in den USA Umweltgesetze eher ungenau formuliert sind, findet bei der eigentlichen Umsetzung derselben meist ein komplexer Aushandlungsprozess statt, bei dem eine Vielzahl dieser Behörden zugleich beteiligt ist. Schließlich ist in den USA neben der föderalen auch die bundesstaatliche und lokale Ebene stark in die Umsetzung umweltpolitischer Programme und Gesetze eingebunden. Basierend auf dem Prinzip des *cooperative federalism* arbeiten Lokalregierungen, Bundesstaaten und Nationalregierung eng zusammen an der Lösung umweltpolitischer Probleme, wobei dies allerdings, wie die Geschichte der Umweltgesetzgebung zeigt, keine spannungsfreie Beziehung darstellt.

Einer der ältesten Akteure auf dem Gebiet der Umweltpolitik in den USA ist das Innenministerium, welches bereits Ende des 19. Jahrhunderts mit Aufgaben in diesem Bereich betreut wurde. Mit Blick auf die Umweltgesetzgebung lag die Zuständigkeit des Innenministeriums zunächst nur bei den Aspekten Land und Ressourcen – wobei seine Entscheidungsgewalt auch die Gebiete der indigenen Bevölkerung in den USA betrifft. Die Schaffung und Verwaltung der Nationalparks, sowie Regularien zum Umgang mit natürlichen Ressourcen zählen damit zu den ältesten Umweltaufgaben des Innenministeriums. Über die Zeit hinweg wurden die Zuständigkeiten des Ministeriums im Umweltbereich immer differenzierter und vielfältiger. Heute sammeln sich eine Reihe an Behörden, wie das *Bureau of Land Management*, das *Bureau of Mines*, der *Minerals Management Service*, der *National Park Service*, der *U.S. Geological Survey* oder der *Fish and Wildlife Service* unter dem Dach des Innenministeriums (Switzer 1994, S. 56-8).

Die *EPA*, gegründet 1970, ist im Gegensatz zum Innenministerium eine unabhängige Behörde innerhalb der Exekutive und kein eigenständiges Ministerium. Obwohl der Leiter der Behörde gewöhnlich als Kabinettsmitglied geführt wird, untersteht die Behörde direkt dem Präsidenten. Geführt wird die *EPA* durch einen Hauptverwaltungsleiter und zehn Vize-Verwaltungsleiter, die den jeweiligen Regionalbüros vorstehen. Auch diese werden vom Präsidenten ernannt und durch den Senat bestätigt. Zielsetzung der *EPA* ist eine effektive Koordination umweltpolitischer Maßnahmen auf nationaler Ebene, sowie deren Verzahnung mit bundesstaatlichen und lokalen Initiativen. Zu den Aufgaben der *EPA* gehören Erforschung, Ausarbeitung und Überwachung von Umweltstandards, sowie die Durchsetzung der Umweltgesetze in den USA. Dies geschieht oft in Absprache und Koordination mit anderen Bundesbehörden, wie etwa dem Ministerium des Inneren oder bei Fragen des Atommülls des Energieministeriums. Im Wesentlichen ähnelt die *EPA* einem Ordnungsamt, welches Lizenzen ausgibt, Standards definiert und überwacht, sowie Umweltgesetze durchsetzt. Ihre Arbeitsfelder umfassen Aspekte der Luft- und Wasserverschmutzung, Trinkwasser, Giftmüllentsorgung, Pestizide, radioaktive Strahlung, Giftstoffe und Wildtiere. Darüber hinaus betreibt die *EPA* auch eigenständige Forschung. Erster Leiter der *EPA* war der Republikaner William Ruckelshaus, der die Behörde nicht nur in ihrer administrativen Ausrichtung mit ihren zehn Regionalbüros, sondern auch in ihrer frühen erfolgreichen Schwerpunktsetzung auf Luft- und Wasserverschmutzung in den USA nachhaltig prägte. Auch das Verbot des Pestizids DDT im Agrarsektor der USA 1972 fiel in seine Amtszeit. Unter der Leitung des Demokraten Douglas Costle und in Folge der Verabschiedung des *Superfund Acts* im Jahre 1980, welcher sich mit der Säuberung von toxisch kontaminierten Flächen befasste, wandelte sich der Schwerpunkt der Behörde von Verschmutzung zu Giftstoffen. Damit einher ging in einer Zeit der allgemeinen Austerität in den USA eine Haushaltserhöhung um 25 %. Bei ihrer Gründung 1970 hatte die *EPA* knapp 4.000 Mitarbeiter und ein Budget von rund 1 Milliarde USD. 2004 waren es bereits 18.000 Mitarbeiter und ein Jahresbudget von 7,7 Milliarden USD. Trotz dieses Wachstums spiegelt die Geschichte der *EPA* mit zum Teil drastischen Haushaltskürzungen das generelle auf und ab der amerikanischen Umweltpolitik wider. (Switzer 1994, S. 56-8; Collin 2006, S. 1-2).

Seit ihrer Gründung war die *EPA* oft harscher Kritik ausgesetzt. Diese rangierte von inhaltlicher Ziellosigkeit ob ihres thematisch breiten Zuständigkeitsbereichs (von Wildtieren, Emissionsstandards bis hin zu Giftmüll) bis hin zum Vorwurf der Kollaboration mit eben jener Industrie, welche durch die *EPA* reguliert werden sollte. 1983 musste Leiterin Anne Burford, zusammen mit einer ganzen Reihe ihrer Mitarbeiter, wegen Vorwürfen des finanziellen Missmanagements des Superfund Programms ihren Posten räumen. Im Nachklang des 11. Septembers 2001 löste die Handhabung potentieller Gesundheitsrisiken im Rahmen der Aufräumarbeiten an *Ground Zero* eine heftige Kontroverse aus. *EPA* Leiterin, Christine Todd Whitman hatte die Belastungen durch Asbest, Blei und anderer Partikeln in New York als gesundheitlich unbedenklich eingestuft. Verschiedene Wissenschaftler, darunter auch *EPA* Mitarbeiter, widersprachen ihr vehement und auch die Atemwegserkrankungen von tausenden von Rettungskräften ließen ihre Aussage zweifelhaft erscheinen. Auch für ihre lasche Durchsetzung von Umweltstandards zugunsten der großen Industriesektoren fand sich die *EPA* regelmäßig in der Kritik. 2005 wurde die *EPA* von 13 Bundesstaaten sowie in einem getrennten Verfahren von Kalifornien verklagt, weil sie die Einzelstaaten daran hinderte, strengere Kraftstoffstandards durchzusetzen und somit eine eigenständige Klimaschutzpolitik zu verfolgen. (Campbell 2008, S. 1978).

Neben der *EPA* ist auch das *CEQ* für Fragen der Umweltpolitik zuständig. Seine Mitglieder beraten den Präsidenten und geben jährlich den *President's Annual Report on Environmental Quality* heraus. Zudem überwacht das *CEQ* die Durchsetzung der Umweltfolgeberichte der einzelnen Bundesbehörden und vermittelt bei Unstimmigkeiten zwischen diesen. Unter Clinton wurde das *CEQ* umstrukturiert als *White House Office of Environmental Policy*. Trotz der damit verbundenen Aufwertung innerhalb der Hierarchie des Weißen Hauses, blieb seine Funktion rein beratend (Switzer 1994, S. 52). Die Rolle des Präsidenten in Sachen Umweltpolitik war historisch zunächst relativ gering. Erst mit Nixon 1969 erlangte die Umweltpolitik eine höhere Priorität (Switzer 1994, S. 56). Bis heute übernimmt der Präsident die Aufgabe der Ernennung der Leiter von Innenministerium, *EPA* und *CEQ*, Haushalt und Budget seiner Behörden und Programme vorzuschlagen, präsidentielle Verfügungen auszustellen und die Regulationsvorgänge zu leiten. Gerade über die Personalpolitik haben Präsidenten immer wieder Akzente in der amerikanischen Umweltpolitik zu setzen vermocht, indem sie darüber symbolisch in die ein oder andere Richtung wiesen. Obwohl Bill Clintons Umweltpolitik weit hinter den an sie gestellten Erwartungen zurückblieb, war die Ernennung von Al Gore als Vizepräsidenten ausweisend für seine pro-umweltpolitische Haltung. Ähnlich zeigte Präsident George W. Bush durch seine Personalpolitik, dass ihn Umweltschutzmaßnahmen und globaler Klimawandel wenig interessierten. 2001 berief er Philip Cooney, einen ehemaligen Lobbyisten der Ölindustrie als Leiter des *CEQ*. Über Jahre hinweg manipulierte dieser offizielle wissenschaftliche Berichte zur Lage von Klimawandel und Erderwärmung um Zweifel an beiden Phänomenen zu betonen. Als 2005 ein Reporter dies aufdeckte, verließ Cooney unter politischen Druck seinen Posten und wechselte zu Exxon (Revkin June 8, 2005). Das prominenteste Beispiel präsidentiellen Spielraums über Personalpolitik in der amerikanischen Umweltpolitik fällt in die Präsidentschaft von Ronald Reagan. In den 1980er Jahren hatte Reagan mit Anne Burford eine klare Anti-Umweltaktivistin als Leiterin der *EPA* berufen, welche seinen Kurs der Deregulierung und der Sparmaßnahmen unterstützte. In der Krise um die *EPA* 1983 nach dem vor allem durch die Demokraten im Kongress erzwungenen Rücktritt von Anne Burford über *Sewergate*, setzte Präsident Ronald Reagan jedoch ein wichtiges politisches Zeichen des Wandels: Er berief William Ruckelshaus zurück in die Leitungsposition der Behörde. Reagan schaffte es dadurch nicht nur die Demokraten zu beruhigen, sondern auch die *EPA* aus den Schlagzeilen zu bringen und den Vorwurf seiner Kontrahenten abzuschwächen, ihm ginge es nur um das *Big Business* der Öl- und Stahlindustrie. Eine der Auswirkungen dieser Personalpolitik Reagans war die drastische Ausweitung des Superfund Programms unter Ruckelshaus. Dieser erklärte das Programm für das Management von Giftmülllagerstätten in den USA zu einer Priorität ersten Ranges, verdreifachte das Budget und verdoppelte die Anzahl der Sachbearbeiter. Grundsätzlich stärkte diese Politik, vielleicht letztendlich nicht ganz im Sinne Reagans, diejenigen Abgeordneten, welche 1984 erfolgreich für eine strengere Giftmüllgesetzgebung in den USA eintraten (Szasz 1994, S. 128–9; Kraft 2013, S. 112-3).

Desweiteren spielen die Gerichte in den USA eine zentrale Rolle in der Umweltpolitik. Sie sind wichtige Instanzen um den Umsetzungsprozess der Umweltgesetze zu steuern, da die Richter die Aufgabe übernehmen, die oft ungenau formulierten Gesetze auszulegen. Zudem fungieren sie als zentrale Entscheidungsinstanz bei Sach- und Streitfragen. So haben verschiedene Staatsanwälte dieses Mittel gewählt, um im Konstrukt des *cooperative federalism* Machtverhältnisse und Zuständigkeiten zwischen den föderalen Ebenen auszuhandeln. Es gibt in diesem Zusammenhang zahlreiche Gerichtsverfahren gegen die *EPA* mit der Zielsetzung, dass die Behörde derart diverse Probleme wie den Schutz von Sumpfgebieten oder Emissionsstandards von Treibhausgasen strikter und auf nationaler Ebene regele und entsprechende Programme auch aus Bundeshaushaltsmitteln finanziere (Scheberle 2005, 68). Über den *citizens suit*, dem seit 1970 geltenden Recht eines jeden U.S. Bürgers gerichtlich die Durchsetzung eines bestimmten Umweltgesetzes zu erstreiten oder seine Verletzung anzuprangern, versuchen zudem Umweltorganisationen, zum Teil äußerst erfolgreich, Umweltpolitik mit zu steuern. Der Kläger kann dabei sowohl eine weitere Privatperson, ein Unternehmen wie auch jede Bundesbehörde, darunter auch die *EPA*, der Verletzung bestimmter Regularien, Statuten oder Gesetze verklagen (O'Leary 2013, S. 145; Gerrard und Foster 2008; EPA 2002). Mit der Einrichtung dieses Gesetzeszusatzes hoffte der Kongress auf die Initiative der Bürger, um die jeweiligen Akteure für ihre Performanz in Sachen Umweltschutz verantwortlich zu machen und hat damit ein wichtiges Instrument für Umweltaktivisten geschaffen. In den späten 1960er Jahren gründete sich der *Environmental Defense Fund*, 1970 folgte das *Natural Resources Defense Council*, welches sich an die Bürgerrechtsarbeit der *NAACP* anlehnte, und 1971 etablierte der *Sierra Club* seinen *Legal Defense Fund* (heute *Earthjustice*). Ein prominentes Beispiel für den Erfolg der Taktik des *citizen suits* kommt aus dem Bereich des Artenschutzes: In den ersten beiden Jahren der George W. Bush Präsidentschaft ging jede Erweiterung der Liste bedrohter Tierarten auf Gerichtsprozesse zurück, welche das *Center for Biological Diversity* angestrebt hatte (Klyza und Sousa 2008, S. 157).

Schließlich wird der Umsetzungsprozess der Umweltpolitik in den USA durch die Beteiligung diverser Interessensvertretungen ergänzt. Lobbygruppen der Industrie auf der einen Seite, wie etwa die *Global Climate Coalitation* und Umweltaktivisten auf der anderen Seite prägen dabei vor allem den öffentlichen Diskurs. Zu den wichtigsten überregional aktiven Umweltinteressensgruppen, der sogenannten *Group of Ten*, gehören der *Sierra Club*, die *National Audubon Society*, die *Wildernes Society*, die *National Wildlife Federation*, der *Environmental Defense Fund* und *Greenpeace* an. Sie alle haben unterschiedliche thematische Schwerpunkte, folgen in ihrer Strategie jedoch meist einem kombinierten Ansatz aus Umwelterziehung, Protestaktionen, Reformpolitik und Gerichtsverfahren. Der *Sierra Club*, der bereits 1892 gegründet wurde und mit mehr als 1,3 Millionen Mitgliedern eine der größten Organisationen, und die *National Parks and Conservation Association* beispielsweise setzen ihren Schwerpunkt vor allem auf den Schutz und Erhalt öffentlichen Lands für kommende Generationen, während die *National Wildlife Federation* oder die *Izaak Walton League*, mit ihrem hohen

Mitgliederanteil von Sportlern und Jägern, sich eher für den Erhalt von Lebensraum für Wildtiere einsetzen. Gruppen wie der *Environmental Defense Fund* oder das *Natural Resources Defense Council* hingegen nutzen vor allem den juristischen Rahmen, um die amerikanische Umweltpolitik ihren Vorstellungen entsprechend anzupassen. Neben diesen großen Interessensgruppen, welche alle ein relativ weites thematisches Spektrum abdecken, gibt es noch zahlreiche kleinere Organisationen mit engerem regionalen oder thematischen Fokus, beispielsweise die *Bat Conservation International* oder die *Mountain Lion Preservation Foundation* (Switzer 1994, S. 26-7; Schreurs 2004, S. 66). Ein zentraler Kritikpunkt an der umweltpolitischen Ausrichtung dieser Umweltorganisationen, den vor allem Minderheitenvertretungen in den USA verlauten lassen, ist ihr scheinbar latenter Rassismus. Gerade bei der *Group of Ten* kommt die Mehrzahl der Mitglieder aus der weißen Mittel- und Oberschicht der Amerikaner; Minderheitengruppen und deren Interessen sind kaum vertreten. 1990 klagten zwei kleine Umweltgruppen, das *Gulf Coast Tenant Leadership Development Program* und das *Southwest Organizing Project* die großen Umweltorganisationen offiziell des Rassismus an. Der sogenannte Umweltrassismus erwies sich als ein zentrales Problem in der Umweltpolitik der USA. Die Umweltkatastrophen von *Love Canal*, dem *Valley of the Drums*, sowie der Atomunfall von *Three Mile Island* in den 1970er und 1980er Jahren verdeutlichten den inhärenten Klassenunterschied in den USA zwischen einer kleinen Elite, welche an der Produktion von Dingen, welche Giftstoffe enthalten oder produzieren, profitierten und einer größeren, weit weniger elitären Gruppe, die an verseuchten Orten arbeiteten oder lebten. In den 1980er Jahren entstand aus diesem Widerspruch das *Environmental Justice Movement*. Dieses widmet sich, in den Worten der *EPA*, einer ‚fairen' Verteilung von Umweltproblemen und -risiken sowie einer fairen Beteiligung Aller ungeachtet von ‚Rasse', Klasse oder Geschlecht. Getragen wird diese Bewegung auch von einer Reihe von *grassroot* Umweltorganisationen, welche sich in ihrer Zielsetzung und Mitgliederstruktur klar von den überregionalen Umweltorganisationen der *Group of Ten* absetzen. Während sich die *Group of Ten* eher um den Erhalt unberührter Natur bemühen, fokussieren sich diese *grassroot* Organisationen auf den Schutz lokaler Gemeinden vor Umweltverschmutzung und Umweltgiften, etwa in Form von Giftmüll. Ihre Mitglieder kommen oftmals aus der Arbeiterklasse, gehören ethnischen Minderheitengruppen an oder sind Frauen. Eine der bekanntesten dieser Gruppen ist die *Love Canal Homeowners' Association* (Switzer 1994, S. 30; Rhodes, 2005; Cable und Cable 1994, S. 105–6).

Unter den Minderheitengruppen in den USA nehmen die indigenen Gruppen eine wichtige Sonderrolle in der Umweltpolitik ein. Dies ergibt sich aus der rechtlichen Sonderstellung der Reservatsgebiete. Im Rahmen der indigenen Selbstbestimmung werden die Reservate in der Umweltpolitik und den diversen Programmen der *EPA* als selbstständige lokale Entitäten neben den Bundesstaaten behandelt. Spätestens seit des 1984 verabschiedeten *Indian Program* der *EPA* sind die Reservatsverwaltungen damit eigenständig für die Umsetzung von Umweltschutzmaßnahmen, sowie die Entwicklung und Durchsetzung von Umweltstandards zuständig. Bundesstaatliche Umweltstandards und -programme gelten nicht automatisch für die Reservate und die *EPA* verhandelt mit den Reservatsleitungen auf einer *government-to-government* Basis. (Allen 1989; Grijalva 2005–2006)

3 Geschichte der Umweltgesetzgebung in den USA

Die Geschichte der modernen Umweltgesetzgebung in den USA folgt keiner teleologischen Entwicklungslinie einer steten Verbesserung der natürlichen Umwelt durch staatliche Maßnahmen. Vielmehr ist die Regulierung der Beziehung von Mensch und Natur von zahlreichen Diskontinuitäten und Auseinandersetzungen über die Deutungshoheit und Ausgestaltung der Umweltgesetzgebung geprägt (Kraft und Vig, 2013, S. 11). Machtverschiebungen und Uneinigkeiten zwischen Präsident und Kongress, zwischen Republikanern und Demokraten, sowie zwischen Aktivisten und Industrie lösten dieses politische Wechselspiel vor allem zwischen den 1960er und 1990er Jahren aus. Seit den 1990er Jahren charakterisiert die Weiterentwicklung des *green state* in den USA auf der nationalen Ebene ein reformpolitischen Stillstand während zugleich die internationale Dimension immer wichtiger wird.

Trotz dieses steten politischen Wandels lassen sich drei Hauptperioden der modernen Umweltpolitik seit den 1960er Jahren in den USA unterscheiden. (1) Sie begann zunächst mit einer Phase der gezielten – und fast enthusiastischen – Umweltgesetzgebung in den 1960er und 1970er Jahren. Diese war getragen durch einen starken parteiübergreifenden Konsens und einer Verständigung auf Umweltverschmutzung und Naturschutz als politisch relevante Themen. In rapider Abfolge verabschiedeten Präsident und Kongress, wie auch die einzelnen Bundesstaaten eine große Anzahl bis heute wirkmächtiger Gesetz und Regulierungen. (2) Abgelöst wurden diese Jahrzehnte des umweltpolitischen Enthusiasmus durch eine Phase der realpolitischen Ernüchterung in den 1980ern und frühen 1990ern. Vor allem unter Ronald Reagan, einem ausgesprochenen ‚Anti-Umweltpräsidenten', wurden Ausgaben und Personal drastisch zu Gunsten einer industrieorientierten Politik heruntergefahren. In einer Zeit der ‚grünen Kriege' blockierten sich zudem Vertreter der umweltpolitischen Rechten und Linken. Es kam regelrecht zu einem umweltpolitischen Stillstand. (3) Die dritte Phase der US-amerikanischen Umweltpolitik ist in ihrem Beginn mit den frühen 1990ern, dem ‚Tag der Erde' von 1990 sowie der Rio-Konferenz 1992, zu verorten. Auch wenn sich bis heute die Aushandlungsprozesse über die in den 1970er Jahren verabschiedeten Umweltgesetze auf nationaler Ebene fortsetzen, fand mit der zunehmenden Ausrichtung auf die internationale Ebene ein Paradigmenwechsel statt. National wie auch bundesstaatlich sahen Politiker, Industrie und Aktivisten Themen der Umweltverschmutzung und des Naturschutzes zunehmend als globale Herausforderungen und versuchten die US-amerikanische Umweltpolitik entsprechend anzupassen. Unter der Überschrift des ‚Neuen Pragmatismus' oder auch der ‚*Next Generation*' Initiative versuchten zudem Umweltschutzbefürworter und -gegner sich einander anzunähern und den legislativen Stillstand zu beenden.

3.1 Der Big-Bang der 1960er Jahre in der US-amerikanischen Umweltpolitik

Bis in die 1960er Jahre bedeutete Umweltpolitik in den USA im wesentlichen Naturschutz im Sinne eines schonenden Umgangs mit natürlichen Ressourcen, wie etwa Nutzholz und Wildtieren, sowie der Übereignung öffentlichen Lands als Natur- oder Wildtierschutzgebiete. Vor allem unter Präsident Theodore Roosevelt wurden zu Beginn des 20. Jahrhunderts Grundsatzentscheidungen mit der Gründung des *U.S. Forrest Service* und diverser Nationalparks getroffen. Auch die Gründung des *Sierra Clubs*, bis heute eines der einflussreichsten Umweltschutzvereine in den USA, fällt in diese Frühphase (Merchant 2002, S. 174-5). Im Sinne dieser Tradition des Naturschutzes wurden auch zu Beginn der modernen Umweltgesetzgebung in den USA noch eine Reihe weiterer Gesetze verabschiedet. Die wichtigsten sind der *Multiple Use-Sustained Yield Act* (1960), der *Wilderness Act* (1964), der *Land and Water Conservation Fund Act* (1964), sowie der *Wild and Scenic Rivers Act* (1968) (Kraft 2000, S. 21). Bis heute spielt der Aspekt des Naturschutzes eine wichtige Rolle in der Umweltpolitik und ist eine der tragenden Säulen des US-amerikanischen *green state*.

In den 1960er Jahren vollzog sich ein zentraler Paradigmenwechsel in der Umweltpolitik vom Naturschutz zur Bekämpfung von Umweltverschmutzung und der Wechselbeziehung zwischen Natur und Mensch. In dieser Zeit ist auch der Beginn der modernen Umweltpolitik in den USA zu verorten mit der Etablierung eines nationalen Gerüsts an Umweltgesetzen und Umweltstandards, getragen und administriert durch eine Reihe neu geschaffener Institutionen. Ausschlaggebend für diesen Wandel waren unter anderem die große mediale und damit öffentliche Aufmerksamkeit, welche Umweltkatastrophen wie die Ölpest von Santa Barbara 1969 oder Rachel Carsons Publikation *Silent Spring* über die Auswirkungen von DDT von 1962 erhielten. Umweltrisiken, wie etwa Chemikalien oder Giftmüll, sowie Aspekte der Natur und Umweltverschmutzung wurde von nun an stärker in ihrer Wechselbeziehung mit sozialen Problemen sowie als Risiko für die menschliche Gesundheit gedacht. Im Zusammenspiel von Bürgerrechtsbewegungen und Anti-Vietnamprotesten wurden Umweltkampagnen zunehmend als staatliche Fundamentalkritik formuliert (Hird 1994, S. 3-4). Im Zuge dieses Paradigmenwechsels veränderte sich auch die Umweltbewegung in den USA. Ihre Themen und Inhalte galten nun nicht mehr allein der Interessensvertretung der älteren und wohlhabenden Generation, von Jägern und Fischern. Die Alltagsrelevanz von Umweltverschmutzung oder der Handhabung toxischer Substanzen machte sie salonfähig für die breite Masse. Nicht nur stiegen die Mitgliederzahlen der etablierten Organisationen, sondern es gründeten sich auch eine Reihe neuer Aktivistengruppen, wie etwa der *Environmental Defense Fund*, welche sich in ihrer Politik stark an die Rhetorik und Methoden der Bürgerrechtsbewegung anlehnten. (Kirkpatrick 1993, S. 14).

Präsident Richard Nixon erkannte die Zeichen der Zeit. Als Präsident wollte er der Umweltbewegung vorangehen – nicht ihr folgen. Bis 1970 hatte die Regierung auf Bundesebene, bis auf die Regulierung öffentlichen Lands, nur eine marginale Rolle in der Umweltpolitik gespielt. Fragen von Wasser- oder Luftverschmutzung, obwohl teilweise bereits in den 1880er Jahren geregelt, waren bislang als einzelstaatliche oder sogar lokale Angelegenheit erachtet worden, welche vor Ort und nicht von Washington aus geregelt werden sollten. Ausnahmen bildeten der *Water Pollution Control Act* von 1948 mit dem die Zentralregierung lokale Regierungen finanziell beim Bau von Kläranlagen unterstützte, sowie der *Clean Air Act* von 1963 durch den Washington versuchte, die Bundesstaaten zu verpflichten, regional Entsorgungsstandards zu formulieren, welche auf föderalen Richtlinien beruhten (Kraft und Vig 2013, S. 12; Kraft 2000, S. 22). Dieses föderale *laissez-faire* änderte sich fundamental in den 1970er Jahren. Im Januar 1970 proklamierte Präsident Richard Nixon sein ‚Jahrzehnt der Umwelt'. Als erste Amtshandlung im Januar 1970 unterzeichnete der Republikaner den *National Environmental Policy Act (NEPA)*. Diese ‚Magna Charta' der US-amerikanischen Umweltgesetzgebung versprach eine Politik der „produktiven und angenehmen Harmonie zwischen Mensch und Natur" (National Environmental Policy Act 1969). Mit *NEPA* forderte die Regierung zunächst die Erklärung nationaler Umweltziele und politischer Richtlinien von all ihren Einrichtungen, die Etablierung von Vorschriften, welche die Umsetzung eben jener Ziele und Richtlinien auf föderaler Ebene forcierten und schließlich die Gründung des *CEQ* innerhalb des Weißen Hauses, welches den Präsidenten in seiner Umweltpolitik beratend zur Seite stehen sollte (Kraft und Vig 2013, S. 13). Nixons Proklamation folgte im April 1970 der erste ‚Tag der Erde', an dem etwa 20 Millionen Amerikaner landesweit friedlich für eine Reform der Umweltpolitik demonstrierten. Allein in New York City fanden sich etwas mehr als eine Million Amerikaner zwischen 5th Avenue und Central Park ein (EARTH DAY). Anfang der 1970er verdeutlichten zudem landesweite *teach-ins* neben den rasant ansteigenden Mitgliederzahlen der Umweltorganisationen die neue zentrale Rolle umweltpolitischer Fragestellungen in der amerikanischen Öffentlichkeit. In nie zuvor dagewesener Art und Weise avancierte der Umweltschutz zum politischen In-Thema in Washington, wie auch auf bundesstaatlicher und lokaler Ebene (Kraft und Vig 2013, S. 12).

In seltenem überparteilichen Konsensus reagierten sowohl Demokraten wie auch Republikaner auf die stark gewachsene Besorgnis der Öffentlichkeit in punkto Umwelt. Zwischen 1969 und 1979 wurden trotz unterschiedlicher Mehrheiten in den beiden Kongresskammern 27 Umweltschutzgesetze, sowie hunderte von Verordnungen zum Umweltschutz und zur Regulierung von Umweltverschmutzung verabschiedet. Der *Endangered Species Act* von 1973 beispielsweise hatte lediglich vier Gegenstimmen im Repräsentantenhaus (Klyza und Sousa 2008, S. 13). Zu den wichtigsten Gesetzen dieser ersten Generation der modernen Umweltgesetzgebung zählen der *Clean Air Act* (1970), der *Federal Water Pollution Control Act* (1972), der *Safe Drinking Water Act* (1974), der *Resource Conservation and Recovery Act* (1976), der *Toxic Substances Control Act* (1976), der *Federal Insecticide, Fungicide, and Todenticide Act* (1978) sowie der *Comprehensive Environmental Response, Compensation and Liability Act* (1980) Neben den Gesetzen wurden zentrale neue Institution gegründet, die wichtigste unter ihnen die *EPA*. Diese war neben der Koordination umweltpolitischer Maßnahmen auf nationaler Ebene auch für die Koordination und Aufsicht über die bundesstaatlichen Maßnahmen zuständig (Hird 1994, S. 3).

In ihrer Struktur war diese erste Generation der modernen Umweltgesetzgebung in den USA vor allem national geprägt. Die Zentralregierung weitete ihr Befugnisse in der Regulierung von Luft, Wasser und Land stark aus und ersetzte damit eine weithin als ineffektiv angesehene einzelstaatliche Regulierung. Dieser neue Stil der föderalen ‚*command-and-control regulation*' war besonders deutlich in den *Clean Air Act Amendments* von 1970 und dem *Clean Water Act* von 1972. Sie entsprachen der zu dieser Zeit vorherrschenden Meinung, dass Umweltverschmutzung vor allem durch gewissenlose und gedankenlose Unternehmen verursacht wurde, welche primär auf Profit aus waren. Senator Edmund Muskie (D-ME) und andere Architekten der frühen Umweltgesetzgebung waren überzeugt, dass dies nur durch eine starke bundesstaatliche Gesetzgebung geändert werden konnte, welche mit harten Sanktionen bei Nicht-Beachtung drohte. Den Einzelstaaten mit ihrer starken Rückbindung an regionale und lokale Interessen sprachen sie eine derartige Unabhängigkeit ab. Aus dieser Zeit stammen die bis heute tragenden Grundsätze eines *cooperative federalism* im Rahmen der US-amerikanischen Umweltpolitik. Die Idee sah vor, dass zunächst die Zentralregierung Umweltgesetze verabschieden würde, welche nationale Richtlinien und Standards vorgab. Danach würde die Verantwortung und das Management der Programme an die einzelnen Bundesstaaten zurückgegeben werden. Zudem hätten die Bundesstaaten die Freiheit, eigene Gesetze und Standards zu erlassen, sofern diese mindestens so strikt waren wie die nationalen Vorgaben. Über die Jahre hinweg und vor allem im Zuge der föderalen Deregulierungspolitik der 1980er Jahre wurde so die tägliche Administration von Umweltprogrammen zunehmend an die Bundesstaaten ausgelagert. Zeigten sich die Bundesstaaten 1993 noch für 41 % der Programme verantwortlich, waren es 2000 bereits 75 % (Kamieniecki und Kraft 2012, S. 4-7; Scheberle 2005, S. 71–2).

3.2 Föderale Deregulierung und die ‚Anti-Umweltpolitik' von Reagan bis Bush Senior

Bereits gegen Ende der Präsidentschaft von Jimmy Carter wurde deutlich, dass die ideale Vorstellung der Umweltpolitik der 1970er Jahre der Realität nicht standhielt. Die Umsetzung der Programme und Gesetze erwies sich oft als viel schwieriger und vor allem langwieriger als zunächst angenommen. Der Kongress hatte unterschätzt, wie schnell neue Technologien den Markt eroberten und welche Kosten und Probleme die Regulierung und Erstellung von Standards für hunderte von wichtigen Industriesektoren in den USA verursachte. Zudem bekriegten sich Industrielobbyisten und Umweltorganisationen regelrecht über die Umsetzung der einmal getroffenen Standards. Die jeweils von beiden Seiten angestrebten Gerichtsverfahren verlangsamten den Prozess der Umweltgesetzgebung in den USA beträchtlich. Personelle und finanzielle Knappheit verschiedener Programme, sowie die Komplexität der ständigen Abstimmung zwischen diversen Behörden des Bundes und der Einzelstaaten zogen den Prozess der Umsetzung zusätzlich in die Länge. Nicht einmal zehn Jahre nach dem enthusiastischen Aufbruch in ein Jahrzehnt der

Umwelt unter dem Dach überparteilichen Konsenses, standen der US-amerikanischen Umweltpolitik dringende Reformen ins Haus (Kraft 2000, S. 28).

Die sogenannte Goldene Ära der Umweltpolitik endete mit dem Sieg Ronald Reagans bei den Präsidentschaftswahlen 1980. Hatte im Wahlkampf zwischen Reagan und Amtsinhaber Jimmy Carter das Thema Umwelt noch eine marginale Rolle eingenommen, so etablierte sich Reagan im Amt als ausgesprochener Gegner der Umweltbewegung. Getreu seines Credos den Einfluss der Zentralregierung zu reduzieren, war für ihn die föderal angelegte Umweltgesetzgebung der 1960er und 1970er Jahre Ausdruck eines zu starken Zentralstaats. Aufgrund ihrer hohen Kosten befand er die Umweltgesetzgebung als hinderlich für Wirtschaftswachstum und nationalen Wohlstand. Seiner Meinung nach lief die Umweltpolitik konträr zu der von ihm vertretenen angebotsorientierten Wirtschaftspolitik. Kaum ihm Amt suchte Reagan viele der Umweltgesetze umzukehren oder erheblich abzuschwächen und leitete damit die zweite Periode der US-amerikanischen Umweltpolitik ein. 1981 verabschiedete der Kongress den *Economic Recovery Act*. Das Gesetz senkte die Einkommenssteuer um fast 25 % und reduzierte die Ausgaben für Umwelt- und Sozialprogramme der Regierung. In die Leitung des Innenministeriums sowie der *EPA*, welches zudem eine 30-prozentige Reduzierung ihres Budgets zu verkraften hatte, berief Reagan Personen, welche offen gegen eine strikte Umweltgesetzgebung standen. Sowohl Innenminister James Watt wie auch *EPA* Leiterin Anne Burford traten für eine industriefreundliche Umweltpolitik ein. Das dem Weißen Haus zugeordnete *CEQ* suchte Reagan zunächst aufzulösen. Als dies misslang, da er hierfür die Zustimmung des Kongresses gebraucht hätte, verringerte er die Mitarbeiteranzahl und ignorierte fortan seine Empfehlungen (Vig 2013, S. 88-9).

Während Reagans Präsidentschaft wurden sämtliche Umweltgesetzgebungen der 1970er auf den Prüfstand gestellt und im Rahmen einer Kosten-Nutzen Analyse neu bewertet. Reagan war daran gelegen, das Ausmaß der föderalen Regulierung zu verringern und den Bundesstaaten wie auch dem privaten Sektor mehr Verantwortung zu übereignen. Der zunächst von den Demokraten dominierte Kongress arbeitete anfänglich mit dem Präsidenten zusammen, vor allem in der Bewilligung von Sparmaßnahmen. Gerade der Haushalt der *EPA* wurde in dieser Zeit radikal gekürzt (Kraft und Vig 2013, S. 17). Schon bald jedoch versuchten vor allem die Demokratischen Abgeordneten die bestehende Umweltgesetzgebung vor einem zu starken Rückbau zu schützen und kritisierten das Management des Präsidenten der *EPA* und des Innenministeriums scharf. Diese Kritik an der Umweltpolitik der *EPA* und des Innenministeriums fand sich ein in ein generelles Auseinanderdriften von Gegner und Befürworter der Umweltgesetzgebung in den 1980er und 1990er Jahren. Dies spiegelte auch die immer stärker werdende Polarisierung zwischen Demokraten und Republikanern wider (Klyza und Sousa 2008, S. 23). Unter Druck gesetzt vor allem durch die Demokraten im Kongress mussten 1983 sowohl Anne Burford als Leiterin der *EPA* als auch James Watt als Innenminister zurücktreten. Mit Blick auf eine progressive Umweltpolitik war diese Personalentscheidung allerdings nur ein augenscheinlicher Erfolg. Auch wenn Burfords Nachfolger im Amt, William Ruckelshaus und nach ihm Lee Thomas, wichtige Reformen in der *EPA* anstießen, blieben doch die oben genannten systemischen Probleme der

Umweltpolitik bestehen. Umweltaktivisten monierten noch am Ende von Reagans Präsidentschaft, dass es an umweltpolitischer Vision fehle und Reagan weit hinter den Vorstellungen der 1970er Jahre zurück blieb (Kraft 2000, S. 29).

Letztendlich greift jedoch diese kritische Darstellung Reagans als reiner ‚Anti-Umweltpräsident' zu kurz in der Bewertung der Umweltpolitik der 1980er Jahre. Zum einen wurden auch unter Reagan wichtige Umweltgesetze verabschiedet; darunter der *Resource Conservation and Recovery Act* (1984), die Einführung des *Superfund Amendments and Reauthorization Act* (1986), welche den Umgang mit toxischen Substanzen und Giftmüll regelt, sowie Zusätze zum *Safe Drinking Water Act* (1986) und dem *Clean Water Act* (1987) (Kraft und Vig 2013, S. 15). Zum anderen nahmen als Ergebnis von Reagans Politik der föderalen Deregulierung, die Bundesstaaten und Lokalregierungen eine größere Rolle in Sachen Umweltschutz ein. Wichtige Änderungen fanden in dieser Zeit nun vor allem auf lokaler und einzelstaatlicher Ebene statt, wie etwa North Carolinas *Pollution Prevention Programm* (Lester 1990). Schließlich erfuhr auch der Umweltaktivismus in den USA neuen Aufschwung, vornehmlich auch wegen Reagans Anti-Umwelt Haltung. Neue Vereine gründeten sich und landesweit stiegen die Mitgliederzahlen bei Umweltorganisationen stark an (Kraft und Vig 2013, S. 15). Dennoch war die Ära Reagan gekennzeichnet durch eine konservative und industriefreundliche Umweltpolitik. Auch im Übergang von Reagan zu George H. W. Bush, der 1988 als ‚*environmental president*' in den Wahlkampf gegangen war, änderte sich wenig mit Blick auf eine restriktive Umweltpolitik. Allein die neuen Zusatzparagraphen des *Clean Air Acts* von 1990, welche unter anderem striktere Emissionsstandards umfasste, sowie der *Energy Policy Act* von 1992, welcher ein Umdenken in der Energiepolitik der USA wie z. B. die Erforschung alternativer Energien symbolisierte, stellten wichtige Umweltgesetze der Bush-Ära dar (Rosenbaum 2011, S. 11).

3.3 Innenpolitischer Stillstand und Internationalisierung der US-amerikanischen Umweltpolitik

Die dritte Periode der US-amerikanischen Umweltpolitik lässt sich mit dem Beginn der 1990er verorten. Sie ist charakterisiert durch einen anhaltenden innenpolitischen Reformstillstand trotz des ausgesprochenen umweltfreundlichen Präsidenten Bill Clintons, sowie der zunehmenden Internationalisierung der US-amerikanischen Umweltpolitik. Medienwirksam manifestierte vor allem der ‚Tag der Erde' von 1990 sowie der Umweltgipfel 1992 in Rio, dass Umweltprobleme global und weniger lokal angegangen werden müssten: Globale Erderwärmung, grenzüberschreitende Verschmutzung, Biodiversität oder die Frage, ob die Industrienationen für Umweltschutz in Entwicklungsregionen zahlen würden, erschienen dringlicher denn je (Switzer 1994, S. 18).

Mit der Wahl des Demokraten Bill Clinton zum Präsidenten kam zunächst ein Wendepunkt in der Umweltpolitik – wenn auch die Auswirkungen seiner Politik eher symbolisch blieben. Schon zu Beginn seiner Präsidentschaft setzte Clinton mit seiner Wahl von Al Gore, Autor des Buches *Earth in the Balance*, als Vizepräsident wichtige Signale für die Umweltpolitik. Zudem strukturierte er das *CEQ* in das *White House Office of Environmental Policy* um, was eine deutliche Aufwertung innerhalb der administrativen Hierarchie bedeutete. Darüber hinaus unterstützte er den Gesetzesantrag, die *EPA* in den Kabinettsrang zu erheben und sie somit zu einem regulären Umweltministerium umzugestalten (Switzer 1994, S. 19, 55). Doch auch wenn Clinton viele der Maßnahmen von Reagan und Bush senior zurücknahm und generell höhere Ausgaben für Umweltprogramme, alternative Energien und Naturschutz sowie eine international Bevölkerungspolitik unterstützte, so scheiterten viele seiner Pläne an einem von den Republikanern dominierten Kongress (Kraft und Vig 2013, S. 16; Rosenbaum 2011, S. 12).

Im umweltpolitischen Diskurs der 1990er Jahre wurde Kosteneffizienz zum Schlüsselthema. Hatte zu Zeiten einer boomenden Wirtschaft nur wenige Politiker die Kosten-Nutzen Rechnung einzelner Programme hinterfragt, wurden nun im Kontext der kleinen Rezession zu Beginn der 1990er, bisherige umweltpolitische Prioritäten immer stärker kritisiert. In den Debatten im Kongress herrschte überparteilicher Konsens darüber, dass bislang eher die öffentliche Meinung als wissenschaftliche Forschung die US-amerikanische Umweltpolitik vorangetrieben hatte. Der Kongress hatte in den vergangenen Jahren eine Verordnung nach der anderen verabschiedet, welche auf die öffentliche Besorgnis hinsichtlich von Giftmüll, Radon oder Asbest reagierten, ohne – so die wachsenden Grundannahme unter den Politikern – ausreichend wissenschaftlichen Nachweis für das Ausmaß der Schädlichkeit dieser Stoffe zu haben (Switzer 1994, S. 19). Selbst William Reilly, Leiter der *EPA* zu dieser Zeit, stellte fest, dass die vergangene Umweltpolitik der USA vor allem eine Reaktion auf die Abendnachrichten gewesen sei. In der Tat sei US-amerikanische Umweltpolitik geprägt durch „environmental agenda-setting by episodic panic" (zitiert nach Switzer 1994, S. 19). Dies sollte sich in den 1990er Jahren ändern. Vor allem nachdem 1994 die Republikaner die Zwischenwahlen gewonnen hatten, wurden Umweltprogramme, wie etwa der *Safe Drinking Water Act*, einer strengen Kosten-Nutzen Rechnung unterzogen.

Der zentrale Wendepunkt dieser dritten Phase der Umweltpolitik in den USA ist ihre Internationalisierung. Ereignisse wie der atomare Super-GAU von Tschernobyl 1986, der Austritt von Giftgas in Bhopal, Indien 1984 oder die Ölkatastrophe der Exxon Valdez vor der Küste Alaskas 1989 brachten den grenzüberschreitenden Charakter solcher Industrieunfälle und der damit verbundenen Umweltkatastrophen drastisch in die öffentliche Wahrnehmung der Amerikaner. Die Dürre von 1988, sowie die Großbrände im Yellowstone Park nährten Theorien eines global wirksamen Treibhauseffekts. Neben Debatten um internationalen Giftmüllhandel erhielt vor allem das Thema Klimawandel große Aufmerksamkeit (Caldwell 1990, S. 303). Als 1989 das *Time* Magazine die Erde zum Planeten des Jahres wählte, offenbarte die Zeitschrift damit eine generelle Tendenz in den USA: Die Umwelt war in der öffentlichen und politischen Wahrnehmung zunehmend in das Zentrum internationaler Machtpolitik gerückt (*Time*, Januar 1989). Politisch übersetzte sich diese Wahrnehmung jedoch nicht immer in entsprechende Umweltgesetzgebung und gerade das Thema Klimawandel blieb umstritten zwischen Demokraten und Republikanern. In den frühen 1990er Jahren unter Präsident Clinton übernahmen die

USA zunächst eine internationale Führungsrolle in Sachen Klimapolitik. 1992 unterzeichneten die USA die *UN Framework Convention on Climate Change*, einen Vorläufer des Kyoto-Protokolls. Danach war allen voran Vizepräsident Gore eine der wichtigen Triebkräfte der Weiterentwicklung des Kyoto-Protokolls, welches 1997 durch Clinton unterzeichnet, allerdings nicht vom Republikanisch dominierten Senat ratifiziert wurde. Mit George W. Bush im Amt vollendeten die USA ihre Abwendung von internationalen Umweltabkommen und zogen sich vollkommen vom Kyoto-Protokoll zurück. Die US-Regierung begründete dies mit der wissenschaftlichen Unklarheit bezüglich eines Klimawandels und seiner Auswirkungen, disproportionalen Belastungen für die US-amerikanische Wirtschaft sowie einer Verteilungsungleichheit zwischen Industriestaaten und Staaten des globalen Südens. Auch unter der Obama Administration wurde das Abkommen nicht durch die USA, welche den größter Emitter der teilnehmenden Nationen darstellen, ratifiziert (Schniering 2008, S. 23).

4 Herausforderungen und gegenwärtige politische Zusammenhänge

Die US-amerikanische Umweltpolitik steht vor einer Reihe großer Herausforderungen – national wie auch international. Diese rangieren von einer Systematisierung und Vereinfachung der umweltpolitischen Maßnahmen, der Umstrukturierung der *EPA* und Fragen einer nachhaltigen Energiepolitik bis hin zur Positionierung mit Blick auf globale Herausforderungen wie Klimawandel, CO2 Emissionen, Desertifikation und Ressourcenknappheit oder Ökoterrorismus. Vor allem die Obama-Administration setzt einen immer größeren Schwerpunkt auf den Zusammenhang zwischen einer Umwelt- und Ressourcenpolitik und nationaler Sicherheit.

Eine der wichtigen Herausforderungen der nationalen Umweltpolitik ist zunächst eine Vereinfachung derselben. Das ursprüngliche politische Gerüst der 1970er Jahre wurde je nach neuer umweltpolitischer Problemlage stetig erweitert. Die Anzahl an Behörden und Einrichtungen im Umweltbereich wuchs, wobei Zuständigkeiten selten gebündelt oder Prozesse vereinfacht wurden. Heute basiert der Prozess der Umweltpolitik auf einem dichten Netz intergouvernementaler Verbindungen, welches sich – ganz nach dem Prinzip der Gewaltenteilung – aus Institutionen aus dem legislativen, judikativen und exekutiven Bereich zusammensetzt. Zusätzlich wandelten sich in diesem Geflecht des *cooperative federalism* je nach politischer Großwetterlage auch die Zuständigkeiten auf lokaler und bundesstaatlicher Ebene. Gerade in Zeiten des politischen Reformstaus aufgrund eines parteilich geteilten Kongresses, wurden Fragen des Umweltschutzes und der Verschmutzung vor allem auf einzelstaatlicher und lokaler Ebene angegangen. Als Resultat stehen heute teilweise Regularien auf den unterschiedlichen föderalen Ebenen in Widerspruch zueinander oder gehen weit über nationale Gesetze und Verordnungen hinaus, wie etwa im Fall der Umweltschutzprogramme Kaliforniens oder der Nordoststaaten. Auch die Gesetzgebung wurde über die Jahre zunehmend komplexer. Umfasste der *Clean Air Act* von 1970 noch 68 Seiten, so waren es bei den Gesetzeszusätzen von 1990 bereits 788 Seiten; die dazugehörigen Regularien zur Umsetzung umfassten um die 10.000 Seiten. Als Ergebnis erscheint Umweltpolitik in den USA als undurchsichtiges Gewirr von Institutionen und Verordnungen mit teilweise unklaren Zuständigkeiten (Rosenbaum 2011, S. 15). Ein Ansatz der Vereinfachung ist die seit den 1980er Jahren immer wieder aufkommende Bestrebung, die *EPA* in den Rang eines Ministeriums zu erheben – bislang jedoch erfolglos. (New York Times 2005).

Neben der Vereinfachung der Gesetzgebung steht auch die Frage nach der Finanzierung und Finanzierbarkeit der US-amerikanischen Umweltpolitik im Raum. Wichtiger Bestandteil der Verschlankung des politischen Apparats wäre zunächst eine Umstrukturierung der chronisch unterfinanzierten *EPA*. Obwohl die Aufgaben der *EPA* seit ihrer Gründung 1970 stark erweitert wurden, ist ihr Budget nicht entsprechend mitgewachsen. Zu Beginn der Präsidentschaft George W. Bushs beispielsweise lagen die jährlichen Mittelzuweisungen 25 % unter dem Stand von 1980; bis 2009 sanken diese nochmals um 12 % ab. Diese dauerhafte Unterfinanzierung der *EPA* macht die Behörde langsam und behäbig. Beispielsweise schaffte es die *EPA* bis 1990 nur 31 der mehr als 20.000 Pestizide zu bewerten – eine Aufgabe, die zuerst 1972 und dann erneut 1988 vom Kongress angeordnet worden war. Trotz einer Deadline bis 1997, war auch zehn Jahre später die Aufgabe noch nicht vollständig erfüllt (Rosenbaum 2011, S. 16). Generell sind die Kosten der amerikanischen Umweltprogramme eine große Herausforderung. Obwohl 2006 die USA nur knapp 120 Milliarden USD aufwandten, also etwa 2 % des Bruttoinlandsprodukts, explodieren vor allem die Kosten bestimmter Einzelprogramme. Das wichtigste darunter ist das Superfund Projekt von 1980 zum Aufräumen der zahlreichen Giftmülllagerstätten. 1980 mit einem Budget von 1,6 Milliarden USD ausgestattet, musste der Kongress bereits Mitte der 1980er Jahre nachsteuern und das Programm auf 15,2 Milliarden USD aufstocken. Trotz dieser Finanzspritze steigen auch heute die Kosten stetig an. Grund dieses extremen Kostenanstiegs bei der *EPA* und den Umweltprogrammen sind wissenschaftliche Komplexität, unerwartete Umweltprobleme sowie Unerfahrenheit mit neuen Regularien. Diese Kostenexplosion hat jedoch zu neuen Strategien in der Umweltgesetzgebung geführt. Umweltaktivisten arbeiten nun vermehrt mit eben jenen Unternehmen und Industrien zusammen, welche durch die Gesetzgebung reguliert werden sollen. Dies hat auch die politische Umweltdebatte stark beeinflusst, welche Wirtschaftlichkeit, Umweltschutz und Umweltverschmutzung nun stärker zusammendenkt. Statt Verschmutzung generell zu verhindern geht es nun vielmehr darum, den menschlichen Kontakt mit Verschmutzung und damit verbundene Gesundheitsrisiken möglichst gering zu halten. Auch marktorientierte Lösungen, wie etwa der Handel mit Emissionsstandards, sind Teil dieses neuen Ansatzes (Rosenbaum 2011, S. 17–19).

Neben den bereits angesprochenen globalen Herausforderungen einer US-amerikanischen Umweltpolitik, welche sich zu Fragen von Klimawandel und Ressourcenknappheit verhalten muss, wird der Konnex zwischen Umwelt und nationaler Sicherheit immer wichtiger. Bereits 1994 warnte Journalist Robert Kaplan in der *Atlantic Monthly* vor der Sprengkraft, die sich aus einer Kombination aus Umweltproblemen, instabilen politischen Systemen, wachsender urbaner Bevölkerung, steigender Armut und günstigen Waffen ergeben könnte (Kaplan 1994, S. 61). Allen voran die Problematik der Frischwasserknappheit und den sogenannten Wasserkriegen steht im Fokus des politischen und wissenschaftlichen Interesses in den USA im Zusammenhang zwischen Umwelt, Resourcenknappheit und Gewalt (Gleick 2000, 2001; Homer-Dixon 1998, 1999). Die Politik in den USA reagiert zunehmend hierauf. Bereits 1996 verwies Außenminister Warren Christopher in einer Rede an der Stanford University auf die politische Dringlichkeit mit Blick auf die nationale Sicherheit der USA, welche sich aus dieser *ecoviolence* ergäbe. Aufgrund ihrer grenzüberschreitenden Natur bedrohten Umweltprobleme direkt die Gesundheit, den Wohlstand und die Arbeitsplätze von Amerikanern. Ein nachhaltiges Ressourcenmanagement sei essenziell für die ökonomische und politische Stabilität der Welt und das US-amerikanische Außenministerium müsse entsprechend reagieren. Christophers Plan für sein Ministerium, welcher aufgrund von Budgetbeschränkungen allerdings nicht durchgesetzt wurde, sah unter anderem vor, dass die einzelnen Botschaften sich in der jeweils regionalen Umweltpolitik engagieren sollten (Christopher in Matthew 2000, S. 107). Heute legt auch die Obama-Administration einen Schwerpunkt auf den Konnex zwischen Umwelt und nationaler Sicherheit. Auf der einen Seite hat dies wirtschaftspragmatische Gründe, da etwa 40 % der US-amerikanischen Im- und Exporte sogenannte Entwicklungsländer betreffen. Aus diesem Grund zeigt die US-Regierung zunehmend Interesse daran, dass in diesen Ländern Fragen von Ressourcen ökologisch nachhaltig gelöst werden, um die Wirtschaft möglichst stabil zu halten. Auf der anderen Seite hat die Obama-Regierung den Zusammenhang zwischen sich verschlechternden Umweltbedingungen, etwa durch Desertifikation oder Ressourcenknappheit und Migration erkannt. Gerade das Beispiel von Bootsflüchtlingen aus Haiti hat diese Problematik US-amerikanischen Politikern vor Augen geführt. Ein wichtiger Bestandteil dieses Konnexes zwischen Umwelt und nationaler Sicherheit ist die energiepolitische Ausrichtung der USA. Obama will unabhängiger von ausländischen Energielieferanten werden, Atomenergie sicherer machen und zugleich nachhaltigere Energieformen fördern (Matthew 2013, S. 358-9). Gerade auch wegen dieser Problemfelder wird der Aspekt der Umweltpolitik mittelfristig eine immer wichtigere Rolle in der US-amerikanischen Politik spielen.

5 Fazit

Die US-amerikanische Umweltpolitik ist ein relativ junges Politikfeld im nationalen Kontext. Erst in den 1970er Jahren wurde es Teil der nationalen Agenda. Während Präsident Nixons proklamierten Jahrzehnt der Umwelt entstanden die wichtigen Institutionen, wie etwa die *EPA*, Gesetze wie der *Clean Air Act* und politischen Instrumentarien wie etwa der *citizens suit*, welche die US-amerikanische Umweltpolitik bis heute prägen. Aus dieser Zeit stammen jedoch auch die strukturellen Probleme, mit denen die Umweltpolitik bis heute zu kämpfen hat: Unterfinanzierung der Programme und unklare Zuständigkeiten zwischen den einzelnen Behörden, sowie zwischen den Bundesstaaten und dem Zentralstaat. Trotz oder wohl gerade deswegen zählt Umweltpolitik in den USA mittelfristig zu den Politikfeldern der Zukunft. Nach einer Umfrage von 2005 sehen sich 70 % der Amerikaner als aktive Naturschützer oder zumindest Umweltschutzbelangen positiv zugewandt. 24 % der Amerikaner ordneten sich Umweltbelangen gegenüber als neutral ein und nur 4 % der Befragten gaben an, dass sie kein Verständnis für Umweltpolitik hätten. Auch wenn Umweltschutz von den Befragten selten als höchste politische Priorität eingeordnet wurde oder sie ihr Wahlverhalten danach ausrichten würden, so finden Umweltschutzprogramme große Unterstützung in der US-amerikanischen Bevölkerung (Klyza und Sousa 2006, S. 26).

In der Zukunft steht die US-amerikanische Umweltpolitik vor großen Herausforderungen – national wie auch international. Diese reichen von einer notwendigen Vereinfachung des politischen Prozesses und Fragen ihrer Finanzierbarkeit bis hin zu thematischen Herausforderungen wie einer nachhaltigen Energiepolitik, dem globalen Klimawandel oder dem Konnex zwischen Umwelt und nationaler Sicherheit. Seit Reagans Politik der nationalen Deregulierung und insbesondere in Zeiten von *divided government* spielen sich wichtige Veränderungen und Neuerungen im Bereich der Umweltpolitik auf einzelstaatlicher und lokaler Ebene ab. Bislang in seiner Relevanz unterschätzt, sind es jedoch gerade die globalen Herausforderungen von Klimawandel bis hin zu dem immer wichtigeren Zusammenhang zwischen Umwelt und Weltwirtschaft oder Umwelt und nationaler Sicherheit, welche die Diskurse bestimmen werden. Damit vollendet sich auch der Wandel der US-amerikanischen Umweltpolitik von Aspekten der Ressourcenschonung oder des Natur- und Wildtierschutzes über Umweltverschmutzung bis hin zu Fragen des Umgangs mit Giftstoffen und Industrieabfällen und ihres Einflusses auf die menschliche Umwelt. In diesem Kontext wird es mit die größte Herausforderung für die US-amerikanische Politik sein, Strategien nicht nur für nationale, sondern auch für überregionale und internationale Umweltproblematiken zu entwickeln.

Literatur

Allen, Mark. 1989. Native American control of tribal natural resource development in the context of the federal trust and tribal self-determination. *Boston college environmental affairs law review* 16(4): 857–895.

Cable, Sherry, und Charles Cable. 1994. *Environmental problems, grassroots solutions: The Politics of grassroots environmental conflict*. New York: St. Martin's Press.

Campbell, Ballard C. 2008. *Disasters, accidents, and crises in American history: A reference guide to the nation's most catastrophic events*. New York: Facts On File.

Collin, Robert W. 2006. *The environmental protection agency: Cleaning up America's act*. Westport, C.T: Greenwood Press.

Environmental Protection Agency. 2002. *A Citizen's guide to using federal environmental laws to securite environmental justice*. Washington D.C.

Gerrard, Michael, und Sheila R. Foster. 2008. *The law of environmental justice: Theories and procedures to address disproportionate risks*. N.p.: American Bar Association.

Gleick, Peter H. 2000. Coping with the global fresh water dilemma: The state, market forces, and global governance. In *The global environment in the twenty-first century: Prospects for international cooperation*, Hrsg. Pamela S. Chasek, 203–223. New York: United Nations University Press.

Gleick, Peter H. 2001. Global water: Threats and challenges facing the United States: issues for the new U.S. administration. *Environment* 43(2): 18–26.

Grijalva, James. 2005–2006. The origins of EPA's Indian program. *Kansas Journal of Law & Public Policy* 15(2): 191–294.

Hird, John A. 1994. *Superfund: The political economy of environmental risk*. Baltimore: Johns Hopkins University Press.

Homer-Dixon, Thomas (Hrsg.). 1998. *Ecoviolence: Links among environment, population, and security*. Lanham: Rowman & Littlefield.

Homer-Dixon, Thomas. 1999. *Environment, scarcity, and violence. Political science, environmental studies*. Princeton, N.J. Princeton University Press.

Kamieniecki, Sheldon, und Michael Kraft, Hrsg. 2012a. *The Oxford Handbook of U.S. Environmental Policy*. New York: Oxford University Press USA.

Kamieniecki, S, und Michael Kraft. 2012b. The evolution of research on U.S. environmental policy. In *The Oxford Handbook of U.S. environmental policy*, Hrsg. Kamieniecki und M. Kraft, 3–21. New York: Oxford University Press USA.

Kaplan, Robert. 1994. The coming anarchy. *The Atlantic Monthly* 273: 61.

Kirkpatrick, Sale. 1993. *The green revolution: The American environmental movement 1962–1992*. New York: Hill and Wang.

Klyza, Christopher M, und David J. Sousa. 2008. *American environmental policy, 1990–2006. Beyond Gridlock*. Cambridge, M.A.: MIT Press.

Kraft, Michael E. 2000. U.S. Environmental policy and politics. From the 1960s to the 1990s. In *Environmental politics and policy. 1960s–1990s*, Hrsg. Graham Otis, 17–42. University Park: Pennsylvania University Press.

Kraft, Michael E. 2013. Environmental policy in congress. In *Environmental policy. New Directions for the twenty-first century*, Hrsg. Norman J. Vig, 109–34. 8. Aufl. Thousand Oaks, C.A.: CQ Press.

Kraft, Michael E, und Norman J. Vig. 2013. Environmental policy over four decades. Achivements and new directions. In *Environmental policy. New directions for the twenty-first century*, Hrsg. Norman J. Vig, 2–29. Thousand Oaks, C.A.: CQ Press.

Lester, James. 1990. A new federalism? Environmental policy in the states. In *Environmental policy in the 1990s. Toward a new agenda*, Hrsg. Norman J. Vig und Michael E. Kraft, 59–80. Washington, D.C.: CQ Press.

Matthew, Richard A. 2000. The environment as a national security issue. In *Environmental politics and policy. 1960s–1990s*, Hrsg. Graham Otis, 101–22. University Park: Pennsylvania University Press.

Matthew, Richard A. 2013. Environmental security. In *Environmental policy. New directions for the twenty-first century*, Hrsg. Norman J. Vig, 344–367. Thousand Oaks, C.A.: CQ Press.

Merchant, Carolyn. 2002. *The Columbia guide to American environmental history*. New York: Columbia University Press.

New York Times. 2005. *Bush Aide softened greenhouse gas links to global warming*. 8 June 2005.

O'Leary, Rosemary. 2013. Environmental policy in the courts. In *Environmental policy. New directions for the twenty-first century*. Hrsg. Norman J. Vig, 135–155. Thousand Oaks, C.A: CQ Press.

Otis, Graham (ed.). 2000. *Environmental politics and policy. 1960s–1990s*. University Park: Pennsylvania University Press.

Rhodes, Edwardo L. 2005. *Environmental justice in America: A new paradigm*. Bloomington, Indiana: IU Press.

Rosenbaum, Walter A. 2011. *Environmental politics and policy*. Washington, D.C.: CQ Press.

Scheberle, Denise. 2005. The evolving matrix of environmental federalism and intergovernmental relationships. *Publius* 35(1): 69–86.
Schniering, Peter. 2008. *U.S. climate policy and technology. The Bush administration and American conceptions of environmental challenges.* Baden-Baden: Nomos Verlagsgesellschaft.
Schreurs, Miranda A. 2004. *Environmental politics in Japan, Germany, and the United States.* Cambridge: Cambridge University Press.
Switzer, Jacqueline. 1994. *Environmental politics. Domestic and global dimensions.* New York: St. Martin's Press.
Szasz, Andrew. 1994. *Ecopopulism. Toxic waste and the movement for environmental justice.* Minneapolis: University of Minnesota Press.
Vig, Norman J, Hrsg. 2013a. *Environmental policy. New directions for the twenty-first century.* Thousand Oaks, C.A.: CQ Press.
Vig, Norman J, Hrsg. 2013b. Presidential powers and environmental policy. In *Environmental policy. New directions for the twenty-first century*, Hrsg. Norman J. Vig. 84–108. Thousand Oaks, C.A.: CQ Press.
Vig, Norman J, und Michael E. Kraft, Hrsg. 1990. *Environmental policy in the 1990s. Toward a new agenda.* Washington, D.C.: CQ Press.

Energiepolitik zwischen Versorgungssicherheit, Wirtschaftlichkeit und Nachhaltigkeit

Stormy-Annika Mildner, Kirsten Westphal und Julia Howald

Inhalt

1 Einleitung: Das energiepolitische Zieldreieck 500
2 Die US-Energiewirtschaft 501
3 Die US-amerikanische Energiepolitik 507
4 Ausblick: Herausforderungen für die US-Energiepolitik 518
Literatur 518

Zusammenfassung

Die USA erleben eine Renaissance der fossilen Energieträger. Dadurch wird das Land unabhängiger von Energieimporten, was der heimischen Wirtschaft zugutekommt und den außenpolitischen Spielraum vergrößern könnte. Gleichzeitig verhindert der Stillstand im US-Kongress umwelt- und klimapolitische Reformen. Durch Regulierungen wie Emissionsstandards für Kraftwerke und Fahrzeuge versucht Präsident Obama die politische Blockade zu umgehen.

Schlüsselwörter

Energieboom • Klimapolitik • Umweltregulierung • Energieversorgungssicherheit

---

Der Beitrag wurde Anfang März 2014 finalisiert. Entwicklungen nach März wurden in der Analyse nicht mehr berücksichtigt.

S.-A. Mildner (✉) • J. Howald
Bundesverband der Deutschen Industrie e.V., Berlin, Deutschland
E-Mail: s.mildner@bdi.eu

K. Westphal
Stiftung Wissenschaft und Politik, Berlin, Deutschland
E-Mail: kirsten.westphal@swp-berlin.org

1 Einleitung: Das energiepolitische Zieldreieck

„Es gibt keine Uneinigkeit darüber, ob unsere Abhängigkeit von ausländischem Öl unsere Sicherheit gefährdet; wir wissen es. Es gibt keine Debatte mehr darüber, ob Treibhausgasemissionen unseren Planeten gefährden; es passiert bereits. Und es ist keine Frage mehr, dass die Arbeitsplätze und Industrien des 21. Jahrhunderts um saubere, erneuerbare Energien herum entstehen werden", betonte Präsident Barack Obama im Sommer 2009 (The White House 2009). Grundsätzlich bewegt sich die US-amerikanische Energiepolitik im Spannungsfeld des energiepolitischen Zieldreiecks aus Energiesicherheit, Wirtschaftlichkeit sowie Nachhaltigkeit (Klima- und Umweltverträglichkeit). Energiepolitik ist Wirtschafts- und Arbeitsmarktpolitik, Klima- und Umweltpolitik zugleich – dies gilt für die Energiepolitik der Obama-Administration ebenso wie die ihrer Vorgänger, wenngleich es deutliche Unterschiede in der Gewichtung der drei energiepolitischen Ziele gibt. Legte Präsident Obama beispielsweise einen Schwerpunkt auf Nachhaltigkeit und Wirtschaftlichkeit, hatte für Präsident George W. Bush Versorgungssicherheit größte Priorität. Wie kein Präsident vor ihm warnte George W. Bush vor den energiepolitischen (Sicherheits-)Risiken für die Energieversorgung. In seiner Rede zur Lage der Nation im Januar 2006 kritisierte er: „Amerika ist süchtig nach Öl, das größtenteils aus instabilen Regionen der Welt importiert wird." Die Energiedebatte konzentrierte sich dabei auf zwei Aspekte: erstens den wachsenden Energieverbrauch in den USA und international sowie die hohen Energiepreise und zweitens die zunehmende Importabhängigkeit und Konzentration der verbleibenden Ölreserven auf wenige und politisch instabile Regionen. Energiepolitik wurde in erster Linie als Sicherheitspolitik konzipiert; Klimapolitik war ein Teil der Energiepolitik, hatte aber unter der Bush-Administration keinerlei Priorität. Obama hingegen gab der Energiepolitik eine neue Richtung: Im energiepolitischen Zieldreieck gewann Nachhaltigkeit sichtlich an Bedeutung (Campbell 2009).

Die Ziele des energiepolitischen Dreiecks können auf unterschiedlichen Wegen erreicht werden: Die Regierung kann durch Förderprogramme die Entwicklung neuer Technologien und die Erschließung neuer Energiequellen unterstützen. Diese Strategie wird als ‚technology push' bezeichnet. Oder sie kann durch verpflichtende Maßnahmen wie Mindestanteile an erneuerbaren Energien oder auch Emissionsdeckelungen technologischen Wandel initiieren – eine Strategie, die als ‚market pull'-Strategie bezeichnet wird. Die US-amerikanische Energiepolitik zeichnet sich seit jeher durch beide Strategien aus. Doch auch hier lassen sich Unterschiede in der Schwerpunktsetzung verschiedener Administrationen finden. Anders als Präsident George W. Bush scheute sich beispielsweise Präsident Obama weniger vor Eingriffen in die Märkte, indem er eine Vielzahl an Verordnungen erließ. Der Grund hierfür liegt nicht nur in unterschiedlichen Ideologien der Administrationen. Energiepolitik ist immer das Ergebnis eines Wechselspiels zahlreicher Akteure auf Ebene der Bundesregierung und der Einzelstaaten. Beeinflusst wird sie zudem durch ökonomischen Handlungsdruck, die Interessen der Industrie sowie durch die Stimmungslage und Problemwahrnehmung in der Bevölkerung (Mildner und Richert 2010; Mildner und Westphal 2010).

Der vorliegende Beitrag beleuchtet in einem ersten Schritt die energiewirtschaftlichen Rahmendaten der USA und wie sich diese in den vergangenen Jahren verändert haben. Im Anschluss erfolgt eine Analyse der Energiepolitik unter Präsident Obama und der Prioritätensetzung im energiepolitischen Zieldreieck.

2 Die US-Energiewirtschaft

2.1 Energiekonsum, Energiemix und Energieproduktion

Die USA sind weltweit der größte Energieverbraucher. Im Jahr 2012 verbrauchten sie 2,39 Milliarden Tonnen Öleinheiten (toe) (94,98 Quads (Quadrillionen British Thermal Units (Btu)) (EIA 2013j, S. 7). Zum Vergleich: Der deutsche Energieverbrauch betrug im Jahr 2012 325,9 Millionen toe (13.645 Peta Joule) (Ziesing 2013, S. 4). Einen vorläufigen Höhepunkt erreichte der Energiekonsum im Vorkrisenjahr 2007 (101,3 Quads), um dann in der Wirtschafts- und Finanzkrise deutlich zurückzugehen (vgl. Abb. 1). Mit der wirtschaftlichen Erholung des Landes nahm der Energiekonsum wieder zu, ist aber seit 2010 leicht rückläufig. Der relative Anteil der USA am Weltenergiekonsum sinkt zwar kontinuierlich, dennoch entfällt knapp ein Fünftel (17,7 %) auf sie. Damit ist ihr Anteil höher als der der EU (13,4 %) (BP 2013, S. 40).

Der Großteil des US-amerikanischen Energiekonsums wird aus fossilen Energiequellen gedeckt, allen voran Öl. Der Anteil des wichtigsten Primärenergieträgers Öl lag in den USA seit den 1970er Jahren konstant bei etwa 40 %, ist aber in den letzten Jahren leicht gesunken und lag 2012 bei 36 % (vgl. Abb. 2). Der Anteil erneuerbarer Energien an der Deckung des

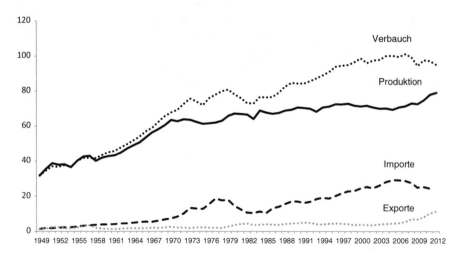

Abb. 1 US-Primärenergieverbrauch, Produktion, Importe und Exporte, 1949-2012, in Quadrillion Btu. Quelle: Energy Information Administration, *Annual Energy Review 2011*, 2012; Energy Information Administration, *Monthly Energy Review October 2013*, 2013

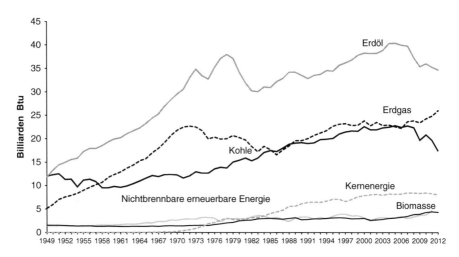

Abb. 2 Primärenergieverbrauch der USA nach Energiequellen 1949-2012. Quelle: Energy Information Administration, *Annual Energy Review 2011*, 2012; Energy Information Administration, *Monthly Energy Review October 2013*, 2013

Primärenergieverbrauchs der USA belief sich 2012 auf 10 %. Erdgas hat an Bedeutung gewonnen, während der Anteil von Kohle am Gesamtenergiekonsum deutlich rückläufig ist.

Auf die Industrie entfällt mit 32 % der größte Anteil am Gesamtenergiekonsum der USA, gefolgt vom Transportsektor (28 %), den privaten Haushalten (21 %) und dem Gewerbe/Dienstleistungen/Handel (19 %) (EIA 2013i, S. 23). Die US-amerikanische *Energy Information Administration* (*EIA*) erwartet nach ihrem Referenzszenario des Annual Energy Outlook 2014 (early release), dass der Gesamtenergieverbrauch zwischen 2012 und 2040 jährlich um 0,4 % steigen und im Jahr 2040 bei etwa 2,71 Milliarden toe (106,3 Quads) liegen wird. Demnach soll der Konsum von Erdgas jährlich um 0,8 % steigen, der von Kohle um 0,3 %, Kernenergie um 0,2 %, Wasserkraft um 0,3 %, Biomasse um 1,9 % und der von anderen erneuerbaren Energien um 2,5 %, während der Verbrauch von Erdöl jährlich um 0,1 % sinken soll. Der Konsum weiterer Energieträger – einschließlich nichtbiogener Siedlungsabfälle, Flüssigwasserstoff und Nettostromimporte – sinkt jährlich um 0,4 % (EIA 2013n). Der Energiekonsum in den USA ist vergleichsweise hoch. Dennoch ist die US-amerikanische Volkswirtschaft heute weniger anfällig gegenüber hohen Energiepreisen als noch in den 1970er Jahren. Der Grund dafür ist die gesunkene Energieintensität der US-Wirtschaft: Der Energieverbrauch pro erwirtschaftetem Dollar des BIP sank zwischen 1990 und 2011 jährlich um durchschnittlich 1,7 %. Dies ist vor allem darauf zurückzuführen, dass die USA weniger energieintensive Industriegüter und mehr Dienstleistungen produziert haben. Die *EIA* erwartet, dass die Energieintensität, d. h. der Energieverbrauch pro Dollar des BIP in Preisen von 2005, aufgrund einer verbesserten Energieeffizienz, struktureller Veränderungen der Wirtschaft und steigender Energiepreise zwischen 2012 und 2040 um insgesamt 43 % sinken wird (EIA 2013b, S. 12).

Die USA sind nicht nur der weltweit größte Energieverbraucher, sondern sie nehmen auch eine herausragende Stellung als Energieproduzent ein. Bei den drei wichtigsten Primärenergieträgern (Öl, Erdgas und Kohle) gehören sie zu den drei größten Produzenten weltweit. Sie sind mengenmäßig der größte Produzent von flüssigen Brennstoffen (für die genaue Definition der EIA, s. EIA 2013h) und von raffinierten Erdölprodukten und verfügen über die größten Raffineriekapaziäten (EIA 2013g). Deshalb ist die Importabhängigkeit im Vergleich zu anderen Staaten der OECD auch gering: Im Jahr 2012 wurden 16,5 % des Energiebedarfs durch Importe gedeckt (EIA 2013i, S. 3). Die *EIA* rechnet damit, dass aufgrund des Booms unkonventioneller Gas- und Ölförderung der Importanteil am Gesamtenergiekonsum der USA bis 2040 auf 4 % fallen könnte (EIA 2013b, S. 12).

Allerdings fallen Energiemix und -produktion in den USA regional sehr unterschiedlich aus. Die Einzelstaaten mit der höchsten Energieproduktion sind (2011): Texas mit 16,2 % der US-Energieproduktion (insbesondere Öl und Gas); Wyoming mit 13,3 % (insbesondere Gas und Kohle); Louisiana mit 5,1 % (insbesondere Gas und Öl); Pennsylvania mit 5,0 % (insbesondere Kohle und Gas); West Virginia mit 4,9 % (insbesondere Kohle); Kentucky mit 3,6 % (insbesondere Kohle); und Colorado und Oklahoma mit jeweils 3,5 % (beide insbesondere Gas). Zudem wurden 6 % *offshore* im Golf von Mexiko produziert (Öl und Gas). Illinois und Pennsylvania sind die wichtigsten Produzenten von Kernenergie; Washington und Kalifornien sind führend bei der Stromerzeugung aus erneuerbaren Energien (EIA 2013t; EIA 2011b).

2.2 Die einzelnen Sektoren: Status Quo und Entwicklungstrends

2.2.1 Der Ölsektor: Renaissance der Produktion

2012 entfielen auf die USA 20,8 % des weltweiten Konsums von Erdöl. Zugleich sind die USA der drittgrößte Rohölproduzent der Welt mit einem Anteil von 8,6 % (2012) (EIA 2013g). Während die heimische Produktion von Rohöl seit Anfang der 1980er Jahre kontinuierlich gesunken war, erleben die USA zurzeit eine Renaissance der fossilen Energieträger (Vgl. Abb. 3). Die Gründe dafür sind in technologischen Fortschritten zu finden. Gefördert werden sogenannte unkonventionelle Kohlenwasserstoffe wie *tight oil* oder Schiefergas durch *hydraulic fracturing* (Fracking). Bei dieser Methode werden die unterirdischen Vorkommen freigesetzt, indem ein Gemisch aus Chemikalien und viel Wasser über horizontale Bohrungen mit Hochdruck in die Gesteinsschichten gepresst wird. Im Jahr 2008 lag das Volumen noch bei 5 Millionen Barrel Rohöl pro Tag; 2012 produzierten die USA bereits rund 6,5 Millionen Barrel pro Tag – Tendenz steigend. Damit hat die Rohölproduktion den höchsten Stand in 15 Jahren erreicht. Hauptproduzenten von Rohöl in den USA sind derzeit Texas, North Dakota, Kalifornien, Alaska und Oklahoma (EIA 2013c). Bei Rohöl sind die USA zwar nach wie vor der größte

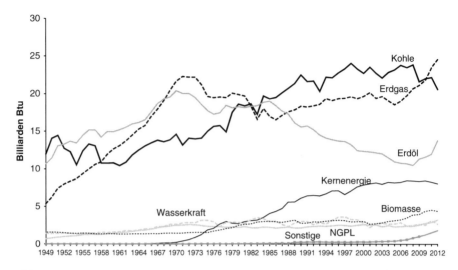

Abb. 3 Energieproduktion der USA nach Energieträgern 1949-2012. Quelle: Energy Information Administration, *Annual Energy Review 2011*, 2012; Energy Information Administration, *Monthly Energy Review October 2013*, 2013

Nettoimporteur weltweit. Bei Erdölprodukten sind sie jedoch mittlerweile zum zweitgrößten Nettoexporteur nach Russland aufgerückt (2011); vor wenigen Jahren waren sie auch hier noch Nettoimporteur. Die USA verfügen über die höchsten installierten Raffinerie-Kapazitäten weltweit (Anteil von 18,2 % an der weltweiten Kapazität im Jahr 2012) (IEA 2013a, S. 11, 21, 23).

Der Gesamtverbrauch von Erdöl und Erdölprodukten lag 2012 bei 18,6 Millionen Barrel pro Tag (EIA 2013g). Davon wurden 70 % im Transportsektor, 24 % in der Industrie und der Rest in privaten Haushalten, im Handel und im Stromsektor verbraucht (EIA 2013i, S. 52). Noch wird der heimische Bedarf an Erdölprodukten zu etwa 40 % aus Importen gedeckt (2012) (EIA 2013e). Die Rohölimporte betrugen 8,5 Millionen Barrel pro Tag (EIA 2013r). Dieser Anteil dürfte jedoch in den kommenden Jahren weiter sinken, wenn die USA die Förderung unkonventioneller Ölreserven ausbauen. Wird in den USA über Energiesicherheit diskutiert, so rückte in der Vergangenheit schnell die Importabhängigkeit beim Öl und dabei aus den Ländern der arabischen Welt in den Fokus. Dies ist heute trotz sinkender Importe nicht anders. Dabei wird in der öffentlichen Diskussion vielfach übersehen, dass allein mehr als ein Viertel der Rohölimporte aus dem Nachbarland Kanada kommt. Lediglich 25 % der Importe stammten 2012 vom Persischen Golf (EIA 2013m). Wie stark die USA in Zukunft abhängig von Erdölimporten sein werden, hängt von verschiedenen Faktoren ab: davon, wie groß die wirtschaftlich förderbaren Ölressourcen in den USA tatsächlich sind, wie sich die Nachfrage in den USA entwickelt (die Nachfrage hängt u. a. von der Fahrzeugeffizienz ab), inwieweit die Raffinerien auf heimische Ölsorten umrüsten sowie nicht zuletzt davon, wie sich die internationalen Energiepreise entwickeln (EIA 2013a, S. 30-39).

2.2.2 Der Erdgassektor: Boom beim unkonventionellen Gas

Dank des Booms bei unkonventionellem Gas sind die USA auf dem Weg, ein Nettoexporteur von Gas zu werden. Zum sogenannten unkonventionellen Gas wird Schiefergas (Gas aus Sand-, Tonstein und Karbonatreservoiren) gezählt (Gas aus Sand-, Tonstein oder Karbonatreservoiren), *tight gas* (Gas aus dichten Gesteinen) und Kohleflözgas. 2012 produzierten die USA 681 Milliarden Kubikmeter Erdgas (IEA 2013a, S. 13). 2011 stammten 64 % aus konventionellen Vorkommen, 30 % aus Schiefergasbohrungen und 6 % waren Kohleflözgase (EIA 2013l). Schiefergas ist somit die wichtigste Form des unkonventionellen Erdgases in den USA. Laut Schätzungen der *EIA* verfügen die USA mit 18,8 Billionen Kubikmetern über die viertgrößten technisch nutzbaren Schiefergasreserven der Welt (EIA 2013q, S. 10). Die größten US-Schiefergasreserven befinden sich im Anadarko, Appalachian, Arkoma, Bend Arch-Fort Worth, Denver, Gulf Coast, Illinois, Michigan, Paradox und Permian Basin (USGS 2013a). Am meisten Schiefergas gefördert wird bisher im Barnett Shale in Nordtexas, im Fayetteville Shale in Arkansas, im Woodford Shale in Oklahoma, in den Haynesville/Bossier Formations in Louisiana und Texas, im Marcellus Shale im Appalachian Basin, im Eagle Ford in Texas, im Antrim Shale in Michigan sowie in den Appalachian Basin Devonian Shales (USGS 2013b, S. 1). Laut der *EIA* besteht jedoch noch immer ein großes Maß an Unsicherheit über die tatsächliche Größe der US-amerikanischen Schiefergasvorkommen (EIA 2013f, S. 43). Nicht außer Acht gelassen werden darf zudem, dass sich die unkonventionellen Gasvorkommen schnell erschöpfen und daher kontinuierlich neue Vorkommen erschlossen werden müssen: Es sind daher viele Bohrungen nötig, um eine bestimmte Gasmenge zu produzieren. Das hat Folgen für die Umwelt, da große Flächen betroffen sind und große Mengen an Wasser benötigt werden.

Dass die USA einen deutlichen Vorsprung in der Schiefergasförderung weltweit haben, liegt dabei nicht nur an den umfangreichen Vorkommen. Die Schiefergasproduktion und die Entwicklung von Fördertechnologien wurden über Jahre staatlich gefördert, während die Umweltstandards vergleichsweise niedrig waren. Auch die Eigentumsrechte haben sich positiv ausgewirkt: In der Regel gehören dem Landbesitzer auch die Bodenschätze in seinem Land. Der Anreiz, die Vorkommen auszubeuten, ist somit größer, als wenn die Eigentumsrechte an den Bodenschätzen beim Staat lägen. Ein weiterer Faktor ist die Bevölkerungsdichte. Diese ist in vielen Regionen der USA vergleichsweise niedrig, sodass dort Fracking betrieben werden kann, ohne dass Bewohner umgesiedelt werden müssen.

Die Nettoimporte der USA lagen im Jahr 2012 bei 43 Milliarden Kubikmetern. Der Großteil der Erdgasimporte kam 2012 per Pipeline aus Kanada (83,9 Mrd. m^3). Zweitgrößter Exporteur in die USA war Trinidad und Tobago (3,2 Mrd. m^3). Die Importe aus Trinidad und Tobago wurden als verflüssigtes Erdgas (*liquefied natural gas*, LNG) geliefert (EIA 2013s). Aktuellen Prognosen zufolge werden die USA um 2018 zum Nettoexporteur von Erdgas und bereits 2016 zum Nettoexporteur von LNG (EIA 2013b, S. 13).

Der Stromsektor war 2012 mit 39 % der größte Abnehmer von Erdgas, gefolgt von der Industrie (30 %), den privaten Haushalten (18 %) und dem Gewerbe (12 %). Etwa ein Prozent wurde für Fahrzeugtreibstoff verwendet (EIA 2013k).

Erdgas hat im Strommix wegen seiner niedrigen Preise gegenüber der Kohle in den letzten Jahren an Bedeutung gewonnen (EIA 2012a, S. 224). Der im internationalen Vergleich niedrige Gaspreis in den USA mindert die Kosten der Herstellung energieintensiver Produkte wie Aluminium und andere Nichteisenmetalle, Stahl, Baustoffe, Kunststoffe oder Papier. Zudem profitiert die chemische Industrie von niedrigen Gaspreisen, da Erdgas als Rohmaterial in der Herstellung vieler Chemikalien, Kunststoffe und Dünger verwendet wird. Laut der *International Energy Agency (IEA)* sind die Elektrizitätspreise für industrielle Konsumenten in Japan und Europa im Durchschnitt doppelt so hoch wie für Wettbewerber in den USA (IEA 2013b, S. 261).

2.2.3 Kohlesektor: Niedergang eines Energieträgers?

Die USA verfügen über die weltweit größten erwiesenen Kohlereserven (27,6 % der weltweiten Reserven) (BP 2013, S. 30). Seit dem Beginn des Schiefergasbooms ist der Anteil von Kohle sowohl an der Energieproduktion als auch am Energiekonsum jedoch deutlich gesunken. 2012 wurden zwar 7,5 % weniger Kohle produziert also noch 2011. Dennoch ist das Land nach wie vor der zweitgrößte Kohleproduzent weltweit nach China mit einem Anteil von 13,4 % (2012) an der globalen Produktion (BP 2013, S. 32-33). In Wyoming findet sich das Zentrum der Kohleproduktion. Der Bundesstaat produziert mehr Kohle als die vier nachfolgenden Top-Kohleproduzenten (West-Virginia, Kentucky, Pennsylvania und Texas) zusammen (EIA 2011a). Die *EIA* erwartet im Referenzfall – also unter der Annahme, dass keine großen energiepolitischen Neuerungen eintreten –, dass die Kohleproduktion in den USA aufgrund schwacher Nachfrage noch für ein paar Jahre weiter sinkt, sich ab 2015 jedoch erholt und insgesamt zwischen 2012 und 2040 pro Jahr um durchschnittlich 0,3 % wächst (EIA 2013o). Dieser Produktionsanstieg ist auf steigende Exporte, höhere Gaspreise und einen Anstieg des heimischen Stromverbrauchs zurückzuführen. Im Jahr 2012 waren die USA der viertgrößte Nettoexporteur von Kohle weltweit (die Nettoexporte beliefen sich auf 106 Mio. Tonnen). Gleichzeitig hängt viel von Entwicklungen in der US-Umweltpolitik ab: Hohe Preise für CO_2-Emissionen würden den Kohlepreis erhöhen und die Produktion deutlich hemmen (EIA 2013a, S. 85-86).

Kohle ist seit mehr als 60 Jahren die wichtigste Quelle für die Stromerzeugung. Derzeit gibt es rund 600 Kohlekraftwerke in den USA. Während Kohle im Jahr 2007 noch einen Anteil von 50 % an der Nettostromerzeugung des Landes hatte, lag dieser im Jahr 2012 allerdings nur noch bei 37 %. Dies liegt insbesondere am vermehrten Einsatz von Erdgas und erneuerbaren Energien zur Stromerzeugung. Der Anteil von Kohlekraftwerken an der heimischen Stromerzeugung wird bis 2040 weiter sinken (EIA 2013b, S. 14).

2.2.4 Erneuerbare Energien

Am Primärenergiemix der USA machen erneuerbare Energien einen Anteil von 11 % aus (EIA 2013i, S. 3). Im Jahr 2012 basierten 12 % der Nettostromerzeugung auf dem Einsatz erneuerbarer Energien. Den größten Anteil bei den erneuerbaren

Energien hatte Wasserkraft (56 %), gefolgt von Windkraft (28 %), Biomasse (12 %), Erdwärme (3 %) und Solarenergie (1 %) (EIA 2013i, S. 95).

Laut dem Referenzfall der *EIA* wird die Stromerzeugung durch erneuerbare Energien zwischen 2012 und 2040 um durchschnittlich 1,7 % pro Jahr wachsen. Dabei wächst die Solarenergie am stärksten (relativ, nicht absolut) (um 8,9 % pro Jahr), gefolgt von Biomasse und Geothermie. Die Stromerzeugung durch Windkraft wächst absolut am stärksten. Wasserkraft bleibt die mit Abstand wichtigste Form der erneuerbaren Energien, auch wenn die installierte Kapazität bis 2040 kaum wächst (EIA 2013p). Sollten jedoch Gesetze zur Reduzierung von Treibhausgasemissionen verabschiedet werden, hätte dies einen gravierenden Einfluss auf die erneuerbaren Energien (EIA 2013a, S. 6).

2.2.5 Kernenergie

Seit den 1950er Jahren kommt auch der Kernenergie eine bedeutende Rolle zu, auch wenn ihr Anteil am gesamten Energiemix seit den 1990er Jahren stagniert. Bei der installierten Kapazität von Kernenergie (2011: 102 Gigawatt) sind die USA weltweit an der Spitze (gefolgt von Frankreich: 63 GW, Japan: 44 GW und Russland: 24 GW) (IEA 2013a, S. 17).

In den USA gibt es derzeit 104 betriebsfähige Reaktoren und 65 Kernkraftwerke. Viele der Kernkraftwerke beherbergen somit mehr als einen Reaktor. Die meisten davon, 56 Kraftwerke, befinden sich östlich des Mississippi River. Illinois ist führend in der Kernenergieerzeugung mit 11 Reaktoren und der höchsten installierten Kapazität. Nachdem über 30 Jahre lang keine Baugenehmigungen für neue Reaktoren erteilt worden waren – nach dem Unfall von Three Mile Island 1979 (Harrisburg, PA) war der Bau neuer Anlagen temporär gestoppt worden –, erlaubte die *Nuclear Regulatory Commission* dem US-amerikanischen Energieunternehmen Southern Company im Februar 2012 den Bau und Betrieb zweier neuer Reaktoren in seinem Kernkraftwerk Vogtle im US-Bundesstaat Georgia. Diese werden voraussichtlich 2016 und 2017 in Betrieb gehen (EIA 2012b). Die Reaktorkatastrophe in Folge des Erbebens und Tsunamis im japanischen Fukushima tat der Förderung der Kernenergie in den USA keinen Abbruch.

3 Die US-amerikanische Energiepolitik

3.1 Akteure der Energiepolitik

Die Exekutive und Legislative teilen sich die Zuständigkeit für die Energiepolitik. Innerhalb der Exekutive hat das Energieministerium (*Department of Energy, DOE*) die Federführung über Energiefragen. Das *DOE* ist zuständig für die Weiterentwicklung der Energieinfrastruktur, darunter die Aufsicht und Forschung in den Bereichen fossile Brennstoffe und nukleare und erneuerbare Energieträger, Energieeffizienz, Energielieferungen und Abfallwirtschaft. Das Außenministerium übernimmt die Führung, wenn es um die außenpolitische Dimension der

Energiepolitik und um internationale Verhandlungen geht. Im Jahr 2011 schuf die Obama-Administration mit dem *Bureau of Energy Resources* (*ENR*) eine neue Abteilung im Außenministerium, welche für die diplomatischen Bemühungen im Bereich Energie zuständig ist. Ein Umweltministerium besitzen die USA nicht; die *Environmental Protection Agency* (*EPA*) hat als nationale Behörde den Auftrag, den Schutz der menschlichen Gesundheit und der Umwelt (Wasser, Land, Luft) sicherzustellen. Die *Federal Energy Regulatory Commission* (*FERC*), die für den Energiesektor wichtigste bundesstaatliche Regulierungsbehörde, ist für die Überwachung und Regulierung der Netzwerkbetreiberbranchen und die Wahrung des freien Wettbewerbs zuständig. Die *Nuclear Regulatory Commission* beaufsichtigt die Kernkraftwerksbetreiber und erteilt Lizenzen für neue Anlagen. Im Kongress obliegen Energiefragen dem Ausschuss für Energie und natürliche Ressourcen sowie dem Ausschuss für Umwelt und öffentliche Aufgaben des Senats und dem Ausschuss für Energie und Handel im Repräsentantenhaus. Daneben ist eine Vielzahl von Ausschüssen an der Formulierung der Energiepolitik beteiligt, darunter die Ausschüsse für Finanzen, Agrarwirtschaft und Wirtschaft.

3.2 Energieinnenpolitik

Energiepolitik bewegt sich seit jeher im Zieldreieck von Energiesicherheit, Wirtschaftlichkeit und Nachhaltigkeit. Welche dieser drei Ziele vorrangig verfolgt werden, hängt nicht nur von den dominierenden Ideologien in der jeweiligen amtierenden Administration ab. Energiepolitik ist vielmehr das Ergebnis eines Wechselspiels zahlreicher Akteure auf Ebene der Bundesregierung und der Einzelstaaten. Darüber hinaus spielen die wirtschaftliche Lage, technologische Entwicklungen, die Interessen der Industrie sowie die Stimmungslage und Problemwahrnehmung in der Bevölkerung entscheidende Rollen. Ein Blick auf die Energiepolitik der Obama-Administration macht dies mehr als deutlich.

3.2.1 Obamas Dilemma: Renaissance der fossilen Energieträger

Unter dem Stichwort *greening the economy* wollte Präsident Obama den Klimaschutz deutlich aufwerten und die Wirtschaft umstrukturieren. Gegen Ende seiner ersten Amtszeit begann gleichwohl die Förderung heimischer fossiler Rohstoffe einen neuen Stellenwert in Obamas Energiepolitik zu gewinnen. Die Obama-Administration steht vor einem Dilemma: Auf der einen Seite will sie das Klima und die Umwelt schützen, auf der anderen Seite sollen die heimische Industrie gefördert und Arbeitsplätze geschaffen werden. Energiepreise sind ein wichtiges Thema für die US-Bevölkerung; dies zeigt eine Vielzahl an Umfragen. Aufgrund des dürftigen öffentlichen Transportsystems gerade in ländlichen Regionen und der niedrigen städtischen Dichte in den USA im Vergleich zu anderen Ländern ist der Großteil der Amerikaner auf ein eigenes Auto angewiesen. Hohe Benzinpreise wirken sich sofort auf die privaten Haushalte aus. Deswegen ist es politisch außerordentlich schwierig, energiepolitische Maßnahmen zu ergreifen, die Preissteigerungen zur Folge haben.

Dieser Zielkonflikt zeigt sich deutlich beim Thema Offshore-Förderung und dem Keystone-XL-Pipelineprojekt. Die Offshore-Förderung birgt erhebliche Risiken, wie nicht zuletzt die Deepwater- Horizon -Katastrophe gezeigt hat. Gleichzeitig liegen vor den Küsten der USA lukrative Öl- und Gasreserven. Im Jahr 2012 entfielen auf die Offshore-Ölförderung im Golf von Mexiko 19 % der gesamten Ölförderung in den USA. Die Öl- und Gasindustrie ist zudem ein wichtiger Arbeitgeber in den USA. Exploration und Extraktion natürlicher Ressourcen in Meeresgewässern werden durch eine Reihe einzel- und bundesstaatlicher Gesetze geregelt. Dem *Submerged Lands Act* (*SLA*) von 1953 zufolge verfügen die Küstenstaaten über die Nutzungsrechte von Ressourcen in einer Zone von drei Seemeilen hinter der Küstenlinie; Ausnahmen sind Texas und Florida, deren Zuständigkeitsgebiet eine Breite von neun Seemeilen beträgt. Dahinter besitzt die Bundesregierung das alleinige Verfügungsrecht über die Ressourcen bis zur Grenze der Ausschließlichen Wirtschaftszone (AWZ), maximal 200 Seemeilen hinter der Küstenlinie. Der *Outer Continental Shelf Lands Act* (*OCSLA*), ebenfalls von 1953, definiert das *outer continental shelf* (*OCS*) als maritime Zone, die den seewärts des Küstenmeers (drei Meilen) gelegenen Meeresboden bis zur äußeren Kante des Randes des Festlandsockels oder bis zu einer Entfernung von 200 Seemeilen von der Basislinie umfasst. Laut dem *OCSLA* kann das Innenministerium Nutzungsrechte vergeben (*lease sales*).

Als Reaktion auf die Ölpest im Santa-Barbara-Kanal vor der Küste Kaliforniens im Jahr 1969 schränkte die Bundesregierung wiederholt die Fördertätigkeit im *OCS* ein. Durch den *Marine Protection Research and Sanctuaries Act* etablierte der US-Kongress 1972 maritime Schutzgebiete, in denen Forschungs- und Abbautätigkeiten verboten wurden. 1981 verhängte der Kongress dann in einem Budgetbewilligungsgesetz für das Haushaltsjahr 1982 erstmals ein Moratorium für die Vergabe von Pachtlizenzen zur Öl- und Gasförderung im *OCS* der USA, das seither jährlich erneuert wurde. Offshore-Förderung war in 85 % der territorialen Gewässer der USA untersagt; das Moratorium erlaubte nur wenige Ausnahmen wie beispielsweise im Golf von Mexiko vor Texas und Louisiana. George H.W. Bush unterstützte diese Politik 1990 mit einem zusätzlichen präsidialen Moratorium – auch als Reaktion auf die Tankerhavarie der „Exxon Valdez" 1989, eine der größten Umweltkatastrophen der Seefahrt –, um die immer attraktiver werdende Offshore-Förderung bis 2000 zu begrenzen. Dieses Moratorium wurde 1998 von Präsident Bill Clinton verlängert. Nachdem der Kongress noch im *Gulf of Mexico Energy Security Act* von 2006 den östlichen Golf von Mexiko bis zum Jahr 2022 von Pachtverträgen ausgeschlossen hatte, öffnete George W. Bush mehrere Gebiete für Pachtverträge. Das Programm wurde jedoch im April 2009 durch den U.S. Court of Appeals for the District of Columbia Circuit mit der Begründung für rechtswidrig erklärt, es beinhalte keine ausreichenden ökologischen Folgekostenabschätzungen.

Am 31. März 2010 gab Präsident Obama ausgewählte Gebiete im Golf von Mexiko, dem Atlantik und vor der Küste Alaskas für Gas- und Öl-Exploration und gegebenenfalls zu einem späteren Zeitpunkt auch für Förderung frei. Rund einen Monat später explodierte die Ölbohrplattform Deepwater Horizon im Golf von

Mexiko und führte zur größten Ölkatastrophe in den USA. Über 84 Tage flossen rund 4,9 Millionen Barrel Öl in den Golf von Mexiko. Die ökologischen Folgen waren verheerend. Wenige Tage nach dem Unglück verhängte Obama ein temporäres Moratorium auf die Vergabe neuer Förderlizenzen (Ramseur und Hagerty 2013, S. 1). Im Juni 2010 wurde dieses Verbot von einem US-amerikanischen Bundesgericht in New Orleans aufgehoben. Mittlerweile wird auch wieder in der Tiefsee Öl gefördert. Die Deepwater-Horizon-Katastrophe war nicht nur ein Versagen der involvierten Unternehmen, sondern auch der Regulierungsbehörden. Um die Interessenkonflikte zwischen der Vergabe von Bohrgenehmigungen, der Kontrolle und Erhebung von Fördergebühren und dem Umweltschutz aufzuheben – vor der Katastrophe lagen diese Aufgaben in den Händen des *Mineral Management Services* – wurden die Aufgaben auf drei separate Behörden aufgeteilt: Das *Bureau of Ocean Energy Management, Regulation and Enforcement*, das *Bureau of Safety and Environmental Enforcement* und das *Office of Natural Resources Revenue*. Zudem verabschiedete der 112. Kongress den *RESTORE Act*. Dieser legt fest, dass 80 % aller Einnahmen, die aus Strafen entstehen, welche unter dem *Clean Water Act* verhängt werden, in einen neuen Treuhandfonds fließen sollen. Aus dem Fonds sollen ökologische und ökonomische Wiederherstellungsprojekte am Golf unterstützt werden. Der 2012 implementierte *Pipeline Safety, Regulatory Certainty, and Job Creation Act of 2011* erhöht die zivilrechtlichen Sanktionen für Verstöße gegen Pipelinesicherheit. Seit der Deepwater-Horizon-Katastrophe ist die Offshore-Ölförderung im Golf insgesamt gesunken. Während die Fördermenge in den Monaten vor dem Unglück jeweils bei rund 50 Millionen Barrel lag, hat sie diese Marke seither nicht mehr erreicht und lag häufig unter 40 Millionen Barrel (EIA 2013d). Offshore-Exploration und Bohrungen im Golf von Mexiko sind hingegen nach der Katastrophe nicht zurückgegangen. Ganz im Gegenteil haben sie noch an Fahrt aufgenommen.

Vor einem ähnlichen Dilemma steht Präsident Obama hinsichtlich der Ergänzung und Erweiterung der Keystone-XL-Pipeline. Die geplante Pipeline soll die Ölsande der kanadischen Provinz Alberta und die *tight oil*-Vorkommen in den US-Einzelstaaten North Dakota und Montana mit den texanischen Raffinerien am Golf von Mexiko verbinden. Die Erweiterung besteht aus zwei Teilabschnitten: dem nördlichen Teilstück von der kanadischen Grenze bis Cushing (Oklahoma) und dem südlichen Teilstück (heute das „Gulf Coast Pipeline Project"), das Cushing mit den Raffinerien in Houston und Port Arthur verbindet. Ursprünglich hatte die Firma TransCanada 2008 eine Genehmigung beim Außenministerium für die gesamte Strecke beantragt. Da es sich bei Keystone um eine grenzüberschreitende Pipeline handelt, erfordern der Bau und der Betrieb eine präsidentielle Genehmigung durch das Außenministerium. Das Außenministerium prüft, ob das Projekt dem öffentlichen Interesse entspricht, wobei eine Reihe von Kriterien berücksichtigt wird: die Auswirkungen auf die Umwelt, die Auswirkungen auf die Diversifizierung der Energiequellen in den USA, die Sicherheit der Transportwege von Öl in den USA, die Stabilität des Handelspartners, von dem die USA Öl beziehen, die politischen Beziehungen mit dem Handelspartner und der wirtschaftliche Nutzen. Für Pipeline-Projekte innerhalb der USA – auch wenn diese über

Einzelstaatengrenzen hinweg gehen – ist keine bundesstaatliche Genehmigung notwendig. Die Entscheidungshoheit liegt bei den Einzelstaaten.

Bezüglich des nördlichen Abschnitts der Keystone-XL-Pipeline entstanden schnell Bedenken. Besonders umstritten waren die möglichen Umweltauswirkungen auf die Region Sand Hills in Nebraska, einer ausschließlich aus Sanddünen bestehenden Prärieregion, die zu den nationalen Naturdenkmälern der Vereinigten Staaten gehört. Aufgrund von Umwelterwägungen erließ Nebraska neue Auflagen für Pipelinestandorte, die eine neue Routenplanung bedingten. Infolgedessen gab das Außenministerium im November 2011 bekannt, dass es zusätzliche Zeit benötigte, um die notwendigen Informationen zur Beurteilung der neuen Pipeline-Route zu erheben. Mit dem *Temporary Payroll Tax Cut Continuation Act of 2011* setzte der Kongress dem Außenministerium eine enge Frist von 60 Tagen, um die Prüfung des nationalen Interesses durchzuführen. Mit der Begründung, dass diese Frist dem Außenministerium nicht genug Zeit geben würde, lehnte dieses das Keystone-XL-Projekt ab. TransCanada trennte daraufhin die beiden Pipelineabschnitte in zwei unterschiedliche Projekte. Wie beschrieben erfordert der südliche Abschnitt keine präsidentielle Genehmigung. Im Mai 2012 reichte das Unternehmen einen Antrag über Bau und Betrieb des nördlichen Abschnitts, nun mit verändertem Routenverlauf, ein. Eine Genehmigung der Keystone-XL-Pipeline (Stand November 2013) durch den Präsidenten steht allerdings nach wie vor aus (Parfomak et al. 2013, S. Summary).

Die Befürworter der Pipeline proklamieren, dass das Projekt den Zugang zu kanadischem Öl verbessere und so die US- und nordamerikanische Energiesicherheit erhöhe. Zudem würde es Arbeitsplätze schaffen und sich positiv auf die Energiepreise auswirken. Und es würden mit der Pipeline Defizite in der Transportinfrastruktur angegangen werden. Das Pipeline-Netzwerk spiegelt vier Jahrzehnte wachsender Ölimporte wider. Es war ursprünglich dafür bestimmt, Öl und raffiniertes Benzin von den Küsten in das Landesinnere zu transportieren und nicht, wie zunehmend notwendig, die großen Mengen an Öl aus Schiefervorkommen in North Dakota nach Texas zu befördern. Mit der steigenden heimischen Produktion konnte es nicht mithalten. Besonders zeigten sich die Engpässe in Cushing im Bundesstaat Oklahoma, dem zentralen Verteiler-Knotenpunkt für US-Leichtöl der Sorte West Texas Intermediate (WTI). Die Gegner halten dagegen, dass die Pipeline die umstrittene Gewinnung von Öl aus Ölsanden weiter befeuern würde. Anwohner, Landwirte und Umweltschützer warnen gleichermaßen vor den ökologischen und gesundheitlichen Folgen des Pipeline-Baus, aber auch vor den Klimabelastungen, die sich aus der Gewinnung von Öl aus kanadischen Ölsanden ergeben.

3.2.2 Gesetzgeberische Initiativen: Stillstand im Kongress

Präsident Obama hatte sich in seiner ersten Amtszeit viel vorgenommen: Er wollte die Treibhausgasemissionen bis 2050 um 80 % reduzieren; der Anteil erneuerbarer Energien am Energiemix sollte bis 2025 auf 25 % steigen, und bis 2012 sollte ein bundesweites Emissionshandelssystem eingerichtet werden. Ein entsprechender Gesetzesentwurf scheiterte jedoch im Kongress.

Das Repräsentantenhaus verabschiedete am 26. Juni 2009 den *American Clean Energy and Security Act* (*ACES*). Das Gesetz sah eine Reduktion der THG-Emissionen um 17 % bis 2020 und um 83 % bis 2050 (gemessen am Niveau von 2005) vor. Erreicht werden sollte dies unter anderem durch die Einführung eines Emissionshandelssystems bis 2012, das etwa 85 % der US-Emissionsquellen abdecken sollte. Zudem legte der *ACES* erstmals ein nationales Quotenziel für erneuerbare Energien im Bereich der Stromerzeugung fest. Bis 2012 sollten 6 %, bis 2020 mindestens 20 % des Stromverbrauchs in jedem Staat aus erneuerbaren Energien gespeist werden. Dies wäre der erste bundesweit verbindliche *Renewable Electricity Standard* geworden. Geplant waren zudem gesetzliche Standards und finanzielle Förderung für Energieeffizienz und für CO_2-Abscheidung und -Speicherung. Zudem sollten die Einzelstaaten baurechtliche Standards erlassen, um die Energieeffizienz privater Gebäude bis 2014 und öffentlicher Gebäude bis 2015 um 50 % zu verbessern. Ein entsprechender Entwurf im Senat erreichte hingegen nicht die nötige Mehrheit von 60 Stimmen, sodass ihn die Demokratische Führung im März 2010 für gescheitert erklärte. Auch abgespeckte Versionen des Gesetzesvorschlags fanden in den folgenden Monaten nicht genügend Zustimmung im Senat. Im Frühsommer 2010, spätestens aber mit dem Beginn der Arbeit des 112. Kongresses (Januar 2011) kippte die klimapolitische Stimmung im Kongress. Bis Anfang 2013 gab es daraufhin keine ernsthaften Debatten über die von Präsident Obama geforderte Reduzierung der Emissionen.

Das Gesetz mit den wichtigsten energiepolitischen Aspekten im 112. Kongress war der *American Taxpayer Relief Act of 2012* (*ATRA*), welchen Präsident Obama am 2. Januar 2012 unterzeichnete. Dieser verlängerte den *Production Tax Credit* (*PTC*), eine steuerliche Begünstigung für die Produktion von Windenergie, bis Januar 2014. Zudem wurden weitere steuerliche Anreize, unter anderem für Bio- und andere alternative Kraftstoffe sowie für energieeffiziente Immobilien, verlängert. Die Republikaner, allen voran die der Tea-Party-Bewegung nahestehen Kongressmitglieder, versuchten wiederholt, die Energiepolitik Obamas zu torpedieren. Viele von ihnen zweifeln nach wie vor an den wissenschaftlichen Befunden des Klimawandels beziehungsweise daran, dass dieser durch den Menschen verursacht ist. Das Repräsentantenhaus, in dem die Republikaner eine klare Mehrheit haben, verabschiedete zahlreiche Gesetzesvorschläge, die die Kompetenzen der *EPA* beispielsweise zur Regulierung der Emissionen von Kohlekraftwerken einzuschränken suchten. Durch den mehrheitlich Demokratisch besetzten Senat schaffte es bislang hingegen noch keiner dieser Vorschläge. Darüber hinaus wurden immer wieder Gesetzesvorschläge eingereicht, welche die Förderung einzelner Energieträger – insbesondere der fossilen Energieträger – zum Ziel haben. Der *Northern Route Approval Act* sieht beispielsweise vor, dass keine Zustimmung des Präsidenten notwendig ist, um den Bau der Keystone-XL-Pipeline zu genehmigen. Das Gesetz wurde am 22. Mai 2013 vom Repräsentantenhaus verabschiedet, es hat jedoch geringe Chancen, auch im Senat auf Zustimmung der Mehrheit zu stoßen (Govtrack.us 2013a). Der *Stop the War on Coal Act* von 2012 sah vor, den Kohlesektor zu fördern, unter anderem indem die Regulierungstätigkeit der *EPA* eingeschränkt wird. Auch dieser Gesetzesentwurf schaffte es jedoch nicht durch den Senat.

Der *No More Solyndras Act* hatte zum Ziel, die Fähigkeit des Energieministeriums einzuschränken, Kreditgarantien für erneuerbare Energieprojekte zu vergeben. Obamas Strategie, den Ausbau erneuerbarer Energien über staatliche Investitionen und Förderprogramme voranzutreiben, ist mittlerweile unter erheblichen Druck geraten. Schuld daran ist nicht nur das hohe Haushaltsdefizit. Die Opposition wirft Obama Verschwendung von Steuergeldern und falsche Schwerpunktsetzung vor. Öl ins Feuer der Republikaner hat der Bankrott der Solarfirma Solyndra gegossen. Der mit umfassenden staatlichen Garantien gestützte Solarzellenhersteller galt als Musterbeispiel für eine neue, grüne US-Wirtschaft. Das Unternehmen konnte letztlich jedoch im internationalen Wettbewerb nicht mithalten. Der *No More Solyndras Act* passierte das Repräsentantenhaus, wurde aber letztlich nicht vom Senat aufgegriffen.

Im Kongress zeichnet sich eine doppelte Spaltung ab: zwischen Republikanern und Demokraten sowie zwischen dem Repräsentantenhaus und dem Senat. Grundsätzlich ist Energiepolitik keine Politik, die ausschließlich entlang von Parteilinien entschieden wird. Vielmehr richtete sich das Abstimmungsverhalten der Abgeordneten und Senatoren in der Vergangenheit nach den Interessen ihrer Wahldistrikte und Einzelstaaten. Dies spiegelt sich deutlich in der Abstimmung zum *American Clean Energy and Security Act* wider. Während die Demokratischen Abgeordneten aus den Einzelstaaten im Nordosten und an der Westküste mehrheitlich für das Gesetz votierten, stimmten Abgeordnete aus den Südstaaten, dem *Manufacturing Belt*, in dem viel verarbeitende Industrie angesiedelt ist, sowie den Kohleregionen mehrheitlich gegen den Gesetzesvorschlag. Gleichwohl zeichnet sich in der Energiepolitik – ebenso wie in vielen anderen Politikfeldern – eine wachsende parteipolitische Polarisierung ab: Die Republikaner reichen Gesetzesvorschläge ein – und stimmen mehrheitlich für diese –, welche die Regulierungskompetenz der *EPA* einschränken, die Förderung fossiler Energiequellen zum Ziel haben und das Energieministerium darin einschränken, die Entwicklung erneuerbarer Energien finanziell zu unterstützen. Aus den Reihen der Demokraten stammen die Vorschläge über Energieeffizienz oder auch zum Schutz der Umwelt.

3.2.3 Regulierungen der EPA und des Transportministeriums

Aufgrund des politischen Stillstands im Kongress waren die *EPA* und das Transportministerium die wichtigsten Verbündeten für Obama in der Umsetzung seiner energiepolitischen Ziele. Beide können durch ihre Regulierungen einen erheblichen Einfluss auf den Energiekonsum ausüben. Dass beide unter der Obama-Administration eine aktivere Rolle spielen konnten als unter vorherigen Präsidenten, lag vor allem daran, dass die *EPA* Ende 2009 Treibhausgase (CO_2 und fünf weitere Treibhausgase) als gefährlich für die Gesundheit und das Wohlergehen der Bevölkerung einstufte. Zudem erklärte sie, dass Treibhausgase aus Kfz-Motoren Mitverursacher von Luftverschmutzung sind und somit ein Gesundheitsrisiko darstellen. In der Folge konnte die Administration unter dem *Clean Air Act* stärker regulierend tätig werden (DIHK und BDI 2009, S. 2).

Zu den Regulierungen, welche die Obama-Administration vornahm, gehört die Verschärfung der Kraftstoffverbrauchsnormen für neue Pkw und kleine Lkw

(*Corporate Average Fuel Economy*, *CAFE*): Bis 2016 soll die Effizienz auf 34,1 Meilen pro Gallone (6,6 Liter pro 100 km) Treibstoff steigen (39 Meilen pro Gallone für Pkw und 30 Meilen pro Gallone für kleine Lkw). Bis 2021 soll die Effizienz auf 41 Meilen pro Gallone und bis 2025 auf 49,7 Meilen pro Gallone steigen. In enger Zusammenarbeit mit dem Transportministerium ergänzte die *EPA* die neuen *CAFE*-Standards durch Emissionsstandards: Bis 2016 soll eine Emissionsgrenze von 250 Gramm CO_2 pro Meile erreicht werden (ca. 155 g/km), um die Emissionen im Transportsektor bis zum Jahr 2030 im Vergleich zu einem business-as-usual-Szenario um 21 % zu senken (Federal Register 2009, S. 49460, 49468). Ab 2021 liegt der THG-Standard bei 199 Gramm CO_2 pro Meile, ab 2025 bei 163 Gramm.

Die *EPA* hat sich neben dem Transportsektor auch mit anderen Emissionsquellen befasst. Seit dem 1. Januar 2010 müssen große Emittenten mit einem jährlichen Ausstoß von mehr als 25.000 Tonnen CO_2-Äquivalent (CO_2e) sowie Anbieter von fossilen Brennstoffen, Produzenten von Fahrzeugen und Maschinen und auch Anbieter industrieller Treibhausgase der *EPA* regelmäßig Bericht erstatten. Dieser Kreis deckt rund 85 % der US-amerikanischen THG-Emissionen ab. Des Weiteren wurden durch die Anstrengungen im Transportsektor 2009 auch Regulierungspflichten für Treibhausgase stationärer Quellen angestoßen. Die Regelung sieht vor, dass Anlagen, die bereits von der *EPA* ausgestellte Betriebsgenehmigungen für andere Schadstoffe besitzen, bei der Verlängerung dieser Genehmigungen alle fünf Jahre Schätzungen der jeweiligen THG-Emissionen abgeben müssen. Diese Anlagen machen rund 70 % der THG-Emissionen von US-amerikanischen stationären Quellen aus. Seit Juli 2011 werden auch Anlagen mit großem THG-Ausstoß, die bisher keine Genehmigungen brauchten, mit in das Programm einbezogen. Neue Anlagen und solche, die wesentlichen Modifizierungen unterliegen und deren THG-Ausstoß dadurch auf 75.000 oder mehr Tonnen CO_2e pro Jahr steigt, müssen darüber hinaus aktuellen Technologiestandards genügen (*Best Available Control Technology*, *BACT*).

Im März 2012 schlug die *EPA* erstmals Regeln für neue Kraftwerke vor. Nach einer Kommentierungsphase überarbeitete die *EPA* ihren Vorschlag. Ein neuer Entwurf – es handelt sich weiterhin zunächst um einen Vorschlag – wurde im September 2013 vorgestellt. Dieser unterscheidet zwischen Gas- und Kohlekraftwerken. So sollen Kohlekraftwerke im Schnitt nicht mehr als 1.100 Pfund (pounds (lb), 1lb entspricht etwa 0,45 kg) CO_2 pro Megawattstunde ausstoßen. Die derzeit effizientesten Kohlekraftwerke kommen auf 1.800 Pfund CO_2 pro Megawattstunde. Große Gaskraftwerke dürften bis zu 1.000 Pfund CO_2 pro Megawattstunde ausstoßen, kleine bis 1.100 Pfund CO_2 pro Megawattstunde (EPA 2013, S. 3). Regeln für bereits existierende Kraftwerke werden für das Jahr 2014 erwartet (Reuters 2013).

3.3 Die Außendimension der Energiepolitik

3.3.1 Energieaußenpolitik

Energiepolitik ist seit jeher ein wesentlicher Bestandteil der Außenpolitik der USA. Daran ändert auch die Shale-Revolution grundsätzlich nichts. Sie ändert jedoch die

Abhängigkeitsverhältnisse: „Unter der Führung von Präsident Obama verlagern wir unsere Position im Bereich Energie weg von der Passiv- hin zur Aktivseite, welche unser Land stärkt und unsere internationale Führungsrolle untermauert", führte Tom Donilon, der damalige Nationale Sicherheitsberater des Präsidenten, im April 2013 aus (The White House 2013). Und dies könnte Auswirkungen auf die Außenpolitik der USA haben. Einige Beobachter befürchten gar, dass die USA ihr geopolitisches Interesse am Nahen und Mittleren Osten verlieren und ihre militärische Präsenz am Persischen Golf langsam reduzieren könnten.

Der US-Energieboom allein sorgt jedoch nicht für eine Neuorientierung der US-amerikanischen Außenpolitik. Er verstärkt vielmehr die in der Außenpolitik bereits zu beobachtenden Trends. Als Obama im Jahr 2009 in das Weiße Haus einzog, erbte er zwei unvollendete und teure Kriege in Afghanistan und im Irak. Die beiden Kriege belasten bis heute nicht nur den Staatshaushalt. Auch besteht seitdem wenig Interesse an militärischem Engagement in anderen Teilen der Welt. Obamas Motto lautet *„nation building at home"* – zunächst sollen die eigenen Probleme gelöst werden. Ein weiteres Merkmal von Obamas Außenpolitik ist der *pivot to Asia*, die Neuorientierung in Richtung Asien. Das grundlegende Ziel dieser Neuorientierung ist es, ein Gleichgewicht zu Chinas wachsender ökonomischer und politischer Macht in der Region herzustellen. Ein Teil der Strategie ist der Abschluss von Freihandelsabkommen mit asiatischen Ländern, beispielsweise der *Trans-Pacific Partnership*. Zusätzlich zu den Wirtschaftsbeziehungen wollen die USA auch ihre militärische Präsenz in der Region ausbauen.

Das Außenministerium identifiziert zwei Regionen, die bereits heute aufgrund ihrer offshore-Energieressourcen und des dort bestehenden Konfliktpotentials besondere Aufmerksamkeit verlangen: das Süd- und Ostchinesische Meer sowie die Arktis. Um potenzielle Spannungen besser angehen zu können, hat sich Obama wiederholt für eine Ratifizierung der *United Nations Convention of the Law of the Sea* (*UNCLOS*) durch die USA ausgesprochen – bislang allerdings ohne Erfolg.

Der Nahe und Mittlere Osten wird mit großer Wahrscheinlichkeit ein Kernthema der US-Außenpolitik bleiben. Irans Atomprogramm, der Chemiewaffeneinsatz in Syrien und der Friedensprozess in Israel, wie auch die Stabilität und Entwicklung im Irak und in Afghanistan werden außenpolitisch Priorität behalten. Grund für die Rationierung der US-Truppen im Nahen und Mittleren Osten sind eher die militärischen und finanziellen Eskapaden der USA in den letzten zehn Jahren und weniger die sinkenden Ölimporte aus der Region. Aufgrund der globalen Vereinten Arabischen Emiraten sowie Oman -, der Ölmärkte bekämen auch die USA Ölschocks in der Region schmerzlich zu spüren. Schiffsrouten wie die Straße von Hormus – sie liegt zwischen dem Iran und den Vereinigten Arabischen Emiraten –, der Suezkanal in Ägypten sowie Bab al-Mandab – zwischen Jemen, Dschibuti und Eritrea – sind ein weiteres starkes Motiv für die USA, in der Region präsent zu bleiben. Von diesen ist die Straße von Hormus die mit Abstand kritischste Meerenge. Laut der *IEA* werden im Jahr 2035 rund 50 % des weltweit gehandelten Öls die Straße von Hormus passieren (IEA 2012b, S. 79). Somit wäre der weltweite Ölhandel noch stärker als bisher auf diese Route angewiesen und noch anfälliger für Unruhen in der Region (EIA 2013u).

Die *IEA* erwartet, dass die Erdölimporte der USA aus dem Nahen und Mittleren Osten bis 2025 auf 0,3 Millionen Barrel pro Tag fallen werden. Allerdings weist die *IEA* auch deutlich darauf hin, dass unkonventionelles Öl aus den USA, Kanada und Brasilien weltweit nur temporär dabei hilft, die Schere zwischen wachsender Nachfrage und sinkender konventioneller Förderung zu schließen. Schon Mitte des nächsten Jahrzehnts steigt die Abhängigkeit vom Mittleren Osten wieder (IEA 2012b, S. 25-26; 78). Zugleich wird immer mehr Öl vom Persischen Golf nach Asien verschifft (IEA 2012b, S. 78). Bereits 2011 kamen mehr als die Hälfte von Chinas Rohölimporten aus dem Nahen und Mittleren Osten (IEA 2012a, S. 6). Es ist also wahrscheinlich, dass Chinas Interesse an der Region weiter wachsen wird. Angesichts des eher angespannten Verhältnisses zwischen China und den USA hat China zudem ein starkes Interesse daran, weniger abhängig von der US-amerikanischen Marine in der Sicherung von Transportrouten zu werden. Obwohl es die USA viel Geld kostet, für Sicherheit in der Region zu sorgen, ist zugleich nicht zu erwarten, dass die USA ihre Macht in der Region mit China zu teilen bereit sein werden.

Obwohl somit viele Faktoren dagegen sprechen, dass sich der Fokus der US-Außenpolitik aufgrund des US-Energiebooms allzu stark verlagert, sollte die Kraft der Narrative gleichwohl nicht unterschätzt werden. Das Versprechen der Energieeigenständikeit („*self sufficiency*") selbst – unabhängig von den vielen Unsicherheiten, mit denen insbesondere die Ölförderung verbunden ist – kann neue Realitäten schaffen. In jedem Fall wächst der Handlungsspielraum der USA auch gegenüber energiereichen Staaten, da der Gas- und Ölreichtum zuhause Preisausschläge und Lieferkürzungen auf den internationalen Märkten abfedert. Forderungen nach Sanktionen wie im Atomstreit mit dem Iran oder der Krim-Krise gegenüber Russland, sind daher leichter zu formulieren und gegebenenfalls umzusetzen. Selbst wenn die Obama-Administration betont, dass sich die Prioritäten der US-Außenpolitik angesichts der Energierevolution nicht verändern werden, so stellen sich andere Länder bereits auf veränderte Verhältnisse ein. Damit werden die Veränderungen in der politischen Energielandschaft noch weiter beschleunigt. Ein solches Vorgehen könnte wiederum Rückwirkungen auf die Rolle und Position der USA in den internationalen (Energie-)Beziehungen haben.

3.3.2 Exportregime und Außenhandel

Die USA haben ein strenges Regime für den Export von Öl und Gas. Laut dem *Natural Gas Act of 1938* müssen all diejenigen, die Erdgas exportieren wollen, zunächst eine Lizenz vom *DOE* erhalten. Wenn der Empfänger der Gasexporte ein Land ist, mit dem die USA ein Freihandelsabkommen (FTA) unterzeichnet haben, wird die Lizenz „ohne Änderungen oder Verzögerung gewährt". In diesem Fall gelten die LNG-Exporte automatisch im Einklang mit nationalem Interesse (*DOE* 2013b). Geht es allerdings um Exporte in ein Land, welches kein FTA-Partnerland ist, so muss das DOE zunächst entscheiden, ob die Exporte im nationalen Interesse sind (Ratner et al. 2013, S. 18). Der Bau und die Erweiterung von LNG-Exportterminals müssen ebenfalls vom *DOE* autorisiert werden, unabhängig davon, wohin von einem Terminal aus exportiert wird. Dafür ist unter anderem die

Federal Energy Regulatory Commission (*FERC*) des *DOE* zuständig. Sie regelt die Standortwahl, die Konstruktion und den Betrieb der Import- und Exportanlagen für Erdgas bzw. Flüssiggas und prüft in diesem Rahmen auch Aspekte des Umweltschutzes und der Sicherheit der einzelnen Projekte.

Bislang haben 35 Projekte eine Lizenz erhalten, heimisches Gas in FTA-Länder zu exportieren; sechs haben Lizenzen für den Export in nicht-FTA-Länder erhalten. Nur ein Projekt hat bislang alle nötigen Lizenzen: Sabine Pass. Das Lizenzierungsverfahren ist teilweise sehr langwierig: Bisher dauerte es im Fall von Importterminals zwischen 18 und 30 Monate, bis ein Projekt genehmigt wurde. Das Sabine-Pass-Exportprojekt erhielt nach 15 Monaten eine Lizenz. Bei einigen anderen Projekten steht die Genehmigung bereits seit über zwei Jahren aus. Dies liegt unter anderem daran, dass das *DOE* nach der Genehmigung des Sabine-Pass-Projekts zunächst die mikro- und makroökonomischen Effekte von Erdgasexporten untersuchen ließ. In dieser Zeit vergab das *DOE* keine Lizenzen für Exporte in Nicht-FTA-Länder. Die vom *DOE* in Auftrag gegebene Studie kam zu dem Schluss, dass Flüssiggasexporte der US-Wirtschaft insgesamt zugutekämen und dass Handelsgewinne durch Flüssiggasexporte gegenüber steigenden heimischen Energiepreisen überwiegen würden (NERA 2012, S. 1).

Diese Meinung teilen nicht alle in den USA. Zurzeit profitiert das produzierende Gewerbe deutlich von der enormen Preisschere gegenüber anderen regionalen Gas- und Strommärkten. Laut der *IEA* zahlt der Durchschnittsindustriekunde in Japan und Europa mehr als doppelt so viel wie seine Konkurrenten in den USA (IEA 2013b, S. 24). Große Teile der Industrie unterstützen daher die bestehenden Exportrestriktionen. Erdgasproduzenten haben hingegen ein Interesse, Erdgas in andere Länder zu exportieren, weil sie dort höhere Preise erhalten (Kofod 2013, S. 4).

Rohölexporte sind mit Ausnahme einiger Sonderfälle verboten, in denen das *Bureau of Industry and Security* (*BIS*), eine Behörde des *Department of Commerce* (*DOC*), eine Genehmigung erteilt. Erlaubt ist beispielsweise die Ausfuhr von Rohöl, das im Cook Inlet, einer Bucht im Golf von Alaska, gefördert wird, sowie der Export von Öl nach Kanada, sofern dieses auch in Kanada konsumiert wird. Zudem darf eine bestimmte Menge des in Kalifornien produzierten schweren Rohöls exportiert werden. Öl, welches über das Trans-Alaska-Pipelinesystem transportiert wird, sowie Öl, das im Ausland produziert wurde und Bestandteil der strategischen Erdölreserve des *DOE* ist, darf ebenfalls exportiert werden. Ausfuhren sind zudem erlaubt, wenn das *BIS* feststellt, dass diese im Einklang mit dem nationalen Interesse und dem *Energy Policy and Conservation Act* (*EPCA*) sind. Dies trifft jedoch nur zu, wenn das exportierte Rohöl durch Rohöleinfuhren von mindestens der gleichen Menge und Qualität oder durch Einfuhren bestimmter Erdölprodukte ersetzt wird, und wenn es nicht auf angemessene Weise in den USA abgesetzt werden kann. Außerdem müssen Lieferverträge so gestaltet sein, dass sie gekündigt werden können, wenn die Erdölversorgung des Landes unterbrochen oder ernsthaft bedroht ist (BIS 2013, S. 2-3). Mit der zunehmenden Verlagerung der *wind fall* Profite zu den Raffinerien könnte auch der Lobbydruck der Rohölproduzenten wachsen, das Exportverbot weiter zu lockern.

4 Ausblick: Herausforderungen für die US-Energiepolitik

Die Energiepolitik der USA steht tektonischen Veränderungen gegenüber: Der *EIA* zufolge wird der Nettoimportanteil am US-Energiekonsum von 16 % im Jahr 2012 auf 4 % im Jahr 2040 fallen (EIA 2013b, S. 12). Die Abhängigkeit von ausländischem Öl ist heute auf dem niedrigsten Stand seit den 1990er Jahren. Der Nettoimportanteil von US-Petroleum am Konsum ist von 60 % im Jahr 2005 auf 40 % 2012 gesunken (EIA 2013b, S. 13). Die Produktion von Erdgas hat einen historischen Höchststand erreicht. Gas hat heute Kohle als wichtigsten heimischen Energieträger abgelöst. Aktuellen Prognosen zufolge werden die USA im Jahr 2018 zum Nettoexporteur von Erdgas.

Wie sich diese Entwicklungen langfristig auf die Energiepolitik der USA und die Prioritätensetzung im energiepolitischen Zieldreieck der Versorgungssicherheit, Wirtschaftlichkeit und Nachhaltigkeit auswirken werden, ist zum jetzigen Zeitpunkt noch nicht eindeutig. Dies hängt von vielen Faktoren ab: der Preisentwicklung bei Gas, der wirtschaftlichen Lage, technologischen Entwicklungen und den ökologischen Folgen des Shale-Booms, um nur einige Faktoren zu nennen. Klar ist jedoch, dass es unter den gegeben Umständen in den USA schwierig ist, das Ziel der Nachhaltigkeit erfolgreich umzusetzen. Dies hat sich unter der Obama-Administration wiederholt gezeigt. Der Shale-Boom schafft Arbeitsplätze und befördert die heimische Industrie. Angesichts der Vorkommen billiger fossiler Energieträger und der Aussicht auf Unabhängigkeit von Importen aus politisch instabilen Regionen ist es schwierig, erneuerbare Energien zu fördern. In der Folge könnte der Boom bei den fossilen Energieträgern zu einer Perpetuierung des fossilen Nutzungspfades führen statt als Brücke zu einem nachhaltigeren Energiesystem genutzt zu werden.

Eine energie- und klimapolitische Wende, wie sie Präsident Obama in seinem Wahlkampf 2008 noch angekündigt hatte, wird daher vorläufig wohl ausbleiben. Ohnehin wäre eine solche nicht ohne den Kongress möglich. Der Präsident kann zwar über Regulierungen der *EPA* und des Transportministeriums sowie über die Förderprogramme des *DOE* energiepolitische Weichen stellen. Für eine energiepolitische Wende braucht er jedoch den Kongress. Denn nur der Kongress kann ein landesweites Emissionshandelssystem einführen oder auch nationale Ziele für den Anteil erneuerbarer Energien setzen. Der Kongress ist jedoch so polarisiert und zerstritten wie kaum jemals zuvor. Mit einem energiepolitischen Reformgesetz ist daher so bald nicht zu rechnen.

Literatur

Andruleit, Harald, Hans Georg Babies, Andreas Bahr, Jolanta Kus, Jürgen Meßner und Michael Schauer. 2012. *DERA Rohstoffinformation. Energiestudie 2012. Reserven, Ressourcen und Verfügbarkeit von Energierohstoffen.* Hannover: Bundesanstalt für Geowissenschaften und Rohstoffe (BGR) und Deutsche Rohstoffagentur (DERA). http://www.bgr.bund.de/DE/Gemeinsames/Produkte/Downloads/DERA_Rohstoffinformationen/rohstoffinformationen-15.pdf?__blob=publicationFile&v=6. Zugegriffen am 5.11.2013.

Behrens, Carl E. 2013. *Energy policy: 113th congress issues.* Washington, D.C.: Congressional Research Service. http://www.fas.org/sgp/crs/misc/R42756.pdf. Zugegriffen am 13.11.2013.

BP. 2013. *Statistical review of world energy June 2013.* http://www.bp.com/content/dam/bp/pdf/statistical-review/statistical_review_of_world_energy_2013.pdf. Zugegriffen am 4.11.2013.

Bureau of Industry and Security (BIS). 2013. *Short supply controls.* http://www.bis.doc.gov/index.php/forms-documents/doc_view/425-part-754-short-supply-controls. Zugegriffen am 22.10.2013.

Campbell, David. 2009. *United states climate change and energy policy: An overview and analysis.* FACET Analysis No. 2, January 2009.

Clayton, Blake. 2013. *The case for allowing U.S. crude oil exports. Policy innovation memorandum No. 34.* Juli 2013. http://www.cfr.org/oil/case-allowing-us-crude-oil-exports/p31005. Zugegriffen am 21.10.2013.

Department of Energy (DOE). 2013a. *How to obtain authorization to import and/or Export Natural Gas.* http://energy.gov/fe/services/natural-gas-regulation/how-obtain-authorization-import-andor-export-natural-gas-and-lng. Zugegriffen am 22.10.2013.

Deutscher Industrie- und Handelskammertag (DIHK), Bundesverband der Deutschen Industrie (BDI). 2009. *Washington News.* 17.12.2009.

Energy Information Administration (EIA). 2011a. *Table 1. Coal Production and Number of Mines by State and Mine Type, 2010, 2011.* http://www.eia.gov/coal/annual/pdf/table1.pdf. Zugegriffen am 11.11.2013.

EIA. 2012a. *Annual Energy Review 2011.* Washington, D.C.: EIA. http://www.eia.gov/totalenergy/data/annual/pdf/aer.pdf. Zugegriffen am 6.11.2013.

EIA. 2011b. *Table P2. Energy production estimates in trillion BTU, 2011.* http://www.eia.gov/state/seds/sep_prod/pdf/P2.pdf. Zugegriffen am 4.11.2013.

EIA. 2012b. *EIA's energy in brief: What is the status of the U.S. nuclear industry?*. http://www.eia.gov/energy_in_brief/article/nuclear_industry.cfm. Zugegriffen am 12.11.2013.

EIA. 2013a. *Annual energy outlook 2013.* Washington, D.C.: EIA. http://www.eia.gov/forecasts/aeo/pdf/0383%282013%29.pdf. Zugegriffen am 12.11.2013.

EIA. 2013b. *AEO2014 Early release overview.* Washington, D.C.: EIA. http://www.eia.gov/forecasts/aeo/er/pdf/0383er(2014).pdf. Zugegriffen am 7.3.2014.

EIA. 2013c. *Crude oil production.* http://www.eia.gov/dnav/pet/pet_crd_crpdn_adc_mbblpd_a.htm. Zugegriffen am 11.11.2013.

EIA. 2013d. *Federal Offshore—Gulf of Mexico Field Production of Crude Oil.* http://www.eia.gov/dnav/pet/hist/LeafHandler.ashx?n=pet&s=mcrfp3fm1&f=m. Zugegriffen am 20.11.2013.

EIA. 2013e. *How Dependent Are We on Foreign Oil?*. http://www.eia.gov/energy_in_brief/article/foreign_oil_dependence.cfm. Zugegriffen am 6.11.2013.

EIA. 2013f. *International Energy Outlook 2013.* Washington, D.C.: EIA. Juni 2013. http://www.eia.gov/forecasts/ieo/pdf/0484%282013%29.pdf. Zugegriffen am 1.8.2013.

EIA. 2013g. *International energy statistics.* http://www.eia.gov/cfapps/ipdbproject/IEDIndex3.cfm. Zugegriffen am 4.11.2013.

EIA. 2013h. *International energy statistics – Notes.* http://www.eia.gov/cfapps/ipdbproject/docs/IPMNotes.html#p1. Zugegriffen am 6.11.2013.

EIA. 2013i. *Monthly energy review october 2013.* Washington, D.C.: EIA. http://www.eia.gov/totalenergy/data/monthly/pdf/mer.pdf. Zugegriffen am 12.11.2013.

EIA. 2013j. *Monthly energy review september 2013.* Washington, D.C.: EIA. http://www.eia.gov/totalenergy/data/monthly/pdf/mer.pdf. Zugegriffen am 4.11.2013.

EIA. 2013k. *Natural gas consumption by end use.* http://www.eia.gov/dnav/ng/ng_cons_sum_dcu_nus_a.htm. Zugegriffen am 11.11.2013.

EIA. 2013l. *Natural gas gross withdrawals and production.* http://www.eia.gov/dnav/ng/ng_prod_sum_dcu_NUS_a.htm. Zugegriffen am 1.8.2013.

EIA. 2013m. *Renewable and alternative fuels: 2011 Highlights.* http://www.eia.gov/renewable/afv/. Zugegriffen am 12.11.2013.

EIA. 2013n. *Table A1. Total energy supply, Disposition, and price summary.* http://www.eia.gov/forecasts/aeo/er/pdf/tbla1.pdf. Zugegriffen am 7.3.2014.
EIA. 2013o. *Table A15. Coal Supply, disposition, and prices.* http://www.eia.gov/forecasts/aeo/er/pdf/tbla15.pdf. Zugegriffen am 7.3.2014.
EIA. 2013p. *Table A16. Renewable energy generating capacity and Generation.* http://www.eia.gov/forecasts/aeo/er/pdf/tbla16.pdf. Zugegriffen am 7.3.2014.
EIA. 2013q. *Technically recoverable shale oil and shale gas resources: An assessment of 137 shale formations in 41 countries outside the United States.* Washington, D.C.: EIA. http://www.eia.gov/analysis/studies/worldshalegas/pdf/overview.pdf?zscb=37301146. Zugegriffen am 1.8.2013.
EIA. 2013r. *U.S. Imports by country of origin, crude oil.* http://www.eia.gov/dnav/pet/pet_move_impcus_a2_nus_epc0_im0_mbblpd_a.htm. Zugegriffen am 5.11.2013.
EIA. 2013s. *U.S. Natural gas imports by country.* http://www.eia.gov/dnav/ng/ng_move_impc_s1_m.htm. Zugegriffen am 1.8.2013.
EIA. 2013t. *U.S. States. Rankings: Total energy production, 2011.* http://www.eia.gov/state/rankings/?sid=US#/series/101. Zugegriffen am 1.12.2013.
EIA. 2013u. *World oil transit choke points.* http://www.eia.gov/countries/regions-topics.cfm?fips=wotc&trk=p3. Zugegriffen am 2.12.2013.
Environmental Protection Agency (EPA). 2013. *EPA Fact sheet: Reducing carbon pollution from power plants.* http://www2.epa.gov/sites/production/files/2013-09/documents/20130920factsheet.pdf. Zugegriffen am 20.11.2013.
Federal Register. 2009. *Proposed rulemaking to establish light-duty vehicle greenhouse gas emission standards and corporate average fuel economy Standards.* http://www.epa.gov/fedrgstr/EPA-AIR/2009/September/Day-28/a22516a.pdf. Zugegriffen am 1.12.2013.
Financial Times (online). 2013. *Record imports make China world's top importer of crude oil.* http://www.ft.com/cms/s/0/75d94744-332b-11e3-bf1b-00144feab7de.html#axzz2mJ3AGEzN. Zugegriffen am 2.12.2013.
Govtrack.us. 2013a. *H.R. 3: Northern route approval act.* https://www.govtrack.us/congress/bills/113/hr3. Zugegriffen am 13.11.2013.
Govtrack.us. 2013b. *H.R. 580: Expedited LNG for American allies act of 2013.* https://www.govtrack.us/congress/bills/113/hr580#overview. Zugegriffen am 21.10.2013.
Govtrack.us. 2013c. *H.R. 1582: Energy consumers relief act of 2013.* https://www.govtrack.us/congress/bills/113/hr1582#overview. Zugegriffen am 13.11.2013.
Govtrack.us. 2013d. *H.R. 1921: Fracturing responsibility and awareness act of 2013.* https://www.govtrack.us/congress/bills/113/hr1921#summary. Zugegriffen am 13.11.2013.
Govtrack.us. 2013e. *H.R. 4480 (112th): Domestic energy and Jobs act (On passage of the bill).* https://www.govtrack.us/congress/votes/112-2012/h410. Zugegriffen am 13.11.2013.
Govtrack.us. 2013f. *S. 761: Energy saving and Industrial competitiveness act of 2013.* https://www.govtrack.us/congress/bills/113/s761#overview. Zugegriffen am 13.11.2013.
International Energy Agency (IEA). 2012a. *Oil & gas security: People's republic of China 2012.* Paris: IEA. http://www.iea.org/publications/freepublications/publication/China_2012.pdf. Zugegriffen am 11.12.2013.
IEA. 2012b. *World Energy Outlook 2012.* Paris: IEA.
IEA. 2013a. *Key world energy statistics 2013.* Paris: IEA. http://www.iea.org/publications/freepublications/publication/KeyWorld2013_FINAL_WEB.pdf. Zugegriffen am 5.11.2013.
IEA. 2013b. *World Energy Outlook 2013.* Paris: IEA.
Kofod, Jeppe (General Rapporteur). 2013. *The Economic and strategic implications of the unconventional oil and gas revolution.* NATO parliamentary assembly, economics and security committee. http://www.nato-pa.int/shortcut.asp?FILE=3284. Zugegriffen am 21.10.2013.
Light, Andrew, Julian Wong, und Saya Kitasei. 2009. *Die USA machen Ernst beim Klimaschutz.* Washington, D.C.: Friedrich Ebert Stiftung.
Mildner, Stormy-Annika und Jörn Richert. 2010. *Obama's new climate policy. Opportunities and challenges of climate policy change in the US.* SWP Research paper 2010/RP 04, July 2010.

Mildner, Stormy-Annika und Kirsten Westphal. 2010. Energiepolitik der USA: alte Herausforderungen, neue Chancen In *Energie für Deutschland 2010. Fakten, Perspektiven und Positionen im globalen Kontext*, Hrsg. World Energy Council, 16-44.
NERA Economic Consulting. 2012. *NERA Economic consulting analysis*. http://energy.gov/sites/prod/files/2013/04/f0/nera_lng_report.pdf. Zugegriffen am 1.12.2013.
Parfomak, Paul W., Robert Pirog, Linda Luther und Adam Vann. 2013. *Keystone XL pipeline project: Key Issues*. Washington, D.C.: Congressional Research Service. http://www.fas.org/sgp/crs/misc/R41668.pdf. Zugegriffen am 11.12.2013.
Ramseur, Jonathan L. und Curry L. Hagerty. 2013. *Deepwater horizon oil spill: Recent activities and ongoing developments*. Washington, D.C.: Congressional Research Service. http://www.fas.org/sgp/crs/misc/R42942.pdf. Zugegriffen am 1.12.2013.
Ratner, Michael, Paul W. Parfomak, Ian F. Fergusson und Linda Luther. 2013. *U.S. Natural gas exports: New opportunities, uncertain outcomes*. Washington, D.C.: Congressional Research Service. http://www.fas.org/sgp/crs/misc/R42074.pdf. Zugegriffen am 21.10.2013.
Reuters. 2013. *U.S. sets first curbs on power plant carbon emissions. 20.9.2013*. http://www.reuters.com/article/2013/09/20/us-usa-energy-emissions-idUSBRE98J03A20130920. Zugegriffen am 20.11.2013.
The Wall Street Journal Deutschland. 2013. US-Ölboom bringt tödliche Gefahr auf die Schiene. 8. Juli.
The White House. 2009. *Remarks by the president on the importance of passing a historic energy bill*. http://www.whitehouse.gov/the_press_office/Remarks-by-the-President-on-the-Importance-of-Passing-a-Historic-Energy-Bill/. Zugegriffen am 4.11.2013.
The White House. 2013. *Remarks by Tom Donilon, National security advisor to the president at the launch of Columbia University's center on global energy policy*. http://www.whitehouse.gov/the-press-office/2013/04/24/remarks-tom-donilon-national-security-advisor-president-launch-columbia-. Zugegriffen am 18.11.2013.
United Nations Conference on Trade and Development (UNCTAD). 2013. *UNCTADstat*. http://unctadstat.unctad.org/ReportFolders/reportFolders.aspx. Zugegriffen am 19.11.2013.
U.S. Department of Energy (DOE). 2013b. *Natural gas regulation*. http://energy.gov/fe/services/natural-gas-regulation. Zugegriffen am 22.10.2013.
U.S. Geological Survey (USGS). 2013a. *Energy resources program: National oil and gas assessment*. http://energy.usgs.gov/OilGas/AssessmentsData/NationalOilGasAssessment.aspx#.UmUXy3dNHWU. Zugegriffen am 1.8.2013.
USGS. 2013b. *Map of assessed shale gas in the United States, 2012*. Reston: USGS. http://pubs.usgs.gov/dds/dds-069/dds-069-z/DDS-69-Z_pamphlet.pdf. Zugegriffen am 1.8.2013.
Yacobucci, Brent D., Bill Canis und Richard K. Lattanzio. 2012. *Automobile and truck fuel economy (CAFÉ) and Greenhouse gas standards*. Washington, D.C.: Congressional Research Service. http://www.fas.org/sgp/crs/misc/R42721.pdf. Zugegriffen am 20.11.2013.
Ziesing, Hans-Joachim. 2013. *Energieverbrauch in Deutschland im Jahr 2012*. Berlin: Arbeitsgemeinschaft Energiebilanzen (AGEB). http://www.ag-energiebilanzen.de/index.php?article_id=29&fileName=ageb_jahresbericht2012_20130321_1.pdf. Zugegriffen am 4.11.2013.

Leitlinien der US-amerikanischen Außenpolitik

Stefan Fröhlich

Inhalt

1	Einleitung	524
2	Die Debatte um die Zukunft der amerikanischen Supermacht	524
3	Zum Selbstverständnis amerikanischer Außenpolitik – Grundprinzipien und Charakteristika	526
4	Ordnung gestalten als Ausfluss von Macht – einige theoretische Überlegungen zur einzigartigen Stellung Amerikas in der Welt	528
5	Die besondere Rolle der militärischen Machtasymmetrie	532
6	Perspektiven	535
7	Fazit	536
	Literatur	537

Zusammenfassung

Die USA sehen sich auch am Anfang des 21. Jahrhunderts in der Rolle des Garanten der internationalen Stabilität und als unentbehrliche Ordnungsmacht. Auch Obamas politische Agenda unterscheidet sich insofern – trotz Anzeichen einer größeren Zurückhaltung in Bezug auf Amerikas globales Engagement - weit weniger stark von der seines Vorgängers, als man in Europa seit langer Zeit wahrhaben will. Abgesehen von diesem Selbstverständnis sind es zwei Dinge, die die USA wohl auch in Zukunft ihre Führungsrolle in einer sicherlich multipolarer werdenden Welt werden ausüben lassen: Amerikas eben aus diesem Selbstverständnis erwachsender Führungs- und Gestaltungswille, gepaart mit dem unerschütterlichen Glauben an die Selbstheilungskräfte des Landes, und sein überragendes Machtpotential. Zusätzlich gestärkt wird diese Stellung durch die vergleichsweise günstige demografische Entwicklung des Landes, seine großen Rohstoffvorkommen und sein Humankapital.

S. Fröhlich (✉)
Universität Erlangen-Nürnberg, Erlangen, Deutschland
E-Mail: snfroehl@phil.uni-erlangen.de

Schlüsselwörter
Außenpolitik • globales Mächteverhältnis • Gestaltungswille • Ressourcen

1 Einleitung

Präsident Obama hat vor fünf Jahren das wohl wichtigste politische Amt in der Welt in einer Phase übernommen, da die USA wie eine Weltmacht im Niedergang wirk(t)en. Politisch und (weniger) militärisch, aber auch moralisch sind die USA seit ein paar Jahren im Begriff ihre Führungsrolle zu verspielen. In Europa und weiten Teilen der Welt sehen viele angesichts der andauernden Finanz- und Wirtschaftskrise und des enormen Haushaltsdefizits, zweier erdrückender Kriege im Irak und Afghanistan, vor allem aber aufgrund des weltweiten Imageverlusts in Folge der Anti-Terror-Politik George Bushs das Land im Abstieg begriffen; nicht wenige sprechen längst von der „neuen Wirklichkeit" und neuen Zentren der Macht und der Führung wie China, Russland, Brasilien und Indien, oder auch Regionalblöcken wie der EU, die an politischem und wirtschaftlichem Einfluss hinzugewännen und so die Führungsposition bzw. „Sonderrolle" der Supermacht USA infrage stellten (Robel et al. 2012, S. 116–151).

2 Die Debatte um die Zukunft der amerikanischen Supermacht

Selbst in Washington mehren sich die Stimmen der Skeptiker, die nicht nur das nahezu zwei Jahrzehnte dominierende amerikanische Kapitalismusmodell mit seinem Dreisatz aus billigem Geld, freien Märkten und gigantischen Gewinnmargen am Ende sehen, sondern generell auf die Machtverschiebungen in den internationalen Beziehungen und das Ende des „unipolaren Momentes" (Charles Krauthammer) verweisen. Fareed Zakaria, Chefredakteur von Newsweek, sieht die Welt auf ein – mit Ausnahme der militärischen Dimension – „postamerikanisches Zeitalter" zusteuern, in dem sich der politische, finanzielle, soziale wie kulturelle Einfluss auf verschiedene Zentren und Akteure verteile (Zakaria 2008, S. 18–43). Ähnlich argumentieren Pharag Khanna, Leiter der Global Governance Initiative der New American Foundation, dessen Buch „The Second World" ein Bild von der künftigen Weltpolitik zeichnet, in dem es drei Supermächte oder Imperien geben wird - neben den schwächer werdenden USA das unaufhaltsam aufsteigende China und, man höre und staune, die Europäische Union -, Charles Kupchan, Azar Gat oder John Ikenberry und Thomas Wright von der Princeton University, die Amerikas künftige Stärke und Weltrolle allenfalls in einem gleichberechtigten Konzert mit Europa und Japan gegenüber den aufstrebenden BRIC-Staaten (Brasilien, Russland, Indien und China) garantiert sehen (Khanna 2008a, b; Kupchan 2003; Gat 2007, S. 59–69; Ikenberry und Wright 2007). Der Tenor aller Bände ungeachtet von Finanz- und Wirtschaftskrise lautet übersetzt in etwa so: Die reale Schwäche der Weltmacht offenbart sich bereits seit längerem. Je mehr die USA sich verschulden und dafür anlegen müssen, das eigene Wirtschaftssystem zu stabilisieren, desto schwerer fällt es Washington, die selbst gewählte Rolle der Weltordnungsmacht auszuüben. Die Aushöhlung von Amerikas Vormachtstellung durch die genannten Aufsteiger beschleunigt sich vor allem in den Bereichen Politik und Wirtschaft, aber auch in der Kultur.

Alles in allem wird eingeräumt, dass die USA zwar eine bedeutende, ja vielleicht die wichtigste Macht im Weltgefüge bleiben, die amerikanische Vorherrschaft aber ist vorbei. Multipolarität oder Nicht-Polarität („non-polarity") lauten die Stichworte, gleichgültig wie sich Washington auch verhält. Durch eine fehlgeleitete Wirtschaftspolitik in der Vergangenheit, die Kriege im Nahen und Mittleren Osten, die die amerikanischen Truppen an die Grenzen der Belastbarkeit geführt haben, sei nicht nur der Ruf der USA in der Welt nachhaltig beschädigt, sondern seien auch immense humanitäre, finanzielle und diplomatische Kosten verursacht worden (Haas 2008, S. 44–56). Neben den USA werden daher die oben genannten Machtzentren künftig um geopolitischen Einfluss ringen, dabei werden insbesondere China und die EU dank ihrer politischen wie ökonomischen Anziehungskraft sukzessive Nachbarstaaten in ihren Einflussbereich ziehen. Für die USA hingegen bedeutet künftig jeder Vorstoß in diese Einflusssphären eine Schwächung ihrer Position, da ihre traditionelle Rolle als Ordnungsmacht dort nicht länger akzeptiert wird. Vielmehr muss Washington sich im wertfreien Wettbewerb der globalen Ordnungsmodelle neu positionieren und dabei vor allem auf strategische Allianzen mit den neuen einflussreichen Mächten setzen (so auch Hachigian und Sutphen 2008, S. 43–57).

Solchen Untergangsprophezeiungen stehen Analysen gegenüber, die darin ein Wiederholungsmuster gerade in Krisenjahren des Landes sehen und darauf verweisen, dass solche Szenarien sich bislang nie bewahrheitet hätten – zuletzt war dies Ende der achtziger Jahre des vergangenen Jahrhunderts der Fall, als Paul Kennedy in seinem Buch über den „Aufstieg und Fall großer Mächte" vor dem Hintergrund des „Zwillingsdefizits" in der Reagan-Ära und dem wirtschaftlichen Aufschwung Japans das Ende der US-Vorherrschaft prophezeite. Die Abgesänge beruhten demnach allzu sehr auf einem singulären Ereignis, dem Irakkrieg, der Ablehnung der Politik George Bushs und einem tiefen Missverständnis der Grundlagen und Parameter, auf denen die amerikanische Außen- und Sicherheitspolitik im Allgemeinen und die unverändert robuste Machtposition der USA im Besonderen beruhen (Lieber 2008); vielmehr gehe es um die Frage nach dem Grad des amerikanischen Machtverlusts.

Vertreter der These vom relativen Machtverlust räumen zwar ein, dass dieser auch durch den Aufstieg anderer globaler Akteure bedingt ist, sehen aber vor allem die bewusste Machtbeschränkung der Obama-Administration nach der Präsidentschaft von George Bush als die entscheidende Ursache. So habe die Politik der von den Neokonservativen geprägten Administration mit ihrem ausgeprägten Unilateralismus zu den bekannten Empire-Analogien im Sinne der amerikanischen Übermacht geführt, welche nach Ende der Amtszeit geradezu zwangsläufig ihre Korrektur erfahren hätten (Cox 2003, S. 1–27). Da ein solcher Status für die globale Ordnung mit negativen Konsequenzen verbunden sei, gelte es seither, amerikanische Außenpolitik in die gewohnten Bahnen des „wohlwollenden Hegemons" zurückzuführen, dessen globale Führungsrolle sich nicht allein aus der strukturellen Überlegenheit im Sinne des überragenden Machtpotentials speist, sondern vielmehr normativ determiniert ist. Voraussetzung dafür ist die bereits unter der zweiten Bush-Administration eingeleitete Reorientierung in Richtung Multilateralismus, dessen Logik aus amerikanischer Sicht ganz pragmatisch in der damit verbundenen Ressourcenschonung und Rückgewinnung innerer wie äußerer Legitimität liegt.

3 Zum Selbstverständnis amerikanischer Außenpolitik – Grundprinzipien und Charakteristika

Die Tatsache, dass die USA vor allem in der vergangenen Dekade Menschenrechte und Demokratie gegebenenfalls auch mit Gewalt durchzusetzen bereit waren und somit die liberale Tradition des Landes nicht selten als Rechtfertigung einer Interessen- und Machtpolitik diente, die das Ziel des Schutzes der inneren Freiheit lediglich zum Zweck der Stärkung der äußeren Macht des Staates instrumentalisierte, werteten Europäer und der Rest der Welt gerne als Aufkündigung der viel beschworenen gemeinsamen liberalen Grundlage vom Rechtsprimat und von der Kooperation auch mit Nichtdemokraten sowie als Ausdruck einer tief greifenden Wertedifferenz (Kagan 2003). Die damit verbundene religiöse Überhöhung amerikanischer Außenpolitik und der bisweilen selbst anmaßende Glaube an die eigene Ausgewähltheit, an den Gottesauftrag, die Mission zur Verbreitung des Guten und der Freiheit in der Welt war Europäern keinesfalls fremd; dieser Charakter entsprach der traditionellen Begeisterung Amerikas für große Ideen („grand strategies") – von der „exceptional" (Seymour Martin Lipset) bis hin zur „indispensable nation" und er ist maßgeblich dafür, dass die Option des Unilateralismus eine aus der Außenpolitik von jeher nicht wegzudenkende Konstante – und zwar nicht nur für Republikaner – des amerikanischen Rollenverständnisses widerspiegelt. Mit der Bush-Administration aber wurde dieses Credo auf die Spitze getrieben und das, was der amerikanische Historiker Walter Russel Mead in diesem Zusammenhang als „nationalen Messiaskomplex" bezeichnet hatte, erstmals als Bedrohung empfunden. Und aus dem „wohlwollenden Hegemon" war der „imperiale Hegemon" geworden.

Gemeint war mit dieser Einordnung nach Lesart Europas nicht zuletzt die unter Bush erfolgte kühne Auflösung des das politische Alltagsgeschäft prägenden Gegensatzes zwischen nationalen Interessen auf der einen und „amerikanischen Grundüberzeugungen" auf der anderen Seite (die Symbiose von Realpolitik und Idealismus) – so als bestimmten die Menschenrechte das außenpolitische Handeln in gleichem Maße wie realistische und geostrategischen Interessen das außenpolitischen Handeln Amerikas. Dass eine solche Symbiose, dass Realismus und Idealismus in der amerikanischen Außenpolitik von jeher als zwei Seiten ein und derselben Medaille zu sehen waren, wurde dabei von Europäern bisweilen unterschätzt. Sie führte zu der irrigen Annahme, mit dem Wechsel zu Obama würde sich jene „liberale Tradition", wie sie prägend war für das Land in der Phase des Kalten Krieges, wieder durchsetzen (Ikenberry 2011, S. 119-156, 221 f und 333 ff). Schon sehr rasch aber wurden diese Erwartungen aus wenigsten drei Gründen enttäuscht: Erstens, auch unter Obama haben sich die USA nicht aus der Weltpolitik verabschiedet, sondern drohen allenfalls in das Grundmuster vom „reluctant sheriff" der späten 1990er Jahre zurückzufallen (Haas 1997, S. 78 ff). Zu seinem Selbstverständnis gehört wie unter seinen Vorgängern seit den Umbrüchen der Jahre 1989-1991, dass amerikanische Präsidenten, gleichgültig ob Republikaner oder Demokrat, zugleich die „Führer der freien Welt" sind; dies zeigte sich bereits in seinen Wahlkampfäußerungen im ersten Präsidentschaftsrennen, wonach die USA der Garant der internationalen Stabilität und die unentbehrliche Ordnungsmacht seien. Zweitens unterscheidet sich Obamas politische Agenda in vielerlei Hinsicht weit weniger stark von der seines Vorgängers, als man in Europa bisweilen wahrhaben will. Drittens sind die stereotypen Vorwürfe vom amerikanischen Unilateralismus und den fundamentalen außenpolitischen Differenzen im transatlantischen Verhältnis insofern überzogen, als beides sich bereits für die Clinton-Jahre nachweisen lässt; wenn überhaupt, ist es zutreffender von einer Verschärfung des unilateralen Reflexes unter der Regierung Bush zu sprechen, welcher mit der Reaktion auf die Terroranschläge vom 11. September 2001, insbesondere mit dem Präemptivschlag im Irak, sicherlich seinen vorläufigen Höhepunkt erfuhr, welcher aber damals auch von einem Demokratisch kontrollierten Senat mitgetragen wurde.

Abgesehen von diesem Selbstverständnis sind es zwei Dinge, die die USA wohl auch in Zukunft ihre Führungsrolle in einer sicherlich multipolarer werdenden Welt werden ausüben lassen: Amerikas eben aus diesem Selbstverständnis erwachsender Führungs- und Gestaltungswille, gepaart mit dem unerschütterlichen Glauben an die Selbstheilungskräfte des Landes, und sein überragendes Machtpotential. Zusätzlich gestärkt wird diese Stellung durch die vergleichsweise günstige demographische Entwicklung des Landes sowie seine großen Rohstoffvorkommen und landwirtschaftlich nutzbaren Flächen.

Amerikanische Außenpolitik war daher von jeher und dürfte auch in Zukunft eine Mischung aus kraftvollem Auftreten nach außen (welches sich nicht vor Konsequenzen der Übernahme von Verantwortung durch die Führungsmacht scheut) einerseits und vorsichtigerer Diplomatie, die sich vor allem der politischpsychologischen (weniger vielleicht der materiellen) Grenzen bewusst ist, andererseits sein. Zwei einander bedingende Punkte sprechen im Wesentlichen dafür – das amerikanische außenpolitische Selbstverständnis auf der einen, und die trotz des Aufstiegs Chinas und anderer Schellenländer sowie des Wiedererstarkens Russlands nach wie vor überragende Machtposition Amerikas auf der anderen Seite. Im Übrigen kommt seit Ende des Kalten Krieges ein parteiübergreifender Trend hinzu, wonach alle US-Administrationen sukzessive von einer multilateralen Einbettung ihrer Entscheidungen zugunsten unilateraler Interventionspolitik abrückten. Das instrumentelle Verständnis von Multilateralismus und die sprichwörtliche amerikanische Ambivalenz gegenüber internationalen Organisationen haben sich somit in dieser Phase verstärkt.

4 Ordnung gestalten als Ausfluss von Macht – einige theoretische Überlegungen zur einzigartigen Stellung Amerikas in der Welt

Begreift man Macht als Ausdruck von „Ressourcenansammlung" zur Durchsetzung des eigenen Willen im Sinne Max Webers und damit verbunden als Mittel zur autonomen Gestaltung innerer wie äußerer Ordnung (Weber 1972, S 28; ähnlich Deutsch 1970), dann waren die USA in den beiden vergangenen Dekaden mächtiger denn je, „die erste Weltmacht der Geschichte im Weltmaßstab" (Rühl 2005, S. 28). Seit Ende des Kalten Krieges dominieren die USA die Weltpolitik mit einer beispiellosen Kombination aus politischem Führungswillen, militärischer Stärke, Wirtschaftskraft und kultureller Meinungsführerschaft, letztere nicht zuletzt als Ergebnis der technologischen Revolution und der damit verbundenen (ökonomischen) Globalisierung. Für viele Beobachter steht dabei fest, dass beide Entwicklungen zwar den Austausch von Kulturen und Gütern befördern, dieser Prozess aber vor allem bis zum Irak-Krieg und dem Platzen der ersten größeren Blase in den USA zur Einbahnstraße geworden war: Diversität war sozusagen zugunsten von Uniformität im Sinne von „Amerikanisierung" aufgehoben. Noch weit mehr als die amerikanische Wirtschaftsphilosophie der „new economy" und des Neoliberalismus provozierte die kulturelle Hegemonie der USA als Bestandteil der „weichen Macht" Amerikas weltweit nicht nur Ablehnung, sondern auch Anziehung und Faszination. Neben den Technologiezentren von der Ostküste bis nach Kalifornien, der gewaltigen Luft- und Raumfahrtindustrie sowie der Ölindustrie zwischen Texas und Alaska, Megakonzernen wie „Microsoft" oder „Intel" war es die amerikanische Medienmacht von Film und Fernsehen sowie der sich weltweit ausbreitende „American way of Life", der auch in Europa zunehmend als Verheißung wie Bedrohung zugleich wahrgenommen wurde.

Amerikas Ausnahmestellung in der jüngsten Vergangenheit ist die logische Konsequenz des Umbruchs der Jahre 1989-1991, der die USA als einzig global handlungsfähige Weltmacht („unipolar moment") bzw. „Überpower" hinterließ und Washington die Chance gab, die Welt nach seinen Vorstellungen zu gestalten (Krauthammer 1990, S. 23–33; Wolforth 1999, S. 5–41; Joffe 2006, S. 13–66) – frei von „überseeischen Verstrickungen" (bisweilen auch im Jeffersonschen Sinne der internationalen Selbstbeschränkung zur Bewahrung der amerikanischen Demokratie) und mit der Perspektive des weltweiten Friedens (im Sinne des Wilsonschen moralischen Rigorismus, der Demokratie als Ideologie in die Welt trägt), aber jederzeit fähig zur globalen Machtprojektion, wenn die nationalen Interessen (freihändlerische im Sinne Alexander Hamiltons oder sicherheitspolitische im Sinne des Jacksonschen Interventionismus) es nahe legten (Mead 2002). Das Ende des Ost-West-Konflikts schuf eine neue Ordnung, die auch die Rahmenbedingungen für die transatlantischen Beziehungen nachhaltig veränderte: Mit dem Wegfall der sowjetischen Bedrohung entfiel der über jede systeminterne Krise erhabene Zwang zur Zusammenarbeit, nachdem das weitgehend befriedete Europa für die USA an Stellenwert zugunsten des „Größeren Mittleren Ostens" („Broader Middle East") und aktuell Asiens an Bedeutung verlor bzw. Europa sich anschickte, durch die

Entwicklung der GASP/GSVP sein Gewicht in der Welt zu verstärken, zumindest einen bestimmten Grad an Unabhängigkeit von Washington zu erzielen oder gar von einer Politik der Gegenmachtbildung träumte, der zufolge auch das NATO-Bündnis in die Bedeutungslosigkeit zu versinken drohte (Fröhlich 2012).

Die Ausnahmestellung Washingtons wurde nach dem Ende der Bipolarität durch die Ohnmacht der Europäer jenseits aller Lippenbekenntnisse und institutionellen Vorkehrungen in der politischen Praxis (Balkan) zunächst noch gefestigt und veranlasste bereits Bill Clinton, im Januar 1997 von der „unersetzlichen Macht" Amerika (indispensable power) zu sprechen, deren Mittel (einschließlich militärischer Art) nötigenfalls auch unilateral einzusetzen seien. Amerikas Macht erwuchs nach diesem Verständnis also nicht allein aus seinem überragenden Militärpotenzial oder seiner Wirtschaftskraft, sondern auch aus einer Auffassung, wonach Gestaltung (im Sinne von Ordnung gestalten) die zentrale Aufgabe aller, an bestimmte Wertvorstellungen gebundenen Staatlichkeit im Inneren wie im Äußeren ist. Danach kann und gibt es eben auch keine zentrale Ordnungsgewalt auf internationaler Ebene. Die Vereinten Nationen können dies aus Sicht der Amerikaner nicht leisten, weil die Mitglieder ihre Kräfte nicht aus freien Stücken bündeln.

Der auf diesem Grundverständnis basierende, viel gescholtene Unilateralismus der Amerikaner setzte also keinesfalls erst mit dem Amtsantritt von George Bush ein, und er war auch nicht ausschließlich ein Phänomen der Exekutive. Die Festlegung auf die Raketenabwehr 1999, die Weigerung des Senats, dem atomaren Teststoppvertrag zuzustimmen, im gleichen Jahr, die zögerlichen Verhandlungen der US-Delegationen bei den Gesprächen über ein Verifikationsprotokoll für die Konvention gegen biologische Waffen, das Blockieren des Kyoto-Protokolls wie des Internationalen Strafgerichtshofs – all diese Entwicklungen signalisierten bereits in den neunziger Jahren das gewandelte Selbstverständnis der Supermacht in der Außenpolitik und führten, befeuert durch die Auseinandersetzungen um Todesstrafe und religiöse Freiheit, bereits in dieser Zeitspanne immer wieder zu latenten Spannungen im transatlantischen Verhältnis und mit den Schwellenländern bzw. zu Reflexen dieser Mächte, die amerikanische Macht wenn nicht einzudämmen, so doch zu „zähmen" (Walt 2005, S. 105–120). Allerdings verschärfte sich der unilaterale Reflex unter Bush noch einmal beträchtlich (Dembinski 2002). Und seither stellte sich eben die Frage, ob der in der Unipolarität angelegte Wandel in der amerikanischen Außenpolitik, der spätestens in den Anschlägen vom 11. September angelegt ist, durch den Präemptivschlag im Irak nicht einen weiteren Paradigmenwechsel erfahren hatte. Bei allen Variationen amerikanischer Weltpolitik nämlich galt zumindest bis zum 11. September eine Konstante: Amerika unangefochten und machtvoll zu halten, es gleichzeitig aber mit einer großen Anzahl von Bündnispartner verbunden zu sehen. In diesem Sinne akzeptierte die Welt den „wohlwollenden Hegemon", die „unverzichtbare" Nation zum weltweiten Schutz der von ihr verkörperten Werte, die zwar auch ganz praktische, realpolitische und kommerzielle Interessen verfolgte, aber eben nicht imperial auftrat. Eben diese Gefahr des Umschlagens in das unangefochtene Imperium, welches der Weltordnung einen neuen Stempel jenseits einer seit fünf Jahrzehnten mehr oder weniger erfolgreichen Ordnungsgewalt universaler Autorität (UN) aufdrückt, bestätigte sich dann im Falle Amerikas unter der Amtszeit von Bush jun.

Entsprechend kehrte erst mit Amerikas Einsicht in den eigenen relativen Machtverfall auch wieder eine Entspannung im Verhältnis der USA zu seinen Partnern und den Schwellenländern ein. Zu Beginn der zweiten Dekade des 21. Jahrhunderts haben sich die Stimmen der Skeptiker in der Welt und auch in den USA gemehrt, die auf das Ende des „unipolaren Momentes" (Charles Krauthammer) verweisen und einmal mehr zumindest den relativen Niedergang der USA beschwören (Zakaria 2008, S. 18–43; Khanna 2008b; Kupchan 2003; Gat 2008; Ikenberry und Wright 2008). Tatsächlich ist unbestritten, dass das krisenbelastete Amerika aus Kapazitäts- wie Legitimationsgründen weder in der Lage noch gewillt ist, um nach Irak, Afghanistan und der Wirtschafts- und Finanzkrise zu seiner alten Führungsstärke zurückzufinden; schon deshalb ist es unter Obama zwangsläufig zu einer Zurücknahme des eigenen globalen Engagements gekommen, was für Europäer wiederum bedeutet, dass die Forderungen nach einer „gerechteren" Lastenteilung (höhere Verteidigungsausgaben) und mehr Einsatz seitens der EU (Irak und Afghanistan) lauter geworden sind, als diesen lieb ist (Fröhlich 2009, S. 353–366). Es sind im Wesentlichen fünf Entwicklungen, die zu diesem Punkt geführt haben: *Erstens* haben die Kriege im Irak und in Afghanistan unterstrichen, dass die militärische Suprematie der USA sich nicht automatisch in politische Erfolge übersetzen lässt. *Zweitens* suggeriert insbesondere der Aufstieg Chinas ein absehbares Ende Amerikas als führende Wirtschaftsmacht. *Drittens* nährt die globale Finanz- und Wirtschaftskrise die These von der mangelnden Nachhaltigkeit des amerikanischen Modells. *Viertens* schließlich erfordern die Realitäten der neuen Machtverhältnisse und die Zwänge der globalen Vernetzung auch von Amerika eine größere Anpassungsfähigkeit und eine Rückkehr zum Programm des „liberalen Internationalismus" – jener traditionellen Verbindung von Diplomatie und militärischer Stärke, wie sie kennzeichnend war für die Außenpolitik in der Clinton-Ära (Deudney und Ikenberry 2009). *Fünftens* wird der Universalitätsanspruch liberaler Demokratie, verkörpert v. a. durch die USA, durch Russlands und Chinas Autoritarismus zunehmend infrage gestellt, sodass sich Washington auch aus diesem Grund von der Idee der Erzwingung westlicher Ordnungsmodelle verabschieden muss.

Gleichwohl dürfte Washington auch künftig, bei allem Reformbedarf des US-amerikanischen Kapitalismus-Modell im Detail, an die Überlegenheit dieses Systems glauben und Linksliberale wie Liberal-Konservative sind sich einig in der Forderung, dass die Außenpolitik des Landes letztlich weiterhin auf der Annahme basieren müsse, dass eben nur der Liberalismus den Weg in die Moderne weist. Abgesehen von diesem Selbstverständnis sind es zwei Dinge, die die USA wohl auch in Zukunft ihre Führungsrolle in einer sicherlich multipolarer werdenden Welt werden ausüben lassen: Amerikas eben aus diesem Selbstverständnis erwachsender Führungs- und Gestaltungswille, gepaart mit dem unerschütterlichen Glauben an die Selbstheilungskräfte des Landes, und sein überragendes Machtpotenzial. Da dieser Gestaltungswille wesentlich von den religiösen Fundamenten und Werten (Freiheit, Demokratie, Menschenrechte, Toleranz, Respekt, Solidarität, Ziel- und

Ergebnisorientiertheit) seiner Gesellschaft mitgetragen wird und weil diese Werte wiederum als quasi natürlicher Wunsch aller Zivilgesellschaften vorausgesetzt werden, werden die USA sich auch künftig mit Nachdruck für deren Bewahrung und Strahlkraft einsetzen.

Dabei wird Washington sich der Welt zwar vorerst weit weniger moralistisch und idealistisch präsentieren als noch zu Beginn dieses Jahrhunderts. Die Obama-Administration hat wiederholt betont, dass sie einen „außenpolitischen Realismus" jeder „ideologisierten Außenpolitik" vorziehe (Rudolf 2008). Dennoch steht auch Obama in einer außenpolitischen Tradition, in der Idealismus und Realismus, Moral und Macht bzw. Interessen miteinander verschmelzen. Obama – und jeder künftige Präsident – wird die USA daher in die Rolle des liberalen und „wohlwollenden Hegemons" zurückführen wollen, wie sie den Entwurf amerikanischer Weltpolitik nach 1945 prägte. Danach können die USA aufgrund ihrer Ressourcen zwar die eigenen Interessen unilateral verfolgen, sind sich aber andererseits ihrer besonderen globalen Verantwortung für die Stabilität des internationalen Systems bewusst und beschränken daher den Einsatz ihrer militärischen Macht nicht auf den Schutz der amerikanischen Bevölkerung und vitaler Interessen in Fällen tatsächlich oder unmittelbar bevorstehender Angriffe. In der Überzeugung, dass Demokratie die einzig legitime Regierungsform darstellt, wird Washington auch künftig demokratische Entwicklungen in aller Welt unterstützen – weniger im Sinne einer Politik des *regime change* mit vorwiegend militärischen Mitteln, aber eben doch im Sinne dessen, was Außenministerin Hillary Clinton als „smart power" bezeichnet hat: der flexiblen Kombination aus militärischer Macht und ökonomischem Druck auf der einen („hard power") sowie Diplomatie und moralischer Autorität („soft power" – Joseph Nye)auf der anderen Seite. Ist die nationale Sicherheit Amerikas aber bedroht, so sind Unilateralismus und selbst Präemptivschläge möglich, sollte die internationale Staatengemeinschaft zu geschlossenem Handeln nicht in der Lage sein (Obama 2008, S. 308f). Zugespitzt lässt sich dieser Ansatz auf die Formel: multilateral, wenn möglich, unilateral, wenn notwendig reduzieren.

Dieser Gestaltungswille offenbart sich im Übrigen auch im Bereich der Wirtschafts- und Außenwirtschaftspolitik. Seit Mitte der 1990er Jahre kann man durchaus auch von einem transatlantischen und globalen Systemwettbewerb sprechen, der – vereinfacht gesprochen – vor allem in der Vergangenheit bestimmt wurde vom Überlegenheitsanspruch des US-amerikanischen marktwirtschaftlichen Modells gegenüber dem sozialdemokratischen europäischer Provenienz oder den gelenkten bis autokratischen Systemen der Schwellenländer. Schon 1991 sprachen Ökonomen im Zusammenhang mit Amerikas rigider Marktöffnungspolitik gegenüber Schwellenländern und anderen OECD-Ländern von einem „aggressiven Unilateralismus", der sich auch gegenüber der WTO äußerte und in Form der amerikanischen Sanktionspolitik zumal eine starke außen- und sicherheitspolitische Komponente besaß (Bhagwati 1991). Dieser wird genährt von dem tiefen Glauben und Bekenntnis zu individuellen Freiheitsrechten und den Vorzügen der marktwirtschaftlichen Ordnung als Erfolgsgarant für Wohlfahrtschancen und begann sich erst allmählich etwas zu entschärfen aufgrund der partiellen Reformerfolge innerhalb der EU seit Beginn des 21. Jahrhunderts, vor allem aber wegen des rasanten wirtschaftlichen Aufstiegs Chinas und anderer Schwellenländer. Dennoch gilt allenfalls, dass die militärische und sicherheitspolitische Dominanz der USA durch die politische und vor allem ökonomische Eingebundenheit in einen flexiblen multilateralen Ordnungsrahmen relativiert wird. Washington weiß, ungeachtet aller periodisch auftauchenden Widerstände im Kongress gegen multilaterale Handelsliberalisierung, dass es sich dem multilateralen Regelwerk der Welthandelsorganisation nicht entziehen kann, ohne der eigenen Wirtschaft Schaden zuzufügen. Hält Amerika es hingegen für angezeigt, entzieht es sich auch diesem Rahmen von Zeit zu Zeit und instrumentalisiert ihn gegebenenfalls zur Durchsetzung eigener Interessen (Fröhlich 2002, S. 23–30; Knothe 2012, S. 315–338).

In der Außen- und Sicherheitspolitik hingegen wird man sich wohl damit abfinden müssen, dass Washington zwar die Notwendigkeit erkennt, in bestimmten Fällen im multilateralen Rahmen zu handeln; dies gilt für die innere und „weiche" Sicherheit betreffenden Fragen – nicht zuletzt aus taktischen Gründen, da es nur so eine faire Lastenteilung im Bündnis einklagen kann und weil es die Öffentlichkeit mehrheitlich unverändert so wünscht. Ansonsten aber gilt für Fragen der äußeren Sicherheit ein Pragmatismus, der auch von einer europakritischen Haltung gespeist wird, der jedoch vor allem Ausdruck einer veränderten Sicherheits- und Bedrohungslage nach dem 11. September ist, die es Washington angezeigt erscheinen lässt, je nachdem unilateral oder stärker im Rahmen von Ad-hoc-Bündnissen zu handeln. Insofern bestimmt nicht nur Europas Gestaltungskraft in diesen Fragen mehr denn je den Grad amerikanischen Unilateralismus.

5   Die besondere Rolle der militärischen Machtasymmetrie

Nichts dokumentiert Amerikas Supermachtstellung eindrucksvoller und ist ursächlich für Amerikas hegemonialen Internationalismus als seine militärische Stärke. Ton und Stil haben sich in der Außenpolitik unter Obama zwar verändert – zu groß war der Imageschaden für das Land nach dem unilateralen Handeln Washingtons im Irak, der zunehmenden Instrumentalisierung der NATO („tool box") durch die USA bereits im Krieg gegen das Taliban-Regime in Afghanistan und der daraus resultierenden zunehmenden Ignoranz gegenüber den Bündnispartnern. In den USA – parteiübergreifend – bleibt aber der Kampf gegen den Terrorismus eine zentrale Aufgabe; der 11. September bestimmt zwar nicht mehr ausschließlich den außenpolitischen Kurs und nach der Sicherheitsstrategie von 2010 (NSS 2010) ist es nunmehr das Ziel, den Krieg nicht mehr in Feindesland zu tragen, sondern ihn stattdessen an der Heimatfront zu bekämpfen (der Schwerpunkt liegt eindeutig auf der inneren Sicherheit – „homeland security"). Sollte sich Washington aber bedroht fühlen, so wird es unter keiner Administration davor zurückschrecken, notfalls unilateral und auch präventiv loszuschlagen. Dieser Paradigmenwechsel ergab sich geradezu zwangsläufig nach dem Rückzug amerikanischer Truppen aus dem Irak im Dezember 2011 sowie der Entscheidung für einen Abzug des Militärs in Afghanistan, wie er für 2014 vorgesehen ist.

Beide Entscheidungen sowie die Kürzungspläne für den Verteidigungsetat ändern jedoch nichts an der Tatsache, dass Amerikas Führungsrolle in der Welt sich auch künftig aus seiner überragenden militärischen Überlegenheit speisen wird. Auch wenn die Grenzen dieser Dominanz Washington in den vergangenen Jahren schmerzlich vor Augen geführt wurden und am Image der Weltmacht empfindliche Kratzer hinterließen (Bacevich 2008; Layne 2009, S. 147–172), sollte der Abschreckungs- wie der psychologische Effekt dieser Dominanz dennoch nicht unterschätzt werden. Zunächst gilt, dass kein anderes Land auch nur annähernd an die militärischen Fähigkeiten der USA heranreicht. Die amerikanischen Streitkräfte sind die mit weitem Abstand bestausgerüsteten und fähigsten in der Welt (Center for Defence Information 2004). Aufgrund der vollständigen Digitalisierung ihrer Führungsstrukturen und nicht zuletzt aufgrund von Ausbildungsstand, Training und Doktrin sind sie in der Lage, mit geringsten Reibungsverlusten die verschiedenen Teilstreitkräfte im Kampf zu bündeln und sowohl integrierte Operationen wie in Afghanistan oder im Irak durchzuführen wie theoretisch auch die Eskalationsdominanz in einem Großmächtekonflikt zu entwickeln. Kein anderes Land ist in der Lage, seine militärische Macht global einzusetzen. Mit einem weltumspannenden Netz an Militärbasen und ihrer auf allen Weltmeeren präsenten Flugzeugträgerflotte können die USA ohne Zeitverlust rasch auf etwaige Krisen in der Welt reagieren und militärische Macht projizieren.

Die amerikanischen Ausgaben sind in etwa doppelt so hoch wie die der EU-28 und sechsmal größer als die Chinas, des derzeit einzigen potenziellen Rivalen neben der EU – legt man die geschätzten Zahlen des chinesischen Verteidigungshaushalts zugrunde, die die offiziellen in etwa um das Zwei- bis Dreifache überschreiten; nach Angaben des Stockholmer Friedensforschungsinstituts gibt Peking dementsprechend derzeit sogar gerade einmal ein Zehntel dessen für die Verteidigung aus, was die USA ausgeben. So bleibt die überragende Militärmacht der USA wohl auch weiterhin „nicht die Ursache amerikanischer Stärke, aber ihre Konsequenz" (Kreft 2009, S. 23–27). Und wo immer diese in die Waagschale geworfen wird - ob in regionalen Konflikten oder in Friedensverhandlungsprozessen wie im Nahen Osten -, lässt deren politisch-psychologische Wirkung als Droh- und Rückversicherungspotential die Konfliktparteien die Führungsrolle Washingtons letztlich akzeptieren.

Gestützt auf diese Ressourcen wird Washington wohl auch künftig seine überragende Militärpräsenz zur Projektion stabiler Verhältnisse vor allem im sogenannten Greater Middle East wie in der pazifischen Region nutzen – aufgrund der angestrebten Energieunabhängigkeit vielleicht weniger zur unmittelbaren Sicherung der freien Ölzufuhr bzw. der geostrategisch relevanten Netzwerke und Transportwege, dafür aber zur Aufrechterhaltung des jeweiligen regionalen Kräftegleichgewichts. Washington wird aber dabei versuchen, sich erstens diesen Regionen mit seinen ordnungspolitischen Vorstellungen nicht weiter als nötig aufzudrängen, und es wird zweitens alles unternehmen, um die sich daraus ergebenden enormen finanziellen Belastungen für Washington zu senken. Das Instrument für diese Strategie sieht man bereits jetzt im Greater Middle East im Bemühen um eine regionale kollektive Sicherheitsarchitektur, in der neben den Staaten der Region und den Europäern auch China, Indien und evtl. Russland einen Teil der Kosten übernehmen und wenn möglich auch militärisch präsent sein sollen. Mit anderen Worten, „Entamerikanisierung", bei gleichzeitiger Regionalisierung lauten die Mittel, mit denen Washington seine Militärpräsenz sukzessive auf ein Mindestmaß reduzieren und seine Akzeptanz als „wohlwollender Hegemon" wiederherstellen will; dabei sollen alle Staaten der Region, Syrien und Iran inbegriffen, einbezogen werden.

Weder die EU noch China, Japan oder Russland könnten die Voraussetzungen für eine solche globale ordnungspolitische Rolle derzeit ohne einen fundamentalen Prioritätenwechsel in der Außen- und Sicherheitspolitik schaffen. Ein solcher ist im Falle der EU bei allen Erfolgen der GSVP aber auch künftig nicht zu erwarten. Insofern sind es auch längst nicht mehr die Bemühungen der EU, das Machtgefälle durch den Ausbau nur annähernd auszugleichen, die das transatlantische Verhältnis belasten, sondern der zunehmende Relevanzverlust der NATO aus der Sicht Washingtons zugunsten einer flexiblen, auf funktionale ad-hoc-Koalitionen setzenden amerikanischen Weltpolitik. Das kollektive Verteidigungsbündnis hat sich, wie oben beschreiben, spätestens seit dem 11. September zu einer „Sicherheitsorganisation" hin gewandelt, welche zwar enorme Anstrengungen unternommen hat, eine angemessene Antwort auf die neuen Herausforderungen zu finden, welche aber Schwierigkeiten hat, zum einen – wegen europäischer Widerstände – dem amerikanischen Anspruch auf ein global handelndes Bündnis gerecht zu werden, zum anderen – wegen amerikanischen Zögerns – die traditionelle Rolle einer vornehmlich auf das Bündnisgebiet begrenzten regionalen Schutzorganisation im Sinne Europas aufrechtzuerhalten. Beide Seiten sind sich zwar einig, dass das Bündnis mit seinen Kooperations- und Partnerschaftsprogrammen und der Aufnahme neuer Mitglieder seit den Umbrüchen der Jahre 1989/90 einen zentralen Beitrag zu Sicherheit und Stabilität im euro-atlantischen Raum leistet und dass es das nach wie vor einzige Forum für transatlantische Kooperation im Sicherheitsbereich bildet. Beide Seiten stehen heute auch in einem intensiven Dialog in den Bereichen Terrorismusbekämpfung, Nichtverbreitung von Massenvernichtungswaffen und Zivilschutz und signalisieren damit ein Interesse an der gemeinsamen Bewältigung neuer Sicherheitsanforderungen. Schließlich leisten beide Organisationen mit ihren jeweiligen Fähigkeiten wichtige und komplementäre Beiträge zum Krisenmanagement über das gesamte Konfliktspektrum (von präventiven Einsätzen über humanitäre Operationen bis hin zu intensiver Kriegsführung und post-Konflikt-Management). Dennoch läuft die Allianz zunehmend Gefahr zu einer Art „Sicherheits- und Service-Agentur" zu geraten, welche den Bündnisfall nach Art. 5 zwar ausrufen kann, ohne dass dieser jedoch auf beiden Seiten des Atlantiks als eine Verpflichtung zum militärischen Beistand interpretiert werden muss (Heisbourg 2001, S. 144 f).

Entscheidend ist in diesem Zusammenhang, dass sich die geopolitischen Prioritäten Washingtons in Richtung des Nahen und Mittleren Ostens sowie Ostasiens verschoben haben, die NATO jedoch eine regionale Organisation bleibt, die die globalen Bedrohungen nicht allein eindämmen kann. Die logische Konsequenz besteht für Washington darin, dass das Bündnis bei seinen Einsätzen immer stärker auf die Unterstützung von Ländern angewiesen ist, die ihm nicht angehören (vgl. a. a. O.). Brüssel wiederum teilt zwar die Einschätzung (vgl. ESS), dass die dortigen Herausforderungen (Sicherung der Ressourcen, Kontrolle fundamentalistischer Bewegungen bzw. des Terrorismus, Demokratisierung, Proliferation, Stabilisierung von Regionalkonflikten, allen voran des Nahost-Konflikts) auch die Interessen der EU berühren. Ganz abgesehen davon aber, dass es Differenzen gibt bzgl. der strategischen Mittel, mit denen diesen Herausforderungen begegnet werden soll, liegt der Schwerpunkt des sicherheitspolitischen Interesses nun mal auf dem eigenen Kontinent bzw. an der unmittelbaren Peripherie. Die Differenzen in diesem Punkt bedeuten aber auch, dass die EU auf Dauer nicht davon ausgehen kann, dass Washington sich dort in jeder Krise engagiert. Die logische Konsequenz daraus wurde bereits auf dem Brüsseler NATO-Gipfel von 1994 mit dem Konzept der „Combined Joint Task Forces" (CJTF) geboren, das die Nutzung von Teilen der NATO-Streitkräfte und -Befehlsstrukturen durch die NATO und (damals) die WEU erleichtern sollte. Dahinter stand die Absicht, den Europäern die Möglichkeit zu geben, Krisenmanagementaufgaben zu übernehmen und dafür Streitkräfte einzusetzen, die von der NATO „trennbar, aber nicht getrennt" (separable but not separate) waren. Endgültig umgesetzt wurde diese Idee mit den sogenannten „Berlin Plus"-Vereinbarungen von 2003. Seither kann die EU bei der Durchführung ihrer Operationen auf kollektive NATO-Mittel und -Fähigkeiten zurückgreifen, während die NATO EU-geführte Operationen unterstützen kann, wenn sie selbst als Ganzes nicht militärisch tätig werden will; erste Operationen auf dieser Grundlage waren die EU-geführte Mission „Concordia" in der Republik Mazedonien (2003) sowie die 2004 angelaufene Mission „Althea" in Bosnien-Herzegowina (dazu de Witte und Rademacher 2005).

6 Perspektiven

Dies bedeutet allerdings, dass die EU und der Rest der Welt sich auch in Zukunft damit abfinden müssen, dass es eben von Zeit zu Zeit aufgrund der unterschiedlichen Wahrnehmung von Sicherheitsbedrohungen und der angemessenen Reaktion darauf zu Situationen kommen kann, in denen die unverändert global ausgerichtete Politik der USA (im Gegensatz zur vorwiegend regional ausgerichteten europäischen Außenpolitik, mit Präferenz für multilaterales Vorgehen und politisch-ökonomische Mittel) bisweilen ein eher instrumentelles Verständnis von Multilateralismus entfaltet und die sicherheitspolitische Handlungsfreiheit leitende Maxime bleibt – auch auf die Gefahr einer vorübergehenden Entfremdung gegenüber den Bündnispartnern und anderen Akteuren hin. Allenfalls kann in solchen Momenten von einem realistischen Multilateralismus im Sinne der engen Zusammenarbeit mit ausgewählten und gleich gesinnten Staaten zur Umsetzung bestimmter Ziele die Rede sein, bei denen die Aufgabe die „flexiblen Koalitionen" bestimmt.

Auf die Unterstützung der Europäer wird Washington dabei auch künftig angewiesen sein – sie ist, bei allen Defiziten, die einzig verlässliche und ohne Alternative. Insofern bedeutet die Hinwendung zum pazifischen Raum auch nicht die

Abkehr von Europa, wie vielfach fälschlicherweise angenommen. Das schließt nicht aus, dass es auch künftig in dem einen oder anderen Fall Spannungen gibt. In vielen Punkten gibt es nicht unüberbrückbare, aber doch deutliche Differenzen, die auch mit unterschiedlichen Wertvorstellungen (zumindest aber unterschiedlichen Priorisierungen bestimmter Normen) zu tun haben. An Amerikas Grundüberzeugung und Selbstverständnis, wonach es aufgrund seines unverändert überragenden Machtpotentials die globale Ordnung gestalten kann (und im Gegensatz zu China, Russland, anderen Schwellenländern sowie der EU auch will), wird sich auch künftig, gleich unter welchem Präsidenten, nur wenig ändern. Dabei wird man selektiv, und unter Abwägung der ordnungspolitischen Ziele und Interessen, über den Einsatz der zur Verfügung stehenden überragenden Mittel in der Welt und mögliche Bündnispartner im Sinne „flexibler Koalitionen" entscheiden. Trotz Wirtschafts- und Finanzkrise und enormer politischer Herausforderungen haben die USA dazu unverändert die besten Voraussetzungen, wenn sie sich künftig auch und vor allem auf die strukturellen Elemente und Vorteile ihrer „soft power" besinnen: von ihrer Größe und den materiellen Ressourcen über das Humankapital und die Dominanz in den Bereichen der Spitzentechnologien bis hin zur amerikanischen Massenkultur, der ungebrochenen Anziehungskraft ihrer Universitäten und Forschungseinrichtungen sowie der liberalen politischen und ökonomischen Traditionen sind die Vereinigten Staaten prädestiniert, eine weltweite Führungsrolle einzunehmen – nicht im Sinne der Bush-Administration, sondern orientiert am Bild des „wohlwollenden Hegemon", der sich auf die traditionell liberale und multilaterale Konzeption amerikanischer Außenpolitik besinnt, erkennt, dass die Sicherheit des Landes untrennbar mit dem Wohlergehen anderer Staaten verbunden ist, und die neuen Aufsteiger in enger Abstimmung mit den europäischen Bündnispartnern stärker einbindet. So oder so aber gilt: Der Hegemon ist angeschlagen und hat relativ an Führungskraft eingebüßt, taumeln aber tut er deshalb noch nicht. Amerika wird das künftige Weltgeschehen auf der Basis seines außenpolitischen Rollenverständnisses weiterhin entscheidend (mit)bestimmen.

7 Fazit

Zu Beginn des 21. Jahrhunderts wird die weltpolitische Führungsrolle Amerikas vielerorts zunehmend infrage gestellt. Grund hierfür ist nicht nur der Aufstieg Chinas und anderer Schwellenländer, sondern auch die spürbar geringere Neigung Washingtons unter der Obama-Administration, globale Verantwortung auch im Alleingang zu übernehmen – ein Ergebnis der amerikanischen Erkenntnis, dass die militärische Suprematie des Landes sich nicht automatisch und in jedem Fall in politische Erfolge übersetzen lässt. Die globale Finanz- und Wirtschaftskrise nährt zudem die These von der mangelnden Nachhaltigkeit des amerikanischen Modells.

Die neuen Machtverhältnisse und die Zwänge der globalen Vernetzung bedeuten sicherlich nicht die Gefahr eines stärkeren amerikanischen Isolationismus – jener bis in das 19. Jahrhundert hinein zurückreichenden Traditionslinie, wohl aber eines größeren Selektivismus. In jedem Fall erfordern sie von Amerika größere Anpassungsfähigkeit und eine Rückkehr zum Programm des „liberalen Internationalismus" – jener traditionellen Verbindung von Diplomatie und militärischer Stärke, wie sie kennzeichnend war für die Außenpolitik über die gesamte Phase des Kalten Krieges und vor allem in der Clinton-Ära.

Die veränderten Rahmenbedingungen ändern allerdings nichts an den Grundparametern und Überzeugungen in der amerikanischen Außenpolitik. Die Mehrheit des Landes wie der politischen Eliten glaubt an die Überlegenheit des amerikanischen Systems und Linksliberale wie Liberal-Konservative sind sich einig in der Forderung, dass die Außenpolitik des Landes letztlich weiterhin auf der Annahme basieren muss, dass eben nur der Liberalismus den Weg in die Moderne weist und dass das aktive Eintreten für dessen Grundwerte und Prinzipien Voraussetzung ist für eine erfolgreiche Außenpolitik und stabile Weltordnung. Ausgehend von diesem Selbstverständnis sind es zwei Dinge, die die USA wohl auch in Zukunft ihre Führungsrolle in einer sicherlich multipolarer werdenden Welt werden ausüben lassen: Amerikas eben aus diesem Grundverständnis erwachsender Führungs- und Gestaltungswille, gepaart mit dem unerschütterlichen Glauben an die Selbstheilungskräfte des Landes, und sein überragendes Machtpotenzial. Da dieser Gestaltungswille wesentlich von den religiösen Fundamenten und Werten (Freiheit, Demokratie, Menschenrechte, Toleranz, Respekt, Solidarität, Ziel- und Ergebnisorientiertheit) seiner Gesellschaft mitgetragen wird und weil diese Werte wiederum als quasi natürlicher Wunsch aller Zivilgesellschaften vorausgesetzt werden, werden die USA sich auch künftig mit Nachdruck für deren Bewahrung und Strahlkraft einsetzen.

Literatur

Bacevich, Andrew. 2008. *The Limits of Power: The End of American Exceptionalims*. New York: Metropolitan Books.
Bhagwati, Jagdish, Hrsg. 1991. Aggressive Unilateralism: America's 301 Trade Policy and the World Trading System. New York.
Center for Defence Information. 2004. *Last of the Big Time Spenders: US Military Budget still the World's largest, and growing*. www.cdi.org/budget/2004/world-military-spending.cfm. Zugegriffen im August 2005.
Cox, Michael. 2003. *The Empire is back in Town: Or America's Imperial Temptation – Again. Millenium* Vol. 23 Nr. 1: 1–27.
de Witte, Pol and Fritz Rademacher. 2005. Partnerschaft oder Rivalität? Ein Blick aus der Praxis. In *Die Beziehungen zwischen NATO und EU*, Johannes Varwick, 271–292. Opladen.
Dembinski, Matthias. 2002. *Unilateralismus versus Multilateralismus. Die USA und das spannungsreiche Verhältnis zwischen Demokratie und Internationaler Organisation*. HSFK-Report 4 /2002. Frankfurt/M: Hessische Stiftung Friedens- und Konfliktforschung.
Deudney, Daniel, und John Ikenberry. 2009. The myth of the autocratic revival. Why liberal democracy will prevail. *Foreign Affairs* 88.
Deutsch, Karl W. 1970. *Politische Kybernetik. Modelle und Perspektiven*. Freiburg.
Fröhlich, Stefan. 2002. Zwischen Multilateralismus und Unilateralismus. Eine Konstante amerikanischer Außenpolitik. *APuZ B* 25: 23–30.

Fröhlich, Stefan. 2009. Außenpolitik unter Obama – pragmatischer Multilateralismus und transatlantische Annäherungen. *integration* 1/2009: 353–366.
Fröhlich, Stefan. 2012. *The New Geopolitics of Transatlantic Relations.Coordinated Responses to Common Dangers*. Washington.
Gat, Azar. 2008. The Return of Authoritarian Great Powers. In *Foreign Affairs*, 85, 4 (Juli/August 2008), S. 59–69.
Gat, Azar. 2007. The Return of Authoritarian Great Powers. *Foreign Affairs* 86 Nr. 4: 59–69.
Haas, Richard. 1997. *The Reluctant Sheriff. The United States after the Cold War*. New York.
Haas, Richard. 2008. The Age of Nonpolarity. What will follow U.S. Dominance. *Foreign Affairs* 87: 44–56.
Hachigian, Nina, und Mona Sutphen. 2008. Strategic Collaboration: How the United States can Thrive as other powers rise. *The Washington Quarterly* Vol. 31 Nr. 4: 43–57.
Heisbourg, François. 2001. Europe and the Transformation of the World Order. *Survival* 43.
Ikenberry, John. 2011. *Liberal Leviathan. The Origins, Crisis, and Transformation of the American World Order*. Princeton.
Ikenberry, John, und Thomas Wright. 2007. *Rising Powers and Global Institutions*, New York: The Century Foandation.
Ikenberry, John, Thomas Wright: Rising Powers and Global Institutions, New York: The Century Foundation, 2. Juni 2008. www.tcf.org/publications/internationalaffairs/ikenberry.pdf. Zugegriffen im März 2014.
Joffe, Josef. 2006. *Überpower. The imperial temptation of America*. New York.
Kagan, Robert. 2003. *Of paradise and power. America and Europe in the new world order*. Vintage, New York.
Khanna, Parag. 2008a. *The Second World. World empires and influence in the new global world order*. New York.
Khanna, Parag. 2008b. *Waving goodbye to hegemony*. The New York Times Magazine. www.newamerica.net/publications/articles/2008/waving_goodbye_hegemony_6604. Zugegriffen am 27.01.2008.
Knothe, Danko. 2012. Konsequent inkonsequent: Die Handelspolitik der USA im Spannungsfeld von Indifferenz und multilateraler Verrechtlichung. In *Assertive Multilateralism and Preventive War. Die Außen- und Weltordnungspolitik der USA von Clinton zu Obama aus theoretischer Sicht*, Hrsg. Jochen Hils, Jürgen Wilzewski und Reinhard Wolf. 315–338. Baden-Baden.
Krauthammer, Charles. 1990. The unipolar moment. *Foreign Affairs* 70: 23–33.
Kreft, Heinrich. 2009. Die USA im Abstieg? It's still the indispensable nation, stupid! *Die politische Meinung* 1(2009): 23–27.
Kupchan, Charles. 2003. *The end of the American era*. Knopf, New York.
Layne, Christopher. 2009. The waning of US hegemony – Myth or reality? A review essay. *International Security* 34: 147–172.
Lieber, Robert. 2008. Falling upwards: Declinism. The box set. *World Affairs* Sommer 2008. http://www.worldaffairsjournal.org/2008%20-%20Summer/full-Lieber.html. Zugegriffen im März 2014.
Mead, Walter Russell. 2002. *Special Providence: American foreign policy and how it changed the world*. New York: Routledge.
White House, National Security Strategy of the United States 2010, Washington D.C., May 2010.
Obama, Barak. 2008. *The Audacity of hope*. Vintage, New York.
Robel, Stefan, Miriam Prys, und Alexander Brand. 2012. Empire or hegemony? Konzeptionelle Überlegungen zur Analyse der Sonderrolle der Vereinigten Staaten in den Internationalen Beziehungen. In *Assertive Multilateralism and Preventive War. Die Außen- und Weltordnungspolitik der USA von Clinton zu Obama aus theoretischer Sicht*, Hrsg. Jochen Hils, Jürgen Wilzewski und Reinhard Wolf. 116–151. Baden-Baden.
Rudolf, Peter. 2008. Amerikas neuer globaler Führungsanspruch. *SWP-Aktuell* A 77. Berlin.

Rühl, Lothar. 2005. *Das Reich des Guten. Machtpolitik und globale Strategie Amerikas.* Stuttgart: Klett-Cotta.
Walt, Stephen M. 2005. Taming American power. *Foreign Affairs* 84: 105–120.
Weber, Max. 1972. *Wirtschaft und Gesellschaft.* 5. Aufl. Tübingen.
Wolforth, William. 1999. The stability of the unipolar world. *International Security* 24: 5–41.
Zakaria, Fareed. 2008. The future of American power: How America can survive the rise of the rest. *Foreign Affairs* 87: 18–43.

Die Rolle der USA in internationalen Organisationen: Primus inter pares?

Lora Anne Viola

Inhalt

1 Einleitung: Die Entwicklung des gegenwärtigen internationalen Systems 542
2 Die Hegemonie der USA und die Beschaffenheit ihrer institutionellen Macht 543
3 Der Einfluss der USA in Sicherheits- und Wirtschaftsinstitutionen 545
4 Fazit: Widerstand und Wandel 556
Literatur 557

Zusammenfassung

Zwischen 1944 und 1951 schufen die Vereinigten Staaten gemeinsam mit anderen fortgeschrittenen industriellen Demokratien eine Nachkriegsordnung mit umfangreichen neuen Sicherheits- und Wirtschaftsinstitutionen, in denen die USA eine führende Rolle spielten. Die zentrale Rolle der USA in dieser institutionellen Ordnung ist nicht nur ein Ausdruck, sondern auch eine Quelle für ihre Vormachtstellung. In diesem Kapitel soll diese Beziehung reflektiert werden. Im Besonderen wird ein genauer Blick auf die Rolle der USA innerhalb der UN, NATO, IWF und WTO vorgenommen.

Schlüsselwörter

Internationale Ordnung • Hegemonie • Vormachtstellung • UN • NATO • IWF • WTO

L.A. Viola (✉)
John F. Kennedy-Institut für Nordamerikastudien, FU Berlin, Berlin, Deutschland
E-Mail: lviola@zedat.fu-berlin.de

© Springer Fachmedien Wiesbaden 2016
C. Lammert et al. (Hrsg.), *Handbuch Politik USA, Springer NachschlageWissen*,
DOI 10.1007/978-3-658-02642-4_32

1 Einleitung: Die Entwicklung des gegenwärtigen internationalen Systems[1]

Die Konturen des gegenwärtigen internationalen Systems wurden größtenteils in der unmittelbaren Nachkriegszeit geformt. Zwischen 1944 und 1951 schufen die Vereinigten Staaten zusammen mit anderen fortgeschrittenen industriellen Demokratien eine Nachkriegsordnung mit umfangreichen neuen Sicherheits- und Wirtschaftsinstitutionen, in denen die USA eine führende Rolle spielten. Das Hauptmerkmal dieser Ordnung war, dass sie auf der Zusammenstellung multilateraler Institutionen gründete. Im Gegensatz zu früheren Nachkriegsordnungen, die in erster Linie durch militärische Macht hergestellt und gesichert worden waren, wurde sie jetzt hauptsächlich durch institutionalisierte Mechanismen der Zusammenarbeit erreicht, auch wenn sie primär den Interessen der USA und ihrer engsten Verbündeten dienen sollte (Ikenberry 2001).

Diese Nachkriegsordnung erwies sich als bemerkenswert beständig, da es sowohl den Kalten Krieg als auch das Ende des Kalten Krieges überdauerte. Während der Zeit des Kalten Krieges dominierten Nationalstaaten die internationalen Institutionen, die in erster Linie als zwischenstaatliche Organisationen fungierten. Sie wurden durch Verträge zwischen souveränen Staaten geschaffen, um deren Interessen zu dienen. Zudem spiegelten die Entscheidungen und die Politik innerhalb der Institutionen die Ost-West-Trennlinie des Kalten Krieges wider, was in politischem Stillstand und institutioneller Unbeweglichkeit resultierte.

Nach dem Ende des Kalten Krieges blieb das internationale System nicht nur in seinen wesentlichen Zügen erhalten. Vielmehr hatte der sich verändernde strategische Kontext zur Folge, dass sich die bestehende Ordnung verfestigte und erweiterte. Die Zeit nach dem Kalten Krieg brachte neue Impulse für die Schaffung weiterer internationaler Institutionen und für den Ausbau von existierenden Institutionen. Bereits bestehende Institutionen, die während des Kalten Kriegs in ihren Funktionen überwiegend gelähmt waren, wie etwa die Vereinten Nationen (UN), waren nun in der Lage, eine aktive Rolle in der Gestaltung internationaler Politik anzunehmen. Ein Beispiel hierfür ist die rasche Zunahme an UN-geführten Friedensoperationen: zwischen 1989 und 1994 autorisierte der UN Sicherheitsrat insgesamt 20 solcher Einsätze. Parallel dazu stieg die Macht zwischenstaatlicher Organisationen (Intergovernmental Organizations, IGOs), die zunehmend in der Erschaffung, Durchsetzung und Überwachung internationaler Regeln und Normen involviert waren. Sie übten Einfluss nicht nur *auf* Staaten aus, sondern auch „beyond the border" auf das Leben einzelner Menschen *innerhalb* von Staaten (Zürn 1998). Derartige Wandlungsprozesse wurden begleitet durch einen Zuwachs an Autonomie und Autorität der IGOs gegenüber ihren jeweiligen Mitgliedstaaten (Zürn et al. 2012). Im Kontext des Transformationsprozesses existierender zwischenstaatlicher Organisationen bedeutete das Ende des Kalten Krieges außerdem einen Zuwachs an neuen Institutionen, allen voran der

---

[1] Übersetzt von Curd B. Knüpfer.

sogenannten Nichtregierungsorganisationen (Non-Governmental Organizations, NGOs) (Matthews 1997). So lässt sich die gewachsene Bedeutung der globalen Zivilgesellschaft nach dem Kalten Krieg daran ablesen, dass nichtstaatliche Akteure seither in die Aufgabenfelder von traditionell zwischenstaatlichen Organisationen aufgenommen wurden oder mit diesen zusammenarbeiten (Tallberg et al. 2013).

In den ersten Jahrzehnten nach dem Kalten Krieg war die institutionelle Ordnung zunehmend durch den politischen und wirtschaftlichen Liberalismus der USA geprägt. Internationale Organisationen haben gemeinsam mit den Vereinigten Staaten eine liberalisierende Politik verfolgt, dessen Ausdruck etwa durch externe Demokratieförderung, Friedenseinsätze und bedingte Kreditvergabepolitik erfolgt sei. Doch institutionelle Eingriffe in das Alltagsleben der Menschen kamen nicht ohne Protest. In dem letzten Jahrzehnt erlebten internationale Organisationen eine Legitimationskrise, zu einem durch ineffektive Politik (z. B. fehlgeschlagene Friedensmissionen oder wirtschaftliche Krisen in Entwicklungsländern), zum anderen weil sie Entscheidungen treffen, ohne demokratische und repräsentative Abläufe zu haben (Keohane 1998; Nye 2005; Zürn et al. 2012; Zürn und Ecker-Ehrhardt 2013). Parallel zu der Legitimationskrise der internationalen Organisationen kommt die „hegemoniale Krise" der Vereinigten Staaten. Spätestens seit 2001 haben eine Vielzahl innenpolitischer Herausforderungen, die politischen und wirtschaftlichen Kosten des „*War on Terror*" sowie Konsequenzen der Wirtschaftskrise von 2008 die Position der USA innerhalb des internationalen Systems destabilisiert (Pape 2009). Hier stellt sich die Frage, inwiefern sich der potenzielle Niedergang der Vormachtstellung der USA auch auf Transformationsprozesse innerhalb von internationalen Institutionen auswirken wird (Brooks und Wohlforth 2009).

Trotz solcher aktuellen Diagnosen lässt sich festhalten, dass internationale Organisationen (IOs) ein zentrales Instrument zur Gestaltung internationaler Beziehungen bilden (Barnett und Finnemore 2004). Die Rolle der USA in dieser institutionellen Ordnung ist nicht nur ein Ausdruck, sondern auch eine Quelle für ihre Vormachtstellung. Dementsprechend lassen sich weder US-Außenpolitik noch die Politik internationaler Institutionen wirklich verstehen, ohne die Verbindungen zwischen den beiden näher zu betrachten.

Im Folgenden soll diese Beziehung analysiert werden. Zunächst wird die amerikanische Vormachtstellung und das Wesen der hegemonialen Macht betrachtet. Anschließend wird gezeigt, auf welche Art und Weise die USA durch vier Institutionen (UN, NATO, IWF, WTO) Macht ausübt, um abschließend einen Ausblick auf die Transformation des internationalen Systems und auf den Wandel der US-amerikanischen Hegemonie zu geben.

2 Die Hegemonie der USA und die Beschaffenheit ihrer institutionellen Macht

Der Begriff der Macht lässt sich als die Fähigkeit eines Akteurs definieren, andere dazu zu bringen, etwas zu tun, das sie sonst nicht tun würden (Dahl 1957). Die Forschungen zu Internationalen Beziehungen (IB) waren bis vor kurzem besonders an dem Zwangspotential von materieller – d. h. militärischer und wirtschaftlicher – Macht interessiert. Materielle Macht bezieht sich auf die Möglichkeiten eines starken Staats, einen anderen Staat durch die Androhung von Strafmaßnahmen zu bestimmten Handlungen zu zwingen. Diese Form der Macht ist jedoch im Regelfall nicht diejenige, welche innerhalb und durch internationale Institutionen ausgeübt wird.

Barnett und Duvall (2005) unterscheiden daher neben dem Zwang drei weitere Machtformen: Die institutionelle, die strukturelle und die produktive Macht. Durch institutionelle Macht kontrollieren Akteure indirekt über formelle und informelle Regeln andere Akteure. Die Regeln und Prozessabläufe innerhalb von Institutionen können dabei genutzt werden, um Handlungen anderer zu lenken und einzuschränken. Strukturelle Macht bezieht sich demgegenüber auf soziale Strukturen, durch welche Kapazitäten, Identitäten und subjektive Interessen einzelner Akteure konstruiert werden. Strukturelle Macht weist somit auf Positionsbestimmungen und -beziehungen hin, vor allem bei der Produktion und Reproduktion von Positionen der Über- und Unterordnung – beispielsweise die Beziehung zwischen Zentrum und Peripherie oder Nord und Süd. Während strukturelle Macht durch direkte strukturelle Beziehungen wirkt, bezieht sich produktive Macht auf allgemeinere soziale Prozesse. Produktive Macht entsteht durch diskursive Prozesse und Wissenssysteme, welche ihrerseits Akteure hervorbringen und diese mit verschiedenen Arten und Maßen von sozialer Macht ausstatten. Was produktive Macht somit ‚produziert', ist intersubjektive Bedeutung.

Die Vereinigten Staaten haben einen erheblichen Einfluss auf IOs. Dieser Schluss folgt aus den beachtlichen Ressourcen, über die die USA in sämtlichen (materielle, institutionelle, strukturelle und produktive) Dimensionen der Macht verfügen. Ein Hegemon verlässt sich aber nicht nur auf eine Form der Machtausübung, beispielsweise auf Macht durch Zwangsmaßnahmen, sondern vereint vielmehr diverse Machttypen, um einen überproportionalen Einfluss auf andere Akteure ausüben zu können. Der hegemoniale Einfluss der USA ist bestimmt durch ein Zusammenspiel von materiellen Fähigkeiten, der Kultivierung und Reproduktion von bestimmten strukturellen Hierarchien, sowie der diskursiven Artikulation einer bestimmten Vorstellung von internationaler Ordnung, die als legitim akzeptiert werden kann. Dies alles mündet in ein Regelgeflecht, welches die Vereinigten Staaten als zentralen Entscheidungsträger institutionalisiert hat (vgl. Cox und Jacobson 1973). Ein zentraler Aspekt der erfolgreichen Herstellung der amerikanischen Hegemonialrolle nach dem Zweiten Weltkrieg war die Formulierung einer liberalen politischen Ordnung, der sich auch andere Staaten verschreiben konnten. Dies legitimierte die US-Vormachtstellung bei anderen Demokratien. Neben der diskursiven Macht der liberalen Ideologie ist das internationale System auch dadurch legitimiert, dass die USA selbst dazu bereit waren, sich den Regelwerken der Institutionen zu unterwerfen. Ein hegemonialer Akteur wie die USA kann sich gelegentlich von diesen Einschränkungen lösen, langfristig erfordert eine wirksame Hegemonie jedoch, Macht an Institutionen oder an andere Mitgliedstaaten innerhalb der Institutionen abzutreten (Ikenberry 2001). Die internationale Ordnung ist jedoch keinesfalls das Resultat altruistischer Motive. Sie ist vielmehr stets dazu bestimmt, die wirtschaftlichen und politischen Interessen der Vereinigten Staaten voranzutreiben und zu festigen. Obwohl die USA institutionelle Zugeständnisse machten, um die Rechte anderer zu wahren (Ikenberry 2001), kommt dem Hegemon letztendlich der Löwenanteil der materiellen Gewinne der Zusammenarbeit zu. Zudem kann er – und das ist vielleicht noch wichtiger –, die Verfahrensregeln einer Institution zu seinen Gunsten strukturieren. Internationale Institutionen verankern daher sowohl ein Bekenntnis zur Gleichheit souveräner Staaten als auch eine real existierende Ungleichheit in ihrem operativen Betrieb (Viola et al. 2014).

3 Der Einfluss der USA in Sicherheits- und Wirtschaftsinstitutionen

Um den wechselseitigen Einfluss zwischen den USA und internationalen Institutionen systematisch zu erörtern, lassen sich drei Indikatoren anführen (vgl. Woods 2003, S. 96; sowie Cox und Jacobson 1973). Erstens: welche institutionellen Kontrollmechanismen (z. B. Stimmrechte) werden den Vereinigten Staaten zugesichert. Zweitens: wie viel Kontrolle über die Ressourcen und die Finanzierung der jeweiligen IO hat die USA. Und Drittens: wie viel Kontrolle hat der USA über die Personal- und Managemententscheidungen der IO.

Anhand dieser drei Indikatoren wird aufgezeigt, wie die USA innerhalb wichtiger Sicherheits- und Wirtschaftsinstitutionen Macht und Einfluss ausüben. Die Vereinten Nationen und die North Atlantic Treaty Organization (NATO), stellen die wichtigsten Sicherheitsorganisationen des internationalen Systems dar. Der Internationale Währungsfond (IWF) und die Welthandelsorganisation (WTO), repräsentieren zwei der bedeutendsten Wirtschaftsorganisationen. Gemeinsam sind diese Organisationen dafür verantwortlich, Frieden und Sicherheit, wirtschaftliche Stabilität sowie wirtschaftlichen Wachstum zu fördern und zu garantieren. Ihre Politik hat bedeutende Implikationen für das Wohl von Staaten und Individuen, und ihre Beschlüsse haben tiefgreifende verteilungspolitische Konsequenzen.

3.1 UN Sicherheitsrat

Die Vereinten Nationen dienen dem Zweck, „den Weltfrieden und die internationale Sicherheit zu wahren und zu diesem Zweck wirksame Kollektivmaßnahmen zu treffen, um Bedrohungen des Friedens zu verhüten und zu beseitigen" (Charta der Vereinten Nationen, Kap. 1, Artikel 1: 3). Die Vereinigten Staaten dominierten die UN für die meiste Zeit ihres Bestehens. Diese Dominanz zeichnete sich nach Ende des Kalten Krieges noch klarer ab, als die USA in den 1990er Jahren einen neuen Aktivismus der UN ideell leiteten und materiell unterstützten. In dieser Phase wurden zahlreiche Friedenseinsätze und humanitäre Interventionen unter dem Dach der Vereinten Nationen durchgeführt. Nach einer Reihe gescheiterter Missionen zeigten sich die USA aber zunehmend skeptisch gegenüber den Handlungsmöglichkeiten multilateraler Institutionen. Diese Einstellung erreichte unter der Regierung von George W. Bush eine neue Stufe, da sich die USA gegenüber multilateralen Einsätzen grundsätzlich misstrauisch und besonders in Bezug auf die Vereinten Nationen kritisch zeigten. Die Obama-Administration hat sich dagegen bemüht, das Ansehen der USA innerhalb der UN wiederherzustellen.

3.2 Institutionalisierte Macht

Die Organisation der UN ist unterteilt in den Exekutivausschuss des Sicherheitsrats, bestehend aus fünf ständigen Mitgliedern (USA, Russland, China, Großbritannien, Frankreich) sowie elf nicht-ständigen Mitgliedern, und in die Generalversammlung, die sämtliche Mitgliedstaaten umfasst. Der Sicherheitsrat verfügt über Entscheidungsgewalt zu allen Hauptthemen, während die Generalversammlung im Wesentlichen als ein Beratungsgremium fungiert. Ständige Mitglieder im Sicherheitsrat, die USA eingeschlossen, verfügen über ein Vetorecht. So müssen alle ständigen Mitglieder einem Vorschlag zustimmen, bevor die UN zu einem gemeinsamen Handeln in der Lage sind; wenn ein ständiges Mitglied seine Zustimmung verweigert, ist der Sicherheitsrat blockiert. Einerseits drückt sich in der Vetobestimmung die Absicht aus, ein kollektives Forum zu schaffen. Andererseits dient das Veto den Großmächten dazu, die eigenen nationalen Interessen zu wahren – ein Privileg, das den anderen Mitgliedern nicht zukommt. Vom Vetorecht machten während des Kalten Krieges am häufigsten die USA und die Sowjetunion Gebrauch, um so die eigenen Interessen gegenüber dem anderen abzusichern. Unmittelbar nach dem Ende des Kalten Krieges war das System durch seine Unipolarität gekennzeichnet, da die USA als unangefochtene Supermacht galten. Zu diesem Zeitpunkt machten sie nur relativ selten von ihrer Vetomacht Gebrauch. Aber die anderen Mitglieder des Sicherheitsrates wurden ihrerseits im Umgang mit den Vereinigten Staaten vorsichtiger, nachdem diese den „*War on Terror*" ausgerufen hatten und ohne die Zustimmung der UN die Invasion des Iraks ausführten. Heute gehen Russland und China regelmäßig gemeinsam vor, um US-Vorschlägen entgegenzuwirken und die eigenen Interessen sowie die ihrer geostrategischen Verbündeten zu wahren.

3.2.1 Finanzierung

Die Vereinten Nationen finanzieren sich durch Beiträge ihrer Mitgliedstaaten. Die USA ist mit etwa 22 % des Gesamthaushaltes der größte Beitragszahler des UN-Budgets und steuert damit fast doppelt so viel wie der nächstgrößte Geldgeber (Japan) bei. Dies verleiht den USA zusätzlichen Einfluss innerhalb der UN.

Die USA zahlen ihre Beiträge an die Vereinten Nationen aus dem Haushaltstopf des Außenministeriums. Von diesem Konto werden die anteiligen US-Beiträge zum ordentlichen Haushalt der Vereinten Nationen sowie Beiträge an 43 andere Organisationen der UN sowie weiterer internationaler Organisationen gezahlt. Das Budget des Außenministeriums wird gemeinsam mit dem Gesamthaushalt der USA durch den Präsidenten dem Kongress vorgelegt. Das *House and Senate Appropriations Committee*, ein gemeinsamer Ausschuss der beiden Kongresskammern, verfasst dann die Gesetzestexte, die festlegen, wieviel Geld die einzelnen Ministerien ausgeben dürfen. Erst wenn die Gesetzesvorlage vom Abgeordnetenhaus und durch den Senat verabschiedet und anschließend vom Präsidenten unterschrieben wurde, erlangt sie Gesetzeskraft. Der Kongress der Vereinigten Staaten verfügt also über ein bedeutendes Mitspracherecht in Hinblick darauf, wann und wie viel Geld die USA zum UN-Haushalt beitragen.

So weigerte sich der US Kongress seit 1985 regelmäßig, Zahlungen der USA an die UN zu bewilligen. Das Zurückhalten von Zahlungen ist von den USA als eine Möglichkeit für die Ausübung von Macht genutzt worden (Bond 2003). Die USA haben der Organisation bereits mehrfach vorgeworfen, ineffizient und verschwenderisch zu sein und oftmals gegen die Interessen der Vereinigten Staaten zu handeln. Die Weigerung, die Beiträge vollständig zu zahlen, war somit stets eine Möglichkeit für die USA, die UN zum Wandel zu bewegen und ihrem Unmut über die Generalversammlung Ausdruck zu verleihen. Im Kongress beschlossene Kürzungen der Finanzmittel schränken die Vereinten Nationen erheblich in ihren Handlungsspielräumen ein, da die USA ihr Hauptgeldgeber sind. Es gibt unter den Kongressabgeordneten zudem seit langer Zeit Befürworter der Forderung, die Anteile der US-Beiträge zu reduzieren. Unter Präsident Obama haben die USA wieder die komplette Zahlung ihrer veranschlagten Beiträge aufgenommen und mit den Vereinten Nationen eine Übereinkunft getroffen, angefallene Schulden abzubezahlen.

3.2.2 Personal

Die UN wird zwar vom Sicherheitsrat geführt, doch das Tagesgeschäft leitet der Generalsekretär, der Anliegen vor den Sicherheitsrat bringen kann, direkt in die Schlichtung internationaler Konflikte eingebunden ist, administrative Abläufe innerhalb der UN betreut und sich mit Mitgliedstaaten berät. Der Generalsekretär wird durch den Sicherheitsrat nominiert und von der Generalversammlung gewählt. Üblicherweise rotiert der Sicherheitsrat in der Benennung von Kandidaten, damit jede Weltregion abwechselnd die Position für sich beanspruchen kann. Der Sicherheitsrat kann keinen Kandidaten aus einem der fünf permanenten Mitgliedsstaaten (P5) nominieren, was einer offensichtlichen Dominanz innerhalb der UN durch ein P5 Mitglied entgegenwirken soll. Dennoch unterliegt der Nominierungsprozess dem Vetorecht der P5, so dass kein Kandidat ohne die Zustimmung aller ständigen Mitglieder des Sicherheitsrats vorgeschlagen werden kann. Hierdurch sind die Einflussmöglichkeiten der Generalversammlung stark begrenzt.

In der Praxis erfolgt der Ernennungsprozess in nichtöffentlichen Sitzungen des Sicherheitsrats. Da jedes Mitglied der P5 sein Veto gegen Kandidaten einlegen kann, ist der Nominierungsprozess anfällig für politische Konflikte. Die USA artikulierten beispielsweise offen ihre Unzufriedenheit mit der ersten Amtsperiode des Generalsekretärs Boutros Boutros-Ghali. Dieser gab sich freimütig und unabhängig und war nicht gewillt, sich den Wünschen der USA zu beugen. Die USA beschlossen daher 1996, seine Wiederberufung mit einem Veto zu belegen, obwohl er die Unterstützung aller anderen ständigen Mitglieder genoss. Aus ähnlichen Gründen unterstützte auch China nachdrücklich die Nominierung von Ban Ki-moon in der Hoffnung, dass ein Generalsekretär aus Asien zu größerem Einfluss auf die Politik der UN führen könnte. Die Großmächte, insbesondere die USA, versuchen auf diese Art, den Nominierungsprozess dafür zu nutzen, die IO zu beeinflussen.

3.3 NATO

Die NATO ist ein 1949 gegründetes Militärbündnis mit dem Ziel, die militärische Zusammenarbeit und gemeinsame Verteidigungspolitik der Alliierten zu fördern (mit Ausnahme der Sowjetunion). Als der NATO-Vertrag unterzeichnet wurde, betrachtete Amerika dies als ein vorübergehendes Abkommen zur Unterstützung europäischer Staaten, solange diese keine eigenen Sicherheitsinstitutionen etablieren können (Ikenberry 2001, S. 201). Britische und französische Amtsträger beharrten jedoch darauf, dass westeuropäische militärische Zusammenarbeit nur unter Einbeziehung der Vereinigten Staaten funktionieren könne (Ikenberry 2001, S. 166). Die NATO wird daher oft als ein Instrument betrachtet, mit dem die europäischen Staaten die USA in Europa halten wollten. Daher stammt auch der oft bemühte Satz, die NATO diene dem Zweck „to keep the Russians out, the Germans down, and the Americans in". Die Dominanz der USA innerhalb der NATO wird von den anderen Mitgliedern sowohl willkommen geheißen als auch angefochten: die Vereinigten Staaten werden mal als unverzichtbarer Partner, mal als herrschsüchtiger Koloss dargestellt. In den USA selbst wird das amerikanische Engagement in der NATO regelmäßig infrage gestellt, gerade weil die USA die größte militärische Last tragen.

3.3.1 Institutionalisierte Macht

Die NATO verfügt über eine zivile und eine militärische Organisationsstruktur. Der Nordatlantikrat (*North Atlantic Council, NAC*), dessen Vorsitz der Generalsekretär übernimmt, bildet das oberste politische Entscheidungsgremium. Alle NATO-Mitgliedstaaten sind im *NAC* vertreten und kommen zusammen, um über gemeinsame Sicherheitsfragen zu beraten. Die Entscheidungen im *NAC* werden im Konsens getroffen. Beschlüsse werden explizit oder implizit von sämtlichen Mitgliedern getragen. Anträge, zu denen es Vorbehalte gibt, werden nicht umgesetzt. Anträge für militärische Entscheidungen werden im Militärausschuss, dem *Military Comittee* (*MC*) eingebracht, den der *Supreme Allied Commander Europe* (*SACEUR*) leitet. Als Hauptbezugspunkt für militärische Beratung und militärische Anträge, liefert der *MC* dem Nordatlantikrat militärische Expertise in Hinblick auf laufende und zukünftige Operationen sowie Fragen der militärischen Bereitschaft. Dennoch ist der *MC* der Zivilautorität des *NACs* unterstellt.

Die formellen Regeln der NATO führen nicht zu einer institutionalisierten Ungleichheit, wie sie bei den Vereinten Nationen etwa durch den Sicherheitsrat gegeben ist. Allen Mitgliedstaaten kommt bei Beratungen das gleiche Mitspracherecht zu. Die Konsensbedingungen sichern grundsätzlich allen Mitgliedern ein

Vetorecht zu. Zudem bietet der Prozess der Konsensbildung den Mitgliedstaaten verschiedene Möglichkeiten, Inhalte und Formulierungen von NATO-Dokumenten und -Beschlüssen zu beeinflussen und zu überarbeiten. Als Resultat ihrer deutlich höheren materiellen Beiträge zur NATO erweisen sich die USA in der Praxis jedoch als dominanter Akteur (Vgl. Kaplan 2004).

3.3.2 Finanzierung

Die NATO wird über direkte und indirekte Beiträge ihrer Mitglieder finanziert. Direkte Beiträge der Mitgliedstaaten erfolgen auf Grundlage einer Einstufung des jeweiligen Bruttosozialproduktes. Der Großteil der Beiträge erfolgt jedoch indirekt und berechnet sich nach der Teilnahme an von der NATO geleiteten Operationen und Missionen. Mitgliedstaaten finanzieren ihre eigenen militärischen Beiträge zu einer Mission. Beitragszahlungen erfolgen auf freiwilliger Basis und können sowohl in Inhalt (Truppen, Ausrüstung, Waffen, medizinische Unterstützung, etc.) als auch in Umfang (von einigen wenigen bis hin zu Tausenden Soldaten, etc.) variieren. Da der Umfang der Beiträge in direktem Verhältnis zum jeweiligen Verteidigungshaushalt steht, klaffen gewaltige Unterschiede zwischen den Beitragshöhen der einzelnen Mitglieder. An erster Stelle stehen hier die Militärausgaben und militärischen Möglichkeiten der USA, welche die Beiträge aller anderen NATO Mitglieder bei Weitem übersteigen und das obwohl das gemeinsame Bruttosozialprodukt der anderen Mitgliedstaaten höher ist als das der Vereinigten Staaten.

Diese Diskrepanz innerhalb der NATO war von Beginn an gegeben. Dennoch wurde erwartet, dass die europäischen Verbündeten einen größeren Anteil übernehmen würden, sobald sie sich von den Folgen des Zweiten Weltkriegs erholt hätten. Es könnte argumentiert werden, dass die NATO und das Engagement der USA in der NATO die Europäer dazu ermutigt hat, weniger in die eigenen Verteidigungshaushalte einzuzahlen, da man sich unter dem Schutzschirm der Vereinigten Staaten sicher wähnen könne (siehe aber Jones 2007). So kam es in den vergangenen Jahrzehnten auch zu einer Reihe von Kürzungen in europäischen Verteidigungshaushalten. In dieser Zeitspanne sank die Anzahl des militärischen Personals im aktiven Dienst in Europa um mehr als ein Drittel. Die Mehrheit der EU-Länder kürzte den militärischen Haushalt um mindestens 10-15 %. So ist die Abhängigkeit der NATO von den USA noch deutlich angestiegen. Die NATO ist in der Bereitstellung grundlegender Funktionen auf die USA angewiesen, beispielsweise bei Geheimdienstoperationen, Überwachung und Aufklärung, Luft-zu-Luft Betankung, die Raketenabwehr und Flugzeugträger. Obwohl Frankreich und Großbritannien den Vorschlag für die Sperrung des Flugraums über Libyen einbrachten, verfügten sie letztendlich nicht über die materiellen Fähigkeiten für eine solche Mission und waren sich auf die Unterstützung der Vereinigten Staaten angewiesen. Der damalige US-Verteidigungsminister Robert Gates merkte in Anbetracht der NATO Operation in Libyen an, dass Europa kurz vor einer „kollektiven militärischen Bedeutungslosigkeit"[2] stehe und durch weitere Kürzungen der

---

[2]Rede von 10.6.2011. http://www.defense.gov/speeches/speech.aspx?speechid=1581 (4.4.2014).

Verteidigungshaushalte die Fähigkeit aufs Spiel setze, als stabilisierende Macht in der eigenen Nachbarschaft, geschweige denn der Welt, auftreten zu können. Finanzpolitische Engpässe in Europa wie den USA werden indes wohl zur Folge haben, dass es zu weiteren Kürzungen hinsichtlich militärischer Mittel und infolgedessen zu einem weiteren Verlust an Handlungsspielraum der NATO kommen wird, wenn es darum geht, auf Krisen in anderen Teilen der Welt zu reagieren. Die Abhängigkeit der NATO von den Vereinigten Staaten hat zur Folge, dass andere Mitgliedstaaten relativ wenig Einfluss auf die politische Agenda ausüben und wenig Macht haben, wenn sie sich US-amerikanischen Vorstellungen bezüglich Operationen, Zielsetzungen und Taktiken widersetzen oder diese ändern wollen.

3.3.3 Personal

Die zwei wichtigsten Ämter innerhalb der NATO sind der Generalsekretär, dem obersten Diplomaten der Organisation, und der *SACEUR*, dem obersten militärischen Offizier der Organisation. Es gibt keine formalisierten Abläufe für den Einstellungsprozess dieser beiden Positionen. Der Generalsekretär wird durch eine Konsensentscheidung der Mitglieder im *NAC* ernannt. Verhandlungen über potenzielle Kandidaten sind informell und intransparent. Es existiert eine informelle Regelung die besagt, dass der Generalsekretär aus einem anderen Mitgliedstaat als den USA stammen soll. Dies soll innerhalb der Führung für ein Mindestmaß an Symmetrie sorgen, da der *SACEUR* immer ein amerikanischer General ist. Die Tatsache, dass der *SACEUR* immer ein Amerikaner ist, macht deutlich, inwiefern die Vereinigten Staaten stets ein entscheidendes Mitspracherecht bei militärischen Handlungen der NATO beanspruchen. Da die USA die stärkste Militärmacht innerhalb des Bündnisses darstellen, sind sie nicht gewillt, ihre militärischen Kapazitäten der Befehlsgewalt eines anderen Staates zu unterstellen. Ohne einen amerikanischen *SACEUR* wäre es sehr wahrscheinlich, dass die USA ihr Engagement in der NATO beträchtlich reduzieren würden. Die Kontrolle der Befehlsstrukturen garantiert den Vereinigten Staaten ein überproportionales Maß an Gestaltungsspielraum bei den Prioritäten und Operationen innerhalb des Bündnisses.

3.4 Internationale Währungsfonds

Seit seiner Gründung 1945 stellt der Internationale Währungsfonds (IWF) eine der zentralen Organisationen des internationalen Wirtschaftssystems dar. Er übernimmt eine Aufsichtsfunktion gegenüber der internationalen Währungszusammenarbeit und bietet einzelnen Staaten technische und finanzielle Unterstützung. Neben der Kreditvergabe bestehen die Aufgaben des IWF in der makroökonomischen Überwachung, durch die er wirtschaftliche Instabilität identifizieren und verhindern soll, sowie in der Erstellung von Programmen zur Armutsbekämpfung. Wie bei anderen Nachkriegsinstitutionen legten größtenteils die USA die Struktur und das Mandat des IWF fest. Damit sollten durch scheinbar neutrale technische Mittel, die Zielsetzungen und Politik der USA weltweit gefördert und durchgesetzt werden.

Nach einer Phase der Krise in den 1960ern und 1970ern, nahm die Bedeutung des IWF mit dem Aufkommen neuer Klienten, allen voran die sogenannten *Asian Tigers* in den 1980er und 1990er Jahren wieder zu Die Politik des IWF deckte sich in dieser Phase mit dem US-amerikanischen Modell der Deregulierung und des Neoliberalismus. Der IWF wurde heftig kritisiert, zum einen für die Förderung einer hegemonialen Politik der Privatisierung, Liberalisierung und Deregulierung, zum anderen für das Verhängen von strafenden Kreditbedingungen, insbesondere bei Strukturanpassungsprogrammen.

3.4.1 Institutionalisierte Macht

Der IWF wird von einem Vorstand bestehend aus Regierungsvertretern der Mitgliedstaaten geleitet. Allerdings sind dort nicht alle Mitgliedstaaten in gleichem Maße vertreten. An der Spitze der Organisationsstruktur steht der Gouverneursrat, der wiederum aus einer Gouverneurin bzw. einem Gouverneur und einem stellvertretenden Gouverneur jedes Mitgliedstaats besteht und durch den Internationalen Währungs- und Finanzausschuss beraten wird. Der Gouverneursrat hat den Großteil seiner Kompetenzen an das Exekutivdirektorium abgetreten, in dem weder alle Mitglieder direkt noch in gleichem Maße vertreten sind. Obwohl es derzeit 188 Mitglieder gibt, besteht das Exekutivdirektorium aus lediglich 24 Direktoren. Während die acht größten Volkswirtschaften jeweils durch eigene Direktoren vertreten sind, werden die anderen Mitgliedstaaten unter den übrigen Direktoren gruppiert, die zwischen 4 und 22 Mitgliedstaaten vertreten.

Die Stimmrechte setzen sich aus einer Reihe von Grundstimmen und einer Quote zusammen, die sich aus der jeweiligen Größe der Volkswirtschaft eines Staates ergibt. Die Vereinigten Staaten haben dabei schon immer die größte Quote und die meisten Stimmenanteile besessen. Momentan verfügen sie über 16,75 % der Stimmen und können dadurch alle wichtigen politischen Entscheidungen blockieren, die eine sogenannte Sonderstimmrechtsmehrheit erfordern. Ohne die Zustimmung der USA ist also keine Kreditvergabe durch den IWF möglich. Neben ihrer Wahlbefugnis, besitzen die USA die größte Delegation beim Währungsfond, bestehend aus mehreren Dutzend Beamten des Finanzministeriums, die in den Arbeitsabläufen des IWF involviert sind – andere Länder haben in der Regel ein oder zwei solcher Beamter.

Trotz der institutionellen Macht der Vereinigten Staaten ist es offiziell untersagt, politischen Einfluss auf die Kreditvergabe des IWF auszuüben. Nominell vergibt der IWF Kredite, sobald ein Antragsteller alle technischen Voraussetzungen erfüllt. Datensätze über die Kreditvergabe zeigen aber, dass sich neben diesen wirtschaftlichen Faktoren durchaus ein Muster des US-Einflusses in der Kreditpolitik des IWF abzeichnet (Thacker 1999; Barro und Lee 2005; Oatley und Yackee 2004). So steigen die Chancen, einen Kredit zu erhalten, wenn es sich beim Antragsteller um einen politischen Verbündeten der USA handelt (Thacker 1999). Hinzu kommt die diskursive Macht der USA über den IWF, da das Verständnis von wirtschaftlicher Entwicklung durch die US-amerikanische Disziplin der Wirtschaftswissenschaft geprägt ist. Die Expertise, die dem IWF zur Verfügung steht, und seine Festlegung bestimmter Probleme und Lösungen erhalten sowohl seine Rolle als

Regulierungsbehörde als auch als strukturelle Macht entwickelter Staaten (allen voran der USA) gegenüber Entwicklungsländern.

3.4.2 Finanzierung

Im Gegensatz zur UN setzt sich die Hauptfinanzierung des IWF nicht aus jährlichen Beiträgen der Mitgliedstaaten zusammen. Stattdessen bemisst sich die Beitragshöhe auf der Grundlage der jeweiligen Wirtschaftskraft. Die Quote wird von einem Mitgliedstaat bei dessen Eintritt in die Institution gezahlt. Im Gegensatz zum Umgang mit der UN hat dies beim IWF zur Folge, dass die USA keinen Druck durch das Verweigern von Zahlungen ausüben können. Wenn aber die Beitragsquoten überprüft werden, müssen Änderungen vom Vorstand genehmigt werden, wobei die USA effektiv über eine Vetomacht verfügen. So sind die USA in der Lage, die Zuweisung von Finanzmitteln an erwünschte Änderungen innerhalb des IWF zu koppeln. Da der Kongress Mittelzuweisungen zustimmen muss, kann auch er Einfluss auf die Programme des Währungsfonds ausüben. So hat der Kongress die Kreditvergabe des IWF öfter an Bedingungen wie der Stellung des Privatsektors, der Achtung der Menschenrechte oder Militärausgaben geknüpft.

3.4.3 Personal

Der IWF wird durch eine Geschäftsführende-Direktorin (*Managing Director*) geleitet, die Personalentscheidungen trifft und den Vorstandsvorsitz übernimmt. Traditionell kommt die Geschäftsführende-Direktorin des IWF aus Europa und der Leiter der Weltbank aus den USA. Um jedoch den europäischen Einfluss auszubalancieren, ist der stellvertretende Geschäftsführer des IWF immer ein US-Amerikaner. Obwohl die Geschäftsführerin Personalentscheidungen trifft, unterliegen alle hochrangigen Benennungen de facto der Zustimmung der USA (Woods 2003, S. 109).

Zudem kommen sämtliche Staatsrepräsentanten des IWF – unabhängig von ihrer jeweiligen Nationalität – aus den Finanzministerien, Zentralbanken oder ähnlichen Wirtschaftsinstitutionen. Etwa die Hälfte aller 2.400 Beamten sind gelernte Ökonomen. Die meisten von ihnen erhielten ihre Ausbildung an den Wirtschaftsfakultäten angelsächsischer Universitäten. Das Resultat ist ein System, in dem Beamten gemeinsamen Ansichten, gemeinsamen Wissensansprüche und ein gemeinsames Verständnis, welche Themen wichtig sind, haben (Strange 1998; Chwieroth 2009). Darüber hinaus stammen diese Ansichten, Wissensstände und Normen überwiegend aus den USA und decken sich größtenteils mit den Präferenzen der USA. So ergibt sich aus der strukturellen Position der USA eine Quelle der produktiven Macht, die indirekt Kontrolle über Deutungsprozesse und darüber, wie eine Institution „denkt", ausübt.

3.5 World Trade Organisation

Während der IWF sich im Wesentlichen mit der Wirtschaftsaufsicht und der Organisation von Entwicklungskrediten für weniger entwickelte Staaten befasst, greift die WTO direkt an innenpolitischen Abläufen in fortgeschrittenen Industrienationen ein. Die WTO ist eine 1995 gegründete internationale Organisation mit formellen Verpflichtungen gegenüber einer breiten Palette von Themenfeldern der Handelsbeziehungen, welche die Reichweite ihres Vorgängers General Agreement on Tariffs and Trade (GATT) oder regionaler Organisationen wie dem Nordamerikanischen Freihandelsabkommen (North American Free Trade Agreement, NAFTA) deutlich überschreitet. Es ist das Ziel der WTO, Handel zu liberalisieren und zwischen den Mitgliedstaaten zu regulieren.

3.5.1 Institutionalisierte Macht

Entscheidungen innerhalb der WTO werden direkt durch Mitgliedsstaaten getroffen. Dies geschieht über die regelmäßigen Ministerialkonferenzen an denen die nationalen Minister teilnehmen sowie durch den Allgemeinen Rat und seinen diversen Ausschüsse, die mit Vertreter der Mitgliedstaaten besetzt sind. Entscheidungen werden in diesen Gremien durch Konsens erreicht. An allen Räten und Ausschüssen können sich sämtliche Mitgliedstaaten beteiligen. Großmächten werden keine besonderen Verfahrensrechte eingeräumt. Im Gegensatz zu anderen IOs gibt es ferner keine bürokratischen Abläufe oder Gremien innerhalb der WTO, die andere Staaten politischen Entscheidungen unterwerfen können. Auf formeller Basis genießen die Mitglieder der WTO daher ein hohes Maß an Autonomie.

Allerdings werden wichtige politische Entscheidungen nur selten bei formellen Treffen gefällt. Vielmehr wird Konsens innerhalb der WTO durch eine Abfolge informeller und selektiver Zusammenkünfte erreicht. Beispielsweise könnte der Leiter einer Verhandlungsgruppe sich mit einer kleinen Gruppe besonders einflussreichen Staaten treffen, um noch vor einem Treffen eine Übereinkunft zu erreichen. Sogenannte *green room*-Verhandlungen privilegieren somit eine kleine Anzahl starker Akteure. Dies führt dazu, dass mächtige Staaten ihre Vorschläge den anderen Mitgliedern als *take-it-or-leave-it* Angebote präsentieren können. Dies war beispielsweise in Hinblick auf das „Einzelunternehmen" der Uruguay-Runde der Fall. Industrieländer schlugen dabei die von ihnen bevorzugten Rahmenbedingungen vor und brachten dabei weniger entwickelte Ländern dazu, den neuen Vereinbarungen zuzustimmen, obwohl deren Forderungen bezüglich Agrarprodukte nicht berücksichtigt wurden.

Dennoch stellt die WTO eine bindende vertragsrechtliche Organisation dar, welche über eine der stärksten Compliance-Regelungen verfügt, und zwar einen formalisierten Mechanismus der Streitschlichtung. Sollte ein Mitglied einem anderen vorwerfen, die Handelsbestimmungen verletzt zu haben, besteht innerhalb der WTO die Abmachung, in diesen Fällen ein multilaterales Verfahren zur Streitbeilegung einzuleiten statt unilateral vorzugehen. Ein Beschwerdeführer kann die Einrichtung eines Schlichtungsausschusses beantragen, der den Fall hört und eine Entscheidung fällt. Das Urteil wird dann durch das Streitschlichtungsgremium verlesen, wodurch es für beide Parteien verbindlich wird. Sollte sich der Beklagte einem nachteiligen Urteil verweigern, so kann die WTO den beschwerdeführenden Staat dazu ermächtigen, Sanktionen zu vollziehen. Das Streitschlichtungsverfahren der WTO ist daher eine der stärksten supranationalen Governance-Funktionen des internationalen Systems.

Aufgrund des Bedürfnisses, sich vor US-amerikanischem Unilateralismus zu schützen, setzte sich die EU neben anderen Staaten für ein starkes Streitschlichtungsverfahren ein (Sen 2003, S. 129). Der US-Kongress meldete dementsprechend Bedenken über eine Stärkung solcher Verfahren an, stimmte letztendlich aber zu. Die Abläufe der Streitschlichtung bieten ungerecht behandelten Ländern tatsächlich die Möglichkeit, sich der Macht der USA zu widersetzen. Und in der Regel hielten sich die USA an ihre Verpflichtungen gegenüber der WTO und den Urteilen zur Streitschlichtung, auch in Fällen, in denen sie diese stark ablehnte (Wilson 2007). Es bleibt festzuhalten, dass die WTO nur Handelsabkommen erzwingt, die bereits zuvor von den Mitgliedsparteien ausgehandelt und ratifiziert wurden. Dementsprechend greift der Streitschlichtungsmechanismus nur dort, wo die Vereinigten Staaten ein Interesse daran zeigen, bestehende Abkommen oder bestimmte Teilaspekte zu missachten, welche sie zuvor selbst unterschrieben haben. Da die USA über ein beachtliches Maß an asymmetrischer Macht besitzen, vorteilhafte Abkommen auszuhandeln, dient der Zwang zur Einhaltung solcher Abkommen in der Regel auch ihren eigenen Interessen. Der Streitschlichtungsmechanismus kann demnach auch als ein höchst formalisiertes und institutionalisiertes Mittel gesehen werden, mit dem die Vereinigten Staaten ihre strukturelle Macht ausüben können. Obwohl die USA am häufigsten angeklagt werden, machen sie auch am häufigsten selbst von dem Streitschlichtungsverfahren Gebrauch und haben so bereits 106-mal Beschwerden gegen andere Mitglieder eingelegt.[3]

Obwohl die USA sich also der Autorität der WTO unterwirft, spiegelt sich hier die strukturelle und diskursive Macht der USA wider. Erstens profitieren die Vereinigten Staaten in der Regel vom Freihandel. Zweitens hielten sich die Kosten der Öffnung des Marktes für die USA über lange Zeit und im Gegensatz zu anderen Ländern, relativ gering. Durch ihre wirtschaftliche und politische Macht sind die USA in der Lage, im Welthandel ihre Ziele eher durchzusetzen als die meisten anderen Staaten (Sen 2003, S. 119). Zweitens zeigt sich die diskursive Macht der USA in dem Maße, in dem sich die WTO für Freihandel und Wirtschaftswachstum einsetzt, was die Vorzüge des Handels betont, und die sozialen Kosten von Offenheit und Anpassung herunterspielt. Dies steht in direktem Zusammenhang zur strukturellen Positionierung der USA, die ihr durch den Welthandel zukommt. Der Glaube an die Vorzüge offener Märkte, wie er von vielen der führenden ökonomischen Modelle propagiert wird, stellt Anpassungsprobleme als vorrangig innenpolitische Missstände dar (vgl. Barnett und Finnemore 2004). Insbesondere werden die Anpassungsschwierigkeiten von Entwicklungsländern dem Versagen innenpolitischer Institutionen und mangelndem Human- und Sachkapital zugeschrieben, die durch die richtigen politischen Reformen und „Umschulung" behoben werden können. Dementsprechend verfügt die WTO über ein Programm zur „technischen Zusammenarbeit" mit der Aufgabe, Beamten in Entwicklungsländern zu ermöglichen „erfolgreich im multilateralen Handelssystem zu agieren", indem

---

[3]http://www.wto.org/english/tratop_e/dispu_e/dispu_by_country_e.htm. Zugegriffen am 13.02.2014.

sie in Sachen Handelspolitik und wirksamer Verhandlungsführung ausgebildet werden.[4] Derartige Ausbildungsprogramme spiegeln die produktive Macht eines bestimmten Diskurses wider, der durch den amerikanischen Glaube an die Vorteile von Handelsliberalisierung geprägt ist.

3.5.2 Finanzierung

Da die WTO im Wesentlichen als Verhandlungsforum und Vollstreckungsgremium fungiert, sind die Budgetausgaben relativ gering. Der Haushalt wird in erster Linie für den Betrieb des Sekretariats, einschließlich der Gehälter und Gebäudeausstattung, verwendet.[5] Wie auch bei anderen IOs finanziert sich die WTO hauptsächlich durch die Beiträge der Mitgliedstaaten. Diese berechnen sich aus einer Formel, welche die Anteile des jeweiligen Mitgliedstaats am Welthandel bemisst. Die USA sind dabei der größte Geldgeber und steuern 11 % des Gesamthaushalts bei.[6] Deutschland ist mit 8,5 % der nächstgrößte Beitragszahler. Angesichts der Höhe und des Verwendungszwecks der Beiträge stellt die Finanzierung der Organisation für die USA nicht die primäre Möglichkeit zur Einflussnahme dar. Dementsprechend ist die WTO auch nicht sonderlich abhängig von den US-amerikanischen Beitragszahlungen. Die Welthandelsorganisation ist vielmehr von dem Willen der USA – als dem weltweit größten Handelsmarkt – abhängig, sich in Verhandlungsprozesse einzubringen und sich an Abkommen zu halten.

3.5.3 Personal

Die WTO wird durch die Regierungen ihrer Mitglieder betrieben. Alle wichtigen Entscheidungen werden durch die gesamte Mitgliedschaft getroffen. Abgesehen davon, dass sie sich dazu bereit erklären, sich an die Urteile des Streitschlichtungsgremiums zu halten, treten die Mitgliedstaaten keinerlei Kompetenzen an ein weiteres WTO-Gremium ab. Die höchste Entscheidungsinstanz der WTO ist die Ministerkonferenz, in welcher Minister aller Mitgliedstaaten mindestens alle zwei Jahre zusammentreten. Neben den Ministerkonferenzen wird die alltägliche Arbeit der WTO durch den Allgemeinen Rat verrichtet. Der Allgemeine Rat besteht aus jeweils zwei Vertretern aller Mitgliedstaaten und verfügt über die Kompetenz, im Namen der Ministerkonferenz zu handeln, der sie direkt verantwortlich ist.

Die WTO verfügt zwar über ein Sekretariat, welches vom Generaldirektor geleitet wird, der aber keinerlei Entscheidungskompetenzen besitzt. Es ist stattdessen die Aufgabe des Generaldirektors und des Sekretariats, die Vertreter der Mitgliedstaaten technische und professionelle Unterstützung zukommen zu lassen, die Öffentlichkeit mit Informationen zu versorgen und die Ministerkonferenzen zu organisieren. Das Personal des Sekretariats besteht aus weniger als 700 Angestellten und fällt im Vergleich mit anderen vergleichbaren internationalen Organisationen verhältnismäßig klein aus (der IWF hat beispielsweise 2.400 Mitarbeiter). Durch

---

[4]http://www.wto.org/english/thewto_e/whatis_e/tif_e/dev3_e.htm. Zugegriffen am 13.02.2014.
[5]http://www.wto.org/english/thewto_e/secre_e/budget_e.htm. Zugegriffen am 13.02.2014.
[6]https://www.imf.org/external/about/staff.htm. Zugegriffen am 13.02.2014.

ihr hohes Maß an Zwischenstaatlichkeit sowie den Mangel an einflussreichen Positionen bietet die WTO den USA kaum Einflussmöglichkeiten durch Personalentscheidungen. Der Hauptanteil des dennoch beachtlichen Einflusses der USA auf das Handelsregime wird daher durch ihre strukturelle und produktive Macht gewährleistet.

4 Fazit: Widerstand und Wandel

Die internationale Ordnung nach dem Zweiten Weltkrieg ist größtenteils durch die Vereinigten Staaten erschaffen und dominiert worden. Im Gegensatz zu früheren Nachkriegsordnungen war sie durch die zentrale Bedeutung internationaler Institutionen geprägt. Innerhalb dieser institutionellen Ordnung agierten die USA als hegemonialer Akteur; die Anordnung des internationalen Systems und seiner Institutionen spiegelte die materielle, institutionelle, produktive und strukturelle Macht der USA wider. Allerdings kann keine internationale Organisation als ein bloßes Instrumentarium amerikanischer Macht dargestellt werden.

Die US-basierte internationale Ordnung wurde über viele Jahre und durch viele andere Staaten als praktische Notwendigkeit und als ideologisch legitim erachtet (Hurd 2008). Im Laufe der Zeit regte sich jedoch zunehmend Widerstand gegen die Hegemonie der USA. Dieser Widerstand begann möglicherweise bereits mit der Entkolonialisierungswelle der 1960er Jahre, durch die eine Reihe von Ländern in die Vereinten Nationen aufgenommen wurden, die Kritik an den Interessen und Ansichten der USA äußerten (Malone 2003, S. 73). Im Zuge der Globalisierung und Deregulierung verstärkte sich die Kritik an der Legitimität der US-Hegemonie und deren Ausübung durch internationale Institutionen. Diese Kritik kann sowohl als Ausdruck einer anti-Globalisierungspolitik als auch einer neuartigen Politisierung internationaler Institutionen gedeutet werden – als ein Trend, der sich bereits weit vor dem 11. September abzeichnete (Zürn und Ecker-Ehrhardt 2013). Über die letzten anderthalb Jahrzehnte wurde die hegemoniale Stellung der USA in Folge des „War on Terror" und der Wirtschaftskrise von 2008 geschwächt. Diese Ereignisse haben gemeinsam zu bedeutenden Verlusten an materiellen Ressourcen, Legitimität und Glaubwürdigkeit geführt. Die USA sind immer weniger dazu in der Lage, internationale Institutionen zu beeinflussen. Dies zeigt sich anhand der Bereitwilligkeit von Verbündeten wie Frankreich oder Deutschland, dem Druck der USA standzuhalten, oder auch anhand des Erfolgs rivalisierender Staaten wie Russland oder China amerikanische Eingriffe in Syrien und Libyen zu erschweren.

Heute sind die USA weder materiell in der Lage noch politisch gewillt, weiterhin das Gros der Belastungen zu übernehmen, die der Erhalt der internationalen Ordnung mit sich bringt. Wirtschaftliche Schwierigkeiten im eigenen Land, zu denen ein gewaltiges Haushaltsdefizit zählt, werden dabei ergänzt durch Kriegsmüdigkeit und langgehegtem Argwohn gegenüber exzessiven internationalen Einsätzen. Tatsächlich zeichnet sich eine langsame Verschiebung der Lastenverteilung bereits ab. Die wichtigsten Fragen mit Blick auf die weitere Entwicklung des internationalen Systems sind daher, wie eine neue Arbeitsteilung aussehen kann, welche Akteure dabei eine führende Rolle übernehmen, und welche Auswirkungen diese Veränderungen auf internationale Institutionen haben werden. Es ist durchaus möglich, dass die USA zu einem zukünftigen Zeitpunkt keine führende Rolle mehr in der NATO spielen werden. Es ist durchaus denkbar, dass die USA eine weniger aktive Rolle bei Entscheidungen über humanitäre Krisen im Sicherheitsrat spielen wird. Es ist ebenso denkbar, dass die Vereinigten Staaten innerhalb von Wirtschaftsinstitutionen wie dem IWF und den G20, wo China zunehmend in der Lage zu sein scheint, eine stärkere Führungsrolle zu übernehmen, institutionelle Macht an aufstrebenden Volkswirtschaften abtreten werden.

Letzten Endes bleiben die USA jedoch der mächtigste internationale Akteur und die Gefahr, durch einen neuen Hegemon ersetzt zu werden, scheint nicht unmittelbar gegeben. Dennoch ist der relative Niedergang der US-Hegemonie real und dies wird sich auch auf die internationale Institutionslandschaft auswirken. Der Niedergang der amerikanischen Vormachtstellung könnte eine Chance für *Global Governance* darstellen – der kritische Zeitpunkt, um eine Neustrukturierung internationaler Institutionen vorzunehmen, die durch jahrzehntelang angekündigte Reformprogramme nicht verwirklicht werden konnten und die praktisch jeder für überfällig hält.

Literatur

Barnett, Michael, und Raymond Duvall. 2005. Power in international politics. *International organization* 59(1): 39–75.

Barnett, Michael, und Martha Finnemore. 2004. *Rules for the world: International organizations in global politics.* New York: Cornell University Press.

Barro, Robert, und Jong-Wha Lee. 2005. IMF programs: Who is chosen and what are the effects? *Journal of Monetary Economics* 52: 1245–1269.

Bond, Alison. 2003. U.S. funding of the United Nations: Arrears payment as an indicator of multilateralism. *Berkeley Journal of International Law* 21(3): 703–714.

Brooks, Stephen und William Wohlforth. 2009. Reshaping the world order: How Washington should reform international institutions *Foreign Affairs* 88:2 (Mar/Apr): 49–63.

Chwieroth, Jeffrey. 2009. Capital Ideas: *The IMF and the rise of financial liberalization.* Princeton: Princeton University Press.

Cox, Robert, und Harald Jacobson. 1973. *The anatomy of influence: Decision making in international organization.* New Haven: Yale University Press.

Dahl, Robert. 1957. The concept of power. *Behavioral Science* 2(3): 201–215.

Foot, Rosemary, S. Neil MacFarlane, und Michael Mastanduno. 2003. *US hegemony and international organizations.* Oxford: Oxford University Press.

Hurd, Ian. 2008. After anarchy: *Legitimacy and power in the United Nations Security Council.* Princeton: Princeton University Press.

Ikenberry, G. John. 2001. *After victory: Institutions, strategic restraint, and the rebuilding of order after major wars.* Princeton: Princeton University Press.

Jones, Seth. 2007. *The rise of European security cooperation.* Cambridge: Cambridge University Press.

Kaplan, Lawrence. 2004. *NATO divided, the evolution of an alliance.* Praeger: NATO United.

Keohane, Robert. 1998. International institutions: Can interdependence work? *Foreign Policy* 110: 82–96.

Malone, David. 2003. US-UN relations in the UN Security Council in the Post-Cold War Era. In *US hegemony and international organizations*, Hrsg. Rosemary Foot, S. Neil MacFarlane, und Michael Mastanduno, 73–91. Oxford: Oxford University Press.

Matthews, Jessica. 1997. Power shift. *Foreign Affairs*. 76:1 (Jan/Feb):50–66.

Nye, Joseph. 2005. Globalization's democratic deficit: How to make international institutions more accountable. *Foreign Affairs* 80(4): 2–6.

Oatley, Thomas, und Jason Yackee. 2004. American interests and IMF lending. *International Politics* 41: 415–429.

Pape, Robert. 2009. First draft of history: Empire falls, *The National Interest* January/February 2009: 21–34.

Sen, Guatam. 2003. The United States and the GATT/WTO system. In *US Hegemony and international organizations*, Hrsg. Rosemary Foot, S Neil MacFarlane und Michael Mastanduno, 115–138. Oxford: Oxford University Press.

Strange, Susan. 1998. *States and markets*, 2. Aufl. London: Bloomsbury Academic.

Tallberg, Jonas, Thomas Sommerer, Theresa Squatrito, und Christer Jönsson. 2013. *The opening up of international organizations*. Cambridge: Cambridge University Press.

Thacker, Strom. 1999. The high politics of IMF lending. *World Politics* 52(1): 38–75.

Viola, Lora Anne, Duncan Snidal, und Michael Zürn. 2014. Sovereign (In)equality in the evolution of the international system. In *The Oxford handbook of transformations of the state*, Hrsg. Leibfried, Stephan et al. Oxford: Oxford University Press.

VN-Charta. 1945. Kap. 1, Art. 1:3.

Wilson, Bruce. 2007. Compliance by WTO members with adverse WTO dispute settlement Rulings: The record to date. *Journal of international economic law* 10(2): 397–403.

Woods, Ngaire. 2003. The United States and the international financial institutions: Power and influence within the World Bank and IMF. In *US hegemony and international organizations*, Hrsg. Rosemary Foot, S. Neil MacFarlane und Michael Mastanduno, 92–114. Oxford: Oxford University Press.

Zürn, Michael. 1998. *Regieren jenseits des Nationalstaats Globalisierung und Denationalisierung als Chance*. Frankfurt am Main: Suhrkamp.

Zürn, Michael, Martin Binder, und Matthias Ecker-Ehrhardt. 2012. International authority and its politicization. *International Theory* 4(1): 69–106.

Zürn, Michael. 2013. Politisierung als Konzept der internationalen Beziehungen. In *Die Politisierung der Weltpolitik*, Hrsg. Michael Zürn und Matthias Ecker-Ehrhardt, 7–35. Suhrkamp.

Terrorismus und US-Sicherheitspolitik

Lars Berger

Inhalt

1 Einleitung 560
2 Grey Zone Conflicts – Der Wandel der Sicherheitspolitik nach dem Kalten Krieg 560
3 Die Bush-Administration und der Krieg gegen den Terrorismus 563
4 Back to the Future? - Die Obama-Administration und die Neuausrichtung
  US-amerikanischer Terrorismusbekämpfung 571
5 Ausblick 575
Literatur 576

Zusammenfassung

Die Bedrohung durch terroristische Gewalt war im ersten Jahrzehnt des 21. Jahrhunderts von zentraler Bedeutung für die USA. Die Anschläge vom 11. September 2001 zwangen die politischen Eliten zu der Erkenntnis, dass althergebrachte Strukturen und Strategien nur bedingt eine Antwort lieferten auf die sich seit dem Ende des Ost-West-Konflikts verändernden Herausforderungen an die nationale Sicherheit der USA. In der Formulierung konkreter Strategien zur Bekämpfung des Terrorismus mussten Entscheidungsträger dabei die Spannungen zwischen Bürgerrechten und Sicherheit im Inneren, internationalem Recht und nationaler Sicherheit im Äußeren sowie zwischen offensiven und defensiven Maßnahmen ausbalancieren.

Schlüsselwörter

Homeland Security • Terrorismus • war on terror • Sicherheitspolitik

---

L. Berger (✉)
University of Leeds, Leeds, United Kingdom
E-Mail: l.berger@leeds.ac.uk

© Springer Fachmedien Wiesbaden 2016
C. Lammert et al. (Hrsg.), *Handbuch Politik USA, Springer NachschlageWissen*,
DOI 10.1007/978-3-658-02642-4_33

1 Einleitung

Im ersten Jahrzehnt des 21. Jahrhunderts stellte die Frage nach dem Schutz vor terroristischen Anschlägen und der Verminderung der Kapazitäten transnational operierender Terrororganisationen ein zentrales Motiv der innen- und außenpolitischen Debatten in den USA dar. Die willkürliche Verletzung oder Tötung von Zivilisten berührt das Sicherheitsempfinden eines jeden US-Bürgers und damit auch die zentrale Aufgabe staatlicher Strukturen, die innere und äußere Sicherheit zu gewähren. Dabei ergibt sich die besondere Aufmerksamkeit aus dem spezifischen Charakter des Terrorismus. Als medienträchtige Kommunikationsstrategie erreicht er weite Teile der US-amerikanischen Öffentlichkeit. Der dadurch erzeugte Handlungsdruck kann von politischen Entscheidungsträgern nur schwer ignoriert werden. Unabhängig von der weiterhin umstrittenen Antwort auf die tatsächliche Gefahr, welche vom Terrorismus für den Einzelnen oder gar für Staat und Gesellschaft als Ganzes ausgeht, muss daher jeder Politiker die Wahlbevölkerung von der Kompetenz im Bereich der Terrorismusbekämpfung überzeugen. Ein Vergleich der Administrationen George W. Bushs und Barack Obamas offenbart dabei durchaus Unterschiede in der Problemdefinition und der daraus resultierenden Politik. Gleichwohl begrenzen institutionelle Strukturen und öffentliche Diskurse den Handlungsspielraum der politischen Entscheidungsträger. Die kritische Analyse der sich in diesem Spannungsfeld ergebenden Kontinuitäten und Diskontinuitäten in der institutionellen Untermauerung und konkreten politischen Ausformung US-amerikanischer Terrorismusbekämpfung ist das Ziel des folgenden Überblicks. Ausgehend von der Rekonstruktion der sicherheitspolitischen Einordnung der terroristischen Bedrohung seit dem Ende des Kalten Krieges legt dieser Beitrag dabei besonderes Augenmerk auf die Antworten, die US-amerikanische Entscheidungsträger auf die Frage nach der Rolle militärischer Instrumente in der Terrorismusbekämpfung, der Notwendigkeit institutioneller Neuausrichtungen im US-Sicherheitsapparat sowie der angemessenen Balance zwischen dem Schutz von Bürgerrechten und individueller Sicherheit entwickelten.

2 Grey Zone Conflicts – Der Wandel der Sicherheitspolitik nach dem Kalten Krieg

Wie die Epoche seit dem Aufkommen des modernen internationalen Terrorismus in den 1960er Jahren im Allgemeinen und des transnationalen islamistischen Terrorismus seit den 1990 Jahren im Speziellen gezeigt hat, ist die Einordnung der terroristischen Bedrohung einem stetigen Wandel unterworfen. Dabei ist festzuhalten, dass zahlreiche Argumente, die die Debatte seit dem 11. September 2001 bestimmten, in vielerlei Hinsicht spätestens seit den 1990er Jahren angelegt waren. So machte das Ende des Ost-West-Konfliktes den Blick frei für Bedrohungen, die nicht mehr in erster Linie von staatlichen Akteuren ausgingen. Im Zuge des sich erweiternden Sicherheitsbegriffs begannen politische Eliten, nicht nur in den USA, neue Bedrohungen nationaler Sicherheit ins Auge zu fassen, die in ihrem Charakter grundsätzlich transnational waren. Dazu gehörten neben den Fragen der Nachhaltigkeit und der Stabilität des globalen Wirtschaftskreislaufs auch sicherheitspolitische Herausforderungen im engeren Sinne wie die organisierte Kriminalität und ein scheinbar neue Art des Terrorismus, die beide von nicht-staatlichen Akteuren getragen wurden und sich in Organisation und Aktion nicht an staatliche Grenzen hielten.

Für die Clinton-Administration stand fest, dass den neuen transnationalen Gefahren wie dem religiös motivierten Terrorismus und der organisierten Kriminalität nur durch multilaterale Kooperation begegnet werden könne (Badey 2006). Dabei ist die Überlappung zwischen organisierter Kriminalität und Terrorismus kein neuartiges Phänomen, vielmehr verortete Tamara Makarenko (2004) deren Ursprünge im Narkoterrorismus, d. h. der gezielten Einschüchterung staatlicher Drogenbekämpfung in Lateinamerika in den 1980er Jahren. Im Zuge der Transnationalisierung der organisierten Kriminalität und des Terrorismus hatten die involvierten Akteure nicht nur begonnen, sich in ihren Operationen und Organisationen zu ähneln, sondern auch direkte Verbindungen zu etablieren. Vorangetrieben wurde diese Entwicklung durch die seit dem Ende des Kalten Krieges abnehmende Bedeutung staatlicher Sponsoren. Auf der Suche nach neuen Geldquellen waren mehr und mehr Terrororganisationen gezwungen, sich mithilfe der organisierten Kriminalität zu finanzieren (Hutchinson et al. 2007). Ironischerweise sorgten die verstärkten Anstrengungen US-amerikanischer Terrorismusbekämpfung nach dem 11. September dafür, dass diese Verbindungen noch enger wurden. So trieb etwa die erfolgreiche Trockenlegung der finanziellen Ressourcen transnationaler Terrororganisationen diese immer weiter in die Arme organisierter Krimineller (Sanderson 2004).

Die Diskussion der Bedrohung durch den transnationalen Terrorismus und die organisierte Kriminalität erfolgte seit den 1990er Jahren auch zunehmend im Kontext des Aufkommens schwacher oder gar unregierbarer Staaten (Baker 2007; Dorff 2005). So hatte beispielsweise das vom Bürgerkrieg geplagte Afghanistan unter dem Minimalregime der Taliban, die keinerlei Interesse am Aufbau effizienter staatlicher Strukturen hatten, al-Qaida unter Osama Bin Laden ein Rückzugs- und Trainingsgebiet geboten. Tatsächlich sahen Beobachter wie Byman (2005) das Afghanistan der späten 1990er Jahre als erstes Beispiel dafür, dass ein Staat vollkommen von einer Terrororganisation übernommen wird, so dass der Staat nicht mehr als passiver oder aktiver Sponsor einer Terrororganisation agiert, sondern in deren Führungsstruktur aufgeht. Kritiker einer verengten Sichtweise auf *failed states* verweisen darauf, dass es Varianten von Staatsversagen oder Räume verringerten staatlichen Einflusses auch in vermeintlich stabilen staatlichen Strukturen westlicher Industrieländer existieren (Simons und Tucker Simons und David 2007). Zudem ist offensichtlich, dass die Rekruten transnationaler Terrororganisationen wie beispielsweise der al-Qaida eher aus entwickelten Staaten wie Ägypten und Saudi-Arabien kamen (Sageman 2004). Die Fähigkeit der al-Qaida, in den autoritären arabischen Diktaturen zu rekrutieren, verdeutlicht, dass das

Problem eher im Bereich des Mangels legitimer Herrschaft liegt, dass nicht nur *failed states* betrifft, sondern auch enge Partner der USA (Berger 2007, 2009; Dorff 2005; Rice 2004).

Die Feststellung neuer sicherheitspolitischer Herausforderungen muss nicht zwingenderweise eine Neuordnung des außen- und innenpolitischen Interessengefüges mit sich bringen. Nimmt man das Bedürfnis nach physischer Sicherheit und materiellem Wohlstand (Jablonsky 2002) als Messlatte, dann scheinen die Kritiker eines besonderen Fokus auf den Terrorismus Recht zu haben. Auf Ebene der gesamtgesellschaftlichen Bedrohung kritisiert Carole Foryst (2010) beispielsweise den Fokus der Geheimdienste auf den transnationalen Terrorismus, wenn zur gleichen Zeit die ausländische Industrie- und Wirtschaftsspionage in den USA einen jährlichen Schaden von 300 bis 500 Milliarden US-Dollar (USD) anrichten. Dies ist ein Vielfaches des unmittelbar durch den 11. September 2001 verursachten Schadens, der nach Berechnungen des *Congressional Research Service* im ersten Jahr nach den Anschlägen 15 Milliarden USD für die US-Luftfahrtindustrie, 40 Milliarden USD für das US-Versicherungswesen und 27 Milliarden USD für die Wirtschaft New Yorks betrug (Makinen 2002: 4–5). Vor diesem Hintergrund kam Stephen Walt (2005), der als Anhänger des (Neo)Realismus wenig für nichtstaatliche Bedrohungen übrig hat, zu dem Schluss, dass die USA ohne weiteres einen Anschlag von der Größenordnung des 11. September 2001 einmal pro Jahrzehnt hinnehmen könnten, ohne dass dies der US-amerikanischen Gesellschaft dauerhaften Schaden zufügt.

Die Erkenntnis, dass die tatsächliche Fähigkeit des Terrorismus, massiven gesamtgesellschaftlichen Schaden anzurichten, begrenzt ist, muss jedoch nicht im Einklang stehen mit dem individuellen Sicherheitsempfinden. So ging in den ersten fünf Jahren nach dem 11. September 2001 die Zahl derjenigen, die sich Sorgen darüber machten, selbst Opfer eines Terroranschlages zu werden, von 53 % unmittelbar nach den Anschlägen nur unwesentlich auf 44 % im Jahr 2006 zurück (Bloch-Elkon 2011). Diesen Zahlen setzte John Mueller (2005) in seiner oft zitierten Polemik den Verweis auf Statistiken gegenüber, nach denen für den durchschnittlichen US-Amerikaner die Gefahr, Opfer eines Terroranschlages zu werden, geringer sei, als die Gefahr, in der eigenen Toilette zu ertrinken. Eine Erklärung für die Diskrepanz zwischen den statistisch messbaren Gefahren und Schäden und den teilweise enormen Kosten der, nicht nur in den USA, entworfenen Gegenstrategien erklärt sich aus dem besonderen Wesen des Terrorismus. Der Unterschied zwischen dem Ertrinken in der Toilette und Terroranschlägen besteht nämlich darin, dass Letztere das Resultat eines konkreten Planes sind, scheinbar wahllos Unbeteiligte zu töten oder zu verwunden. Diese zielgerichtete, auf Medienwirksamkeit abzielende Gewalt erklärt die besondere psychologische Qualität des Terrorismus und seine ungleich größere Wirkung auf das individuelle Sicherheitsempfinden als dies bei allen möglichen Unfallszenarien oder Umweltkatastrophen der Fall ist (Wolfendale 2007).

Wie Rathbun zudem hervorgehoben hat, unterscheidet sich der Terrorismus durch die besondere Verflechtung von innerer und äußerer Bedrohung von anderen außenpolitischen Themenfeldern. Vergleicht man das Vorgehen der USA gegen den transnationalen islamistischen Terrorismus mit dem Kalten Krieg, dann wird schnell klar, dass die terroristische Gefahr für den einzelnen US-Bürger viel konkreter ist, als dies die potentiell viel folgenreichere Bedrohung durch die Sowjetunion jemals sein konnte (Rathbun 2007). Daher überrascht es nicht, wenn die vierjährlichen Umfragen des *Chicago Council on Global Affairs* die Terrorismusbekämpfung bereits seit dem letzten Viertel des 20. Jahrhunderts zu den zentralen außenpolitischen Aufgaben einer jeden US-Regierung zählen – neben der Wahrung von US-Arbeitsplätzen, der sicheren Energiezufuhr und dem Vorgehen gegen die Proliferation von Massenvernichtungswaffen.

Aufgrund der Bedeutung des individuellen Sicherheitsempfindens hätte daher auch ein (vermeintliches) Versagen in diesem Politikfeld verheerende Folgen für die weitere Karriere des betroffenen Politikers. Dies erklärt beispielsweise, warum die Regierung von George W. Bush es nicht wollte, dass die überparteiliche Kommission zur Aufklärung der Anschläge vom 11. September 2001 den Beitrag des Weißen Hauses an einem der größten Sicherheitsdebakel der US-amerikanischen Geschichte genauer untersuchte (Berger 2007). Auf der anderen Seite des politischen Grabens sahen die Republikaner im Anschlag auf das US-Konsulat im libyschen Bengasi vom 11. September 2012, dem der US-Botschafter Christopher Stevens zum Opfer fiel, eine Chance, dem in dieser Hinsicht sonst unangreifbaren Präsidenten Obama und seiner Außenministerin Hillary Clinton Versagen in der Terrorismusbekämpfung nachzuweisen.

3 Die Bush-Administration und der Krieg gegen den Terrorismus

3.1 Der Krieg im Irak

Entgegen dem weitverbreiteten journalistischen und akademischen Diskurs hatte nicht die Bush-Administration die Verwendung des Kriegsbegriffs für die Auseinandersetzung mit dem transnationalen islamistischen Terrorismus eingeführt. Führende Repräsentanten der Clinton-Administration wie Außenministerin Albright und Verteidigungsminister Cohen hatten Osama Bin Ladens Kriegserklärung von Anfang 1998 und die darauf folgenden Anschläge auf US-Botschaften in Kenia und Tansania als Kriegsakt eingestuft und die Führung der al-Qaida damit zum legitimen militärischen Ziel erklärt (Berger 2007, S. 247).

Für die Bush-Administration war die Entscheidung, den Begriff ‚Krieg' für die Reaktion der USA auf die Anschläge von 9/11 zu verwenden, in dreierlei Hinsicht von Bedeutung. Erstens suggeriert der Begriff des ‚Krieges' die Möglichkeit eines entscheidenden militärischen Sieges, welcher gegen eine Taktik wie den Terrorismus, der von vielen Akteuren in unterschiedlichsten politischen Kontexten genutzt wird, schlicht nicht möglich ist (Howard 2002; Jablonsky 2002). Dabei hilft er, zweitens, die Terrorismusbekämpfung als hauptsächlich außenpolitische Aufgabe zu verorten. So argumentierte die Bush-Administration, dass das Vorgehen gegen Terroristen im Ausland im Zuge des *war on terror* ein zentraler Bestandteil der Verhinderung von Terroranschlägen im Inland sei (Nacos 2008). Dadurch gelang es der Bush-Administration, den für den Aufstieg und die Bekämpfung des islamistischen Terrorismus absolut irrelevanten Irak rhetorisch im *war on terror* zu verankern. Wie erfolgreich die Bush-Administration in ihrem Bestreben war, die Anschläge vom 11. September 2001 als Vorwand für einen Krieg gegen den Irak zu instrumentalisieren, zeigte sich, als im Dezember 2001 61 % der von *ABC News* und *Washington Post* Befragten den Sturz Saddam Husseins als Voraussetzung für einen „erfolgreichen" Krieg gegen den Terrorismus nannten, nur sehr knapp (64 %) hinter der Verhaftung Osama Bin Ladens (Berger 2007, S. 279). Drittens wiederum erlaubte die Einordnung des Kampfes gegen den Terrorismus als Krieg auf der innenpolitischen Ebene, weitere Macht im Weißen Haus zu zentralisieren. Für Vizepräsident Dick Cheney war dies eine Herzensangelegenheit:

> In 34 years, I have repeatedly seen an erosion of the powers and the ability of the president of the United States to do his job. (...) I feel an obligation (...) to pass on our offices in better shape than we found them to our successors (zitiert in Savage 2006).

Der Erfolg der Cheneyschen Vision hing auch davon ab, inwieweit es der Bush-Administration gelang, den *rally-around-the-flag* Effekt des 11. September 2001 bis zur Präsidentschaftswahl 2004 zu verlängern. Als Präsident Bush in seiner Rede zur Lage der Nation am 29. Januar 2002 den Irak in eine „Achse des Bösen" einreihte, konnte er an bereits bestehende Topoi anknüpfen, seien es Ronald Reagans „Konföderation terroristischer Staaten" in Bezug auf den Iran und Nordkorea (Berger 2007, S. 77–78) oder Bill Clintons Liste sogenannter *backlash states* wie Kuba und Libyen (Lake 1994). Nachdem das Narrativ der direkten terroristischen Bedrohung durch den Irak aufgrund unauffindbarer Massenvernichtungswaffen und ausbleibender Beweise für die Involvierung des Iraks in die Anschläge vom 11. September 2001 nicht mehr aufrechterhalten werden konnte, begann die Bush-Administration, die Vision einer größeren Transformation des Nahen und Mittleren Ostens als Mittel der Bekämpfung des islamistischen Terrorismus verstärkt zu propagieren (Bush 2003). Kritiker wie Desch (2007) gaben dem US-amerikanischen Liberalismus die Schuld an dem sich seiner Meinung nach in der Bush-Administration äußernden, „verantwortungslosen" Drang der US-Amerikaner, ihre Werte im Ausland zu verbreiten. Dueck (2003) sah sogar eine direkte Verbindung zwischen der Außenpolitik der Präsidenten Woodrow Wilson und George W. Bush. Ganz im Sinne des liberalen Internationalismus hätten beide (Völkerbund bei Wilson und Bushs Versuch des *Nation Building* in Afghanistan und im Irak) eine weitreichende Ausdehnung des außenpolitischen Engagements verantwortet ohne jedoch die dafür notwendigen Mittel zur Verfügung zu stellen.

Der Versuch der Anhänger des Realismus, den Liberalismus für die Verfehlungen der Bush-Administration in Verantwortung zu ziehen, leidet jedoch an einigen zentralen Schwächen. Erstens zeigt die liberale Kritik an der Beschneidung von Bürgerrechten im Namen der Terrorismusbekämpfung (Strossen 1997), dass der Vorwurf, liberaler Weltverbesserungseifer bringe illiberale Praktiken mit sich, intellektuell nicht kohärent ist. Rathbuns tiefgehende Untersuchung (2007) der innen- und außenpolitischen Einstellungsmuster US-amerikanischer Eliten zeigt dementsprechend, dass diejenigen, die in der Innenpolitik auf Hierarchien setzen (und die Beschränkung von bestimmten Bürgerrechten akzeptieren), auch in der Außenpolitik eher bereit sind, die Interessen der USA über die Interessen anderer Akteure zu stellen. Diejenigen hingegen, die in der Innenpolitik auf Gemeinschaft setzen, sind auch in der Außenpolitik eher bereit, auf die Interessen anderer einzugehen.

Zweitens hat insbesondere Piki Ish-Shalom (2008) gezeigt, dass sich liberale Theorien, einschließlich der These vom Demokratischen Frieden, eben nicht zur Rechtfertigung des Irak-Krieges heranziehen lassen. Entsprechende rhetorische Leuchtfeuer wie der Verweis der nationalen Sicherheitsstrategie von 2006, dass deren ultimatives Ziel das „Ende der Tyrannei in der Welt" sei, sind lediglich Floskeln, um das Versagen der Bush-Administration im Irak zu übertünchen. Wenn es der Bush-Administration ernst gewesen wäre mit ihrer Analyse des islamistischen Terrorismus als Resultat autoritärer politischer Strukturen, dann hätte sie mit Ägypten und Saudi-Arabien beginnen müssen (Berger 2011 und 2007, siehe auch Rice 2004).

Drittens erscheint es fahrlässig, wenn Realisten aus Angst vor den vermeintlichen Kosten die Augen vor neuen transnationalen Sicherheitsherausforderungen verschließen. Stattdessen könnten die damit verbundenen Kosten durch eine multilateral ausgerichtete Außen- und Terrorismusbekämpfungspolitik aufgefangen werden. Tatsächlich erscheint das eigentliche Versagen der Bush-Administration in der Weigerung zu liegen, anzuerkennen, dass im Kontext der Globalisierung nationale Sicherheit nur mittels multilateraler Kooperation zu erreichen ist (Patman 2009). Viertens übersehen realistischen Analysen gerne, dass die Außen- Sicherheitspolitik eines Landes eben auch das Resultat innenpolitischer Dynamiken ist (Moravcsik 1997). Dies ist insbesondere der Fall in den USA, wo, wie die nachfolgende Diskussion zeigt, eine Vielzahl von Akteuren Einfluss auf Außen- und Terrorismusbekämpfungspolitik nehmen kann.

3.2 Der Umgang mit Terrorverdächtigen

Ebenso kontrovers wie die Entscheidung, den Irak zum Fokus des *war on terror* zu machen, war der Umgang der Bush-Administration mit denjenigen, die der Planung oder Ausführung von Terroranschlägen verdächtigt wurden. Konkret hatten die USA eine Antwort auf die Frage zu finden, inwiefern Gefangene in Afghanistan, und später im Irak, aber auch al-Qaida-Mitglieder in Ländern, mit denen die USA sich nicht im Kriegszustand befand, dem Schutz der Genfer Konvention unterliegen. Die Anerkennung als Kriegsgefangene hätte es den US-Behörden zunächst unmöglich gemacht, diese mit Blick auf Geheimdienstinformationen oder juristisch handfeste Beweise zu verhören. Zudem wiesen Kritiker der Anerkennung als Kriegsgefangene darauf hin, dass diese den Terrorverdächtigen den Schutz durch ein internationales Recht zukommen lässt, welches diese selbst bewusst missachteten. Von zentraler Bedeutung ist in diesem Zusammenhang auch, dass Terroristen per Definition eine Grundmaßgabe des Kriegsrechtes, nämlich den Schutz von Zivilisten, missachten (Yoo 2004). Darüber hinaus verlangt die Genfer Konvention, dass an Kriegshandlungen Beteiligte ihre Waffen offen tragen und sich durch Uniformen kenntlich machen müssen, um sich deutlich von Zivilisten zu unterscheiden. Zudem müssen sie einer klaren Kommandostruktur unterstehen. Auf symbolischer Ebene hätte eine Anerkennung als Kriegsgefangene die Mitglieder von al-Qaida und ihrer Affiliierten auf eine Stufe mit den Angehörigen des US-Militärs und seiner NATO-Verbündeten gestellt. Aufgrund dieser Symbolhaftigkeit war die Anerkennung als Kriegsgefangene bereits eine zentrale, aber erfolglose Forderung von Mitgliedern der RAF und IRA gewesen. Zudem hätten al-Qaida-Mitglieder als anerkannte Kriegsgefangene das Recht auf Freilassung nach dem Ende aller Kriegshandlungen. Im Falle der Auseinandersetzung zwischen der al-Qaida und den USA samt ihren Verbündeten scheint ein solch klarer Schnitt jedoch kaum möglich. Dies liegt neben der Ideologie der al-Qaida, die auch zwischenzeitliche Rückschläge auf dem notfalls Jahrzehnte oder Jahrhunderte dauernden Konflikt mit den USA hinnimmt, auch an der Struktur dieses transnationalen Netzwerkes, bei dem es im Gegensatz zu einem staatlichen Akteur unklar blieb, wer eine solche Erklärung des Endes aller „Kriegshandlungen" überhaupt vornehmen kann (Wedgwood 2002).

Auf der anderen Seite bietet die Einstufung von Terroristen als gewöhnliche Kriminelle die Chance, die im Zuge der normalen Strafverfolgung vorgenommenen Verhöre in regulären Strafprozessen zu nutzen. Die Einstufung als gewöhnliche Kriminelle ist jedoch kontrovers, da in diesem Fall die Terrorismusbekämpfung den Beschränkungen des *due process* unterliegt. Die Befragung von Terrorverdächtigen nach der *Miranda*-Warnung würde es der CIA und anderen Geheimdiensten erschweren, Informationen zu Verhinderung zukünftiger Anschläge zu erlangen. Dabei spielt deren gerichtliche Verwertbarkeit keine Rolle. Dies trifft natürlich nicht auf die FBI und andere Strafverfolgungsbehörden zu, deren Hauptinteresse lange Zeit in der Aufklärung begangener Anschläge lag (Berger 2007). Die Antwort der Bush-Administration auf dieses Dilemma war klar. Für den Rechtsberater des Weißen Hauses, Alberto Gonzales, stand fest:

> the war against terrorism is a new kind of war (...) the nature of the new war places a high premium on other factors, such as the ability to quickly obtain information from captured terrorists and their sponsors in order to avoid further atrocities against American civilians. ... In my judgement, this new paradigm renders obsolete Geneva's strict limitations on questioning of enemy prisoners and renders quaint some of its provisions (zitiert in Wolfendale 2007: S. 762).

Die von der US-Regierung eingeführte Kategorie der *enemy combatants* stellte einen Versuch dar, den verhafteten Verdächtigen den Schutz der Genfer Konvention und US-amerikanischen Rechtes vorzuenthalten. Dadurch versprach sich die US-Regierung effektiveren Zugriff auf geheimdienstlich relevante Informationen und die Gewähr, dass per Inhaftierung in Guantanamo Verdächtige auf Dauer an der Planung und Durchführung von Terroranschlägen gehindert werden.

3.3 Reform der Geheimdienste und neue geheimdienstliche Praktiken der Informationsbeschaffung

Die zentrale Rolle, welche die Geheimdienste in der Terrorismusbekämpfung spielen (Posen 2002), erklärt auch die besonderen Reformanstrengungen nach dem scheinbaren Versagen am 11. September 2001. Der *Intelligence Reform and Terrorism Prevention Act* von 2004 sollte den Geheimdiensten helfen, eine Antwort auf die Vorwürfe der 9/11-Kommission zu finden, nach denen es den unterschiedlichen US-Nachrichtendiensten an „Vorstellungskraft, Fähigkeiten, und Management" mangeln würde (Harknett und Stever 2011). Die durch dieses Gesetz neu geschaffene Position des *Director of National Intelligence* war jedoch nicht in der Lage, die Effizienz und Effektivität der Kooperation unter den insgesamt 16 involvierten Geheimdiensten zu erhöhen, was vor allem an der dem neuen Posten fehlenden Budgethoheit lag (Harknett und Stever 2011).

Ebenso unvollendet blieb der Versuch, die Fähigkeit des Kongresses zu verbessern, eine Kontrollfunktion gegenüber den Geheimdiensten auszuüben, welche insbesondere von den Geheimdienstausschüssen in beiden Kammern getragen wird. Die Ausschussvorsitzenden und ranghöchsten Mitglieder der jeweiligen Oppositionspartei gehören zur sogenannten „Gang of Four", die von der CIA seit dem *National Security Act* von 1947 und den Reformen der 1970er Jahren über verdeckte Operationen in Kenntnis gesetzt werden muss. In bestimmten Fällen wird der Kreis auf die „Gang of Eight" ausgeweitet, die zusätzlich noch die beiden Parteiführer der Demokraten und Republikaner in beiden Kammern umfasst. Da die Mitglieder beider Gruppen jedoch der Geheimniswahrung verpflichtet sind, steht ihnen die Möglichkeit, bei noch laufenden Aktionen öffentlichen Druck auf die Exekutive auszuüben, nicht zur Verfügung. Tatsächlich erweist sich damit dieses vermeintliche Instrument der Kontrolle der Exekutive durch die Legislative vielmehr als Instrument der Kooptation der Legislative durch die Exekutive.

Im Jahr 2010 hatte die *Commission on the Prevention of Weapons of Mass Destruction Proliferation and Terrorism* dem Kongress anhaltendes Versagen in der Kontrolle der Geheimdienste und der für den Heimatschutz verantwortlichen Behörden vorgeworfen. Für Amy Zegart (2011) rührt dieses Versagen von zwei grundlegenden institutionellen Schwächen her: einer begrenzten Expertise und einem geringen Einfluss auf die Haushalte der einzelnen Geheimdienste. Das daraus resultierende System dient vor allem dem Interesse der Kongressabgeordneten an ihrer Wiederwahl, welches parteipolitisches Gegeneinander lohnender erscheinen lässt als die überparteiliche Kooperation in der Kontrolle der Exekutive, und dem Interesse der Ausschüsse an der Sicherung ihrer Vorrechte. Selbst wenn der Kongress sich zu einer gemeinsamen Position entschließen kann, steht ihm immer noch ein Präsident gegenüber, der, unabhängig von parteipolitischer und ideologischer Couleur, eine seiner wichtigsten außenpolitischen Prärogativen verteidigen möchte. So scheiterte im Jahr 2010 der damals Demokratisch kontrollierte

Kongress mit einem Gesetzentwurf, der das *Government Accountability Office* ermächtigen sollte, Informationen über die adäquate Nutzung von Steuergeldern von allen Geheimdiensten zu sammeln, an der Androhung eines Vetos durch den Demokratischen Präsidenten Obama (Harknett und Stever 2011).

Die mangelnde Kontrolle der Geheimdienste durch die US-Legislative ist besonders problematisch angesichts der Ausweitung der elektronischen Überwachung. Diese reflektiert einerseits die technischen Möglichkeiten des hochentwickelten Industrielandes USA. Andererseits spiegeln die technischen Erfolge der US-Geheimdienste auch die Probleme wider, die die CIA und andere US-Geheimdienste dabei haben, *human intelligence* zu sammeln. Das *case officer model* aus der Zeit des Ost-West-Konflikts beschränkt den einzelnen Geheimdienstmitarbeiter auf die Gewinnung von Informationen, bei denen die Agenten diplomatische Tarn-Identitäten problemlos aufrechterhalten können. Dies bedeutet auch, dass US-Geheimdienstmitarbeiter größtenteils keinen direkten Zugriff auf potentielle oder tatsächliche Terroristen und deren Milieus haben, sondern auf Mittelsmänner in kooperierenden Geheimdiensten angewiesen sind (Berkowitz 2002). Diese Lücke versuchen die USA durch die aggressive Ausweitung der technischen Überwachung zu schließen. Die Bedeutung elektronischer Überwachung erklärt auch, warum die NSA nach dem 11. September 2001 zum zentralen Produzenten von Geheimdienstinformationen im *war on terror* aufstieg. So war es die Auswertung von Emails und Telefongesprächen durch die NSA, die im März 2003 zur Verhaftung von Khalid Sheikh Mohammed, dem Organisator der Anschläge vom 11. September 2001, in Pakistan führten. Tatsächlich liefert nun die NSA und nicht die CIA einen Großteil der Informationen für den zweiseitigen, streng geheimen *President's Daily Brief*, den jeder Präsident allmorgendlich erhält (Aid 2003).

Die Diskussion um die Enthüllungen von Edward Snowden hatte in den USA seinen Vorläufer in der Debatte um die elektronische Überwachung von Telefongesprächen, die in den USA initiiert oder entgegengenommen wurden. Die Bush-Administration argumentierte, dass das in der Verfassung dem Präsidenten vermachte Recht der Kriegsführung sowie die Ermächtigung durch den Kongress aus dem Jahr 2001, alle Mittel einzusetzen, um den Urhebern der Anschläge vom 11. September habhaft zu werden, ausreichende juristische Grundlagen liefern würden. Nach dem *Foreign Intelligence Surveillance Act* von 1978 ist der *Foreign Intelligence Surveillance Court* (*FISC*) zuständig für die Bewertung von Anträgen zur elektronischen Überwachung in den USA. Diese Anträge müssen zuvor vom Generalbundesstaatsanwalt genehmigt werden. Zudem muss ein für nationale Sicherheit zuständiges Mitglied der Exekutive, das mindestens von einem Rang ist, das die Zustimmung des Kongresses für seine Ernennung erfordert, bestätigen, dass „normale" Wege der Erkenntnisgewinnung nicht möglich sind, und darlegen, welches Mittel der Erkenntnisgewinnung beantragt wird. In den Jahren von 1978 bis 2005 lehnte der *FISC* von den 19.000 Anträgen lediglich fünf ab. Die geheime Ermächtigung der NSA durch Präsident Bush im Jahr 2002, auch ohne die Involvierung des *FISCs* Telefongespräche abzuhören, markierte dann den Übergang vom langfristigen Abhören Einzelner hin zum *data mining*, dessen Ziel die Aufdeckung von potentiell gefährlichen Beziehungsmustern ist (Wong 2006).

Von diesem Trend zu der eigentlich für Geheimdienste typischen präemptiven Sammlung von Daten und Informationen über potentielle Gefahren blieben auch die Strafverfolgungsbehörden nicht verschont. Wie bereits in der Frage des Umgangs mit Terrorverdächtigen angedeutet, haben CIA und FBI in der Terrorismusbekämpfung eigentlich fast diametral entgegengesetzte Aufgaben. Das für die CIA geltende Paradigma der nationalen Sicherheit verlangt die Aufdeckung von Gefahren, bevor diese die USA erreichen. Das für das FBI lange Zeit geltende Paradigma der Strafverfolgung verlangt die Aufklärung von Verbrechen, nachdem diese begangen wurden (Jablonsky 2002). Dieser Unterschied wird nun aufgeweicht durch die Entscheidung der FBI aus dem Jahr 2013, nicht mehr die Strafverfolgung, sondern die nationale Sicherheit als oberste Aufgabe zu definieren (Hudson 2013).

3.4 Der Heimatschutz als neue Aufgabe nationaler Sicherheitspolitik

Der direkte Angriff auf US-amerikanisches Territorium am 11. September 2001 machte US-amerikanischen Politikern klar, dass der Terrorismus und dessen Bekämpfung nicht mehr als vorrangig außenpolitisches Problem betrachtet werden kann (Nacos 2008). Bis dahin war die Wahrnehmung des Terrorismus als Gegenstand internationaler Politik durchaus nachvollziehbar, ereigneten sich doch zwischen 1970 und 2004 99 % aller Terroranschläge auf US-amerikanische Ziele *nicht* auf US-amerikanischem Territorium (LaFree et al. 2009). Gleichzeitig hatte jedoch bereits in den Jahren 1999 und 2000 die *US Commission on National Security in the 21st Century* vor Terroranschlägen katastrophalen Ausmaßes mit zahlreichen Todesopfern auf amerikanischem Boden gewarnt und darauf hingewiesen, dass angesichts des transnationalen Charakters dieser Bedrohung die Trennung von äußerer und innerer Sicherheit nicht mehr aufrechtzuerhalten sei (Jablonsky 2002, S. 11).

Für Kritiker wie Douglas Stuart (2003) hätten die Erfahrungen mit dem *National Security Act* von 1947, mit dem die Grundlage für die den Konflikt mit der Sowjetunion prägende Sicherheitsarchitektur geschaffen wurde, gezeigt, dass fundamentale Veränderungen in zentralen Bedrohungsszenarien auch fundamentale Veränderungen in der entsprechen nationalen Sicherheitsbürokratie erforderten. Die Bedeutung des *National Security Acts* lag in der Aufhebung des traditionellen Denkens, dass Krieg und Frieden unterschiedliche institutionelle Antworten erforderten. Der Erfolg der institutionellen Veränderungen nach dem 11. September 2001 würde sich demnach darin zeigen, inwiefern diese dem Ende der Unterscheidung zwischen äußerer und innerer Sicherheit Rechnung trügen (Stuart 2003). Im Zuge des Aufkommens des transnationalen Terrorismus bedeutete dies vor allem die Befreiung des Heimatschutzes aus seiner „institutionellen Obdachlosigkeit" (Carter 2001, S. 2).

Dieser Einsicht entsprach Präsident Bush, als er nur neun Tage nach den Anschlägen vom 11. September 2001 Tom Ridge zum Direktor des neu geschaffenen Büros für Heimatschutz im Weißen Haus ernannte. Schnell wurde jedoch klar, dass Ridge nicht ausreichend Einfluss über die für Heimatschutz zuständigen

Behörden hatte, um seine Aufgabe effektiv zu erfüllen. Dem trug Präsident Bush Rechnung, als er im Juni 2002 den Vorschlag des Demokratischen Senators Joe Lieberman aufgreifend die Schaffung eines Ministeriums für Heimatschutz initiierte. Welche monumentale Aufgabe die Zusammenführung der ehemals eigenständigen Küstenwache, des *Secret Service*, der Bundesagentur für Katastrophenschutz (*FEMA*), des *Immigration and Naturalization Service*, des Zolls, der Transportsicherheitsbehoerde und einer neu geschaffenen Organisation für Flughafensicherheit darstellte, lässt sich daran ablesen, dass das Ministerium 169.000 Mitarbeiter beschäftigte und sein Aufgabenbereich vor der Zusammenführung unter die Kontrolle von 88 unterschiedlichen Kongressausschüssen und -unterausschüssen fiel (Jablonsky 2002, S. 16).

Die für den Heimatschutz zuständigen Institutionen liefern sehr plastische Beispiele für die Politisierung der Wahrnehmung des Terrorismus und des Umgangs mit diesem. So ergab eine Erhebung der Gefahrenperzeption in den Polizeidiensten in den 50 US-Bundesstaaten (Freilich et al. 2009), dass islamistische Extremisten durchschnittlich als größte Gefahr für die Sicherheit des einzelnen Bundesstaates und der USA als ganzes gesehen wurden, obwohl Extremisten mit rechtsradikalem Hintergrund oder Verbindungen in die Umweltschutzszene wesentlich stärker in tatsächliche kriminelle Aktivitäten involviert waren. Befürworter des Fokus auf den islamistischen Terrorismus können natürlich in Antwort darauf deutlich machen, dass eine größere Zahl von Aktivitäten nicht unbedingt eine auch qualitativ größere Bedrohung darstellen muss. Schließlich haben vom Anschlag in Oklahoma im Jahr 1995 einmal abgesehen, Rechtsextreme und Umweltaktivisten bisher nicht die Motivation beziehungsweise Fähigkeit demonstriert, einen Anschlag von einem Ausmaß wie am 11. September 2001 auszuüben. Zusätzlich erleichtert wird die Aufgabe der Heimatschutzbehörden auch dadurch, dass, wie Sandler et al. (2013) in ihrer Untersuchung von Zahlen aus der *Global Terrorism Database* zeigten, der internationale Terrorismus eine geringere Spannbreite an Gewaltformen annimmt als der nationale Terrorismus. Dies bedeutet, dass der potentiell katastrophalere internationale Terrorismus in der Auswahl seiner Ziele und Mittel eher vorhersagbar ist (Sandler et al. 2013).

Die Politisierung der terroristischen Bedrohung zeigt sich auch in der Zuweisung von Finanzmitteln. So flossen offensichtlich politische Kalküle in die Festlegung des *PATRIOT Acts* von 2001 mit ein, dass 40 % der Gesamtausgaben so verteilt werden müssen, dass jeder einzelne Bundesstaat, unabhängig von seiner Größe, mindestens 0,75 % der Gesamtausgaben erhält (Coats 2006). Damit reflektieren die Ausgaben natürlich die Struktur des US-Senates, nach der kleinere Bundesstaaten einen größeren politischen Einfluss haben, als ihnen nach der Bevölkerungszahl eigentlich zusteht. Auf der anderen Seite werden die restlichen 60 % der zur Verfügung stehenden Mittel, wie zum Beispiel die auf Großstädte oder auf die verbesserte Überwachung des Luftraumes fokussierten Programme durchaus entsprechend der tatsächlichen terroristischen Gefahr zugewiesen (Coats 2006; Prante und Bohara 2008).

Ironischerweise führen die Anstrengungen staatlicher Behörden in der Verbesserung defensiver Kapazitäten nicht unbedingt zu einer Verbesserung der, statistisch gesehen allerdings geringen, Gefahrenlage für den einzelnen Bürger. Im Gegenteil: Sandler et al. (2013) haben gezeigt, dass der Erfolg der Behörden in der Sicherung „traditioneller" Ziele mit großem politischem Symbolcharakter wie staatlichen Einrichtungen und Würdenträgern zu einer Vergrößerung der Gefahr für den einzelnen Bürger beigetragen haben. Da „harte" Ziele nun schwerer für nationale und internationale Terroristen zu treffen sind, wenden sich diese immer mehr „weichen" Zielen im leicht erreichbaren, öffentlichen Raum zu (Sandler et al. 2013). Richard Betts (2002) spricht hier von der Achillesferse der USA im Kampf gegen den Terrorismus. Angesichts dessen ist für Stephen Flynn klar, dass staatliche Behörden mit dem Schutz der amerikanischen Zivilbevölkerung und aller „kritischen Infrastruktur" überfordert seien (Flynn 2011). Dieser Umstand erfordere die Involvierung des privaten Sektors sowie der weiteren Zivilgesellschaft:

> A sidewalk T-shirt vendor, not a police patrol officer, sounded the alarm about Faisal Shahzad's suv in his May 2010 car-bombing attempt on New York's Times Square. Courageous passengers and flight-crew members, not a federal air marshal, helped disrupt the suicide-bombing attempt by Umar Farouk Abdulmutallab aboard Northwest Airlines Flight 253 on Christmas Day 2009 (Flynn 2011, S. 131).

4 Back to the Future? - Die Obama-Administration und die Neuausrichtung US-amerikanischer Terrorismusbekämpfung

4.1 Das Ende des *war on terror*

Wie jeder Präsident war auch Barack Obama nach seinem historischen Wahlerfolg bestrebt, sich von seinem Vorgänger abzuheben. Mit Bezug auf die Terrorismusbekämpfung versprach Obama das Ende der unter der Bush-Administration erlaubten Foltermethoden von Terrorverdächtigen sowie die Schließung des Gefangenenlagers Guantanamo. Bereits vier Jahre zuvor hatte Susan Rice, Präsident Obamas spätere Botschafterin bei den Vereinten Nationen und schließlich nationale Sicherheitsberaterin, die Politik der Bush-Administration scharf kritisiert. Mit ihrem *war on terror* hätte die Bush-Administration die weltweiten Sympathien nach dem 11. September 2001 verspielt und Ressourcen im unnötigen Krieg mit dem Irak verschwendet. Die USA seien alleine nicht in der Lage, globale Probleme wie Terrorismus, organisierte Kriminalität, Pandemien, Staatszerfall, und die Proliferation von Massenvernichtungswaffen anzugehen (Rice 2004). Das aggressive Vorgehen der Obama-Administration in Pakistan kündigte sich hier bereits insofern an, als dass Rice das Land als weiteren *failed state* zusammen mit Somalia und Afghanistan nannte, in denen die Regierungen unfähig seien, den transnationalen Terroristen auf ihrem Territorium habhaft zu werden. Bemerkenswerterweise scheute sich Rice (2004) auch nicht davor, den Begriff „Krieg" im Zusammenhang mit der Auseinandersetzung mit dem islamistischen Terrorismus zu benutzen. Sie verwies dabei darauf, dass, wie oben bereits angeführt, dieser „Krieg" schon mit den Anschlägen auf das World Trade Center in New York im Jahr 1993 und die Botschaften in Ostafrika im Jahr 1998 begonnen hätte.

Gleichzeitig musste die Obama-Administration sich der Frage stellen, ob die Erfolge der Bush-Administration in der Zerschlagung der am 11. September 2001 aktiven al-Qaida-Organisation militärische Mittel nicht obsolet machten. So argumentierten Eilstrup-Sangiovanni und Jones (2008) gegen die weit verbreitete Skepsis hinsichtlich der Fähigkeit hierarchisch strukturierter Staaten, gegen die flachen Netzwerke der transnationalen Kriminalität und des transnationalen Terrorismus vorzugehen. Diese Netzwerke seien nämlich weit weniger mobil, anpassungsfähig und robust, als gemeinhin angenommen. Dies liegt daran, dass die transnationalen, netzwerkartigen Strukturen es diesen Akteuren erschweren, ihre Tätigkeiten zu koordinieren und sich vor dem Zugriff staatlicher Autoritäten zu schützen. Diese Dezentralisierung kann zunächst dazu führen, dass lokale Akteure verstärkt ihre eigenen Interessen verfolgen (Dishman 2005) wie beispielsweise Abu Musab az-Zarqawi im Irak, für den die Auseinandersetzung mit den „ungläubigen" Schiiten eine größere Bedeutung hatte als für Osama Bin Laden, dessen Fokus auf der Auseinandersetzung mit den USA lag. Des Weiteren können auch generelle Koordinationsprobleme es der al-Qaida erschweren, komplexe Anschlagspläne wie den vom 11. September 2001 zu organisieren. Dieser Punkt war Hauptgegenstand einer hitzigen Debatte zwischen den beiden prominenten Terrorismusforschern Bruce Hoffman und Marc Sageman (Sageman und Hoffman 2008). Für Hoffman (2008) spielte die zentrale Führung der al-Qaida auch mehrere Jahre nach dem 11. September 2001 eine entscheidende Rolle. Für Marc Sageman (2008) hatte sich der transnationale Terrorismus hin zu einer losen Ansammlung kleinerer Gruppen entwickelt, den sogenannten „bunch of guys", die die nationale Sicherheit der USA weit weniger gefährden können. In seiner Rede an der National Defense University in Fort McNair schien sich Präsident Obama Sagemans Interpretation anzuschließen, als er ein Ende der Gefahr durch den katastrophischen Terrorismus des 11. September 2001 erklärte:

> In the 1980s, we lost Americans to terrorism at our Embassy in Beirut; at our Marine Barracks in Lebanon; on a cruise ship at sea; at a disco in Berlin; and on a Pan Am flight -Flight 103 - over Lockerbie. In the 1990s, we lost Americans to terrorism at the World Trade Center; at our military facilities in Saudi Arabia; and at our Embassy in Kenya. These attacks were all brutal; they were all deadly; and we learned that left unchecked, these threats can grow. But if dealt with smartly and proportionally, these threats need not rise to the level that we saw on the eve of 9/11 (Obama 2013).

Die Neueinordnung der Bedrohung durch den Terrorismus in der Obama-Administration spiegelte die öffentliche Meinung in den USA wider (Bloch-Elkon 2011). Die Zahl derjenigen US-Amerikaner, die den Terrorismus als wichtigstes Problem für ihr Land benannten, war von 46 % unmittelbar nach dem 11. September 2001 auf 3 % im Jahr 2008 gefallen (Block-Elkon 2011). In der Außenpolitik blieben die Zahlen etwas höher. So zeigen die Umfragen des *Chicago Council on Global Affairs*, dass der Anteil der US-Amerikaner, die den internationalen Terrorismus als „entscheidende" Bedrohung für die außenpolitischen Interessen der USA sehen von 91 % im Jahr 2002 auf 67 % im Jahr 2012 zurückging. Dies entspricht dem Stand (69 % im Jahr 1994) vor der Eskalation der islamistischen Gewaltkampagnen seit den Anschlägen auf die US-Botschaften in Ostafrika im Jahr 1998, in deren Folge 84 % der Befragten den internationalen Terrorismus als „entscheidende" Bedrohung sahen (Chicago Council 2012). Im Einklang mit diesen Zahlen nahm auch die Bekämpfung des Terrorismus (64 %) wieder einen Platz hinter den traditionellen Zielen der Sicherung von US-Arbeitsplätzen (82 %) und die Verhinderung der Verbreitung von Massenvernichtungswaffen (72 %) ein (Chicago Council 2012).

Mit ihrer Neuausrichtung entspricht die Obama-Administration denjenigen Empfehlungen, die wie Barry Posen (2013) für eine Begrenzung auf konkrete außenpolitische Ziele plädieren. Der Einsatz der USA für eine im wirtschaftlichen, kulturellen und politischen Sinn liberale Weltordnung führt für Posen zwar unweigerlich zu einer Fortführung des Konflikts mit al-Qaida, da jene dieses Model fundamental ablehnt. Gleichwohl haben die USA laut Posen auch die Möglichkeit, auf diesen Konflikt und dessen Dauer Einfluss zu nehmen, indem sie eine Politik verfolgen, die al-Qaida daran hindert, eine ernste Bedrohung für die USA darzustellen. Angesichts der andauernden Bedeutung von auf Identitäten beruhenden Konflikten würde ein maßvolles Zurückdrehen des US-amerikanischen Engagements es weniger wahrscheinlich machen, dass sich die USA als Teil dieser Identitätskonflikte wiederfindet und sich so zum Ziel ursprünglich regional begrenzter Auseinandersetzungen macht (Posen 2013). Bereits nach dem 11. September 2001 präsentierte Doran (2002) das ähnlich gelagerte Argument, dass die Angriffe auf New York und Washington, D.C., lediglich Ausdruck dessen seien, dass sich die USA in den Wirren der innerarabischen und innerislamischen Auseinandersetzung über die zukünftige Gestaltung von Politik und Religion und deren Beziehung zueinander widergefunden hätten. Posen macht gleichfalls unmissverständlich klar, dass für ihn der transnationale Terrorismus zusammen mit der Verschiebung der globalen Machtbalance durch einen staatlichen Rivalen und der Proliferation von Massenvernichtungswaffen weiterhin eine der drei zentralen Herausforderungen für die nationale Sicherheit der USA darstellt (Posen 2013). Für die Bekämpfung der Bedrohung durch den Terrorismus genügten jedoch defensive Maßnahmen wie zum Schutz des Luftverkehrs, ein robuster Geheimdienstapparat und selektive offensive Maßnahmen, die die Terroristen zwingen, ihre knappen Ressourcen zum eigenen Schutz aufzuwenden, anstatt für die Planung von Terroranschlägen.

Die Neueinordnung der terroristischen Gefahr erlaubt den USA dementsprechend eine Neukalibrierung der Verteidigungsausgaben. Diese hatten noch einem kurzfristigen Abschmelzen in den 1990er Jahren im Zuge des *war on terror* neue Höchststände erreicht, die inflationsbereinigt die Ausgaben aus der Zeit des Ost-West-Konflikts bei weitem überstiegen (Hoffman 2009). Die Reduzierung der Ausgaben für Aufstandsbekämpfung (*counterinsurgency*) und die Wahl kosteneffizienterer Instrumente zur Bekämpfung des transnationalen Terrorismus (Drohnen, Special Forces) stellte der Obama-Administration die notwendigen Mittel für das oft diskutierte Pivot nach Ostasien zur Verfügung, mit dem die USA der Gefahr neuer konventioneller, zwischenstaatlicher Kriege Rechnung trugen.

Präsident Obamas Versuch, der Konzeption nationaler Sicherheit eine neue Balance zu verleihen, zeigte sich auch in seiner Anordnung vom Mai 2009, mit der er den von Präsident Bush unmittelbar nach dem 11. September geschaffenen *Homeland Security Council* wieder mit dem *National Security Council* verschmolz. Dies war ein Teil der allgemeinen Entscheidung Präsident Obamas, die Bandbreite der ihm im Bereich der nationalen Sicherheit zur Verfügung stehenden Expertise zu vergrößern. Die Einbeziehung der Energie- und Heimatschutzminister sowie der Botschafterin bei den Vereinten Nationen (eine Praxis die Bill Clinton eingeführt und George W. Bush wieder abgeschafft hatte) reflektierte eine weiteres Verständnis nationaler Sicherheit, das auch Fragen der Wirtschafts- und Umweltpolitik mit einschließt. Für Befürworter dieses Zusammenschlusses brachte dieser nicht nur ein Ende der in ihrer Sicht künstlichen Trennung von innerer und äußerer Sicherheit (Wormuth 2009), sondern auch klarere Verantwortlichkeiten und damit auch die Fähigkeit zu schnelleren Entscheidungen (Cooper 2009). Für Kritiker bringt jedoch gerade diese Zusammenführung die Gefahr mit sich, dass die für die nationale Sicherheit Verantwortlichen dem Heimatschutz weniger Aufmerksamkeit schenken, als dies jemand könnte, dessen alleinige Aufgabe der Heimatschutz wäre. Darüber hinaus ignoriere die von der Obama-Administration eingeführte Struktur, dass Heimatschutz nicht nur von der Bundesregierung in Washington, D.C., betrieben wird. Paul Stockton brachte das Problem auf den Punkt: „Governors do not work for the president" (Stockton 2009, 110).

Der vermehrte Einsatz von Drohnen entspricht dem Interesse der Obama-Administration, das außenpolitische Engagement zu reduzieren ohne jedoch gleichzeitig den Druck auf diejenigen, welche der Planung und Ausführung von Anschlägen auf die USA verdächtigt sind, zu verringern. Damit entspricht Präsident Obama auch den Präferenzen der US-Öffentlichkeit, die dem Einsatz von Bodentruppen gegen Terroristen (54 % Befürwortung) skeptischer gegenüber stehen als Luftschlägen (71 %) und der gezielten Tötung von vermeintlichen Terroristen (70 %) (Chicago Council 2012). Für Kritiker der gezielten Tötung außerhalb von Kriegsgebieten gibt es nur die Option der Verhaftung, eines fairen Verfahrens, welches dann möglicherweise in eine Haft mit genau festgelegter Dauer mündet (Krishnan 2013). Befürworter verweisen jedoch auf das Problem, denjenigen habhaft zu werden, die den USA den Krieg erklärt haben und sich, logischerweise, mit allen Mitteln dem Zugriff durch US-Strafverfolgungsbehörden wie dem FBI entziehen. Diese Frage erhält noch größere Bedeutung im Zuge des intensiveren Engagements der Obama-Administrationen in Ost- und Westafrika und in der arabischen Welt, mit denen sich die USA offiziell nicht im Krieg befinden (Ryan 2011). Kenneth Roth, Direktor von Human Rights Watch, fokussiert auf den konkreten politischen Kontext, d. h. das Fehlen eines erklärten Krieges, um zu argumentieren, dass die USA Terrorverdächtigen dort nur mithilfe von Strafverfolgungsmethoden habhaft werden können. Für Juraprofessorin Ruth Wedgwood zählt allein das Motiv der al-Qaida. Mit der Erklärung eines globalen Krieges hätte die Organisation die Unterscheidung zwischen Kriegsgebieten und Gebieten, in denen sich die USA nicht offiziell im Krieg befinden, aufgehoben

(Wedgwood und Roth 2004). Im Falle des Vorgehens gegen Terrorverdächtige in Pakistan argumentierte Jack Goldsmith (2009), dass dies innenpolitisch durch die *Congressional Authorization to Use Military Force* abgedeckt sei. Außenpolitisch wäre dies offensichtlich im Sinne der VN-Charter, in den Fällen, in denen Pakistan seine Zustimmung erteilt hat. Im Falle der fehlenden Zustimmung könnte die US-Regierung argumentieren, dass hier ein Selbstverteidigungsfall gegen nichtstaatliche Akteure vorliege. Auf die zunehmende Popularität dieser Interpretation unter Völkerrechtlern hatte bereits Bruna Simma (2003) hingewiesen. Bis zum 11. September 2001 hätte gegolten, dass die Einstufung von Gewaltakten nichtstaatlicher Gruppen als Angriffshandlung im Sinne von Artikel 39 der VN-Charter dem Sicherheitsrat nur dann die Möglichkeit gab, Zwangsmaßnahmen nach Kapitel VII gegen einen Staat zu autorisieren, wenn dieser die verantwortliche Organisation direkt unterstützt (*sponsoring*) oder gar kontrolliert (*controlling*). Die Schwere der Ereignisse des 11. Septembers 2001 führte laut Simma jedoch zu einer Fortentwicklung des Völkerrechts. Nun wird den Staaten, die Opfer von Terroranschlägen einer bestimmten Größenordnung werden, das Recht auf Selbstverteidigung nach Artikel 51 der VN-Charta auch gegen Staaten zugesprochen, die diese Anschläge lediglich durch mangelnde Fähigkeit (*inaction*) oder mangelnden Willen (*toleration*) erst möglich gemacht hätten.

5 Ausblick

Die Ereignisse des 11. September 2001 und der von der Bush-Administration popularisierte Krieg gegen den Terrorismus hatten einen durchaus prägenden Einfluss auf politische Institutionen in den USA, wie sich am Heimatschutzministerium und den versuchten Reformen der Geheimdienste zeigt. Der Vergleich der Strategien der Präsidenten Bush und Obama zeigt, dass diese jedoch eine gewisse Flexibilität in der Problemdefinition und des angemessenen Umgangs mit diesem haben. Während alle Präsidenten der jüngeren Vergangenheit sich weigerten, Terrorverdächtigen grundsätzlich die gleichen Rechte wie gewöhnlichen Kriminellen einzuräumen, war die Obama-Administration nicht gewillt, die von der Bush-Administration verfochtenen Verhörpraktiken, welche der allgemein akzeptierten Folter-Definition entsprechen, fortzuführen.

Der besondere Charakter des (transnationalen) Terrorismus wird der Frage nach dem adäquaten Umgang auch auf Dauer einen prominenten Platz auf der politischen Tagesordnung sichern. Der genaue Rang wird besonders davon abhängen, inwiefern das Ausbleiben von Anschlägen auf US-Territorium und die Eskalation von Spannungen im ostasiatischen Raum sowie die zyklischen Krisen in der Region von Nordafrika bis Südasien den Fokus wieder vermehrt auf zwischenstaatliche Sicherheit lenken. Gleichzeitig ist auch klar, dass bestimmte institutionelle Beharrungstendenzen rasche Anpassungen an kurz- und mittelfristige Bedrohungsszenarien erschweren. Dies erklärt sich aus dem materiellen und politischen Nutzen, die unterschiedlichste innenpolitische Akteure aus den seit dem

11. September 2001 gewachsenen Strukturen in der Terrorismusbekämpfung ziehen. Man denke nur an die über den Heimatschutz verteilten Ressourcen. Die relative Bevorzugung der bevölkerungsärmeren Bundesstaaten wird auch dazu führen, dass nicht nur die Bürgermeister von New York und Los Angeles auf die anhaltende terroristische Bedrohung verweisen.

Eine zentrale Rolle wird auch spielen, inwiefern der die USA bedrohende Terrorismus wieder vermehrt als außenpolitische Bedrohung angesehen wird. Abgesehen von den medienträchtigen, in ihren Opferzahlen jedoch kaum von den wesentlich häufigeren Massenschießereien zu unterscheidenden Anschlägen in Boston und Fort Hood erlebt der Durchschnittsamerikaner den transnationalen islamistischen Terrorismus, wie bereits in den 1980er und 1990er Jahren, als vornehmlich außenpolitisches Phänomen. Während dies einer realistischeren Einschätzung der terroristischen Bedrohung durchaus zuträglich ist, besteht auch die Gefahr, dass, wie in den 1990er Jahren geschehen, qualitative Verschiebungen zu spät wahrgenommen werden. Wie der 11. September 2001 auf dramatische Weise gezeigt hat, ist der Preis des Versagens im Politikfeld Terrorismusbekämpfung meist unerträglich hoch.

Literatur

Aid, Matthew M. 2003. All glory is fleeting: Sigint and the fight against international terrorism. *Intelligence and National Security* 18(4): 72–120.
Badey, Thomas. 2006. US counter-terrorism: Change in approach, continuity in policy. *Contemporary Security Policy* 27(2): 308–324.
Baker, Pauline. 2007. Fixing failing states: The new security agenda. *The Whitehead Journal of Diplomacy and International Relations* 8(1): 85–96.
Berger, Lars. 2012. Conceptualizing al-Qaeda and US grand strategy. In *Knowing al-Qaeda: The Epistemology of Terrorism*, Hrsg. Christina Hellmich und Andreas Behnke, 57–76. London: Ashgate.
Berger, Lars. 2011. The missing link? US policy and the international dimensions of failed democratic transitions in the Arab world. *Political Studies* 59(1): 38–55.
Berger, Lars. 2007. *Die USA der islamistische Terrorismus. Herausforderungen im Nahen und Mittleren Osten*. Paderborn: Schöningh.
Berger, Lars, und Hartmut Behr. 2009. The challenge of talking about terrorism: The EU and the Arab debate on the causes of Islamist terrorism. *Terrorism and Political Violence* 21(4): 539–557.
Berkowitz, Bruce. 2002. Intelligence and the war on terrorism. *Orbis: A Journal of world affairs* 46(2): 289–300.
Betts, Richard. 2002. The soft anderbelly of American primacy: Tactical advantages of terror. *Political Science Quarterly* 117(1): 19–36.
Bloch-Elkon, Yaeli. 2011. The polls - trends: Public perceptions and the threat of international terrorism after 9/11. *Public Opinion Quarterly* 75(2): 366–392.
Bush, George W. 2006. *The national security strategy 2006*. http://georgewbush-whitehouse.archives.gov/nsc/nss/2006/. Zugegriffen am 16.01.2014.
Bush, George W. 2003. *Remarks by President George W. Bush at the 20th anniversary of the national endowment for democracy*. http://www.ned.org/george-w-bush/remarks-by-president-george-w-bush-at-the-20th-anniversary. Zugegriffen am 12.05.2014.
Byman, Daniel. 2005. *Deadly connections. States that sponsor terrorism*. New York: Cambridge University Press.

Carter, Ashton. 2001. Keeping the edge: Managing defense for the future. In *Keeping the edge: managing defense for the future*, Hrsg. Carter Ashton und John P. White, 1–26. Cambridge: MIT Press.
Chicago Council on Global Affairs. 2012. *Global views 2012*. http://www.thechicagocouncil.org/UserFiles/File/POS_Topline%20Reports/CCS2012/2012Topline.pdf. Zugegriffen am 17.01.2014.
Coats, Morris, Hokhan Karahan, und Robert Tollison. 2006. Terrorism and pork-barrel spending. *Public Choice* 128(1–2): 275–287.
Cooper, Helene. 2009. In security shuffle, White House merges staffs. *The New York Times*. 26. Mai.
Desch, Michael. 2007. America's liberal illiberalism: The ideological origins of overreaction in U.S. foreign policy. *International Security* 32(3): 7–43.
Doran, Michael. 2002. Somebody else's civil war. *Foreign Affairs* 81(1): 22–42.
Dorff, Robert. 2005. Failed states after 9/11: What did we know and what have we learned? *International Studies Perspectives* 6(1): 20–34.
Dueck, Colin. 2003. Hegemony on the cheap: Liberal Internationalism from Wilson to Bush. *World Policy Journal* 20(4): 1–11.
Eilstrup-Sangiovanni, Mette, und Calvert Jones. 2008. Assessing the dangers of illicit networks: Why al-Qaida may be less dangerous than many think. *International Security* 33(2): 7–44.
Flynn, Stephen. 2011. Recalibrating homeland security: Mobilizing American society to prepare for disaster. *Foreign Affairs* 90(3): 130–140.
Foryst, Carole A. 2010. Rethinking national security strategy priorities. *International Journal of Intelligence and Counterintelligence* 23(3): 399–425.
Freilich, Joshua, Steven Chermak, und Joseph Simone Jr. 2009. Surveying American State Police Agencies about terrorism threats, terrorism sources, and terrorism definitions. *Terrorism and Political Violence* 21(3): 450–475.
Goldsmith, Jack. 2009. A conversation on national security law: The future of enemy combatants, Guantanamo Bay, and nuclear terrorism. *The Fletcher Forum of World Affairs* 33(2): 97–108.
Hadar, Leon. 1993. What green peril? *Foreign Affairs* 72(2): 27–42.
Harknett, Richard J., und James A. Stever. 2011. The struggle to reform intelligence after 9/11. *Public Administration Review* 71(5): 700–706.
Hoffman, F.G. 2009. Towards a balanced and sustainable defense. *Orbis: A Journal of world affairs* 53(3): 385–404.
Hoffmann, Bruce. 2008. The myth of grass-roots terrorism. *Foreign Affairs* 87(3): 133–138.
Howard, Michael. 2002. What's in a name? *Foreign Affairs* 81(1): 8–13.
Hudson, John. 2013. FBI Drops Law enforcement as ‚primary' mission. *Foreign Policy: The Cable*. http://thecable.foreignpolicy.com/posts/2014/01/05/fbi_drops_law_enforcement_as_primary_mission. Zugegriffen am 18.01.2014.
Hutchinson, Steven, und Pat O'Malley. 2007. A crime-terror nexus? Thinking on Some of the links between terrorism and criminality. *Studies in Conflict & Terrorism* 30(12): 1095–1107.
Ish-Shalom, Piki. 2008. Theorization, harm, and the democratic imperative: Lessons from the politicization of the democratic-peace thesis. *International Studies Review* 10(4): 680–692.
Jablonsky, David. 2002. The state of the National Security State. *Parameters: U.S. Army War College Quarterly* 32(4): 4–20.
Krishnan, Armin. 2013. Targeting individuals: Overcoming the dilemmas of secrecy. *Contemporary Security Policy* 34(2): 278–301.
LaFree, Gary, Sue-Ming Yang, und Martha Crenshaw. 2009. Trajectories of terrorism. Attack patterns of foreign groups that have targeted the United States, 1970–2004. *Criminology and Public Policy* 8(3): 445–473.
Lake, Anthony. 1994. Confronting backlash states. *Foreign Affairs* 73(2): 45–55.
Makarenko, Tamara. 2004. The crime-terror continuum: Tracing the interplay between transnational organised crime and terrorism. *Global Crime* 6(1): 129–145.

Makinen, Gail. 2002. *The economic effects of 9/11: A retrospective assessment.* https://www.fas.org/irp/crs/RL31617.pdf. Zugegriffen am 12.05.2014.

Moravcsik, Andrew. 1997. Taking preferences seriously: A liberal theory of international politics. *International Organization* 51(4): 513–533.

Mueller, John. 2005. Six rather unusual propositions about terrorism. *Terrorism and Political Violence* 17(4): 487–505.

Nacos, Brigitte, Yaeli Bloch-Elkon, und Robert Shapiro. 2008. Prevention of terrorism in post-9/11 America: News coverage, public perceptions, and the politics of homeland security. *Terrorism and Political Violence* 20(1): 1–25.

Obama, Barack. 2013. *Remarks by the president at the national defense university.* http://www.whitehouse.gov/the-press-office/2013/05/23/remarks-president-national-defense-university. Zugegriffen am 17.01.2014.

Patman, Robert. 2009. Out of sync: Bush's expanded national security state and the war on terror. *International Politics* 46(2–3): 210–233.

Prante, Tyler, und Alok Bohara. 2008. What determines homeland security spending? An econometric analysis of the homeland security grant program. *Policy Studies Journal* 36(2): 243–256.

Posen, Barry. 2013. Pull back: The case for a less activist foreign policy. *Foreign Affairs* 92(1): 116–128.

Posen, Barry. 2002. The struggle against terrorism: Grand strategy. *Strategy, and Tactics International Security.* 26(3): 39–55.

Rathbun, Brian. 2007. Hierarchy and community at home and abroad: Evidence of a common structure of domestic and foreign policy beliefs in American elites. *Journal of Conflict Resolution* 51(3): 379–407.

Rice, Susan. 2004. U.S. National Security Policy Post-9/11: Perils and Prospects. *The Fletcher Forum of World Affairs* 28(1): 133–144.

Ryan, Maria. 2011. ‚War in countries we are not at war with': the ‚war on terror' on the periphery from Bush to Obama. *International Politics* 48(2–3): 364–389.

Sandler, Todd, Santifort, Charlinda, und Brandt, Patrick. 2013. Terrorist attack and target diversity: Changepoints and their drivers. *Journal of Peace Research* 50(1): 75–90.

Sageman, Marc. 2008. The next generation of terror. *Foreign Policy* 165: 37–42.

Sageman, Marc. 2004. *Understanding terror networks.* Philadelphia: University of Pennsylvania Press.

Sageman, Marc, und Bruce Hoffman. 2008. Does Osama still call the shots? *Foreign Affairs* 87(4): 163–166.

Sanderson, Thomas. 2004. Transnational terror and organized crime: Blurring the lines. *SAIS Review* 24(1): 49–61.

Savage, Charlie. 2006. Hail to the Chief – Dick Cheney's mission to expand – or „restore" – The powers of the presidency. *Boston Globe.* 26. November.

Simma, Bruno. 2003. Terrorismusbekämpfung und Völkerrecht. In *Neue Bedrohung Terrorismus. Der 11. September 2001 and die Folgen*, Hrsg. Antje Helmerich und Ellen Bos, 93–108. Münster: Lit.

Simons, Anna, und David Tucker. 2007. The misleading problem of failed states: A ‚sociogeography' of terrorism in the post-9/11 era. *Third World Quarterly* 2(28): 387–401.

Stockton, Paul. 2009. Reform, don't merge, the Homeland Security Council. *The Washington Quarterly* 32(1): 107–114.

Strossen, Nadine. 1997. *Combating terrorism, protecting freedom.* http://gos.sbc.edu/s/strossen.html. Zugegriffen am 16.01.2014.

Stuart, Douglas. 2003. Ministry of fear: The 1947 National Security Act in historical and Institutional Context. *International Studies Perspectives* 4(3): 293–313.

Walt, Stephen. 2005. In the national interest. A grand new strategy for American foreign policy. *Boston Review.* http://bostonreview.net/BR30.1/walt.php. Zugegriffen am 9.03.2011.

Wedgwood, Ruth, und Kenneth Roth. 2004. Combatants or criminals? How Washington should handle terrorists. *Foreign Affairs* 83(3): 126–129.

Wedgwood, Ruth. 2002. Al Qaeda, military commission, and American self-defense. *Political Science Quarterly* 3(117): 357–372.

Wolfendale, Jessica. 2007. Terrorism, security, and the threat of counterterrorism. *Studies in Conflict & Terrorism* 30(1): 75–92.

Wong, Katherine. 2006. The NSA Terrorist Surveillance Program. *Harvard Journal on Legislation* 43(2): 517–534.

Wormuth, Christine. 2009. The next catastrophe: Ready or not? *The Washington Quarterly* 32(1): 93–106.

Yoo, John C. 2004. The status of soldiers and terrorists under the Geneva conventions. *Chinese Journal of International Law* 3(1): 135–150.

Zegart, Amy. 2011. The domestic politics of irrational intelligence oversight. *Political Science Quarterly* 126(1): 1–25.

Teil V
Krisendimensionen

Weltmacht in der Krise? American Decline in der Außenpolitik

Simon Koschut

Inhalt

1 Einleitung 584
2 Perspektiven zum *American Decline* 585
3 *Outside-in*: Strukturelle Veränderungen im internationalen System 587
4 *Inside-Out*: Die Machtbasis der USA 589
5 Fazit: Bedeutungsverlust oder -wandel? 595
Literatur 597

Zusammenfassung

Der vorliegende Beitrag befasst sich mit der Frage, ob die Außenpolitik der USA auf internationaler Ebene an Bedeutung verliert. Der vermeintliche *American Decline* wird dabei aus einer Struktur- und einer Akteursperspektive erläutert, die respektive die makropolitischen Veränderungen im internationalen System (*outside-in*) sowie die gegenwärtige Machtgrundlage der USA (*inside-out*) in den Blick nehmen. Es wird argumentiert, dass die sich wandelnde Position der USA eher eine Anpassung an veränderte innen- und außenpolitische Wahrnehmungen und Realitäten darstellt als einen Niedergang.

Schlüsselwörter

Außenpolitik • American Decline • Internationale Sicherheit • Machtgrundlagen der USA

S. Koschut (✉)
Universität Erlangen-Nürnberg, Erlangen, Deutschland
E-Mail: simon.koschut@wiso.uni-erlangen.de

1 Einleitung

Drastischer als viele andere Kommentatoren beschrieb der Historiker Niall Ferguson 2006 den vermeintlichen außenpolitischen Bedeutungsverlust der USA: „The day when the Capitol in Washington D.C. will be reduced to a pictoresque ruin may seem to us infinitely remote. History (...) suggests that it may come sooner than we think" (Ferguson 2006). Die jüngsten Umfragewerte in den USA scheinen seine These vom *American Decline* zu stützen: Laut einer Befragung des Pew Research Center vom Dezember 2013 glaubten 53 % der US-amerikanischen Bürgerinnen und Bürger, dass sich ihr Land außenpolitisch im Niedergang befindet. Dies stellt den höchsten Wert dar, seit diese Frage 1974 zum ersten Mal gestellt wurde (Pew Research Center 2013b). Bei Experten bleibt hingegen umstritten, ob sich der US-amerikanische Hegemon tatsächlich im Niedergang befindet (vgl. etwa Joffe 2014; Layne 2012; Brooks und Wohlforth 2008; Glaser 2011; Rachman 2011; Ikenberry 2011; Norrlof 2010).

Diese Debatte ist keineswegs neu. Bereits Ende der 1960er Jahre, als Vietnamkrieg und Bürgerrechtsbewegung das US-amerikanische Selbstbewusstsein der Nachkriegszeit zunehmend infrage stellten, kamen Zweifel an der internationalen Dominanz der USA auf. Mit der Schwächung des Dollars und der wachsenden wirtschaftlichen Bedeutung Japans und Westeuropas gewann diese Debatte weiter an Fahrt und erreichte einen ersten Höhepunkt in den 1980er Jahren. Mit dem Zusammenbruch der Sowjetunion schien die Auseinandersetzung über den außenpolitischen Niedergang angesichts der neuen Stellung der USA als „unipolare Weltmacht" zunächst beendet zu sein. Im Zuge des Irakkrieges 2003, des wachsenden militärischen und wirtschaftlichen Gewichts Chinas und anderer aufstrebender Wirtschaftsnationen sowie im Kontext der globalen Finanz- und Wirtschaftskrise 2008 flammte diese Debatte jedoch umso heftiger wieder auf.

Wenn die Kontroverse um den *American Decline* also schon länger existiert, stellt sich vor allem die Frage, ob die gegenwärtige Debatte (vgl. etwa Joffe 2014; Kupchan 2012; Layne 2012) eine neuartige Qualität und Dynamik besitzt, die es tatsächlich rechtfertigen würde, von einem Niedergang (*decline*) der Weltmacht zu sprechen, oder ob die USA ihre Vorrangstellung (*primacy*) beibehalten werden. Zur Beantwortung dieser Frage ist der vorliegende Beitrag in drei Abschnitte unterteilt. In einem ersten Schritt werde ich mithilfe einer knappen Zusammenfassung der bisherigen Debatten zum *American Decline* die groben Argumentationslinien sowie die historische Redundanz der dabei verwendeten Argumentsmuster darstellen. Ausgehend von dieser Darstellung analysiere ich in einem zweiten Schritt die gegenwärtige Machtposition der USA aus zwei unterschiedlichen Perspektiven. Zunächst richte ich den Blick von außen nach innen (*outside-in*) und beleuchte die Konsequenzen gegenwärtiger struktureller Veränderungen im internationalen System für die Machtposition der USA. Danach richte ich den Blick von innen nach außen (*inside-out*), indem ich empirisch die aktuellen akteursspezifischen materiellen und immateriellen Machtressourcen der USA analysiere und diese wiederum in den internationalen Kontext einordne. Abschließend folgt ein kurzes Fazit, das den vermeintlichen Niedergang der USA als einen Anpassungsprozess an veränderte innen- und außenpolitische Wahrnehmungen und Realitäten interpretiert.

2 Perspektiven zum *American Decline*

Die Auseinandersetzung um einen möglichen *American Decline* erfuhr mit der Niederlage der USA im Vietnamkrieg eine erste historische Zuspitzung.[1] Zu diesem Zeitpunkt warnte kein Geringerer als der damalige offizielle Berater für Außen- und Sicherheitspolitik (*National Security Advisor*) Henry Kissinger davor, dass sich die USA auf strukturelle Transformationen im internationalen System einstellen müssten, die langfristig zur Schwächung Amerikas in der Welt führen würden (Kissinger 1969). Damit bezog sich Kissinger zum einen auf das wachsende wirtschaftliche Gewicht Westeuropas und Japans und zum anderen auf den Dekolonisationsprozess, der nicht nur das Machtgleichgewicht unter den beiden Supermächten, sondern auch die globalen Machtverhältnisse insgesamt verschob. Schon zuvor hatte auch der damalige US-amerikanische Präsidentschaftskandidat John F. Kennedy (im Jahr 1960) in einer seiner Wahlkampfreden vor einem Niedergang Amerikas in der Welt gewarnt: „American strength relative to that of the Soviet Union has been slipping, and communism has been advancing steadily in every area of the world." Wenige Jahre später schien sich diese Prophezeiung vom „posthegemonialen Zeitalter" in der Tat zu bewahrheiten. In Folge steigender Staatsausgaben aufgrund des Vietnamkriegs und der Sozialprogramme der *Great Society* einerseits sowie sinkender Staatseinnahmen andererseits kündigte die Nixon-Administration einseitig den Goldstandard auf. Damit führten die USA das Bretton-Woods-System, das die US-amerikanische Wirtschaftsdominanz der vorherigen zwei Dekaden nicht nur symbolisiert sondern auch institutionell gefestigt hatte, zum Zusammenbruch (Brandon 1974; Hoffmann 1979).

Einen weiteren Höhepunkt erreichte die Kontroverse gegen Ende der 1980er Jahre unter der Reagan-Administration. Deren angebotsorientierte Wirtschaftspolitik (*reaganomics*), gepaart mit einer massiven militärischen Aufrüstung, hatte zu diesem Zeitpunkt das durchschnittliche Haushaltsdefizit von 59,9 Milliarden US-Dollar (USD) während der Carter-Administration auf 237,5 Milliarden USD ansteigen lassen. In diesem Zeitraum erschien auch der vom Historiker Paul Kennedy (1987) verfasste und wohl meistgelesene Beitrag zur Debatte um den *American Decline*. Dieser argumentierte in seinem Buch *The Rise and Fall of Great Powers* anhand von historischen Vergleichen mit den spanischen, französischen und britischen Kolonialreichen, dass Imperien im internationalen System nur eine zeitlich begrenzte Überlebensdauer hätten – und lieferte damit das intellektuelle Unterfutter für die damals äußerst populäre These vom Niedergang der USA. Diese These wurde auch von anderen US-Wissenschaftlern wie Robert Gilpin (1987), David Calleo (1982) und James Chace (1981) vertreten, die den Aufstieg Japans zur ökonomischen Supermacht prophezeiten. Anders als jenen Autoren gelang es Kennedy, mit seiner sehr eingängigen und historisch fundierten Studie ein

---

[1] Manche Kommentatoren datieren den Beginn auch früher und belegen dies mit dem sogenannten Sputnik-Schock und der Verfolgung vermeintlicher und tatsächlicher Kommunisten während der McCarthy-Ära in den 1950er Jahren (z. B. Joffe 2014).

Massenpublikum zu erreichen. Doch auch seine Argumente blieben nicht unumstritten. Kritiker wie die Politikwissenschaftler Joseph Nye (1990), Richard Haas (1988), Henry Nau (1990) und Samuel Huntington (1988) stellten nicht nur die Interpretation der Daten und Fakten der sogenannten „declinists" in Frage, sondern bestritten zudem vehement, dass sich die exzeptionelle Position der USA im internationalen System mit der früherer Imperien vergleichen ließe.

Mit dem Zusammenbruch der Sowjetunion und der Wirtschaftskrise in Japan 1991 endete diese Debatte abrupt. Plötzlich war nun vom „unipolaren Moment" und von der „unipolaren Ära" (Krauthammer 1991) die Rede, während andere sogar das „Ende der Geschichte" beschworen (Fukuyama 1989). Nur einige wenige AutorInnen – deren Stimmen jedoch in dieser Zeit kaum Gehör fanden – argumentierten dagegen, dass dieser unipolare Moment lediglich den Übergang von einer bipolaren hin zu einer multipolaren Weltordnung darstellte (Layne 1993; Waltz 1994; Mearsheimer 2001). Allerdings waren sich diese AutorInnen (von denen die meisten eine sogenannte realistische Sichtweise vertraten) untereinander nicht einig darüber, was letztlich zum Niedergang der USA führen sollte. Bis zu seinem Tod im Mai 2013 sah Waltz im Sinne eines defensiven Realismus Macht*überdehnung* (*imperial overstretch*) als Erklärungsansatz für den *American Decline*. Layne und Mearsheimer betrachten dagegen den relativen Macht*verlust* der USA gegenüber Staaten wie China als Hauptursache.

Tatsächlich schien es für die meisten Kommentatoren in öffentlichen und akademischen Diskursen jedoch angesichts des anhaltenden Wirtschaftswachstums in den 1990er Jahren so, als könnten die USA als alleinige Supermacht auch das 21. Jahrhundert zu einem „amerikanischen Jahrhundert" machen. Allein die Vorstellung eines Niedergangs der Vereinigten Staaten erschien vielen angesichts von NATO-Erweiterung und Balkankonflikt geradezu abwegig (Cox 2007, S. 647). Das Selbstbewusstsein in der US-amerikanischen Gesellschaft nach dem Zusammenbruch der Sowjetunion hielt zunächst auch noch über die Anschläge des 11. September 2001 hinweg an, als sich US-amerikanische Überlegenheit und Macht anhand der raschen militärischen Erfolge im Irak und Afghanistan anfangs noch zu bestätigen schienen.

Erst die instabilen Nachkriegsordnungen im Irak und in Afghanistan, die Misshandlung und Folter von Gefangenen durch US-amerikanische Geheimdienste und Militärs sowie die globale Wirtschafts- und Finanzkrise führten zu einer Neubelebung der *American Decline*-Debatte, die sich nun vor allem auf das Fiasko der USA im Irak und den Aufstieg Chinas konzentrierte (Kupchan 2002; Mann 2003; Johnson 2004; Layne 2006; Wallerstein 2003; Todd 2004; Rachman 2011; Khanna 2009). Angesichts dieser Entwicklung fühlen sich inzwischen manche „declinists" der frühen 1990er Jahre nachträglich in ihrem Urteil bestätigt (Layne 2012, S. 412). Erneut argumentieren zahlreiche Autoren, dass der sogenannte „rise of the rest" ein postamerikanisches Zeitalter einläutete, welches sich künftig aus mehreren Machtpolen zusammensetzen würde (Kupchan 2002, 2012; Zakaria 2008). Kupchan und Zakaria sehen die USA als „guten" Hegemon, der liberale Werte und Prinzipien wie Demokratie, Freihandel und internationale Institutionen fördert und so nicht nur das eigene Überleben sichert, sondern gleichzeitig eine friedliche und prosperierende

Weltordnung (*Pax Americana*) schafft. Im Umkehrschluss bedeutet dies, dass der Niedergang der USA sich nach dieser liberalen Lesart maßgeblich aus deren Unfähigkeit bzw. Unwillen ergibt, globale Regeln und multilaterale Kooperation zu implementieren. Die Hegemonialstellung der USA beruht demnach im Wesentlichen darauf, dass andere Staaten die damit verbundenen Werte und Prinzipien als legitim ansehen. Zerfällt dieser Legitimationsanspruch erodiert damit auch die Machtstellung der USA (vgl. hierzu auch Keohane 1984; Ikenberry 2000, 2011).

Der Gedanke einer multipolaren Weltordnung wurde auch vom *Global Trends Report 2025* genährt, ein öffentlich zugänglicher Bericht der US-amerikanischen Geheimdienste, der 2008 vom *US National Intelligence Council* herausgegeben wurde. In diesem Bericht ist bereits auf der ersten Seite von einer „multipolar future, and (...) dramatic changes in the international system" die Rede. Doch auch gegenwärtig gibt es Kritiker, die – entgegen dieser offiziellen Annahmen einer multipolaren Weltordnung – vom Fortbestehen der US-amerikanischen Vormachtstellung überzeugt sind (Brooks und Wolforth 2008; Norrlof 2008). Nicht zuletzt die Obama-Administration wird nicht müde zu betonen, dass die Beständigkeit US-amerikanischer Führungsstärke in der Welt einen „new American moment" einläuten wird (Kessler 2010).

Insgesamt lässt sich aus diesem kurz skizzierten Überblick ein wiederkehrendes Muster ableiten. So gleichen sich die wesentlichen Argumente und Positionen in der Kontroverse um den *American Decline* über die Jahrzehnte in ihrem Inhalt weitgehend. Überspitzt formuliert könnte man sagen, dass die eine Seite hinter jeder vermeintlichen oder tatsächlichen Machtverschiebung und wirtschaftlichen Krise im internationalen System den Niedergang der USA (*decline*) vermutet, während die andere Seite dagegen gebetsmühlenartig die historisch einzigartige Stellung der USA im internationalen System (*primacy*) betont. Dabei werden oft lediglich die entsprechenden Gegenspieler auf globaler Ebene ausgewechselt. Wie ist vor diesem Hintergrund einer in sich widersprüchlichen Debatte die gegenwärtige These vom *American Decline* tatsächlich einzuordnen?

3 *Outside-in*: Strukturelle Veränderungen im internationalen System

In diesem Abschnitt richte ich den analytischen Blickwinkel von außen nach innen (*outside-in*) und beleuchte die Bedeutung gegenwärtiger struktureller Veränderungen im internationalen System für die außenpolitische Machtposition der USA. In den vergangenen zwei Jahrzehnten ist die Bedeutung asymmetrischer Konfliktformen, nichtstaatlicher Akteure sowie nichtmilitärischer Risiken deutlich gestiegen. Man könnte für den eingegrenzten Bereich der Sicherheitspolitik auch den Begriff der Sicherheitsglobalisierung verwenden, der eine Zunahme der Anzahl und Arten von Akteuren und Konfliktformen ausdrückt (Kay 2004, S. 11). Insbesondere nichtstaatliche Akteure und asymmetrische Konflikte üben vermehrt Einfluss auf die globale Sicherheitsagenda aus. Zudem kam es zu einer Ausweitung der Krisenherde. Sicherheitsrisiken wie der internationale Terrorismus, die

Weiterverbreitung von Massenvernichtungswaffen, international organisierte Kriminalität, Pandemien und Seuchen, Umweltverschmutzung und Klimawandel, der Zusammenbruch bzw. die Gefährdung wichtiger Transport- und Kommunikationswege, der Zerfall staatlicher Strukturen, soziale Ungleichheiten, Ressourcenkonflikte oder Migration heben die traditionell eng definierten Prämissen der Sicherheitspolitik auf. Dies hat zwangsläufig Folgen für die USA. Mögliche Schäden und Kosten verlieren mitunter ihre räumliche und zeitliche Zuordnung, da Sicherheitsrisiken zwar global präsent sind, sich jedoch nicht immer klar bestimmbaren Verantwortlichen zuschreiben lassen. Damit existiert nicht nur wenig Spielraum für eine Rückversicherung im Falle eines Schadeneintritts. Auch die mitunter unklare räumliche und zeitliche Zuordnung erschwert es für die USA, Sicherheitsrisiken mit militärischen Mitteln zu begegnen (Daase 2002).

Zweitens sind die USA auf globaler Ebene zumindest in wirtschaftlicher Hinsicht schon lange nicht mehr „the only game in town". Nach Berechnungen der Investmentbank Goldman Sachs (2012) wird das Bruttoinlandsprodukt (BIP) von Brasilien, China, Indien und Russland in den kommenden zwei Jahrzehnten mit der Wirtschaftsleistung der G-7 Staaten gleichziehen. Allein Chinas Bruttoinlandsprodukt soll sich bereits 2014 bis auf drei Prozentpunkte dem US-amerikanischen BIP annähern (IWF). Im Jahr 2010 überholte China die USA als weltweit führendes Fertigungsland – eine Position, die die USA bis zu diesem Zeitpunkt über fünfzig Jahre innehatten. Nach Prognosen von Wirtschaftsinstitutionen wie dem Internationalen Währungsfonds (IWF), der Investmentbank *PriceWaterhouseCoopers* und dem Wochenmagazin *The Economist* wird China bereits zum Ende der laufenden Dekade zur weltweit größten Wirtschaftsnation (gemessen am BIP) aufsteigen.[2] Diese wirtschaftlichen Machtverschiebungen haben auch sicherheitspolitische Auswirkungen. Bereits jetzt geben die asiatischen Staaten mehr für ihre Verteidigung aus als die Länder der Europäischen Union. Die gegenwärtige Ausdifferenzierung und Diffusion des internationalen Systems durch den (Wieder-)aufstieg einiger Akteure (insbesondere im asiatisch-pazifischen Raum) stellt nicht allein eine materielle Machtverschiebung dar, sondern geht ebenso einher mit einer Neudefinition bzw. Infragestellung bestehender Identitäten und der globalen Ordnung: „In fact, rising powers appear to be following a third way: entering the Western order but doing so on their own terms – thus reshaping the system itself." (Zakaria 2008, S. 36). Damit wird auch die einzigartige Machtstellung der USA im internationalen System in Frage gestellt.

Drittens haben die Kosten der Kriege im Irak und Afghanistan sowie die Folgen der Wirtschafts- und Finanzkrise den finanziellen Handlungsspielraum der US-amerikanischen Außenpolitik stark eingeengt. Die immense Staatsverschuldung hat zudem Zweifel an der Zahlungsfähigkeit der USA genährt. Dies ist hochproblematisch angesichts der Tatsache, dass die USA die gegenwärtig nach wie vor beträchtliche Ausgabenpolitik nur mithilfe einer hohen Auslandsverschuldung

---

[2] Aus historischer Sicht ist dieser Aufstieg jedoch mehr eine Rückkehr, denn um 1700 waren China und Indien bereits die größten Ökonomien der Welt (Layne 2012, S. 413).

finanzieren können. Während andere Staaten stärker gezwungen sind, zwischen den Ausgaben für Sicherheit (*guns*) und Wohlstand (*butter*) sorgfältig abzuwägen, können die USA aufgrund der Rolle des Dollars als Leitwährung im internationalen Finanz- und Handelssystem bislang hohe Ausgaben auf beiden Feldern finanzieren. Angesichts eines Haushaltsdefizits von knapp einer Billion USD steht diese Sonderstellung der USA möglicherweise künftig zur Disposition. So prognostiziert die Weltbank (2011), dass der Dollar seine Funktion als Leitwährung bis 2025 verlieren könnte. Die Fiskalkrise und der *government shutdown* 2013 haben das Vertrauen in den Dollar als Leitwährung weiter erschüttert. Daher warnt der US-amerikanische Verteidigungsminister Chuck Hagel bereits vor den negativen Auswirkungen eines erneuten *shutdown*: „Those who want to say that America is on the back side of history and the days of power and glory are gone – this plays right into their hands, because this sends a message that we can't even govern ourselves." (zitiert in: Shanker 2013). Bereits jetzt hat die Wirtschafts- und Finanzkrise zu massiven Einsparungen im Militärhaushalt der USA geführt. Die aktuellen Vorgaben sehen Einsparungen in Höhe von bis zu einer halben Billion USD vor (Cloud 2012). Dadurch werden die USA zum ersten Mal seit Jahrzehnten nicht länger in der strategisch günstigen Position sein, zwei regionale Kriege gleichzeitig führen zu können. Zudem müssen immer mehr Militärbasen im Ausland geschlossen werden, was die globale Militärpräsenz der USA mittel- bis langfristig spürbar verringern wird. Dadurch sind die USA weniger in der Lage, in regionale Konflikte einzugreifen, während andere Regionalmächte wie China, Indien und Russland dieses Machtvakuum möglicherweise füllen könnten (Kirshner 2008; Layne 2012).

Die USA sehen sich demnach mit drei zentralen globalen Veränderungen konfrontiert. Erstens hat sich trotz der gesunkenen Anzahl bewaffneter Konflikte seit dem Ende des Ost-West-Konflikts die gefühlte Unsicherheit in den Bevölkerungen Europas und Nordamerikas vor allem aufgrund transnationaler Bedrohungen und Risiken erhöht (Kaldor 2007). Zweitens impliziert der wirtschaftliche Aufstieg von Staaten wie China und Indien eine Verschiebung bzw. Aufteilung des globalen Machtzentrums sowie eine Infragestellung bestehender globaler Hierarchien und Identitäten. Drittens haben die Kriege des vergangenen Jahrzehnts sowie die Wirtschafts- und Finanzkrise zu Sparzwängen und Haushaltskonsolidierungsprogrammen geführt, die zum Teil drastische Einschnitte im nationalen Verteidigungshaushalt zur Folge hatten. Aus dieser Perspektive heraus erscheint die These vom Niedergang der USA einerseits durchaus plausibel. Andererseits spiegeln strukturelle Veränderungen im internationalen System nur eine Seite der außenpolitischen Macht der USA wider.

4 *Inside-Out*: Die Machtbasis der USA

Die USA sind nicht Spielball struktureller Veränderungen im internationalen System, sondern verfügen über eigenständige, innere Machtressourcen. In diesem Abschnitt richte ich den Blick daher von innen nach außen (*inside-out*), indem die außenpolitische Machtbasis der USA in den Fokus der Analyse rückt und

Abb. 1 Weltweite Militärausgaben 2012. (Quelle: SIPRI 2013, Tabelle: eigene Darstellung)

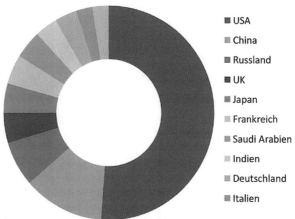

anschließend in den internationalen Kontext eingeordnet wird. Außenpolitische Macht speist sich nicht nur aus sogenannter harter Macht (*hard power*), sondern ebenso aus immateriellen Quellen sogenannter weicher Macht (*soft power*) (Bühl 1978; Nye 2004). Harte Macht beinhaltet neben der Machtausübung über Belohnung, Bestechung, Aufmerksamkeit, Lob oder Zuwendung (*inducement*) ebenso die Machtausübung über Androhung oder Ausübung von Gewalt, Bestrafung, Degradierung oder Zurückhaltung von Belohnung (*coercion*) (Nye 2004). In der internationalen Politik beruht harte Macht im Wesentlichen auf materiellen Ressourcen wie militärischen Fähigkeiten und ökonomischem Potential. Diese lassen sich wiederum anhand von Indikatoren wie der Anzahl nuklearer Sprengköpfe, Trägersystemen, Panzerdivisionen, Streitkräften oder Flugzeugträgern bzw. dem nationalen Anteil am globalen Bruttoinlandsprodukt, Exportdaten, Staatsanleihen, Handelsbilanz oder Währungsstabilität ablesen (Koschut 2012a).

Die realen Verteidigungsausgaben der USA betrugen im Jahr 2012 685,3 Milliarden USD. Damit geben die USA immer noch mehr für das Militär aus als die Verteidigungshaushalte der nachfolgenden zehn Länder zusammen genommen (vgl. Abb. 1). Allerdings ist seit 2012 eine Trendwende zu erkennen, denn die USA haben ihre Ausgaben für Rüstungsgüter im Zuge von innenpolitischen Sparzwängen bereits um 6 % gekürzt. Erstmals seit dem Ende des Ost-West-Konflikts macht der US-Verteidigungshaushalt damit weniger als 40 % der weltweiten Rüstungsausgaben aus. Eine ähnliche Entwicklung ist auch in den europäischen NATO-Mitgliedstaaten zu erkennen. Der SIPRI-Rüstungsexperte Sam Perlo-Freeman spricht deshalb bereits von einer potentiellen globalen Zäsur: „Wir erleben möglicherweise den Anfang einer Verschiebung des Gleichgewichts bei den globalen Rüstungsausgaben von reichen westlichen Staaten hin zu Schwellenländern." (zitiert in: Süddeutsche Zeitung 2013).

Es erscheint jedoch etwas verfrüht, aus dieser veränderten Ausgabenpolitik bereits Rückschlüsse auf den Niedergang der US-amerikanischen militärischen *hard power* zu ziehen. Zum einen ist der verteidigungspolitische Sparkurs im Kongress höchst umstritten (Cornwell 2014). Zum anderen lagen die realen

Militärausgaben 2012 trotz des Rückgangs immer noch 69 % über dem Niveau der Ausgaben von 2001 (SIPRI 2013, S. 6). Zudem basiert die Dominanz des US-amerikanischen Militärs weniger auf einem rein quantitativen Vorsprung in Form von Rüstungsausgaben, Stückzahlen und Personal als vielmehr auf der qualitativen Überlegenheit seiner Militärtechnologie. So verfügen die USA als einziges Land über eine weltweit einsatzbereite bemannte und unbemannte Luftwaffe, die mithilfe von Flugzeugträgern, bestückt mit Hochleistungsmunition und unterstützt durch Atom-U-Boote hochflexibel und mobil ist. Daneben verfügen die USA über tausende von Atomsprengköpfen und die dazugehörigen Trägersysteme, die binnen Minuten sämtliche Teile des Globus erreichen können (Posen 2003).

Dieser militärtechnologische Vorteil drückt sich auch in der dominanten Marktposition US-amerikanischer Rüstungskonzerne wie *Lockheed Martin*, *Boeing*, *Raytheon* und *Northrop Grumman* aus. Im Jahr 2011 befanden sich unter den zehn größten Rüstungsproduzenten der Welt lediglich drei, die nicht ihren Firmensitz in den USA hatten (SIPRI 2013, S. 8).[3] Zwar holen andere Länder wie China bei internationalen Rüstungstransfers deutlich auf und sind mit 5 % Marktanteil mittlerweile auf Platz fünf der größten Rüstungsexportländer vorgerückt. Die USA bleiben jedoch mit einem Rüstungsexportanteil von 30 % weiterhin unangefochtener Weltmarktführer (SIPRI 2013, S. 10). Selbst wenn China oder andere Staaten ihre gegenwärtig zum Teil massive Aufrüstung auf dem jetzigen Niveau weiter betreiben würden, dürfte es noch sehr lange dauern bis diese in der Lage wären, die USA militärisch herauszufordern. In einem klassischen zwischenstaatlichen Konflikt bleiben die USA nach wie vor praktisch unbesiegbar, da sie als einziges Land über die einzigartige militärische Fähigkeit zur globalen Machtprojektion verfügen (Lieven 2012, S. 437).

Andererseits werden die meisten Konflikte nicht länger zwischen Staaten ausgetragen. Nichtstaatliche Akteure wie das Terrornetzwerk al Qaida, die Taliban in Afghanistan aber auch transnational agierende Drogenkartelle in Lateinamerika zeigen die Grenzen der militärischen Überlegenheit der USA auf. Auch beim Postkonfliktmanagement zur Stabilisierung und Befriedung innerstaatlicher Konflikte wie im Irak und in Afghanistan weisen die USA eklatante Defizite auf. Im sicherheitspolitischen Bereich führt daher möglicherweise weniger die massive Aufrüstung von Staaten wie China, Indien oder Saudi Arabien, sondern vielmehr die negativen Erfahrungen der USA in asymmetrischen Konflikten mit nichtstaatlichen Akteuren zur Infragestellung der US-amerikanischen Vormachtstellung. Ein entscheidender Faktor ist dabei die Frage, inwieweit die USA angesichts der Kriege der vergangenen Jahrzehnte und des gegenwärtigen Haushaltsdefizits auch künftig in der Lage sein werden, die notwendige innenpolitische Unterstützung und materiellen Ressourcen für die militärische Machtprojektion in der Welt langfristig zu sichern.

---

[3]Dies sind die britische Firma *BAE Systems*, die transeuropäische *EADS* und die italienische *Finmeccanica*.

Auf dem Feld der Wirtschafts- und Handelspolitik befinden sich dagegen einige Akteure bereits seit langem auf Augenhöhe mit den USA. Die US-amerikanische wirtschaftliche Dominanz wurde bereits Ende der 1960er Jahre mit dem ökonomischen (Wieder-)aufstieg Westeuropas und Japans gebrochen und derzeit sind es Staaten wie Brasilien, Russland, Indien, China und Südafrika (BRICS), die mit ihrem zum Teil rasanten Wirtschaftswachstum die ökonomische Machtbalance verändern. In den künftigen Dekaden wird diese Machtumverteilung sich voraussichtlich noch weiter ausdifferenzieren. So soll bereits 2030 der Anteil Chinas am globalen Bruttoinlandsprodukt zum größten weltweit avancieren. Darüber hinaus werden voraussichtlich auch die anderen BRICS-Staaten ihre Anteile deutlich erhöhen. Andererseits dürfte sich jedoch auch das Wirtschaftswachstum der USA wieder erholen und laut Prognose bis 2030 stetig weiter wachsen, wenn auch auf deutlich geringerem Niveau. Ferner muss berücksichtig werden, dass sich die jetzigen Prognosen auf das Gesamtbruttoinlandsprodukt der BRICS-Staaten berufen. Gemessen am Pro-Kopf-Bruttoinlandsprodukt liegt Chinas Wirtschaftskraft dagegen kaum höher als die Ecuadors (siehe World Bank 2013).

Ähnlich wie in der Sicherheitspolitik macht hier jedoch ebenso der qualitative Vorsprung der USA den wesentlichen Unterschied. Die meisten der weltweit agierenden Konzerne haben ihren Sitz nach wie vor in den USA und deren Produkte und Technologiestandards sowie deren Verbreitung stellt die vorhandene Konkurrenz aus den BRICS-Staaten weiterhin deutlich in den Schatten. Das Pro-Kopf Bruttoinlandsprodukt der USA ist immer noch fast sechsmal so hoch wie das Chinas. Entscheidend für den weiteren Aufstieg Chinas dürfte schließlich die Frage sein, wie das rasante Wirtschaftswachstum Chinas und anderer BRICS-Staaten mit deren zum Teil schwerwiegenden innenpolitischen Problemen wie dem wachsenden Energiebedarf, Verteilungsgerechtigkeit, Korruption und Umweltverschmutzung in Einklang zu bringen ist.

Im Gegensatz zu harter Macht beruht weiche Macht vor allem auf der Attraktivität US-amerikanischer Institutionen, des politischen Systems der USA, seiner Kultur, seiner Werte und seiner außenpolitisches Handlungen. Joseph Nye, der den Begriff der *soft power* konzeptionell maßgeblich geprägt hat, versteht unter weicher Macht ganz allgemein „the ability to shape the preferences of others" (Nye 2004, S. 5). Diese Definition ist allerdings noch viel zu allgemein, da sie sich sowohl auf harte wie auch auf weiche Macht anwenden lässt. Nye weist daher daraufhin, dass weiche Macht mehr beinhaltet als aktive Einflussnahme oder argumentative Überzeugungskraft. Es geht hierbei vielmehr um indirekte Machtausübung durch Anziehungskraft und Attraktivität oder wie es Nye (2002, S. 9) ausdrückt: „to get others to want what you want". Diese Magnetwirkung wird zum einen durch die Attraktivität der politischen Institutionen sowie der Kultur und Werte eines Landes und zum anderen durch sein politisches Verhalten erzeugt. Kommunikation und Wissen spielen dabei eine entscheidende Rolle, deren Bedeutung im Zuge von Globalisierungsprozessen sowie steigender medialer und sozialer Vernetzung weiter zunimmt. Um es mit den Worten des ehemaligen französischen Außenministers Hubert Védrine auszudrücken: „Americans are powerful because they inspire the dreams and desires of others, thanks to the mastery of global images through film and television and because, for the same reasons, large numbers of students from other countries come to the United States to finish their studies." (zitiert in: Nye 2002, S. 9).

Man muss jedoch einschränken: Weiche Macht bleibt mitunter äußerst begrenzt, sofern diese nicht durch klassische Machtfaktoren wie militärische und ökonomische *hard power* unterfüttert wird. So trugen die Milizen im ruandischen Bürgerkrieg 1994 T-Shirts mit den Logos US-amerikanischer Sporthersteller, was diese noch lange nicht zu Verfechtern US-amerikanischer Werte wie Menschenrechte oder Demokratie machte (Nye 2004, S. 12). Zudem kann sich *soft power* auch negativ auf die Außenpolitik eines Landes auswirken. Beispielsweise liefert die Darstellung des *American Way of Life* in US-amerikanischen Filmen und Fernsehserien in einigen arabischen Gesellschaften die Argumente für gezielte Hetzkampagnen gegen „den Westen".

Der Begriff „weiche" Macht ist in empirisch-methodischer Hinsicht wörtlich zu nehmen: *soft power* ist wie der sprichwörtliche Pudding an der Wand und lässt sich daher nur schwer wissenschaftlich nachweisen geschweige denn messen. Es lassen sich dennoch eine Reihe von Indikatoren heranführen, die zumindest einen Eindruck davon geben, was US-amerikanische *soft power* ausmacht – und ihre Vormachtstellung auch von innen heraus erhält. So ist die Zahl der Einwanderer in die USA sechsmal so hoch wie in Deutschland. Die USA exportieren nach wie vor die meisten Filme und TV Serien ins Ausland. Die USA produzieren weltweit die meisten Bücher, verkaufen die meisten Musikprodukte und sind mit den meisten Internetseiten registriert (wobei dies, wie oben erwähnt, nicht immer positive Auswirkungen haben muss). 28 % aller ausländischen Studierenden studieren in den USA, wobei sich der Anteil europäischer zugunsten asiatischer Studierender deutlich verschoben hat. WissenschaftlerInnen an US-amerikanischen Universitäten veröffentlichen mit Abstand die meisten akademischen Publikationen. Die USA sind zudem führend bei den Nobelpreisen für Physik, Chemie und Ökonomie und nehmen in der Literatur den zweiten Rang ein. Die US-amerikanische Außenpolitik unterstützt dabei den Ausbau weicher Macht mithilfe von *public and cultural diplomacy* wie Austauschprogrammen, Entwicklungs- und Katastrophenhilfe sowie Elitendialogen.[4]

Ein weiterer wichtiger Indikator weicher Macht sind Meinungsumfragen. Das renommierte Pew Research Center (2013a) hat dazu in einer Langzeitstudie im Zeitraum zwischen 2002 und 2013 insgesamt 325.000 Menschen in 60 Ländern befragt. Selbstverständlich kann und muss deren Befragungsmethode in einigen Punkten kritisch gesehen werden.[5] Dennoch lassen sich die Daten als Globalindikator für US-amerikanische weiche Macht durchaus heranziehen, da sie zumindest

---

[4]*Public and cultural diplomacy* will durch gezielte Kommunikation der eigenen Werte und Ideale die Attraktivität des eigenen Landes ausbauen, um die öffentliche Meinung in festgelegten Zielländern direkt zu beeinflussen (Schwan 2012).

[5]Die untersuchte Datenmenge ist selektiv und lückenhaft, da nicht alle Länder über die Jahre durchgängig befragt und einige wichtige Länder wie etwa der Iran überhaupt nicht in der Umfrage berücksichtigt wurden.

einen Gesamteindruck der USA aus unterschiedlichen Gesellschaften und Regionen widerspiegeln.

Grundsätzlich hat eine große Anzahl der befragten Gesellschaften eine überwiegend positive Meinung von den USA. Allerdings wird die Verbreitung US-amerikanischer Ideen nur in sehr wenigen Ländern der Welt als mehrheitlich positiv wahrgenommen.[6] Bezeichnenderweise befindet sich kein einziges europäisches Land darunter. Anders sieht das Ergebnis aus, wenn nach spezifischen Ideen gefragt wird. So befürwortet eine große Zahl der befragten Personen mehrheitlich das US-amerikanische Demokratiemodell. Interessant ist in diesem Zusammenhang auch die Tatsache, dass chinesische UmfrageteilnehmerInnen mit 48 % im Jahr 2007 und sogar 52 % im Jahr 2012 dem US-amerikanischen Demokratiemodell durchaus etwas abgewinnen können.

Auch US-amerikanische Unternehmenspraktiken werden in zahlreichen Ländern der Welt überwiegend positiv wahrgenommen. Diese Grundeinstellung verteilt sich über sämtliche Weltregionen, auch hier mit Ausnahme Europas. Dies überrascht angesichts der engen wirtschaftlichen Verflechtung im transatlantischen Raum. Selbst in Großbritannien stößt das US-amerikanische Wirtschaftsmodell auf mehrheitliche Ablehnung. Deutlich fällt die Zustimmung dagegen im Bereich Technologie und Wissenschaft aus. Hier stehen nur die befragten Personen in Indien, Pakistan, Russland und seit 2007 auch in der Türkei den technologischen und wissenschaftlichen Errungenschaften aus den USA skeptisch bis ablehnend gegenüber. In allen anderen Ländern inklusive den befragten europäischen Ländern liegt die Befürwortung deutlich über 70 bzw. 80 %.

Ähnliche Zustimmungsraten lassen sich schließlich auch im Kultursektor ausmachen. US-amerikanische Musik, Filme und Fernsehserien sind nach wie vor in fast allen Teilen der Welt Exportschlager. Nur in den palästinensischen Territorien und auf dem indischen Subkontinent (Indien, Pakistan, Bangladesch) stößt US-amerikanische Massenunterhaltung auf deutliche Ablehnung. Auch in den europäischen Ländern und sogar im überaus amerikakritischen Venezuela erfreuen sich US-amerikanische Massenmedien weiterhin großer Beliebtheit. Im direkten Vergleich mit dem potentiellen Herausforderer China zeigen die Umfragewerte schließlich, dass die USA in Regionen wie Afrika und Lateinamerika nach wie vor in allen der oben genannten Bereichen jeweils größere Zustimmung erfahren als die Volksrepublik.

Zusammenfassend lässt sich daher sagen, dass trotz einschneidender struktureller Veränderungen im internationalen System die Machtgrundlage der USA gegenwärtig nach wie vor gefestigt erscheint. Die skeptischen Prognosen eines *American Decline* vor dem Hintergrund des Irakkrieges, der Weltwirtschaftskrise und dem Aufstieg Chinas decken sich (noch) nicht mit den gegenwärtigen materiellen und immateriellen Indikatoren US-amerikanischer Macht. Die Nachhaltigkeit US-amerikanischer Macht liegt dabei vor allem in der Feststellung begründet, dass

---

[6]Äthiopien, Brasilien, Elfenbeinküste, El Salvador, Israel, Japan, Kenia, Nigeria, Senegal, Südafrika.

deren Projektion und Anziehungskraft erstens nicht auf bestimmte Regionen beschränkt ist, sondern globale Reichweite hat und zweitens sowohl auf politischer wie auch gesellschaftlicher Ebene verankert ist (wobei beide Ebenen nicht immer deckungsgleich sein müssen wie die Beispiele China und Westeuropa zeigen).

5 Fazit: Bedeutungsverlust oder -wandel?

Gegenwärtig erscheint die US-amerikanische Vormachtstellung gefestigt. Wie aber sieht es künftig aus? Erleben wir langfristig einen Niedergang der US-amerikanischen Machtposition auf internationaler Ebene? Nimmt man die Jahre 1945 bzw. 1990 als Referenzpunkte (und dies tun die meisten AutorInnen) dann lässt sich diese Frage zunächst eindeutig positiv beantworten: Die USA erfahren einen außenpolitischen Bedeutungsverlust, da sowohl ihre materielle als auch ihre immaterielle Machtstellung im internationalen System im historischen Vergleich seit 1945 bzw. 1990 nachweislich abgenommen hat. Dieser Befund ist jedoch für sich genommen wenig aussagekräftig, da er auf drei Prämissen beruht.

Erstens war die Machtposition der USA 1945 bzw. 1990 eine historische Ausnahmeerscheinung, deren Auswahl als Referenzkriterium kaum als langfristiger Maßstab US-amerikanischer Machtentwicklung gelten kann. Zweitens bleibt der Befund vorläufig, da die Zukunft US-amerikanischer Macht naturgemäß nicht vorhergesagt werden kann. Es ist etwa nicht auszuschließen, dass nach 1945 und 1990 noch ein weiterer „unipolarer Moment" folgen könnte. Dies würde aber dem Argument vom *American Decline* gerade widersprechen. Der *American Decline* in der Außenpolitik ist vielmehr ein zyklisches Phänomen, das in regelmäßigen Abständen aufgrund innerer und äußerer Entwicklungen auftritt. Drittens ist der vermeintliche Niedergang der USA im Vergleich zu 1945 bzw. seit 1990 – wenn überhaupt – kein absoluter, sondern ein relativer Niedergang, da er weniger auf der abnehmenden Machtbasis der USA, sondern vielmehr auf dem Machtzuwachs anderer Akteure beruht. Der *American Decline* ist daher weniger ein Abstieg der USA als vielmehr ein (Wieder-)Aufstieg der Anderen.

Gegenwärtigen Formen dieses Aufstiegs der Anderen trägt die US-amerikanische Administration Rechnung, indem sie ihre Machtressourcen ganz im Sinne eines *offshore balancing* dorthin verlagert, wo sich die Macht der Anderen konzentriert. Vor diesem Hintergrund ist etwa die strategische Hinwendung der USA nach Asien (*asian pivot*) zu sehen. Diese militärische und wirtschaftliche Prioritätenverschiebung ist wiederum verbunden mit der Verbreitung und Festigung demokratischer Werte und Institutionen in der asiatisch-pazifischen Region und beruht nicht zuletzt auch auf einem äußerst selektiven Asien- bzw. Chinabild, dessen Bedrohungswahrnehmung seinerseits durch die Linse US-amerikanischer Innenpolitik konstruiert ist und somit eine ganz bestimmte US-amerikanische Identität widerspiegelt.

Von einem freiwilligen Rückzug der USA von der Weltbühne kann angesichts dieser Entwicklung wohl kaum die Rede sein. Zwar sind isolationistische Tendenzen in der US-amerikanischen Bevölkerung gegenwärtig deutlich erkennbar.

So sprach sich einerseits im Dezember 2013 eine überwältigende Mehrheit für eine Aufteilung der Führungsrolle Washingtons mit anderen Ländern und damit implizit für eine multipolare Weltordnung aus. Auch die Zustimmung zu der Frage, ob die USA sich stärker um nationale Belange kümmern sollte, liegt auf einem historischen Rekordhoch von 52 % und hat sich seit 2002 fast verdoppelt. Andererseits sprechen sich zwei Drittel der US-AmerikanerInnen nach wie vor für ein stärkeres Engagement im Welthandel aus. Zudem sind 56 % der Befragten der Meinung, dass die USA die einzige militärische Supermacht bleiben sollten (Pew Research Center 2013b). Diese Daten spiegeln weniger einen vermeintlichen Neoisolationismus als vielmehr die gegenwärtige Kriegsmüdigkeit und die wirtschaftliche Ungewissheit in der US-amerikanischen Bevölkerung wider und lassen daher nicht zwangsläufig auf einen mittel- oder langfristigen Rückzug der USA von der Weltbühne schließen.

Zusammenfassend lassen sich die aktuelle wie auch die vergangenen Debatten um einen vermeintlichen *American Decline* kaum als Indiz für einen künftigen Niedergang der Weltmacht deuten. Die gegenwärtige Kontroverse um den *American Decline* ist nicht neu und stellt wie ihre historischen Vorgänger eher eine Anpassung der USA an veränderte innen- und außenpolitische Wahrnehmungen und Realitäten dar. Beispielsweise ging es bei der ersten *Decline*-Debatte in den USA vor allem darum, das Vietnamtrauma und die wirtschaftliche Erfolgsgeschichte in Westeuropa und Japan gesellschaftlich zu verarbeiten. In der gegenwärtigen Debatte werden die negativen Erfahrungen im Irak und in Afghanistan und die globalen Veränderungen nach der Weltwirtschaftskrise und dem Aufstieg Chinas verhandelt. Natürlich sind die gegenwärtigen innen- und außenpolitischen Probleme der USA nicht zu leugnen. Nichtsdestotrotz kann das, was von einigen Beobachtern oft als Zeichen US-amerikanischer Schwäche dargestellt wird (Rumsfeld 2014), genauso gut als Anpassungsmechanismus und somit als Zeichen US-amerikanischer Stärke interpretiert werden.

Ob dies aus normativer Sicht wünschenswert ist oder nicht steht dabei auf einem anderen Blatt. Würden die USA über einen solchen Mechanismus nicht verfügen, wäre es womöglich tatsächlich schon zu einem *imperial overstretch* aufgrund mangelnder innergesellschaftlicher Selbstreflexion gekommen. Die Debatten über den *American decline* sind als Symptom einer gewissenhaften, demokratischen Auseinandersetzung mit der außenpolitischen Rolle der USA zu sehen. So grenzte sich die US-amerikanische Bevölkerung deutlich von der Irakpolitik der Bush-Administration ab, als deren Scheitern nicht mehr zu leugnen war. Gerade diese innergesellschaftlichen Auseinandersetzungen verdeutlichen, dass US-amerikanische Außenpolitik mehr ist als die Summe der Reaktionen auf internationale Entwicklungen und Ereignisse. Gesellschaftsbezogene innenpolitische Faktoren bestimmen neben den institutionellen Wechselbeziehungen im politischen System der USA die außenpolitische Machtposition der USA mit (Koschut 2012b). Das pluralistische Gesellschaftssystem und die demokratischen Selbstheilungskräfte in den USA bieten vor diesem Hintergrund eine Art Selbstkorrektiv, welches die Nachhaltigkeit US-amerikanischer Macht gewährleisten kann. Insofern gilt für die Frage nach dem vermeintlichen Niedergang der USA das, was Ernst-Otto Czempiel (1966, S. 2) bereits vor einem halben Jahrhundert über US-amerikanische Außenpolitik geschrieben hat: „(D)as Zentrum der außenpolitischen Entscheidung liegt bei der Gesellschaft."

Literatur

Brandon, Henry. 1974. *The retreat of American power*. New York: Delta Book.
Bühl, Walter L. 1978. *Transnationale Politik. Internationale Beziehungen zwischen Hegemonie und Interdependenz*. Stuttgart: Klett-Cotta.
Calleo, David. 1982. *The imperious economy*. Cambridge, MA: Harvard University Press.
Chace, James. 1981. *Solvency: The price of survival*. New York: Random House.
Czempiel, Ernst-Otto. 1966. *Das amerikanische Sicherheitssystem 1945–1949*. Berlin: de Gruyter.
Cloud, David S. 2012. Defense budget plan would cut spending by half a trillion. *Los Angeles Times*. http://articles.latimes.com/2012/jan/26/nation/la-na-defense-spending-cuts-20120127. Zugegriffen am 11.12.2013.
Cornwell, Susan. 2014. Congress votes to repeal military spending cuts. *Reuters*. http://www.reuters.com/article/2014/02/12/us-usa-military-cuts-idUSBREA1B26A20140212. Zugegriffen am 28.2.2014.
Cox, Michael. 2007. Is the United States in decline – again? An essay. *International Affairs* 83(4): 643–653.
Daase, Christopher. 2002. Internationale Risikopolitik. Ein Forschungsprogramm für den sicherheitspolitischen Paradigmenwechsel. In *Internationale Risikopolitik. Der Umgang mit neuen Gefahren in den internationalen Beziehungen*, Hrsg. Christopher Daase, Susanne Feske und Ingo Peters, 9-35. Baden-Baden: Nomos.
Ferguson Niall. 2006. Empire falls. *Vanity fair*. http://www.vanityfair.com/politics/features/2006/10/empire200610. Zugegriffen am 11.12.2013.
Fukuyama, Francis. 1989. The end of history? *The National Interest* 16: 3–18.
Glaser, Charles L. 2011. Why unipolarity doesn't matter (Much). *Cambridge Review of International Affairs* 24(2): 135–147.
Haass, Richard. 1988. The use (and mainly misuse) of history. *Orbis* 32(3): 76–96.
Hoffmann, Stanley. 1979. *Primacy or world order? American foreign policy since the cold war*. New York: McGraw-Hill.
Huntington, Samuel. 1988. The US: Decline or renewal? *Foreign Affairs* 62(2): 76–96.
Ikenberry, G. John. 2000. *After victory. Institutions, strategic restraint, and the rebuilding of order after major wars*. Princeton: Princeton University Press.
Ikenberry, G. John. 2011. *Princeton: Liberal Leviathan: The origins, crisis, and transformation of the American world order*. Princeton: Princeton University Press.
Johnson, Chalmers. 2004. *The sorrows of empire: Militarism, secrecy, and the end of republic*. London: Verso.
Joffe, Josef. 2014. *The myth of America's decline*. New York: W.W. Norton.
Kaldor, Mary. 2007. *New and old wars. Organized violence in a Global Era*. Stanford: Stanford University Press.
Kay, Sean. 2004. Globalization, power and security. *Security Dialogue* 35(1): 9–26.
Keohane, Robert O. 1984. *After hegemony. Cooperation and discord in the world political economy*. Princeton: Princeton University Press.
Kennedy, John F. 1960. Excerpts of speech by Senator John F. Kennedy, American legion convention. Miami Beach, 18. Oktober, http://www.presidency.ucsb.edu/ws/?pid=74095. Zugegriffen am 11.12.2013.

Kennedy, Paul. 1987. *The rise and fall of great powers: Economic change and Military conflict from 1500 to 2000*. New York: Random House.
Kessler, Glenn. 2010. Clinton declares ,New American moment' in foreign policy speech. *Washington Post*. http://www.washingtonpost.com/wp-dyn/content/article/2010/09/08/AR2010090805078.html. Zugegriffen am 11.12.2013.
Khanna, Parag. 2009. *The second world: How emerging powers are redefining global competition in the twenty-first century*. New York: Penguin Books.
Kirshner, Jonathan. 2008. Dollar primacy and American power: What's at stake? *Review of International Political Economy* 15(3): 418–438.
Kissinger, Henry. 1969. *American foreign policy: Three essays*. New York: W.W. Norton.
Koschut, Simon. 2012a. Theorie und Außenpolitikanalyse. In *Die Außenpolitik der USA. Theorie – Prozesse – Politikfelder – Regionen*, Hrsg. Koschut Simon und Kutz Magnus, 17–30. Opladen und Toronto: UTB.
Koschut, Simon. 2012b. Multilaterales Amerika? Innenpolitische Grundlagen und außenpolitische Handlungsperspektiven unter Barack Obama. In *Transatlantische Perspektiven für die Ära Obama: Aufbruch zu neuen Ufern oder „business as usual"?*, Hrsg. Sascha Arnautovic. Köln: Kölner Wissenschaftsverlag.
Krauthammer, Charles. 1991. The unipolar moment. *Foreign Affairs* 70(1): 23–33.
Kupchan, Charles. 2002. *The end of the American Era. US foreign policy and the geopolitics of the twenty-first century*. New York: Knopf.
Kupchan, Charles. 2012. *No one's world. The West, the rising rest, and the coming global turn*. Oxford: Oxford University Press.
Layne, Christopher. 1993. The unipolar illusion: Why new great powers will rise. *International Security* 17(4): 5–51.
Layne, Christopher. 2006. The unipolar illusion revisited: The coming end of the United States' unipolar moment. *International Security* 31(2): 7–41.
Layne, Christopher. 2012. US decline. In *US Foreign Policy*, Hrsg. Michael Cox und Doug Stokes, 410–420. Oxford: Oxford University Press.
Lieven, Anatol. 2012. The future of US foreign policy. In *US Foreign Policy*, Hrsg. Michael Cox und Doug Stokes, 392–408. Oxford: Oxford University Press.
Mann, Michael. 2003. *Incoherent empire*. London: Verso.
Mearsheimer, John J. 2001. *The tradegy of great power politics*. New York: W.W. Norton.
Nau, Henry. 1990. *The myth of American decline: Leading the world's economy in the 1980s*. Oxford: Oxford University Press.
Nye, Joseph. 1990. *Bound to lead: The changing nature of American power*. New York: Basic Books.
Nye, Joseph. 2002. *The paradox of American power. Why the world's only superpower can't go it alone*. Oxford: Oxford University Press.
Nye, Joseph. 2004. *Soft power: The means to success in world politics*. New York: Public Affairs.
Norrlof, Carla. 2010. *America's global advantage: US hegemony and international cooperation*. Cambridge: Cambridge University Press.
Pew Research Center. 2013a. *Pew research center global attitudes project. Global Indicators Database*. http://www.pewglobal.org/database/indicator/1/. Zugegriffen am 11.12.2013.
Pew Research Center. 2013b. *America's place in the world 2013*. http://www.people-press.org/files/legacy-pdf/12-3-2013%20APW%20VI.pdf. Zugegriffen am 11.12.2013.
Posen, Barry R. 2003. Command of the commons: The Military Foundation of US Hegemony. *International Security* 18(2): 44–79.
Rachman, Gideon. 2011. Think again: American decline. This time it's for real. *Foreign Policy* 184. http://www.foreignpolicy.com/articles/2011/01/02/think_again_american_decline. Zugegriffen am 11.12.2013.
Rumsfeld, Donald. 2014. US going into decline due to ,weakness' in military. Newsmax TV's ,America's Forum', http://www.newsmax.com/Newsfront/Donald-Rumsfeld-military-spending-Iran/2014/02/18/id/553290. Zugegriffen am 07.03.2014.

Schwan, Anna. 2012. Public und Cultural Diplomacy. In *Die Außenpolitik der USA. Theorie – Prozesse – Politikfelder – Regionen*, Hrsg. Simon Koschut und Magnus Kutz, 217-226. Opladen und Toronto: UTB.
Shanker, Thom. 2013. Cuts have Hagel weighing realigned military budget. *New York Times*. http://www.nytimes.com/2013/11/07/us/cuts-have-hagel-weighing-realignment-of-military-spending.html. Zugegriffen am 11.12.2013.
SIPRI. 2013. *SIPRI Yearbook 2013: Armaments, disarmaments and international security*. Deutsche Kurzfassung. Oxford: Oxford University Press.
Süddeutsche Zeitung. 2013. *Weltweite Militärausgaben sinken erstmals seit 15 Jahren*. http://www.sueddeutsche.de/politik/sipri-studie-zur-ruestung-weltweite-militaerausgaben-sinken-erstmals-seit-jahren-1.1648919. Zugegriffen am 11.12.2013.
Todd, Emmanuel. 2004. *After the empire: The breakdown of the order*. London: Constable.
Wallerstein, Immanuel. 2003. *The decline of American power*. New York/London: New Press.
Waltz, Kenneth N. 1994. The emerging structure of international politics. *International Security* 18(2): 44–79.
Weltbank. 2011. *Global development horizons 2011. Multipolarity: The new global economy*. Washington, DC.
Wohlforth, William und Stephen G. Brooks. 2012. US primacy. In *US Foreign Policy*, Hrsg. Michael Cox und Doug Stokes, 421–428. Oxford: Oxford University Press.
Wohlforth, William und Stephen G. Brooks. 2008. *World out of balance: International relations and the challenge of American primacy*. Princeton: Princeton University Press.
World Bank. 2013. *China 2013. Building a modern, harmonious, and creative society*. http://www.worldbank.org/content/dam/Worldbank/document/China-2030-complete.pdf. Zugegriffen am 07.03.2014.
Zakaria, Fareed. 2008. *The post-American world*. New York: Norton.

Gesellschaft in der Krise? Neue Ungleichheiten in den USA

Christian Lammert und Boris Vormann

Inhalt

1 Einleitung 602
2 Formale Gleichheit und deren Defizite 604
3 Informelle Ungleichheit trotz formeller Gleichheit 609
4 Fazit 612
Literatur 613

Zusammenfassung

Dieser Artikel erläutert die Entwicklung gesellschaftlicher Ungleichheiten in den Vereinigten Staaten von Amerika im Laufe des 20. und 21. Jahrhunderts. Er leistet einen Überblick über die statistischen Details und die entscheidenden Faktoren und Dynamiken wachsender sozio-ökonomischer Ungleichheiten und bespricht deren Auswirkungen auf politische Prozesse in den USA. Wir argumentieren, dass die neuen Ungleichheiten nur erklärt werden können, wenn jüngere neoliberale Entwicklungstendenzen zusammengedacht werden mit ungelösten strukturellen Problemen des demokratischen Systems in den Vereinigten Staaten.

Schlüsselwörter

Sozio-ökonomische Ungleichheiten • US-amerikanische Demokratie • formelle Gleichheit

---

C. Lammert (✉) • B. Vormann
John F. Kennedy-Institut für Nordamerikastudien, FU Berlin, Berlin, Deutschland
E-Mail: clammert@zedat.fu-berlin.de; boris.vormann@fu-berlin.de

© Springer Fachmedien Wiesbaden 2016
C. Lammert et al. (Hrsg.), *Handbuch Politik USA, Springer NachschlageWissen*,
DOI 10.1007/978-3-658-02642-4_36

1 Einleitung

Die Unabhängigkeitserklärung der Vereinigten Staaten von 1776 verspricht allen US-amerikanischen Staatsbürgern gleiche politische Rechte – ein Ideal, das formal jedoch erst im Verlauf des späten 19. und bis in die zweite Hälfte des 20. Jahrhunderts auch auf Minderheiten und Frauen ausgeweitet wurde. Heute befürchten nicht wenige die Aushöhlung dieser gesellschaftlichen Emanzipation und der US-amerikanischen Demokratie durch neue gesellschaftliche Ungleichheiten. Ob und inwiefern jenes Ideal jedoch jemals die gesellschaftliche Realität bestimmt hat, muss an sich schon infrage gestellt werden. Denn selbst nach dem *New Deal*, der oftmals in der Forschung als Gründungsmoment des US-amerikanischen Sozial- und Interventionsstaats[1] skizziert wird, haben sich Exklusionsmechanismen und ungleiche Partizipationsmöglichkeiten gehalten, beziehungsweise in neuen Formen institutionalisiert. Daher muss also vielmehr gefragt werden, inwieweit diese historischen Fehlentwicklungen und institutionellen Defizite in der Entwicklung des Sozial- und Interventionsstaates die heutige Entwicklung hin zu neuen Ungleichheiten erklären können.

Ein Beispiel für die klassische Lesart der neuen Ungleichheiten ist die von der *American Political Science Association* eingerichtete *Task Force on Inequality and American Democracy*, die es sich als politik- und sozialwissenschaftliche Forschergruppe zur Aufgabe machte, den Einfluss wachsender Ungleichheiten auf politische Partizipation und das demokratische Gemeinwesen in den Vereinigten Staaten von Amerika zu untersuchen. Mit ihrer Studie aus dem Jahr 2004 kam sie zu einem besorgniserregenden Ergebnis: Indem die Zugangsmöglichkeiten zur politischen Teilhabe zunehmend vom gesellschaftlichen Status abhingen, hätten steigende Ungleichheiten in den vergangenen Jahrzehnten die Grundfesten der US-amerikanischen Demokratie unterlaufen (Jacobs und Skocpol 2005). Die Möglichkeiten, auf den politischen Prozess Einfluss zu nehmen, der eigenen politischen Stimme Gewicht zu verleihen und politische Interessen durchzusetzen, seien immer mehr eine Frage der ökonomischen Privilegierung. Wie in weiten Bereichen der vergleichenden Wohlfahrtsstaatsforschung wird auch hier ein starker Antagonismus zwischen einem goldenen Zeitalter des fordistischen Nationalstaates und einem krisenhaften Neoliberalismus angenommen – gekennzeichnet vom Rückzug des Staates und der zunehmenden globalen Integration von Märkten in der Real- und Finanzwirtschaft.

Unterstützung findet diese These in verschiedenen Analysen, die für den gesamten OECD Raum wachsende Ungleichheiten feststellen. Hier zählen die Vereinigten Staaten laut Statistiken der Organisation für wirtschaftliche Zusammenarbeit und Entwicklung (OECD) nach wie vor zu den Ländern mit der höchsten

---

[1]Gemeinhin spricht man in der einschlägigen US-amerikanischen Fachliteratur vom Wohlfahrtsstaat (*welfare state*) oder ausschließlich von Sozialpolitik. Wir verwenden bewusst den Begriff des Sozial- und Interventionsstaats, um auch nicht primär sozialpolitische Interventionsformen wie zum Beispiel Arbeitsmarkt-, Bildungspolitik oder auch die Regulierung der Finanzmärkte in den Blick zu nehmen.

Einkommensungleichheit. Der OECD Bericht *Growing Unequal?* unterstrich 2008 den Anstieg von Einkommensungleichheiten in nahezu allen OECD Ländern seit Mitte der 1980er Jahre – eine Tendenz, die in den Vereinigten Staaten jedoch besonders stark ausgeprägt war und die sich auch dort seit der Finanzkrise aufgrund stagnierender Löhne und verfallender Immobilienpreise weiter verschärft hat (OECD 2008, 2013). Die Erholung von der internationalen Finanzkrise verlief gesellschaftlich äußerst ungleich: Von 2009 bis 2012 wuchsen die Einkommen der Top 1 % um 31,4 %, die Einkommen der restlichen 99 % hingegen lediglich um 0,4 % (Saez 2013, S. 1). Aus diesen Daten geht zwar hervor, dass es sich bei den wachsenden Ungleichheiten um ein Krisensymptom entwickelter kapitalistischer Systeme handelt, das mit Globalisierungsprozessen im Zusammenhang steht. Die verschärfte Problematik in den USA führt uns jedoch wieder zu der Frage nach den möglichen Ursachen für die spezifische Ausprägung des US-amerikanischen Ungleichheitsregimes.

Um die Kontinuitäten zwischen dem fordistischen und dem neoliberalen System besser erkennen zu können, muss man hinter die Fassade wirkungsmächtiger Nationalmythen blicken. Ein Beispiel bietet der *American Dream* – die Idee, dass gesellschaftlicher Aufstieg zugleich möglich und eine Konsequenz individueller Anstrengung darstelle –, welcher bis in die Gegenwart die soziale Kohäsion einer individualisierten Gesellschaft stützt. Laut einer jüngeren Umfrage glauben 68 % der Befragten daran, den amerikanischen Traum bereits zu leben oder ihn in Zukunft leben zu können. Als die zwei wichtigsten Faktoren für den wirtschaftlichen Aufstieg nannten sie „harte Arbeit" und „persönlichen Antrieb und Ambition" (*hard work* und *a person's drive and personal ambition*; Economic Mobility Project 2011). Jedoch hat sich auch in Folge der Finanzkrise die Sicht auf die Regierung geändert. Gefragt, wem die Regierung am meisten helfe (*perceptions of who the government helps a ‚great' deal*), antworteten 54 % der Befragten den Reichen, 16 % den Armen, 7 % der Mittelschicht und 6 % Leuten wie mir (*people like me*; Economic Mobility Project 2011).

Derlei Mythen verschieben die Verantwortung für soziales Handeln von der Gesellschaft auf das Individuum. So verspricht auch der American Dream, dass die Wohlfahrt des Einzelnen aus eigener Kraft zu erreichen sei. Dieses Merkmal findet sich auch in den Strukturen und Funktionsmechanismen US-amerikanischer Sozialpolitik wieder und reproduziert ihn somit. Der Mythos hält jedoch der gesellschaftlichen Realität nicht stand. Soziale Mobilität, das heißt, die Möglichkeit im Laufe des eigenen Lebens aus der Statusgruppe der eigenen Eltern aufzusteigen, ist in den USA zu Beginn des 21. Jahrhunderts entgegen landläufiger Meinungen durchschnittlich geringer als in europäischen Ländern (Chetty et al. 2013). So ist die intergenerationelle Mobilität in den USA niedriger als in skandinavischen Ländern, aber auch als in Großbritannien (Jäntti et al. 2006). Ob diese Diskrepanz zwischen Mythos und Realität allerdings eine unmittelbare Konsequenz des Neoliberalismus ist oder aber eine durch den Neoliberalismus lediglich verstärkte Tendenz darstellt, die tiefer in den institutionellen Strukturen und Mechanismen der Vereinigten Staaten verwurzelt ist, muss kritisch hinterfragt werden.

Wenn es also bei der *Task Force on Inequality and American Democracy* und der durch sie initiierten jüngeren Forschung zur Krise der US-amerikanischen Gesellschaft so erscheint, als ob die neuen informellen Ungleichheiten in Folge sozio-ökonomischer Entwicklungen klar getrennt werden könnten von der Entwicklung hin zur formalen Gleichheit – gewissermaßen als zwischenzeitliche Verirrung, die mit verteilungspolitischen und regulatorischen Instrumentarien gelöst werden kann – argumentieren wir, dass die neuen Ungleichheiten nur erklärt werden können, wenn jüngere neoliberale Entwicklungstendenzen zusammengedacht werden mit ungelösten strukturellen Problemen des demokratischen Systems in den Vereinigten Staaten.

2 Formale Gleichheit und deren Defizite

Die USA gelten weitläufig als geradezu paradigmatisches Beispiel einer liberaldemokratischen Gesellschaft, geprägt durch eine Regierung, die die Interessen der Bevölkerung vertritt und die gleiche Rechte aller Staatsbürger respektiert. Demokratische und republikanische Prinzipien bestimmen die politische Entwicklung des Landes, illiberale Tendenzen und undemokratische Ideen scheinen marginal und unbedeutend. Sozialwissenschaftler und Autoren wie Hector St. John Crevecoeur im 18. Jahrhundert, Lord Bryce im 19. Jahrhundert sowie Gunnar Myrdal (1944) und Louis Hartz (1955) im 20. Jahrhundert verfestigten und stärkten dieses Narrativ über die Zeit hinweg. Auch führende Sozialwissenschaftler aus der Gegenwart wie z. B. Samuel P. Huntington (1981) und Ira Katznelson (1981) argumentieren stark in der Traditionslinie, die bereits Tocqueville mit seinem Klassiker ‚Democracy in America' etabliert hat. Und in der Tat finden sich in Tocquevilles These einige wichtige Elemente zum Verständnis des US-amerikanischen Liberalismus: die USA sind stark geprägt von den Ideen der Freiheit und Gleichheit sowie den materiellen Bedingungen, die im Kontext der Staatsgründung dominant waren. Allerdings verstellt eine solch verengte Interpretation den Blick auf nichtegalitäre Ideologien und Bedingungen, die ein immanenter Bestandteil der politischen Entwicklung in den USA sind (Smith 1997). So wurden in den USA über einen langen Zeitraum hinweg bestimmten Bevölkerungsgruppen aufgrund von ‚Rasse' und Geschlecht elementare staatsbürgerliche Rechte verwehrt. Tocquevilles Charakterisierung der Freiheitsrechte entwickelte er anhand eines relativ kleinen Kreises von US-Bürgern (zumeist weiße Männer nordeuropäischer Herkunft), die er mit Kategorien beurteilte, die er aus den stark hierarchisierten politischen und ökonomischen Statusmodellen Europas ableitete.

Aus einer solchen Perspektive ist es nicht verwunderlich, dass die USA als ‚neue' Nation (Lipset 1979) insbesondere durch das Fehlen solcher traditionellen Hierarchien beschrieben werden und im Vergleich zu Europa weit egalitärer erscheinen (siehe Vormann 2012). Allerdings haben sich in den USA um diesen Kern demokratischer Gleichheitsrechte auch eine Reihe sozio-kultureller Systeme von Ungleichheit erhalten: die Dominanz von Männern gegenüber Frauen sowie Unterschiede zwischen ‚Rassen' und Religionszugehörigkeiten müssen hier an erster Stelle genannt werden. Diese Ungleichheitssysteme können dabei nicht nur als emotionale Vorurteile oder Einstellungen betrachtet werden. Über die Zeit haben sich in der sozialwissenschaftlichen Forschung und auch unter politischen Eliten in den USA unterschiedliche Rechtfertigungsmuster für diese askriptiven Systeme herausgebildet, so z. B. der wissenschaftliche Rassismus der ‚American School' im 19. Jahrhundert, rassistische und sexistische darwinistische Ansätze und der romantische Kult um das ‚Anglo-Saxonism' in der amerikanischen Historiographie. All diese unterschiedlichen Diskurse vereint im Kern eine Vorstellung des ‚Amerikanischen' als spezifische Form kultureller, religiöser, ethnisch-‚rassischer' und geschlechtlicher Hierarchien (Smith 1993, S. 550).

Es sind also nicht nur die etablierten Vorstellungen eines allumfassenden Liberalismus (Hartz 1955), die den *American Exceptionalism* erklären. Die USA wurden auch konstituiert durch Ideologien und Praktiken, die die Beziehungen zwischen einer weißen, männlichen Minderheit mit untergeordneten sozialen Gruppen und dieser Gruppen untereinander bestimmen. Rückt man diese Elemente mit in die Betrachtung, so relativiert sich Tocquevilles Vorstellung von Egalitarismus. Und auch wenn die genannten Ungleichheitssysteme an Wirkungskraft verlieren, so dürfen diese Traditionen und zum Teil noch konkreten Manifestationen von Ungleichheit in ihrer Bedeutung für die hier analysierten neuen Ungleichheiten nicht vernachlässigt werden. Die Überlegungen des britischen Soziologen T.H. Marshall zum Zusammenhang von Staatsbürgerschaft und sozialen Klassen ist ein guter Analyserahmen ([1949] 1992), um diese Problematik in ihrer Entwicklungsdynamik zu veranschaulichen. Nach Marshall impliziert der Bürgerstatus gleichermaßen bürgerliche, politische und soziale Rechte, die sich historisch herausgebildet haben und gegenseitig bedingen. Marshall diskutiert diese drei Dimensionen des Bürgerstatus sowohl hinsichtlich des Zusammenhanges zur Demokratisierung und sozialer Sicherung als auch der Frage, ob und wieweit diese Rechte ausgebaut werden können, ohne dabei in Widerspruch zu ökonomischen Freiheitsrechten zu geraten.

Bürgerliche Rechte bei Marshall sind notwendig, um die individuelle Freiheit zu sichern. Dazu gehören u.a. die Freiheit der Person, Redefreiheit, Gedanken- und Glaubensfreiheit, Freiheit des Eigentums und das Recht auf ein Gerichtsverfahren. Das letzte Recht ist auf einer anderen Ebene angesiedelt, da es ein Recht ist, die vorher genannten Rechte auf der Grundlage von Gleichheit und einem rechtsstaatlichem Verfahren zu verteidigen. Mit dem politischen Element beschreibt Marshall das Recht auf politische Teilhabe, entweder als Mitglied einer politischen Körperschaft oder als Wähler. Mit dem sozialen Element bezeichnet Marshall letztendlich eine ganz Reihe von Rechten, die vom Recht auf ein Mindestmaß an wirtschaftlicher Wohlfahrt und Sicherheit bis zum Recht auf ein Leben als zivilisiertes Mitglied der Gesellschaft reicht. Alle drei Rechtsdimensionen, die den Bürgerstatus ausmachen, beschreiben Inklusionsmechanismen, die, so das gängige Argument, über die Zeit hinweg graduell aber stetig ausgebaut werden. Diese immanente Entwicklungslogik von bürgerlichen über politische bis zu sozialen Rechten kann allerdings nur idealtypisch verstanden werden, denn in der Realität sind diese Entwicklungen keinesfalls abgeschlossen. Als idealtypischer Prozess einer progressiven Entwicklung treffen diese drei Dimensionen sicherlich auch im Fall der Vereinigten Staaten zu. Auf der anderen Seite zeigt sich jedoch auch, dass ein Defekt in früheren Entwicklungsstufen sich auch auf spätere auswirkt.

Die Sklaverei, die nur stufenweise Ausweitung politischer Partizipationsrechte und auch die unvollständige Herausbildung moderner öffentlicher sozialpolitischer Strukturen verdeutlichen die Komplexität und die Probleme, die mit der Realisierung dieser verschiedenen Rechtsdimensionen einhergehen. Zum Beispiel wurde Schwarzen lange Zeit das Eigentumsrecht verwehrt. Nach dem fünften Verfassungszusatz wurden Sklaven als sächlicher Besitz definiert. Erst mit dem Ende des Bürgerkrieges (1861–1865), in der sogenannten Ära des Wiederaufbaus (*reconstruction era*), wurden den befreiten Sklaven gewisse Bürgerrechte verliehen. Mit dem 13. Verfassungszusatz von 1865 verbot der US Kongress endgültig die Sklavenhaltung auf dem gesamten Staatsgebiet. Der 14. Zusatzartikel (1868) führte die Gleichbehandlungsklausel (*equal protection clause*) und das Recht auf ein ordentliches Gerichtsverfahren in allen Bundesstaaten ein (*due process clause*). Darüber hinaus wurde allen in den USA geboren Personen unabhängig von „Rasse, Hautfarbe und früherer Knechtschaft" die Staatsbürgerschaft mit entsprechenden Grundrechten zugesprochen (*privilege clause*). Mit der Verabschiedung des 15. Verfassungszusatz 1870 gewährte die Bundesregierung auch den ehemaligen Sklaven männlichen Geschlechts das volle Wahlrecht. Trotz dieser formalen Emanzipation, wurden insbesondere in den Südstaaten, basierend auf einer Ideologie der weißen Herrschaft (*white supremacy*), die Bürgerrechte nicht umgesetzt oder wieder beschnitten. Die Jim-Crow-Gesetze des späten 19. Jahrhunderts verschärften die Segregation von weißen und schwarzen Bevölkerungsgruppen. Gleichzeitig wurden die Hürden zur politischen Partizipation dadurch erhöht, dass die Wahlberechtigung an spezifische Bedingungen gekoppelt wurde (z. B. Wahlsteuern und Rechtschreib- und Lesetests), die systematisch die schwarze Bevölkerung von den Wahlen ausschloss (Perman 2001). Diese Emanzipationsbarrieren wurden im Zuge des 20. Jahrhunderts Schritt für Schritt abgebaut, sowohl mit Blick auf Eigentums- und politische Rechte (*Voting Rights Act* 1965) als auch im sozialpolitischen Bereich mit dem New Deal und dem *War on Poverty* der Lyndon B. Johnson Administration. Als wegweisend erwies sich der *Civil Rights Act* von 1964, der nicht nur die Einzelstaaten ihre Behörden und öffentlich finanzierte Einrichtungen zur Einhaltung des Diskriminierungsverbots verpflichtete, sondern sich gezielt auch an Unternehmen und Gewerkschaften richtete. Das Gesetz eröffnete auch eine neue Phase in der Geschichte der USA, die manche als *second reconstruction* bezeichnet haben (Foner 2006). Mit Abschnitt 7 untersagte der US Kongress erstmals auch in der Wirtschafts- und Arbeitswelt eine direkte Benachteiligung aufgrund von Hautfarbe, Religion, nationaler Herkunft oder Geschlecht (siehe Grell und Lammert 2013). Zum Ende des Jahrhunderts lässt sich also, wenn nicht die vollständige Umsetzung sozialer Bürgerrechte, so doch eine deutliche Verbesserung der sozioökonomischen Lage afroamerikanischer Bürgerinnen und Bürger in den USA konstatieren (Katz et al. 2005).

Ähnliche Entwicklungslinien lassen sich in groben Zügen auch bei der Ausweitung von Rechten für Frauen nachzeichnen. Auch Frauen blieb der Zugang zu elementaren Bürgerrechten lange verwehrt. Resultierend aus der britischen *Common Law* Tradition verlor die Frau in den USA bei der Eheschließung jede eigene Rechtsstellung; hier insbesondere ihr Recht auf ein eigenes Vermögen, aber auch deren Rechts- und Geschäftsfähigkeit. Diese Bestimmungen blieben trotz gewisser Beschränkungen (*Married Women's Property Act* von 1839) in einigen Einzelstaaten sogar bis in die 1960er Jahre (!) wirksam (Carls und Kramer 2013). Erst fünfzig Jahre nach der Einführung des allgemeinen Männerwahlrechts erhielten auch Frauen 1920 mit dem 19. Verfassungszusatz dieses politische Partizipationsrecht. Auch wenn die Herausbildung des US-amerikanischen Wohlfahrtsstaates in weiten Teilen als eine Expansion sozialer Rechte verstanden werden kann, der auch zahlreiche soziale Sicherungsprogramme insbesondere für Frauen einführte, lassen sich mit Blick auf die Struktur der implementierten Sozialprogramme die Widersprüche und die Unvollständigkeit der eingeräumten Rechte für alle Bürgerinnen und Bürger aufzeigen. So wird aus feministischer Perspektive die Entstehung eines „gendered two-channel welfare state" kritisiert (Nelson 1990). Gemeint sind hier großzügige Versicherungsleistungen (*social security*) für die meist männliche Industriearbeiterschaft auf der einen und Sozialhilfe (*welfare*) in erster Linie für Frauen auf der anderen Seite (Fraser und Gordon 1992). Mit der erwerbszentrierten Struktur des Wohlfahrtssystems auf der Grundlage des männlichen Ernährermodells sei der rechtliche und gesellschaftliche Status von Frauen und ethnischen Minderheiten nachhaltig geschwächt worden (Skocpol 1992; Fraser 1993).

Der gebrochene Universalismus der New Deal Politik zeigte sich spätestens in den 1960er Jahren, als Berichte über „das andere Amerika" (Harrington 1962) oder über den „Zusammenbruch afroamerikanischer Familien" (Moynihan 1965) die Schärfe weiterhin bestehender materieller und gesellschaftlicher Ungleichheiten mitten in der Überflussgesellschaft (*affluent society*; Galbraith 1958) sichtbar machten. Weitgehend ausgeschlossen vom Wohlstand blieben neben den Bewohnern infrastrukturschwacher ländlicher Regionen insbesondere die Nachfahren der Sklaven, die entweder konzentriert in Innenstadtghettos im Nordosten des Landes lebten oder weiterhin unter der rassistischen Segregation in den Südstaaten litten. Als zentrales Instrument zur Verbesserung der Lebensbedingungen in den Slums der Innenstädte galt der 1964 verabschiedete *Economic Opportunity Act*. Dieser setzte nicht länger auf finanzielle Hilfen zur Bekämpfung von Armut, sondern auf eine verbesserte soziale Infrastruktur, mehr Aus- und Weiterbildungsangebote sowie die Bekämpfung von rassistischer Diskriminierung. Bis heute erhalten geblieben sind beispielsweise die Bundesprogramme *Head Start* und *Job Corps*, die die Bildungschancen für Kinder und Jugendliche aus sozial schwachen Familien verbessern helfen, sowie das *Department of Housing and Urban Development*, das gegründet wurde, um sich der Wohnungssituation von ärmeren Bevölkerungsgruppen anzunehmen.

Auch die aktive Gleichstellungspolitik (*affirmative action*) ist eine Konsequenz der mit der *Great Society* ins Leben gerufenen Sozialprogramme. So unterhält heute fast jede größere Behörde eine Abteilung, die mit Gleichstellungs- und Bürgerrechtsfragen befasst ist. Die beiden wichtigsten nationalen Kontrollinstanzen sind neben der *Civil Rights Division* des Bundesjustizministeriums die unabhängige *Equal Employment Opportunity Commission* und das *Office of Federal Contract Compliance Program* des Bundesministerium für Arbeit. In gewisser Weise könnte man die *Great Society* Gesetzgebung insgesamt als historischen Kulminationspunkt in der von Marshall beschriebenen Entwicklung unterschiedlicher Rechtsdimensionen verstehen. Die graduelle Ausweitung von Bürgerrechten, sozialen Sicherungs- und Gleichstellungsprogrammen schlugen sich nieder in der Entwicklung der Armutsraten und sozialen Ungleichheiten. Dies gilt für weite Teile der Gesellschaft und insbesondere für ältere Menschen. Deren Armutsrate lag bis in die 1960er Jahre noch deutlich über dem nationalen Durchschnitt, konnte jedoch durch die etablierten sozialen Sicherungsprogramme für Ältere deutlich reduziert werden und liegt seit dem Beginn der 1980er Jahre sogar unter ihm (Gabe 2013).

Auch marginalisierte und historisch benachteiligte Personengruppen haben vom Umbau des Sozialsystems profitiert, allerdings ohne dabei bestehende Ungleichheitsmuster zu überkommen. Die Armutsrate bei von Frauen geführten Haushalten fiel von 62 % 1940 auf 37,4 % 1970 (im Vergleich zu respektive 37,7 % und 9,5 % bei Männern). Armutsraten bei afroamerikanischen Frauen, die konsequent zwanzig Prozent über den Armutsraten des Durchschnitts aller ethnischen Gruppen liegen, sind in demselben Zeitraum von 83,6 % auf 56,3 % gefallen. Auch in den mehrheitlich von ethnischen Minderheiten bewohnten Innenstädten sanken die Armutsraten innerhalb von vierzig Jahren im Zuge des sich konsolidierenden Sozialsystems von 30,0 % im Jahre 1940 auf 16,7 % im Jahr 1970; verglichen mit 28,7 % und 7,5 % in den überproportional von weißen Bevölkerungsgruppen bewohnten suburbanen Gebieten (siehe Katz und Stern 2001, S. 35–38).

Trotz dieser Defizite kann insgesamt dennoch, auch aufgrund veränderter Umverteilungssysteme, von einer gesellschaftlichen Annäherung der unterschiedlichen Einkommensgruppen sowie von einer inklusiveren Gesellschaft gesprochen werden, die in den 1960er Jahren begann, sich auch für traditionell ausgeschlossene Bevölkerungsgruppen zu öffnen. Paul Krugman spricht angesichts dieser neuen gesellschaftlichen Gleichheit in Anlehnung an Claudia Goldin und Robert Margo (1992) von einer *great compression*. Diese bis in die 1970er Jahre andauernde Entwicklung zu mehr Gleichheit in der Einkommensverteilung führt Krugman zurück auf eine insbesondere während des Weltkriegs stark erhöhte progressive Einkommensteuer und die im Zuge des *New Deal* gestärkten Kollektivverhandlungen der Gewerkschaften. Darüber hinaus zogen Lohn- und Preiskontrollen des *National War Labor Board* eine Angleichung der Einkommen nach sich (Krugman 2007). Angesichts dieser Kombination eines ausgebauten Umverteilungssystems, ökonomischen Wachstums in der Nachkriegsära und spezifischer staatlicher Regulations- und Interventionssysteme haben manche rückblickend von einem goldenen Zeitalter der Gleichheit gesprochen, in dem Demokratie und Kapitalismus vereinbar, ja komplementär schienen (Reich 2007).

3 Informelle Ungleichheit trotz formeller Gleichheit

Das vermeintliche goldene Zeitalter der Gleichheit fand in den späten 1970er Jahren ein jähes Ende. Die seither drastisch gestiegene Ungleichheit ist allem voran Konsequenz divergierender Einkommensentwicklungen. In dem von Paul Krugman als *great divergence* bezeichneten Zeitraum von 1980 bis 2008 sind Einkommensungleichheiten der arbeitenden Bevölkerung um 25 % angestiegen. 1980 lag das Durchschnittseinkommen der Top 10 % noch bei dem Zehnfachen zu jenem der untersten zehn Prozent. Bis 2008 stieg dieses Verhältnis auf fünfzehn zu eins an. Damit gehören die USA im OECD Raum nach Chile, Mexiko und der Türkei zu den Ländern mit den höchsten Einkommensungleichheiten. Die reichsten US-Bürger haben im Laufe der letzten dreißig Jahre den Großteil der Einkommenszuwächse zu verzeichnen (OECD 2011). In der Nachkriegszeit verteilten sich Produktivitätszuwächse und Profite relativ gleichmäßig in der gesamten Gesellschaft: die Einkommen der unteren 90 % wuchsen dabei prozentual sogar stärker als jene der Top 1 %. Dieser Trend hat sich grundsätzlich und nachhaltig umgekehrt. Seit den späten 1970er Jahren stagnierten die Einkommen der unteren 90 %, wohingegen jene der Topverdiener extrem anstiegen. Die unteren 90 % verdienen sogar im Durchschnitt (vor Steuern) 900 US-Dollar (USD) weniger als 1979, während die reichsten 1 % im Durschnitt 700.000 USD mehr verdienen (Shaw und Stone 2011). Auch infolge der Finanzkrise hat sich die ungleiche Verteilung der Einkommen noch verstärkt (Saez 2013).

Noch problematischer ist diese Entwicklung, wenn man sich vor Augen führt, dass die soziale Mobilität in den USA weit geringer ist als oftmals konstatiert. Wer es in den Vereinigten Staaten einmal unter die Topverdiener geschafft hat, bleibt auch meistens dort. Nur jeder Vierte fällt aus dieser Einkommenskategorie heraus, während dies beispielsweise in Australien und Norwegen auf fast jeden zweiten zutrifft (OECD 2011). Die soziale Mobilität ist auch auf der anderen Seite des Einkommensspektrums äußerst eingeschränkt: 43 % der US-Amerikaner, die in einem armen Haushalt (unterste 20 % der Einkommensverteilung) geboren sind, schaffen in ihrem Leben keinen sozialen Aufstieg. Insgesamt bleibt sogar 70 % der Bevölkerung der Aufstieg in die mittlere Einkommensklasse verwehrt (PEW 2013).

In der Einkommensentwicklung lassen sich darüber hinaus noch weitere Dimensionen der Ungleichheit feststellen, die entlang der eingangs thematisierten, historischen Ungleichheiten zwischen den ethnischen Gruppen und Geschlechtern verlaufen. So sind die Einkommensunterschiede zwischen Weißen, Afroamerikanern und Hispanics seit dem *Civil Rights Act* nahezu unverändert. Gleiches gilt für die Einkommensunterschiede zwischen Männern und Frauen, auch wenn sich seit Ende der 1970er Jahre die Einkommensschere ein wenig schließt (DeNavas-Walt et al. 2013, S. 5,11).

Wodurch erklärt sich diese *great divergence*? Um wachsende Ungleichheiten in den USA erklärbar zu machen, müssen sozio-ökonomische Veränderungen in den Blick genommen werden und wie diese durch die Politik verarbeitet und teils begünstigt wurden. Als größere Dynamiken müssen genannt werden das sich ändernde Verhältnis zwischen Staat und Markt (Globalisierung, Privatisierung, etc.), sich wandelnde Sozialstrukturen (Familie, Demographie, etc.) und technologischer Wandel (Automatisierung, Internationalisierung, etc.). In diesen Prozessen wird oftmals die Rolle des Staats unterschätzt und angesichts scheinbar übermächtiger, alternativloser Globalisierungsprozesse eher als reaktiv bewertet. Im sich ändernden Verhältnis zwischen Staat und Markt muss die aktive Rolle von Politik stärker thematisiert werden. Der Handlungsspielraum von Politik bewegt sich hierbei zwischen historisch etablierten Institutionen, Interessen und Ideen (Blyth 2011). Nur scheinbar externe Globalisierungsströme werden innerhalb des Nationalstaats artikuliert und dort erst ermöglicht, auch wenn hierbei natürlich die Entstehung neuer supranationaler und teils privatwirtschaftlicher Entitäten (*emergent institutional forms*) auf die staatlichen Handlungsmöglichkeiten rückwirken (Sassen 2007).

Folge dieser Entwicklungsdynamiken ist auch eine Verschiebung der Machtressourcen innerhalb des politischen Systems und der Gesellschaft. Ließ sich in den unmittelbaren Nachkriegsjahrzehnten noch von einem fordistischen Kompromiss zwischen dem Staat, den großen Unternehmen (wie Ford und General Motors) und den Gewerkschaften sprechen, kam es nach den Krisen der 1970er Jahre zu einem Niedergang gewerkschaftlicher Organisation (*deunionization*) und deren politischen Einfluss. Im Zeitraum von 1973 bis 2007 ist der Organisationsgrad der Gewerkschaften im Privatsektor bei Männern von 34 % auf 8 % und bei Frauen von 16 % auf 6 % zurückgegangen, was signifikanten Einfluss auf die gewachsene Lohnungleichheit genommen hat (Western und Rosenfeld 2011). Insbesondere der von der Realwirtschaft zunehmend entkoppelte und staatlich wenig regulierte Finanzsektor mit seiner extremen Lohnentwicklung (Bonussystem) komplementiert die zunehmend ungleiche Verteilung von Einkommen (Lewis 2010).

Der Machtverlust der Gewerkschaften und der damit einhergehende Machtzuwachs von Wirtschaftsinteressen und nunmehr international agierenden Unternehmen wird verstärkt durch eine aktive staatliche Politik, die durch sozial- und steuerpolitische Reformen ökonomische Ressourcen so umverteilt, dass die Gewinner der Globalisierung zusätzlich profitieren (Hacker und Pierson 2010). Während die Topeinkommen weiter steigen, werden soziale Sicherungssysteme zunehmend im Interesse des Privatsektors umgestaltet (*workfare state*; Peck 2001; Weaver 2000), was zur Entstehung eines flexiblen und eines nicht gewerkschaftlich organisierten Niedriglohnsektors geführt hat, der zur Bedingung einen konstanten Zustrom geringqualifizierter Einwanderer hat. Dabei werden historisch existierende Konfliktlinien entlang von *gender* und *race* perpetuiert. Dass diese Entwicklung durchaus wohlverdient erscheint und in der Bevölkerung auf breite Akzeptanz stößt, hängt auch mit der besonderen politischen Kultur der Vereinigten Staaten zusammen: Die Ungleichheit wird verstanden nicht als Resultat staatlicher Politik, sondern zum einen als Konsequenz eigenverantwortlichen, individuellen Handelns und zum anderen als Folge von Marktmechanismen, die den eigenen ökonomischen Aufstieg ermöglichen können (Bartels 2005). Der Glaube an die Meritokratie und die Furcht vor dem großen Staat (*big government*) haben die Formulierung kollektiver Interessen unterlaufen. Primäre Aufgabe des Staates ist daher die Ermöglichung fairer Ausgangsbedingungen für Individuen (*equality of opportunity*) und nicht eine nachträgliche Nivellierung von Ungleichheiten (*equality of outcome*). Dass es sich jedoch bei der Chancengleichheit tatsächlich nur um ein Ideal handelt, lässt sich allein schon daran erkennen, dass angesichts massiv angestiegener Studiengebühren in den letzten Jahrzehnten Bildung als Mobilitätsfaktor selbst schon von ökonomischen Ressourcen und Möglichkeiten abhängt.

Die gewachsenen Ungleichheiten wirken sich unmittelbar auf das Funktionieren der US-amerikanischen Gesellschaft aus. Der Mangel an sozialer Sicherheit untergräbt gegenseitiges Vertrauen und gesellschaftliche Solidarität, was wiederum die Erosion sozialen Kapitals nach sich zieht (Putnam 2000). Ungleiche und kompetitive Gesellschaften werden darüber hinaus oftmals stärker mithilfe maskuliner Stereotypen beschrieben, was laut einiger Studien Einfluss auf die politische Partizipation und Beschäftigungsverhältnisse von Frauen ausübt (Kawachi et al. 1999). Andere Studien haben außerdem gezeigt, dass auch die körperliche und psychische Gesundheit der Bevölkerung maßgeblich vom Ausmaß der vorherrschenden Ungleichheit beeinflusst ist (Wilkinson und Pickett 2009). In sozio-ökonomisch prekären Verhältnissen steigen zudem Scheidungs- und Geburtsraten, was zu Familienstrukturen führt, in denen sich Armut verfestigt (Luker 1996). Drogenkonsum und erhöhte Kriminalität tragen zu einer Abwärtsspirale bei, die Individuen den sozialen Aufstieg versperrt und gesellschaftliche Ungleichheiten reproduziert.

Dieser Prozess der Verstärkung sozialer und ökonomischer Ungleichheiten wird auch durch das politische System nicht aufgefangen. Ganz im Gegenteil, die neuen Ungleichheiten wirken sich negativ auf die politischen Partizipations- und Einflussmöglichkeiten der US-Bürger aus (Jacobs und Skocpol 2005). Dies könnte die diagnostizierte Abwärtsspirale noch verstärken. Das politische System ist immer weniger responsiv gegenüber den Interessen sozial und ökonomisch benachteiligter Bevölkerungsgruppen; primär gehört wird die politische Stimme derer, die mittels ihrer ökonomischen Ressourcen politischen Einfluss ausüben können. Das politische System der Vereinigten Staaten ist hierfür besonders empfänglich, weil die etablierten Mechanismen von *checks and balances* zahlreiche Interventionspunkte für partikulare Interessen bieten (Lobbyismus, Interessengruppen, Medien). Je mehr sich also die Schere zwischen arm und reich spreizt, desto ungleicher auch die Zugangschancen zum politischen System – und damit die Möglichkeit kollektive Interessen zu formulieren und die Dynamik der Abwärtsspirale umzukehren. Diese Schieflage manifestiert sich insbesondere an den historischen gesellschaftlichen Bruchstellen, die ja selbst im vermeintlich goldenen Zeitalter der Gleichheit nie ganz überwunden, sondern eben nur zeitweise gekittet worden waren. Die neuen Ungleichheiten können somit nicht ausschließlich als Phänomen einer neoliberalen Politik charakterisiert werden. Sie spiegeln vielmehr tief in den politischen Institutionen verwurzelte Ursachen gesellschaftlicher Ungleichheiten wider. Erst mit den skizzierten sozio-ökonomischen Veränderungen und den spezifischen Handlungs- und Reaktionsmustern der US-amerikanischen Politik sind jene Verwerfungen jedoch wieder offen zu Tage getreten.

Die schrittweise Ausweitung ökonomischer, politischer und sozialer Rechte, wie sie von T. H. Marshall beschrieben wurde, ist also keineswegs linear und notwendig.

Nicht nur hat sich diese idealtypische Entwicklungslogik nie, selbst in der unmittelbaren Nachkriegszeit, jemals voll ausgeprägt, noch sind deren gesellschaftliche Fortschritte unumkehrbar. Der letzte Schritt einer bedingungslosen Gewährung sozialer Rechte ist in den USA, insbesondere im Vergleich mit europäischen Wohlfahrtssystemen, nie konsequent vollzogen worden. Selbst die im Zuge der Bürgerrechtsbewegungen erlangten politischen Rechte sind durch die Einschränkung rudimentärer sozialer Rechte wieder bedroht. Formen politischer Partizipation sind immer stärker vom sozioökonomischen Status abhängig. Das gilt für die Teilnahme an Wahlen, aber noch deutlicher für andere Arten der politischen Teilhabe – Wahlspenden, Kontakt mit politischen Entscheidungsträgern, ja selbst die Möglichkeit zu demonstrieren (Schlozman et al. 2005, S. 35) –, die ein hohes Maß an Ressourcen erfordern, um auf die Gestaltung von Politik Einfluss zu nehmen.

4   Fazit

Angesichts der seit den späten 1970er Jahren drastisch gestiegenen ökonomischen Ungleichheiten kann durchaus von einer Krise der US-amerikanischen Gesellschaft gesprochen werden. Auf den ersten Blick zeigt sich diese Krise vor allem in einer wachsenden Kluft zwischen arm und reich. Bei näherer Betrachtung hingegen wird deutlich, dass darüber hinaus historische Ungleichheiten, die in der Nachkriegszeit fast gebannt schienen, nämlich ‚Rassen'- und Frauendiskriminierung, in neuer Form sichtbar werden. Aufgrund des weitverbreiteten Ideals der Meritokratie und der vermeintlichen Neutralität des Marktmechanismus wird soziale Deprivation als Konsequenz individueller Verantwortung gewertet. Auch die Politik wird in Anbetracht der neuen Ungleichheiten nicht in die Verantwortung genommen, da ihr im Zuge von Globalisierungsprozessen alle Gestaltungsmöglichkeit abgesprochen und sie ohnehin im US-amerikanischen Kontext als Bedrohung individueller Freiheit wahrgenommen wird.

Dabei spielt der Staat mit seinen sozial- und steuerpolitischen Instrumenten eine wichtige Rolle bei der Verteilung und Umverteilung ökonomischer und gesellschaftlicher Ressourcen. Er ist der entscheidende, wenn auch weithin verschwiegene Hauptakteur des von Marshall vorgedachten Entwicklungsmodells von der Ausweitung staatsbürgerschaftlicher Rechte. Es stellt sich also die Frage nach der Legitimität politischer Akteure. Ferner bedarf es zu einer Umkehrung der gesellschaftlichen Abwärtsspirale – bei der sich ökonomische Ressourcen und politische Teilhabechancen im Tandem verschlechtern – der Formulierung kollektiver Interessen. Diese Möglichkeit scheint aber wegen eines fragmentierten politischen Systems, eines Mangels an gegenseitigem Vertrauen und dem Fortbestehen diskriminierender Tendenzen in naher Zukunft eher unwahrscheinlich. Selbst die jüngste globale Finanzkrise, die als Krise des neoliberalen Entwicklungsmodells hätte interpretiert werden können, hat trotz gewisser Gegentendenzen (z. B. *Occupy Wall Street*) nicht dazu geführt, das System der neuen Ungleichheiten grundsätzlich in Frage zu stellen.

Literatur

Bartels, Larry M. 2005. Homer gets a tax cut: Inequality and public policy in the American mind. *Perspectives on Politics* 3(1): 15–31.

Blyth, Mark. 2011. *Great transformations. Economic ideas and institutional change in the twentieth century*. New York: Cambridge University Press.

Carls, Josefine, und Helgard Kramer. 2013. Women. In *USA-Lexikon*, 2., völlig neu bearbeitete & wesentlich erweiterte Aufl. Hrsg. Christof Mauch und Rüdiger B. Wersich, 1137–1142. Berlin: Erich Schmidt Verlag.

Chetty, Raj, Nathaniel Hendren, Patrick Kline, und Emmanuel Saez. 2013. *The equality of opportunity project*. Summary of Project Findings. July 2013. http://obs.rc.fas.harvard.edu/chetty/website/IGE/Executive Summary.pdf.

DeNavas-Walt, Carmen Bernadette D. Proctor, und Jessica C. Smith. 2013. Income, poverty, and health insurance coverage in the United States: 2012. *U.S. Census Bureau*, September. http://www.census.gov/prod/2013pubs/p60-245.pdf.

Economic Mobility Project. 2011. Economic mobility and the American dream: Where do we stand in the wake of the great recession? *The PEW Charitable Trusts*, 19. Mai. http://www.pewstates.org/research/analysis/economic-mobility-and-the-american-dream-where-do-we-stand-in-the-wake-of-the-great-recession-85899378421.

Economic Mobility Project. 2012. Pursuing the American dream: Economic mobility across generations. *The PEW Charitable Trusts*, Juli. http://www.pewstates.org/uploadedFiles/PCS_Assets/2012/Pursuing_American_Dream.pdf.

Economic Mobility Project. 2013. Faces of economic mobility. *The PEW Charitable Trusts*, 17. September. http://www.pewstates.org/research/data-visualizations/faces-of-economic-mobility-85899503593.

Foner, Eric. 2006. *Forever free. The story of emancipation and reconstruction*. New York: Random House.

Fraser, Nancy. 1993. Clintonism, welfare, and the antisocial wage: The emergence of a neoliberal political imaginary. *Rethinking Marxism* 6(1): 9–23.

Fraser, Nancy, und Linda Gordon. 1992. Contract versus charity: Why is there no social citizenship in the United States? *Socialist Review* 22(3): 45–68.

Gabe, Thomas. 2013. *Poverty in the United States: 2012*. CRS Report for Congress. Washington, DC: Congressional Research Service.

Galbraith, John Kenneth. 1958. *The Affluent Society*. New York: New American Library.

Goldin, Claudia, und Robert A. Margo. 1992. The great compression: The wage structure in the United States at mid-century. *Quarterly Journal of Economics* 107(1): 1–34.

Grell, Britta, und Christian Lammert. 2013. *Sozialpolitik in den USA. Eine Einführung*. Wiesbaden: Springer VS.

Hacker, Jacob S., und Paul Pierson. 2010. Winner-take-all Politics: Public policy, political organization, and the precipitous rise of top incomes in the United States. *Politics & Society* 38(2): 152–204.

Harrington, Michael. 1962. *The other America: Poverty in the United States*. New York: MacMillan.

Hartz, Louis. 1955. *The liberal tradition in America*. New York/London: Harcourt Brace Jovanovich.

Huntington, Samuel P. 1981. *American politics. The promise of Disharmony*. Cambridge & London: The Belknap Press of Harvard University.

Jacobs, Lawrence R., und Theda Skocpol, Hrsg. 2005. *Inequality and American democracy. What we know and what we need to learn*. New York: Russel Sage Foundation.

Jäntti, Markus et al. 2006. American exceptionalism in a new light: A comparison of intergenerational earnings mobility in the Nordic countries, the United Kingdom and the United States. *Discussion Paper Series IZA DP No. 1938*.

Katz, Michael B., Mark J. Stern, und Jamie J. Fader. 2005. The new African American inequality. *The Journal of American History* 92, 1: 75–108.

Katz, Michael B., und Mark J. Stern. 2001. Poverty in twentieth century America. America at the Millenium Project (Working Paper No. 7), 1–49.

Katznelson, Ira. 1981. *City trenches. Urban politics and the patterning of class in the United States.* Chicago: University of Chicago Press.

Kawachi, I., et al. 1999. Women's status and the health of women and men: A view from the states. *Social Science and Medicine* 48(1): 21–32.

Krugman, Paul. 2007. *The conscience of a liberal.* New York: W.W. Norton.

Lewis, Michael. 2010. *The big short: Inside the Doomsday machine.* New York & London: W. W. Norton.

Lipset, Seymour M. 1979. *The first new nation: The United States in historical and comparative perspective.* New York: W.W. Norton.

Luker, K. 1996. *Dubious conception. The politics of teenage pregnancy.* Cambridge: Harvard University Press.

Marshall, Thomas H. 1992. *Bürgerrechte und soziale Klassen. Zur Soziologie des Wohlfahrtsstaates.* Frankfurt am Main: Campus.

Moynihan, Daniel Patrick. 1965. *The Negro family: The case for national action.* Washington, DC: Office of Policy Planning and Research/US Department of Labor.

Myrdal, Gunnar. 1944. *An American dilemma. The Negro problem and modern democracy.* New York & London: Harper & Brothers Publishers.

Nelson, Barbara. 1990. The origins of the two-channel welfare state: Workmen's compensation and mothers' aid. In *Women, the state, and welfare*, Hrsg. Linda Gordon, 123–151. Madison: University of Wisconsin Press.

OECD. 2008. Growing unequal? Income distribution and poverty in OECD countries. *OECD.* www.oecd.org/els/soc/growingunequalincomedistributionandpovertyinoecdcountries.htm.

OECD. 2011. Divided We Stan: Why inequality keeps rising. Country Note: United States. *OECD.* www.oecd.org/els/soc/49170253.pdf.

OECD. 2013. Crisis squeezes income and puts pressure on inequality and poverty. *OECD.* www.oecd.org/els/soc/OECD2013-Inequality-and-Poverty-8p.pdf.

Peck, Jamie. 2001. *Workfare states.* New York: The Guilford Press.

Perman, Michael. 2001. *Struggle for mastery: Disfranchisement in the South, 1888–1908.* Chapel Hill: University of North Carolina Press.

Pew Charitable Trusts. 2013. Moving on up. Why do some Americans leave the bottom of the economic ladder, but not others? *Pew Charitable Trusts*, November. www.pewstates.org/uploadedFiles/PCS/Content-Level_Pages/Reports/2013/Moving_On_Up.pdf.

Putnam, Robert. 2000. *Bowling alone. The collapse and revival of American community.* New York: Simon & Schuster.

Reich, Robert. 2007. *Supercapitalism. The transformation of business, democracy, and everyday life.* New York: Alfred A. Knopf.

Saez, Emmanuel. 2013. Striking it richer: The evolution of top incomes in the United States (Updated with 2012 preliminary estimates). September 3. http://elsa.berkeley.edu/~saez/saez-UStopincomes-2012.pdf.

Sassen, Saskia. 2007. *A sociology of globalization.* New York & London: W. W. Norton.

Schlozman, Kay Lehman, Benjamin I. Page, Sidney Verba und Morris P. Fiorina. 2005. Inequalities of political voice. In *Inequality and American democracy*, Hrsg. Lawrence Jacobs und Theda Skocpol, 19–87. New York: Russal Sage Foundation.

Shaw, Hannah, und Chad Stone. 2011. Tax data show richest 1 percent took a hit in 2008, but income remained highly concentrated at the top. Center for Budget and Policy Priorities. http://www.cbpp.org/cms/?fa=view&id=3309.

Skocpol, Theda. 1992. *Protecting soldiers and mothers: The political origins of social policy in the United States.* New York: Norton.

Smith, Roger M. 1993. Beyond Tocquille, Myrdal, and Hartz: The multiple traditions in America. *The American Political Science Review* 87 (3):549–566.
Smith, Roger M. 1997. Civic ideals: Conflicting visions of citizenship in U.S. history. New Haven: Yale University Press.
Vormann, Boris. 2012. *Zwischen Alter und Neuer Welt. Nationenbildung im transatlantischen Raum*. Heidelberg: Synchron.
Weaver, R. Kent. 2000. *Ending welfare as we know it*. Washington, DC: The Brookings Institution.
Western, Bruce, und Jake Rosenfeld. 2011. Unions, norms, and the rise in U.S. wage inequality. *American Sociological Review* 76(4): 513–537.
Wilkinson, Richard, und Kate Pickett. 2009. *The spirit level. Why greater equality makes societies stronger*. New York/Berlin/London: Bloomsbury Press.

Politik in der Krise? Polarisierungsdynamiken im politischen Prozess

David Sirakov

Inhalt

1 Einleitung 618
2 *Political Gridlock*. Die Folge der politischen Polarisierung 619
3 *Polarized Congress and Polarized America?* Die parteipolitische Polarisierung im US-Kongress und ihre Ursachen 620
4 Fazit 632
Literatur 634

Zusammenfassung

Polarisierung gehört momentan zu den am meisten diskutierten politischen Phänomenen in den USA. Doch was zeichnet Polarisierung aus und wo liegen deren Ursachen? Dieser Artikel entwickelt eine Definition von Polarisierung und sieht deren Ursachen in einer Vielzahl von Faktoren, u. a. in der programmatischen Entwicklung der beiden großen Parteien, den ideologischen Positionen in Teilen der Gesellschaft, dem Zuschnitt der Wahlkreise und den Regeln und Verhaltensweisen im US-Kongress. Die möglichen Folgen für das politische System der USA werden abschließend erörtert.

Schlagwörter

Polarisierung • Kongress • Realignment • Gerrymandering • Redistricting

---

D. Sirakov (✉)
Atlantische Akademie, Kaiserslautern, Deutschland
E-Mail: sirakov@atlantische-akademie.de

© Springer Fachmedien Wiesbaden 2016
C. Lammert et al. (Hrsg.), *Handbuch Politik USA, Springer NachschlageWissen*,
DOI 10.1007/978-3-658-02642-4_37

1 Einleitung

Der 112. Kongress gilt als einer der unproduktivsten in der Geschichte der USA, die Zustimmungsraten zur Legislative sind in der Bevölkerung auf Tiefstwerte gesunken. Scheinbar unversöhnlich stehen sich die beiden Parteifraktionen der Demokraten und der Republikaner gegenüber, Koalitionsbildungen über Parteigrenzen finden kaum mehr statt, das politische System der USA scheint sich in einer Krise zu befinden, so zumindest das Urteil in der öffentlichen Debatte.

Die sich deutlich abzeichnende Polarisierung zwischen den beiden politischen Parteien im Kongress erschwert die politische Kompromissfindung im politischen System, manche Experten sprechen gar von einer Blockade des politischen Entscheidungsprozesses. Denn was in parlamentarischen Regierungssystemen wie bspw. Deutschland zu einer ideologischen und mitunter programmatischen Schärfung der Parteien gereicht und aufgrund sicherer parlamentarischer Mehrheiten den Entscheidungsprozess kaum beeinträchtigt, kann im präsidentiellen Regierungssystem der USA, in welchem die Exekutive auf politische Mehrheiten in der Legislative angewiesen ist, zu Politikstillstand führen. Besonders ausgeprägt ist dies noch, wenn zumindest eine der beiden Kammern des Kongresses von einer anderen Partei kontrolliert wird als das Weiße Haus. Mag eine Polarisierung unter den Bedingungen eines *unified government* eventuell die Politikformulierung gar erleichtern, so droht die Dysfunktionalität des gesamten Systems unter den Bedingungen eines *divided government*. Die zentrale Funktion von Politik, für soziale und ökonomische Probleme Lösungen zu finden, steht damit auf dem Spiel.

In einer Rede auf dem Nominierungsparteitag der Demokraten für John Kerry 2004 betonte der damalige Senator Barack Obama, dass es weder ein liberales, noch ein konservatives Amerika gäbe, sondern nur die Vereinigten Staaten von Amerika. Entsprechend präsentierte er sich von Beginn seiner Amtszeit im Jahre 2009 an als Vereiniger, gerade auch in Abgrenzung zu seinem Vorgänger George W. Bush, der oftmals als Polarisier bezeichnet wurde (Jacobson 2011). Wie schwierig dieses Unterfangen jedoch ist, zeigte sich spätestens im Kontext der Haushaltsverhandlungen zur Erhöhung der Schuldenobergrenze 2011; in einer Fernsehansprache erklärte Obama, dass in Washington (DC) der Kompromiss zu einem „dirty word" (White House 2011) verkommen sei. Ähnliche Kritik wird auch im Kongress artikuliert. Olympia Snowe, die von 1995 bis 2013 als erklärte moderate Republikanerin für den Bundesstaat Maine im Senat saß, formulierte dies folgendermaßen:

> „The 112th Congress (2011–2013, D.S.) was almost universally derided as the worst ever. It was the most polarized body since the end of Reconstruction, according to one study, and I grew embarrassed by its partisan bickering, inactivity, and refusal to address the vital challenges facing America" (Snowe 2013, S. 3).

Die Folgen der parteipolitischen Polarisierung werden aber nicht nur in der Rhetorik der Politiker deutlich, sondern auch in zentralen politischen Entscheidungen und Abstimmungen, wie z. B. den Haushaltsverhandlungen 2013, die durch die Schließung von Regierungsinstitutionen begleitet wurde oder der Debatte um die notwendige Anhebung der Schuldenobergrenze, ohne die die Vereinigten Staaten

Gefahr liefen, ihren internationalen Zahlungsverpflichtungen nicht nachkommen zu können. Aber auch die wiederholten Versuche der Republikanischen Mehrheit im Repräsentantenhaus, in insgesamt 54 Abstimmungen eine teilweise oder gar vollständige Abschaffung der als *Obamacare* bekannten Gesundheitsreform zu erreichen, zeigen exemplarisch die Auswirkungen einer politischen Polarisierung in Washington (DC), wie sie bis dato nur selten zu beobachten war.

Im ersten Teil dieses Artikels wird nach der spezifischen Ausprägung der politischen Polarisierung gefragt. Daran anschließend soll der Frage nach den Gründen für die zu beobachtende parteipolitische Polarisierung im US-Kongress nachgegangen werden. Im Gegensatz zu den Polarisierungsbefunden ist die Ursachensuche zum Teil heftig umstritten. Sie konzentriert sich dabei grob auf zwei „Orte": Den Gesellschaftlichen, also einer Polarisierung innerhalb der Wählerschaft, die als Ursache der Polarisierung im Politischen genannt wird und die sich dann auch in der Polarisierung der Eliten widerspiegelt, und dem Politischen selbst, in dem in erster Linie eine Polarisierung politischer Eliten in Washington (DC) attestiert wird. Anhand dieser unterschiedlichen Ansätze wird bereits deutlich, dass eine monokausale Erklärung für die politische Polarisierung kaum zu finden sein wird. Abschließend soll in diesem Beitrag die Frage diskutiert werden, ob die diagnostizierten Tendenzen und Probleme in der Tat als ein Indiz für einen tiefergreifende Krise des politischen System der USA gelten können.

2   *Political Gridlock*. Die Folge der politischen Polarisierung

Die Bearbeitung und Lösung sozialer und ökonomischer Problemen steht im Zentrum von Politik, weshalb allgemein verbindliche Entscheidungen in Form von Gesetzen als das zentrale Ziel politischen Handelns genannt werden können (Patzelt 2003, S. 23). Mit Blick auf den US-amerikanischen Entscheidungsprozess erwachsen aber zunehmend Zweifel, ob diese Lösungs- und Regelungskompetenz durch den Kongress noch wahrgenommen und gesellschaftlichen, sozialen und wirtschaftlichen Herausforderungen zeitnah und adäquat begegnet werden kann.

Diese Problematik wird deutlich, blickt man auf die Produktivität innerhalb des Gesetzgebungsprozesses der USA. Der 112. Kongress (2011–2013) verabschiedete lediglich 284 Gesetze und liegt damit deutlich unter dem 80. Kongress (1947–1949), der von Harry Truman als „do-nothing Republican Congress" (zitiert nach Genovese 2010, S. 485) geschmäht wurde, mit 906 aber immerhin noch mehr als dreimal so viele Gesetze verabschiedete. Doch auch der Blick in die vorangegangenen Kongresse seit Ende des 20. Jahrhunderts zeigt den abnehmenden Trend in der legislativen Produktivität. Während im 106. Kongress (1999–2001) noch 604 Gesetze die Zustimmung des Repräsentantenhauses und des Senats fanden, waren dies im 108. Kongress (2003-2005) 504 und im 110. Kongress (2009–2011) lediglich noch 460.

Die rückläufigen Zahlen können besser verstanden werden, betrachtet man die Entwicklung der parteiübergreifenden Zusammenarbeit, dem so genannten *bipartisanship*. In einem politischen System, in dem das Wahlsystem zumeist knappe

Mehrheiten produziert, die zudem alles andere als verlässlich sind, da sich die direkt gewählten Abgeordneten und Senatoren deutlich stärker ihrer Wählerschaft, denn programmatischen oder taktischen Überlegungen ihrer jeweiligen Partei verpflichtet fühlen, sind erfolgreiche Gesetzesvorhaben nur mit parteiübergreifenden Koalitionen realisierbar. Und das hat in den USA seit dem 2. Weltkrieg auch weitgehend erfolgreich funktioniert. Annähernd die Hälfte der Gesetze wurde durch ein solches *bipartisanship* beschlossen. Der zunehmende Antagonismus der Parteien im Kongress erschwert diese überparteiliche Kooperation allerdings. Im 111. Kongress (2009–2011) wurden im Senat nur noch ein Viertel der Gesetze mit einer überparteilichen Mehrheit verabschiedet und auch im 112. Kongress zeigen sich vergleichbare Werte.

Immer häufiger stimmen die Parteifraktionen als weitgehend geschlossene Blöcke ab. Dies ist in erster Linie bei Parteifraktionen in parlamentarischen Regierungssystemen zu beobachten; aufgrund der stärkeren Bindung der Kongressmitglieder an ihre Wählerschaft in den Wahlkreisen im legislativen Prozess der USA bislang nicht. Gleichwohl stieg im Zeitraum von 1991 bis 2012 diese Geschlossenheit von etwa 83 % im Repräsentantenhaus und Senat auf 92 % respektive 88 %. Unter solchen Bedingungen und insbesondere in Zeiten eines *divided government* ist die für den legislativen Prozess der USA zentrale Bedeutung überparteilicher Koalitionsbildungen so gut wie ausgeschlossen.

3 *Polarized Congress and Polarized America?* Die parteipolitische Polarisierung im US-Kongress und ihre Ursachen

Fragt man nach den Ursachen von Polarisierung, so muss man zuerst definieren können, was darunter zu verstehen ist. Und bereits bei den Definitionsversuchen lässt sich kaum ein Konsens in der politikwissenschaftlichen Literatur finden. Während beispielsweise Alan Abramowitz (2008) Polarisierung bereits dann sieht, wenn die ideologischen Positionen der Parteien, bzw. der Wähler sich aus der ideologischen Mitte entfernen und immer weiter auseinanderdriften, gehen Morris P. Fiorina und Samuel J. Abrams (2008, S. 566) davon aus, dass von Polarisierung erst gesprochen werden kann, wenn sich die durchschnittlichen Positionen an den jeweiligen ideologischen Extrempunkten befinden. Kein Wunder also, dass bei einer fehlenden gemeinsamen Definition auch kaum Einigung über die reale Ausprägung dieses Phänomens im politischen System zu erzielen ist.

Um sich dem Problem allerdings zu nähern, ist es nicht unbedingt notwendig, sich der einen oder der anderen Lesart anzuschließen. Es ist vielmehr wichtig, nach Indikatoren zu Fragen, anhand derer sich eine solche Polarisierung im Kongress oder auch der Wählerschaft deutlich machen lassen. Hierzu bieten DiMaggio, Evans und Bryson (1996, S. 692 f.) einen möglichen Zugang. Sie schauen sich die ideologische Verortung der Wähler bzw. Kongressabgeordneten an. Ordnen sich die ideologischen Position bimodal, dann kann von einer polarisierten Situation gesprochen werden, sei es im Kongress oder allgemeiner innerhalb der

Abb. 1 Polarisierung
(Quelle: In Anlehnung an
Fiorina et al. (2006, S. 13))

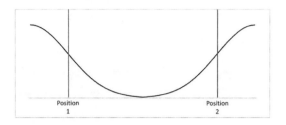

Wählerschaft. In einer solchen Verteilung fehlen die moderaten Positionen in der ideologischen Mitte, die Kompromisse erleichtern. Damit versinnbildlicht die U-Kurve in Abb. 1 idealtypisch eine tiefe Polarisierung einer Gesellschaft, Gruppe oder bspw. dem Kongress.

3.1 Polarized Congress. Polarisierungstendenzen im US-Kongress

Um Polarisierungstendenzen im US-Kongress messbar und damit empirisch fassbar zu machen, wird zumeist auf den von Keith Poole und Howard Rosenthal (1984, 1997) entwickelten *DW-Nominate Score* zurückgegriffen, der die ideologischen Positionen der Abgeordneten und Senatoren anhand ihres Abstimmungsverhaltens auf einer ideologischen Links-Rechts-Achse verortet, die von -1 (extrem liberal) bis 1 (extrem konservativ) reicht.[1]

In Abb. 2 sind die ideologischen Positionen der Abgeordneten und Senatoren des US-Kongresses abgebildet, und es zeigt sich hier ein klarer Trend in Richtung einer zunehmenden Polarisierung der ideologischen Positionen. Während im 85. Kongress (1957-59) in Repräsentantenhaus sowie Senat weite Überlappungen zwischen Demokraten und Republikanern im mittleren (moderaten) Bereich des Liberal-Konservativ-Spektrums zu sehen sind, verschwinden diese im 112. Kongress (2011–2013) gänzlich. Der liberalste Republikaner ist nun konservativer als der konservativste Demokrat.

Aber nicht nur das Verschwinden der politischen Mitte allein muss hier thematisiert werden, auch der Abstand der ideologischen Positionen der beiden Parteien gibt uns Auskunft über das Ausmaß der zu beobachtenden Polarisierung. Wie in Abb. 3 zu sehen ist, driften beide Parteien hier seit 1957 zusehends auseinander. In erster Linie zeigt sich diese Entwicklung bei den Republikanern, die sich in den letzten 55 Jahren deutlich von der politischen Mitte entfernt haben. Folglich sind die Parteien in der US-Legislative heute ideologisch weiter voneinander entfernter denn je.

---

[1] Die hier verwendeten Daten sind hinsichtlich des 112. Kongress aktualisiert und auf der Website von Poole und Rosenthal unter http://www.voteview.com/dwnominate.asp verfügbar. Eine Beschreibung des verwendeten Algorithmus findet sich in (Poole und Rosenthal 1997).

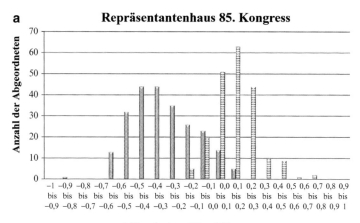
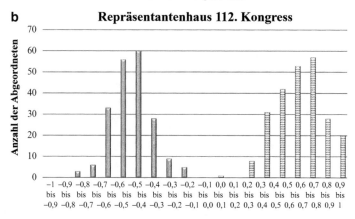
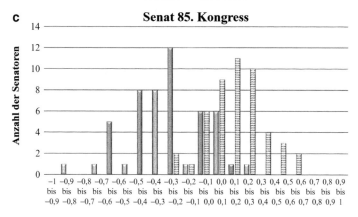

Abb. 2 (Fortsetzung)

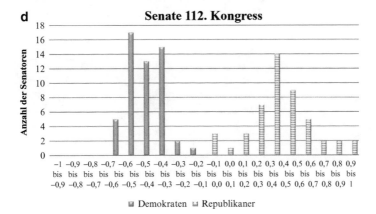

Abb. 2 *DW-Nominate Score* im 85. (1957–59) und 112. (2011–13) Kongress

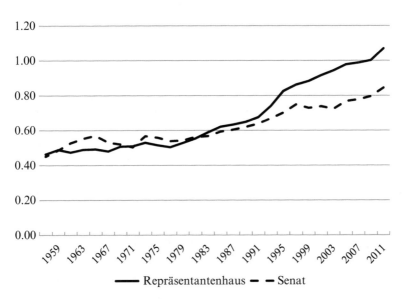

Abb. 3 Abstand der durchschnittlichen ideologischen Position von Demokraten und Republikaner im US-Kongress 1957–2012

Unterstützt wird dieser Befund durch die jeweilige ideologische Geschlossenheit der Parteien im Kongress (Abb. 4). Anhand der Daten wird deutlich, dass die Demokraten als Reaktion auf den klaren ideologischen Rechtsruck der Republikaner, ideologisch enger zusammengerückt sind. Bei den Republikanern ist eine solche Tendenz nicht zu erkennen. Im Gegenteil: Infolge des politischen Rechtsruckes findet sich eine größere ideologische Vielfalt innerhalb dieser konservativen Fraktion.

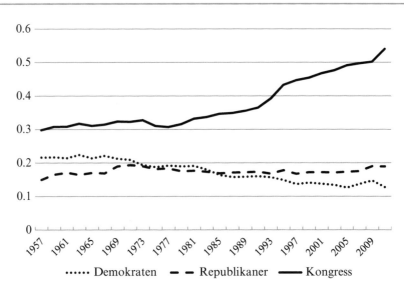

Abb. 4 Ideologische Streuung im US-Kongress 1957–2012

Der hier skizzierte Trend in Richtung einer stärkeren politischen Polarisierung im Kongress wird inzwischen in der politikwissenschaftlichen Forschung kaum mehr in Frage gestellt und lässt sich auch anhand anderer Indikatoren wie dem Abstimmungsverhalten (*Roll Call Votes*) (Rohde 1991; Aldrich 1995; Coleman 1997), der Einschätzungen durch Interessengruppen (Poole und Rosenthal 1997; Stonecash et al. 2003) sowie dem hier skizzierten *DW-Nominate Score* (Poole und Rosenthal 1984; Jacobson 2000; Theriault 2008) belegen. Bei der Suche nach den Ursachen für diese politische Polarisierung hingegen gehen die Meinungen weit auseinander.

3.2 Ursachen der politischen Polarisierung in der US-Gesellschaft

Im Zentrum der Auseinandersetzung steht hier die Frage, ob die auf politischer Ebene zu beobachtende Polarisierung als Folge einer breiten in der Gesellschaft vorhandenen Polarisierung interpretiert werden muss oder vielmehr auf eine Entwicklung innerhalb der politischen Eliten selbst zurückzuführen ist.

In einem demokratischen System wie den USA liegt die Vermutung nahe, dass eine polarisierte Gesellschaft mittels Wahlen einen polarisierten Kongress hervorbringt. In einer solchen geteilten Gesellschaft trifft das rote (Republikanische) Amerika, wie es James Davison Hunter (1991) formuliert, auf das blaue (Demokratische), was zu *Culture Wars* führe. Die sich darin manifestierenden Konflikte verlaufen entlang religiöser, kultureller und ideologischer Linien. Empirisch lässt sich eine solche geteilte Gesellschaft aber kaum nachweisen (u. a. DiMaggio

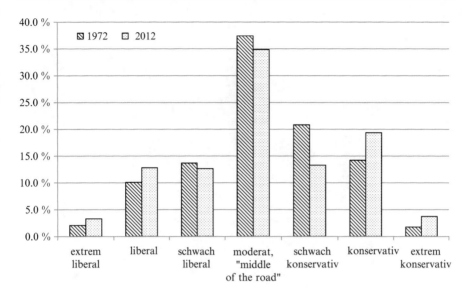

Abb. 5 Ideologische Selbsteinschätzung, 1972 und 2012 (Quelle: 1972 und 2012 American National Election Study)

et al. 1996; Evans 2003). Andere Konfliktlinien sind deutlicher zu erkennen, wie solche entlang des Einkommens (McCarty et al. 2006) sowie anderer *bread-and-butter economic issues* wie Steuern, das Gemeinwohl, Arbeitslosigkeit oder das Wirtschaftswachstum (Ansolabehere et al. 2006, S. 9). Andere Untersuchungen wiederum zeigen, dass durchaus Polarisierungstendenzen in Verbindung mit der religiösen Zugehörigkeit in Teilen der Gesellschaft zu verzeichnen sind (Abramowitz und Saunders 2008, S. 549f.). Diese können allerdings kaum in der afroamerikanischen Bevölkerung nachgewiesen werden (Hirschl et al. 2012). Und auch das Bild vom roten und blauen Amerika insgesamt wird in Frage gestellt. Darstellungen der Wahlergebnisse in den USA, in denen geringe Abstände zwischen den beiden Parteien als Mischung zwischen rot und blau kenntlich gemacht werden, zeichnen eher das Bild eines *Purple America* (Ansolabehere et al. 2006; Teixeira 2008).

Auch die Daten der *American National Election Study* stützen die Skepsis gegenüber einer tiefen ideologischen Spaltung der US-Gesellschaft. Gefragt nach einer Selbsteinschätzung auf einer 7-gliedrigen Ideologieskala, die von extrem liberal über moderat bis extrem konservativ reicht, zeigt sich trotz Veränderungen in den vergangenen Jahrzehnten weiterhin eine Glockenkurve als Ausdruck einer mehrheitlich moderaten Gesellschaft (Abb. 5).

Nimmt man allerdings die Selbsteinschätzung derjenigen in den Blick (Abb. 6), die sich eindeutig mit der Demokratischen oder der Republikanischen Partei identifizieren, verändert sich das Bild. Liberale US-Amerikaner ordnen sich heute eher der Demokratischen Partei, konservative US-Amerikaner den Republikanern zu. Zurückzuführen ist diese Entwicklung auf eine ideologische *Schärfung* des

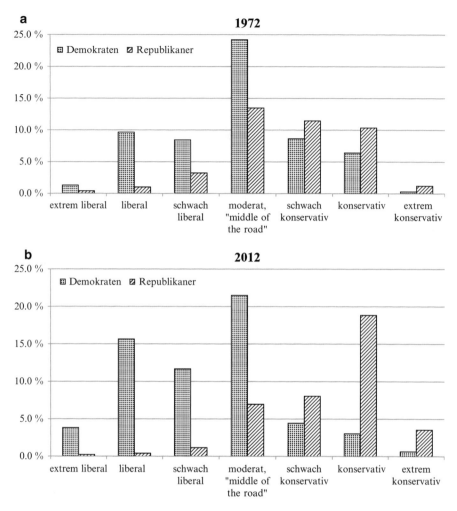

Abb. 6 Ideologische Selbsteinschätzung nach Parteiidentifikation, 1972 und 2012 (**a**) Quelle: 1972 American National Election Study (**b**) Quelle: 2012 American National Election Study

jeweiligen parteipolitischen Profils und dem daraus resultierenden *Realignment* innerhalb der Wählerschaft, das in den 1960er- und 1970er-Jahren seine Anfänge nahm. Die konservative weiße Wählerschaft im Süden, die traditionell eng mit den *Southern Democrats* verbunden war, distanzierte sich aufgrund der Bürgerrechtsgesetzgebung von der Demokratischen Partei und entschied sich für konservativere Republikaner. Dies resultierte auch in einer Stärkung der konservativen Bewegung in den USA, die in der Präsidentschaftskandidatur Barry Goldwaters für die Republikaner 1964 erstmals sichtbar wurde. Im Gegenzug dazu wählten die afroamerikanischen, aber auch die liberalen weißen Wähler aus dem Nordosten stärker Demokratisch (Carmines und Stimson 1989; Rohde 1991, S. 58–59).

Die Folgen dieses über Jahrzehnte währenden Prozesses sind heute daran zu erkennen, dass sich die ideologische Selbsteinschätzung deutlich stärker mit der jeweiligen Parteiidentifikation deckt. Ideologische Polarisierung übersetzt sich so zugleich in eine parteipolitische (*partisan*) Polarisierung.

Fiorina und Levendusky (2006, S. 52–55) bezeichnen diesen Effekt als *Sorting* und unterscheiden ihn von Polarisierung. *Sorting* zeichnet sich dadurch aus, dass es zwar zu Veränderungen der ideologischen Zusammensetzung der Wählerschaften beider großer Parteien in den USA kommt, die prozentuale Verteilung auf der Ideologieachse jedoch gleichbleibt. Während dieser Befund einen gewissen Zeitraum durchaus als zutreffend bezeichnet werden kann, zeigen sich jüngste Entwicklungen, die nicht allein mit dem Konzept des *Sorting* zu erklären sind. 1972 verorteten sich noch 24 Prozent im liberalen Bereich (von extrem bis schwach liberal), 37,7 Prozent als moderat und 38,4 Prozent im konservativen Bereich (schwach bis extrem konservativ). Vierzig Jahre später bezeichnen sich 33 Prozent als liberal, lediglich 28,5 Prozent als moderat und 38,6 Prozent als konservativ. Damit kann nicht nur von einer veränderten ideologischen Zusammensetzung der Parteien gesprochen werden, sondern es zeigt sich auch insgesamt eine ideologische Polarisierung.

Dieser Trend verstärkt sich noch, wenn man nicht die gesamte Bevölkerung in den Blick nimmt, sondern nur die Wählerschaft. Analog zum Auseinanderdriften der ideologischen Positionen zwischen den Parteifraktionen im Kongress, lässt sich auch bei den Wählern ein solcher Prozess erkennen (siehe Abb. 7). Im Gegensatz zum Kongress haben allerdings sowohl die liberalen als auch die konservativen Wähler einen nahezu gleichen Anteil daran.

Die spezifischen Charakteristiken des US-Wahlsystems verstärken diesen Effekt abermals. Hier werden die Kandidaten der beiden Parteien in sogenannten *primaries* bestimmt. In diesen Vorwahlen (offen oder geschlossen), beteiligen sich meist nur die aktiven Parteianhänger (*activists*), was die ohnehin niedrige Wahlbeteiligung in den USA bei diesen Vorauswahlen noch verringert (Layman et al. 2006, S. 96–100; Abramowitz und Saunders 2008, S. 546–548). Da die *activists* wie gezeigt in der Regel stärker ideologisch polarisiert sind als die allgemeine Wählerschaft, werden in diesen Vorwahlen Kandidaten für die allgemeinen Wahlen bestimmt, die der ideologischen Positionierung dieser *activists* näher kommen (mit Blick auf allen Wählern offenen Vorwahlen siehe Kaufmann et al. 2003; siehe zu einer Gegenposition Ansolabehere et al. 2006; Layman et al. 2010; Nielson und Visalvanich 2013, S. 21–23).

Der Einfluss der politischen Aktivisten auf die politische Polarisierung wird auch in einem anderen Zusammenhang diskutiert. In den USA werden alle 10 Jahre in Folge des letzten Zensus die Wahlkreise neu eingeteilt, um so eine möglichst faire Repräsentation zu garantieren. Veränderungen in der Bevölkerungszahl aufgrund von Migrationsbewegungen über die Wahlkreisgrenzen hinweg wirken sich also direkt auf die neuen Grenzverläufe aus. Verantwortlich sind dafür die Legislativen, Kommissionen oder andere Institutionen in den Einzelstaaten, welche von den politischen Parteien allzu gerne dazu genutzt werden, den eigenen Kandidaten die (Wieder-)Wahl zum Repräsentantenhaus so sicher wie möglich zu machen.

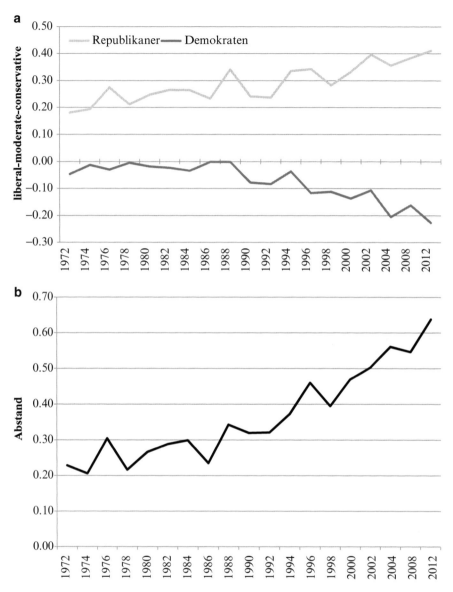

Abb. 7 Ideologische Mittelwerte und Abstand der Wählerschaft, 1972 bis 2012 (Erläuterung: Die y-Achse stellt die umkodierte Ideologieskala dar und reicht von −1 (extrem liberal) über 0 (moderat) bis zu 1 (extrem konservativ). American National Election Study)

Diese als *Gerrymandering* bezeichnete Manipulation von Wahlkreisen ist immer wieder der Grund für Auseinandersetzungen zwischen Demokraten und Republikanern. Einige Forscher und politische Beobachter konstatieren einen klaren Zusammenhang zwischen dieser durch die Parteien dominierten Praxis der Neuziehung von Wahlkreisgrenzen und der steigenden Polarisierung im Repräsentantenhaus.

Tab. 1 Umkämpfte Wahlkreise in den Wahlen zum Repräsentantenhaus, 1972-2012

	1972	1982	1992	2000	2002	2010*	2012*
55–45	150	171	146	122	111	104	88
52–48	67	79	58	53	38	36	28

Quelle: McDonald (2006, S. 92) sowie mit * gekennzeichnete eigene Ergänzung entlang der *normalized presidential vote*.

Im Kern der Argumentation steht der Zusammenhang zwischen *Gerrymandering*, fehlendem oder niedrigem Parteienwettbewerb und politischer Polarisierung. Dabei führe der parteibezogene Zuschnitt zu einer homogeneren Zusammensetzung der dortigen Wählerschaft und mithin zu politisch weniger umkämpften Wahlkreisen. Der fehlende Wettbewerb wiederum habe zur Folge, dass die sicheren Kandidaten ihrer politischen Auffassung entgegenstehende Forderungen aus dem Wahlkreis kaum oder überhaupt nicht in die eigene Entscheidungsfindung einfließen ließen. Aufgrund der Homogenität des Elektorats entschieden letztlich nicht mehr die Wähler bei den Wahlen zum Repräsentantenhaus, sondern die politischen Aktivisten, auf die die Kandidatenkür im Zuge der *Primaries* zurückgehe. Ideologische Ausreißer im Abstimmungsverhalten würden so kaum zu einer Gefährdung der Wiederwahlchancen führen, ganz im Gegenteil, es wird von den eigenen Parteianhängern honoriert und erhöht die Wiederwahlchancen (Fiorina und Levendusky 2006, S. 70; Mann 2006, S. 266–267).

Betrachtet man die Entwicklung des Wettbewerbes in den Wahlkreisen, so ist seit den frühen 1980er Jahren eine stetige Abnahme der kompetitiven Distrikte zu verzeichnen (siehe Tab. 1). Mit 88 kompetitiven und 28 hoch-kompetitiven Wahlkreisen wurden in beiden Bereichen Tiefstwerte erreicht. Zugleich erreichten 2012 die als sicher anzusehenden Distrikte mit 247 einen Höchstwert. Die Vermutung, dies habe mit den zuvor vorgenommenen Neuziehungen der Wahlkreise zu tun, klingt zunächst plausibel (McDonald 2006). Doch gibt es auch Zweifel an dieser These, da auch ohne *Gerrymandering* die Anzahl der (hoch-)kompetitiven Wahlkreise sank, wie die Jahre 2000 und 2010 veranschaulichen. So scheint zu dem sinkenden Wettbewerb eine Homogenisierung der Wahlkreise aufgrund der Mobilität der Bevölkerung hinzuzukommen (Stonecash et al. 2003). „Americans are increasingly living in communities and neighborhoods whose residents share their values and they are increasingly voting for candidates who reflect those values" (Abramowitz et al. 2006). Oder wie es Sean Theriault (2008, S. 79) mit einem Augenzwickern ausdrückt: „Pop culture suggests that Democrats choose to live near their local Starbucks for a convenient cup of joe and Republicans move to be closer to their favorite mega-church for a regular drink from the cup of salvation."

Als alleiniger Erklärungsfaktor für die zu beobachtende zunehmende Polarisierung kann dieser fehlende parteipolitische Wettbewerb in den Wahlkreisen allerdings auch nicht gelten. Untersuchungen zeigen zwar, dass Abgeordnete aus kompetitiven Wahlkreisen in ihrem Abstimmungsverhalten ideologisch moderater agieren. Zugleich stimmen Demokraten aus sicheren Distrikten tendenziell liberaler und Republikaner tendenziell konservativer ab. Doch weisen Kongressmitglieder ohne jede Konkurrenz im Wahlkreis durchaus auch die gesamte Breite (moderat bis extrem) in ihrem Abstimmungsverhalten auf (Mann 2006, S. 274–280, insbesondere Figure 6-4 und 6-6; McCarty et al. 2009, S. 672–673). Und nicht zuletzt schmälert die zweite Kammer des Kongresses die Erklärungsreichweite des *Gerrymandering*. Obwohl der Senat keine Wahlkreisveränderungen erfährt, ist in ihm ebenfalls eine – wenngleich nicht ganz so starke – Polarisierung zu beobachten. Insgesamt kommt eine Vielzahl von Untersuchungen zu dem Schluss, dass *Gerrymandering* nur geringen Einfluss auf die Polarisierung hat (Abramowitz et al. 2006; McCarty et al. 2009; Masket et al. 2012; DeVault 2013).

3.3 Ursachen der politischen Polarisierung im US-Kongress

Auf der Suche nach den Ursachen der fortschreitenden Polarisierung im US-Kongress widmet sich eine Vielzahl von Forschern der legislativen Institution selbst. Dabei werden ganz unterschiedliche mögliche Erklärungsfaktoren genannt. So führten veränderte Regeln und Prozeduren im Kongress zu einer gestärkten Rolle der Parteiführungen im Allgemeinen und der Mehrheitsführerschaft im Besonderen. Aber es werden auch stärker strategische, denn ideologische Überlegungen ebenso thematisiert, wie ein etwaiger Wandel in den Normen- und Wertorientierungen der Kongressmitglieder selbst.

In seiner nunmehr über 200 Jahre alten Geschichte hat der US-Kongress einige Reformen erlebt, doch insbesondere die Veränderungen von Regeln und Prozeduren in den vergangenen 60 Jahren sind nach Meinung mancher Beobachter für einen die Polarisierung begünstigenden institutionellen Wandel verantwortlich zu machen (ausführlich auch Theriault 2008, S. 82–88; Sinclair 2012 [2006]). Angetrieben von der Überzeugung der Parteiführungen, am Ende eines Gesetzgebungsprozess möglichst sicher das für die Partei beste Ergebnis erreichen zu müssen, kam es zu Machtverschiebung hin zu den Spitzen der Parteien, was die Schwächung eines durch Ausschüsse (*Committees*) und ihre Arbeit dominierten Kongresses nach sich zog (Shepsle 1989). Vorangetrieben wurde dies vor allem in den 1990er Jahren durch die von Newt Gingrich (R-GA) (1995-1999) geführten Republikaner, die nach ihrem Wahlsieg 1994 das Repräsentantenhaus sowie den Senat kontrollierten und die Demokraten, als auch den Demokratischen Präsidenten Bill Clinton (1993-2001) effektiv unter Druck setzen wollten.

Es sind nunmehr die Führungen der Parteien und dabei vor allem die Mehrheitsführung, die mittels gewachsener institutioneller Macht die Agenda im Gesetzgebungsprozess setzen (Rohde 1991; Aldrich 1995; Cox und McCubbins 2005). Dies zeigt sich beispielsweise in der Besetzung von Ausschusspositionen, die nicht mehr entlang des Senioritätsprinzips von erfahrenen Kongressmitgliedern besetzt werden, sondern vielmehr Ausdruck einer Loyalität gegenüber der Parteiführung sind (Theriault 2006, S. 12). Die einfachen Abgeordneten sehen sich einem zunehmenden Druck durch die eigene Parteiführung ausgesetzt bei gleichzeitig steigenden

Aufstiegsmöglichkeiten in den Ausschüssen. Die Konsequenz ist ein stärker an der Position der Parteiführung orientiertes Abstimmungsergebnis.

Ein weiteres Beispiel für die Macht der Mehrheitsführung ist die nach dem 59. Sprecher des Repräsentantenhauses, Dennis Hastert (R-IL) (1999-2006), benannte *Hastert-Rule*. Sie folgt dem Credo „Thou shall not aid bills that will split thy party" (Cox und McCubbins 2005, S. 24). Gesetzesentwürfe, die nicht die Mehrheit der Mehrheitspartei erreichen, so die Konsequenz, werden in der Regel erst gar nicht in den Gesetzgebungsprozess eingebracht. Die Durchbrechung dieser *Hastert-Rule* ist nahezu ausgeschlossen und kommt daher selten vor. In einer Auflistung der Online-Ausgabe der New York Times (o.J.) finden sich seit 1991 je Legislaturperiode höchstens sechs Gesetzesverabschiedungen, in denen die Mehrheitspartei im Repräsentantenhaus unterlegen war.

Trotz einer ähnlich gestiegenen Polarisierung wurden im Senat keine institutionellen Änderungen in vergleichbarer Weise vollzogen. Aus Sicht mancher Beobachter schwächt dies die Erklärungskraft institutionellen Wandels als Triebfeder politischer Polarisierung (McCarty et al. 2006, S. 53). Allerdings veränderte sich die Verwendung bereits bestehender Regelungen und Prozeduren. Dabei spielt der als Minderheitenschutz vorgesehene *Filibuster* eine zentrale Rolle. Diese Regelung ermöglicht es einer Minderheit von 41 Senatoren im 100 Mitglieder umfassenden Senat, die Debatte über einen Gesetzentwurf zu verzögern und mittels Dauerredens, zusätzlicher Gesetzesanhänge oder Abstimmungen den gesamten Senat in seiner Arbeitsfähigkeit erheblich einzuschränken. Die Beendigung eines solchen Dauerredens kann lediglich durch die Zustimmung von mindestens 60 Senatoren zu einer *Cloture Motion* erfolgen. Für Senatoren der Minderheitspartei bieten sich solche prozeduralen, also nicht direkt zu einem Gesetz führenden Abstimmungen besonders für Loyalitätsbeweise an die Parteiführung an. Nicht zuletzt die geringere öffentliche Aufmerksamkeit von prozeduralen Abstimmungen öffnet rhetorische Spielräume:

> „For members who want to stay ‚on the team' the solution is clear: Criticize your party's extremists, pay lip service to bipartisanship and vote for the eventual compromise when the leadership decides to bring it to the floor. But do *not* force the leader's hand or undermine his position" (Karol 2013, Hervorhebung im Original).

Hinzu kommen ehemalige Republikanische Abgeordnete, die unter der Führung Newt Gingrichs in den 1990er Jahren in das Repräsentantenhaus gewählt wurden und sich bereits zu jener Zeit durch eine sehr konservative Haltung auszeichneten. Viele dieser Abgeordnete vertreten inzwischen als Senatoren ihren Bundesstaat und tragen aufgrund ihrer im Vergleich zu ihren Republikanischen Kollegen deutlich konservativeren Haltung zur Polarisierung im Senat entscheidend bei. Sean Theriault (gemeinsam mit David W. Rohde 2011, 2013) nennt die 33 Senatoren mit Blick auf ihren Werdegang *Gingrich Senators*.

Ein noch stärker an strategischen Gesichtspunkten orientiertes und den gesamten Kongress betreffendes Argument wird von Frances Lee (2009) vorgebracht, die den anwachsenden ideologischen Abstand der Parteien im Kongress nicht ausschließlich auf primär ideologische Unterschiede zurückführt. Das rationale Interesse von Parteien, die Kontrolle über wichtige Institutionen zu erringen, auszubauen und zu verteidigen, stelle eine plausiblere Erklärung dar (Lee 2009, S. 18). Um diesen Machtgewinn zu erreichen, braucht es einer offensichtlichen Unterscheidbarkeit der Parteien. Den daraus erwachsenden Effekt bezeichnet Lee als *Teamsmanship*, eine engere Zusammenarbeit von Parteikollegen und der Bildung einer Schicksalsgemeinschaft von Amt und Partei, welche nicht nur zur Vertiefung der ideologischen Gräben in dafür anfälligen Themen führt, sondern sich auch bei Entscheidungen auswirkt, die traditionell als nicht-ideologisch aufgeladen gelten wie beispielsweise die Erhöhung der Schuldenobergrenze (Lee 2009, S. 154). Dies führt letztlich zu einer Verstärkung der Polarisierung, die zum Teil auf ideologieferne Überlegungen in den Parteien zurückgeht.

Im Kern ähnlich ideologiefern ist eine letzte hier zu erwähnende Polarisierungsursache innerhalb des Kongresses. Wie eingangs beschrieben, ist der Entscheidungsbildungsprozess in den USA aufgrund der strukturellen Eigenschaften auf Kompromisse und mithin auf parteiübergreifende Initiativen angewiesen. Sie sind zumeist nur erreichbar, wenn die Abgeordneten und Senatoren über genügend Möglichkeiten und Zeit verfügen, an demselben Ort zu sein: nämlich in Washington (DC). So profan dies klingen mag, so wichtig ist es für den notwendigen Austausch zwischen den Kongressmitgliedern, insbesondere über die Parteilinien hinweg. Doch die Zeit hierfür sank seit den 1980er Jahren zusehends und mit dem 58. Sprecher des Repräsentantenhaus, Newt Gingrich (R-GA) (1995–1999), sowie dem Mehrheitsführer der Republikaner im Senat, Trent Lott (R-MS) (1996-2003), zogen veränderte Zeitpläne in den Kongress ein. Die Verkürzung der Sitzungswochen auf Dienstagnachmittag bis Donnerstag veranlasst seitdem viele Abgeordnete und Senatoren, mit den Familien erst gar nicht nach Washington zu ziehen, sondern den Lebensmittelpunkt weiterhin im Wahlkreis zu haben (dazu ausführlich Mann und Ornstein 2006, S. 169–179). Für einen *Bipartisanship* ist diese Entwicklung alles andere als förderlich und kann mithin als ein weiterer Baustein zur Erklärung der gestiegenen Polarisierung gesehen werden.

4 Fazit

Während die parteipolitische Polarisierung im US-Kongress weitgehend unumstritten zu sein scheint, zeigt die Darstellung der Ursachen hierfür eine kaum überschaubare Vielfalt an sich zum Teil widerstreitenden Erklärungsmustern mit ganz unterschiedlicher Erklärungsreichweite. Da sich dabei allerdings nicht die *eine* alles erklärende Variable identifizieren lässt, wird die Multidimensionalität des Problems für das politische System der USA augenscheinlich. Faktoren auf gesellschaftlicher wie politisch-institutioneller Ebene tragen in einem komplexen Wechselspiel dazu bei, dass die Funktionalität des Entscheidungsprozesses in den USA bedroht zu sein scheint.

Dabei war die stärkere Unterscheidbarkeit der beiden politischen Parteien über lange Zeit ein vornehmlicher Wunsch der US-amerikanischen Politikwissenschaft. In einem Bericht der *American Political Science Association* (APSA) aus dem Jahr 1950 wurde die programmatische und ideologische Nähe der Republikaner und Demokraten kritisiert und darauf hingewiesen, dass in den USA politische Parteien „with a proper range of choice between alternatives of action" (APSA 1950, S. 1) fehlen würden. Hierzu wurde ein stärkeres Gegeneinander beider Parteien empfohlen, um der Öffentlichkeit mögliche Politikalternativen deutlicher zu machen. 63 Jahre später leitet die APSA ihren Report „Negotiating Agreement in Politics" mit einem Plädoyer für mehr Konsens ein:

> „The United States used to be viewed as a land of broad consensus and pragmatic politics in which sharp ideological differences were largely absent; yet today politics is dominated by intense party polarization and limited agreement among representatives on policy problems and solutions" (Mansbridge und Martin 2013, S. 6).

Dies illustriert das Dilemma, mit welchem das politische System in den USA zu kämpfen hat. Einerseits ist die Unterscheidbarkeit der Parteien für den politischen Ideenwettbewerb und mithin den Wähler von zentraler Bedeutung. Andererseits erfordert die bestehende institutionelle Struktur der sich gegenseitig kontrollierenden Gewalten (*checks and balances*) Kompromisse und Koalitionen über Parteigrenzen hinweg, um notwendige politische Entscheidungen herbeizuführen. Zu einer Krise für das politische System kommt es dann, wenn die Unterscheidbarkeit zu Lasten der Kompromissfähigkeit geht. Und das ideologische Auseinanderdriften von Demokraten und Republikanern im amerikanischen Kongress macht deutlich, dass dies zunehmend der Fall ist.

Ferner besteht die Gefahr der Zementierung dieser in den 1960er Jahren begonnenen und sich insbesondere seit den 1990er Jahren verstärkenden Entwicklung, wenn sich die politischen Polarisierungstendenzen nicht nur weiter im Abstimmungsverhalten der Kongressmitglieder niederschlagen, sondern eben auch in den institutionellen Regeln und Prozeduren sowie vor allem in den Einstellungsmustern der Wählerschaft. Die Umkehr dessen wird wahrscheinlich ähnlich viel Zeit in Anspruch nehmen.

Doch wie kann der parteipolitischen Polarisierung begegnet werden? Für einen Wandel innerhalb der Parteien und hier vor allem der Republikaner bedarf es eines deutlich größeren Anteils an moderaten Wählern und letztlich dem Aufbrechen der heute zu beobachtenden engeren Verbindung zwischen Parteiidentifikation und ideologischer Position. Allerdings zeigen die Wiederwahlerfolge der besonders konservativen Abgeordneten und Senatoren in den Kongresswahlen 2012 und 2014 die weiterhin vorhandene konservative und eine polarisierende Politik mitunter befürwortende Wählerbasis.

Vor diesem Hintergrund sind schnell wirksame Lösungen kaum zu erwarten. Die kommenden Wahlen und Kongresse werden zeigen, ob und in welchem Maße sich die parteipolitischen Polarisierungstendenzen verstärken und es zu einer fortschreitenden Dysfunktionalität des amerikanischen politischen Systems kommt. Der von

Hunter (1991) beschriebene *Culture War* ist hingegen nicht zu beobachten. Verglichen mit den Zeiten höchster Polarisierung in den USA, nämlich dem Bürgerkrieg (1861-1865), funktionieren gegenwärtig die demokratischen Regelungsmechanismen im Austragen von politischen und ideologischen Konflikten.

Literatur

Abramowitz, Alan I., et al. 2006. Don't blame redistricting for uncompetitive elections. *PS: Political Science & Politics* 39(01): 87–90.

Abramowitz, Alan I., und Kyle L. Saunders. 2008. Is polarization a myth? *The Journal of Politics* 70(02): 542–555.

Aldrich, John Herbert. 1995. *Why parties? The origin and transformation of political parties in America*. American Politics and Political Economy Series. Chicago: The University of Chicago Press.

Ansolabehere, Stephen, et al. 2006. Purple America. *The Journal of Economic Perspectives* 20(2): 97–118.

APSA. 1950. Toward a more responsible two-party system: A report of the Committee on Political Parties. *The American Political Science Review* 44(3 (Part 2, Supplement)): 1–14.

Carmines, Edward G., und James A. Stimson. 1989. *Issue evolution. Race and the transformation of American politics*. Princeton, N.J.: Princeton University Press.

Coleman, John J. 1997. The decline and resurgence of congressional party conflict. *The Journal of Politics* 59(1): 165–184.

Cox, Gary W., und Mathew D. McCubbins. 2005. *Setting the Agenda. Responsible party government in the U.S. house of representatives*. Cambridge, MA: Cambridge University Press.

DeVault, James M. 2013. Political polarization, congressional redistricting, and trade liberalization. *Public Choice* 157(1–2): 207–221.

DiMaggio, Paul, et al. 1996. Have American's social attitudes become more polarized? *American Journal of Sociology* 102(3): 690–755.

Evans, John H. 2003. Have Americans' attitudes become more polarized?–An update. *Social Science Quarterly* 84(1): 71–90.

Fiorina, Morris P., und Samuel J. Abrams. 2008. Political polarization in the American public. *Annual Review of Political Science* 11(1): 563–588.

Fiorina, Morris P., et al. 2006. *Culture war? The myth of a polarized America*, 2. Aufl. New York: Pearson Longman.

Fiorina, Morris P., und Matthew S. Levendusky. 2006. Disconnected: The political class versus the people. In *Red and blue nation? Characteristics and causes of America's polarized politics*, Hrsg. Pietro S. Nivola und David W. Brady, 49–71. Washington, DC: Brookings Institution Press.

Genovese, Michael A. 2010. *Encyclopedia of the American Presidency*, Durchgesehene Aufl. New York: Facts on File.

Hirschl, Thomas A., et al. 2012. Politics, religion, and society: Is the United States experiencing a period of religious-political polarization? *Review of European Studies* 4(4): 95–109.

Hunter, James Davison. 1991. *Culture wars. The struggle to define America*. New York: BasicBooks.

Jacobson, Gary C. 2000. Party polarization in national politics: The electoral connection. In *Polarized politics: Congress and the president in a Partisan Era*, Hrsg. Jon R. Bond und Richard Fleisher, 9–30. Washington, DC: CQ Press.

Jacobson, Gary C. 2011. *A divider, not a uniter. George W. Bush and the American people*, great questions in politics, 2. Aufl. Boston: Longman.
Karol, David. 2013. The mythical moderates? *Washington Post's The Monkey Cage Blog*. http://www.washingtonpost.com/blogs/monkey-cage/wp/2013/10/08/the-mythical-moderates/. Zugegriffen am 23.12.2013.
Kaufmann, Karen M., et al. 2003. A promise fulfilled? Open primaries and representation. *Journal of Politics* 65(2): 457–476.
Layman, Geoffrey C., et al. 2006. Party polarization in American politics. Characteristics, causes, and consequences. *Annual Review of Political Science* 9(1): 83–110.
Layman, Geoffrey C., et al. 2010. Activists and conflict extension in American party politics. *American Political Science Review* 104(02): 324–346.
Lee, Frances E. 2009. *Beyond ideology. Politics, principles and partisanship in the U.S. Senate*. Chicago: The University of Chicago Press.
Mann, Thomas E. 2006. Polarizing the house of representatives: How much does gerrymandering matter? In *Red and blue nation? Characteristics and causes of America's polarized politics*, vol. 1, Hrsg. Pietro S. Nivola und David W. Brady, 263–283. Washington, DC: Brookings Institution Press.
Mann, Thomas E., und Norman J. Ornstein. 2006. *The broken branch. How congress is failing America and how to get it back on track*. Institutions of American Democracy. Oxford: Oxford University Press.
Mansbridge, Jane, und Cathie Jo. Martin. 2013. Negotiating agreement in politics. In *American Political Science Association Task Force report*. Washington, DC: American Political Science Association.
Masket, Seth E., et al. 2012. The Gerrymanderers are coming! Legislative redistricting won't affect competition or polarization much, no matter who does it. *PS: Political Science & Politics* 45(01): 39–43.
McCarty, Nolan M., et al. 2006. *Polarized America. The dance of ideology and unequal riches*, the Walras-Pareto lectures. Cambridge, MA.: MIT Press.
McCarty, Nolan, et al. 2009. Does Gerrymandering cause polarization? *American Journal of Political Science* 53(3): 666–680.
McDonald, Michael P. 2006. Drawing the line on district competition. *PS: Political Science & Politics* 39(01): 91–94.
New York Times. o.J. House votes violating the „Hastert rule". Inside congress. http://politics.nytimes.com/congress/votes/house/hastert-rule. Zugegriffen am 17.3.2014.
Nielson, Lindsey und Neil Visalvanich. 2013. Polarized primaries and polarized legislators: Examining the influence of primary elections on polarization in the U.S. House. working paper. San Diego, CA. http://ssrn.com/abstract=2262502. Zugegriffen am 17.01.2014.
Patzelt, Werner J. 2003. *Einführung in die Politikwissenschaft. Grundriß des Faches und studiumbegleitende Orientierung*. 5., erneut überarb. und wesentlich erw. Aufl. Passau: Wiss.-Verl. Rothe.
Poole, Keith T., und Howard Rosenthal. 1984. The polarization of American politics. *Journal of Politics* 46(4): 1061–1079.
Poole, Keith T., und Howard Rosenthal. 1997. *Congress: A political-economic history of roll call voting*. New York: Oxford University Press.
Rohde, David W. 1991. *Parties and leaders in the postreform house*. American Politics and Political Economy Series. Chicago: University of Chicago Press.
Shepsle, Kenneth A. 1989. The changing textbook congress. In *Can the government govern?*, Hrsg. John E. Chubb und Paul E. Peterson, 238–266. Washington, DC: Brookings Institution.
Sinclair, Barbara. 2012 [2006]. *Unorthodox Lawmaking. New legislative processes in the U.S. Congress*, 4. Aufl. Washington, DC: CQ Press.

Snowe, Olympia J. 2013. *Fighting for common ground. How we can fix the stalemate in congress.* New York: Weinstein Books.

Stonecash, Jeffrey M., et al. 2003. *Diverging parties: Social change, realignment and party polarization.* Transforming American Politics. Boulder: Westview Press.

Teixeira, Ruy A. 2008. *Red, blue and purple America. The future of election demographics.* Washington, DC: Brookings Institution Press.

Theriault, Sean M. 2006. Procedural polarization in the U.S. congress. Paper prepared for presentation at the American Political Development Workshop, Madison. http://users.polisci.wisc.edu/apw/archives/theriault.pdf. Zugegriffen am 05.11.2013.

Theriault, Sean M. 2008. *Party polarization in congress.* Cambridge: Cambridge University Press.

Theriault, Sean M. 2013. *The Gingrich senators. The roots of partisan warfare in congress.* Oxford: Oxford University Press.

Theriault, Sean M., und David W. Rohde. 2011. The Gingrich senators and party polarization in the U.S. senate. *The Journal of Politics* 73(04): 1011–1024.

White House. 2011. Address by the President to the Nation. 25.07.2011. Washington, DC. http://www.whitehouse.gov/the-press-office/2011/07/25/address-president-nation. Zugegriffen am 12.10.2012.

Ökonomie in der Krise? Das neoliberale Modell der USA unter Druck

Thomas Biebricher

Inhalt

1 Einleitung 638
2 Was ist Neoliberalismus? 639
3 Politische Neoliberalisierungsprozesse von Reagan bis Bush II 643
4 Finanzkrise und/oder Krise des Neoliberalismus? 646
5 Fazit 654
Literatur 656

Zusammenfassung

Ausgehend von einer Erörterung der historischen Ursprünge und theoretischen Grundlagen des Neoliberalismus analysiert der vorliegende Beitrag die Neoliberalisierungsprozesse der US-amerikanischen Gesellschaft von der Reagan-Ära bis zum Vorabend der Finanzkrise 2008. Auf dieser Grundlage wird zunächst diskutiert, inwiefern sich die Finanzkrise auch als Krise des Neoliberalismus verstehen lässt und ob es zu entsprechenden politischen Reformen als Reaktion auf diese Krise gekommen ist. Abschließend werden auch mit Blick auf die Erfolgschancen zukünftiger Reformen einige Gründe für ihr weitgehendes Ausbleiben erläutert.

Schlüsselwörter

Neoliberalismus • Monetarismus • Efficient Market Hypothesis • Homo Oeconomicus • Finanzkrise

---

T. Biebricher (✉)
Goethe-Universität Frankfurt, Frankfurt am Main, Deutschland
E-Mail: thomas.biebricher@normativeorders.net

© Springer Fachmedien Wiesbaden 2016
C. Lammert et al. (Hrsg.), *Handbuch Politik USA*, *Springer NachschlageWissen*,
DOI 10.1007/978-3-658-02642-4_38

1 Einleitung

„You never want a serious crisis to go to waste" (Rahm Emanuel)

Das Zitat im Motto wird gemeinhin Rahm Emanuel zugeschrieben, der damit das Gestaltungspotential umrissen hat, das Krisen in sich tragen können: „The crisis provides the opportunity for us to do things that you could not do before" (Emanuel zitiert in Wall Street Journal online 21.11.2008). Es waren die turbulenten Wochen nach dem Ausbruch der Finanzkrise infolge des Zusammenbruchs der Lehmann Brothers Bank; eine bis dahin wirtschaftsliberal agierende Bush-Administration hatte gerade eine Reihe von großen Investmentbanken zwangsverstaatlicht. Vor dem Hintergrund dieses eher ungewöhnlichen Vorgangs ist auch Emanuels Kriseninterpretation zu verstehen: Mit dem Ausnahmezustand eröffneten sich völlig neue politische Handlungsspielräume. Doch im Rückblick ist festzustellen, dass sich diese Einschätzung nicht als zutreffend erwiesen hat. Jedenfalls lassen sich keine fundamentalen Veränderungen in der Gesamtausrichtung der US-amerikanischen Wirtschaftspolitik verzeichnen und selbst mit Blick auf den Finanzsektor, dessen Fehlentwicklungen als wichtiger Ausgangspunkt der Krise gelten, halten sich die Reformen in überschaubaren Grenzen.

Dies wirft eine Reihe von Fragen auf: Um welche Art von Krise handelt es sich und inwiefern lässt sich die Finanz-/Banken- oder Wirtschaftskrise auch als Krise bestimmter wirtschaftspolitischer Vorstellungen und entsprechender Praktiken verstehen, die gemeinhin als neoliberal charakterisiert werden? Die Beantwortung dieser Frage setzt allerdings die Klärung des Begriffs des Neoliberalismus voraus.

In einem ersten Schritt werde ich daher die Ursprünge des neoliberalen Denkens um die Mitte des vorigen Jahrhunderts skizzieren und herausarbeiten, welche Ideen bzw. Denker aus diesem Entstehungszusammenhang für den US-amerikanischen Kontext besondere Bedeutung erlangten. Wie zu zeigen sein wird, gibt es innerhalb des neoliberalen Denkens ein beträchtliches Maß an Heterogenität und entsprechende Widersprüchlichkeiten; vor allem existieren aber auch Diskrepanzen zwischen neoliberaler Theorie und dem, was bisweilen als ‚real existierender Neoliberalismus' bezeichnet wird (Peck et al. 2009).

Im zweiten Schritt werden die Neoliberalisierungsprozesse in den USA seit Beginn der 1980er Jahre nachgezeichnet, um hier die Akteure und Dynamiken zu identifizieren, aber auch um die Inkongruenzen darzustellen, die trotz aller bestehender Übereinstimmungen das Verhältnis zwischen neoliberalem Denken und dem Neoliberalismus als realpolitischem Projekt kennzeichnen.

Auf dieser Grundlage werden im dritten Abschnitt die Kernfragen des Beitrags adressiert: Welcher Zusammenhang besteht zwischen Neoliberalisierungsprozessen und Finanzkrise und inwiefern lässt sich diese Krise als eine Krise des Neoliberalismus bezeichnen? In diesem Zusammenhang sollen auch die Auswirkungen der Krise analysiert werden; kam es aufgrund der wirtschaftlichen Verwerfungen seit 2008 zu einem ‚roll back' bestimmter Neoliberalisierungsprozesse und, falls nicht, wie ist dies zu erklären?

2 Was ist Neoliberalismus?

Das neoliberale Denken entstand Mitte des 20. Jahrhunderts als Reaktion auf die Krise des ‚klassischen' Liberalismus des 18. und 19. Jahrhunderts. Es gibt keinen ‚Ursprung' des Neoliberalismus, sondern diverse, zunächst weitgehend unverbundene Entstehungskontexte: So etwa das Privatseminar von Ludwig von Mises in Wien, an dem Friedrich August von Hayek und später auch Lionel Robbins von der *London School of Economics* teilnahmen. Diese galt ebenfalls zusehends als eine Bastion (neo-)liberalen Denkens, insbesondere nachdem Hayek 1931 hier eine Professur übernommen hatte. Zur gleichen Zeit, also Mitte der 1930er Jahre, formierte sich in Freiburg um den Vordenker Walter Eucken die sogenannte Freiburger Schule des Ordoliberalismus. Zu ihrem erweiterten Kreis gehörten neben Franz Böhm und Hans Grossmann-Doerth auch Alexander Rüstow und Wilhelm Röpke, wenngleich letztere nie institutionell mit der Universität in Freiburg verbunden waren. Das nordamerikanische Pendant zur Freiburger Schule ist die Chicago School am dortigen Economics Department, deren Anfänge ebenfalls bis in die späten 1920er und frühen 1930er Jahre zurückreichen. Bestehen noch auffallende Übereinstimmungen zwischen der ersten Generation beider Schulen, so entfernte sich das neoliberale Denken im Kontext Chicagos immer weiter von der ersten Generation Chicagoer Ökonomen wie Frank Knight, Henri Simons und Jacob Viner. Die zweite Generation um den Begründer des Monetarismus Milton Friedman, den Mitbegründer der Public Choice Theorie James Buchanan, den Mitbegründer der Humankapitaltheorie Gary Becker und den profiliertesten Vertreter der sogenannten *Efficient Market Hypothesis*, Eugene Fama, wird im Folgenden im Mittelpunkt stehen, da ihr eine herausragende Bedeutung für den US-amerikanischen Diskurs und auch die politische Praxis zukommt (Stedman Jones 2012).

Der Begriff des Neoliberalismus findet sich erstmals in den Protokollen des sogenannten *Colloque Walter Lippmann*, das anlässlich der Veröffentlichung von Lippmanns Buch *The Good Society* 1938 in Paris stattfand. Für die Teilnehmer, zu denen auch Hayek, Mises, Röpke und Rüstow gehörten, ist der Neoliberalismus ein Projekt, das auf die offenkundige Krise des Liberalismus im Zeichen von Weltwirtschaftskrise, aufkommendem Keynesianismus, Kommunismus und Faschismus mit einer Doppelbewegung zu reagieren versucht: Das Ziel ist die Revitalisierung liberaler Ideen gegen den illiberalen Zeitgeist. Doch dies setzt nach Meinung der Teilnehmer den vorbereitenden Schritt einer kritischen Revision der liberalen Agenda voraus: Will sich der (Neo-)liberalismus behaupten, so erfordere dies eine tatsächliche Erneuerung und nicht nur eine restaurative Rückkehr zu den Grundsätzen Adam Smiths. Diese Vorstellung einer tatsächlichen Erneuerung liberalen Denkens bleibt auch über das neoliberale Präludium von 1938 hinaus bestehen. Bei der Gründungskonferenz der Mont-Pèlerin Society im Jahre 1947, unter deren Mitgliedern bis in die Gegenwart ausnahmslos alle Schlüsselfiguren des neoliberalen Denkens zu finden sind, äußert sich Hayek in seinem Eröffnungsvortrag folgendermaßen:

> The basic conviction which has guided me in my efforts is that, if the ideals which I believe unite us, and for which, in spite of so much abuse of the term, there is still no better name than liberal, are to have any chance of revival, a great intellectual task must be performed. This task involves both purging traditional liberal theory of certain accidental accretions which have become attached to it in the course of time, and also facing up to some real problems which an over-simplified liberalism has shirked or which have become apparent only since it has turned into a somewhat stationary rigid creed (Hayek 1992, S. 237–238).

Die hier beschworene Notwendigkeit einer kritischen Aufarbeitung und Revision des liberalen Ideenhaushalts darf nicht darüber hinwegtäuschen, dass in dieser Forderung auch schon die Konfliktlinien angelegt sind, die den sich formierenden neoliberalen Diskurs von Beginn an durchziehen. Schließlich lässt die hier vorgeschlagene neoliberale Formel einer Revitalisierung des Liberalismus auf Grundlage seiner kritischen Revision einige wichtige Fragen offen: An welche Elemente des liberalen Denkens kann angeschlossen werden und welche sind zu verwerfen? Darüber hinaus bleibt umstritten, wie rigoros der Modernisierungsprozess der liberalen Agenda auszufallen hat. Diese konstitutive Ambiguität des neoliberalen Denkens erfordert die Unterscheidung diverser Strömungen, um diese Heterogenität auch konzeptionell abzubilden. Je nachdem, an welche liberalen Traditionen von neoliberaler Seite angeknüpft wird, welche Elemente verworfen werden und wie radikal die entsprechende Selbstkritik ausfällt, lassen sich Variationen des neoliberalen Denkens unterscheiden.

Für den vorliegenden Fragekontext ist allerdings weniger eine spezifische inhaltliche Strömung relevant, als vielmehr der US-amerikanische Neoliberalismus-Diskurs insgesamt, der hier mit Verweis auf die vier wichtigsten Protagonisten skizziert werden soll, nämlich Milton Friedman, Gary Becker, Eugene Fama und James Buchanan.

Der gemeinsame Ausgangspunkt von Buchanan und Becker liegt in der Figur des *Homo Oeconomicus*, d. h. der Modellierung von Akteuren als rational und eigeninteressiert. Das Innovationspotential in Buchanans Ansatz liegt in der Übertragung dieses Modells von der Ökonomie auf die Politik. Demnach trifft auch auf Politiker und Verwaltungsbeamte die Annahme des rationalen Selbstinteresses zu, was für Public Choice Theoretiker zumeist als Präferenz für Machterhalt bzw. -zuwachs gedeutet wird und für Politiker unter demokratischen Bedingungen ein zentrales Interesse an der eigenen (Wieder)Wahl impliziert. Buchanan ist zudem der Meinung, dass sich nicht nur Akteure, sondern auch Prozesse in der Politik nach wirtschaftlichem Muster analysieren lassen, nämlich als Tauschprozesse, die in Form von Kompromissen strategische Allianzen zwischen Politikern ermöglichen. Dies geschieht allerdings zulasten der (steuerpflichtigen) Gesamtbevölkerung, da diese die Kosten tragen müsse. Daher fordert der Buchanansche Ansatz die Einführung juridischer Normen, um das politische Handeln dieser nutzenmaximierenden Akteure in effiziente und damit letztlich auch gemeinwohlfördernde Bahnen zu lenken (Buchanan 1984). Prominentestes Beispiel einer solchen Norm ist die Schuldenbremse oder ‚Balanced-Budget-Amendments', die verhindern sollen, dass die aktuellen Kosten, die möglicherweise auch bestimmten Wiederwahlinteressen förderlich sind, zukünftigen Generationen aufgebürdet werden (Buchanan und Wagner 1977).

In gewisser Weise radikalisiert Gary Becker in seinem Humankapital-Ansatz diese Annahmen der rationalen Nutzenmaximierung: nicht nur das Handeln in Wirtschaft oder Politik, sondern in allen gesellschaftlichen Sphären und Kontexten ist nach den Maßgaben des *Homo Oeconomicus* interpretierbar (Becker 1982). Folgt man dieser These, so ergeben sich daraus vielfältige Schlussfolgerungen, wie mit derart modellierten Akteuren von politischer Seite umzugehen ist. Wie bringt man Humankapitaleigner – also die arbeitsfähige Bevölkerung – dazu, durch Schul- und Hochschulbildung oder auch berufliche Weiterbildungsmaßnahmen optimal in ihre ,Kapitalausstattung' an Wissen und Fertigkeiten zu investieren (Becker 1993)? Wie steuert man dem demographischen Wandel entgegen und erhöht die Geburtenquote? Und wie reduziert man Kriminalitätsraten in sozialen Brennpunkten? Folgt man Becker, so lautet die Antwort in all diesen und vielen anderen Fällen, die Akteure als rational nutzenmaximierend zu betrachten, d. h. sie sind im Prinzip durch ein geschickt kalibriertes Instrumentarium an Anreizen und Abschreckungen steuerbar. Beckers Ansatz legt zwei Schlussfolgerungen nahe. Erstens gibt es zumindest auf der Seite des Beobachters keinerlei Differenzierung zwischen ökonomischen und nicht-ökonomischen Kontexten, und in dem Maß, in dem Individuen auch in letzteren auf ihr ökonomisches Kalkül hin adressiert werden, verallgemeinern sich Markt, Ökonomie und *Homo Oeconomicus* zu Elementen eines allumfassenden Vergesellschaftungsmodus. Zweitens ist die Kehrseite des aus allen kollektiven Verantwortlichkeiten in die Freiheit entlassenen *Homo Oeconomicus* die uneingeschränkte individuelle Verantwortung, die sich auf die eigenen Leistungen aber ebenso auf das eigene Scheitern erstreckt.

Mit den Ideengebern Friedman und Fama lässt sich der intellektuelle Diskurs des Neoliberalismus nun zeithistorisch in die Entwicklung des real existierenden Neoliberalismus in den USA einbetten. Mit Famas Ansatz verbindet sich in gewisser Weise die jüngste Entwicklungsphase des Neoliberalismus vor dem Ausbrechen der Krise. Famas Forschungen beziehen sich vor allem auf Kapitalmärkte und kreisen schon seit den frühen 1970er Jahren um die sogenannte *Efficient Market Hypothesis* (EMH): „I take the market efficiency hypothesis to be the simple statement that security prices fully reflect all available information" (Fama 1991, S.1575). Zwar ist zwischen Fama und seinen Kritikern umstritten, ob es sich bei dieser Aussage um eine oder mehrere miteinander verknüpfte Thesen handelt, doch zumindest bis zum Ausbrechen der Finanzkrise wurde eine der Hauptimplikationen selten infrage gestellt: Wenn Kapitalmärkte, d. h. Finanzmärkte derart leistungsfähige Informationsprozessoren sind, die jede verfügbare und relevante Information in den Preisverhältnissen abzubilden vermögen, dann sind sie eher als staatliche Behörden oder private Agenturen in der Lage, als Regulationsinstanz für alle anderen Märkte – und gewissermaßen auch für sich selbst zu fungieren. Und auch wenn diese Maximalvision deregulierter Märkte unter Aufsicht der Finanzmärkte oftmals mehr Ideologie als Realität geblieben sind – nicht zuletzt weil Deregulierung in vielen Fällen Formen der Reregulierung durch alternative Instrumente oder auf anderen Ebenen nach sich zieht – liefert Fama mit seiner These die normativ-funktionale Rechtfertigung für die zunehmende Dominanz der Finanzmärkte seit den 1990er Jahren.

Steht Fama für die vorläufig letzte Phase in der Entwicklung des Neoliberalismus als realpolitisches Projekt, so ist das Denken Milton Friedmans untrennbar mit dessen Beginn im US-amerikanischen Kontext verbunden. Friedman wurde bekannt durch seine Kritik am Keynesianismus und dessen Interpretation der Weltwirtschaftskrise. Keynes hatte die Krise als Nachfragekrise interpretiert und gefolgert, dass der Staat in bestimmten Situationen durch öffentliche Investitionen, Geld- und Fiskalpolitik die Konjunktur ankurbeln müsse, da ansonsten die Wirtschaft zu kontinuierlicher Stagnation tendiere. Friedman versuchte dagegen nachzuweisen, dass staatliche Nachfragepolitik allenfalls kurzfristig Beschäftigungseffekte zeitigt, mittel- und langfristig jedoch verpufft und darüber hinaus durch sogenannte Lohn-Preis-Spiralen zu Inflation führe. In der Folge baute Friedman diese Kritik zu einem umfassenden Gegenentwurf zum Keynesianismus aus, der zu einem zentralen Baustein neoliberaler Politik wurde, dem Monetarismus. Monetaristische Wirtschaftspolitik bedeutet in erster Linie, dass der Staat von konjunkturpolitischen Aktivitäten abzusehen hat und sich dadurch de facto aus weiten Teilen der Wirtschaftspolitik zurückziehen muss. Als policy-Instrument verbleibt allein die Geldpolitik, die selbst entpolitisiert ist, da die Kernforderung des Monetarismus darin besteht, die Geldmenge moderat und stetig wachsen zu lassen: Im Idealfall verbleibt so keinerlei diskretionärer Handlungsspielraum, weder für Politiker noch für Zentralbanker: „To paraphrase Clemenceau, money is much too serious a matter to be left to Central Bankers" (Friedman 1962, S. 51). Doch Friedmans Bedeutung für den Neoliberalismus erschöpft sich nicht in seiner akademischen Rolle. Ab den 1960er Jahren wirkte er vor allem als öffentlicher Intellektueller, der durch Millionenbestseller Einfluss auf politische Eliten wie auch die Öffentlichkeit insgesamt erlangte. In seinem konsequenten Eintreten für eine neoliberale Gesellschaft ließ er allerdings auch in manchen Fällen politisches Urteilsvermögen vermissen. Er beriet den erzkonservativen Präsidentschaftskandidaten Barry Goldwater 1964 ebenso wie den chilenischen Diktator Augusto Pinochet nach dem Militärputsch 1973; alles, um der Vision einer Gesellschaft freier Märkte einen Schritt näher zu kommen (Burgin 2012, S.152–185).

Der zu Recht immer wieder betonte Einfluss Friedmans ist aber angesichts dieser Aktivitäten auch auf sein Talent zurückzuführen, sowohl der breiten Öffentlichkeit als auch politischen Entscheidungsträgern diese Vision auf eine Weise nahe zu bringen, die verständlich und attraktiv war. Damit ist die Frage der Popularisierung bestimmter neoliberaler Vorstellungen von der Schuldenbremse über Inflationsbekämpfung bis hin zu selbst regulierenden Finanzmärkten angesprochen. Trotz des kommunikativen Ausnahmetalents Friedman lässt sich der Aufstieg des Neoliberalismus nicht allein mit Verweis auf seine akademischen Fürsprecher erklären, deren Einfluss auf Diskurse in der breiten Öffentlichkeit kaum ausreichend war, um diese Vorstellungen nicht nur ‚gesellschaftsfähig', sondern darüber hinaus zu einer

Art gesundem Menschenverstand der Wirtschaftspolitik in weiten Teilen der Gesellschaft zu machen. Diese Vermittlungsrolle übernahmen insbesondere in den USA Stiftungen und Think Tanks, da anders als etwa im deutschen Kontext die zwei großen Parteien vergleichsweise wenig Programmarbeit leisten. Neue policy-Ideen zu entwickeln und diese in Expertendiskurse und öffentliche Debatten einzuspeisen, ist eine Aufgabe, die die Parteien in den USA in den letzten fünf Dekaden an diese teils parteinahen teils auch (scheinbar) unabhängigen Organisationen delegierten. Die Verbreitung von Think Tanks und ihre Bedeutung für die ‚Normalisierung' neoliberaler Ideen ist mittlerweile gut erforscht (Walpen 2004; Mirowski und Plehwe 2009). Zu den wichtigsten Think Tanks gehören das *American Enterprise Institute*, die *Heritage Foundation*, die *Hoover Institution on War, Revolution and Peace*, das *Cato Institute* und insbesondere in der unmittelbaren Nachkriegszeit der *Volker Fund*, der seinerzeit der engste Kooperationspartner der *Mont-Pèlerin Society* auf amerikanischem Boden war. Mittlerweile ist das Terrain der Think Tanks unübersichtlich geworden, doch schon 1995 spottete Milton Friedman, der einstmals ein großer Befürworter gewesen war: „In fact, I think there are too damn many think tanks, now. [...] You just don't have the talent for it" (Friedman 1995).

Allerdings soll diese Darstellung der Verbreitung neoliberaler Ideen nicht suggerieren, dass es sich einzig um eine Kampagne gesellschaftlicher Eliten handelte. Neoliberale Ideen stießen zumindest bei Teilen der Bevölkerung durchaus auf Resonanz, etwa insofern als mit der Entfesselung der Märkte auch immer das Versprechen auf eine Ausweitung von Konsummöglichkeiten einherging und die neoliberale Umgestaltung von Arbeitsverhältnissen unter anderem größere Flexibilität und Eigenverantwortung in der Gestaltung des Arbeitsprozesses in Aussicht stellte. Zuletzt lässt sich auch der Aufstieg der Finanzmärkte nicht ohne Verweis auf einen Bewusstseinswandel in weiten Teilen der Bevölkerung verstehen, unter denen im Lauf der 1990er Jahre der Aktienbesitz zunahm und die sich zusehends als Shareholder verstanden, deren Interessen eng mit den Entwicklungen an der Wall Street verknüpft waren (Stiglitz 2003; Reich 2008).

3 Politische Neoliberalisierungsprozesse von Reagan bis Bush II

Obwohl schon die Carter-Administration mit Austeritäts- und Deregulierungsmaßnahmen experimentiert hatte, begann der Versuch einer realpolitischen Umsetzung neoliberaler Ideen mit der Präsidentschaft Ronald Reagans. Im Rahmen seiner acht Amtsjahre zeigt sich sehr deutlich, wie selektiv auf das neoliberale Ideenrepertoire zurückgegriffen wurde, und welche Spannungen das Verhältnis zwischen neoliberaler Theorie und Praxis durchziehen. Die wichtigsten Maßnahmen fallen in die erste Amtszeit Reagans 1980-84. Die USA litten zu jener Zeit unter dem Problem der Stagflation, also dem aus keynesianischer Perspektive nur schwer zu erklärenden Zusammentreffen von wirtschaftlicher Stagnation bei gleichzeitiger Inflation. Wurde der theoretische Neoliberalismus aus einer Krise des klassischen Liberalismus geboren, so lässt sich für gesellschaftliche

Neoliberalisierungsprozesse in den USA, aber auch in vielen anderen Kontexten (vgl. Biebricher 2012, S. 87–97) argumentieren, dass auch sie Krisenprodukte sind. Hier handelte es sich einerseits um eine realökonomische Krise, andererseits aber auch um die Krise keynesianischer Theorie, deren Erklärungskraft und wirtschaftspolitische Kompetenz durch die anhaltende ‚Anomalie' der Stagflation nachhaltig infrage gestellt und so nach langer Hegemonie vonseiten alternativer wirtschaftspolitischer Paradigmen wie etwa dem Friedmanschen Monetarismus angreifbar wurde.

Die Strategie der Regierung bei der Bekämpfung des Phänomens der Stagflation beinhaltete zunächst zwei weitreichende Maßnahmen, die mit einem Paukenschlag die ‚Reagan Revolution' ins Rollen brachten: massive Einsparungen im Staatshaushalt, vor allem im sozialstaatlichen Bereich wie etwa dem staatlichen Wohnungsbau oder Essensmarkenprogrammen für Bedürftige einerseits (Pierson 1994; Borchert 1995) und massive Steuersenkungen im Rahmen des *Economic Recovery Tax Act* (*ERTA*) andererseits, die der Stimulierung der Wirtschaft dienen sollten. Hier zeigt sich, wie eng der US-amerikanische Neoliberalismus verknüpft ist mit den sogenannten *supply side economics*, die in der Konjunkturpolitik vor allem auf Investitionsanreize setzen, welche von Steuererleichterungen und Deregulierungsmaßnahmen ausgehen. Berühmt-berüchtigt ist die sogenannte Laffer-Kurve, benannt nach dem Ökonomen Arthur Laffer, wonach sich Steuersenkungen durch die zusätzlichen wirtschaftlichen Aktivitäten letztendlich selbst finanzierten. Nun ist schon diese These äußerst umstritten – Reagans damaliger Vorwahl-Kontrahent und späterer Vize-Präsident Bush sprach von ‚Voodoo Economics'. Von daher besteht zumindest eine gewisse Spannung zwischen einer konsequenten Angebotspolitik und dem neoliberalen Gebot der Haushaltsdisziplin wie es von Buchanan und vielen anderen vertreten wird, denn Steuersenkungen reißen durch Einnahmeausfälle zunächst einmal Löcher in das Budget. In massivem Widerspruch zu allen neoliberalen Geboten stand aber ohne Zweifel das dritte Kernelement der Reaganschen Wirtschaftspolitik: die beispiellose Ausweitung der Rüstungsausgaben, die amerikanischen Rüstungskonzernen gewaltige Profite bescherte und entgegen aller neoliberalen Prinzipien auch als steuerfinanzierte Subvention oder gar als Staatsnachfrage nach keynesianischem Vorbild verstanden werden konnte. Kommentatoren vermerkten entsprechend sarkastisch, dass der *welfare Keynesianism* früherer Jahre durch einen *warfare Keynesianism* ersetzt worden sei (Whiteley 1989, S. 62).

Flankiert wurden diese Maßnahmen von einer Geldpolitik der *Federal Reserve Bank* unter Paul Volcker, die zumindest bis 1982 die monetaristischen Ideen Friedmans beinahe buchstabengetreu umsetzte. Mit dem sogenannten ‚Volcker-Schock' wurde die Geldmenge rigoros verknappt. Über entsprechend hohe Zinsen wurde einerseits die Inflation erfolgreich gesenkt, andererseits zog die monetaristische Rosskur aber eine massive Rezession 1981/82 nach sich, von der sich der Industriestandort USA (außerhalb des Rüstungssektors) nie wieder erholen sollte. Damit einher ging ein weiterer Bedeutungsverlust der ohnehin im internationalen Vergleich eher schwachen Gewerkschaften. Diese Reformen führten zu einem wirtschaftlichen Aufschwung, der allerdings zu einem hohen Preis erkauft wurde: der massiven Ausweitung sozialer und ökonomischer Ungleichheit sowie dramatisch steigenden Armutsraten bei gleichzeitiger massiver Erhöhung der Staatsschulden.

Die zweite Welle neoliberaler Reformen fällt in die Amtszeit Bill Clintons. Begünstigt vom Boom der Internetbranche aber auch getragen von einer konsequenten Sparpolitik gelang der Clinton-Administration der Abbau der Reaganschen Erblast an Staatsschulden um über 500 Milliarden US-Dollar (USD) innerhalb von nur fünf Jahren. Für 1998 konnte Clinton sogar einen ausgeglichenen Haushalt verkünden. Im Wahlkampf hatte er noch umfassende Investitionen in die Sozialsysteme und Infrastruktur in Aussicht gestellt, doch nach seiner Wahl verwiesen seine Wirtschaftsberater wie auch der damalige Notenbankchef Alan Greenspan nachdrücklich auf den schon Anfang der 1990er Jahre beträchtlichen Einfluss der Finanzmärkte. Bei unveränderter Haushaltslage würden die Risikoaufschläge auf Staatsanleihen innerhalb kurzer Zeit rapide ansteigen, was auch negative Auswirkungen auf die Privatwirtschaft haben würde. Der Sparkurs wurde also eingeschlagen, um die Finanzmärkte zu beruhigen – ein Zusammenhang, der aus der aktuellen europäischen Schuldenkrise nur zu vertraut ist.

Im Gegensatz zu dieser fiskalischen Konsolidierung, die sich innerhalb weniger Jahre unter Präsident George W. Bush in ein abermals dramatisches Defizit verwandeln sollte, hatten zwei andere neoliberale Reformpakete weitaus nachhaltigere Auswirkungen: Zunächst die Transformation des bundesstaatlichen Armenfürsorgeprogramms *Aid for Families with Dependent Children* (*AFDC*) in ein einzelstaatlich verwaltetes Programm. Der sogenannte *Personal Responsibility and Work Opportunity Reconciliation Act* (*PRWORA*) diente in der Folge als Vorbild aller ‚Welfare to Work'-Maßnahmen bis hin zu den deutschen Hartz-Gesetzen. Allerdings ist die Reform bis heute umstritten. Zwar reduzierte sich die Zahl von Sozialhilfeempfängern unter guten ökonomischen Bedingungen je nach Bundesstaat teils beträchtlich, doch bedeutete dies in vielen Fällen nur, dass Arbeitslose – darunter auch viele alleinerziehende Mütter – von staatlicher Seite in den beständig wachsenden Niedriglohnsektor des Arbeitsmarktes gedrängt wurden, in dem sie teilweise so wenig verdienten, dass sie letztendlich doch wieder staatliche Hilfe in Anspruch nehmen mussten (Biebricher 2012, S. 128–130).

Die zweite hier zu erwähnende Reforminitiative gilt retrospektiv sogar manchen neoliberalen Beobachtern als *eine* Ursache für die Finanzkrise von 2008 (z. B. Posner 2009, S. 243). Es handelt sich um den *Financial Services Act* von 1999 der – neben diversen weiteren Deregulierungsmaßnahmen im Finanzsektor – die Aufhebung des im *Glass-Steagall Act* von 1933 festgeschriebenen Trennbankensystems beinhaltete. Galt für die vom Börsencrash 1929 und der darauffolgenden Weltwirtschaftskrise geprägten Sponsoren des damaligen Gesetzes noch der Grundsatz „Banking should be boring", so verkehrte sich diese Maxime in den USA spätestens mit der Reform von 1999 in ihr Gegenteil. Der damalige Berater Clintons und spätere Weltbankchef Joe Stiglitz beschreibt die Stimmung folgendermaßen: „Die Deregulierung im Telekommunikationssektor [Mitte der 1990er Jahre, T.B.] entfesselte einen Goldrausch; und die Deregulierung im Bankenwesen sorgte dafür, dass der Goldrausch außer Kontrolle geriet" (Stiglitz 2003, S. 115).

Die Präsidentschaft George W. Bushs war von Beginn an von Krisen geprägt. Schon seine Wahl zum Präsidenten selbst schwor eine wochenlange Verfassungskrise herauf, die letztlich zugunsten Bushs beendet wurde. Das Land kämpfte bereits bei seinem Amtsantritt mit einer wirtschaftlichen Rezession als Folge der geplatzten *New Economy*-Blase und wurde nur kurze Zeit später durch die Anschläge des 11. September 2001 in eine massive politische und ökonomische Krise gestürzt, die auch weitere Puzzlestücke zur Rekonstruktion der Ursachen der aktuellen Finanzkrise enthält. Denn eine entscheidende wirtschaftspolitische Reaktion bestand in einer konsequenten Notenbankenpolitik des billigen Geldes, die eine drohende Rezession verhindern sollte. Das von der Notenbank beinahe zinslos bereitgestellte Kapital floss jedoch zusehends auch in die riskanten Immobilien- und Wertpapiergeschäfte, die letztlich Jahre später die Finanzkrise auslösten.

Darüber hinaus reagierte die Bush-Regierung auf die Terrorakte bekanntlich zunächst mit einem Vergeltungsschlag gegen Afghanistan, auf den eine bis heute noch nicht vollständig beendete militärische Intervention in Afghanistan folgte. 2003 wurde unter Vorspiegelung falscher Tatsachen gegenüber der internationalen Gemeinschaft und der US-amerikanischen Bevölkerung der Irak angegriffen und besetzt. Die auf mehrere Billionen US-Dollar geschätzten Kosten, die allein der Irak-Krieg verursachte (Stiglitz und Bilmes 2010), wurden nicht durch höhere Einnahmen finanziert. Ganz im Gegenteil: Um einer drohenden Rezession nach 9/11 entgegenzuwirken, verabschiedete die Regierung 2001 und 2003 umfassende Steuersenkungen und griff damit abermals zum Allheilmittel der Angebotspolitik, was wie schon unter der Reagan Administration zu explodierenden Haushaltsdefiziten führte. Ohne diesen über ein Jahrzehnt angehäuften Schuldensockel hätten selbst die direkten und indirekten Kosten der Krise seit 2008 wohl kaum zu einer Herabstufung der Kreditwürdigkeit der USA geführt, wie sie erstmals 2011 von einigen Ratingagenturen vorgenommen wurde. Auch Forderungen nach einer rigorosen Ausgabensenkung hätten leichter abgeschmettert werden können.

Damit sind wir an einem zentralen, aber auch schwierigen Punkt der Analyse angelangt. Es bedarf einer Analyse der Ursachen und des Verlaufs der Finanz-, Wirtschafts- und Schuldenkrise seit 2008, um zumindest eine vorläufige Antwort auf die hier entscheidende Frage zu geben, inwiefern die ökonomische Krise als eine Krise des Neoliberalismus bezeichnet werden kann (Duménil und Lévy 2010). Zur Klärung dieser Frage ist schon ein Blick auf die Entwicklung des Krisen-Diskurses äußerst instruktiv.

4 Finanzkrise und/oder Krise des Neoliberalismus?

Zunächst zweifelten vor allem Kritiker des Neoliberalismus nicht daran, dass 2008 nicht nur die Banken, sondern auch der Neoliberalismus selbst in eine Krise gestürzt sei. Publizistische Todesanzeigen wurden veröffentlicht, die Titel trugen wie *The Rise and Fall of Neoliberalism* (Birch und Mykhenenko 2010). Mittlerweile ist abgesehen von wenigen Ausnahmen (Hall et al. 2013) kaum noch die Rede vom Ende des Neoliberalismus, was sich auch in Publikationstiteln zeigt: Schon 2011 erschien *Das befremdliche Überleben des Neoliberalismus* (Crouch 2011) und 2013 *Never let a serious Crisis go to Waste: How Neoliberalism survived the Financial Meltdown* (Mirowski 2013).

Im akademischen Diskurs herrscht offensichtlich weitgehende Einigkeit darüber, dass der Neoliberalismus seine Krise weitgehend unbeschadet überstanden hat. Doch kann so global überhaupt von einer solchen Krise gesprochen werden? Sehr vereinfacht gesagt wurde die Krise unmittelbar vom Zusammenbruch des *Subprime*-Hypothekenmarktes in den USA ausgelöst, der eine akute Bankenkrise und im weiteren Verlauf eine umfassende Finanzkrise auslöste, die wiederum in einer realwirtschaftlichen Krise mündete. Das politische Krisenmanagement mit der Rettung maroder Banken resultierte in einer massiven Belastung staatlicher Budgets. Die Schlussfolgerung, dass hier auch von einer Krise des Neoliberalismus gesprochen werden muss, liegt nicht unmittelbar auf der Hand. Zumindest bedarf es eines zusätzlichen Arguments, wonach der real existierende Neoliberalismus zum Aufstieg der Finanzmärkte geführt hat, sodass deren Krise auch in gewisser Weise als Krise des Neoliberalismus gelten kann. Eine detaillierte Rekonstruktion dieser Entwicklung soll hier nicht geleistet, einige wichtige Faktoren aber angesprochen werden (Harvey 2010).

Bei aller Variationsbreite der Inhalte und Auswirkungen neoliberaler Wirtschaftspolitik, ist die Spreizung von Einkommen und Vermögen ein einheitlicher Effekt über unterschiedlichste Kontexte hinweg. Spätestens Mitte der 2000er Jahre hat die soziale Ungleichheit in den USA ein Ausmaß angenommen, das bislang nur in Schwellenländern zu finden war. Stagnierende Reallöhne und Überschuldung im unteren Einkommensbereich auf der einen, und rapide steigende Vermögen im oberen Einkommensbereich auf der anderen Seite haben zu dieser Spreizung und damit auch in gewisser Weise zum Aufstieg des Finanzsektors beigetragen. Der erhöhten Nachfrage nach Hypothekenkrediten – das Eigenheim ist in den USA auch integraler Teil der privaten Altersvorsorge gerade bei den einkommensschwächeren Schichten – stand durch die Vermögenszuwächse auch immer mehr Kapital gegenüber, das nach lukrativen Anlageformen suchte. Es dauerte nicht lange, bis die Investmentbanken an der Wall Street die immensen Gewinntranchen erkannten, die mit Verbriefung, Kauf und Weiterverkauf von Immobilienkrediten wie auch den mittlerweile wohlbekannten Kreditausfallversicherungen (*Credit Default Swaps*) realisiert werden konnten. Günstig finanzieren ließen sich diese Geschäfte nicht zuletzt durch eine expansive Geldpolitik, die die Notenbank nach 9/11 verfolgte. Dass Kapital zusehends in den Aktien-, Wertpapier- und Derivatenhandel floss, resultierte aber auch aus einem weiteren Effekt neoliberaler Politik: Die Schwächung der amerikanischen Industrie machte diese für Kapitalanlagen unattraktiv, was wiederum den Prozess der Deindustrialisierung vorantrieb. Gleichzeitig wuchs das verfügbare Kapital in vielen Ländern aufgrund neoliberaler Reformen des Sozialstaats und insbesondere der Altersvorsorge, mit denen die staatliche Rentenversicherung durch private bzw. betriebliche Elemente ergänzt wurde. Dies bedeutete, dass Pensionsfonds oder Lebensversicherungen Anlagemöglichkeiten für riesige Kapitalmengen suchten.

Doch abgesehen von diesen indirekten Folgen bestimmter neoliberaler Politiken sind vor allem die weiter oben erwähnten Strukturreformen des Finanzsektors zu nennen, welche dessen Dynamik entfesseln sollten. Hier sei nur ein weiteres Beispiel angeführt: Der 1999 verabschiedete *Commodity Futures Modernization Act* nahm den Handel mit *Credit Default Swaps* (CDS) von der Beaufsichtigung durch die Commodity Futures Trading Commisison aus. Bis zu dieser Deregulierungsmaßnahme existierte der Markt für CDS kaum. Innerhalb von zehn Jahren stieg das entsprechende Handelsvolumen auf 60 Billionen USD (Roubini und Mihm 2010, 199). Bei der Etablierung und sukzessiven Deregulierung des Finanzsektors, bzw. dem Vertrauen auf die Selbstverpflichtung der Akteure zur Einhaltung bestimmter Normen, handelt es sich somit um die explizit politisch zu verantwortenden Entwicklungen, die in der Banken- und Finanzkrise kulminierten.

Zwar kann der Neoliberalismus daher nicht einfach mit einem finanzmarktgetriebenen Kapitalismus gleichgesetzt werden. Doch anderseits ist klar, dass zwischen beiden ein mehr als zufälliger Zusammenhang besteht: Der Aufstieg des Finanzmarktkapitalismus vollzog sich im Zuge bzw. als Folge neoliberaler Reformen und ist inzwischen ein zentraler Aspekt des zeitgenössischen Neoliberalismus selbst, ohne dass dabei der eine im anderen aufginge. Dies bedeutet auch, dass die entsprechenden Krisen *bestimmte Aspekte* des Neoliberalismus betreffen, von einer Krise des Neoliberalismus *insgesamt* kann genau genommen jedoch nicht die Rede sein.

Sehen wir uns nun noch einmal genauer an, welche Elemente neoliberaler Theorie und Praxis durch die Finanzkrise infrage gestellt wurden. Dabei lassen sich drei miteinander verknüpfte Elemente hervorheben, von denen anzunehmen wäre, dass die Finanzkrise auch ihre Plausibilität infrage stellen würde. Auf der theoretischen Ebene sind es die Ideen von Fama und Becker, deren Erklärungskraft zumindest zu Beginn der Krise massiv angezweifelt wurde. Wie oben skizziert, suggeriert Famas *EMH* zumindest, dass es so etwas wie ‚self-regulating markets' im Finanzsektor geben könne (4.1). Wie viele andere Elemente des zeitgenössischen neoliberalen Denkens beruht auch diese These auf den Annahmen der Rationalität von Akteuren und steht damit in einer internen Verbindung zu den Vorstellungen, die insbesondere von Gary Becker vertreten werden (4.2). Für viele Kommentatoren der ersten Stunde waren damit die intellektuell Hauptverantwortlichen für die Krise schnell identifiziert. Märkte waren entgegen der optimistischen Annahmen über ihre Selbstregulierung außer Kontrolle geraten, die drohende Krise hatte sich weder für Laien noch für die allermeisten Ökonomen an irgendwelchen Preissignalen dieser Märkte ablesen lassen und von rationalen Akteuren konnte im Rückblick keine Rede sein. Vielmehr dominierten Herdeninstinkte, die mit dem Modell, des hochindividualisierten *Homo Oeconomicus* inkompatibel zu sein schienen. Mit dieser Desavouierung der scheinbar überlegenen Logik von Finanzmärkten und dem Nachweis der nur bedingten Rationalität ihrer Akteure musste aber eigentlich mit Blick auf die neoliberale Praxis auch das spätestens seit Anfang der 1990er Jahre dominante Akkumulationsregime eines auf die Finanzmärkte ausgerichteten Kapitalismus auf den Prüfstand gestellt werden (4.3). Schließlich vollzog sich der Aufstieg des Finanzmarktkapitalismus als Bestandteil eines zeitgenössischen Neoliberalismus nicht nur aufgrund bestimmter Interessenkonstellationen, sondern auch gestützt auf entsprechende Vorstellungen, die von Ökonomen wie Fama oder Becker im Brustton wissenschaftlich verbriefter Überzeugung vertreten wurden.

4.1 Die Efficient Market Hypothesis

Beginnen wir mit der theoretischen Ebene, auf der die EMH und der Homo Oeconomicus zunächst im Kreuzfeuer der Kritik standen. Philip Mirowski hat detailliert nachgezeichnet, welche Strategien des Krisenmanagements vonseiten der ökonomischen Zunft insgesamt, aber auch von neoliberalen Denkern im Besonderen verfolgt wurden (Mirowski 2013, S. 239–323). Was die EMH angeht, so kann man von einer Strategie des eisernen Leugnens sprechen, die dadurch begünstigt wurde, dass selbst unter ökonomischen Insidern umstritten ist, was genau sie besagt. Unklar bleibt dabei, durch was die EMH im Sinne des kritischen Rationalismus falsifiziert würde. Fama jedenfalls gab in mehreren Interviews klar zu verstehen, dass er keinen Anlass sehe, von ihr abzurücken. Auf die Frage eines *New Yorker*-Journalisten, ob sich die EMH in der Krise bewährt habe, antwortete Fama:„I think it did quite well in this episode. Stock prices typically decline prior to and in a state of recession. This was a particularly severe recession. Prices started to decline in advance of when people recognized that it was a recession and then continued to decline. There was nothing unusual about that. That was exactly what you would expect if markets were efficient." Auf die Folgefrage, ob er weiterhin daran festhalte, dass der Markt effizient sei, lautete die vielsagende Antwort: „Yes. And if it isn't, it's going to be impossible to tell" (zitiert nach Mirowski 2013, S. 254). Diese Entgegnung ist insofern aufschlussreich, als sie auf ein weiteres typisches Reaktionsmuster (neoliberaler) Ökonomen verweist. Schließlich machte sich die Kritik auch daran fest, dass kaum jemand die Krise hatte kommen sehen. Fama und andere reagierten mit dem Hinweis, dass sie schon immer darauf hingewiesen hätten, dass weder Individuen – auch Ökonomen – noch Apparate mehr wissen könnten als Märkte. Deren epistemische Überlegenheit – so lässt sich ja Famas Zitat verstehen – entzieht sich damit jeder Falsifizierung. Das Fazit mit Blick auf die EMH muss damit lauten: ihr wissenschaftlicher Status ist von der Krise weitgehend unerschüttert geblieben. Jedenfalls ist sie nicht umstrittener als sie es auch schon vorher unter Experten war. Ein ernüchternder Befund, der durch die bemerkenswerte Entscheidung illustriert wurde, Eugene Fama 2013 den Nobel-Gedächtnispreis der Wirtschaftswissenschaften zu verleihen.

4.2 Homo Oeconomicus

Was den Homo Oeconomicus angeht, so lässt sich ein etwas anderes Reaktionsmuster erkennen. Zwar wurde eingeräumt, dass die Annahmen über Rationalität und eine entsprechende Unempfindlichkeit gegenüber Herdentrieb-Impulsen wohl überzogen seien. Doch im gleichen Atemzug wurde darauf hingewiesen, dass diese Einsichten auch schon Eingang in die zeitgenössische Forschung gefunden hätten und der hyperrationale Homo Oeconomicus mithin eigentlich nicht mehr als ein Pappkamerad sei, der von den Gegnern des Neoliberalismus lediglich instrumentalisiert werde (Mirowski 2013, S. 256–263). Verwiesen wurde dabei vor allem auf die Forschungen und die daraus resultierenden Verhaltensmodelle der *Behavioral Economics*, die systematisch bestimmte Irrationalitäten in ihre Kalkulationen miteinbezögen. Exemplarisch kann hier auf den Ökonomen verwiesen werden, der sich 2013 den Nobel-Gedächtnispreis mit Fama teilte: Robert Shiller, der 2009 gemeinsam mit George Akerlof eine Studie zu den psychologischen Ursachen der Krise vorlegte, die als definitives Statement der Behavioral Economics zu deren Ursachen gilt (Shiller und Akerlof 2009). Doch obwohl es den Anschein haben mag, dass die Vertreter des neoliberalen Denkens in diesem Punkt Fehler und falsche Grundannahmen einräumten, so wurde doch nur konzediert, dass die Verhaltensmodelle, an denen sich die Kritik festmachte, nicht elaboriert genug waren. Dabei wurde nicht infrage gestellt, dass Individuen durch klug gesetzte Anreize effizient regiert werden können, worin die eigentliche Kernaussage von Beckers Forschung besteht. Es ging letztlich nur um eine Verfeinerung der Regierungstechnologien, um einen Begriff Michel Foucaults zu verwenden, die die systematischen Verhaltensirrationalitäten der Akteure miteinbezogen. Es kann also festgehalten werden, dass selbst die neoliberalen Ideen, Theoreme oder Grundannahmen, die im Zuge der Finanzkrise besonders stark unter Rechtfertigungsdruck gerieten, weitgehend unbeschadet und allenfalls mit leichten Modifizierungen aus dieser intellektuellen Kurzzeitkrise hervorgingen.

4.3 Finanzsektor und Finanzmarktkapitalismus

Es bleibt der Blick auf die politischen Reaktionen auf die Krise in Form von wirtschaftspolitischen Reformen, die in ihrer Reichweite ebenso überschaubar blieben wie die Neuerungen auf der intellektuell-diskursiven Ebene. Folgt man der obigen Argumentation so lässt sich die Krise von 2008 insofern als eine Krise des realexistierenden Neoliberalismus verstehen, als ein deregulierter oder genauer gesagt ineffizient regulierter Finanzsektor durch seine Fehlentwicklungen das grundsätzliche Modell eines finanzmarktgetriebenen Akkumulationsregimes infrage stellte. Natürlich umfasst das politische Krisenmanagements eine Vielfalt von Maßnahmen, die von den diversen ‚Bailouts' und ‚Stimulus Packages' über die Verlängerung des Arbeitslosengeldes bis hin zur finanziellen Unterstützung von Menschen reichen, die ihre Hypothekenraten nicht mehr bezahlen können (Peck 2010, S. 231–269). Aus systematischer Perspektive ist jedoch die Frage entscheidend, ob abgesehen vom Krisenmanagement auch strukturelle Reformen zu erkennen sind, die Probleme des Finanzsektors und des amerikanischen Wachstumsmodells insgesamt adressieren. Bei beiden fällt die Bestandaufnahme ernüchternd aus. Zwar wurde 2010 nach langem Ringen der sogenannte *Dodd-Frank Wall Street*

Reform and Consumer Protection Act vom Kongress verabschiedet. Doch obwohl er einige ernstzunehmende Reregulierungsmaßnahmen wie etwa die sogenannte *Volcker-Rule* (Rückkehr zum Trennbankensytem) beinhaltet, wird der Wirkungsgrad des Reformpaketes insgesamt von vielen Kommentatoren als eher niedrig veranschlagt (Skeel 2010). Dies ist zum einen auf die von vornherein sehr moderaten Reformambitionen des Gesetzes zurückzuführen. Zum anderen liegt dies an einer Eigenheit des amerikanischen Gesetzgebungsverfahrens, in dem die Verabschiedung eines Gesetzes von der Finanzierung seiner Einzelmaßnahmen entkoppelt ist. So konnte die Republikanische Opposition zwar nicht die Verabschiedung des Gesetzes verhindern, doch mit den Erfolgen bei den Kongresswahlen 2010, der Mehrheit im Repräsentantenhaus und dem gestiegenen Einfluss in den entsprechenden Kongresskomitees gelang es, viele der im Gesetz vorgesehen Maßnahmen systematisch unterfinanziert zu lassen. Dies muss beispielsweise die Effektivität von Kontrollmechanismen für Geschäftspraktiken von Investmentbanken massiv beeinträchtigen, da sie letztlich auf der Regelmäßigkeit derartiger Kontrollen beruht. Zweifellos sind die eher moderaten Ambitionen des Gesetzes wie auch die erfolgreiche Verwässerung und/oder Unterfinanzierung vieler seiner Einzelmaßnahmen nach der Verabschiedung aber auch auf den kaum zu überschätzenden Einfluss der Finanzlobby zurückzuführen.

Bleibt letztlich die Frage, ob es Anzeichen für eine grundsätzliche Kurskorrektur des amerikanischen Wachstumsmodells gibt, dessen Ausrichtung auf den Finanzsektor indirekt von der de facto Deindustrialisierungspolitik der Reagan-Ära vorbereitet wurde und zu dessen Auswirkungen nicht zuletzt die weiter oben erwähnte dramatische Spreizung von Einkommen und Vermögen gehört. Zwar können die Schritte in Richtung größerer Unabhängigkeit von ausländischen Energieressourcen insbesondere in Form des sogenannten *fracking* wie auch anderer Form der Nutzbarmachung heimischer fossiler Energieressourcen als Beitrag zur Stärkung des Industriestandorts USA verstanden werden. Doch insgesamt handelt es sich hier, zumindest zum aktuellen Zeitpunkt, eher um Nuancierungen und keineswegs um fundamentale Neuausrichtungen. Vieles spricht dafür, dass keine breite politische Koalition zu einer Neujustierung des Verhältnisses zwischen Industrie- und Finanzkapital besteht. Sicherlich kommt die Notenbankpolitik des *quantitative easing* auch in indirekter Weise dem industriellen Sektor zugute, doch vor allem scheint sie den Finanzsektor zu beflügeln, nimmt man den Höhenflug des Dow-Jones-Index über das Jahr 2013 hinweg als Indikator. Zwar wird in den Medien seit etwa zwei Jahren in regelmäßigen Abständen das ‚Combeback of American Manufacturing' verkündet, doch bei Licht besehen, lassen sich bis dato nur wenige handfeste Hinweise darauf finden.

Darüber hinaus müssen die Erfolgsaussichten tatsächlicher Korrekturen am Wachstumsmodell selbst für den Fall, dass der politische Wille dazu vorhanden wäre, wohl aufgrund struktureller Pfadabhängigkeiten und fest verankerter Interessenkoalitionen insgesamt als gering eingeschätzt werden. Schließlich lassen sich Akkumulationsregime nur schwer und allenfalls unter außergewöhnlichen Bedingungen neu ausrichten. Falls ein entsprechendes Möglichkeitsfenster Ende 2008 existierte, wie das eingangs erwähnte Zitat Rahm Emanuels suggeriert, dann begann es sich spätestens Ende 2010 wieder zu schließen.

4.4 Zukunft des Neoliberalismus – Austerität auf sub-staatlichen Ebenen

Für einige vorläufige Bemerkungen zur Zukunft des Neoliberalismus im US-amerikanischen Kontext bietet sich der Zustand der Republikanischen Opposition als ein möglicher Ausgangspunkt an. Auf der Bundesebene wirkt die Republikanische Partei zusehends zerrissen und führungslos, was sich in andauernden Auseinandersetzungen zwischen dem Partei-Establishment und Vertretern des Tea-Party Flügels wie etwa zuletzt dem texanischen Senator Ted Cruz zeigt. Doch auf der Ebene der Bundesstaaten und Kommunen waren Republikanern in den letzten Jahren einige Erfolge beschieden und vieles spricht dafür, dass sich diese sub-staatlichen Ebenen als zentrale Schauplätze zukünftiger Auseinandersetzungen um den Neoliberalismus herauskristallisieren. Grund für diese Einschätzung ist die fiskalische Krise, in der sich Bundesstaaten und Kommunen seit 2008 befinden. Zwar trifft es zu, dass im amerikanischen Diskurs der Begriff Austerität keinerlei Rolle spielt und dass die USA in bestimmten Aspekten des Krisenmanagements und den Maßnahmen zur Konjunkturankurbelung keynesianischer oder gar ‚linker' als Europa unter deutscher Führung reagiert haben (Blyth 2013, S. 49). Doch blickt man auf die Ebene der Bundesstaaten und Kommunen so zeigt sich, dass die Austeritätspolitik bzw. die fiskalische Krise in den USA vor allem hier ihren Tribut fordert, nicht zuletzt weil hier ein Großteil der noch bestehenden wohlfahrtsstaatlichen Leistungsstrukturen angesiedelt sind: „Prevented from running deficits, and constrained by legal or constitutional limits on tax-raising power, the state and local government sector in the United States has been subjected to an almost automated process of non-negotiable, devolved budget cutting – with catastrophic results for the wide range of services that are delivered at these scales, including education, aid to poor families, infrastructure development, subsidized health care and even prisons" (Peck 2013, 716–717). Insbesondere Republikanische Gouverneure haben die äußerst angespannte Haushaltslage, die auch auf reduzierte Finanztransfers aus Washington aufgrund von Einsparungen im Bundeshaushalt zurückgeht, zum Anlass für eine energische Anti-Gewerkschaftspolitik im Öffentlichen Dienst genutzt. In der Darstellung der Republikaner und ihnen nahestehenden Think-Tanks sind es die Gehälter und Leistungsansprüche der Angestellten im Öffentlichen Dienst (insbesondere deren Pensionsansprüche), die für die Defizite in den Öffentlichen Haushalten verantwortlich sind. Dementsprechend müssten hier die Kürzungen ansetzen, was jedoch eine Beschneidung der Gewerkschaftsmacht voraussetze. Symptomatisch ist hier der Fall des Bundestaates Wisconsin, in dem der Republikanische Gouverneur Scott Walker mit der 2011 verabschiedeten und heftig umstrittenen ‚Budget Repair Bill' auf Konfrontationskurs mit den Gewerkschaften des Öffentlichen Dienstes ging. Der Effekt dieses Gesetzes, das den

Gewerkschaften das Recht zum ‚Collective Bargaining' weitgehend entzieht, sind dramatisch. Wie die *New York Times* berichtet, sind die Mitgliederzahlen der Gewerkschaften seit 2011 um 60 % gesunken, ihr jährliches Budget (das sich vor allem aus Mitgliedsbeiträgen speist) ist von sechs auf zwei Millionen USD geschrumpft (New York Times 23.02.2014). Der von Walker ernannte Vorsitzende der Wisconsin Employment Relations Commission wird bezüglich seiner Einschätzung der Auswirkungen der Budget Repair Bill mit den Worten zitiert, „it's fair to say that employers have the upper hand now" (Ibid.). Wisconsin ist ein besonders symbolträchtiger Ort für diese Politik, denn hier erlangten die Gewerkschaften des Öffentlichen Dienstes 1959 erstmals das Recht zum Collective Bargaining. Doch auch andere Bundesstaaten erwägen nun ähnliche Gesetze; in Tennessee und Idaho wurden sie bereits verabschiedet. Wie weiter oben erläutert, mussten die Gewerkschaften im Privatsektor nicht zuletzt aufgrund einer neoliberal inspirierten Politik der relativen Deindustrialisierung seit den 1980er Jahren immer weitere Bedeutungsverluste hinnehmen. Der verbliebenen ‚Bastion' der Gewerkschaften im Öffentlichen Dienst, wo heute jedes zweite Gewerkschaftsmitglied tätig ist, könnte nun ein ähnliches Schicksal wie den Pendants im Privatsektor beschieden sein. Das neoliberale Ideal eines ‚schlanken Staates' würde damit vermeintlich in greifbare Nähe rücken. Denn parallel zum Angriff auf die Gewerkschaften läuft ebenfalls seit 2011 eine Kampagne des republikanischen Establishments (etwa Jeb Bush und Newt Gingrich) zur Einführung einer Insolvenzordnung für Bundesstaaten zur ‚Lösung' von Budgetproblemen nach dem Vorbild der schon existierenden rechtlichen Regularien auf kommunaler Ebene (Los Angeles Times 2011). Der Effekt derartiger Insolvenzordnungen lässt sich am Beispiel Detroits besichtigen, das 2013 seinen Bankrott erklären musste. Hier wird der öffentliche Dienst unter der Aufsicht des Insolvenzverwalters Kevyn Orr und ohne jegliche demokratischen Mitspracherechte der örtlichen Repräsentanten weitgehend entkernt (New York Times 2013). Das Resultat ist eine Rumpfverwaltung mit einem Öffentlichen Dienst, der weitgehend auf Polizei und Feuerwehr reduziert ist – wobei auch diese nach übereinstimmenden Medienberichten nur noch bedingt funktionsfähig sind. Ob man mit Robert Nozick vom ‚Minimal State' oder mit Ferdinand Lasalle vom Nachtwächterstaat sprechen möchte; hier ist jener zur Wirklichkeit geworden.

Es gibt allerdings Stimmen, die den vermeintlichen Triumph der neoliberalen Austeritätspolitik als Phyrrus-Sieg deuten, da sie politisch und ökonomisch schlicht nicht nachhaltig sei. Austerität bewirke entgegen der Beteuerungen der Budget-Falken kein Wirtschaftswachstum und erweise sich damit langfristig auch politisch als äußerst bedenkliche Strategie, die sich letztlich sogar gegen ihre Befürworter richten könnte: „In this context, it is tantalizing, although perhaps premature, to speculate that austerity could be for neoliberalism what stagflation was for Keynesianism, a crossroads on fundamentalism's very own road to serfdom" (Peck 2013, 720).

Doch selbst im Fall einer Implosion des austeritätsfixierten Neoliberalismus wäre dies nur die notwendige Bedingung einer Überwindung oder Abkehr vom Neoliberalismus – zu stark sind dessen Beharrungskräfte, wie sich ja gerade im hier analysierten Fall der Finanzkrise gezeigt hat. Es bedarf also zusätzlicher, hinreichender Voraussetzung theoretischer und praktischer Alternativen.

5 Fazit

Zwei Schlussfolgerungen lassen sich ableiten. Erstens ist die These, dass es sich bei der 2008 beginnenden Krise um eine Krise des Neoliberalismus handelte, nur bedingt gültig und bedarf zumindest der Spezifizierung. Bestimmte Aspekte neoliberaler Theorie und Praxis gerieten zwar teils unter massiven Rechtfertigungsdruck, doch erscheint es unzutreffend, hier von einer Krise des Neoliberalismus insgesamt zu sprechen. Die zweite Schlussfolgerung lautet, dass die Krise selbst in den Aspekten, in denen sie sich tatsächlich als Krise neoliberaler Theorie und Praxis interpretieren lässt, bis dato nicht zu grundsätzlichen Neuerungen geführt hat, und zwar weder auf der theoretisch-diskursiven, noch auf der Ebene der politischen Praxis. Einige der Hauptgründe sollen im Folgenden abschließend erläutert werden.

Die Reaktionen auf Kritik an neoliberalen Vorstellungen im Rahmen der Krise wurden schon weiter oben kurz erörtert. Folgt man der Analyse Mirowskis, so war dies nur der erste Schritt einer neoliberalen Verteidigungsstrategie. Er führt die Resilienz neoliberaler Theoreme darüber hinaus auf eine komplementäre Verwirrungstaktik neoliberaler Intellektueller zurück. Deren Ziel sei es Zweifel an antineoliberalen Interpretationen der Krise zu säen und Interpretationen in den Diskurs einzubringen, in denen die Krise als ein Fall von Staatsversagen und Überregulierung erschien, wie etwa durch eine verfehlte staatliche Wohnungspolitik (Mirowski 2013, S. 296). Die ursprüngliche Dominanz neoliberalismuskritischer Krisenerklärungen wich so einer zunehmend unübersichtlichen Diskurslage, in welcher zumindest für den Laien der Eindruck letztlicher Unentscheidbarkeit zwischen völlig konträren Krisennarrativen entstehen konnte.[1]

Auf der politischen Ebene muss vor allem die Rolle bestimmter Veto-Spieler betont werden. Der Einfluss der Wall-Street Lobby, der sich auf beide Parteien erstreckt, wurde hier schon erwähnt. Darüber hinaus ist die Radikalisierung von Teilen der Republikanischen Partei im Zuge der Formierung der Tea Party seit 2009 zu nennen. Ausgehend vom Widerstand gegen die geplante Gesundheitsreform der Obama-Administration etablierte sich mit ihr eine Bewegung, die einen großen Einfluss innerhalb der Republikanischen Partei erlangen konnte, was sich zuletzt 2013 im Streit um den Haushalt und die Erhöhung der Schuldengrenze gezeigt hat. Dass die Reformbilanz der Obama-Regierung trotz einer gegen massiven und vielfach anhaltenden Widerstand verabschiedeten Gesundheitsreform bis dato insgesamt eher bescheiden ausfällt, ist somit auch einer starken bzw. wiedererstarkten Opposition geschuldet, die sich nur selten durch Kompromissbereitschaft

---

[1]Vgl. zum Konzept der Resilienz mit Bezug auf den Neoliberalismus im europäischen Kontext Schmidt und Thatcher 2013.

auszeichnet. Um das Reformpotential auszuschöpfen, dass zumindest im ersten Jahr nach Ausbruch der Finanzkrise existierte, hätte es theoretischer Alternativentwürfe bedürft, die sich nicht in einer Rückbesinnung auf neo-keynesianische Wirtschaftspolitik erschöpfen, und es hätte praktischer Alternativen in Form von neuen Akteuren und Bewegungen bedurft, die die entsprechenden Alternativentwürfe auf die politische Agenda hätten setzen können. Die Occupy-Bewegung kam diesbezüglich im amerikanischen Kontext am ehesten infrage, da sich mit ihr zunächst die Hoffnung verband, dass sie alternative Inhalte mit alternativen Organisations- und Mobilisierungsformen verknüpfen könnte. Doch die Bewegung formierte sich erst vergleichsweise spät im Jahr 2011 und vermied es bewusst, sich auf eine bestimmte eng definierte politische Agenda festlegen zu lassen. Diese Taktik funktionierte zumindest für einige Monate insofern sehr gut, als sich Vertreter von Politik und Medien gegenseitig in Spekulationen über die eigentlichen Ziele der Bewegung überboten, um diese dann je nach eigener Überzeugung zu loben oder zu verurteilen. Unter aufmerksamkeitsökonomischen Gesichtspunkten ist schon allein diese kontinuierliche Präsenz im öffentlichen Diskurs als Erfolg einzuschätzen, wenngleich auch bald klar wurde, dass diese bewusste Nicht-Positionierung mit der Zeit an ihre strategischen Grenzen stoßen würde. Von daher ist es wohl zutreffend, wenn man im Hinblick auf die Occupy-Bewegung eher von einem „moment" als einem „movement" spricht (Calhoun 2013, 26). In der Einschätzung, was dieser ‚Moment' an Errungenschaften gebracht hat, sollten aber keine vorschnellen Schlussfolgerungen gezogen werden. Sicherlich muss zunächst nüchtern festgestellt werden, dass es kaum konkret greifbare Erfolge zu verzeichnen gibt – unter anderem auch deshalb, weil eben keine Agenda existierte, um deren politische Umsetzung man hätte kämpfen können. Doch dies muss nicht bedeuten, dass die Bewegung nichts erreicht hat. Man denke etwa an die performativ-symbolische Rückeroberung des öffentlichen Raumes als Ort demokratischer Praktiken durch seine ‚Besetzung' (Kohn 2013). Langfristig noch wichtiger dürfte aber vor allem die Wiederverankerung des Problems sozialer Ungleichheit im öffentlichen Bewusstsein mit dem Slogan ‚We are the 99 per cent' sein. Die Thematisierung und Skandalisierung des Auseinanderdriftens gesellschaftlicher Einkommens- und Vermögensverhältnisse war bis dahin lange Zeit ein Tabu im amerikanischen Mainstream-Diskurs. Allein die Tatsache, dass Präsident Obama das Thema in seiner Rede zur Lage der Nation 2014 geradezu zum Midterm-Wahlkampfthema erhob und nun auch prominente Republikaner die Frage sozioökonomischer Armut zumindest öffentlich als Problem zur Kenntnis nehmen (New York Times 2014), kann *auch* als indirekter Erfolg der Occupy-Bewegung gewertet werden. Hierin schon die ersten Anzeichen eines Niedergangs des Neoliberalismus zu sehen, wäre sicherlich verfrüht. Dies würde, wie schon erwähnt, theoretisch-praktische Alternativen voraussetzen, die sich nicht allein in einer stärkeren Fokussierung auf das Problem sozialer Ungleichheit erschöpfen. Doch ebenso vorschnell – und politisch weitaus fataler – wäre es, alle Ansätze einer Politik, die über den Neoliberalismus hinausweist, abzutun als nur eine weitere Volte in dessen ewigem Mutationsprozess. Soll eine Überwindung des Neoliberalismus möglich werden, dann muss auch sein Ende zumindest denkbar sein.

Literatur

Biebricher, Thomas. 2012. *Neoliberalismus zur Einführung*. Hamburg: Junius.
Birch, Kean und Vlad Mykhenenko, Hrsg. 2010. *The rise and fall of neoliberalism. The collapse of an economic order?* London: Zed Books.
Buchanan, James. 1984. *Die Grenzen der Freiheit*. Tübingen: Mohr.
Becker, Gary. 1982. *Ökonomische Erklärung menschlichen Verhaltens*. Tübingen: Mohr.
Becker, Gary. 1993. *Human capital. A theoretical and empirical analysis, with special reference to education*, 3. Aufl. Chicago: University of Chicago Press.
Blyth, Mark. 2013. *Austerity: The history of a dangerous idea*. New York: Oxford University Press.
Borchert, Jens. 1995. *Die konservative Transformation des Wohlfahrtsstaates. Großbritannien, Kanada, die USA und Deutschland im Vergleich*. Frankfurt/M.: Campus.
Buchanan, James und Richard Wagner. 1977. *Democracy in deficit: The political legacy of Lord Keynes*. New York: Academic Press.
Burgin, Angus. 2012. *The Great Persuasion: Reinventing markets since the great depression*. Cambridge: Harvard University Press.
Calhoun, Craig. 2013. Occupy wall street in perspective. *British Journal of Sociology* 64(1): 26–38.
Crouch, Colin. 2011. *The strange non-death of neoliberalism*. London: Polity Press.
Duménil, Gerard und Dominique Lévy. 2011. *The crisis of neoliberalism*. Cambridge: Cambridge University Press.
Fama, Eugene. 1991. Efficient capital markets: II. *The Journal of Finance* 46(5): 1575–1617.
Foer, Franklin und Noam Scheiber. 2009. Nudge-ocracy. *The New Republic*, May 6, pp. 22–25.
Friedman, Milton. 1962. *Capitalism and freedom*. Chicago: Chicago University Press.
Friedman, Milton. 1995. Best of both worlds. Interview by Brian Doherty. *Reason* 27 (2). http://reason.com/archives/1995/06/01/best-of-both-worlds. Zugegriffen am 03.03.2014.
Friedman, Milton und Rose Friedman. 1990. *Free to choose. A personal statement*. New York: Harvest.
Hall, Stuart, Doreen Massey und Michael Rustin. 2013. After neoliberalism: Analysing the present. *Soundings* 53: 8–22.
Harvey, David. 2010. *The enigma of capital and the crises of capitalism*. London: Profile Books.
Hayek, Friedrich August. 1992. Opening address to a conference at Mont Pèlerin. In *Collected works* Vol. 4. The fortunes of Liberalism, Hrsg. Peter Klein, 237–248. Chicago: University of Chicago Press.
Kohn, Margaret. 2013. Privatization and protest: Occupy Wall Street, occupy Toronto, and the occupation of public space in a democracy. *Perspectives in Politics* 11(1): 99–110.
Los Angeles Times. 2011. Better off bankrupt: States need a new way to deal with budget crises. http://articles.latimes.com/2011/jan/27/opinion/la-oe-gingrich-bankruptcy-20110127. Zugegriffen am 03.03.2014.
Mirowski, Philip. 2013. *Never let a serious crisis go to waste. How Neoliberalism survived the financial meltdown*. London: Verso.
Mirowski, Philip und Dieter Plehwe, Hrsg. 2009. *The road from Mont Pèlerin. The making of the neoliberal thought collective*. Cambridge: Harvard University Press.
New York Times. 2013. Detroit waits, apprehensive, for manager to take over. http://www.nytimes.com/2013/03/24/us/defiant-anxious-detroit-gets-an-emergency-manager.html?pagewanted=all. Zugegriffen am 03.03.2014.
New York Times. 2014. Wisconsin's legacy for unions. 23.02.2014.
New York Times. 2014. 2 Parties place political focus on inequality. http://www.nytimes.com/2014/01/09/us/politics/republicans-move-to-reclaim-poverty-fighting-mantle.html. Zugegriffen am 03.03.2014.
http://www.nytimes.com/2014/02/23/business/wisconsins-legacy-for-unions.html?_r=0. Zugegriffen am 03.03.2014.

Peck, Jamie. 2010. *Constructions of neoliberal reason*. Oxford: Oxford University Press.
Peck, Jamie. 2013. Austere reason and the eschatology of neoliberalism's end times. *Comparative European Politics* 11: 713–721.
Peck, Jamie, Nik Theodore, und Neil Brenner. 2009. Neoliberal urbanism: Models, moments, mutations. *SAIS Review* XXIX (1): 49–66.
Pierson, Paul. 1994. *Dismantling the welfare state? Reagan, Thatcher, and the politics of retrenchment*. Cambridge: Cambridge University Press.
Posner, Richard. 2009. *A failure of capitalism. The crisis of '08 and the descent into depression*. Cambridge: Harvard University Press.
Reich, Robert. 2008. *Superkapitalismus. Wie die Wirtschaft unsere Demokratie untergräbt*. Frankfurt/M: Campus.
Roubini, Nouriel und Stephen Mihm. 2010. *Crisis economics: A crash course in the future of finance*. New York: Penguin.
Shiller, Robert und George Akerlof. 2010. *Animal spirits: How human psychology drives the economy, and why it matters to global capitalism*. Princeton: Princeton University Press.
Skeel, David. 2010. *The new financial deal. Understanding the Dodd-Frank act and its (unintended) consequences*. New York: Wiley.
Stedman Jones, Daniel. 2012. *Masters of the universe: Hayek, Friedman and the birth of neoliberal politics*. Princeton: Princeton University Press.
Stiglitz, Joseph. 2003. *The Roaring Nineties. Der entzauberte Boom*. Siedler: Berlin.
Stiglitz, Joseph und Linda Bilmes. 2010. The true cost of the Iraq War: $3 trillion and beyond. *Washington Post*. 05.09.2010.
Wall Street Journal. 2008. In crisis, opportunity for Obama. http://online.wsj.com/news/articles/SB122721278056345271. Zugegriffen am 14.01.2014.
Walpen, Bernhard. 2004. *Die offenen Feinde und ihre Gesellschaft. Eine hegemonietheoretische Studie zur Mont Pèlerin Society*. Hamburg: VSA.
Whiteley, Paul. 1989. The monetarist experiments in the United States and Great Britain: Policy responses to stagflation. In *Economic decline and political change: Canada, Great Britain, and the United States*, Hrsg. Harld Clarke, Marianne Stewart und Gary Zuk, 53–76. Pittsburgh: Pittsburgh University Press.

Demokratie in der Krise? Zur Qualität der US-amerikanischen Demokratie

Markus B. Siewert und Claudius Wagemann

Inhalt

1 Einleitung 660
2 Demokratie und Demokratiequalität als sozialwissenschaftliche Konzepte 661
3 Rechtssystem 662
4 Elektorale Verantwortlichkeit 664
5 Institutionelle Gewaltenteilung 666
6 Wettbewerb 667
7 Partizipation 669
8 Freiheit 671
9 Gleichheit 673
10 Responsivität 675
11 Fazit 677
Literatur 678

Zusammenfassung

Dieser Beitrag analysiert die Ausgestaltung und Funktionsweise zentraler Elemente der US-amerikanischen Demokratie. Angesichts der aktuellen politischen Herausforderungen wird gefragt, inwieweit die vielfältigen Krisenkonstellationen der jüngsten Vergangenheit die *Qualität* der Demokratie in den USA beeinträchtigt haben. Dabei wird aufgezeigt, wie sich unterschiedliche Krisenphänomene im Systemkontext der US-amerikanischen Politik und Gesellschaft niederschlagen.

M.B. Siewert (✉) • C. Wagemann
Goethe-Universität Frankfurt, Frankfurt am Main, Deutschland
E-Mail: siewert@soz.uni-frankfurt.de; wagemann@soz.uni-frankfurt.de

Schlüsselwörter
Demokratie • Demokratiequalität • Krisenphänomene • (Dys)Funktionalität

1 Einleitung

Zu Beginn des 21. Jahrhunderts sehen sich die Vereinigten Staaten von Amerika einer Vielzahl vielschichtiger und sich gegenseitig überlappender Problemkonstellationen gegenüber: Zweifelsohne ist hier zuallererst der externe Schock der Anschläge des 11. Septembers 2001 zu nennen sowie deren außen- und innenpolitische Folgen im Zuge des *War on Terrorism*, wie z. B. die Kriege in Afghanistan und im Irak, oder der *USA PATRIOT Act* (Publ. L. 107–56). So stellt die Bedrohung durch den internationalen Terrorismus weiterhin den zentralen Fluchtpunkt der amerikanischen Außen- und Sicherheitspolitik dar, wobei die Strategie der USA zwischen globaler Verantwortung und selbstauferlegter Zurückhaltung zu oszillieren scheint. Zweitens wird innerhalb der US-amerikanischen Gesellschaft die Kluft zwischen Arm und Reich, zwischen stagnierenden und aufstrebenden Segmenten, zwischen *Mainstreet* und *Wall Street*, seit den 1970er-Jahren immer größer – ein Trend, der sich durch die Wirtschafts- und Finanzkrise seit 2008 noch zusätzlich verstärkt hat. Und schließlich lähmt in der innenpolitischen Arena die Hyperpolarisierung zwischen Demokraten und Republikanern den politischen Willensbildungs- und Entscheidungsfindungsprozess, was dazu führt, dass auf zahlreichen Feldern der Wirtschafts-, Gesellschafts- und Umweltpolitik oftmals gesetzgeberischer Stillstand herrscht. Naturkatastrophen und deren (Miss-) Management, wie etwa nach dem Hurricane Katrina oder dem Deepwater Horizon-Oilspill, sowie diverse Skandale im Politikzirkus von Washington, DC tun ihr übriges, um den Eindruck einer mangelhaften Regierungsfähigkeit hervorzurufen. Darüber hinaus scheinen auf ideeller Ebene der Glaube an unbegrenzten sozialen Aufstieg und in eigene Auserwähltheit sowie der typisch amerikanische unbändige Zukunftsoptimismus zu erodieren, so dass zahlreiche Kommentatoren[1] und Politikwissenschaftler aufgrund des Zusammentreffens dieser unterschiedlichen Problemkonstellationen die US-Demokratie in einer tiefen Krise sehen (Zakaria 2013; Mann und Ornstein 2013; Fukuyama 2014; Dunkelman 2014; Packer 2013; Piketty 2014) oder die USA gar als defekte Demokratie bezeichnen (Lauth und Braml 2011).

Ausgehend von der Allgegenwärtigkeit solcher Krisendiagnosen und Problembeschreibungen setzt sich der vorliegende Beitrag zum einen mit der Beschaffenheit der US-Demokratie auseinander und damit, wie verschiedene Elemente ihrer Demokratie*qualität* ausgestaltet sind. Zum anderen wird danach gefragt, ob und inwieweit die verschiedenen Krisen, denen die USA in der jüngeren Vergangenheit ausgesetzt waren, auch zu einer Krise der US-Demokratie(qualität) selbst geführt

---

[1]Die Verwendung von männlichen grammatikalischen Formen schließt immer auch weibliche Personen mit ein.

haben. Hierzu werden in einem ersten Schritt die zentralen Konzepte ‚Demokratie' und ‚Qualität' besprochen, um dann einige gängige Dimensionen der Demokratiequalität vorzustellen (Diamond und Morlino 2005; Morlino 2012). Hierauf aufbauend werden anschließend wesentliche Merkmale der US-Demokratie entlang dieser Dimensionen diskutiert. Dabei ist unser Ansatz implizit komparativ angelegt, da die Dimensionen auch für andere Demokratien erfasst werden können, und aus diesem impliziten Vergleich heraus die Normalität und Abweichung des US-amerikanischen Falles erkennbar wird.

2 Demokratie und Demokratiequalität als sozialwissenschaftliche Konzepte

Das Konzept der ‚Demokratie' ist unzweifelhaft ein – wenn nicht gar *der* – Kernbegriff der vergleichenden Politikwissenschaft. Aus normativer Sicht gilt die Demokratie unter Politikwissenschaftlern als die anzustrebende Staatsform schlechthin (Schmidt 2010, S. 452–485). Auch die empirisch-vergleichende Politikwissenschaft beschäftigt sich mit Fragen der Demokratie, sei es aus der Perspektive der Entstehung und des Verfalls von Demokratien (zur Demokratisierung siehe Haerpfer et al. 2009; zum Verfall siehe Erdmann und Kneuer 2011), ihrer Abgrenzung zu totalitären und autoritären Regimen und der Demokratiemessung (für einen Überblick siehe Stoiber 2011) oder der Weiterentwicklung der etablierten Demokratien (Schmitter 2011; Smith 2009). Was Demokratie aber eigentlich *ist*, ist bis heute jedoch umstritten: So führen aufgrund des mehrdimensionalen Charakters von Demokratie unterschiedliche Demokratie*verständnisse* unter Umständen zu verschiedenen Demokratie*konzepten* (Buchstein und Jörke 2011; Schmitter und Karl 1991).

Auch der Qualitätsbegriff wird nicht unmittelbar klar. Dabei ist zu beachten, dass von ‚Qualität' mindestens zwei Verständnisse bestehen. Einerseits verwenden wir insbesondere im Alltagsgebrauch ‚Qualität' zur Feststellung der Güte von Gegenständen und sozialen Phänomenen; wir nehmen also eine Rangordnung vor. Methodisch gesprochen wird Qualität zur ordinalen Kategorie. Dies entspricht aber nicht vollständig dem eigentlichen Wortsinn des lateinischen Wortes *qualis*, von dem der Begriff Qualität abstammt, nämlich ‚wie beschaffen, welcher Art'. Der eigentliche Wortsinn des Qualitätsbegriffs ist demnach kategorial. Anstelle von höher- und niederwertiger Qualität kann also auch von verschiedenen Qualitäten gesprochen werden. Die Erfassung von Demokratiequalitäten wird in diesem Sinne also nicht zu einer feiner abgestuften und nur auf bereits entwickelte Demokratien anwendbaren Demokratiemessung, sondern dient der Feststellung von bestimmten Typen der Demokratie.

Beide Verständnisse von Demokratiequalität – als ordinale oder kategoriale Größe – eignen sich dazu, Veränderungsprozesse abzubilden. So kann sich die ordinal verstandene Demokratiequalität verbessern oder verschlechtern, aber es können sich auch die Schwerpunkte der einzelnen Dimensionen der Demokratiequalität verschieben, d. h. eine Demokratie kann im Zeitverlauf von unterschiedlichen Dimensionen geprägt sein. Etablierte Demokratien wie die USA sind institutionelle Systeme, die ein hohes Maß an Beharrlichkeit aufweisen, es sei denn, sie sind exogenen oder endogenen Schocks unterworfen. Wirft man beispielsweise einen Blick auf gängige Demokratieindizes wie Freedom House oder Polity IV, rangieren die USA seit Jahrzehnten unverändert in der höchsten Kategorie ‚freier Demokratien' (Freedom House 2014; Marshall 2013). Allerdings sind diese Indizes nur bedingt in der Lage, Qualitätsunterschiede zwischen Demokratien herauszuarbeiten und Veränderungen in der Demokratiequalität im Zeitverlauf abzubilden. Hier setzen neuere Instrumente der empirischen Demokratieforschung wie der Democracy Barometer, die Sustainable Governance Indicators oder das Varietes of Democracy-Projekt an, die darauf abzielen, graduelle Abstufungen und Verschiebungen in der Demokratiequalität von etablierten Demokratien zu erfassen (Bühlmann et al. 2012; Quirk et al. 2014; Lindberg et al. 2014).

Hierbei hängt die nummerische Erfassung der Demokratiequalität stark vom jeweiligen Demokratiekonzept und damit auch vom normativen Verständnis von Demokratie ab. Insofern ist es sinnvoll eine Herangehensweise zu wählen, die der Verschiedenartigkeit der einzelnen Komponenten Rechnung trägt und Demokratie (qualität) nicht nur auf einen abschließenden Wert verengt, sondern eine multidimensionale Erfassung unterschiedlicher Qualitäten von Demokratie ermöglicht. Larry Diamond und Leonardo Morlino schlagen hierzu acht Dimensionen zur Erfassung – im englischen Original *assessment*, nicht *measurement* – der Demokratiequalität vor: Rechtsstaatlichkeit, elektorale Verantwortlichkeit, institutionelle Gewaltenteilung, Wettbewerb und Partizipation sind prozedurale Dimensionen, Freiheit und Gleichheit substantielle Dimensionen, und Responsivität soll als achte Dimension das Resultat des demokratischen Prozesses erfassen. In der folgenden Beschreibung fungieren diese acht Dimensionen als heuristische Zugänge, um krisenhafte und nicht-krisenhafte Aspekte der gegenwärtigen US-Demokratie herauszuarbeiten und zu beleuchten.

3 Rechtssystem

Ein unabhängiges und intaktes Rechtsstaatssystem (*rule of law*) ist eine wesentliche Voraussetzung für eine hohe Demokratiequalität. Es garantiert das Funktionieren aller anderen Dimensionen; wo es schwach ausgebaut ist, gibt es nur unzureichenden Schutz gegenüber Eingriffen in Freiheitsrechte, ist die Gleichheit der Bürger vor dem Gesetz gefährdet und Korruption und organisierter Kriminalität sind Tür und Tor geöffnet (O'Donnell 2005). Aufgrund ihres dualen Föderalismus verfügen die USA über ein komplexes und verzweigtes Rechts- und Gerichtssystem, welches die grundlegenden rechtsstaatlichen Prinzipien – u. a. Gleichheit vor dem Gesetz, unabhängige und effektive richterliche Kontrolle oder ein faires Gerichtsverfahren (*due process*) – gewährleisten soll. Angesichts des überwältigenden Sicherheitsbedürfnisses der Gesellschaft und Politik nach den Anschlägen vom 11. September 2001 wurden jedoch zentrale Komponenten des Rechtsstaates ausgehebelt und verletzt. Am gravierendsten sind hier zweifelsohne die Verhörmethoden der

US-Geheimdienste, die inzwischen selbst von Präsident Obama als Folter eingestuft wurden, sowie die Einrichtung von Militärtribunalen durch die Bush-Administration, welche die *habeas corpus* und *due process* Rechte der im Zuge des *War on Terrorism* gefangen genommenen Verdächtigten außer Kraft setzte. Auch wenn durch die Rechtsprechung des Supreme Courts und aufgrund des Drucks von *civil rights groups* die gröbsten Eingriffe in den Rechtsstaat begradigt wurden, kollidiert der massive Ausbau des Sicherheitsapparates bis heute mit den verbrieften individuellen Freiheitsrechten. So zeigt sich immer wieder, dass das institutionelle System nur bedingt in der Lage ist, Auswüchsen auf dem Gebiet der massenhaften Überwachung Herr zu werden. Diesbezüglich ist die allgemeine Wahrnehmung innerhalb der Bevölkerung jedoch zwiegespalten: während 56 % der Bevölkerung der Meinung sind, dass die Gerichte nicht ausreichend Schutz vor Verletzungen der Privatsphäre durch Abhöraktionen gewährleisten, lehnen nur 44 % die massenhafte Datensammlung im Zuge der Terrorismusbekämpfung grundlegend ab (Pew Research 2013).

Das *adversarial law*-System sowie die parallele Normsetzung und Rechtsprechung im Föderalismus führen dazu, dass die Rechtssicherheit zwar nicht eingeschränkt ist, aber durchaus konkurrierend ausgeübt wird. Auch wenn die Justiz weitgehend unabhängig ist, besteht eine enge Verflechtung zwischen politischem, gesellschaftlichem und judizialem Raum. Dies kommt etwa in der demokratischen Wahl von Richtern und Staatsanwälten auf lokaler und einzelstaatlicher Ebene, dem Prinzip des Geschworenengerichts, oder auch im Berufungsverfahren der Bundesrichter zum Ausdruck. Ernannt auf Lebenszeit erlangen die Bundesrichter eine starke Unabhängigkeit, nichtsdestotrotz ist das Amt klar ein politisches. Es unterliegt der Zustimmung des Senats, der in langwierigen Anhörungen die Kandidaten einer detaillierten Prüfung ihrer rechtlichen und auch politischen Ansichten unterzieht. Dabei zeichnet den Auswahlprozess ein hohes Maß an Transparenz und medialer Aufmerksamkeit aus. Allerdings schlägt auf diesem Weg auch die politische Polarisierung auf das Justizsystem durch. Immer mehr Berufungsverfahren im Senat sind Gegenstand von – meist politisch motivierten – *filibustern*, um die Besetzung der Richterbänke hinauszuzögern oder gar komplett scheitern zu lassen. Da zur Wahl eines Richters de facto 60 Stimmen im Senat notwendig sind, haben zwar extreme Kandidaten kaum eine realistische Chance, jedoch spiegelt sich über die Zeit hinweg die ideologische Zusammensetzung des Senats auch im Supreme Court wider. Dabei ist in den vergangenen Jahren eine Politisierung des Supreme Courts zu beobachten. Entscheidungen wie in *Bush v. Gore* zu den Wahlen 2000, die George W. Bush zum Präsidenten machten, zur Wahlkampffinanzierung in *Citizens United v. FEC* (2010) oder zur Frage der Wahlrechtsüberwachung einzelner Bezirke durch den Bund in *Shelby County v. Holder* (2013) sind nur drei Beispiele dafür, wie weit der Supreme Court mittlerweile in den politischen Raum hineinwirkt (Binder und Maltzman 2013). Polarisierung und Politisierung wirken sich auch auf die Zufriedenheitswerte der Öffentlichkeit mit dem Supreme Court aus, die auf einen historischen Tiefstand gesunken sind. Jedoch ist er immer noch die nationale Institution, der die Bürger das größte Vertrauen entgegenbringen. Und trotz immer wieder auftretender Skandale im Zusammenhang mit Polizeigewalt ist auch das Vertrauen in die Polizei und Strafverfolgung überdurchschnittlich stark ausgeprägt (Gallup 2014). Insofern kann ein großes Vertrauen der Bevölkerung in Recht-herstellende und Recht-durchsetzende Institutionen konstatiert werden, was letztlich die Funktionsfähigkeit illustriert.

Neben dem Gerichtssystem zeichnen sich die USA durch ein dichtes Netz staatlicher und zivilgesellschaftlicher Institutionen zur Korruptionsbekämpfung und Herstellung von Transparenz aus, welches im erweiterten Verständnis dem rechtsstaatlichen System zugeschrieben werden kann. Im internationalen Vergleich verfügen die USA über eines der ältesten und weitreichendsten *freedom of information*-Regime, welches den Zugang zu staatlichen Daten und Dokumenten regelt (Cain et al. 2003). Zahlreiche *think tanks* und NGOs kontrollieren die politischen Akteure und erfüllen somit eine wichtige *watchdog*-Funktion. Und auch der Kongress hat in den vergangenen Jahren einige Anti-korruptionsgesetze wie etwa den *STOCK Act* (Publ. L. 112–105) erlassen, welcher den Insider-Handel mit Aktien durch Kongressabgeordnete unterbinden soll. Nichtsdestotrotz sind rund 60 % der US-Amerikaner der Meinung, dass nicht effektiv genug gegen Korruption in Politik und Gesellschaft vorgegangen wird und in den letzten Jahren sogar angestiegen ist. Dabei verstärken die zahlreichen Korruptionsskandale von Politikern auf nationaler wie einzelstaatlicher Ebene dieses latente Gefühl innerhalb der Gesellschaft noch zusätzlich. Insgesamt verweist diese Thematik auf das problematische Verhältnis von Geld und Macht im politischen System, welches weder durch staatliche Regulierungen noch durch zivilgesellschaftliche Interessengruppen im Zaum gehalten werden kann (Global Corruption Barometer 2013).

4 Elektorale Verantwortlichkeit

Elektorale Verantwortlichkeit (*electoral/vertical accountability*) lässt sich einerseits über die Bereitstellung von Informationen und Kommunikationskanälen zwischen Wählerschaft und Repräsentanten und andererseits durch die elektorale Belohnung oder Bestrafung in Form von Wieder- bzw. Abwahl herstellen. Hier ist eine Stärke der US-Demokratie zweifelsohne die dyadische Repräsentation, die im engen Verhältnis von Repräsentanten und Wählerschaft im Wahlkreis zum Ausdruck kommt. Diese zeigt sich nicht nur in der hohen Übereinstimmung zwischen dem Abstimmungsverhalten der Abgeordneten und den Politikpräferenzen ihrer Wählerschaft(en), sondern auch in den zahlreichen Dienstleistungen, welche die Abgeordneten in ihrem Wahlkreis erbringen: Egal ob es sich hierbei um Hilfestellungen beim Ausfüllen der Steuererklärung, um Hilfe bei der Jobsuche oder das Einwerben von staatlichen Geldern handelt, der Arbeit im und für den Wahlkreis kommt ein nicht zu überschätzender Stellenwert zu. Aus diesem Grund verbringen die Kongressmitglieder heutzutage wesentlich mehr Zeit in ihren Wahldistrikten als früher. Dabei orientieren sich die Abgeordneten mit ihren *homestyles* an den Bedürfnissen ihrer Wähler und setzen sie strategisch ein, um sich so ihre elektorale Unterstützung zu sichern (Grimmer 2013).

Allerdings befördert dieses enge Verhältnis auch partikularistisches Denken auf Seiten der Repräsentanten. Ein Beispiel hierfür sind sogenannte *earmarks*, also die Möglichkeit in Gesetzen Gelder für spezielle Infrastrukturprojekte, Parks, Universitäten oder Firmenförderung im eigenen Wahlkreis zu sichern (*pork barreling*). Auch wenn solche *earmarks* stets einen verschwindend geringen Anteil am Gesamthaushalt ausmachten, galten sie in der Öffentlichkeit als Inbegriff eines korrumpierten Gesetzgebungsprozesses und wurden durch die Republikanische Mehrheit im Repräsentantenhaus 2011 verboten. Allerdings erfüllten *earmarks* auch wichtige Rollen im politischen System: zum einen gingen die allermeisten dieser Projekte auf gezielte Anfragen und Ansprüche aus der Wählerschaft zurück – ganz nach dem Motto: it's only the other pork that is bad! Zum anderen waren *earmarks* als ‚sweeteners' eine wichtige Verhandlungsmasse im Gesetzgebungsprozess, um unentschlossene Abgeordnete zur Zustimmung zum Gesetz zu bewegen. So ist es kein Wunder, dass Abgeordneten bereits neue Wege gefunden haben, über *lettermarking* oder *phonemarking* direkt bei den exekutiven Behörden ihre Wahlkreisprojekte in den Gesetzentwurf einzubringen. Gegenüber *earmarks* haben diese Praktiken den Nachteil, dass sie nur schwer kontrolliert werden können, wohingegen *earmarks* einfacher öffentlich und transparent gemacht werden können (Zelizer 2014).

Ein weiteres Element der elektoralen Verantwortlichkeit ist die Rechtfertigung des Abstimmungsverhaltens der Repräsentanten gegenüber ihren Wählerschaften. Wichtige Abstimmungen im Kongress werden in der Regel namentlich getroffen. Das bedeutet, dass das Abstimmungsverhalten jedes Abgeordneten und Senators sehr genau nachgezeichnet werden kann. Konservative und liberale Interessengruppen, wie die *American Conservative Union*, *Americans for Democratic Action*, die *National Rifle Association* oder *Planned Parenthood*, aber auch unabhängige Organisation wie factcheck.org veröffentlichen regelmäßig sogenannte *scorecards*, aus denen das Abstimmungsverhalten zu ausgewählten Themen ersichtlich wird.

Diese wiederum eignen sich hervorragend zur Mobilisierung in Wahlen, welche in einer repräsentativen Demokratie als Hauptinstrument zur Herstellung elektoraler Verantwortlichkeit dient. Wahlen bieten den Bürgern die ultimative Sanktionsmöglichkeit, ihre Repräsentanten nicht wiederzuwählen. Gerade im Repräsentantenhaus gewährleisten die 2-jährigen Legislaturperioden, dass sich die Abgeordneten in sehr kurzen Abständen der Wahlbevölkerung stellen und sich auch rechtfertigen müssen. Damit Wahlen jedoch ihr Drohpotential der Abwahl entfalten können, müssen sie kompetitiv sein, d. h. es muss eine reelle Möglichkeit bestehen, eine Wahl auch zu verlieren. In den sieben Wahlen seit 2000 lag die Wiederwahlquote von Amtsinhabern im Repräsentantenhaus jedoch im Durchschnitt bei 93,6 % und im Senat bei 85,4 % (opensecrets.org 2014). Dies ist zum einen auf den Amtsinhaberbonus wie z. B. einen höheren Wiedererkennungswert oder bessere finanzielle und personelle Ressourcen zurückzuführen. Zum anderen sind nur wenige Wahlkreise auf nationaler Ebene tatsächlich umkämpft, wobei in den letzten Jahren die Zahl der Kongresssitze, die von einer Partei mit mehr als 5 % Unterschied gewonnen wurden, sogar nochmals gestiegen ist (Wasserman 2013). Die größere Gefahr, seinen Sitz im Kongress zu verlieren, geht somit weniger von den Hauptwahlen, sondern vielmehr von den innerparteilichen Vorwahlen (*primaries*) aus, die aber ebenfalls als Instrument elektoraler Verantwortlichkeit angesehen werden können.

5 Institutionelle Gewaltenteilung

Das präsidentielle System der USA entspricht nahezu dem idealtypischen Verständnis institutioneller Gewaltenteilung: Legislative und Exekutive werden getrennt voneinander gewählt und sind gemeinsam an der Bestellung der Judikative beteiligt. Weder kann der Kongress den Präsidenten abwählen – außer durch das strafrechtliche Instrument des *impeachment* –, noch kann der Präsident die Legislative auflösen. Auch personell gibt es keine Überlappung, da es Mitgliedern der Regierung untersagt ist, zugleich einen Sitz im Kongress innezuhaben – die Ausnahme bildet hier der Vizepräsident, der dem Senat vorsitzt und bei Stimmenpatt den Ausschlag geben kann. Der Idee der Verfassungsväter nach sollten die drei Gewalten jeweils einen eigenen Aufgabenbereich innehaben und mit ausreichenden Kompetenzen ausgestattet sein, um sich gegenseitig in Schach zu halten. Dabei handelten die Gründungsväter vor einem doppelten Erfahrungshintergrund, da sowohl die Machtusurpation seitens der Exekutive wie im Fall der britischen Monarchie verhindert als auch ein Übergewicht der Legislative wie in der Konföderation zwischen 1781 und 1789 eingedämmt werden sollte (Hamilton et al. 2003).

In den letzten Jahrzehnten scheint das von den Verfassungsvätern virtuos ausgeklügelte System der wechselseitigen *checks and balances* jedoch aus der Balance geraten zu sein. Das komplexe institutionelle Gefüge der „separated institutions sharing powers" (Neustadt 1991, S. 29) erfordert von den politischen Akteuren in einen beständigen Aus- und Verhandlungsprozess einzutreten. In einer Ära ideologischer und parteipolitischer Hyperpolarisierung gestaltet es sich jedoch immer schwieriger, die hierzu notwendigen überparteilichen Koalitionen zu schmieden und Kompromisse auszuhandeln. Olympia Snowe, bis 2012 moderate Republikanische Senatorin aus Maine, stellt hierzu fest: „Congress is becoming more like a parliamentary system where everyone simply votes with their party and those in charge employ every possible tactic to block the other side" (zit. nach Kaiser 2013, S. 398).

Ein solches *responsible party government*, wie es in den 1950er-Jahren von einigen Politikwissenschaftlern gefordert wurde (APSA 1950), ist allerdings weitgehend inkompatibel mit den Handlungslogiken und Funktionsmechanismen im US-System. Republikaner und Demokraten weisen heute oftmals sowohl in ihrer Problemwahrnehmung als auch in ihren Lösungsansätzen so unterschiedliche Positionen auf, dass zwei grundverschiedene Weltanschauungen aufeinanderprallen. Viele der kontroversen Fragestellungen wie etwa gleichgeschlechtliche Ehe, Schwangerschaftsabbruch, Stammzellenforschung oder Sterbehilfe lassen kaum eine Mittelposition zu und sind leicht populistisch instrumentalisierbar. Darüber hinaus ist auffällig, dass den politischen Akteuren in Washington, DC jenseits ihrer divergierenden Interessen und Ansichten die grundlegende Fähigkeit zu Kompromissen abhanden gekommen zu sein scheint. Der politische Willensbildungs- und

Entscheidungsprozess wird in erster Linie als Null-Summen-Spiel wahrgenommen: was man nicht selbst bekommt, verliert man nicht nur, sondern wird zugunsten des politischen Gegners verbucht. Der Möglichkeit, durch *log-rolling* oder *horse-trading* unterschiedliche Themenbereiche zu verknüpfen und so zu wechselseitigen Arrangements zu gelangen, sind angesichts einer Polarisierung, die nahezu alle Bereiche der Innen- und Außenpolitik erfasst hat, sehr enge Grenzen gesetzt (Binder und Lee 2013).

In der Amtszeit Barack Obamas zeichnet sich die Republikanische Partei durch ihre Fundamentalopposition im Kongress aus. Mit Ausnahme von einigen wenigen moderaten Republikanischen Kongressmitgliedern wird kaum ein wichtiges Gesetz von der GOP mitgetragen, geschweige denn produktiv unterstützt. Angesichts knapper parteipolitischer Mehrheiten scheuen die Abgeordneten und Senatoren davor zurück, Kompromisse einzugehen, für die sie bei den nächsten Wahlen zur Rechenschaft gezogen werden könnten. Dabei verhalten sich insbesondere diejenigen innerhalb der Republikanischen Partei, die ihren Einzug in den Kongress der Unterstützung der *Tea Party* verdanken, durchaus responsiv gegenüber ihrer Wählerschaft, die Kompromisse und Zugeständnisse gegenüber den Demokraten als Verrat konservativer Ideale betrachtet (Theriault 2013; Mann und Ornstein 2013).

In einem politischen System, das aus multiplen – und im Senat sogar aus individuellen – Vetopunkten besteht und somit bereits unter normalen Umständen nur einen inkrementellen Politikwandel zulässt, kommt es unter den Bedingungen der extremen Parteipolarisierung zunehmend zum politischen Stillstand. Der Konflikt im Frühjahr 2013 um die Erhöhung der Schuldenobergrenze (*fiscal cliff*) und die automatischen Ausgabenkürzungen (*sequestration*) oder der *government shutdown* im Oktober 2013 aufgrund nichtverabschiedeter Haushaltsgesetze sind sicherlich die eindrücklichsten Beispiele einer zunehmenden Regierungsunfähigkeit. Aber nicht nur hier, sondern auch in zahlreichen anderen Bereichen wie etwa bei der Reform des Einwanderungsrechts oder einer Verschärfung der Waffenregulierung endet der politische Entscheidungsprozess immer häufiger in einer Sackgasse. Dabei haben der parteipolitische *gridlock* und die Handlungsunfähigkeit in der legislativen Arena weitreichende Implikationen. Einerseits vergrößern sie das das Frustrationspotential innerhalb der Bevölkerung und tragen somit zum Vertrauensverlust in staatliche Institutionen bei, andererseits öffnet die Blockade der Legislative Raum für andere politische Akteure: Sei es, dass der Präsident mittels Instrumenten wie *executive orders* oder *signing statements* unilateral handelt oder der Supreme Court immer aktiv auch rechtsetzend agiert. Aus einer normativen Perspektive der Demokratietheorie sind diese Entwicklungen durchaus bedenklich.

6 Wettbewerb

Während die USA im Vergleich kapitalistischer Wirtschaftssysteme gerne als Paradebeispiel liberaler politischer Ökonomien genannt werden (Crouch und Streeck 1997; Hall und Soskice 2001), besteht die Versuchung, auch die

US-Demokratie als besonders kompetitiv und wettbewerbsorientiert zu sehen. Dieser Sichtweise sind jedoch klare Grenzen gesetzt, die sich vor allem auf die nur gering ausgeprägte *contestability* (Bartolini 1999; 2000) beziehen, also auf den Zugang zum politischen System. Verengen wir die US-amerikanische Demokratie auf das Wahl- und Parteiensystem, so wird deutlich, dass die überdominanten Mehrheitswahlrechtsaspekte das herrschende Zweiparteiensystem nahezu unverrückbar zementieren – viel stärker als dies beispielsweise in Großbritannien der Fall ist. Kleinere politische Kräfte haben – wie die politische Realität zeigt – nur selten eine Chance, Sitze im Kongress bzw. in den einzelstaatlichen Parlamenten zu gewinnen, und erst recht nicht, die Präsidentschaftswahlen für sich zu entscheiden. An dieser stark eingeschränkten *contestability* des Kerns der US-amerikanischen Demokratie ändert auch die Tatsache nichts, dass regelmäßig unabhängige Kandidaten für Abgeordnetenmandate oder Exekutivämter antreten, die nicht den beiden Großparteien angehören. Zwar zeigt der Umstand, dass Drittkandidaturen Wahlergebnisse beeinflussen können, dass politische Akteure jenseits von Demokraten und Republikanern nicht ganz machtlos im politischen System sind; dies kommt aber keinesfalls einem Eintritt in die mit Gestaltungskompetenzen ausgestattete politische Arena gleich.

Allerdings hat die Finanz- und Wirtschaftskrise wie auch die Präsidentschaft Barack Obamas durchaus eine kleine Relativierung dieser Sichtweise zur Folge: So wird die *Tea Party* als Flügel innerhalb der Republikanischen Partei heftig in Politik und Politikwissenschaft diskutiert (Skocpol und Williamson 2012). Sowohl für die Setzung der politischen Agenda seit 2008 als auch im Rahmen der Vorwahlen der Republikaner für die Präsidentschaftswahlen 2012 kann ohne Zweifel von einem starken Einfluss dieser Bewegung ausgegangen werden. Das Aufkommen der *Tea Party*-Bewegung und ihre Wahlerfolge etablierte nicht nur eine neue politische Strömung unter dem Schirm der Republikanischen Partei, vielmehr erreichte damit auch die Polarisierung der Parteien eine neuartige Dimension. Selbstverständlich war die US-amerikanische Geschichte immer von Flügelbildungen und Akzentverschiebungen innerhalb der politischen Großparteien geprägt; dennoch scheint es sich bei der *Tea Party* um eine Kraft zu handeln, die die Republikaner stärker als dies vor 2008 der Fall gewesen ist, in einen Wettbewerb um Köpfe und Positionen drängt. Während man den Inhalten und dem Stil der *Tea Party* aufgrund ihres populistischen Charakters gegenüber natürlich voreingenommen sein darf, erfährt die Dimension des Wettbewerbs durch das Auftreten der *Tea Party* eine Aufwertung, wenn auch in erster Linie auf innerparteilicher Ebene. Natürlich bedeutet dieser Zuwachs an *contestability* nicht automatisch eine normative Verbesserung der Demokratie. Eine hieraus eventuell resultierende Reduzierung der politischen Stabilität der USA, die sich beispielsweise im Budgetstreit und anderen Politikblockaden offenbart, kann durchaus als Subversion einer prinzipiell begrüßenswerten Verbesserung der Wettbewerbsdimension der US-Demokratie gesehen werden.

Nun darf die Wettbewerbsdimension eines politischen Systems nicht auf die Parteienperspektive verengt werden; auch die Betrachtung des Interessengruppensystems ist eine wichtige Komponente. Die USA gelten hier in Abgrenzung zum

Gegenkonzept des eher europäischen Neo-Korporatismus als klassisches Beispiel für einen nahezu idealtypischen Pluralismus (Siaroff 1999), der als Ausdruck eines besonders starken und profilierten Interessengruppenwettbewerbs verstanden werden kann. Dies geht sogar soweit, dass klassische Autoren den Regierungsprozess mit dem Interessengruppenpluralismus geradezu identifiziert haben (Bentley 1908; Truman 1951). Gleichzeitig weist die pluralistische Prägung wiederum auf das Phänomen der Subversion hin: Erstens führt der Interessengruppenpluralismus natürlich auch zu einem Verlust an staatlicher Kontrolle über politische Aushandlungsprozesse. Nationale, breit anerkannte und quasi-monopolistische Spitzenverbände, wie sie für die neo-korporatistische Variante typisch sind (Schmitter 1974, S. 96), sind nicht vorhanden. Und so konnten die USA bei Ausbruch der Finanz- und Wirtschaftskrise auch nicht auf erprobte und auf Dauer gestellte Kontakte mit Spitzenverbänden zurückgreifen und durch verbindliche Absprachen mit gesellschaftlichen Gruppen den Auswirkungen der Krise begegnen. Der ‚externe Schock' der Finanz- und Wirtschaftskrise war allerdings auch nicht so groß, als dass dies zu grundlegenden Änderungen im Verbändesystem geführt hätte oder dass die US-Regierung Energie in die Schaffung entsprechender Steuerungsorgane wie Runde Tische, Kommissionen, Konsultationsgremien, etc. investiert hätte. Aber auch ohne Überlegungen zu externen Schocks würden Vertreter neo-korporatistischer Ansätze Probleme in zu großem Verbändepluralismus sehen: so rückt im Pluralismus das Interessenvermittlungssystem eher von der Idee ab, auch ressourcenschwächeren Gruppen Interessenvermittlungsmöglichkeiten einzuräumen und somit zum gesamtgesellschaftlichen Ausgleich beizutragen (Streeck 1994, S. 11–12; Wagemann 2012, S. 14). Im Vordergrund steht der Primat des Wettbewerbs und nicht des Ausgleichs – dies stützt wiederum die generelle Einschätzung vom (politischen) Wettbewerb als zentrale Komponente der US-amerikanischen Demokratie.

7 Partizipation

Ein wesentliches Element der Krisenhaftigkeit der US-Demokratie wird in der Erosion des bürgerschaftlichen Engagements und der politischen Teilhabe verortet (Putnam 2000). Dies wiegt natürlich besonders schwer, weil die Beteiligung der Bürger am politischen und gesellschaftlichen Willensbildungs- und Entscheidungsprozess elementare Voraussetzung und zugleich zentraler Bestandteil moderner Demokratien ist. Sie gewährleistet die Verantwortlichkeit des Handelns politischer Akteure und verleiht diesem die notwendige Legitimität. Zudem haben nur solche Interessen eine Chance, gehört zu werden, die auch in den Meinungsbildungsprozess eingespeist werden.

Die gesunkene Wahlbeteiligung wird immer wieder als sichtbarstes Zeichen für einen Rückgang an politischer Mitwirkung angeführt. Auch wenn die Beteiligung an Kongress- und Präsidentschaftswahlen nicht erst mit der Euphorie um Barack Obama im Wahljahr 2008, sondern bereits seit dem Jahr 2000 wieder leicht angestiegen ist, so ist sie dennoch über die letzten fünf Jahrzehnte um 10-15 % gefallen

(FEC 2012). Das Absinken erstaunt deshalb, weil zum einen staatliche Maßnahmen, wie die Ausweitung des Elektorats durch den Rückbau von Diskriminierungen im Zuge des *Voting Rights Act* (Pub.L. 89–110, 1965) oder die Herabsetzung des Wahlalters auf 18 Jahre (*XXVI. Amendment*, 1971), und zum anderen makrogesellschaftliche Entwicklungen wie der Anstieg des Bildungsniveaus Effekte hin zu einer stärkeren Wahlbeteiligung erwarten ließen. Allerdings kann nicht verallgemeinernd von einem Niedergang der politischen Teilhabe gesprochen werden. Vielmehr ist das Partizipationsverhalten in den USA – wie in nahezu allen etablierten Demokratien – einem grundlegenden Wandlungsprozess unterworfen. Auch wenn US-Amerikaner heutzutage seltener zur Wahl gehen, nutzen sie doch andere Instrumente und Kanäle, um sich in den politischen Willensbildungs- und Entscheidungsprozess einzubringen. So ist die Bereitschaft zur Beteiligung im Wahlkampf durch Spenden, die Teilnahme an Wahlkampfveranstaltungen oder der aktiven Hilfe zur Mobilisierung von Parteianhängern über die letzten Jahrzehnte hinweg relativ konstant geblieben. Nicht-institutionalisierte und individuelle Formen der politischen Partizipation verzeichnen sogar einen deutlichen Anstieg: große Teile der US-Gesellschaft äußern sich politisch auf dem Weg von Unterschriftensammlungen und Petitionen, Kundgebungen und Demonstrationen, oder durch den politisch motivierten Boykott bestimmter Produkte (*political consumerism*) (Dalton 2013). So können die Massenkundgebungen und Protestaktionen der *Tea Party* oder *Occupy Wall Street*-Bewegung einerseits als Ausdruck der aktuellen Krise des politischen und gesellschaftlichen Systems verstanden werden, andererseits sind sie auch die jüngsten Beispiele einer ausgeprägten und lebendigen politischen Artikulations- und Protestkultur, die sich auch in anderen Bereichen der Zivilgesellschaft zeigt, wie z. B. der Schwulen- und Lesbenbewegung oder der Befürworter und Gegner von Abtreibungen.

Dabei wirkt sich die Transformation des Partizipationsverhaltens auch auf andere Organisationen des sozio-politischen Zusammenlebens aus: Während Gewerkschaften, Kirchen und Sekten sowie andere traditionelle Vereinigungen und Verbände einen Schwund an Mitgliedern verzeichnen, stieg die Zahl derer, die sich in Bürgerinitiativen, zivilgesellschaftlichen Interessengruppen oder neuen sozialen Bewegungen organisieren, explosionsartig an. Allerdings kann auch diese Entwicklung durchaus zweischneidig beurteilt werden. Diesen Organisationen fehlen in der Regel die lokalen Wurzeln und Strukturen, welche traditionellen Vereinigungen innewohnen. Sie besitzen zwar eine enorme Anhängerschaft, allerdings geht es ihnen weniger um eine direkte und aktive Mobilisierung der selbigen; vielmehr zielen sie auf eine professionalisierte Interessenvertretung basierend auf Mitgliedsbeiträgen und Spenden ab (Skocpol 2003). Besonders schwerwiegend ist hier, dass die große Zahl sogenannter *single-issue* Gruppierungen die Partikularisierung der amerikanischen Gesellschaft widerspiegelt und gleichzeitig den oben besprochenen Wettbewerbscharakter verstärkt. Diese Organisationen schaffen nicht nur neue Zugänge zum politischen System und erweitern den demokratischen Raum, indem sie gesellschaftliche Interessen aggregieren und diese in den Politikformulierungsprozess einspeisen, sondern befördern in Zeiten der Hyperpolarisierung auch die politische Lagerbildung und vergrößert die Zahl der Vetoakteure.

So drückt sich die Krisenhaftigkeit der politischen Partizipation in den USA weniger in ihrer Quantität als in ihrer Qualität aus. Der politische Meinungs- und Willensbildungsprozess weist nämlich massive Ungleichgewichte zugunsten sozioökonomisch bessergestellten Gesellschaftsgruppen auf. US-Amerikaner aus höheren Einkommensklassen und mit besserem Bildungsniveau nehmen in größerem Umfang an Wahlen teil, kontaktieren häufiger ihre Abgeordneten, beteiligen sich intensiver in Wahlkampagnen und zeigen ein regeres Engagement in Interessengruppen und Bürgerinitiativen. Besonders stark ist diese Schieflage auf dem Gebiet der Wahlkampfspenden: Im Jahr 1990 machten die Wahlkampfspenden aus den unteren und mittleren Einkommensquintilen knapp 15 % des gesamten Spendenvolumens aus, wohingegen 70 % der Spenden aus dem obersten Quintil stammten. In den Wahlkämpfen des Jahres 2000 kamen hingegen 95 % aller Spenden aus Haushalten mit mindestens 100.000 USD Einkommen, die zu diesem Zeitpunkt 12 % der Gesellschaft repräsentierten (Schlozman et al. 2013, S. 16; APSA 2004, S. 656). Auch wenn keine aktuelleren Zahlen hierzu vorliegen, so ist doch davon auszugehen, dass die Kombination aus Wirtschaftskrise und Rechtsprechung des Supreme Courts zur Wahlkampffinanzierung wie z. B. in *Citizens United v. FEC* diese Ungleichgewichte noch weiter verschärft hat.

8 Freiheit

Der Freiheitsbegriff ist nicht nur für Politik und Politikwissenschaft zentral, sondern wird auch in der Rechtswissenschaft (als Grundrecht), in der Wirtschaftswissenschaft (als Funktionsprinzip der Marktwirtschaft), in der Philosophie und in der Religion intensiv diskutiert. Dabei scheint es selbstverständlich, dass Demokratie ohne Freiheit nicht denkbar ist (Beetham 2005, S. 32) – und auch umgekehrt nicht. Das Streben nach Demokratie kann im Prinzip auch als ein Streben nach Freiheit verstanden werden (Przeworski 2010, S. 153). Politikerreden, Reportagen, Kunst und (Pop-)Kultur sowie nicht zuletzt Stereotype wie die legendäre *Route 66* vermitteln ein Amerikabild, das den Freiheitsaspekt in besonderer Weise betont. Geradezu paradigmatisch wacht die Freiheitsstatue über die Hafeneinfahrt von New York City, weniger um Amerika frei von Eindringlingen zu halten – dafür sorgen vielmehr die Zäune an der amerikanisch-mexikanischen Grenze – sondern mehr, um den Ankömmlingen als ersten Gruß die Freiheit als fundamentalen Wert der amerikanischen Gesellschaft zu vermitteln.

Erstaunlich ist, wie stark der Freiheitsbegriff in Gegensatzpaaren gedacht wird. So geht die Philosophie sowohl von einer negativen als auch einer positiven Freiheit aus, wobei erstere die Abwesenheit von Zwang in den Mittelpunkt stellt (‚Freiheit von') und letztere auf Handlungsmöglichkeiten (‚Freiheit zu') fokussiert. Die englische Sprache verkompliziert die Angelegenheit noch weiter in der Unterscheidung von *Freedom* und *Liberty*. Obwohl laut der Online-Version des Oxford Dictionary auch synonym verwendbar, so verwendet die Definition von *Liberty* explizit die Formulierung ‚Freiheit von' und erwähnt ausdrücklich Autoritäten (potentiell also den Staat) als mögliche Hindernisse, diese ‚Freiheit von' zu

Tab. 1 Formen und Akteure von Freiheit

Streitthema	Liberaler Akteur	Bezugspunkt des Freiheitsbegriffes	Neuheit
Abtreibung	Demokraten	Individuell	Langanhaltende Diskussion
Patriot Act	Demokraten	Individuell	Relativ neu
Waffengesetzgebung	Republikaner	Individuell, auch wirtschaftlich interpretierbar	Langanhaltende Diskussion
Steuern	Republikaner (Tea Party)	Wirtschaftlich, oft individuell verkauft	Relativ neu

Eigene Darstellung.

gewährleisten. Ein weiteres Gegensatzpaar hat sich dann im Laufe der Geschichte des politischen Liberalismus ergeben, nämlich ob Freiheit bürgerliche Freiheiten – also die Nicht-Einmischung des Staates in die Privatsphäre – oder wirtschaftliche Freiheiten – also die Nicht-Einmischung des Staates in die Marktwirtschaft – meint. Dass diese beiden Aspekte nicht immer Hand in Hand gehen müssen, dokumentieren entsprechende sprachliche Kunststücke europäischer Beobachter, die die Demokraten als eigentlich liberale Kraft Amerikas sehen, gleichzeitig aber die neo-liberale Wirtschaftspolitik der Republikaner konstatieren (vgl. Tab. 1).

In jüngster Zeit scheinen insbesondere die bürgerlichen Freiheiten in den USA stärker umstritten. Dabei sind interessante Akteurskonstellationen feststellbar: Bei der Abtreibungsfrage und anderen sozialpolitischen Themen Familie und Sexualität betreffend werden die Demokraten ihrem Ruf als liberale und die Republikaner als konservative Kraft gerecht. Gleiches gilt für den *PATRIOT Act*, in welchem hauptsächlich liberalere Demokraten eine Bedrohung der amerikanischen Bürgerrechte sehen. Doch bereits die jahrelange Diskussion über schärfere Waffengesetze dreht das Verhältnis um: während die Demokraten eine Verschärfung wünschen, wird von den Republikanern nicht selten das Argument der Freiheit, eine Waffe zu tragen bzw. sich im Bedarfsfall selbst zu verteidigen, angeführt. Nun ist es aber ein Allgemeinplatz, dass die Waffenlobbyisten der *National Rifle Association* in dieser Frage einen starken Einfluss auf die Parteien ausüben. Auch beinhaltet die Freiheit, eine Waffe zu tragen und zu verwenden, implizit auch die Freiheit, eine Waffe für den Privatgebrauch herzustellen und damit zu handeln. Und dies rückt das Bürgerrecht des Waffentragens in die Nähe der marktwirtschaftlichen Freiheit, Waffen herzustellen und zu vertreiben. Die wirtschaftsliberale Komponente ist also unübersehbar. Diese wirtschaftlich motivierte Sicht von Freiheit hat sich in den letzten Jahren intensiviert. Die schon für die Illustration des Wandels anderer Dimensionen herangezogene Neuentwicklung der *Tea Party* dient auch hier als Beispiel. Es geht hier um die Steuerfreiheit, also darum, über ‚sein' Geld in größerem Maße verfügen zu können, was eine eindeutige wirtschaftliche Schwerpunktsetzung ist.

Gerade im Zusammenhang mit der Waffengesetzgebung sei auch noch der Subversionscharakter der Freiheit thematisiert: Freiheit ohne Grenzziehungen riskiert, die Freiheit des anderen zu verletzen, im Falle von Waffengesetzen sogar zynischerweise wörtlich. Absolute Freiheit kann dann leicht in Anarchie, ein Gegenmodell zur Freiheit umschlagen (Przeworski 2010, S. 149). Freiheit ist also in den USA zwar ein zentrales Konzept für die politische Realität, leidet aber unter definitorischer Ungenauigkeit. Krisen können Freiheitsrechte mal zum Bedauern der Demokraten – z. B. der *PATRIOT Act* als Reaktion auf die Terroranschläge von 9/11 – einschränken, mal zum Bedauern der Republikaner – z. B. durch die Steuerpolitik in Folge der Finanzkrise. Gleichzeitig wird Freiheit auch selbst zur Krise, wenn beispielsweise Schießereien und Amokläufe zum nationalen Innehalten führen.

9 Gleichheit

In US-amerikanischen Wahlkämpfen werden die Werte von Freiheit und Gleichheit oftmals gegeneinander gestellt. Aus politikwissenschaftlicher Sicht ist dies nicht unmittelbar einleuchtend, vor allem, wenn die Qualität der Demokratie als dritter Bestandteil des Denkmodells eingebracht wird. Beetham (2005, S. 34 und 38) beispielsweise verbindet Freiheit mit der Gleichheits-Dimension über die Idee des gleichen Zugangs zu Freiheitsrechten für alle, den Hochqualitäts-Demokratien garantieren sollen. Morlino sieht sogar in der Gleichheit, die im Anspruch auf Rechte besteht, ein wichtiges Evaluationskriterium für das Vorhandensein von Freiheit; auch seine quantitative Untersuchung bestätigt, dass zumindest bei entwickelten Demokratien eine starke Korrelation zwischen Freiheit und Gleichheit vorliegt (Morlino 2012, S. 205–208 und S. 242). Hierbei gilt es aber auch, potentieller terminologischen Verwirrung Einhalt zu bieten. Die Idee der Gleichheit ist nicht nur eine Utopie, sondern es wird darauf verwiesen, dass Bewertungen von Demokratien nicht durch eine Einforderung absoluter Gleichheit determiniert sein sollten (Przeworski 2010, S. 71–74). Auch der Verweis, Gleichheit vor dem Recht und politische Gleichheit bestünde doch, kann nicht darüber hinwegtäuschen, dass moderne Demokratien zwar selten Defizite in der juristischen oder politischen Gleichheit aufweisen, dafür jedoch in der sozialen und gesellschaftlichen. Und somit hängt die Dimension der Gleichheit wohl stärker als alle anderen Qualitätsdimensionen von normativen Grundüberzeugungen ab. Im Folgenden rekurrieren wir daher auch auf den Aspekt der *sozialen* Gleichheit, nicht zuletzt, weil die politischen und rechtlichen Gleichheiten ohnehin bereits im Abschnitt über die *rule of law* behandelt worden sind, und ein demokratisches Gemeinwesen hier eher selten Defizite aufweist.

Lammert und Vormann (in diesem Band) weisen darauf hin, dass Verstärkungen sozio-ökonomischer Ungleichheiten, die in allen OECD-Staaten zu beobachten sind, in den USA besonders stark ausgeprägt sind, und sich im Nachgang der Wirtschafts- und Finanzkrise nochmals verstärkt haben. So zeigt der Gini-Index für die USA in den Jahren 2011 und 2012 neue Höchstwerte (0.389); lediglich im Jahre 2006 findet sich ein Wert von 0.384, während ansonsten alle Werte seit 1983 niedriger waren. Allerdings erzielten die USA im Ländervergleich auch in der Vergangenheit regelmäßig die höchsten Gini-Werte – wenn man von den extremen Ausreißern in Chile absieht (OECD 2014). Ein Ausgleich für diese Einkommensdiskrepanz könnte eine erhöhte Soziale Mobilität sein, die ja letztendlich im Stereotyp des *American Dream* ihren Niederschlag findet. Die OECD-Daten zur intergenerationalen sozialen Mobilität relativieren dieses Bild allerdings: Die Abhängigkeit der Höhe des eigenen Einkommens von dem der Eltern erreicht lediglich in Italien und Großbritannien ähnlich hohe Werte wie in den USA; auch die PISA-Studie zeigt, dass der familiäre Hintergrund in den USA einen größeren Einfluss auf die schulischen Leistungen der Kinder (in der Sekundarstufe) hat als in den anderen Untersuchungsländern. Während diese Daten Erfolgsgeschichten à la Horatio Alger Mythen nicht ausschließen, so ist doch zu bemerken, dass die soziale Durchlässigkeit in den USA nicht so gegeben ist, wie sie gerne plakativ dargestellt wird (OECD 2010, S. 183–200; Chetty et al. 2014).

Bezüglich der Geschlechtergleichheit (vgl. World Economic Forum 2013) ist im Bereich des sogenannten *Gender Pay Gaps* – also der Unterschiedlichkeit der Entlohnung von Frauen und Männern – festzustellen, dass das geschätzte verdiente Einkommen nahezu gleich ist: Frauen erreichen 96 % des Gehaltsniveaus von Männern; nur in vier Ländern ist diese Quote höher. Allerdings entspricht die weibliche Arbeitsmarktteilnahme nur zu 86 % der Teilnahme von Männern. Was Führungspositionen angeht, so erreichen Frau hier nur 74 % des Männerniveaus, was aber im internationalen Vergleich kein niedriger Wert ist (26 % über alle Länder). Keine Unterschiede bestehen im Bildungswesen, wo die USA weltweit führend sind. Was Ministerposten angeht, so entspricht der Wert für Frauen zu 38 % dem Männerwert, bei Parlamentariern sind es magere 22 % und beim Staatsoberhaupt – wie allgemein bekannt – 0 %. Zusammengefasst weist die Weltbank den USA im Bereich der Geschlechtergleichheit für 2013 den 23. Rang im weltweiten Vergleich zu. Seit 2010 bleibt der Wert des errechneten Index zwar ungefähr gleich, die USA werden aber zunehmend von anderen Ländern überholt, so dass der Rangplatz tendenziell sinkt; die differenzierten Rangplätze sind der 6. Rang im Bereich der wirtschaftlichen Teilhabe (mehr oder weniger konstant seit 2010), der 1. Rang im Bereich der Bildung (unverändert seit 2008), der 33. Rang im Bereich Gesundheit und Lebensdauer (mit geringen Schwankungen über die Jahre) und der 60. Rang in der Teilhabe an politischen Leitungsfunktionen (mit kontinuierlicher Abnahme über die letzten Jahre, wobei hier vor allem Verbesserungen in anderen Ländern verantwortlich sein dürften).

Die Frage nach der ethnischen Zugehörigkeit – im Amerikanischen ‚race' – ist ein wichtiger Aspekt der Gleichheitsdiskussion in den USA. Auch nach der Bürgerrechtsbewegung der 1960er-Jahre scheint das Ziel einer vollständigen Rassenaussöhnung nicht erreicht zu sein. Dafür sprechen erstens die strukturellen Ungleichheiten, die heutzutage immer noch auf zahlreichen Gebieten bestehen. Beispielsweise war im Jahr 2009 das durchschnittliche Haushaltsvermögen weißer Familien fast 18mal so hoch wie das hispanischer und fast 20mal so hoch wie das afro-amerikanischer Familien (Pew Research 2011). Zusätzlich unterstreichen immer wieder besondere Vorkommnisse, dass die Frage der ethnischen Gruppen nicht zufriedenstellend gelöst ist: Die (gewalttätigen) Protestausbrüche nach Bekanntwerden von Fällen, in denen Weiße – oftmals Staatsdiener – nicht-weiße Amerikaner diskriminiert, verletzt oder gar getötet haben – wie jüngst in Ferguson, Missouri oder Sanford, Florida – fördern regelmäßig die tiefen Gräben zwischen gesellschaftlichen und ethnisch bestimmten Gruppen zutage. Auch die radikale

Rechte in den USA weist in ihrer Schwerpunktsetzung stärker rassistische Tendenzen auf als ihre europäischen Gegenstücke (Caiani et al. 2012, S. 211 und S. 148–167), so dass deutlich wird, dass die ‚Rassenfrage' immer noch ein wichtiges Thema des gesamtgesellschaftlichen Diskurses ist. Und so mag die gefeierte Tatsache, dass mit Barack Obama der erste nicht-weiße Präsident im Amt ist, nur darüber hinwegtäuschen, dass die USA das Qualitätsmerkmal einer Demokratie, die soziale Möglichkeiten unabhängig von der Ethnie bietet, nicht wirklich erfüllt.

Gleichheit lässt sich natürlich auch noch aus anderen Perspektiven betrachten: So gelten die USA auch als Ort pluri-religiösen Lebens. Ein Blick auf die Statistiken belegt, dass im Jahre 2007 78 % der Amerikaner dem Christentum angehörten, darunter zwei Drittel einer der vielen protestantischen Kirchen und ein Drittel der römisch-katholischen Kirche. Angehörige jüdischen Glaubens machten 1,7 % der Bevölkerung aus, Muslime gar nur 0,6 % und wurden sogar von Buddhisten (0,7 %) leicht überflügelt. 16,1 % gehörten keiner Religion an (Pew Forum 2008). Es mag die enorme Diversität der protestantischen Glaubensgemeinschaften sein, die mit dem aus Deutschland bekannten organisierten Protestantismus kaum etwas zu tun hat, die dann das von diesen doch recht uniformen Daten abweichende Image der religiösen Vielfalt in den USA zeichnet; die deutsche Situation mit 62 % Christen erscheint hier pluri-religiöser.

Ein weiterer Blickwinkel ist der der sexuellen Orientierung: So ist nicht nur die Frage homosexueller Mitglieder der Streitkräfte immer wieder ein Diskussionspunkt, sondern es steht vor allem die Frage nach der rechtlichen Anerkennung gleichgeschlechtlicher Lebensgemeinschaften im Vordergrund. Die föderale Struktur der USA macht es möglich, dass sich hier – vor allem an den beiden Küsten, aber nicht nur – Bundesstaaten finden, die gleichgeschlechtliche Verbindungen mit der Ehe gleichsetzen, während dies in anderen Staaten ausdrücklich verboten ist. Der Staat Utah unterhält immer noch ein (allerdings wirkungsloses) Gesetz, das außereheliche sexuelle Beziehungen – also auch homosexuelle – als Straftat ansieht. Und lediglich aus Inkompatibilitätsgründen mit der amerikanischen Bundesverfassung wurde im Bundesstaat Arizona ein bereits beschlossenes Gesetz gekippt, das es Ladeninhaber gestattet hätte, homosexuelle Kunden aus religiösen Gründen nicht zu bedienen (The Telegraph 2014). Allerdings scheint sich die Mehrheitsmeinung innerhalb der amerikanischen Öffentlichkeit zu wandeln. Ein Indiz hierfür ist, dass im Jahr 2012 68 % der Amerikaner bereit waren, einen Präsidenten auch dann zu wählen, wenn er offen homosexuell ist. Allerdings lagen die Quoten bei jüdischen, weiblichen, hispanischen, und alten Kandidaten zum Teil weit höher; lediglich Atheismus oder muslimische Religion würden ein größeres Hindernis als Homosexualität darstellen (Gallup 2012).

10 Responsivität

Die Qualität einer liberal-repräsentativen Demokratie bemisst sich nicht zuletzt auch daran, inwieweit sie den Bedürfnissen, Forderungen und Wünschen ihrer Bürger gerecht wird. Wenngleich eine perfekte Übereinstimmung von dem, ‚was die Regierten wollen', und dem, ‚was und wie die Regierenden entscheiden', weder möglich noch wünschenswert ist, so bleibt die Umsetzung des Bürgerwillens ein Kernanliegen moderner Demokratien. Dabei bezieht sich ‚Responsivität' zum einen auf die Ergebnisse des politischen Prozesses und die Frage, ob die Entscheidungen über und Implementierung von Politikinhalten im Einklang mit den Präferenzen einer Mehrheit der Gesellschaft stehen. Zum anderen spielt aber auch eine Rolle, inwiefern das Handeln der politischen Entscheidungsträger sowie der politische Prozess *in toto* als responsiv beurteilt werden (Powell 2005).

Die oben beschriebene ausgeprägte dyadische Repräsentation zwischen Abgeordneten und Wählerschaft liefert eine Erklärung dafür, warum die eigenen Repräsentanten stets besser evaluiert werden als der Kongress als Institution. So bewerteten in Umfragen der vergangenen Jahre (2010-2014) regelmäßig zwischen 40 % und 60 % die Arbeit des eigenen Abgeordneten durchaus positiv, während im gleichen Zeitraum die Zustimmungswerte zum Kongress auf einen historischen Tiefstand von unter 10 % fielen (diverse Umfragen, iPOLL). Dabei wird die Zustimmung zu politischen Akteuren selbstverständlich auch von kurzfristigen Faktoren wie der politischen und ökonomischen Großwetterlage beeinflusst. Aber auch im historischen Längsschnitt offenbart sich ein schwindendes Vertrauen der amerikanischen Bevölkerung in die politischen Institutionen des Landes. Zu Beginn der 1970er Jahre besaßen ca. 70 % der Bürger ein hohes Vertrauen in die drei Regierungszweige. 40 Jahre später hingegen ist das Vertrauen in die Exekutive auf knapp 50 %, in die Legislative auf rund 30 % und in die Judikative auf etwa 60 % abgeschmolzen (Gallup 2013).

Dabei ist das Verhältnis des US-Bürgers zum Staat an sich durchaus ambivalent. Auf der einen Seite ist die US-Demokratie – wie andernorts auch – zu einem gewissen Grad Opfer ihres eigenen Erfolges. So sind die Erwartungshaltungen innerhalb der Bevölkerung gegenüber den Problemlösungsfähigkeiten der politischen Institutionen und Akteure so groß, dass sie eigentlich nur enttäuscht werden können. Bestes Beispiel sind die enormen Hoffnungen auf gesellschaftliche, wirtschaftliche und politische Reformen, die mit der Amtsübernahme Barack Obamas verbunden waren. Die Tatsache, dass in Wirklichkeit die Steuerungskompetenzen des Präsidenten auf nationaler wie internationaler Ebene sehr begrenzt sind, konnte diese hohen Ansprüche nur bedingt reduzieren. Andererseits ist die Abneigung und Skepsis gegenüber dem Polit-Establishment in Washington, DC tief im amerikanischen Bewusstsein verankert: Heute trauen nur noch ein Viertel der Amerikaner der Regierung in Washington, DC zu, die richtigen Entscheidungen zu treffen. Gleichzeitig ist eine Mehrheit der Bevölkerung der Meinung, dass ihre Repräsentanten korrupt sind, sich nicht für ihre Belange interessieren oder nicht das Wohl aller Bürger im Blick haben (ANES 2008).

Das schwindende Vertrauen in die politische Elite des Landes ist demnach ein Produkt aus überzogener Erwartungshaltung, politischer Dauerblockade und sicherlich auch zahlreicher Skandale und Korruptionsfälle. Zusätzlich untermauert wird das Empfinden der amerikanischen Bevölkerung, dass der politische Meinungs-, Willensbildungs- und Entscheidungsprozess auf nationaler Ebene nicht zugunsten der Interessen der breiten Mehrheit verläuft, durch neuere empirische Studien. Demnach spiegeln Abstimmungen im Kongress oder Inhalte von Gesetzen überproportional stark die Präferenzen höherer Einkommensklassen und ressourcenstarker Interessengruppen wider. Interessen unterer Einkommensschichten finden hingegen wesentlich seltener Berücksichtigung und auch nur dann, wenn sie im Einklang mit den Präferenzen mittlerer und höherer Einkommensgruppen stehen (Bartels 2008; Gilens und Page 2014). Eine solche ungleiche Verteilung von (Macht)Ressourcen ist zwar durchaus im Wesen der liberal-repräsentativen Demokratie begründet, wonach Demokratie immer „government by the few, whether in the name of the few, the one, or the many" ist (Lasswell und Lerner 1952, S. 7). Und so stellt aus der Perspektive pluralistischer Elitentheorien dieser Bias kein Problem *per se* dar, solange einerseits der Zugang zu politischen und ökonomischen Eliten offen ist und andererseits fragmentierte Elitenzirkeln mit unterschiedliche Interessen existieren, die untereinander im Wettbewerb stehen. Nichtsdestotrotz verletzt die ungleiche Berücksichtigung gesellschaftlicher Präferenzen das demokratische Ideal des ‚government *for* the people' – vor allem wenn diese Ungleichheiten systemisch angelegt sind und sich systematisch niederschlagen (Domhoff 2014; Siewert und Zettl 2007).

11 Fazit

Die Vereinigten Staaten von Amerika zeichnen sich im Vergleich mit anderen Demokratien durch zahlreiche Eigenarten aus: So sind sie im Gegensatz zur großen Mehrheit etablierter Demokratien eine präsidentielle Demokratie, haben wie die Schweiz eine eher schwache Bundesebene, sind auf ein faktisches Zweiparteiensystem reduziert, greifen teilweise auf archaische Regeln bei Wahlverfahren und im Legislativprozess zurück, pflegen einen Verbändepluralismus – die Liste ließe sich auch noch erweitern. Diese Ausnahmestellung relativiert sich, wenn man die Qualität der Demokratie in den Blick nimmt. Natürlich schlagen unterschiedliche institutionelle Ausformungen auch auf die Qualität durch; so liegen die Probleme in der Wettbewerbsdimension u. a. im Wahlsystem begründet. Dennoch können die USA nicht automatisch als eine qualitativ höher oder niedriger stehende Demokratie als andere etablierte Demokratien bewertet werden – und so scheint auch die Bewertung der USA als defekte Demokratie doch etwas überzogen.

Da der Qualitätsbegriff auch einen typenbildenden Aspekt hat, besteht die Alleinstellung der USA eher in der Akzentuierung der verschiedenen Teildimensionen; dies rechtfertigt *ex post* den Rückgriff auf eine Vorgehensweise wie die von Diamond und Morlino vorgeschlagene, die keine Aggregatwerte bilden will, sondern von verschiedenen Konstellationen ausgeht. Die obigen Ausführungen machen dabei klar, dass diese Unterschiedlichkeiten vor allem in der Krise wie z. B. nach den Terroranschlägen des Jahres 2001 oder im Nachgang der Finanzkrise zum Vorschein kommen. Einschränkungen bei der Rechtsstaatlichkeit oder der Freiheit – im Falle der Terrorismusbekämpfung – oder der Verschlechterungen bei der Gleichheit – im Falle der Finanzkrise – sind zwar bereits im politischen und gesellschaftlichen System angelegt, werden aber in Krisenzeiten besonders sichtbar. Umso gravierender können ihre Auswirkungen für die betroffenen Bürger sein.

Vielleicht ist der größte Angriffspunkt der US-Demokratie, dass die Demokratiequalität wenig krisenresistent zu sein scheint. Dennoch muss aber festgestellt werden, dass bei allen Krisenkonstellationen es nicht zu bemerkenswerten Responsivitätsproblemen kommt: So hat schwindendes Vertrauen in die Institutionen und Akteure noch nicht auf eine generelle Unzufriedenheit mit der Demokratie umgeschlagen. Es bleibt also zu vermuten, dass die Mythen, die sich um die US-amerikanische Demokratie und Gesellschaft ranken und sich teilweise – wie etwa der *American Dream* – nicht immer als empirisch nachweisbar herausstellen, auch dazu führen, dass sich die Amerikaner weiterhin als Bürger einer Vorzeigedemokratie sehen. Dieser Grundglaube in das Funktionieren der Demokratie trägt dann auch zur individuellen Zufriedenheit und zur gesellschaftlichen Stabilität bei. Allerdings ist eine solche Vorstellung sehr auf das Ergebnis des politischen Willensbildungs- und Entscheidungsprozess hin orientiert. Sobald das System als weniger leistungsfähig empfunden wird, wie z. B. in der Verhinderung von Terrorakten, im Umgang mit Finanzkrisen oder mit Rassenunruhen, könnte eine große Desillusionierung einsetzen.

Literatur

ANES. 2008. *Guide to public opinion and electoral behavior.* http://www.electionstudies.org/nesguide/gd-index.htm. Zugegriffen am 04.09.2014.
APSA. 1950. Towards a more responsible two-party system: A report of the committee on political parties. *American Political Science Review*, 44(3), part II supplement.
APSA. 2004. American democracy in an age of rising inequality. *Perspectives on Politics* 2(4): 651–666.
Bartels, Larry M. 2008. *Unequal democracy. The political economy of the new gilded age.* Princeton: Princeton University Press.
Bartolini, Stefano. 1999. Collusion, competition, and democracy. *Journal of Theoretical Politics* 11(4): 435–470.
Bartolini, Stefano. 2000. Collusion, competition, and democracy. *Journal of Theoretical Politics* 12(1): 33–65.
Beetham, David. 2005. Freedom is the foundation. In *Assessing the quality of democracy*, Hrsg. Larry Diamond und Leonardo Morlino, 32–46. Baltimore: The Johns Hopkins University Press.
Bentley, Arthur. 1908. *The process of government.* Chicago: The University of Chicago Press.
Binder, Sarah A., und Frances E. Lee. 2013. Making deals in congress. In *Negotiating agreement in politics. APSA report of the Task Force on Negotiating Agreement in Politics*, Hrsg. Jane Mansbridge und Cathie Jo Martin, 54–72. Washington, DC: APSA.
Binder, Sarah A., und Forrest Maltzman. 2013. Advice and consent: The politics of selecting Federal Judges. In *Congress reconsidered*, Hrsg. Lawrence Dodd und Bruce Oppenheimer, 10. Aufl., 265–286. Washington, DC: CQ Press.
Buchstein, Hubertus, und Dirk Jörke. 2011. Democracy, theories of. In *International encyclopedia of political science*, Hrsg. Bertrand Badie, Dirk Berg-Schlosser, und Leonardo Morlino, 572–583. London: Sage.

Bühlmann, Marc, et al. 2012. Demokratiebarometer. *Zeitschrift für Vergleichende Politikwissenschaft* 6(1): 115–159.
Caiani, Manuela, Donatella della Porta, und Claudius Wagemann. 2012. *Mobilizing on the Extreme Right*. Oxford: Oxford University Press.
Cain, Bruce E., Patrick Egan, und Sergio Fabbrini. 2003. Towards more open democracies: The expansion of freedom of information laws. In *Democracy transformed? Expanding political opportunities in advanced industrial democracies*, Hrsg. Bruce E. Cain, Russell J. Dalton und Susan E. Scarrow, 115–139. Oxford: Oxford University Press.
Chetty, Raj et al. 2014. *The equality of opportunity project*. http://www.equality-of-opportunity. org. Zugegriffen am 01.09.2014.
Crouch, Colin und Wolfgang Streeck, Hrsg. 1997. *Political economy of modern capitalism: mapping convergence and diversity*. London: Sage.
Dalton, Russell J. 2013. *Citizen politics: Public opinion and advanced industrial democracies*, 6. Aufl. Washington, DC: CQ Press.
Diamond, Larry, und Leonardo Morlino, Hrsg. 2005. *Assessing the quality of democracy*. Baltimore: The Johns Hopkins University Press.
Domhoff, William G. 2014. *Who rules America: The triumph of the corporate rich*. New York: McGraw-Hill.
Dunkelman, Marc. 2014. The crisis of American exceptionalism. In *RealClearPolitics*, 13. 08.2014, http://www.realclearpolitics.com/articles/2014/08/13/the_crisis_of_american_exceptionalism_123644.html. Zugegriffen am 01.09.2014.
Erdmann, Gero, und Marianne Kneuer, Hrsg. 2011. *Regression of democracy?* Wiesbaden: VS Springer.
Federal Election Commission. 2012. *2012 Presidential popular vote summary*, http://www.fec.gov/pubrec/fe2012/2012pres.pdf. Zugegriffen am 04.09.2014.
Freedom House. 2014. *Freedom in the world report*. http://www.freedomhouse.org/report/freedom-world/freedom-world-2014#.VAiNvmeKDL8. Zugegriffen am 01.05.2014.
Fukuyama, Francis. 2014. America in decay. *Foreign Affairs* 93(5): 3–26.
Gallup. 2012. *Atheists, Muslims see most bias as presidential candidates. Two-thirds would vote for Gay or Lesbian*. http://www.gallup.com/poll/155285/atheists-muslims-bias-presidential-candidates.aspx. Zugegriffen am 01.09.2014.
Gallup. 2013. *Americans' trust in government generally down this year. Fewer say they have trust in executive and judicial branches*, September 2013, http://www.gallup.com/poll/164663/americans-trust-government-generally-down-year.aspx. Zugegriffen am 01.09.2014.
Gallup. 2014. *Public faith in congress falls again, hits historic low. Of major U.S. institutions, Americans most confident in the military*, June 2014, http://www.gallup.com/poll/171710/public-faith-congress-falls-again-hits-historic-low.aspx. Zugegriffen am 01.09.2014.
Gilens, Martin und Benjamin I. Page. 2014. Testing theories of American politics. *Perspectives on Politics*, forthcoming.
Global Corruption Barometer. 2013. *Country report United States of America*. http://www.transparency.org/gcb2013/country/?country=united_states. Zugegriffen am 01.09.2014.
Grimmer, Justin. 2013. *Representational style in congress. What legislators say and why it matters*. Cambridge: Cambridge University Press.
Haerpfer, Christian W., Patrick Bernhagen, Ronald F. Inglehart, und Christian Welzel. 2009. *Democratization*. Oxford: Oxford University Press.
Hall, Richard A. und David Soskice, Hrsg. 2001. *Varieties of capitalism. The institutional foundations of comparative advantage*. Oxford: Oxford University Press.
Hamilton, Alexander, James Madison und John Jay. 2003. *The federalist papers*, Hrsg. Clinton Rossiter. New York: Signet Classic.
iPOLL Databank, The Roper Center for Public Opinion Research, University of Connecticut. http://www.ropercenter.uconn.edu. Zugegriffen am 01.05.2014.
Kaiser, Robert. 2013. *Act of congress: How America's essential institution works, and how it doesn't*. New York: Knopf.

Lasswell, Harold, und Daniel Lerner. 1952. *The comparative study of elites. An introduction and bibliography*. Stanford: Stanford University Press.

Lauth, Hans-Joachim, und Josef Braml. 2011. The United States of America – a deficient democracy. In *Regression of democracy*, Hrsg. Gero Erdmann und Marianne Kneuer, 103–132. Wiesbaden: VS Springer.

Lindberg, Staffan I., Michael Coppedge, John Gerring, und Jan Teorell. 2014. V-Dem: A new way to measure democracy. *Journal of Democracy* 25(3): 159–169.

Mann, Thomas E., und Norman J. Ornstein. 2013. *It's even worse than it looks. How the American constitutional system collided with the new politics of extremism*. New York: Basic Books.

Marshall, Monty G. 2013. *The polity IV project*. http://www.systemicpeace.org/polity/polity4.htm. Zugegriffen am 01.09.2014.

Morlino, Leonardo. 2012. *Changes for democracy. Actors, structures, processes*. Oxford: Oxford University Press.

Neustadt, Richard E. 1991. *Presidential power and the modern presidents. The politics of leadership from Roosevelt to Reagan*. New York: The Free Press.

OECD. 2010. *Economic policy reforms: Going for growth 2010*. http://www.oecd.org/eco/labour/economicpolicyreformsgoingforgrowth2010.htm. Zugegriffen am 01.09.2014.

OECD. 2014. *Income distribution and poverty*. http://stats.oecd.org/Index.aspx?DataSetCode=IDD. Zugegriffen am 01.09.2014

O'Donnell, Guillermo. 2005. Why the rule of law matters. In *Assessing the quality of democracy*, Hrsg. Larry Diamond und Leonardo Morlino. Baltimore: The Johns Hopkins University Press.

Opensecrets.org. 2014. *Reelection rates over the years*. https://www.opensecrets.org/bigpicture/reelect.php?cycle=2012. Zugegriffen am 01.09.2014.

Packer, George. 2013. *The unwinding. Thirty years of American decline*. London: Faber und Faber Ltd.

Pew Forum. 2008. *U.S. Religious Landscape Survey. Religious affiliation: Diverse and dynamic*. http://religions.pewforum.org/pdf/report-religious-landscape-study-full.pdf. Zugegriffen am 01.09.2014.

Pew Research. 2011. *Wealth gaps rise to record highs between Whites, Blacks, Hispanics*. http://the100leaders.org/resourcesAssets/pdfs/Wealth%20Gaps%20Rise%20to%20Record%20Highs%20Between%20Whites,%20Blacks,%20Hispanics%20_%20Pew%20Soc.pdf. Zugegriffen am 01.09.2014.

Pew Research. 2013. *Few see adequate limits on NSA Surveillance Program, but more approve than disapprove*. http://www.people-press.org/2013/07/26/few-see-adequate-limits-on-nsa-surveillance-program. Zugegriffen am 01.09.2014.

Piketty, Thomas. 2014. *Capital in the twenty-first century*. Cambridge: Belknap Press.

Powell Jr., G. Bingham. 2005. The chain of responsiveness. In *Assessing the quality of democracy*, Hrsg. Larry Diamond und Leonardo Morlino. Baltimore: The Johns Hopkins University Press.

Przeworski, Adam. 2010. *Democracy and the limits of self-government*. Cambridge: Cambridge University Press.

Putnam, Robert D. 2000. *Bowling alone: The collapse and revival of American Community* (Paperbacks). New York: Simon & Schuster.

Quirk, Paul J., Christian Lammert und Martin Thunert. 2014. *2014 United States Report. Sustainable governance indicators*. http://www.sgi-network.org/docs/2014/country/SGI2014_USA.pdf. Zugegriffen am 01.09.2014.

Schlozman, Kay L., Sidney Verba, und Henry E. Brady. 2013. *The unheavenly chorus: Unequal political voice and the broken promise of American democracy*. Princeton: Princeton University Press.

Schmidt, Manfred G. 2010. *Demokratietheorien. Eine Einführung*, 5. Aufl. Wiesbaden: VS-Verlag.

Schmitter, Philippe. 1974. Still the century of corporatism? *Review of Politics* 36(1): 85–131.

Schmitter, Philippe. 2011. The future of ‚real-existing' democracies. *Society and Economy* 33(2): 399–428.
Schmitter, Philippe, und Terry Karl. 1991. What democracy is ... and is not. *Journal of Democracy* 2/3: 75–88.
Siaroff, Alan. 1999. Corporatism in 24 industrial democracies: Meaning and measurement. *European Journal of Political Research* 36(2): 175–205.
Siewert, Markus B., und Christian Zettl. 2007. Politische Eliten. In *Regierungssystem der USA: Ein Lehr- und Handbuch*, Hrsg. Wolfgang Jäger, Christoph M. Haas, und Wolfgang Welz, 347–361. München: Oldenbourg Verlag.
Skocpol, Theda. 2003. *Diminished democracy. From membership to management in American civic life*. Norman: University of Oklahoma Press.
Skocpol, Theda, und Vanessa Williamson. 2012. *The Tea Party and the remaking of American conservatism*. New York: Oxford University Press.
Smith, Graham. 2009. *Democratic innovations. Designing institutions for citizen participation*. Cambridge: Cambridge University Press.
Stoiber, Michael. 2011. *Die Qualität von Demokratien im Vergleich. Zur Bedeutung des Kontextes in der empirisch vergleichenden Demokratietheorie*. Nomos: Baden-Baden.
Streeck, Wolfgang. 1994. Staat und Verbände: Neue Fragen. Neue Antworten? In *Staat und Verbände*, Hrsg. Wolfgang Streeck, 7–34. Opladen: Westdeutscher Verlag.
The Telegraph. 2014. *Arizona passes law allowing shopkeepers to refuse to serve Gay people*. 21.02.2014.
Theriault, Sean M. 2013. *The Gingrich Senators. The roots of partisan warfare in congress*. New York: Oxford University Press.
Truman, David. 1951. *The governmental process*. New York: Knopf.
Wagemann, Claudius. 2012. *Breakdown and change of private interest governments*. London: Routledge.
Wasserman, David. 2013. *Introducing the 2014 Cook Political Report Partisan Voter Index*. http://cookpolitical.com/story/5604. Zugegriffen am 01.09.2014.
World Economic Forum. 2013. *The Global Gender Gap Report 2013*. Genf.
Zakaria, Fareed. 2013. Can America be fixed? The new crisis of democracy. *Foreign Affairs* 92(1): 22–33.
Zelizer, Julian. 2014. Is there anything wrong with a little pork barrel spending? *CNN*, 12.05.2014, http://edition.cnn.com/2014/05/12/opinion/zelizer-the-case-for-earmarks. Zugegriffen am 01.09.2014.

VERFASSUNG DER VEREINIGTEN STAATEN VON AMERIKA

17. September 1787

PRÄAMBEL

Wir, das Volk der Vereinigten Staaten, von der Absicht geleitet, unseren Bund zu vervollkommnen, die Gerechtigkeit zu verwirklichen, die Ruhe im Innern zu sichern, für die Landesverteidigung zu sorgen, das allgemeine Wohl zu fördern und das Glück der Freiheit uns selbst und unseren Nachkommen zu bewahren, setzen und begründen diese Verfassung für die Vereinigten Staaten von Amerika.

ARTIKEL 1

Abschnitt I

Alle in dieser Verfassung verliehene gesetzgebende Gewalt ruht im Kongreß der Vereinigten Staaten, der aus einem Senat und einem Repräsentantenhaus besteht.

Abschnitt 2

Das Repräsentantenhaus besteht aus Abgeordneten, die alle zwei Jahre in den Einzelstaaten vom Volke gewählt werden. Die Wähler in jedem Staate müssen den gleichen Bedingungen genügen, die für die Wähler der zahlenmäßig stärksten Kammer der gesetzgebenden Körperschaft des Einzelstaats vorgeschrieben sind.

Niemand kann Abgeordneter werden, der nicht das Alter von 25 Jahren erreicht hat, sieben Jahre Bürger der Vereinigten Staaten gewesen und zur Zeit seiner Wahl Einwohner desjenigen Staates ist, in dem er gewählt wird.

Die Abgeordnetenmandate und die direkten Steuern werden auf die einzelnen Staaten, die diesem Bund angeschlossen sind, im Verhältnis zu ihrer Einwohnerzahl verteilt; diese wird ermittelt, indem zur Gesamtzahl der freien Personen, einschließlich der in einem befristeten Dienstverhältnis stehenden, jedoch ausschließlich der nicht besteuerten Indianer, drei Fünftel der Gesamtzahl aller übrigen Personen hinzugezählt werden.[1] Die Zahlung selbst erfolgt innerhalb von drei Jahren nach dem ersten Zusammentritt des Kongresses der Vereinigten Staaten und dann jeweils alle zehn Jahre nach Maßgabe eines hierfür zu erlassenden Gesetzes. Auf je dreißigtausend Einwohner darf nicht mehr als ein Abgeordneter kommen, doch soll jeder Staat durch wenigstens einen Abgeordneten vertreten sein; bis zur Durchführung dieser Zahlung hat der Staat New Hampshire das Recht, drei zu wählen, Massachusetts acht, Rhode Island und Providence Plantations einen, Connecticut fünf, New York sechs, New Jersey vier, Pennsylvania acht, Delaware einen, Maryland sechs, Virginia zehn, North Carolina fünf, South Carolina fünf und Georgia drei.[2]

Wenn in der Vertretung eines Staates Abgeordnetensitze frei werden, dann schreibt dessen Regierung Ersatzwahlen aus, um die erledigten Mandate neu zu besetzen.

Das Repräsentantenhaus wählt aus seiner Mitte einen Präsidenten (Sprecher) und sonstige Parlamentsorgane. Es hat das alleinige Recht, Amtsanklage zu erheben.

Abschnitt 3

Der Senat der Vereinigten Staaten besteht aus je zwei Senatoren von jedem Einzelstaat, die von dessen gesetzgebender Körperschaft[3] auf sechs Jahre gewählt werden. Jedem Senator steht eine Stimme zu.

Unmittelbar nach dem Zusammentritt nach der erstmaligen Wahl soll der Senat so gleichmäßig wie möglich in drei Gruppen aufgeteilt werden. Die Senatoren der ersten Gruppe haben nach Ablauf von zwei Jahren ihr Mandat niederzulegen, die der zweiten Gruppe nach Ablauf von vier Jahren und die der dritten Gruppe nach Ablauf von sechs Jahren, so daß jedes zweite Jahr ein Drittel neu zu wählen ist. Falls durch Rücktritt oder aus einem anderen Grunde außerhalb der Tagungsperiode der gesetzgebenden Körperschaft eines Einzelstaates Sitze frei werden, kann dessen Regierung vorläufige Ernennungen vornehmen, bis die gesetzgebende Körperschaft bei ihrem nächsten Zusammentritt die erledigten Mandate wieder besetzt.[4]

Niemand kann Senator werden, der nicht das Alter von 30 Jahren erreicht hat, neun Jahre Bürger der Vereinigten Staaten gewesen und zur Zeit seiner Wahl Einwohner desjenigen Staates ist, für den er gewählt wird.

Der Vizepräsident der Vereinigten Staaten ist Präsident des Senats. Er hat jedoch kein Stimmrecht, ausgenommen im Falle der Stimmengleichheit.

Der Senat wählt seine sonstigen Parlamentsorgane und auch einen Interimspräsidenten für den Fall, daß der Vizepräsident abwesend ist oder das Amt des Präsidenten der Vereinigten Staaten wahrnimmt.

---

[1] Absatz 3 durch den XIV. und XVI. Zusatzartikel geändert.
[2] Letzter Satz überholt.
[3] Durch den XVII. Zusatzartikel geändert.
[4] Durch den XVII. Zusatzartikel geändert.

Der Senat hat das alleinige Recht, über alle Amtsanklagen zu befinden. Wenn er zu diesem Zwecke zusammentritt, stehen die Senatoren unter Eid oder eidesstattlicher Verantwortlichkeit. Bei Verfahren gegen den Präsidenten der Vereinigten Staaten führt der Oberste Bundesrichter den Vorsitz. Niemand darf ohne Zustimmung von zwei Dritteln der anwesenden Mitglieder schuldig gesprochen werden.

In Fällen von Amtsanklagen lautet der Spruch höchstens auf Entfernung aus dem Amte und Aberkennung der Befähigung, ein Ehrenamt, eine Vertrauensstellung oder ein besoldetes Amt im Dienste der Vereinigten Staaten zu bekleiden oder auszuüben. Der für schuldig Befundene ist desungeachtet der Anklageerhebung, dem Strafverfahren, der Verurteilung und Strafverbüßung nach Maßgabe der Gesetze ausgesetzt und unterworfen.

Abschnitt 4

Zeit, Ort und Art der Durchführung der Senatoren- und Abgeordnetenwahlen werden in jedem Staate durch dessen gesetzgebende Körperschaft bestimmt. Jedoch kann der Kongreß jederzeit selbst durch Gesetz solche Bestimmungen erlassen oder ändern; nur die Orte der Durchführung der Senatorenwahlen sind davon ausgenommen.

Der Kongreß tritt wenigstens einmal in jedem Jahr zusammen, und zwar am ersten Montag im Dezember,[5] falls er nicht durch Gesetz einen anderen Tag bestimmt.

Abschnitt 5

Jedem Haus obliegt selbst die Überprüfung der Wahlen, der Abstimmungsergebnisse und der Wählbarkeitsvoraussetzungen seiner eigenen Mitglieder. In jedem Hause ist die Anwesenheit der Mehrheit der Mitglieder zur Beschlußfähigkeit erforderlich. Eine kleinere Zahl Anwesender darf jedoch die Sitzung von einem Tag auf den anderen vertagen und kann ermächtigt werden, das Erscheinen abwesender Mitglieder in der von jedem Haus vorgesehenen Form und mit dementsprechender Strafandrohung zu erzwingen.

Jedes Haus kann sich eine Geschäftsordnung geben, seine Mitglieder wegen ordnungswidrigen Verhaltens bestrafen und mit Zweidrittelmehrheit ein Mitglied ausschließen.

Jedes Haus führt ein fortlaufendes Verhandlungsprotokoll, das von Zeit zu Zeit zu veröffentlichen ist, ausgenommen solche Teile, die nach seinem Ermessen Geheimhaltung erfordern; die Ja- und die Nein-Stimmen der Mitglieder jedes Hauses zu jedweder Frage sind auf Antrag eines Fünftels der Anwesenden im Verhandlungsprotokoll zu vermerken.

---

[5]Durch den XX. Zusatzartikel geändert.

Keines der beiden Häuser darf sich während der Sitzungsperiode des Kongresses ohne Zustimmung des anderen auf mehr als drei Tage vertagen noch an einem anderen als dem für beide Häuser bestimmten Sitzungsort zusammentreten.

Abschnitt 6

Die Senatoren und Abgeordneten erhalten für ihre Tätigkeit eine Entschädigung, die gesetzlich festgelegt und vom Schatzamt der Vereinigten Staaten ausbezahlt werden soll. Sie sind in allen Fällen, außer bei Verrat, Verbrechen und Friedensbruch, vor Verhaftung geschützt, solange sie an einer Sitzung ihres jeweiligen Hauses teilnehmen oder sich auf dem Wege dorthin oder auf dem Heimweg befinden; kein Mitglied darf wegen seiner Reden oder Äußerungen in einem der Häuser andernorts zur Rechenschaft gezogen werden.

Kein Senator oder Abgeordneter darf während der Zeit, für die er gewählt wurde, in irgendeine Beamtenstellung im Dienste der Vereinigten Staaten berufen werden, die während dieser Zeit geschaffen oder mit erhöhten Bezügen ausgestattet wurde; und niemand, der ein Amt im Dienste der Vereinigten Staaten bekleidet, darf während seiner Amtsdauer Mitglied eines der beiden Häuser sein.

Abschnitt 7

Alle Gesetzesvorlagen zur Aufbringung von Haushaltsmitteln gehen vom Repräsentantenhaus aus; der Senat kann jedoch wie bei anderen Gesetzesvorlagen Abänderungs- und Ergänzungsvorschläge einbringen.

Jede Gesetzesvorlage wird nach ihrer Verabschiedung durch das Repräsentantenhaus und den Senat, ehe sie Gesetzeskraft erlangt, dem Präsidenten der Vereinigten Staaten vorgelegt. Wenn er sie billigt, so soll er sie unterzeichnen, andernfalls jedoch mit seinen Einwendungen an jenes Haus zurückverweisen, von dem sie ausgegangen ist; dieses nimmt die Einwendungen ausführlich zu Protokoll und tritt erneut in die Beratung ein. Wenn nach dieser erneuten Lesung zwei Drittel des betreffenden Hauses für die Verabschiedung der Vorlage stimmen, so wird sie zusammen mit den Einwendungen dem anderen Hause zugesandt, um dort gleichfalls erneut beraten zu werden; wenn sie die Zustimmung von zwei Dritteln auch dieses Hauses findet, wird sie Gesetz. In allen solchen Fällen aber erfolgt die Abstimmung in beiden Häusern nach Ja- und Nein-Stimmen, und die Namen derer, die für und gegen die Gesetzesvorlage stimmen, werden im Protokoll des betreffenden Hauses vermerkt. Falls eine Gesetzesvorlage vom.

Präsidenten nicht innerhalb von zehn Tagen (Sonntage nicht eingerechnet) nach Übermittlung zurückgegeben wird, erlangt sie in gleicher Weise Gesetzeskraft, als ob er sie unterzeichnet hätte, es sei denn, daß der Kongreß durch Vertagung die Rückgabe verhindert hat; in diesem Fall erlangt sie keine Gesetzeskraft.

Jede Anordnung, Entschließung oder Abstimmung, für die Übereinstimmung von Senat und Repräsentantenhaus erforderlich ist (ausgenommen zur Frage einer

Vertagung), muß dem Präsidenten der Vereinigten Staaten vorgelegt und, ehe sie wirksam wird, von ihm gebilligt werden; falls er ihre Billigung ablehnt, muß sie von Senat und Repräsentantenhaus mit Zweidrittelmehrheit nach Maßgabe der für Gesetzesvorlagen vorgeschriebenen Regeln und Fristen neuerlich verabschiedet werden.

Abschnitt 8

Der Kongreß hat das Recht: Steuern, Zölle, Abgaben und Akzisen aufzuerlegen und einzuziehen, um für die Erfüllung der Zahlungsverpflichtungen, für die Landesverteidigung und das allgemeine Wohl der Vereinigten Staaten zu sorgen; alle Zölle, Abgaben und Akzisen sind aber für das gesamte Gebiet der Vereinigten Staaten einheitlich festzusetzen;

auf Rechnung der Vereinigten Staaten Kredit aufzunehmen;

den Handel mit fremden Ländern, zwischen den Einzelstaaten und mit den Indianerstämmen zu regeln;

für das gesamte Gebiet der Vereinigten Staaten eine einheitliche Einbürgerungsordnung und ein einheitliches Konkursrecht zu schaffen;

Münzen zu prägen, ihren Wert und den fremder Währungen zu bestimmen und Maße und Gewichte zu normen;

Strafbestimmungen für die Fälschung von Staatsobligationen und gültigen Zahlungsmitteln der Vereinigten Staaten zu erlassen;

Postämter und Poststraßen einzurichten;

den Fortschritt von Kunst und Wissenschaft dadurch zu fördern, daß Autoren und Erfindern für beschränkte Zeit das ausschließliche Recht an ihren Publikationen und Entdeckungen gesichert wird;

dem Obersten Bundesgericht nachgeordnete Gerichte zu bilden;

Seeräuberei und andere Kapitalverbrechen auf hoher See sowie Verletzungen des Völkerrechts begrifflich zu bestimmen und zu ahnden;

Krieg zu erklären, Kaperbriefe auszustellen und Vorschriften über das Prisen- und Beuterecht zu Wasser und zu Lande zu erlassen;

Armeen aufzustellen und zu unterhalten; die Bewilligung von Geldmitteln hierfür soll jedoch nicht für länger als auf zwei Jahre erteilt werden;

eine Flotte zu bauen und zu unterhalten;

Reglements für Führung und Dienst der Land- und Seestreitkräfte zu erlassen;

Vorkehrungen für das Aufgebot der Miliz zu treffen, um den Bundesgesetzen Geltung zu verschaffen, Aufstände zu unterdrücken und Invasionen abzuwehren;

Vorkehrungen zu treffen für Aufbau, Bewaffnung und Ausbildung der Miliz und die Führung derjenigen ihrer Teile, die im Dienst der Vereinigten Staaten Verwendung finden, wobei jedoch den Einzelstaaten die Ernennung der Offiziere und die Aufsicht über die Ausbildung der Miliz nach den Vorschriften des Kongresses vorbehalten bleiben;

die ausschließliche und uneingeschränkte Gesetzgebung für jenes Gebiet (das nicht größer als zehn Quadratmeilen sein soll) auszuüben, das durch Abtretung seitens einzelner Staaten und Annahme seitens des Kongresses zum Sitz der Regierung der Vereinigten Staaten ausersehen wird, und gleiche Hoheitsrechte in allen Gebieten auszuüben, die zwecks Errichtung von Befestigungen, Magazinen, Arsenalen, Werften und anderen notwendigen Bauwerken mit Zustimmung der gesetzgebenden Körperschaft desjenigen Staates, in dem diese angelegt werden sollen, angekauft werden; — und

alle zur Ausübung der vorstehenden Befugnisse und aller anderen Rechte, die der Regierung der Vereinigten Staaten, einem ihrer Zweige oder einem einzelnen Beamten auf Grund dieser Verfassung übertragen sind, notwendigen und zweckdienlichen Gesetze zu erlassen.

Abschnitt 9

Die Einwanderung oder Hereinholung solcher Personen, deren Zulassung einer der derzeit bestehenden Staaten für angebracht hält, darf vom Kongreß vor dem Jahre 1808 nicht verboten werden, doch kann eine solche Hereinholung mit Steuer oder Zoll von nicht mehr als zehn Dollar für jede Person belegt werden.[6]

Der Anspruch eines Verhafteten auf Ausstellung eines richterlichen Vorführungsbefehls darf nicht suspendiert werden, es sei denn, daß die öffentliche Sicherheit dies im Falle eines Aufstandes oder einer Invasion erforderlich macht.

Kein Ausnahmegesetz, das eine Verurteilung ohne Gerichtsverfahren zum Inhalt hat, oder Strafgesetz mit rückwirkender Kraft soll verabschiedet werden.

Kopfsteuern oder sonstige direkte Steuern dürfen nur nach Maßgabe der Ergebnisse der Schätzung oder Volkszählung, wie im Vorhergehenden angeordnet, auferlegt werden.[7]

Waren, die aus einem Einzelstaat ausgeführt werden, dürfen nicht mit Steuern oder Zöllen belegt werden.

Eine Begünstigung der Häfen eines Einzelstaates gegenüber denen eines anderen durch handels- oder abgabenrechtliche Vorschriften darf nicht gewährt werden; die Schiffe mit Bestimmungs- oder Abgangshafen in einem der Staaten dürfen nicht gezwungen werden, in einem anderen anzulegen, zu klarieren oder Gebühren zu entrichten.

Geld darf der Staatskasse nur auf Grund gesetzlicher Bewilligungen entnommen werden; über alle Einkünfte und Ausgaben der öffentlichen Hand ist der Öffentlichkeit von Zeit zu Zeit ordnungsgemäß Rechnung zu legen.

Adelstitel dürfen durch die Vereinigten Staaten nicht verliehen werden. Niemand, der ein besoldetes oder Ehrenamt in ihrem Dienst bekleidet, darf ohne Zustimmung des Kongresses ein Geschenk, Entgelt, Amt oder einen Titel irgendeiner Art von einem König, Fürsten oder fremden Staat annehmen.

---

[6]Überholt.
[7]Vgl. den XVI. Zusatzartikel.

Abschnitt 10

Kein Einzelstaat darf einem Vertrag, Bündnis oder einer Konföderation beitreten, Kaperbriefe ausstellen. Münzen prägen, Banknoten ausgeben, etwas anderes als Gold- oder Silbermünzen zum gesetzlichen Zahlungsmittel erklären, ein Ausnahmegesetz, das eine Verurteilung ohne Gerichtsverfahren zum Inhalt hat, oder ein Strafgesetz mit rückwirkender Kraft oder ein Gesetz, das Vertragsverpflichtungen beeinträchtigt, verabschieden oder einen Adelstitel verleihen.

Kein Einzelstaat darf ohne Zustimmung des Kongresses Abgaben oder Zölle auf Ein- oder Ausfuhr legen, soweit dies nicht zur Durchführung der Überwachungsgesetze unbedingt nötig ist; über den Reinertrag, der einem Staat aus Zöllen und Abgaben auf Ein- und Ausfuhr zufließt, verfügt das Schatzamt der Vereinigten Staaten; alle derartigen Gesetze unterliegen der Revisions- und Aufsichtsbefugnis des Kongresses.

Kein Staat darf ohne Zustimmung des Kongresses Tonnengelder erheben, in Friedenszeiten Truppen oder Kriegsschiffe unterhalten, Vereinbarungen oder Verträge mit einem der anderen Staaten oder mit einer fremden Macht schließen oder sich in einen Krieg einlassen, es sei denn, er werde tatsächlich angegriffen oder die Gefahr drohe so unmittelbar, daß sie keinen Aufschub duldet.

ARTIKEL II

Abschnitt I

Die vollziehende Gewalt liegt bei dem Präsidenten der Vereinigten Staaten von Amerika. Seine Amtszeit beträgt vier Jahre, und er wird zugleich mit dem für dieselbe Amtsperiode zu wählenden Vizepräsidenten auf folgende Weise gewählt:

Jeder Einzelstaat bestimmt in der von seiner gesetzgebenden Körperschaft vorgeschriebenen Weise eine Anzahl von Wahlmännern, die der Gesamtzahl der dem Staat im Kongreß zustehenden Senatoren und Abgeordneten gleich ist; jedoch darf kein Senator oder Abgeordneter oder eine Person, die ein besoldetes oder Ehrenamt im Dienste der Vereinigten Staaten bekleidet, zum Wahlmann bestellt werden.

Die Wahlmänner treten in ihren Staaten zusammen und stimmen durch Stimmzettel für zwei Personen, von denen mindestens eine nicht Einwohner desselben Staates sein darf wie sie selbst. Sie führen in einer Liste alle Personen auf, für die Stimmen abgegeben worden sind, und die Anzahl der ihnen zugefallenen Stimmen; diese Liste unterzeichnen und beglaubigen sie und übersenden sie versiegelt an den Sitz der Regierung der Vereinigten Staaten, zu Händen des Senatspräsidenten. Der Präsident des Senats öffnet vor Senat und Repräsentantenhaus alle diese beglaubigten Listen; anschließend sind die Stimmen zu zählen. Derjenige, der die größte Stimmenzahl auf sich vereinigt, soll Präsident sein.

wenn diese Zahl der Mehrheit der Gesamtzahl der bestellten Wahlmänner entspricht; wenn aber mehrere eine derartige Mehrheit erreichen und die gleiche Anzahl von Stimmen erhalten, dann soll das Repräsentantenhaus sogleich einen von ihnen durch Stimmzettel zum Präsidenten wählen; und wenn niemand eine derartige Mehrheit erreicht hat, soll das genannte Haus in gleicher Weise aus den fünf führenden Personen auf der Liste den Präsidenten wählen. Bei dieser Präsidentschaftsstichwahl wird jedoch nach Staaten abgestimmt, wobei die Vertretung jedes Staates eine Stimme hat; zur Beschlußfähigkeit ist für diesen Zweck die Anwesenheit von je einem oder mehreren Abgeordneten von zwei Dritteln der Staaten und zum Wahlentscheid eine Mehrheit aller Einzelstaaten erforderlich. In jedem Fall soll nach der Wahl des Präsidenten derjenige, der die größte Anzahl der Wahlmännerstimmen auf sich vereinigt, Vizepräsident sein. Wenn aber zwei oder mehrere die gleiche Stimmenzahl aufweisen, soll der Senat unter ihnen durch Stimmzettel den Vizepräsidenten auswählen.[8] Der Kongreß kann den Zeitpunkt für die Wahl der Wahlmänner und den Tag ihrer Stimmenabgabe festsetzen; dieser Tag soll im ganzen Bereich der Vereinigten Staaten derselbe sein. In das Amt des Präsidenten können nur in den Vereinigten Staaten geborene Bürger oder Personen, die zur Zeit der Annahme dieser Verfassung Bürger der Vereinigten Staaten waren, gewählt werden; es kann niemand in dieses Amt gewählt werden, der nicht das Alter von 35 Jahren erreicht und seinen Wohnsitz seit 14 Jahren im Gebiete der Vereinigten Staaten gehabt hat.

Im Falle der Amtsenthebung des Präsidenten oder seines Todes, Rücktritts oder der Unfähigkeit zur Wahrnehmung der Befugnisse und Obliegenheiten seines Amtes geht es auf den Vizepräsidenten über. Der Kongreß kann durch Gesetz für den Fall der Amtsenthebung, des Todes, des Rücktritts oder der Amtsunfähigkeit sowohl des Präsidenten als auch des Vizepräsidenten Vorsorge treffen und bestimmen, welcher Beamte dann die Geschäfte des Präsidenten wahrnehmen soll, und dieser Beamte versieht dann die Geschäfte so lange, bis die Amtsunfähigkeit behoben oder ein Präsident gewählt worden ist.[9]

Der Präsident erhält zu festgesetzten Zeiten für seine Dienste eine Vergütung. Diese darf während der Zeit, für die er gewählt ist, weder vermehrt noch vermindert werden, und er darf während dieses Zeitraumes auch keine sonstigen Einkünfte von den Vereinigten Staaten oder einem der Einzelstaaten beziehen.

Ehe er sein Amt antritt, soll er diesen Eid oder dieses Gelöbnis leisten: *„Ich schwöre (oder gelobe) feierlich, daß ich das Amt des Präsidenten der Vereinigten Staaten getreulich verwalten und die Verfassung der Vereinigten Staaten nach besten Kräften erhalten, schützen und verteidigen will."*

Abschnitt 2

Der Präsident ist Oberbefehlshaber der Armee und der Flotte der Vereinigten Staaten und der Miliz der Einzelstaaten, wenn diese zur aktiven Dienstleistung für die Vereinigten Staaten aufgerufen wird; er kann von den Leitern der einzelnen

---

[8] Durch den XII. Zusatzartikel geändert.
[9] Vgl. den XX. Zusatzartikel.

Abteilungen der Bundesregierung die schriftliche Stellungnahme zu Angelegenheiten aus dem Dienstbereich der betreffenden Behörde verlangen, und er hat, außer in Amtsanklagefällen, das Recht, Strafaufschub und Begnadigung für Straftaten gegen die Vereinigten Staaten zu gewähren.

Er hat das Recht, auf Anraten und mit Zustimmung des Senats Verträge zu schließen, vorausgesetzt, daß zwei Drittel der anwesenden Senatoren zustimmen. Er nominiert auf Anraten und mit Zustimmung des Senats Botschafter, Gesandte und Konsuln, die Richter des Obersten Bundesgerichts und alle sonstigen Beamten der Vereinigten Staaten, deren Bestellung hierin nicht anderweitig geregelt ist und deren Ämter durch Gesetz geschaffen werden; doch kann der Kongreß nach seinem Ermessen die Ernennung von unteren Beamten durch Gesetz dem Präsidenten allein, den Gerichtshöfen oder den Leitern der Bundesbehörde übertragen.

Der Präsident hat die Befugnis, alle während der Senatsferien freiwerdenden Beamtenstellen im Wege des Amtsauftrags zu besetzen, der mit dem Ende der nächsten Sitzungsperiode erlischt.

Abschnitt 3

Er hat von Zeit zu Zeit dem Kongreß über die Lage der Union Bericht zu erstatten und Maßnahmen zur Beratung zu empfehlen, die er für notwendig und nützlich erachtet. Er kann bei außerordentlichen Anlässen beide oder eines der Häuser einberufen, und er kann sie, falls sie sich über die Zeit der Vertagung nicht einigen können, bis zu einem ihm geeignet erscheinenden Zeitpunkt vertagen. Er empfängt Botschafter und Gesandte. Er hat Sorge zu tragen, daß die Gesetze gewissenhaft vollzogen werden, und er erteilt allen Beamten der Vereinigten Staaten die Ernennungsurkunden.

Abschnitt 4

Der Präsident, der Vizepräsident und alle Zivilbeamten der Vereinigten Staaten werden ihres Amtes enthoben, wenn sie wegen Verrats, Bestechung oder anderer Verbrechen und Vergehen unter Amtsanklage gestellt und für schuldig befunden worden sind.

ARTIKEL III

Abschnitt I

Die richterliche Gewalt der Vereinigten Staaten liegt bei einem Obersten Bundesgericht und bei solchen unteren Gerichten, deren Errichtung der Kongreß von Fall zu Fall anordnen wird. Die Richter sowohl des Obersten Bundesgerichts als auch der unteren Gerichte sollen im Amte bleiben, solange ihre Amtsführung einwandfrei ist, und zu bestimmten Zeiten für ihre Dienste eine Vergütung erhalten, die während ihrer Amtsdauer nicht herabgesetzt werden darf.

Abschnitt 2

Die richterliche Gewalt erstreckt sich auf alle Fälle nach dem Gesetzes- und dem Billigkeitsrecht, die sich aus dieser Verfassung, den Gesetzen der Vereinigten Staaten und den Verträgen ergeben, die in ihrem Namen abgeschlossen wurden oder künftig geschlossen werden; — auf alle Fälle, die Botschafter, Gesandte und Konsuln betreffen; — auf alle Fälle der Admiralitäts- und Seegerichtsbarkeit; — auf Streitigkeiten, in denen die Vereinigten Staaten Streitpartei sind; — auf Streitigkeiten zwischen zwei oder mehreren Einzelstaaten; — zwischen einem Einzelstaat und den Bürgern eines anderen Einzelstaates;[10] — zwischen Bürgern verschiede- ner Einzelstaaten; — zwischen Bürgern desselben Einzelstaates, die auf Grund von Zuweisungen seitens verschiedener Einzelstaaten Ansprüche auf Land erheben; — und zwischen einem Einzelstaat oder dessen Bürgern und fremden Staaten, Bürgern oder Untertanen.

In allen Fällen, die Botschafter, Gesandte und Konsuln betreffen, und in solchen, in denen ein Einzelstaat Partei ist, übt das Oberste Bundesgericht ursprüngliche Gerichtsbarkeit aus. In allen anderen zuvor erwähnten Fällen ist das Oberste Bundesgericht Appellationsinstanz sowohl hinsichtlich der rechtlichen als auch der Tatsachenbeurteilung gemäß den vom Kongreß festzulegenden Ausnahme- und Verfahrensbestimmungen.

Alle Strafverfahren mit Ausnahme von Fällen der Amtsanklage sind von einem Geschworenengericht durchzuführen, und die Verhandlung findet in dem Einzelstaat statt, in dem die fragliche Straftat begangen worden ist. Wenn eine Straftat aber nicht im Gebiet eines der Einzelstaaten begangen worden ist, so findet die Verhandlung an dem Ort oder den Orten statt, die der Kongreß durch Gesetz bestimmen wird.

Abschnitt 3

Als Verrat gegen die Vereinigten Staaten gilt nur die Kriegführung gegen sie oder die Unterstützung ihrer Feinde durch Hilfeleistung und Begünstigung. Niemand darf des Verrates schuldig befunden werden, es sei denn auf Grund der Aussage zweier Zeugen über dieselbe offenkundige Handlung oder auf Grund eines Geständnisses in öffentlicher Gerichtssitzung. Der Kongreß hat das Recht, die Strafe für Verrat festzusetzen. Die Rechtsfolgen des Verrats sollen jedoch nicht über die Lebenszeit des Verurteilten hinaus Ehrverlust oder Vermögensverfall bewirken.

---

[10]Durch den XI. Zusatzartikel eingeschränkt.

ARTIKEL IV

Abschnitt 1

Gesetze, Urkunden und richterliche Entscheidungen jedes Einzelstaates genießen in jedem anderen Staat volle Würdigung und Anerkennung. Der Kongreß kann durch allgemeine Gesetzgebung bestimmen, in welcher Form der Nachweis derartiger Gesetze, Urkunden und richterlicher Entscheidungen zu führen ist und welche Geltung ihnen zukommt.

Abschnitt 2

Die Bürger eines jeden Einzelstaates genießen alle Vorrechte und Freiheiten der Bürger anderer Einzelstaaten.[11]

Wer in irgendeinem Einzelstaate des Verrats oder eines Verbrechens oder Vergehens angeklagt wird, sich der Strafverfolgung durch Flucht entzieht und in einem anderen Staat aufgegriffen wird, muß auf Verlangen der Regierung des Staates, aus dem er entflohen ist, ausgeliefert und nach dem Staat geschafft werden, unter dessen Gerichtsbarkeit dieses Verbrechen fällt.

Niemand, der in einem Einzelstaate nach dessen Gesetzen zu Dienst oder Arbeit verpflichtet ist und in einen anderen Staat entflieht, darf auf Grund dort geltender Gesetze oder Bestimmungen von dieser Dienst- oder Arbeitspflicht befreit werden. Er ist vielmehr auf Verlangen desjenigen, dem er zu Dienst oder Arbeit verpflichtet ist, auszuliefern.[12]

Abschnitt 3

Neue Staaten können vom Kongreß in diesen Bund aufgenommen werden. Jedoch darf kein neuer Staat innerhalb des Hoheitsbereichs eines anderen Staates gebildet oder errichtet werden. Auch darf kein neuer Staat durch die Vereinbarung von zwei oder mehr Einzelstaaten oder Teilen von Einzelstaaten ohne die Zustimmung sowohl der gesetzgebenden Körperschaften der betreffenden Einzelstaaten als auch des Kongresses gebildet werden.

Der Kongreß hat das Recht, über die Ländereien und sonstiges Eigentum der Vereinigten Staaten zu verfügen und alle erforderlichen Anordnungen und Vorschriften hierüber zu erlassen; und keine Bestimmung dieser Verfassung soll so ausgelegt werden, daß durch sie Ansprüche der Vereinigten Staaten oder irgendeines Einzelstaates präjudiziert würden.

---

[11] Durch den XIV. Zusatzartikel erweitert.
[12] Durch den XIII. Zusatzartikel überholt.

Abschnitt 4

Die Vereinigten Staaten gewährleisten jedem Staat innerhalb dieses Bundes eine republikanische Regierungsform; sie schützen jeden von ihnen gegen feindliche Einfälle und auf Antrag seiner gesetzgebenden Körperschaft oder Regierung (wenn die gesetzgebende Körperschaft nicht einberufen werden kann) auch gegen innere Gewaltakte.

ARTIKEL V

Der Kongreß schlägt, wenn beide Häuser es mit Zwiedrittelmehrheit für notwendig halten, Verfassungsänderungen vor oder beruft auf Ansuchen der gesetzgebenden Körperschaften von zwei Dritteln der Einzelstaaten einen Konvent zur Ausarbeitung von Abänderungsvorschlägen ein, die in beiden Fällen nach Sinn und Absicht als Teile dieser Verfassung Rechtskraft erlangen, wenn sie in drei Vierteln der Einzelstaaten von den gesetzgebenden Körperschaften oder den Konventen ratifiziert werden, je nachdem, welche Form der Ratifikation vom Kongreß vorgeschlagen wird. Jedoch darf keine Abänderung vor dem Jahre 1808 in irgendeiner Weise den 1. und 4. Absatz des 9. Abschnittes des 1. Artikels berühren[13] und keinem Staat darf ohne seine Zustimmung das gleiche Stimmrecht im Senat entzogen werden.

ARTIKEL VI

Alle vor Annahme dieser Verfassung aufgelaufenen Schulden und eingegangenen Verpflichtungen sind für die Vereinigten Staaten unter dieser Verfassung ebenso rechtsverbindlich wie unter den Konföderationsartikeln.[14]

Diese Verfassung, die in ihrem Verfolg zu erlassenden Gesetze der Vereinigten Staaten sowie alle im Namen der Vereinigten Staaten abgeschlossenen oder künftig abzuschließenden Verträge sind das oberste Gesetz des Landes; und die Richter in jedem Einzelstaat sind ungeachtet entgegenstehender Bestimmungen in der Verfassung oder den Gesetzen eines Einzelstaates daran gebunden.

Die vorerwähnten Senatoren und Abgeordneten, die Mitglieder der gesetzgebenden Körperschaften der Einzelstaaten und alle Verwaltungs- und Justizbeamten sowohl der Vereinigten Staaten als auch der Einzelstaaten haben sich durch Eid oder Gelöbnis zur Wahrung dieser Verfassung zu verpflichten. Doch darf niemals ein religiöser Bekenntnisakt zur Bedingung für den Antritt eines Amtes oder einer öffentlichen Vertrauensstellung im Dienst der Vereinigten Staaten gemacht werden.

---

[13]Überholt.
[14]Durch den XIV. Zusatzartikel erweitert.

ARTIKEL VII

Die Ratifikation durch neun Staatskonvente ist ausreichend, diese Verfassung für die ratifizierenden Staaten in Kraft zu setzen.

Gegeben im Konvent mit einmütiger Zustimmung der anwesenden Staaten am 17. Tage des Monats September im Jahre des Herrn 1787 und im 12. Jahre der Unabhängigkeit der Vereinigten Staaten von Amerika; zu Urkund dessen wir hier unsere Namen unterzeichnen.

G. Washington

Präsident und Abgeordneter von Virginia

NEW HAMPSHIRE:
John Langdon; Nicholas Gilman
MASSACHUSETTS:
Nathaniel Gorham; Rufus King
CONNECTICUT:
Wm. Saml. Johnson; Roger Sherman
NEW YORK:
Alexander Hamilton
NEW JERSEY:
Wil. Livingston; David Brearley; Wm. Paterson; Jona. Dayton
PENNSYLVANIA:
B. Franklin, Thomas Mifflin; Robt. Morris; Geo. Clymer;
Thos. FitzSimons; Jared Ingersoll; James Wilson; Gouv. Morris
DELAWARE:
Geo. Read; Gunning Bedford, Jan.; John Dickinson; Richard Bassett;
Jaco. Broom
MARYLAND
James MC Henry; Dan of St. Thos. Jenifer; Danl. Carroll
VIRGINIA:
John Blair; James Madison, Jr.
NORTH CAROLINA:
Wm. Blount; Richd. Dobbs Spaight; Hu. Williamson
SOUTH CAROLINA:
J. Rutledge; Charles Cotesworfh Pinckney; Charles Pinckney;
Pierce Butler
GEORGIA:
William Few; Abr. Baldwin

DIE ZUSATZARTIKEL DER VERFASSUNG

ZUSATZARTIKEL I[15]

Der Kongreß darf kein Gesetz erlassen, das die Einführung einer Staatsreligion zum Gegenstand hat, die freie Religionsausübung verbietet, die Rede- oder Pressefreiheit oder das Recht des Volkes einschränkt, sich friedlich zu versammeln und die Regierung durch Petition um Abstellung von Mißständen zu ersuchen.

ZUSATZARTIKEL II

Da eine gut ausgebildete Miliz für die Sicherheit eines freien Staates erforderlich ist, darf das Recht des Volkes, Waffen zu besitzen und zu tragen, nicht beeinträchtigt werden.

ZUSATZARTIKEL III

Kein Soldat darf in Friedenszeiten ohne Zustimmung des Eigentümers in einem Haus einquartiert werden und in Kriegszeiten nur in der gesetzlich vorgeschriebenen Weise.

ZUSATZARTIKEL IV

Das Recht des Volkes auf Sicherheit der Person und der Wohnung, der Urkunden und des Eigentums, vor willkürlicher Durchsuchung, Verhaftung und Beschlagnahme darf nicht verletzt werden, und Haussuchungs- und Haftbefehle dürfen nur bei Vorliegen eines eidlich oder eidesstattlich erhärteten Rechtsgrundes ausgestellt

---

[15]Die Zusatzartikel I—X bilden die sogenannte „Bill of Rights" und sind 1791 in Kraft getreten.

werden und müssen die zu durchsuchende Örtlichkeit und die in Gewahrsam zu nehmenden Personen oder Gegenstände genau bezeichnen.

ZUSATZARTIKEL V

Niemand darf wegen eines Kapitalverbrechens oder eines sonstigen schimpflichen Verbrechens zur Verantwortung gezogen werden, es sei denn auf Grund eines Antrages oder einer Anklage durch ein Großes Geschworenengericht. Hiervon ausgenommen sind Fälle, die sich bei den Land- oder Seestreitkräften oder bei der Miliz ereignen, wenn diese in Kriegszeit oder bei öffentlichem Notstand im aktiven Dienst stehen. Niemand darf wegen derselben Straftat zweimal durch ein Verfahren in Gefahr des Leibes und des Lebens gebracht werden. Niemand darf in einem Strafverfahren zur Aussage gegen sich selbst gezwungen noch des Lebens, der Freiheit oder des Eigentums ohne vorheriges ordentliches Gerichtsverfahren nach Recht und Gesetz beraubt werden. Privateigentum darf nicht ohne angemessene Entschädigung für öffentliche Zwecke eingezogen werden.

ZUSATZARTIKEL VI

In allen Strafverfahren hat der Angeklagte Anspruch auf einen unverzüglichen und öffentlichen Prozeß vor einem unparteiischen Geschworenengericht desjenigen Staates und Bezirks, in welchem die Straftat begangen wurde, wobei der zuständige Bezirk vorher auf gesetzlichem Wege zu ermitteln ist. Er hat weiterhin Anspruch darauf, über die Art und Gründe der Anklage unterrichtet und den Belastungszeugen gegenübergestellt zu werden, sowie auf Zwangsvorladung von Entlastungszeugen und einen Rechtsbeistand zu seiner Verteidigung.

ZUSATZARTIKEL VII

In Zivilprozessen, in denen der Streitwert zwanzig Dollar übersteigt, besteht ein Anrecht auf ein Verfahren vor einem Geschworenengericht, und keine Tatsache, über die von einem derartigen Gericht befunden wurde, darf von einem Gerichtshof der Vereinigten Staaten nach anderen Regeln als denen des gemeinen Rechts erneut einer Prüfung unterzogen werden.

ZUSATZARTIKEL VIII

Übermäßige Bürgschaften dürfen nicht gefordert, übermäßige Geldstrafen nicht auferlegt und grausame oder ungewöhnliche Strafen nicht verhängt werden.

ZUSATZARTIKEL IX

Die Aufzählung bestimmter Rechte in der Verfassung darf nicht dahin gehend ausgelegt werden, daß durch sie andere dem Volke vorbehaltene Rechte versagt oder eingeschränkt werden.

ZUSATZARTIKEL X

Die Machtbefugnisse, die von der Verfassung weder den Vereinigten Staaten übertragen noch den Einzelstaaten entzogen werden, bleiben den Einzelstaaten oder dem Volke vorbehalten.

ZUSATZARTIKEL XI[16]

Die richterliche Gewalt der Vereinigten Staaten darf nicht dahin gehend ausgelegt werden, daß sie sich auf Klagen nach dem Gesetzes- oder Billigkeitsrecht erstreckt, die gegen einen der Vereinigten Staaten von Bürgern eines anderen Einzelstaates oder von Bürgern oder Untertanen eines ausländischen Staates angestrengt oder durchgefochten werden.

ZUSATZARTIKEL XII[17]

Die Wahlmänner treten in ihren Staaten zusammen und stimmen durch Stimmzettel für einen Präsidenten und einen Vizepräsidenten, von denen mindestens einer nicht Einwohner desselben Staates sein darf wie sie selbst. Sie bezeichnen auf ihrem Stimmzettel die Person, die sie zum Präsidenten wählen wollen, und auf einem gesonderten Zettel die Person, die sie zum Vizepräsidenten wählen wollen. Sie führen in getrennten Listen alle Personen auf, die Stimmen für die Präsidentschaft und für die Vizepräsidentschaft erhalten haben, und die Anzahl der ihnen zugefallenen Stimmen; diese Listen unterzeichnen, beglaubigen und übersenden sie versiegelt an den Sitz der Regierung der Vereinigten.

Staaten, zu Händen des Senatspräsidenten. Der Präsident des Senats öffnet vor Senat und Repräsentantenhaus alle diese beglaubigten Listen; anschließend sind die Stimmen zu zählen; derjenige, der die größte Stimmenzahl für die Präsidentschaft auf sich vereinigt, soll Präsident sein, wenn diese Zahl der Mehrheit der Gesamtzahl der bestellten Wahlmänner entspricht; wenn niemand eine derartige Mehrheit erreicht hat, soll das Repräsentantenhaus sogleich aus den höchstenfalls drei Personen, die auf der Liste der für die Präsidentschaft abgegebenen Stimmen die größten

---

[16] 1798 in Kraft getreten.
[17] 1804 in Kraft getreten.

Stimmenzahlen aufweisen, durch Stimmzettel den Präsidenten wählen. Bei dieser Präsidentschaftsstichwahl wird jedoch nach Staaten abgestimmt, wobei die Vertretung jedes Staates eine Stimme hat. Zur Beschlußfähigkeit ist für diesen Zweck die Anwesenheit von je einem oder mehreren Mitgliedern von zwei Dritteln der Staaten und zum Wahlentscheid eine Mehrheit aller Einzelstaaten erforderlich. Wenn das Wahlrecht dem Repräsentantenhaus zufällt und es nicht vor dem darauffolgenden 4. März einen Präsidenten wählt, so amtiert der Vizepräsident als Präsident wie im Falle des Todes oder einer sonstigen durch die Verfassung bezeichneten Amtsunfähigkeit des Präsidenten.

Derjenige, der die größte Stimmenzahl für die Vizepräsidentschaft auf sich vereinigt, soll Vizepräsident sein, wenn diese Zahl der Mehrheit der Gesamtzahl der bestellten Wahlmänner entspricht; wenn niemand eine derartige Mehrheit erreicht hat, soll der Senat aus den zwei Personen, die auf der Liste die größten Stimmenzahlen aufweisen, den Vizepräsidenten wählen; zur Beschlußfähigkeit ist für diesen Zweck die Anwesenheit von zwei Dritteln der Gesamtzahl der Senatoren und zum Wahlentscheid eine Mehrheit ihrer Gesamtzahl erforderlich. Wer jedoch nach der Verfassung nicht für das Amt des Präsidenten wählbar ist, darf auch nicht in das Amt des Vizepräsidenten der Vereinigten Staaten gewählt werden.

ZUSATZARTIKEL XIII[18]

Abschnitt 1

Weder Sklaverei noch Zwangsdienstbarkeit darf, außer als Strafe für ein Verbrechen, dessen die betreffende Person in einem ordentlichen Verfahren für schuldig befunden worden ist, in den Vereinigten Staaten oder in irgendeinem Gebiet unter ihrer Gesetzeshoheit bestehen.

Abschnitt 2

Der Kongreß hat das Recht, diesen Zusatzartikel durch entsprechende Gesetze zur Durchführung zu bringen.

ZUSATZARTIKEL XIV[19]

Abschnitt I

Alle Personen, die in den Vereinigten Staaten geboren oder eingebürgert sind und ihrer Gesetzeshoheit unterstehen, sind Bürger der Vereinigten Staaten und des Einzelstaates, in dem sie ihren Wohnsitz haben. Keiner der Einzelstaaten darf

---

[18] 1865 in Kraft getreten.
[19] 1868 in Kraft getreten.

Gesetze erlassen oder durchführen, die die Vorrechte oder Freiheiten von Bürgern der Vereinigten Staaten beschränken, und kein Staat darf irgend jemandem ohne ordentliches Gerichtsverfahren nach Recht und Gesetz Leben, Freiheit oder Eigentum nehmen oder irgend jemandem innerhalb seines Hoheitsbereiches den gleichen Schutz durch das Gesetz versagen.

Abschnitt 2

Die Abgeordnetenmandate werden auf die einzelnen Staaten im Verhältnis zu ihrer Einwohnerzahl verteilt, wobei in jedem Staat die Gesamtzahl aller Personen mit Ausnahme der nicht besteuerten Indianer zugrunde gelegt wird. Wenn aber das Wahlrecht bei irgendeiner Wahl zur Bestimmung der Wahlmänner für den Präsidenten und Vizepräsidenten der Vereinigten Staaten, der Abgeordneten im Kongreß, der Verwaltungs- und Justizbeamten eines Einzelstaates oder der Mitglieder seiner gesetzgebenden Körperschaft irgendwelchen männlichen Einwohnern dieses Staates, die über einundzwanzig Jahre alt und Bürger der Vereinigten Staaten sind, abgesprochen oder irgendwie beschränkt wird, außer wenn dies wegen Teilnahme an einem Aufstand oder wegen eines sonstigen Verbrechens geschieht, so ist die Grundzahl für die Vertretung daselbst im selben Verhältnis zu vermindern, in dem die Zahl solcher männlichen Bürger zur Gesamtzahl der männlichen Bürger über einundzwanzig Jahre in diesem Staate steht.

Abschnitt 3

Niemand darf Senator oder Abgeordneter im Kongreß oder Wahlmann für die Wahl des Präsidenten oder Vizepräsidenten sein, irgendein ziviles oder militärisches Amt im Dienste der Vereinigten Staaten oder eines Einzelstaates bekleiden, der, nachdem er als Mitglied des Kongresses oder als Beamter der Vereinigten Staaten oder als Mitglied der gesetzgebenden Körperschaft eines der Einzelstaaten oder als Verwaltungs- oder Justizbeamter in einem der Einzelstaaten auf die Einhaltung der Verfassung der Vereinigten Staaten vereidigt worden ist, an einem Aufstand oder Aufruhr gegen sie teilgenommen oder ihre Feinde unterstützt oder begünstigt hat. Doch kann der Kongreß mit Zweidrittelmehrheit in jedem der beiden Häuser diese Amtsunfähigkeit aufheben.

Abschnitt 4

Die Rechtsgültigkeit der gesetzlich genehmigten Staatsschulden der Vereinigten Staaten mit Einschluß der Verpflichtungen, die aus der Zahlung von Pensionen und Sonderzuwendungen für Teilnahme an der Unterdrückung von Aufstand und Aufruhr erwachsen sind, darf nicht in Frage gestellt werden. Doch dürfen weder die Vereinigten Staaten noch irgendein Einzelstaat eine Schuld oder Verbindlichkeit übernehmen oder einlösen, die aus der Unterstützung eines Aufstands oder Aufruhrs gegen die Vereinigten Staaten erwachsen ist, oder irgendeinem Ersatzanspruch für den Verlust oder die Freilassung eines Sklaven stattgeben; vielmehr sind alle derartigen Schulden, Verbindlichkeiten und Ansprüche ungesetzlich und nichtig.

Abschnitt 5

Der Kongreß ist befugt, die Bestimmungen dieses Zusatzartikels durch entsprechende Gesetze zur Durchführung zu bringen.

ZUSATZARTIKEL XV[20]

Abschnitt I

Das Wahlrecht der Bürger der Vereinigten Staaten darf von den Vereinigten Staaten oder einem Einzelstaat nicht auf Grund der Rassenzugehörigkeit, der Hautfarbe oder des vormaligen Dienstbarkeitsverhältnisses versagt oder beschränkt werden.

Abschnitt 2

Der Kongreß ist befugt, diesen Zusatzartikel durch entsprechende Gesetze zur Durchführung zu bringen.

ZUSATZARTIKEL XVI[21]

Der Kongreß hat das Recht, Steuern auf Einkommen beliebiger Herkunft zu legen und einzuziehen, ohne sie proportional auf die einzelnen Staaten aufteilen zu müssen oder an eine Schätzung oder Volkszählung gebunden zu sein.

ZUSATZARTIKEL XVII[22]

Der Senat der Vereinigten Staaten besteht aus je zwei Senatoren von jedem Einzelstaat, die von dessen Bevölkerung auf sechs Jahre gewählt werden. Jedem Senator steht eine Stimme zu. Die Wähler in jedem Staate müssen den gleichen Bedingungen genügen, die für die Wähler der.

---

[20] 1870 in Kraft getreten.
[21] 1913 in Kraft getreten.
[22] 1913 in Kraft getreten.

zahlenmäßig stärksten Kammer der gesetzgebenden Körperschaften der Einzelstaaten vorgeschrieben sind.

Wenn in der Vertretung eines Staates Senatssitze frei werden, dann schreibt dessen Regierung Ersatzwahlen aus, um die erledigten Mandate neu zu besetzen. Doch kann die gesetzgebende Körperschaft jedes Einzelstaates dessen Regierung ermächtigen, vorläufige Ernennungen vorzunehmen, bis das Volk die freigewordenen Sitze durch Wahlen gemäß den Anweisungen der gesetzgebenden Körperschaften neu besetzt.

Dieser Zusatzartikel darf nicht so ausgelegt werden, daß dadurch die Wahl oder die Amtsperiode eines Senators berührt wird, der bereits gewählt war, bevor dieser Zusatzartikel als Teil der Verfassung in Kraft tritt.

ZUSATZARTIKEL XVIII[23]

Abschnitt 1

Nach Ablauf eines Jahres von der Ratifikation dieses Artikels an ist die Herstellung, der Verkauf oder der Transport alkoholischer Flüssigkeiten für Getränkezwecke innerhalb der Vereinigten Staaten, ihre Einfuhr in die oder ihre Ausfuhr aus den Vereinigten Staaten nebst allen ihrer Hoheit unterstehenden Gebieten hiermit verboten.

Abschnitt 2

Der Kongreß und die Einzelstaaten sind gleichermaßen befugt, diesen Zusatzartikel durch entsprechende Gesetze zur Durchführung zu bringen.

Abschnitt 3

Dieser Zusatzartikel ist unwirksam, wenn er nicht, wie in der Verfassung vorgesehen, durch die gesetzgebenden Körperschaften der Einzelstaaten binnen sieben Jahren, gerechnet vom Zeitpunkt seiner Übermittlung an die Staaten durch den Kongreß, als Verfassungszusatz ratifiziert wird.

---

[23] 1919 ratifiziert; 1933 durch den XXI. Zusatzartikel aufgehoben.

ZUSATZARTIKEL XIX[24]

Das Wahlrecht der Bürger der Vereinigten Staaten darf von den Vereinigten Staaten oder einem Einzelstaat nicht auf Grund des Geschlechts versagt oder beschränkt werden.

Der Kongreß ist befugt, diesem Zusatzartikel durch entsprechende Gesetze zur Durchführung zu bringen.

ZUSATZARTIKEL XX[25]

Abschnitt 1

Die Amtsperioden des Präsidenten und Vizepräsidenten enden am Mittag des 20. Tages des Monats Januar und die Amtsperioden der Senatoren und Abgeordneten am Mittag des 3. Tages des Monats Januar des jeweiligen Jahres, in dem diese Amtsperioden geendet hätten, wenn dieser Artikel nicht ratifiziert worden wäre; sodann beginnt die Amtsperiode ihrer Nachfolger.

Abschnitt 2

Der Kongreß tritt wenigstens einmal in jedem Jahr zusammen, und zwar beginnt diese Sitzung am Mittag des 3. Tages des Monats Januar, falls er nicht durch Gesetz einen anderen Tag bestimmt.

Abschnitt 3

Wenn zu der für den Beginn der Amtsperiode des Präsidenten festgesetzten Zeit der gewählte Präsident verstorben sein sollte, dann wird der gewählte Vizepräsident Präsident. Wenn vor dem für den Beginn der Amtsperiode festgesetzten Zeitpunkt kein Präsident gewählt worden sein sollte oder wenn der gewählte Präsident die Voraussetzungen der Amtsfähigkeit nicht erfüllt, dann nimmt der gewählte Vizepräsident die Geschäfte des Präsidenten wahr, bis ein amtsfähiger Präsident ermittelt ist. Für den Fall, daß weder ein gewählter Präsident noch ein gewählter Vizepräsident amtsfähig ist, kann der Kongreß durch Gesetz bestimmen, wer dann die Geschäfte des Präsidenten wahrnehmen soll, oder das Verfahren festlegen, nach dem derjenige, der die Geschäfte wahrnehmen soll, auszuwählen ist. Dieser übt

---

[24] 1920 in Kraft getreten.
[25] 1933 in Kraft getreten.

daraufhin die Geschäfte aus, bis ein amtsfähiger Präsident oder Vizepräsident ermittelt ist.

Abschnitt 4

Der Kongreß kann durch Gesetz Bestimmungen erlassen für den Fall des Ablebens einer der Personen, aus deren Mitte das Repräsentantenhaus einen Präsidenten wählen kann, wenn ihm das Wahlrecht zufällt, sowie für den Fall des Ablebens einer der Personen, aus deren Mitte der Senat einen Vizepräsidenten wählen kann, wenn ihm das Wahlrecht zufällt.

Abschnitt 5

Der erste und zweite Abschnitt sollen am 15. Tage des Monats Oktober, der der Ratifikation dieses Artikels folgt, in Kraft treten.

Abschnitt 6

Dieser Zusatzartikel ist unwirksam, wenn er nicht durch die gesetzgebenden Körperschaften von drei Vierteln der Einzelstaaten binnen sieben Jahren, gerechnet vom Zeitpunkt seiner Übermittlung, als Verfassungszusatz ratifiziert wird.

ZUSATZARTIKEL XXI[26]

Abschnitt 1

Der achtzehnte Zusatzartikel zur Verfassung der Vereinigten Staaten wird hiermit aufgehoben.

Abschnitt 2

Der Transport oder die Einfuhr von alkoholischen Getränken in einen Einzelstaat, ein Territorium oder eine Besitzung der Vereinigten Staaten zwecks Abgabe oder dortigem Gebrauch ist hiermit verboten, wenn dies gegen ein dort gültiges Gesetz verstößt.

---

[26] 1933 in Kraft getreten.

Abschnitt 3

Dieser Artikel ist unwirksam, wenn er nicht, wie in der Verfassung vorgesehen, durch die Konvente der Einzelstaaten binnen sieben Jahren, gerechnet vom Zeitpunkt seiner Übermittlung an die Staaten durch den Kongreß, als Verfassungszusatz ratifiziert wird.

ZUSATZARTIKEL XXII[27]

Abschnitt I

Niemand darf mehr als zweimal in das Amt des Präsidenten gewählt werden; und niemand, der länger als zwei Jahre der Amtszeit, für die ein anderer zum Präsidenten gewählt worden war, das Amt des Präsidenten innehatte oder dessen Geschäfte wahrnahm, darf mehr als einmal in das Amt des Präsidenten gewählt werden. Dieser Zusatzartikel findet jedoch keine Anwendung auf jemanden, der das Amt des Präsidenten zu dem Zeitpunkt innehatte, zu dem dieser Zusatzartikel durch den Kongreß vorgeschlagen wurde, noch hindert er jemanden, der das Amt des Präsidenten in der Periode innehat oder wahrnimmt, in der dieser Zusatzartikel in Kraft tritt, daran, für den Rest dieser Amtsperiode das Amt des Präsidenten innezuhaben oder dessen Geschäfte wahrzunehmen.

Abschnitt 2

Dieser Zusatzartikel ist unwirksam, wenn er nicht durch die gesetzgebenden Körperschaften von drei Vierteln der Einzelstaaten binnen sieben Jahren, gerechnet vom Zeitpunkt seiner Übermittlung an die Staaten durch den Kongreß, als Verfassungszusatz ratifiziert wird.

ZUSATZARTIKEL XXIII[28]

Abschnitt I

Der Bezirk, der als Sitz der Regierung der Vereinigten Staaten dient, bestimmt in vom Kongreß vorzuschreibender Weise:
    Eine Anzahl von Wahlmännern für die Wahl des Präsidenten und Vizepräsidenten entsprechend der Gesamtzahl der Senatoren und Abgeordneten, die dem Bezirk

---

[27] 1951 in Kraft getreten.
[28] 1961 in Kraft getreten.

im Kongreß zustünden, falls er ein Staat wäre, jedoch keinesfalls mehr als der Einzelstaat mit den wenigsten Einwohnern; diese sind den von den Einzelstaaten bestimmten hinzuzählen, aber für die Zwecke der Wahl des Präsidenten und Vizepräsidenten als von einem Einzelstaat bestimmte Wahlmänner zu betrachten; und sie treten in dem Bezirk zusammen und versehen solche Pflichten, wie im zwölften Zusatzartikel vorgesehen.

Abschnitt 2

Der Kongreß ist befugt, diesen Zusatzartikel durch entsprechende Gesetze zur Durchführung zu bringen.

ZUSATZARTIKEL XXIV[29]

Abschnitt I

Das Recht der Bürger der Vereinigten Staaten, in Vor- oder anderen Wahlen ihre Stimme für den Präsidenten oder Vizepräsidenten, für die Wahlmänner bei der Wahl des Präsidenten oder Vizepräsidenten, oder für Senatoren oder Abgeordnete im Kongreß abzugeben, darf von den Vereinigten Staaten oder einem Einzelstaat nicht auf Grund eines Wahl- oder anderen Steuersäumnisses versagt oder beschränkt werden.

Abschnitt 2

Der Kongreß ist befugt, diesen Zusatzartikel durch entsprechende Gesetze zur Durchführung zu bringen.

ZUSATZARTIKEL XXV[30]

Abschnitt I

Im Falle der Amtsenthebung, des Todes oder des Rücktritts des Präsidenten wird der Vizepräsident Präsident.

---

[29] 1964 in Kraft getreten.
[30] 1967 in Kraft getreten.

Abschnitt 2

Sofern das Amt des Vizepräsidenten frei wird, benennt der Präsident einen Vizepräsidenten, der das Amt nach Bestätigung durch Mehrheitsbeschluß beider Häuser des Kongresses antritt.

Abschnitt 3

Sofern der Präsident dem Präsidenten pro tempore des Senates und dem Sprecher des Repräsentantenhauses eine schriftliche Erklärung des Inhalts übermittelt, daß er unfähig ist, die Befugnisse und Obliegenheiten seines Amtes wahrzunehmen, und bis er ihnen eine schriftliche Erklärung gegenteiligen Inhaltes übermittelt, werden diese Befugnisse und Obliegenheiten vom Vizepräsidenten als amtierendem Präsidenten wahrgenommen.

Abschnitt 4

Sofern der Vizepräsident und eine Mehrheit entweder der Leiter der Ministerien der Bundesregierung oder einer anderen vom Kongreß durch Gesetz zu benennenden Körperschaft dem Präsidenten pro tempore des Senates und dem Sprecher des Repräsentantenhauses eine schriftliche Erklärung des Inhalts übermitteln, daß der Präsident unfähig ist, die Befugnisse und Obliegenheiten seines Amtes wahrzunehmen, übernimmt der Vizepräsident unverzüglich die Befugnisse und Obliegenheiten des Amtes als amtierender Präsident. Wenn danach der Präsident dem Präsidenten pro tempore des Senats und dem Sprecher des Repräsentantenhauses eine schriftliche Erklärung des Inhalts übermittelt, daß keine Amtsunfähigkeit besteht, gehen die Befugnisse und Obliegenheiten seines Amtes wieder auf ihn über, es sei denn, der Vizepräsident und eine Mehrheit entweder der Leiter der Ministerien der Bundesregierung oder einer anderen vom Kongreß durch Gesetz zu benennenden Körperschaft übermitteln binnen vier Tagen dem Präsidenten pro tempore des Senats und dem Sprecher des Repräsentantenhauses eine schriftliche Erklärung des Inhalts, daß der Präsident unfähig ist, die Befugnisse und Obliegenheiten seines Amtes wahrzunehmen. In diesem Falle entscheidet der Kongreß die Sache und tritt zu diesem Zwecke, falls er sich nicht in Session befindet, binnen 48 Stunden zusammen. Wenn der Kongreß innerhalb 21 Tagen nach Erhalt der letztgenannten schriftlichen Erklärung, oder, sofern er nicht tagt, innerhalb 21 Tagen nach dem vorgeschriebenen Zeitpunkt des Zusammentretens des Kongresses, mit Zweidrittelmehrheit beider Häuser entscheidet, daß der Präsident unfähig ist, die Befugnisse und Obliegenheiten seines Amtes wahrzunehmen, nimmt der Vizepräsident dieselben weiterhin als amtierender Präsident wahr; andernfalls übernimmt der Präsident wiederum die Befugnisse und Obliegenheiten seines Amtes.

ZUSATZARTIKEL XXVI[31]

Abschnitt 1

Das Wahlrecht der Bürger der Vereinigten Staaten, die 18 Jahre oder darüber sind, darf von den Vereinigten Staaten oder einem Einzelstaat nicht auf Grund des Alters versagt oder beschränkt werden.

Abschnitt 2

Der Kongreß ist befugt, diesen Zusatzartikel durch entsprechende Gesetze zur Durchführung zu bringen.

ZUSATZARTIKEL XXVII[32]

Kein Gesetz, das die Bezahlung der Dienste der Senatoren und Repräsentantenhausmitglieder verändert, tritt in Kraft, bevor nicht eine Neuwahl des Repräsentantenhauses erfolgt ist.

---

[31] 1971 in Kraft getreten.
[32] 1992 in Kraft getreten.

Sachregister

A
Abgeordnete, 4–5, 57, 116–123, 127, 144–145, 149, 186, 191–199, 246, 252, 276–278, 287, 294–298, 358, 422, 426, 434, 472, 483, 490, 513, 547, 620–633, 664–676
Abolitionismus, 37
Abtreibung, 45, 167, 175, 258–259, 274, 312, 319, 352–353, 670–672
Adventisten, 38
Advocacy, 287–288, 309, 312, 417
Affirmative Action, 171, 175, 391–392, 607
Affordable Care Act, 166–167, 169, 172, 174, 177, 370, 372, 619
Afghanistan, 10, 445, 515, 524, 530–533, 561, 564, 571, 586, 588, 591, 596, 646, 660,
AfroamerikanerInnen, 4, 44–47, 96, 100, 103, 106–107, 128, 175, 189, 246–247, 256–258, 270, 274, 290, 307–315, 318, 330, 384, 388–390, 424, 428, 606–609, 625–626, 674
American Federation of Labor-Congress of Industrial Organizations (AFL-CIO), siehe Arbeiterbewegung
Aid to Families with Dependent Children (AFDC), 376, 645
Al-Qaida, 561, 563, 565–566, 572–574, 591 siehe auch Terrorismus
American Decline, 442, 584–587, 595–596
American Dream, 4–6, 17–18, 94, 102, 309, 422, 603, 673, 678
American Exceptionalism, 3, 16, 19–27, 77, 426, 364, 605
American Recovery and Reinvestment Act (ARRA), 221, 470, 474–475

American Studies, 21, 26
Americans for Democratic Action (ADA), 665
Amerikanische Revolution, 6, 11, 21, 26, 32, 34–36, 356,
Amerikanischer Traum, siehe American Dream
Amerikanisierung, 384, 528, 534
Amerikanismus, 39, 77
Amerikastudien, siehe American Studies
Amische, 35
Amtsenthebung, siehe impeachment
Anarchismus, 314–315, 672
Antikommunismus, 43
Antisemitismus, 40, 47, 163
Anti-Vietnamkriegsbewegung, 310, 487
Arbeiterbewegung, 6, 39, 254, 281, 288–296, 306–308, 315–318, 392, 429, 455–456, 467, 472, 606–610, 644, 653
Arbeitslosenversicherung, 217, 319, 363, 368–369, 467–469, 474, 650
Arbeitslosigkeit, 10, 97, 231, 314, 318–320, 376, 387, 428, 441–445, 452, 463–472, 625
Arbeitsmarktpolitik, 6, 97–98, 212, 313, 363, 370, 396–397, 423, 428, 441–443, 462–476, 500, 645, 674
Armut, 33, 43, 106, 212, 218, 289, 312, 319, 362, 367, 372, 375–376, 390, 414, 443, 455, 466, 495, 607–608, 645 siehe auch Sozialhilfe
Asian Americans, 96, 101, 103, 256, 274, 290, 424, 426, 593
Atomare Bedrohung, 485, 492, 515, 516, 529, 591
Atomenergie, 310–312, 482, 485, 492, 495
Außenhandel und Außenwirtschaftspolitik, 8, 56, 454–455, 466, 472, 516, 531

Außenpolitik, 10, 15, 23–25, 34, 66, 68, 169, 177, 334, 426, 514–515, 526–537, 543, 564–565, 572, 585–597
Austeritätspolitik, 57, 233, 314, 317, 319, 398, 407, 482, 643, 652–653
Automobilindustrie, 44, 309

B
Babyboom-Generation, 44, 97, 271, 465
Balkankonflikt, 586
Bankenwesen, 8, 216
Baptisten, 30, 33, 37
Behindertenrechte, 370, 375, 396
Bildungspolitik, siehe Bildungswesen
Bildungswesen, 7, 10, 96, 101, 105–107, 210, 212, 217, 220, 231, 235, 256, 273, 275, 290, 294, 310, 356, 382–399, 433, 444–446, 457, 468–476, 607, 611
Bill of Rights, 54, 60, 157, 164, 174, 176, 208–209, 352
Black Power, 309–310
Block Grants, 218, 230–235
Boston Tea Party, 54
Bretton Woods, 308
Brown v. Board of Education, 156, 166, 168, 173, 175, 309, 384, 388
Bundesverfassung, siehe Verfassung
Bürgerrechtsbewegung, siehe Civil Rights Act

C
Caucus, 252, 116, 123, 275
Checks and Balances, siehe Gewaltenteilung
Christentum, 36, 38, 84, 675
Christliche Rechte, 314
City Efficient Bewegung, 412, 417
Civil Religion, siehe Zivilreligion
Civil Rights Act, 258, 270, 309, 349, 606, 609
Colleges und Universitäten, 385–392, 396
Committee on Ways and Means, 441
Common Cause, 298
Congressional Budget Office, 447
Constitution, siehe Verfassung
Cooperative Federalism, siehe Kooperativer Föderalismus
Council of Economic Advisers (CEA), 440
Council on Foreign Relations (CFR), 292

D
Dealignment, 258, 272
Deindustrialisierung, 309, 313, 407, 647, 651, 653

Democrats, siehe Demokratische Partei
Demografie, 96–101, 110, 230, 425, 523
Demokratische Partei, 7, 37, 41–45, 47, 128, 130, 144–147, 175, 192, 199, 233, 247–258, 266, 269–282, 332, 356, 358, 394, 435, 439, 445–447, 470, 480, 483, 486, 488–492, 513, 567, 621–633, 660, 666–672
Denkfabrik, siehe Think Tank
Deregulierung, 313, 418, 440, 457, 483, 489, 491, 496, 551, 556, 643–648 siehe auch Regulierung
Devolution, 232, 234
Dezentralisierung, 215, 220, 231, 234–235, 385, 412, 470–471, 476, 572
Direkte Demokratie, 83, 244, 259, 302
Diskriminierung, 168, 172, 178, 218, 247, 423, 427–428, 435, 606–607, 612
Dodd-Frank Wall Street Reform and Consumer Protection Act (2010), 449–450, 452, 650
Dred Scott-Entscheidung, 158–159
Drogenpolitik, 43, 431, 561, 591, 611 siehe auch War on Drugs
Drohnenkrieg, 10, 573–574
Dual Federalism, 228 siehe auch Föderalismus
Due Process, 566, 606, 662–663

E
Efficient Market Hypothesis, 439, 441, 649
Einkommenssteuer, siehe Steuerpolitik
Einkommensverteilung und Lohnungleichheiten, 4–6, 8–9, 84–86, 94, 101–107, 110, 230, 234, 237, 274, 312, 317–318, 320, 367–368, 405–408, 416, 441–443, 455, 465–466, 588, 601–612, 655, 671, 674, 677
Einwanderung, 7, 26, 39, 94, 150, 269, 353, 422–435, 442, 457, 667
Einzelstaaten, 33–35, 55–70, 120, 138, 157–158, 163, 169, 171–178, 204–221, 226–238, 244–255, 270, 279, 288, 294, 302, 314, 351–358, 372, 376, 382, 387, 390–398, 413–414, 441, 454, 480, 489, 491, 500, 503, 510–513, 606, 627, 645, 663–664, 668
Eisenbahn, 36, 175, 428
Elektoren, 63, 67, 252
Elfter September (9/11), siehe auch Terrorismus, 9, 68, 78, 88, 315, 338, 340, 431, 452, 482, 527–534, 556, 560–576, 646–647, 660, 662, 673

Energiepolitik, 446, 449, 491, 493, 496, 499–522
Environmental Protection Agency (EPA), 188, 195, 311, 355, 441, 480, 508
Erster Weltkrieg (1914–1918), 42, 212, 339
Erweckungsbewegungen, 30–35, 48
Erwerbsstruktur, siehe Einkommensverteilung
Erziehungssystem, siehe Bildungswesen
Ethnische Gruppen und Race, 17–18, 26, 59, 69, 94–96, 100–101, 110, 161, 175, 271, 274, 293, 306–315, 320–321, 328, 388, 390–391, 413, 416, 485, 605–610, 674
Evangelikalismus, 32–47, 271
Exzeptionalismus, siehe American Exceptionalism

F

Fahneneid, 43, 173
Familienstrukturen, 107–110, 611
Fast track, 454
Federal Bureau of Investigation (FBI), 188, 350–351, 566, 569, 574
Federal Communications Commission (FCC), 331
Federal Emergency Management Agency (FEMA), 141
Federal Reserve, 187, 440–441, 451–452, 644
Federalist Papers, 53, 58, 61, 64–66, 74–75, 156, 158, 207
Federalists, 57–58, 61–63, 137, 207–208, 267
Fernsehen, 6, 328–340, 528
Filibuster, 7, 124, 145, 354, 631, 663
Finanzkrise (2007/08), 7–10, 84, 88, 220, 236, 308, 316, 396, 414, 448, 457, 501, 530, 536, 586–589, 603, 609, 638, 641, 645–650, 660, 673, 677–678
Finanzmarktaufsicht, 448–457
Finanzverfassung, 215–216
Fiskalpolitik, 440, 445, 642
Föderalismus, 59–70, 130, 177, 188, 204–220, 226–238, 294, 351, 357, 412, 414, 480, 662–663
Folter, 142, 571, 575, 586, 663 siehe auch Guantanamo
Food Stamps, 369, 376
Fordismus, 236, 308–310, 313, 407–408, 414, 602–603, 610
Founding Fathers, 7, 63, 67, 74, 208, 354, 666
Frauenbewegung, 37, 310–312
Frauenwahlrecht, 67, 246
Freihandelsabkommen, 10, 318, 453, 455, 515–516, 553–554, 586
Freiheitsrechte, 531, 604–605, 662–663, 673

Friedensvertrag von Paris (1783), 54
Frontier, 17–21, 32 siehe auch Manifest Destiny
Fundamentalismus, 41–44

G

Gefängnissystem, 37, 47, 235, 245, 318, 351
Gegenkultur, 43, 311, 320
Geheimdienste 68, 338, 562, 566–569, 575, 586–587, 663
Geldpolitik, 440–441, 451–452, 463, 642–647 siehe auch Monetarismus
General Agreement on Tariffs and Trade (GATT), 473, 553
Gentrifizierung, 237
Gerrymandering, 249, 260, 273, 628–630
Geschworenensystem, 64, 663
Gesundheitspolitik und –system, siehe auch Affordable Care Act, 10, 96, 110, 141, 150, 167, 185, 214, 217–221, 231, 235–236, 289, 319, 356, 364, 369–375, 445–447, 619, 654
Gewaltenteilung, 2, 6, 7, 59, 61–69, 130, 137, 158, 177–178, 204, 299, 326, 440, 493, 611, 633, 662, 666
Gewerkschaften, siehe Arbeiterbewegung
Ghetto, siehe auch Segregation, 234, 309, 415, 607
Glaubensgemeinschaften, siehe Religion
Globale Städte, 226, 404, 408, 409
Globalisierung, 5, 59, 79, 82, 85–88, 101, 236, 312, 314–317, 383, 405–410, 462–463, 467, 472, 476, 528, 556, 565, 587, 592, 603, 609–612
Globalisierungskritik, siehe Globalisierung
Golfkriege, siehe Irakkriege
Great Depression, siehe Weltwirtschaftskrise
Great Society, 218, 232, 236, 369, 373, 414, 585, 607–608
Guantanamo, 68, 142, 176, 566, 571

H

Habeas corpus 141, 663
Handelskammer der USA, 281, 289, 417
Handelspolitik, siehe Außenhandel und Außenwirtschaftspolitik
Head Start-Programm, 607 siehe auch Bildungswesen
Hegemonie, 24, 528, 543–544, 556–557, 644
Heimatschutz, 315, 348–349, 354, 358, 431–432, 532, 567, 569–576
Hochschulen, siehe Colleges und Universitäten

Homeland Security, siehe Heimatschutz
Homo Oeconomicus, 640–641, 648–650
Homosexualität, 7, 44–47, 142, 167–168, 175, 675
House of Representative, siehe Repräsentantenhaus

I
Immigration, siehe Einwanderung
Immigration Reform and Control Act, 429 siehe auch Einwanderung
Impeachment, 8, 64, 126, 137–138, 159–160, 353, 666
Imperialismus, 4, 23, 526, 529, 586, 596
Imperial Overstretch, 586, 596
Imperial Presidency, 8, 68
Indianer, 23, 26, 31–32, 38, 44, 54, 210, 454
Individualismus, 3, 61, 75, 82, 310, 320, 326, 363
Industrialisierung, 38–40, 333, 363, 384–384, 405–406, 411, 413, 443
Industrielle Revolution, siehe Industrialisierung
Infrastrukturpolitik, 7, 44, 210, 212, 217–218, 411–413, 416–417, 441–446, 511, 645, 665
Innenpolitik, 354–358, 565, 595
Interessengruppen, 165, 193–195, 279–282, 286–303, 309, 386, 392, 429, 434, 456, 611, 624, 664, 668–670, 677 siehe auch Lobbyismus
Internationaler Währungsfond (IWF), 314, 442, 465, 543, 545, 550–552, 557, 588
Internationalismus, 530, 532, 564
Internet, 6, 298, 326–341, 353, 593, 645 siehe auch Medien
Irakkriege, 10, 169, 235, 277, 315, 340, 445, 515, 524–533, 546, 563–565, 571–572, 584–596, 646, 660
Islam, 40, 84
Isolationismus, 10, 536, 596

J
John Birch Society (JBS), 313
Journalismus, 295, 326–341
Judentum, 30, 35, 39, 43, 45, 257

K
Kalter Krieg, 5, 9, 21, 329, 334, 429, 527–528, 537, 542–546, 560–563

Katholizismus und Katholiken, 30–48, 160, 257, 269–274, 384, 423, 675
Keynesianismus, 236, 270, 308, 414, 639, 642–644, 652–655
Kirche und Staat, 84
Klima- und Umweltpolitik, 381–496, 500
Kommunalpolitik, 225–238
Kommunistische Partei, 20
Kommunitarismus, 82–83
Kongress, 4–8, 54, 56, 62, 68–69, 116–130, 137–150, 156, 170–171, 177, 183–187, 193–199, 206–214, 234–235, 245–257, 268–280, 293–295, 301–302, 308, 316, 331, 338–339, 348–349, 353, 358, 398, 422–423, 426–435, 440–441, 445, 457, 483–494, 508–513, 518, 532, 547, 552–554, 567–570, 590, 606, 618–633, 651, 664–669, 676–677
Kooperativer Föderalismus, 231, 481, 484, 489, 493 siehe auch Föderalismus
Korruption, 159, 326, 353, 592, 662, 664, 676
Krankenversicherung, siehe auch Medicare, Medicaid, Sozialstaat, 9, 46, 69, 110, 319, 362, 369–372, 464, 470
Kreationismus, 45–46, 174, 392
Krieg gegen den Terror, siehe War on Terror
Kriminalität, 231, 362, 561, 571–572, 588, 611, 641, 662
Kyoto-Protokoll (1997), 493, 529

L
Laissez-faire, 269, 488
Latinos/Hispanics, 96, 100, 103, 107, 256, 274, 318, 390, 424–426, 432–435, 609
Liberalismus, 34, 43, 58, 68, 76–88, 233, 236, 311, 530, 537, 543, 551, 564, 604, 639, 644 siehe auch Neoliberalismus
Libertarianism, 9, 46, 28, 172, 271, 292, 307, 337,
Lobbyismus, 37, 68, 194, 211, 214, 220, 279, 286–302, 373, 392, 480–484, 489, 517, 611, 651, 672
Local Government, siehe Kommunalpolitik
Lutheraner, 34, 41

M
Manifest Destiny, 23, 37
Manufacturing Belt, 407, 513
Marbury v. Madison, 65, 158, 170, 173, 177
Medicaid, 7, 214, 217, 221, 319, 369–372, 445–447 siehe auch Sozialstaat

Medicare, 7, 9, 369–373, 447 siehe auch Sozialstaat
Medien, 6–8, 39, 59, 68, 136, 138, 148, 150, 232, 272, 279, 292, 316–317, 325–342, 354, 394, 611, 655
Melting Pot, 17–19, 26
Menschenrechte, 60, 86, 526, 530, 537, 552
Methodismus, 32–33
Migration, siehe Einwanderung
Militär, 4, 6–10, 24, 142, 188, 206, 210, 291, 311, 318, 339, 406, 515, 524, 528–537, 542, 548, 552, 560, 572, 575, 585–596
Militärisch-industrieller Komplex, siehe Militär
Minderheiten, siehe Ethnische Gruppen
Minderheitenförderung, siehe Affirmative Action
Mindestlohn, 464
Monetarismus, 639–644 siehe auch Geldpolitik
Mormonen, 38, 47
Multikulturalismus, 17, 19, 83
Multilateralismus, 456, 526–527, 531–535, 542, 546, 553–554, 561, 565, 587
Muslime, siehe Islam

N

Nachhaltigkeit, 417, 500, 508, 518, 530, 536
NAFTA, siehe North American Free Trade Agreement
National American Woman Suffrage Association (NAWSA)
National Association for the Advancement of Colored People (NAACP), 309, 319, 484
National Labor Relations Act (1935), 308
National Rifle Association (NRA), 665, 672, 281
National Security Agency (NSA), 2, 68, 188, 339, 568
National Security Council (NSC), 574
Nationaler Sicherheitsrat, siehe National Security Council
Nationalparks, 356, 446, 487
NATO, siehe North Atlantic Treaty Organization
Neokonservatismus, 24–25, 46, 525
Neoliberalismus, 84, 310–315, 331, 528, 551, 602–604, 611–612, 638–655
New Deal, 21, 43, 171, 178, 187, 210, 212, 218, 231, 238, 257, 270, 308, 363, 368–369, 376, 411–413, 469, 602, 606–608
New Economy, 452, 528, 646

New Federalism, 213, 217, 233–235, 414 siehe auch Föderalismus
No Child Left Behind (NCLB), 382, 393
Non-Governmental Organizations (NGOs), 287, 291, 301, 307, 543, 664
North American Free Trade Agreement (NAFTA), siehe auch Freihandelsabkommen, 453–455, 553
North Atlantic Treaty Organization (NATO), 532, 534–535, 543–550, 566, 586, 590

O

Obama-Care, siehe Affordable Care Act
Obdachlosigkeit, 312–313, 316, 320
Oberstes Bundesgericht, siehe Supreme Court
Occupy Wall Street (OWS), 8, 316–317, 670
Öffentlicher Dienst, siehe Regierungsbürokratie
Öffentlichkeit, 5, 59, 78, 83, 85, 116, 139, 143, 145–148, 165, 247, 298, 317, 327–341, 354, 406, 417, 422, 488, 532, 555, 560, 574, 633, 642, 663, 665, 675
Office of Management and Budget (OMB), 446
Old age, siehe Social Security

P

PAC, siehe Political Action Committee
Patriot Act (2001), 68, 431, 570, 660, 672–673
Patronage, 190, 197, 199, 268
Pentagon, 10, 338, 340, 409
Pfingstler, 42, 44, 47
Pledge of Allegiance, siehe Fahneneid
Plessey v. Ferguson, 168, 175, 384
Pluralismus, 34, 39, 61, 77–83, 183, 285–302, 329–333, 392, 409, 669
Polarisierung, 3, 4–5, 7, 123, 126, 128–130, 136, 144, 149, 159, 161, 220–221, 250, 266–267, 273, 277–278, 353–354, 397–398, 423, 445, 490, 513, 618–634, 660, 663, 666–668
Political Action Committee (PAC), 253–255, 295–296, 301 siehe auch Super-PACs
Politische Kultur, 52, 75, 84, 94, 199, 219, 228, 236, 268, 278, 306–307, 610
Polizei, 6, 8, 171, 310, 318, 339, 350–353, 427, 570, 653, 663
Populismus, 2, 41
Präsidentschaft, 46, 63–69, 117, 127, 136–150, 160–163, 177, 183–199, 245–253, 275–280, 348–356, 440, 446–447, 451, 481–483, 486, 527, 547, 568, 666–668, 675–677

Presbyterianer, 32–33, 35
Presse, siehe Medien
Primaries, 244, 246, 248–253, 260, 269, 627, 629, 666 siehe auch Wahlen
Progressivismus, 41, 43, 84, 329
Prohibition, 41
Protestantismus, 30, 36, 39–41, 43, 45, 47, 257, 271, 274, 384, 423, 675
Privatisierung, 8, 238, 313, 374, 386, 417–418, 551, 609
Puritanismus, 17–18, 21–22, 30–34, 52, 57, 84

Q
Quaker, 30–33, 35, 312, 315

R
Radio, 148, 331, 333, 337
Raketenabwehr, 529, 549
Rassismus und ethnische Beziehungen, 3–4, 41, 175, 212, 271, 306–310, 312–313, 320–321, 355, 388, 390–391, 413, 416, 485, 601–612
Ratingagenturen, 237, 448, 450, 646,
Reaganomics, 440, 585 siehe auch Reagan
Realignment, 257–258, 270, 626
Realismus, 80–81, 86, 526, 531, 562, 564, 586
Rechtspolitik, 347–358
Reconstruction, 246, 405, 606, 618
Redistricting, siehe Wahlkreiseinteilung
Regierungsbürokratie, 139, 141, 181–199, 236, 257, 383, 569
Regulierungsbehörden, 445, 448–449, 508, 510, 552
Rentenversicherung, siehe auch Sozialstaat, 96–97, 100, 369, 373–374, 447, 647
Republikanische Partei, 7, 37, 44, 47, 67, 123, 125–126, 128–129, 144–145, 147, 149, 162, 233, 248, 250–252, 257–259, 266–282, 316, 319, 332, 341, 398, 435, 445–447, 456, 492, 512–513, 567, 618, 621–626, 630–633, 652, 654, 660, 666–668, 672–673
Republikanismus, 34, 58, 61, 68, 83
Roe v. Wade, 45–46, 175–176, 352 siehe auch Abtreibung,

S
Schmelztiegel, siehe Melting Pot
Segregation, 258, 309–310, 381–387, 413, 415, 606–607

Separate-But-Equal-Doktrin, 175, 311, 384 siehe auch Afroamerikaner
Shaker, 319
Sheriff, 244, 351
Sicherheitspolitik, 358, 432, 440, 500, 525, 532, 534, 560–576, 585, 587–588, 592, 660 siehe auch Heimatschutz
Sierra Club, 484, 487
Sklaverei, 4, 26, 37, 59–60, 67, 157, 158–160, 175, 209, 246, 269, 384, 428, 435, 606–607
Social Security, 7, 369, 373–374, 447, 467, 607
Soft money, 296 siehe auch Lobbyismus
Soziale Bewegungen, 295, 305–321, 487, 612, 655, 670
Soziale Integration, 5, 83, 156, 386–399, 422–436
Soziale Mobilität, 5, 17–18, 35, 40, 94, 102–107, 388, 422, 603, 609–611, 631, 660 siehe auch American Dream
Soziale Sicherheit, siehe Social Security
Sozialhilfe, 231, 313, 314, 369–370, 375–377, 469, 607, 645
Sozialpolitik, 150, 218, 226, 232–236, 269, 318, 362–377, 388–389, 398, 412, 414–415, 603, 606
Sozialstruktur, 93–110, 267, 290, 416, 610
Sprecher des Repräsentantenhauses (speaker), 123, 125, 277
Sputnikschock, 387, 585
Stadtplanung, 405, 418
Steuerpolitik, 7, 46, 54, 56, 62, 66, 70, 174, 177, 187, 192, 206, 209, 212, 215–217, 230–235, 246, 254, 277, 314–316, 350, 364–377, 382, 389–390, 407, 414, 434–435, 445–447, 454, 457, 490, 512, 586, 606–610, 625, 644, 672–673
Stiftungen, 139, 287, 292, 300, 643
Streiks, 300, 314, 318 siehe auch Arbeiterbewegung
Suburbanisierung, 232, 313, 404, 406
Super-PACs, 6, 255, 261, 279, 281, 296–297 siehe auch Political Action Committee
Supreme Court, 44, 65, 69, 70, 75, 117, 122, 138, 155–180, 205, 209, 211–216, 226, 247–249, 254, 349–356, 663, 667, 671

T
Taliban, 532, 561, 591 siehe auch Afghanistan, Terrorismus

Talk Radio, siehe Radio
Tea Party, siehe auch Soziale Bewegungen, 9, 46, 67, 149, 316–319, 512, 652, 654, 667–668, 670, 672
Teamsters, 291, 314
Temporary Assistance for Needy Families (TANF), 375–376
Tennessee Valley Authority (TVA), 413
Terrorismus, siehe auch Elfter September, 9–11, 84, 142, 147, 235, 315, 431–432, 493, 527, 532–535, 543, 546, 556, 560–576, 587, 591, 660, 663, 673, 677
Think Tank, 195, 279, 287, 291–295, 300–303, 336, 394, 643, 652, 664
Ticket Splitting, 272–273
Todesstrafe, 37, 47, 176, 318, 352, 529
Trade, siehe Außenhandel und Außenwirtschaftspolitik
Trade Adjustment Assistance, 467, 472–475
Transatlantic Trade and Investment Partnership (TTIP), siehe Freihandelsabkommen

U

Umweltpolitik, 188, 196, 212, 288, 479–497, 500, 506, 574, 660
UN Sicherheitsrat, 542, 545–548, 557, 575
Ungleichheiten (ökonomisch), siehe Einkommensverteilung
Unilateralismus, 24, 526, 529, 531–532, 554
Unitarismus, 34–35, 65, 75, 142, 206
United Nations (UN), siehe Vereinte Nationen
Upward Mobility, siehe Soziale Mobilität
Urbanisierung, 313, 404–408
Uruguay-Runde, 553
US-Präsident, siehe Präsidentschaft
Utopische Gemeinschaften, 17, 22, 24, 57, 319

V

Verbraucherschutz, 449–450
Vereinte Nationen, 515, 529, 542, 545–548, 556, 574
Verfassung, 2, 6–7, 33, 52–70, 116–117, 136–138, 141–142, 150, 156–178, 182–183, 192, 204–215, 219–221, 227, 245–247, 252, 259, 260, 278, 293–294, 302, 326, 338, 348–349, 352–354, 356, 387, 391, 427–428, 446, 454, 568, 606, 675
Verfassungsväter, siehe Founding Fathers
Verfassungszusätze, siehe Verfassung

Vietnamkrieg (1963–1972) und Vietnamproteste, 19, 24, 67, 76, 310, 329–330, 338, 487, 584–585, 596 siehe auch Soziale Bewegungen
Vorwahlen, siehe primaries
Voting Rights Act (1965), 128, 178, 247–248, 309, 349, 606, 670

W

Wahlbeteiligung, 244–245, 250, 255–257, 426, 669–670 siehe auch Elektoren
Wahlkreiseinteilung, 177, 248–249
Wahlrecht, 59–60, 67, 117, 127–128, 157, 167, 177–178, 197, 244–248, 250–252, 257, 267, 294, 309, 319, 426, 606–607, 663, 668 siehe auch Civil Rights Act
Wall Street, 8, 316, 643, 647, 650–651, 654, 660
War on Drugs, siehe Drogenpolitik
War on Poverty, 414, 449, 606
War on Terror, 142, 235, 315, 543, 546, 556, 564–568, 573–575, 660, 663
War Powers, 138
Watergate-Affäre, 122, 178, 339
Weltbank, 314, 552
Welthandelsorganisation (WTO), 314–315, 455, 531–532, 543, 545, 553–556
Weltwirtschaftskrise, 97, 238, 269, 321, 412, 418, 424, 467, 642, 645
Westexpansion, 21, 23, 37, 383, 405
Whigs, 268–269
Whip, 123
White House Office, 139, 184, 440
White House Office of Environmental Policy, 481, 483, 492
Wirtschaftsrat, siehe Council of Economic Advisors
Wohlfahrtsstaat, siehe Sozialstaat
World Bank, siehe Weltbank
World Trade Organization (WTO), siehe Welthandelsorganisation

Z

Zivilreligion 23, 33
Zuwanderung, siehe Einwanderung
Zweiparteiensystem, 251, 275, 668, 677
Zweiter Weltkrieg (1939–1945), 2, 20–22, 40, 67, 187, 212, 257, 339, 424, 549, 608

Printed by Printforce, the Netherlands